Lonely Planet

Kuba

Havanna
S. 60

Varadero &
Artemisa & Matanzas
Valle de Viñales &   Mayabeque   S. 222   Villa Clara
Pinar del Río   S. 160   S. 282   Ciego de
S. 192   Cienfuegos   Ávila
S. 262   Trinidad &   S. 334
Sancti
Isla de la Juventud   Spíritus   Camagüey
(Sonderverwaltungsgebiet)   S. 305   S. 350   Las
S. 176   Tunas   Holguín
S. 371   S. 384
Granma   Guantánamo
S. 412   Santiago   S. 479
de Cuba
S. 436

Brendan Sainsbury
Carolyn McCarthy

TRINIDAD, S. 307

HAVANNA, S. 60

Inhalt

REISEZIELE IN KUBA

ZOLTAN VARGA PHOTOGRAPHER/SHUTTERSTOCK ©

HAVANNA, S. 60

AWL IMAGES LTD/SHUTTERSTOCK ©

CAYO COCO, S. 344

Inhalt

Anfang September 2017 zog einer der größten Hurrikane, die je gemessen wurden, durch die nördliche Karibik und ließ eine Schneise der Verwüstung hinter sich zurück. Hurrikan Irma traf als gewaltiger Sturm der höchsten Kategorie auf die Küste: Mit Windgeschwindigkeiten von 295 km/h legte er ganze Buchten trocken, bevor er hohe Wellen ins Landesinnere trieb.

Dieses Buch war bereits abgeschlossen, als der Wirbelsturm über Kuba hinwegzog. Das Land wurde schwer getroffen, vor allem der Norden und der Camagüey-Archipel; die Innenstadt von Havanna stand hüfthoch unter Wasser. Da Kuba vom Tourismus lebt, sind die Behörden bestrebt, alle Einrichtungen schnellstmöglich wieder zu öffnen. Trotzdem sollte man sich vor der Abreise auf der Website der Regierung und bei staatlichen Reiseveranstaltern über mögliche Beschränkungen und Schließungen informieren.

Willkommen in Kuba

Abgenutzt und trotzdem prächtig,
heruntergekommen und voller Würde,
heiter und manchmal sehr frustrierend –
Kuba umgibt ein Zauber, der sich kaum
in Worte fassen lässt.

Mit Unerwartetem rechnen

Kuba ähnelt dem Prinzen im Märchen, der sich in die Kleider eines Bettlers hüllt: Hinter schäbigen Fassaden glitzert der Goldstaub. Diese Gegensätze machen eine Reise durch Kuba zu einer aufregenden Achterbahnfahrt. Das amerikanische Handelsembargo hält Kuba seit mehr als einem halben Jahrhundert in einer Art Zeitfalle gefangen. Europäische Gewissheiten sind deshalb nicht viel wert – man sollte sich aufs Unerwartete einstellen.

Kulturelles Erbe

Kubas wunderbar erhaltene Kolonialstädte haben sich kaum verändert, seit einst Piraten die Karibik unsicher machten. Diese Atmosphäre und die Schönheit der Architektur spürt man besonders in Havanna, Trinidad, Remedios und Camagüey. Herrliche Plätze und Kopfsteinpflasterstraßen beschwören Zeiten herauf, in denen die Insel wohlhabend war. Andernorts verfallen die Altbauten und warten verzweifelt auf eine Schönheitsbehandlung. Stünde mehr Geld bereit, könnten diese alten Schätze durchaus in neuer Pracht erstrahlen. Dank privater Investitionen wurden viele Bauten inzwischen tatsächlich teilweise restauriert. Heute beherbergen sie dann private Pensionen oder Retro-Restaurants, die ihre bedeutende Vergangenheit stolz präsentieren.

Der ideale Zeitpunkt

Für einen Kubabesuch war die Zeit selten so günstig wie jetzt. Erste Privatunternehmen markieren den möglichen Beginn eines kreativen Frühlings, während die großen Konzerne vom nahen Festland den Zauber noch nicht durch die Allgegenwart ihrer Marken zerstört haben. Im Land wird viel experimentiert. Hier findet man ein liberales Café, in dem ernste Studenten über Che Guevaras Beitrag zur Weltrevolution debattieren; dort entdeckt man eine avantgardistische Kunstgalerie, deren Möblierung so exotisch wirkt wie die Exponate. Vom ländlichen Viñales bis zum urbanen Havanna scheint das Land aus einem tiefen Schlaf zu erwachen.

Jenseits der Strände

Die Mehrzahl der Touristen sucht vor allem die Strände aus weißem Sand auf, die Kubas Nordküste und die vorgelagerten Inseln zieren. Wer das Land jenseits der Strände aufsucht, entdeckt eine völlig andere Welt: üppig grüne Wälder, Sümpfe voller Alligatoren, verlassene Kaffeeplantagen und eine raue Bergwelt, in der man die Revolutionsfolklore pflegt, die aber auch reich ist an heimischen Arten. Schon Alexander von Humboldt nannte Kuba ein karibisches Galapagos, auf dem Gegensätze zueinander finden. Jeder kann sie entdecken, er muss nur die üblichen Touristenpfade verlassen.

Warum ich Kuba liebe

Von Brendan Sainsbury, Autor

Für mich hatte Kuba schon immer den Reiz der verbotenen Frucht. Ich liebe seine Einzigartigkeit, seine Kreativität und den Überlebenswillen; vor allem aber liebe ich die Offenheit und den Optimismus, die das Land trotz 60 schwieriger Jahre nicht verloren hat. Spaziert man mit einem kubanischen Freund durch die Straßen, hat man schon nach einem einzigen Block fünf Hände geschüttelt, vier Küsse empfangen, ist dreimal mit *dime hermano!* begrüßt und mindestens zweimal zum *cafecito* (oder Stärkerem) eingeladen worden. Ich hatte das Glück, schon 75 Länder zu bereisen, aber Kuba bleibt meine *número uno*.

Mehr Informationen über die Autoren gibt es auf S. 608

Kuba

FLORIDA (USA)

GOLF VON MEXIKO

Florida Keys

Floridastraße

Havanna
Verwitterte Bauten und
die wilde See (S. 60)

Las Terrazas
Wanderwege, viel Natur und
ein Künstlerdorf (S. 167)

Matanzas
Geheimnisse hinter
bröckelnden Fassaden (S. 240)

Cay
Sal
Bank

Nördlicher
Wendekreis

Guanabo
HAVANNA
Las
Terrazas
Soroa
Valle
de Viñales
Viñales
Pinar del Rio
Autopista Havana-Pinar del Río
Surgidero
de Batabanó
Valle del
Yumurí
Varadero
Cárdenas Corralillo
Matanzas
Güines
Sagua la Grande
Archipiélago de Sabana
Archipiélago de los Colorados
La Coloma
Golfo de
Batabanó
Ensenada
de la Broa
Jagüey
Grande
Colón
Corral
de Santo
Tomás
Ciénaga
de Zapata
Cienfuegos
Las Salinas
Wildlife Refuge
Carretera Central
Autopista Nacional
Santa Clara
Sierra
del
Escambray
Valle
de los
Ingenios
Topes de
Collantes
Trinidad

Península
Guanahacabibes
La Bajada
Bahía de
Cortés
**Nueva
Gerona**
Archipiélago de los Canarreos
Bahía de
Cochinos
(Bay of Pigs)
Bahía
de
Corrientes
Isla de la
Juventude
Cayo
Piedra
Cayo Largo
del Sur

Bahía de Cochinos
Kubas zugänglichstes
Tauchrevier (S. 257)

Cienfuegos
Neoklassizismus direkt an
der Bucht (S. 263)

Valle de Viñales
Durch heiter-friedliche
Landschaften radeln (S. 193)

Trinidad
Makelloses Erbe der
Kolonialzeit (S. 307)

**CAYMAN
ISLANDS
(GB)**
**Grand
Cayman**
Little
Cayman
**Cayman
Brac**

HÖHEN

	1500 m
	1000 m
	750 m
	500 m
	250 m
	100 m
	0

**GEORGE
TOWN**

**KARIBISCHES
MEER**

Kubas **Top 21**

Livemusik

1 Wer nach zehn Minuten im Land noch keine Livemusik gehört hat, hält sich garantiert in den falschen Bars auf. Willkommen in einem Land mit den vielfältigsten Musikrichtungen der ganzen Welt; hier gibt es noch mehr Gitarren als MP3-Player, und Singen gilt als eine andere Art der Kommunikation. Das traditionelle Genre des *son* und Salsa sind nur zwei Stilrichtungen auf einer viel größeren Musikpalette. Kuba geht schon seit Jahrzehnten bis an die musikalischen Grenzen. Von Benny Moré bis Hiphop zeigt das Land die Möglichkeiten synkopischer Rhythmen.

Cafe Taberna (S. 119), Havanna

Historisches Habana Vieja

2 Internationale Beobachter loben immer wieder Kubas Gesundheitssystem. Eine der größten Errungenschaften der letzten 50 Jahre ist aber zweifellos die Wiederherstellung von Habana Vieja (S. 64). Dieser detaillierte, akribische und liebevoll betreute Restaurierungsprozess hat eines der historischen Wunder des amerikanischen Doppelkontinents geschaffen, eine Art lateinamerikanisches Rom, wo die Vergangenheit in Schichten abgetragen werden kann. Mit scharfem Auge und lebhafter Fantasie geht man durch die kopfsteingepflasterten Straßen Havannas und beschwört die Geister megareicher Zuckerbarone und säbelrasselnden Freibeuter herauf.

TERRY DONNELLY/ALAMY ©

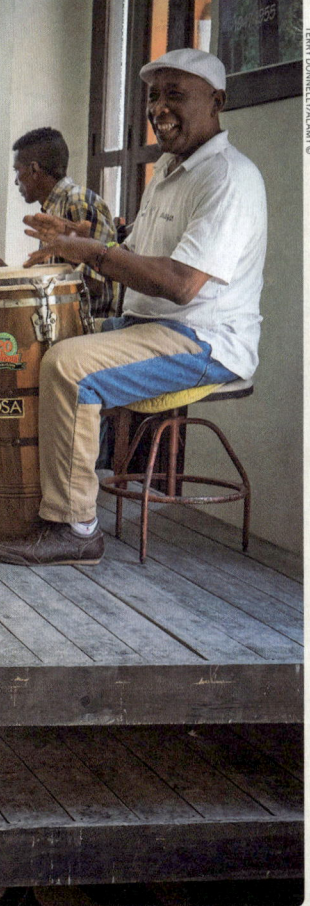

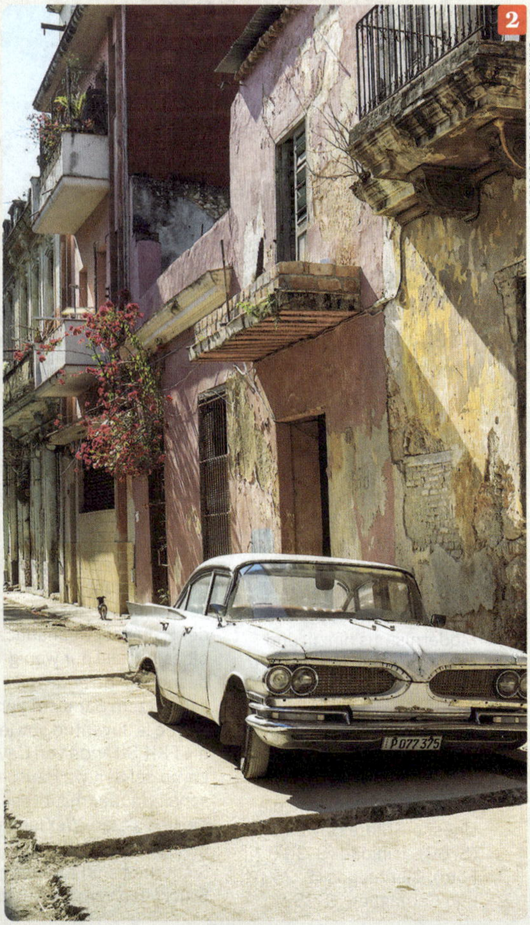

2

DAN KOSMAYER/SHUTTERSTOCK ©

CHANTAL DE BRUIJNE/SHUTTERSTOCK ©

MIAMI2YOU/SHUTTERSTOCK ©

Vielschichtige Architektur

3 Man nehme spanischen Barock, gebe französischen Klassizismus hinzu, eine Portion nordamerikanisches Art déco und eine Spur europäischen Jugendstil. Nun fügt man noch den Schweiß der Sklavenarbeiter und den Glanz des Modernismus hinzu, und schon hat man Kubas Baukunst. Diese Architektur ist manchmal extrem, selten stetig, und verknüpft verschiedene Fäden, eine Art des „Kubanischseins". Besonders schön sind die Unesco-Städte Havanna (S. 60), Trinidad (S. 307; Foto), Cienfuegos (S. 263) und Camagüey (S. 352).

Strandparadiese

4 Kubas Strände sind nicht voll, gut ausgestattet mit tropischer Schönheit und extrem verschiedenartig. Da gibt es die langen und breiten Touristenstrände von Varadero (S. 224; Foto) an den riesigen Hotelanlagen, aber auch die wilden, verlassenen Ökostrände der Halbinsel Guanahacabibes und die nur wenig besuchten Strände mit schwarzem Sand auf der Isla de la Juventud sowie die FKK-Strände von Cayo Largo del Sur, wo Pauschalurlauber mit ihren Mojitos sitzen. Wer lange genug sucht, findet mit Sicherheit sein eigenes Stückchen vom Nirwana.

Kubas Casas particulares

5 Wer in Privathäusern untergebracht ist, entdeckt schnell die Nuancen des kubanischen Alltagslebens. Schaukelstühle wippen auf der Veranda, die Nachbarn kommen auf ein Glas Rum und eine Zigarre vorbei, Hähne krähen morgens um 5 Uhr, Bilder von José Martí stehen strategisch günstig über dem Fernseher und Gespräche gehen bis tief in die Nacht hinein. Einige *casas particulares* sind fast schon Paläste, andere sind erfrischend bodenständig geblieben, und alle bieten einen offenen Blick auf Kuba, den kein Hotel bieten kann.

ELLIOTTE RUSTY HAROLD/SHUTTERSTOCK ©

Vogelbeobachtung

6 Abgesehen von Krokodilen hätte Kuba eigentlich kaum Tiere zu bieten, doch was an großen Lebewesen fehlt, wird mehr als wettgemacht durch die Welt der Vögel. Rund 350 Arten leben an den Küsten dieses tropischen Archipels, zwei Dutzend davon sind endemisch. Besonders sehenswert sind der farbenprächtige *tocororo* (Kubatrogon; Foto), der *zunzuncito* (Hummelkolibri), der Elfenbeinspecht und das größte Flamingobrutrevier der Welt. Die Ciénaga de Zapata (S. 255) und das Biosphärenreservat Sierra del Rosario (S. 165) sind ideal zur Beobachtung.

Das Erbe der Revolution

7 Schiffbruch mit unglaublicher Rettung, hübsche bärtige Guerilleros, die in Robin-Hood-Manier Gerechtigkeit üben, und der klassische Kampf Davids gegen Goliath, aus dem die Unterlegenen als Sieger hervorgehen: Kubas Geschichte der Revolution klingt wie das Drehbuch zu einem Kinofilm. Doch all das ist genau hier tatsächlich geschehen. Dort, wo die *Granma* vor Anker ging, hat sich seit 50 Jahren wenig verändert, und das gilt auch für Fidel Castros Hauptquartier, die Comandancia de la Plata (S. 423) auf dem Berg.

Camagüey (S. 352)

Trinidad in der Zeitfalle

8 Die Stadt Trinidad (S. 307) hat sich 1850 schlafen gelegt und ist nie wieder richtig aufgewacht. Diese merkwürdige Fügung des Schicksals ist ein Glück für die Besucher von heute, weil sie sich wie Zeitreisende frei durch die perfekt erhaltene Zuckerstadt aus der Mitte des 19. Jhs. bewegen können. Die Straßen im Kolonialstil verzaubern Ankömmlinge noch immer. Zudem ist man schnell auf dem Lande, und es gibt eine gute Livemusikszene. Allerdings ist Trinidad auch ein echter Ort mit all den Schwächen und Vergnügungen einer kubanischen Stadt des 21. Jhs.

Tauchen in der Karibik

9 Es gibt sicherlich Einwände, aber dennoch gilt: In Kuba findet man die besten Tauchspots der Karibik. Die Gründe sind: beispiellos klares Wasser, unberührte Riffe und geschützte Gewässer mit Millionen von Fischen. Der Zugang kann ganz leicht sein, wie in der Bahía de Cochinos (S. 258), wo man einfach hinausschwimmt, oder auch ganz schwer, wie im Unterwasserparadies des Archipels Jardines de la Reina (S. 344). Für „Wiederholungstäter" ist die Punta Francés (S. 184) vor der Isla de la Juventud mit ihrem Unterwasserfotowettbewerb einsame Spitze.

Tiere in der Ciénaga de Zapata

10 Eine der wenigen urtümlichen Landschaften, das Sumpfgebiet von Zapata (S. 253), kommt echter Wildnis so nahe, wie das auf Kuba nur möglich ist. Hier leben das kubanische Krokodil, diverse Amphibien sowie der Hummelkolibri, und es gibt mehr als ein Dutzend unterschiedliche Pflanzenhabitate. Zapata ist das größte Feuchtgebiet der Karibik; u. a. ist es als Unesco-Biosphärenreservat ausgewiesen, und es unterliegt der Ramsar-Konvention. Hier kann man wunderbar Vögel beobachten, wandern – und einfach die Natur genießen. Kubanische Schleiereule

Straßengewirr von Camagüey

11 Wer sich hier verirrt, folgt einer klugen Empfehlung für alle Reisenden, die durch die Stadt der *tinajones* (Tontöpfe), Kirchen und Piraten kommen. Camagüey (S. 352) wurde mit einem Straßennetz gegründet, das anders als in jeder anderen spanischen Kolonialstadt Lateinamerikas ist. Hier ähneln die Gassen dem Labyrinth einer marokkanischen Medina. Hinter jeder Ecke können eine katholische Kirche, dreieckige Plätze oder eins der immer mehr werdenden hübschen Boutiquehotels in einem restaurierten Gebäude aus der Kolonialzeit versteckt liegen.

DAVID SILVERMAN/GETTY IMAGES ©

Kubas Esskultur

12 Seit die Privatisierungsgesetze von
2011 die Deckel auf Kubas
Drucktöpfen angehoben
haben, hat sich eine kulinarische Revolution voll-
zogen. Ein Land, das einst
fast nur Bohnen und Reis
servierte, hat inzwischen
sein gastronomisches
Talent wiederentdeckt.
Es gibt Unmengen neuer
Restaurants, die an einer
Neuausrichtung ihrer na-
tionalen Küche arbeiten.
Havanna (O'Reilly 304,
S. 108; Foto) führt das
kulinarische Feld in Sachen
Anzahl und Verschieden-
heit der Lokale an, in Viñales gibt es die besten traditionellen Gerichte, und das
abgelegene Baracoa ist
führend, wenn es um regi-
onale Originalität geht.

Radfahren im
Valle de Viñales

13 Kuba ist für Rad-
fahrer geradezu
ideal, denn auf den Stra-
ßen herrscht weniger
Verkehr als in Westeuropa
vor 70 Jahren; ideal ist das
ländliche Valle de Viñales
(S. 193). Das Tal bietet alles, was man sich von einer
tropischen Tour de France
erhofft: zerklüftete Berge,
Kalksteinfelsen, unglaub-
lich grüne Tabakplantagen,
romantische Landarbei-
terhütten und überall
herrliche Aussichtspunkte.
Der Streckenverlauf ist
recht flach, und sofern
man sich ein geeignetes
Fahrrad beschafft hat,
ist das Hauptproblem die
Suche nach dem perfekten
Ort für einen Mojito bei
Sonnenuntergang.

Architektur in
Cienfuegos

14 Es liegt ein ge-
wisses *je ne sais
quoi* über der an einer
Bucht gelegenen Stadt
Cienfuegos (S. 263),
Kubas selbsternannter
„Perle des Südens". Diese
Stadt hat trotz schwerer
Zeiten (z. B. der schweren
Wirtschaftskrise) immer
ihre Haltung bewahrt. Ihre
Eleganz kommt am besten
in der Architektur zum
Ausdruck, ein homogenes
Stadtbild, das im frühen
19. Jh. von französischen
und US-amerikanischen
Siedlern angelegt wurde.
Im Stadtzentrum und der
angrenzenden Gartenvor-
stadt Punta Gorda taucht
man in die Kulturszene ein
und erlebt dabei französi-
sche Eleganz.

Jugendliche Energie von Santa Clara

15 Santa Clara (S. 284) widerspricht allen Kuba-Klischees: progressiv, kreativ, offen für Menschen aller Überzeugungen, begeistert von Rock 'n' Roll und bemüht, die Grenzen der Kunst zu verschieben. Dass es eine Studentenstadt ist, hilft natürlich kolossal. Jugendliche Energie strömt durch Santa Clara wie in keinem anderen Ort des Landes. Es empfiehlt sich, in einer Transvestitenshow im Club Mejunje vorbeizuschauen, die Studenten in der Casa de la Ciudad zu treffen oder am Abend durch den Parque Vidal zu wandern, wenn ein Orchester aufspielt.

Öko-Dorf Las Terrazas

16 1968, als Umweltschutz eher etwas für langhaarige Studenten zu sein schien, machten sich Kubaner bereits Sorgen wegen der Abholzung ihrer Wälder – und sie hatten eine gute Idee: Eine Gruppe von Arbeitern pflanzte auf einigen Rodungsflächen Baumsetzlinge auf terrassierten Hängen, um das Gebiet vor Erosion zu schützen, und errichtete dort ein eigenes Öko-Dorf, Las Terrazas (S. 167). Bald lebten hier Künstler, Musiker und Kaffee-Farmer, und es kam sogar ein architektonisch einzigartiges Hotel dazu. 50 Jahre später praktiziert dieses Dorf noch immer Nachhaltigkeit im kubanischen Stil.

15

16

Überschwängliche Feste

17 Trotz Krieg und Mangel, Rationierungen und sonstiger Mühsal haben sich die Kubaner ihre ansteckende Lebensfreude bewahrt. Selbst in den dunkelsten Stunden der Wirtschaftskrise wurde weiter gefeiert, weil Kubaner die Politik auch einmal beiseitelassen können, um sich den wirklich wichtigen Dingen des Lebens zuzuwenden. Am schönsten sind Feuerwerke in Remedios (S. 296), *Folklórico*-Tänze in Santiago de Cuba (S. 452), Filme in Gibara (S. 398) und Musik aller denkbaren Richtungen in Havanna (S. 146; siehe Foto). Man sollte also bereit sein zum Feiern.

Baracoa

18 In den Bergen am östlichsten Zipfel der Provinz Guantánamo liegt das abgeschiedene Baracoa (S. 487). Selbst nach hiesigen Maßstäben ist der Ort eigenartig – mit seinem unsteten Atlantikwetter und den exzentrischen Einwohnern. Obwohl die Stadt 2016 schwer von Hurrikan Matthew getroffen wurde, blieb sie ungebeugt und relativ intakt. Man betrachtet die Einheimischen, wie sie Kokosnusspalmen hinaufklettern, lauscht den Bands, die *kiribá* spielen, vor allem aber genießt man die würzige und immer innovativer werdende Küche.

17

18

Die Geheimnisse von Matanzas

19 Schon zu lange ist die Stadt Matanzas (S. 240) von Reisenden übersehen worden, galt sie doch als hässliche Cousine des nahe gelegenen Varadero. Doch allmählich wandelt sich das Bild. Inmitten der Brücken und Flüsse dieser einst so großartigen Kulturstadt flackert etwas von ihrer einstigen Schönheit wieder auf, besonders in den Konzertsälen, einem renovierten Theater und einer innovativen Kunst-Kooperative. Zugegebenermaßen fehlt noch viel touristische Infrastruktur, doch hier lernt man mehr über Kuba als bei 20 Urlaubsaufenthalten in einem Resorthotel.

Folklórico-Tanz in Santiago de Cuba

20 Es gibt nichts Besseres als die hypnotisierenden Rhythmen der Santería-Trommeln, die die Geister der *orishas* heraufbeschwören. Während die meisten afrokubanischen religiösen Riten nur Eingeweihten vorbehalten bleiben, sind das Trommeln und die Tänze der *folklórico*-Gruppen für alle offen. Diese Gruppen formierten sich in den 1960er-Jahren, um die alte Sklavenkultur Kubas lebendig zu halten. Ihre kraftvollen, farbenfrohen Aufführungen in Santiago de Cuba (S. 438) bleiben immer spontan und ihren Wurzeln treu.

Pico Turquino

21 Die Wanderung hinauf auf Kubas höchsten Berg, den Pico Turquino (S. 476), ist eine Mischung aus Ausdauersport, Naturerlebnis und faszinierendem Geschichtsunterricht. Die harte zwei- bis dreitägige Tour von 17 km durch die steilen Nebelwälder der Sierra Maestra (Foto) auf den 1972 m hohen Gipfel, auf dem man von einer Bronzebüste des kubanischen Nationalhelden José Martí begrüßt wird, ist nur mit Führer erlaubt. Freunde der Revolution sollten sich einen Abstecher zum einstigen Dschungelhauptquartier Fidel Castros, La Plata (S. 423), nicht entgehen lassen.

Gut zu wissen

Weitere Hinweise unter „Praktische Informationen" (S. 584)

Währung

Kubanischer *convertible* (CUC$) und kubanischer Peso (MN$; *moneda nacional*).

Visum

Touristen benötigen eine *tarjeta de turista* (Touristenkarte), die 30 Tage gültig ist und in der Regel im Flugticket enthalten ist; bei der Buchung prüfen.

Geld

Kuba ist ein Land, in dem mit Bargeld bezahlt wird. Nichtamerikanische Kreditkarten werden in Hotelanlagen und einigen City Hotels akzeptiert. Es gibt immer mehr Geldautomaten.

Mobiltelefon

Vorab beim Netzbetreiber erkundigen, ob das eigene Handy in Kuba funktioniert. Man kann die eigenen GSM- oder TDMA-Telefone nutzen, allerdings muss man sich dann einen kubanischen Chip kaufen und eine Aktivierungsgebühr zahlen (etwa 30 CUC$).

Zeit

MEZ minus sechs Stunden.

Reisezeit

Havanna
REISEZEIT Nov.–März

Camagüey
REISEZEIT Nov.–März

Guardalavaca
REISEZEIT Nov.–März

Baracoa
REISEZEIT Nov.–März

Santiago de Cuba
REISEZEIT Nov.–März

Trockenes Klima
Tropisches Klima, feuchte & trockene Saison

Hochsaison
(Nov.–März, Juli & Aug.)

➡ Die Preise liegen etwa 30 % höher, und in Hotels ist eine Vorausbuchung empfehlenswert.

➡ Um Weihnachten und Neujahr herum sind die Preise am höchsten.

➡ Von November bis März ist das Wetter kühler und trockener.

Zwischensaison (April & Okt.)

➡ Außerhalb der Hochsaison gibt es oft sehr gute Angebote.

➡ Über Ostern wird es in Kuba teurer und voller.

Nachsaison
(Mai, Juni & Sept.)

➡ Einige Resorts reduzieren ihre Angebote oder schließen sogar ganz.

➡ Von Juni bis November drohen Hurrikans und Regenfälle.

Websites

BBC (www.bbc.co.uk) Interessante Berichte über Kuba.

Cubacasas.net (www.cubacasas.net) Informationen, Fotos und Kontaktadressen für *casas particulares*.

Info Cuba (www.cubainfos.net) Hervorragende Sammlung von Webseiten, die sich vornehmlich auf die Urlaubsregionen Kubas konzentrieren.

La Habana (www.lahabana.com) Kunst, Kultur, Geschäftsleben und Reisen in Havanna.

Lonely Planet (www.lonelyplanet.com/cuba) Informationen zu Reisezeiten, Artikel, Hotelbuchungen, Reiseforum und vieles mehr.

Wichtige Telefonnummern

Um Kuba vom Ausland aus anzurufen, wählt man die jeweils gültige Zugangsnummer, dann die Landesvorwahl von Kuba (53), dann die Vorwahl für die Stadt oder die Region (ohne die „0," die nur bei Inlandsgesprächen von einer Provinz in die andere benötigt wird) und zuletzt die Durchwahl.

Notruf	☎106
Auskunft	☎113
Polizei	☎106
Feuer	☎105

Wechselkurse

Europa	1 €	1,16 CUC$
Schweiz	1 SFr.	1,05 CUC$
USA	1 US$	1,00 CUC$

Aktuelle Wechselkurse unter www.xe.com.

Tagesbudget

Preiswert: Unter 80 CUC$

➡ *Casas particulares* 25–45: CUC$

➡ Essen in einem staatlichen Restaurant: 10–15 CUC$

➡ Museum: 1–5 CUC$

Mittelteuer: 80–170 CUC$

➡ Mittelklassehotel: 50–120 CUC$

➡ Essen in *paladares* (private Restaurants): 15–25 CUC$

➡ Fahrt mit einem Víazul-Bus: Havanna–Trinidad 25 CUC$

Teuer: Über 170 CUC$

➡ Resort oder historisches Hotel: 200–300 CUC$

➡ Mietwagen oder Taxi: 60–70 CUC$

➡ Variétébesuch: 35–60 CUC$

Öffnungszeiten

Apotheken 8 bis 20 Uhr

Banken Montag bis Freitag 9 bis 15 Uhr

Cadeca (Wechselstuben) Montag bis Samstag 9 bis 19, Sonntag 9 bis 12 Uhr. Viele Spitzenhotels bieten einen Geldwechselservice bis spät am Abend.

Geschäfte Montag bis Samstag 9 bis 17, Sonntag 9 bis 12 Uhr

Postämter Montag bis Samstag 8 bis 17 Uhr

Restaurants 10.30 bis 23 Uhr

Ankunft in Kuba

Aeropuerto Internacional José Martí (Havanna) Es fahren keine Linienbusse oder Züge vom Flughafen ins Stadtzentrum. Taxis kosten 25 bis 30 CUC$ und brauchen zu den meisten Hotels im Zentrum 30 bis 40 Minuten. Ein Geldwechsel ist am Bankschalter in der Ankunftshalle möglich.

Andere internationale Flughäfen Kuba hat neun weitere internationale Flughäfen, aber keiner von ihnen verfügt über einen verlässlichen Anschluss an öffentliche Verkehrsmittel; man nimmt also am besten ein Taxi. Der Fahrpreis sollte im Vorfeld ausgehandelt werden.

Unterwegs vor Ort

Busse sind das einfachste und effizienteste Verkehrsmittel in Kuba.

Auto Mietwagen sind recht teuer, und das Fahren ist wegen fehlender Beschilderung und mehrdeutiger Verkehrsregeln ein wahres Abenteuer.

Bus Das öffentliche Liniennetz von Víazul fährt die meisten touristisch interessanten Orte nach regelmäßigem Fahrplan an. Weniger umfassend ist das Liniennetz von Cubanacán. Regionale Linienbusse sind überfüllt und es gibt keinen schriftlich fixierten Fahrplan.

Taxi Taxis sind eine gute Möglichkeit für längere Strecken, besonders wenn man in einer Kleingruppe unterwegs ist. Die Preise rangieren um die 0,55 CUC$ pro Kilometer.

Zug Obwohl das Schienennetz recht weitläufig ist, fahren kubanische Züge langsam und unzuverlässig und sie bieten wenig Komfort. Nur für wahre Stoiker!

Mehr zum Thema
Unterwegs vor Ort
auf S. 576

Kuba für Einsteiger

Weitere Hinweise unter „Praktische Informationen" (S. 584)

Checkliste

➡ Bei der Bank oder der Kreditkartengesellschaft nachfragen, ob die Bank-/Kreditkarte in Kuba funktioniert.

➡ Eine Kopie des Krankenversicherungsnachweises mitnehmen (zur Vorlage am Flughafen).

➡ Prüfen, ob eine Touristenkarte im Flugpreis bereits enthalten ist.

➡ Unterkunft und Busfahrkarten vorbuchen.

Ins Reisegepäck

➡ Spanisches Wörterbuch oder Reisewörterbuch

➡ Adapter für europäische und amerikanische Stecker

➡ Guter Geldgürtel, der bequem sitzt

➡ Erste-Hilfe-Set, Schmerztabletten und alle verordneten Medikamente

➡ Insektenschutzmittel, Sonnenschutz und Sonnenbrille

➡ Vorrat an Bargeld in Euro, kanadischen Dollars oder Pfund Sterling

Top-Tipps für die Reise

➡ Um das wahre Kuba kennenzulernen und einzelne Kubaner finanziell zu unterstützen, sollte man in einer *casa particular* übernachten.

➡ Immer Toilettenpapier und desinfizierende Seife dabeihaben; Wasser nur aus Flaschen trinken.

➡ Besser nicht in Havanna Auto fahren. In der Stadt gibt es verschiedene öffentliche Verkehrsmittel und erschwingliche Taxis. Die meisten Viertel sind gut zu Fuß erreichbar.

➡ Wegen der Bürokratie sind Antworten auf einfache Fragen oft nicht so einfach. Man sollte höflich nachfragen und vor wichtigen Entscheidungen mindestens fünf verschiedene Leute fragen.

➡ Für Busfahrten einen warmen Pullover einpacken (Klimaanlage!).

➡ Besonders in der Hochsaison sollte man Unterkünfte und Verkehrsmittel vorab buchen.

Kleidung

In Kuba ist es heiß und feucht; daher bevorzugen die Menschen leichte Freizeitkleidung. Die Einheimischen tragen oft Shorts, Sandalen und T-Shirts; Frauen lieben eng anliegende Elastan-Kleidung, Männer weite *guayabera*-Hemden (in Kuba erfunden). Es gibt nur zwei FKK-Strände, die fast ausschließlich von Ausländern besucht werden.

Schlafen

Während die Touristenzahlen immer weiter in die Höhe klettern, kommen die Hotels mit ihren Übernachtungskapazitäten nicht mehr nach. Also Unterkünfte im Voraus buchen!

➡ **Casas particulares** Kubanische Privathäuser, die Zimmer an Ausländer vermieten und eine erschwingliche Übernachtung und dazu noch ein authentisches Kulturerlebnis bieten.

➡ **Campismos** Preiswerte, rustikale, im ländlichen Raum gelegene Bungalows oder Hütten.

➡ **Hotels** Alle kubanischen Hotels gehören dem Staat. Die Preise und die Qualität reichen von preiswerten Hotels aus der Sowjet-Ära bis hin zu hochwertigem Schick aus der Kolonialzeit.

➡ **Resorts** Große Hotels nach internationalem Maßstab in Urlaubsgegenden, die Pauschalpakete verkaufen.

Geld

Kuba hat noch zwei Währungen, ist aber dabei, diese zu einer zusammenzuführen. Bei Redaktionsschluss waren beide, die *convertibles* (CUC$) und die Pesos (*moneda nacional*; MN$), noch im Umlauf. Ein *convertible* entspricht 25 Pesos. Nichtkubaner benutzen ausschließlich die *convertibles*.

Handeln

Kubas sozialistische Wirtschaft kennt kein Handeln, aber im privaten Unternehmenssektor gibt es manchmal etwas Freiraum.

Trinkgeld

Trinkgeld ist in Kuba wichtig. Da die meisten Kubaner ihren Lebensunterhalt in *moneda nacional* (MN$) verdienen, kann schon ein Trinkgeld von 1 CUC$ (25 MN$) viel ausmachen.

➡ **Resorts/Hotels** Trinkgeld für guten Service von Hotelpagen, Zimmermädchen und Bar-/Restaurantangestellten.

➡ **Musiker** Man sollte immer etwas Kleingeld für die in Restaurants allgegenwärtigen Musiker parat haben; meistens geht ein Sammelkörbchen herum.

➡ **Tourguides** Je nach Länge der Führung gibt man einen Dollar für ein paar Stunden oder mehr, wenn es sich um eine ausgedehntere Führung handelt.

➡ **Restaurants** 10 % sind Standard; wenn der Service außergewöhnlich gut war und/oder man in Spendierlaune ist bis zu 15 %.

➡ **Taxis** 10 %, wenn der Taxameter läuft, sonst sollte man den kompletten Fahrpreis vorher aushandeln.

Casa particular, Viñales (S. 193)

Etikette

In Kuba geht es locker zu; es gibt nur wenige Verhaltensregeln.

➡ **Begrüßung** Fremden schüttelt man die Hand; ein Kuss oder Doppelkuss gibt es zwischen Leuten (Männer-Frauen und Frauen-Frauen), die sich bereits kennen.

➡ **Gespräche** Obwohl die Kubaner offen sein können, sind sie oft nicht erpicht darauf, über Politik zu reden, besonders nicht mit Fremden und wenn es um kritische Positionen gegenüber der Regierung geht.

➡ **Tanz** Kubaner sind beim Tanzen nicht zurückhaltend. Die eigenen Vorbehalte über Bord werfen und auf die Tanzfläche!

Essen

➡ **Private Restaurants** Private Restaurants sind zwar etwas teurer als die staatlichen, aber dafür servieren sie fast immer das beste und frischeste Essen und haben den besten Service.

➡ **Casas particulares** Kubanische Privatunterkünfte servieren ein riesiges Frühstück für rund 5 CUC$; in einigen gibt es auch ein ebenso großes und leckeres Abendessen aus frischesten Zutaten.

➡ **Hotels & Resorts** All-inclusive-Hotels bieten ein Büfett auf internationalem Niveau, aber nach einer Woche kann es ein bisschen fade werden.

➡ **Staatliche Restaurants** Hier variiert die Essensqualität sehr: Die erstklassigen Restaurants in Havanna liegen gegenüber den fantasielosen Essensangeboten in der Provinz weit vorne. Die Preise sind oft niedriger als in den privaten Häusern.

Was gibt's Neues?

Havannas Bars & Restaurants

In Havanna gibt es nicht die Ess- und Trinkketten wie in anderen Ländern, dafür aber immer mehr unabhängige Coffee Shops, Restaurants und Bars. Der Trend geht in Richtung cooles Retro-Dekor, das ans Flair von Vinylschallplatten und amerikanischen Straßenkreuzern aus der Zeit direkt vor der Revolution erinnern soll.

Neue Boutiquehotels

Der staatliche Tourismusbetrieb Cubanacán hat in einigen Provinzstädten ein halbes Dutzend neuer historischer Boutiquehotels zu seiner Marke „Encanto" hinzugefügt. Zu den Highlights zählen das Hotel Arsenita in Gibara (S. 398), das El Marqués in Camagüey (S. 358) und das Hotel Caballeriza in Holguín (S. 390).

Flüge aus den USA

Der normale Flugverkehr zwischen den USA und Kuba wurde 2016 wieder aufgenommen. Mehr als ein halbes Dutzend Fluglinien fliegen nun amerikanische Touristen regelmäßig von verschiedenen US-amerikanischen Städten in verschiedenste kubanische Städte und zurück.

Besseres WLAN

In den letzten Jahren sind in Kuba mehr als 200 Hotspots aus dem Boden gesprossen. In vielen Provinzstädten hat man in Parks und auf öffentlichen Plätzen WLAN, und Hotels mit drei und mehr Sternen bieten in der Regel gute Verbindungen.

Kreuzfahrtschiffe

Im Mai 2016 legte die *Adonia* als erstes US-amerikanisches Kreuzschiff seit fünf Jahrzehnten in Kuba an. Seitdem hat Kuba noch fünf weiteren Linien eine Anlegeerlaubnis für 2017 erteilt.

Gran Teatro de la Habana Alicia Alonso

Havannas schönstes Theater ist gleichzeitig eins der eindrucksvollsten Gebäude, das nach langen Renovierungsarbeiten 2016 wiedereröffnet wurde. Hier spielt das kubanische Ballett und wurde deshalb zu Ehren der Altmeisterin des kubanischen Tanzes nach Alicia Alonso benannt. (S. 81)

Kitesurfen

Kubas neueste Sportart ist an der Nordküste groß geworden, und nun haben viele Betreiber von Kiteschulen, die Ausrüstung verleihen und Unterricht geben, aufgemacht. In Havanna, Varadero, Cayo Guillermo, an der Playa Santa Lucía und Guardalavaca gibt es gute Kite-Spots. (S. 46)

Neue Resorthotels

Der Neubau von Resorthotels, darunter auch das Valentín Perla Blanca (S. 302), geht an den nördlichen Keys, wie dem Cayo Santa María, aber auch dem Cayo las Brujas und Cayo Guillermo weiter.

Eiscreme

50 Jahre hatte die staatliche Eisdiele La Coppelia ein Monopol auf Eiscreme. Nun haben in Havanna private Hersteller angefangen, Eis zu produzieren, darunter Helad'oro, der Geschmacksrichtungen mit Früchten wie Guave und Mammiapfel kreiert. (S. 115)

Weitere Empfehlungen und Hinweise unter lonelyplanet.com/cuba

Wie wär's mit ...

Architektur

Habana Vieja Havanna ist wie ein alter Dachboden voller verstaubter Relikte und ein Schatzkästchen verschiedenartigster Architektur. (S. 64)

Cienfuegos Kubas architektonisch einheitlichste Stadt ist eine Liebeserklärung an den französischen Klassizismus mit seinen Säulen. (S. 263)

Camagüey Hat einen außergewöhnlichen Straßenverlauf mit Gassen und barocken Türmen, die eine katholische Seele erahnen lassen. (S. 352)

Trinidad Das beschauliche Trinidad ist möglicherweise die verführerischste und besterhaltene Stadt in der Karibik und voll mit kolonialem Barock. (S. 307)

Nachtleben & Tanz

Santa Clara Hier passieren die großen Dinge immer zuerst: Hierher zieht es Shows und Rock 'n' Roll und alles, was es noch so dazwischen gibt. (S. 292)

Variété Kubas farbenprächtiges kitschiges Variété, wie das **Tropicana** in Havanna, ist eines der Elemente aus vorrevolutionären Tagen, das einfach nicht totzukriegen ist. (S. 146)

Casas de la Trova Kubas altmodische, heruntergekommenen Musikhäuser wollen das Wesen der traditionellen kubanischen Musik lebendig halten. (S. 461)

Union of Cuban Writers and Artists (Uneac) Kulturzentren voller künstlerischer Talente. Der Eintritt ist frei und jeder wird wie ein vermisster Freund begrüßt. Leiter der Truppe ist El Hurón Azul in Havanna. (S. 124)

Ruinen

Gran Hotel & Balneario Das Gerippe dieses Hotels und Badehauses liegt verlassen mitten in der Provinz Matanzas. (S. 252)

Hacienda Cortina Ein surreales Herrenhaus auf einem Grundstück voller Pflanzen und Statuen; teilweise restauriert. (S. 210)

Antiguo Cafetal Angerona Romantische Überreste einer alten Kaffee-Farm vor den Toren der Stadt Artemisa. (S. 164)

Sierra del Rosario Reserve Überreste einiger der ältesten Kaffee-Farmen liegen in diesem Unesco-Biosphärenreservat. (S. 169)

Presidio Modelo Auf der Isla de la Juventud wartet Kubas gruseligstes Gefängnis mit seinen runden Zellengebäuden darauf, die Besucher in Angst zu versetzen. (S. 185)

Tierwelt

Ciénaga de Zapata Auf einem Bootsausflug kann man einen Mikrokosmos kubanischer Tierwelt erleben, darunter das bedrohte kubanische Krokodil. (S. 255)

Parque Nacional Alejandro de Humboldt Ein extrem hoher Grad an Endemismus macht den Humboldt-Park zu einer ökologischen Rarität. Hier hat der kleinste Frosch der Welt seine Heimat gefunden. (S. 497)

Sierra del Chorrillo Nichtheimische exotische Tiere, wie Zebras und Rotwild, in einer typisch kubanischen Graslandszenerie. (S. 365)

Río Máximo An der Nordküste von Camagüey trifft man auf die weltgrößte Kolonie brütender Flamingos. (S. 360)

Guanahacabibes Krabben und Leguane liefern sich auf den Straßen in Kubas Westen einen Kampf mit den Jeeps. (S. 217)

Tauchen & Schnorcheln

Isla de la Juventud La Isla ist berühmt für ihr klares Wasser, in dem auch ein Unterwasserfotowettbewerb stattfindet. (S. 178)

Jardines de la Reina Dieser geschützte Archipel hat überhaupt keine Infrastruktur und bietet einigen der unberührtesten Riffe der Karibik Schutz. (S. 344)

María la Gorda Über 50 leicht zugängliche Tauchspots machen diesen kleinen Urlaubsort vor dem westlichstem Zipfel Kubas zum Paradies für Taucher. (S. 218)

Bahia de Cochinos Einst war die Schweinebucht aus einem anderen Grund berüchtigt und ist heute als leicht zugängliche Tauchgegend bekannt. (S. 258)

Playa Santa Lucía Es lohnt sich, einen Urlaub in diesem schäbigen Urlaubsort zu wagen, weil man dafür dort wirklich die besten Tauchabenteuer der kubanischen Nordküste erleben kann. (S. 366)

Entspannungs- urlaub

Varadero Das größte Urlaubs- gebiet Kubas ist zwar nicht jedermanns Geschmack, aber ungeheuer populär. (S. 224)

Cayo Coco Inselparadies, das mit dem Festland mit einen Damm ver- bunden ist. Cayo Coco hat weniger hohe Gebäude und ist unaufdringli- cher als Varadero. (S. 344)

Guardalavaca Drei getrennte Enklaven an der Nordküste von Holguín bieten Urlaubspakete ganz verschiedener Preisklassen, von der teuren bis zur Schnäpp- chenabteilung, an. (S. 403)

Cayerías del Norte Die sich im- mer noch weiter entwickelnden *cayos* in der Provinz Villa Clara warten mit den vornehmsten Resorts des Landes auf. (S. 300)

Cayo Largo del Sur Kubas abgeschiedenste Urlaubsinsel ist nicht besonders kubanisch, aber die Strände dort gehören zu den besten des Landes. (S. 187)

Playa Santa Lucía Das alte und ein wenig vernachlässigte Strandgebiet im Norden von Camagüey bietet noch immer die besten Schnäppchen und hervor- ragende Tauchspots. (S. 366)

Weiße Sandstrände

Playa Sirena Riesiger, fußball- feldgroßer Strand auf einer im Grunde privaten Touristeninsel

Oben: „Che Guevara mit Kind" (Estatua Che y Niño) von Casto Solano (S. 287), Santa Clara

Unten: Straßenmarkt in Trinidad (S. 307)

mit vielen Schatten spendenden Palmen. (S. 187)

Varadero 20 km ununterbrochen Strand – es hat schon seinen Grund, dass Varadero die größte Urlaubsregion der Karibik ist. (S. 224)

Playa Las Tumbas An der Westspitze Kubas liegt Las Tumbas im Biosphärenreservat Guanahacabibes; noch unberührtes Terrain. (S. 217)

Playa Maguana Windgepeitschte Wellen und kleine Wölkchen tragen das ihre zur himmlischen Atmosphäre am schönsten Strand von Baracoa bei. (S. 496)

Playa Pilar Hemingways beliebtester Strand kommt in jedem Reisemagazin vor und liegt vor großen Dünen und einem Strandimbiss, in dem Hummer gegrillt wird. (S. 348)

Playa Bonita Der einzige zugängliche Strand auf dem unbewohnten Cayo Sabinal. Um dorthin zu kommen, muss man eine Bootsüberfahrt von Playa Santa Lucía machen. (S. 366)

Geschichte der Revolution

Santa Clara Die „Che-Stadt" beherbergt Guevaras Mausoleum, unzählige Standbilder und ein Freilichtmuseum. (S. 284)

Bayamo Die unaufdringliche Hauptstadt der Provinz Granma, wo sich 1868 Kubas erste Revolution entzündete. (S. 413)

Sierra Maestra Voller historischer Bedeutung, einschließlich Castros Hauptquartier auf dem Bergrücken aus der Zeit des Revolutionskrieges. (S. 423)

Santiago de Cuba In der selbst ernannten „Stadt der Revolutionäre", genauer gesagt in der Moncada-Kaserne, inszenierte Castro seinen ersten Aufstand. (S. 438)

Museo de la Revolución In Kubas umfassendstem Museum zum Thema kann man sich in alles, was zur Revolution dazugehört, vertiefen. (S. 80)

Indigene Kultur

Museo Chorro de Maita Die wichtigste archäologische Stätte Kubas; alle Erkundungen zur präkolumbischen Zeit sollten hier beginnen. (S. 403)

Museo Indocubano Bani Bescheidenes, aber engagiert geführtes Museum in Kubas archäologischer „Hauptstadt" Banes. (S. 407)

Sendero Arqueológico Natural el Guafe Ein kurzer Weg führt im Westen der Provinz Granma zu einer Höhle, in der eine Wassergottheit der Taino in den blanken Felsen geritzt ist. (S. 432)

Museo Arqueológico 'La Cueva del Paraíso' Innovatives Museum in einer Höhle nahe bei einigen der ältesten präkolumbischen Überresten des Landes. (S. 487)

Boca de Guamá Etwas kitschiger Versuch, ein Dorf der Taíno nachzubilden und es als Touristenhotel durchgehen zu lassen. (S. 254)

Cueva de Punta del Este Große Sammlung an Höhlenmalereien, die zu Recht als die „Sixtinische Kapelle der Karibik" bezeichnet wird. (S. 187)

Piraten & Festungen

Die Festungen von Havanna Vier der schönsten Beispiele der Militärarchitektur des 16. Jhs. auf dem Doppelkontinent (S. 78)

Castillo de San Pedro de la Roca del Morro 200 Jahre hat die Errichtung von La Roca in Santiago gedauert und gehört

heute zum Weltkulturerbe der Unesco. (S. 450)

Castillo de Nuestra Señora de los Ángeles de Jagua Diese kleine, wenig besuchte Bastion vor den Toren der Stadt Cienfuegos ist 275 Jahre alt, aber in immer noch erstaunlich gutem Zustand. (S. 266)

Baracoa Kubas erste Stadt am Platze besitzt drei trutzige Festungen, die heute jeweils ein Museum, ein Hotel und ein Restaurant beherbergen. (S. 487)

Matanzas Das einst von den Briten stark zerstörte Castillo de San Severino in Matanzas birgt heute ein interessantes Sklavenmuseum, das allerdings nur wenig besucht wird. (S. 240)

Livemusik

Casas de la Música Die beiden Casas de la Música in Havanna verbinden Livemusik großer Künstler mit spätabendlichem Tanz. (S. 123)

Casas de la Trova *Son* (kubanische Musikrichtung) und Bolero (Ballade) geben diesen Kulturhäusern in jeder kubanischen Provinzstadt einen altmodischen Touch. Top-Tipp dieses Reiseführers ist das Kulturhaus in Baracoa. (S. 494)

La Tumba Francesa Geheimnisvolle *folklórico*-Tanztruppen führen in Guantánamo (S. 484) und Santiago de Cuba (S. 460) musikalische Riten mit Einflüssen aus Haiti auf.

Straßenrumba Das Salz der Erde. Havanna (S. 122) und Matanzas (S. 247) haben sich auf hypnotisierende Trommelklänge und entsprechende Tanzrituale spezialisiert.

Jazz Die besten Jazzveranstaltungen Kubas finden in Havannas Viertel Vedado statt: im Jazz Café (S. 122) und im Jazz Club la Zorra y El Cuervo (S. 122).

Monat für Monat

Januar

Der Tourismus läuft auf Hochtouren und das ganze Land befindet sich im Auftrieb. Kaltfronten bringen gelegentlich kühle Abende mit sich.

Día de la Liberación

Die Kubaner begrüßen das neue Jahr mit gegrilltem Schweinefleisch und einer Flasche Rum. Gleichzeitig feiern sie auch die Revolution, den Jahrestag des Sieges von Fidel Castro im Jahr 1959.

Incendio de Bayamo

1869 brannte Bayamo nieder. An dieses Ereignis der Stadtgeschichte erinnern die Bewohner mit einem großen *espectáculo* aus Musik und Theater. Höhepunkt ist ein besonders prächtiges Feuerwerk.

Februar

Die Hochsaison setzt sich fort und die große Nachfrage führt oft zu Überbuchungen, besonders bei Mietwagen. Aufgrund des ruhigen Meeres und des beständigen Wetters ist das Wasser sehr klar. Dies ist die ideale Zeit zum Tauchen und Schnorcheln.

Feria Internacional del Libro

1930 fand die Internationale Buchmesse Kubas zum ersten Mal in Havannas Fortaleza de San Carlos de la Cabaña statt. Nach einiger Zeit zieht sie von dort in andere Städte weiter. Zu den Highlights zählen Buchpräsentationen, Lesungen und die Vergabe des renommierten Preises Casa de las Américas. (S. 91)

Tauchen bei klarer Sicht

Ruhiges Wasser sorgt für klares Wasser fürs Tauchen, besonders an der Südküste Kubas. Die besten Tauchreviere des Landes, La Isla de la Juventud und Playa Girón, bieten nun ideale Bedingungen für Unterwasseraufnahmen.

Habanos Festival

Messestände, Seminare, Verkostungen und Besichtigungen von Tabakplantagen locken die Liebhaber des Tabaks alljährlich zum Zigarrenfest nach Havanna. Es gibt Wettbewerbe im Zigarrenrollen, Preisverleihungen und ein Gala-Dinner.

März

Der Frühling ist die beste Jahreszeit, um wilde Tiere und Zugvögel zu beobachten. Aufgrund der trockenen Witterung ist dies auch die ideale Zeit zum Wandern, Radfahren und für andere Outdoor-Aktivitäten.

Carnaval – Isla de la Juventud

Das große Fest des Jahres auf der sonst so verschlafenen Isla de la Juventud. Bei Paraden wird marschiert, riesige puppenartige Köpfe ziehen vorbei, Rodeos und Sportveranstaltungen finden statt, und vielleicht wird auch ein bisschen getrunken. (S. 181)

Festival Internacional de Trova

Das Fest findet seit 1962 zu Ehren des *trova*-Pioniers Pepe Sánchez in den Parks, Straßen und Musikhallen von Santiago de Cuba statt. Dann steht alles im Zeichen dieses beliebten Genres.

Vogelbeobachtung

Im März schließen sich Zugvögel aus Nord- und Südamerika den einheimischen Vögeln an, um in wärmere oder kältere Gefilde zu ziehen. Ideal, um das Fernglas auszupacken!

April

Sparsame Kuba-Reisende sollten die Osterferien meiden, weil dann die Preise und Besucherzahlen erheblich ansteigen. Ansonsten ist der April eine angenehme Reisezeit und ideal zum Fliegenfischen an der Südküste.

Semana de la Cultura

In der ersten Aprilwoche gedenkt Baracoa der Ankunft von Antonio Maceo in Duaba am 1. April 1895 mit einem rauschenden Karnevalsumzug entlang des Malecón. Dann erklingt die heimische *nengon*- und *kiribá*-Musik, und man kann die Angebote der Ortsküche kosten.

Bienal Internacional de Humor

Dieses einzigartige Event findet in San Antonio de los Baños in der abgelegenen Provinz Artemisa statt. Im Museo del Humor versuchen talentierte Zeichner, sich gegenseitig mit witzigen Karikaturen zu übertrumpfen. (S. 163)

Festival Internacional de Cine Pobre

Mit diesem Fest werden in Gibara Kinofilme zelebriert, die mit kleinem oder ohne Budget produziert wurden. Das Festival wurde 2003 von dem inzwischen verstorbenen kubanischen Regisseur Humberto Sales ins Leben gerufen und wird seither jedes Jahr veranstaltet. Zu den Highlights zählen Film-Workshops und Diskussionen darüber, wie man mit wenig Geld Filme dreht.

Mai

Mai ist der preiswerteste Monat, sozusagen der Übergang von der Winter- zur Sommersaison. Überall purzeln die Preise und auch die Hotels bieten jetzt Sonderkonditionen.

Romerías de Mayo

Dieses religiöse Fest wird in der ersten Maiwoche in Holguín begangen. Höhepunkt ist eine Prozession zum Loma de la Cruz, einem Schrein auf einem 275 m hohen Hügel. (S. 389)

Cubadisco

Jährlich stattfindendes Treffen ausländischer und kubanischer Plattenfirmen und -produzenten. Cubadisco bietet Konzerte, eine Musikmesse sowie eine der Grammy-Nominierung ähnliche Preisverleihung für die besten Musikgenres, von Kammermusik bis Pop.

Día Internacional Contra Homofobia y Transfobia

Kubas größte Pride Parade wird seit 2008 am 17. Mai abgehalten. *Congas* (Musikgruppen) schwenken auf der Calle 23 in Havanna Trommeln, Trompeten und Regenbogenfahnen. Das ist der Höhepunkt einer drei Wochen langen Schwulen- und Lesbenveranstaltung mit Workshops, Diskussionen und Ausstellungen.

Juni

Im Juni beginnt die Hurrikan-Saison. Hier und da finden in der Provinz Esoterik-Events statt. Die Preise sind noch niedrig. Aufgrund der Hitze und zunehmenden Luftfeuchtigkeit bleiben Europäer und Kanadier nun fern.

Festival Nacional de Changüí

Seit 2003 feiert Guantánamo mit diesem Musikfestival im Mai oder Juni seine indigene Musik. Empfehlenswert ist Elio Revé Jr. mit seinem Orchester.

Jornada Cucalambeana

Kubas Volksliedfest mit den geistreichen zehnzeiligen *décimas* (Strophen) wird 3 km außerhalb von Las Tunas im Motel el Cornito veranstaltet. Früher lebte hier der König der Volksmusik, Juan Fajardo „El Cucalambé". (S. 373)

Festival Internacional „Boleros de Oro"

Das Festival wird von Uneac, der Vereinigung

kubanischer Schriftsteller und Künstler, organisiert; begründet hat es 1986 der kubanische Komponist und Musikwissenschaftler José Loyola Fernández als internationale Hommage an diesen kubanischen Musikstil. Die meisten Events finden im Teatro Mella in Havanna statt. (S. 124)

⭐ Fiestas Sanjuaneras

Trinidads temperamentvoller Karneval am letzten Juniwochenende ist ein Tummelplatz für *vaqueros* (Cowboys), die mit ihren Pferden durch Kopfsteinpflastergassen galoppieren.

Juli

Im Hochsommer machen die Kubaner Urlaub und die Strände, rustikalen *campismos* und preiswerteren Hotels sind überfüllt. Im Juli werden gleich zwei der heißesten Events des Landes abgehalten: der Karneval von Santiago und die alljährlichen „Polemics" am 26. Juli.

⭐ Festival del Caribe and Fiesta del Fuego

Das sogenannte Festival karibischer Kultur Anfang Juli in Santiago beinhaltet Ausstellungen, Tanz, Gesang, Dichtkunst sowie religiöse Rituale aus der gesamten Karibik.

⭐ Día de la Rebeldia Nacional

Am 26. Juli gedenken die Kubaner Fidel Castros 1953 gescheiterten Angriff auf Santiagos Moncada-Kaserne. Der Tag gilt als Natio-

nalfeiertag und bietet den Parteiführern die Gelegenheit, bombastische Reden zu halten. Es gibt *un poco* (ein bisschen) Politik und *mucho* (viel) Essen, Trinken und natürlich Spaß.

⭐ Carnaval de Santiago de Cuba

Ende Juli ereignet sich der zweifellos größte und farbenfroheste Karneval der Karibik: Santiagos berühmte Party ist ein Gemisch aus Festwagen, Tänzern, Rum, Rumba und mehr. Es geht äußerst *caliente* (heiß) her und jeder kann mitmachen.

August

Während Santiago noch seinen Rausch ausschläft, bereitet sich Havanna auf seine jährliche Party vor. Die Strände und *Campismos* sind immer noch mit kubanischen Urlaubern überfüllt und die Hotels ächzen unter einem neuen Ansturm europäischer Touristen.

⭐ Festival Internacional Habana Hip-Hop

Das von der Asociación Hermanos Saíz – der Jugendorganisation der Uneac – organisierte jährliche Hip-Hop-Festival in Havanna bietet jungen musikalischen Talenten eine Chance, zu improvisieren und Ideen auszutauschen.

⭐ Carnaval de la Habana

Umzüge, Tanz, Musik, farbenfrohe Kostüme und eindrucksvolle Masken – Havannas alljährliche Sommerparty ist vielleicht

nicht so bekannt wie die in Santiago de Cuba. Die Umzüge und Feiern entlang dem Malecón stellen jedoch die Bemühungen anderer Karnevalsstädte in den Schatten.

September

September ist der Höhepunkt der Hurrikan-Saison. Aus Angst vor einem „ganz Großen" bevorzugen viele ein sehr sicheres Quartier. Die Zahl der Besucher erreicht einen neuen Tiefpunkt. Die Sturm-Resistenten profitieren jetzt von niedrigen Preisen und fast leeren Stränden. Einige Einrichtungen schließen.

⭐ Fiesta de Nuestra Señora de la Caridad

Regelmäßig am 8. September pilgern zahlreiche kubanische Gläubige zur Basílica de Nuestra Señora del Cobre in der Nähe von Santiago, um Kubas Schutzheilige zu ehren – und ihr Santería-Gegenstück *orisha*. (S. 473)

Oktober

Bis Ende des Monats halten Sturmwarnungen und Dauerregen selbst die abgehärtetsten Urlauber fern. Obwohl die Ruhe in Havanna recht angenehm sein kann, kommt das Leben in den Ferienorten fast zum Erliegen. Es ist langweilig und totenstill.

⭐ Festival Internacional de Ballet de la Habana

Auf diesem vom kubanischen Nationalballett ausgerichteten Event treffen sich Tanztruppen, Ballerinas und ein gemischtes Publikum aus Ausländern und Kubanern eine Woche lang zu Ausstellungen, Gala-Abenden und Ballettvorführungen. Seit seiner Gründung im Jahr 1960 wird das Festival nun alle zwei Jahre abgehalten. (S. 91)

✈ Festival del Bailador Rumbero

Ab dem 10. Oktober feiert Matanza zehn Tage lang den Rumba. Talentierte einheimische Musiker zeigen im Tetro Sauto, was sie drauf haben. (S. 243)

November

Invasion aus dem Norden bei gleichzeitiger Hotelpreiserhöhung! Über ein Viertel der Besucher kommt aus Kanada, und zwar Anfang November, wenn es in Vancouver und Toronto kalt wird.

✈ Benny Moré International Music Festival

Bei diesem alle zwei Jahre stattfindenden Festival (jeweils in den Jahren mit ungerader Jahreszahl) wird der Barbar des Rhythmus und seine charmante Musik geehrt. Zentrum der Feierlichkeiten ist das kleine Geburtsstädtchen des Sängers, Santa Isabel de las Lajas in der Provinz Cienfuegos. (S. 268)

✈ Fiesta de los Bandas Rojo y Azul

Das geheimnisvolle Fest in Majagua in der Provinz Ciego de Ávila gilt als wichtigster Ausdruck der ländlichen kubanischen *campesino*-Kultur. Es spaltet den Ort in zwei Teams (rot und blau), die sich gegenseitig ausgelassene Wettkämpfe in Tanz und Musik liefern.

🏃 Marabana

Zum beliebten Marathon in Havanna finden sich zwischen 2000 und 3000 Teilnehmer aus der ganzen Welt ein. Das Sportevent geht über zwei Runden, daneben gibt es auch Halbmarathons und Rennen über 5 bzw. 10 km.

✈ Ciudad Metal

Als dieses Festival für Hardcore Punk und Metal 1990 zum ersten Mal in Santa Clara stattfand, galt es schon als eher ausgefallen. Kubanische Bands rocken das heimische Baseball Stadion, bis es bebt.

Dezember

Weihnachten und Neujahr ist in Kuba Hauptsaison. Die Hotelpreise liegen jetzt doppelt so hoch und die Zimmer sind schnell ausgebucht. In diesem Monat gibt es einige ausgelassene Feste mit Feuerwerk. Es empfiehlt sich, im Voraus zu buchen!

✈ Festival Internacional del Nuevo Cine Latinoamericano

Weithin gepriesene Ehrung der großen kubanischen Filmkultur mit vielen Anspielungen auf andere lateinamerikanische Länder. Findet in verschiedenen Kinos und Theatern Havannas statt. (S. 91)

✈ Festival Internacional de Jazz

Die Crème de la Crème der kubanischen Musikfestivals kommt jedes Jahr im Dezember wie ein Weihnachtsgeschenk daher. In der Vergangenheit hat es die Großen des Jazz angezogen, wie z. B. Dizzy Gillespie und Max Roach, aber genauso gut eine ganze Schar kubanischer Talente.

✈ Procesión de San Lázaro

Alljährlich am 17. Dezember finden sich die Kubaner in Massen am Santuario de San Lázaro in Santiago de las Vegas außerhalb von Havanna ein. Einige kommen auf blutenden Knien, andere gehen kilometerweit barfuß, um böse Geister auszutreiben oder für erfüllte Wünsche zu danken. (S. 151)

✈ Las Parrandas

Jedes Jahr an Heiligabend steigt in Remedios, Provinz Villa Clara, ein wahrhaft verschwenderisches Feuerwerk. Der Ort teilt sich in zwei Teams, die darum wetteifern, wer die farbenprächtigsten Festwagen und die lautesten Knaller präsentiert. (S. 296)

✈ Las Charangas de Bejucal

Wem Las Parrandas nicht gefällt, der kann stattdessen Las Charangas in Bejucal, Provinz Mayabeque, besuchen. Dieses Fest bietet eine lärmende Alternative zum Feuerwerk-Fieber weiter östlich. Die beiden Teams der Stadt heißen *Espino de Oro* (Goldener Dorn) und *Ceiba de Plata* (silbrig-seidener Baumwollbaum).

Reiseplanung
Reiserouten

Der Klassiker

Der Klassiker unter den Routen ist für jeden zu empfehlen, der das erste Mal in Kuba weilt, viel sehen will und bereit ist, weit zu fahren. Die Route erstreckt sich zwischen den beiden konkurrierenden Städten Havanna und Santiago und bietet unterwegs die meisten historisch wichtigen Highlights. Die Víazul-Busse fahren alle nachfolgenden Ziele an.

In **Havanna** verliebt sich der Reisende ins klassische Kuba mit seinen Museen, Festungen, Theatern und mit seinem Rum. Minimum drei Tage sollten schon sein, um die drei Hauptviertel Habana Vieja, Centro Habana und Vedado erkunden zu können.

Danach geht es in westlicher Richtung in die ländliche Idylle rund um **Viñales**, um dort einige Tage zu wandern, Höhlenklettern zu betreiben und sich in einem Schaukelstuhl auf einer Terrasse eines Hauses aus kolonialen Zeiten zu entspannen. Täglich fahren Busse von Viñales ins französisch angehauchte **Cienfuegos**, eine architektonische Liebeserklärung an den Klassizismus des 19. Jhs. Nach einer gallischen Nacht und kubanischer Musik geht die Fahrt weiter ins koloniale **Trinidad**, wo es mehr Museen pro Kopf

Havanna (S. 61)

gibt als irgendwo sonst in Kuba. Die *casas particulares* (Privatunterkünfte) ähneln hier historischen Denkmälern, sodass es sich lohnt, drei Nächte zu bleiben. Am zweiten Tag kann man sich von der Geschichtsträchtigkeit lösen und zwischen Strand (Playa Ancón) und Natur (Topes de Collantes) wählen. **Santa Clara** gehört für Verehrer von Che Guevara zum Pflichtprogramm (Mausoleum), bietet aber auch luxuriöse Privatzimmer und ein ausschweifendes Nachtleben. Ein Tipp sind der Club Mejunje und die Bar La Marquesina. Östlich lädt **Camagüey** zu Erlebnissen ein: ein Irrgarten voller katholischer Kirchen und riesiger *tinajones* (Tontöpfe). **Bayamo** ist der Ort, in dem sich einst die Revolution entzündete; die Stadt veranstaltet heute ein Straßenfestival, bei dem man samstags dabei sein sollte. Viel Zeit muss man für die Kulturangebote von **Santiago de Cuba** einplanen, wo die Pläne der Rebellen ausgeheckt wurden. Cuartel Moncada, Cementerio Ifigenia und das Kastell Morro bieten Programm für zwei Tage. Das Beste zum Schluss aufbewahren: eine lange Fahrt über die Berge ins entfernte **Baracoa**, um sich dort zwei Tage bei Kokosnüssen, Schokolade und anderen tropischen Köstlichkeiten zu entspannen.

GOLF VON
MEXIKO

HAVANNA
Matanzas
Varadero
Cárdenas
Las
Terrazas
San Miguel de los Baños
Viñales
Boca de Guamá
Ciénaga de
Zapata
Cienfuegos
Playa
Girón

KARIBISCHES
MEER

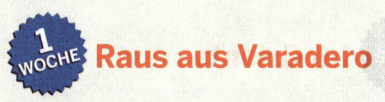

1 WOCHE **Raus aus Varadero**

Varadero bietet preiswerte Pauschalangebote und ist ein beliebtes Reiseziel. Aber wenn alle genug vom Strand haben, was soll der Abenteurer dann noch anfangen? Vieles. Die genannten Orte sind per Bus zu erreichen.

Man nimmt einen Bus Richtung Westen und hält zum Mittagessen in **Matanzas**. Dort besuchen Gäste das Museo Farmaceútico, schauen ins Teatro Sauto und kaufen ein handgefertigtes Buch bei Ediciones Vigía. Wer sich nur langsam Richtung Havanna bewegen will, sollte den Hershey-Zug nehmen und durch die Felder der Provinz Mayabeque gleiten. In einem Hotel im Kolonialstil verbringt man die Nacht in **Havanna** und bewundert am nächsten Tag die Sehenswürdigkeiten im Altstadtviertel Habana Vieja. Zu den wichtigen Stopps gehören die Kathedrale, das Museo de la Revolución und ein Bummel auf dem Malecón. Am nächsten Tag wendet man sich westwärts nach **Las Terrazas**, einem Öko-Resort, das wie eine Million Meilen von der lärmenden Hauptstadt entfernt erscheint (es sind nur 55 km). Hier kann man beim Baden in den Baños del San Juan Vögel beobachten und sich im Hotel Moka erholen. Diese Route kann man auch um zwei Tage verlängern, um weiter westlich nach **Viñales**, einem malerischen Ort des Weltkulturerbes, zu reisen. Hier kann man in einer *casa particular* übernachten, einen der besten Schweinebraten Kubas essen und wandern, um sich dann auf einer Terrasse im Kolonialstil in einen Schaukelstuhl fallen zu lassen. Zurück Richtung Osten lockt viel Natur, und zwar in **Boca de Guamá**, einem nachgebildeten Dorf der Taíno mit Krokodilfarm und Bootsfahrten auf einem See. Nun beschafft man sich eine (private) Unterkunft für ein oder zwei Nächte in **Playa Girón**, wo man entweder tauchen oder einen Ausflug in die Tierwelt der **Ciénaga de Zapata** unternehmen kann. Einige Autostunden östlich liegt die Stadt **Cienfuegos** mit Boutiquehotels und Kreuzfahrten bei Sonnenuntergang. Auf der Strecke zurück nach Varadero kann man ein noch geheimnisvolleres und in dem einstigen, heute schon halbverfallenen Badeort **San Miguel de los Baños** ein staubigeres Kuba aus einer vergangenen Zeit entdecken. Der Ort in der Provinz Matanzas besitzt ein großes, heute leerstehendes Hotel. Der letzte Stop vor der Rückkehr nach Varadero ist **Cárdenas**, Standort dreier Museen.

Oben: Hotel am Meer, Punta Gorda (S. 270)
Unten: Öko-Dorf, Las Terrazas (S. 167)

Im Oriente

12 TAGE

Im Oriente ist es so, als sei man in einem anderen Land; die Menschen machen hier vieles anders, so wird es in Havanna erzählt. Die Rundfahrt umgeht die kubanische Hauptstadt und konzentriert sich auf die kulturell reiche, unabhängige östliche Region. Da die Verkehrsanbindungen hier sehr schlecht sind, empfiehlt es sich, ein Auto zu mieten.

Als Ausgangsort bietet sich **Santiago de Cuba** an, die Stadt der Revolutionäre, der Kultur und der Tanztruppen des *folklórico*. Hier gibt es Geschichte (Kastell Morro), Musik (Kubas echte Casa de la Trova) und Religion (Basílica de Nuestra Señora del Cobre). Am zweiten Tag sollte man Zeit für den Parque Bacanao und die verfallenen Kaffeefarmen rund um **Gran Piedra** einplanen. Linienbusse fahren Richtung Osten in die Berge der Provinz Guantánamo. Man sollte in **Guantánamo** übernachten, um die *changüí*-Musik zu erleben und dann die Passstraße „Farola" nach **Baracoa** hinaufzufahren. Dort verbringt man drei Tage – mit Zeit am Strand von Playa Maguana, einer Erkundung des Parque Nacional Alejandro de Humboldt und einem Tag, um die Rhythmen in sich aufzunehmen. Richtung Norden über Moa ist es ein schwieriger Weg, der dann mit Taxi oder Mietwagen zum **Cayo Saetia**, einem Key mit einem Hotel, zurückgelegt werden muss. Hier schmücken leere Strände ein ehemaliges Jagdrevier. **Pinares del Mayarí** thront in den Bergen der Sierra Crystal inmitten riesiger Wasserfälle und seltener Pflanzenwelt. Wanderungen, gepaart mit Erholung in ländlicher Idylle, gehören zum Angebot des mit der Region gleichnamigen Hotels. Wer noch einen halben Tag Zeit hat, sollte einen Abstecher zum **Museo Conjunto Histórico de Birán** erwägen, um dort eine Farmkommune zu erleben, die auf Fidel Castro zurückgeht. Ein freier Tag in **Bayamo** mit seinen Kleinstadtmuseen ist angebracht, bevor man **Manzanillo** besucht. Hier können die Samstagabende lebhaft werden. Abenteuerliche Verkehrswege führen nach Niquero und in die Nähe des **Parque Nacional Desembarco del Granma**, der berühmt ist für seine angehobenen Meeresterrassen und Überreste indigener Kulturen. Übernachten kann man in einem Resort-Hotel von **Marea del Portillo**, bevor es über die Küstenstraße nach Santiago geht.

Oben: Castillo de San Pedro de la Roca del Morro (S. 450), Santiago de Cuba
Unten: Casa Natal de Carlos Manuel de Céspedes (S. 413), Bayamo

MATYAS REHAK/SHUTTERSTOCK ©

IAN NELLIST/ALAMY ©

FLORIDASTRASSE

Museo Conjunto
Histórico
de Birán

Cayo
Saetía

Pinares de
Mayarí

Baracoa

Manzanillo   Bayamo

Guantánamo

Gran
Piedra

Santiago
de Cuba

Parque Nacional
Desembarco del
Granma

Marea del
Portillo

KARIBISCHES
MEER

Kuba: Abseits der üblichen Pfade

FLORIDA (USA)

JOBO ROSADO

Das kleine, kaum bekannte Naturschutzgebiet im Norden der Provinz Sancti Spíritus erreicht man am besten von Yaguajay aus. Ecotur ermöglicht Wanderungen: an Flussläufen entlang, durch Wälder und Karstlandschaft. (S. 332)

SAN MIGUEL DE LOS BAÑOS

Die verschlafene Stadt lockt mit den prachtvollen Ruinen eines ehemaligen Hotels und eines Bades. Auf einem steilen Berg wurde ein Kreuzweg angelegt. (S. 251)

GOLF VON MEXIKO

Floridastraße

HAVANNA

Matanzas

Artemisa Güines San Miguel de los Baños Colón Sagua la Grande

Pinar del Rio Santa Clara

Bahía de Cortés *Golfo de Batabanó* Cienfuegos

Bahía de Cochinos (Schweinebucht)

Playa las Tumbas Isla de la Juventud Trinidad

KARIBISCHES MEER

CAYMAN ISLANDS (GB)

GEORGE TOWN

PLAYA LAS TUMBAS

Kubas einsamster und schönster Strand befindet sich im Westen der Isla Grande. Eingefasst wird er vom Parque Nacional Península de Guanahacabibes und einem Unesco-Biosphärenreservat. (S. 217)

DIE SÜDLICHE ISLA

Höhlenmalereien, wild lebende Affen, verlassene Strände und riesige Sümpfe bestimmen das Bild auf der Südhälfte der Isla de la Juventud. Sie ist militärisches Sperrgebiet und gleichzeitig ein Nationalpark. (S. 178)

BAHAMAS

ATLANTISCHER OZEAN

SIERRA DEL CHORRILLO

Die Provinz Camagüey überrascht mit einem herrlich grünen Hochland. Man logiert in einer alten Hacienda, reitet auf einem edlen Ross und hält nach seltenen Vögeln und versteinerten Bäumen Ausschau. (S. 365)

STRÄNDE BEI GIBARA

Auf geht's im international kaum bekannten Gibara: Per Boot oder auf holprigen Pfaden gelangt man von dort zu einsamen Stränden, die Playa Blanca oder Playa Caletones heißen. Sogar Höhlen kann man hier erkunden. (S. 395)

Caibarién
Mayajigua
Jobo Rosado Morón
Reserve
Ciego de Ávila
Sancti
Spíritus
Nuevitas
Camagüey
Golfo de Ana María
Playa Blanca
Gibara
Las Tunas
Holguín
Santa Cruz del Sur
Moa
Golfo de Guacanayabo
Baracoa
Manzanillo
Bayamo
Guantánamo
Santiago de Cuba

SANTA CRUZ DEL SUR

Der Fischerort verschwand beim Hurrikan von 1932 komplett von der Landkarte. Heute betrachtet man hier ein paar Denkmäler und eine hübsche *casa*, bevor man von hier zu den stillen *cayos* der Jardines de la Reina aufbricht.

JAMAIKA

VON BARACOA NACH HOLGUÍN

Wie sähe das wohl aus: ein herrliches, artenreiches Naturareal (Parque Nacional Alejandro de Humboldt), kombiniert mit den allerhässlichsten Industrieanlagen, die man sich nur denken kann (Moa)? Wer sich auf diese selten befahrene Nebenstraße wagt, wird es herausfinden. (S. 496)

KARIBISCHES MEER

Taucher in den Jardines de la Reina (S. 344)

Reiseplanung

Outdoor-Aktivitäten

Wer Zweifel an Kubas Möglichkeiten für Outdoor-Aktivitäten hegt, braucht sich nur folgende Fakten vor Augen zu führen: sechs Unesco-Biosphärenreservate, kristallklares Wasser, Tausende Höhlen, drei Gebirgsketten, zahllose Vogelarten, das zweitgrößte Korallenriff der Erde, fast unberührte tropische Regenwälder und Sumpfgebiete in menschenleerer Landschaft.

Nützliche Tipps

Zugänglichkeit

Der Zugang zu vielen Parks und Schutzgebieten in Kuba ist eingeschränkt und kann nur im Zuge einer vorgebuchten Führung oder einer organisierten Exkursion erfolgen. Wer unsicher ist, sollte sich an das Reisebüro **Ecotur** (☎7-273-1542; www.ecoturcuba.tur.cu) wenden.

Private Führer

Seit der Lockerung der Wirtschaftsbeschränkungen im Jahre 2011 ist es privaten Einzelpersonen erlaubt, sich als Outdoor-Guides zu betätigen, wobei es allerdings noch keine völlig von der Regierung unabhängige Reiseagenturen gibt. Die meisten privaten Führer arbeiten mit den *casas particulares* oder Hotels zusammen und sind in der Regel sehr gut. Wer unsicher ist, ob sein Führer auch wirklich ein offizieller Guide ist, sollte sich dessen von der Regierung ausgestellte Lizenz zeigen lassen.

Touren vorbuchen

Die folgenden Agenturen organisieren Outdoor-Touren von außerhalb Kubas aus:

Scuba en Cuba (www.scuba-en-cuba.com) Tauchexkursionen.

Exodus (www.exodus.co.uk) Bietet eine 15-tägige Wandertour an.

WowCuba (www.wowcuba.com) Hat sich auf Radtouren spezialisiert.

Outdoor-Möglichkeiten

Abenteuerlustige Reisende, die sich bereits bei Rum, Zigarren und Salsa aufgewärmt haben, wird es in Kuba nie langweilig werden. Hier kann man auf dem Highway radeln, angeln (und trinken) wie Ernest Hemingway, auf Guerilla-Pfaden wandern, aus einem Flugzeug in die Tiefe springen oder ein gesunkenes spanisches Schiffswrack vor der schillernden Südküste entdecken.

Weil es an modernen Entwicklungen fehlt, sind die Outdoor-Aktivitäten in Kuba erfrischend „grün", d. h. ohne abgasver-

seuchte Straßen und wachsende Vororte, die in anderen Ländern häufig die unberührte Landschaft bedrohen.

Auch wenn die Freizeitangebote nicht mit denen in Nordamerika oder Europa mithalten können, sind die Möglichkeiten in Kuba gut und entwickeln sich stetig weiter. Service und Infrastruktur sind sehr unterschiedlich, je nachdem, welche Aktivitäten man sucht. So sind die Tauchzentren des Landes im Allgemeinen hervorragend, und die Lehrer dort haben internationales Kaliber. Naturkundler und Ornithologen der verschiedenen Nationalparks, der Pflanzen- und Wildreservate sind ähnlich pflichtbewusst und gut qualifiziert. Wanderungen wurden traditionellerweise immer reglementiert und unterliegen leider vielen Vorschriften, aber das ist in den letzten Jahren besser geworden. So gibt es heute Agenturen wie Ecotur, die eine große Bandbreite an Wanderungen in bisher nie betretene Gebiete und sogar mehrtägige Wandertouren anbieten. Radtouren kann man problemlos selbstständig unternehmen. Kanufahren und Klettern sind in Kuba noch recht junge Sportarten, die unter den Einheimischen viel Zustimmung, allerdings wenig öffentliche Unterstützung finden – bis jetzt.

Man kann in Kuba für die geplanten Aktivitäten ganz vernünftige Outdoor-Ausrüstung ausleihen (außer fürs Radfahren). Wer seine eigene Ausrüstung dabei hat und davon am Ende der Reise irgendetwas an jemandem vor Ort verschenkt (Kopflampen, Schnorchelbrillen, Flossen), wird dankbare Empfänger vorfinden.

Boot- & Kajakfahren

Bootsverleiher gibt es an den vielen Binnenseen des Landes. Hier sind vor allem die Laguna de la Leche, Laguna la Redonda und die Liberación de Florencia in Ciego de Ávila zu nennen, außerdem Embalse Zaza in der Provinz Sancti Spíritus. Am Río Canímar bei Matanzas kann man Ruderboote ausleihen und auf diesem Mini-Amazonas zwischen den dschungelbedeckten Ufern dahingleiten.

Kanu- und Kajaksport ist in Kuba nicht sonderlich bekannt und gilt eher als harmloses Strandvergnügen. An vielen Touristenstränden werden einfache Kanus verliehen, mit denen man ein wenig herumplanschen kann – für mehr sind sie meist nicht zu gebrauchen.

Tauchen

An erster Stelle steht in Kuba das Sporttauchen. Selbst Fidel Castro liebte es (in jungen Jahren), einen Taucheranzug anzulegen und in die schillernden Tiefen des Atlantik oder der Karibik hinabzutauchen (sein Lieblingsort zum Tauchen war offenbar das wenig besuchte Archipel Jardines de la Reina). Diese Vorliebe des kubanischen Führers war in der Tat so bekannt, dass die CIA angeblich einmal überlegt hat, einen Anschlag auf Castro durchzuführen, indem sie einen Sprengsatz in einer Muschelschale verstecken und diese auf dem Meeresgrund auslegen wollte.

Die Tauchgebiete sind in Kuba einfach hervorragend. Am besten ist es, man konzentriert sich auf ein einziges Gebiet und versucht nicht, mehrere Reviere „abzuhaken". Die schönsten Orte – die Jardines de la Reina, María la Gorda und die Isla de la Juventud – sind recht abgelegen und erfordern einige Zeit zur Anreise (und gute Vorplanung). Die geschütztere Südküste hat vermutlich das klarste Wasser und das verlässlichste Wetter, an der Nordküste

Schnorcheln in der Bahía de Cochinos (S. 258)

wartet dagegen eines der größten Riffe der Erde – und schlecht ist es hier auch nicht.

Was das Tauchen in Kuba so einzigartig macht, sind das kristallklare Wasser (durchschnittlich kann man 30 bis 40 m unter Wasser sehen), die Wärme des Wassers (mit durchschnittlich 24 °C), Korallen und Fische in Hülle und Fülle, gute Erreichbarkeit (einschließlich einiger Riffe, die man schwimmend erreichen kann) und faszinierende Schiffswracks (Kuba war im 17. und 18. Jh. Anlaufstelle schwerer Galeonen, die wegen der rauen See oder Piratenüberfällen häufig sanken).

Schnorcheln

Man muss gar nicht sehr tief eintauchen, um in Kubas tropischem Aquarium das Glück zu finden. Schnorchler gleiten einfach vom Ufer in Playa Girón in der Schweinebucht oder an der Playa Coral und Playa Jibacoa an der Nordküste östlich von Havanna hinaus aufs Wasser. Alternativ organisieren die meisten Tauchschulen für geringe Gebühren auch Schnorchelausflüge.

GUTE AGENTUREN

Ecotur (www.ecoturcuba.tur.cu) Veranstaltet organisierte Wanderungen, Trekkingtouren, Angel- und Vogelbeobachtungs-Exkursionen in Gebiete, die sonst gar nicht zugänglich wären. Büros finden sich in jeder Provinz: Die Hauptstelle ist in Havanna (S. 131).

Campismo Popular (www.campismopopular.cu) Betreibt Kubas mehr als 80 *campismos* (Chalets auf dem Lande). In jeder Provinzhauptstadt gibt es Büros für die Reservaciones de Campismo.

Marlin Náutica y Marinas (www.nauticamarlin.tur.cu) Staatliche Gesellschaft, die viele kubanische Jachthäfen managt. Sie bietet zudem verschiedene Angel-, Tauch- und Bootsexkursionen sowie weitere Wassersportmöglichkeiten an.

Strand in der Nähe von Varadero (S. 224)

Gute Bootsausflüge für Schnorchler gibt es besonders rund um die Isla de la Juventud und den Cayo Largo, aber auch in Varadero und in der Gegend um Cienfuegos und Guajimico. Wer viel schnorcheln will, sollte seine eigene Ausrüstung mitbringen, denn das geliehene Zeug kann zerfleddert sein, und die Sachen in Kuba zu kaufen, geht zu Lasten des Portemonnaies und der Qualität.

Angeln

Hochseeangeln

Ernest Hemingway hatte Recht. Der schnell fließende Golfstrom an der Nordküste Kubas nährt ganzjährig hervorragende Fischgründe mit Fächerfisch, Thunfisch, Makrele, Schwertfisch, Barrakuda, Marlin und Hai. Hochseeangeln ist für viele eine Art Initiationsritus und eine gute Methode, um sich zu entspannen, Freundschaften zu schließen, Bier zu trinken, Sonnenuntergänge zu beobachten und einfach die Sorgen des Alltags zu vergessen. Es ist nicht überraschend, dass das Land viele Möglichkeiten für Sportangler

bietet, und jeder kubanische Schiffskapitän tritt auf, als sei er direkt den Seiten von Hemingways Klassiker entsprungen.

Das beste Zentrum zum Hochseeangeln ist Cayo Guillermo, die kleine (damals noch unbewohnte) Insel, die in Hemingways *Inseln im Strom* vorkommt. Papa lebt hier zwar nicht mehr, aber es gibt noch immer eine ganze Menge Fische. Eine weitere gute Möglichkeit bietet Havanna mit seinen beiden Jachthäfen: dem einen in Tarará und dem anderen, besseren, der Marina Hemingway im Westen.

Insgesamt bieten die Haupturlaubsorte Kubas Hochseeangeln zu ganz ähnlichen Preisen. Man sollte mit ungefähr 280 CUC$ für einen halben Tag und 450 CUC$ für einen ganzen Tag für vier Personen inklusive Mannschaft und geöffneter Bar an Bord rechnen.

Fliegenfischen

Fürs Fliegenfischen eignen sich besonders die seichten Stellen in Küstennähe. Die klassischen Gebiete sind Las Salinas in der Ciénaga de Zapata, die geschützten Gewässer rund um Cayo Largo del Sur, Teile der Isla de la Juventud und vor allem

ROSTISLAV AGEEV/SHUTTERSTOCK©

Ein besonderes Ereignis für Fliegenfischer ist es, an einem einzigen Tag einen Tarpon, einen Bonefish und einen Permit zu fangen. Das nennt sich dann „Grand Slam". Einen „Superslam" kann man feiern, wenn dazu noch ein Snook mit nach Hause genommen werden kann. Die beste Saison zum Fliegenfischen ist in diesem Teil Kubas die Zeit von Februar bis Juni. Da viele Inseln, Riffe und Sandbänke eher abgelegen sind, werden Angelausflüge meist mit Booten unternommen, auf denen man auch übernachten kann. Koordiniert werden solche Ausflüge von einer Agentur, die sich **Avalon** (www.cubandivingcenters.com) nennt (S. 344).

Die Nordküste ist ein wahres Paradies für Fliegenfischer. Am bekanntesten sind die immer noch unbewohnten Keys Cayo Romano und Cayo Cruz im Norden der Provinz Camagüey. Die Ausflüge werden dort von Ecotur (S. 357) koordiniert.

Süßwasserangeln

Das Süßwasserangeln ist in Kuba weniger bekannt als das Fliegenfischen, aber genauso lohnend. Viele Amerikaner und Kanadier kommen extra wegen der vielen Binnenseen hierher. Fliegenfischen im Süßwasser geht hervorragend in der riesigen Ciénaga de Zapata in Matanzas, wohin begeisterte Angler mehrtägige Angelausflüge unternehmen. Die *trucha* (Forellenbarsch) wurde im frühen 20. Jh. von

das unbewohnte Nirvana des Archipels Jardines de la Reina. Der Archipel ist ein Nationalpark und streng geschützt. Man kann hier 25 verschiedene Fischarten an ein und demselben Tag bekommen.

TAUCHZENTREN

Alles in allem gibt es in Kuba 25 anerkannte Tauchzentren in 17 verschiedenen Gebieten. Die Mehrzahl der Zentren liegt in der Hand von Marlin Náutica y Marinas (www.nauticamarlin.com), aber auch von **Gaviota** (☎7-204-5708; www.gaviota-grupo.com). Obwohl die Qualität der Ausrüstung stark variieren kann, können die Taucher im Allgemeinen mit einem sicheren, professionellen Service mit medizinischer Unterstützung rechnen. Schwieriger wird es erst, wenn man umweltgerecht tauchen will. Hier sollte sich der Einzelne unbedingt selbst kundig machen. Die meisten Tauchschulen haben Zertifikate von Scuba Schools International (SSI), American Canadian Underwater Certification (ACUC) und Confédération Mondiale de Activités Subaquatiques (CMAS) und bieten Kurse in verschiedensten Sprachen, darunter Spanisch, Englisch, Französisch, Deutsch und Italienisch, an. Wegen der nach wie vor bestehenden Embargo-Gesetze der USA werden in Kuba allerdings keine PADI-Zertifikate (Professional Association of Diving Instructors) ausgestellt.

Tauchgänge und -kurse sind auf der gesamten Insel verhältnismäßig preiswert zu haben – ab 25 bis 50 CUC$ pro Tauchgang, oft mit einem Mengenrabatt nach vier oder fünf Tauchgängen. Kurse mit vollständigem Abschlusszertifikat kosten 310 bis 365 CUC$ und Einführungstauchkurse (z. B. in Resorts) 50 bis 60 CUC$.

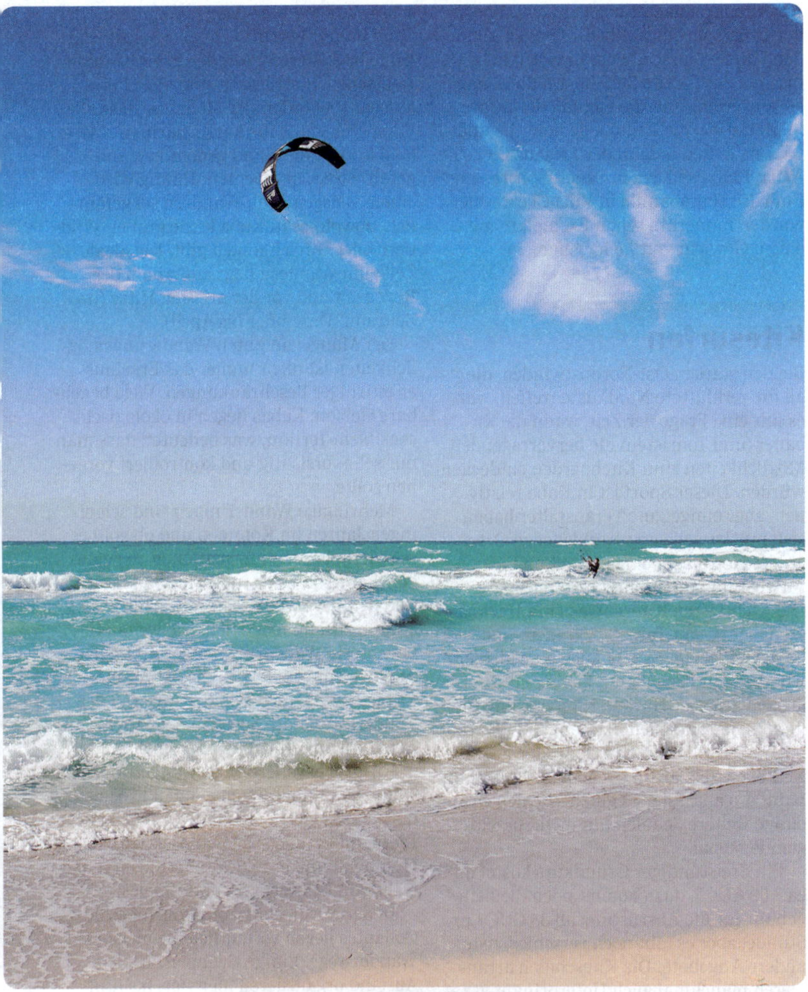

MATYAS REHAK/SHUTTERSTOCK ©

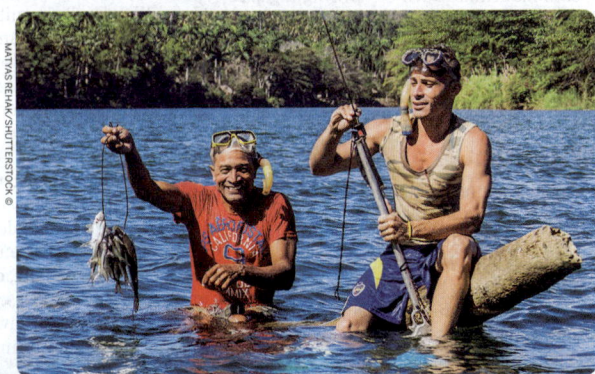

Oben: Kitesurfer, Varadero (S. 224)
Unten: Angeln bei Baracoa (S. 487)

Amerikanern nach Kuba gebracht. Wegen der günstigen Umweltbedingungen gibt es den Forellenbarsch heute in vielen kubanischen Seen. Gute Stellen, um die Angel auszuwerfen, sind die Laguna del Tesoro in Matanzas, die Laguna de la Leche und Laguna la Redonda in der Provinz Ciego de Ávila, Embalse Zaza in Sancti Spíritus und Embalse Hanabanilla in Villa Clara – hier wurden immerhin schon Exemplare mit einem Gewicht von 7,6 kg gefangen!

Kitesurfen

Bei den starken Ost-Nordostwinden, die an die zerklüftete Nordküste treffen, war es nur eine Frage der Zeit, wann die Kubaner (und Touristen) die hervorragenden Möglichkeiten zum Kiteboarden entdecken würden. Dieser Sport ist in Kuba relativ neu, aber einige gute Veranstalter haben sich mittlerweile an verschiedenen Orten an der Nordküste eingerichtet und bieten Ausrüstungsverleih und Unterricht an. Die wichtigsten Kitezentren sind Havana (genauer gesagt Tarará), Varadero und Cayo Guillermo. Es gibt auch eine kleinere Kiteszene in Playa Santa Lucía und Guardalavaca. Der Havana Kiteboarding Club (S. 155) betreibt Niederlassungen in Havanna, Cayo Guillermo und Guardalavaca. Die Ke Bola Kiteboarding School (S. 226) ist in Varadero ansässig. Es gibt an beiden Orten einige weitere Schulen mit mehrsprachigem Personal.

Ein dreistündiger Grundkurs kostet ab ca. 150 CUC$, dazu kommt noch die Leihgebühr für die Ausrüstung ab 35 CUC$ pro Stunde, aber es gibt noch verschiedenste andere Angebote. Die Kiteschulen arrangieren manchmal auch Unterbringungspakete in verschiedenen Strandhotels. Informationen sind auf den jeweiligen Websites zu finden.

Wandern & Trekking

Europäische und nordamerikanische Wanderfreaks aufgepasst: Zwar sind die Möglichkeiten zum Wandern in Kuba enorm, doch die Möglichkeiten der Wanderer, sich frei zu bewegen, sind stark eingeschränkt, u. a. durch schlecht gepflegte Wege, schlechte Beschilderung, fehlendes Kartenmaterial und drakonische Beschränkungen, was das Wandern mit oder ohne Führer betrifft. Kubaner selbst sind keine begeisterten Wanderer wie etwa die Deutschen. Stattdessen sind viele Parkaufsichtsbehörden der Meinung, dass alle Wanderer selbst für kurze, harmlose Wege (5–6 km) an die Hand genommen und geführt werden möchten. Häufig wird einem weisgemacht, Wandern sei gefährlich, obwohl es in Kuba keine großen Wildtiere oder Giftschlangen gibt. Die ideale Zeit zum Wandern liegt außerhalb der Regenzeit und vor der größten Hitze (im Zeitraum Dezember bis April).

Der Mangel an guten Wanderungsmöglichkeiten ist nicht immer das Ergebnis engstirniger Beschränkungen. Viele begehbare Gebiete Kubas liegen in ökologisch sensiblem Terrain, was bedeutet, dass man nur sehr vorsichtig und kontrolliert vorgehen sollte.

Mehrtägige Wanderungen sind seit einigen Jahren im Kommen und obwohl es schwierig ist, an Informationen zu gelangen, kann man sich in der Sierra Maestra und der Sierra del Escambray ganz gute Touren zusammenstellen. Die weitaus beliebteste Wanderung ist der dreitägige Aufstieg zum Gipfel des Pico Turquino. Es bieten sich auch Wanderungen in den Wäldern rund um Soroa in der Provinz Artemisa an.

Anspruchsvollere Tageswanderungen sind Bergwanderungen auf den El Yunque bei Baracoa, der Rundweg Balcón de Iberia im Parque Nacional Alejandro de Humboldt und einige Wanderungen in der Nähe von Las Terrazas und Viñales.

In der Naturschutzzone von Topes de Collantes liegen vermutlich die meisten Wanderwege. Einige Gruppen aus dem Ausland organisieren hier vier- bis fünftägige Wanderungen mit Startpunkt am Lago Hanabanilla und Zielpunkt im Parque el Cubano. Wer so etwas für eine Gruppe organisieren möchte, sollte sich im Informationsbüro von Carpeta Central in Topes de Collantes im Voraus schlaumachen.

Zu weiteren, ganz harmlosen Wanderungen zählen die Cueva las Perlas und Del Bosque al Mar auf der Península de Guanahacabibes, die geführte Tour im Parque Natural el Bagá, der El-Guafe-Weg im Parque Nacional Desembarco del Granma und der kurze Rundweg in der Reserva Ecológica Varahicacos in Varadero. Einige

Mit dem Fahrrad unterwegs nach Trinidad (S. 307)

dieser Wanderungen sind nur mit Führung möglich und alle Wege kosten Eintritt.

Wer alleine wandern will, braucht Geduld, Entschlossenheit und einen guten Orientierungssinn. Zudem helfen die Einheimischen in den *casas particulares* gerne weiter. Man sollte es erst einmal mit dem Salto del Caburní oder Sendero la Batata in Topes de Collantes oder den verschiedenen Wanderungen bei Viñales versuchen. Zudem gibt es einen guten Wanderweg für Alleinreisende bei Marea del Portillo und einige tolle Möglichkeiten bei Baracoa – am besten fragt man die Einheimischen!

Radfahren

Mit dem Fahrrad kann man Kuba am besten aus nächster Nähe erkunden. Recht anständige und vor allem leere Straßen, eine wunderschöne Landschaft und die Möglichkeit, in entlegenere Gebiete zu kommen und dort Einheimische zu treffen, machen das Radfahren zu einem echten Vergnügen. Wer nicht dauernd radeln möchte, kann sich tageweise ein

Rad leihen. Das ist in den letzten Jahren immer beliebter geworden. Einige Hotels verleihen Fahrräder für rund 3 bis 7 CUC$ pro Tag. Die größeren All-inclusive-Resorts in Varadero und Guardalavaca sind am besten, weil sie die Nutzung eines Fahrrads oft schon in ihren Pauschalpaketen mit anbieten; allerdings ist es sehr unwahrscheinlich, dass diese Fahrräder eine Gangschaltung haben. Wenn man in einer *casa particular* übernachtet, wird der Gastgeber in der Regel schon irgendetwas Fahrbares zurechtbasteln. Einige *casa*-Besitzer vermieten mittlerweile sogar Fahrräder aus dem Ausland, die gut genug sind, eine Tagesfahrt aufs Land zu unternehmen (etwa 10 bis 15 CUC$ pro Tag).

Ambitionierte Radler, die mehrtägige Radtouren planen, sollten ihr eigenes Fahrrad mitbringen sowie eine ganze Palette an Ersatzteilen. Da organisierte Radtouren hier seit Langem verbreitet sind, haben Zollbehörden, Taxifahrer und Hotelangestellte schon viel Übung mit verpackten Fährrädern.

Höhepunkte für Radfahrer sind unter anderem das Valle de Viñales, die Gegend um Trinidad einschließlich der rasanten

Bergsteiger im Valle de Viñales (S. 193)

Fahrt hinunter nach Playa Ancón, die ruhigen Zick-Zack-Strecken durch Guardalavaca und die Ausfallstraßen aus Baracoa hinaus nach Playa Maguana (nordwestlich) und Boca de Yumurí (südöstlich).

Größere Herausforderungen bietet La Farola zwischen Cajobabo und Baracoa (21 km lang bergauf), die holprige, aber dafür spektakuläre Küstenstraße zwischen Santiago und Marea del Portillo – die man am besten in drei Tagesetappen aufteilt mit Übernachtungen in Brisas Sierra Mar los Galeones und Campismo la Mula – oder für echte Extremsportler die absolut steile Bergstraße von Bartolomé Masó nach Santo Domingo in der Provinz Granma.

Gute Radtouren in Havanna und Umgebung für Privatleute organisiert CubaRuta Bikes (S. 92).

Mit den vielen *casas particulares*, die überall preiswerte Übernachtungsmöglichkeiten bieten, machen Radtouren richtig Spaß, allerdings nur, solange man der Autopista und Havanna fernbleibt.

Off-Road-Fahren mit dem Rad gibt es in Kuba noch nicht und es ist generell verboten.

Reiten

Kuba besitzt eine schon sehr alte Cowboy-kultur, und somit gibt es im ganzen Land Reitmöglichkeiten, die entweder in staatlicher oder auch in privater Hand liegen. Wer ein Pferd privat mieten möchte, sollte zuallererst den Zustand des Tieres und der Ausrüstung kontrollieren. Ein schlecht gepflegtes Pferd zu reiten, quält das Tier und ist auch potenziell gefährlich.

Die staatseigenen Pferdeställe der Gesellschaft Palmares besitzen zahlreiche rustikale Ranches in ganz Kuba, die den Touristen das Gefühl traditionellen Landlebens vermitteln sollen. All diese Ställe bieten geführte Reitausflüge an, in der Regel für rund 6 CUC$ pro Stunde. Gute *ranchos* finden sich in Florencia in der Provinz Ciego de Ávila und Hacienda la Belén (S. 365) in der Provinz Camagüey. Der Rancho la Guabina (S. 217) ist ein Pferdezuchtzentrum bei Pinar del Río, das sowohl Pferdeshows als auch Reitabenteuer anbietet.

Trinidad und Viñales sind die besten Orte Kubas, um reiten zu gehen.

Klettern

Das Valle de Viñales wird häufig als das beste Klettergebiet der westlichen Hemisphäre bezeichnet. Heutzutage stehen mehr als 150 Strecken zur Verfügung (in allen Schwierigkeitsgraden; einige als YDS-Klasse 5.14 eingestuft). Hier trifft sich die Gemeinschaft internationaler Kletterer und schafft sich in einer der schönsten Landschaften Kubas eine eigene Szene. Individualreisende werden die Freiheit schätzen lernen, die ihnen als Kletterern gelassen wird.

Obwohl man das ganze Jahr über klettern kann, kann die Hitze doch sehr belastend sein, sodass die Einheimischen sich in der Regel an die Zeit von Oktober bis April halten – mit besonders guten Kletterbedingungen im Dezember und Januar.

Weitere Informationen gibt es bei Cuba Climbing (www.cubaclimbing.com) oder direkt in Viñales. Es sollte nicht verschwiegen werden, dass das Klettern im Valle de Viñales eigentlich noch immer nicht gestattet ist, obwohl der Sport dort sehr verbreitet ist, und der Verstoß in der Regel keine rechtlichen Folgen hat. Man wird weder verwarnt noch verhaftet, klettert aber auf eigene Gefahr. Man sollte extrem vorsichtig sein und unter keinen Umständen etwas tun, was das empfindliche Ökosystem im Parque Nacional Viñales beschädigen könnte.

Höhlen erforschen

Die karstigen Landschaften Kubas sind mit Höhlen nur so gespickt – über 20 000 sind bis jetzt bekannt – , und Höhlenerkundungen sind sowohl für Freizeittouristen als auch professionelle Höhlenforscher möglich.

Die Gran Caverna de Santo Tomás (S. 203) bei Viñales ist mit über 46 km Stollen Kubas größte Höhle und ist im Rahmen einer Führung zugänglich. Die Cueva de los Peces (S. 257) bei Playa Girón ist ein mit Wasser gefüllter *cenote* (Krater), in dem man wunderbar schnorcheln kann. Die Cuevas de Bellamar (S. 240) bei Matanzas bieten ebenfalls täglich Führungen an, wohingegen die mit Fledermäusen bevölkerte Cueva de Ambrosio (S. 225) in Varadero auf eigene Faust erkundet werden kann.

Höhlenspezialisten haben praktisch eine unbegrenzte Auswahl an Höhlen. Mit vorheriger Anmeldung kann man tief in die Gran Caverna de Santo Tomás vordringen oder die Cueva Martín Infierno in der Provinz Cienfuegos besuchen, die den größten Stalagmiten der Welt in sich birgt. Die Cueva San Catalina bei Varadero ist berühmt für ihre einzigartigen Pilzformationen.

Höhlen tauchen ist ebenfalls möglich, aber nur für gut ausgebildete Taucher.

Reiseplanung

Reisen mit Kindern

Alle Kubaner mögen Kinder, und alle Kinder mögen Kuba. Willkommen in einem Land, wo die Kinder noch unbeschwert auf der Straße spielen können und die Kellner unbewusst den Kopf des Kleinkindes tätscheln, wenn sie am Tisch der Gäste vorbei zur Küche gehen. Die Unterhaltungsmöglichkeiten für Kinder sind hier einfach herrlich altmodisch: Also keine raffinierten Computerspiele benutzen, sondern einfach auf der Plaza mit einem selbst gemachten Baseballschläger und einem Plastikball umhertollen.

Top-Regionen für Kinder

Havanna

Habana Vieja hat sich kaum verändert, seit dort der Film *Fluch der Karibik* gedreht wurde, und für Kinder gibt es in den Festungen, Museen und engen Straßen und auf den zahlreichen Plätzen jede Menge zu entdecken. Havanna besitzt außerdem den größten Vergnügungspark (Isla del Coco) von Kuba und das beste Aquarium.

Varadero

In Kubas größtem Urlaubsort gibt es zahllose auf Kinder zugeschnittene Aktivitäten, darunter Unterhaltungsshows, Sport, Spiele am Strand sowie Bootsfahrten.

Trinidad

Die Südküste bietet jede Menge preiswerter *casas particulares*, eine ideale Möglichkeit für die Kinder, kubanische Familien kennenzulernen. Hinzu kommen der herrliche Strand (Playa Ancón), leicht zugängliche Schnorchel-Gewässer, etliche angenehme Freizeitaktivitäten (Reiten ist besonders beliebt) – und der Familienurlaub ist perfekt.

Kuba für Kinder

Was Einrichtungen für Kinder betrifft, ist die Lage in Kuba ein wenig widersprüchlich. Auf der einen Seite ist die kubanische Gesellschaft ungemein kinderfreundlich und sehr rücksichtsvoll. Auf der anderen Seite ergibt sich aus der wirtschaftlichen Situation nahezu zwangsläufig, dass westliche Errungenschaften wie Rampen für Kinderwagen, öffentliche Wickeltische und überhaupt grundlegende Sicherheitsvorkehrungen kaum zu finden sind. Einen wirklich internationalen Standard an Ausstattungen für Kinder findet man nur in den modernen Resorts; viele davon betreiben sogar eigene „Kid's Clubs".

Highlights für Kinder

Festungen & Burgen

➡ **Fortaleza de San Carlos de la Cabaña** (S. 78) In der riesigen Festung von Havanna finden sich Museen, Festungsmauern und eine eindrucksvolle nächtliche Kanonenzeremonie mit Soldaten in historischen Uniformen.

⇒ **Castillo de San Pedro de la Roca del Morro** (S. 450) Die auf der Liste des Unesco-Welterbes verzeichnete Festung von Santiago ist für ihr sehenswertes und aufregendes Piratenmuseum bestens bekannt.

⇒ **Castillo de la Real Fuerza** (S. 69) Diese mitten in Havanna gelegene Burg besitzt einen tiefen Burggraben, mächtige Aussichtstürme und ein maßstabgetreues Modell spanischer Galeonen.

Spielplätze

⇒ **Parque Maestranza** (S. 67) Einige Hüpfburgen, kleinere Fahrgeschäfte und süße Snacks und das alles mit Blick auf den Hafen von Havanna.

⇒ **Isla del Coco** (S. 140) Ein riesiger, ziemlich neuer von den Chinesen finanzierter Vergnügungspark im Playa-Viertel von Havanna.

⇒ **Parque Lenin** (S. 152) In Havanna. Etwas rustikalere Spielplatzgeräte, Boote, ein Minizug und Pferdeverleih.

Begegnung mit Tieren

⇒ **Acuario Nacional** (S. 140) Im Bezirk Miramar von Havanna. Verschiedene Nachbildungen des küstennahen Ökosystems von Kuba mit einer Meereshöhle und einem Mangrovenwald im größten Aquarium des Landes,

⇒ **Criadero de Cocodrilos** (S. 472) Vom halben Dutzend Krokodilfarmen des gesamten Landes liegt die beste in Guamá in der Provinz Matanzas.

⇒ **Reiten** Ist in ganz Kuba möglich und wird gewöhnlich von rustikalen *fincas* (Höfen) auf dem Lande angeboten, so etwa in Pinar del Río und Trinidad.

Festivals

⇒ **Las Parrandas** Ein großes Feuerwerk, jede Menge Rauch und riesige bunte Festumzugswagen: Die Heiligabendparty von Remedios ist ein Wahnsinnsspaß für Kinder und Erwachsene gleichermaßen.

⇒ **Carnaval de Santiago de Cuba** Mit Umzugswagen und Tanz ist es eine farbenfrohe Feier der karibischen Kultur; findet jedes Jahr im Juli statt.

⇒ **Carnaval de la Habana** Noch mehr Musik, Tanz und Nachbildungen von Personen, dieses Mal auf dem Malecón von Havanna, und das im August.

Reiseplanung

Reisende mit Kindern sind in Kuba kein außergewöhnlicher Anblick. Der Trend ist stark steigend, weil in den letzten Jahren mehr Amerikaner kubanischen Ursprungs mit Kindern im Schlepptau ihre Familien besuchen. Sie sind die beste Quelle für die wichtigsten Informationen vor Ort. Als Vorwarnung sei angemerkt, dass Körperkontakt und menschliche Wärme ganz typisch für Kuba sind: Da kommen fremde Leute und begrüßen die Kinder überschwänglich, geben ihnen einen Kuss oder nehmen sie ganz selbstverständlich an die Hand. Nur keine Aufregung, das ist einfach nur typisch kubanisch.

Die einheimischen Kinder rennen in Kuba frei herum, und durch den starken Zusammenhalt in der Gemeinschaft ist die Sicherheit auch der fremden Kinder kein Problem, solange man die normalen Vorsichtsmaßnahmen ergreift. Vorsicht ist im gnadenlosen Straßenverkehr und an ungesicherten Straßenbaustellen geboten. In fast allen Bereichen fehlen moderne Sicherheitsvorkehrungen.

Für Kuba benötigen Kinder keine speziellen Impfungen; allerdings sollte man am besten vorab mit dem Hausarzt klären, ob im Einzelfall bestimmte Vorkehrungen ratsam sind. In Kuba sind Medikamente Mangelware, also sollte man alles, was eventuell unterwegs benötigt wird, schon zu Hause einpacken. Nützlich sind insbesondere Paracetamol, Ibuprofen, Mittel gegen Übelkeit und Hustentropfen. Wer ins Flachland reist, darf einen Schutz gegen Insekten nicht vergessen. Auch Windeln und Babynahrung sind in Kuba nicht leicht erhältlich, man sollte sie also besser selbst mitbringen. Nützlich ist auch eine Kopie der Geburtsurkunde mit den Namen beider Eltern, vor allem, wenn die Eltern unterschiedliche Nachnamen tragen.

Kindersitze sind in Kuba nicht verpflichtend, und daher fehlen sie auch in Taxis und Mietwagen. Wer ein Auto mieten will, sollte den eigenen Kindersitz mitbringen. Hochstühle sind in Restaurants auch so gut wie nicht vorhanden, aber die Kellner werden versuchen, etwas zu improvisieren. Dasselbe gilt für Reisebettchen. Die Straßenbeläge in Kuba sind nicht für Kinderwagen und Buggys gemacht. Ganz kleine Kinder sollte man daher in Kiepen oder Tüchern am Körper tragen.

Casas particulares nehmen meist gerne Familien auf und sind ausgesprochen kinderfreundlich. Gleiches gilt auch für Resorts.

Essen mit Kindern

Da bei der Zubereitung der nahrhaften, gesunden Speisen in Kuba kaum exotische Gewürze verwendet werden, schmeckt das kubanische Essen vielen Kindern recht

gut. Natürlich trägt auch die familienorientierte Einstellung auf der Insel ihren Teil dazu bei, dass sich die Kinder wohlfühlen.

In den meisten Cafés und Restaurants sind Kinder willkommen und das Personal gibt sich Mühe, die kleinen Gäste zufriedenzustellen. Reis und Bohnen werden fast überall angeboten. Hähnchen und Fisch liefern genügend Proteine. Am häufigsten fehlt frisches Gemüse – obwohl Kinder das wahrscheinlich sogar ganz in Ordnung finden.

Kuba im Überblick

Havanna

**Museen
Architektur
Nachtleben**

Kubas Provinzen sind über die ganze Hauptinsel verstreut, wobei die eigenständige Isla de la Juventud im Südwesten oft übersehen wird. Sämtliche Provinzen liegen dicht am Meer und verfügen über wunderschöne Strände; die besten davon erstrecken sich an der Nordküste. Allgegenwärtig sind die bewegte Geschichte der Insel, die beeindruckende koloniale Architektur sowie die vielen Spuren aus der Vergangenheit, die an die Revolution von 1959 erinnern. Im Osten erhebt sich die höchste Bergkette der Insel, die Sierra Maestra. Im südlichen Zentrum erhebt sich eine weitere bedeutende Bergkette, die Sierra del Escambray. Zu den unberührten Gegenden Kubas zählen die Zapata-Sümpfe, die Meeresterrassen von Granma, die tropischen Regenwälder bei Guantánamo sowie die unbewohnten nördlichen Keys. Sehr sehenswert sind die Städte Havanna, Santiago de Cuba, Camagüey und das koloniale Trinidad.

Museos Históricos

Das 4 km² umfassende historische Zentrum der Stadt beherbergt Museen verschiedenster Art; gezeigt wird alles Mögliche, von Schokolade bis hin zu Ausstellungsstücken über Simón Bolívar. Sehenswert sind das Museo de la Revolución und das Museo de la Ciudad, das einen Einblick in die Kulturgeschichte der Stadt gibt. Für das schöne Museo Nacional de Bellas Artes sollte ein halber Tag eingeplant werden.

Stilmischung

Ähnlich wie die Tier- und Pflanzenwelt lässt sich Havannas Architektur nur schwer einordnen und wirkt manchmal ein wenig eigenartig. Bei einem Spaziergang durch Habana Vieja und Centro Habana macht man sich am besten sein eigenes Bild.

Leben auf der Bühne

In Havanna ist jeder Musikstil vertreten, von Rumba bis hin zu glitzerndem Varieté; hier erlebt man Live-Konzerte, Straßenkünstler und ein schillerndes Nachtleben.

S. 60

Provinzen Artemisa & Mayabeque

Strände
Ökotourismus
Verlassene Plantagen

Versteckte Strände

Obwohl die Provinz Mayabeque an der Autobahn Havanna–Varadero liegt, verfügt sie über unberührte und schöne Strände, allen voran Playa Jibacoa. Am besten kommt man, bevor die ersten (in Planung) Golfplätze angelegt werden.

Kleine Fußabdrücke

Schon lange vor der weltweiten Ökobewegung praktizierten die Bewohner des weißen Ökodorfes Las Terrazas umweltfreundliches Zusammenleben. Heute hat sich daran kaum etwas geändert. Wert wird vor allem auf Nachhaltigkeit gelegt.

Ausgediente Plantagen

In Las Terrazas gibt es jede Menge Plantagen. Sie sind von Urwald bedeckt. Artemisa hat seine eigene Antiguo Cafetal Angerona, eine größere, nicht ganz so zerfallene, aber genauso verwitterte Ruine, die einst zu einer Kaffeeplantage gehörte, auf der 450 Sklaven schufteten.

S. 160

Isla de la Juventud (Sonderverwaltungsgebiet)

Tauchen
Tierwelt
Geschichte

Ins Blaue

Die außerhalb der nur schwer zugänglichen Inselgruppe Jardines de la Reina gelegene Isla hat die besten Tauchplätze in Kuba und erfreut sich großer Beliebtheit. Highlights sind das unglaublich klare Wasser, die vielen verschiedenartigen Meerestiere und ein unter Naturschutz stehender Park bei Punta Francés.

Seltene Tiere

Neben Ciénaga de Zapata ist La Isla der einzige Ort auf der Welt, wo es noch frei lebende kubanische Krokodile gibt. Mit großem Erfolg wurden sie in den Lanier-Sümpfen ausgesetzt.

Kubas Alcatraz

Nicht nur einer, sondern gleich zwei der wortgewandtesten Sprecher Kubas waren einst auf der größten und abgelegensten Insel des Archipels, die auch als großes Gefängnis fungierte, inhaftiert: José Martí und Fidel Castro. Ihre ehemaligen Kerker sind äußerst geschichtsträchtig.

S. 176

Valle de Viñales & Provinz Pinar del Río

Tauchen
Essen
Flora & Fauna

Tauchparadies

Das an der äußersten Westspitze der Hauptinsel gelegene María la Gorda ist bekannt für seine spektakulären Tauchreviere, Korallen, Schwämme und Gorgonien (Unterwasserpflanzen) sowie eine sachkundige Tauchergemeinde.

Schweinebraten

Es geht nichts über einen kubanischen Schweinebraten. Der ideale Ort dafür ist mitten unter den *guajiros* (Landbevölkerung) von Viñales. Bei ihnen gibt es riesige Portionen dieses Nationalgerichts mit Reis, Bohnen und Knollen- oder Wurzelgemüse.

Die Parks von Pinar

In keiner anderen Provinz gibt es mehr geschützte Flächen als im grünen Pinar. Wandern kann man im Parque Nacional Viñales, Meeresschildkröten zeigen sich im Parque Nacional Península de Guanahacabibes, oder man fährt nach Cueva de los Portales, um Vögel zu beobachten.

S. 192

Varadero & Provinz Matanzas

Tauchen
Flora & Fauna
Strände

Leicht zugängliche Tauchgebiete

Die Bahía de Cochinos (Schweinebucht) hat zwar nicht die besten, aber die am leichtesten zugänglichen Tauchgebiete Kubas. Faszinierend sind die korallenbesetzten Steilfelsen.

Leben im Sumpf

Im Gegensatz zu den lebhaften Touristenzentren im Norden ist die Provinz Matanzas eines der letzten Refugien für viele Wildtiere, wie z. B. kubanische Krokodile, Manatis, Hummelkolibris und Baumratten.

Die Strände von Varadero

Selbst diejenigen, die den Rummel in den Touristenorten verabscheuen, haben einen Grund, hierherzukommen: Der 20 km lange goldene Sandstrand zieht sich wie ein Streifen an der gesamten Península de Hicacos entlang. Dies ist unbestritten Kubas längster und schönster Strand.

S. 222

Provinz Cienfuegos

Architektur
Musik
Tauchen

Französischer Klassizismus

Die 1819 gegründete Stadt ist eine der jüngeren Städte Kubas. Das Zentrum von Cienfuegos besteht aus klassizistischen Fassaden und schlanken Säulen, die an das Frankreich des 19. Jhs. erinnern.

Benny Moré

Benny Moré, Kubas vielseitigster und anpassungsfähigster Musiker, beherrschte die Clubs und Tanzlokale der 1940er- und 1950er-Jahre. Seine erklärte Lieblingsstadt war Cienfuegos. Ob seine Einschätzung zutrifft, kann jeder für sich herausfinden – und auf dem Weg hierher auch das Dorf besuchen, in dem der Künstler geboren wurde.

Geheimnisse von Guajimico

Der Ort ist bei Tauchern noch ziemlich unbekannt. Ausgangspunkt ist ein komfortabler *campismo* an der warmen, ruhigen Südküste mit ihren zahlreichen Korallengärten, Schwämmen und Schiffswracks.

S. 262

Provinz Villa Clara

Strände
Geschichte
Nachtleben

Spektakuläre Keys

Zu Kubas jüngsten Ferienorten vor der Küste von Villa Clara gehören einige atemberaubende und noch ziemlich unberührte Strände, wie z. B. die öffentlich zugänglichen Strände Las Gaviotas auf Cayo Santa María und die elegantere Playa el Mégano sowie die Playa Ensenachos auf Cayo Ensenachos.

Che Guevara

Egal, ob man ihn nun hasst oder verehrt – überall stößt man auf Che Guevaras Spuren. Wer verstehen will, was in dem großen *guerrillero* einst vorging, stattet Santa Clara und Ches Mausoleum einen Besuch ab. Das Museum gibt einen Überblick über sein Leben und zeigt den historischen Ort, an dem er 1958 einen Zug überfiel.

Studentenleben

Die Stadt Santa Clara hat das trendigste Nachtleben in ganz Kuba. Die hiesige Szene lässt sich dauernd Neues einfallen.

S. 282

Trinidad & Provinz Sancti Spíritus

Museen
Wandern
Musik

Von der Revolution zur Romantik

Trinidad besitzt mehr Museen pro Quadratkilometer als jeder andere Ort außerhalb Havannas. Zu den Themen gehören Geschichtliches, Möbel, konterrevolutionäre Kriege, Keramik, zeitgenössische Kunst und Romantik.

Wanderwege

Topes de Collantes verfügt über das ausgedehnteste Wanderwegenetz Kubas und eine der schönsten Landschaften mit Wasserfällen, natürlichen Schwimmbecken, Kaffeeplantagen und seltenen Tierarten. Wanderwege gibt es auch in den Naturschutzgebieten Alturas de Banao und Jobo Rosado.

Spontane Klänge

In Trinidad – und in geringerem Umfang auch in Sancti Spíritus – gehört die Musik zum Lebensgefühl. Oft ist sie spontan. Abgesehen von Havanna finden hier die meisten und vielseitigsten Musikevents statt.

S. 305

Provinz Ciego de Ávila

Angeln
Strände
Festivals

Auf den Spuren Hemingways

Cayo Guillermo hat alles, was das Herz des Sportfischers begehrt: ein tropisches Klima und reichhaltige Fischbestände. Der Geist Ernest Hemingways ist überall präsent.

Paradies Pilar

Colorados, Prohibida, Flamingo und Pilar – die bekannten Strände der nördlichen Keys mit den wohlklingenden Namen bieten noch jede Menge Platz.

Fiestas & Feuerwerk

Keine andere Provinz richtet so viele verschiedene und – offen gestanden – teilweise sonderbare Feste aus wie Ciego, zum Beispiel das jährlich stattfindende Kricket-Turnier, ländliche Tänze, merkwürdige Voodoo-Riten und lautes Feuerwerk.

S. 334

Provinz Camagüey

Tauchen
Architektur
Strände

Haifütterung

Zugegeben, die Badeorte sind nicht gerade umwerfend, aber dafür gibt es ausgezeichnete Tauchmöglichkeiten. Playa Santa Lucía liegt auf einem der größten Korallenriffe der Welt. Sehenswert ist hier die Fütterung der Haie.

Stadtlabyrinth

Im Gegensatz zum üblichen spanischen Kolonialbaustil weist der Grundriss der Stadt ein außergewöhnliches, labyrinthartiges Muster auf. Die drittgrößte Stadt Kubas gehört seit 2008 zum Unesco-Weltkulturerbe.

Sand ohne Ende

Die Strände an der Nordküste sind einfach phänomenal, zum Beispiel die 20 km lange Playa Santa Lucía, der Robinson-Crusoe-artige Los Pinos auf Cayo Sabina und die gewundene Playa los Cocos an der Mündung von Bahía de Nuevitas.

S. 350

Provinz Las Tunas

Strände
Kunst
Festivals

Ökostrände

Die weitgehend unbekannten Ökostrände im Norden von Las Tunas werden derzeit nur von Einheimischen, Meeresvögeln und einigen eingeweihten Gästen genutzt. Hoffentlich bleibt das noch lange so!

Stadt der Skulpturen

Wer sich in den netten Straßen der Provinzhauptstadt Las Tunas umsieht, entdeckt eine esoterische Sammlung revolutionärer Führer, zweiköpfige Häuptlinge der Taíno und überdimensionierte Schreibstifte, die in Stein gearbeitet sind.

Country-Musik

Las Tunas ist die Hochburg der Campesino-Musik in Kuba und jedes Jahr Gastgeber des Cucalambeana Festivals, wo die Songwriter aus dem ganzen Lande hinströmen, um ihre geistreichen, satirischen *décimas* vorzutragen.

S. 371

Provinz Holguín

Strände
Ökotourismus
Archäologie

Wenig bekannte Strände

Die meisten Touristen zieht es an die bekannten Strände Playa Pesquero und Guardalavaca mit den großen Resorts. Nicht so überlaufen, aber genauso *linda* (schön) sind Playa Caleta in der Nähe von Gibara und Las Morales bei Banes.

Berge & Keys

Für eine Provinz mit dem größten und schmutzigsten Industriegebiet (die Moa-Nickelminen) gibt es in den Hügeln von Holguín noch erstaunlich viele grüne Kiefernwälder sowie exotische Keys. Einen Besuch wert sind Cayo Saetía und Pinares de Mayarí.

Präkolumbische Kultur

Holguín weist die größte Sammlung archäologischer Fundstücke auf. Die präkolumbische Kultur der Region wird im Museo Chorro de Maita und dem rekonstruierten Taíno-Dorf gleich nebenan präsentiert. Weitere Ausstellungsstücke stehen im Museo Indocubano Bani in der Nähe von Banes.

S. 384

Provinz Granma

Geschichte
Wandern
Festivals

Stätten der Revolution

Granma ist wohl die geschichtsträchtigste aller Provinzen. Es gibt jede Menge zu tun: eine Wanderung zum Hauptquartier, das Castro 1950 in den Bergen errichtete, ein Besuch der Zuckerfabrik, wo Céspedes die Sklaven befreite oder eine Fahrt zu jener Stelle, wo José Martí im Kampf fiel.

Den Gipfel erklimmen

Mit ihren beiden Nationalparks in der Sierra Maestra eignet sich Granma hervorragend zum Wandern. Schön ist die Wanderung zum Pico Turquino, dem höchsten Berg Kubas.

Straßenpartys

Granma ist für seine Straßenpartys bekannt. Auch die Städte Bayamo und Manzanillo feiern jede Woche ausgelassene Partys im Freien. Es gibt ganze Schweine vom Grill, Schachwettbewerbe sowie Musik von altmodischen Drehorgeln.

S. 412

Provinz Santiago de Cuba

Tanz
Geschichte
Festivals

Folklórico-Shows

Santiagos magische, mysteriöse *folklórico*-Gruppen mit ihren afrokubanischen Tänzen erinnern an die Zeit, als die Sklaven ihre Traditionen in Gesang und Tanz kleideten.

Revolutionäres Erbe

Kuba hat bereits einige Aufstände hinter sich. Die Schauplätze kann man heute noch sehen. Ausgangspunkt der Tour ist die Moncada-Kaserne, von dort geht es südlich zu den Geburtshäusern der Nationalhelden Frank País und Antonio Maceo und weiter zum Museo de la Lucha Clandestina (Museum des geheimen Kampfes).

Karibische Kultur

Santiago feiert mehr Feste pro Jahr als andere kubanische Städte. Im Juli finden die meisten Feierlichkeiten statt. Dem alljährlichen Karneval geht das Festival del Caribe zu Ehren der prachtvollen karibischen Kultur voraus.

S. 436

Provinz Guantánamo

Flora & Fauna
Wandern
Essen

Endemische Arten

Guantánamos isolierte Lage und die komplexe Bodenstruktur haben dazu geführt, dass sich eine einzigartige Tier- und Pflanzenwelt entwickeln konnte, wie sie nirgendwo sonst auf der Insel existiert. Pflanzenliebhaber sollten unbedingt den Parque Nacional Alejandro de Humboldt aufsuchen.

Unbekannte Trails

Baracoa, ökologischer Mittelpunkt der Insel, bietet ausgezeichnete Wandermöglichkeiten, z. B. zu El Yunque oder dem Parque Nacional Alejandro de Humboldt. Etwas neueren Ursprungs sind die Wege um den Río Duaba herum oder zu den Stränden in der Nähe von Boca de Yumurí.

Kokosnuss & Kakao

Einfach umwerfend sind Baracoas süß-scharfe Gerichte, die mit Produkten wie Kakao, Kaffee, Kokosnüssen und Bananen zubereitet werden.

S. 479

Reiseziele in Kuba

Havanna

7 / 2,1 MIO. EW.

Gut essen

➡ Lamparilla 361 Tapas &
Cervezas (S. 107)

➡ El Rum Rum de la Habana
(S. 106)

➡ Doña Eutimia (S. 107)

➡ Café Laurent (S. 115)

➡ Starbien (S. 115)

Schön übernachten

➡ Hotel Saratoga (S. 98)

➡ Hotel Iberostar Parque
Central (S. 98)

➡ Casavana Cuba (S. 100)

➡ Hostal Peregrino Consulado (S. 96)

Auf nach Havanna!

Havanna hätte niemand erfinden können. Dazu ist die Stadt einfach zu gewagt, zu widersprüchlich und – obwohl sie 50 Jahre lang vernachlässigt wurde – zu schön. Das Rätsel, wie Havanna das hinkriegt, muss wohl jeder selbst lösen. Vielleicht liegt es ja an der verwegenen Geschichte, die in den malerischen Straßen aus der Kolonialzeit noch greifbar scheint, an der Überlebenskunst eines Volkes, das von zwei Unabhängigkeitskriegen gezeichnet ist – einer Revoluti-on und einem US-Embargo – oder an der unermüdlichen Salsa-Energie, die von den Mauern reflektiert und von den Menschen so überaus sympathisch ausgestrahlt wird. Mit einer langen Latte an Fragen sollte jedenfalls keiner kom-men. Sondern vielmehr mit Offenheit – um sich dann ganz langsam von dieser Stadt verführen zu lassen.

Den Reisenden erwarten eine Geschichte, die sich wie ein havarierter Schatz an einem von Palmen gesäumten Strand auftürmt, Kunst und Kultur, die Paris und New York den Rang abzulaufen drohen, coole neue Cafés voller Stamm-gäste, die schon die nächste Kulturrevolution anzetteln, und nostalgische Stadtviertel, die vor Gerüchen, Rhythmen, Klatsch und authentischen Schnipseln aus dem kubani-schen Leben nur so sprühen.

Reisezeit

➡ Im Februar ist Hochsaison, und das bedeutet, dass in der Stadt besonders viel los ist, u. a. finden dann das Zigarren-festival und die internationale Buchmesse statt.

➡ Der August ist amüsant, vor allem zur Zeit des fetzigen Karnevals. Die Hitze ist um diese Zeit oft schon sehr drü-ckend. Angenehmer ist dagegen der Oktober, ein ruhiger Monat, in dem man dennoch viel unternehmen kann – z. B. das Festival Internacional de Ballet de la Habana besuchen.

➡ Im Dezember drängeln sich die die Leute dann aus gutem Grund beim Festival Internacional del Nuevo Cine Latinoame-ricano, Kubas bedeutendstem Filmfest.

Geschichte

Havanna war die westlichste und abgelegenste der ursprünglich von Diego Velázquez gegründeten Städte, und dementsprechend hart gestaltete sich anfangs das Leben. Die Siedlung wurde 1538 fast völlig ausgelöscht, als französische Piraten und einheimische Sklaven die Stadt bis auf die Grundmauern niedermachten.

Erst mit der spanischen Eroberung von Mexiko und Peru schlug das Pendel zu Havannas Gunsten aus. Die strategisch gute Lage am Golf von Mexiko machte die Stadt zum idealen Zwischenstopp für die jährlichen Flottenverbände mit ihren Schätzen. Im geschützten Hafen konnten sie sich vor der langen Fahrt nach Osten neu gruppieren. So war die Stadt gut versorgt und erlebte einen raschen und entscheidenden Aufschwung. 1607 ersetzte Havanna Santiago de Cuba als Hauptstadt.

1555 plünderten französische Freibeuter unter Führung von Jacques de Sores die Stadt; die Spanier antworteten zwischen 1558 und 1630 mit dem Bau der Festungen La Punta und El Morro, die den bereits gewaltigen Schutzring weiter verstärken sollten. Von 1674 bis 1740 wurde eine weitere starke Mauer hinzugefügt. Diese Verteidigungsstellungen hielten zwar die Piraten in Schach, erwiesen sich aber als unwirksam, als Spanien in den Siebenjährigen Krieg mit Großbritannien verwickelt wurde.

Am 6. Juni 1762 griff eine britische Armee unter dem Befehl des Earl of Albemarle die Stadt an. Sie war in Cojímar gelandet und zog ins Landesinnere Richtung Guanabacoa. Von dort aus marschierten die Truppen an der nordöstlichen Seite des Hafens entlang nach Westen und griffen am 30. Juli El Morro von hinten an. Andere Truppen landeten in La Chorrera, westlich der Stadt. Am 13. August waren die Spanier umzingelt und mussten sich ergeben. Die Briten hielten Havanna elf Monate lang besetzt.

Die britische Besatzung führte dazu, dass Spanien Havanna für einen freieren Handel öffnete. 1765 erhielt der Ort das Recht, mit sieben spanischen Städten Handel zu treiben – statt wie bisher allein mit Cádiz. Ab 1818 durfte Havanna zusätzlich seinen Zucker, Rum, Tabak und Kaffee direkt in jeden Teil der Welt verschiffen. Das 19. Jh. war eine Ära ständigen Fortschritts: 1837 kam die Eisenbahn, es folgten die öffentlichen Gaslaternen (1848), der Telegraf (1851), ein städtisches Verkehrsnetz (1862),

Telefon (1888) und elektrisches Licht (1890). Es liegt auf der Hand, dass in dieser Epoche des Wachstums und Fortschritts der Frage nach Selbstbestimmung – auch in Zusammenhang mit der Sklaverei – eine wesentliche Bedeutung zukam. Konflikt war angesagt. Als 1868 der Zehnjährige Krieg ausbrach, kam Havanna nicht in den Strudel der Gewalt, denn dort konnten reiche pro-koloniale Landbesitzer ihre Machtbasis aufrechterhalten. Ähnlich blieb auch der Unabhängigkeitskrieg (1895–1898) größtenteils auf den Osten beschränkt, obwohl es diesmal General Antonio Maceo gelang, einen Guerillatrupp gefährlich nahe an Havanna heranzuführen, bevor er 1896 bei einem Scharmützel auf einer Farm in der Nähe von Santiago de las Vegas getötet wurde. Was Havanna wirklich veränderte, war also eigentlich nicht der Krieg, sondern eher der Frieden nach dem Krieg, als die Stadt in die Hände ihrer neuen Herren fiel, der Amerikanern.

Um 1902 hatte die Stadt, die nominell zum ersten Mal in ihrer Geschichte unabhängig war, eine Viertelmillion Einwohner. Um der wachsenden Bevölkerung Platz zu bieten, breitete sie sich rasch im Westen am Malecón entlang aus, bis zu den Waldlichtungen des ehemals vor den Toren der Stadt gelegenen Vedado. Dort entstand ein neues, recht mondänes Viertel. Die Kolonialherren des 20. Jhs. waren jedoch keine Spanier, sondern Amerikaner. Zu Beginn der Prohibitionszeit kam es zu einem enormen Zustrom reicher Amerikaner nach Havanna, die sich die liberalen Alkoholgesetze Kubas zunutze machten, um so richtig auf den Putz zu hauen.

Havanna schwamm schier im Geld aus der Zuckerindustrie, und diese Finanzmittel wurden in riesige öffentliche Projekte gepumpt, beispielsweise in den Bau des prachtvollen Präsidentenpalastes und in die sagenhafte Nationalversammlung, das sogenannte Capitolio. Doch nicht das gesamte Geld wurde so sinnvoll verwendet. Die Korruption grassierte in der aufkeimenden Republik, die noch immer stark von der Unterstützung durch die USA abhängig war. Und eine ganze Reihe Präsidenten, die diese Gelder veruntreuten, gab rasch ihre großen Versprechen zugunsten von zynischem Pragmatismus auf. Die Sache spitzte sich 1933 zu, als eine Gruppe Unteroffiziere, angeführt von Feldwebel Fulgencio Batista, eine Militärrevolte

Floridastraße

Colonial Forts

Estadio Panamericano

Museo Nacional de Bellas Artes

s. Karte Parque Histórico Militar Morro-Cabaña (S. 114)

Malecón ② Malecón (Av Maceo)

3

5 1 Habana Vieja

Fábrica de Arte Cubano ⑥

s. Karte Habana Vieja (S. 66)

REGLA

Vía Blanca

Necrópolis Cristóbal Colón ⑦

s. Karte Centro Habana (S. 84)

GUANABACOA

s. Karte Vedado (S. 102)

CERRO

Havana

Fusterlandia ④

Marina Hemingway

Av 5

s. Karte Playa & Marianao (S. 138)

SAN FRANCISCO DE PAULA

Carretera Central

C 51

C 100

C 23

Av de la Independencia

Av Verona

Av San Francisco

Parque Zoológico Nacional

ARROYO NARANJO

Parque Lenin

Embalse Paso Sequito

Embalse Ejército Rebelde

Calzada de Bejucal

Río Pancho Simón

Doble Vía

Aeropuerto Internacional José Martí

Jardín Botánico Nacional

RANCHO BOYEROS

SANTIAGO DE LAS VEGAS

Santuario de San Lázaro

Mausoleo de Antonio Maceo

Highlights

① Habana Vieja (S. 64) In den stimmungsvollen Kopfsteinpflasterstraßen Alt-Havannas umherstreifen und der Fantasie freien Lauf lassen.

② Malecón (S. 80) Mit den *habaneros* herumhängen, umgeben von tosenden Wellen und fahrenden Sängern.

③ Forts aus der Kolonialzeit (S. 78) Die wuchtigen Bastionen schützten einst

Havanna vor seinen mörderischen Feinden.

④ Fusterlandia (S. 136) Einen Einblick in die erstaunliche experimentelle Straßenkunst von José Fuster gewinnen.

s. Karte Playas del Este (S. 154)

❺ Museo Nacional de Bellas Artes (S. 79) Das Museum, das sich auf zwei Standorte im Stadtzentrum verteilt, zeigt die riesige Bandbreite der kubanischen Kunst.

❻ Fábrica de Arte Cubano (S. 125) Innovative Musik hören, sagenhafte Kunst bestaunen und kreative Leute kennenlernen – all das bietet das Kulturzentrum in Vedado.

❼ Necrópolis Cristóbal Colón (S. 87) Ein Streifzug über Havannas monumentalen Friedhof.

anzettelte, um das Regime von Gerardo Machado zu stürzen, einem Demokraten, der zum Diktator verkommen war. Der Vorfall gipfelte in einer Schießerei zwischen den beiden militärischen Fraktionen im neu erbauten Hotel Nacional in Havanna.

In den 1950er-Jahren hatte sich Batista bereits als Präsident mit „starker Hand" etabliert, Havanna war eine dekadente Stadt, in der das Glücksspiel blühte und man nächtelang Partys feierte, die von amerikanischen Gangstern ausgerichtet wurden. Vermögen floss in die Taschen von verrufenen „Geschäftsleuten" wie Meyer Lansky und Santo Trafficante. Das Geschehen konzentrierte sich auf das neue Viertel Vedado, wo der Mob Luxushotels errichten ließ wie das Capri, das Habana Hilton und das Riviera, die allesamt mit angeblich „sauberen" Kasinos ausgestattet waren. Hinter den Kulissen kassierten die Handlanger von Präsident Batista jedoch zehn bis 30 % vom Profit.

Unterdessen breitete sich Havanna weiterhin aus, und zwar vor allem an der Westküste des Río Almendares bis zu einem Viertel im Stil von Beverly Hills namens Miramar.

DAS ZENTRUM VON HAVANNA

Der Einfachheit halber teilt man Havannas Zentrum in drei Teile: Habana Vieja, Centro Habana und Vedado; dort finden sich auch die meisten touristischen Ziele. Das zentral gelegene Habana Vieja bildet mit seiner unvergleichlichen Atmosphäre das historische Herzstück der Stadt; westlich davon erlaubt Centro Habana einen aufschlussreichen Einblick in das alltägliche Leben der Kubaner, während das eher prunkvolle Vedado der berühmte, einst von der Mafia beherrschte Stadtteil ist, voller Hotels, Restaurants und mit einem pulsierenden Nachtleben.

⊙ Sehenswertes

⊙ Habana Vieja

Habana Vieja ist übersät mit architektonischen Schmuckstücken aus jeder Epoche und bietet Besuchern eine wunderschöne Ansammlung an städtischen Gebäuden. Alleine in der Altstadt stößt man auf über

900 Häuser von historischer Bedeutung und auf zahlreiche Beispiele großartiger architektonischer Stile vom Barock bis hin zum Art déco.

Das Viertel ist praktisch für sich gesehen schon ein Museum. Innerhalb des Gitternetzes von lärmenden Straßen befinden sich zahlreiche Museen, die sich jeweils speziellen Themen widmen, wie etwa Münzen, Spielkarten, dem Rum und den längst gestorbenen lateinamerikanischen Befreiern.

PLAZA DE LA CATEDRAL & UMGEBUNG

★ Plaza de la Catedral   PLATZ

(Karte S. 66) Der architektonisch einheitlichste Platz in Habana Vieja gleicht einem Museum des kubanischen Barock. Alle umliegenden Gebäude, darunter auch die reizvoll asymmetrische Kathedrale, die Catedral de la Habana, datieren aus der Zeit um 1700. Trotz ihrer architektonischen Homogenität ist dieser Platz der neueste der vier Plätze in der Altstadt; der heutige Grundriss stammt aus dem 18. Jh.

★ Catedral de la Habana   KATHEDRALE

(Karte S. 66; Ecke San Ignacio & Empedrado; ⊙ Mo–Fr 9–16.30, Sa & So 9–12 Uhr) GRATIS Die sagenhafte Kathedrale – von einem Anhänger einst als „zu Stein gewordene Musik" beschrieben – wird von zwei unterschiedlichen Türmen dominiert. Sie rahmen eine theatralische Barockfassade ein, die ein Entwurf des italienischen Architekten Francesco Borromini ist.

Die Jesuiten begannen 1748 mit den Bauarbeiten, die dann trotz ihrer Vertreibung im Jahr 1767 fortgesetzt wurden. Als mit der Vollendung der Kirche 1787 die Diözese Havanna entstand, wurde das Gotteshaus zur Kathedrale erhoben – sie ist eine der ältesten in ganz Nord- und Lateinamerika.

Die sterblichen Überreste von Christoph Kolumbus wurden 1795 von Santo Domingo dorthin gebracht und ruhten hier, bis sie 1898 über den Atlantik in die Kathedrale von Sevilla in Spanien überführt wurden.

Eine Besonderheit der Kathedrale ist der Innenraum, der eher klassizistisch als barock gestaltet ist und zunächst relativ nüchtern wirkt. Die Fresken über dem Altar datieren aus dem späten 18. Jh.; bei den Gemälden, die die Seitenwände schmücken, handelt es sich um Kopien von Originalwerken der Maler Murillo und Rubens.

Den kleineren der beiden Türme kann man für 1 CUC$ erklimmen.

HABANA VIEJA: SO NIMMT MAN DIE STADT IN ANGRIFF

Habana Vieja mit seiner Fülle an Museen, Galerien, historischen Hotels und Plätzen aus der Kolonialzeit ist für so manchen Besucher, der zum ersten Mal hier ist, fast schon zu viel des Guten. Um diesem Viertel gerecht zu werden, macht man es sich am besten zuerst mit einer Tasse Kaffee und dem Stadtplan gemütlich – an der Plaza Vieja stehen viele schöne Cafés zur Auswahl – und legt sich dann einen strategischen Angriffsplan zurecht mit dem übergeordneten Motto: Um alles anzuschauen, wird die Zeit wohl sowieso nicht reichen.

In Habana Vieja dreht sich im Grunde alles um die vier Hauptplätze, die im östlichen Teil des Viertels relativ eng beieinanderliegen. Die intime Plaza de la Catedral an der Kathedrale – die man im Übrigen auf jeden Fall besichtigen sollte – bietet auch einige gute Restaurants, die sich in eine kleine Gasse gleich in der Nähe zwängen. Die schattige Plaza de Armas (S. 67) wird vom symbolträchtigen Museo de la Ciudad sowie vom ältesten Fort Havannas bewacht. Die luftige Plaza de San Francisco de Asís (S. 70) bietet einige öffentliche Skulpturen, die zum Nachdenken anregen, während die Gebäude an der Plaza Vieja (S. 71) die größte Vielfalt an Architekturstilen sehen lassen. Nach Einbruch der Dunkelheit locken hier auch die besten Bars und Lounges der Stadt.

Zu den interessantesten Straßen, die diese Plätze verbinden, zählen die Calle Oficos, die Calle Obispo (mit einer tollen Mischung von Musikgruppen, die sich nach 18 Uhr einen internen Wettstreit liefern) und die Calle Mercaderes mit ihren historischen Gebäudeensembles und Geschäften. Das restliche Viertel mit seinem engen Straßennetz lädt zu einem individuellen Streifzug ein – ein Sammelsurium von Touristen-Kneipen, kleinen Restaurants und Sozialismus für wenig Geld. Wer sich auch nur für halbwegs hip hält, sollte sich zudem in Richtung Plaza del Cristo (S. 76) aufmachen: dort locken unzählige schicke und fröhliche Bars.

Bleibt für Havanna mehr als nur ein Tag Zeit, ist der Besuch der beiden Forts (S. 78) auf der gegenüberliegenden Seite vom Hafen empfehlenswert. Ein günstiger Zeitpunkt dazu ist der frühe Abend: Von den Befestigungsmauern ist der Sonnenuntergang über der Stadt ein unvergessener Anblick.

Centro de Arte Contemporáneo
Wifredo Lam   KULTURZENTRUM
(Karte S. 66; Ecke San Ignacio & Empedrado; 3 CUC$; Mo–Sa 10–17 Uhr) Das Kulturzentrum an der Ecke der Plaza de la Catedral beherbergt das klangvolle Café Amarillo, das Kaffee und Snacks serviert, sowie ein Ausstellungszentrum, das nach dem berühmtesten Maler Kubas benannt ist: Wifredo Lam. An den Wänden hängen nicht nur die Gemälde Lams, sondern es werden auch einige der besten Wechselausstellungen zur zeitgenössischen Kunst gezeigt, die Havanna zu bieten hat.

Taller
Experimental de Gráfica   KUNSTZENTRUM
(Karte S. 66; Callejón del Chorro No 6; Mo–Fr 10–16 Uhr) GRATIS Das Kunstzentrum am Ende einer kurzen Sackgasse ist leicht zu übersehen. Es gilt als eines der innovativsten Ateliers der Stadt und bietet auch die Möglichkeit, Unterricht in der Kunst des Gravierens (S. 93) zu nehmen. Wer Interesse hat, kann ganz einfach vorbeikommen und den Meistern bei der Arbeit zuschauen oder selbst ein Meisterwerk schaffen.

Casa de Lombillo   HISTORISCHES GEBÄUDE
(Karte S. 66; Plaza de la Catedral) Der *palacio* direkt neben der Kathedrale wurde 1741 errichtet und diente einst als Postamt – der in die Mauer eingelassene, mit einer Steinmaske verzierte Briefkasten ist übrigens immer noch in Betrieb. Seit 2000 fungiert das Gebäude als Büro des Stadthistorikers. Nebenan beeindruckt der ebenso prachtvolle Palacio del Marqués de Arcos; er datiert aus derselben Epoche.

Museo de Arte Colonial   MUSEUM
(Karte S. 66; San Ignacio No 61; 2 CUC$; h9.30–16.45 Uhr) Der prächtige Palacio de los Condes de Casa Bayona an der Plaza de la Catedral wurde 1720 erbaut und fungiert heute als Museo de Arte Colonial. Das kleine Museum präsentiert Möbel und Kunsthandwerk aus der Kolonialzeit. Zu den feudaleren Exponaten zählen Porzellan mit Szenen aus dem

HAVANNA

Callejón de los Peluqueros

Plaza 13 de Marzo

Av Carlos Manuel de Céspedes

Bahía de la Habana

Cuarteles

Tacón

Catedral de la Habana

Refugio

Chacón

San Ignacio

Plaza de la Catedral

Parque Luz Caballero

Colón

Tejadillo

HABANA VIEJA

Callejón del Chorro

Plaza de Armas

Baratillo

Empedrado

O'Reilly

Av de las Misiones

San Juan de Dios

Aguiar

Cuba

Museo de la Ciudad

Obispo

Mercaderes

Obrapia

Oficios

Villegas

Aguacate

Compostela

San Ignacio

Baratillo

s. Vergrößerung

Obispo

Obrapía

Lamparilla

Obrapía

Amargura

Brasil

Plaza Vieja

Plaza del Cristo

Brasil

Muralla

Sol

Santa Clara

Muralla

Habana

Luz

Máximo Gómez

Bernaza

Cristo

Villegas

Aguacate

Compostela

Cuba

San Ignacio

Mercaderes

Sol

Luz

Corrales

Busse nach Artemisa & Mayabeque

Acosta

Economía

Agramonte

Av de Belgica

Jesús María

Apodaca

Merced

Damas

Gloria

Cárdenas

Misión

Parque de los Agrimensores

Picota

Compostela

Habana

Leonor Pérez

Cienfuegos

San Isidro

Desamparados

s. Karte Centro Habana (S. 84)

Estación Central de Ferrocarriles (Hauptbahnhof)

alte Stadtmauer

Velazco

La Coubre (100 m)

kolonialen Kuba, eine Sammlung von Deko-Blumen sowie diverse Esszimmergarnituren aus der Kolonialzeit.

Palacio de los Marqueses de Aguas Claras
HISTORISCHES GEBÄUDE

(Karte S. 66; San Ignacio No 54) An der Westseite der Plaza de la Catedral steht dieser majestätische, einzigartige Barockpalast, der 1760 vollendet wurde. Bekannt ist vor allem die Schönheit seines schattigen andalusischen Patios. Heute beherbergt er das **Restaurante Paris** (Mahlzeiten 15–20 CUC$; ⊙ 12–24 Uhr).

Parque Maestranza
PARK

(Karte S. 66; Av Carlos Manuel de Céspedes; 3 CUC$; ⊙ 10–17 Uhr) Der kleine, aber unterhaltsame Spielplatz für Kinder von vier bis zwölf Jahren bietet aufblasbare Burgen und weitere nette Angebote und geht auf den Hafen hinaus.

PLAZA DE ARMAS & UMGEBUNG

Plaza de Armas
PLATZ

(Karte S. 66) Der älteste Platz Havannas stammt aus den frühen 1520er-Jahren. Er wurde kurz nach der Gründung der Stadt angelegt und hieß ursprünglich Plaza de Iglesia – nach der Gemeindekirche, der Parroquial Mayor, die früher an der Stelle des heutigen Palacio de los Capitanes Generales hier aufragte.

Der Name Plaza de Armas (Waffenplatz) etablierte sich erst gegen Ende des 16. Jhs., als der Kolonialgouverneur, der im Castillo de la Real Fuerza residierte, den Platz für regelmäßig Militärübungen nutzte. Der heutige Platz und ein Großteil der umliegenden Gebäude datieren aus dem späten 18. Jh.

In der Mitte des von Königspalmen gesäumten Platzes, auf dem täglich (außer sonntags) ein Bücherflohmarkt stattfindet, ragt die **Marmorstatue von Carlos Manuel de Céspedes** auf, dem Mann, der Kuba 1868 in die Unabhängigkeit führte. Die Statue ersetzte 1955 den unbeliebten spanischen König Ferdinand VII.

Auf der Ostseite des Platzes lohnt der **Palacio de los Condes de Santovenia** (Calle Baratillo No 9) aus dem späten 18. Jh. einen Blick. Er beherbergt heute das 5-Sterne-Hotel Santa Isabel (S. 96).

★ Museo de la Ciudad
MUSEUM

(Karte S. 66; Tacón No 1; 3 CUC$; ⊙ 9.30–18 Uhr) Selbst ohne Exponate wäre das Stadtmuseum von Havanna eine Tour de force, was allein schon dem prachtvollen Palast geschuldet ist, in dem es sich befindet. Der

Habana Vieja

Palacio de los Capitanes Generales aus den 1770er-Jahren nimmt die gesamte Westseite der Plaza de Armas ein und gilt als Paradebeispiel der kubanischen Barockarchitektur. Erbaut wurde er aus Stein, der aus den San Lázaro-Steinbrüchen gleich in der Nähe stammt. Seit 1968 beherbergt das Gebäude ein Museum.

Von 1791 bis 1898 fungierte der Palast als Residenz der spanischen Generalkapitäne. Von 1899 bis 1902 waren hier die amerika-nischen Militärgouverneure stationiert, und in den ersten beiden Dekaden des 20. Jhs. wurde das Gebäude sogar kurzzeitig als Präsidentenpalast genutzt.

Heute umgeben die Räume einen schönen Innenhof in der Mitte, den eine weiße Marmorstatue von Christoph Kolumbus (1862) ziert. Zu den Exponaten zählen Stilmöbel, Militäruniformen und nostalgische Pferdekutschen aus dem 19. Jh. Alte Fotos lassen Ereignisse aus Havannas turbulenter

Geschichte auferstehen – beispielsweise das Versenken des amerikanischen Kriegsschiffs *Maine* im Hafen (1898). Es empfiehlt sich, um die immer zum Weitergehen drängenden Führer einen großen Bogen zu machen und alles nach Lust und Laune auf eigene Faust anzuschauen.

Castillo de la Real Fuerza FORT
(Karte S. 66; Plaza de Armas; 3 CUC$; ◷ Di–So 9–17 Uhr) Auf der dem Meer zugewandten

Seite der Plaza de Armas steht eine der ältesten erhaltenen Befestigungsanlagen Nord- und Lateinamerikas. Sie wurde von 1558 bis 1577 an genau der Stelle errichtet, an der französische Piraten 1555 die Vorgängerfestung zerstört hatten. Das imposante, uneinnehmbare Fort ist von einem beeindruckenden Burggraben umgeben.

Das Castillo beherbergt das Museo de Navegación, das sich der Geschichte des Forts und der Altstadt widmet und sich mit den

Verbindungen zum einstigen spanischen Imperium beschäftigt. Einen Blick wert ist das riesige, maßstabsgetreue Modell der Galeone *Santíssima Trinidad*.

Den Westturm krönt die Kopie einer berühmten bronzenen Wetterfahne mit dem Namen La Giraldilla. Das Original wurde 1632 in Havanna von Jerónimo Martínez Pinzón gegossen und soll den Volksglauben nach Doña Inés de Bobadilla darstellen, die Frau des Goldsuchers Hernando de Soto. Das Original befindet sich jetzt im Museo de la Ciudad; die Figur ziert im Übrigen auch das Etikett der Rummarke Havana Club.

Palacio del Segundo Cabo
HISTORISCHES GEBÄUDE
(Karte S. 66; O'Reilly No 4; ☺ Mo–Sa 9–18 Uhr) GRATIS Das wunderschöne Barockgebäude, das eingekeilt an der Nordwestecke der Plaza de Armas liegt, wurde 1772 als Hauptsitz des spanischen Vizegouverneurs erbaut. Nachdem es mehrmals eine neue Nutzung bekam und mal als Postamt, dann als Senatspalast, Oberster Gerichtshof und Nationalakademie der Schönen Künste und Literaturwissenschaften herhalten musste, wurde das Gebäude 2014 als Museum wiedereröffnet. Das abwechslungsreiche Museum widmet sich nun den kulturellen Beziehungen zwischen Kuba und Europa. Während der Recherchen zum Buch fand im Erdgeschoss gerade eine Ausstellung zum Thema Jugendstil-Architektur statt.

Museo el Templete
MUSEUM
(Karte S. 66; Plaza de Armas; 2 CUC$; ☺8.30–18 Uhr) Das Museum befindet sich in einer winzigen klassizistisch-dorischen Kapelle an der Ostseite der Plaza de Armas. Sie wurde 1828 an just der Stelle errichtet, an der im November 1519 unter einem Ceiba-Baum die erste Messe in Havanna zelebriert wurde. Ein ähnlicher Baum hat mittlerweile das Original ersetzt. In der Kapelle beeindrucken drei großformatige Gemälde des französischen Malers Jean Baptiste Vermay (1786–1833), die dieses Ereignis darstellen.

PLAZA DE SAN FRANCISCO DE ASÍS & UMGEBUNG
Plaza de San Francisco de Asís
PLATZ
(Karte S. 66) Am Hafen liegt die luftige Plaza de San Francisco de Asís aus dem 16. Jh., einer Zeit, als spanische Galeonen auf ihrem Weg durch die Karibik hier regelmäßig anlegten. Anfang 1500 etablierte sich ein Markt, gefolgt von einer Kirche, die 1608 errichtet wurde. Als sich die Mönche jedoch über den Lärm beschwerten, mussten die Handelsgeschäfte fortan ein paar Häuserblocks weiter Richtung Süden auf der Plaza Vieja getätigt werden.

Der Platz erfuhr Ende der 1990er-Jahre eine umfassende Restaurierung. Berühmt ist er für sein holpriges Kopfsteinpflaster und die Fuente de los Leones (Löwenbrunnen) aus weißem Marmor, ein Werk des italienischen Bildhauers Giuseppe Gaggini aus dem Jahr 1836.

Eine modernere Statue vor der berühmten Kirche zeigt El Caballero de París, einen stadtbekannten Obdachlosen, der in den 1950er-Jahren durch Havanna zog und Passanten seine Ansichten zum Leben, zur Religion, zur Politik und dem Zeitgeschehen erklärte.

Die neueste Skulptur auf dem Platz – sie wurde 2012 aufgestellt – ist *La Conversación* des französischen Künstlers Etienne, eine modernistische Darstellung zweier Personen, die dasitzen und miteinander plaudern.

Il Genio di Leonardo da Vinci
MUSEUM
(Karte S. 66; Churruca, zwischen Oficios & Av Carlos Manuel de Céspedes; 2 CUC$; ☺Di–Sa 9.30–16 Uhr) Die Dauerausstellung im Salón Blanco des Klosters San Francisco de Asís (den separaten Eingang an der Südseite der Kirche hinter dem Coche Mambí nehmen) präsentiert anhand von Leonardos berühmten Zeichnungen pfiffig nachgebaute Modelle wie Segelflugzeuge, Kilometerzähler, Fahrräder, Fallschirme und Panzer – die Vorläufer von wohl der Hälfte aller Erfindungen in der modernen Welt. Das schön gestaltete Museum bietet Erklärungen in sechs Sprachen.

Museo del Ron
MUSEUM
(Karte S. 66; San Pedro No 262; inkl. Führer 7 CUC$; ☺Mo–Do 9–17.30, Fr–So 9–16.30 Uhr) Man muss nicht gern einen Añejo Reserva trinken, um am Museo del Ron in der Fundación Havana Club seine Freude zu haben, aber helfen wird es wohl schon. Das Museum, das Führungen in drei Sprachen anbietet, zeigt antike Utensilien, die zur Rumherstellung verwendet wurden und vermittelt den komplexen Herstellungsprozess, wobei es allerdings an Details wie auch an Leidenschaft fehlt. Eine eher bescheidene Kostprobe Rum ist im Eintrittspreis enthalten. Das Museum befindet sich gegenüber vom Hafen. Zum Museum gehören eine Bar und ein Laden, die Cleveren treffen sich aber lieber in der Bar Dos Hermanos (S. 119) gleich nebenan.

Catedral Ortodoxa
Nuestra Señora de Kazán · KIRCHE
(Karte S. 66; Av Carlos Manuel de Céspedes, zwischen Sol & Santa Clara) Die wunderschöne russisch-orthodoxe Kirche mit Goldkuppel zählt zu den neueren Gebäuden Havannas. Sie wurde Anfang 2000 erbaut und im Oktober 2008 im Rahmen einer Zeremonie geweiht, an der auch Raúl Castro teilnahm. Die Kirche stellt den Versuch dar, die russisch-kubanischen Beziehungen wieder aufleben zu lassen, nachdem sie 1991 den Bach hinuntergegangen waren.

Iglesia y Monasterio
de San Francisco de Asís · MUSEUM
(Karte S. 66; Oficios, zwischen Amargura & Brasil; Museum 2 CUC$; ☺ 9–18 Uhr) Die Kirche mit Kloster wurde ursprünglich 1608 errichtet, jedoch von 1719 bis 1738 im Stil des Barock umgebaut. Seit den 1840er-Jahren hat sie keine religiöse Funktion mehr. Ende der 1980er-Jahre wurden die Krypta und die sakralen Objekte ausgegraben und dann später teilweise ins Museo de Arte Religioso integriert, das religiöse Gemälde, Silberobjekte, Schnitzereien und Keramik präsentiert.

Seit 2005 wird ein Teil des alten Klosters als Kindertheater für die kleinen Einwohner des Viertels genutzt. Auch einige der besten klassischen Konzerte Havannas finden im alten Kirchenschiff statt. Wer sich über bevorstehende Veranstaltungen informieren möchte, schaut in der Broschüre *Bienvenidos* nach; sie ist in Hotels und Infotur-Büros erhältlich.

Lonja del Comercio · ARCHITEKTUR
(Karte S. 66; Plaza de San Francisco de Asís) Das große kastenartige Gebäude an der Plaza de San Francisco de Asís ist ein ehemaliger Rohstoffmarkt, der 1909 errichtet wurde. Das Bauwerk wurde 1996 von Habaguanex komplett restauriert und bietet heute ausländischen Firmen und Joint Ventures in Kuba Büroflächen. Wer will, kann in die Lonja hineingehen, um einen Blick auf das zentrale Atrium und die futuristische Innenarchitektur zu werfen.

Das Bauwerk beherbergt auch ein Café-Restaurant, das El Mercurio. Benannt ist es nach der Bronzefigur des Gottes Merkur, der auf der Kuppel auf dem Dach oben thront – dem Gott des Handels.

Museo Alejandro Humboldt · MUSEUM
(Karte S. 66; Ecke Oficios & Muralla; ☺ Di–Sa 9–17 Uhr) GRATIS Alexander von Humboldt (1769–1859) wird oft als der „zweite Entdecker" Kubas bezeichnet; sein enormes Vermächtnis in Kuba findet bei Außenstehenden allerdings kaum Beachtung. Dieses kleine Museum zeigt nun einen historischen Abriss seines Werkes anhand von wissenschaftlichen und botanischen Daten, die er auf der gesamten Insel Anfang 1800 zusammengetragen hatte. Während der Recherchen wurde das Museum gerade renoviert.

Coche Mambí · MUSEUM
(Karte S. 66; Churruca; ☺ Di–Sa 9–14 Uhr) GRATIS Neben dem Palacio de Gobierno steht in der Calle Churruca der Coche Mambí, ein Eisenbahnwaggon von 1900, der in den USA gebaut und 1912 nach Kuba verschifft worden ist. Da er als Präsidentenwaggon konzipiert war, gleicht er einem Palast auf Rädern und bietet Extravaganzen wie ein offizielles Speisezimmer und Holzfenster mit Jalousien. In seiner Blütezeit verfügte der Waggon über Ventilatoren, die die Räume mit Hilfe von Trockeneis kühlten. Wer will, kann einen Blick hineinwerfen.

Casa de Carmen Montilla · GALERIE
(Karte S. 66; Oficios No 164; ☺ Di–Sa 10.30–17.30, So 9–13 Uhr) Die bedeutende Kunstgalerie ist nach der gefeierten venezolanischen Malerin benannt, die hier bis zu ihrem Tod 2004 ein Atelier unterhielt. Auf drei Etagen sind die Werke Montillas und anderer beliebter Künstler aus Kuba und Venezuela ausgestellt. Im Hof hinter dem Haus lohnt ein riesiges Keramik-Wandbild von Alfredo Sosabravo einen Blick.

PLAZA VIEJA & UMGEBUNG

★ Plaza Vieja · PLATZ
(Alter Platz; Karte S. 66) Die 1559 angelegte Plaza Vieja ist Havannas architektonisch reizvollster Platz: Kubanischer Barock geht hier nahtlos in Jugendstil à la Gaudí über. Ursprünglich hieß der Platz Plaza Nueva und wurde für Militärübungen genutzt, später diente er als Marktplatz.

Während des Batista-Regimes baute man einen hässlichen unterirdischen Parkplatz, riss das Ungetüm 1996 wegen eines großen Renovierungsprojektes aber wieder ab. Heute ist die Plaza Vieja übersät mit Bars, Restaurants und Cafés und hat sogar eine eigene kleine Brauerei. Außerdem stehen dort die Angela-Landa-Grundschule und ein schöner Brunnen. An der Westseite entdeckt man einige der schönsten Buntglasfenster (*vitrales*) der Stadt. Dank einiger neuer Bars und Cafés ist es hier abends recht gemütlich.

Habana Vieja

SPAZIERGANG DURCH DAS ALTE HAVANNA

Der gemütliche Weg ist nicht einmal 2 km lang, füllt aber locker einen ganzen Tag wegen der vielen Museen, Geschäfte, Bars und Straßenkünstler. Er würdigt das einzigartige historische Viertel, das sich um vier Hauptplätze erstreckt.

Gestartet wird an der ❶ **Catedral de la Habana** an der Plaza de la Catedral. Der kompakte Platz hat unglaublich viel Flair.

Weiter geht es über die Calle Empedrado und die Calle Mercaderes zur Plaza de Armas, wo früher Militärparaden abgehalten wurden. Bewacht wird der Platz vom ❷ **Castillo de la Real Fuerza**. Das Museum des Forts lohnt einen Besuch. Mehr Zeit sollte dem Museo de la Ciudad im ❸ **Palacio de los Capitanes Generales** gewidmet werden – ohne Führung.

Dann die ❹ **Calle Obispo** hinauf und links in die nette ❺ **Calle Mercaderes** mit alten Geschäften und mehreren Museen.

Jetzt links in die Calle Amargura, die zur Plaza de San Francisco de Asís führt. Dieser Platz wird von der ❻ **Iglesia y Monasterio de San Francisco de Asís** beherrscht. Es lohnt sich, herauszufinden, ob ein Konzert auf dem Programm steht (tolle Akustik), auch empfiehlt es sich, eines der beiden Museen zu besuchen, am besten Il Genio de Leonardo di Vinci. Nach der Abbiegung rechts in die Calle Brasil zur ❼ **Plaza Vieja** mit dem Planetarium und mehreren Galerien. Zum Abschluss schmeckt ein Bier in der Factoria Plaza Vieja.

MUSEEN

Einige Museen am Wege:

Museo de Arte Colonial Möbel (Kolonialzeit)

Museo de Navegación Geschichte der Seefahrt

Museo de la Ciudad Stadtgeschichte

Museo de Pintura Mural Fresken

Maqueta de la Habana Vieja Modell der Stadt

Museo de Naipes Spielkarten

RICHARD CAVALLERI/SHUTTERSTOCK ©

Catedral de la Habana

Wie die Hauptfassade war ursprünglich auch der Innenraum barock. Anfang des 19. Jhs. wurde der Altarraum jedoch im nüchterneren Stil des Klassizismus umgestaltet.

Plaza de la Catedral

Palacio de los Capitanes Generales

Interessant an diesem gedrungenen Gebäude sind die Meeresfossilien, die in den Mauern aus Kalkstein eingeschlossen sind. Die Straße davor ist mit Holzbausteinen gepflastert; sie sollten das Geklapper der Pferdehufe dämpfen.

Calle Obispo

Im unteren Abschnitt dieser Straße treffen zwei architektonische Attraktionen aufeinander: Die Gebäude im Süden sind die ältesten Stadthäuser von Havanna aus den 1570er-Jahren. Gegenüber steht das Hotel Ambos Mundos, in dem Hemingway in den 1930er-Jahren logierte.

HAILSHADOW/GETTY IMAGES ©

Castillo de la Real Fuerza

Die Hauptattraktion des Marinemuseums im Fort ist das 4 m lange Modell der *Santíssima Trinidad*; das Schiff wurde in den 1760er-Jahren in Havanna gebaut und nahm 1805 an der Schlacht von Trafalgar teil.

FERENZ/SHUTTERSTOCK ©

Calle Mercaderes

Die fußgängerfreundliche „Straße der Kaufleute" ist für ihre Esoterik-Geschäfte bekannt. An der Ecke zur Calle Obrapía befindet sich die Casa de la Obra Pía, eines der ersten Sanierungsprojekte des Stadthistorikers Eusebio Leal aus dem Jahr 1968.

LENA WIRM/SHUTTERSTOCK ©

Iglesia y Monasterio de San Francisco de Asís

Das einst höchste Bauwerk Havannas, der Glockenturm der ehemaligen Klosterkirche, war oben ursprünglich mit der Statue des hl. Franziskus geschmückt; die Figur stürzte 1846 bei einem Hurrikan herunter.

Barillo

Cuba tacón

Plaza de Armas

Oficios

Baratillo

Plaza de San Francisco de Asís

Mercaderes

Obispo

San Ignacio

Obrapía

Lamparilla

Amargura

Cuba

Brasil

Muralla

Sol

GIL.K/SHUTTERSTOCK ©

Plaza Vieja

Die Gebäude an der Plaza Vieja wurden als Privathäuser, nicht als öffentliche Gebäude konzipiert. Hier residierten die reichsten Familien der Stadt, die sich hier auch versammelten, um sich so blutrünstige Spektakel wie Enthauptungen anzusehen.

Planetario
PLANETARIUM

(Karte S. 66; ☎ 7-864-9544; Mercaderes No 311; 10 CUC\$; ⏰ Mi–So 10–15 Uhr) Zum Planetarium der Stadt gehören ein maßstabsgetreues Modell des Sonnensystems innerhalb eines gigantischen Universums, die Simulation des Urknalls und ein Theater, das den Besuchern die Möglichkeit bietet, über 6000 Sterne zu betrachten – also eine recht spannende Sache.

Das Planetarium lässt sich ausschließlich im Rahmen einer Führung besichtigen, die im Voraus gebucht werden muss. Die Führungen finden von Mittwoch bis Sonntag statt und können (persönlich) montags und dienstags gebucht werden. An den genannten Wochentagen werden vier Führungen angeboten, sonntags nur zwei.

Palacio Cueto
HISTORISCHES GEBÄUDE

(Karte S. 66; Ecke Muralla & Mercaderes) Das markante Gebäude im Stil Gaudís an der Südostecke der Plaza Vieja gilt als das beste Beispiel der Jugendstil-Architektur in Havanna. Hinter der überreich verzierten Fassade verbargen sich einst eine Lagerhalle und eine Hutfabrik, bis dann José Cueto in den 1920er-Jahren das Gebäude anmietete – als Palacio Vienna Hotel. Habaguanex, der kommerzielle Zweig der Oficina del Historiador de la ciudad, ist derzeit für den schier unendlichen Restaurierungsprozess verantwortlich. Das Gebäude wurde 1906 gebaut und war seit Anfang der 1990er-Jahre ungenutzt und stand leer.

Palacio de los Condes de Jaruco
GALERIE

(Karte S. 66; Muralla No 107; ⏰ Mo–Fr 10–17, Sa 10–14 Uhr) GRATIS Das imposante Anwesen an der Südwestecke der Plaza Vieja zählt zu den ältesten am Platz. Es wurde 1738 aus kubanischem Kalkstein im Übergangsstil von *Mudéjar-* zum Barockstil errichtet. Das Gebäude mit viel Zierrat aus dieser Epoche ist ein typisches Kaufmannshaus seiner Zeit. Es war viele Jahre lang das Domizil der exaltierten Grafen von Jaruco. Heute befindet sich hier die Zentrale der bedeutendsten Kulturstiftung des Landes. Angeschlossen sind ein Andenkenladen und die Kunstgalerie La Casona.

Fototeca de Cuba
GALERIE

(Karte S. 66; www.fototecadecuba.com; Mercaderes No 307; ⏰ Di–Fr 10–17, Sa 9–12 Uhr) GRATIS Das Fotoarchiv mit Ansichten von Alt-Havanna ab dem frühen 20. Jh. wurde 1937 vom ehemaligen Stadthistoriker Emilio Roig de Leuchsenring ins Leben gerufen. Es birgt an die 14 000 Fotos, die für die derzeitigen Restaurierungsmaßnahmen als Hilfsmittel von großer Bedeutung sind. Es werden regelmäßig Wechselausstellungen gezeigt; über die Veranstaltungen informiert die Website.

Museo de la Farmacia Habanera
MUSEUM

(Karte S. 66; Ecke Brasil & Compostela; ⏰ 9–17 Uhr) GRATIS Ein paar Blocks östlich der Plaza del Cristo wurde dieses wunderschöne Geschäft mit Holzvertäfelung 1886 vom Katalanen José Sarrá gegründet. Inzwischen wurde es restauriert und ist nun gleichzeitig Museum und Apotheke für die Einheimischen. Im kleinen Museumsareal befindet sich eine elegant nostalgische Apotheke mit einigen interessanten historischen Erklärungen.

Cámara Oscura
WAHRZEICHEN

(Karte S. 66; Plaza Vieja; 2 CUC\$; ⏰ Di–So 9.30–17 Uhr) An der Nordostecke der Plaza Vieja befindet sich dieses raffinierte optische Gerät, das oben auf einem 35 m hohen Turm einen 360-Grad-Panoramablick über die Stadt bietet. Erklärungen gibt es auf Spanisch und Englisch.

Centro Cultural Pablo de la Torriente Brau
KULTURZENTRUM

(Karte S. 66; www.centropablo.cult.cu; Muralla No 63; ⏰ Di–Sa 9–17.30 Uhr) GRATIS Das „Brau", eine der führenden Kultureinrichtungen der Stadt, liegt ein Stück versteckt hinter der Plaza Vieja. Das Kulturzentrum entstand 1996 unter der Schirmherrschaft der Unión de Escritores y Artistas de Cuba (Uneac; Union kubanischer Schriftsteller und Künstler), heute finden hier Ausstellungen, Dichterlesungen und Musikveranstaltungen statt. Der dazugehörige Salón de Arte Digital hat sich mit seiner bahnbrechenden Digitalkunst einen Namen gemacht.

Museo de Naipes
MUSEUM

(Karte S. 66; Muralla No 101; ⏰ Di–So 9.30–17 Uhr) GRATIS Das kuriose Spielkartenmuseum mit einer stolzen Sammlung von 2000 Kartenspielen befindet sich im ältesten Gebäude an der Plaza Vieja. Besucher können hier Sets mit Rockstars, Rum-Drinks und sogar runden Karten bestaunen.

SÜDLICHES HABANA VIEJA

Iglesia y Convento de Nuestra Señora de la Merced
KIRCHE

(Karte S. 66; Cuba No 806; ⏰ 8–12 & 15–17.30 Uhr) Die von den Touristenscharen seltsamerweise oft übersehene Barockkirche an einem kleinen Platz birgt den opulentesten Kirchenraum ganz Havannas, der bisher allerdings nur zum Teil restauriert wurde. Wunderschöne vergoldete Altäre, mit Fresken versehene Gewölbe und diverse wertvolle alte Gemälde lassen eine stimmungsvolle Atmosphäre entstehen. Direkt daneben liegt ein ruhiger Kreuzgang.

Museo-Casa Natal de José Martí   MUSEUM
(Karte S. 66; Leonor Pérez No 314; 2 CUC$; ⊙ Di–Sa 9.30–17, So 9.30–13 Uhr) Das winzige, 1925 eröffnete Museum befindet sich in jenem Gebäude, in dem José Martí, der Nationalheld der kubanischen Unabhängigkeit, am 28. Januar 1853 zur Welt kam. Es zählt zu den ältesten Häusern der Stadt. 1994 übernahm das Büro des Stadthistorikers das Gebäude. Die unzähligen Exponate, die sich mit Kubas Nationalhelden beschäftigen, beeindrucken aber nach wie vor.

Iglesia y Convento de Nuestra Señora de Belén   KLOSTER
(Karte S. 66; Compostela, zwischen Luz & Acosta) Das riesige Gebäude von 1718 fungierte zunächst als Sanatorium, später als Jesuitenkloster. Es wurde 1925 aufgelassen, verfiel und wurde 1991 durch ein Feuer weiter verwüstet. Der Stadthistoriker bereitete dem Niedergang in den 1990er-Jahren dann ein Ende, indem er mithilfe von Geldern aus dem Tourismus ein aktives Gemeindezentrum für Menschen mit geistiger Behinderung und Senioren schuf, darunter 18 Wohnungen für ältere Mitbürger.

Ein neues Museum widmet sich auf fünf Etagen der Meteorologie und den Folgen des Klimawandels.

Iglesia de San Francisco de Paula   KIRCHE
(Karte S. 66; Ecke Leonor Pérez & Desamparados; ⊙ nur Konzerte) Die Kirche zählt zu den schönsten der Stadt. Vom einstigen Frauenkrankenhaus San Francisco de Paula aus der Mitte des 18. Jhs. blieb außer der Kirche nichts erhalten. Wenn die Kirche nachts bei Konzerten mit klassischer Musik im Licht der Scheinwerfer erstrahlt, wirken die Buntglasfenster, die mächtige Kuppel und die Barockfassade romantisch und einladend.

Iglesia Parroquial del Espíritu Santo   KIRCHE
(Karte S. 66; Acosta 161; ⊙ 8–12 & 15–18 Uhr) Die älteste erhaltene Kirche Havannas wurde seit ihrer Gründung als Einsiedelei, die von

befreiten schwarzen Sklaven 1638 erbaut wurde, umfassend umgestaltet. Der Großteil des heutigen Gebäudes stammt aus der Mitte des 19. Jhs. und zeigt maurische, gotische, klassizistische und andalusische Stilelemente.

Iglesia y Convento de Santa Clara   KLOSTER
(Karte S. 66; Cuba No 610) Südlich der Plaza Vieja liegt das größte und älteste Kloster Havannas, das von 1638 bis 1643 erbaut wurde.

Seit 1920 hat es allerdings keine religiöse Funktion mehr. Eine Weile beherbergte es die Büros des Ministeriums für Öffentliche Arbeiten, heute ist hier ein Teil des Restauratorenteams von Habana Vieja untergebracht. Während der Recherchen zum Buch wurde das Gebäude gerade renoviert.

CALLE OBISPO & UMGEBUNG

Calle Obispo   STRASSE
(Karte S. 66) Die schmale, überfüllte Calle Obispo (Bischofsstraße) ist die wichtigste Verkehrsader in Habana Vieja und vollgestopft mit Kunstgalerien, Geschäften, Musikkneipen. Menschenmassen bewegen sich täglich im Rhythmus der allgegenwärtigen Straßenmusik durch die Straße. Die drei- bis vierstöckigen Gebäude lassen nicht viel Sonnenlicht hinein. Aus jeder der vielen Kneipen dröhnt Livemusik.

★ Calle Mercaderes   STRASSE
(Karte S. 66) Die autofreie Calle Mercaderes (Straße der Kaufleute) mit ihrem Kopfsteinpflaster wurde vom Büro des Stadthistorikers umfassend restauriert und präsentiert sich heute als fast komplette Nachbildung ihrer einstigen Pracht (die im 18. Jh. ihren Höhepunkt hatte). Zwischen den Museen, Geschäften und Restaurants finden sich eingestreut Sozialprojekte wie beispielsweise ein Mütterheim und eine Nähkooperative.

Die meisten der unzähligen Museen hier kosten keinen Eintritt, darunter die **Casa de Asia** (Calle Mercaderes No 111; ⊙ Di–Sa 10–18, So 9–13 Uhr) mit Gemälden und Skulpturen aus China und Japan.

Die **Armería 9 de Abril** (Calle Mercaderes No 157; ⊙ Di–Sa 9–17, Mo 13–17 Uhr) ist ein Museum, das aus einem alten Waffenladen hervorging, den an besagtem 9. April 1958 die Revolutionäre stürmten.

Und dann wäre da noch das **Museo de Bomberos** (Ecke Mercaderes & Lamparilla; ⊙ Mo–Sa 10–18 Uhr), das vorsintflutliche Gerätschaften zur Brandbekämpfung zeigt und den 19 Feuerwehrleuten aus Havanna gewidmet ist, die bei einem Eisenbahnbrand 1890 ums Leben gekommen sind.

Von der Calle Mercaderes geht es unmittelbar die Obrapía hinunter. Dort lohnt sich eine Stippvisite in der kostenlosen **Casa de África** (Obrapía No 157; ☺Di–Sa 9.30–17, So 9.30–13 Uhr). Zu sehen sind sakrale Objekte, die mit der Santería und der geheimen Abakuá-Bruderschaft in Zusammenhang stehen. Zusammengetragen wurden sie vom Ethnografen Fernando Ortíz.

An der Ecke der Calle Mercaderes/Obrapía herrscht ein kosmopolitisches Flair. Hier steht die Bronzestatue von Simón Bolívar, dem Befreier Lateinamerikas, und auf der anderen Straßenseite das **Museo de Simón Bolívar** (Calle Mercaderes No 160; Spenden willkommen; ☺Di–Sa 9–17, So 9–13 Uhr), das sich mit Bolívars Leben beschäftigt.

Die **Casa de México Benito Juárez** (Obrapía No 116; 1 CUC$; ☺Di–Sa 10.15–17.45, So 9–13 Uhr) präsentiert mexikanische Volkskunst und jede Menge Bücher. Über Señor Juárez, den ersten indigenen Präsidenten Mexikos, erfahren die Besucher allerdings recht wenig.

Gleich östlich davon befindet sich in der **Casa Oswaldo Guayasamín** (Obrapía No 111; ☺Di–So 9–16.30 Uhr) GRATIS heute ein Museum. Früher war die Casa das Atelier des bedeutenden ecuadorianischen Malers Oswaldo Guayasamín, der Fidel Castro in unzähligen Posen verewigte.

Charakteristisch für die Calle Mercaderes sind auch die restaurierten Geschäfte, darunter eine Parfümerie und ein Gewürzeladen. Hier sollte man einfach nach Lust und Laune herumbummeln.

El Ojo del Ciclón · · · · · · · · · · · · · · · GALERIE
(Karte S. 66; ☏7-861-5359; O'Reilly No 501, Ecke Villegas; ☺10–19 Uhr) GRATIS Gerade wenn man meint, dass man die ungewöhnlichste, ausgeflippteste, surrealistischste und avantgardistischste Kunst gesehen hat, kommt das „Auge des Zyklons" daher, um noch mehr Werke dieser Art zu präsentieren.

Die Galerie für abstrakte Kunst stellt das Werk des kubanischen bildenden Künstlers Leo D'Lázaro aus: gigantische Augen, Autos nach einem Unfall, bemalte Koffer und alter Trödel, der als Kunst seine Auferstehung feiert. Einige der Kunstwerke sind halb-interaktiv. So kann man auf einen Boxsack eindreschen, eine bizarre Partie Tischfußball spielen oder seine Tasche an eine maskierte Metallvogelscheuche hängen.

Plaza del Cristo · · · · · · · · · · · · · · · · · PLATZ
(Karte S. 66) Im Zeitraum von nur ein paar Jahren hat sich der einst übersehene „fünfte" Platz in Habana Vieja zur coolsten Location zum Abhängen entwickelt. Zu verdanken hat er seine Beliebtheit der hochkarätigen Auswahl an Bars und Geschäften sowie den Livekonzerten, die gelegentlich hier stattfinden.

Der Platz liegt ein Stück abseits vom historischen Zentrum und kam bislang noch nicht in den Genuss einer Komplettrenovierung, was aber wohl auch einen Teil seines Charmes ausmacht.

Das klotzigste Gebäude am Platz ist die **Parroquial del Santo Cristo del Buen Viaje** (☺9–12 Uhr), eine kürzlich restaurierte Kirche aus dem 18. Jh., in die früher Matrosen zum Beten kamen, bevor sie zur nächsten langen Seereise aufbrachen.

Edificio Santo Domingo · · · · · · · · · MUSEUM
(Karte S. 66; Mercaderes, zw. Obispo & O'Reilly; ☺Di–Sa 9.30–17, So 9.30–13 Uhr) GRATIS Der Block hinter der Plaza de Armas war ursprünglich Sitz der Universität von Havanna; hier lehrte und studierte man von 1728 bis 1902. Die Universität gehörte früher zu einem Kloster.

Der zeitgenössische, moderne Büroblock, wie er sich heute präsentiert, wurde 2006 von Habaguanex auf dem Rohbau eines scheußlichen Bürogebäudes aus den 1950er-Jahren errichtet, dessen Dach als Hubschrauberlandeplatz diente. Es wurde genial umgestaltet, indem u. a. der originale Glockenturm des Klosters und das Barockportal in die moderne Architektur integriert wurden – ein spannender Gegensatz von Alt und Neu.

Viele Institute der geisteswissenschaftlichen Fakultät sind inzwischen wieder ins Gebäude eingezogen. Ein kleines Museum mit Kunstgalerie zeigt ein maßstabsgetreues Modell der ursprünglichen Klosteranlage sowie verschiedene Artefakte, die man gerettet hat.

Maqueta de La Habana Vieja · · · · · MUSEUM
(Karte S. 66; Mercaderes No 1141,50; 1,50 CUC$; ☺9–18.30 Uhr; ♿) Zu sehen ist ein maßstabsgetreues Modell (1:500) von Habana Vieja samt authentischem Soundtrack. Er versucht einen Tag im Leben der Stadt nachzustellen. Das Modell ist unglaublich detailreich und eine hervorragende Möglichkeit, sich geografisch mit dem historischen Zentrum vertraut zu machen.

Das kleine Kino **Cinematógrafo Lumière** (2 CUC$) zeigt für Senioren nostalgische Filme sowie ausländischen Besuchern Dokumentarfilme über die vielen Restaurierungsmaßnahmen in der Stadt.

Casa de la Obra Pía
HISTORISCHES GEBÄUDE

(Karte S. 66; Obrapía No 158; 1,50 CUC$; ☺ Di–Sa 10.30–17.30, So 9.30–14.30 Uhr) Zu den imposanteren Sehenswürdigkeiten rund um die Calle Mercaderes zählt diese typische Residenz eines Adeligen, die ursprünglich 1665 errichtet und 1780 umgebaut wurde. Barocker Zierrat – beispielsweise ein kunstvoller Portikus, der im spanischen Cádiz gefertigt wurde – bedeckt die Außenfassade. Das Haus beherbergt heute ein Museum der angewandten Kunst, zu sehen sind Artefakte aus der Kolonialzeit.

Außerdem fungiert die Casa noch als Zentrale einer lokalen Näh- und Stickerei-Kooperative.

Museo
28 Septiembre de los CDR
MUSEUM

(Karte S. 66; Obispo zwischen Aguiar & Habana; 2 CUC$; ☺ 8.30–17 Uhr) Das ehrwürdige Gebäude in der Calle Obispo präsentiert auf zwei Etagen eine recht einseitige Darstellung der landesweiten Comites de la Defensa de la Revolución (CDR; Komitees zur Verteidigung der Revolution). Ob es sich dabei um ein lobenswertes Mittel der Nachbarschaftshilfe oder eher um übles Ausspionieren des Volkes gehandelt hat, muss nach Sichtung des Propagandamaterials ein jeder selbst für sich selbst entscheiden.

Museo Numismático
MUSEUM

(Karte S. 66; Obispo, zwischen Aguiar & Habana; 1,50 CUC$; ☺ Di–Sa 9–17, So 9.30–12.45 Uhr) Das Eldorado für Freunde alter Münzen vereint verschiedene Sammlungen an Medaillen, Münzen und Geldscheinen aus aller Welt, u. a. rund 1000 Goldmünzen, die überwiegend aus Amerika stammen (1869–1928), sowie Geldscheine aus Kuba in kompletter chronologischer Abfolge vom 19. Jh. bis heute.

Museo de Pintura Mural
MUSEUM

(Karte S. 66; Obispo, zwischen Mercaderes & Oficios; ☺ 10–18 Uhr) GRATIS Das eher schlichte Museum zeigt einige herrlich restaurierte Originalfresken in der Casa del Mayorazgo de Recio. Sie gilt gemeinhin als das älteste erhaltene Haus in Havanna. Während der Recherchen für diese Auflage wurde das Gebäude gerade renoviert.

LA LOMA DEL ÁNGEL & UMGEBUNG

Plazuela de Santo Ángel
PLAZA

(Karte S. 66) Der reizende, intime Platz hinter der Iglesia del Santo Ángel Custodio (S. 78) profitierte vor einer Weile von einem Verschönerungsprojekt, im Zuge dessen auch mehrere private Restaurants eröffnet wurden. Zu den Maßnahmen zählte u. a. das Aufstellen einer Statue von Cecilia Valdés, einer Romanheldin, die nun von der Büste des Schriftstellers Cirilo Villaverde bewacht wurde, der sie einst schuf.

Edificio Bacardí
WAHRZEICHEN

(Bacardí Building; Karte S. 66; Av de las Misiones, zwischen Empedrado & San Juan de Dios; ☺ variierende Öffnungszeiten) Das prächtige Edificio Bacardí wurde 1929 vollendet und ist ein Paradebeispiel der Art-déco-Architektur mit jeder Menge Zierrat, der bei allem Kitsch irgendwie immer von Neuem beeindruckt. Da das Gebäude eingekeilt zwischen anderen Gebäuden steht, ist es gar nicht so einfach, von der Straße aus das Gesamtensemble mit all seinen Facetten auf sich wirken zu lassen. Der opulente Glockenturm hingegen ist in ganz Havanna zu sehen. In der Lobby befindet sich eine Bar. Für 1 CUC$ kann man meist auf den Turm hinauffahren und von oben die Stadt aus der Vogelperspektive betrachten.

Arte Corte
MUSEUM

(Karte S. 66; ☎ 7-861-0202; www.artecorte.org; Aguiar No 10, zwischen Peña Pobre & Av de las Misiones; ☺ Mo–Sa 12–18 Uhr) GRATIS Das Arte Corte einzuordnen ist gar nicht so einfach. Ein Friseur? Ja. Ein Museum? Ja, irgendwie auch. Oder ist es der Initiator eines einfallsreichen Gemeindeprojekts? Ja, mit ziemlicher Sicherheit. Der neuartige Friseursalon, der gleichzeitig als kleines Museum der Friseurhandwerkskunst fungiert, ist die Idee von Gilberto Valladares, genannt „Papito“. Mit Hilfe seiner Freunde – darunter auch des Stadthistorikers – hat das Thema Friseur nun die ganze Straße erobert, die inoffiziell in Callejón de los Peluqueros (Gasse der Friseure) umgetauft wurde. Gleich in der Nähe befinden sich ein Park für Kinder mit Spielgeräten aus der Friseurzunft und das Restaurant Figaro, das nach der Hauptfigur in Rossinis Oper *Der Barbier von Sevilla* benannt ist.

Statue von
General Máximo Gómez
MONUMENT

(Karte S. 84; Ecke Malecón & Paseo de Martí) Auf einer großen Verkehrsinsel mit Blick auf die Hafenmündung steht ein sehr erhabenes Denkmal von Máximo Gómez, einem Kriegshelden aus der Dominikanischen Republik, der bei den Konflikten von 1868 wie auch von 1895 unermüdlich gegen die Spanier und für die kubanische Unabhängigkeit kämpfte. Die imposante Statue, die den General hoch zu Ross zeigt, wie er heroisch aufs Meer blickt, wurde 1935 vom italienischen Künstler Aldo Gamba geschaffen.

Iglesia del Santo Ángel Custodio KIRCHE

(Karte S. 66; Compostela No 2; ⊙während der Messe Di, Mi & Fr 7.15, Do, Sa & So 18 Uhr) Der eigentlich 1695 erbauten Kirche setzte 1846 ein Hurrikan so fürchterlich zu, dass sie anschließend neu gebaut werden musste, diesmal im neogotischen Stil. Zu den bemerkenswerten historischen und literarischen Persönlichkeiten, die einst durch die ansehnlichen Portale schritten, gehörten der kubanische Romancier Cirilo Villaverde aus dem 19. Jh., der die Schlüsselszene seines Romans *Cecilia Valdés o la loma del ángel* hier spielen ließ. Félix Varela und José Martí wurden hier 1788 bzw. 1853 getauft.

Castillo de San Salvador de la Punta FORT

(Karte S. 84; 2 CUC$; ⊙Museum Di–Sa 9.30–17, So 9.30–12 Uhr) La Punta, eine von vier Festungen, die den Hafen von Havanna verteidigen sollten, wurde von dem italienischen Militäringenieur Bautista Antonelli entworfen und zwischen 1589 und 1600 errichtet. Nachdem die Briten 1762 bei ihrem erfolgreichen Angriff auf Havanna die Festung bombardiert hatten, wurde sie umfassenden Reparaturarbeiten unterzogen. Während der Kolonialzeit wurde jeden Abend eine 250 m lange Kette bis hinüber zur Burg El Morro gespannt, um die Hafenmündung für den Schiffsverkehr abzuriegeln.

Das Burgmuseum besteht lediglich aus ein paar spanischen Infotafeln, die einen chronologischen Abriss zur Geschichte geben. Von den Festungsmauern bietet sich jedoch ein schöner Blick; dort kann man auch die riesigen Parrott-Kanonen aus der Mitte des 19. Jhs. bestaunen.

◉ Parque Histórico Militar Morro-Cabaña

Die beiden größten Forts von Havanna befinden sich auf der gegenüberliegenden, also östlichen Seite des Hafens von Habana Vieja und zählen zum Weltkulturerbe der Unesco (Karte S. 114; ⊙10–22 Uhr).

★ Fortaleza de San Carlos de la Cabaña FORT

(Karte S. 114; vor/nach 18 Uhr 6/8 CUC$, ⊙10–22 Uhr) Die gewaltige Festung wurde zwi-

---

CECILIA VALDÉS

Die Plazuela de Santo Ángel, ein kleiner Kopfsteinpflasterplatz hinter der Iglesia del Santo Ángel Custodio, wurde im bahnbrechenden Roman *Cecilia Valdés o la loma del ángel* des kubanischen Autors Cirilo Villaverde (1812–1894) verewigt. Das 1839 veröffentlichte Buch gilt als der bedeutendste kubanische Roman des 19. Jhs.; es sollte allerdings 43 Jahre dauern, bis eine stark überarbeitete, englische Fassung von einem Verlag in New York auf den Markt gebracht und weltweit gelesen wurde. (Auf Deutsch ist der Titel nicht erhältlich.) Der zu seiner Zeit umstrittene Roman behandelt Themen wie Klassenzugehörigkeit, Sklaverei, Liebe und Inzest in der Gesellschaft Havannas der 1830er-Jahre. Die Handlung dreht sich um Cecilia Valdés, die wunderschöne, uneheliche Tochter eines Sklavenhändlers, die sich in ihren Halbbruder verliebt. Die Schlussszene, der eigentliche Höhepunkt mit einem Mord aus Leidenschaft, spielt auf der Plazuela de Santo Ángel, unmittelbar vor der Kirche.

Der Roman wurde in den 1930er-Jahren zu einer Zarzuela (spanische Operette) verarbeitet und 1982 verfilmt; Humberto Solás führte Regie.

Zum Gedenken an das Buch wacht seit 1946 eine Büste von Cirilo Villaverde (neben einem der Gebäude an der Plaza) über den Platz. 2014 kam die lebensgroße Statue seiner literarischen Heldin Cecilia Valdés hinzu, das Werk des kubanischen Künstlers Erig Rebull. Diese Skulptur war gleichsam das Sahnehäubchen auf dem Kuchen eines Gemeindeprojekts, das mit unzähligen Restaurierungsmaßnahmen dem ganzen Viertel, im Volksmund „La Loma del Ángel" (Engelsberg) genannt, neues Leben einhauchte. Dank der vielen neuen Restaurants, Bars und Ateliers ist es heute eine der feudalsten Gegenden von Habana Vieja.

schen 1763 und 1774 auf einem langen, exponierten Höhenzug an der Ostseite des Hafens errichtet und sollte eine Schwäche in den Wehranlagen der Stadt ausgleichen. Die Briten hatten Havanna 1762 eingenommen, indem sie den strategisch wichtigen Bergkamm unter ihre Kontrolle brachten. Von dort aus bombardierten sie dann gnadenlos die Stadt, bis diese sich schließlich ergab.

Um eine Wiederholung dieses Schreckensszenarios zu vermeiden, ließ der spanische König Carlos III. ein massives Fort errichten, das künftige Invasoren zurückschlagen sollte. Mit einer Gesamtlänge von 700 m und einer Fläche von 10 ha ist San Carlos de Cabaña nas das größte spanische Fort der Kolonialzeit in ganz Nord- und Südamerika.

Da die 10 ha große Festung als uneinnehmbar galt, wurde sie nie von Invasoren angegriffen. Im 19. Jh. sahen sich kubanische Patrioten dann allerdings bewaffneten Truppen gegenüber. Die beiden Diktatoren Machado und Batista nutzten die Festung als Militärgefängnis, unmittelbar nach der Revolution richtete Che Guevara hier in den Wehranlagen seine Zentrale ein, um weitere brutale Exekutionen zu veranlassen; diesmal ging es den Offizieren von Batista an den Kragen.

Unlängst wurde das Fort für Besucher freigegeben, und so kann man nun locker einen halben Tag lang die unglaubliche Fülle an Sehenswürdigkeiten bestaunen. Neben Kneipen, Restaurants, Souvenirständen und einem Zigarrenladen (mit der längsten Zigarre der Welt) beherbergt La Cabaña auch das **Museo de Fortificaciones y Armas** (Eintritt inkl. La Cabaña; ⊙ 10–22 Uhr) sowie das spannende **Museo de Comandancia del Che** (Eintritt inkl. La Cabaña; ⊙ 10–22 Uhr). Allabendlich um 21 Uhr findet die Cañonazo-Zeremonie statt, eine allseits beliebte Abendunterhaltung. Dann feuern Schauspieler in Militärkleidung aus dem 18. Jh. am Hafen einen Kanonenschuss ab. Man kann das Spektakel auf eigene Faust oder auch im Rahmen einer organisierten Tour besuchen.

⭐**Castillo de los Tres Santos Reyes Magnos del Morro** FORT
(Karte S. 114; El Morro; 6 CUC$; ⊙ 10–18 Uhr) Das von Wellen umtoste Fort mit seinem charakteristischen Leuchtturm wurde von 1589 bis 1630 erbaut, um den Hafeneingang von Havanna vor Piraten und ausländischen Übergriffen zu schützen. (Der französische

Korsar Jacques de Sores hatte die Stadt 1555 geplündert.) Das Fort thront hoch oben auf einem Felsvorsprung über dem Atlantik. Es weist einen unregelmäßigen, polygonalen Grundriss auf, hat 3 m dicke Mauern und einen tiefen Graben zum Schutz – und ist somit ein klassisches Beispiel für die Militärarchitektur der Renaissance.

Mehr als 100 Jahre lang trotzte das Fort zahlreichen Angriffen französischer, holländischer und englischer Freibeuter, doch dann gelang es 1762 einer 14000 Mann starken britischen Armee, El Morro nach 44 Tagen Belagerung einzunehmen, indem sie einen Angriff von der Landseite startete. Der berühmte **Leuchtturm** (2 CUC$; ⊙ 10–18 Uhr) des Castillos wurde 1844 ergänzt.

Neben der sagenhaften Aussicht über das Meer und die Stadt bietet El Morro auch noch ein **Marinemuseum** (Eintritt im El-Morro-Ticket inbegriffen; ⊙ 10–18 Uhr), das sich mit der spannenden Belagerung und schließlich der Kapitulation Kubas vor den Briten 1762 beschäftigt. Die Geschehnisse werden verbal (auf Spanisch und Englisch) sowie anhand von Gemälden erklärt.

◎ Centro Habana

Das schachbrettartige Straßennetz von Centro Habana, das so dicht besiedelt ist, dass es vor Menschen schier überquillt, ermöglicht einen unzensierten Blick auf Kuba ohne hübsches „Einwickelpapier". In den von Schlaglöchern durchsetzten Straßen, in denen das rege Treiben nie abreißt, spielen alte Männer Domino-Marathons, afrokubanische Trommeln ertönen in Rumba-Rhythmen, die süchtig machen, und traurig vergammelte Gebäude lassen ahnen, wie prächtig sie in einem früheren Leben einmal ausgesehen haben. Im Gegensatz zu diesem pulsierenden, jedoch spektakulär verfallenen Viertel steht die ganz andere Welt des Parque Central und des Prado, einer quirligen Zone mit vielen Touristen, in der sich die feudalsten Hotels von Havanna sowie die edelsten Museen finden.

⭐**Museo Nacional de Bellas Artes** MUSEUM
(Karte S. 84; www.bellasartes.cult.cu; je 5 CUC$, Kombi-Eintrittskarte zu beiden 8 CUC$, unter 14 Jahren frei; ⊙ Di–Sa 9–17, So 10–14 Uhr) Das Museum der Schönen Künste, das sich auf zwei Standorte verteilt, ist sicher die beste Kunstgalerie in der gesamten Karibik. Das Gebäude mit der „Arte Cubano" birgt die weltweit

umfassendste Sammlung an kubanischer Kunst, während die Abteilung mit der „Arte Universal" in einem feudalen, prachtvollen Palais im Stil des Eklektizismus am Parque Central ihren Sitz hat. Dessen Fassade steht der Kunst in seinen Räumlichkeiten in keinster Weise nach.

Das **Museo Nacional de Bellas Artes – Arte Cubano** (Trocadero; zw. Av de las Misiones & Agramonte; ⊙ Di–Sa 9–17, So 10–14 Uhr) im Centro Asturianas ist mit seiner sagenhaften Stilmischung an sich schon eine Sehenswürdigkeit. Die Ausstellung der chronologisch geordneten Werke beginnt im dritten Stock und ist erstaunlich abwechslungsreich. Künstler, nach denen es sich lohnt, Ausschau zu halten, sind Guillermo Collazo, der als erster großer kubanischer Künstler gilt, Rafael Blanco mit seinen cartoonartigen Gemälden und Skizzen, Raúl Martínez, ein Meister der kubanischen Pop-Art der 1960er-Jahre, und der von Picasso inspirierte Wilfredo Lam.

Zwei Blocks entfernt steht das Centro Asturianos mit einer sagenhaften Stilmischung (und als solches schon ein Kunstwerk). Das **Museo Nacional de Bellas Artes – Arte Universal** (San Rafael, zwischen Agramonte & Av de las Misiones; ⊙ Di–Sa 9–17, So 10–14 Uhr) zeigt auf drei Etagen internationale Kunst von 500 vor Chr. bis heute. Als unstrittiges Highlight gilt die spanische Sammlung mit Ölgemälden von Zurbarán, Murillo, de Ribera sowie einem winzigen Velázquez. Einen Blick wert sind auch die 2000 Jahre alten römischen Mosaiken, die griechischen Gefäße ab dem 5. Jh. v. Chr. sowie ein nicht minder edles Ölgemälde von Gainsborough (im britischen Saal).

⭐ **Malecón**　　　MEERESPROMENADE
(Karte S. 84) Der Malecón, Havannas stimmungsvolle, 7 km lange Uferstraße, ist eine der seelenvollsten und kubanischsten Verkehrsadern des Landes. Hier treffen sich Liebespaare, Philosophen, Dichter, fahrende Musikanten, Fischer und Leute, die einen wehmütigen Blick hinüber nach Florida werfen. Am intensivsten wird die Atmosphäre bei Sonnenuntergang spürbar, wenn das schwach-gelbliche Licht des Vedado wie eine trübe Taschenlampe auf die Gebäude von Centro Habana fällt und den verfallenen Fassaden etwas Überirdisches verleiht.

Der Malecón wurde Anfang des 20. Jhs. als eine die Gesundheit fördernde Meerespromenade für die vergnügungssüchtige Mittelschicht angelegt und dehnte sich in der ersten Dekade rasch in Richtung Os-

ten aus. Vorherrschend war eine bunte eklektische Architektur, die Neoklassizismus und extravaganten Jugendstil mixte. In den 1920er-Jahren hatte die Straße den äußeren Stadtrand des boomenden Vedado erreicht, Anfang der 1950er-Jahre war sie dann schon eine viel befahrene, sechsspurige Schnellstraße, auf der unzählige, den Wellen ausweichende Buicks und Chevrolets vom grauen Koloss des Castillo de San Salvador de la Punta zur Grenze nach Miramar fuhren. Auch heute noch gilt der Malecón als Havannas authentischstes Freilufttheater – manchmal wird er auch als „das längste Sofa der Welt" bezeichnet. Hier trifft sich die Stadt wie einst zu Plaudern, Flirten und Debattieren.

Wenn die herrlichen Gebäude an dieser Verkehrsader auch unermüdlich gegen den Zersetzungsprozess ankämpfen, den die Meeresluft mit sich bringt, sind viele nun doch verfallen, zerstört oder unwiderruflich beschädigt. Um das Problem in den Griff zu bekommen, erhielten 14 Blocks am Malecón vom Büro des Stadthistorikers inzwischen einen Sonderstatus – ein verzweifelter Versuch, dem Verfall Einhalt zu gebieten.

Der Malecón wirkt besonders malerisch, wenn eine Kaltfront heranweht und wuchtige Wellen über die Kaimauern donnern. Dann wird die Straße oft für den Autoverkehr gesperrt, und das bedeutet, dass man mitten auf der leeren Straße spazieren kann und so richtig schön nass wird.

⭐ **Museo de la Revolución**　　MUSEUM
(Karte S. 84; Refugio No 1; 8 CUC\$, Führungen 2 CUC\$; ⊙ 9.30–16 Uhr) Das faszinierende Museum befindet sich im ehemaligen Präsidentenpalast, der von 1913 bis 1920 errichtet und von einer Reihe kubanischer Präsidenten genutzt wurde – die Serie fand mit Fulgencio Batista ihren krönenden Abschluss. Das weltberühmte New Yorker Tiffany's zeichnete für die Einrichtung der Räumlichkeiten verantwortlich, der schillernde Salón de los Espejos (Spiegelsaal) wurde nach dem Vorbild des gleichnamigen Saals im Schloss von Versailles gestaltet.

Das Museum führt chronologisch von der obersten Etage nach unten. Es konzentriert sich dabei vor allem auf die Ereignisse, die für die Revolution verantwortlich zeichneten, auf die Revolution selbst sowie auf die Zeit unmittelbar nach der kubanischen Revolution. Präsentiert wird eine bisweilen schmuddelige, aber stets spannende Geschichte (auf Spanisch und Englisch), die mit *mucha* Propaganda gespickt ist.

In der ausladenden Treppe in der Mitte des Palastes, über die eine Büste von José Martí wacht, sind noch die Einschusslöcher zu sehen, die von einem misslungenen Überfall auf das Gebäude im März 1957 stammen, als eine revolutionäre Studentengruppe versuchte, den Präsidenten Fulgencio Batista zu ermorden.

Über diese Treppe gelangt man in den ersten Stock mit diversen wichtigen Räumen ohne Exponate, beispielsweise den Salón Dorado (im Stil von Louis XVI. gestaltet und für Bankette genutzt), den Despacho Presidencial (das Präsidialamt, in dem 1959 Fidel Castro vereidigt wurde) und die Capilla, eine Kapelle mit einem Tiffany-Lüster.

Vor dem Gebäude befinden sich ein Fragment der ehemaligen Stadtmauer sowie ein SAU-100-Panzer, den Fidel Castro 1961 während der Schlacht in der Schweinebucht einsetzte.

Dahinter liegt der Pavillón Granma, dort befindet sich eine Kopie der 18 m langen Yacht, mit der Fidel Castro und 81 weitere Revolutionäre im Dezember 1956 von Tuxpán (Mexiko) nach Kuba übersetzten. Das Boot steht hinter Glas und wird rund um die Uhr bewacht – vermutlich um zu verhindern, dass es jemand klaut und damit nach Florida schippert. Rund um den Pavillon sind Gerätschaften aufgestellt, die einen Bezug zur Revolution haben, also beispielsweise Flugzeuge, Raketen und ein alter Posttransporter, der während des Angriffs 1957 als Fluchtfahrzeug diente.

Paseo de Martí   HISTORISCHE STÄTTE

(El Prado; Karte S. 84) Der Bau dieses stattlichen Boulevards im europäischen Stil wurde 1770 begonnen und Mitte der 1830er-Jahre während der Amtszeit des Gouverneurs Miguel Tacón (1834–1838) abgeschlossen. Es handelte sich um die erste Straße außerhalb der alten Stadtmauern. Ursprünglich wollte man eine Promenade schaffen, die ebenso prächtig sein sollte wie ihre europäischen Pendants in Paris oder Barcelona – heute weist der Prado tatsächlich Ähnlichkeiten zu den Ramblas auf. 1928 kamen die berühmten Bronzelöwen an beiden Enden hinzu.

Zu den interessanten Gebäuden am Prado zählen der **Palacio de los Matrimonios** (Paseo de Martí No 302) im Stil der Neorenaissance, das stromlinienförmige, moderne Teatro Fausto (S. 125) und die neoklassizistische **Escuela Nacional de Ballet** (Ecke Paseo de Martí & Trocadero), die berühmte Ballettschule von Alicia Alonso.

Heute findet im Prado am Wochenende ein renommierter Freiluft-Kunstmarkt statt und unter der Woche unzählige Fußballspiele. Die Straße heißt zwar offiziell Paseo de Martí, wird aber von allen kurz und bündig mit ihrem alten Namen benannt: Prado.

Gran Teatro de la
Habana Alicia Alonso   THEATER

(Karte S. 84; Paseo de Martí No 458) Das reich verzierte, neobarocke Centro Gallego, das von 1907 bis 1914 als Gesellschaftsclub der Galicier errichtet wurde, lässt sich architektonisch am besten als Stil ohne Stil beschreiben, der zum Barock wurde. Das Theater, das die Zeiten überdauert hat, wurde 2015 restauriert und erstrahlt nun am Parque Central in neuem Glanz. Die Theaterkasse informiert, wann Führungen stattfinden.

Das ursprüngliche Centro Gallego wurde um das bereits bestehende Teatro Tacón erbaut, das 1838 mit fünf Karnevalstänzen seine Pforten öffnete. Auf dieser Darbietung gründet sich die Behauptung, dass das derzeitige Theater mit 2000 Plätzen das älteste bespielte Theater in der westlichen Hemisphäre ist. Aber Geschichte hin oder her, die Architektur ist jedenfalls genial – was auch für viele der Wochenendvorstellungen gilt.

Capitolio Nacional   WAHRZEICHEN

(Karte S. 84; Ecke Dragones & Paseo de Martí) Das unvergleichliche Capitolio Nacional ist Havannas ehrgeizigstes und auch prachtvollstes Gebäude. Es wurde nach dem Zuckerboom im Ersten Weltkrieg errichtet („Tanz der Millionen"), der die kubanische Regierung mit scheinbar endlosen Geldmitteln aus der Zuckerindustrie bedachte. Das Bauwerk ähnelt dem Capitol in Washington, D. C., wurde eigentlich jedoch dem Panthéon in Paris nachempfunden. In Auftrag gegeben hatte es 1926 Kubas Diktator Gerardo Machado – von den USA finanziell unterstützt. 5000 Arbeiter waren drei Jahre, zwei Monate und 20 Tage lang damit beschäftigt, es für die stolze Summe von 17 Mio. US$ zu errichten.

Der Bau diente einst als Sitz des kubanischen Kongresses, von 1959 bis 2013 beherbergte er die Kubanische Akademie der Wissenschaften und die Nationalbibliothek für Wissenschaft und Technik.

Während der Recherchen zu diesem Buch wurde das Capitolio gerade renoviert; es soll 2018 als Sitz der kubanischen Nationalversammlung wiedereröffnen.

Das Gebäude ist aus weißem Capellanía-Kalkstein und Granitblöcken errichtet. Der Eingang wird von sechs runden dorischen Säulen oben an einer Treppe bewacht, die vom Paseo de Martí (Prado) hinaufführt. Seine 62 m hohe Steinkuppel ragt aus der Skyline von Havanna heraus; auf ihr thront die Nachbildung einer Bronzestatue des Merkur. Das Original im Palazzo de Bargello stammt von dem Florentiner Bildhauer Giambologna aus dem 16. Jh. Direkt unterhalb der Kuppel ist im Boden die Kopie eines 24-karätigen Diamanten eingelassen. Von diesem Punkt werden die Autobahnkilometer zwischen Havanna und allen Orten in Kuba gemessen.

Der Eingangsbereich geht in den Salón de los Pasos Perdidos (Raum der verlorenen Schritte) über, der seinen Namen seiner ungewöhnlichen Akustik verdankt. In dessen Mitte steht die Statue der Republik, eine riesige, 11 m hohe Frauengestalt aus Bronze, die mythologische Wächterin über die Tugend und Arbeit.

Taller Comunitario José Martí GALERIE

(Karte S. 84; Paseo de Martí, zwischen Neptuno & Virtudes; ◷10–18 Uhr) Dies ist die Einsatzzentrale von Yulier Rodríguez (alias Yulier P.) und weiterer moderner kubanischer Künstler, von denen sich die meisten in Graffiti-Kunst versuchen – ein noch spannendes, neues Genre in Havanna. Die Bilder von Yulier, die sich durch hagere, alienartige Figuren auszeichnen, zieren seit geraumer Zeit viele der Ruinen Havannas. Ein paar schmücken auch die Veranda dieser Galerie mit Atelier.

Convento & Iglesia del Carmen KIRCHE

(Karte S. 84; Ecke Calzada de la Infanta & Neptuno; ◷Di–So 7.30–12 & 15–19 Uhr) Die wenig besuchte Kirche mit ihrem hoch in den Himmel ragenden Glockenturm dominiert die Skyline von Centro Habana und wird von einer riesigen Statue gekrönt, die Nuestra Señora del Carmen zeigt. Der eigentliche Schatz befindet sich jedoch im Kircheninneren: die prächtigen Kacheln im sevillanischen Stil, der vergoldete Altaraufsatz, die kunstvollen Schnitzereien und die wirbelnden Fresken. Überraschend ist, dass die Kirche erst 1923 für den Karmeliterorden gebaut wurde. Das Bauwerk wird dem Eklektizismus zugeordnet.

El Barrio Chino STADTVIERTEL

(Karte S. 84) Eine der surrealsten Chinatowns der Welt ist vor allem für eines bekannt: den eklatanten Mangel an Chinesen. Die meisten verließen Kuba, als der neue Staatschef Fidel das Wort *socialismo* das erste Mal in den Mund nahm. Dennoch macht es Spaß, durch das einzigartige Viertel mit einer Reihe ganz guter Restaurants zu bummeln.

Die ersten Chinesen kamen Ende der 1840er-Jahre als angeworbene Arbeitskräfte auf die Insel, um die Lücken zu füllen, die durch den Niedergang des transatlantischen Sklavenhandels entstanden waren. In den 1920er-Jahren hatte sich die Chinatown dann bereits zum größten asiatischen Stadtviertel in ganz Lateinamerika entwickelt – ein umtriebiger Industriestandort mit eigenen Wäschereien, Apotheken, Theatern und Gemischtwarenläden. Der Niedergang setzte dann Anfang der 1960er-Jahre ein, als Tausende geschäftstüchtige Chinesen in die USA umzogen.

Nachdem die kubanische Regierung in den 1990er-Jahren erkannt hatte, welch ein enormes touristisches Potenzial in diesem Viertel steckte, investierte sie schließlich Geld und Ressourcen, um den typischen historischen Charakter des Stadtteils neu zu beleben. Es wurden zweisprachige Straßenschilder angebracht und man baute ein großes pagodenförmiges Eingangstor zur Calle Dragones. Die einheimischen chinesischen Geschäftsleute erhielten finanzielle Unterstützung, sodass immer mehr Restaurants entstanden. Heute spielt sich ein Großteil der Aktivitäten in der schmalen Calle Cuchillo und in den umliegenden Straßen ab.

Hotel Inglaterra HISTORISCHES GEBÄUDE

(Karte S. 84; Paseo de Martí No 416) Das älteste Hotel in Havanna öffnete 1856 seine Pforten an just der Stelle, an der sich die beliebte Bar El Louvre befand – die Hotelbar im Freien heißt bis heute noch so. Das Gebäude gegenüber vom grünen Parque Central lässt die klassizistischen Designelemente sehen, die damals en vogue waren; besonders attraktiv ist die Lobby mit ihren wunderschönen maurischen Kacheln. Bei einem Bankett 1879 hielt José Martí hier eine Rede, in der er sich für die Unabhängigkeit Kubas stark machte. Viele Jahre später logierten dann amerikanische Journalisten, die über den spanisch-kubanisch-amerikanischen Krieg berichteten, im Hotel.

Iglesia del Sagrado Corazón de Jesús KIRCHE

(Karte S. 84; Av Simón Bolívar, zwischen Gervasio & Padre Varela; ◷ variierende Öffnungszeiten) Ein bisschen abseits vom Schuss, jedoch einen Spaziergang wert ist diese Kirche, eine Kreation aus weißem Marmor samt einem charakteristischen weißen Turm. Die Kirche ist eines der wenigen (neo)gotischen Bauwerke in Kuba und mit Recht für ihre herrlichen Buntglasfenster berühmt. Wenn morgens in aller Früh das Licht durch die Oberlichter in die zu diesem Zeitpunkt noch verlassene Kirche fällt, verströmt der Raum etwas Überirdisches.

Parque de los Enamorados PARK

(Karte S. 84) Im vom brausenden Verkehr umtosten Parque de los Enamorados (Park der Verliebten) liegt ein Teil des kolonialen Cárcel (auch: Tacón Prison), das 1838 erbaut wurde. Hier waren viele kubanische Patrioten eingesperrt, darunter auch José Martí. Das brutale Gefängnis schickte die Inhaftierten in die nahen Steinbrüche von San Lázaro zum Arbeiten. Das Gefängnis wurde 1939 abgerissen, als der Park dem Gedenken all jener gewidmet wurde, die hinter den Gefängnismauern so schrecklich zu leiden hatten. Verblieben sind nur zwei winzige Zellen und eine Kapelle.

Hinter dem Park beeindruckt ein wunderschönes Gebäude im Zuckerbäckerstil (Jugendstil mit einem Schuss Eklektizismus), auf dem die spanische Flagge weht. Es handelt sich um den alten **Palacio Velasco** (Cárcel No 51), in dem heute die spanische Botschaft residiert.

Ein Stück weiter steht auf einer Verkehrsinsel das Memorial a los Estudiantes de Medicina, ein in Marmor eingelassenes Mauerfragment, das die Stelle markiert, an der 1871 acht kubanische Medizinstudenten als Vergeltungsmaßnahme von den Spaniern erschossen wurden. Ihnen wurde vorgeworfen, das Grab eines spanischen Journalisten entweiht zu haben.

Alte Stadtmauer HISTORISCHE STÄTTE

(Karte S. 66) Im 17. Jh. sollte die Stadt vor Piratenangriffen & übereifrigen ausländischen Armeen geschützt werden, und so kamen die fast schon paranoiden kubanischen Kolonialbehörden auf die Idee, eine 5 km lange Stadtmauer zu errichten. Die von 1674 bis 1740 errichtete Mauer war schließlich 1,5 m dick und 10 m hoch und verlief entlang einer Linie, die in etwa der heutigen Avenida de las Misiones und der Avenida de Bélgica entspricht.

Zu den zahlreichen Wehranlagen zählen neun Bastionen und 180 zum Meer hin ausgerichtete Kanonen. Der einzige Weg in die Stadt hinein bzw. aus ihr heraus führte durch elf schwer bewachte Tore, die jede Nacht geschlossen wurden, um dann morgens, wenn ein einziger Kanonenschuss ertönte, wieder geöffnet zu werden. Die Mauer wurde ab 1863 Stück für Stück abgerissen. Ein paar Fragmente blieben jedoch erhalten, das größte steht an der Avenida de Bélgica gleich beim Bahnhof.

Parque Central PARK

(Karte S. 84) Der winzige Parque Central ist eine grüne Oase abseits der dröhnenden Busse und röhrenden Taxis, die den Paseo de Martí (Prado) hinauf- und hinunterfahren. Der Park, lange ein Mikrokosmos des Alltagslebens in Havanna, wurde Ende des 19. Jhs. auf seine derzeitige Größe erweitert, nachdem die Stadtmauern abgerissen worden waren. 1905 wurde eine Statue von José Martí in der Mitte aufgestellt – die erste von Tausenden dieser Art in ganz Kuba.

Kaum zu übersehen sind die Gruppen von Baseballfans, die tagein, tagaus rund um die Uhr an der berühmten Esquina Caliente zusammenkommen, um über die Kondition, die Spieltaktik und Siegeschancen ihrer Lieblingsmannschaft zu diskutieren.

Parque de la Fraternidad PARK

(Karte S. 84) 1892 wurde der grüne Parque de la Fraternidad zur Erinnerung an die Landung der Spanier 400 Jahre zuvor angelegt. Ein paar Jahrzehnte später gestaltete man ihn um und gab ihm zu Ehren der panamerikanischen Konferenz von 1927 seinen heutigen Namen. Dieser steht für die amerikanische Verbrüderung, deshalb zieren auch so viele Büsten latein- und nordamerikanischer Machthaber die Grünbereiche, darunter eine des amerikanischen Präsidenten Abraham Lincoln.

Heute ist der Park die Endstation zahlreicher städtischer Buslinien. Manchmal wird er wegen der vielen alten amerikanischen Autos, die heute als *colectivos* (Sammeltaxis) im Einsatz sind und hier geparkt werden, auch „Jurassic Park" genannt.

Fuente de la India MONUMENT

(Karte S. 84; Paseo de Martí) Einen Blick wert ist auf alle Fälle dieser Brunnen aus weißem Carrara-Marmor, den Giuseppe Gaggini 1837 für den Grafen von Villanueva schuf. Er befindet sich auf einer Verkehrsinsel vor dem Hotel Saratoga. Dargestellt ist eine hoheitsvolle indigene Frau mit einer Krone aus Adlerfedern, die auf einem Thron sitzt,

Centro Habana

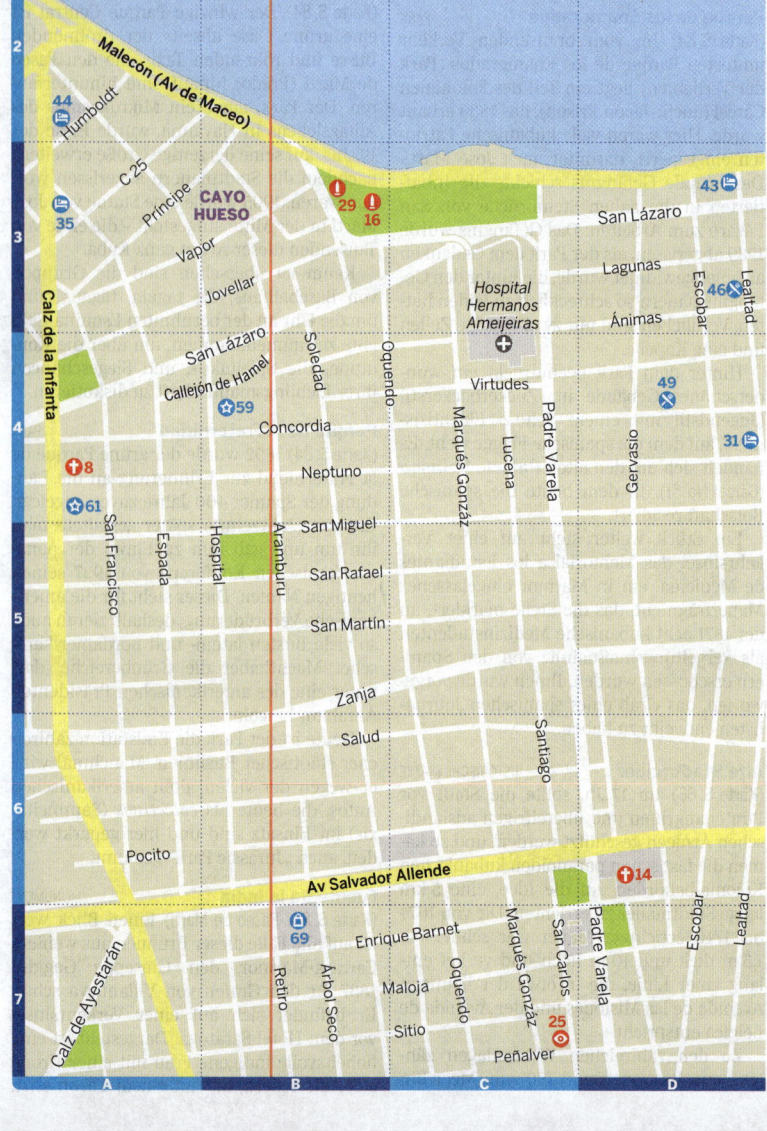

s. Karte Vedado (S.102)

Malecón (Av de Maceo)

Humboldt
44

C 25

Príncipe

CAYO
HUESO

35

Vapor

Jovellar

29 16

San Lázaro

Lagunas

Escobar

Lealtad
46

Hospital
Hermanos
Ameijeiras

Ánimas

San Lázaro

Callejón de Hamel

Soledad

Oquendo

Virtudes

59

Concordia

Padre Varela

Gervasio

49

Calz de la Infanta

Neptuno

Marqués Gonzáz

Lucena

31

8

San Miguel

61

Espada

Hospital

Aramburu

San Rafael

San Francisco

San Martín

Zanja

Salud

Santiago

Pocito

Av Salvador Allende

14

Calz de Ayestarán

69

Enrique Barnet

Árbol Seco

Maloja

Oquendo

Marqués Gonzáz

San Carlos

Padre Varela

Escobar

Lealtad

Retiro

Sitio

Peñalver

25

43

43

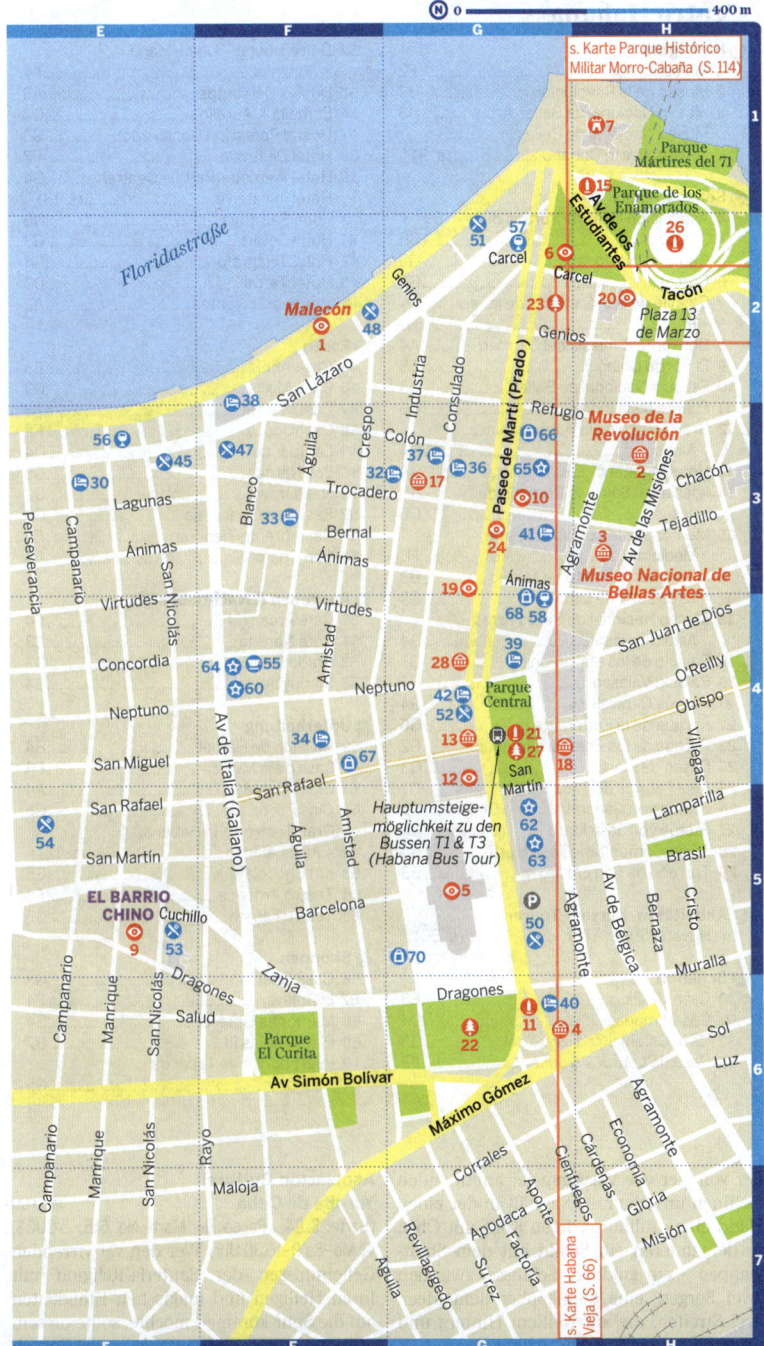

N 0 ═══════════════════════ 400 m

s. Karte Parque Histórico
Militar Morro-Cabaña (S. 114)

7

Parque
Mártires del 71

Av de los Estudiantes

15

Parque de los
Enamorados

26

51
Carcel   57

6   Carcel

Tacón

23   20   Plaza 13
de Marzo

Genios

Floridastraße

Malecón
1   48

San Lázaro

Refugio   66

Industria   Consulado

Crespo

Colón   37   17   36

Paseo de Martí (Prado)

**Museo de la
Revolución**
2

Chacón

56   45   47   Aguila   Trocadero   32

65   10

Agramonte

Tejadillo

3

Av de las Misiones

30   Lagunas

Blanco   33   Bernal

24   41

**Museo Nacional de
Bellas Artes**

Perseverancia   Campanario   Ánimas   San Nicolás

Virtudes   Virtudes   Ánimas

19   Ánimas   68   58

San Juan de Dios

Concordia   64   55   60   Amistad

39

O'Reilly

Obispo

Neptuno   28

Parque
Central

Villegas

Neptuno   42   52

Av de Italia (Galiano)

34   67   13   21   27   18

San Miguel   San Rafael   12   San Martín   Lamparilla

Brasil

San Rafael   Amistad   Aguila

54   San Martín   *Hauptumsteige-
möglichkeit zu den
Bussen T1 & T3
(Habana Bus Tour)*

62   63

Av de Bélgica

Bernaza

Cristo

**EL BARRIO
CHINO**
9   Cuchillo   53

Barcelona

5

50

Muralla

Agramonte

Campanario   Manrique   San Nicolás   Dragones   Zanja

70

Sol

Luz

Salud   Parque
El Curita

Dragones

40
11   22   4

Av Simón Bolívar

Máximo Gómez

Campanario   Manrique   San Nicolás   Rayo

Maloja

Corrales   Cárdenas   Aponte   Factoría

Economía

Gloria

Agramonte   Cienfuegos

Aguila   Revillagigedo   Suárez   Apodaca

Misión

s. Karte Habana
Vieja (S. 66)

Centro Habana

der von vier wie Wasserspeier anmutenden Delfinen umgeben ist. Sie hält in der einen Hand einen füllhornartigen Korb mit Obst, in der anderen ein Schild mit dem Stadtwappen – einem goldener Schlüssel zwischen zwei Bergen, eine Sonne über dem Meer, drei Streifen, die auf weißem Hintergrund prunken, und eine Königspalme.

Asociación Cultural Yoruba de Cuba
MUSEUM

(Karte S. 84; Paseo de Martí No 615; 5 CUC$; ⊙ Mo–Sa 9–16.30 Uhr) Wer den verwirrenden Geheimnissen der Santería-Religion mit ihren Heiligen und magischen Fähigkeiten auf die Spur kommen möchte, sollte diesem Museum mit Kulturzentrum einen Besuch abstatten. Neben Statuen der verschiedenen *orishas* (Gottheiten) präsentiert diese Vereinigung freitags und samstags um 18 Uhr auch *tambores* (Santería-Trommelzeremonie, 5 CUC$). Einfach einmal einen Blick auf das Schwarze Brett an der Tür werfen. Und Achtung: Für die *tambores* gilt der gleiche Dresscode wie in der Kirche, d. h. keine Shorts und ärmellosen T-Shirts.

Real Fábrica de Tabacos Partagás   FABRIK

(Karte S. 84; San Carlos No 816, zwischen Peñalver & Sitios; Führungen 10 CUC$; ⏱ Führungen im 15-Minuten-Takt Mo–Fr 9–13 Uhr) Die 1845 vom Spanier Jaime Partagás gegründete Real Fábrica de Tabacos Partagás ist die älteste und berühmteste Tabakfabrik Havannas und inzwischen ein Wahrzeichen der Stadt. Die Fabrik wurde 2013 von ihrem Originalgebäude hinter dem Capitolio zu ihrem derzeitigen Standort bei der Calle Padre Varela in Centro Habana verlegt. Karten für die Führungen durch die Fabrik müssen im Voraus in der Lobby des Hotels Saratoga (S. 98) gekauft werden.

Monumento a Antonio Maceo   MONUMENT

(Karte S. 84; Malecón) Im Schatten des Hospital Nacional Hermanos Ameijeiras, eines Krankenhauses mit 24 Stockwerken, das 1980 in der Zeit der Sowjets errichtet wurde, steht dieses Bronzedenkmal. Es zeigt den Mulatten-General Antonio Maceo, der im Ersten Unabhängigkeitskrieg einen Weg quer durch Kuba schlagen ließ.

Der **Torreón de San Lázaro** (Ecke Malecón & Vapor) aus dem 18. Jh. gleich in der Nähe ist ein Wachturm, der während der Invasion von 1762 rasch an die Briten fiel.

Museo Lezama Lima   MUSEUM

(Karte S. 84; Trocadero No 162, Ecke Industria; mit/ohne Führung 1/2 CUC$; ⏱ Di–Sa 9–17, So 9–13 Uhr) Das bescheidene, mit Büchern vollgestopfte Haus des verstorbenen kubanischen Gelehrten José Lezama Lima (1910–1976) gehört zum Pflichtprogramm all jener, die den Wunsch verspüren, die kubanische Literatur jenseits von Hemingway besser zu verstehen. Als Limas Hauptwerk gilt der Klassiker *Paradiso*, den er größtenteils hier verfasste.

⊙ Vedado

Das herrschaftliche, weit ausgedehnte Vedado war einst Havannas berüchtigtes Mafiaviertel. Während der 50 Jahre andauernden Allianz Kubas mit den USA lag hier das Handelszentrum der Stadt, was in vielerlei Hinsicht bis heute der Fall ist, selbst wenn das Nachtleben heutzutage weniger halbseiden ist, die Kasinos zu Diskotheken umgestaltet wurden und die einst großartigen Hotels eher wie historische Relikte als wie der Inbegriff von Luxus anmuten.

Von ein paar modernistischen Wolkenkratzern abgesehen, ist Vedado ein überwiegend grünes Wohnviertel, durch das zwei breite Boulevards im Pariser Stil führen. Den Mittelpunkt stellen die bombastische Plaza de la Revolución und die schaurig-schöne Necrópolis Cristóbal Colón dar.

★ Necrópolis Cristóbal Colón   FRIEDHOF

(Karte S. 102; 5 CUC$; ⏱ 8–18 Uhr, letzter Eintritt 17 Uhr) Der wichtigste Friedhof von Havanna, ein Nationalmonument, zählt zu den größten in Nord- und Lateinamerika. Berühmt ist er für seine eindrucksvolle religiöse Bildsprache und die kunstvollen Marmorstatuen. Gruselig ist der Friedhof absolut nicht, und ein Spaziergang über die 57 ha hat etwas von einem pädagogischen und emotionalen Streifzug durch die Annalen der kubanischen Geschichte. Am Eingang ist ein Lageplan (1 CUC$) erhältlich, auf dem die Gräber der verschiedenen Künstler, Sportler, Politiker, Schriftsteller und Revolutionäre verzeichnet sind.

Man betritt den Friedhof durch die Puerta de la Paz, ein herrliches byzantinisch-romanisches Tor. Das Grab von General Máximo Gómez (1905), jenem Mann, der Kuba in die Unabhängigkeit führte, liegt rechter Hand (auf ein bronzenes Gesicht in einem runden Medaillon achten). Ein Stück weiter, hinter dem ersten Kreisel und ebenfalls auf der rechten Seite, stehen das Denkmal für die Feuerwehrleute (1890) und die neoromanische Capilla Central (1886) in der Mitte des Friedhofs.

Gleich nordöstlich dieser Kapelle befindet sich das berühmteste (und meistbesuchte) Grab, die letzte Ruhestätte von **Señora Amelia Goyri** (Ecke Calle 1 & F), besser bekannt als La Milagrosa, die Wundersame. Sie starb am 3. Mai 1901 bei der Geburt ihres Kindes. Ihre Marmorfigur mit einem großen Kreuz und einem Baby ist leicht zu finden, da auf dem Grab, das von vielen einheimischen Verehrern besucht wird, immer frische Blumen liegen. Noch Jahre nach ihrem Tod kam Amelias Ehemann mehrere Male am Tag dorthin. Er klopfte dabei immer mit einem von vier

Ringen an das Grabgewölbe und ging dann rückwärts weg, um die Statue noch so lange wie möglich zu sehen. Als die Leichen einige Jahre später exhumiert wurden, war Amelias Körper nicht zerfallen (im katholischen Glauben ein Zeichen für Heiligkeit) und das Baby, das zu Füßen seiner Mutter beerdigt worden war, lag angeblich in ihren Armen. So wurde La Milagrosa zum Mittelpunkt eines weit verbreiteten spirituellen Kultes in Kuba. Tausende von Menschen pilgern jedes Jahr dorthin und bringen Geschenke in der Hoffnung, dass sich ihre Träume erfüllen oder ihre Probleme lösen. Der Tradition entsprechend klopfen die Wallfahrer mit einem eisernen Ring an das Gewölbe und entfernen sich dann rückwärts gehend vom Grab.

Ebenso wichtig wie La Milagrosa für die Santería-Gemeinde ist das sogenannte Grab von „Hermano José"; es handelt sich dabei um das Grab einer Frau namens Leocadia Pérez Herrero, eines schwarzen Mediums in Havanna, das Anfang des 20. Jhs. für seine enormen Wohltaten für die Armen berühmt war. Leocadia behauptete, dass sie sich mit dem mythischen Santería-Priester Hermano José beratschlagt habe, der sie zu ihren Wohltaten ermutigt und angeleitet habe. Als spirituelle wie auch abergläubische Frau hatte Leocadia immer ein Gemälde mit dem Porträt von Hermano José in ihrem Haus hängen, und als sie 1962 verstarb, wurde das Gemälde neben ihr begraben. Heute verehren Anhänger der Santería Hermano José und kommen regelmäßig zu Leocadias Grab, um eine milde Gabe zu erbitten. Wie in der Santería-Tradition üblich lassen sie oft Blumen, ein Glas Rum, eine halb gerauchte Zigarre oder ein geopfertes Huhn auf dem Grab zurück.

Ausschau halten sollte man ebenfalls nach den Gräbern des Romanciers Alejo Carpentier (1904–1980), des Wissenschaftlers Carlos Finlay (1833–1915), der Märtyrer der Granma und der Veteranen der Unabhängigkeitskriege.

⭐ **Museo Napoleónico**   MUSEUM
(Karte S. 102; San Miguel No 1159; 3 CUC$ ☺ Di–Sa 9.30–17, So 9.30–12.30 Uhr) Zweifelsohne ist dieses Museum eines der besten in Havanna, wenn nicht ganz Kuba. Die wunderschön präsentierte Sammlung von 7000 Objekten mit Bezug zum Leben von Napoleon Bonaparte wurde vom kubanischen Zuckerbaron Julio Lobo und dem Politiker Orestes Ferrara zusammengetragen.

Zu den Highlights zählen Skizzen von Voltaire, Gemälde, die die Schlacht von Waterloo zeigen, Porzellan, Möbel, eine interessante Kopie von Napoleons Arbeits- und Schlafzimmer sowie eine von mehreren Totenmasken aus Bronze, die zwei Tage nach dem Ableben des Kaisers von seinem Leibarzt Dr. Francisco Antommarchi gefertigt wurden. Das Museum in einem wunderschönen Anwesen in Vedado befindet sich neben der Universität von Havanna und erstreckt sich über vier Etagen; von der Terrasse im obersten Stock bietet sich ein sagenhafter Blick über das Viertel.

Hotel Nacional   HISTORISCHES GEBÄUDE
(Karte S. 102; Ecke Calles O & 21; ☺ Gratisführungen Mo–Fr 10 & 15, Sa 10 Uhr) Das Hotel Nacional, das sich in einer Stilmischung aus Art déco und Neoklassizismus präsentiert, wurde 1930 dem Breakers Hotel in Palm Beach in Florida nachempfunden; es gilt als Nationalmonument und ist eines der architektonischen Wahrzeichen der Stadt.

Im Oktober 1933 erlangte das Hotel weltweite Bekanntheit, als nach einem Coup durch Fulgencio Batista die Regierung von Gerardo Machado gestürzt wurde und 300 betroffene Armeeoffiziere im Gebäude Zuflucht suchten. Sie taten dies in der Hoffnung, vom hier residierenden amerikanischen Botschafter Sumner Welles unterstützt zu werden. Sehr zum Verdruss der Offiziere reiste Welles aber umgehend ab, sodass Batistas Truppen das Feuer eröffnen konnten. Sie töteten 14 der Männer und verletzten sieben weitere. Nachdem sich alle ergeben hatten, wurden weitere Soldaten hingerichtet.

Im Dezember 1946 machte das Hotel erneut üble Schlagzeilen, weil es die amerikanischen Gangster Meyer Lansky und Lucky Luciano zum größten jemals organisierten Treffen der nordamerikanischen Mafia missbrauchten. Die Verbrecher versammelten sich damals unter dem Vorwand, ein Konzert von Frank Sinatra besuchen zu wollen.

Heutzutage genießt das Hotel einen deutlich besseren Ruf, das einst so berühmte Kasino existierte allerdings schon länger nicht mehr. Das spektakuläre Pariser Variété lockt hingegen auch heute noch das Publikum in Scharen an. Auch wer nicht im Haus logiert, kann die maurische Lobby bewundern, einen Rundgang durch das luftige Hotelareal am Malecón unternehmen oder an einer der kostenlosen Hotelführungen teilnehmen.

Museo de Artes Decorativas   MUSEUM

(Karte S. 102; Calle 17 No 502, zwischen Calle D & E; 3 CUC$; ☉ Di–Sa 9.30–16 Uhr) Das Museum, das zu den besten in Havanna zählt, hat etwas von einem verlorenen Schatz, der im Viertel Vedado verborgen liegt. Das Museum für angewandte Kunst strotzt nur so vor eigenwilligem Rokoko-, Jugendstil- und asiatischem Flitter. Ebenso interessant ist allerdings das Gebäude selbst, das von einem französischen Architekten entworfen und 1924 von der reichen Familie Gómez in Auftrag gegeben wurde. Die gleiche Familie ließ auch das Shoppingcenter Manzana de Gómez in Centro Habana errichteń.

Memorial a José Martí   MONUMENT

(Karte S. 102; Plaza de la Revolución; 3 CUC$; ☉ Mo–Sa 9.30–16 Uhr) Die Gedenkstätte mitten auf der Plaza de la Revolución ist mit 138,5 m das höchste Bauwerk Havannas. Davor prunkt eine beeindruckende, 17 m hohe Marmorstatue, die den sitzenden Martí in Denkerpose zeigt. Die Gedenkstätte birgt ein Museum, das definitiv das letzte Wort zum Thema Martí in Kuba hat.

Zur Aussichtsplattform in 129 m Höhe gelangt man mit einem kleinen Lift, für dessen Benutzung 2 CUC$ verlangt werden (und der immer mal wieder defekt ist). Der Blick von oben über die Stadt ist spektakulär.

Parque Lennon   PARK

(Karte S. 102; Ecke Calles 17 & 6) In Havanna gibt es zwei Parks mit ähnlich klingendem Namen – der eine ist nach dem russischen Kommunistenführer benannt, dieser hier dem harmloseren, aber nicht minder kultigen Ex-Beatle gewidmet. Den Park kennzeichnet eine hyperrealistische Statue des Musikers, die Fidel Castro 2000 anlässlich des 20. Todestages von John Lennon enthüllte. Da der Statue immer wieder die Brille gestohlen wurde, hat man nun einen Wachmann eingestellt, der auf diese aufpasst. Der Wachmann hält in der Regel einen diskreten Abstand zur Statue. Wenn jemand ein Foto machen möchte, zieht er die besagte Brille aus der Trickkiste.

Plaza de la Revolución   PLATZ

(Karte S. 102) Die gigantische, vom französischen Stadtplaner Jean Claude Forestier in den 1920er-Jahren konzipierte Plaza de la Revolución (bis 1959 hieß sie Plaza Cívica) war Teil von Havannas zwischen 1920 und 1959 entstandener „Neustadt". Entsprechend dem ambitionierten Plan von Forestier wurde der Platz nach dem Vorbild der

Pariser Place de l'Étoile auf einem kleinen Hügel errichtet, der Loma de los Catalanes. Von dort aus führen mehrere Alleen Richtung Río Almendares, Vedado und zum Parque de la Fraternidad in Centro Habana.

Heute ist der von grauen funktionalen Gebäuden aus den späten 1950er-Jahren gesäumte Platz der Sitz der kubanischen Regierung. Hier finden auch die großen politischen Kundgebungen statt. Im Januar 1998 zwängten sich rund 1 Mio. Menschen (sprich fast ein Zehntel der Bevölkerung Kubas) auf den Platz, um mit Papst Johannes Paul II. die Heilige Messe zu feiern.

Der scheußliche Betonklotz an der Nordseite des Plaza ist das Ministerio del Interior (Innenministerium). Hier stößt man auf die riesige Wandmalerei von Che Guevara – eine Kopie des berühmten Fotos, das Alberto Korda einst 1960 aufnahm. Darunter steht *Hasta la Victoria Siempre* (Immer vorwärts bis zum Sieg). 2009 wurde ein ähnliches Bild von Kubas zweitem Revolutionshelden Camilo Cienfuegos an die Wand des Telekommunikationsgebäudes gleich nebenan gemalt. Die Inschrift lautet: *Vas Bien Fidel* (Du machst es richtig, Fidel).

An der Ostseite befindet sich seit 1957 die **Biblioteca Nacional José Martí** (☉ Mo–Sa 8–21.45 Uhr) GRATIS mit einer Fotoausstellung in der Lobby. Die Westseite nimmt das Teatro Nacional de Cuba (S. 124) ein.

Etwas versteckt hinter dem José-Martí-Denkmal finden sich diverse Behörden im schwer bewachten Comité Central del Partido Comunista de Cuba.

Avenida de los Presidentes   STRASSE

(Karte S. 102) Statuen von illustren lateinamerikanischen Führungspersönlichkeiten säumen die Calle G (offiziell: Avenida de los Presidentes), die im Stil der Ramblas von Barcelona gestaltet wurde. So trifft man hier u. a. auf Salvador Allende (Chile), Benito Juárez (Mexiko) und Simón Bolívar. Am oberen Ende des Boulevards ragt das riesige marmorne Monumento a José Miguel Gómez auf, das Kubas zweiten Präsidenten ehrt. Am anderen Ende der Straße wurde das Denkmal, das seinem Vorgänger Tomás Estrada Palma gewidmet war – er galt lang als Marionette der USA – allerdings umgestürzt; verblieben sind lediglich seine Schuhe auf einem Podest.

Den Zugang zur Calle G am Malecón bewacht eine Reiterstatue, das **Monumento a Calixto García** (Ecke Malecón & Av de los Presidentes). Es würdigt den mutigen kubanischen General, der von der amerikanischen Militärführung in Santiago de Cuba daran gehindert wurde, 1898 der Kapitulation der Spanier beizuwohnen. 24 Bronzeplaketten, die um die Statue angeordnet sind, vermitteln die Geschichte von Garcías 30-jährigem Kampf für die kubanische Unabhängigkeit.

Hotel Habana Libre SEHENSWERTES GEBÄUDE
(Karte S. 102; Calle L, zwischen Calle 23 & 25) Das klassisch modernistische Hotel – das ehemalige Havana Hilton – wurde von Castros Revolutionären 1959 nur neun Monate nach seiner Eröffnung beschlagnahmt und auf der Stelle in Habana Libre umgetauft. Während der ersten Monate der Revolution regierte Fidel Castro das Land dann von seiner Luxussuite im 23. Stock aus.

Ein 670 m² großes Wandbild aus venezianischen Kacheln von Amelia Peláez nimmt die gesamte Frontseite des Gebäudes ein, Alfredo Sosa Bravos *Carro de la revolución* aus 525 Keramikteilchen befindet sich innen im ersten Stock. Es gibt hier auch diverse gute Geschäfte sowie eine interessante Fotogalerie mit Schnappschüssen von den alles erobernden *barbudas* (wörtl.: die Bärtigen), wie sie im Januar 1959 mit ihren Gewehren in der Hotellobby herumhängen.

Monumento a las Víctimas del Maine MONUMENT
(Karte S. 102; Malecón) Westlich vom Hotel Nacional steht ein Denkmal (1926), das der 266 amerikanischen Marinesoldaten gedenkt, die 1898 ums Leben kamen, als das Kriegsschiff USS *Maine* unter mysteriösen Umständen im Hafen von Havanna in die Luft flog. Der amerikanische Adler, der es einst krönte, wurde allerdings 1959 während der Revolution geköpft.

Quinta de los Molinos GÄRTEN, WAHRZEICHEN
(Karte S. 102; Ecke Av Salvador Allende & Luaces; Führung 5 CUC$; ⊙ Führung Di & Sa 10 Uhr) Das herrschaftliche Domizil von Máximo Gómez, General des Unabhängigkeitskrieges, liegt inmitten eines Grundstücks mit üppig wuchernder Vegetation, das seit 1839 ein Botanischer Garten ist. Während das ehemalige Gómez-Anwesen derzeit geschlossen ist, wurde das Areal unlängst wieder als Botanischer Garten dem Publikum zugänglich gemacht: Zwischen mehr als 160 Baumarten leben 40 Vogelarten und die winzigen, bunten Polymita-Schnecken, eine endemische Art. Sehenswert ist auch der Schmetterlingsgarten, der erste seiner Art in Kuba. Eine Besichtigung des Botanischen Gartens ist

ist ausschließlich im Rahmen einer Führung möglich.

Museo de Danza MUSEUM
(Karte S. 102; Línea No 365, Ecke Av de los Presidentes; 2 CUC$; ⊙ Mo–Sa 10–18 Uhr) Dass es in Kuba ein Museum gibt, das sich dem Tanz verschrieben hat, ist eigentlich keine große Überraschung. Die gut konzipierte Ausstellung in einem wunderschönen Anwesen zeigt Objekte aus der reichen Geschichte des Tanzes auf Kuba; viele Exponate stammen aus der Sammlung der ehemaligen Ballerina Alicia Alonso.

Universidad de la Habana UNIVERSITÄT
(Karte S. 102; Ecke Calle L & San Lázaro) Die 1742 von Dominikanermönchen gegründete Universität von Havanna wurde 1842 säkularisiert; sie befand sich ursprünglich in Habana Vieja, bis sie dann 1902 an ihren jetzigen Standort verlegt wurde. Der gegenwärtige neoklassizistische Komplex datiert aus dem zweiten Viertel des 20. Jhs. Heute belegen an die 30 000 Studenten hier Kurse in Sozial-, Geistes- und Naturwissenschaften sowie in Mathematik und Wirtschaft.

Der rechteckige Innenhof der Universität liegt auf einem Hügel am oberen Ende der berühmten *escalin*ata (Treppe) und unweit der Statue der Alma Mater. Er wird Plaza Ignacio Agramonte genannt. Hier steht auch ein Panzer, den Castros Rebellen 1958 erbeuteten. Direkt davor befindet sich die Librería Alma Mater.

Links davon befindet sich das **Museo de Historia Natural Felipe Poey** (1 CUC$; ⊙ Sept.–Juli Mo–Fr 9–12 & 13–16 Uhr), Kubas ältestes Museum. Es wurde 1874 von der Königlichen Akademie für medizinische, physikalische und Naturwissenschaften gegründet. Viele der ausgestopften Beispiele kubanischer Flora und Fauna datieren ins 19. Jh.

Das darüber liegende **Museo Antropológico Montané** (1 CUC$; ⊙ Sept.–Juli Mo–Fr 9–12 & 13–16 Uhr) von 1903 bietet eine reiche Sammlung an präkolumbischen indianischen Artefakten, darunter das hölzerne Ídolo del Tabaco aus dem 10. Jh.

Edificio Focsa WAHRZEICHEN
(Focsa Bldg; Karte S. 102; Ecke Calle 17 & M) Das modernistische Edificio Fosca prägt die Skyline von Havanna. Es wurde von 1954 bis 1956 in einer Rekordgeschwindigkeit von nur 28 Monaten erbaut, unter Zuhilfenahme einer bahnbrechenden Computertechnologie. 1999 wurde das Gebäude als siebtes

in die Liste der Wunder der modernen Ingenieurskunst in Kuba aufgenommen. Mit 373 Wohnungen auf 38 Stockwerken war das Edificio Fosca bei seiner Vollendung im Juni 1956 der zweitgrößte Betonbau dieser Art weltweit. Er wurde komplett ohne den Einsatz von Kränen errichtet.

Als es Anfang der 1990er-Jahre mit dem Bauwerk bergab ging, nisteten sich in den Obergeschossen die Geier ein, 2000 riss ein Aufzugskabel, wodurch eine Person ums Leben kam. Inzwischen wurde das Gebäude umfassend restauriert und die Wohnungen wieder bezogen. In der obersten Etage befindet sich eines der renommiertesten Speiselokale der Stadt, das La Torre (S. 117).

Amerikanische Botschaft　　　WAHRZEICHEN
(Karte S. 102; Calzada, zwischen Calle L & M) Das modernistische sechsstöckige Gebäude mit dem Hochsicherheitszaun am Malecón ist sicherlich die berühmteste amerikanische Botschaft der Welt und zugleich auch die neueste. Früher beherbergte das Gebäude die sogenannte US Interests Section, die unter der Regierung Carter Ende der 1970er-Jahre etabliert worden war. Im Juli 2015 wurde die Amerikanische Botschaft dann nach 54 Jahren wiedereröffnet, zu verdanken ist dies der Regierung Obama, die der politischen Eiszeit zwischen Kuba und den USA ein Ende setzte.

Die Botschaft öffnet sich zur Plaza Tribuna Anti-Imperialista (auch: Plaza de la Dignidad), wo früher antiamerikanische Protestaktionen im großen Stil stattfanden. Die zahlreichen Fahnenstangen wurden von den Kubanern aufgestellt, um eine elektronische Anzeigentafel der ehemaligen US Interests Section auszutricksen, die – je nach politischer Überzeugung – Nachrichten oder Propaganda verbreiten sollte.

Edificio López Serrano　　　WAHRZEICHEN
(Karte S. 102; Calle L, zwischen Calle 11 & 13) Hinter der US Interests Section verborgen ragt dieser Art-déco-Turm auf. Er erinnert an das Empire State Building, dem man die 70 unteren Etagen abgesäbelt hat. Das 1932 errichtete Gebäude zählt zu den ersten *rascacielos* der Stadt. Im Edificio López Serrano befinden sich heute Wohnungen.

Gran Synagoga Bet Shalom　　　SYNAGOGE
(Karte S. 102; Calle I No 251, zwischen Calle 13 & 15; ◷variierende Zeiten) Kuba besitzt drei Synagogen für die 1500 Personen umfassende jüdische Gemeinde. Das Hauptgemeindezentrum und die Bibliothek sind hier untergebracht. Das nette Personal erzählt Besuchern alles über die wenig bekannte Geschichte der Juden auf Kuba.

🎉 Feste & Events

Havanna hat einen ganzjährig prallgefüllten Veranstaltungskalender. Im Sommer findet der Karneval statt, es gibt mehrere Musikfestivals (z. B. das hochgelobte Festival Internacional de Jazz im Dezember), Sportveranstaltungen wie das Marabana (Marathon) sowie große internationale Events, die berühmte Namen aus dem Ausland anlocken.

Feria Internacional del Libro　　　LITERATUR
(www.filcuba.cult.cu; ◷Feb.) Im Februar beginnt die jährliche Buchmesse, die sich im Fort La Cabaña etabliert hat, um dann auf Tournee durch ganz Kuba zu gehen.

Carnaval de la Habana　　　KULTUR
(◷Juli/Aug.) Umzüge, Tanz, Musik, bunte Kostüme und verblüffende Figuren – Havannas alljährliche Sause im Sommer ist vielleicht nicht ganz so berühmt wie ihr traditionelleres Gegenstück in Santiago de Cuba. Die Umzüge und Feste am Malecón stellen dennoch viele andere Karnevalsveranstaltungen in der Stadt in den Schatten.

**Festival Internacional
de Ballet de la Habana**　　　TANZ
(www.festivalballethabana.cu; ◷Okt.) Bei diesem Festival, das jährlich abgehalten wird, stellt Havanna seine Fähigkeiten in Sachen Ballett mit schwungvollen Sprüngen und anmutigen Pirouetten unter Beweis. Das Festival beginnt Ende Oktober.

**Festival Internacional del
Nuevo Cine Latinoamericano**　　　FILM
(www.habanafilmfestival.com; ◷Dez.) Das allseits hochgelobte Festival der kubanischen Filmkultur – mit vielen Produktionen aus anderen Ländern Lateinamerikas – wird in verschiedenen Kinos und Theatern der Stadt abgehalten.

👉 Geführte Touren

★ **Havana Super Tour**　　　TOUREN
(Karte S. 84; ☏52-65-71-01; www.campanario63. com; Campanario No 63, zwischen San Lázaro & Lagunas; Touren 35 CUC$) Als einer der ersten privaten Veranstalter in Havanna bietet Super Tour alle seine Touren in amerikanischen Oldtimern an. Die beliebtesten Touren sind die Art-déco-Architektur-Runde und die Mafia-Tour, auf der die prä-revolutionären

HISTORISCHES PUZZLESPIEL

Nie wurde auf dem Gebiet des Denkmalschutzes mit so geringen Finanzmitteln so viel erreicht! In der internationalen Presse wird häufig über das hervorragende Erziehungs- und Gesundheitswesen in Kuba berichtet, jedoch relativ wenig über die bemerkenswerte Arbeit, die in den Erhalt des wertvollen, aber ernsthaft gefährdeten historischen Erbes gesteckt wurde, und zwar vor allem in Habana Vieja.

Seit den späten 1970er-Jahren laufen nun die Arbeiten, die Altstadt von Havanna nach Jahrzehnten der Vernachlässigung wieder Stück für Stück zusammenzusetzen– ein visionäres und schon fast wundersames Unterfangen in Anbetracht der wirtschaftlichen Widrigkeiten. Der geniale Mann, der hinter diesem Projekt steht, heißt Eusebio Leal Spengler und ist der gefeierte Stadthistoriker der Stadt. Er rief, unbeeindruckt von den immer fester greifenden Finanzschrauben während Kubas Período Especial, 1994 Habaguanex ins Leben, ein Unternehmen, das mit dem Tourismus harte Währung verdient und dieses Geld in den Erhalt der historischen Gebäude wie auch in die Wiederherstellung der urbanen Sozialstruktur in der ganzen Stadt investiert. Durch den Erhalt des historischen Erbes konnten Leal und seine Mitstreiter wiederum mehr Touristen in die Stadt locken, wodurch Habaguanex mehr Geld verdiente, das erneut in weitere Sanierungsmaßnahmen und dringend benötigte Sozialprojekte investiert wurde.

Leal fiel nicht der Versuchung anheim, die Altstadt von Havanna in eine Art historischen Themenpark zu verwandeln. Vielmehr baute er das authentische, lebendige Zentrum wieder auf, was den mehr als 91 000 Anwohnern handfeste Vorteile verschaffte. Im urbanen Puzzlespiel stehen nun Schulen, Nachbarschaftsinitiativen, Seniorenheime und Zentren für behinderte Kinder direkt neben touristisch interessanten Kolonialgebäuden, die wieder in ihrem alten Glanz erstrahlen. Immer wenn jemand Geld in einem Hotel, Museum oder Restaurant von Habaguanex ausgibt, leistet er nicht nur einen Beitrag zu den noch laufenden Sanierungsmaßnahmen, sondern unterstützt auch eine Fülle an Sozialprojekten, die der lokalen Bevölkerung zugutekommen.

Heute investiert die Behörde für Stadtgeschichte ihre jährlichen Einnahmen aus dem Tourismus – sie sollen sich auf über 160 Mio. US$ belaufen – zu einem Teil in Restaurierungsmaßnahmen (45 %) und zum anderen in Sozialprojekte in der ganzen Stadt (55 %). Mittlerweile sind es über 400 Projekte.

Heute erstrahlt ein Viertel der Habana Vieja wieder in seiner alten kolonialen Pracht – mit zahlreichen Touristenattraktionen, darunter auch 20 von Habaguanex geführte Hotels, vier klassische Forts und mehr als 30 Museen.

Mafiaspelunken besucht werden. Wer wenig Zeit hat, kann an dem umfangreichen Tagesausflug durch Havanna (150 CUC$) teilnehmen, auf dem alle bedeutenden Sehenswürdigkeiten der Stadt besucht werden.

★ San Cristóbal Agencia de Viajes   KULTUR
(Karte S. 66; ☑ 7-863-9555; www.cubaheritage. com; Oficios No 110, zwischen Lamparilla & Amargura; ☉ Mo–Fr 8.30–17.30, Sa 8.30–12.30 Uhr) Das Reisebüro, das das Büro des Stadthistorikers vertritt, bietet seine Dienste in den klassischen Hotels in Habana Vieja an. Aus den Einnahmen werden Restaurierungsprojekte finanziert. Hier findet man auch die besten Stadtbesichtigungen Havannas. Zu den Highlights zählen die Tour „Durchs restaurierte historische Zentrum", „Von Christus bis Lennon" (Bildhauerei in Havanna) und

„Eklektizismus und Moderne" (Architektur in Havanna).

★ CubaRuta Bikes   RADFAHREN
(Karte S. 102; ☑ 52-47-66-33; www.cubarutabikes. com; Calle 16 No 152; Stadttour 29 CUC$) 🚲 Als das Unternehmen 2013 den Betrieb aufnahm, war es der erste anständige Fahradverleih und der erste Tourveranstalter in Havanna. Seine begleiteten Radtouren sind nach wie vor sehr beliebt, vor allem die klassische dreistündige Radtour durch die Stadt, auf der die Teilnehmer den Bosque de la Habana, die Plaza Vieja, die Plaza de la Revolución, den Malecón und vieles mehr besichtigen.

Gebucht wird telefonisch oder per E-Mail mindestens einen Tag im Voraus. Man kann auch gut gewartete, stabile Fahrräder ausleihen.

🎓 Kurse

Neben Spanischunterricht gibt es in Havanna eine Fülle anderer lehrreicher Kurse für wissbegierige Urlauber. Am beliebtesten sind die Tanz- und Kunstklassen. In den letzten Jahren bieten unzählige Privatunternehmen beide in entsprechenden Instituten an.

⭐ La Casa del Son — TANZ, SPRACHE
(Karte S.66; ☎7-861-6179; www.bailarencuba.com; Empedrado No 411, zwischen Compostela & Aguacate; Std. ab 10 CUC$) Die äußerst beliebte Tanzschule hat ihre Räumlichkeiten in einem attraktiven Gebäude aus dem 18. Jh. Neben Tanz werden auch Spanischkurse und Schlagzeugunterricht angeboten. Die Zeiten sind sehr flexibel.

Taller Experimental de Gráfica — KUNST
(Karte S.66; ☎7-862-0979; Callejón del Chorro No 6) Hier liegt der Fokus auf der Kunst des Gravierens. Einzelunterricht kostet pro Tag/ Woche 25/250 CUC$. Unbedingt ein paar Tage im Voraus buchen.

Club Salseando Chévere — TANZ
(www.salseandochevere.com; Ecke Calle 49 & 28; Std. ab 25 CUC$) Als eine der besten Tanzschulen Havannas hat sich das Salseando Chévere auf Salsa spezialisiert, bringt seinen Schülern aber auch bei, wie man bei Rumba, Cha-Cha-Cha, Mambo und anderen lateinamerikanischen Tänzen eine gute Figur macht. Die Schule hat ihre Räume im El Salón Chévere (S.146), einem beliebten Tanzclub im Parque Almendares.

Conjunto Folklórico Nacional de Cuba — TANZ
(Karte S.102; ☎7-830-3060; www.folkcuba.cult.cu; Calle 4 No 103, zwischen Calzada & Calle 5) Hier wird empfehlenswerter Unterricht im *baile folklórico* (Volkstanz) erteilt, einschließlich der esoterischen Varianten der Santería sowie Rumba. Auch Schlagzeugkurse finden sich im Programm. Der Unterricht beginnt immer am dritten Montag im Januar sowie am ersten Montag im Juli; ein 15-tägiger Kurs kostet 500 CUC$. Nach einem Einstufungstest werden die Teilnehmer den vier Leistungsniveaus zugeordnet.

Universidad de la Habana — SPRACHE
(Karte S.102; ☎7-832-4245, 7-831-3751; www.uh. cu; Calle J No 556, Edificio Varona, 2. St.) Das der Universität angegliederte FLEX (Facultad de Lenguas Extranjeras; Fremdsprachenfakultät) bietet ganzjährig Spanischkurse an, die jeweils am ersten Montag eines Monats

beginnen. Die Preise starten mit 200 CUC$ für 40 Stunden (2 Wochen) und belaufen sich für einen neunmonatigen Intensivkurs auf 1798 CUC$. Die Teilnehmer müssen sich zunächst einem Einstufungstest unterziehen, der die individuellen Vorkenntnisse ermittelt; anschließend werden sie in die Leistungsstufen eins bis fünf eingeteilt.

Am besten ist es, den Kurs schon vor der Reise zu buchen. Dazu klickt man auf der FLEX-Website der Uni „Facultades" und dann „Lenguas Extranjeras" an.

Paradiso — KULTUR
(Karte S.102; ☎7-832-9538; www.paradiso.es; Calle 19 No 560) Die Kulturorganisation bietet eine erstaunliche Fülle an vier- bis zwölfwöchigen Kursen an. Im Programm findet sich so ziemlich alles, was man sich wünscht – von afrokubanischem Tanz bis hin zu Keramik-Workshops. Die Webseite gibt einen Überblick.

🛏️ Schlafen

Da in Havanna wirklich Tausende *casas particulares* (Privathaushalte) Zimmer vermieten, besteht in der Stadt kein Problem, eine Unterkunft zu finden. Die günstigen Hotels sind ihnen preislich ebenbürtig, nicht allerdings, was den Komfort angeht. Anständige Hotels in mittlerer Preislage sind Mangelware, die Auswahl an Spitzenhotels ist hingegen groß. Sie haben jede Menge Flair, selbst wenn sie mit dem Standard anderer Hotels in der Karibik nicht immer mithalten können.

🛏️ Habana Vieja

⭐ Greenhouse — CASA PARTICULAR $
(Karte S.66; ☎7-862-9877; fabio.quintana@infomed.sld.cu; San Ignacio No 656, zwischen Merced & Jesús María; Zi. 30–40 CUC$; ❄️) Die sagenhafte Casa in der Altstadt wird von Eugenio und Fabio geführt, die ihr schönes Zuhause im Kolonialstil noch mit modernen Designelementen aufgepeppt haben. Einen Blick sollte man auf den Brunnen auf der Terrasse und auf das indirekt beleuchtete Modell von Havanna im Treppenhaus werfen. In diesem Quartier, das schon fast als Hotel durchgeht, gibt es sieben Zimmer mit schönen Kolonialzeitmöbeln und herrlichen Holzbetten; zwei davon haben ein Gemeinschaftsbad.

Hostal Calle Habana — CASA PARTICULAR $
(Karte S.66; ☎7-867-4081; www.hostalcallehabana. com; Habana No 559, zwischen Brasil & Amargura;

Zi. 30–40 CUC$; ❄) Das Hostal ist eine von vielen neuen Privatunterkünften, die so gut wie ein kleines Hotel sind. Dieses ist gut geführt und wunderbar gepflegt. Vor dem Haus gibt es ein kleines Café (ausschließlich für die Hausgäste), außerdem beeindrucken überall die vielen Kunstwerke, Pflanzen und Kacheln. Die vier Zimmer sind sauber und ordentlich; geschmackvolle Lampen und bunte Gemälde setzen schöne Akzente.

Preislich ist das Hostal wohl das beste Schnäppchen in der Stadt.

Hostal El Encinar   CASA PARTICULAR $

(Karte S. 66; ☎7-860-1257; www.hostalperegrino. com; Chacón No 60 Altos, zwischen Cuba & Aguiar; Zi. inkl. Frühstück 35–50 CUC$; ❄) Dieser Außenposten des beliebten Hostal Peregrino (S. 96) in Centro Habana ist wie ein kleines Hotel für Individualreisende. Die acht Zimmer haben alle ein eigenes Bad und erreichen dank Föhn, Fernseher, Minibar und edlen Kacheln schon fast Boutiquehotel-Standard. Weitere Pluspunkte sind die gemütliche Lounge und die hübsche Dachterrasse mit Aussicht auf die Bucht und das Fort La Cabaña.

Jesús & María   CASA PARTICULAR $

(Karte S. 66; ☎7-851-1378; jesusmaria2003@ yahoo.com; Aguacate No 518, zwischen Sol & Muralla; Zi. 30 CUC$; ❄) In dieser Casa der alten Schule müssen die Gäste das Wohnzimmer der Familie durchqueren und sich geschickt unter dem Fernseher hinwegducken, um in ihr Zimmer zu gelangen. Dennoch ist das Haus innen sehr schön geräumig. Es gibt eine großzügige Terrasse mit Schaukelstühlen, auf der die Gäste ihr ebenso großzügiges Frühstück genießen können. Die fünf tadellosen Zimmer sind mit einem kleinen Tresor und bequemen Betten ausgestattet.

Casa Colonial del 1715   CASA PARTICULAR $

(Karte S. 66; ☎7-864-1914; rozzo99@gmail.com; Lamparilla No 324, zwischen Aguacate & Compostela; Zi. 30–35 CUC$; ❄) Das hübsche minzgrüne Kolonialgebäude hebt sich angenehm von den Gebäuden der ansonsten schmuddeligen Calle Lamparilla ab. Die freundliche Farbgebung setzt sich innen mit einem wunderschönen Patio fort, was den gut einem Dutzend Fahnen aus aller Herren Ländern geschuldet ist – ein Willkommensgruß, der zu den kongenialen Eigentümern passt. Vermietet werden drei saubere Zimmer, morgens wird ein leckeres Frühstück serviert.

Penthouse Plaza Vieja   CASA PARTICULAR $

(Karte S. 66; ☎7-861-0084; Mercaderes No 315-317; Zi. 60 CUC$; ❄) Für das private Penthouse am historischen Hauptplatz müsste man überall sonst Unmengen an Geld locker machen, hier in Havanna zahlt man nur 60 CUC$. Die beiden Zimmer hoch über der Plaza Vieja teilen sich eine schattige Terrasse, über die ein Santería-Schrein wacht.

Casa de Pepe & Rafaela   CASA PARTICULAR $

(Karte S. 66; ☎7-862-9877; San Ignacio No 454, zwischen Sol & Santa Clara; Zi. 30–35 CUC$; ❄) Das wunderschön sonnengelbe Kolonialgebäude gleich bei der Plaza Vieja ist komplett mit Antiquitäten und maurischen Kacheln ausgestattet. Die beiden Zimmer haben Balkon, Holzfensterläden und ein tolles Bad. Momentan wird das Haus von der jüngeren Generation der ursprünglichen Familie geführt – sie sind hervorragende Gastgeber.

Conde de Ricla Hostal   HOTEL $$

(Karte S. 66; ☎52-91-63-23; www.condedericla-hostal.com; San Ignacio No 402, zwischen Sol & Muralla; DZ/Suite 100/150 CUC$; ❄) Für Leute, die zum ersten Mal in Kuba sind, ist das vielleicht nicht so offensichtlich, aber dieses Hotel ist wirklich etwas Besonderes. Es ist ein früher Versuch, ein richtiges privates Hotel aufzuziehen und keine casa particular (bis dato waren alle kubanischen Hotels im Besitz des Staates).

Die fünf Gästezimmer bestehen jedenfalls den Test – alle sind groß, sauber und trotz Kolonialambiente mit minimalistischen Designelementen aufgehübscht.

Ein weiterer dicker Pluspunkt: Das Frühstück unten im La Vitrola (S. 109) ist im Preis inbegriffen; das Lokal gehört ebenfalls der Familie.

★ Hotel Los Frailes   HISTORISCHES HOTEL $$$

(Karte S. 66; ☎7-862-9383; www.habaguanexhotels.com; Brasil No 8, zw.ischen Oficios & Mercaderes; DZ/Suite 200/230 CUC$; ❄@☎) Das Hotel Los Frailes (Die Mönche) ist keineswegs so asketisch wie der Name vermuten lässt. Das Personal spaziert in Kutten mit Kapuze herum – inspiriert vom Kloster San Francisco de Asís gleich in der Nähe.

Es ist die Art Hotel, auf das man sich nach einem langen Tag Stadtbesichtigung so richtig freut zurückzukommen, um in den großen, historischen Zimmern im mönchischen Bademantel zu entspannen, während die Kerzen flackernde Schatten an die Wände werfen.

Ein zusätzliches Bonbon ist das hauseigene Holzbläser-Quartett in der Lobby; die Musiker sind so gut, dass sie regelmäßig Reisegruppen anlocken, die sich spontan ein Konzert anhören.

Hostal Conde de Villanueva   HOTEL $$$

(Karte S. 66; ☏ 7-862-9293; www.habaguanexhotels.com; Mercaderes No 202; EZ/DZ 235/305 CUC$; ✳@🛜) Wer in Havanna eine Nacht in Luxus schwelgen möchte, sollte sich dieses hochgelobte Kolonialhotel gönnen. Unter dem gestrengen Auge des Stadthistorikers wurde Ende der 1990er-Jahre ein prachtvolles Anwesen in ein Hotel umgewandelt. Das einfühlsam gestaltete Haus hat heute neun Zimmer, die sich um einen attraktiven Innenhof gruppieren – samt einem Pfau, der hier wohnt. Die Suiten im Obergeschoss zieren Buntglasfenster, Lüster und kunstvolle Skulpturen; zu einem gehört sogar eine Badewanne mit Whirlpool.

Hotel Florida   HOTEL $$$

(Karte S. 66; ☏ 7-862-4127; www.habaguanexhotels.com; Obispo No 252; DZ/Suite 245/305 CUC$ inkl. Frühstück; ✳@🛜) So etwas wird heutzutage gar nicht mehr gebaut! Mit seiner extravaganten Architektur präsentiert sich das Florida im reinsten Kolonialstil mit Säulen und Arkaden, die den romantischen Innenhof in der Mitte umgeben. Habaguanex ließ das Gebäude von 1836 mit Liebe zum Detail restaurieren. Die prachtvoll möblierten Zimmer haben noch immer ihre originalen hohen Decken und sind wunderschön mit allem erdenklichen Luxus ausgestattet.

Jeder, der auch nur einen Hauch von Interesse am architektonischen Erbe Kubas hat, sollte diesem Kolonialpalais einen Besuch abstatten, zu dem auch ein elegantes Café und eine viel besuchte Bar (ab 20 Uhr) gehören.

Hotel Raquel   HOTEL $$$

(Karte S. 66; ☏ 7-860-8280; www.habaguanexhotels.com; Ecke Amargura & San Ignacio; DZ/Suite 280/330 CUC$; ✳@🛜) Das Hotel in einem sagenhaften Palais aus dem Jahr 1908 (früher Sitz einer Bank) vermittelt mit seinen grandiosen Säulen, den schlanken Marmorstatuen und der kunstvollen Buntglasdecke das Gefühl einer historischen Halluzination. Jenseits von imposanter Architektur bietet das Raquel ansprechende, allerdings laute Zimmer, einen kleinen Fitnessraum mit Sauna, nette Mitarbeiter und eine superzentrale Lage. Der akribisch restaurierte Rezeptionsbereich des herrlichen Gebäudes

im Stil des Eklektizismus ist an sich schon eine Touristenattraktion – und vollgestopft mit Antiquitäten und kunstvollen Jugendstilverzierungen.

Hotel Armadores de Santander   HISTORISCHES HOTEL $$$

(Karte S. 66; ☏ 7-862-8000; www.habaguanexhotels.com; Luz No 4, Ecke San Pedro; DZ/Suite 235/305 CUC$; ✳@🛜) Im Santander am Hafen unten ist das Thema Nautik überall greifbar. Fast rechnet man schon damit, dass ein paar alte spanische Matrosen in der schmalen Mahagonibar vorbeischauen und ein Seemannslied anstimmen. Die 32 Zimmer sind ganz unterschiedlich gestaltet. Die Suiten in Split-Level-Architektur bieten viel Buntglas und eine Wendeltreppe und sind ihren Preis auf jeden Fall wert. Ein weiteres Highlight ist die Sonnenterrasse mit wunderschöner Aussicht auf den Hafen.

Hotel Habana 612   HISTORISCHES HOTEL $$$

(Karte S. 66; ☏ 7-867-1039; www.habaguanexhotels.com; Habana No 612; Zi. 200 CUC$; ✳@🛜) Dies ist eines der neueren und kleineren Hotels im Viertel. Das Hotel mit zwölf Zimmern hat dem alten Kolonialgebäude ein minimalistisches Design übergestülpt. Das künstlerische Thema lautet „Werkzeuge", was sich durch alle Räume zieht. So sieht die Uhr in der Rezeption tatsächlich wie ein Entwurf von Leonardo da Vinci aus. Die Zimmer sind groß, diejenigen nach vorne hinaus haben einen kleinen Balkon, dafür hört man aber auch etwas den Lärm von der Straße.

Hotel Palacio del Marqués de San Felipe y Santiago de Bejucal   HOTEL $$$

(Karte S. 66; ☏ 7-864-9191; www.habaguanexhotels.com; Ecke Oficios & Amargura; DZ 360 CUC$; ✳@🛜) Kubanischer Barock trifft hier auf modernen Minimalismus in einer der teureren Unterkünfte von Habaguanex – das Ergebnis kann sich sehen lassen. Die 27 Zimmer, die sich in diesem Palais auf sechs Etagen an der tosenden Plaza de San Francisco de Asís verteilen, sind der lebende Beweis dafür, dass die einfühlsamen Restaurierungsmaßnahmen in Habana Vieja immer noch steigerungsfähig sind.

Hotel Palacio O'Farrill   HOTEL $$$

(Karte S. 66; ☏ 7-860-5080; www.235/305 CUC$; ✳@🛜) Das O'Farrill ist kein irischer Witz, sondern eines der beeindruckendsten Kolonialgebäude der Stadt. Das unglaublich schöne kolonialzeitliche Palais gehörte einst Don Ricardo O'Farrill, einem kubanischen Zuckerindustriellen, der einer alten irischen Adelsfamilie entstammte. Im Vergleich zu den sagenhaft noblen Gemeinschaftsräumlichkeiten fallen die Zimmer allerdings schlichter und bescheidener aus.

Die Hotelleitung wählte die Smaragdinsel als Motiv, und so findet sich nun jede Menge Grünzeug in dem vor Pflanzen nur so strotzenden Patio aus dem 18. Jh. Der erste Stock, der im 19. Jh. hinzukam, bietet etwas Klassizismus, während die oberste Etage aus dem 20. Jh. perfekt mit der darunter liegenden herrlichen Architektur harmoniert.

Hotel Ambos Mundos HOTEL $$$
(Karte S. 66; ☎ 7-860-9529; www.habaguanexhotels.com; Obispo No 153; EZ/DZ 235/305 CUC$; ✺ @ ☎) Das zartrosa Hotel, eine Institution in Havanna, war einst Hemingways Rückzugsort. Hier soll er seinen bahnbrechenden Guerilla-Klassiker *Wem die Stunde schlägt* zu Papier gebracht haben – Castros Bettlektüre während des Kriegs in den Bergen. Die kleinen Zimmer, von denen manche nicht einmal ein Fenster haben, sind wohl eher überteuert. Doch die Bar in der Lobby ist ein Klassiker – man folgt einfach dem romantischen Klaviergeklimper –, und die Drinks im Dachterrassenrestaurant zählen zu den exquisitesten der Stadt. Das Ambos Mundos ist auf alle Fälle für jeden ein Muss, der sämtlichen Kneipen auf Erden einen Besuch abstatten will, in denen Hemingway einmal vom Barhocker gefallen ist.

Hostal Valencia HOTEL $$$
(Karte S. 66; ☎ 7-867-1037; www.habaguanexhotels.com; Oficios No 53; DZ/Suite 220/240 CUC$ inkl. Frühstück; ✺ @ ☎) Das Hotel mitten im historischen Zentrum hat sich im Stil einer spanischen *posada* (Gasthof) herausgeputzt und bietet tief hängende Weinreben, Eingänge, die so breit sind, dass man mit einem Pferd durchreiten kann, und ein beliebtes Paella-Restaurant. Das Valencia zählt zu den preiswerteren Angeboten in Habana Vieja und ist eine hervorragende Wahl im Stil der Alten Welt mit gutem Service und viel Flair.

Hotel Santa Isabel HOTEL $$$
(Karte S. 66; ☎ 7-860-8201; www.habaguanexhotels.com; Baratillo No 9; Zi. inkl. Frühstück 360 CUC$; ✺ @ ☎) Das Hotel zählt zu den Nobelherbergen in Havanna und ist gleichzeitig auch eines der ältesten: Hier logiert man schon seit 1867. Das Santa Isabel befin-

det sich im Palacio de los Condes de Santovenia (S. 67), dem ehemaligen Domizil der Grafen von Santovenia. Die dreigeschossige Barockschönheit bietet 17 Zimmer mit viel historischem Charme und attraktivem Mobiliar im spanischen Kolonialstil; die Gemälde an den Wänden stammen von zeitgenössischen kubanischen Künstlern.

Centro Habana

⭐Hostal Peregrino Consulado CASA PARTICULAR $
(Karte S. 84; ☎ 7-861-8027; www.hostalperegrino.com; Consulado No 152, zwischen Colón & Trocadero; inkl. Frühstück 50 CUC$; ✺ @) Der Kinderarzt Julio Roque und seine Frau Elsa haben ihre ehemalige Zwei-Zimmer-Wohnung zu einem immer größer werdenden Netz an Unterkünften ausgebaut. Das Hostal Peregrino bietet nun drei Zimmer nur einen Block vom Paseo de Martí (Prado) entfernt und gilt als eines der am professionellsten geführten Privathäuser Kubas. Julio und Elsa sind immer sehr hilfsbereit, sprechen fließend Englisch und verfügen über einen Riesenfundus an Informationen zur Stadt.

Dazu bieten sie viele Sonderdienstleistungen: die Abholung vom Flughafen, Internetanschluss, eine Cocktailbar und einen Wäscheservice. Die Familie vermietet noch drei weitere Unterkünfte: eines in Habana Vieja, eines in der Calle Lealtad sowie ein hübsches Haus in Vedado. Alle lassen sich über dieselbe Telefonnummer buchen.

⭐Casa 1932 CASA PARTICULAR $
(Karte S. 84; ☎ 7-863-6203, 52-64-38-58; www.casahabana.net; Campanario 63, zwischen San Lázaro & Lagunas; Zi. 30–40 CUC$; ✺ @) Der charismatische Inhaber Luis Miguel, ein großer Art-déco-Fan, bietet sein Zuhause als Privatquartier im Boutiquestil und als Museum der 1930er-Jahre an. Damals war sein bevorzugter Architekturstil so richtig en vogue. Die vielen Sammlerobjekte wie alte Schilder, Spiegel, Spielwaren, Möbel und Buntglas vermitteln das Gefühl, dass man mitten in einem Film mit Clark Gable gelandet ist. Vermietet werden drei gemütliche Zimmer, morgens wird ein riesiges Frühstück serviert. Den dicksten Pluspunkt erhält allerdings Luis Miguel selbst mit seinem enormen Wissen in Sachen Lokalgeschichte und Kultur. Wen wundert's? Er betreibt auch das Ausflugsunternehmen Havana Super Tour (S. 91).

Casa Colonial
Yadilis & Yoel
CASA PARTICULAR $

(Karte S. 84; ☑7-863-0565; www.casacolonial yadilisyyoel.com; Industria No 120 Altos, zwischen Trocadero & Colón; Zi. 30–35 CUC$; ❋) Die Zauberformel lautet so: Man nehme ein Kolonialgebäude in sattem Rosa mitten im pulsierenden Straßendschungel von Centro Habana, gebe vier gepflegte, geräumige Zimmer hinzu, eine weitläufige Terrasse und ein üppiges Frühstück und ergänze das Ganze dann noch durch die reizenden Wirtsleute Yoel und Yadilis, die fließend Englisch sprechen und sich mit Tipps und Infos schier überschlagen. Das Ergebnis: eine *casa*, die ebenso professionell wie erfrischend normal ist.

Das Paar besitzt noch ein zweites Haus gleich in der Nähe; es bietet zusätzlich eine Dachterrasse mit Meerblick.

Casa de Lourdes & José
CASA PARTICULAR $

(Karte S. 84; ☑7-863-9879; Águila 168b, zwischen Ánimas & Trocadero; Zi. 30 CUC$; ❋) Die mitten im Centro gelegene *casa* mit supernetten Gastgebern bietet ihren Gästen Zimmer mit eigenem Bad und einem so reichhaltigen Frühstück, das man den restlichen Tag nichts mehr essen muss. Wer gute, altmodische Gastfreundschaft zu schätzen weiß und das Gefühl mag, bei einer kubanischen Familie zu wohnen, die so richtig zusammenhält, muss nicht mehr weitersuchen.

Lourdes Cervantes
CASA PARTICULAR $

(Karte S. 84; ☑7-879-2243; lourdescervantespara des@yahoo.es; Calzada de la Infanta No 17 Apt 10, zwischen Calle 23 & Humboldt; Zi. 30 CUC$; ❋☎) Die Wohnung im ersten Stock an der Grenze zwischen Vedado und Centro Habana liegt nur einen Baseballschlag vom Hotel Nacional und dem Malecón entfernt. Vermietet werden zwei geräumige Zimmer mit Balkon. Das Bad fällt groß aus, ist aber eine Gemeinschaftsbad.

Lourdes Cervantes ist eine tolle Gastgeberin, die fließend Englisch und Französisch spricht.

Casa Amada
CASA PARTICULAR $

(Karte S. 84; ☑7-862-3924; www.casaamada.net; Lealtad No 26, Altos, zwischen Neptuno & Concordia; Zi. 30-40 CUC$; ❋) In diesem riesigen Haus mit reizenden Gastgebern stehen den Gästen fünf Zimmer (alle mit eigenem Bad) sowie eine Dachterrasse zur Verfügung. Eine Loggia geht vorne auf die Straßen von Centro Habana hinaus, ein schöner Ort, um das Alltagsleben zu beobachten.

Eumelia & Aurelio
CASA PARTICULAR $

(Karte S. 84; ☑7-867-6738; eumelialonchan@ gmail.com; Consulado No 157, zwischen Colón & Trocadero; Zi. 30 CUC$; ❋) Diese schöne Privatunterkunft in der Nähe des Paseo de Martí (Prado) besticht mit neuen Bädern, Minibars und einer digitalen Klimaanlage. Vermietet werden fünf Doppelzimmer, dazu kommt eine Gemeinschaftsterrasse für alle Gäste.

Dulce Hostal –
Dulce María González
CASA PARTICULAR $

(Karte S. 84; ☑7-863-2506; Amistad No 220, zwischen Neptuno & San Miguel; Zi. 25 CUC$; ❋) In diesem Haus dreht sich alles um die reizende Gastgeberin Dulce, die in ihrem neokolonialen Haus seit mehr als zehn Jahren nur ein Zimmer vermietet. Seitdem hat sich nichts verändert – hier ist es noch immer so sauber, freundlich, einladend und bodenständig wie am ersten Tag.

Duplex Cervantes
WOHNUNG $$

(Karte S. 84; ☑52-54-36-29, 7-879-5486; duplex cervantes@gmail.com; Espada No 7 Apt 312, zwischen Calle 25 & Calzada de Infanta; Apt. 100–150 CUC$; Ⓟ❋) Solche Unterkünfte finden sich in Havanna eigentlich kaum noch. Die renovierte, geschmackvolle Maisonettewohnung in minimalistischem Stil bietet drei Schlafzimmer, zwei Bäder, einen riesigen Ess- und Aufenthaltsraum, eine Küche sowie einen Balkon. Und hinsichtlich der Lage muss auch keiner Kompromisse eingehen: Die Gäste logieren mitten im Herzen des Viertels.

Die netten Inhaber sprechen Englisch, Französisch und Italienisch. Das üppige Frühstück kostet 5 CUC$ extra. Die Preise ändern sich je nach Saison und die Gruppengröße.

Hotel Deauville
HOTEL $$

(Karte S. 84; ☑7-866-8812; Av de Italia No 1, Ecke Malecón; EZ/DZ 82/124 CUC$; Ⓟ❋@☎❋) Die Lage des alten Kastens am Malecón ist perfekt, aber das war es dann eigentlich auch schon. Die ehemalige Spielhölle der Mafia kann mit der tollen Aussicht, die sich vom Hotel Deauville bietet, kaum mithalten.

Das Hotel erstand unlängst neu in Meerblau, lässt aber bereits wieder erste Zersetzungserscheinungen durch das Meerwasser sehen. Auch wenn es Annehmlichkeiten wie Geldwechsel, WLAN und ein Autoverleih bietet, haben die abgewohnten Zimmer das längst fällige Renovierungsdatum schon ein paar Jahre überschritten.

★ Hotel
Iberostar Parque Central
HOTEL $$$

(Karte S.84; ☎7-860-6627; www.iberostar.com; Neptuno, zwischen Agramonte & Paseo de Martí; Zi ab 450 CUC$; P✳@☎☰) Wer ein Faible dafür hat, in der Lobby eines teuren 5-Sterne-Hotels einen Mojito zu schlürfen, wird sich im Parque Central bestimmt wohlfühlen. Hier ein Zimmer zu reservieren ist dann allerdings eine andere – und erheblich kostspieligere – Angelegenheit. Neben dem Saratoga ist das Iberostar zweifelsohne das beste Hotel in Havanna mit internationalem Standard; der Service und die Einrichtungen für Geschäftsleute können mit jedem renommierten 5-Sterne-Hotel in der Karibik mithalten.

Der Lobby und den klassisch eingerichteten Zimmern fehlt zwar etwas das historische Flair der Hotels in Habana Vieja, aber steril wirkt das Iberostar dennoch nicht.

Einen dicken Pluspunkt verdienen das voll ausgestattete Businesscenter, der Pool samt Whirlpool und Fitnesscenter auf der Dachterrasse, die elegante Lobbybar sowie das renommierte Restaurant El Paseo – und die hervorragenden internationalen Telefon- und Interneteinrichtungen.

Es gibt einen (noch protzigeren) neueren Flügel gleich gegenüber in der Calle Virtudes, der mit dem restlichen Hotel durch einen Tunnel verbunden ist. Neben Zimmern vom Feinsten finden sich hier auch ein Nobelrestaurant, ein Café und natürlich eine Lobby mit Rezeption.

★ Hotel Saratoga
HOTEL $$$

(Karte S.84; ☎7-868-1000; www.saratogahotelcuba.com; Paseo de Martí No 603; Zi. 506–1204 CUC$; P✳@☎☰) Das schillernde Saratoga ist ein architektonisches Kunstwerk, das imposant an der Kreuzung Paseo de Martí (Prado)/Dragones aufragt und eine fantastische Aussicht in Richtung Capitolio bietet. Ein Markenzeichen des Hauses ist der effiziente, megaeifrige Service. Sehr angenehm sind die superbequemen Betten, die Powerduschen, der wirklich dekadente Pool auf dem Dach sowie die exquisite Hotelbar.

Dass all dieser Luxus seinen Preis hat, verwundert daher nicht. Immerhin ist es das beste Hotel, das Kuba zu bieten hat.

Hotel Terral
BOUTIQUEHOTEL $$$

(Karte S.84; ☎7-860-2100; www.habaguanexhotels.com; Malecón, Ecke Lealtad; EZ/DZ 235/305 CUC$; ✳@☎) Das Boutiquehotel an der halb verfallenen Meerespromenade schaut übers Wasser nach Florida und zieht seine Vergleiche. Obwohl das Terral dem Büro des Stadthistorikers untersteht und auch von ihm erbaut wurde, ist es kein historisches Hotel. Ganz im Gegenteil: Die 14 Zimmer mit Meerblick sind schick, bestechen mit klaren Linien und geben sich minimalistisch. In der Café-Bar mit geschwungener Glasfassade stehen einladende Sofas, der hier servierte Kaffee schmeckt lecker.

Hotel Sevilla
HOTEL $$$

(Karte S.84; ☎7-860-8560; www.hotelsevilla-cuba.com; Trocadero No 55, zwischen Paseo de Martí & Agramonte; EZ/DZ inkl. Frühstück 260/340 CUC$; P✳@☎☰) Al Capone hat einmal den gesamten fünften Stock gemietet, Graham Greene nutzte das Zimmer 501 als Schauplatz für seinen Roman *Unser Mann in Havanna*, und die Mafia rekrutierte das Hotel als Operationsbasis für ihre prä-revolutionären Schutzgelderpressungen während der Drogengeschäfte mit Nordamerika.

Heute begeistert das vom maurischen Stil inspirierte Hotel mit einer opulenten Lobby, die aussieht, als hätte man sie direkt aus der Alhambra in Granada hergeschafft. Die geräumigen, komfortablen Zimmer werden regelmäßig auf den neuesten Stand gebracht. Das Restaurant im achten Stock, in dem ein Geiger den Gästen beim Frühstück ein Ständchen spielt, ist ein Erlebnis für sich. Allerdings gibt man sein Geld doch eindeutig eher für das historische Flair als für moderne Einrichtungen oder effiziente Service aus.

Hotel Telégrafo
HOTEL $$$

(Karte S.84; ☎7-861-4741, 7-861-1010; www.hoteltelegrafo-cuba.com; Paseo de Martí No 408; DZ/Suite 235/305 CUC$; ✳@☎) Die kühne königsblaue Schönheit liegt an der Nordwestecke des Parque Central. Hier kontrastieren alte architektonische Strukturen (das Originalgebäude stammt von 1888) mit futuristischen Designelementen wie beispielsweise großen, luxuriösen Sofas, einer riesigen zentralen Wendeltreppe und einem kunstvollen Wandmosaik aus Kacheln in der Bar. Die Zimmer sind geräumig und elegant.

Hotel Inglaterra
HOTEL $$$

(Karte S.84; ☎7-860-8595; www.hotelinglaterra-cuba.com; Paseo de Martí No 416; EZ/DZ 204/320 CUC$; ✳@☎) Zweifelsohne ist das Inglaterra eine Ikone in der Stadt. In diesem ältesten Hotel Havannas übernachtete schon José Martí. Doch auch wenn die gekachelte maurische Lobby noch immer ein

FORESTIER & DIE VERSCHÖNERUNG HAVANNAS

Paris und Havanna haben neben dem Capitolio, das dem Panthéon nachempfunden ist, mindestens noch eine weitere Gemeinsamkeit – den Landschaftsarchitekten Jean-Claude Nicolas Forestier. Forestier kam 1925 nach Havanna, nachdem er in der französischen Hauptstadt seine hochkarätigen Aufträge vollendet hatte, um einen Masterplan für die Verbindung der sich rasch ausbreitenden Vorstädte zu entwerfen. Der Landschaftsarchitekt – und Verfechter der sogenannten Schöne-Stadt-Bewegung – verbrachte die nächsten fünf Jahre damit, breite, von Bäumen gesäumte Boulevards zu skizzieren, Plätze im Pariser Stil zu konzipieren und eine harmonische Stadtlandschaft zu entwerfen, die Havannas symbolträchtige Denkmäler und das verschwenderische tropische Ambiente gut zur Geltung brachte.

Im Mittelpunkt des Plans stand das Verwaltungszentrum (sie sollte Plaza de la República heißen), das sich auf der Loma de Catalanes befinden sollte, einem Hügel am Südrand von Vedado. Von hier sollten sich nach dem Vorbild der Pariser Place de l'Étoile mehrere Straßen auffächern. Forestier plante, dieses Verwaltungszentrum mit Brunnen und Gärten auszuschmücken, wobei ein Denkmal für José Martí den Mittelpunkt bilden sollte. Weiter westlich sollte das Areal in diverse Parks übergehen, die dem Lauf des Río Almendares folgten.

Die Große Depression in Verbindung mit den politischen Unruhen im Kuba der 1930er-Jahre setzte vielen Vorhaben Forestiers vorschnell ein Ende; einige seiner Ideen wurden allerdings noch vor seinem Tod 1930 aufgegriffen. Dazu zählen die prächtige Avenida del Puerto am Hafen, die berühmte Treppe an der Vorderfront der Universität und die Neukonzeption des Paseo del Prado.

Es sollte allerdings noch 25 Jahre dauern, bis die Vision des Franzosen von einem Havanna im Pariser Stil schließlich umgesetzt war. In den 1950er-Jahren wurden riesige Baumaßnahmen verwirklicht. Das Verwaltungszentrum wurde letztlich die Plaza de la Revolución mit dem imposanten Martí-Denkmal, als breite Boulevards wurden der Paseo und die Avenida de los Presidentes (Calle G) angelegt, beide mit von Bäumen gesäumten Fußgängerwegen in der Mitte sowie Büsten und Statuen von Volkshelden.

Forestier wird manchmal auch als „Baron Haussmann von Havanna" bezeichnet. Baron Haussmann hatte in den 1860er-Jahren Paris grundlegend umgestaltet. Doch im Gegensatz zu Haussmann, der einen Großteil des mittelalterlichen Paris abreißen ließ, beharrte Forestier darauf, an Habana Vieja nichts zu verändern, wofür man ihm auch heute noch zu großem Dank verpflichtet ist.

---

wunderschöner Anblick ist und in der quirligen Bar El Louvre Musik gespielt wird, ist das Inglaterra doch eher ein Ort, den man sich mal anschaut, aber in dem man nicht übernachtet. Trotz regelmäßiger Renovierungsmaßnahmen wirken die Zimmer düster, langweilig, haben oft keine Aussicht und können mit den vielversprechenden öffentlichen Bereichen nicht mithalten.

Vedado

★ Central Yard Inn CASA PARTICULAR **$**
(Karte S.102; ☏7-832-2927; centralyardinn@gmail.com; Calle I, zwischen Calle 21 & 23; Zi. 30–40 CUC$; P❄) Ein paar der staatlich geführten Hotels in Havanna könnten von dieser sehr professionell geführten *casa particular* jede Menge lernen. Sie befindet sich mitten in der Gegend, in der sich das Nachtleben von Vedado

abspielt. Der „Yard" (Hof), um den es hier geht, wurde mit Unmengen Pflanzen und einem Brunnen verschönt. Um ihn gruppieren sich vier Zimmer mit Hotelstandard.

Was man heute sieht, ist das Resultat eines Renovierungsprojekts, das harmonisch mit dem bereits existierenden Haus verschmilzt. Die Inhaber sprechen Englisch und bieten Mahlzeiten und einen Service an, der fünf Sterne verdient habt.

★ La Colonial 1861 CASA PARTICULAR **$**
(Karte S.102; ☏7-830-1861; www.lacolonial1861.com; Calle 10 No 60, zwischen Calle 3 & 5; DZ/FZ 55/80 CUC$; ❄) Ein derart altes Haus in West-Vedado ist wirklich ungewöhnlich! Die fünf Zimmer (eines ist groß genug für eine ganze Familie) bieten viel Schmiedeeisen, Buntglas und Mosaikfliesen auf dem Boden. Das Haus verfügt über einen eigenen Patio,

Gemeinschaftsbereiche und antike Möbel. Der Inhaber kennt sich zudem in der spannenden Kunstszene von Havanna hervorragend aus.

La Casa de Ana
CASA PARTICULAR $

(Karte S. 102; ☑ 7-833-5128; www.anahavana.com; Calle 17 1422, zwischen Calle 26 & 28; 30–35 CUC$; ❄ @) Von der Lage (etwas abgelegen im westlichen Vedado) sollte sich niemand abschrecken lassen: Hier ist dennoch viel los. Die Inhaber der überaus professionell geführten Casa de Ana informieren ihre Gäste über alles Wissenswerte – von billigen Verkehrsmitteln bis hin zur Kneipe, in der es die besten Mojitos gibt. Die Zimmer sind modern und sauber gehalten, der Service geht weit über die Pflichterfüllung hinaus. Auch deshalb sollte man frühzeitig buchen.

Marta Vitorte
CASA PARTICULAR $

(Karte S. 102; ☑ 7-832-6475; www.casamartainhavana.com; Calle G No 301 Apt 14, zwischen Calle 13 & 15; Zi. 40–60 CUC$; P ❄) Marta lebt in diesem verwinkelten Apartment-Block an der Avenida de los Presidentes schon seit den 1960er-Jahren. Ein Blick genügt und schon ist klar, weshalb: Die verglaste umlaufende Terrasse bietet einen 270-Grad-Ausblick auf das sagenhafte Panorama Havannas – der es durchaus mit dem Blick vom Martí-Denkmal aufnehmen kann. Kein Wunder, dass auch die vier Zimmer mit hübschem Mobiliar, Minibar und Safe hier vom Feinsten sind.

Und dann wären da noch das Frühstück, der Wäscheservice, der Parkplatz und der Liftboy … Womit eigentlich alles gesagt ist, oder? Marta vermietet zusätzlich zwei Luxusapartments (100–180 CUC$) gleich in der Nähe.

Mercedes González
CASA PARTICULAR $

(Karte S. 102; ☑ 7-832-5846; Calle 21, zwischen Av de los Presidentes & Calle H; Zi. 35–45 CUC$; ❄) Die vier Zimmer von Mercy verteilen sich auf zwei Wohnungen im ersten Stock an der Avenida de los Presidentes und haben ihre begeisterte Stammkundschaft. Was wiederum nicht überrascht. Die Gastgeberin ist reizend, die Zimmer und Gemeinschaftseinrichtungen (mit einer riesigen Büchersammlung) verströmen ein feudales Art-déco-Flair. Mercy serviert ein gutes Frühstück und ist gern bei der Planung von Ausflügen behilflich.

Doña Lourdes
CASA PARTICULAR $

(Karte S. 102; ☑ 7-830-9509; Calle 17 No 459, zwischen Calle E & F; Zi. 30–35 CUC$; ❄) Die klei-

ne, bescheidene Unterkunft gegenüber vom Museo de Artes Decorativas versteckt sich in einer netten Ecke des Viertels. Vermietet wird ein Gästezimmer im Obergeschoss eines typisch herrschaftlichen Anwesens aus dem frühen 20. Jh. Der große Balkon geht auf die Straße hinaus.

Casa Lizette
CASA PARTICULAR $

(Karte S. 102; ☑ 7-830-1226; lizette2602@gmail.com; Calle 3 No 580, zwischen Calle 8 & 10; Zi. 35 CUC$; ❄) Das relativ moderne Haus mit Privateingang im westlichen Vedado steht einen Block vom Malecón entfernt und liegt somit günstig, um die nahen Restaurants und die sagenhafte Fábrica de Arte Cubano zu erreichen. Die drei Zimmer, die Lizette vermietet, teilen sich ein gemeinsames Esszimmer und eine Lounge. Außerdem haben die Gäste Zugang zur Terrasse mit Schaukelstühlen hinter dem Haus.

Casa Amada Malecón
CASA PARTICULAR $

(Karte S. 102; ☑ 7-832-9659; www.casaamada.net; Calzada No 15, zwischen Calle M & N; Zi. 30–40 CUC$; ❄) Die *casa* – sie gehört zu einer ähnlichen Unterkunft in Centro Habana – liegt so nah an der amerikanischen Botschaft, dass man die Hamburger fast schon riechen kann. Zur Auswahl stehen mehrere nobel renovierte Zimmer, die sich hinter einem schmalen Patio verstecken.

★ Casavana Cuba
CASA PARTICULAR $$

(Karte S. 102; ☑ 58-04-92-58; www.casavanacuba.com; Calle G No 301, 5. St., zwischen Calle 13 & 15; Zi. 50–90 CUC$; ❄) Wenn *casas particulares* wie Vier-Sterne-Hotels aussehen, dann weiß der Gast, dass er eine tolle Unterkunft gefunden hat. Die riesigen Zimmer der Casavana Cuba in der Avenida de los Presidentes befinden sich in einem Wolkenkratzer in Vedado und sind wahrlich luxuriös, ausgestattet mit wertvollen Möbeln und Böden, die so gewienert wurden, dass man sich in ihnen spiegelt. Ein Blickfang sind die geschnitzten Holzbetten, ganz zu schweigen von der herrlichen Aussicht vom eigenen Balkon. Die Zimmer verteilen sich über zwei Etagen (vierter & zehnter Stock) in einem Wohngebäude mit 19 Stockwerken. Ein bisschen teurer als in der Durchschnitts-Casa ist es hier schon, die Zimmer sind ihren Preis jedoch wirklich wert. Gebucht wird online.

Hotel Paseo Habana
HOTEL $$

(Karte S. 102; ☑ 7-836-0808; Ecke Calle 17 & A; EZ/DZ 112/125 CUC$; ❄ @ ☎) Das Wichtigste zuerst: Das Hotel befindet sich eigentlich gar nicht am Paseo, sondern einen Block östlich an der Ecke der Calle A. Früher war das Hotel ein ziemliches Schnäppchen, doch seit die Preise angezogen haben, fällt es einem doch schwerer, den miesen Wasserdruck, die fehlende Beleuchtung und die abblätternde Farbe zu übersehen. Zu den großen Pluspunkten zählen die Terrasse vor dem Haus mit ihren Schaukelstühlen und das WLAN.

Hotel Vedado
HOTEL $$

(Karte S. 102; ☏ 7-836-4072; www.hotelvedadcuba. com; Calle O No 244, zwischen Calle 23 & 25; EZ/DZ 70/125 CUC$; P ✳ @ 🛜 🏊) Das Hotel Vedado steht bei Reisegruppen so hoch im Kurs wie eh und je, was den regelmäßigen Renovierungsmaßnahmen geschuldet ist. Die knacken allerdings nie die Drei-Sterne-Barriere, trotz des Pools (der ganz okay und eine Seltenheit in Havanna ist), des passablen Restaurants und der schönen Zimmer. Aber der lückenhafte Service, die immer weise laute Lobby und der Mangel an jeglichem Flair werfen die Frage auf, ob man nicht doch besser in einer *casa particular* logiert – für ein Drittel des hier verlangten Preises.

★ Hotel Nacional
HOTEL $$$

(Karte S. 102; ☏ 7-836-3564; www.hotelnacional decuba.com; Ecke Calle O & 21; EZ/DZ 338/ 468 CUC$; P ✳ @ 🛜 🏊) Das Sahnehäubchen auf dem Kuchen der kubanischen Hotels und das Flagschiff der staatlich geführten Gran-Caribe-Kette ist dieses neoklassizistische, neokoloniale Art-déco-Hotel, das sich aufgrund seiner Stilmischung dem Eklektizismus zurechnen lässt. Es zählt zu den Wahrzeichen der Stadt und ist ein internationales Hotel. Wer nicht das nötige Kleingeld hat, um hier zu logieren, sollte sich zumindest die Zeit nehmen, um in der edlen Bar am Meer einen minzigen Mojito zu schlürfen.

Das Gebäude trieft nur so vor Geschichte: Plaketten an den Zimmern bezeugen, welch illustre Persönlichkeiten hier bereits abgestiegen sind. Das Hotel verfügt über einen Pools, eine weitläufige, gepflegte Rasenfläche, mehrere Nobelrestaurants und ein hochkarätiges Varieté, das Parisién (S. 125). Den Zimmern fehlt es vielleicht etwas an technischem Schnickschnack, dafür sind die öffentlich zugänglichen Räumlichkeiten prachtvoll. Und der Geist von Winston Churchill, Frank Sinatra, Lucky Luciano und Errol Flynn, der durch die maurisch inspirierte Lobby schwebt, sorgt für einen faszinierenden, unvergesslichen Aufenthalt.

Hotel Meliá Cohiba
HOTEL $$$

(Karte S. 102; ☏ 7-833-3636; www.meliacuba.com; Paseo, zwischen Calle 1 & 3; EZ/DZ 527/600 CUC$; P ✳ @ 🛜 🏊) Das Hotel, das in Kuba am ehesten an ein städtisches Geschäftshotel heranreicht, ist ein gigantischer Betonklotz am Meer. Gebaut wurde es 1994 – es ist übrigens das einzige Gebäude aus dieser Epoche am Malecón. Dank seiner fachkundigen, tipptopp gepflegten Einrichtungen erfüllt es alle Erwartungen seiner internationalen Gäste. Nach ein paar Wochen im kubanischen Hinterland kommt sich hier so mancher Gast wie auf einem anderen Stern vor.

Für Workaholics gibt es ausgewiesene „Zimmer für Geschäftsreisende", 59 Wohneinheiten verfügen über einen eignen Whirlpool. In den unteren Etagen finden sich Einrichtungen vom Feinsten wie eine Einkaufsarkade, eines der feudalsten Firtnesscentren der Stadt sowie das schon immer beliebte Habana Café (S. 125).

Hotel Capri
HOTEL $$$

(Karte S. 102; ☏ 7-839 7200; Ecke Calle 21 & N; EZ/ DZ 290/350 CUC$; P ✳ @ 🛜 🏊) Nachdem das Hotel über zehn Jahre lang sein Dasein als vergammelte Ruine gefristet hatte, wurde das einst zu den berühmtesten Häusern der Stadt zählende Capri als ruhigere und weniger berüchtigte Variante seiner selbst 2014 wiedereröffnet. Und wie beim Film *Der Pate* ist die Fortsetzung sogar noch besser als die Erstausgabe. Das Hotel mit seinen 18 Stockwerken verfügt über eine absolut minimalistische Lobby und einen Pool auf dem Dach. Die Zimmer sind schick und modern, jedoch nicht protzig eingerichtet. Von den Räumen in den Obergeschossen bietet sich zudem eine sagenhafte Aussicht.

Das Hotel wurde 1957 mit Mafia-Geldern im modernistischen Stil errichtet und gehörte in seiner – kurzen – Blütezeit dem Gangster Santo Trafficante, der den amerikanischen Schauspieler George Raft als elegant-freundlichen Strohmann nutzte. Als Castros Guerillas im Januar 1959 an die Tür klopften, hat Raft ihnen angeblich Paroli geboten und ihnen die Tür vor der Nase zugeschlagen.

Das Hotel kam auch in zwei Kinofilmen vor: in Carol Reeds *Unser Mann in Havanna* und in Mikhail Kalatozovs *Soy Cuba* in einer verblüffenden Kamerafahrt). Es war zudem Schauplatz des Treffens von Michael Corleone mit Hyman Roth in *Der Pate: Teil II*; aufgrund des Embargos drehte Coppola

Vedado

Floridastraße

Malecón

C 1

72

C 3

92

C 5

37

34

Paseo

73

48

44

28

23

Calzada

Línea

42

53

Malecón

Calzada

Línea

66

C 11

24

C 13

C 15

C 17

C 14

C 16

C 19

C 18

C 20

C 22

C 24

C 26

C 28

84

41

71

Río Almendares

Río Almendares

C 23

C 23

Calz de Zapata

B

San Antonio
Chiquito

La Torre

**NUEVO
VEDADO**

Víazul (1 km)

C 26

C 24

11

58 77

38

54

88

63

62

65

86

89

C E

C D

C C

C B

C A

50

C 11

C 13

C 15

36

C 2

C 4

C 6

C 8

C 10

Paseo

C 17

C 19

76

68

17

87

C 21

C 2

C 4

67

78

C 6

C 8

C 10

20

2

**Necrópolis
Cristóbal
Colón**

C 35

C Loma

19 de
Noviembre
(200 m)

Protestantes

Bellavista

S. Karte Playa & Marianao (S. 138)

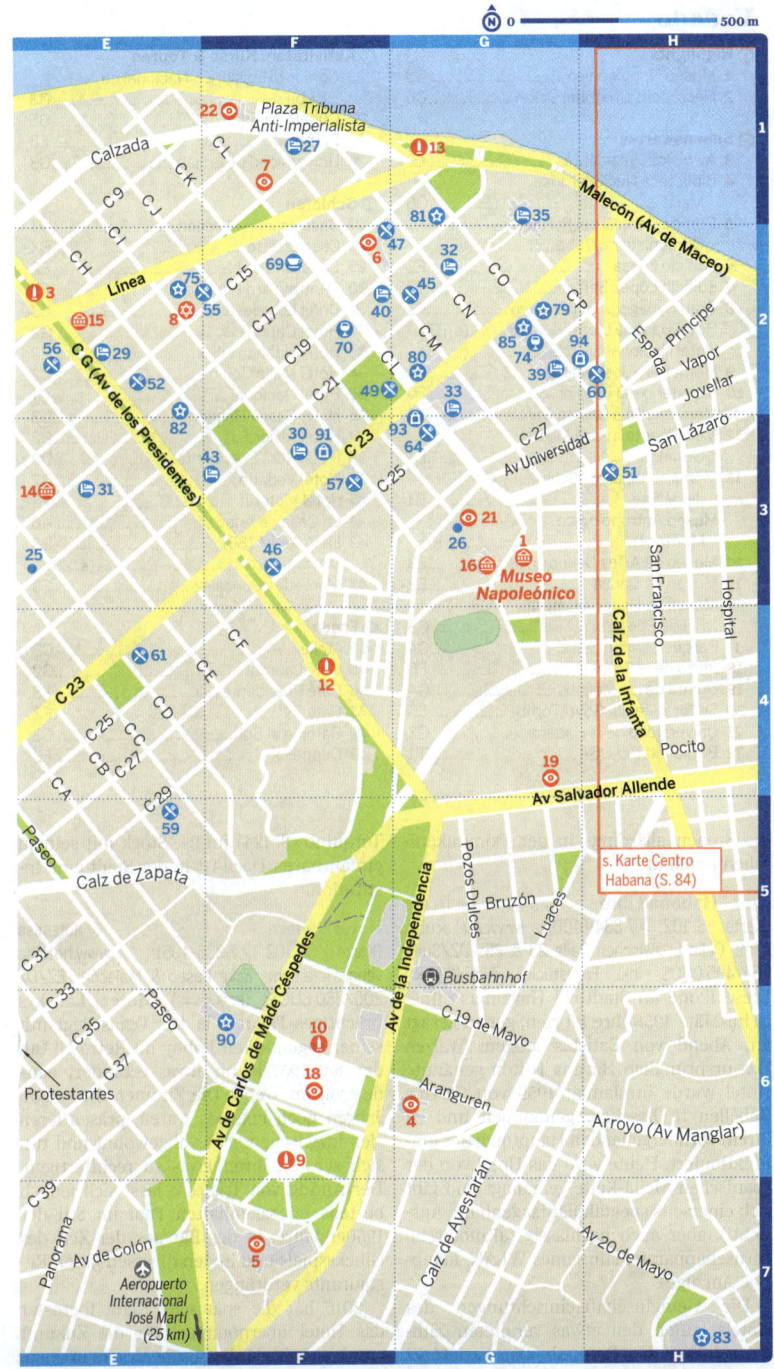

0 — 500 m

Plaza Tribuna Anti-Imperialista

Malecón (Av de Maceo)

Calzada

Línea

C G (Av de los Presidentes)

Príncipe
Vapor
Jovellar

Espada

San Lázaro

Av Universidad

C 27

Calz de la Infanta

San Francisco

Hospital

Pocito

Museo Napoleónico

Av Salvador Allende

s. Karte Centro Habana (S. 84)

Paseo

Calz de Zapata

Pozos Dulces
Bruzón
Luaces

Av de la Independencia

Busbahnhof

C 19 de Mayo

Av de Carlos de M de Céspedes

Aranguren

Arroyo (Av Manglar)

Protestantes

Paseo

Av de Colón

Aeropuerto Internacional José Martí (25 km)

Panorama

Calz de Ayestarán

Av 20 de Mayo

Vedado

die Szenen allerdings in der Dominikanischen Republik.

Hotel Habana Libre　　　　HOTEL $$$
(Karte S.102; ☎7-834-6100; www.meliacuba.com; Calle L, zwischen Calle 23 & 25; DZ/Suite 464/495 CUC$, inkl. Frühstück; 🅿️❄️@🛜🏊) Diese Ikone im Stadtbild Havannas öffnete im März 1958 ihre Pforten, genau gesagt am Abend von Batistas letztem Walzer. Das ursprünglich Havana Hilton genannte Hotel wurde im Januar 1959 von Castros Rebellen in Beschlag genommen und zu ihrem vorübergehenden Hauptquartier umfunktioniert. Heute wird das Hotel von der spanischen Meliá-Kette gemanagt und gibt sich einerseits spektakulär (sagenhafte Aussicht!), aber auch nachlässig (altmodische Fernsehapparate, langsames WLAN, klapprige Aufzüge).

Die Gemeinschaftseinrichtungen des Hotels laufen den etwas veralteten Zimmern locker den Rang ab. Das Variété El Turquino (S. 124) im 24. Stock mit seinem einfahrbaren Dach ist in der Stadt eine Institution.

Hotel Riviera　　　　HOTEL $$$
(Karte S.102; ☎7-836-4051; www.hotelhavanariviera.com; Ecke Paseo & Malecón; EZ/DZ 200/280 CUC$; 🅿️❄️@🏊) Meyer Lanskys prächtiges Palais à la Las Vegas liegt mit seiner sagenhaften Lobby im Retrostil (an der seit 1957 kaum etwas verändert wurde) voll im Trend. Die Zimmer, die vor 50 Jahren noch luxuriös waren, präsentieren sich inzwischen etwas abgewohnt und tun sich schwer, ihren Preis zu rechtfertigen. Der Anflug von Tristesse lässt sich jedoch bestens im sagenhaften Pool im Stil der 1950er-Jahre, in der Bar aus der Zeit des Glücksspiels und in den diversen guten Restaurants verdrängen.

2016 hat die spanische Kette Iberostar das Hotel übernommen, für die Zukunft wurden einige Verbesserungen versprochen.

Hotel ROC Presidente HOTEL $$$

(Karte S. 102; ☎ 7-838-1801; www.roc-hotels.com; Ecke Calzada & Calle G; EZ/DZ 225/300 CUC$; P ✳ @ ☎ ≋) Das vom Art déco inspirierte Hotel in der Avenida de los Presidentes würde auch in eine Straße am New Yorker Times Square passen. Es wurde übrigens im gleichen Jahr errichtet wie das nahe gelegene Hotel Victoria (1928) und ähnelt ihm auch, wobei das Presidente jedoch größer ist und deutlich mehr übereifrige Mitarbeiter aufweist. Für Gäste, die nicht gern zu Fuß gehen oder in einem überfüllten Bus ihre Ellbogen trainieren wollen, ist die Lage eher ungünstig.

Hotel Victoria HOTEL $$$

(Karte S. 102; ☎ 7-833-3510; www.hotelvictoriacuba.com; Calle 19 No 101; EZ/DZ 160/240 CUC$ inkl. Frühstück; ✳ @ ≋) Das oft übersehene Hotel macht nach diversen Modernisierungsmaßnahmen einen guten Eindruck – irgendwie wirkt es ein bisschen wie die Miniaturausga-

be des Hotel Nacional, das abgetrennt und ein paar Blocks weiter südlich abgestellt wurde. Das attraktive neoklassizistische Gebäude wurde 1928 gebaut. Erstaunlich ist, dass sogar Platz gefunden wurde, auch noch einen Pool, eine Bar und einen kleinen Laden unterzubringen.

✕ Essen

Die kulinarische Szene hat sich in Havanna in den letzten Jahren exponentiell weiterentwickelt, was in erster Linie der neuen Gesetzgebung für Privatunternehmen geschuldet ist. Habana Vieja bietet gastronomisch das größte Angebot. Playa beherbergt aufgrund seiner Vergangenheit als Diplomatenviertel traditionell die exklusivsten Restaurants der Stadt. Aber auch die kulinarische Experimentierfreudigkeit nimmt zu: Heute findet man in Havanna auch russische, koreanische, chinesische, iranische und italienische Restaurants.

✗ Habana Vieja

Helad'oro
EIS $

(Karte S. 66; 🖉 53-05-91-31; Aguiar No 206, zwischen Empredrado & Tejadillo; Eis 2–4 CUC$; ☺11–22 Uhr) Damals, als Fidel noch „König" war, hatte die Regierung das Monopol für alles Mögliche, darunter auch für Speiseeis. Das Eis unterstand der Aufsicht des legendären Coppelia, die Geschmacksrichtungen gingen dabei selten über *fresa y chocolate* (Erdbeere und Schokolade) hinaus. Doch dann kam ab 2010 die wirtschaftliche „Entfrostung", die das Helad'oro mit seinem hausgemachten Eis in mindestens 30 Geschmacksrichtungen ins Spiel brachte. Heute lassen sich auch Eissorten mit für Europäer exotischen Beerenarten wie der Mamey (Große Sapote) bestellen. Es lebe die Eis-Revolution!

Café Bohemia
TAPAS, CAFÉ $

(Karte S. 66; 🖉 7-836-6567; www.havanabohemia.com; San Ignacio No 364; Tapas 6–10 CUC$; ☺10.30–21.30 Uhr) Das Café in einem wunderschönen gepflegten Anwesen an der Plaza Vieja ist nach einem kubanischen Kultur- und Kunstmagazin benannt. Ihm gelingt es, das zum Namen passende Bohème-Flair zu verströmen. Die tollen Cocktails, Tapas und Kuchen machen süchtig und verführen zum Wiederkommen.

Die Betreiber vermieten zudem ein Boutique-Apartment (80 CUC$) und ein Zimmer mit eigenem Bad (45 CUC$).

D'Next
CAFETERIA $

(Karte S. 66; 🖉 7-860-5519; Brasil No 512, zwischen Av de las Misiones & Bernaza; Snacks 3–6 CUC$; ☺8.30–24 Uhr) Die schwarz-roten Plastikstühle wirken wie geschlauchte Backpacker nach einer Überdosis Che Guevara willkommen wie eine Kirchenbank. Nach dem Verzehr eines Hühnchen-Sandwiches und eines Guave-Fruchtshakes ist man dann schnell wieder fit für die Fanfaren der Revolution. Manch einer ist vielleicht sogar froh, dem extrem lauten Reggaeton wieder entfliehen zu können.

Cafe Espada
FRÜHSTÜCK $

(Karte S. 66; 🖉 7-801-5561; Ecke Cuarteles & Espada; Frühstück 4–6 CUC$; ☺8–23 Uhr) Das feudale, aber dennoch legere Espada mit flottem Service erinnert so manchen an ein kleines Eckbistro in Paris. Hier kann man es sich mit einem Cocktail gemütlich machen oder seine Nase einfach nur bei einer Tasse Kaffee ins Buch stecken.

Das Café ist die richtige Adresse für ein leichtes Frühstück oder eine kurze *merienda* (Jause) zwischen den Museumsbesuchen.

Café del Ángel
Fumero Jacqueline
CAFÉ $

(Karte S. 66; 🖉 7-862-6562; Compostela No 1, Ecke Cuarteles; Frühstück 4–6 CUC$; ☺8–23 Uhr) Das minimalistische Café wacht über einen himmlisch kleinen Platz hinter der Iglesia del Santo Ángel Custodio. Es ist teils Cocktailbar, teils Boutique mit Damenbekleidung und dazu noch eine der besten Frühstücksadressen in Habana Vieja. Am besten setzt man sich an einen der Tische im Freien und lässt sich Eier, Waffeln und einen heißen Kaffee schmecken.

Casa del Queso La Marriage
KÄSE $

(Karte S. 66; 🖉 7-866-7142; Ecke San Ignacio & Amargura; Käsebrett 1–3 CUC$; ☺10–22 Uhr) In einem Land, das bis vor Kurzem bloß einen geschmacklosen Gummikäse produzierte, ist dieser Käseladen mit seinem breiten Sortiment eine tolle Sache. Hier können die Gäste ihre unschönen Erinnerungen an Peso-Pizza und die *Período especial* bei einem Käseteller mit Gouda, Schimmelkäse und Cheddar vergessen. Dazu wird auf Wunsch ein fruchtiger chilenischer Rotwein serviert.

Sandwichería La Bien Paga
SANDWICHES $

(Karte S. 66; Aguacate No 259; Sandwiches 1–2 CUC$; ☺9–18 Uhr) Der legere Laden, den die Einheimischen lieben, füllt eine Nische, die in der Stadt noch relativ unterrepräsentiert ist. Hier werden in leider beengten Platzverhältnissen leckere Snacks zubereitet. Für ein klassisches „kubanisches" Sandwich mit Schinken, Käse, Schweinefleisch und eingelegtem Gemüse werden 2 CUC$ verlangt.

★El Rum Rum
de la Habana
MEERESFRÜCHTE, SPANISCH $$

(Karte S. 66; 🖉 7-861-0806; Empedrado No 256, zwischen Cuba & Aguiar; Hauptgerichte 7–13 CUC$; ☺12–24 Uhr) In Kuba sind alle Lokale voll mit Rum, dem wesentlichen Bestandteil eines Mojitos, aber auch mit *rum rum*, wie man hier zu Klatsch und Geschwätz sagt. Und ein gewisser Klatsch ist durchaus angebracht, denn El Rum Rum ist in Havanna in aller Munde – ein ambitioniertes neues Restaurant unter der Leitung eines Zigarren-Sommeliers. Er huldigt der spanischen Gastronomie, Meeresfrüchten, Zigarren und harten Drinks, die in der Kehle brennen.

Das Restaurant verteilt sich auf drei Areale: Die Bar vorne ist einer spanischen Taverne nachempfunden, dann gibt es innen die kunstvolleren „heiligen Hallen" und drittens noch einen Patio für Zigarrenraucher. Durch all diese Räumlichkeiten zieht die dezent spielende Band des Hauses. Wer nicht recht weiß, was er bestellen soll, sollte sich für die Paella oder den schwarzen Reis mit Tintenfisch entscheiden.

★ **Lamparilla 361**
Tapas & Cervezas   TAPAS $$

(Karte S. 66; ☎ 52-89-53-24; Lamparilla No 361, zwischen Aguacate & Villegas; Tapas 3–12 CUC$; h12–24 Uhr) Wie kommt es, dass ein neues Restaurant gleich so einschlägt? Am besten stattet man dem aufstrebenden Lokal in der Calle Lamparilla einen Besuch ab und versucht, selbst dem Rätsel auf die Spur zu kommen. Vielleicht liegt es ja an der Lasagne in der perfekten Größe einer Tapa, an den knackig sautierten Gemüsen, die in Keramikschalen serviert werden, an der üppigen Crème brûlée mit intensivem Espresso-Aroma oder an den Speisekarten auf dem Tisch, die auf getrocknete Palmwedel

geschrieben wurden. Ein weiteres wichtiges kleines Detail des Lamparilla 361 ist die aufrichtige Freundlichkeit der Mitarbeiter: hier werden die Gäste sogar fünf Minuten vor Schließung des Lokals noch nett begrüßt. Oder liegt es an der Tatsache, dass sich das Lokal zwar trendig gibt, ohne aufgesetzt künstlich zu wirken? Das zur Straße hin offene Lokal ist klein, aber durchdacht gestaltet.

★ **Doña Eutimia**   KUBANISCH $$

(Karte S. 66; Callejón del Chorro 60c; Hauptgerichte 9–12 CUC$; ☺12–22 Uhr) Eigentlich ist ja alles ganz einfach: Das Geheimnis vom Doña Eutimia ist, dass es gar kein Geheimnis ist. Hier kommen einfach ordentlich große Portionen mit unglaublich leckerem kubanischem Essen auf den Tisch. Das *ropa vieja* (Rindergeschnetzelte) und das *picadillo* (Rinderhack) haben beide ein großes Lob verdient. Das Doña Eutimia war das erste Privatrestaurant, das die kleine Sackgasse in der Nähe der Kathedrale zierte.

Mittlerweile gibt es in der Gasse mindestens fünf weitere Restaurants und dazu dicht gedrängt jede Menge *jinteros* (Schlep-

---

RUSSLAND LÄSST GRÜSSEN

Die amerikanische und spanische Kultur sind in Havanna weithin vertreten, doch Zeugnisse der 30 Jahre währenden *amistad* (Freundschaft) mit den Russen sind weniger offensichtlich.

Einen ersten Hinweis bekommt, wer den Straßenverkehr studiert. Im Gegensatz zu dem, was Hochglanzbildbände einem weismachen möchten, ist das häufigste Auto in Kuba nicht etwa der Chevrolet aus der Ära Eisenhower oder ein vorsintflutlicher Oldtimer, sondern der unwesentlich weniger sexy aussehende russische Lada, gleich gefolgt von seinem oft vergessenen Pendant, dem scheußlichen Moskwitsch. Das Image beider Autos wird aufgrund der Tatsache, dass viele amerikanische Oldtimer oft mit Lada- oder Moskwitsch-Motoren unterwegs sind, etwas angehoben. Grund dafür ist der Mangel an amerikanischen Ersatzteilen auf Kuba.

Sowjetische Feinheiten sind aber auch in der Architektur der Stadt erkennbar, vor allem bei den Wohnblocks, d. h. Zweckbauten, die in den 1970er- und 1980er-Jahren von Kubas *microbrigadas* errichtet wurden. Dabei handelte es sich um kleine Arbeitsbrigaden, die für den post-revolutionären Wohnungsbau zuständig waren. Ein besonders auffälliges Gebäude ist die **Russische Botschaft** (Av 5 No 6402, zwischen Calle 62 & 66) in Miramar, die manch einen an einen gigantischen Roboter aus Zement erinnert. Das ungewöhnliche Design bekam schon viele Etiketten verpasst – von konstruktivistisch bis brutal. Ein ähnlicher Klotz ist das Hospital Nacional Hermanos Ameijeiras (S. 131) am Malecón, ein Gebäude, das auch in Moskau nicht deplatziert wirken würde.

Man wird zwar nicht viele Kubaner finden, die sich nach den Zeiten der Bauernkollektive und der riskanten Nuklearpolitik zurücksehnen, dennoch lässt sich neuerdings in Havanna ein kleiner Ausbruch an Sowjetnostalgie spüren. Bemerkenswert sowjetophil gibt sich das Nazdarovie (S. 111), ein neues Privatrestaurant am Malecón. Serviert werden hier russische Klassiker, russische Propagandaposter aus den 1970er-Jahren schmücken die Wände. Das Personal animiert seine Gäste sogar dazu, Speis und Trank auf Russisch zu bestellen.

per), die mit ihren Tricks versuchen, Gäste anzulocken. Wer ihnen aus dem Weg geht, spart sich auf jeden Fall viel Geld.

★ Trattoria 5esquinas ITALIENISCH $$

(Karte S. 66; ☑ 7-860-6295; Habana No 104, Ecke Cuarteles; Hauptgerichte 5–11 CUC$; ☻11–23 Uhr) Das beste italienische Restaurant in Havanna? Da gibt es durchaus ein paar Anwärter, doch die Trattoria 5esquinas hat die Nase auf alle Fälle ganz vorne. Sie bietet die klassische Trattoria-Stimmung, einen glühenden Pizzaofen und den köstlichen Duft von geröstetem Knoblauch. Italiener, die hier zu Gast sind, werden von der Pasta mit Meeresfrüchten (mit jeder Menge Hummer) oder den Krabben-Spinat-Cannelloni sicher nicht enttäuscht werden. Abrunden lässt sich das Gelage mit einem köstlichen Tiramisu.

Das Restaurant befindet sich, wie der Name schon sagt, an einer Kreuzung mit fünf Ecken im Viertel Santo Ángel.

El del Frente INTERNATIONAL $$

(Karte S. 66; ☑ 7-863-0206; O'Reilly No 303; Hauptgerichte 8–13 CUC$; ☻12–24 Uhr) Als den Inhabern des O'Reilly 304 klar wurde, dass in ihrem immer beliebter werdenden Restaurant kein Platz mehr vorhanden war für eine Vergrößerung, eröffneten sie direkt gegenüber auf der anderen Straßenseite ein zweites Lokal, das sie dann passend „El del Frente" – das Gegenüber – nannten.

Kulinarisch ist es im Großen und Ganzen ähnlich wie das O'Reilly 304 konzipiert, hat allerdings einige weitere Pluspunkte: eine Dachterrasse, Retro-Designelemente aus den 1950er-Jahren und Gin-Cocktails, die einem schnell in den Kopf steigen.

Am besten teilt man sich hier die Hummer-Tacos, die Spaghetti und Fleischklopse – oder eines der Gerichte, die sonst noch auf der Karte zu finden sind. Es empfiehlt sich, einen Tisch zu reservieren, denn das Restaurant ist sehr beliebt. Wie es aussieht, brauchen die Inhaber bald schon ein weiteres Lokal …

ChaChaChá INTERNATIONAL $$

(Karte S. 66; ☑ 7-867-2450; Av de las Misiones No 159, zwischen Tejadillo & Chacón; Hauptgerichte 7,50–14 CUC$; ☻12–2 Uhr) Das ChaChaChá wurde 2016 neu eröffnet und hat einen hervorragenden Eröffnungstanz hingelegt. Zur Auswahl steht eine Handvoll internationaler Gerichte, zu den beliebtesten zählten schon bald die brutzelnden Fajitas und die hervorragend zubereiteten Pastagerichte.

Innen präsentiert sich das Restaurant mit Zwischengeschoss attraktiv im Retro-Stil der 1950er-Mafiajahre – mit Schallplatten, die als Platzteller herhalten und einer nach vorne hin offenen Gaststube, die das Volk direkt aus dem Museo de la Revolución und dem Museo Nacional de Bellas Artes ins Lokal lockt.

Donde Lis KJUBANISCH $$

(Karte S. 66; ☑ 7-860-0922; www.dondelis.com; Tejadillo No 163, zwischen Habana & Compostela; Hauptgerichte 5–12 CUC$; ☻12–24 Uhr) Die Räumlichkeiten des Donde Lis haben etwas von einem modernen Liebesbrief an Havanna: Bildmaterial aus der Rat-Pack-Ära der 1950er-Jahre, Reproduktionen von tropischer Kunst des 20. Jhs. und leuchtende Farben, die auf die alten Kolonialmauern gesprenkelt sind.

Die Speisekarte ist eine kultivierte Mélange verschiedener Geschmacksrichtungen, wobei vor allem kubanische Gerichte mit moderner Note präsentiert werden – zum Beispiel Tintenfisch mit Guacamole oder Hummer-Enchilados. Ein Gastspiel geben diverse italienische und spanische Gerichte.

O'Reilly 304 INTERNATIONAL $$

(Karte S. 66; ☑ 52-64-47-25; O'Reilly No 304; Gerichte 8–13 CUC$; ☻12–24 Uhr) Wer sich den Namen dieses Restaurants hat einfallen lassen (nämlich die Adresse), hat wohl nicht gerade vor Einfallsreichtum gestrotzt. Somit ist es schon Ironie, dass ausgerechnet im O'Reilly 304 so ziemlich die einfallsreichste Küche ganz Havannas auf den Tisch kommt. Die exquisiten Meeresfrüchte mit knackigem Gemüse werden in Metallpfannen auf Holztabletts serviert; die Cocktails und Tacos sind auf dem Weg, in der Stadt Kultstatus zu erlangen.

Das Restaurant mit kleiner Gaststube ist clever konzipiert und weiß sein Zwischengeschoss gut zu nutzen. An den Wänden hängen gewagte topmoderne Kunstwerke – beispielsweise Aktdarstellungen, Siebdrucke und Zeichnungen von gefallenen Matadoren.

Mesón de la Flota TAPAS $$

(Karte S. 66; ☑ 7-863-3838; Mercaderes No 257, zwischen Amargura & Brasil; Tapas 3–6 CUC$; ☻12–24 Uhr) Diese Tapas-Bar, die sich die Seefahrt zum Motto erkoren hat, könnte vom Barrio de Santa María in Cádiz hierhertransportiert worden sein, so intensiv ist die (spanische) Atmosphäre. Zu den Tapas aus der Alten Welt gehören *garbanzos con cho-*

rizo (Kichererbsen mit Würstchen) sowie Calamari und Tortilla. Lohnenswert sind auch die gehaltvollen *platos principales* (Hauptgerichte) mit Meeresfrüchten.

Musikliebhaber kommen vor allem wegen der allabendlichen *tablaos* (Flamenco-Shows), die qualitativ locker mit denen in Andalusien mithalten können. Am besten lehnt man sich einfach zurück und lässt den ungreifbaren Geist des *duende* auf sich wirken, also den Höhepunkt eines Flamenco-Konzerts, wenn Musik und Tanz ekstatisch zu einer Einheit verschmelzen.

La Vitrola
FRÜHSTÜCK, INTERNATIONAL **$$**

(Karte S. 66; ☎ 52-85-71-11; Muralla No 151, Ecke San Ignacio; Frühstück 4–7 CUC$; ☺ 8.30–24 Uhr) Das Retro-Lokal aus den 1950er-Jahren an der Ecke der Plaza Vieja wird abends regelmäßig von Touristen überrollt, was auch an der täglich zu hörenden Livemusik liegt.

Was die meisten nicht wissen, ist, dass das La Vitrola eigentlich viel empfehlenswerter für sein beschaulicheres Frühstück im Freien ist. Serviert werden Variationen mit Obst, Kaffee, Toast und üppigen Omelettes.

Café de los Artistas
INTERNATIONAL **$$**

(Karte S. 66; ☎ 7-866-2418; Callejón de los Peluqueros; Hauptgerichte 6–10 CUC$; ☺ 10–1 Uhr) Hier findet man vermutlich mehr Touristen als Künstler, was aber nichts ausmacht. Die Lage des Restaurants im Callejón de los Peluqueros verleiht ihm das gewisse Etwas, wozu auch die künstlerisch angehauchten Schwarz-Weiß-Fotos, das leckere Essen aus aller Welt und das Management das Ihre beitragen. Am besten schnappt man sich draußen im Freien einen freien Stuhl und bestellt sich dann eine Kleinigkeit zum Essen und dazu einen Cocktail.

Tres Monedas
Creative Lounge
INTERNATIONAL **$$**

(Karte S. 66; ☎ 7-862-7206; Aguiar No 209, zwischen Empedrado & Tejadillo; Snacks 2–5 CUC$, Hauptgerichte 8–15 CUC$; ☺ 12–24 Uhr) Hinter den schäbigen Fassaden von Habana Vieja liegen verborgen einige Oasen, die künstlerische Atmosphäre verströmen. Dazu zählt auch das Tres Monedas, eine kreative Mischung aus Lounge, Café und Restaurant.

Die vom Inhaber und Künstler Kadir López entworfene Einrichtung lässt Bilder vom launigen Havanna der 1950er-Jahre auferstehen – hier findet man alte Coca Cola-Werbung, Esso-Schilder und Barhocker in der Form eines Kronkorkens.

Das Essen ist dafür bekannt, dass es kunstvoll angerichtet wird und in der Regel auch so gut schmeckt wie es aussieht.

Nao Bar Paladar
MEERESFRÜCHTE **$$**

(Karte S. 66; ☎ 7-867-3463; Obispo No 1; Gerichte 6–12 CUC$; ☺ 12–24 Uhr) Das Nao mit der Hausnummer 1 in Havannas Hauptstraße befindet sich in einem 200 Jahre alten Gebäude in der Nähe der Hafenanlagen. Thematisch spielt die Einrichtung deshalb mit dem Motiv Seefahrt.

Die kleine Gaststube oben bietet sich an, um ein Hauptgericht (überwiegend Meeresfrüchte) zu verspeisen, in der Bar unten und draußen im Freien kommen vor allem Snacks auf den Tisch, darunter die wohl besten warmen Baguettes ganz Kubas. Probieren sollte man die Variante mit Serrano-Schinken.

Mama Inés
KUBANISCH **$$**

(Karte S. 66; ☎ 7-862-2669; Obrapía No 62; Mahlzeiten 8–14 CUC$; ☺ Di–So 12–22.30 Uhr) Das Mama Inés wird von Fidel Castros ehemaligem Küchenchef Erasmo geführt, dessen Lebenslauf einer Who-is-Who-Auflistung von Berühmtheiten der linken Szene gleicht, für die er schon gekocht hat – von Hollywoodschauspielern bis zu südamerikanischen Machthabern.

Erasmo geht nun in der kulinarischen Revolution in Kuba auf und hat sich mit diesem (in Anbetracht seines Lebenslaufs) dezenten Restaurant in der Privatwirtschaft etabliert. Sein Lokal lebt auch vom herrlichen Kolonialambiente gleich bei der Calle Oficios. Das Essen ist lecker – auf der Karte finden sich gut zubereitete kubanische Gerichte. Einen Versuch wert ist z. B. der Klassiker *ropa vieja*, entweder mit Tintenfisch oder Schweinebraten, und ganz traditionell mit Reis und Bohnen serviert.

Restaurante la Dominica
ITALIENISCH **$$**

(Karte S. 66; O'Reilly No 108; Mahlzeiten 7–11 CUC$; ☺ 12–24 Uhr) Damals, in der Ära Fidel Castro, war dieses Restaurant eines der wenigen ordentlichen italienischen Restaurants in Havanna, wurde jedoch in den letzten Jahren zunehmend von der besseren privaten Konkurrenz verdrängt. Dennoch serviert das La Dominica – mit seiner Holzofenpizza und der Pasta *al dente* – noch immer mediterrane Köstlichkeiten in einer elegant restaurierten Gaststube sowie an einigen Tischen im Freien.

Die professionellen Bands des Hauses spielen für die Gäste eine etwas abwechslungsreichere Musikauswahl als das obligate Buena-Vista-Social-Club-Gedudel.

Restaurante
la Divina Pastora   INTERNATIONAL $$

(Karte S. 114; Parque Histórico Militar Morro-Cabaña; Hauptgerichte 10–18 CUC$; ⊕12–23.30 Uhr) In der Nähe der Dársena de los Franceses und einer Batterie von Kanonen aus dem 18. Jh. befindet sich eines der progressiveren Restaurants der kubanischen Küche. Doch keine Spur mehr von den eisernen Rationen vergangener Zeiten: heute kommen im La Divina Pastora cremige Suppen, gegrillter Tintenfisch, Gemüse in leckerer Pestosauce und hervorragende Meeresfrüchtegerichte auf den Tisch (letztgenannte sind die Spezialität des Hauses). Da das Restaurant vom staatlichen Gaviota geführt wird, fällt der Service manchmal etwas lückenhaft aus, aber das Essen und die Aussicht über den Hafen machen derartige Defizite in der Regel wett.

Paladar Los
Mercaderes   KUBANISCH, INTERNATIONAL $$$

(Karte S. 66; ☑7-861-2437; Mercaderes No 207; Gerichte 12–20 CUC$; ⊕11–23 Uhr) Das private Restaurant in einem historischen Gebäude gilt hinsichtlich Ambiente, Service *und* Essen als einer der raffiniertesten *paladares* der Stadt. Den Schwerpunkt bilden kubanische und internationale Fleischgerichte, die mit exotischen Soßen serviert werden. Über eine Treppe, die mit Blütenblättern übersät ist, geht es hinauf in den Speiseraum im ersten Stock, wo Musiker während des Essens Geige spielen. *Muy romántico!*

Restaurante
el Templete   MEERESFRÜCHTE $$$

(Karte S. 66; Av Carlos Manuel de Céspedes No 12; Hauptgerichte 15–30 CUC$; ⊕12–23 Uhr) Willkommen in einer seltenen kubanischen Spezies: einem vom Staat geführten Restaurant, das bis heute mit der Privatwirtschaft konkurrieren kann. Die Spezialität des Hauses ist Fisch. Der ist tatsächlich etwas Besonderes – frisch, saftig und einfach zubereitet, ohne die Spinnereien, die sonst oft an der Tagesordnung sind. Klar, ein bisschen *caro* (teuer) ist es hier schon, aber die Qualität ist gut. Viele Sorten Fisch, die sonst eher schwer aufzutreiben sind, finden sich hier auf der Karte, darunter Mahimahi (Gemeine Goldmakrele), Zackenbarsch und Seezunge.

La Imprenta   INTERNATIONAL $$$

(Karte S. 66; Mercaderes No 208; Gerichte 10–17 CUC$; ⊕12–24 Uhr) Die attraktiven Räumlichkeiten des Restaurants sind voller Erinnerungsstücke aus der Zeit, als das Gebäude noch eine Druckerei beherbergte; daher auch der Name.

Das Essen ist allerdings nicht so spektakulär wie die Druckerpressen, wobei der Service durchaus aufmerksam ist und die Speisekarte in Kuba einst unbekannte Innovationen wie *al dente* zubereitete Pasta, kreative Teller mit gemischten Meeresfrüchten und eine Fülle anständiger Weine bietet.

Paladar Doña Carmela   KUBANISCH $$$

(Karte S. 114; ☑7-867-7472; Calle B No 10; Hauptgerichte 15–35 CUC$; ⊕12–23 Uhr) Auf der Ostseite des Hafens liegt in der Nähe der Forts dieses privat geführte Speiselokal. Es ist im Allgemeinen voll mit Touristen, die unterwegs zur allabendlich *Cañonazo*-Zeremonie sind. Eine Tischreservierung wird deshalb unbedingt empfohlen.

Das Essen ist gut, allerdings nicht gerade billig. Am besten setzt man auf Gerichte wie Tintenfisch in Knoblauch oder eine Portion Schweinebraten, bei dem das ganze Tier zuvor im Holzofen gegart wurde. Die Tische stehen draußen in einem hübschen Garten.

Café del Oriente   KARIBISCH, FRANZÖSISCH $$$

(Karte S. 66; Oficios 112; Mahlzeiten 20–30 CUC$; ⊕12–23 Uhr) Wer durch die Tür dieses etablierten Restaurants unter staatlicher Leitung an der Plaza de San Francisco de Asís tritt, wird von der feudalen, eleganten Seite Havannas willkommen geheißen: Räucherlachs, Kaviar (ja, richtig gelesen!), Gänseleberpastete, Hummer-Thermidor, Pfeffersteak, gute Käseplatte – und dazu ein Glas Port. Die Mitarbeiter tragen hier sogar Smoking. Es gibt nur ein kleines Problem: den Preis.

✖ Centro Habana

Pastelería Francesa   CAFÉ $

(Karte S. 84; Parque Central No 411; Snacks 1–2 CUC$; ⊕8–24 Uhr) Das Café weist alle Ingredienzen auf, die einen Klassiker an den Champs-Élysées ausmachen: eine tolle Lage im Parque Central, Ober im Frack und köstliche Kuchenkreationen, die in Glasvitrinen ausgestellt werden. Das original französische Flair wird allerdings durch das missmutige Personal und die vielen *jineteras* (leichte Mädchen) getrübt, die sich schon

IN DEN SEITENGASSEN VON HAVANNA

Havanna hat eine Handvoll *callejones* (Seitengassen), die alle ihren ganz individuellen Charakter haben, aber häufig übersehen werden.

Hier das bedeutendste Quartett:

Callejón del Chorro

Die „Fressgasse" in Habana Vieja war früher eine vergessene Sackgasse, in der es am Ende gerade einmal eine Grafiker-Kooperative gab. Heute gleicht sie einem Bienenstock mit mega-angesagten Privatrestaurants und vielen Tischen im Freien, über die ein Schwung überaufmerksamer Ober wacht. Davon unbenommen beherbergt der Callejón del Chorro gleich bei der Plaza de la Catedral einige der besten Restaurants, die Havanna zu bieten hat, darunter das Doña Eutimia (S. 107).

Callejón de Hamel

Havannas berühmteste Seitengasse befindet sich in einem kleinen Kiez in Centro Habana namens Cayo Hueso, geprägt von Straßenkunst, Livemusik, afrokubanischer Folklore und der Santería.

Callejón Espada

Die nach dem ersten Reformbischof Havannas im 19. Jh. benannte Gasse Espada führt im immer feudaler werdenden Viertel Santo Ángel diagonal durch Habana Vieja. Sie entstand vor ein paar Jahren als Gemeindeprojekt mit neu gepflasterten Gehsteigen. Hier trifft man nun immer häufiger Senioren beim Dominospielen und Touristen, die es sich vor einem der zahlreichen neuen Lokale am Cinco Esquinas de Santo Ángel gemütlich machen – dort, wo der Callejón Espada in die Calle Cuarteles und Habana mündet.

Callejón de los Peluqueros

Der gerade einmal 100 m lange Abschnitt der Calle Aguiar im nördlichen Habana Vieja wurde in ein Kunstprojekt mit dem Friseurhandwerk als übergreifendes Thema umgewandelt. Initiator war der Friseur Gilberto Valladares, genannt „Papito", der eng mit dem Büro des Stadthistorikers zusammenarbeitete. Im Mittelpunkt steht Papitos eigener Friseursalon Arte Corte (S. 77), der zugleich ein Museum ist. Die Gasse hat durch ein Kunstatelier, eine Kleiderboutique, diverse Restaurants und einen Kinderspielplatz weiter an Attraktivität gewonnen.

---

für Zigaretten und einen starken Kaffee auf ausländische Touristen einlassen.

Nazdarovie
RUSSISCH **$$**

(Karte S. 84; ☑ 7-860-2947; www.nazdarovie-havana.com; Malecón No 25, zwischen Prado & Cárcel; Hauptgerichte 10–12 CUC$; ⊙ 12–24 Uhr) Kubas 31 Jahre währendes Bündnis mit dem Bolschewismus wird in diesem neuen, überaus beliebten Restaurant in Bestlage mit Aussicht auf den Malecón wiederbelebt. Im Obergeschoss strotzt die Einrichtung nur so vor alten sowjetischen Propagandapostern, Fotos, die Fidel Casto und Chruschtschow brüderlich Seite an Seite zeigen, sowie weniger bombastischen russischen Puppen. Die Speisekarte ist dreisprachig (die richtige Geisteshaltung erlangt, wer sich nicht scheut, auf Russisch zu bestellen).

Die Auswahl ist einfach, jedoch klassisch: Bœuf Stroganoff, Hühnchen Kiew und Borschtsch stehen auf der Speisekarte, alle Gerichte sind lecker zubereitet. Unter den Cocktails ist die James-Bond-Variante empfehlenswert: ein Wodka-Martini (geschüttelt, nicht gerührt). Russland lässt grüßen!

Castas y Tal
KUBANISCH **$$**

(Karte S. 84; ☑ 7-864-2177; Av de Italia No 51, Ecke San Lázaro; Hauptgerichte 6–9 CUC$; ⊙ 12–24 Uhr) Im Lauf seines kurzen Daseins hat sich das C&T von einem Paladar der alten Schule (in einer Privatwohnung im zehnten Stock) zu einem trendigen Restaurant im Bistrostil gemausert.

Das qualitativ hochwertige, wenn auch etwas abenteuerliche Essen wie Lamm mit indischem Marsala oder Hühnchen in Orangensoße wird mit kubanischen Traditionsgerichten (mit Reis und Bohnen als Beilage) ergänzt. Optisch sind die Gerichte alle ein Augenschmaus.

Castropol
SPANISCH **$$**

(Karte S. 84; ☑ 7-861-4864; Malecón 107, zwischen Genios & Crespo; Hauptgerichte 9–20 CUC$; ☺ 18–24 Uhr) Der Ruf des Castropol unter der Regie der spanischen Asturianischen Gesellschaft hat sich in den letzten Jahren proportional zum aufgepeppten Speisebereich entwickelt. Kenner sind der Meinung, dass das ehrwürdige Restaurant, das sich über zwei Etagen erstreckt, nun das beste spanische und karibische Essen ganz Havannas serviert. Von seinem Balkon oben genießen die Gäste einen traumhaftem Blick aufs Meer.

Pizza, Pasta und dergleichen werden im Erdgeschoss serviert. Im feudaleren Obergeschoss locken Paella, *garbanzos fritos* (frittierte Kichererbsen), Garnelen in pikanter Soße sowie üppige Portionen von in Butter gebratenem Hummer.

Casa Abel
INTERNATIONAL **$$**

(Karte S. 84; ☑ 7-860-6589; San Lázaro No 319, Ecke San Nicolás; Hauptgerichte 7–16 CUC$; ☺ 12–24 Uhr) Rum und Zigarren bestimmen das Geschehen in der Casa Abel. Mehrere Gerichte auf der Speisekarte enthalten Fleisch, das in Kubas bevorzugtem Gesöff mariniert wurde (beispielsweise in Rum mariniertes Hühnchen, das dann mit Bier auf dem Grill zubereitet wird!). In der Etage über dem Speisesaal können die Gäste nach Herzenslust im Raucherzimmer ihre *puros* (Zigarren) qualmen (oder über sie mosern).

Casa Miglis
SCHWEDISCH **$$**

(Karte S. 84; ☑ 7-864-1486; www.casamiglis.com; Lealtad No 120, zwischen Ánimas & Lagunas; Hauptgerichte 6–12 CUC$; ☺ 12–1 Uhr) Heutzutage gibt es für alles in einem Lokal in Havanna, sogar für schwedisch-kubanische Fusionsgerichte. Aus der Küche kommen Toast *skagen* (Toast mit Garnelen), Ceviche, Couscous und die *crème de la crème*: zarte Fleischklopse mit Kartoffelpüree. Der Besitzer ist Schwede (was wohl keinen erstaunt) und die Einrichtung (leere Bilderrahmen und Stühle, die in der Wand verankert sind) erinnert ein wenig an minimalistische Ikea-Einrichtung.

Los Nardos
SPANISCH **$$**

(Karte S. 84; ☑ 7-863-2985; Paseo de Martí No 563; Hauptgerichte 4–10 CUC$; ☺ 12–24 Uhr) Das Los Nardos ist ein offenes Geheimnis gegenüber vom Capitolio, das sich allerdings leicht übersehen lässt – am besten einfach nach der langen Schlange Ausschau halten.

Das halb private Restaurant wird von der spanischen Asturianischen Gesellschaft geführt. Das verfallene Gebäude wirkt nicht gerade einladend, die Inneneinrichtung mit Leder und Mahagoni und die üppigen Portionen belehren einen jedoch des Besseren. Für das Los Nardos wird in einigen Viertel als eines der besten günstigen Lokale der Stadt geworben.

Auf der Speisekarte finden sich Hummer in katalanischer Soße, Garnelen in Knoblauch mit sautierten Gemüsen und eine original spanische Paella. Der Service ist aufmerksam, und in der Regel sind mehr Kubaner als Touristen anzutreffen. Die Preise sind für das, was geboten wird, wirklich unglaublich günstig.

Restaurante Tien-Tan
CHINESISCH **$$**

(Karte S. 84; ☑ 7-863-2081; Cuchillo No 17, zwischen Rayo & San Nicolás; Mahlzeiten 7–12 CUC$; ☺ 10.30–23 Uhr) Das Tien-Tan (übersetzt: Himmelstempel) gilt als eines der besten und authentischsten China-Restaurants im Barrio Chino. Geführt wird es von einem chinesisch-kubanischen Paar, das sage und schreibe 130 verschiedene Gerichte auf der Karte auflistet. Empfehlenswert sind das Chop Suey mit verschiedenem Gemüse und das Hühnchen mit Cashewnüssen.

Die Gäste sitzen draußen im Freien in einer der buntesten und am schnellsten expandierenden „Fressgassen" Havannas an der Calle Cuchillo.

★ San Cristóbal
KUBANISCH **$$$**

(Karte S. 84; ☑ 7-867-9109; San Rafael, zwischen Campanario & Lealtad; Mahlzeiten 9–18 CUC$; ☺ Mo–Sa 12–24 Uhr) Im San Cristóbal kam schon leckeres Essen auf den Tisch, lange bevor der Führer der freien Welt im März 2016 hier vorbeischaute. Die Publicity, die der Besuch von US-Präsident Barack Obama dem Restaurant verschaffte, war aber sicherlich von Vorteil. Das Restaurant befindet sich in einer der ruppigen Straßen von Centro Habana. Die Räumlichkeiten erinnern mit ihren alten Fotos, Tierfellen und einem Santería-Altar (flankiert von Bildern von Maceo und Martí) an ein Museum.

Die Speisekarte gibt sich kubanisch mit einem leicht spanischen Touch. Obama hat übrigens bei seinem Besuch das *solomillo* (Lendenfilet) bestellt, die First Lady die *tentación habanero* (Fajitas mit frittierten Kochbananen).

La Guarida INTERNATIONAL **$$$**
(Karte S. 84; ☑ 7-866-9047; www.laguarida.com;
Concordia No 418, zwischen Gervasio & Escobar;
Hauptgerichte 15–22 CUC$; ⊙ 12–15 & 19–24 Uhr)
So etwas gibt es nur in Havanna! Der Eingang zum legendärsten Privatrestaurant der Stadt begrüßt seine Gäste wie in einer Szene aus einem *Film noir* der 1940er-Jahre. Vom Fuß einer prächtigen, jedoch verfallenen Treppe, an der eine kopflose Statue steht, geht es nach oben, vorbei an Wäsche, die an der Leine trocknet, zu einer Holztür, hinter der sich kulinarische Überraschungen verbergen. Der hochfliegende Ruf des La Guarida wurde erstmals in den 1990er-Jahren gefestigt, als das Lokal als Schauplatz des für den Oscar nominierten Films *Fresa y Chocolate* diente. Kein Wunder jedenfalls, dass das Essen hier oben noch immer zum Besten in Havanna zählt. Hier kochen die Köche der richtungsweisenden Nueva Cocina Cubana, etwa Gerichte wie Kaninchen-Pâté und Ochsenschwanz-Risotto. Eine Reservierung ist unbedingt notwendig.

✖ Vedado

El Biky CAFETERIA **$**
(Karte S. 102; ☑ 7-870-6515; Ecke Calzada de la Infanta & San Lázaro; Sandwiches & Burger 2–5 CUC$;
⊙ 8–23 Uhr) Havanna könnte mehr Lokale wie das El Biky gebrauchen, eine Art gehobener Imbiss mit flottem Service, gemütlichen Nischen, Wänden voller Retrofotos aus den 1950er-Jahren und der Möglichkeit, entweder nur einen Snack oder gleich eine komplette Mahlzeit zu bestellen. Die Bäckerei nebenan gehört zum Lokal: hier gibt es die besten Schokocroissants der Stadt, die man sich sogar an den Tisch bringen lassen kann.

Café Presidente INTERNATIONAL **$**
(Karte S. 102; ☑ 7-832-3091; Ecke Av de los Presidentes & Calle 25; Frühstück 4–6,50 CUC$; ⊙ 9–24 Uhr)
Mit seinen roten Markisen und den riesigen Glasfenstern, die das Café wie ein Bistro an den Champs-Élysées wirken lassen, liefert das Presidente seine Leckereien an den „Champs-Élysées von Havanna" – in dem Fall der Avenida de los Presidentes. Hier kann man ohne Probleme schnell ein Milkshake oder einen Teller Pasta bestellen. Für den größeren Hunger am Morgen gibt es ein leckeres Frühstück und einen guten Kaffee.

Camino al Sol VEGETARISCH **$**
(Karte S. 102; Calle 3 No 363, zwischen Paseo & 2;
1–4 CUC$; ⊙ Mo–Sa 10–18 Uhr; ☑) In einem Land, in dem das Nationalgericht Schweinebraten ist und eine Mahlzeit ohne Fleisch nicht als komplettes Essen gilt, ist dieses kleine Lokal für Vegetarier wahrlich eine Entdeckung. Der Koch verwendet Gemüse aus der Region: Aus Auberginen, Okraschoten, Mais und Maniok zaubert er alles Mögliche – von Pasteten bis zu leckeren Gemüseburgern. Die selbst gemachte Pasta schmeckt besonders köstlich.

Das Lokal bietet sich zum Mittagessen an. Da es nicht viele Sitzplätze gibt, sollte man sich seelisch darauf einstellen, im Stehen essen zu müssen.

La Catedral INTERNATIONAL **$**
(Karte S. 102; ☑ 7-830-0793; Calle 8 No 106, zwischen Calzada & Calle 5; Mahlzeiten 4–6 CUC$;
⊙ 12–23 Uhr) Das Lokal liegt zwar nicht im Entferntesten in der Nähe der Kathedrale, und irgendwie nach Kirche sieht es auch nicht aus, aber egal. Das Beste am La Catedral sind – in dieser Reihenfolge – die vernünftigen Preise und die Gäste: viele Kubaner statt ausschließlich Touristen.

Die Köche des Restaurant kochen in mehrere kulinarische Richtungen: So lassen sich hier Pizza, Tapas, aber auch sagenhaft gute *Tres-leches*-Kuchen bestellen. Die Portionen sind allesamt großzügig bemessen. Wer sich in Anbetracht der riesigen Portionen geschlagen geben muss, kann sich den Rest zum Mitnehmen einpacken lassen.

**Restaurant
Bar Razones** KUBANISCH, INDISCH **$**
(Karte S. 102; ☑ 7-832-8732; Calle F No 63, zwischen Calle 3 & 5; Hauptgerichte 4–7 CUC$;
⊙ 12–24 Uhr) Seit es in Havanna kein rein indisches Restaurant mehr gibt, ist es der Job des Razones, für eine gewisse Schärfe zu sorgen, und so hat man tapfer ein paar Currygerichte auf die vielfältige Speisekarte gesetzt. Das Lokal stellt aber auch mit Hummer ganz interessante Experimente an (etwa mit Ananassauce oder Kaffeepulver).

Die Gäste sind überwiegend Kubaner, weshalb auch die Preise nicht allzu abgehoben sind.

Topoly IRANISCH **$**
(Karte S. 102; ☑ 7- $-7832-3224; www.topoly.fr; Calle 23 No 669, Ecke Calle D; kleiner Teller 4–7 CUC$;
⊙ 10–24 Uhr) Kuba erklärt sich mit dem Iran in Form von Havannas erstem iranischen Restaurant solidarisch, das sich in einem reizenden Anwesen in der verkehrsreichen Calle 23 befindet. Die Gäste können auf der umlaufenden Veranda unter den kultigen

Parque Histórico Militar Morro-Cabaña

N 0 ————— 200 m

Playas del Este (22 km)

Vía Monumental

Castillo de los Tres Santos Reyes Magnos del Morro

5 1

8

Parque Histórico Militar Morro-Cabaña 3

Dársena de los Franceses

P

Kaserne

Av Ira

9

2

7

Fortaleza de San Carlos de la Cabaña 6

s. Karte Centro Habana (S. 84)

Bahía de la Habana

s. Karte Habana Vieja (S. 66)

4

HABANA VIEJA

Av Carlos Manuel de Céspedes

Casablanca-Fähr-terminal (400 m)

Parque Histórico Militar Morro-Cabaña

Highlights

1 Castillo de los Tres Santos Reyes Magnos del Morro A1
2 Fortaleza de San Carlos de la Cabaña C2
3 Parque Histórico Militar Morro-Cabaña B2

Sehenswertes

4 Estatua de Cristo D3
5 Leuchtturm A1
6 Museo de Comandancia del Che C3
7 Museo de Fortificaciones y Armas C2

Essen

8 Paladar Doña Carmela C1
9 Restaurante la Divina Pastora B2

Drucken von Gandhi, José Martí und Che Guevara Platz nehmen und ihre Auber-ginen-Mousse oder die Lamm-*brochetas* (Lammspieße) genießen. Der Kaffee ist sa-genhaft gut und der Tee wird in verzierten Silberkannen serviert.

An ausgewählten Abenden sorgen Bauchtänzerinnen für Unterhaltung.

Waoo Snack Bar   INTERNATIONAL $

(Karte S. 102; Calle L No 414, Ecke Calle 25; Snacks 3–7 CUC$; 12–24 Uhr) Wow! Die Waoo

Snack Bar beeindruckt mit ihrem umlaufen-den Holztresen, der angesagten Lage in der Nähe der Calle 23 und L und den schnellen Gerichten, die sich alle Gäste gern munden lassen – darunter Carpaccio, eine Käseplatte oder ein guter Kaffee mit einem Dessert.

La Chucheria   AMERIKANISCH $

(Karte S. 102; Calle 1, zwischen Calle C & D; Snacks 2–7 CUC$; 7–24 Uhr) Die schicke Sportbar, die von ihrer Lage in der Nähe des Malecón profitiert, erweckt den Eindruck, als hätte es sie übers Meer von Florida herübergespült – wie ein Exilkubaner, der nach Hause zurück-gekehrt ist. Aber die Politik sollte hier keine Rolle spielen, stattdessen sollte man seine ungeteilte Aufmerksamkeit dem Belag auf der Pizza, den Zutaten auf dem Sandwich und dem besten Eis und leckersten Milch-shakes widmen, die in Havanna auf den Tisch kommen.

Das winzige Restaurant mit durchsichti-gen Kunststoffstühlen und Flachbildschirm-fernseher, auf denen die aktuellen Spieler-folge von Messi flimmern, macht deutlich, dass die Linie zwischen *socialismo* und *ca-pitalismo* immer mehr verschwimmt.

Toke Infanta y 25   BURGER $

(Karte S. 102; 7-836-3440; Ecke Calzada de la Infanta & Calle 25; Snacks 2–4 CUC$; 7–24 Uhr)

Das schön zwischen den ramponierten Gebäuden der Calzada de la Infanta an der Grenze von Vedado und Centro Habana gelegene Toke lockt mit seinem coolen Neon, den schicken Farbakzenten, den preiswerten *hamburguesas* (Hamburger) und dem Schokogebäck verliebte *habaneros* (und Touristen) in Scharen an. Das Lokal gilt als schwulenfreundlich und liegt in der Nähe von einigen Nachtclubs.

Coppelia   EIS $
(Karte S. 102; Ecke Calle 23 & L; Eis ab 40 MN$; ⊙Di-Sa 10–21.30 Uhr) Das Coppelia, Havannas legendäre Eisdiele in einem Park in Vedado, findet man in einem Gebäude, das an eine fliegende Untertasse erinnert. Die Eisdiele ist für ihre ewig langen Schlangen ebenso bekannt wie für ihre sagenhaften Eiskreationen. Seit seiner Eröffnung im Jahr 1966 schreibt das Coppelia eine Erfolgsgeschichte – allen wirtschaftlich harten Zeiten zum Trotz.

Im Coppelia wurden schon Beziehungen geknüpft, Erstlingsromane entworfen, ausgelassene Geburtstagspartys gefeiert und Pläne geschmiedet, wie man am besten nach Miami fliehen könnte. Der absolute Höhepunkt war 1993 erreicht, als das Coppelia als Schauplatz für den ersten oscarnominierten kubanischen Film diente: *Fresa y Chocolate*. Der Titel spielt auf die zwei Sorten Eis im Coppelia an, die damals zur Auswahl standen: Erdbeere und Schokolade.

Wer als Urlauber ins Coppelia kommt, wird vermutlich von einem Wachmann zu einem kleineren Bereich im Freien geführt, wo mit Convertibles bezahlt wird, doch dieser Anordnung muss man nicht zwingend Folge leisten.

Schlangestehen hat im Coppelia bis heute Tradition – was im Übrigen auch für die Tische gilt, an denen alle gemeinsam Platz nehmen, und für das billige Eis, das mit kubanischen Pesos bezahlt wird. Dazu bietet es die gute Gelegenheit, „unzensiert" Leute beobachten zu können.

Café TV   FASTFOOD $
(Karte S. 102; Ecke Calle N & 19; Hauptgerichte 4,50 CUC$; ⊙Mo-Sa 11–3, So 11–24 Uhr) Das Café mit Fernseh-Dekoration – ein funkiges Speiselokal mit Bühne – befindet sich unten in den Tiefen des Edificio Focsa. Insider kommen wegen des billigen Essens und der unterhaltsamen Comedy-Abende. Wer willens ist, dem düsteren Eingangstunnel und anschließend der eiskalten Klimaanlage zu

trotzen, kann sich die frisch zubereiteten Burger, eine Auswahl gesunder Salate, Pasta und Cordon bleu vom Huhn schmecken lassen.

★ Starbien   INTERNATIONAL $$
(Karte S. 102; ☑ 7-830-0711; Calle 29 No 205, zwischen Calle B & C; Mittagessen 12 CUC$; ⊙12–17 & 19–24 Uhr) Die Zutaten: ein elegantes, etwas verstecktes gelegenes Anwesen in Vedado, ein herzliches Willkommen, Knabberzeug als Gruß des Hauses, eine tolle Weinkarte, ein superaufmerksamer Service und Hühnchen in Ananassoße. Und dass alles bekommt der Gast für 12 CUC$, insofern er sich für die Spezialität des Tages entscheidet, ein Vier-Gänge-Mittagsmenü. Also nichts wie auf zur Calle 29 in der Nähe der Plaza de la Revolución.

★ Café Laurent   INTERNATIONAL $$
(Karte S. 102; ☑ 7-832-6890; Calle M No 257, 5. St., zwischen Calles 19 & 21; Mahlzeiten 10–15 CUC$; ⊙12–24 Uhr) Das Café ist ein Geheimtipp. Das unbeschilderte Café ist ein schickes, edles Speiselokal, das sich in einem sagenhaft scheußlichen Wohnblock aus den 1950er-Jahren neben dem Focsa-Gebäude befindet. Gestärkte weiße Tischdecken, spiegelnde Gläser und Spitzendecken prägen das helle, modernistische Lokal; sautiertes Schweinefleisch mit Trockenfrüchten und Rotwein sowie Meeresfrüchterisotto stehen ganz oben auf der Speisekarte. Es lebe die kulinarische Revolution!

Mediterraneo Havana   MEDITERRAN $$
(Karte S. 102; ☑7-832-4894; www.medhavana.com; Calle 13 No 406, zwischen Calle F & G; Hauptgerichte 9–18 CUC$; ⊙12–24 Uhr) 🍽 Das Mediterraneo Havana, das sich der *Granja-a-la-mesa*-Bewegung (von der Farm direkt auf den Tisch) angeschlossen hat und mit ein paar landwirtschaftliche Kooperativen in Guanabacoa zusammenarbeitet, serviert in einem angenehmen Anwesen in Vedado vor allem italienisches Essen mit einer spanischen Note. Betrieben wird das Restaurant von zwei kubanisch-sardinischen Freunden. Jedenfalls trifft es mit seinen Pastagerichten, die Extravaganz nicht scheuen, fast immer ins (kulinarische) Schwarze.

Probieren sollte man die Penne in Brandy oder das Trüffel-Risotto und sich als Dessert noch die Crème caramel vormerken.

Ein Kompliment verdient auch der Service – er ist herzlich, aber angenehm zurückhaltend.

El Idilio
KUBANISCH $$

(Karte S. 102; ☎ 7-830-7921; Ecke Av de los Presidentes & Calle 15; Mahlzeiten 6–11 CUC$; ⊙12–24 Uhr) Das gewagte, abenteuerliche Restaurant im Viertel Vedado ist ein Symbol für die kubanische Gastro-Szene, die ihre Flügel spreizt und abhebt. Hier gibt es nichts, was es nicht gibt: Pasta, Ceviche und kubanische Standardgerichte, aber auch einen gemischten Meeresfrüchteteller, dessen Zutaten direkt vor den Augen der Gäste frisch vom Grill auf dem Teller landen und dann serviert werden.

Paladar Mesón Sancho Panza
MEDITERRAN $$

(Karte S. 102; ☎ 7-831-2862; Calle J No 508, zwischen Calle 23 & 25; Hauptgerichte 5–12 CUC$; ⊙12–23 Uhr) Das Restaurant liegt ganz passend neben dem Parque Don Quijote und lässt seinen getreuen literarischen *compañero* nicht im Stich. Das edle, spanisch inspirierte Essen wird in einem reizenden Restaurant mit Tischen im Freien serviert, die zwischen Teichen und überwucherten Spalieren stehen. Der Käsekuchen schmeckt hier so gut, dass kaum jemand auf den Nachtisch verzichten will. Aber zuerst sollte man sich die Paella, die Lasagne oder *brochetas* (Kebabs) schmecken lassen.

Eine besondere Attraktion: Gelegentlich wird Flamenco gespielt.

Versus 1900
INTERNATIONAL $$$

(Karte S. 102; ☎ 7-835-1852; www.versus1900.com; Línea No 504, zwischen Calle D & E; Hauptgerichte 7–24 CUC$; ⊙12–24 Uhr) Das Ende 2015 eröffnete Versus 1900 demonstriert, wie kubanische Restaurants die Messlatte immer weiter nach oben schieben. Das Restaurant befindet sich in einem großen Einfamilienhaus und weiß den Raum gut zu nutzen – es gibt eine Terrasse vor dem Haus, eine Dachterrasse und dann natürlich noch die eigentlichen Räumlichkeiten im Haus. Die Inneneinrichtung ist exquisit, genauer gesagt antik, aber dennoch schlicht. Auf der interessanten Speisekarte stehen unter anderem Hase, Ente und eine peruanische Suppe.

Wirklich toll und etwas ganz Besonderes ist das supercoole Chill Out (S. 121) auf dem Dach, eine meditative Bar mit Sofas, Hockern und Himmelbetten zum Abhängen.

Atelier
KUBANISCH $$$

(Karte S. 102; ☎ 7-836-2025; Calle 5 No 511, Altos, zwischen Paseo & Calle 2; Mahlzeiten 12–25 CUC$; ⊙12–24 Uhr) Das Erste, was einem hier ins Auge springt, ist die sagenhafte Kunst an den Wänden – riesige Gemälde mit religiösem Touch, die zum Nachdenken anregen

sollen. Und dann fallen einem auch noch die antike Holzdecke, die Dachterrasse im maurischen Stil und die Eleganz vom alten Schlag auf – ja, selbst die Teller sind hier interessant. Ab einem gewissen Punkt beschäftigt man sich dann aber nur noch mit dem Essen – in diesem Fall kubanische Küche mit französischem Einfluss. Besonders empfehlenswert sind Ente (die Spezialität des Hauses) und Hase.

Decameron
INTERNATIONAL $$$

(Karte S. 102; ☎ 7-832-2444; Línea No 753, zwischen Paseo & Calle 2; Hauptgerichte 12–18 CUC$; ⊙12–24 Uhr; ☞) Das äußerlich nichtssagende Restaurant präsentiert sich innen erheblich hübscher, was größtenteils an der berühmten Sammlung alter Uhren liegt – also nicht zu spät kommen!

Das Decameron ist ein etablierter Traditions-*paladar*, der schon immer gut war, noch immer gut ist und vermutlich auch immer gut sein wird. Gekocht wird kubanisch mit internationalen Einflüssen. Die Gäste sind jedenfalls immer begeistert, sei es von der pikanten Thunfisch-Tarte oder der süßen Zitronentorte. Obendrein gibt es hier noch eine ganz ordentliche Auswahl an Weinen, Cocktails (die es in sich haben) sowie einige vegetarische Gerichte.

Le Chansonnier
FRANZÖSISCH $$$

(Karte S. 102; ☎ 7-832-1576; www.lechansonnier habana.com; Calle J No 257, zwischen Calle 13 & 15; Mahlzeiten 12–20 CUC$; ⊙12.30–0.30 Uhr) Das tolle Restaurant bietet sich für ein feudales Abendessen an – sofern man es findet; ein Namensschild ist nämlich nicht vorhanden. Es liegt versteckt in einem verblichenen Anwesen, das zu einem Privatrestaurant umfunktioniert wurde. Die aufgepeppten Räumlichkeiten sind deutlich moderner als die Fassade es vermuten lässt.

Französischer Wein und französische Aromen machen sich glänzend bei den Spezialitäten des Hauses wie Hase mit Senf, Auberginen-Gratin oder Spare ribs. Die Öffnungszeiten variieren. Da das Restaurant einen guten Ruf hat, sollte man einen Tisch reservieren.

VIP Havana
MEDITERRAN $$$

(Karte S. 102; ☎ 7-832-0178; Calle 9 No 454, zwischen Calle E & F; Hauptgerichte 15–21 CUC$; ⊙12–3 Uhr) Man muss keine Berühmtheit sein, um im VIP Havana zu speisen, aber hilfreich ist es wohl schon. Hier macht Havanna einen auf Miami – mit einer großen Bar in der Mitte des Restaurants, indirekt mit Neonlämpchen erleuchteten Flaschen-regalen und Schwarz-Weiß-Filmen, die auf einer gigantischen Kinoleinwand (ohne Ton) gezeigt werden. Im VIP herrscht eine kultivierte Atmosphäre, die jedoch über-haupt nicht versnobt ist. Aus der Küche kommt der in Kuba standardmäßig ange-botene Hummer in anständigen Portionen, hochgelobt ist aber vor allem die Paella.

Ein kleines, aber wichtiges Detail noch zum Schluss: Hier befinden sich wohl die edelsten *baños* (Toiletten), die Kuba zu bie-ten hat.

La Torre FRANZÖSISCH, KARIBISCH $$$
(Karte S.102; ☑7-838-3088; Edificio Focsa, Ecke Calle 17 & M; Hauptgerichte 15–30 CUC$; ⏱11.30–0.30 Uhr) Havannas höchstes Restaurant thront hoch über Vedado im 35. Stock des die Skyline dominierenden Focsa-Gebäudes. Das luftig-feudale, extravagante Speiselokal bietet einen sagenhaften Blick über die Stadt, der kaum jemanden enttäuscht – was für das Es-sen jedoch leider nicht gilt. Das Torre unter staatlicher Leitung war früher eine Legende und als bedeutendster Vertreter der franzö-sisch-kubanischen Haute Cuisine bekannt. Inzwischen wurde das Restaurant von vielen anderen (privaten) Speiselokalen hinsichtlich Innovation und Preis-Leistungs-Verhältnis um Längen überholt. Immerhin ist die Aus-sicht nach wie vor grandios.

Ausgehen & Nachtleben

Die Café-Szene von Havanna ist in ein inte-ressantes Stadium getreten. Langweilige in-ternationale Franchise-Unternehmen findet man mehr und mehr, doch da die Kubaner nun die Möglichkeit haben, sich privat zu engagieren, richten sie ihre künstlerische Kreativität auf Bohemien-Cafés und -bars, von denen immer neue öffnen.

Habana Vieja

★ El Dandy BAR, CAFÉ
(Karte S.66; ☑7-867-6463; www.bareldandy.com; Ecke Brasil & Villegas; ⏱8–1 Uhr) Das letzte Wort ist noch nicht gesprochen in Sachen hippstes Bar-Café in Havanna, doch es be-steht kein Zweifel, dass dieses hier am dan-dyhaftesten ist. El Dandy steht für starkem Kaffee, Cocktails, die es in sich haben, und einen herzlichen, unaufdringlichen Service. Das Lokal fungiert auch als Mini-Fotogale-rie: die Wände zieren Fotos, die sich zwei körperorientierten Themen widmen – dem Tanz und dem Boxsport.

★ Azúcar Lounge LOUNGE
(Karte S.66; ☑7-860-6563; Mercaderes No 315; ⏱11–24 Uhr) So macht man einen alten Platz zu einer Trendlocation: Man bestücke eine schummrige, lässige Bar im Obergeschoss eines der ältesten Häuser Havannas mit So-fas im Ikea-Stil und verteile in besagter Bar Avantgarde-Kunst und abgedrehte Lichtkör-per. Und dann biete man üppige Cocktails zu hypnotischer Trancemusik an – und nen-ne das Ganze Azúcar (Zucker).

★ El Chanchullero BAR
(Karte S.66; www.el-chanchullero.com; Brasil, zwischen Bernaza & Christo; ⏱13–24 Uhr) *„Aqui jamás estuvo Hemingway"* („Hemingway war nie hier") steht schelmisch draußen auf dem Schild geschrieben, womit schon mehr als nur ein Schuss Ironie zum Ausdruck ge-bracht wird. Aber es musste ja so kommen. Während betuchte Touristen in der La Bo-deguita del Medio einen Trinkspruch auf Hemingway aussprechen, zahlen Kubaner und Ausländer, die sich für hip halten, er-heblich weniger für bessere Cocktails in ih-rer eigenen alternativen Bohemien-Kneipe. Die Gäste drängen sich in der lauten, mit Graffiti übersäten Bar, in der die Musik im $4/4$-statt im $6/8$-Takt dröhnt.

El Patchanka BAR
(Karte S.66; ☑7-860-4161; Bernaza No 162; ⏱13–1 Uhr) Livebands rocken, dass sich die Dachbalken biegen, die Einheimischen kip-pen hochprozentige Mojitos zu 2 CUC$ in sich hinein und gesetzte Reisende machen Scherze, welchen Beitrag Che Guevara wohl zur modernen Posterkunst in dieser neu-en Kneipe an der Plaza del Cristo geleistet hat. Die erweckt bereits den Eindruck, als hätten sich die Gäste dort gemütlich ein-gerichtet. Der Schlüssel zum Erfolg ist hier die kulturelle Interaktion. Und da die Preise niedrig gehalten werden (Hummer gibt es hier für 6 CUC$!), lockt das Lokal alle und jeden an. Die Wände sind mit Graffiti aus der ganzen Welt verschönt, außerdem mit einem Piratenschiff im Stil eines Cartoons, auf dem der Name „Patchanka" steht – der spanische Begriff für Fusionsrock. Passt wie angegossen.

Museo del Chocolate CAFÉ
(Karte S.66; Ecke Amargura & Mercaderes; ⏱9–21 Uhr) Schokoladensüchtige aufgepasst: In diesem unübersehbaren Café im Herzen von Habana Vieja gibt es eine schier tödliche Do-sis an Schokolade, Trüffeln und noch mehr

Schokolade (die samt und sonders vor Ort hergestellt wird).

Das Café befindet sich – ohne Witz! – in der Calle Amargura (Straße der Bitternis) und ist eigentlich eher ein Museum mit ein paar Marmortischen, die zwischen einer süßen Melange aus Schoko-Nippes stehen. Kein Wunder also, dass wirklich alles auf der Speisekarte eine vorherrschende Zutat enthält: Schokolade – ob nun heiß, kalt, weiß, dunkel, üppig oder weich – das Zeug schmeckt köstlich, egal in welcher Form.

Espacios Old Fashioned BAR

(Karte S. 66; ☎ 7-861-3895; www.barrestaurant espaciosoldfashioned.com; Amargura No 258, zwischen Habana & Compostela; ⏰ 12–24 Uhr) Der neue Ableger des hippen Restaurants in Miramar befindet sich in einem kleineren Domizil in Habana Vieja und hat – wie der größere Bruder – seine Wände mit Avantgardekunst verschönert. Man kann hier auch essen, empfehlenswerter ist es jedoch, die Kunstwerke – und die Künstler – bei einer Tasse Kaffee oder einem Glas Alkoholischem oder Saft zu genießen. Die Musiker trudeln so gegen 22.30 Uhr ein.

Cervecería Antiguo Almacén de la Madera y Tabaco BIERKNEIPE

(Karte S. 66; Ecke Desamparados & San Ignacio; ⏰ 12–24 Uhr) Unten an den Hafenanlagen befindet sich Havannas größte Brauerei mit eigener Kneipe. Sie braut und serviert drei Sorten Bier mit österreichischem Touch in einem alten Lagerhaus für Holz und Tabak. Die Räumlichkeiten sind gigantisch und erinnern von der Atmosphäre her an ein Bierzelt auf dem Oktoberfest, allerdings ohne die riesigen Menschenmassen.

Zum Essen gibt es Grillspezialitäten, und auf einer Bühne in der Mitte wird Livemusik gespielt. Wirklich empfehlenswert ist die Kneipe aber dann doch vor allem wegen des Biers – 2 CUC$ kostet die Halbe, 12 CUC$ ein spannender „Bierturm" mit insgesamt drei Litern Bier.

Dulcería Bianchini II CAFÉ

(Karte S. 66; ☎ 7-862-8477; www.dulceria-bianchini. com; San Ignacio No 68; ⏰ 9–21 Uhr) Die Kubaner schienen die spanische *merienda* längst vergessen zu haben – diese nette Pause am Nachmittag, in der man sich etwas Heißes zu trinken und ein Stück Kuchen gönnt. Doch dann kam das Bianchini mit seinen süßen Snacks und dem hervorragenden Kaffee, um alle daran zu erinnern, dass so ein Kaffeepäuschen gar nicht so verkehrt ist.

Das winzige Bohemien-Café liegt eingezwängt in der „Fressgasse" von Habana Vieja in der Nähe der Kathedrale. Den Schleppern sollte man aus dem Weg gehen und einfach nur einen Kaffee bestellen.

La Bodeguita del Medio BAR

(Karte S. 66; Empedrado No 207; ⏰ 11–24 Uhr) Die bekannteste Bar Havannas wurde durch Ernest Hemingway berühmt, der hier seinen Rumexzessen frönte – was die Preise natürlich prompt in schwindelerregende Höhen schießen ließ. Ein Besuch ist für all jene Touristen ein Muss, die noch nicht mitbekommen haben, dass die Mojitos anderswo besser schmecken und erheblich billiger sind.

Zu den illustren Gästen des Hauses zählten Salvador Allende, Fidel Castro, Nicolás Guillén, Harry Belafonte und Nat King Cole. Sie alle haben sich mit einem Autogramm an der Wand verewigt – neben Tausenden anderen. Aus diesem Grund muss hier alle paar Monate neu gestrichen werden – die berühmten Unterschriften werden aber natürlich nicht überpinselt. Heute sind die Gäste weniger berühmt, die Pauschaltouristen aus Varadero übersteigen die Zahl der Bohemiens bei Weitem.

Puristen behaupten zudem, dass die Mojitos in den letzten Jahren ihren Hemingway-Glanz verloren haben. Aber diese Aussage lässt sich bekanntlich nur auf eine Weise überprüfen ...

El Floridita BAR

(Karte S. 66; Obispo No 557; ⏰ 11–24 Uhr) Das Lokal war bei den amerikanischen Expats schon beliebt, bevor Hemingway in den 1930er-Jahren das erste Mal vorbeikam – daher auch der Name „kleines Florida". Der Barkeeper Constante Ribalaigua erfand hier bald nach dem Ersten Weltkrieg den Daiquirí, wirklich bekannt wurde das Getränk jedoch erst durch Hemingway. Und schließlich taufte die Bar dann ihm zu Ehren sogar einen Drink nach ihm: Papa Hemingway Special – ein Daiquirí mit Grapefruitaroma.

Hemingway soll – so behauptet es zumindest eine Legende – den Rekord von 13 Doppelten geschafft haben, an einem Abend, versteht sich. Bei den derzeitigen Preisen (Glas 6 CUC$) kostet das ein kleines Vermögen – und der Riesenkater ist garantiert.

La Factoria Plaza Vieja BAR

(Karte S. 66; Ecke San Ignacio & Muralla; ⏰ 11–24 Uhr) Die authentischste Mikrobrauerei Havannas liegt an einer quirligen Ecke der Plaza Vieja. Verkauft wird kühles, selbst gebrautes Bier. Die Gäste sitzen auf massiven Holzbänken, die draußen im Freien auf dem Kopfsteinpflaster stehen, oder drinnen in einer hellen, lauten Bierhalle. Wer eine Gruppe zusammentrommelt, bekommt den bernsteinfarbenen Nektar unten vom Fass in einen großen Plastikeimer gezapft. Vor dem Lokal steht auch noch ein Grill.

Café Taberna BAR
(Karte S. 66; Ecke Brasil & Mercaderes, Habana Vieja; ☉12–24 Uhr) Die Bar mit Speiselokal wurde bereits 1772 gegründet und macht seit ihrer Renovierung wieder viel her. Es macht Spaß, sich an die beeindruckende Bar zu setzen und vor dem Abendessen noch den einen oder anderen Cocktail zu bestellen. Das Essen kann man allerdings vergessen.

Die Musik – die gegen 20 Uhr erst so richtig in Fahrt kommt – ist meist eine Hommage an den Mambokönig Benny Moré, der früher öfters hier auftrat.

Bar Dos Hermanos BAR
(Karte S. 66; San Pedro No 304; ☉24 Std.) Die einst heruntergekommene, inzwischen aber aufgepeppte Bar unten an den Hafenanlagen hat eine beeindruckende Zahl an Stammgästen, die hier schon Rum konsumiert haben: Auf der Plakette an der Tür werden Federico García Lorca, Marlon Brando, Errol Flynn und – wie kann es anders sein? – Ernest Hemingway genannt. Mit ihrem langen Holztresen und der salzigen Seefahreratmosphäre verströmt die Kneipe immer noch einen gewissen Charme.

Café París BAR
(Karte S. 66; Obispo No 202; ☉24 Std.) Diese eher derbe Bar in Habana Vieja ist für ihre Livemusik und gesellige Atmosphäre mit unzähligen Touristen bekannt. An einem guten Abend fließt hier der Rum in Strömen und oft wird spontan das Tanzbein geschwungen.

Monserrate Bar BAR
(Karte S. 66; Obrapía No 410; ☉12–24 Uhr) Ein paar Türen weiter von der berühmten Hemingway-Kneipe El Floridita gilt die Monserrate Bar als Hemingway-freie Zone. Das bedeutet, dass die Daiquiris hier bloß die Hälfte kosten.

Café el Escorial CAFÉ
(Karte S. 66; Mercaderes No 317, Ecke Muralla; ☉9–21 Uhr) Das Café unter staatlicher Leitung in einem schön restaurierten Kolonialgebäude war früher das Einzige an der Plaza Vieja, wurde aber inzwischen von der neuen privaten Konkurrenz erobert. Klar, die Kaffeekreationen schmecken noch immer ziemlich lecker – café *cubano, café con leche,* Frappé, Kaffee mit Likör und sogar *daiquirí de café* stehen hier zur Auswahl. Leider sind die Kuchen oft so trocken wie es der Service ist.

La Dichosa BAR
(Karte S. 66; Ecke Obispo & Compostela; ☉10–24 Uhr) Das ruppige La Dichosa in der trubeligen Calle Obispo lässt sich kaum übersehen. Die Bar ist klein und knallvoll, wobei mindestens die Hälfte des Platzes von der Band des Hauses in Beschlag genommen wird. Dennoch ist die Bar eine gute Adresse für einen schnellen Mojito.

🍷 Centro Habana

⭐ Café Arcangel CAFÉ
(Karte S. 84; ☎5-268-5451; Concordia No 57; ☉Mo–Sa 8.30–18.30, So 8.15–13 Uhr) Hervorragender Kaffee, köstliche *tortas,* sanfte Musik – nein, mal kein Reggaeton! – und Charlie-Chaplin-Filme in Endlosschleife gibt's in diesem ramponierten Apartment. Was könnte man sich mehr wünschen?

Sloppy Joe's BAR
(Karte S. 84; Ecke Agramonte & Ánimas; ☉12–3 Uhr) Die Bar, die der junge spanische Einwanderer José García, genannt Joe, 1919 eröffnete, verdankt ihren Namen den fragwürdigen sanitären Einrichtungen und dem schmierigen *ropa vieja,* einem Sandwich mit Rindergeschnetzeltem. Die Bar war vor der Revolution bei den Expats eine Legende, musste in den 1960er-Jahren jedoch nach einem Brand schließen und wurde schließlich 2013 hinter der gleichen noblen neoklassizistischen Fassade wiedereröffnet. Auch heute noch bekommt man hier ordentliche Cocktails und Sandwiches.

Klar, heute ist das Lokal die reinste Touristenkneipe, aber die Inneneinrichtung entspricht noch immer der des Vorgängerlokals, wie die alten Schwarz-Weiß-Fotos (die fast alle Frank Sinatra mit einem Glas in der Hand zeigen) an den Wänden bezeugen.

Café Neruda BAR
(Karte S. 84; Malecón No 203, zwischen Manrique & San Nicolás; ☉11–23 Uhr) Die romantisch-unordentliche Bar am Malecón ist nach dem berühmten chilenischen Dichter benannt. Hier kehrt man eher für einen Drink als zum Essen ein. Wie wäre es mit einem poetischen Nachmittag, an dem man seine eige-

HAVANNA AUSGEHEN & NACHTLEBEN

HAVANNA FÜR SCHWULE & LESBEN

Die Revolution legte anfangs der Homosexualität gegenüber eine feindselige Einstellung an den Tag. Während in New York City die Stonewall-Aufstände tobten, wurden in Kuba die Schwulen von der Regierung, in der Machos und bärtige Ex-Guerilleros in Militärklamotten das Sagen hatten, in Erziehungslager gesteckt.

Seit den 1990er-Jahren hat sich das Blatt jedoch gewendet, was – welch eine Ironie der Geschichte – ausgerechnet Mariela Castro zu verdanken ist, der Tochter des derzeitigen Präsidenten Raúl Castro und Direktorin des Kubanischen Nationalen Zentrums für Sexualerziehung in Havanna.

Ein wichtiger Meilenstein für die Homo-Gemeinde war im Juni 2008 erreicht, als die kubanische Regierung ein Gesetz verabschiedete, das nachweislich betroffenen Bürgern im Rahmen des bekanntermaßen weitsichtigen Gesundheitswesens des Landes kostenlose Geschlechtsumwandlungen ermöglichte. Im November 2012 wurde in Kuba die erste transsexuelle Person in ein öffentliches Amt gewählt: Adela Hernández (eine Frau) gewann in der Provinz Villa Clara einen Sitz in der Stadtverwaltung.

Havannas LGBT-Szene hat in den letzten Jahren abgehoben. Die Schwulenszene konzentriert sich auf das Centro Habana und Vedado, genau gesagt auf ein „Dreieck", das sich zwischen der Calzada de la Infanta, der Calle L und der Calle 23 (La Rampa) erstreckt. Die Calle 23 /Ecke Malecón ist schon seit Langem ein beliebter Schwulentreff, während das Cine Yara und der Coppelia-Park gegenüber als bekannte Cruisingspots gelten. Das Nachtleben konzentriert sich auf schwulenfreundliche Locations wie den Club Pico Blanco (S. 122) im Hotel St. John's und das Cabaret Las Vegas (S. 122), die beide für ihre Drag-Shows berühmt sind. Zwischen den beiden liegt das nette kleine Café Toke Infanta y 25 (S. 114). Einen Abstecher wert ist auch das Café Cantante Mi Habana (S. 121) in Kubas Nationaltheater; dort finden am Samstagabend Schwulenfiestas statt.

In Zeiten, als die Diskriminierung noch stärker war, war Mi Cayito der einzige Schwulenstrand von Havanna, ein ruhiger, abgeschiedener Abschnitt der Playa Boca Ciega in Playas del Este. Der Strand ist immer noch sehr beliebt.

Schwule Filmabende finden im Icaic-Zentrum an der Ecke der Calle 23/ Calle 12 in Vedado statt. Und seit 2009 wird Mitte Mai in der Calle 23 alljährlich eine Gay Parade abgehalten.

Gesetzlich genießen Lesben die gleichen Rechte wie Schwule; die Lesbenszene gestaltet sich jedoch erheblich weniger offensichtlich.

---

nen Gedichte schreibt, während die Wellen über die Kaimauer spritzen?

Prado No 12   BAR

(Karte S. 84; Paseo de Martí No 12; ⏲ 12–23 Uhr) Die Bar in einem schmalen schmiedeeisernen Gebäude an der Ecke Paseo de Martí (Prado)/San Lázaro serviert Drinks und einfache Snacks. Hier scheint die Zeit seit den 1950er-Jahren stillgestanden zu sein. Eine nette Adresse, um nach einem Bummel über den Malecón bei Sonnenuntergang noch eine Weile die Atmosphäre der Stadt auf sich wirken zu lassen.

 Vedado

★ Café Mamainé   CAFÉ, BAR

(Karte S. 102; ☎ 7-832-8328; Calle L No 206, zwischen Calle 15 & 17; ⏲ Mo–Do 8–24, Fr–So 8–3 Uhr)
🍴 Kunst und Kaffee gehören in diesem

wunderschön neu interpretierten Anwesen zusammen wie Fidel und Che. Die Räumlichkeiten sind mit einheimischer Kunst geschmückt, die in Kuba gerade wieder einen Aufschwung erlebt; vieles ist aus recyceltem „Abfall" gefertigt. Die Gäste können sich auf einem Kissen in der Galerie aus Holz gemütlich machen, einen starken Kaffee oder Cocktail bestellen und mit dem Sitznachbarn plaudern, der vermutlich ein Künstler ist.

★ Café Madrigal   BAR

(Karte S. 102; Calle 17 No 302, zwischen Calle 2 & 4; ⏲ Di–So 18–2 Uhr) In dieser romantischen, schummrigen Bar flirtet Vedado mit den Bohemiens, die aus dem Pariser Quartier Latin der Tage von Joyce und Hemingway zu entstammen scheinen. Am besten bestellt man sich eine *tapita* (kleine Tapa) und einen Cocktail und genießt dann die stimmungsvolle Art-nouveau-Terrasse, auf der das Gebrumme der nächtlichen Gespräche sich mit dem Gedröhn der amerikanischen Oldtimer einen Wettstreit liefert, die an der Bar vorbeidonnern.

La Juguera
SAFTBAR
(Karte S. 102; Calle 6, zwischen Calle 1 & 3; ☺ Mo–Sa 9–19, So 9–13 Uhr) In diesem Lokal, das etwas versteckt hinter einem Wohngebäude liegt, gibt es frische Säfte in Dutzenden Kombinationen und obendrein eine große Portion kubanischen Alltag, denn das La Juguera steht bei den Einheimischen hoch im Kurs. Wer in der Nähe logiert und sich gern einen frischen Saft mitnehmen möchte, kann ihn literweise kaufen. Unbedingt Kleingeld mitbringen, denn ein Glas Saft kostet in der Regel etwa 6 CUC$.

Chill Out
BAR
(Karte S. 102; Línea No 504, zwischen Calles D & E; ☺ 19–3 Uhr) Das Chill Out muss man eigentlich gar nicht mehr groß erklären, der Name sagt schon alles. Es handelt sich um eine meditative, supercoole Dachbar im Versus 1900 (S. 116) mit Sofas, Hockern und Himmelbetten zum Abhängen. Die ideale Location nach einer Fiesta in Vedado!

Gabanna Café
BAR
(Karte S. 102; Ecke Calle 3 & C; ☺ 17–3 Uhr) Schick, klein, trendig und in Schwarzweiß gehalten – so präsentiert sich diese angesagte Cocktailbar, die für die Kneipenszene von Havanna stilbildend ist. Die Schönen schlürfen in dieser supercoolen Bar einen nicht minder attraktiven Cocktail.

Bar-Restaurante 1830
CLUB
(Karte S. 102; Ecke Malecón & Calle 20; ☺ 12–1.45 Uhr) Wer zum Salsatanzen gehen möchte, ist im 1830 genau richtig. Nach der Show am Sonntagabend stürzen sich hier alle aufs Parkett. Der Club mit einer Terrasse am Meer liegt am äußersten Westende des Malecón. Zum Essen sollte man allerdings nicht dorthin gehen.

Cuba Libro
CAFÉ
(Karte S. 102; ☏ 7-830-5205; Ecke Calles 24 & 19; ☺ Mo–Sa 11–20 Uhr; ▦) ✐ Das Café, Büchergeschäft und Gemeindezentrum mit sozialer Verantwortung ist eine tolle Location, in der Kubaner und Nicht-Kubaner miteinander in Kontakt kommen können. Es liegt zwar ein gutes Stück zu Fuß von den Hauptsehenswürdigkeiten der Stadt entfernt, ist aber eine tolle Anlaufstelle, um mehr über Havanna in Erfahrung zu bringen als die üblichen Gemeinplätze. Am besten schnappt man sich einfach einen Saft oder Kaffee und stürzt sich dann in die Diskussion mit den anderen Gästen.

Neben gebrauchten Büchern, die hier verkauft werden, zeigt das Café auch aufstrebende Kunst aus Kuba, verteilt kostenlos Kondome, stellt mittellosen Kindern Spielsachen zur Verfügung und hat sich generell der Nachhaltigkeit verschrieben.

Café Fresa y Chocolate
CAFÉ
(Karte S. 102; Calle 23, zwischen Calle 10 & 12; ☺ 9–23 Uhr) Hier gibt es kein Eis, sondern nur Erinnerungsstücke aus der Welt des Films. Warum? Das Café ist die Zentrale des kubanischen Filminstituts und der Treffpunkt schlechthin für Kaffee trinkende Studenten und Leute, die süchtig nach Filmkunst sind. Schick ist es hier nicht wirklich, aber man kann im hübschen Patio diskutieren, wer besser ist, Almodóvar oder Scorsese, bevor es dann durch die nächste Tür ab in eine Film-Preview geht.

Café Cantante Mi Habana
CLUB
(Karte S. 102; ☏ 7-879-0710; Ecke Paseo & Calle 39; ☺ 20–3 Uhr) Unter dem Teatro Nacional de Cuba (Seiteneingang) befindet sich diese hippe Diskothek mit Live-Salsamusik und Tanz, in der Hungrige aber auch ein paar Snacks an der Bar bestellen können. Der Club ist die Anlaufstelle, um coole, trendige Kubaner in einem legeren, *jintero*-freien Ambiente zu treffen. Samstags findet hier die Schwulenfete „Divino" statt, inklusive einer Drag-Show.

Wichtig zu wissen: Hier herrscht eine strenge Kleiderordnung. Mit Shorts, T-Shirt oder einem Hut kommt hier keiner rein, unter 18-Jährige haben ebenfalls keinen Zutritt. Die Eintrittsgebühr beträgt 10 CUC$.

Piano Bar Delirio Habanero
CLUB
(Karte S. 102; ☏ 7-878-4275; Ecke Paseo & Calle 39; ☺ Di–So ab 18 Uhr) In der manchmal ruhigen, manchmal fetzigen Lounge über dem Teatro Nacional de Cuba findet so ziemlich alles statt – vom Rap junger Künstler bis hin zu sanftem Improvisations-Jazz. Die Bar mit knallroten Akzenten und Bühne grenzt an eine Glaswand mit Aussicht auf die Plaza de la Revolución – ein bei Nacht besonders beeindruckender Anblick, wenn das Martí-Denkmal angestrahlt ist. Der Eintritt beträgt 5 bis 10 CUC$. Erst in den frühen Morgen-

DIE BESTEN HOTELBARS

Hotel Nacional (S. 101) Ein Mojito auf der Terrasse des Hotel Nacional ist ein Erlebnis, das sich in Havanna niemand entgehen lassen sollte.

Hotel Saratoga (S. 98) Wunderschöne Einrichtung, ein nobles Ambiente und sehr teure Drinks.

Hotel Armadores de Santander (S. 95) Dunkles Mahagoniholz und viel Seefahrerflair bietet diese Bar am Hafen.

Hotel Ambos Mundos (S. 96) Hemingways altes Hotel ist ein romantisches Plätzchen, um einen Cocktail zu bestellen und dem Pianisten des Hauses seine Wünsche vorzutragen.

stunden, wenn sich hier eine überwiegend kubanische Klientel tummelt, geht so richtig die Post ab. Die Tanzschuhe sollte man auf keinen Fall vergessen.

Cabaret Las Vegas CLUB
(Karte S. 102; Calzada de la Infanta No 104, zwischen Calle 25 & 27; ⊗ 22–4 Uhr) Das Las Vegas war früher ein ruppiges, fast schon etwas schmieriges Lokal mit Livemusik, ist heute jedoch für seine Drag-Shows zu später Stunde bekannt. Seit dem Niedergang des Humboldt 25 gilt das Lokal als einer der zuverlässigsten Schwulenclubs in Havanna. Der Eintritt liegt bei 5 CUC$.

Pico Blanco CLUB
(Karte S. 102; Calle O, zwischen Calle 23 & 25; ⊗ ab 21 Uhr) Der sehr beliebte Nachtclub befindet sich im 13. Stock des eher mittelmäßigen Hotels St. John's in Vedado. Das Programm ist manchmal ein Hit, manchmal ein Flop. An einigen Abenden sind Karaoke und schmalzige Boleros (Balladen) angesagt, dann wieder Dragqueens und Burschen im engen T-Shirt. Das Publikum besteht überwiegend aus Kubanern mit ein paar Strichern dazwischen. Der Eintritt liegt zwischen 5 und 10 CUC$.

Bar-Club Imágenes BAR
(Karte S. 102; Calzada No 602; ⊗ 22–3 Uhr) Die kleine, schummrige Pianobar lockt mit ihrem Standardprogramm aus Boleros und *trova* (traditionelle Musik) ein eher älteres, kubanisches Publikum an; die genauen Zeiten sind draußen angeschlagen.

Club la Red CLUB
(Karte S. 102; Ecke Calle 19 & L; ⊗ 22–2 Uhr) In diese Diskothek verschlägt es ab und an auch mal einen Ausländer. Der Eintritt liegt bei 3 bis 5 CUC$.

☆ Unterhaltung

Vedado hat seinen prä-revolutionären Ruf als spannendes Kasinoviertel zwar eingebüßt, ist aber noch immer die Location schlechthin, um sich in Havanna ins Nachtleben zu stürzen. Kabarett, Jazz, klassische Musik, Tanz und Kino stehen zuhauf auf dem Programm, das Niveau ist zuverlässig hoch. Habana Vieja erwacht langsam aus seinem Zauberschlaf und wird immer hipper. Das Nachtleben im Centro gestaltet sich unkonventioneller und kubanischer.

Livemusik

Jazz Club la Zorra y El Cuervo LIVEMUSIK
(Karte S. 102; ☎ 7-833-2402; Ecke Calle 23 & O; 5–10 CUC$; ⊗ ab 22 Uhr) Havannas berühmtester Jazzclub „Die Füchsin und die Krähe" öffnet allabendlich um 22 Uhr seine Pforten, um die langen Schlangen Musikbegeisterter einzulassen. Die Gäste betreten das Lokal durch eine rote englische Telefonzelle und gehen dann ins winzige, düstere Basement hinunter. Die Szene, die zum Freestyle-Jazz tendiert, gibt sich fetzig und laut.

Callejón de Hamel LIVEMUSIK
(Karte S. 84; ⊗ So ab 12 Uhr) Neben den flippigen Wandmalereien auf der Straße und den psychedelischen Kunstgeschäften ist der Hauptgrund, Havannas hohem Tempel der afrokubanischen Kultur in Centro Habana einen Besuch abzustatten, der frenetischen Rumbamusik, die sich hier jeden Sonntag um die Mittagszeit Bahn bricht.

Für *aficionados* ist diese elementare und hypnotisierende Musik mit sich verbindenden Trommelsequenzen und langen, energiegeladenen Gesangseinlagen so kraftvoll, dass sie den Geist der *orishas* (Santería-Gottheiten) heraufbeschwört. So mancher behauptet, dass der Callejón viel von seinem ursprünglichen Reiz verloren hat, seit sich auch der eine oder andere Tourist dorthin verirrt. Was man jedoch nicht glauben sollte. Hier geht die Post ab – und die Rumba!

Jazz Café LIVEMUSIK
(Karte S. 102; ☎ 7-838-3302; oberstes Stockwerk, Galerías de Paseo, Ecke Calle 1 & Paseo; Eintritt nach

20 Uhr 10 CUC$; ⊙ 12–2 Uhr) Das Nobellokal befindet sich – was kaum zu glauben ist – in einer Shoppingmall mit Blick auf den Malecón. Es handelt sich genauer gesagt um eine Mischung aus Jazzclub und Speiselokal mit eingedeckten Tischen und einer ganz ordentlichen Speisekarte. Erst nachts kommt bei Livejazz, *timba* und gelegentlich auch ungekünstelter Salsa das Geschehen so richtig in Schwung. Unbestritten ist dies der sanfteste aller Jazzclubs in Havanna.

Basílica Menor de San Francisco de Asís
KLASSISCHE MUSIK

(Karte S. 66; Plaza de San Francisco de Asís; Eintrittskarten 3–8 CUC$; ⊙ Do–Sa ab 18 Uhr) Die prachtvolle Kirche an der Plaza de San Francisco de Asís von 1738 wurde im 21. Jh. in ein Museum mit Konzertsaal umgewandelt. Im alten Kirchenschiff mit guter Akustik werden nun zwei- bis drei Mal wöchentlich Chor- und Kammermusikkonzerte gegeben; das genaue Programm hängt an der Tür aus. Es empfiehlt sich, die Eintrittskarten mindestens einen Tag im Voraus zu kaufen.

Café Teatro Bertolt Brecht
LIVEMUSIK

(Karte S. 102; ☎ 7-832-9359; Ecke Calle 13 & I; Karten 3 CUC$) Das Livemusiklokal steht bei der hippen Jugend Havannas voll im Kurs, denn hier finden jede Woche Konzerte statt, allen voran die des legendären Musikkollektivs Interactivo (mittwochs so gegen Mitternacht). Wer neugierig auf kubanische Kultur ist – und deren Zukunft –, sollte hier einen Abend verbringen. Allerdings ist das Bertolt Brecht nur etwas für Leute, die auch willens sind, erst einmal in der Schlange auf den Einlass zu warten.

Submarino Amarillo
LIVEMUSIK

(Karte S. 102; Ecke Calle 17 & 6; ⊙ Di–Sa 14–19.30 & 21–2, Mo 21–2 Uhr) Den Beatles kann in Kuba kaum einer entkommen. Ihren Kultstatus versinnbildlichen Clubs wie dieser am Parque Lennon. Hier wird Livemusik gespielt, immer im ⁴/₄-Takt und irgendwie dem Genre „Rock" zuzuordnen. Mit etwas Glück spielt vielleicht sogar die kubanische Topband Los Kents. Am Nachmittag geht es hier gemütlicher zu. Dann kann man sich ein paar Tapas genehmigen und sich dabei in aller Ruhe ein surreales Video aus den 1960er-Jahren anschauen.

Casa de la Música
LIVEMUSIK

(Karte S. 84; Av de Italia, zwischen Concordia & Neptuno; 5–25 CUC$; ⊙ 17–3 Uhr) Dies ist einer der besten und beliebtesten Nachtclubs mit Livemusik in ganz Kuba. Jeder von Rang und Namen hat hier schon gespielt – von Bamboleo bis hin zu Los Van Van. Und die Eintrittspreise sind wirklich spottbillig.

Die Casa de la Música in Centro Habana ist etwas flippiger als ihr Gegenstück in Miramar – manche finden sie sogar schon zu flippig. Hier treten große Salsagruppen in kleinem Rahmen auf. Bei Redaktionsschluss wurden die Räumlichkeiten gerade umgestaltet.

El Guajirito
LIVEMUSIK

(Karte S. 66; ☎ 7-863-3009; Agramonte No 660, zwischen Gloria & Apodeca; Show 30 CUC$; ⊙ 21.30 Uhr) Manche bezeichnen das El Guajirito als Touristenfalle, aber das Restaurant mit eigener Bühne, das seine Zelte in einem trügerisch baufälligen Wohnblock aufgeschlagen hat, bietet so ziemlich die professionellste Buena-Vista-Social-Club-Musik, die man je zu Ohren bekommen hat. Ja, eigentlich ist das El Guajirito sogar so eine Art Buena Vista Social Club.

Klar, hier sitzen Unmengen Leute an den Tischen, die ihrem Reisebus entflohen sind; und ja, das Essen ist eher bescheiden. Doch die musikalische Leistung der Band, deren Mitglieder im Pensionsalter volles Rohr ins Horn blasen, die Trommel traktieren und singen, was die Lunge hergibt, würde Größen wie Compay Segundo oben im Himmel bestimmt begeistern.

El Gato Tuerto
LIVEMUSIK

(Karte S. 102; Calle O No 14, zwischen Calle 17 & 19; Drink mindestens 5 CUC$; ⊙ 12–6 Uhr) Die ehemalige Hochburg der alternativen Kunst- und Sexszene Havannas, die „Einäugige Katze", ist heute ein Treff für Karaoke-Sänger mittleren Alters, die hier im Rumrausch traditionelle kubanische Boleros schmettern. Das Lokal in einem kuriosen Gebäude mit einem Obergeschoss und Schildkröten, die im Pool vor dem Haus dümpeln, liegt etwas versteckt unweit des Malecóns. Das ganze Obergeschoss nimmt ein Restaurant ein, während im schicken Nachtclub unten die Nachtschwärmer auf den Putz hauen.

Oratorio de San Felipe Neri
LIVEMUSIK

(Karte S. 66; Ecke Aguiar & Obrapía; 2 CUC$; ⊙ Vorstellungen um 19 Uhr) Das Neri hat seit seiner Gründung 1693 viele Reinkarnationen erlebt – zuerst als Kirche unter verschiedenen kirchlichen Orden (Oratorier, Kapuziner, Karmeliten), dann als Bank und seit 2004 als eine der Spitzenbühnen der Stadt für klassische Musik (überwiegend Chormusik).

Teatro Amadeo Roldán THEATER
(Karte S. 102; ☎ 7-832-1168; Ecke Calzada & Calle D, Vedado; pro Pers. 10 CUC$) Das wunderschöne, 1922 erbaute und 1977 von einem Brandstifter abgefackelte neoklassizistische Theater wurde 1999 originalgetreu wiederaufgebaut. Benannt ist es nach dem berühmten kubanischen Komponisten Amadeo Roldán (1900–1939), der afrokubanische Elemente in die moderne klassische Musik integrierte. Das Theater mit gleich zwei Sälen ist eines der imposantesten in Havanna.

Das Orquesta Sinfónica Nacional konzertiert in der Sala Amadeo Roldán mit 886 Plätzen; Solisten und kleinere Orchester treten in der Sala García Caturla mit 276 Sitzplätzen auf. Sie wurde während der Recherchen zum Reiseführer gerade umfassend renoviert.

El Hurón Azul LIVEMUSIK
(Karte S. 102; ☎ 7-832-4551; www.uneac.org.cu; Ecke Calle 17 & H; ☺ variierende Öffnungszeiten) Wer mit sozialistischen Berühmtheiten zusammentreffen möchte, sollte dem Hurón Azul einen Besuch abstatten, dem Gesellschaftsclub der Uneac (Vereinigung der kubanischen Schriftsteller und Künstler). Hier erwartet den Besucher eine Fülle von Facetten des in Kuba oft ein Schattendasein führenden Kulturlebens; die meisten Vorstellungen finden draußen im Garten statt.

Mittwochs steht afrokubanische Rumba auf dem Programm, samstags sind authentische Boleros angesagt. Und jeden zweiten Donnerstag locken Jazz und *trova*. Mehr als 5 CUC$ muss man hier nur selten für den Eintritt bezahlen.

El Turquino LIVEMUSIK
(Karte S. 102; Hotel Habana Libre, Calle L, zwischen Calle 23 & 25; 10 CUC$; ☺ ab 22.30 Uhr) Hier erlebt man spektakuläre Shows in einem spektakulären Ambiente im 24. Stock des Hotels Habana Libre. Das sich öffnende Dach schiebt sich zurück und alles stürzt sich um Mitternacht auf die Tanzfläche.

Theater

⭐ **Gran Teatro de la Habana Alicia Alonso** THEATER
(Karte S. 84; ☎ 7-861-3077; Ecke Paseo de Martí & San Rafael; pro Pers. 20 CUC$; ☺ Theaterkasse Mo–Sa 9–18, So bis 15 Uhr) Havannas wunderschön restauriertes Theater hat wiedereröffnet und präsentiert so ziemlich das Beste, was Kuba an Tanz und Musik zu bieten hat. Spezialität des Hauses ist das Ballett,

immerhin handelt es sich um die Spielstätte des Ballet Nacional de Cuba. Aber auch Musicals, Theaterstücke und Opern werden hier aufgeführt. Welche Veranstaltungen gerade auf dem Programm stehen, verrät die Infotafel.

Teatro Nacional de Cuba THEATER
(Karte S. 102; ☎ 7-879-6011; Ecke Paseo & Calle 39, Vedado; pro Pers. 10 CUC$; ☺ Theaterkasse 9–17 Uhr und vor der Vorstellung) Das moderne Teatro Nacional de Cuba an der Plaza de la Revolución gilt als eine der beiden Säulen des Kulturlebens von Havanna. Es liefert sich einen edlen Wettstreit mit dem Gran Teatro in Centro Habana. Das Gebäude entstand in den 1950er-Jahren im Zuge der Stadterweiterung unter Jean Forestier. Im Gebäudekomplex finden hochkarätige Konzerte statt, Theaterensembles aus dem Ausland gastieren hier, außerdem tritt die Kindertruppe La Colmenita auf.

Im Hauptsaal Sala Avellaneda finden große Events wie Musikkonzerte oder Aufführungen von Shakespearestücken statt, in der rückwärtigen kleineren Sala Covarrubias fällt das Programm dann gewagter aus. Beide Säle zusammen bieten 3300 Personen Platz. Im achten Stock befindet sich ein Proben- und Aufführungsraum; dort werden auch die aktuellsten, meist experimentellen Stücke gezeigt.

Die Theaterkasse befindet sich am hinteren Ende eines separaten einstöckigen Gebäudes neben dem Haupttheater.

Teatro Mella THEATER
(Karte S. 102; Línea No 657, zwischen Calle A & B, Vedado) Das Theater in der Línea befindet sich in den Räumen des alten Rodi-Kinos und bietet das vielseitigste Programm der Stadt: ein internationales Ballettfestival, Comedy-Shows, Theater, Tanzaufführungen und gelegentlich sogar Vorstellungen des berühmten Conjunto Folklórico Nacional. Wer Kinder hat, sollte die Vorstellung für die Kleinen am Sonntagvormittag um 11 Uhr besuchen.

Die Jardines del Mella gleich nebenan bieten sich an, um vor oder nach der Vorstellung noch einen entspannten Drink zu genießen.

Teatro América THEATER
(Karte S. 84; Av de Italia No 253, zwischen Concordia & Neptuno) Das Theater in einem klassischen Art-déco-Wolkenkratzer in der Avenida de Italia (Galiano) hat sich allem Anschein

nach wenig verändert seit seiner Blütezeit in den 1930er- und 1940er-Jahren. Auf dem Programm stehen Comedy, Tanz, Jazz und Salsa; die Shows finden in der Regel samstags um 20.30 Uhr und sonntags um 17 Uhr statt. Die Räumlichkeiten wurden unlängst renoviert. Der geschwungenen Art-déco-Stil lohnt einen Blick.

Sala Teatro Hubert de Blanck THEATER

(Karte S. 102; ☑ 7-830-1011; Calzada No 657, zwischen Calle A & B) Das Theater ist nach dem Gründer des ersten Konservatoriums (1885) in Havanna benannt. Das hier stationierte Teatro Estudio gilt als Kubas bedeutendstes Theaterensemble. In der Regel werden samstags um 20.30 und sonntags um 19 Uhr Theaterstücke auf Spanisch gezeigt. Eintrittskarten sind erst unmittelbar vor der Vorstellung erhältlich.

Teatro Fausto THEATER

(Karte S. 84; Paseo de Martí No 201) Das Theater ist zu Recht für seine witzigen Comedy-Shows berühmt, bei denen sich das Publikum jedes Mal schieflacht. Das Fausto gilt als klassisches Beispiel für den späten, stromlinienförmigen Art-déco-Stil. Während der Recherchen zu diesem Reiseführer wurde es gerade renoviert.

Varieté

★ Cabaret Parisién VARIÉTÉ

(Karte S. 102; ☑ 7-836-3564; Hotel Nacional, Ecke Calles 21 & O; Eintritt 35 CUC$; ☺ 21 Uhr) Das Cabaret Parisien im Hotel Nacional steht eine Stufe unterhalb von Marianaos weltberühmtem Tropicana, ist dafür aber billiger und liegt näher am Stadtzentrum. Es lohnt auf alle Fälle den Besuch, und zwar vor allem dann, wenn jemand in Vedado und Umgebung logiert. Zu sehen ist die übliche Mischung an Schnickschnack, Federn und halbnackten Frauen (und Männern), aber in einer erstklassigen Choreografie und mit herrlich opulenten Kostümen. Die Türen öffnen sich um 21 Uhr. Es spielt zunächst eine Band zur Einstimmung, ein Cocktail ist im Preis inbegriffen.

Habana Café VARIÉTÉ

(Karte S. 102; Paseo, zwischen Calle 1 & 3; 20 CUC$; ☺ ab 21 Uhr) Der hippe, angesagte Nachtclub mit Varieté im Hotel Meliá Cohiba präsentiert sich im Stil der amerikanischen 1950er-Jahre, jedoch mit Salsamusik.

Nach 1 Uhr werden die Tische weggeräumt, und das ganze Lokal feiert bei „internationaler Musik" ausgelassen bis in die frühen Morgenstunden. Das Preis-Leistungs-Verhältnis ist hier super.

Kulturzentren

★ Fábrica de Arte Cubano LIVEAUFTRITTE

(Karte S. 102; ☑ 7-838-2260; www.fabricadearte cubano.com; Ecke Calle 26 & 11; 2 CUC$; ☺ Do–So 20–3 Uhr) Die Location ist eine Idee des afro-kubanischen Fusionsmusikers X-Alonso; sie gilt als eines der tollsten neuen Kunstprojekte der Stadt. In diesem Intellektuellentreff für Livemusik, Kunstausstellungen und Modeschauen, aber auch für hitzige Debatten bei einer Tasse Kaffee oder einem Cocktail in einer umfunktionierten Speiseöl-Fabrik in Vedado gibt es keine Hackordnung oder mürrische Türsteher. Stattdessen können sich die Besucher unter die Künstler, Musiker und überwiegend kubanische Gäste mischen, wenn von Donnerstag bis Sonntag im vom Bauhaus inspirierten Ambiente um 20 Uhr ein spannendes Veranstaltungsprogramm beginnt. Welche Events genau anstehen, verrät die Website.

Centro Cultural El Gran Palenque TANZ

(Karte S. 102; Calle 4 No 103, zwischen Calzada & Calle 5; 5 CUC$; ☺ Sa 15–18 Uhr) Das 1962 gegründete, energiegeladene Conjunto Folklórico Nacional de Cuba hat sich auf afrokubanischen Tanz spezialisiert – die Trommler sind allesamt Santería-Priester. Hier kann man sich eine Vorstellung ansehen und dann beim regelmäßigen Sábado de Rumba – drei vollen Stunden mit hypnotisierendem Getrommel und Tanz – mitmachen. Das Ensemble tritt auch im Teatro Mella und weltweit auf internationalen Bühnen auf.

Alle zwei Jahre findet in der zweiten Januarhälfte sowie in den ersten zwei Wochen im Juli ein bedeutendes Festival mit dem Namen FolkCuba statt.

Casa de la Amistad LIVEAUFTRITT

(Karte S. 102; ☑ 7-830-3114; Paseo No 416, zwischen Calle 17 & 19; ☺ 11–23 Uhr) Kultur- und Musikevents, die es in sich haben, finden in diesem eleganten Anwesen statt, das 1926 von Juan Pedro Baró erbaut wurde. Der reiche Grundbesitzer war in eine skandalträchtige Ehe mit der High-Society-Schönheit Catalina Lasa verstrickt. Zur Casa gehören ein Restaurant und eine Bar.

Casa de las Américas LIVEAUFTRITT

(Karte S. 102; ☑ 7-838-2706; www.casa.co.cu; Ecke Calle 3 & G) Die Hochburg der kubanischen

INSIDERWISSEN

ZUSCHAUERSPORT

Als die kubanische Wirtschaft Anfang der 1990er-Jahre eine Bruchlandung hinlegte, bewegten sich die sportlichen Fähigkeiten in genau die andere Richtung und erreichten 1992 bei der Olympiade in Barcelona ihren Höhepunkt: Kuba (die 106. größte Nation der Welt) stand in der Medaillentabelle mit 14 Goldmedaillen an fünfter Stelle. Bis heute beeindrucken die Kubaner mit ihren hervorragenden Leistungen in den Sparten Baseball, Boxen, Hochsprung (Javier Sotomayor hält seit 1993 den Weltrekord) und Volleyball. Fußball wird immer beliebter und lockt eine immer größere Fangemeinde an, und zwar vor allem seit der Weltmeisterschaft 2014. Die wichtigsten Stadien Havannas befinden sich in den Vororten Playa, Cerro und Habana del Este. Zu einem Spiel zu gehen ist ein einmaliges Erlebnis! Es ist nicht notwenig, sich vorab eine Eintrittskarte zu besorgen, man kreuzt einfach auf, bezahlt den auf der Eintrittskarte angegebenen Preis und sucht sich einen (harten) Sitzplatz.

Estadio Latinoamericano (Karte S. 102; Zequiera No 312, Cerro; Eintrittskarten 2 CUC$) Das größte Stadion des Landes fasst 55 000 Personen und wurde 1946 noch vor der Revolution gebaut. Es ist das Heimstadion von Los Industriales, dem Baseballteam von Havanna. Die Eintrittskarte zu einem Spiel der Heimmannschaft ist für einen Spottpreis erhältlich. Spielzeit ist von Ende Oktober bis April, die Playoffs laufen bis Mai.

Estadio Pedro Marrero (Ecke Av 41 & Calle 46, Kohly) Das etwas heruntergekommene Fußballstadion in Playa bietet 28 000 Zuschauern Platz und ist das Heimstadion des FC Ciudad de La Habana, der bedeutendsten Fußballmannschaft der Stadt. Sie hat den Campeonato Nacional de Fútbol schon sechs Mal gewonnen.

Estadio Panamericano Das schäbige Estadio Panamericano wurde für die Panamerikanischen Spiele 1991 errichtet und 2008 mit einer neuen Leichtathletikbahn ausgestattet. Leider macht es noch immer einen angegammelten und ungeliebten Eindruck. Genutzt wird es hauptsächlich für Leichtathletikwettbewerbe und Fußballspiele.

Coliseo de la Ciudad Deportiva (Ecke Av de la Independencia & Vía Blanca, Cerro) Die 1958 eröffnete Mehrzweck-Sportarena in einer Halle bietet Platz für 15 000 Personen. Sie ist das Heimstadion der kubanischen Männer-Volleyballmannschaft. 2016 fand in ihrem Außenareal das erste Rockkonzert in Kuba statt – es spielten die Rolling Stones.

und lateinamerikanischen Kultur wurde 1959 von der Moncada-Überlebenden und Revolutionärin Haydee Santamaría ins Leben gerufen; auf dem Programm stehen Vorträge, Ausstellungen und Konzerte, außerdem gibt es eine Galerie und eine Buchhandlung. Der Literaturpreis, den die Casa alljährlich verleiht, zählt zu den angesehensten in der spanischsprachigen Welt. Die Website verrät, welche Veranstaltungen geplant sind.

Kinos

Cine Yara   KINO
(Karte S. 102; Ecke Calle 23 & L) Das erste Rendezvous (und der erste Kuss) eines manchen verliebten *cubano* fand in diesem klassizistisch-modernistischen Kino an der Hauptkreuzung in Vedado statt. Das Cine Yara ist auch ein wichtiger Veranstaltungsort beim Filmfestival im Dezember.

Cine 23 & 12   KINO
(Karte S. 102; ☎ 7-833-6906; Calle 23, zwischen Calle 12 & 14) Dies ist eines von einem ganzen Schwung gepflegter Kinos an der ICAIC-Kinomeile in Vedado. Außerdem ist das 23 & 12 eines der Zentren des Filmfestes von Havanna.

Cine Infanta   KINO
(Karte S. 84; Calzada de la Infanta No 357) Das Kino mit mehreren Vorführräumen ist für kubanische Maßstäbe sehr feudal. Während des internationalen Filmfestes im Dezember werden hier Festivalfilme gezeigt.

Cine la Rampa   KINO
(Karte S. 102; Calle 23 No 111) Ken-Loach-Filme, französische Klassiker, kubanische Filmfestivals – das alles ist in diesem Gebäude in Vedado geboten. Hier verwahrt zudem das kubanische Filmarchiv seine Schätze.

Cine Payret   KINO

(Karte S. 84; Paseo de Martí No 505) Das Cine Payret gegenüber vom Capitolio ist das größte und älteste Kino Havannas – es wurde 1878 erbaut. Heute werden hier vor allem amerikanische Filme gezeigt. Während der Recherchen wurde es gerade renoviert.

Sport

Kid Chocolate   ZUSCHAUERSPORT

(Karte S. 84; Paseo de Martí) Im Boxclub direkt gegenüber vom Capitolio finden freitags um 19 Uhr häufig Wettkämpfe statt.

Gimnasio de
Boxeo Rafael Trejo   ZUSCHAUERSPORT

(Karte S. 66; ☑7-862-0266; Cuba No 815, zwischen Merced & Leonor Pérez) Der Boxsport ist in Kuba enorm populär, Kuba kann eine lange Liste an Olympia-Goldmedaillen vorweisen, die bezeugt, dass die Kubaner wirklich Talent in dieser Sportart haben. Fans des Boxsports sollten im Studio vorbeischauen, denn hier kann man sich freitags um 19 Uhr einen Wettkampf (1 CUC$) ansehen. Die Alternative ist, an einem beliebigen Tag nach 16 Uhr zu kommen, um beim Training zuzuschauen (oder selbst mitzutrainieren)

Shoppen

Sechzig Jahre *socialismo* haben sich auf die Einkaufsszene Havannas nicht gerade günstig ausgewirkt. Dennoch gibt es einige ganz ordentliche Läden, die für Touristen interessant sind. Fündig wird man vor allem dann, wenn es um das klassische kubanische Dreigespann Rum, Zigarren und Kaffee geht.

Kunst ist ein weiterer lukrativer Bereich. Die Kunstszene von Havanna ist topaktuell und in einem ständigen Wandel begriffen. Wer in der Stadt herumstreift, findet viele Galerien, in denen man als Kunstinteressierter unzählige Stunden verbringen kann.

🔒 Habana Vieja

★Clandestina   KLEIDUNG

(Karte S. 66; ☑53-81-48-02; Villegas No 403; ⊙10–20 Uhr) Progressive Privatläden stecken in Havanna noch immer in den Kinderschuhen, doch dieses Geschäft zählt zu den besten. Es wurde vom kubanischen Künstler um 2015 gegründet. Verkauft werden Taschen (viele davon recycelt) und Accessoires unter dem Motto *99 % diseño cubano*. Ein Hoch auf diese private Boutique.

★Centro Cultural Antiguos
Almacenes de Deposito
San José   KUNST & KUNSTHANDWERK

(Karte S. 66; Ecke Av Desamparados & San Ignacio; ⊙Mo–Sa 10–18 Uhr) Havannas Markt für Kunsthandwerk findet unter dem Dach eines alten Werft-Lagerhauses in Desamparados statt. Innen findet sich ein ganzer Schwung freier Unternehmen. Eher untypisch für Kuba ist, dass hier gefeilscht wird! Wer auf der Suche nach Souvenirs ist, findet hier Gemälde, *Guayabera*-Hemden, Holzschnitzereien, Lederartikel, Schmuck und den kommerzialisierten El Che in zahlreichen Erscheinungsformen.

Es gibt aber auch Snacks, relativ saubere Toiletten und eine Touristeninformation, die von der Agentur San Cristóbal vertreten wird. Das Kulturzentrum ist bei Kubanern ebenso beliebt wie bei Touristen.

Piscolabis Bazar & Café   HAUSHALTSWAREN

(Karte S. 66; San Ignacio 75, zwischen Callejón del Chorro & O'Reilly; ⊙Mo–So 9.30–19.30 Uhr) Der nur ein paar Schritte von der Kathedrale entfernt liegende Laden wird von einer Gruppe kubanischer Künstler unterschiedlicher Genres geführt. Sie bieten ein breites Spektrum an dekorativen wie auch funktionalen Haushaltsgegenständen, aber auch Schmuck und Bekleidung an. Die Designer schaffen moderne, interessante Kreationen aus ikonischen Kultobjekten der kubanischen Geschichte.

Librería Venecia   BÜCHER

(Karte S. 66; Obispo No 502; ⊙10–22 Uhr) Der nette, kleine, private Secondhand-Buchladen birgt viele Geheimnisse, die es zu lüften gilt. Besonders empfehlenswert ist das Geschäft für alte kubanische Poster, mit den klischeehaften Che-Guevara-Aufnahmen zum Glück nichts zu tun haben.

Casa del Habano –
Hostal Conde de Villanueva   ZIGARREN

(Karte S. 66; Mercaderes No 202; ⊙10–18 Uhr) Dies ist eines der besten Zigarrengeschäfte der Stadt mit eigenem Zigarrenroller, Raucherzimmer und Mitarbeitern, die sich hervorragend auskennen.

Plaza de Armas – Merdado
de libros de segunda mano   BÜCHER

(Karte S. 66; Ecke Obispo & Tacón; ⊙9–19 Uhr) Diesen Markt für gebrauchte Bücher im Schatten der Bäume an der Plaza de Armas gibt es schon seit ewigen Zeiten. Hier findet man alte und seltene, aber auch einige neue Titel, darunter Hemingway, Dichtung und jede Menge schriftliche Weisheiten von Fidel. An Regentagen und an wichtigen Feiertagen fällt der Büchermarkt aus.

Palacio de la Artesanía
GESCHENKE & SOUVENIRS

(Karte S. 66; Cuba No 64; ◷9–19 Uhr) Wenn nur alle Shoppingmalls so attraktiv wie diese wären! Sie befindet sich in einem ehemaligen Kolonialpalais aus dem 18. Jh. mit einem schattigen Patio in der Mitte und bietet unter einem Dach verschiedenste Geschäfte mit Andenken, Zigarren, Kunsthandwerk, Musikinstrumenten, CDs, Bekleidung und Schmuck zu Festpreisen. Am besten mischt man sich unter die Scharen von Leuten aus den Ausflugsbussen und füllt die Taschen.

La Marca
TATTOO

(Karte S. 66; ◷7-801-2026; www.lamarcabodyart.com; Obrapía 108C, zwischen Oficios & Mercaderes; ◷Mo–Sa 11–19 Uhr) Wer auf eine dauerhaftere Erinnerung an den Urlaub in Kuba Wert legt, ist vielleicht im La Marca richtig, dem einzigen offiziellen Tattoo-Geschäft auf der ganzen Insel. Das Geschäft wird von einer Gruppe junger kubanischer Künstler betrieben, die sich an die internationalen Standards in Sachen Sauberkeit und Hygiene halten. Manchmal zeigen sie auch nebenbei noch eine Ausstellung mit Arbeiten führender kubanischer Künstler.

La Casa del Café
KAFFEE

(Karte S. 66; Ecke Baratillo & Obispo; ◷9–17 Uhr) Das Geschäft gleich bei der Plaza de Armas bietet eine große Auswahl an Kaffee samt einer anständigen Tasse zum Verkosten – also nichts wie hinein!

Fundación Havana Club Shop
ALKOHOLISCHES

(Karte S. 66; San Pedro No 262; ◷9–21 Uhr) Hier gibt es den berühmten Havana Club Rum direkt an der Quelle.

Habana 1791
PARFÜM

(Karte S. 66; Mercaderes No 156, zwischen Obrapía & Lamparilla; ◷9.30–18 Uhr) Das Spezialgeschäft verkauft Parfüm, das aus tropischen Blumen hergestellt wird.

Das Habana 1791 ist nicht nur ein Verkaufsladen, hier wird auch tatsächlich vor Ort das Parfüm hergestellt. Die Blumendüfte werden von Hand gemischt – und im Labor hinten kann man sich anschauen, wie die Blütenblätter getrocknet werden.

Taller de Serigrafía René Portocarrero
KUNST

(Karte S. 66; ◷7-862-3276; Cuba No 513, zwischen Brasil & Muralla; ◷Mo–Fr 9–16 Uhr) Hier werden Gemälde und Drucke junger kubanischer Künstler ausgestellt und verkauft (30–150 CUC$). Wer Zeit hat, kann den Künstlern bei der Arbeit zuschauen. Besucher mit künstlerischen Ambitionen können sich nach Workshops erkundigen.

Estudio Galería los Oficios
KUNST

(Karte S. 66; Oficios No 166; ◷Mo–Sa 10–17.30 Uhr) Es macht Spaß, in dieser Galerie vorbeizuschauen, um die großformatigen, hektischen, aber faszinierenden Ölgemälde von Nelson Domínguez zu bestaunen; sein Atelier befindet sich im Obergeschoss.

Museo del Tabaco
ZIGARREN

(Karte S. 66; Mercaderes No 120; ◷Mo–Sa 10–17 Uhr) Im Tabakmuseum können Interessierte verschiedene indigene Pfeifen und Gottheiten bestaunen und qualitativ hervorragenden Tabak kaufen.

Fayad Jamás
BÜCHER

(Karte S. 66; Obispo, zwischen Habana & Aguiar; ◷Mo–Sa 9–19, So 9–13 Uhr) Das Büchergeschäft, ein Rückblick in die 1920er-Jahre, wurde von Habaguanex renoviert, damit es in die Umgebung der Altstadt passt. Im Sortiment sind überwiegend spanische Buchtitel, es gibt aber auch interessante Kulturzeitschriften, darunter *Temas*.

Longina Música
MUSIK

(Karte S. 66; Obispo No 360, zwischen Habana & Compostela; ◷Mo–Sa 10–19, So 10–13 Uhr) Das Geschäft in der Calle Obispo bietet eine vernünftige Auswahl an CDs, verkauft aber auch Musikinstrumente wie Bongos, Gitarren, Maracas, *güiros* (Ratschgurken) und *tumbadoras* (Kongatrommeln). Ab und an werden Lautsprecher auf die Straße gestellt, um die Aufmerksamkeit der Touristen zu erregen, die hier vorbeikommen.

🔒 Centro Habana

⭐ Memorias Librería
BÜCHER

(Karte S. 84; ◷7-862-3153; Ánimas No 57, zwischen Paseo de Martí & Agramonte; ◷9–17 Uhr) Das Memorias Librería, ein Laden voller wunderschöner alter Objekte, öffnete 2014 als erstes echtes Antiquariat seine Pforten. Wer sich in die hier zusammengetragenen Bücherstapel vertieft, findet seltene Sammlerstücke, jedoch auch alte Münzen,

Postkarten, Poster, Zeitschriften und Art-dé-co-Schilder aus den 1930er-Jahren. Eine wahre Schatzkiste!

Real Fábrica de
Tabacos Partagás ZIGARREN
(Karte S. 84; Industria No 520, zwischen Barcelona & Dragones; ⊙ 9–19 Uhr) Das Zigarrengeschäft, das zur bedeutendsten Zigarrenfabrik Havannas gehört, befindet sich noch immer im Erdgeschoss des ursprünglichen Fabrikgebäudes hinter dem Capitolio, was für eine gewisse Verwirrung sorgt. Die Fabrik (S. 87) ist inzwischen ja ein paar Kilometer weiter

umgezogen. Eines ist jedenfalls sicher: Hier werden die besten Zigarren ganz Havannas verkauft.

Plaza Carlos III SHOPPINGCENTER
(Karte S. 84; Av Salvador Allende, zwischen Arbol Seco & Retiro; ⊙ Mo–Sa 10–18 Uhr) Nach der Plaza América in Varadero ist dies wohl das schickste Einkaufszentrum in Kuba – und es lässt sich kaum ein Tourist blicken.

Das Plaza Carlos III hat in den letzten Jahren einen Schritt nach vorne getan – die einst leeren Regale sind inzwischen dicht mit Konsumgütern gefüllt. Wer etwas mit

---

JOSÉ MARTÍ VERSTEHEN

„Zwei Vaterländer habe ich: Kuba und die Nacht". So schrieb 1882 der Dichter, Journalist, Philosoph und Allround-Renaissance-Mann José Martí, womit er die Dichotomie Kubas im ausgehenden 19. Jahrhunderts perfekt zusammenfasste. Seine Worte sind heute noch genauso relevant wie vor 130 Jahren.

Es mutet wie Ironie an, dass Martí, der Kopf hinter dem zweiten Kubanischen Unabhängigkeitskrieg, weiterhin die Leitfigur ist, die die Kubaner weltweit verbindet – eine starke einende Kraft in einem Land, das durch Politik, Wirtschaft und 145 km Meeresküste enorm gespalten ist.

Martí wurde 1851 in Havanna geboren, verbrachte aber über die Hälfte seines Lebens außerhalb seines so geliebten Heimatlandes im Exil, wobei er zwischen Spanien, Guatemala, Venezuela und USA hin- und herwechselte. Doch seine Abwesenheit tat kaum etwas zur Sache. Die Bedeutung Martís lag in seinen Worten und Idealen. Als versierter Politiker und Meister des Aphorismus zeichnete er in vielerlei Hinsicht für die Ausprägung der Identität des modernen Kuba verantwortlich und für den Traum der Selbstbestimmung. Man wird heute schwerlich einen Kubaner finden, der nicht mit Eloquenz Verse aus Martís Dichtung zitieren könnte. Und es gibt auch kaum eine Stadt oder ein Dorf im Land, in dem sich keine Statue findet, die ihm zu Ehren nach ihm benannt wurde. Die Hommage reicht bis in die Exilgemeinden in den USA, wo die Kubaner einen Radiosender nach ihm tauften. Und tatsächlich wird Martí auf dem gesamten amerikanischen Kontinent verehrt, wo er oft als ideologischer Nachfolger Simón Bolívars betrachtet wird.

Ein grundlegendes Verständnis von Martí und seinem weitreichenden Einfluss ist für das Verständnis des heutigen Kuba unabdingbar. Havanna, seine Geburtsstadt, ist mit markanten Monumenten gesprenkelt, doch auch andernorts finden sich viele bedeutende Stätten, die diesen bedeutenden Mann ehren. Nachfolgend aufgelistet sind gerade einmal die wichtigsten.

Memorial a José Martí (S. 89) Der gigantische Turm – der höchste in Havanna – lässt an seinem Fuße eine gewaltige Statue des Maestros sehen und beherbergt ein umfassendes Museum.

Museo-Casa Natal de José Martí (S. 75) Das bescheidene, aber liebevoll gepflegte Geburtshaus des kubanischen Nationalhelden.

Museo Finca el Abra (S. 178) Kleines, aber anrührendes Haus auf der Isla de la Juventud, wo Martí 1870 kurzzeitig inhaftiert war.

Cementerio Santa Ifigenia (S. 450) Am wunderschönen Mausoleum des Volkshelden in Santiago de Cuba findet jede halbe Stunde ein feierlicher Wachwechsel statt.

Dos-Ríos-Obelisk (Dos Rios) Ein schlichtes, aber angemessenes Monument, das die Stelle markiert, an der Martí 1895 in der Schlacht bei Bayamo ums Leben kam.

besonderem kubanischem Touch erstehen möchte, schaut im Baracoa vorbei, einer Konfiserie.

Casa Guerlain
PARFÜM

(Karte S. 84; Paseo de Martí 157, zwischen Refugio & Colón) Wer noch Zweifel hegt, wie schick Havanna heute tatsächlich ist, muss nur einen Blick auf den letzten Neuzugang am Paseo del Prado werfen: Die exklusive Parfümerie öffnete an just der Stelle erneut ihre Pforten, an der sich 1917 der ursprüngliche Laden befand. Verkauft werden teure Parfüms und Kosmetika. Da die Preise für die allermeisten Kubaner unerschwinglich sind, bedient die Casa Guerlain überwiegend eine gut betuchte Kundschaft aus dem Ausland.

El Bulevar
EINKAUFSSTRASSE

(Karte S. 84; San Rafael, zwischen Paseo de Martí & Av de Italia) Der autofreie Abschnitt der Calle San Rafael in der Nähe des Hotels Inglaterra ist Havannas búlevar – die Einkaufsstraße. Hier erwarten den Besucher Snacks für ein paar Pesos und ein nostalgisches Einkaufserlebnis in Stil der 1950er-Jahre. Doch auch die ganz durchschnittlichen kubanischen Läden lohnen einen Blick.

🔒 Vedado

Bazar Estaciones
GESCHENKE & SOUVENIRS

(Karte S. 102; ☎ 7-832-9965; Calle 23 No 10, zwischen Calle J & I; ⏰ 10–21 Uhr) Der liebevoll gestaltete, neue Laden in privater Hand verkauft interessante Souvenirs, die wirklich mal etwas Besonderes sind (also nicht die üblichen staatlichen Artikel).

Das Geschäft befindet sich im Obergeschoss eines Anwesens in Vedado direkt in der Haupteinkaufsstraße.

Instituto Cubano del Arte e Industria Cinematográficos
GESCHENKE & SOUVENIRS

(Karte S. 102; Calle 23, zwischen Calle 10 & 12; ⏰ 10–17 Uhr) Dies ist sicher die beste Adresse in Havanna für seltene kubanische Filmposter und DVDs.

Das Geschäft befindet sich im Gebäude des ICAIC (Kubanisches Filminstitut); der Weg dorthin führt durch das Café Fresa y Chocolate (S. 121).

Librería Centenario del Apóstol
BÜCHER

(Karte S. 102; Calle 25 No 164; ⏰ Mo–Sa 10–17, So 9–13 Uhr) Hier lockt eine sagenhafte Auswahl an gebrauchten Büchern mit einem gewis-

WO MAN AM BESTEN ZIGARREN KAUFT

La Casa del Habano Quinta (S. 147) Zur Topadresse, die alle Zigarren-*aficionados* glücklich macht, gehören auch eine Bar sowie ein Restaurant.

Casa del Habano – Hostal Conde de Villanueva (S. 127) Zigarrengeschäft in einem historischen Hotel in Havanna, das für seine sehr fachkundigen Mitarbeiter und Zigarrenroller bekannt ist.

Real Fábrica de Tabacos Partagás-Laden (S. 129) Die Fabrik ist umgezogen, doch das Geschäft in einem Gebäude hinter dem Capitolio Nacional hat noch immer geöffnet.

Museo del Tabaco (S. 128) Kleines Museum mit Laden in der Calle Mercaderes, einer nostalgischen Einkaufsstraße in Habana Vieja.

sen Schwerpunkt auf den Werken von José Martí. Der Buchladen liegt im Herzen von Vedado.

Andare –
Bazar de Arte
GESCHENKE & SOUVENIRS

(Karte S. 102; Ecke Calles 23 & L; ⏰ Mo–Fr 10–18, Sa bis 14 Uhr) Hier erwartet den Besucher eine tolle Auswahl an alten Filmpostern, antiken Postkarten und T-Shirts. Aber es sind auch die schönsten kubanischen Filme als Video erhältlich. Das Geschäft befindet sich im Cine Yara.

Galerías de Paseo
SHOPPINGCENTER

(Karte S. 102; Ecke Calle 1 & Paseo; ⏰ Mo–Sa 9–18, So 9–13 Uhr) Das vermeintlich feudale Einkaufszentrum gegenüber vom Hotel Meliá Cohiba bekam während der Recherchen zu diesem Reiseführer gerade das längst überfällige Facelifting verpasst. Verkauft werden Kleidung und andere Konsumartikel an Touristen und betuchte Kubaner.

Außerdem befindet sich hier noch das unvergleichliche Jazz Café (S. 122).

La Habana Sí
ANDENKEN & SOUVENIRS

(Karte S. 102; Ecke Calle 23 & L; ⏰ Mo–Sa 10–22, So 10–19 Uhr) Das Geschäft gegenüber von Hotel Habana Libre bietet eine gute Auswahl an CDs, Kassetten, Büchern, Kunsthandwerk und Postkarten.

ℹ Praktische Informationen

GELD

Am schnellsten und einfachsten lässt sich Geld in Cadecas (Wechselstuben) wechseln; Dutzende von ihnen findet man über ganz Havanna verstreut. Sie haben in der Regel längere Öffnungszeiten als die offiziellen Banken und bieten euch einen deutlich schnelleren Service.

Banco de Crédito y Comercio Vedado (Ecke Línea & Paseo; ☺ Mo–Fr 9–15 Uhr); Vedado (☑ 7-870-2684; Airline Building, Calle 23; ☺ Mo–Fr 9–15 Uhr). Hier muss man mit Warteschlangen rechnen.

Banco Financiero Internacional Habana Vieja (☑ 7-860-9369; Ecke Oficios & Brasil; ☺ Mo–Fr 9–15 Uhr); Vedado (Hotel Habana Libre, Calle L, zwischen Calle 23 & 25; ☺ Mo–Fr 9–15 Uhr)

Banco Metropolitano Centro Habana (☑ 7-862-6523; Av de Italia No 452, Ecke San Martín; ☺ Mo–Fr 9–15 Uhr); Vedado (☑ 7-832-2006; Ecke Línea & Calle M; ☺ Mo–Fr 9–15 Uhr); Habana Vieja (Ecke Cuba & O'Reilly; ☺ Mo–Fr 9–15 Uhr)

Cadeca Centro Habana (Ecke Neptuno & Consulado; ☺ 8–12.30, 13–15, 16–18.30 & 19–22 Uhr); Habana Vieja (Ecke Oficios & Lamparilla; ☺ Mo–Sa 8–19, So 8–13 Uhr); Vedado (Ecke Calle 23 & J; ☺ 7–14.30 & 15.30–22 Uhr); Vedado (Mercado Agropecuario, Ecke Calle 19 & A; ☺ Mo–Sa 7–18, So 8–13 Uhr); Vedado (Hotel Meliá Cohiba, Paseo, zwischen Calle 1 & 3; ☺ 8–20 Uhr).

INTERNETZUGANG

Kubas Internetprovider ist die staatliche Telefongesellschaft Etecsa. Sie unterhält diverse *telepuntos* (Internetcafés mit Callcenter) in Havanna: die wichtigsten befinden sich in Centro Habana (Águila No 565, Ecke Dragones; ☺ 8.30–19 Uhr) und Habana Vieja (Habana No 406, Ecke Obispo; ☺ 9–19 Uhr).

Um sie nutzen zu können, muss man sich zunächst eine Benutzerkarte (2 CUC$) kaufen, die eine Stunde gültig ist; sie ist mit einem Rubbelcode und einer *contraseña* (Password) versehen. Dann kann man sich entweder an einen der freien Computer setzen oder in einem der gut 30 WLAN-Hotspots in der Stadt das eigene Gerät verwenden. Die meisten Hotels in Havanna, die drei Sterne oder mehr haben, verfügen ebenfalls über WLAN. Man muss im Allgemeinen nicht dort logieren, um es zu nutzen. Beliebte WLAN-Hotspots in Havanna sind u. a. La Rampa (Calle 23 zwischen L & Malecón) in Vedado, die Ecke der Avenida de Italia sowie San Rafael in Centro Habana und das Miramar Trade Center in Playa.

MEDIZINISCHE VERSORGUNG

In Havanna gibt es zehn internationale Apotheken, die Produkte in Convertibles (CUC$) verkaufen. Am praktischsten für Reisende sind die Apotheken im Hotel Habana Libre (S. 104) und im Hotel Sevilla (S. 98).

Centro Oftalmológico Camilo Cienfuegos (☑ 7-832-5554; Calle L No 151, Ecke Calle 13, Vedado; ☺ 24 Std.) Wer Probleme mit den Augen hat, sollte sich direkt an diese Einrichtung wenden.

Farmacia Taquechel (☑ 7-862-9286; Obispo No 155; ☺ 9–18 Uhr) Apotheke in Habana Vieja.

Hospital Nacional Hermanos Ameijeiras (Karte S. 84; ☑ 7-877-6053; San Lázaro No 701) Besondere Behandlungen gegen harte Währung, allgemeine Sprechstunden und Krankenhausaufenthalte. Zugang über das Tiefgeschoss unter dem Parkplatz bei Padre Varela (nach CEDA in der Sektion N fragen).

NOTFÄLLE

Asistur (☑ 7-866-4499, Notfall 7-866-8527; www.asistur.cu; Paseo de Martí No 208; ☺ Mo–Fr 8.30–17.30, Sa 8–14 Uhr) Notfallhilfe für Touristen. Irgendjemand von den Mitarbeitern spricht in der Regel Englisch. Die Notaufnahme hat rund um die Uhr geöffnet.

REISEBÜROS

Cubatur (☑ 7-832-9538; Ecke Calle 23 & L, Vedado; ☺ 8–20 Uhr) Ist in den meisten großen Hotels vertreten.

Ecotur (☑ 7-649-1055; www.ecoturcuba.tur.cu; Calle 13 No 18005, zwischen Av 5 & Calle 182, Playa; ☺ Mo–Fr 9–17 Uhr) Bietet Ausflüge in die Natur rund um Havanna.

Gaviota (☑ 7-867-1194; www.gaviota-grupo. com; ☺ 9–17 Uhr) Unterhält Büros in allen Gaviota-Hotels.

San Cristóbal Agencia de Viajes (Karte S. 66; ☑ 7-863-9555; www.cubaheritage.com; Oficios No 110, zwischen Lamparilla & Amargura; ☺ Mo–Fr 8.30–17.30, Sa 8.30–12.30 Uhr) Bucht die Touren des Büros des Stadthistorikers.

TOILETTEN

Havanna ist mit sauberen öffentlichen Toiletten nicht gerade reichlich gesegnet. Die meisten Touristen gehen im Notfall einfach in eines der feudaleren Hotels. Doch fehlt es in den WCs oft an Toilettenpapier, Seife oder einem funktionierenden Schloss, um die Tür abzusperren. Auf alle Fälle sollte man der Dame an der Tür ein ordentliches Trinkgeld geben.

TOURISTENINFORMATION

Das staatliche Infotur bucht Ausflüge, außerdem bekommt man hier Stadtpläne, Telefonkarten und nützliche kostenlose Broschüren. Fast jedes Hotel in Havanna verfügt über einen staatlichen Info-Schalter. Niederlassungen von Infotur in der Innenstadt von Havanna:

Habana Vieja (☑ 7-863-6884; Ecke Obispo & San Ignacio; ☺ 9.30–12 & 12.30–17 Uhr)

ⓘ ACHTUNG BETRÜGER!

Touristenabzocke ist in vielen Städten der Fluch der Reisenden; Havanna stellt da keine Ausnahme dar, wenngleich es dort gemäßigter zugeht als in vielen anderen Großstädten Lateinamerikas. Für Leute, die viel durch die Welt reisen, sind die Tricks der Kubaner jedoch eigentlich nichts Neues. So sollte man vor dem Einsteigen in ein Taxi einen Fahrpreis vereinbaren, auf der Straße kein Geld wechseln und im Restaurant immer die Rechnung und das Wechselgeld prüfen.

Kubas Profi-Schlepper heißen *jinteros* (wörtlich: Jockey) und arbeiten in Havanna besonders raffiniert. Ihre Lieblingsbeschäftigung ist, arglosen Touristen auf der Straße spottbillige – minderwertige – Zigarren anzudrehen.

Die zwei Währungen in Kuba stellen gleichsam eine Aufforderung zum Betrug dar. Die Geldscheine sehen einander täuschend ähnlich, doch die *moneda nacional* (MN$, auch kubanischer Peso genannt) ist nur etwa ein Fünfundzwanzigstel des kubanischen Convertible (CUC$) wert. Es macht deshalb Sinn, sich mit den verschiedenen Geldscheinen möglichst frühzeitig vertraut zu machen – in den meisten Banken hängen dazu Übersichten mit Piktogrammen aus. Außerdem sollte man jede Finanzangelegenheit doppelt prüfen, damit einem das Geld nicht aus der Tasche gezogen wird. Ein beliebter Trick junger Männer ist es, auf der Straße den Wechsel von ausländischen Währungen in kubanische Convertibles zu günstigen Kursen anzubieten. Man erhält jedoch *moneda nacional*, die im Laden dann bloß ein Fünfundzwanzigstel wert ist.

Die *Casas particulares* (Privatunterkünfte) locken *jinteros* an, die Backpacker und Casa-Besitzer gleichermaßen übers Ohr hauen. Ein beliebter *Jintero*-Trick ist, sich als vermeintlicher *Casa-particular*-Besitzer auszugeben, bei dem der Reisende bereits im Voraus gebucht hat (was auch die in diesem Reiseführer aufgelisteten Unterkünfte betrifft), und ihn dann zu einem anderen Haus zu bringen, wo schließlich 5 bis 10 CUC$ Kommission zu bezahlen sind, die auf den Zimmerpreis aufgeschlagen werden. Manchmal wird es dem Reisenden gar nicht bewusst, dass er im falschen Haus gelandet ist. Sogar negative Kritiken über die Unterkunft wurden dann ins Internet gestellt.

Wer eine Casa vorgebucht hat oder mit Hilfe von Lonely Planet eine finden möchte, sollte darauf achten, dass er ohne einen *jintero* (der bloß auf die Kommission aus ist) zu dieser anreist.

Eine weitere üble Masche ist der illegale Verkauf von Billigzigarren durch Straßenhändler in Centro Habana und Habana Vieja. Am besten schenkt man diesen Buschen überhaupt keine Aufmerksamkeit, denn ihre Geschäfte sind den Aufwand nicht wert. Die auf der Straße verkauften Zigarren sind qualitativ fast immer minderwertig – vergleichbar mit teurem französischen Wein und billigem Essig. Man sollte generell kubanische Zigarren ausschließlich direkt in der Zigarrenfabrik kaufen oder eine der zahlreichen Casas del Habano aufsuchen, die über die ganze Stadt verstreut zu finden sind.

Habana Vieja (Karte S. 66; ☎ 7-866-4153; Obispo No 524, zwischen Bernaza & Villegas; ⏰ 9.30–17.30 Uhr)

ⓘ An- & Weiterreise

BUS

Víazul (☎ 7-881-5652, 7-881-1413; www.viazul. com; Calle 26, Ecke Zoológica, Nuevo Vedado; ⏰ 7–21.30 Uhr) steuert mit seinen sicheren, klimatisierten Bussen die meisten Fahrziele an, die für Kubareisende von Interesse sind. Mit Ausnahme der Busse nach Guantánamo, Baracoa, Remedios und Cayo Santa María handelt es sich immer um Direktverbindungen.

Alle Víazul-Busse fahren am günstig gelegenen Busbahnhof ab, er befindet sich 3 km süd-westlich der Plaza de la Revolución. Hier muss man auch in der Venta de Boletines (Fahrkartenbüro) seinen Fahrschein kaufen. Die Busse sind vor allem in der Hochsaison (Nov.–März) häufig voll. Von daher macht es Sinn, bis zu einer Woche im Voraus die Fahrkarte zu kaufen.

Es besteht auch die Möglichkeit, diese online zu buchen. Der komplette Busfahrplan steht auf der Website zur Verfügung.

Manche Inhaber einer *casa particular* helfen ihren Gästen beim Kauf der Fahrkarten.

Der Víazul-Busbahnhof liegt in der Vorstadt Nuevo Vedado. Für eine Taxifahrt vom/zum Zentrum von Havanna werden 5 bis 10 CUC$ verlangt.

Es verkehren keine Metrobusse von der Stadtmitte dorthin! Wer am Capitolio den Bus P-14 nimmt, muss an der Avenida 51 aussteigen und die restlichen rund 500 m zu Fuß zurücklegen.

Eine neue Alternative zu den ständig überfüllteren Víazul-Bussen stellt Conectando dar; es wird von **Cubanacán** (☑ 7-537-4090; www.cubanacan.cu) geführt und bietet sechs Linien, die Havanna mit Viñales, Trinidad, Varadero und Santiago de Cuba verbinden. Die täglich verkehrenden, kleineren Busse holen die Fahrgäste von den verschiedenen Hotels ab und entsprechen preislich denen von Víazul. Die Fahrkarte kann man in einem der Büros von Infotur und in jedem Cubanacán-Hotel reservieren.

Busse (Karte S. 66) zu Fahrzielen in den Provinzen Artemisa und Mayabeque fahren an der Apodaca No 53 ab, unweit der Agramonte in der Nähe vom Hauptbahnhof; sie fahren nach Güines, Jaruco, Madruga, Nueva Paz, San José, San Nicolás und Santa Cruz del Norte. Man sollte sich auf lange Warteschlangen gefasst machen und frühzeitig eintreffen, wenn man eine Peso-Fahrkarte ergattern will.

FLUGZEUG

Der Aeropuerto Internacional José Martí (www.havana-airport.org; Av Rancho Boyeros) befindet sich in Boyeros, 25 km südwestlich von Havanna; erreichbar ist er über die Avenida de la Independencia.

Es gibt insgesamt vier Terminals: Terminal 1 auf der Südostseite der Flugpiste wickelt ausschließlich Inlandsflüge von Cubana ab.

Im 3 km entfernten Terminal 2 an der Avenida de la Independencia kommen Linien- und Charterflüge aus den USA an. Alle anderen internationalen Flüge nutzen das Terminal 3, eine gut

geplante, moderne Einrichtung in Wajay, 2,5 km westlich vom Terminal 2.

Charterflüge zu Destinationen in Kuba starten vom Karibikterminal (auch Terminal 5 genannt), er befindet sich am nordwestlichen Ende der Flugpiste, 2,5 km westlich vom Terminal 3. Am Terminal 4 wird der Frachtverkehr abgewickelt.

Angesichts der vielen Terminals sollte man unbedingt sorgfältig prüfen, von welchem Terminal man tatsächlich abfliegt.

Aerogaviota (☑ 7-203-0668; www.aerogaviota.com) ist eine kubanische Fluglinie, die von der staatlichen Tourismusagentur betrieben wird; durchgeführt werden überwiegend Inlandsflüge zu Destinationen wie Holguín.

Die meisten Fluglinien, darunter das kubanische Flugunternehmen **Cubana de Aviación** (☑ 7-649-0410; www.cubana.cu; ⏰ Mo–Fr 8.30–16, Sa 8.30–12 Uhr), verfügen über ein Büro im sogenannten **Airline-Gebäude** (Calle 23 No 64) im Viertel Vedado von Havanna.

SCHIFF

Derzeit wird Havanna nicht von internationalen Fähren angefahren.

Busse, die zur Anlegestelle des Tragflügelboots zur Isla de la Juventud verkehren, fahren am **Terminal de Ómnibus** (Karte S. 102; ☑ 7-878-1841; Ecke Av de la Independencia & Calle 19 de Mayo, Vedado) in der Nähe der Plaza de la Revolución ab, sind jedoch oft verspätet.

Es empfiehlt sich, das Kombi-Ticket für Bus und Tragflügelboot mindestens einen Tag im Voraus zu kaufen. Die Tickets sind im **Naviera Cubana Caribeña (NCC)-Kiosk** (☑ 7-878-1841;

BUSSE VON VÍAZUL AB HAVANNA
Es empfiehlt sich, auf den aktuellen Fahrplan unter www.viazul.com zu schauen.

REISEZIEL	FAHRPREIS (CUC$)	FAHRZEIT (STD.)	ABFAHRT
Bayamo	44	13	0.30, 6.30, 15 Uhr
Camagüey	33	9	0.30, 6.30, 9.30, 15, 19.45 Uhr
Ciego de Ávila	27	7	0.30, 6.30, 15, 19.45 Uhr
Cienfuegos	20	4	7, 10.45, 14.15 Uhr
Holguín	44	12	9.30, 15, 19.45 Uhr
Las Tunas	39	11½	0.30, 6.30, 9.30, 15, 19.45 Uhr
Matanzas	7	2	6, 8, 13, 17.30 Uhr
Pinar del Río	11	3	8.40, 11.25, 14 Uhr
Sancti Spíritus	23	5¾	0.30, 6.30, 15 Uhr
Santa Clara	18	3¾	0.30, 6.30, 9.30, 15, 19.45 Uhr
Santiago de Cuba	51	15	0.30, 6.30, 15 Uhr
Trinidad	25	5–6	7, 10.45, 14.15 Uhr
Varadero	10	3	6, 8, 13, 17.30 Uhr
Viñales	12	4	8.40, 11.25, 14 Uhr

7–12 Uhr) erhältlich; sie kosten 50 CUC$ für das Tragflügelboot und 5 MN$ für den Bus. Unbedingt auch an den Pass denken.

TAXI

Volle Busse sind in Kuba heutzutage an der Tagesordnung, denn die öffentlichen Verkehrsmittel können mit den gestiegenen Touristenzahlen nicht mehr mithalten. Um dem Mangel zu begegnen, nutzen viele Touristen *colectivos* (Sammeltaxis). Taxifahrer verlangen pro Kilometer 0,50 bis 0,60 CUC$. Für eine Fahrt nach Varadero sind also 90 CUC$, nach Viñales 90 CUC$, nach Santa Clara 150 CUC$, nach Cienfuegos 120 CUC$ und nach Trinidad 160 CUC$ zu zahlen.

Ein *colectivo* kann bis zu vier Personen mitnehmen, die sich den Fahrpreis dann teilen. *Colectivos* lassen sich in der Regel über die *casa particular*, in der man wohnt, organisieren, können aber auch in jedem Büro von Infotur gebucht werden. Oder man geht zu einer der Standardhaltestellen und verhandelt den Preis vor Ort mit dem Fahrer. Im Allgemeinen ist es auch kein Problem, ein *colectivo* am Víazul-Busbahnhof aufzutreiben.

ZUG

Züge in die meisten Landesteile Kubas fahren am **Bahnhof La Coubre** (Túnel de la Habana) ab, denn die **Estación Central de Ferrocarriles** (Hauptbahnhof; ☎ 7-861-8540, 7-862-1920; Ecke Av de Bélgica & Arsenal) wird bis mindestens 2018 renoviert.

Der Bahnhof La Coubre liegt auf der Westseite von Habana Vieja; vom Hauptbahnhof geht man die Calle Egido in Richtung Hafen hinunter und biegt dann rechts ab. Der Fahrkartenschalter befindet sich 100 m die Straße hinunter auf der rechten Seite. Falls dieser gerade geschlossen ist, kann man sein Glück auch beim Lista-de-Espera-Büro gleich nebenan versuchen; hier werden Fahrkarten für Züge bis kurz vor deren Abfahrt verkauft. Kinder unter zwölf Jahren zahlen den halben Preis.

Während der Recherchen zu diesem Reiseführer verkehrte Kubas wichtigster Zug (Nr. 11), der Tren Francés (mit zusehends heruntergekommenen französischen SNCF-Wagons) von Havanna nach Santiago mit Zwischenhalt in Santa Clara und Camagüey alle vier Tage. Er fährt um 18.13 Uhr in Havanna ab und erreicht Santiago am nächsten Morgen um 10.05 Uhr. Schlafwagen und Klimaanlage hat er nicht. Die Fahrkarten kosten in der ersten Klasse (die danach aber wahrhaftig nicht aussieht) 30 CUC$. Es empfiehlt sich, für den eigenen Bedarf entsprechend Essen, Trinkwasser und Toilettenpapier mitzunehmen (die WCs sind berühmt-berüchtigt). Die Fahrt dauert – ohne Verspätungen – 16 Stunden.

Weitere Verbindungen sind der Zug Nr. 15 nach Guantánamo (32 CUC$), der jeden vierten Tag um 18.53 Uhr abfährt, der Zug Nr. 13 nach Bayamo (25,50 CUC$) und Manzanillo (27,50 CUC$), der jeden vierten Tag um 19.25 Uhr abfährt, sowie der Zug Nr. 7 nach Sancti Spíritus (15 CUC$); er verkehrt jeden zweiten Tag um 21.21 Uhr.

Züge nach Cienfuegos (12 CUC$) und Pinar del Río (7 CUC$) fahren am Bahnhof 19 de Noviembre an jeden zweiten Tag ab.

Die obigen Informationen können nur einen groben Überblick vermitteln; die Züge sind regelmäßig verspätet oder werden oft auch komplett gestrichen. Auf alle Fälle sollte man sich mehrmals vergewissern, von welchem Bahnhof der Zug abfährt und die genaue Uhrzeit recherchieren.

ⓘ Unterwegs vor Ort

AUTO

In Havanna gibt es jede Menge Mietwagenfirmen. Falls eine Firma behauptet, dass in der gewünschten Preiskategorie gerade kein Auto zur Verfügung stehe, kann man sein Glück also getrost bei einem anderen Unternehmen oder Büro versuchen. Alle Firmen unterhalten eigene Büros im Terminal 3 des Aeropuerto Internacional José Martí. Ansonsten verfügen auch alle 3-Sterne-Hotels (oder höher) über einen Mietwagenschalter. Die Preise definieren sich über die Automarke, den Mietzeitraum und die touristische Saison. Beim billigsten Angebot, das man erwischen kann, kostet ein Wagen um die 55 CUC$ pro Tag. Für ein mittelgroßes Auto sollte man im Schnitt mit 75 CUC$ am Tag rechnen.

Cubacar unterhält Schalter in den meisten großen Hotels, beispielsweise im Meliá Cohiba, Meliá Habana, Iberostar Parque Central, Habana Libre und im Sevilla.

Rex Rent a Car (☎ 7-836-7788; www.rex.cu; Ecke Línea & Malecón, Vedado; ⏰ 9–17 Uhr) vermietet Nobelkarossen zu wahrhaft exorbitanten Preisen.

Tankstellen von Servi-Cupet finden sich in Vedado in der Calle L/Ecke Calle 17, am Malecón/Ecke Calle 15, am Malecón/Ecke Paseo in der Nähe des Hotels Riviera und Meliá Cohiba sowie in der Avenida de la Independencia (Fahrspur Richtung Norden) südlich der Plaza de la Revolución. Alle Tankstellen haben 24 Stunden am Tag geöffnet.

BUS

Die praktische **Habana Bus Tour** (Karte S. 84) verkehrt auf zwei Routen, der T1 und T3 (die Route T2 war während der Recherchen zu diesem Reiseführer allerdings nicht in Betrieb); unterwegs kann man nach Lust und Laune ein- und aussteigen. Die Haupthaltestelle befindet sich am Parque Central gegenüber vom Hotel Inglaterra. Hier erreicht man den T1, der von

Habana Vieja via Centro Habana, den Malecón, die Calle 23 und die Plaza de la Revolución nach La Cecilia am Westende von Playa fährt. Auch der Bus T3 startet hier. Er verkehrt von Centro Habana zu den Playas del Este (über den Parque Histórico Militar Morro-Cabaña).

Bus T1 ist ein oben offener Doppeldecker, der T3 ein normaler, geschlossener Bus. Fahrkarten für T1/T3, die den ganzen Tag gültig sind, kosten 10/5 CUC\$. Die Busse verkehren von 9 bis 19 Uhr; die Routen und Haltestellen sind an allen Haltepunkten klar angegeben.

Aber Achtung: Routen und Fahrzeiten sollen sich ändern. Es empfiehlt sich daher, einen Blick auf die aktuellen Streckenkarten an der Bushaltestelle am Parque Central zu werfen.

Das Metro-Bus-System von Havanna verfügt über eine relativ neue Busflotte; die Gelenkbusse stammen aus China und sind längst nicht mehr so schrottig wie sie früher waren. Die Busse verkehren regelmäßig auf 17 verschiedenen Routen und verbinden die meisten Stadtteile mit den Vororten. Der Fahrpreis beträgt 40 Centavos (5 Centavos in Convertibles); das Geld wird beim Einsteigen vorne beim Fahrer in einen Schlitz gesteckt.

Busse sind in Kuba generell überfüllt und werden von Touristen daher nur selten genutzt. Und Achtung: Man sollte gut auf seine Wertsachen aufpassen, denn Taschendiebe treiben dort gerne ihr Unwesen.

Alle Buslinien haben vor der Zahl ein P:

P-1 La Rosita (über Virgen del Camino, Vedado, Línea, Av 3)

P-2 Alberro – Línea y G (über Vibora und Ciudad Deportiva)

P-3 Alamar – Túnel de Línea (über Virgen del Camino und Vibora)

P-4 San Agustín – Terminal de Trenes (über Playa, Calle 23, La Rampa)

P-5 San Agustín – Terminal de Trenes (über Lisa, Av 31, Línea, Av de Puerto)

P-6 Reparto Eléctrico – La Rampa (über Vibora)

P-7 Alberro – Capitolio (über Virgen del Camino)

P-8 Reparto Eléctrico – Villa Panamericano (über Vibora, Capitolio und Hafentunnel)

P-9 Vibora – Hospital Militar (über Cuatro Caminos, La Rampa, Calle 23, Av 41)

P-10 Vibora – Playa (über Altahabana und Calle 100)

P-11 Alamar – Vedado (über Hafentunnel)

P-12 Santiago de las Vegas – Capitolio (über Av Boyeros)

P-13 Santiago de las Vegas – Vibora (über Calabazar)

P-14 San Agustín – Capitolio (über Lisa und Av 51)

P-15 Alamar/Guanabacoa – Capitolio (über Av Boyeros und Calle G)

P-16 Santiago de las Vegas – Vedado (über Calle 100 und Lisa)

PC – Hospital Naval – Playa (über Parque Lenin)

Die Büros von Infotur geben einen kostenlosen Routenplan mit allen Metro-Bussen heraus, die in Havanna unterwegs sind; er heißt *Por La Habana en P.*

SCHIFF

Passagierfähren fahren nach Regla und Casablanca; sie verkehren im 15- bis 20-Minuten-Takt vom unlängst renovierten **Emboque de Luz** (Karte S. 66) an der Ecke San Pedro/Santa Clara im südöstlichen Habana Vieja. Der Fahrpreis beträgt 10 Centavos, Ausländer müssen aber häufig 1 CUC\$ hinlegen. Vor dem Einsteigen werden oft kurz die Taschen kontrolliert.

Kreuzfahrtschiffe legen am **Terminal de Cruzeros Sierra Maestra** (Karte S. 66) an, direkt neben der Plaza de San Francisco de Asís am Übergang nach Habana Vieja.

TAXI

Taxis warten vor allen größeren Touristenhotels auf Kundschaft, außerdem vor den zwei großen Busbahnhöfen und an verschiedenen Verkehrsknotenpunkten in der Stadt wie etwa dem Parque Central und dem Parque de la Fraternidad. Generell findet man in Havanna problemlos ein Taxi.

Die gängigsten Taxis sind die gelben Fahrzeuge von **Cubataxi** (📞 7-796-6666; Calle 478, zwischen Av 7 & 7B). Als weitere Taxis sind oft Ladas, amerikanische Oldtimer, aber auch moderne Toyotas im Einsatz.

Generell sollte man vor dem Einsteigen immer den Fahrpreis vereinbaren. Die billigsten offiziellen Taxis verlangen etwa 1 CUC\$ Grundgebühr, dann weitere 0,50 CUC\$ pro Kilometer.

Seit 2011 sind immer mehr legale Privattaxis unterwegs – oft alte, gelb-schwarze Ladas. Man kann mit den Taxifahrern besser feilschen, sollte aber auch hier vor dem Einsteigen den Preis vereinbaren. Nicht-Kubaner zahlen generell in Convertibles (CUC\$).

Kubanische Sammeltaxis (meist alte amerikanische Fahrzeuge) verlangen den Fahrpreis in *moneda nacional*; sie verkehren auf mehreren festgelegten Routen durch Havanna.

Die Fahrer der kleinen eiförmigen „Coco Taxis" sind dafür bekannt, dass sie Touristen kräftig abkassieren.

VON/ZUM FLUGHAFEN

Öffentliche Verkehrsmittel vom Flughafen ins Zentrum von Havanna existieren praktisch nicht. Eine Fahrt im Taxi kostet rund 20 bis 25 CUC\$ (30–40 Min. Fahrzeit).

DIE VORORTE VON HAVANNA

Um die Innenstadt gruppieren sich zwölf Stadtbezirke. Die meisten Besucher, statten dem Diplomaten- und Tagungsviertel Playa im Westen einen Besuch ab oder fahren zu den Sandstränden im Osten, den Playas del Este, hinaus. Weniger gut besucht sind die historischen, allerdings noch nicht sanierten Viertel Guanabacoa und Regla sowie der ungepflegte Parque Lenin in der Nähe des Flughafens.

Playa & Marianao

Playa, das westlich von Vedado auf der anderen Seite des Río Almendares liegt, ist eine große, komplexe Kommune. Der Übersichtlichkeit halber wird sie in verschiedene, ganz unterschiedliche Viertel eingeteilt: Das reizende Miramar ist ein grünes Diplomatenviertel mit breiten Boulevards, Lorbeerbäumen und noblen Privatrestaurants; in Cubanacán, etwas weiter westlich, finden Messen und Tagungen statt, außerdem haben hier biotechnologische und pharmazeutische Forschungsinstitute ihren Sitz. Jaimanitas, das sich entlang der Küste zieht, präsentiert Fusterlandia mit seiner extravaganten Straßenkunst, während Santa Fé mit der Marina Hemingway als Mittelpunkt Havannas Jachthafen Nummer eins ist, wenngleich er etwas heruntergekommen wirkt. Der separate Bezirk Marianao erstreckt sich südlich von Playa.

⊙ Sehenswertes

★ **Fusterlandia**   ÖFFENTLICHE KUNST
(Ecke Calle 226 & Av 3) GRATIS Welchen Weg nimmt die Kunst nach Gaudí? Einen Fingerzeig bekommt, wer westlich der Innenstadt Havannas dem scheinbar bescheidenen Viertel Jaimanitas einen Besuch abstattet.

Dort hat der kubanische Künstler José Fuster sein Stadtviertel in ein Meisterwerk aus kunstvollen Kacheln in allen Regenbogenfarben umgestaltet – extravagante Straßenkunst, gegen die der Güell-Park in Barcelona langweilig erscheint. Wie man sich das vorstellen muss? Etwa so: Gaudí auf Drogen in ein tropisches Ambiente versetzt.

Das Ergebnis heißt inoffiziell Fusterlandia – ein noch nicht abgeschlossenes Projekt, das vor rund 20 Jahren ins Leben gerufen wurde und nun mehrere Blocks in der Vorstadt mit extravaganter, aber doch überaus stilvoller öffentlicher Kunst verschönt.

Im Mittelpunkt steht Fusters eigenes Haus mit Atelier, der **Taller-Estudio José Fuster** (Ecke Calle 226 & Av 3; ⊙Mi–So 9–16 Uhr) GRATIS Das recht großzügige Domizil ist von den Grundmauern bis zum Dach mit Kunst, Skulpturen und – vor allem – Mosaikkacheln in allen Farben und Formen verziert. Der Gesamteindruck ist so wahnwitzig, dass er sich mit Worten gar nicht beschreiben lässt (deshalb gilt: nichts wie hin!) – eine sagenhafte Mixtur aus geschwungenen Wegen, sich kräuselnden Pools und Brunnen im Sonnenschein. Das Werk präsentiert sich als eine gemischte Hommage an Picasso und Gaudí samt Einflüssen von Gauguin und Wilfredo Lam, Elementen des magischen Realismus und der Santería, starken maritimen Strömungen, den geschwungenen Linien des Modernismus, plus einer großen Dosis „Kubanismus" von Fuster, der sich durch fast alles hindurchzieht. Man achte beispielsweise auf die kubanischen Flaggen, ein Wandgemälde von der Yacht *Granma* und auf die Worte „Viva Cuba", die alleine auf acht Schornsteinen prangen.

Fusterlandia reicht aber weit über Fusters Domizil hinaus. Mehr als die Hälfte des Viertels wurde künstlerisch ausgestaltet – von Straßenschildern bis hin zu Bushaltestellen und dem Haus des ortsansässigen Arztes. Ein Streifzug durch die beschaulichen Straßen ist ein surreales, ja schon fast psychedelisches Erlebnis.

Das Viertel Jaimanitas liegt gleich bei der Quinta Avenida (Av 5) im äußersten Westen von Playa zwischen dem Club Havana und der Marina Hemingway. Ein Taxi vom Zentrum Havannas dorthin kostet 12 bis 15 CUC$.

Iglesia Jesús de Miramar   KIRCHE
(Ecke Av 5 & Calle 82; ⊙9–12 & 16–18 Uhr) Auch wenn sich Playa modern gibt, steht hier doch die zweitgrößte Kirche Kubas, ein ästhetisch ansprechendes Gebäude im neoromanischen Stil, das von einer gigantischen Kuppel gekrönt wird.

Das 1948 erbaute Gotteshaus birgt die größte Orgel Kubas mit unzähligen Orgelpfeifen und einem Gemäldezyklus mit den Kreuzwegstationen, den der Spanier Cesareo Hombrados Oñativia in den 1950er-Jahren direkt auf die Wände malte.

La Casa de
las Tejas Verdes   HISTORISCHES GEBÄUDE

(☎7-212-5282; Calle 2 No 308, zwischen Avs 3 & 5; ⏱nach Vereinbar.) GRATIS Wenn man aus dem Tunnel unter dem Río Almendares herauskommt, ist das Erste, was einem in Miramar ins Auge sticht, das sogenannte „Haus der grünen Kacheln", ein subtiler Hinweis auf den bevorstehenden Eklektizismus. Das Gebäude ist das einzige Beispiel für Königin-Anne-Architektur in Kuba. Das Haus wurde 1926 erbaut und war die meiste Zeit das Wohnhaus der Salonlöwin Luisa Rodríguez Faxas aus Havanna, die hier von 1943 bis 1999 gelebt hat.

Nach ihrem Tod fiel das Haus an die kubanische Regierung, die es restaurieren ließ und es 2010 als Studienzentrum für Architektur wiedereröffnete. Ein Museum ist das Gebäude streng genommen nicht, aber es werden an bestimmten Tagen nach Vereinbarung kostenlose Führungen angeboten; am besten erkundigt man sich bei Interesse vorab telefonisch, wann diese stattfinden.

Marina Hemingway   JACHTHAFEN

(Ecke Av 5 & Calle 248) Havannas bedeutendster Jachthafen wurde 1953 in der kleinen Küstengemeinde Santa Fé angelegt. Nach der Revolution wurde er verstaatlicht und nach Castros Lieblings-*Yanqui* benannt. Der Jachthafen weist heute vier 800 m lange Kanäle auf, es gibt ein Tauchzentrum, bunt zusammengewürfelte Geschäfte und Restaurants sowie zwei Hotels (von denen eines momentan nicht in Betrieb ist).

Die Marina Hemingway ist jedoch nur dann einen Besuch wert, wenn jemand hier mit seinem Boot ankert oder die Wassersporteinrichtungen nutzen will.

Wie ein Großteil der Infrastruktur Kubas, so wirkt auch dieser Jachthafen irgendwie

HAVANNA PLAYA & MARIANAO

DIE ÄLTESTE KUNSTAKADEMIE LATEINAMERIKAS

1816 lud Juan Diaz de Espada, Reformbischof von Havanna, den französischen klassizistischen Maler Jean Baptiste Vermay nach Kuba ein. Er sollte mehrere bedeutende Kunstwerke in der Kathedrale von Havanna restaurieren. (Eine Legende will wissen, dass Espada eigentlich Goya, den Meister der Romantik, anheuern wollte, doch der Spanier war bereits anderweitig engagiert und empfahl deshalb seinen französischen Kollegen Vermay.) Vermay kam also, führte die Arbeiten sorgfältig aus – und beschloss in Kuba zu bleiben, nachdem er sich mit dem kubanischen Dichter José María Heredia angefreundet hatte. Eine glückliche Entscheidung.

1818 eröffnete Vermay mit Hilfe von Bischof Espada die vielversprechende **Academia Nacional de Bellas Artes „San Alejandro"** (Ecke Av 31 & Calle 100, Marianao), Kubas erste Kunstakademie, die bis zum heutigen Tag in Betrieb und somit die älteste Institution dieser Art in ganz Lateinamerika ist.

Die Kunstakademie wurde ursprünglich in Habana Vieja mit Vermay als erstem Direktor eröffnet, in den 1850er-Jahren jedoch nach Centro Habana verlegt. Obwohl San Alejandro anfangs nur weiße Studenten annahm, entwickelte sich die Akademie rasch zu einem fruchtbaren Nährboden für kubanische Maler.

Zahlreiche illustre Namen schritten durch diese Türen, darunter José Martí, Victor Manuel Valdés, die Bildhauerin Rita Longa, der Pop-Art-Künstler Raúl Martínez sowie der künftige Rebellenanführer Camilo Cienfuegos. In den 1920er-Jahren war die Akademie – samt dem von ihr begünstigten Klima – allerdings immer biederer geworden, denn es wurden hauptsächlich europäische Landschaften kopiert, Stagnation machte sich breit. Mehrere ehemalige Studenten reisten nach Frankreich, wo Picasso und Gauguin ihnen die Augen öffneten, und taten sich dann in der Vanguardia zusammen, einer Bewegung, die der zähen Orthodoxie von San Alejandro einen schweren Schlag versetzte.

Die Akademie definierte sich daraufhin neu und passte sich dem neuen Zeitgeist an. 1962 wurde der Campus nach Marianao verlegt, wo er bis heute in einem monumentalen Gebäude am Eingang zur Ciudad Libertad residiert (einer ehemaligen Kaserne, die nach der Revolution in pädagogische Einrichtungen umfunktioniert wurde).

San Alejandro ist zwar nicht mehr die einzige Kunstschule in Havanna, gilt jedoch nach wie vor als renommierteste Institution im Bereich der Kunst und veranstaltet heute verschiedene Austauschprojekte mit Akademien im Ausland.

Playa & Marianao

seltsam verlassen und schreit nur so danach, renoviert zu werden.

Club Habana
HISTORISCHES GEBÄUDE

(7-204-5700; Av 5, zwischen Calle 188 & 192; Tagespass 20 CUC$; 9–19 Uhr) Das sagenhafte eklektizistische Anwesen in Flores stammt aus dem Jahr 1928 und beherbergte einst den Havana Biltmore Yacht & Country Club. Heute hat es den Anschein, als läge der Club wieder genauso voll im Trend wie früher – er gilt wieder als beliebter Treff der Auslandskorrespondenten und Diplomaten.

Der Club verfügt über einen Privatstrand, einen Pool, Tennisplätze, eine Bar, verschiedene Boutiquen und ein Spa. Die Jahresmitgliedschaft ist teuer, aber wer nur einmal spontan mit den Reichen und Mächtigen einen Drink nehmen möchte, kann sich eine Tageskarte für 20 CUC$ kaufen.

In den 1950er-Jahren machte der Club kurz von sich reden, als er dem damaligen kubanischen Präsidenten Fulgencio Batista den Zutritt mit der Begründung verwehrte, dass er „ein Schwarzer" sei. Castro hatte dann mehr Glück, als er rund 30 Jahre später zum Abendessen vorbeikam. Der Club zählt zu den wenigen Locations, in denen er öffentlich speiste.

Parque Almendares
PARK

Der Park, der sich an den Ufern des Río Almendares unterhalb der Brücke an der Calle 23 entlangzieht, ist eine willkommene grüne Oase mit frischer Luft im Herzen dieser chaotischen Stadt. Der Park ist vielleicht nicht der Bois de Boulogne (wie die streunenden Hunde und die defekten Toiletten bezeugen), aber es wird an Verbesserungen gearbeitet, und er ist erheblich gesünder als noch vor zehn Jahren. Heute ist die Uferpromenade von Bänken gesäumt, und Pflanzen wachsen im Überfluss, wobei das Wasser allerdings nicht gerade kristallklar ist.

Der Park bietet auch einen ganzen Schwung Unterhaltungsmöglichkeiten, die

allerdings eher so lala ausfallen, darunter ein veralteter Minigolfplatz, das Anfiteatro Parque Almendars (eine kleine Freilichtbühne), ein Spielplatz und ein Dinosaurierpark mit Nachbildungen monströser Reptilien aus Stein.

Museo de la Alfabetización
MUSEUM
(Ecke Av 29e & Calle 76; ☺Di–Fr 8–12 & 13–15, Sa 8–12 Uhr) GRATIS Der einstige Militärflughafen Cuartel Colombia in Marianao ist heute ein Schulkomplex namens **Ciudad Libertad.** Hinter den Toren versteckt sich ein interessantes Museum, das sich mit dem Alphabetisierungsprojekt von 1961 beschäftigt. Damals strömten 100 000 Jugendliche im Alter von 12 bis 18 Jahren über die Insel, um Bauern, Arbeitern und alten Menschen das Lesen und Schreiben beizubringen.

Gegenüber vom Komplex, in der Mitte der Verkehrsinsel, ragt ein Turm auf, der die Form einer Spritze aufweist. Er erinnert an Carlos Juan Finlay, der 1881 die Ursachen für den Ausbruch von Gelbfieber entdeckte.

Fundación Naturaleza y El Hombre
MUSEUM
(%7-209-2885; Av 5b No 6611, zwischen Calle 66 & 70; 2 CUC$; hMo–Fr 8.30–15 Uhr) Das winzige Museum scheint einmal mehr den alten Spruch „klein, aber fein" zu bestätigen. Hier sind die Artefakte einer 17 422 km langen Kanuexpedition von der Quelle des Amazonas bis zum Meer ausgestellt, die 1987 unter der Leitung des kubanischen Intellektuellen und Anthropologen António Núñez Jiménez stattfand. Zu den Exponaten dieses erstaunlichen Sammelsuriums zählen eine der größten Fotosammlungen Kubas, Bücher, die der begnadete Núñez Jiménez höchstpersönlich verfasst hat, sein geliebtes Kanu und ein berühmtes Porträt von Fidel Castro vom ecuadorianischen Maler Oswaldo Guayasamín.

Playa & Marianao

Das Museum ist Bestandteil einer gemeinnützigen Stiftung und eines der sehenswertesten, die Havanna zu bieten hat.

Acuario Nacional
AQUARIUM

(📞 7-202-5872; Ecke Av 3 & Calle 62; Erw./Kind 10/7 CUC$; ☺ Di–So 10–18 Uhr) Das 1960 gegründete, staatliche Aquarium ist in Havanna eine Institution, die alljährlich von Heerscharen von Interessierten besucht wird. Obwohl die Anlage etwas heruntergekommen wirkt, stellt das Aquarium die meisten anderen *acuarios* des Landes in den Schatten – was allerdings nicht viel heißt. Eine Besonderheit hier sind die Salzwasserfische, aber es gibt auch Seelöwen und Delfine.

Stündlich wird eine Delfinschau präsentiert. Tierschützer sehen diese Vorführungen allerdings sehr kritisch. Ihrer Auffassung nach bedeutet die Gefangenschaft für derart komplexe Meerestiere eine Belastung, die zu stark an ihren Kräften zehrt.

La Maqueta de la Capital
MUSEUM

(Calle 28 No 113, zwischen Avs 1 & 3; 3 CUC$; ☺ Mo–Fr 9.30–17 Uhr) Havanna ist stellenweise ganz schön baufällig, das gilt auch für dieses riesige maßstabsgetreue Modell (1:1000) der Stadt, das aussieht, als müsste es einmal gründlich abgestaubt werden. Das Modell wurde ursprünglich für die Stadtplanung geschaffen, ist heute jedoch eine beliebte Touristenattraktion. Momentan wird es renoviert, was sich leider in die Länge zieht, aber ansehen kann man das Modell in der Regel dennoch.

Danach empfiehlt sich der Besuch der nahe gelegenen Parks in der Avenida 5 (zwischen der Calle 24 und 26). Sie sind mit ihren gewaltigen Banyan-Bäumen und schattigen Spazierwegen eine malerische Ecke.

Isla del Coco
VERGNÜGUNGSPARK

(Av 5 & Calle 112, Playa; 5 CUC$; ☺ Fr–So 12–20 Uhr) Ein riesiger, von den Chinesen erbauter Vergnügungspark im westlichen Playa mit einem Riesenrad, Autoscootern, Achterbahnen und anderen Freuden dieser Art.

 Aktivitäten

Marlin Náutica WASSERSPORT

(www.nauticamarlin.tur.cu; Av 5 & Calle 248, Marina Hemingway, Barlovento) Die Marina Hemingway in Barlovento, 20 km westlich von Centro Habana, bietet ganz unterschiedliche Wassersportarten an. Marlin Náutica veranstaltet Angelausflüge für jeweils vier Angler sowie vierstündige Ausfahrten für Hochseefischer für rund 310 CUC$, und zwar inklusive Ausrüstung und offener Bar; Marlin-Saison ist von Juni bis Oktober.

Auch Ausfahrten mit einem Katamaran entlang der Küste Havannas (60 CUC$) stehen auf dem Programm, die Mindestteilnehmerzahl liegt bei vier Personen. Im Allgemeinen ist es einfacher, eine solche Tour über ein Reisebüro in der Innenstadt zu buchen.

La Aguja Marlin Diving Center TAUCHEN

(☑7-209-3377; Av 5 & Calle 248, Marina Hemingway, Barlovento) Das Tauchzentrum zwischen Marlin Náutica und dem Einkaufszentrum an der Marina Hemingway bietet Tauchfahrten zu 40 CUC$ pro Tauchgang an. Einführungskurse kosten 25 CUC$. Gestartet wird jeden Tag um 9 Uhr. Ein Tauchausflug zur Playa Girón, wo die Bedingungen zum Tauchen erheblich besser sind, lässt sich hier ebenfalls arrangieren.

Schlafen

Die Hotels von Playa sind das Revier der Diplomaten, Kongressteilnehmer und all jener Urlauber, deren Flüge storniert wurden. Es finden sich durchaus ein paar gute Adressen unter all den wenig ansprechenden Unterkünften, aber sie liegen dann doch weit ab von den Hauptsehenswürdigkeiten der Stadt. Wer von so weit draußen die Stadt erobern will, muss ein Taxi nehmen – oder braucht stramme Waden und eine ziemlich gute Kondition.

Casa Guevara Alba CASA PARTICULAR $

(☑7-202-6515; mt_alba@yahoo.es; Av 5f No 9611, zwischen Calle 96 & 98; Zi. 35 CUC$; 🅿❄) Dies ist eine willkommene Privatunterkunft in der Nähe der Haupthotelzone von Playa. Hinsichtlich Preis, Service und Komfort stellt sie die meisten anderen Hotels in den Schatten. Zur Auswahl stehen zwei Apartments mit Schlafzimmer, Wohnzimmer,

Küchenbenutzung, einer Terrasse im Freien und Bad. Für Kuba ist die Unterkunft modern und hat dennoch viel Flair.

Complejo Cultural La Vitrola HOTEL $

(☑7-202-7922; Calle 18 No 103, zwischen Av 1 & 3; Zi. 30 CUC$; ❄) Man stelle sich einfach einmal vor, in den Tonstudios der Londoner Abbey Road zu logieren. Dies hier ist das kubanische Gegenstück dazu. Die Egrem-Studios – der Arbeitsplatz der Topmusiker Kubas – verfügen über ein dazugehöriges, reizendes Hotel mit fünf Zimmern. Sie sind hell und freundlich gehalten, an den Wänden finden sich Liedtexte. Wer eine Weile unten in der Bar Bilongo herumhängt, dem läuft vielleicht sogar Silvio Rodríguez über den Weg.

Villa Teresa CASA PARTICULAR $$

(☑7-202-2799; marlene7667@yahoo.es; Ave 1 No 4401, Ecke Calle 44; Zi. inkl. Frühstück 100 CUC$; 🅿❄🛜) Die neue Privatunterkunft gegenüber vom Hotel Copacabana befindet sich in einem auffällig modernen, lilienweißen Haus, das aussieht, als hätte man es gerade von den Keys in Florida hierhertransportiert. Die vier geschmackvoll gestalteten Zimmer haben dank der schönen Kunstwerke, der großen Betten und der gut sortierten Minibar schon den Standard eines Boutiquehotels. Das Frühstück, das im offenen Essbereich mit Lounge serviert wird, ist im Preise inbegriffen.

Hotel Club Acuario HOTEL $$

(☑7-204-6336; Aviota & Calle 248; EZ/DZ all-inclusive 80/119 CUC$; 🅿❄@) Wegen der Hotels sollte niemand zur Marina Hemingway fahren. Da das El Viejo y el Mar schon seit Längerem eine Auszeit nimmt, bleibt als einzige echte Alternative das gestresste Acuario, das einzige All-inclusive-Hotel in Havanna außerhalb der Playas del Este. Es liegt zwischen zwei Hafenkanälen und ist mit billigen, veralteten Möbeln ausgestattet. Für Leute, die auf eine Tauchexkursion am frühen Morgen gebucht sind, ist es gerade noch so vertretbar, ansonsten sollte man lieber in Havanna logieren.

Hotel Copacabana HOTEL $$

(☑7-204-1037; Av 1, zwischen Calle 44 & 46; EZ/DZ 100/140 CUC$; 🅿❄@🛜🏊) Dank der Renovierungsmaßnahmen 2010 ist das Hotel inzwischen einen Tick besser als die (schlappe) Konkurrenz in Playa, wirkt aber dennoch düster – trotz seiner tollen Lage am Meer. Sein großes Plus? Es bietet zwei Pools, von denen einer mit Salzwasser gefüllt ist, das ins Meer abfließt.

★ Hotel Meliá Habana
HOTEL $$$

(☎ 7-204-8500; www.meliacuba.com; Av 3, zwischen Calles 76 & 80; EZ/DZ 527/600 CUC$; P ❋ @ ☎ ≋) Das außen scheußliche, innen aber wunderschön gestaltete Spitzenhotel Meliá Habana in Miramar gilt als eine der am besten ausgestatteten und geführten Nobelherbergen der Stadt. Die 409 Zimmer (einige sind mit Rollstuhl zugänglich) gruppieren sich um eine edle Lobby mit Marmorstatuen, Wasserspielen und wild wuchernden Weinreben.

Draußen liegt der größte und schönste Pool Kubas gleich an der Felsküste. Der Service ist freundlich, das Restaurant mit Büfett hervorragend. Gelegentlich gibt es auf die Zimmerpreise sogar einen Preisnachlass.

H10 Habana Panorama
HOTEL $$$

(☎ 7-204-0100; www.h10hotels.com; Ecke Av 3 & Calle 70; EZ/DZ 260/320 CUC$; P ❋ @ ☎ ≋) Die protzige „Glaskathedrale" von Gaviota im sich flott entwickelnden Hotelviertel von Playa wurde 2003 eröffnet. Die etwas seltsame Ästhetik mit Unmengen blauem Glas steigert sich noch, sobald man in der gewaltigen Lobby steht, in der Aufzüge aus dem Weltraumzeitalter zu den 317 hellen Zimmern hinaufführen und einen tollen Blick über Miramar und Umgebung freigeben.

An Einrichtungen gibt es ein Businesscenter, ein Fotogeschäft, zahlreiche Restaurants sowie einen großzügigen Pool. Aber irgendwie ist im Panorama dann doch alles so überdimensioniert, dass es verlassen und steril anmutet und man sich als Gast klein und winzig vorkommt.

Memories Miramar
HOTEL $$$

(☎ 7-204-3583/4; www.memoriesresorts.com; Ecke Av 5 & Calle 74; EZ/DZ 250/350 CUC$; P ❋ @ ☎ ≋) Das 2000 erbaute Hotel soll demnächst zum dritten Mal einen neuen Namen erhalten. Die Einrichtungen des Kolosses mit 427 Zimmern sind soweit ganz in Ordnung: Die Zimmer sind groß, das Frühstück ist ganz ordentlich, es stehen brauchbare Einrichtungen für Geschäftsleute zur Verfügung und für Urlauber eine weitläufige Poollandschaft.

Probleme bestehen eher auf der praktischen Seite. Würde das Hotel sich besser um die Instandhaltung kümmern und mehr Wert auf wirklich guten Service legen, wä-

ren die vier Sterne wohl eher gerechtfertigt. Wem die abgeschiedene Lage mit der Zeit auf die Nerven geht, kann sich in allerlei sportliche Aktivitäten stürzen – es locken Tennisplätze, der bereits erwähnte Pool, eine Sauna, ein Fitnessstudio sowie ein Spielezimmer.

Hotel el Bosque
HOTEL $$$

(☎ 7-204-9232; www.hotelelbosquehabana.com; Calle 28a, zwischen Calle 49a & 49c, Kohly; EZ/DZ 142/225 CUC$; ❋ @ ☎) Das El Bosque ist ein Ableger des von Gaviota gemanagten Kohly-Bosque-Komplexes. Es ist sauber und hat eine hübsche Lage am Ufer des Río Almendares inmitten des Bosque de La Habana, der grünen Lunge der Stadt. Die Einrichtung hinkt leider etwas hinter dem aktuellen Trend her, und wie die meisten Hotels in Havanna ist es total überteuert, wobei das bewaldete Grundstück den hohen Preis wenigstens etwas rechtfertigt.

Hotel Kohly
HOTEL $$$

(☎ 7-204-0240; www.hotelkohly.com; Ecke Calle 49a & 36, Kohly; EZ/DZ 117/189 CUC$; P ❋ @ ☎ ≋) Das Kohly im westlichen Playa macht sein zweckmäßiges Äußeres durch ein paar nette Extras wie einen Pool, eine Kegelbahn, ein Fitnesscenter und eine Pizzeria wett.

Four Points Habana
HOTEL $$$

(☎ 7-214-1470; www.fourpointshavana.com; Av 5, zwischen Calle 76 & 80; Zi. inkl. Frühstück 400–600 CUC$; P ❋ @ ☎ ≋) Das Four Points ist das letzte Hotel eines Trios von teuren Unterkünften hinter dem Miramar Trade Center. Es bietet eine Fülle an Einrichtungen – große Zimmer, ein Fitnessstudio, einen Pool, diverse Restaurants und ein Businesscenter. Doch aufgrund der mangelhaften Instandhaltung, des lückenhaften Services und der seltsam unkubanischen Atmosphäre tut sich das Hotel schwer, den geforderten Preis zu rechtfertigen.

Das Four Points wurde unlängst von der Sheraton-Gruppe übernommen. Es bleibt zu hoffen, dass unter den neuen Inhabern eine Wende zum Besseren eintritt.

Starfish Montehabana
HOTEL $$$

(☎ 7-206-9595; www.starfishresorts.com; Calle 70, zwischen Av 5a & 7; Zi. ab 225 CUC$; P ❋ @ ☎ ≋) Das Riesenhotel in Miramar öffnete 2005 seine Pforten mit dem Versprechen, etwas Besonderes zu sein. Doch dank der wuchtigen Betontreppe und der kastenartigen Legoland-Architektur war es eigentlich von

Anfang an ein hässliches Entlein. Die fehlenden Instandhaltungsmaßnahmen in den letzten Jahren haben diesen Eindruck leider nicht verbessert. Das Apart-Hotel vermietet 101 Apartments mit Wohnzimmer und voll ausgestatteter Küche.

Wer im Urlaub den Kochlöffel nicht selbst schwingen will, bekommt im Restaurant ein passables Frühstück serviert und kann sich abends am Büfett bedienen (beides kostet extra). Ansonsten sind die Einrichtungen wie der Service etwas in die Jahre gekommen. Ein Pluspunkt: Die Gäste dürfen das Fitnessstudio, den Pool und die Tennisplätze des benachbarten Vier-Sterne-Hotel Memories Miramar (S. 142) nutzen.

 **Essen**

Playa gilt bereits seit den 1990er-Jahren als Bastion einiger der besten privaten Restaurants auf Kuba. Viele der alten Erfolgslokale beeindrucken noch heute, und das, obwohl es neue Konkurrenz in Hülle und Fülle gibt. Es finden sich hier aber auch einige überraschend gute, staatlich geführte Restaurants, von denen viele sogar die diplomatische Kundschaft überzeugen können. Die verlangten 5 bis 10 CUC$ für das Taxi vom Stadtzentrum nach Playa zum Essen sind auf alle Fälle gut investiert.

La Casa del Gelato EIS **$**
(☑52-42-08-70; Av 1 No 4215, zwischen Calles 42 & 44; Eis 2–4 CUC$; ⊙11–23 Uhr) Miramar hat schon immer den Eindruck erweckt, dass es in Sachen kulinarische Genüsse dem restlichen Havanna einen Schritt voraus ist. Hier gab es bereits feudale Speiselokale, als in der übrigen Stadt noch eiserne Rationen angesagt waren. Nun geht Miramar mit dieser sagenhaften Eisdiele wieder einen Sonderweg – hier duftet es nach Waffeln, es stehen verschiedenste Sorten zur Auswahl, und für Liebhaber eines guten Espressos ist sogar eine Nespressomaschine vorhanden.

Cafetería Betty Boom FASTFOOD **$**
(☑53-92-94-12; Ecke Av 3 & Calle 60; Snacks 2,50–5 CUC$; ⊙11–2.30 Uhr) Das Betty Boom hat sich in den Räumlichkeiten des El Garage etabliert und weist ein ähnliches Konzept auf: billiges, aber leckeres Fastfood (d. h. Hot Dogs, Sandwiches, Shakes und Salate) in einem Retro-Ambiente der 1950er-Jahre. Die Kellnerinnen sind im Stil der 1930er-Jahre wie die Cartoonfigur Betty Boop gekleidet. Die Öffnungszeiten sind ebenso großzügig

wie die servierten Portionen. Eine kleine Terrasse ist ebenfalls vorhanden.

Pan.com FASTFOOD **$**
(☑7-204-4232; Ecke Av 7 & Calle 26; Snacks 1–4 CUC$; ⊙10–24 Uhr) Dies ist kein Internetcafé, sondern Havannas Eldorado an Comfortfood – herzhafte Sandwiches, billige Burger und Eis-Milkshakes, die einfach himmlisch schmecken. Unter der luftigen Markise vor dem Haus kann man sich zu den Diplomaten gesellen.

★**Espacios** TAPAS, INTERNATIONAL **$$**
(☑7-202-2921; Calle 10 No 513, zwischen Av 5 & 7; Tapas 3–6 CUC$; ⊙12–6 Uhr) Die coole Tapas-Bar befindet sich in einem namenlosen Gebäude in Miramar und hat nicht einmal ein Namensschild. Hier trifft sich ein hippes Volk, um Cocktails und Kunst zu konsumieren. Die Speisekarte ist international inspiriert, als Tourist kann man sich zu den Intellektuellen und Schönen Havannas gesellen – eine gesunde Mischung aus Expats mit Insiderwissen und Kubanern mit künstlerischer Ader. Zum Haus mit seinen vielen interessanten Ecken und Winkeln gehört auch ein attraktiver Patio. Die Wände fungieren als Ausstellungsfläche für Avantgarde-Gemälde.

El Aljibe KARIBISCH **$$**
(☑7-204-1583/4; Av 7, zwischen Calle 24 & 26; Hauptgerichte 12–15 CUC$; ⊙12–24 Uhr) Was sich vordergründig wie ein bescheidenes staatliches Restaurant gibt, entpuppt sich in Wirklichkeit als eine kulinarische Extravaganz. So wundert es nicht, dass es seit Jahren bei kubanischen und ausländischen Diplomaten so beliebt ist.

Der Ruhm beruht dabei eigentlich nur auf dem gastronomischen Geheimnis eines einzigen Gerichtes. Na klar, es geht wieder einmal um *pollo asado* (Brathuhn), das mit so vielen Beilagen serviert wird, wie der Gast schaffen kann: weißen Reis, schwarze Bohnen, gebratene Bananen, Pommes Frites und frischem Salat.

Das Rezept der köstlichen bitteren Orangensoße wird hier wie ein Staatsgeheimnis gehütet.

Paladar Vista Mar MEERESFRÜCHTE **$$**
(☑7-203-8328; www.restaurantevistamar.com; Av 1 No 2206, zwischen Calles 22 & 24; Hauptgerichte 8–15 CUC$; ⊙Mo–Sa 12–24 Uhr) Das Vista Mar existiert schon seit ewigen Zeiten als *paladar*, genau gesagt seit 1996. Es nimmt den ersten Stock eines Privathauses mit

Meerblick ein, das in ein Restaurant umfunktioniert wurde. Die schöne Lage am Meer wird durch den sagenhaften Pool, dessen Wasser in den Ozean schwappt, noch unterstrichen. Wer es verlockend findet, sich mit Aussicht auf die tosende Brandung ein köstliches Gericht mit Meeresfrüchten munden zu lassen, muss jetzt gar nicht mehr groß weiterlesen, sondern sollte lieber gleich einen Tisch reservieren!

Casa Pilar
SPANISCH $$

(www.facebook.com/casapilarhabana; Calle 36 No 103, zwischen Av 1 & 3; Hauptgerichte 10–20 CUC$; ⊙12–2 Uhr) Das Lokal ist Tapas-Bar und spanisches Restaurant in einem. Die Casa Pilar serviert Gerichte, die so richtig nach spanischer Küche schmecken, allerdings mit einer leichten kubanischen Note. Probieren sollte man die *garbanzos* (Kichererbsen) mit *ropa vieja* (Rindergeschnetzeltem). Der Gin Tonic zählt zum Besten in ganz Havanna, und die Terrasse des Restaurants im ersten Stock oben ist ideal, um alles zu genießen.

Club Su Miramar
KOREANISCH $$

(☎7-206-3443; Calle 40a No 1115, zwischen Av 1 & 3; Hauptgerichte 9–14 CUC$; ⊙12–3 Uhr) Die Restaurantszene Havannas gestaltet sich in den letzten paar Jahren wirklich spannend. Es haben bereits das erste russische, iranische und indische Restaurant ihre Pforten geöffnet. Nun ist der erste Koreaner dazugekommen. Im Club Su hat man dank des Ambientes den Eindruck, schon auf halbem Weg nach Korea zu sein – eine Schiebetür trennt das asiatisch-minimalistischen Speiselokal vom duftenden Garten und der beschaulichen Terrasse.

Das Essen steht dem Ambiente kaum nach: Der Räucherlachs ist eine leckere Abwechslung von der üblichen kubanischen Küche, und das *gimbab* schmeckt angemessen exotisch: der Duftreis dafür wird eigens aus Südkorea eingeführt.

El Cucalambe
KUBANISCH $$

(Calle 226; Hauptgerichte 5–9 CUC$; ⊙12–23 Uhr) In Jaimanitas (oder: Fusterlandia) hat unlängst ein recht gutes Restaurant eröffnet, das nun die Sintflut an Besuchern verwöhnt. Es ist – was nicht verwundert – mit innovativer Kunst ausgestaltet und nach einem angesehenem Dichter aus Las Tunas benannt – was dann wohl eher verwundert. Das Essen, allem voran das Spanferkel, hat ebenfalls eine Las-Tunas-Note. Auch das Ambiente passt: Die Tische mit Keramikbesteck stehen in einem hübschen Patio im Freien.

La Carboncita
ITALIENISCH $$

(Av 3 No 3804, zwischen Calle 38 & 40; Pasta & Pizza 7–8 CUC$; ⊙12–24 Uhr) Das Essen taucht auf wundersame Weise aus der Garage dieses in ein Restaurant umgewandelten Gebäudes in Miramar auf. Die Gäste können in der Gaststube oder draußen auf der Terrasse vor dem Haus Platz nehmen. Mechanisch zusammengebastelt schmeckt hier nichts, ganz im Gegenteil: Die Pasta macht der italienische Eigentümer selbst und die Gäste haben die Qual der Wahl unter vielen leckeren Soßen, darunter auch dem berühmten Pesto. Die knusprigen Pizzas sind ebenfalls sehr zu empfehlen.

Casa Española
SPANISCH $$

(☎7-206-9644; Ecke Calle 26 & Av 7; Gerichte 8–14 CUC$; ⊙12–23 Uhr) Diese mit Zinnen bewehrte Burg in Miramar ist eine Parodie auf das Mittelalter und wurde während der Ära Batista vom stinkreichen Gustavo Gutiérrez y Sánchez erbaut. Inzwischen ist sie als spanisches Restaurant mit viel Don-Quixote-Zauber zu neuem Leben erweckt worden. Das Ambiente gibt sich recht edel, insofern man sich nicht an den Ritterrüstungen stört, die einen ständig zu beobachten scheinen, während man seine Paella, Tortilla oder auch *lanja cerdo al Jerez* (Schweinefilet) genießt.

Papa's Complejo Turístico
KARIBISCH, CHINESISCH $$

(Ecke Av 5 & Calle 248; Mahlzeiten 5–10 CUC$; ⊙12–3 Uhr) In diesem Komplex in der Marina Hemingway belegen bierselige Skipper und trällernde *American-Idol*-Möchtegerns die Karaoke-Maschine mit Beschlag. Die Auswahl an Lokalitäten ist ebenso vielfältig. Es gibt ein feudales China-Restaurant (mit Dresscode) und einen *ranchón* (rustikales, seitlich offenes Lokal) im Freien. Ein amüsantes Erlebnis, wenn genügend Gäste da sind.

Dos Gardenias
KARIBISCH $$

(Ecke Av 7 & Calle 28; Hauptgerichte 7–10 CUC$; ⊙12–23 Uhr) In diesem Komplex, einem bekannten *Bolero*-Hotspot, haben die Gäste die Qual der Wahl unter zwei Lokalen, einem Grill- und einem Pasta-Restaurant. Wer lang genug bleibt, kann zuhören, wie die Sänger ihre Balladen schmettern.

Restaurante la Cova
ITALIENISCH $$

(☎7-209-7289; Ecke Av 5 & Calle 248; Mahlzeiten 8 CUC$; ⊙12–24 Uhr) Das Lokal, das zur Pizza-Nova-Kette gehört, hat wie ein Großteil der Marina Hemingway schon deutlich bessere Zeiten gesehen. Für all jene, denen es an Alternativen fehlt (was wohl der Fall sein wird), ist es aber ganz in Ordnung. Das Café nebenan ist dem Restaurant angeschlossen.

⭐ **La Fontana**   GRILLSPEZIALITÄTEN **$$$**
(📞7-202-8337; www.lafontanahavana.info; Av 3a No 305; Hauptgerichte 20–28 CUC$; ⏱12–24 Uhr) Das La Fontana in einem recht schwer auffindbaren, jedoch wunderschönen Haus in Playa zählt zu den besten Restaurants in Havanna – ein Rang, den es seit seiner Eröffnung 1995 innehat (als in Kuba noch die kulinarische Steinzeit herrschte).

Sein Geheimnis: Das Restaurant hat sich immer weiterentwickelt, es ist größer geworden, beeindruckt mit Extravaganzen wie einem Fischteich, Livejazz und der immer vielfältigeren Auswahl an Gerichten.

Heute weist das Restaurant vier separate Bereiche auf, die zum Speisen und auf einen Drink einladen – jeder mit besonderem Flair, beispielsweise eine neue Loungebar oder die beliebte, mit Farnen dekorierte Terrasse. Das Fontana ist für seine Grillspezialitäten bekannt – oder, was den Sachverhalt besser trifft: Alles wird hier auf dem Holzkohlengrill zubereitet. Da die Fleisch- und Fischportionen gigantisch ausfallen, sollte man sich mit den Vorspeisen zurückhalten, obwohl Hummer-Ceviche, Tatar vom Thunfisch und Rinder-Carpaccio mit Rucola sehr verlockend sind.

La Corte del Príncipe   ITALIENISCH **$$$**
(📞52-55-90-91; Ecke Av 9 & Calle 74; Hauptgerichte 15–20 CUC$; ⏱Di–So 12–15 & 19–24 Uhr) Das Restaurant ist vermutlich das italienischste aller italienischen Lokale in Havanna. Das hübsche, halb offene Restaurant wird von einem Italiener geführt, der die berühmte Küche seines Landes bestens umzusetzen weiß. Die ständig wechselnde Speisekarte steht auf einer Schiefertafel angeschrieben, es gibt aber auch Gerichte, die regelmäßig angeboten werden, wie etwa Auberginen-Parmigiano und *vitello tonnato*. Die in Körben ausgestellten, glänzenden, frischen Gemüse tragen ein Übriges zum Reiz des Hauses bei.

Das Restaurant liegt etwas abseits, hat sich jedoch herumgesprochen. Deshalb sollte man besser einen Tisch reservieren.

La Cocina de Lilliam   FUSIONSKÜCHE **$$$**
(📞7-209-6514; www.lacocinadelilliam.com; Calle 48 No 1311, zwischen Av 13 & 15; Mahlzeiten 15–30 CUC$; ⏱Di–Sa 12–15 & 19–23 Uhr) Das Lilliam – eine Legende, lange bevor das kubanische Essen legendär wurde – war früher eines der wenigen noblen Restaurants in Privathand und stand dementsprechend bei Diplomaten hoch im Kurs. Heute bekommt es immer mehr Konkurrenz, ist jedoch weiterhin prominent, was dem erstklassigen Service, dem lauschigen Ambiente und dem frisch zubereiteten Essen, das zum Niederknien lecker schmeckt, geschuldet ist.

Das Erlebnis definiert sich durch das Ambiente ebenso sehr wie durch die Gerichte. Das Restaurant befindet sich in einer feudalen Villa in Miramar; das Essen wird in einem Garten serviert, in dem die Springbrunnen plätschern und die tropischen Pflanzen nur so wuchern. Die Speisekarte wechselt regelmäßig, im Allgemeinen stehen ein gutes Steak, Tintenfisch und Gerichte mit Schweinefleisch zur Auswahl.

La Esperanza   INTERNATIONAL **$$$**
(📞7-202-4361; Calle 16 No 105, zwischen den Av1 & 3; Gerichte 8–17 CUC$; ⏱Mo–Sa 19–23 Uhr) Das absolut nicht hochgestochen wirkende Esperanza war schon lange vor den Reformen von 2011, die den Küchenchefs das Leben erleichterten, kulinarisch kreativ. Die Räumlichkeiten dieses mit Weinreben überwucherten Hauses lassen eine Fülle von kuriosen Antiquitäten, alten Porträts und edlem Mobiliar aus den 1940er-Jahren sehen. Aus der Familienküche kommen so exquisite Gerichte wie *pollo luna de miel* (mit Rum flambiertes Hühnchen) und Lammspieße.

Doctor Café   KUBANISCH **$$$**
(📞7-203-4718; Calle 28, zwischen Av 1 & 3; Hauptgerichte 12–20 CUC$; ⏱12–24 Uhr) Exotische Gerichte wie Ceviche, Red Snapper und Tintenfisch vom Grill werden entweder im Patio voller Farne oder im kühleren Speisebereich im Haus serviert. Unzweifelhaft bekommt dieser Doktor die „Behandlung" perfekt auf die Reihe. Die Speisekarte bietet Gerichte aus aller Welt, wobei der gegrillte Fisch das Highlight ist. Und was für Kuba ungewöhnlich ist: Es gibt auch einige gute Desserts, beispielsweise eine köstliche Limettenpastete.

El Tocororo   KARIBISCH **$$$**
(📞7-202-4530; Calle 18 No 302; Gerichte 12–35 CUC$; ⏱12–23.45 Uhr) Das Tocororo galt früher – zusammen mit dem El Aljibe (S. 143) – als eines der feudalsten Restau-

rants von Havanna. In den letzten Jahren verlor das Speiselokal allerdings gegenüber der Konkurrenz an Territorium und erntet nun häufig Kritik wegen seiner überzogenen Preise. Dennoch ist das wunderschöne Lokal mit von Kerzen erleuchteten Tischen weiterhin einen Besuch wert. Die Speisekarte mit Luxusgerichten wie Hummerschwänzen und gelegentlich auch Strauß ist noch immer für die eine oder andere Überraschungen gut.

La Ferminia   STEAK $$$

(☎7-273-6786; Av 5 No 18207, Flores; Mahlzeiten ab 15 CUC$; ☺12–24 Uhr) Das abgelegene Ferminia ist ein feudales Restaurant der alten Schule. Als die Wirtschaftslage schwieriger war, lockte es Diplomaten und Berühmten in Scharen – auch Fidel Castro speiste einmal hier. Doch heute hat das Ferminia arg zu kämpfen, um mit der neuen, cooleren Konkurrenz mithalten zu können, die mehr oder weniger eleganten Räumlichkeiten haben schon bessere Zeiten gesehen. Beim Essen dreht sich alles um Steaks, die auf argentinische Art und Weise zubereitet werden.

Ausgehen & Nachtleben

Playa ist ein sehr weitläufiges Viertel und eignet sich deshalb nicht so sehr für eine Kneipentour. Viele der berühmten Nobelrestaurants bieten ihren Gästen eine hervorragende Bar – besonders empfehlenswert sind diejenigen die im Espacios (S. 143) sowie im La Fontana (S. 145). Ein paar Gläser Rum oder *cervezas* kann man aber auch gut im Club Habana (S. 138) oder in der Marina Hemingway (S. 137) kippen.

★ Café Fortuna Joe   BAR

(☎54-13-37-06; Ecke Calle 24 & Av 1, Miramar; ☺9–24 Uhr) Es gibt in Havanna viele ungewöhnliche Locations – im positiven Sinn gemeint–, um eine Tasse Kaffee zu trinken, das Café Fortuna Joe ist allerdings kaum zu toppen. Das liegt vor allem an den originellen Sitzgelegenheiten: Bunt zusammengewürfelte Stühle, wie sie Hipster so sehr schätzen, kann man hier getrost vergessen. Zu den Sitzgelegenheiten im Fortuna gehören eine Pferdekutsche, ein altes Auto, ein Bett und eine gepolsterte Toilette. Im Ernst! Der Kaffee und der Service sind hervorragend, und etwas zu essen gibt es auch.

Ein weiteres, kleineres Café Fortuna befindet sich gleich in der Nähe in der Avenida 3 auf Höhe der Calle 28.

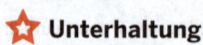 Unterhaltung

El Salón Chévere   TANZ

(☎52-64-96-92; Ecke Calle 49 & 28; 6–10 CUC$; ☺23–3 Uhr) Wer in den Wald vom Parque Almendares geht, findet dort eine der beliebtesten Open-Air-Diskotheken. Hier trifft sich eine bunte Mischung aus Kubanern und Nicht-Kubanern zum Salsatanzen. Wer will, kann auch Salsa-Unterricht nehmen, angeboten wird er vom Club Salseando Chévere (S. 93).

Tropicana Nightclub   VARIÉTÉ

(☎7-267-1871; Calle 72 No 4504, Marianao; Eintrittskarten ab 75 CUC$; ☺ab 22 Uhr) Der Nachtclub gilt in Havanna seit seiner Eröffnung 1939 als Institution. Das weltberühmte Tropicana war früher eine der Bastionen im Nachtleben Havannas. Im Stil von Las Vegas hat es erfolgreich die Revolution überdauert.

Graham Greene verewigte die Variété-Show in seinem Roman-Klassiker *Unser Mann in Havanna* (1958), seit seiner Blütezeit in den 1950er-Jahren hat sich im Tropicana wenig verändert: die spärlich bekleideten *señoritas* klettern noch immer von den Palmen herunter, um im Scheinwerferlicht schmissige Salsa zu tanzen. Das Tropicana ist das beliebteste Variété in Havanna und gehört zum Pflichtprogramm einer jeden Busreise (und das bedeutet übersetzt: jede Menge Touristen). Doch nichts vermag dem Spektakel seinen Zauber zu nehmen.

Den Nachtclub erreicht man nur mit dem Taxi. Die Eintrittskarten sollte man im Voraus über Infotur (S. 148) oder eines der Spitzenhotels buchen.

Café Miramar   LIVEMUSIK

(Av 5 No 9401, Ecke Calle 94; Eintritt 2 CUC$) Miramars schicker neuer Jazzclub würde mit Jazzhits aus der Bebop-Zeit – einer Ära, die sich immer über keimfreie Luft und Rauchverbote lustig gemacht hat – eigentlich keinen sonderlichen Eindruck schinden, aber das scheint die jungen Innovativen nicht groß zu kümmern. Der Club befindet sich im Cine Teatro Miramar und gehört der staatlichen Agentur ARTex. Gegen 22 Uhr wird es hier meist brechend voll, für Hungrige gibt es günstiges Essen.

Salón Rosado Benny Moré   LIVEMUSIK

(El Tropical; ☎7-206-1281; Ecke Av 41 & Calle 46, Kohly; variiert; ☺21 Uhr bis spätnachts) Wer etwas wirklich typisch Kubanisches kennenlernen möchte, sollte sich den *habaneros* anschließen und sich in diese Location unter freiem Himmel, im Volksmund El Tropical genannt, stürzen. In diesem etablierten Club, der seinen Standort im Lauf der Jahre mehrmals gewechselt hat, finden Livekonzerte statt – heute ist weniger Benny Moré angesagt, sondern vielmehr Pupy y Los Que Son Son und gelegentlich auch Reggaeton.

Tanzen ist hier ein elementarer Teils des Vergnügens – außer es gelingt einem, für einen Drink auf einen der Balkone zu flüchten. Die Eintrittspreise und Showabende wechseln – am besten hört man sich einfach unter den Einheimischen um.

Casa de la Música
LIVEMUSIK

(☎ 7-202-6147; Calle 20 No 3308, Ecke Av 35, Miramar; 5–20 CUC$; ⏰ Di–Sa ab 22 Uhr) Der beliebteste Club in Miramar wird von der kubanischen Plattenfirma Egrem geführt. Eröffnet wurde er 1994 mit einem Konzert des renommierten Jazzpianisten Chucho Valdés. Das Programm hier ist generell erheblich authentischer als die Kabarettshows in den Hotels.

Hochkarätige Musiker wie NG la Banda, Los Van Van und Aldaberto Álvarez y Su Son treten hier regelmäßig auf; selten kostet der Eintritt aber über 20 CUC$. In diesem Club geht es entspannter zu als in seinem Namensvetter in Centro Habana.

Teatro Karl Marx
LIVEMUSIK

(☎ 7-209-1991; Ecke Av 1 & Calle 10, Miramar) Mit seiner Größe stellt das Karl Marx andere Theater in Havanna locker in den Schatten – es bietet 5500 Sitzplätze in einem einzigen Zuschauerraum. Hier finden so bedeutende Events statt wie die Abschlussgala des Jazz- und Filmfestivals oder auch seltene Konzerte von *trovadores* wie Silvio Rodríguez.

Don Cangrejo
LIVEMUSK

(Av 1 No 1606, zwischen Calle 16 & 18, Miramar; Eintritt 5 CUC$; ⏰ 23–3 Uhr) Das Don Cangrejo ist tagsüber das Restaurant der kubanischen Fischer, verwandelt sich aber vor allem am Freitagabend in eine Partyhochburg mit Livemusik im Freien – hier treten regelmäßig namhafte Musiker auf. Die Atmosphäre hat etwas von einem Uniball für Erstsemester. Auf alle Fälle ist es brechend voll, und die Schlangen der wartenden Gäste sind lang.

La Cecilia
LIVEMUSIK

(☎ 7-204-1562; Av 5 No 11010, zwischen Calle 110 & 112; ⏰ 12–24 Uhr) Das Lokal war lange eine feste Größe in Diplomatenkreisen. Besser als das Essen (Mahlzeiten 12–20 CUC$) ist hier die Big-Band-Musik, die am Wochenende abends in einem stimmungsvollen Hof in voller Lautstärke erschallt.

Circo Trompoloco
ZIRKUS

(www.circonacionaldecuba.cu; Ecke Av 5 & Calle 112, Playa; 5–10 CUC$; ⏰ Fr 19, Sa & So 16 & 19 Uhr; ♿) Havannas Dauerbrenner bietet am Wochenende auch eine Matinee. Zu bestaunen sind Kraftprotze, Schlangenmenschen und Akrobaten.

Shoppen

★ La Casa del Habano Quinta
ZIGARREN

(☎ 7-214-4737; Ecke Av 5 & Calle 16, Miramar; ⏰ Mo–Sa 10–18, So bis 13 Uhr) Das wohl beste Zigarrengeschäft in Havanna – trotz der großen Konkurrenz. Die Hauptgründe für den Erfolg der Casa del Habano Quinta ist das gute Sortiment und die bestens geschulten Mitarbeiter. Es gibt eine gemütliche Raucherlounge, dazu ein ganz ordentliches Restaurant direkt vor Ort und erfreulich wenig Touristen.

Alma Shop
KUNST & KUNSTHANDWERK

(☎ 53-5-264-0660; www.almacubashop.com; Calle 18 No 314, zwischen Av 3 & 5; ⏰ Mo–Sa 10–16 Uhr) Ob jemand Schmuck sucht, bestickte Kissen oder einen nostalgischen Zigarren-Humidor – dieses Geschäft ist die richtige Adresse, um ein qualitativ hochwertiges Geschenk oder ein passendes Andenken an Kuba zu erstehen. Der Inhaber Alex Oppmann reist quer durch Kuba, um sorgfältig seine Stücke auszuwählen, die von einheimischen Künstlern gefertigt werden. Jedes ist ein Unikat und wurde von Hand aus natürlichen oder recycelten Materialen kreiert.

La Maison
BEKLEIDUNG

(Calle 16 No 701, Miramar; ⏰ 9–17 Uhr) In dieser großen Boutique präsentiert sich die kubanische Faszination für Mode auf hohem Niveau. Verkauft werden Designerkleidung, Schuhe, Handtaschen, Schmuck, Kosmetik und Souvenirs. Regelmäßig finden Modeschauen statt.

Miramar Trade Center
EINKAUFSZENTRUM

(Av 3, zwischen Calle 76 & 80, Miramar; ⏰ unterschiedliche Öffnungszeiten) Kubas größtes und modernstes Einkaufs- und Geschäftszentrum beherbergt Unmengen Geschäfte, Büros von Fluglinien und Botschaften.

SANTA MARÍA DEL ROSARIO

Das alte Kolonialstädtchen Santa María del Rosario liegt 19 km südöstlich von Centro Habana und wurde 1732 gegründet. Im Gegensatz zu anderen Ortschaften aus dieser Zeit wurde Santa María noch nicht von den modernen Vororten aufgefressen, sondern behauptet sich allein in der Landschaft. Der Reiz der Gegend wurde von Manuel Mendive erkannt, dem größten lebenden Maler Kubas, der den Ort zu seinem Privatwohnsitz wählte. Die Landschaft lässt sich auch gut in Tomás Gutiérrez Aleas Film *La última cena* (Das letzte Abendmahl) bestaunen, einer metaphorischen Kritik an der Sklaverei.

Die **Iglesia de Nuestra Señora del Rosario** (Calle 24, zwischen Calle 31 & 33; ⊘ Di–So 8–18 Uhr), auch Catedral de los Campos de Cuba genannt, ragt am alten Stadtplatz von Santa María del Rosario auf. Die Kirche wurde 1760 im klassischen Barockstil errichtet. Berühmt ist sie für ihren golden schimmernden Kirchenraum mit einem vergoldeten Mahagoni-Altar und mehreren nicht minder prachtvollen Seitenaltären im Stil des Churriguerismus. Sie ist unbestritten eines der schönsten Geheimnisse im Umland von Havanna. Und so kommt man dorthin: Am Capitolio in Centro Habana nimmt man den Metrobus P-7 nach Cotorro und dann den Bus 97, der von Guanabacoa nach Santa María del Rosario fährt.

Egrem Tienda de Música   MUSIK

(Calle 18 No 103, Miramar; ⊘ Mo–Sa 9–18 Uhr) Im grünen Miramar versteckt sich ein kleines CD-Geschäft just dort, wo sich die berühmten Tonstudios von Havanna befinden.

ℹ Praktische Informationen

GELD

Banco Financiero Internacional (Sierra Maestra Bldg, Ecke Av 1 & Calle 0, Miramar; ⊘ Mo–Fr 9–15 Uhr) Hier findet man einen Geldautomaten.

Cadeca Playa (📲 7-204-9087; Ecke Av 3 & Calle 70; ⊘ Mo–Sa 9–17, So 9–12 Uhr) und Miramar (Av 5a, zwischen Calle 40 & 42, Miramar; ⊘ Mo–Sa 9–17, So 9–12 Uhr) Praktische Wechselstube mit kurzen Warteschlangen.

MEDIZINISCHE VERSORGUNG

Clínica Central Cira García (📲 7-204-4300; Calle 20 No 4101; ⊘ Mo–Fr 9–16, Notfälle 24 Std.) Notaufnahme sowie zahnärztliche und ärztliche Behandlungen für Ausländer.

Farmacia Internacional Miramar (📲 7-204-4350; Ecke Calle 20 & 41, Playa; ⊘ 9–17.45 Uhr) Apotheke gegenüber der Clínica Central Cira García.

POST

DHL (Ecke Av 1 & Calle 26, Miramar; ⊘ Mo–Fr 8.30–18, Sa 8–14 Uhr) Wichtige Post sollte besser per DHL verschickt werden.

Post (Calle 42 No 112, zwischen Av 1 & 3, Miramar; ⊘ Mo–Fr 8–11.30 & 14–18, Sa 8–11.30 Uhr)

TOURISTENINFORMATION

Infotur (Ecke Av 5 & Calle 112, Playa; ⊘ Mo–Sa 8.30–12 & 12.30–17 Uhr) Ein überaus informatives Büro von Infotur in etwas seltsamer Lage.

ℹ An- & Weiterreise

AUTO

Cubacar unterhält Büros im **Hotel Meliá Habana** (📲 7-204-3236; ⊘ 9–17 Uhr) und an der **Marina Hemingway** (📲 7-835-0000; ⊘ 9–17 Uhr). Der Preis für den Leihwagen definiert sich durch den Autotyp und die Mietdauer – im Schnitt kann man von rund 70 CUC$ am Tag ausgehen. **Vía Rent a Car** (📲 7-204-3606; Ecke Av 47 & 36, Kohly; ⊘ 9–17 Uhr) unterhält ein Büro gegenüber vom Hotel el Bosque.

BUS

Die beste Möglichkeit, von Centro Habana und Vedado nach Playa zu gelangen, ist die Buslinie T1; auf dem Weg nach **La Cecilia** (S. 147) in der Avenida 5 in Cubanacán (Tagesticke 10 CUC$) führt sie an den meisten Sehenswürdigkeiten des Viertels vorbei. Viele Metrobusse fahren ebenfalls dorthin, machen allerdings Umwege durch verschiedene Wohnviertel; die Busse P-1 und P-10 sind am nützlichsten.

Regla & Guanabacoa

Regla und Guanabacoa sind zwei Kleinstädte an der Ostseite des Hafens von Havanna, die inzwischen von der Stadt geschluckt wurden. Die beiden gemütlichen, von Touristen kaum besuchten Kommunen haben sich ihre unabhängige Gesinnung und ihre individuelle Kultur bewahrt.

Doch damit nicht genug. Guanabacoa wird manchmal auch als *el pueblo embrujado* (das verhexte Dorf) bezeichnet, was seinen starken Santería-Traditionen geschuldet ist, während Regla – eine weitere Hochburg der Santería – in den 1950er-Jahren als Sierra Chiquita (Kleine Sierra, nach der Sierra Maestra) bekannt war – wegen des bolschewistischen Revolutionsgeistes.

◉ Sehenswertes

◉ Regla

★ Iglesia de
Nuestra Señora de Regla   KIRCHE
(◷7.30–18 Uhr) Auf eine lange und interessante Geschichte blickt die winzige, aber dennoch bedeutende Iglesia de Nuestra Señora de Regla zurück, sie liegt direkt bei der Bootsanlegestelle. Auf ihrem Hauptaltar steht *La Santísima Virgen de Regla*, eine von Katholiken sehr verehrte schwarze Madonna, die in der Religion der Santería mit Yemayá – *orisha* (Gottheit) des Meeres und Patronin der Matrosen (immer in Blau dargestellt) – verbunden wird. Laut der Legende wurde das Bildnis vom Heiligen Augustin im 5. Jh. geschnitzt. Ein Jünger soll sie 453 n. Chr. nach Spanien gebracht haben, um sie vor den Barbaren zu schützen. Das kleine Schiff, das das Bildnis transportierte, überstand einen Sturm in der Straße von Gibraltar und so avancierte die Figur zur Schutzherrin der Matrosen. Auch heute noch bitten Flüchtlinge, die auf Flößen und Booten die USA erreichen wollen, die Schwarze Jungfrau um Schutz während ihrer Flucht.

Ein Pilger namens Manuel Antonio errichtete hier 1687 einen Unterstand für eine Nachbildung der Madonna; dieser wurde jedoch 1692 durch einen Orkan zerstört. Ein paar Jahre später baute der Spanier Juan de Conyedo eine massivere Kapelle. 1714 ernannte man Nuestra Señora de Regla zur Schutzheiligen der Bahía de la Habana; 1957 wurde die Statue vom kubanischen Kardinal in der Kathedrale in Havanna gesegnet.

Jedes Jahr am 8. September pilgern Tausende Gläubige nach Regla, um den Tag der Schutzheiligen zu feiern, dabei wird ihr Bildnis in einer feierlichen Prozession durch die Straßen getragen.

Die heutige Kirche stammt aus dem frühen 19. Jh. und wird von Gläubigen beider Religionen gut besucht, die vor den zahlreichen Heiligenstatuen ihre Gebete sprechen. In Havanna gibt es wahrscheinlich keinen (öffentlichen) Ort, an dem man besser das Zusammenspiel von katholischem Glauben und afrikanischen Traditionen beobachten kann.

Museo Municipal de Regla   MUSEUM
(Martí No 158; 2 CUC$; ◷Mo–Sa 9–17, So 9–12 Uhr) Wer eigens hergekommen ist, um sich die Kirche von Regla anzuschauen, sollte auch diesem bedeutenden Museum einen Besuch abstatten. Dass es auf den ersten Blick so heruntergekommen wirkt, sollte niemanden abschrecken – innen warten diverse wertvolle Objekte.

Das Museum befindet sich vom Fähranleger aus gesehen ein paar Blocks die Hauptstraße hinauf. Es dokumentiert Reglas Geschichte und afrokubanische Religionen. Nicht versäumen sollte man die Palo-Monte-*ngangas* (eine Art Altar) und die tanzenden Abakuá-Figurinen mit Masken. Es gibt auch eine interessante, kleine Ausstellung über Remigio Herrero, dem ersten *babalawo* (Priester) von Regla, sowie eine bizarre Statue von Napoleon, dem die Nase fehlt.

Estatua de Cristo   MONUMENT
(Karte S. 114; Casablanca) Die Statue auf einer Anhöhe auf der Ostseite des Hafens lässt sich kaum übersehen. Sie ist ein Werk von Jilma Madera, das 1958 geschaffen wurde. Die Gattin von Präsident Batista gelobte, sie für ihren Mann zu errichten, nachdem der von den USA unterstützte Führer im März 1957 im Präsidentenpalast einen Anschlag überlebt hatte. Enthüllt wurde die Statue – eine Ironie des Schicksals – am Weihnachtstag 1958, eine Woche bevor der Diktator aus dem Land floh. Wenn man aus der Casablanca-Fähre aussteigt, geht man rund zehn Minuten die Straße bergauf, dann steht man auch schon vor diesem Denkmal.

Colina Lenin   MONUMENT
Vom Bootsanleger in Regla aus hält man sich geradeaus auf die Martí (Richtung Süden), geht am Parque Guaicanamar vorbei nach links auf die Albuquerque und dann nach rechts auf die 24 de Febrero, die Straße nach Guanabacoa. Etwa 1,5 km von der Fähre entfernt stößt man auf eine hohe Metalltreppe, den Zugang zur Colina Lenin. Ha-

vanna besitzt zwei Denkmäler für Vladimir Ilyich Ulyanov (besser bekannt als Lenin).

Dieses hier wurde 1924 von Reglas damaligem sozialistischem Bürgermeister Antonio Bosch in Gedenken an Lenins Tod im gleichen Jahr entworfen. Über dem gigantischen Abbild pflanzte Bosch einen Olivenbaum, um den sich sieben geschmeidige Figuren verteilen. Von der Bergspitze genießt man eine tolle Aussicht auf den Hafen.

Guanabacoa

Ermita de Potosí
KIRCHE

(Ecke Calzada Vieja Guanabacoa & Potosí; ⊙8–17 Uhr) Die älteste Kirche Kubas steht noch immer an ihrem Platz, doch aus unerklärlichen Gründen schaut kaum ein Tourist hier jemals vorbei. Das derzeitige Gebäude datiert etwa um 1675 und präsentiert sich in schlichtem *Mudéjar*-Design mit nur einem Glockenturm und einer Holzdecke. Die Ermita befindet sich in einem etwas unheimlichen Friedhof auf einem Hügel in Guanabacoa und ist, seit sie restauriert wurde, in bemerkenswert gutem Zustand.

Museo Municipal de Guanabacoa
MUSEUM

(Martí No 108; 2 CUC$; ⊙Di–Sa 9–17.30, So 9–13 Uhr) Das wichtigste Museum in Guanabacoa huldigt – wie das von Regla auch – der Santería, man muss allerdings über die ramponierten Einrichtungen und die lustlosen „Führer" hinwegsehen, um es zu würdigen.

Die Sammlung ist klein, aber fein. Die Säle sind den verschiedenen Santería-Gottheiten gewidmet, wobei dem *orisha* Elegguá ein besonderes Augenmerk gilt. Nicht minder faszinierend sind die seltenen Artefakte der Palo-Monte- und Abakuá-Religionen.

Das Museum hat weiter westlich in der Calle Martí noch einen Ableger, das **Museo de Mártires** (Martí No 320; ⊙Di–Sa 10–18, So 9–13 Uhr) GRATIS: hier sind historische Materialien ausgestellt, die für die Revolution und ihre lokalen „Märtyrer" von Bedeutung sind.

Iglesia de Guanabacoa
KIRCHE

(Ecke Pepe Antonio & Adolfo del Castillo Cadenas; ⊙Gemeindeamt Mo–Fr 8–11 & 14–17 Uhr) Die Kirche im Parque Martí mitten in Guanabacoa ist auch unter dem Namen Iglesia de Nuestra Señora de la Asunción bekannt. Sie wurde von Lorenzo Camacho entworfen und von 1721 bis 1748 mit einer maurisch beeinflussten Holzdecke errichtet.

 ## Essen

La Brisilla
KUBANISCH $$

(Cruz Verde, zwischen Santa Ana & Segui; Hauptgerichte 6–10 CUC$; ⊙12–24 Uhr) Das Restaurant, eines der wenigen in Privathand in Guanabacoa, ist nicht ausgeschildert und dementsprechend schwer auffindbar. Deshalb trifft man hier hauptsächliche auf kubanische Gäste. Seit den kulinarisch eigentlich nicht so verlockenden 1990er-Jahren hat sich hier hinsichtlich der Essenskultur allem Anschein nach kaum etwas verändert. Man muss auf Spanisch nach dem Weg fragen, um dorthin zu finden, aber wer es dann geschafft hat, wird über das Kaninchen in Rotwein oder über den saftigen Hummer ebenso erfreut wie überrascht sein. Das Brisilla in der Calle Cruz Verde befindet sich in einem schönen Gebäude mit Steinfassade und zwei Löwen auf der Brüstung.

 ## Ausgehen & Nachtleben

Centro Cultural Recreativo los Orishas
BAR

(☎7-794-7878; Martí No 175, zwischen Lamas & Cruz Verde; ⊙10–2 Uhr) Das Bar-Restaurant befindet sich in der Hochburg von Havannas Santería-Gemeinde in Guanabacoa. Hier wird am Wochenende Live-Rumba gespielt, außerdem gastiert das Conjunto Folklórico Nacional regelmäßig im Centro Cultural. Das Programm wurde in letzter Zeit allerdings reduziert. Die von einer Mauer umgebene Bar im Garten wird von afrokubanischen Skulpturen gesäumt, die verschiedene Santería-Gottheiten darstellen.

An- & Weiterreise

BUS

Der Metrobus P-15 fährt vom Parque de la Fraternidad in Centro Habana nach Regla und Guanabacoa; unterwegs hält er am Hauptbusbahnhof in Habana Vieja.

FÄHRE

Regla lässt sich problemlos mit der Personenfähre (0,25 CUC$) erreichen, die im 20-Minuten-Takt am **Emboque de Luz** (S. 135) an der Kreuzung San Pedro/Santa Clara in Habana Vieja ablegt. Die Mitnahme von Fahrrädern wird problemlos akzeptiert, wenn man sich in einer extra Schlange anstellt, die zuerst an Bord geht.

ZU FUSS

Man kann von Regla, wo die Fähre von Havanna nach Guanabacoa (und in die Gegenrichtung) anlegt, in rund 45 Minuten bergauf gehen; unterwegs kommt man am Colina-Lenin-Monument vorbei.

Parque Lenin & Umgebung

Die wenig besuchten Vorstädte fächern sich an drei Seiten der Innenstadt von Havanna auf. Hier verstecken sich eine Handvoll ganz unterschiedlicher Sehenswürdigkeiten, deren Besuch zusammengefasst einen interessanten Ganz- oder Halbtagsausflug vom Zentrum aus ergibt.

Santiago de las Vegas und Santa María del Rosario sind ehemals ländliche Siedlungen, die in die Metropole eingegliedert wurden, was an ihrer verschlafenen Atmosphäre jedoch nicht viel geändert hat.

San Francisco de Paula vermarktet seine Verbindungen zu seinem berühmten ehemaligen Bewohner Ernest Hemingway.

Arroyo Naranjo bietet die größte Grünfläche der Stadt, den Parque Lenin; außerdem lockt hier der weitläufige Botanische Garten.

⊙ Sehenswertes

★ Museo Hemingway   MUSEUM
(☎ 7-692-0176; Ecke Vigía & Singer; 5 CUC$; ⊙ Mo–Sa 10–16.30 Uhr) 1940 kaufte der amerikanische Romancier Ernest Hemingway die Finca la Vigía, eine Villa auf einem Hügel in San Francisco de Paula, rund 15 km südöstlich von Havanna. Dort lebte er insgesamt 20 Jahre. Als er 1960, kurz nach dem Castro-Revolution, müde und deprimiert in die USA zurückkehrte, war er so großzügig, das Haus dem kubanischen Volk zu schenken. Sein Wohnhaus ist heute ein Museum, in dem sich seit Hemingways Abreise kaum etwas geändert hat.

Um zu vermeiden, dass die Objekte Schaden nehmen, dürfen Besucher das Haus (La Casona) nicht betreten. Es gibt jedoch genügend offene Türen und Fenster, die einen guten Blick in Papa Hemingways Reich gewähren. Alle Räume sind mit Büchern vollgestopft – sogar neben der Toilette liegen welche. Interessant ist die umfangreiche Sammlung von Schallplatten und Plattenspielern sowie die vielen ausgestopften Tierköpfe – alles Jagdtrophäen des einstigen Großwildjägers.

Der dreistöckige Turm neben dem Haupthaus beherbergt eine winzige Schreibmaschine, ein Fernrohr und eine gemütliche Liege; von hier aus bietet sich ein inspirierender Blick gen Norden auf die Stadt in der Ferne. Auf dem bewaldeten Grundstück befinden sich der Pool (in dem Ava Gardner einst ein Nacktbad nahm), ein Platz für Hahnenkämpfe sowie Hemingways geliebtes Fischerboot *Pilar*, das nun dort liegt, wo sich einst sein Tennisplatz befand.

Die Anfahrt nach San Francisco de Paula: Man nimmt den Metrobus P-7 (Alberro) am Parque de la Fraternidad in Centro Habana und sagt dem Fahrer, dass man zum Hemingway-Museum möchte. Dann steigt man in San Miguel del Padrón aus. Der Eingang zum Haus befindet sich in der Calle Vigía, 200 m östlich der Hauptstraße Calzada de Guines.

Jardín
Botánico Nacional   BOTANISCHER GARTEN
(Carretera del Rocio; 4 CUC$; ⊙ Mi–So 10–17 Uhr) Der aus unerfindlichen Gründen wenig besuchte, 600 ha große Botanische Garten der Stadt leidet unter seiner Lage außerhalb des Zentrums und der schlechten Verkehrsanbindung – am besten nimmt man ein Taxi dorthin. Er öffnete nach 16 Jahren Projektierung 1984 seine Pforten und wird für seine Sammlung an 250 Palmenarten, für die Ausstellung von ethno-botanischen Feldfrüchten und für den beschaulichen Japanischen Garten (1992) hochgelobt. Die Anlage erkundet man entweder im Rahmen einer mehrsprachigen Führung in einem Minizug (der weniger schäbig ist, als er klingt) oder auf eigene Faust mit dem eigenen Fahrzeug. In diesem Fall steigt der Führer dann zu.

Von November bis Februar ist der Garten eine tolle Möglichkeit, die durchziehenden Zugvögel zu beobachten.

Bekannt ist er auch für sein vegetarisches Restaurante el Bambú (S. 153), in dem täglich ein fleischloses Büfett angeboten wird. Außerdem gibt es noch einen separaten *ranchón*, in dem Gästen mit einem Faible für Fleisch die entsprechenden Gerichte serviert werden.

Santuario de San Lázaro   KIRCHE
(Carretera San Antonio de los Baños; ⊙ 7–18 Uhr) Zu Kubas größtem alljährlichen Pilgerziel kann man alleine hinausfahren. Die Kirche liegt etwas versteckt in Havannas Vorort Rincón, der sich seinen dörflichen Charakter bis heute bewahrt hat. Der Heilige im Kircheninneren ist San Lázaro (in der Santería-Religion vom *orisha* Babalú Ayé repräsentiert), der Schutzpatron und Heiler der Kranken.

Hunderte von Gläubigen pilgern täglich dorthin, um Kerzen anzuzünden und Blumen niederzulegen. Und Tausende strömen am 17. Dezember herbei, um für die Heilung von einer Krankheit zu beten oder um sich für eine Genesung zu bedanken.

In einer Kapelle nebenan sind viele der Opfergaben ausgestellt, die San Lázaro bereits erhalten hat.

Parque Lenin   PARK

(⊙unterschiedl. Öffnungszeiten) Der Parque Lenin im Bezirk Arroyo Naranjo (20 km südlich von Centro Havana) ist das größte Erholungsgebiet der Stadt. Die Parkanlage wurde zwischen 1969 und 1972 auf Anordnung von Celia Sánchez angelegt, einer langjährigen Verbündeten Fidel Castros; er zählt zu den wenigen Errungenschaften in Havanna aus dieser Epoche.

Das 670 ha große grüne Parkareal mit wunderschönen alten Bäumen erstreckt sich um den künstlichen See Embalse Paso Sequito. Er liegt gleich westlich vom erheblich größeren Stausees Embalse Ejército Rebelde, der durch das Aufstauen de Río Almendares entstanden ist.

Der Park als solcher ist sehr attraktiv, die Einrichtungen allerdings seit den 1990er-Jahren arg heruntergekommen. Taxifahrer beklagen, dass hier alles *muy abandonado* (sehr verlassen) sei und erinnern sich mit nostalgischen Gefühlen an die Zeit, als „der Lenin" noch als idyllisches Refugium für jede Menge vergnügungssüchtige Familien am Wochenende diente.

Heute wirkt der Park vernachlässigt und hat schon fast etwas Surreales an sich. Abhilfe ist seit Langem versprochen, doch meist wird nur geredet, und es folgen keine Taten. Momentan ist etwas von Investoren aus China durchgesickert, aber es handelt sich um eine riesige Aufgabe, die meilenweit von ihrer Vollendung entfernt ist. Rund 95 % der derzeitigen Besucher sind Kubaner, die überwiegend am Wochenende vorbeikommen.

Die meisten Attraktionen im Park sind dienstags bis samstags von 9 bis 17 Uhr geöffnet; für den Park selbst wird kein Eintritt verlangt. Manchmal besteht die Möglichkeit, am Embalse Paso Sequito ein Ruderboot zu mieten. Auch Ausritte sind beliebt; die Pferde sollte man allerdings beim Centro Ecuestre (s. rechts) mieten und nicht bei den Heerscharen von Schleppern, die am Eingang herumhängen und oft ihre misshandelte Tiere anbieten.

Und so kommt man hin: Der Metrobus P-13 hält relativ nah am Park, man muss jedoch zunächst nach Vibora fahren. Dorthin gelangt man am besten mit dem P-9, der in Vedado in der Calle 23/Ecke Calle L abfährt.

Mausoleo de Antonio Maceo   MONUMENT

GRATIS Oben auf einem Hügel in El Cacahual, 8 km südlich vom Aeropuerto Internacional José Martí via Santiago de las Vegas, befindet sich das wenig besuchte Mausoleum der Kultfigur der kubanischen Unabhängigkeit: General Antonio Maceo. Er kam am 7. Dezember 1896 in der Schlacht von San Pedro in der Nähe von Bauta ums Leben. Ein Pavillon im Freien neben dem Mausoleum beherbergt eine Ausstellung zur Geschichte des Mausoleums.

🏃 Aktivitäten

Centro Ecuestre   REITEN

(Parque Lenin; ⊙9–17 Uhr) Die Reitställe in der Nordwestecke des Parque Lenin werden von der Umweltorganisation Flora y Fauna geführt. Im Allgemeinen bietet ihr Reitstall Ausritte für etwa 12 CUC$ pro Stunde an. Wer im Park reiten möchte, sollte sich an dieses Unternehmen wenden und nicht an die Schlepper am Parkeingang, die ihre Pferde häufig schlecht behandeln.

Club de Golf la Habana   GOLF

(Carretera de Venta, Km 8 Reparto Capdevila, Boyeros; ⊙8–20 Uhr, Kegelbahn 12–23 Uhr) Der Golfplatz zwischen Vedado und dem Flughafen ist einer von gerade einmal zwei Plätzen in Kuba. Er ist eine Kuriosität wie auch eine Gelegenheit, das Eisen 9 zu schwingen. Die neun Löcher verteilen sich über einen ramponiert-rissigen Par-35-Platz. Die Green Fees liegen bei 20 CUC$ für neun Löcher; Schläger, Cart und Caddy kosten extra. Zur Clubanlage gehören auch Tennisplätze und eine Kegelbahn.

Der von ein paar britischen Diplomaten in den 1920er-Jahren gegründete Golfclub hieß ursprünglich Rover's Athletic Club. Bis heute setzt sich die Klientel überwiegend aus Mitgliedern des diplomatischen Corps zusammen. Fidel Castro und Che Guevara spielten hier kurz nach der Kubakrise 1962 eine medienwirksame Runde Golf. Die Fotos von diesem Ereignis stehen bis heute hoch im Kurs. Che – ein Ex-Caddy – soll damals gewonnen haben.

Aufgrund der schlechten Ausschilderung ist der Club nur schwer zu finden; sogar die meisten Taxifahrer verirren sich auf der Suche nach ihm. Am besten erkundigt man sich bei einem Einheimischen, wie man zum *golfito* oder Diplo Golf Club gelangt.

 Essen

La Ceiba
PARRILLA $

(Ecke Av San Francisco & Primer Anillo de la Habana; Hauptgerichte 75–150 MN$; ⊙11.30–21.45 Uhr) Das La Ceiba ist ein *ranchón* mit Reetdach am Nordeingang des Parque Lenin, dort, wo die Pferdeschlepper sich sammeln. Das Lokal lohnt den Besuch wegen der *parrillada* (riesige Grillfete): Es ist unterhaltsam, bei einem eiskalten Bier zuzuschauen, wie von den ausgewählten Fleischstücken der aromatische Rauch aufsteigt. Hier ist alles billig, einfach und noch sehr kubanisch.

Casa 1740
KUBANISCH $

(María Capote, Parque Lenin; Hauptgerichte 50–70 MN$; ⊙Mi–So 9–17 Uhr) Die Casa 1740, eines der ruhigeren Lokale im Parque Lenin, befindet sich in einem kleinen Haus südlich des Sees. Hier sorgt die Klimaanlage für so frische Temperaturen, dass man denken könnte, einen kühlen Tag in Skandinavien zu verbringen.

Das Essen ist unverschnörkelte *comida criolla* (kreolisches Essen). Mit der *ropa vieja* (Rindergeschnetzeltes) für 60 MN$ (2,40 CUC$) kann man auf alle Fälle nichts falsch machen.

Restaurante el Bambú
VEGETARISCH $$

(Jardín Botánico Nacional; Büfett 12 CUC$; ⊙13–15 Uhr; ✏) Das vegetarische Restaurant war früher das Einzige seiner Art in Havanna und macht sich schon seit Langem für die Vorteile der fleischlosen Kost stark (ein schwieriges Unterfangen in Anbetracht der Herausforderungen, die sich durch die Wirtschaft in Kuba stellen). Das All-you-can-eat-Mittagsbüfett wird im Freien angerichtet, und zwar inmitten des Botanischen Gartens. Die schöne Lage in der Natur entspricht den leckeren Vollwertgerichten. Probieren sollte man die Suppen und Salate, das Wurzelgemüse, Tamales und den Auberginenkaviar.

Las Ruinas
KARIBISCH $$

(Cortina de la Presa, Parque Lenin; Hauptgerichte 6–10 CUC$; ⊙Di–So 11–24 Uhr) Das früher für seine Architektur – ein modernistisches Gebäude, das in die Ruinen einer Zuckermühle integriert wurde – berühmte Las Ruinas ist seit 2010 selbst zur Ruine verkommen. Während der Recherchen wurde gerade daran gearbeitet, das Lokal – und das Essen! – etwas aufzupeppen und die auffälligen Buntglasfenster des kubanischen Künstlers René Portocarrero zu restaurieren.

☆ Unterhaltung

Rodeo Nacional
RODEO

(☑7-643-8089; Parque Lenin; ⊙So 16 Uhr) In dieser Arena im Parque Lenin findet sonntags (allerdings nicht jeden Sonntag, deshalb nachfragen) das größte Rodeo Kubas statt. Die Veranstaltungen locken in Kuba nur wenige Touristen an, sind aber typisch kubanisch und vermitteln somit einen guten Einblick in die Kultur auf dem Land.

Das größte Rodeo, die Feria Internacional Agropecuaria de Rancho Boyeros, findet immer im März statt.

ⓘ An- & Weiterreise

BUS

Der Metrobus P-12, der am Parque de la Fraternidad losfährt, und Buslinie P-16, die vor dem Hospital Nacional Hermanos Ameijeiras gleich beim Malecón startet, fahren nach Santiago de las Vegas. Nach San Francisco de Paula (mit Museo Hemingway) gelangt man mit dem Metrobus P-7 (Alberro) ab dem Parque de la Fraternidad in Centro Habana. Man sagt dem Fahrer, dass man zum Museum möchte, und steigt dann in San Miguel del Padrón aus. Der Bus P-13 hält ziemlich nah am Parque Lenin, allerdings muss man zunächst nach Vibora fahren, wo der Bus P-13 abfährt. Dazu nimmt man am besten den P-9 in der Calle 23 auf Höhe der Calle L in Vedado.

TAXI

Ein Taxi in die Außenbezirke von Havanna kostet 15 bis 25 CUC$, abhängig vom Fahrziel.

Habana del Este

In Habana del Este erstrecken sich die Playas del Este, eine bunte, wenn auch etwas ungepflegte Abfolge von Stränden. Die 18 km östlich von Habana Vieja gelegenen Strände sind eigentlich herrlich, die zugehörigen Resorts allerdings nicht gerade als luxuriös zu bezeichnen. Dadurch haftet den Playas del Este ein etwas veraltetes und verlassenes Flair an, und so mancher Strandfan wird die scheußlichen Hotelklötze im sowjetischen Stil mehr als nur unerfreulich finden. Wer allerdings keinen Wert auf moderne Touristeneinrichtungen legt oder einfach gerne einmal sehen möchte, wo die Kubaner

Playas del Este

Playas del Este

Schlafen
1 Bravo Club Hotel Arenal B2
2 Gilberto & Blanca..............................F2
3 Hostal Elena Morina F3
4 Hostal Las Terrazas de Teresa F2

Essen
5 Chicken Little....................................H2
6 El Cubano...E2
7 Il Piccolo H1
8 Mi Cayito A1
9 Restaurante 421................................E3

Ausgehen & Nachtleben
10 Bar Luna...G2
11 Cabaret Guanimar E2

ihre Freizeit verbringen und ihren Spaß haben, wird die Playas del Este recht interessant finden. Die angenehm frische Brise gibt es sowieso gratis dazu.

Sehenswertes

Dem Osten Havannas fehlt es an besonderen Sehenswürdigkeiten, hier sind die bunten Strände der Hauptanziehungspunkt. Dabei handelt es sich um eine 15 km lange Abfolge von Stränden, die sich von Westen

nach Osten erstrecken und Bacuranao, Tarará, El Mégano, Santa María del Mar, Boca Ciega und Guanabo heißen.

Cojímar · GEBIET
Rund 10 km östlich von Havanna liegt das kleine Hafenstädtchen Cojímar. Berühmtheit erlangte es, weil in den 1940er- und 1950er-Jahren dort Ernest Hemingways Fischerboot *El Pilar* vor Anker lag. Heute ist der Ort ein obligatorischer Zwischenstopp auf jeder Hemingway-war-da-Exkursion. Die Gruppen kommen vor allem, um dem historischen, aber eher mittelmäßigen Restaurante la Terraza (S. 156) einen Besuch abzustatten, in dem Ernesto einst seine Daiquiris trank.

Der Torreón de Cojímar (1649) am Hafen ist ein altes spanisches Fort, in dem momentan die kubanische Küstenwache stationiert ist. Das Fort war die erste Wehranlage, die von den Briten eingenommen wurde, als sie Havanna 1762 von hinten angriffen. Neben dem Turm und eingerahmt von einem neoklassizistischen Bogen befindet sich eine vergoldete Büste Ernest Hemingways, die von den Anwohnern 1962 aufgestellt wurde.

Alamar · GEBIET
Jenseits des Flusses befindet sich östlich von Cojímar eine große Wohnanlage aus

Fertigbau-Apartmentblocks aus dem Jahr 1971, die von den *micro brigadas* (kleine Arbeitsbrigaden, die vor der Revolution Wohnraum bauten) errichtet wurden. Hier steht auch die Wiege des kubanischen Rap, das alljährliche Hip-Hop-Festival wird bis heute immer hier abgehalten. Außerdem liegt hier die größte und erfolgreichste städtische landwirtschaftliche Gartenanlage Kubas, der Organopónico Vivero Alamar.

🏃 Aktivitäten

Havana Kiteboarding Club   KITESURFEN
(📞58-04-96-56; www.havanakite.com; Plaza Cobre, zwischen 12 & 14, Tarará) In Tarará, wo die Bedingungen zum Kiteboarden hervorragend sind, bietet dieses Unternehmen unter italienischer Leitung Unterricht (2 Std. 155 CUC$) sowie einen Boardverleih (Std. 60 CUC$) an. Außerdem lassen sich Pauschalangebote mit Unterkunft in der Villa Tarará (S. 156) gleich nebenan arrangieren.

Marlin Náutica Tarará   WASSERSPORT
(📞7-796-0240; Ecke Av 8 & Calle 17, Tarará) In der Marina Tarará, 22 km östlich von Havanna, stehen Jachtcharter, Hochseefischen und Flaschen-Tauchen auf dem Programm. Im Allgemeinen ist es einfacher, diese Aktivitäten an einem Ausflugsschalter im Hotel in Havanna zu organisieren, bevor man loszieht. Die Preise entsprechen in etwa denen der Marina Hemingway.

🛏 Schlafen

🛏 Guanabo

Gilberto & Blanca   CASA PARTICULAR $
(📞7-796-2171; gilberto@nauta.cu; Av 5 No 47012, zwischen Calle 470 & 472; EZ/DZ 25/35 CUC$; ❄) Der hübsche Bungalow in der Hauptstraße von Guanabo gehört einem netten Rentnerehepaar. Zur Auswahl stehen vier Zimmer, die sich zwei Gemeinschaftsbäder teilen. Eine ideale Unterkunft für Familien oder Gruppen.

Hostal
Las Terrazas de Teresa   CASA PARTICULAR $
(📞7-796-6860; Calle 472 No 7B07, zwischen Av 7b & 9; Apt. 35 CUC$; 🅿❄) Die drei Zimmer hier sind eigentlich Mini-Apartments mit eigener Küche und Essbereich. Teresa hat viel Arbeit in die Renovierung ihres Hauses gesteckt, sodass das graue Ziegelmauerwerk den geräumigen Zimmern einen attraktiven Glanz verleiht. Die Terrassen auf verschiedenen Ebenen sind ein herrlicher Ort, um mit einem Drink in der Hand zu entspannen.

Hostal Elena Morina
CASA PARTICULAR $

(☎ 7-796-7975; Calle 472 No 7B11, zwischen Av 7b & 9; Zi. 30 CUC$; P ✱) *Hay Perro* steht auf dem Schild, aber keine Sorge, der Pitbull, der hier wohnt, ist wirklich freundlich (Ehrenwort!) – was auch für die Gastgeberin Elena gilt, die früher in Italien lebte (entsprechend gut ist der Kaffee). Die fünf ordentlichen Zimmer mit begrüntem Patio liegen ein paar Blocks vom Strand entfernt.

🛏 Playas del Este

Villa Tarará
BUNGALOW $

(☎ 7-798-2072; Via Blanca Km 16; 1/2/3/4-Bett-Bungalows 62/71/98/108 CUC$) Die Villa Tarará gehört zu einer am Reißbrett entworfenen Resortstadt, die in den 1940er-Jahren errichtet wurde und seitdem verschiedene Reinkarnationen erlebt hat (Che Guevara lebte früher einmal hier). Sie liegt 16 km östlich von Havanna an einem schönen Strandabschnitt neben dem Jachthafen und besteht aus unzähligen Strandhäusern unterschiedlicher Größe und Qualität.

Aber Achtung: Das ist kein typisches Urlaubsresort! Es gibt hier keine guten Restaurants, nur wenige Unterhaltungsangebote und eine etwas einschläfernde, verlassene Atmosphäre innerhalb der Anlage. Das Resort ist jedoch ein guter Standort für Kiter – der Havana Kiteboarding Club (S. 155) liegt gleich in der Nähe am Strand, Wind und Wellen sind hier perfekt.

Hotel Tropicoco
RESORT $$

(☎ 7-797-1371; Ecke Av de las Terrazas & Av de las Banderas; EZ/DZ/3BZ all-inclusive 79/122/163 CUC$; P ✱ @ ≋) Das von Cubanacán gemanagte Resort bemüht sich sehr, das auf Grund gelaufene Schiff wieder in Schwung zu bringen. Jedenfalls ist das blaue Monstrum innen wie außen ein architektonisches Fiasko. Da bekommt manch einer Mitleid mit den armen Gästen, die das Resort ahnungslos über das Internet gebucht haben, ohne sich vorab die Fotos angeschaut zu haben. Für Unerschrockene gibt es nur einen einzigen Grund, sich hier einzuquartieren – der billige Preis sowie die gute Lage: am Strand ist man in Nullkommanichts.

Bravo Club Hotel Arenal
RESORT $$$

(☎ 7-797-1272; Laguna Boca Ciega; EZ/DZ/3BZ all-inclusive 150/250/320 CUC$; P ✱ @ 🛜 ≋) Nach einer Kunstpause von sechs Jahren hat sich das Arenal als bestes Hotel an den Playas del Este etabliert (was allerdings nicht viel zu sagen hat). Es liegt an einer kleinen Lagune, zum schönen Strand gelangt man über einen Steg. Allerdings fehlt hier das Flair der nördlichen *cayos* von Kuba, wobei der etwas strittigen Architektur zumindest eine kleine Verschönerung zuteil wurde. Die Gäste kommen überwiegend aus Italien.

Complejo Atlántico – Las Terrazas
APARTMENT, HOTEL $$$

(☎ 7-797-1494; Av de las Terrazas, zwischen Calle 11 & 12; EZ/DZ/3BZ all-inclusive 116/250/320 CUC$; P ✱ @ ≋) Die Anlage, die sich aus einem Strandhotel und einem alten Apartmenthotel zusammensetzt, bietet rund 60 Apartments (mit Kochnische), außerdem das mittelprächtige Atlántico Hotel, eines von insgesamt drei All-inclusive-Hotels in Havanna. Die Zimmer sind sauber, und der Strand wunderschön, aber Achtung: Im feudalen Varadero befindet man sich hier nicht. Also nicht mit überzogenen Erwartungen anreisen.

🍴 Essen

🍴 Cojímar

Restaurante la Terraza
MEERESFRÜCHTE $$

(Calle 152 No 161; Mahlzeiten 7–15 CUC$; ⊕ 12–23 Uhr) Das Restaurante la Terraza, ein weiterer mit Fotos verzierter Tempel, der dem Geist Hemingways huldigt, hat sich auf Meeresfrüchte spezialisiert und macht ein Bombengeschäft mit den Busladungen voller Papa-Ernest-Fans, die täglich herangekarrt werden. Das Essen ist erstaunlich mittelmäßig, das Speisezimmer mit Terrasse und Blick auf die Bucht jedoch sehr schön. Mehr Flair hat die alte Bar vorne, in der die Mojitos noch nicht die Preise vom El Floridita erreicht haben.

🍴 Guanabo

⭐ Il Piccolo
ITALIENISCH $$

(☎ 7-796-4300; Ecke Av 5 & Calle 502; Pizzas 7–9 CUC$; ⊕ 12–23 Uhr) Das Restaurant der alten Schule in Privathand in Guanabo existiert schon seit ewigen Zeiten und gilt unter den *habaneros* als eine Art offenes Geheimnis – sie halten jedenfalls die knusprige Holzofenpizza für die beste in ganz Kuba. Das Restaurant, das etwas abseits vom Schuss liegt und auch einen Tick teurer ist als die zahlreichen anderen Pizzalokale in Playas del Este, ist die Anfahrt wirklich wert (man kann auch ab der Avenida 5 eine Pferdekutsche dorthin nehmen).

Restaurante 421　　INTERNATIONAL, KUBANISCH $$

(✆53-05-69-00; Calle 462 No 911, zwischen Av 9 & 11; Hauptgerichte 5–12 CUC$; ⊙9–1 Uhr) Wer einen Einheimischen in Guanabo nach seinen Essensvorlieben fragt, wird vermutlich schnurstracks hinter dem Kreisverkehr zu diesem neueren Lokal den Berg hinaufgeschickt. Es bietet eine erstaunlich breite Auswahl an kubanischen Traditionsgerichten, aber auch internationale Speisen wie Paella und die unvermeidliche Pizza findet man auf der Karte. Die Gäste haben die Wahl zwischen Tischen im Haus oder im Freien und kommen in den Genuss eines aufmerksamen Service inmitten einer perfekten Mischung aus leckerem Essen und interessanten Leuten.

Chicken Little　　INTERNATIONAL $$

(✆7-796-2351; Calle 504 No 5815, zwischen Calle 5b & 5c; Hauptgerichte 6–9 CUC$; ⊙12–23 Uhr) Der kitschige Name sei dem Lokal verziehen, denn das Restaurant könnte noch groß herauskommen. Das Luxuslokal straft das vergammelte Image, das Guanabo anhaftet, jedenfalls Lügen. Hier gibt es höfliche Mitarbeiter, die den ankommenden Gästen einen Willkommenscocktail servieren und sie anschließend bei der Auswahl der Gerichte auf der Speisekarte beraten. Auf dieser finden sich Pesto-Hühnchen, Hühnchen in Orangen-Honig-Soße und superleckerer Hummer.

El Cubano　　KUBANISCH $$

(✆7-796-4061; Av 5, zwischen Calle 456 & 458; Hauptgerichte 6–9 CUC$; ⊙11–24 Uhr) Das Restaurant am westlichen Ende von Boca Ciega in Guanabo ist wirklich tipptopp. Das Weinregal ist gut gefüllt (edle Tropfen aus Frankreich und Kalifornien), auf den Tischen liegen Karotischdecken, und das Cordon bleu vom Huhn ist köstlich. Ab 22 Uhr findet allabendlich eine Disko statt.

🍴 Playas del Este

Mi Cayito　　KUBANISCH $

(✆7-797-1339; Av de las Terrazas, Itabo; Hauptgerichte 4–8 CUC$; ⊙10–18 Uhr) Das kleine Bar-Restaurant lässt sich über einen erhöhten Steg an der Laguna Itabo erreichen, die kleine Lagune grenzt an die Playa Boca Ciega. Das Lokal hat eine ruhige Lage mitten

in der Natur, auf den Tisch kommt solides, aber unspektakuläres kubanisches Essen.

Don Pepe　　MEERESFRÜCHTE $

(Av de las Terrazas; Hauptgerichte 5–7 CUC$; ⊙10–23 Uhr) Wer keinen Appetit mehr auf Pizza in Guanabo hat, sollte diesem reetgedeckten Restaurant im Stil eines Strandlokals einen Besuch abstatten. Es liegt 50 m vom Sandstrand entfernt und hat sich auf Meeresfrüchte spezialisiert.

🍷 Ausgehen & Nachtleben

Bar Luna　　BAR

(Av 5, zwischen Calle 482 & 484; ⊙8–3 Uhr) Die neue Bar Luna in Privathand ist gleichzeitig ein Restaurant, doch dank der schön erleuchteten Räumlichkeiten und der Terrasse im Freien an der Straße bietet sie sich eher für einen Drink und einen abendlichen Besuch an. Und da dies nun mal Guanabo ist, kann man sich darauf einstellen, hier jede Menge älticher Ausländer in Begleitung einer jungen Kubanerin zu treffen.

Cabaret Guanimar　　CLUB

(Ecke Av 5 & Calle 468; ⊙Di–Sa 21–3 Uhr) Der Club im Freien in Guanabo ist eigentlich nur eine Diskothek mit Tanzshow (um 23 Uhr) und einem enormen Aufgebot an *jintero/as* (männlichen und weiblichen Prostituierten). Im Tropicana ist man hier jedenfalls nicht. Der Eintritt kostet pro Paar 10 CUC$.

☆ Unterhaltung

Centro Cultural Enguayabera　　KUNSTZENTRUM

(Calle 162, zwischen Avs 7a & 7b, Alamar; ⊙9–23 Uhr) Das neue, staatlich geförderte Gemeindeprojekt im bescheidenen Alamar zeigt sich von der Fábrica de Arte Cubano (S. 125) in Vedado inspiriert. Es befindet sich in einer ehemaligen Hemdenfabrik, die in den 1990er-Jahren aufgelassen wurde und dann zu einer Müllhalde und einem Pissoir verkam.

Heute beherbergt das Zentrum diverse flippige Locations unter seinen kulturellen Fittichen, darunter drei kleine Kinos, ein Literaturcafé, ein Theater und ein Geschäft für Kunsthandwerk. Das Zentrum bedeutet eine willkommene Finanzspritze für das oft vergessene Alamar mit seinen scheußlichen Wohnblocks aus den 1970er-Jahren, in denen der kubanische Hip-Hop entstand; heute kann man in Alamar auf die Förderung von kreativen Künstlern konzentrieren.

Das Zentrum kostet keinen Eintritt und bietet WLAN.

REVOLUTIONÄRE FOTOGRAFEN

Ein Großteil der Romantik der kubanischen Revolution beruht auf den Dokumentarfotos, die diese Geschichte erzählen. Wer in Havanna in einen x-beliebigen Andenkenladen geht, bekommt eine attraktive Auswahl an Schwarz-Weiß-Reproduktionen in Form von Postern und Postkarten zu sehen. Da gibt es Fidel Castro, der gerade in der Schweinebucht aus einem Panzer springt, Che Guevara, der cool eine Zigarre raucht, und Fidel und Hemingway tête-à-tête bei einem Angelwettbewerb in Havanna. Diese eingängigen Fotos, die vor Propaganda allerdings nur so strotzen, waren das Werk von vier großen kubanischen Fotografen, die Fidel Castro alle sehr nahestanden.

Am renommiertesten war Alberto Korda, dessen internationaler Ruhm eigentlich auf einem Bild beruht: seinem symbolträchtigen und oft kopierten Foto aus dem Jahr 1960, das Che Guevara in einer Fliegerjacke mit Barett zeigt, den Blick ärgerlich in die Ferne gerichtet. Das Foto wurde beim Begräbnis der Opfer eines Bombenangriffs auf den Hafen von Havanna aufgenommen (daher Guevaras verärgerter Gesichtsausdruck); es scheint den aufkeimenden Revolutionsgeist in Kuba zu verkörpern und wurde von der Linken auf der ganzen Welt rasch aufgegriffen. Schließlich entwickelte es sich zu einem der meistkopierten Fotos des 20. Jhs.

Ende der 1950er-Jahre freundete sich Alberto Korda eng mit Fidel Castro an und folgte ihm überallhin, so auch 1959 in die USA. Ein weiterer Fotograf auf dieser Reise war Raúl Corrales, ein eingeschworener Kommunist, dessen künstlerische Aufnahmen subtiler und spontaner waren, allerdings nicht die Berühmtheit der Fotos von Korda erlangten.

Der Dritte im Bunde war der kubanische Fotograf Osvaldo Salas, der vom jungen Hitzkopf beeindruckt war und nach der Revolution 1959 nach Kuba zurückkehrte. Mit von der Partie war auch sein Sohn Roberto; er avancierte zu einem der offiziellen Fotografen der kubanischen Regierung.

Viele der Fotos von der kubanischen Revolution waren gestellt. Die Aufnahme eines Trupps bärtiger Guerillas hoch zu Ross von Corrales war die nachgestellte Szene einer Schlacht während des Unabhängigkeitskriegs 1895. Eine Serie mit dem Titel „Fidel kehrt in die Sierra Maestra zurück" wurde in den 1960er-Jahren von Fidel Castro und Alberto Korda für die kubanische Zeitung Revolución arrangiert. Dennoch ist der Einfluss dieser Fotografien ungebrochen. Kordas Kultfoto von Che ziert noch heute Münzen, Geldscheine und Touristen-T-Shirts; die Darstellung von Fidel, Che und Camilo Cienfuegos ist so ziemlich überall präsent – man findet sie auf revolutionären Werbepostern, aber auch in der Pop-Art von Raúl Martínez.

ℹ Praktische Informationen

GELD

Banco de Crédito y Comercio (Paseo Panamericano; ⊗ Mo–Fr 8.30–15, Sa bis 11 Uhr) Hier kann man Geld wechseln und bekommt Barauszahlungen.

Banco Popular de Ahorro (Av 5 No 47810, zwischen Calle 478 & 480; ⊗ Mo–Fr 9–15 Uhr) In Guanabo; hat einen Geldautomaten.

Cadeca (Av 5 No 47612, zwischen Calle 476 & 478; ⊗ 8–18 Uhr)

MEDIZINISCHE VERSORGUNG

Apotheke (☎ 7-796-7146; Ecke Av 5, zwischen Calle 472 & 474; ⊗ Mo–Fr 9–18 Uhr) Die Apotheke in Guanabo bietet nur eine Grundversorgung.

POST

Post (Av 5, zwischen Calle 490 & 492; ⊗ Mo–Sa 9–17 Uhr)

TOURISTENINFORMATION

Infotur (Av de las Terrazas, Edificio los Corales, zwischen Calle 10 & 11; ⊗ 8.15–16.15 Uhr) Hilfreiche Touristeninformation gleich hinter der Playa Santa María del Mar.

Infotur (Av 5, zwischen Calle 468 & 470; ⊗ 8.15–16.15 Uhr) Hilfreiche staatliche Touristeninformation in der Hauptstraße von Guanabo.

ℹ An- & Weiterreise

AUTO

Zweigstellen der Mietwagenfirma Cubacar gibt es im Hotel Tropicoco (☎ 7-797-1650; Ecke Av de las Terrazas & Av de las Banderas; ☺ 9–17 Uhr) sowie in Guanabo (☎ 7-214-0090; Ecke Calle 464 & Av 5; ☺ 9–17 Uhr).

Servi-Cupet-Tankstellen finden sich in Guanabo (Ecke Av 5 & Calle 464; ☺ 24 Std.) und im Westen von Bacuranao (Vía Blanca; ☺ 24 Std.).

BUS

Der Bus T3 von Habana Bus Tour verkehrt täglich im 40-Minuten-Takt vom Parque Central zur Playa Santa María del Mar mit Zwischenstopps am Tarará, Club Mégano, Hotel Tropicoco und Club Atlántico. Bis nach Guanabo hinaus fährt

er allerdings nicht. Ein Ganztagesticket kostet 5 CUC$. Der Bus A40 hält am Kreisverkehr in der Calle 462 auf Höhe der Avenida 5 in Guanabo, bevor er nach Havanna weiterfährt, wo sich die Endhaltestelle in der Nähe des Hauptbahnhofs in Habana Vieja befindet. Der Bus ist in der Regel überfüllt, kostet aber nur 0,05 CUC$ und verkehrt im 20-Minuten-Takt.

TAXI

Ein Taxi von Centro Habana zu den Playas del Este kostet 15 bis 20 CUC$ - je nach persönlichem Verhandlungsgeschick.

Die Provinzen Artemisa & Mayabeque

📖 47 (48 IN LAS TERRAZAS & SOROA) / 885 545 EW.

Gut essen

➡ El Romero (S. 170)

➡ Casa del Campesino
(S. 170)

➡ San Miguel (S. 164)

➡ Don Oliva (S. 163)

Schön
übernachten

➡ Maité Delgado (S. 166)

➡ Castillo de las Nubes
(S. 167)

➡ Hotel Moka (S. 170)

➡ Memories Jibacoa
Beach (S. 172)

Auf nach Artemisa & Mayabeque!

Fast alle ausländischen Besucher überspringen die beiden kleinsten Provinzen Kubas, die erst 2010 durch die Teilung der Provinz Havanna entstanden sind. Hier geht es eher um alltägliche Dinge – wie die Landwirtschaft, deren Ertrag immerhin die Hälfte der kubanischen Ernte ausmacht. Doch mitten in diesem Flickenteppich von Zitrus- und Ananasplantagen liegen ein paar Städtchen, die den Neugierigen und Mutigen gefallen werden.

Am interessantesten sind Las Terrazas und Soroa, Kubas erfolgreichstes Ökoprojekt und ein immer wichtiger werdender Ausgangspunkt für Wanderungen und Vogelbeobachtungen. Die Strände von Jibacoa östlich von Havanna hat dagegen ein kleines Grüppchen von Touristen in Beschlag genommen, das Varadero meidet und sein Geheimnis sorgfältig hütet. Wer anderswo unterwegs ist, hat vor allem Kubaner als Begleiter (oder niemanden), wenn er aufgelassene Zuckerfabriken, auf ihre Weise einzigartige Museen und unglaublich ausgelassene Feste besucht. Um sich einen Überblick über die gesamte Region zu verschaffen, sollte man den unfassbar langsamen Hershey-Zug durch den sprichwörtlichen Hinterhof der Nation nehmen und die herrliche Aussicht genießen.

Reisezeit

➡ Die großen Attraktionen der beiden Provinzen unterscheiden sich vom Klima her beträchtlich. Wegen ihrer einmaligen geografischen Lage haben Soroa und Las Terrazas ein ganz spezielles Mikroklima: mehr Regen und monatliche Tiefsttemperaturen, die im Schnitt 2–3 °C unter denen von Havanna liegen.

➡ Die wichtigsten Festivals hier sind im Dezember das karnevalesk-frivole Las Charangas in Bejucal und im April das Internationale Humor Festival in San Antonio de los Baños.

➡ Dezember bis April sind die besten Monate für einen Strandurlaub an der Playa Jibacoa.

Highlights

1 Antiguo Cafetal Angerona (S. 164) In den verlassenen Ruinen der einst imposanten Kaffeeplantage herumstreifen.

2 Las Terrazas (S. 167) Grünes Ambiente in Cubas erstem Ökodorf, in dem Künstler und Dichter leben.

3 Soroa (S. 164) Umgeben von Riesenfarnen und winzigen Orchideen im „Regenbogen Cubas" wandern.

4 Museo del Humor (S. 162) Einen humorvollen Blick auf San Antonio de los Baños werfen.

5 Hershey-Bahn (S. 173) Mit der Eisenbahn des früheren Schokoladenkönigs den Touristenpfaden entkommen.

6 Playa Jibacoa (S. 171) Sich ein Refugium am Wasser sichern, wo man vom Strand aus losschnorcheln kann.

7 Parque Escaleras de Jaruco (S. 174) Auf den Anhöhen von Mayabeque bei wunderbarem Ausblick zusammen mit den Wochenendlern aus Havanna fürstlich dinieren.

Geschichte

Ursprünglich war Havanna 1515 auf dem Gebiet des heutigen Surgidero de Batabanó gegründet worden, doch schon bald entschieden sich die ersten Siedler für einen Ortswechsel. Für die Entwicklung Kubas war die Region fast ausschließlich als Agrarregion von Bedeutung: Kaffee und Zucker waren die wichtigsten Anbaufrüchte. Der Westen von Artemisa war das Zentrum des kurzlebigen Kaffee-Booms zwischen 1820 und 1840 und wurde danach vom Zucker abgelöst. In der zweiten Hälfte des 19. Jhs. wurden zahlreiche Sklaven zur Arbeit auf den Plantagen rekrutiert, Kuba stieg damit zum Zentrum des karibischen Sklavenhandels auf. Das führte dazu, dass die Region zum Brennpunkt der Ereignisse wurde, die schließlich in den 1880er-Jahren zur Aufhebung der Sklaverei führten.

Der Erfolg der Zuckerindustrie dauerte bis in das 20. Jh. hinein: Süßwarenkönig Milton S. Hershey verwandelte im Jahr 1914 Mayabeque in einen verlässlichen Produktionsstandort für Zucker, eine der wichtigen Zutaten für seine Schokoladenproduktion. Doch selbst diese lukrative Industrie sollte später unter der Regierung Fidel Castros leiden, als sich zunächst die Amerikaner und später auch die Russen weigerten, den kubanischen Zucker zu überteuerten Preisen zu kaufen. Der Boykott belastete die Region wirtschaftlich schwer, was sich wohl am deutlichsten in der Bootskrise im Jahr 1980 spiegelte, als der Hafen Mariel an der Westküste Havannas Schauplatz eines von Castro sanktionierten (und von Jimmy Carter befürworteten) Massen-Exodus von Kubanern nach Florida wurde.

Ab 1968 versuchten die Politiker mit verschiedenen Maßnahmen, den Niedergang der Region aufzuhalten. Das Brachland in der westlichen Provinz Artemisa um die aufgelassenen Kaffeeplantagen wurde aufgeforstet und in ein Muster-„Öko-Dorf" verwandelt, das zum wirtschaftlichen Kern des Tourismus in der Region wurde.

DIE PROVINZ ARTEMISA

Die Provinz ist sozusagen der (riesige) Gemüsegarten der Hauptstadt. Neben den fruchtbaren Feldern sorgen das Öko-Dorf Las Terrazas und die Nutzung der malerischen Waldhänge der Bergkette Sierra del Rosario für (touristische) Einnahmen. Die unzähligen geheimnisvollen Ruinen der Kaffeeplantagen und die kreative Stadt San Antonio de los Baños sind weitere Anziehungspunkte. Die Stadt ist Heimat einer international anerkannten Filmschule und hat einige der größten Künstler des Landes hervorgebracht.

An der Nordküste locken gute Strände, das großartige Hinterland zieht mehr und mehr Abenteuerlustige an.

San Antonio de los Baños

35 980 EW.

Das erstaunliche und äußerst kunstbeflissene San Antonio de los Baños liegt 35 km südwestlich von Havannas Stadtkern. Es zeigt Kuba von einer ganz anderen Seite: In der örtlichen Schule des geschäftigen Orts werden viele angehende Filmemacher ausgebildet und die Museen legen mehr Wert auf Komik als auf Kunsthandwerk.

Mithilfe des kolumbianischen Literaturnobelpreisträgers Gabriel Garcíua Márquez wurde 1986 die Escuela Internacional de Cine y TV gegründet. Sie lädt Filmstudenten aus aller Welt ein, ihre hervorragenden Einrichtungen zu nutzen, darunter ein Schwimmbecken mit Olympia-Maßen für Unterwasseraufnahmen. Im Zentrum befindet sich ein ungewöhnliches Museum des Humors, eine wohltuende Abwechslung zu sonstigen musealen Themen.

In San Antonio wurde im Jahr 1946 auch Silvio Rodríguez geboren, einer der ganz Großen der Musikrichtung *nueva troja*. Rodríguez schrieb den Soundtrack zur kubanischen Revolution praktisch im Alleingang. Zu seinen bekanntesten Liedern zählen *Ojalá*, *La Maza* und *El Necio*.

⊙ Sehenswertes

San Antonio de los Baños hat mehrere hübsche Plätze. Der eleganteste befindet sich an der Kreuzung von Calle 66 und 41, an der auch eine imposante Kirche steht.

Museo del Humor   MUSEUM

(Ecke Calle 60 & Av 45; 2 CUC$; ⊙ Di–Sa 10–18, So 9–13 Uhr) Eine derart lustige Sammlung von Cartoons, Karikaturen und anderer unterhaltsamer Gelegenheitsgrafik gibt es sonst nirgendwo auf Kuba zu sehen. Untergebracht ist sie in einem klassizistischen Kolonialbau. Unter den Zeichnungen finden sich schlüpfrige Cartoons, satirische Skizzen und die erste bekannte kubanische Karikatur aus dem Jahr 1848. Noch mehr zu lachen gibt es bei einem Besuch im April beim **International Humor Festival** (die Beiträge werden während dieser Zeit für einige Wochen in der Ausstellung gezeigt).

Das Museum beherbergt die Arbeiten von Kubas führendem Karikaturisten Carlos Julio Villar Alemán, einem Mitglied der Unión de Escritores y Artistas de Cuba (Uneac), der auch einmal als Juror am Festival teilgenommen hat. Hier finden auch mehrmals monatlich Konzerte und Ballettaufführungen statt.

Galería Provincial Eduardo Abela   GALERIE
(Calle 58 No 3708, Ecke Calle 37; ◎ Mo–Fr 12–20, Sa 8–20, So 8–12 Uhr) GRÁTIS Diese originelle und innovative Kunstgalerie ist alles andere als provinziell. Im ersten Raum geht es vor allem um Malerei, in anderen sind eindrucksvolle Schwarzweißfotos ausgestellt. Benannt ist die Galerie nach dem von hier stammenden Künstler Eduardo Abelo, der vor allem durch seine Cartoonfigur El Bobo („Der Narr") bekannt geworden ist. Diese machte sich in den 1920er- und 1930er-Jahren über das diktatorische Regime von Gerardo Machado lustig.

🛏 Schlafen & Essen

Die Haupteinkaufsstraße von San Antonio ist die Avenida 41, an der sich auch zahlreiche Peso-Imbisse finden. Richtige Restaurants sind seltener zu finden, aber es gibt mindestens ein gutes Lokal.

Hotel Las Yagrumas   HOTEL $$
(☏ 47-38-44-60; Calle 40 y Final Autopista; EZ/DZ ab 38/52 CUC$; P ❊ ☎) Das Las Yagrumas liegt etwa 3 km nördlich von San Antonio de los Baños mit Blick auf den malerischen, allerdings verschmutzten Río Ariguanabo. Das Potenzial dieses Hotels bleibt weitgehend ungenutzt: Die 120 Zimmer mit Balkon und Terrasse (einige mit Blick auf den Fluss) sind – anders als bei ausländischen Touristen – bei Kubanern, die mit Pesos zahlen, beliebt. Wegen fehlender Instandhaltung ist auf den Zimmern einiges reparaturbedürftig. Die Sporteinrichtungen sind besser: Es gibt Tischtennisplatten und einen riesigen Swimmingpool (Benutzungsgebühr für Nicht-Hotelgäste 6 CUC$).

Auf dem nahe gelegenen Fluss werden Bootsausflüge angeboten. Mit dem Motorboot geht es für 3 CUC$ auf eine etwa 8 km lange Tour; die Ruderboote dagegen kosten nur 1 CUC$ pro Stunde.

Don Oliva   KUBANISCH $
(☏ 47-38-23-70; Calle 62 No 3512, zwischen Calle33 & 35; Hauptgerichte 3–5 CUC$; ◎ Di–So 12–23 Uhr) Der billigste Hummer auf Kuba wird höchstwahrscheinlich im abgeschiedenen, überdachten Patio des Don Oliva serviert. Er kommt für weniger als 5 CUC$ auf den Tisch und schmeckt nicht schlecht. Was Wunder: Dies ist ein angenehm untouristisches neues Privatrestaurant, in dem die Preise der Gerichte in der *moneda nacional* angegeben werden.

🍷 Ausgehen & Nachtleben

Taberna del Tío Cabrera   NACHTCLUB
(Calle 56 No 3910, zwischen Calle 39 & 41; ◎ Mo–Fr 14–17, Sa & So 14–1 Uhr) In diesem attraktiven Garten-Club werden hin und wieder komödiantische Shows gezeigt (die in Zusammenarbeit mit dem Museo del Humor organisiert werden). Die Besucher sind eine Mischung aus Stadtbewohnern, Leuten aus den Dörfern der Umgebung und Studenten der Filmschule.

ℹ An- & Weiterreise

Ohne Auto schlecht zu erreichen. Offiziell ist San Antonio per Bahn an Havannas Estación 19 de Noviembre angebunden (1,5 CUC$, 1 Std., 4-mal tgl.), aber besser lange im Voraus bestätigen lassen. Ansonsten sollte das Taxi für eine Strecke vom Zentrum Havannas etwa 35 CUC$ kosten (45 Min.).

Artemisia

57 160 EW.

Durch den neuen Status als Provinzhauptstadt hat sich Artemisia nicht automatisch in ein Touristenmekka verwandelt. Zu lange liegen die Zeiten zurück, in denen die Stadt im 19. Jh. dank des Zucker- und Kaffeebooms florierte. Früher kam Prominenz hierher, etwa Ernest Hemingway und der kubanische Dichter Nicolás Guillén. Doch mit dem Wegbrechen der Zucker- und Kaffeeindustrie erlebte auch die Stadt einen Niedergang. Heute kennt man sie auch unter den Namen Villa Roja (Rote Stadt). Der Name nimmt Bezug auf die fruchtbaren roten Böden, die auch heute noch eine reiche Ernte an Tabak und Bananen sowie etwas Zuckerrohr hervorbringen.

In Artemisia gibt es keine Touristenunterkünfte; Soroa ist da die nächstgelegene Option. Wie zum Ausgleich befindet sich hier jedoch einer der schönsten *bulevares* (Fußgängerzone) der kubanischen Provinzen, der kürzlich noch eine ordentliche Finanzspritze aus öffentlichen Geldern erhalten hat.

Sehenswertes

★ Antiguo Cafetal Angerona   HISTORISCHE STÄTTE

(⊙ Sonnenaufgang bis Dämmerung) `GRATIS` Der Antiguo Cafetal Angerona, etwa 5 km westlich von Artemisa an der Straße zur Autopista Havanna–Pinar del Río (A4) gelegen, war einer der ersten *cafetales* (Kaffeeplantagen) Kubas und wurde zwischen 1813 und 1820 von Cornelio Sauchay erbaut. Einst arbeiteten hier rund 450 Sklaven und pflegten die gut 750 000 Kaffeepflanzen. Hinter dem verfallenen Herrenhaus befinden sich die Sklavenbarracken, ein alter Wachturm, von dem aus die Sklaven überwacht wurden, und zahlreiche Vorratskeller. Da sich nur wenige Besucher hierher verirren, kann man in Ruhe Fotos machen, während man über Kubas Vergangenheit sinniert.

Die ruhigen und geschichtsträchtigen Mauern und Bögen, die von Zuckerrohrpflanzen und alten Bäumen umgeben sind, lassen einen fast meinen, es handelt sich hierbei um eine alte römische Ruinenanlage. Hinweisschild und die Einfahrt mit steinernen Torsäulen befinden sich kurz hinter Artemisa auf der rechten Seite.

Das Anwesen wird in Romanen von Cirilo Villaverde und Alejo Carpentier erwähnt, und James A Michener widmet ihm in *Six Days in Havana* mehrere Seiten.

Mausoleo a los Mártires de Artemisa   MAUSOLEUM

(☑ 47-36-32-76; Av 28 de Enero; ⊙ Di–So 9–17 Uhr) `GRATIS` Wer sich für die Revolution interessiert, sollte im Mausoleo a los Mártires de Artemisa vorbeischauen. 28 der 119 Revolutionäre, mit denen Fidel Castro im Jahr 1953 die Moncada-Kaserne angriff, kamen aus Artemisa und Umgebung. 14 der Männer, die unter dem würfelförmigen Mausoleum begraben liegen, starben beim Angriff oder wurden kurz danach von Batistas Truppen hingerichtet. Alle anderen Moncada-Veteranen, die hier ebenfalls begraben liegen, starben später in der Sierra Maestra. Im kleinen unterirdischen Museum sind Bilder und persönliche Gegenstände ausgestellt.

✖ Essen & Ausgehen

Da sich praktisch keine Touristen hierher verirren, sind die privaten Restaurants in Artemisa sehr preisgünstig und richten sich vornehmlich an Kubaner. Und ein paar davon sind richtig gut.

Los Nardis   KUBANISCH $

(Ecke Calle 49 & Calle 42; Hauptgerichte 3–6 CUC$; ⊙ Di–So 12–24 Uhr) Kein Schild weist auf dieses private Restaurant hin, das einen Häuserblock von der Hauptstraße entfernt liegt (Av 28 de Enero). Daher ist es schwer zu finden. Serviert werden schnörkellose kubanische Gerichte mit *mucho* Reis und Bohnen.

San Miguel   KUBANISCH $

(Calle 45 No 4811, zwischen Calle 48 & Calle 50; Hauptgerichte 2–4 CUC$; ⊙ 10–23 Uhr) Ein putziger *paladar* (Restaurant in Privatbesitz), der (für Artemisa) ungewöhnliche Gerichte serviert, darunter Krabbe und *bistec uruguayo* (uruguayisches Steak). Bei den Einheimischen sehr beliebt.

Cafe Cubita   CAFE

(Búlevar, zwischen Maceo & General Gómez; ⊙ So–Do 10–22, Fr & Sa 10–24 Uhr) Eine der besten Filialen der kubanischen Kaffeehauskette, die zu neuem Leben erweckt worden ist. Bequeme Sitzmöglichkeiten, eine umfangreiche Kaffeekarte und Bedienung am Tisch. Und dazu sind noch günstige getoastete Sandwiches (1–2 CUC$) auf frischem kubanischem Brot im Angebot. Nahezu alle Kunden bestellen einen *café helado* (Eiskaffee-Milchshake).

ℹ An- & Weiterreise

Der Busbahnhof liegt an der Carretera Central im Zentrum von Artemisa (nur Regionalbusse).

Der Artemisa Bahnhof (Av Héroes del Moncada) liegt vier Häuserblocks östlich des Busbahnhofs. Eigentlich müssten hier zwei Züge pro Tag von Havanna ankommen (2,20 CUC$, 2 Std., 12 und 24 Uhr), aber besser nicht darauf verlassen.

Soroa

7200 EW.

Soroa, nicht von ungefähr als „Regenbogen Kubas" bezeichnet, ist eine traumhaft schöne Naturlandschaft mit einer winzigen Siedlung 85 km südwestlich von Havanna. Für die Hauptstädter ist sie das nächstgelegene Erholungsgebiet in den Bergen. Soroa liegt 8 km nördlich von Candelaria in der Sierra del Rosario, dem östlichsten und höchsten Abschnitt der Cordillera de Guaniguanic. Der ergiebige Niederschlag (mehr als 1300 mm pro Jahr) fördert das Wachstum von hohen Bäumen und zahllosen Orchideen. Benannt wurde die Gegend nach Jean-Pierre Soroa, einem Franzosen, der im 19. Jh. in diesen Hügeln eine Kaffeeplantage besaß. Einer seiner Nachfahren, Ignacio Soroa, schuf den heutigen Park als persönlichen Rückzugsort in den 1920er-Jahren. Erst nach der Revolution wurde die üppig grüne Region touristisch erschlossen.

Zwar hat Soroa dieselbe üppige Flora zu bieten wie Las Terrazas, der Ort ist jedoch ruhiger und wird weniger von Touristen aufgesucht. Lässt sich hervorragend mit dem Fahrrad erkunden.

◉ Sehenswertes

Alle Sehenswürdigkeiten von Soroa liegen praktischerweise unweit von Hotel & Villas Soroa (S. 167), wo Reitausflüge und verschiedene Wanderungen in den umliegenden Wald sowie zu ein paar der benachbarten Gemeinden angeboten werden. Oder man fragt in der eigenen Unterkunft nach Ausflügen. Weitere Wanderwege führen zu einer Felsformation, die Labyrinth de la Sierra Derrumbada heißt, sowie zu einem idyllischen Badeteich, dem Poza del Amor („Teich der Liebe"). Das Hotel dient als Hauptinfopunkt für die Region.

Finca Excelencia   FARM
(Carretera Soroa Km 11; ⊙Sonnenaufgang bis Dämmerung) 🚶 GRATIS Diese private Farm, die ihre Tore vor Kurzem für wissbegierige Besucher geöffnet hat, passt hervorragend in den ökologischen Regenbogen von Soroa. Beim Spaziergang durch die sorgfältig bewirtschafteten Ländereien in Hanglage lassen sich rund 140 verschiedene Obstsorten bewundern, aus denen leckere Säfte und Smoothies gemacht werden, sowie mehr als 300 Orchideenarten.

Noch etwas höher gelegen befinden sich zwei *miradores* (Aussichtspunkte), deren exponierte Lage wunderbare Ausblicke über Hunderte von Grünschattierungen im Garten ermöglicht. Der inspirierende Besitzer führt seine Gäste gerne ein wenig auf der Grünanlage herum.

Orquideario Soroa   GÄRTEN
(Carretera Soroa Km 9; 3 CUC$; ⊙8.30–16.30 Uhr) Diese Gartenanlage in Hanglage, in die der spanische Anwalt Tomás Felipe Camacho gegen Ende der 1940er zum Andenken an Frau und Tochter viel Herzblut gesteckt hat, befindet sich neben dem Hotel & Villas Soroa (S. 167). Camacho bereiste die ganze

STRÄNDE AN DER NORDKÜSTE

Die Küste nördlich von Artemisa wird eher selten besucht, und wenn, dann über die kaum befahrene Straße von Havanna durch Bahía Honda und weiter in die Provinz Pinar del Río (hier sind meist Radfahrer unterwegs). Die unansehnliche und stark verschmutzte Stadt Mariel ist vor allem dadurch bekannt, dass von hier aus 1980 insgesamt 125 000 Kubaner per Boot nach Florida flohen. Östlich von Mariel gibt es ein paar schöne (und saubere) Strände.

Die Playa Salado ist ein größtenteils verlassener Strand mit etwa 15 Tauchplätzen vor der Künste. Sie werden hauptsächlich von Ausflugsgruppen aus Havanna besucht. Die einige Kilometer östlich gelegene Playa Baracoa ist besser erschlossen. Am Ufer lehnen echte Kerle an alten amerikanischen Straßenkreuzern und trinken Bier, während Fischer vor der Felsenküste ihre Angeln auswerfen. Mehrere einfache Strandhütten verkaufen etwas zu essen, erwähnenswerte Unterkünfte gibt es in der Gegend allerdings nicht.

Welt, um seine Sammlung an 700 Orchideenarten (die größte in Kuba) zusammenzutragen, darunter zahlreiche einheimische Pflanzen. Zwar verstarb er in den 1960ern, aber sein Orquideario, um das sich heute die Universität Pinar del Río kümmert, besteht weiterhin; und es gibt Führungen auf Spanisch und Englisch.

Salto del Arco Iris   WASSERFALL
(Carretera Soroa Km 8; 3 CUC$; ⊙9–18 Uhr) Der Salto del Arco Iris ist ein etwa 22 m hoher Wasserfall am Arroyo Manantiales. Der Eingang zu dem Park, in dem er liegt, befindet sich genau vor dem Hotel & Villas Soroa (S. 167). Ein schmaler Pfad schlängelt sich zu den zwei Aussichtspunkten ober- und unterhalb der Wasserfälle. Sie sind in der Regenzeit von Mai bis Oktober am eindrucksvollsten, sonst tröpfelt das Wasser eher schwach. Schwimmen ist erlaubt.

🏃 Aktivitäten

Dieser Teil der Sierra del Rosario ist nach Ciénaga de Zapata einer der besten Orte

BAHÍA HONDA

Die wilde, kurvenreiche Küstenstraße nördlich von Soroa führt in westlicher Richtung nach Bahía Honda und dem Norden der Provinz Pinar del Río bzw. gen Osten nach Havanna und ist erstaunlich ruhig und ländlich. Es wirkt, als sei man 1000 km von der geschäftigen Hauptstadt entfernt. Bewaldete Hügel gehen in den schattigen Flusstälern in Reisfelder über; man fährt vorbei an zahlreichen Bilderbuchbauernhäusern mit Palmdächern sowie hoch aufragenden Königspalmen und Macheten schwingenden *guajiros* (Landarbeiter). Als Fahrradstrecke anstrengend, aber absolut lohnenswert.

Bahía Honda selbst in ein lebhaftes Städtchen mit hübscher Kirche. Obwohl gar nicht so weit von Havanna entfernt, kommt einem der Ort merkwürdig abgelegen vor, vor allem da die Straße hinter Soroa deutlich schlechter wird.

im Westen Kubas, um Vögel zu beobachten. Schon ganz in der Nähe des Hotel & Villas Soroa (S. 167) sind Vogelarten wie der Tocororo bzw. Kubatrogon und der lustige Kubatodi zu erspähen. Das Hotel organisiert geführte Wanderungen für einen Preis von 6 bis 8 CUC$ pro Stunde.

Diese Wanderungen können entweder im Hotel & Villas Soroa (S. 167) oder in den meisten regionalen *casas particulares* gebucht und bezahlt werden.

★ Mirador Loma El Mogote   WANDERN

(Carretera Soroa Km 8) Von den Baños Romanos (s. rechts) führt ein gut ausgeschilderter, etwa 2 km langer Weg hinauf zum Mirador, einer Felsformation mit einem imposanten Panoramablick auf Soroa und die Küstenebene dahinter. Am Himmel ziehen derweil hungrige Truthahngeier ihre Kreise.

El Brujito   WANDERN

(15 CUC$ pro Pers.) Diese Wanderung führt zum winzigen Dorf El Brujito. Hier leben noch immer Nachfahren jener Sklaven, die einstmals auf einer Kaffeeplantage mit französischem Betreiber arbeiteten. Mit 15 km ist dies die längste Wandertour in der Region; etwa sieben Stunden sind mit Führer dafür einzuplanen.

Ruinas de los Cafetales Franceses   WANDERN

(12 CUC$12 pro Pers.) Soroa, direkt neben Las Terrazas, liegt innerhalb des früheren kaffeeproduzierenden Teils der Region. Diese rund vierstündige Wanderung, die nordöstlich der Villa Soroa ihren Ausgangspunkt hat, führt an den Ruinen mehrerer französischer Kaffeefarmen vorbei (La Independencia, La Esperanza und La Merced).

La Rosita   WANDERN

(12 CUC$ pro Pers.) ✿ Diese Wanderung gehört zu den anspruchsvolleren Touren in Soroa und bietet ausgezeichnete Möglichkeiten der Vogelbeobachtung. Der Weg führt zum ehemaligen Ökodorf La Rosita, das hoch in den Hügeln hinter dem Hotel & Villas Soroa (S. 167) liegt. Das Dorf wurde leider vor Kurzem durch einen Hurrikan zerstört. Die Wanderung bietet trotzdem eine der leider zu seltenen Gelegenheiten, das ländliche Leben der Kubaner authentisch zu erleben, d. h. ohne touristischen Touch. Der Weg ist etwa 8 km lang.

Baños Romanos   SCHWMMEN

(Carretera Soroa Km 8; 5 CUC$ pro Std.) Ein römisches Bad ist es zwar nicht, aber dieses Badehaus aus Stein auf der gegenüberliegenden Flussseite vom Parkplatz beim Salto del Arco Iris (S. 165) bietet einen Pool mit kaltem, schwefelhaltigem Wasser. Bei Hotel & Villas Soroa kann man sich nach Bädern und Massagebehandlungen erkundigen.

🛏 Schlafen & Essen

Nahezu jedes Haus entlang der Straße von Candelaria nach Soroa vermietet Fremdenzimmer, und mit der kürzlichen Neueröffnung des Castillo de las Nubes gibt es nun auch zwei Hotels. Soroa ist ein ausgezeichneter alternativer Ausgangspunkt, um Las Terrazas zu besuchen, und ist auf seine spezielle Art genauso schön.

Alle Unterkünfte in Soroa bieten auch Speisen an, wobei es in den *casas particulares* am besten schmeckt. Das ist sehr praktisch, da es nur wenige Restaurants gibt.

★ Maité Delgado   CASA PARTICULAR $

(☎ 52-27-00-69; yeisondelg@nauta.cu; Carretera Soroa Km 7; Zi. 25–30 CUC$; 🅿 ❄) Ein helles Wohnhaus in Gehweite zu den Sehenswürdigkeiten von Soroa. Maité bietet ein Stückchen himmlischer Rustikalität mit Schaukelstühlen auf der Veranda, einem üppig grünen Garten und fünf witzigen Zimmern mit Designerdeko. Komfort *el campo* (auf dem Land). Man spricht Englisch, Abendessen gibt es auf Nachfrage.

Don Agapito
CASA PARTICULAR **$**

(📞 58-12-17-91; donagapitosoroa@nauta.cu; Carretera Soroa Km 8; Zi. 20–25 CUC$; P ✳) Zwei wunderbar helle, sehr sauber gehaltene Zimmer und professionelle Details wie eine riesige Karte der Provinz machen einen Aufenthalt in dieser *casa particular* unmittelbar neben dem Orquideario (S. 165) zu einem wahren Vergnügen. Das Essen ist ebenfalls fantastisch. Auch der Garten mit einer eigenen, mit Pflanzen geschmückten Minihöhle ist sehenswert.

Hotel & Villas Soroa
FERIENANLAGE **$$**

(📞 48-52-35-34; Carretera Soroa Km 9; EZ/DZ/3BZ mit Frühstück 59/88/115 CUC$; P ✳ 📶 ☕) Die Umgebung des Hotels ist wunderschön, liegt es doch abgeschieden und ruhig in einem engen Tal zwischen stattlichen Bäumen und grünen Hügeln (man fragt sich allerdings, wer auf die Idee kam, in der atemberaubenden Landschaft diese blockkähnlichen Hütten zu errichten). Neben 80 Zimmern in einem großzügigen Ferienkomplex gibt es einen einladenden Pool, einen kleinen Laden und ein ordentliches Restaurant. Der Wald liegt in Rufweite vor der Haustür.

Das Hotel vermietet auch *casas* für vier, sechs oder acht Personen (60 bis 120 CUC$). Auf dem Campus befinden sich ferner eine Disko und ein Büro, bei dem diverse Aktivitäten wie Wanderungen und Vogelbeobachtung gebucht und bezahlt werden können.

Castillo de las Nubes
BOUTIQUEHOTEL **$$$**

(Schloss in den Wolken; 📞 48-52-35-34; EZ/DZ/Suite 150/175/250 CUC$; P ✳ 📶 ☕) Ein romantisches, pseudo-europäisches Schloss mit rundem Turm auf einem Hügel, zu dem eine 1,5 km lange holprige Straße jenseits des Orquideario Soroa (S. 165) führt. Das Castillo de las Nubes wurde im Jahr 1940 vom wohlhabenden Farmer Antonio Arturo Bustamante erbaut, aber kurz nach der Revolution bereits aufgegeben. 2016 wurde es als Boutiquehotel mit sechs Zimmern wiedereröffnet und bietet ein Restaurant mit Bar, einen kleinen Pool und wunderbare Ausblicke in alle Himmelsrichtungen.

Restaurant el Salto
KUBANISCH **$**

(Carretera Soroa Km 8; Hauptgerichte 5–12 CUC$; ⏱ 9–19 Uhr; P) Dieses schlichte Lokal neben den Baños Romanos bietet eine der wenigen Essmöglichkeiten neben den Hotels und *casas particulares* in Soroa. Hier werden schlichte kubanische Gerichte serviert, die sich durch die Portionsgrößen (und weniger durch geschmackliche Vielfalt) auszeichnen.

ℹ️ An- & Weiterreise

Der Havanna–Viñales Víazul Bus (www.viazul.com) hält in Las Terrazas, aber nicht in Soroa. Die letzten 16 km lassen sich für 15 CUC$ (15 Min.) im Taxi bestreiten. Wer in einer *casa particular* übernachtet, kann sich nach Mitfahrmöglichkeiten erkundigen. Wenig verlässliche Transferbusse fahren manchmal von Viñales und Havanna durch Soroa. Informationen gibt es bei Hotel & Villas Soroa bzw. Infotur in Viñales (S. 202) oder Havanna (S. 131).

Ansonsten kommt man nur mit dem eigenen fahrbaren Untersatz nach Soroa und Umgebung, sei es Auto, Fahrrad oder Moped. Die Servi-Cupet-Tankstelle befindet sich an der Autopista an der Abfahrt nach Candelaria, etwa 8 km unterhalb von Soroa.

Las Terrazas
1200 EW.

Das bahnbrechende Öko-Dorf Las Terrazas entstand im Jahr 1968 während eines Wiederaufforstungsprojekts. Heute ist es Teil eines Unesco-Biosphärenreservats, ein attraktives Outdoorzentrum (mit Kubas einziger Baumwipfel-Tour) und Standort der ältesten, noch heute bestehenden Kaffeeplantage Kubas. So überrascht es nicht, dass ganze Busladungen von Tagestouristen aus Havanna dorthin strömen.

Wer übernachten möchte, kann in der einzigen Unterkunft des Dorfes ein Zimmer buchen: Das Hotel Moka ist ein exklusives Öko-Hotel, das zwischen 1992 und 1994 gebaut wurde, um ausländische Touristen anzulocken. Ganz in der Nähe des Hotels liegt ein hübsches weißes Dorf am See – eine lebendige Künstlerkolonie, deren Mitglieder in offenen Ateliers, Holz- und Töpfer-Werkstätten arbeiten. Aber die eigentliche Attraktion der Region bleibt die Landschaft, die sich ideal zum Wandern, Entspannen und Vogelbeobachten eignet.

◎ Sehenswertes

Cafetal Buenavista
HISTORISCHE STÄTTE

GRATIS Die ergreifendsten Ruinen in Las Terrazas befinden sich 1,5 km oberhalb vom östlichen Tor von Puerta las Delicias (S. 171) und sind per Straße erreichbar. Cafetal Buenavista, inzwischen teilweise restauriert, ist Kubas älteste Kaffeeplantage und wurde

1801 von französischen Flüchtlingen aus Haiti erbaut. Neben den Trocknungsanlagen sind Überreste der Quartiere der 126 Sklaven, die von den französisch-kubanischen Besitzern hier einquartiert wurden, zu sehen. Auf dem Dachboden des Herrenhauses (inzwischen ein Restaurant) wurden einst die Kaffeebohnen gelagert, bis sie mit Mulis zum Hafen Mariel hinabgebracht werden konnten. Der Ausblick von hier ist ganz ordentlich und ist am besten auf der Sendero las Delicias Wanderung (S. 169) zu genießen, die die *cafetal* einschließt.

Der riesige *tajona* (Mahlstein) hinter dem Haus trennte einst die Schalen und die Bohnen, die dann auf riesigen Plattformen in der Sonne getrocknet wurden.

Casa-Museo Polo Montañez
MUSEUM

(⊙ Mo–Fr 10–17 Uhr) GRATIS Das ehemalige Haus am See des lokalen *Guajiro*-Musikers Polo Montañez, der als einer der besten kubanischen Country- und Folksänger gilt, ist heute ein kleines Museum mit diversen goldenen Schallplatten und ausgesuchten Memorabilien. Es liegt direkt im Dorf Las Terrazas mit Blick auf den See.

Polos berühmteste Songs sind „Guajiro Natural" und „Un Montón de Estrellas"; mit ihren einfachen Texten über Liebe und Natur berührte seine Musik zwischen 2000 und 2002 die Herzen der Nation. Sein Ruhm war allerdings nur von kurzer Dauer: Er starb 2002 bei einem Autounfall.

San Pedro & Santa Catalina
HISTORISCHE STÄTTE

GRATIS Zu diesen Überresten einer Kaffeeplantage aus dem 19. Jh. führt eine Straße, die bei La Cañada del Infierno („Weg zur Hölle") abzweigt, auf halber Strecke zwischen der Zufahrt zum Hotel Moka (S. 170) und dem seitlichen Eingangstor nach Soroa. Etwa 1 km nach Verlassen der Hauptstraße befindet sich eine Bar, die eine beliebte Badestelle überblickt. Dann ist es noch ein weiterer Kilometer bis Santa Catalina. Von hier führt ein Wanderweg nach Soroa.

Hacienda Unión
HISTORISCHE STÄTTE

GRATIS Etwa 3,5 km westlich der Zufahrtsstraße zum Hotel Moka (S. 170) befindet sich mit der Hacienda Unión eine weitere, teilweise nachgebaute Ruine einer Kaffeeplantage. Hier gibt es ein Restaurant im Landhausstil, einen kleinen Blumengarten, der Jardín Unión genannt wird, und die wunderbare Möglichkeit, **Ausritte** (6 CUC$ pro Pers.) zu unternehmen.

La Plaza
PLAZA

(⊙ 9–17 Uhr) Dieses Mini-Einkaufszentrum mit Kino, Café, Bücherei und kleinem Ökomuseum, das einen Überblick über die kurze Geschichte des Ortes präsentiert, befindet sich auf einer Anhöhe in der Mitte des Dorfs Las Terrazas. Normalerweise ist alles den ganzen Tag geöffnet – bzw. wird geöffnet –, wenn man an den Oficinas del Complejo (S. 171) nachfragt.

Galería de Lester Campa
GALERIE

(⊙ tgl., wechselnde Öffnungszeiten) GRATIS Mehrere bekannte kubanische Künstler wohnen in Las Terrazas, darunter auch Lester Campa, dessen Arbeiten international ausgestellt werden. Seine Atelier-Galerie liegt am See, ein paar Häuser rechts hinter dem Casa-Museo Polo Montañez.

🏃 Aktivitäten

Die Sierra del Rosario hat einige der besten Wanderungen Kubas zu bieten. Es sind alles geführte Wanderungen, sodass man offiziell keine davon alleine unternehmen darf (der Mangel an Beschilderung hält bis auf die Wagemutigsten ohnehin alle davon ab). Der Vorteil ist jedoch, dass die meisten der Wanderführer der Region sehr gut ausgebildet sind, sodass man nach der Wanderung sowohl fitter als auch schlauer ist. Bei unserem letzten Besuch waren vier verschiedene Wanderungen im Angebot, die jeweils 19 CUC$ pro Person kosten. Gebucht werden können sie in den Oficinas del Complejo (S. 171) oder im Hotel Moka.

★ Sendero la Serafina
WANDERN

(19 CUC$ pro Pers.) Der leichte, etwa 6,5 km lange La Serafina Rundweg beginnt und endet unweit der Rancho Curujey und führt durch ein bekanntes Vogelparadies (es gibt hier mehr als 70 Arten zu bestaunen).

Auf halber Strecke kommt man an den Ruinen des Cafetal Santa Serafina vorbei, einer der ersten Kaffeefarmen in der Karibik. Diese geführte Tour dauert drei Stunden.

Baños del San Juan
SCHWIMMEN

(mit Mittagessen 15 CUC$; ⊙ 9–19 Uhr) Idyllischere natürliche Badestellen als diese sind kaum vorstellbar. Eine kurvenreiche gepflasterte Straße (ca. 3 km) führt südlich vom Hotel Moka (gegenüber) dorthin. Die *baños* (Bäder) werden von natürlichen Felsstufen umgeben, wo das herabfallende saubere und erfrischende Wasser eine Reihe von Wasserlöchern füllt.

Direkt am Fluss befinden sich ein paar Open-Air-Speiselokale sowie Umkleidekabinen, Duschen und **Hütten** zum Übernachten (☑ 48-57-86-00; EZ/DZ 15/25 CUC$). Trotz alledem hat sich dieser Flecken noch das Flair rustikaler Einsamkeit ein Stück weit bewahren können.

El Taburete WANDERN

(19 CUC$ pro Pers.) Diese etwa 5,5 km lange Wanderung hat denselben Anfangs- bzw. Endpunkt wie auf dem El-Contento-Wanderweg, folgt aber einer direkteren Route über Loma el Taburete (452 m). Hier befindet sich ein bewegendes Monument zur Erinnerung an die 38 kubanischen Guerillakämpfer, die sich einstmals in diesen Hügeln auf Che Guevaras erfolglose Bolivienmission vorbereitet haben.

Wie bei der El-Contento-Wanderung auch, muss man am Schluss einen 5 km langen Abschnitt auf einer ruhigen Straße entlangwandern, um zum Startpunkt zurückzukommen, oder aber sich ein Taxi organisieren (ca. 3 CUC$).

Buchen und bezahlen kann man in den Oficinas del Complejo (S. 171) oder aber im Hotel Moka.

El Contento WANDERN

(19 CUC$ pro Pers.) Diese 7,5 km lange Wanderung führt durch den niedriger gelegenen Teil des Schutzgebiets zwischen dem Campismo el Taburete (rustikale Unterkunft nur für Kubaner) und den Baños del San Juan (S. 168), vorbei an zwei verfallenen Kaffeeplantagen: San Ildefonso und El Contento. Am Schluss muss man entweder 5 km an einer ruhigen Straße entlangwandern, um zum Anfangspunkt zu gelangen, oder sich ein Taxi organisieren (ca. 3 CUC$).

Sendero las Delicias WANDERN

(19 CUC$ pro Pers.) Dieser etwa 3 km lange Weg führt von der Rancho Curujey zum Cafetal Buenavista (S. 167) und bietet dabei einige tolle Ausblicke und jede Menge Möglichkeiten zur Vogelbeobachtung. Buchen und Bezahlen erfolgt in den Oficinas del Complejo (S. 171) oder im Hotel Moka.

☞ Geführte Touren

Canopy Tour ZIPLINING

(35 CUC$) Die älteste Tour, die durch die Baumwipfel Kubas führt, hat kürzlich expandiert. Statt drei sind es jetzt sechs Ziplines, die einen über das Dorf Las Terrazas

DIE PROVINZEN ARTEMISA & MAYABEQUE LAS TERRAZAS

GEBURT EINES ÖKOPROJEKTS

Im Jahr 1968, als die beginnende Umweltbewegung aus empfindsamen Hippies mit Namen wie „Swampy" bestand, hatte eine Gruppe progressive Kubaner, die sich wegen der möglichen Umweltschäden durch die inselweite Abholzung Sorgen machten, eine Idee.

Der Plan bestand darin, in den westlichen Bergen Kubas auf einem etwa 50 km² großen abgeholzten Areal, auf dem es einstmals eine ganze Reihe von französischen Kaffeeplantagen gab, die Hänge auf erosionsresistenten Stufen wieder zu bewalden. Als im Jahr 1971 die erste Phase des Projekts umgesetzt worden war, bestand die nächste Aufgabe darin, einen See aufzustauen, an dessen Ufer eine kleine Ansiedlung mit weißen Häusern gebaut wurde, um für die unterschiedlichen Bewohner der Region dringend benötigten Wohnraum zu schaffen.

Das Ergebnis wurde Las Terrazas genannt – Kubas erstes „Öko-Dorf" und eine florierende Gemeinde mit inzwischen 1200 Einwohnern. Die Siedlung ist autark und wird nachhaltig nach biologischen Methoden bewirtschaftet, außerdem gibt es hier heute ein Hotel, unzählige Kunsthandwerksläden und ein vegetarisches Restaurant. Das Projekt entwickelte sich so erfolgreich, dass 1985 das Land rund um Las Terrazas in Kubas erstes Unesco-Biosphärenreservat eingegliedert wurde: die Sierra del Rosario.

1994 wurde der Tourismus ausgeweitet, um so die wirtschaftlichen Auswirkungen der Sonderperiode abzufedern. In Las Terrazas wurde das Hotel Moka eröffnet, ein ökologisch geführtes Hotel nach einem Entwurf von Osmani Cienfuegos – Tourismusminister, Öko-Architekt und Bruder des verstorbenen Revolutionshelden Camilo.

Inzwischen gilt Las Terrazas als die authentischste Öko-Ferienanlage auf Kuba. Energieeffizienz, nachhaltige Landwirtschaft, Umweltbildung und ein Sinn für die Harmonie von Gebäuden und Landschaft sind hier wichtige betriebliche Grundprinzipien. Und das Land liegt nun gar nicht mehr brach. Im Gegenteil – die Hügel rund um Las Terrazas werden nicht nur agrarisch genutzt, denn sie zeichnen sich inzwischen durch das reichhaltigste und artenreichste Vogelaufkommen auf Kuba aus.

und Lago del San Juan hinwegkatapultieren wie einen Truthahngeier im Flug. Die Länge der „Flugbahn" beträgt 1600 m. Dank professioneller Einweisung sind die Sicherheitsstandards durchweg hoch. Gebucht wird durch die Oficinas del Complejo (S. 171) unweit des Rancho Curujey.

 Schlafen

Das ökofreundliche Moka ist das einzige Hotel von Las Terrazas. Von hier aus können auch fünf rustikale Hütten im 3 km entfernten **Río San Juan** (EZ/DZ 15/25 CUC$) bzw. **Zeltunterkünfte** (12 CUC$) gebucht werden. Außerdem gibt es im Dorf drei **Ferienhäuser** (EZ/DZ 105/120 CUC$) zu mieten.

Auf der östlichen Zufahrtsstraße zum Dorf befinden sich ein paar *casas particulares*, nur etwa 1 km außerhalb des Parkeingangs (S. 171).

Villa Duque CASA PARTICULAR $
(☑53-22-14-31; Carretera a Cayajabos Km 2, Finca San Andrés; Zi. mit Frühstück 25 CUC$; 🅿❄) Öko-Tourismus muss nicht unbedingt teuer sein. Wer mit kleinerem Budget unterwegs ist, sollte vielleicht dieses Farmhaus 2 km vor dem östlichen Zugang zu Las Terrazas in Betracht ziehen. Im Angebot sind zwei blitzsaubere Zimmer, ein Kühlschrank voller Bier und ein Rundumbalkon. Frühstück inklusive. Auch inbegriffen: der herrliche Duft der frischen Landluft.

★Hotel Moka FERIENANLAGE $$$
(☑48-57-86-00; EZ/DZ/2BZ alles inklusive 158/180/247 CUC$; 🅿❄🛜🅿❄) 🏊 Kubas einziges echtes Öko-Hotel qualifiziert sich vielleicht nicht ganz für die vier Sterne, mit denen es wirbt, aber wer will sich beschweren? Mit den plätschernden Brunnen, dem bunten Blumengarten und Bäumen, die durch die Lobby wachsen, ist das Moka in jedem Land der Welt eine gute Unterkunft. Die 26 hellen, geräumigen Zimmer verfügen über Kühlschrank, Satellitenfernsehen und ein Bad mit einem fantastischen Ausblick (es gibt aber auch welche mit Rollläden).

Die Anlage verfügt über eine Bar, ein Restaurant, einen Laden, einen Pool und einen Tennisplatz; außerdem befindet sich im Hotel das Informationszentrum für das Schutzgebiet, in dem alles von Wandern bis Fischen organisiert werden kann.

✕ Essen

Über Las Terrazas verstreut gibt es ein paar ländliche Esslokale, bei denen man draußen sitzt und einfache *comida criolla* (kreolische Gerichte) zu sich nimmt. Im Dorf selbst gibt es ein paar esoterische Angebote, darunter auch ein echtes vegetarisches Restaurant, was für Kuba außerordentlich ungewöhnlich ist.

Casa del Campesino KARIBISCH $
(Hauptgerichte 5–8 CUC$; ⊘9–21 Uhr) Von den diversen Restaurants im *ranchón*-Stil ist das Lokal direkt neben der Hacienda Unión (S. 168), ca. 3,5 km westlich der Zufahrtsstraße zum Hotel Moka, bei Besuchern am beliebtesten. Aber man muss schon Reis und Bohnen mögen.

El Romero VEGETARISCH $
(Hauptgerichte 3–7 CUC$; ⊘12–21 Uhr; 🖉) 🏊 Eines der ganz wenigen richtigen Ökorestaurants in Kuba. Es ist auf vegetarische Kost spezialisiert, verwendet Gemüse und Gewürze aus eigenem biologischen Anbau sowie Solarstrom und hält eigene Bienenstöcke. Beim Anblick der Karte könnte man sich in San Francisco wähnen: Hummus, Bohnenpfannkuchen, Kürbis-Zwiebel-Suppe und extra vergine Olivenöl.

Rancho Curujey KARIBISCH $
(Snacks 2–5 CUC$; ⊘9–21 Uhr; 🅿) Dieser Imbiss im *ranchón*-Stil serviert Bier und Snacks unter einem kleinen Palmendach mit Blick auf den Lago Palmar. Die Wanderwege Serafina (S. 168)) und Las Delicias haben hier ihren Ausgangspunkt.

Fonda de Mercedes KUBANISCH $$
(Hauptgerichte 6–8 CUC$; ⊘9–21 Uhr) 🏊 Auf einer Terrasse unweit ihres Zuhauses in einem Wohnblock unterhalb des Hotel Moka tischt Mercedes schon seit Jahren Gemüsesuppe und herzhafte Fleisch- und Fischgerichte wie bei Muttern auf.

Casa de Botes FISCH $$
(Hauptgerichte 5–9 CUC$; ⊘9–22 Uhr) Dieses nette Fischlokal der Gemeinde befindet sich auf Stelzen im Lago del San Juan, wo man vorab beim Kajakfahren für den nötigen Appetit sorgen kann.

🍷 Ausgehen & Nachtleben

Patio de María CAFÉ
(⊘9–22 Uhr) 🏊 Patio de María ist eine kleine, fröhlich gestrichene Kaffeebar, wo es möglicherweise den besten Kaffee in ganz Kuba gibt. Das Geheimnis liegt wohl in der perfekten Zubereitung – und der Tatsache, dass die Bohnen direkt vor der blumenge-

schmückten Terrasse in lediglich etwa 20 m Entfernung von der Kaffeetasse geerntet werden. Frappés gibt es hier auch.

❶ Praktische Informationen

Las Terrazas liegt 20 km nordöstlich von Hotel & Villas Soroa (S. 167) und 13 km westlich der Havanna–Pinar del Río Autopista bei Cayajabos. An beiden Einfahrten zum Biosphären-Reservat befinden sich Mautstationen (Eintritt 4 CUC$ pro Pers.). Das östliche Mauttor, Puerta las Delicias, ist ein guter Anlaufpunkt für Infos über den Park. Die beste Stelle um Informationen zu erhalten und Ausflüge zu buchen sind jedoch die **Oficinas del Complejo** (📞 48-57-85-55, 48-57-87-00; ⏰ 8–17 Uhr) neben dem Rancho Curujey bzw. das Hotel Moka (S. 170), das hinter den Bäumen oberhalb des Dorfes liegt. Beide fungieren als offizielle Infostellen für den Park.

❶ An- & Weiterreise

Zwei Busse von Víazul (www.viazul.com) halten pro Tag am Rancho Curujey (S. 170) neben Las Terrazas: einer um 10 Uhr Richtung Pinar del Río und Viñales (8 CUC$, 2¼ Std.), der andere um 16 Uhr Richtung Havanna (6 CUC$, 1½ Std.). Manchmal nehmen auch Transferbusse auf dem Weg nach Havanna oder Viñales vorbei; sie fahren allerdings nur, wenn sie genug Passagiere haben. Infos gibt es im Hotel Moka (S. 170) oder vom Infotur Büro (S. 202) in Viñales.

DIE PROVINZ MAYABEQUE

In der winzigen Provinz Mayabeque, heute die kleinste Provinz des Landes, wird viel geerntet: Zitrusfrüchte, Tabak, Weintrauben und das Zuckerrohr für den Havana Club Rum, der in Santa Cruz del Norte auch seine wichtigste Destillerie hat. Touristen, vor allem aber Kubaner, kommen wegen der Sandstrände im Nordosten und der preiswerten Resorts mit wunderschönen Stränden, für die man nur einen Bruchteil dessen zahlt, was in Varadero verlangt wird. Im Landesinneren dominiert die Landwirtschaft, allerdings liegen hier auch schöne Landschaftsgärten, das bildschöne Schutzgebiet Jaruco, Kubas spektakulärste Brücke und die klassische kubanische Bahn schlechthin, die an all dem vorbeizieht.

Region Playa Jibacoa

Playa Jibacoa ist Varadero, wie es nie war, oder wie es sein könnte – je nach Blickwin-

kel. Im Moment ist es hauptsächlich ein Urlaubsort für Kubaner mit einer Nebenstraße der Vía Blanca, die an zwei kleinen All-inclusive-Resorts, einem *campismo* (schlichten ländlichen Unterkünften im Bungalowstil) und diversen anderen landschaftlich schön gelegenen Übernachtungsmöglichkeiten vorbeiführt. Es gibt eine Reihe kleiner, doch herrlicher Strände und vor der Küste gute und leicht erreichbare Schnorchelmöglichkeiten. Hinter Jibacoa erheben sich das Meer überragende Kalksteinterrassen mit exzellenten Aussichten und ein paar kurzen Wanderwegen.

Die Via Blanca zwischen Havanna und Matanzas ist die Hauptverkehrsader der Region, allerdings halten hier nur wenige Busse planmäßig. Das macht Playa Jibacoa schwerer erreichbar, als es sein sollte. Im Binnenland liegen an der Bahnlinie des Hershey-Zuges pittoreske Bauernhöfe und winzige Dörfer, die aus einer anderen Zeit gefallen zu sein scheinen.

◎ Sehenswertes

Puente de Bacunayagua BRÜCKE
Kubas längste (314 m) und höchste (103 m) Brücke markiert die Grenze zwischen den Provinzen Havanna und Matanzas. Der Bau wurde im Jahr 1957 begonnen und schließlich im September 1959 von Fidel Castro feierlich eröffnet. Heute trägt die Brücke den Verkehr der geschäftigen Via Blanca über einen dicht bewaldeten Canyon, der das Valle de Yumurí vom Meer trennt. Es gibt eine Snack-Bar und eine Aussichtsplattform (8–22 Uhr), auf der man Cocktails vor einem der beeindruckendsten Panoramen des Landes trinken kann.

Hier blickt man über hunderte Kronenpalmen hinaus, die wie gespenstische Wächter auf den steilen Hängen des Tals stehen, sowie in der Ferne auf dunkle, gerundete Hügelketten und den funkelnd aufblitzenden blauen Ozean.

Die Snackbar und die Aussichtsterrasse sind beliebte Haltestation für Tourbusse und Taxen. Wer kein eigenes Auto gemietet hat, kommt anders auch nicht hierhin.

Central Camilo Cienfuegos SEHENSWERTES
Wie ein riesiges Skelett aus verrostetem Eisen steht diese ehemalige Zuckerfabrik auf einem Hügel 5 km südlich von Santa Cruz del Norte, einst war sie eine der größten des Landes. Noch heute zeugt die Fabrik davon, welche Dimension die Zuckerproduktion früher auf Kuba hatte. Die im Jahr 1916 er-

öffnete Fabrik gehörte damals der Schokoladenfabrik Hershey aus Philadelphia, die den Zucker zum Süßen ihrer weltberühmten Schokolade brauchte. Mit der Hershey Electric Railway wurden Arbeiter und Waren zwischen Havanna, Matanzas und der kleinen Stadt, die sich um die Fabrik entwickelt hatte, transportiert.

Der Zug fährt heute noch dreimal täglich (und hält in der Stadtmitte), die Fabrik schloss jedoch im Juli 2002.

Jardines de Hershey
GARTEN

Die Gärten liegen auf einem Stück Land, das einst dem amerikanischen Schokoladenmagnaten Milton Hershey gehörte, der auch Besitzer der nahe gelegenen Zuckerfabrik in Central Camilo Cienfuegos war. Sie sind heute leicht verwildert, mit angenehmen Wegen, üppigem Grün, einem schönen Fluss und mehreren Restaurants unter strohgedeckten Dächern. Genau das macht aber ihren Charme aus. Es ist ein hübscher Ort zum Lunchen und Spazierengehen. Die Gärten liegen ungefähr 1 km nördlich der Bahnstation Camilo Cienfuegos an der Hershey-Bahnlinie. Von Playa Jibacoa aus sind sie 4 km südlich von Santa Cruz del Norte in einer schönen Wanderung erreichbar.

🏃 Aktivitäten

Playa Jibacoa ist die einzige Ferienanlage im Norden Kubas, wo man direkt vom Strand aus schnorcheln und tauchen kann. Gäste des Memories Jibacoa Beach (s. rechts) bekommen Schnorchelausrüstung kostenlos geliehen und können dann direkt vom Strand aus losschwimmen. Auf der Anlage befindet sich auch ein Tauchzentrum mit Preisen ab 25 CUC$.

Der Strand in Richtung Campismo los Cocos (s. rechts) ist auch ein gutes Schnorchelrevier. Fährt man westlich die Küste entlang, sind leere Strandabschnitte zu finden, wo man entweder schnorcheln gehen oder einfach unter einer Palme entspannen kann.

Die **Finca Campesina Rancho Gaviota** (☑ 47-61-47-02; inkl. Mahlzeit 8 CUC$; ⊙ 10–17 Uhr) 🍴 ist ein Zentrum für Aktivitäten und liegt von Puerto Escondido aus 12 km landeinwärts. Die Straße dorthin führt durch das hübsche Valle de Yumurí mit seinen Palmen, das meist auf Tagestouren von Matanzas und Varadero aus angefahren wird. Die Ranch oben auf dem Berg überblickt einen Stausee und bietet Reiten, Kajakfahren und Radfahren sowie in rauen Mengen regionale kubanische Küche. In diversen Hütten werden verschiedene Produkte der kubanischen Landwirtschaft präsentiert und zur Verkostung angeboten, beispielsweise Kaffee und Zuckerrohr. Wer mit eigenem fahrbaren Untersatz zum *rancho* fährt, nimmt die Straße landeinwärts Richtung Arcos de Canasí und biegt nach 2 km links an der Gabelung ab. Dann sind es nochmals 10 km bis zum Schild der Ranch.

🛏 Schlafen

Casas particulares gibt es auch an der Playa Jibacoa; sie befinden sich am Ende der Küstenstraße von Matanzas hinter den letzten Hotels. Zu erkennen sind sie an den blauweißen *Arrendador-Divisa*-Aufklebern.

Campismo los Cocos
ZELTPLATZ $

(☑ 47-29-52-31; www.campismopopular.cu; EZ/DZ 30/45 CUC$; P ✱ ☃) Von den gut 80 Cubamar-Zeltplätzen ist Los Cocos der neueste und schönste. Die Anlage entspricht dem Standard eines Mittelklassehotels und die Lage am Strand kann es mit den großen Namen in Varadero aufnehmen. 90 Schlafhütten umgeben einen Swimmingpool, der von den niedrigen, stufenähnlichen Klippen der Provinz eingefasst wird.

Zur Anlage gehören eine kleine Bücherei, eine Erste-Hilfe-Station, ein À-la-carte-Restaurant, ein Spielezimmer, Zimmer für Gäste mit Behinderungen sowie Wanderwege (u. a. hoch zu einem Aussichtspunkt auf der Kalksteinterrasse hinter der Anlage). Die einzigen Nachteile: wenig Instandsetzung seit der Eröffnung im Jahr 2006 und laute Musik am Swimmingpool.

Villa Jibacoa
FERIENANLAGE $$

(☑ 47-29-52-05; www.gran-caribe.com; Vía Blanca Km 60; EZ/DZ all-inclusive 120/150 CUC$; P ✱ @ ☃) Diese kleine, schmucke Anlage bietet ein tolles Schnorchelrevier und große, blitzsaubere Zimmer in putzigen Bungalows aus Beton. Schickimicki ist hier nicht angesagt. Villa Jibacoa wird als 3-Sterne-Anlage vermarktet und ist besonders bei Chartertouristen aus Kanada beliebt, die auch gerne mehrmals hierher kommen.

⭐ Memories Jibacoa Beach
FERIENANLAGE $$$

(☑ 47-29-51-22; www.memoriesresorts.com; Zi. alles inklusive ab 175 CUC$; P ✱ @ 🛜 ☃) Wer hätte das gedacht? Eine der besten All-inclusive-Ferienanlagen ist nicht in Varadero (oder irgendeiner anderen Ansammlung von Hotels) zu finden, sondern in den ruhi-

DIE HERSHEY-BAHN

„Kuh auf Gleisen", sagt der gelangweilt dreinschauende Fahrkartenverkäufer. „Zug fällt wegen Reinigungsarbeiten aus", heißt es auf einem handgeschriebenen Schild. Tägliche Verzögerungen sind den Habaneros nur allzu vertraut. Bei den meisten Besuchern mag der altmodische Hershey-Elektrozug nostalgische Gefühle auslösen, Kubanern stößt der Mix aus holprigen Fahrten, harten Sitzen und endlosen Wartezeiten eher bitter auf.

Im Jahr 1921 ließ der amerikanische „Schokoladenkönig" Milton S. Hershey (1857–1945) die Schienen für Elektrozüge errichten, um seine eigene gigantische Zuckermühle in der Provinz Mayabeque mit den Bahnhöfen in Matanzas und in der Hauptstadt zu verbinden. Da die Gleise vorwiegend durch ländliche Gebiete führten, wurde der Zug schon bald ein sehr wichtiges Verkehrsmittel für die Bewohner entlegener Dörfer, die ansonsten vom Verkehrsnetz weitgehend abgeschnitten waren.

Im Jahr 1959 wurde die Hershey-Fabrik verstaatlicht und erhielt auch noch einen neuen Namen: Central Camilo Cienfuegos – zu Ehren des gefeierten Kommandanten der Rebellenarmee. Der Zug, der auch danach weiter verkehrte, behielt jedoch seinen alten inoffiziellen Namen. Ganz in der Tradition der postrevolutionären „Spare in der Zeit, dann hast du in der Not"-Ökonomie hielt man auch an den Gleisen, Lokomotiven, Waggons, Signalen und Bahnhöfen fest.

Weit entfernt vom Luxus eines Orient Express bringt eine Fahrt mit dem Hershey-Zug den Passagieren jene Zeiten näher, als Autos etwas für reiche Leute und Zucker das Maß aller Dinge war. Außenstehende erleben so ein Kuba, wie es die Einheimischen sehen: einen Mikrokosmos ländlichen Lebens in Reinkultur mit all seinen Problemen, Frustrationen, Gesprächen, Eigenarten und natürlich auch Spaß.

Es kommt einem vor, als halte die Bahn an jedem Haus, Pferdestall und Hügel zwischen Havanna und Matanzas (2,8 CUC$, 4 Std.). Wo soll man da aussteigen? Strandfans wählen Guanabo (0,75 CUC$, 1¼ Std.) und wandern dann etwa 2 km gen Norden, um sich die rustikalen östlichen Ferienanlagen von Havanna anzupeilen. Geschichtsenthusiasten können am Central Camilo Cienfuegos (1,4 CUC$, 2 Std.) aussteigen und die alten Hershey-Zuckermühlen umherwandern. Außerdem kann man auch in Jibacoa (1,65 CUC$, 2½ Std.) den Zug verlassen, um das versteckte Strandparadies Playa Jibacoa zu entdecken, sowie auch an verschiedenen Haltestellen im wunderschönen Valle de Yumurí. *¡Buen viaje!*

geren Gefilden von Jibacoa. Das Geheimnis? Diese Anlage mit 250 Zimmern ist einfach nicht überambitioniert. Die plätschernden Springbrunnen, der ganztägig geöffnete Pool und der schmale, aber idyllische Strand sind herrlich unprätentiös. Und dann gibt es die tolle Umgebung. Vom Strand aus kann geschnorchelt werden (der Verleih der Ausrüstung ist für Gäste kostenlos), es gibt ein Tauchzentrum (Tauchgänge ab 25 CUC$) sowie Wanderungen in die Terrassenhügel landeinwärts. Die Anlage, die ursprünglich SuperClub Breezes hieß, wurde zuletzt 2012 renoviert. Aus Richtung Matanzas kommend liegt die Abzweigung 13 km westlich der Puente de Bacunayagua (S. 171).

❶ An- & Weiterreise

Der beste – manche würden sagen, der *einzige* – Weg, um zur Playa Jibacoa zu gelangen, ist mit der Hershey-Bahn (s. oben) vom Bahnhof Casablanca in Havanna bis nach **Jibacoa Pueblo** (1,65 CUC$, 2½ Std.). Vom Bahnhof aus gibt es keinen Bus zum Strand und der Verkehr ist auch spärlich. Daher muss man die letzten rund 5 km in der Regel zu Fuß gehen – durchaus ein schöner Spaziergang, aber nur wenn man nicht zu viel Gepäck dabei hat.

Jaruco

18 100 EW.

Jaruco, das sich etwas landeinwärts zwischen Havana und Matanzas befindet, ist ein guter Tagesausflug für Besucher mit Auto, Moped oder Fahrrad, die einmal auf einen Strandtag verzichten wollen und stattdessen das authentische ländliche Kuba kennenlernen möchten.

Das Dorf Jaruco wirkt wie gemalt mit seinen pastellfarbenen Häusern, die steile Straßen säumen, welche auch gut in die

LAS CHARANGAS DE BEJUCAL

Die geradlinige Stadt Bejucal bietet, wie viele Siedlungen in der Provinz Mayabeque, nicht gerade eine Riesenauswahl an interessantem Zeitvertreib – es sei denn, man ist gerade am 24. Dezember da. Denn das Festival Las Charangas kann es durchaus mit Las Parrandas von Remedios und dem Karneval von Santiago in puncto Lautstärke und farbenfrohen Umzügen aufnehmen.

So wie in Remedios teilt die Stadt sich in zwei rivalisierende Gruppen, Ceiba de Plata („Silberne Ceiba") und Espina de Oro („Goldener Dorn") auf, die sich lachend, tanzend und singend zwischen die riesigen, leuchtenden Wagen und die berühmten Bejucal *tambores* (Trommeln) auf die Straßen begeben. Den Höhepunkt bilden auf dem Hauptplatz bis zu 20 m hohe Türme aus hell erleuchteten, kunstvollen Schaubildern. Die traditionelle Conga-Musik ertönt dabei im Hintergrund ständig als Begleitung. Die Schaubilder kombinieren Traditionelles und aktuelle Nachrichten, sodass die Bezüge von Santería-Gottheiten bis hin zur Erderwärmung reichen können. Las Charangas geht zurück auf das frühe 19. Jh., als Kreolen und schwarze Sklaven (diese rassistisch diskriminierende Kategorie existiert hier heute nicht mehr) die beiden Gruppen stellten, d. h. es ist eines der ältesten Festivals auf Kuba.

Hier gibt es für Besucher keine wirklichen Unterkünfte, aber der Ort ist lediglich etwa 40 km von Havanna entfernt und eignet sich somit ausgezeichnet für einen Tagesausflug. Außer mit dem Zug kann man nur mit dem Taxi oder einem Privatfahrzeug nach Bejucal kommen (eine Strecke ca. 35 CUC\$, 40 Min.).

---

peruanischen Anden passen würden. Der Parque Escaleras de Jaruco, etwa 6 km westlich, ist mit seiner dschungelähnlichen Vegetation und den schmalen und kurvigen Straßen ohne Markierungen noch abenteuerlicher. Das Schutzgebiet, das Wälder, Höhlen und skurril geformte Kalksteinklippen umfasst, ist der Hauptgrund, um diese Region zu besuchen.

Habaneros verbringen hier von Donnerstag bis Sonntag lange Wochenenden auf dem Land. Das sind auch die einzigen Tage, an denen der Park offiziell geöffnet ist. Da aber eine kleinere Straße den Park zwischen Tapaste (Abfahrt von der Autopista Nacional) und Jaruco durchquert, ist ein Besuch eigentlich jederzeit möglich.

Diese in Vergessenheit geratene Oase bietet umwerfende *miradores* (Aussichtspunkte) auf die wunderschöne Landschaft der Provinz Mayabeque.

 **Essen**

Ein paar der Restaurants in Jaruco öffnen von Donnerstag bis Sonntag und dann ertönt laute (oftmals schnulzige) Musik, was die Ruhe stören kann.

El Criollo KUBANISCH **\$**
(Hauptgerichte 3–6 CUC\$; ⊙ Do–So 13.30–17 Uhr)
Das nette El Criollo im *ranchón*-Stil ist das beste der wenigen Restaurants des Parque

---

Escaleras de Jaruco. Hier bezahlt man in Pesos für verschiedene Fisch- und Schweinefleischgerichte.

ℹ An- & Weiterreise

Von Jaruco sind es in südöstlicher Richtung via Campo Florido 32 km nach Guanabo. Eine Rundfahrt führt über Santa Cruz del Norte, 18 km nordöstlich von Jaruco, via Central Camilo Cienfuegos. Das Taxi von Havanna kostet für eine Strecke 35 CUC\$ (40 Min.).

Auch eine Nebenstrecke der Hershey-Bahn fährt nach Jaruco, ein langsames und bedächtiges Unterfangen. Man nimmt hierzu den Zug nach Camilo Cienfuegos (1,4 CUC\$, 2 Std.) und steigt dann auf einen Zug nach Süden zum Bahnhof Jaruco um (1 CUC\$, 30 Min., 8-mal tgl.).

Surgidero de Batabanó

22 310 EW.

Spanische Kolonisten gründeten am 25. August 1515 im heutigen Surgidero de Batabanó die Keimzelle der heutigen Stadt Havanna. Der Ort wurde aber bald aufgegeben, die Stadtgründer zog es stattdessen an die Nordküste. Schaut man sich heute in der heruntergekommenen Stadt mit ihren baufälligen Häusern und schmutzigen, strandlosen Promenaden um, kann man die damalige Entscheidung gut nachvollziehen. Der einzige Grund, heutzutage diesen moskitoverseuchten Hafen aufzusuchen, ist das täglich zur Isla de la Juventud fahrende Schiff. Sollte es unvorhergesehene Verzögerungen geben, ist es am besten, im Hafen zu bleiben oder ein Taxi zurück nach Havanna zu nehmen. Das mag deprimierend sein, ist aber immer noch besser, als auch nur eine Minute in der Stadt selbst zu verbringen.

Fidel Castro und die Mitgefangenen vom Moncada-Sturm gingen hier am 15. Mai 1955 an Land, nachdem Fulgencio Batista ihnen Amnestie gewährt hatte. Sie verschwanden dann aber schnell wieder.

 Essen

Überraschung! Das halb-vernachlässigte Surgidero de Batabanó hat kürzlich ein Restaurant hervorgebracht, das ganz okay ist.

Los Dos Hermanos KUBANISCH **$**
(Calle 68 No 521; Hauptgerichte 2–5 CUC$; ⊙12–22 Uhr) Hier in einem putzigen Holzhaus, das einst ein elegantes Hotel war, befindet sich

die beste Lösung für eine Pause bei einer Verspätung der Fähre. Dos Hermanos tischt geradlinig kubanische Gerichte auf, und zwar schnell und schnörkellos. Man sollte gut zulangen, denn das nächste ordentliche Mahl könnte (wenn man auf dem Weg nach La Isla ist) lange auf sich warten lassen.

❶ An- & Weiterreise

Die Fähre von Surgidero de Batabanó zur Isla de la Juventud (S. 183) soll täglich um 13 Uhr und freitags und sonntags zusätzlich um 16 Uhr ablegen (Fahrzeit 2 Std.). Die Kombitickets für Bus und Fähre (50,20 CUC$) sollte man sich, wenn irgend möglich, im Voraus in Havanna in der Geschäftsstelle des großen Astro-Busbahnhofs (S. 133) besorgen und nicht hier vor Ort. Sehr häufig sind für Busreisende die Fahrkarten für die Weiterreise vor Ort ausverkauft.

Für Selbstfahrer gibt es eine **Servi-Cupet-Tankstelle** (Calle 64 No 7110, zwischen Avenidas 71 & 73) in der Stadt Batabanó. In östlicher Richtung befindet sich die nächste Servi-Cupet-Tankstelle in Güines.

Isla de la Juventud (Sonderverwaltungsgebiet)

📞 46 (45 AUF CAYO LARGO DEL SUR) / 86 420 EW.

Gut essen

➡ Restaurante Tu
Isla (S. 182)

➡ Restaurante Toti (S. 182)

➡ Ranchón Playa
Sirena (S. 190)

➡ Restaurante El
Abra (S. 182)

Schön übernachten

➡ Tu Isla (S. 181)

➡ Sol Cayo Largo (S. 189)

➡ Villa Choli (S. 181)

➡ Hotel Pelícano (S. 190)

Auf zur Isla de la Juventud!

Vom Piratenversteck im 16. Jh. bis zu Gangsterbanden im 20. Jh.: Historisch gesehen war La Isla schon immer ein Zufluchtsort für alle möglichen Leute. Die piniengesäumte Insel, die die Form eines krummen Apostrophs hat, liegt etwa 100 km von Kuba entfernt und ist die sechstgrößte Insel der Karibik. Mit den Cayman Islands lässt sich La Isla sicher nicht vergleichen, und Touristen gibt es hier auch so gut wie keine. Wer glaubt, auf der Hauptinsel sei die Zeit stehen geblieben, sollte sich erst die Hauptstadt Nueva Gerona ansehen mit ihrer keilförmig verlaufenden Hauptstraße und einer Restaurant-„Szene", die anscheinend in den 1990er-Jahren stecken geblieben ist. Wer es jedoch bis hierher schafft, auf den wartet ein wahres Abenteuer. Hauptanziehungspunkt sind die vielen unberührten Korallenriffe, die für Taucher ideale Bedingungen bieten. Weitere Attraktionen sind die vielen Korallen, hier und da ein Krokodil sowie eine bewegte Geschichte, die an ein Kapitel aus der *Schatzinsel* erinnert.

Das genaue Gegenteil davon ist Cayo Largo del Sur, weiter östlich gelegen, eine Touristenenklave, die für ihre breiten Sandstrände bekannt ist.

Reisezeit

➡ Highlights von La Isla, Cayo Largo und anderen Inseln des Archipiélago de los Canarreos sind die wunderschönen Strände sowie die hervorragenden Tauch- und Schnorchelmöglichkeiten. Deshalb sind die heißesten Monate – Juli und August – auch die besten für einen Besuch. Aber auch die etwas kühlere, dafür aber laue Hochsaison von Dezember bis April ist nicht zu verachten.

➡ Im lebhaften Nueva Gerona findet im März die größte Party der Insel statt: Karneval.

➡ Die beste Zeit zum Tauchen in den Gewässern vor der Isla de la Juventud ist von Januar bis Mai, also dann, wenn das Wasser wunderbar klar und ruhig ist.

Cayo Largo del Sur
Playa Tortuga ⑥
Playa Sirena ⑦

Cayo del Rosario

s. oben

20 km

Cayo del Rosario

Cayo Rico

Cayo Cantiles

0   20 km

N

Golfo de Batabanó

Bajo de Zambo ①

Cayo Campos ①

Cayo Matías

Cayos los Cayuelos

Archipiélago de los Canarreos

Cayos Boca de Alonso

Cayo San Juan

Cayo Guayabo   Cayo Balandras

Cayos de los Inglesitos

Cementerio
Cayo de Colombia   Cayo Triángulo

Punta Rancho Viejo

Punta Piedras

Punta del Este   **Cueva de Punta del Este** ④

Punta Larga

Presidio Modelo

Playa Bibijagua
Sierra de Caballos
Rafael Cabrera
Mustelier Airport

La Reforma

La Fe

Isla de la Juventud

Criadero Cocodrilo ◉

Cayo Piedra

Playa del Guanal

Nueva Gerona ① ③
Playa Paraíso
Nach Surgidero   Playa Paraíso

Punta El Lindero

Sierra de las Casas ②
Sierra de las Casas

Júcaro

Las Nuevas

La Melvis

La Victoria

Julio Antonio Mella

Argelia Libre

La Jungla de Jones

Ciénaga de Lanier

KARIBISCHES MEER

Punta de los Barcos
Ensenada de los Barcos

Playa Buenavista

Punta Buenavista

La Demajagua

Mina de Oro

International Diving Center

Hotel
Colony
Dársena

Grenze zum Militärgebiet

Ensenada de la Siguanea

PROVINZ PINAR DEL RÍO

Punta Francés ⑤
Cueva Azul ◉

Pared de Coral Negro

Cocodrilo

Sea Turtle Breeding Center

Cayos los Indios

Highlights

① **Nueva Gerona** (S. 178) In der kleinen verschlafenen Hauptstadt der Insel das entschleunigte Leben der Einheimischen kennenlernen.

② **Sierra de las Casas** (S. 179) Die steilen Hügel oberhalb von Nueva Gerona erklimmen, um den Blick auf die Insel zu genießen.

③ **Presidio Modelo** (S. 185) Das berüchtigte Gefängnis erkunden, in dem Fidel Castro einst inhaftiert war.

④ **Cueva de Punta del Este** (S. 187) Die alten Höhlenmalereien in der Militärzone der Insel bestaunen.

⑤ **Punta Francés** (S. 185) Inmitten von alten Schiffswracks, Korallenwänden und -gärten sowie Höhlen tauchen. Das beste Tauchrevier Kubas!

⑥ **Playa Tortuga** (S. 188) An den Stränden von Cayo Largo del Sur im Mondschein den Schildkröten beim Nisten zusehen.

⑦ **Playa Sirena** (S. 187) Den breiten weißen Sandstrand (teilweise ein FKK-Strand) bis zur Playa Sirena von Cayo Largo del Sur, einem der schönsten Strandabschnitte, entlangwandern.

Geschichte

Die ersten Siedler auf La Isla waren Siboney-Indianer, Vertreter einer Kultur, die vor rund 1000 Jahren über die Kleinen Antillen auf die Insel kamen. Sie nannten ihe neue Heimat Siguanea und hinterließen in Cueva de Punta del Este faszinierende Höhlenmalereien, die auch heute noch besichtigt werden können.

Kolumbus, der im Juni 1494 hier anlegte, benannte die Insel umgehend in Juan el Evangelista um und beanspruchte sie für die spanische Krone. Die Spanier taten jedoch nur sehr wenig, um ihren neuen, von Mangroven und flachen Riffen umgebenen Besitz zu besiedeln.

Stattdessen wurde die Insel zu einem Piratenversteck, beispielswesie für Männer wie Francis Drake und Henry Morgan, die die Insel ihrerseits Papageieninsel nannten. Ihnen wird nachgesagt, mit ihren Taten und Untaten den Schriftsteller Robert Louis Stevenson zu seinem berühmten Roman *Die Schatzinsel* inspiriert zu haben.

Im Dezember 1830 wurde die Colonia Reina Amalia (jetzt Nueva Gerona) gegründet; im 19. Jh. schickte man Unabhängigkeitskämpfer und Rebellen wie José Martí dorthin ins Exil. Die Diktatoren des 20. Jhs. – Gerardo Machado und Fulgencio Batista – folgten dem spanischen Beispiel und deportierten politische Gefangene – darunter war auch Fidel Castro – auf die Insel. Diese war inzwischen bereits ein viertes Mal umbenannt worden, diesmal in Isla de Pinos – „Pinieninsel".

Eine Klausel im berüchtigten Platt Amendment von 1901 legte fest, dass die Isla de Pinos außerhalb der Grenzen des „Festlandteils" des Archipels lag. Infolgedessen ließen sich auf der Insel rund 300 US-amerikanische Siedler nieder. Sie legten Zitrusplantagen an und errichteten eine effiziente Infrastruktur, die bis heute überdauert hat (obwohl sie jetzt etwas heruntergekommen ist). In den 1950er-Jahren avancierte La Isla zum attraktiven Ferienort für reiche Amerikaner, die jeden Tag von Miami aus hierher flogen. Schließlich setzte Fidel Castro im Jahr 1959 diesem Treiben ein Ende.

In den 1960er- und 1970er-Jahren meldeten sich dann Tausende junger Leute aus den Schwellenländern, um an den eigens für sie gebauten „Hochschulen" zu studieren (obwohl sie praktisch heute nicht mehr existieren). Im Jahr 1978 wurde ihr Beitrag zur Entwicklung der Insel offiziell gewürdigt:

Zum fünften Mal wurde der Name der Insel geändert, diesmal in Isla de la Juventud („Insel der Jugend").

ISLA DE LA JUVENTUD

Die große, abseits der Hauptinsel gelegene und äußerst entspannte Insel unterscheidet sich sowohl in historischer als auch in kultureller Hinsicht vom Rest des kubanischen Archipels. Hier wurden nie massenweise Zucker und Mais angebaut und bis zur Castro-Revolution war der amerikanische Einfluss deutlich spürbar. Die hier lebenden Ausländer berufen sich auf ihre Vorfahren, die von den Cayman Islands, aus Amerika und Japan stammten. Sie haben sogar ihren eigenen Musikstil entwickelt, den *sucu sucu*, ein Sub-Genre des kubanischen *son*. Heute wirkt die Insel ohne ihre ausländischen Schüler, die einst ihre berühmten Schulen bevölkerten, eher verschlafen, aber dennoch extravagant und esoterisch: ein Gefängnis, das zum Museum umgewandelt wurde und versunkene Schiffe, zu denen man hinabtauchen kann. Die vielen vom Tourismus noch unberührten Gegenden erfreuen sich bei Tauchern, Aussteigern, Abenteurern und erklärten Nonkonformisten großer Beliebtheit.

Nueva Gerona

47 040 EW.

Nueva Gerona wird von der Sierra de las Casas im Westen und der Sierra de Caballos im Osten flankiert. Die kleine gemütliche Stadt schmiegt sich an das linke Ufer des Río las Casas, des einzigen großen Flusses der Insel. Sie hat einige Museen und bietet hervorragende Unterhaltungsmöglichkeiten genauso wie 100 % der ohnehin rar gesäten Dienstleistungen auf der Insel.

◉ Sehenswertes

Museo Finca el Abra   MUSEUM
(Carretera Siguanea Km 2; 1 CUC$; ⊙ Di–Sa 9–17, So bis 12 Uhr) Am 17. Oktober 1870 kam der noch jugendliche José Martí auf diese Finca und verbrachte hier neun Wochen im Exil, bevor er nach Spanien verbannt wurde. Angeblich ließ seine Mutter die Fußfesseln, die er tragen musste, zu einem Ring umarbeiten, den er bis zu seinem Tode trug. Die alte Hacienda liegt unterhalb der Sierra de las Casas. Die Umgebung ist so sehenswert wie

Nach genauer Betrachtung der Isla de los Pinos (wie die Isla de la Juventud damals hieß), beschloss Charles „Lucky" Luciano (in den 1940er- und 1950er-Jahren der Oberboss der Mafia) im Jahre 1946, dass es an der Zeit war, die Insel in ein Zockerparadies umzuwandeln, um Monte Carlo den Rang abzulaufen. Amerikanische Drogenfahnder spürten Luciano jedoch auf, der daraufhin nach Kuba flüchten musste, aber sein Komplize Meyer-Lansky setzte das Projekt fort. 1958 wurde ein Hilton Hotel mit Kasino eröffnet (jetzt das Hotel Colony). Aber die Tage der Dekadenz waren nur von kurzer Dauer. Als Fidel Castro ein Jahr später Präsident wurde, machte er dem Glücksspiel in Kuba endgültig ein Ende. So heißt es zumindest von offizieller Seite. Heutzutage kann man in einigen kubanischen Geschäften immer noch Artikel finden, die eigens dafür produziert wurden, um die Eröffnung des Glücksspielbetriebs in La Isla zu zelebrieren.

das Museum selbst. Es ist an der Hauptstraße zum Hotel Colony (eine Fortsetzung der Calle 41) ausgeschildert und liegt etwa 3 km südwestlich von Nueva Gerona.

Das Haus wird immer noch von den Nachfahren Giuseppe Girondellas bewohnt, der Martí damals aufnahm. Eine unbefestigte Straße direkt vor dem Museum führt nach Norden zum ehemaligen Marmorsteinbruch, den man von hier aus in der Ferne bereits gut erkennen kann.

El Pinero DENKMAL

(Calle 28, zwischen Calle 33 & Fluss) Zwei Blocks östlich des Parque Guerrillero Heroico steht eine riesige, schwarz-weiß gestrichene Fähre, die als Denkmal direkt am Fluss ihren Platz gefunden hat: *El Pinero*. Das Originalboot beförderte früher Passagiere zwischen La Isla und der Hauptinsel. Am 15. Mai 1955 kehrten Fidel und Raúl Castro sowie weitere entlassene Moncada-Häftlinge auf dieser Fähre zur Hauptinsel zurück. Heute treffen sich hier junge *Reggaetón*-Fanatiker (sprich: extrem laute Musik).

Museo Municipal MUSEUM

(Calle 30, zwischen Calle 37 & 39; 1 CUC$; ⏾ Di–So 9–16.30 Uhr) Das Museo Municipal befindet sich in der ehemaligen Casa de Gobierno (1853) und beherbergt eine kleine Sammlung zur Geschichte der Insel. Gleich zu Anfang hängt eine riesige Karte von La Isla an der Wand. In den thematisch gegliederten Ausstellungsräumen (*salas*) geht es um die Ureinwohner, Piraten, US-Besatzer (darunter auch den Gangster Charles „Lucky" Luciano) sowie einheimische Kunst.

Nuestra Señora de los Dolores KIRCHE

(Ecke Calle 28 & 39) Die kleine an der nordwestlichen Seite des Parque Guerrillero Heroico gelegene Kirche wurde im Jahr 1926 im mexikanischen Kolonialstil erbaut, nachdem das Original durch einen Hurrikan zerstört wurde. Im Jahr 1957 schloss sich der Gemeindepfarrer Guillermo Sardiñas als einziger kubanischer Pfarrer der Widerstandsbewegung von Fidel Castro in der Sierra Maestra an.

Museo Casa Natal Jesús Montané MUSEUM

(Ecke Calle 24 & 45; ⏾ Di–Sa 9.30–17, So 8.30–12 Uhr) GRATIS Das Museum dokumentiert das Leben des Revolutionärs Jesús Montané, der hier auf der Insel geboren wurde. Montané war 1953 an dem Angriff auf die Moncada-Kaserne beteiligt, kämpfte an der Seite Fidel Castros in der Sierra Maestra und war nach 1959 Mitglied der Regierung. Das Museum ist zwar klein, aber faszinierend, und man sollte sich mindestens 20 Minuten Zeit für die Besichtigung nehmen.

 Aktivitäten

Die Gegend rund um Nueva Gerona mit ihren Stränden und den drei großen Attraktionen (dem Stausee Presa El Abra, dem Museo Finca el Abra und Presidio Modelo) lässt sich gut mit dem Fahrrad erkunden, denn sie liegt nur einige Kilometer vom Stadtzentrum entfernt. In der Villa Choli (S. 181) in Nueva Gerona kann man Räder leihen.

Sierra de las Casas WANDERN

Was für eine fantastische Aussicht! Das Nordende der zerklüfteten Sierra de las Casas lässt sich vom westlichen Ende der Calle 22 aus leicht und ohne Anstrengung besteigen. Nach einigen Hundert Metern auf einem unbefestigten Pfad führt linker Hand ein gewundener Weg hinauf zum Hügel, an dessen Fuß eine tiefe Höhle und das örtli-

Nueva Gerona

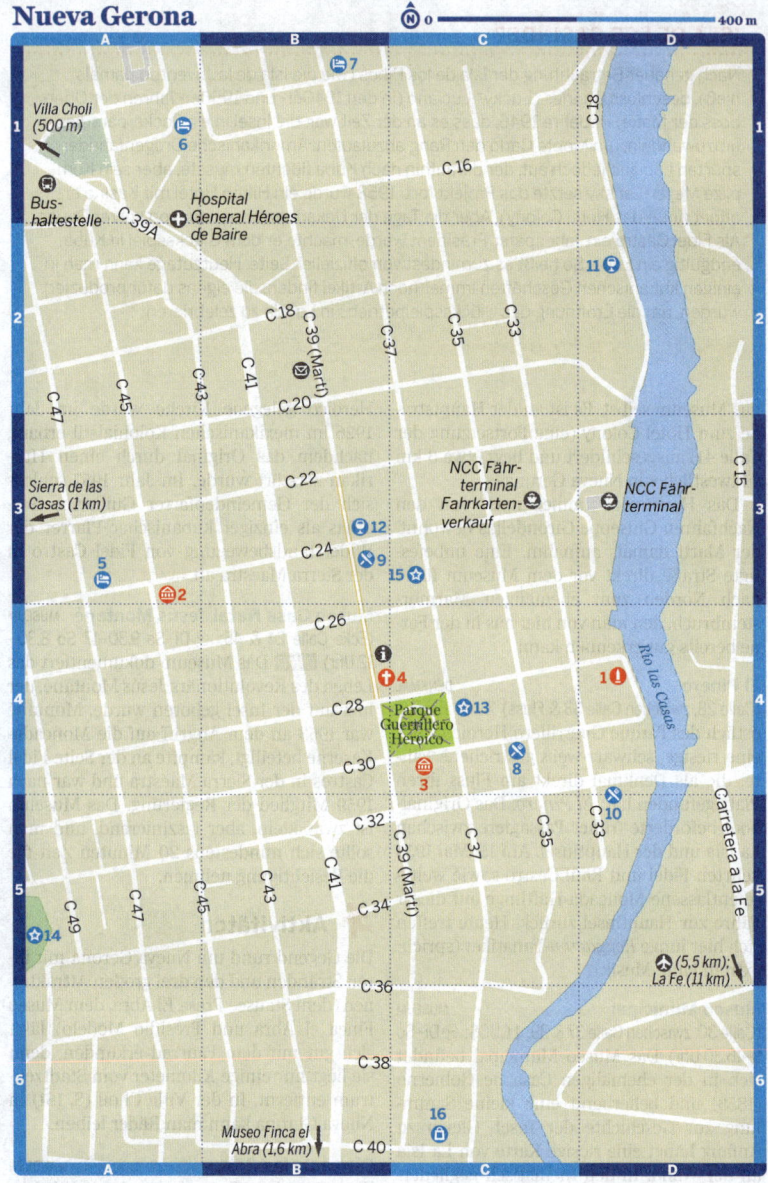

che Schwimmbecken liegen. Ein sehr steiler, rund 1,5 km langer Pfad dahinter führt direkt zum Gipfel.

Die Aussicht von hier oben über die halbe Insel ist atemberaubend. Das letzte Stück der Strecke erinnert mehr an Felsklettern als an Wandern, die Strecke ist also nur für absolut trittsichere Wanderer geeignet.

Presa El Abra
WASSERSPORT

(Carretera Siguanea; ⏰12–17.30 Uhr) Wo sind die Leute aus Nueva Gerona nur alle geblieben?

Nueva Gerona

Alle zur Abkühlung im Presa El Abra. An glühend heißen Tagen ist dies der beste Ort, um sich etwas Kühlung zu verschaffen. Die grünen Seeufer laden zum Picknicken ein; am breiten *presa* (Stausee) liegt das beste Restaurant von Nueva Gerona (S. 182). Wasserfreunde können z. B. Kajaks (1,50 CUC$ pro Std.) und Wasserfahrräder (3 CUC$ pro Std.) mieten.

🎉 Feste & Events

Carnaval Pinero   KARNEVAL

(◎ März) Hier ist echt was los: Umzüge mit riesigen Figuren auf Wagen, Rodeo, Sportwettkämpfe und hier und da etwas Alkohol. Wird Mitte März drei Tage lang gefeiert.

🛏 Schlafen

In der Innenstadt sind die *casas particulares* die einzige Übernachtungsmöglichkeit mit Verpflegung. Die Gastgeber holen ihre Gäste von der Fähre ab. Die beiden unter staatlicher Leitung stehenden und ziemlich heruntergekommenen Hotels befinden sich im Süden von Nueva Gerona und sind nicht unbedingt zu empfehlen.

⭐ Tu Isla   CASA PARTICULAR $

(☎ 46-50-91-28; Calle 24, zwischen Calle 45 & 47; Zi. 15–20 CUC$; ❋ ❋) Diese fantastische *casa* kann es mit jeder auf der Hauptinsel Kubas aufnehmen. Sie wird von einem leidenschaftlichen *pinero* geführt, der seine Insel kennt und liebt. Sie erinnert mit ihren wunderschönen Wandmalereien an die verwegene Geschichte der Insel im Meer: Ankermotive und sechs hotelähnliche Zimmer (drei davon mit eigenem Balkon). Zudem gibt es eine große Terrasse, ein Tauchbecken und ein hervorragendes Restaurant im dritten Stock. *Tu Isla* – Deine Insel. Ja, so ist es!

Villa Choli   CASA PARTICULAR $

(☎ 46-32-31-47, 52-48-79-16; Calle C No 4001a, zwischen Calle 6 & 8; Zi. 25 CUC$; P ❋ @) Vier recht große Zimmer auf zwei Etagen mit TV, Internet, sicherem Parkplatz, leckerem Essen und – vielleicht das Highlight – einer großen Terrasse mit Schaukelstühlen und einer Hängematte. Eine zweite Terrasse ist gelegentlich bei Grill-Veranstaltungen geöffnet. Es gibt auch einen Fahrradverleih und Abholung vom Hafen. Alternativ werden entsprechende Tickets organisiert. Der freundliche Gastgeber Ramberto ist zudem ein hervorragender Koch.

Villa Mas – Jorge Luis
Mas Peña   CASA PARTICULAR $

(☎ 46-32-35-44; negrin@infomed.sld.cu; Calle 41 No 4103 Apt. 7, zwischen Calle 8 & 10; Zi. 20–25 CUC$; ❋) Die Apartmentblocks sind nicht gerade schön, aber innen überraschen zwei überdurchschnittlich gute Zimmer mit frisch renovierten Marmorbädern. Auf der Dachterrasse wird auch leckeres Essen serviert. Die Villa Mas liegt im Norden der Stadt hinter dem Krankenhaus.

Villa Peña   CASA PARTICULAR $

(☎ 46-32-23-45; Ecke Calle 10 & 37; Zi. 15–20 CUC$; ❋) Die komfortable, sichere Unterkunft in einem hübschen Bungalow in der Nähe des Krankenhauses mit zwei sauberen Zimmern und Verpflegung ist mit seinen freundlichen Inhabern eine gute Option.

Motel el Rancho el Tesoro   HOTEL $

(☎ 46-32-30-35; Autopista Nueva Gerona-La Fe Km 2; EZ/DZ 25/30 CUC$; P ❋) Oh je! Dieses glanzlose Motel mit einer burgartigen Fassade liegt in der bewaldeten Gegend in der Nähe des Río las Casas 3 km südlich der Stadt. Innen wirkt es wie ein Museum für Kitsch und hat 34 recht große Zimmer und ein armseliges staatliches Restaurant.

ISLA DE LA JUVENTUD (SONDERVERWALTUNGSGEBIET) NUEVA GERONA

Essen

In puncto Essen ist La Isla irgendwann in den 1990er Jahren stehen geblieben. Es gibt nur ein paar wenige neue Ausnahmen. Nachdem sie einen Abend vergebens nach einem Restaurant gesucht haben, essen die meisten Gäste schließlich in ihrer *casa particular*. Auf der Martí (Calle 39) haben Sandwich- und Churro-Verkäufer ihre Stände aufgebaut und in einigen Fenstern verschiedener Privathäuser tauchen wie aus dem Nichts Eisverkäufer auf.

★ Restaurante Tu Isla   KUBANISCH $

(Calle 24, zwischen Calle 45 & 47; Hauptgerichte 4–8 CUC$; ⏲ So–Do 19–24, Fr & Sa bis 2 Uhr nachts) Das Dachrestaurant über der gleichnamigen *casa particular* serviert gute kubanische Klassiker mit italienischer Note. Die Einrichtung erinnert an die Seefahrt, und an den meisten Abenden gibt es traditionelle Livemusik.

Restaurante Toti   KUBANISCH $

(Reparto Chacón; Hauptgerichte 2–5 CUC$; ⏲ 12–24 Uhr) Lust auf Hummer frisch vom Grill für nur 5 CUC$ und ein Gitarrenduo, das beim Essen aufspielt? Das klingt beinahe schon zu gut, um wahr zu sein. Aber all das findet man im Toti, einem bescheidenen privaten Restaurant im Chacón-Viertel, unweit vom Presidio Modelo gelegen.

Restaurante El Abra   KUBANISCH $

(Carretera Siguanea km 4; Gerichte 1–4 CUC$; ⏲ 12–17.30 Uhr; P) In dieses Open-Air-Restaurant am schönen Presa El Abra, rund 4 km südwestlich vom Stadtzentrum, kommen die *pineros* am Wochenende, um *comida criolla* (kreolisches Essen) zu essen, zu tanzen und Wassersport zu treiben. Erstaunlicherweise wird für Grillgerichte besonders gerne Schweinefleisch genommen. Aber es gibt auch gute Fischgerichte. Man kann auch einfach ein kaltes Bier trinken und die schöne Aussicht genießen.

Restaurante Río   MEERESFRÜCHTE $

(Calle 32, zwischen Calle 33 & Fluss; 20–50 MN$; ⏲ 12–22 Uhr; ❄) Das ziemlich heruntergekommene Restaurant am Fluss serviert an einem gute Tag frischen Fluss- und Meeresfisch (Nueva Gerona ist einer der wenigen Orte in Kuba, wo man beides essen kann). Bezahlt wird in *moneda nacional*. Es hat eine Außenterrasse und ist innen klimatisiert. Aus einer Stereoanlage dröhnen die neuesten kubanischen Popsongs.

El Cochinito   KARIBISCH $

(Ecke Calle 39 & 24; Hauptgerichte 3–7 CUC$; ⏲ Do–Di 12–22 Uhr) Das Restaurant macht seinem Namen alle Ehre: Im „Kleinen Schweinchen", dessen hübscher Innenbereich allerdings auf irritierende Art und Weise mit etlichen Schweinsköpfen (einige davon sehen aus, als ob sie quieken) dekoriert ist, kommen allerlei Schweinefleischkreationen auf den Tisch.

Cubalse Supermarket   SUPERMARKT $

(Calle 35, zwischen Calle 30 & 32; ⏲ Mo–Sa 9.30–18 Uhr) Dieser Supermarkt verkauft u.a. leckere Chips und Kekse.

Ausgehen & Nachtleben

Es klingt beinahe schon nach aufgestauter Langeweile, aber in Nueva Gerona wird fast jeden Abend Party gemacht. Die Clubs an der Calle 39 und in dessen Umgebung sind ganz schön düster.

Andere, beispielsweise das El Pinero, gehen kaum als Lokale oder Clubs durch, denn sie sind eher als beliebte Outdoor-Treffs zu bezeichnen.

El Pinero   CLUB

(Calle 28, zwischen Calle 33 & Fluss; ⏲ ab ca. 21 Uhr) Die meisten jungen Leute treffen sich beim historischen Schiff, um bei extrem lauter Musik unter freiem Himmel so richtig abzutanzen. An verschiedenen Ständen werden Getränke und auch Snacks verkauft. An Freitagen und an Samstagen ist hier naturgemäß am meisten los.

La Rumba   CLUB

(Calle 24, zwischen Calle 37 & 39; ⏲ 22–2 Uhr) Getränke gibt es in der käfigartigen Bar nebenan. Danach geht es in den Innenhof und in die laute Disko, die sich um die Ecke befindet. Wer nicht wild genug tanzt, fällt hier garantiert auf.

Disco la Movida   CLUB

(Calle 18; ⏲ ab 23 Uhr) Für etwas Bewegung in schöner Umgebung mischt man sich am besten unter die vielen Einheimischen, die in diesem zwischen Bäumen versteckten Open-Air-Club am Fluss tanzen.

☆ Unterhaltung

Uneac   KULTURZENTRUM

(Calle 37, zwischen Calle 24 & 26) Wer keine Lust mehr auf *reggaeton* hat, geht in dieses hübsch renovierte Haus aus der Kolonialzeit mit Terrasse und Bar sowie angenehmer Livemusik.

MIT DEM SCHIFF ZUR INSEL

Es ist unnötig schwierig und kompliziert, mit dem Schiff auf die Isla zu fahren. Nur wenige Ausländer probieren es überhaupt, aber die wenigen, die es versuchen, fühlen sich wahrscheinlich ein bisschen wie Kolumbus, der bei seiner Ankunft ans Ufer stolperte.

Kombi-Tickets für Bus und Schiff gibt es am Kiosk von Naviera Cubana Caribeña (NCC) im zentralen Busbahnhof (Terminal de Ómnibus (S. 133)) der Astro-Busse (*nicht im Víazul-Terminal*) in Havanna zu kaufen. Der Bus bringt seine Fahrgäste zum heruntergekommenen Hafen Surgidero de Batabanó. Hier legen die Schiffe nach Nueva Gerona ab. Man sollte die Fahrscheine wenigstens einen Tag im Voraus buchen. Aber Vorsicht: Selbst die Reservierung kann schon mehrere Stunden dauern. Die Tickets kosten 5 MN$ für die 90-minütige Busfahrt und 50 CUC$ für die 2½-stündige Fährüberfahrt. Es ist nicht möglich, bereits in Havanna ein Rückfahrtticket zu kaufen. Das bedeutet, dass man sich in Nueva Gerona (möglichst direkt nach der Ankunft dort) wieder um das komplizierte Prozedere des Ticketkaufs kümmern muss. Theoretisch legt eine Fähre pro Tag um 13 Uhr von Batabanó ab, freitags und samstags eine zweite um 16 Uhr. In der Praxis jedoch fahren die Fähren oft später oder gar nicht. Immer im Voraus erkundigen!

Man sollte wenigstens zwei Stunden vor Abfahrt des Busses am Busbahnhof sein, um das Ticket zu bestätigen. Hier ist mit langen Warteschlangen zu rechnen.

Bei Ankunft im Hafen von Surgidero de Batabanó gibt es weitere Warteschlangen an der Sicherheitskontrolle, die an einen Flughafen erinnert. Dann wird man in einen Warteraum geschleust, in dem man ein bis zwei Stunden auf die Abfahrt der Fähre wartet.

Direkt nach Batabanó zu fahren, um am Anleger sein Fährticket zu kaufen, hat sich als nicht praktikabel erwiesen. Viele Reisende erhielten vor Ort die Auskunft, dass alle Fahrkarten schon am NCC-Kiosk in Havanna verkauft worden seien. Außerdem ist es nicht besonders reizvoll, in Batabanó übernachten zu müssen.

Die Rückfahrt gestaltet sich ebenso schwierig. Ein Ticket sollte man sich so früh wie möglich (am besten am Tag der Ankunft) beim **Fahrkartenschalter** (Ecke Calle 24 & Calle 33; ◷ 8–17.30 Uhr) gegenüber von Nueva Geronas **NCC-Fährhafen** (☎ 46-32-44-15, 46-32-49-77; Ecke Calle 31 & 24) besorgen. Die Fähre nach Surgidero de Batabanó legt täglich um 8 Uhr ab (50 CUC$); man sollte jedoch mindestens zwei Stunden vorher da sein, um die berüchtigten Warteschlangen zu umgehen. Ein zweites Schiff verkehrt freitags und samstags um 13 Uhr (der Check-in dafür beginnt bereits um 10.30 Uhr).

Vor der Fahrkartenreservierung sollte man sich erkundigen, ob es auch genügend Busverbindungen von Surgidero de Batabanó nach Havanna gibt und, ganz wichtig, dafür sorgen, dass man eine Reservierung dafür hat.

Bevor man nicht eine Fahrkarte erfolgreich reserviert hat, sollte man sich seiner Sache nicht zu sicher sein. Die Überfahrten zur Isla verspäten sich ebenso häufig wie kubanische Züge, haben zudem oft Pannen oder fallen ganz aus.

In beide Fahrtrichtungen hat man den Pass vorzuzeigen. Außerdem sollte man seine eigene Verpflegung dabei haben.

Cine Caribe
KINO

(Ecke Calle 37 & 28) Wer nichts mit sich anzufangen weiß, guckt einfach auf der Anschlagtafel am Kino im Parque Guerrillero Heroico nach.

Estadio Cristóbal Labra
ZUSCHAUERSPORT

(Ecke Calle 32 & 53) Nueva Geronas Baseballstadion, das Estadio Cristóbal Labra, liegt sieben Blocks westlich der Calle 39. Die Inhaber der *casa particulares* geben gerne Auskunft über bevorstehende Spiele (finden von Oktober bis April statt).

Shoppen

Calle 39, auch unter dem Namen Calle Martí bekannt, ist eine hübsche Fußgängerzone mit schattenspendendem Grün und Skulpturen einheimischer Künstler. Die Auslagen der Geschäfte sind nicht ganz so schön.

Centro Experimental de Artes Aplicadas
KUNSTGEWERBE

(Calle 40, zwischen Calle 39 & 37; ◷ Mo–Fri 8–16, Sa bis 12 Uhr) Das Centro in der Nähe des Museo de Historia Natural stellt kunstvolle Keramikarbeiten her.

NICHT VERSÄUMEN

TAUCHEN VOR DER KÜSTE DER ISLA DE LA JUVENTUD

Die Isla de la Juventud liegt außerhalb des Einflussbereiches der Meeresströmungen des Golfs von Mexiko und ist mit einer beeindruckenden Vielfalt an Korallen und Meereslebewesen gesegnet. Die Insel zählt deshalb zu den besten Tauchrevieren der Karibik: 56 Spots bieten einfach alles – von Höhlen und Tunneln bis hin zu Steilwänden und Korallenhügeln. Weiter östlich besteht die Möglichkeit zum Wracktauchen. Bei Bajo de Zambo wurden die Überreste von etwa 70 Schiffen entdeckt.

Das **International Diving Center** startet seine Tauchgänge an der Marina Siguanea südlich vom Hotel Colony an der Westküste. Das Taucherzentrum verfügt über eine moderne Dekompressionskammer mit einem speziellen Taucherarztdienst. Von hier aus geht es zum nationalen Meerespark bei **Punta Francés**.

Der Schiffstransfer nach Punta Francés dauert rund 90 Minuten. Von dem fantastischen weißsandigen Strandstreifen aus sind die meisten wichtigen Tauchplätze leicht zu erreichen. Zu den besten zählen **Cueva Azul** (für Fortgeschrittene) mit himmelblauem Wasser und einer kleinen etwa 40 tiefen *cueva* (Höhle) und **Pared de Coral Negro** (mittlerer Schwierigkeitsgrad) mit einer Wand aus schwarzen Korallen. Dort kann man neben unzähligen Fischen wie Tarpunen, Barrakudas, Zackenbarschen, Seehechten und Engelhaien auch Meeresschildkröten beobachten.

Ein Tauchgang kostet mindestens 43 CUC$. Das Hotel Colony erteilt Auskünfte zum Tauchen und anderen Unterwassersportarten.

ⓘ Praktische Informationen

GELD
Banco Popular y Ahorro (Ecke Calle 39 & 26; ⊙Mo–Fr 8–19 Uhr) Mit Geldautomat.
Cadeca (Calle 39 No 2022; ⊙Mo–Sa 8.30–18, So bis 13 Uhr) Mit Geldautomat.

INTERNETZUGANG
Etecsa Telepunto (Calle 41 No 2802, zwischen Calle 28 & 30; 4,50 CUC$ pro Std.; ⊙8.30–19.30 Uhr) Hat internetfähige Terminals und verkauft Karten fürs WLAN (1,50 CUC$ pro Std.).

MEDIZINISCHE VERSORGUNG
Hospital General Héroes de Baire (☎46-32-30-12; Calle 39a) Das Krankenhaus verfügt über eine Dekompressionskammer.

POST
Postamt (Calle 39 No 1810, zwischen Calle 18 & 20; ⊙Mo–Sa 8–18 Uhr)

TOURISTENINFORMATION
Ecotur (☎46-32-71-01; reservas.ij@occ.ecotur.tur.cu; Calle 39, zwischen Calle 26 & 28; ⊙Mo–Fr 8–16 Uhr) Organisiert Ausflüge in die Militärzone (wo sich die Höhlenmalereien der Cueva de Punta del Este und das Dorf Crocodilo befinden) und zum Kap Punta Francés; bietet auch viertägige Pakete nach Cayo Largo del Sur. Hier gibt es auch Tageskarten zur südlichen Militärzone (21 CUC$ inkl. unbedingt benötigtem Guide).

ⓘ An- & Weiterreise

FLUGZEUG
Am einfachsten und (oftmals auch) am günstigsten kommt man per Flugzeug auf die Insel. Leider hat sich das bereits etwas herumgesprochen, sodass die Flüge häufig mehrere Tage vorher ausgebucht sind.

Der Flughafen Rafael Cabrera Mustelier (Flughafencode GER) liegt etwa 5 km südöstlich von Nueva Gerona.

Cubana Airlines (☎46-32-42-59; www.cubana.cu; Flughafen Rafael Cabrera Mustelier) fliegen mindestens zwei Mal pro Tag ab Havanna hierher, und das schon ab 35 CUC$ für den einfachen Flug. Es gibt allerdings keine internationalen Flüge.

Von der Isla de la Juventud fliegen keine Maschinen nach Cayo Largo del Sur.

ⓘ Unterwegs vor Ort

AUTO
Cubacar (☎46-32-44-32; Ecke Calle 32 & 39; ⊙7–19 Uhr) vermietet Leihwagen ab 60 CUC$ einschließlich Versicherung. Da man ein eigenes Fahrzeug braucht, um in die Militärzone zu fahren (es sei denn man bucht einen organisierten Ausflug), ist dies die beste Option. Achtung: Es stehen hier nicht allzu viele Autos zur Verfügung.

Die **Oro-Negro-Tankstelle** (Ecke Calle 39 & 34) liegt mitten im Stadtzentrum.

BUS

Ecotur organisiert Ausflüge/Transfers ab Nueva Gerona zu den Tauchgebieten und in die Militärzone. Eine Taxifahrt (kann leicht in den *casas* oder Hotels bestellt werden) von Nueva Gerona zum Hotel Colony kostet meistens etwa 30 bis 35 CUC$.

Es gibt auch Regionalbusse, die aber weniger verlässlich sind: Linie 431 und 436 nach La Fe (26 km) und 440 zum Hotel Colony (45 km) starten an der Haltestelle gegenüber vom Friedhof in der Calle 39a nordwestlich vom Krankenhaus. Andere Busverbindungen sind die Linie 204 nach Chacón (Presidio Modelo), zur Playa Paraíso und Playa Bibijagua sowie die Linie 203 zum Flughafen.

PFERDEKARREN

Pferdekutschen (*coches*) parken oftmals neben dem Cubalse-Supermarkt auf der Calle 35. Für 10 CUC$ pro Tag kann man sie für Ausflüge zum Presidio Modelo, Museo Finca el Abra, Playa Bibijagua und zu anderen Zielen in der Umgebung mieten.

Östlich von Nueva Gerona

◉ Sehenswertes

★ Presidio Modelo   SEHENSWERTES GEBÄUDE
(1 CUC$; ⊙ Di–Sa 8.30–16.30, So 9–13 Uhr) Etwa 5 km östlich von Nueva Gerona befindet sich die beeindruckendste und zugleich bedrückendste Sehenswürdigkeit der Insel: das Presidio Modelo bei Reparto Chacón. Erbaut wurde das Gefängnis in den Jahren zwischen 1926 und 1931, also in der Zeit von Gerardo Machados Unterdrückungsregime. Die vier Respekt einflößenden sechsstöckigen runden gelben Gebäude entstanden nach dem Vorbild einer berüchtigten Strafanstalt in Joliet, Illinois, und hatten Platz für ungefähr 5000 Gefangene.

Während des Zweiten Weltkriegs wurden Angehörige der Achsenmächte (darunter 350 Japaner, 50 Deutsche und 25 Italiener), die sich auf Kuba befanden, in den beiden rechteckigen Blöcken am nördlichen Ende des Komplexes inhaftiert.

Als bekannteste Insassen im Presidio gelten Fidel Castro und die anderen Moncada-Rebellen, die hier von Oktober 1953 bis Mai 1955 inhaftiert waren. Sie wurden von den anderen Gefangenen getrennt in dem Krankenhausgebäude am südlichen Ende gefangen gehalten.

Als das Gefängnis 1967 geschlossen wurde, baute man die Abteilung, in der Castro eingesessen hatte, in ein Museum um. Ein Raum beschäftigt sich mit der Geschichte des Gefängnisses, während ein anderer Raum das Leben der Moncada-Insassen beleuchtet. Der Eintritt in die runden Gebäude (der eindrucksvollste Teil) ist gratis.

Playa Bibijagua   STRAND
Dieser ungewöhnliche Strand an der Nordküste der Insel liegt 4 km östlich von Chacón und besteht eher aus schwarzem als aus weißem Sand. Hier wachsen keine Palmen, sondern Kiefern. Die Versorgung steht und fällt mit einem Peso-Restaurant, aber es herrscht eine ungezwungene kubanische Atmosphäre. Man kann mit dem Rad von Nueva Gerona hierher radeln.

Playa Paraíso   STRAND
Playa Paraíso, etwa 2 km nördlich von Chacón und ca. 6 km nordöstlich von Nueva Gerona gelegen, ist ein schmutziger brauner Strand, der jedoch aufgrund seiner guten Strömung ausgezeichnet für den Wassersport geeignet ist. Ursprünglich diente der Kai zur Entladung von Gefangenen auf dem Weg zum Presidio Modelo.

Cementerio Colombia   FRIEDHOF
Auf diesem Friedhof befinden sich die Gräber von Amerikanern, die während der 1920er- und 1930er-Jahre auf der Insel lebten und starben. Er liegt etwa 7 km östlich von Nueva Gerona und rund 2 km östlich von Presidio Modelo. Die Buslinie 38 führt direkt am Friedhof vorbei.

Südlich von Nueva Gerona

Das weitgehend unbewohnte Innere der Insel ist mit Kiefern und Palmen durchsetzt und strahlt damit eine seltsame, oft unterschätzte Schönheit aus. Hin und wieder trifft man auf verlassene Gebäude aus der sowjetrussischen Zeit, die internationalen Schulen, wegen derer die Insel einstmals so berühmt war.

◉ Sehenswertes

Punta Francés   STRAND
An diesem Strand liegt der National Maritime Park, der mittels einer 90-minütigen Bootsfahrt vom Jachthafen direkt südlich des Hotel Colony erreichbar ist. Der weiße Sandstrand ist auch Ausgangspunkt für Taucher, die zu den Riffen vor der Küste wollen. Hier kann man jedoch auch gut einfach sitzen, schwimmen, schnorcheln und das

unberührte Paradies genießen. Wer nicht tauchen will, nimmt das Boot. Es gibt ein kleines Strandrestaurant.

Criadero Cocodrilo KROKODILFARM

(3 CUC$; ⏱ 7–17 Uhr) Die Farm hat in den letzten Jahren einen wichtigen Beitrag zum Krokodilschutz in Kuba geleistet und interessante Ergebnisse hervorgebracht. Hier werden mehr als 500 Reptilien aller Formen und Größen gehegt und gepflegt. Der *criadero* (Aufzuchtstation) fungiert als Brutzentrum, wo Krokodile aufgezogen und in Gruppen in die Wildnis entlassen werden, wenn sie eine Länge von 1 m erreicht haben.

Um zur Station zu gelangen, biegt man 12 km südlich von La Fe direkt hinter Julio Antonio Mella ab.

Das Brutzentrum ähnelt dem in Guamá in Matanzas, obwohl die Umgebung hier sehr viel mehr Wildnis bietet.

La Jungla de Jones GARTENANLAGE

(3 CUC$; ⏱ Sonnenaufgang bis Sonnenuntergang) Etwa 6 km westlich von La Fe einige Kilometer abseits der Hauptstraße (auf die Beschilderung achten!) liegt der botanische Garten Jungla de Jones mit mehr als 80 Baumarten. Die Anlage wurde im Jahr 1902 von zwei amerikanischen Botanikern, Helen und Harris Jones, errichtet. Das Highlight ist die mit Recht so benannte Bambuskathedrale, ein von riesigen Bambusbüscheln umschlossenes Gelände, das nur von wenigen Sonnenstrahlen durchdrungen wird. Die Wege winden sich durch das überwucherte Grundstück bis jenseits der ehemaligen Residenz der Gründer Jones.

Jenseits des Tores treffen die Besucher auf einige einheimische Bauern, die sich als Führer anbieten.

Aktivitäten

International Diving Center TAUCHEN

(☎ 46-39-82-82 Durchwahl 166) Von der Marina Siguanea, 1 km südlich des Hotels Colony, findet sich das Tauchzentrum der Isla de la Juventud. Die Tauchboote legen um 9 Uhr zur Punta Francés ab (der Transfer dauert 90 Min.). Es empfiehlt sich, schon um 8 Uhr dort zu sein, um alles für die Exkursion vorzubereiten. Tauchgänge kosten 43 CUC$.

Schlafen

Hotel Colony HOTEL $$

(☎ 46-39-81-81; EZ/DZ 32/50 CUC$, Bungalows 40/70 CUC$; P ✳ ☲) Das Hotel, das sich 46 km südwestlich von Nueva Gerona befin-

det, sieht von außen eher wie ein Krankenhaus aus. Es entstand 1958 als Teil der Hotelkette Hilton, wurde jedoch von der Revolutionsregierung konfisziert. Heute besteht der Komplex aus einer Mischung langweiliger, unmoderner Zimmer und großer heller Bungalows. Die Gäste sind teils Taucher aus dem Ausland, teils jedoch auch Kubaner, die die Musik vom Band laut mitschmettern.

Das Wasser am weißen Hotelstrand ist flach und voller Seeigel. Beim Schwimmen sollte man daher vorsichtig sein. Sicherer ist dagegen der etwas laute Hotelpool. Ein langer Kai erstreckt sich ins Meer hinaus, ist aber heute schon halbverfallen. Das Schnorcheln in unmittelbarer Nähe des Hotels ist eher mittelmäßig, aber die Sonnenuntergänge sind einfach brillant.

ⓘ An- & Weiterreise

Der öffentliche Nahverkehr ist nicht einfach auf La Isla, aber wenn man sich die Busfahrpläne anschaut, kommt es einem so vor, als würde der Verkehr im restlichen Kuba ausgezeichnet funktionieren. Die Buslinie 440 fährt jeden Tag von Nueva Gerona zum Hotel Colony (Abfahrt ist gegenüber dem Friedhof neben dem Krankenhaus). Der Bus fährt gegen 7 Uhr ab und kehrt etwa 17 Uhr zurück. Ansonsten kommt man am besten mit dem Taxi (etwa 35 CUC$ ab Flughafen), Moped oder Mietwagen zum Hotel Colony.

Die südliche Militärzone

Wenn man die Isla de la Juventud als letzte Grenze Kubas betrachtet, ist die Militärzone eine Grenze an der Grenze. Hier finden sich keine Panzer und militärische Verteidigungsanlagen, sondern stattdessen verlassene Strände, Höhlen voller alter Bildzeichen, ein Schildkrötenschutzgebiet, der höchste Leuchtturm der Karibik und die Sümpfe von Lanier, Kubas zweitgrößtes Feuchtgebiet und die Heimat einer ganzen Population von Spitzkrokodilen.

Im Süden der Isla leben außerdem zahlreiche andere ungewöhnliche Wildtiere, darunter Affen, Hirsche, Eidechsen und Schildkröten.

Da das gesamte Gebiet im Süden der Isla jenseits von Cayo Piedra Militärzone ist, muss man sich zuerst einmal einen Tagespass und einen Führer (21 CUC$) von Ecotour (S. 184) in Nueva Gerona beschaffen. Weitere Eintrittsgebühren fallen an für die Cueva de Punta del Este, Playa Larga, für Cocodrilo und das Schildkrötenaufzuchtzentrum (je 3,60 CUC$). Die Fremdenführer (ein Muss) sprechen Spanisch, Englisch, Deutsch, Französisch und Italienisch, je nach Verfügbarkeit. Ein Auto kann bei Cubacar (S. 184) in Nueva Gerona (60 bis 100 CUC$) gemietet werden. Die Fahrt durch die Militärzone ist nicht ohne Führer oder offiziellen Ausweis möglich. Daher sollte man vor der Fahrt zum Checkpoint bei Cayo Piedra unbedingt an eines von beiden denken. Da der gesamte Ausflug recht kostspielig werden kann, empfiehlt es sich, die Fahrtkosten mit anderen Reisenden zu teilen. Aktuelle Informationen zur Region gibt es bei Ecotur in Nueva Gerona. Kubaner müssen sich für den Eintritt in die Militärzone 72 Stunden vorher anmelden.

⊙ Sehenswertes

Cueva de Punta del Este HÖHLE
Die Cueva de Punta del Este, ein nationales Denkmal 59 km südöstlich von Nueva Gerona, wird auch „Sixtinische Kapelle" der karibischen Kunst genannt. Lange vor der Spanischen Eroberung (Experten schätzen um 800 n. Chr.) malten Indianer etwa 235 Piktogramme an Wände und Decken der Höhle. Das größte besteht aus 28 konzentrischen Kreisen in Rot und Schwarz. Sie wurden 1910 entdeckt und sind die bedeutendsten ihrer Art in der gesamten Karibik.

Dort befinden sich auch eine kleine Touristeninformation sowie eine Wetterstation. Eine weitere Attraktion ist der lange, schattenlose Sandstrand in der Nähe. Unbedingt Moskitospray mitnehmen!

Playa Larga STRAND
Die Playa Larga ist das Juwel unter den Stränden an der Südküste der Isla und liegt rund 12 km südlich des Dorfes Cayo Piedra. Dieser lange Sandstreifen am (normalerweise) ruhigen Meer ist sauber, sehr einladend und praktisch unberührt. Es gibt keinerlei touristische Einrichtungen.

Cocodrilo DORF
Etwa 50 km westlich von Playa Larga liegt das freundliche Dorf Cocodrilo, das gerade einmal 750 Einwohner zählt. Cocodrilo hieß früher Jacksonville und wurde im 19. Jh. von Familien von den Cayman-Inseln besiedelt. So kann es passieren, dass man auch heute noch jemanden trifft, der Englisch spricht.

Durch die üppige Vegetation am Rande der Straße fällt der Blick auf weidende Rinder sowie Vögel, Eidechsen und Bienenstöcke. Ein Traum ist die Felsenküste, die hin und wieder von kleinen, weißen Sandstränden mit kristallklarem blauem Wasser unterbrochen wird.

Schildkrötenaufzuchtzentrum FARM
(1 CUC$; ⊙ 8–18 Uhr) 🖉 Etwa 1 km westlich von Cocodrilo hat sich das Aufzuchtzentrum zur Aufgabe gesetzt, eine der seltensten und vom Aussterben bedrohten Tierarten Kubas zu erhalten. Hinter den grünen Scheiben der Glasbecken wimmelt es nur so von Schildkröten in allen denkbaren Größen. Die Schildkröten werden anschließend wieder in die freie Wildbahn entlassen.

CAYO LARGO DEL SUR

Wer Kuba wegen der Kolonialstädte, der exotischen Tänzer, der alten Autos und Che-Guevara-Bildchen besucht, wird von Cayo Largo del Sur, der 38 km² großen und 114 km östlich von Isla de la Juventud gelegenen Insel, enttäuscht sein. Wer jedoch beim Buchen an glitzernde weiße Strände, von Fischen wimmelnde Korallenriffe, großartige All-inclusive-Resorts sowie unbekleidete, vollschlanke Kanadier und Italiener denkt, kommt in diesem winzigen Tropenparadies voll auf seine Kosten.

Kubaner haben sich hier nie dauerhaft angesiedelt. Stattdessen wurde die Insel in den frühen 1980er-Jahren für den Tourismus erschlossen. Ein Großteil der Touristen auf Cayo Largo del Sur sind Italiener – mehrere Resorts sind ausschließlich Italienern vorbehalten. Die anderen All-inclusive-Resorts nehmen es mit den Nationalitäten nicht so genau.

Die paradiesischen Strände übertreffen die Erwartungen der meisten Besucher und sind für ihre Größe, Abgeschiedenheit und die zum Nisten kommenden Schildkröten berühmt. Außerdem gibt es eine Fülle an Leguanen und Vogelarten, darunter Kolibris und Flamingos.

⊙ Sehenswertes

★ Playa Sirena STRAND
Die breite, nach Westen ausgerichtete Playa Sirena gilt als schönster Strand Cayo Largos (und wohl auch ganz Kubas). Der 2 km lange Strand mit seinem weißen pudrigen Sand ist so breit, dass dort mehrere Fußballfelder Platz finden könnten.

Viele Touristen, die von Havanna oder Varadero aus einen Tagesausflug machen

Cayo Largo del Sur

wollen, werden dorthin gebracht. Wegen der ruhigen See sind Wassersportaktivitäten (Kajak- und Katamaranfahrten) kein Problem. Etwas abseits vom Strand befinden sich eine Bar mit Restaurant im *Ranchón*-Stil (S. 190) sowie Duschen und Toiletten. Es ist der einzige Strand auf Cayo Largo, der auch etwas Schatten bietet.

Direkt südöstlich von hier liegt die Playa Paraíso, ein etwas schmalerer und nicht so schattiger, aber dennoch ebenfalls wunderschöner Strand mit einer kleinen **Bar** (Sandwich 3–4 CUC$; ⏱ 9–17 Uhr).

Vivero de Crocodrilos   WILDRESERVAT
(Spenden erbeten; ⏱ Sonnenaufgang–Sonnenuntergang) Solch ein wunderschönes, altes Gebäude auf Cayo Largo? Das kann man wohl sagen. Direkt hinter der Abbiegung zu den Sol-Resorts weist ein steinerner Turm auf das Vivero de Crocodrilos aus dem Jahr 1951 – das älteste Bauwerk auf der Insel. Hier können die Besucher echte Kubaner kennenlernen, die ihnen die wenigen Tiere zeigen, die in und rund um die kleine Lagune leben – das Krokodil Kimbo, den Leguan Lola sowie einige Schildkröten.

Wer sich die wackelige Leiter hinaufwagt, hat einen schönen Ausblick. Hier werden auch die Pflanzen gezüchtet, die die Urlaubshotels verschönern.

Cayo Rico   INSEL
Die Insel, die sich zwischen Cayo Largo und der Isla de la Juventud befindet, ist ein wunderbares Ziel für einen Tagesausflug. Die Ausflugsboote zu den Stränden legen an den Hotels ab (für rund 69 CUC$ pro Person).

In Rico gibt es auch ein einfaches Strandrestaurant, das ein im Preis inbegriffenes Mittagessen serviert. Preiswertere Exkursionen starten auch ab der Marina Internacional Cayo Largo (S. 189).

Playa los Cocos   STRAND
Wer zur Ostküste der Insel fährt, kommt an diesem Strand mit seinen ausgezeichneten Schnorchelmöglichkeiten, allerdings ohne Schatten und touristische Einrichtungen vorbei. Die befestigte Straße endet gleich hinter der Playa Blanca.

Playa Tortuga   STRAND
Jenseits der Playa los Cocos am hintersten Ende der Insel liegt dieser Strand, an dem die Meeresschildkröten im Sommer ihre Eier in den Sand ablegen.

Granja de las Tortugas   NATURRESERVAT
(Combinado; 1 CUC$; ⏱ 8–12 & 13–17.45 Uhr) Die Granja de las Tortugas ist ein kleines, oftmals geschlossenes Gebiet, das jenseits der Start- und Landebahn am nordwestlichen

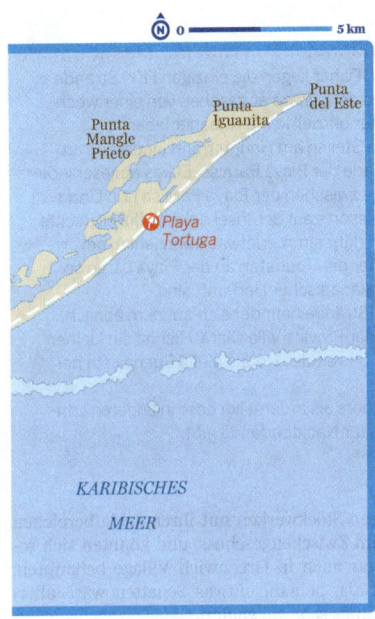

 Playa Tortuga

Punta del Este

Punta Iguanita

Punta Mangle Prieto

KARIBISCHES MEER

N 0 — 5 km

Ende der Insel in der Siedlung Combinado liegt. Von Mai bis September organisieren Guides hier nächtliche Besuche zu den Schildkröten an den Stränden von Cayo – einem von lediglich zwei Orten auf Kuba, wo dies möglich ist.

Aktivtäten

Auf der Insel gibt es zahlreiche Möglichkeiten, aktiv zu sein, darunter Schnorcheln (ab 19 CUC$), Windsurfen, Segeln und Tennis. Besonders empfehlenswert ist ein Bootsabenteuer in den Mangroven (29 CUC$; man fährt das Boot selbst) und die beliebte Katamaranfahrt in den Sonnenuntergang hinein (73 CUC$). Es werden aber auch Tagestouren nach Havanna und Trinidad (179 bis 199 CUC$) angeboten. Egal, für was man sich auch immer entscheiden sollte, man kann es im Hotel buchen.

Die beste Wanderung auf der Insel führt von der Playa Sirena etwa 7 km am Strand entlang nach Sol Cayo Largo. Bei Flut nimmt man am besten den etwas ramponierten Pfad, der an den Dünen entlangführt. Besucher, die in einem Resort wohnen, können sich vor Ort ein Fahrrad ausleihen und hinter dem Playa Blanca Beach Resort in östliche Richtung zu den entlegenen Stränden der Insel radeln.

Marina Internacional Cayo Largo
TAUCHEN, ANGELN

(45-24-81-33; Combinado) Der Jachthafen hinter der Schildkrötenfarm in Combinado dient als Ausgangspunkt für Hochseeangeltörns (4 Std. 369 CUC$ für mindestens 4 Personen) und Tauchfahrten (ein Tauchgang mit Hoteltransfer kostet 50 CUC$). Mangels Konkurrenz sind die Preise hier höher. Transfers von der Marina zur Playa Sirena sind für Inselgäste kostenlos und starten am Vormittag.

Schlafen & Essen

Alle Hotels liegen an der 4 km langen Playa Lindarena auf der Südseite der Insel. Dieser bietet zwar nur wenig Schatten, ist aber hinreißend schön und nur selten überfüllt (allerdings kann das Meer recht unruhig sein). Tagesausflügler erhalten für 50 CUC$ (einschließlich Mittagessen) Zutritt zu den Resorts Sol und Pelicano. Außer der vier großen Resorts gibt es noch vier kleine Hotels, die italienischen Touristen vorbehalten sind. Von allen All-inclusive-Hotels wird im Sol Cayo Largo (s. unten) das beste Essen serviert.

Wer sich einmal nicht am Büfett bedienen möchte, der besucht am besten das Restaurant an der Playa Sirena und die wenigen Lokale im kleinen Verwaltungszentrum Combinado.

Villa Marinera
RESORT $$

(45-24-80-80; Combinado; EZ/DZ all inclusive 80/120 CUC$;) Das Marinera, ein Sprössling des Iberostar Playa Blanca, ist etwas anders als die anderen Resorts auf Cayo Largo. Es liegt nicht am breiten Südstrand, sondern in der kleinen Verwaltungsstadt Combinado. Es ist damit ideal für Touristen, die an den Wassersportaktivitäten im angrenzenden Jachthafen interessiert sind.

Es gibt 22 Hütten und die Gäste haben Zugang zu allen Einrichtungen an der Playa Blanca (zwei Mal am Tag verkehrt ein Shuttle zum Strand).

★ Sol Cayo Largo
RESORT $$$

(45-24-82-60; www.meliacuba.com; EZ/DZ all inclusive ab 215/310 CUC$;) Das 4-Sterne-Hotel ist das einzige Meliá-Haus auf dem *cayo* und besitzt eine Lobby, die an einen griechischen Tempel erinnert, sowie plätschernde Brunnen im italienischen Stil. Der Strand ist einfach fantastisch (FKK), die hell gestrichenen (wenn auch nicht gerade luxuriösen) Zimmer bieten alle Terrassen mit Meerblick. Bislang ist es das exklusivste

FKK AUF CAYO LARGO DEL SUR

FKK gehört mitnichten zur kubanischen Kultur. Daher liegen die einzigen FKK-Strände auf der abgeschiedenen Ferieninsel Cayo Largo del Sur, wo abgesehen von einer wechselnden Armada eingeflogener Hotelangestellter offiziell keine Kubaner leben.

Ungestört nackt baden kann man an einigen Stellen am Hauptstrand Lindarena an den Touristenhotels, aber auch am östlichen Ende der Playa Paraíso. Etwas abgeschiedener ist die Playa Mal Tiempo auf der Landzunge zwischen der Playa Paraíso und Lindarena. Hier zählt jedoch Diskretion. Keines der Resorts auf der Insel duldet offiziell nackte Menschen auf seinem Gelände. Man sollte sich daher immer etwas überziehen, bevor man die Strandbar betritt. Dennoch gibt es unter den Touristen an der Playa Largo so manche FKK-Anhänger, von denen viele frankokanadischer Herkunft sind.

Die einzige andere Bastion öffentlicher FKK-Strände befindet sich auf dem ähnlich abgeschiedenen Cayo Santa María (S. 301) in der Provinz Villa Clara. Hier ist ein kleiner Strandabschnitt am westlichen Rand der Insel unweit des Hotels Meliá Buenavista bei den FKK-Anhängern beliebt.

Wichtig festzuhalten ist, dass es in Kuba, anders als in Jamaika oder in anderen Ländern der Karibik, keine ausgewiesenen Resorts für Nacktbadende gibt.

Resort in Cayo Largo und ein herrliches Refugium, um den zahlreichen Familien und dem Pool-Bingo weiter östlich zu entfliehen. Im Wellness- und Fitnessbereich können sich die Gäste verwöhnen lassen.

Villa Iguana
RESORT $$$

(☎ 45-24-81-11; Zi. all-inclusive ab 185 CUC$; P ✴ @ 🛜 ☒) Das Iguana wurde im Jahr 2016 aus den Überresten vom Hurrikan Michelle (2001) beschädigten Gebäuden nach 15 Jahren wiedereröffnet und ist gemessen an modernem kubanischen All-inklusive-Standard ein kleines bescheidenes Haus. Seine 196 Zimmer bestehen aus alten renovierten Einheiten und neuen Holzhütten, die mit Holzwegen miteinander verbunden sind. Es gibt sich selbst 3½ Sterne und ist nur für Erwachsene gedacht.

Iberostar Playa Blanca
RESORT $$$

(☎ 45-24-80-80; EZ/DZ all inclusive 135/185 CUC$; P ✴ @ 🛜 ☒) Das Hotel mit seinen 306 Zimmern ist eins von nur zwei 4-Sterne-Hotels auf Cayo Largo. Es liegt etwas abseits von den anderen Hotels auf einem weitläufigen Strandabschnitt der Playa Blanca. Die recht triste Architektur wird durch drei verschiedene Essensmöglichkeiten, eine Reihe von Sportangeboten und – eine Seltenheit in Kuba – Musik am Swimmingpool, die von Klassik bis zu ohrenbetäubendem *reggaeton* geht, aufgewertet.

Es gibt jedoch auch einen ganz eigenen Touch: Die Kunstwerke des führenden kubanischen Künstlers Carlos Guzmán zieren die öffentlichen Bereiche, die Suiten in den obe-

ren Stockwerken mit ihren Schlafbereichen im Zwischengeschoss, und könnten sich sogar auch in Greenwich Village behaupten. Naja, beinahe. Etwas Schatten wäre allerdings sehr angenehm.

Hotel Pelícano
RESORT $$$

(☎ 45-24-82-33; www.gran-caribe.com; EZ/DZ all inclusive 235/335 CUC$; P ✴ @ 🛜 ☒) Die Anlage im spanischen Stil liegt 5 km südöstlich des Flughafens direkt am Strand und verfügt über 307 Zimmer, die in dreistöckigen Gebäuden und zweistöckigen *cabañas* (Hütten) aus dem Jahr 1993 untergebracht sind. Dies ist die größte und populärste Hotelanlage der Insel (ein Zimmer mehr als die Konkurrenz!). Zu den Angeboten gehört ein Nachtclub und zahlreiche familienfreundliche Möglichkeiten. In der Nebensaison fallen die Preise beinahe um die Hälfte. Achtung: am besten online buchen!

★ Ranchón Playa Sirena
MEERESFRÜCHTE $$$

(Büfett zum Mittagessen 20 CUC$; ⊙ 9–17 Uhr) In dieser attraktiven Strandbar inmitten von Palmen an der Playa Sirena schwenken Latinos à la Tom Cruise die Cocktailgläser. Das Essen ist gut, und wenn genügend Gäste kommen, wird ein Büfett aufgebaut (20 CUC$). Serviert wird einfache, bodenständige *comida criolla* (kreolisches Essen) und gegrillter *pargo* (Red Snapper) für 12 CUC$.

 Ausgehen & Nachtleben

Taberna el Pirata
CAFÉ, CLUB

(Combinado; ⊙ 24 Std.) Die Taberna el Pirata ist vornehmlich ein Treffpunkt für Bootsleute, Angestellte der Hotelanlagen und den ein oder anderen Touristen, der sich in die Marina Internacional Cayo Largo verirrt hat. In angenehmer Umgebung werden eisgekühltes Bier, starker Kaffee und knusprige Pommes frites serviert.

Shoppen

Casa de Habano   ZIGARREN
(☎ 45-24-82-11; ◷ 8–20 Uhr) In Combinado kauft man hier Zigarren.

Praktische Informationen

GEFAHREN & ÄRGERNISSE
Wegen der gefährlichen Strömungen ist das Schwimmen zeitweise verboten, was durch rote Fahnen am Strand angezeigt wird. Die Moskitos können ziemlich lästig sein.

MEDIZINISCHE VERSORGUNG
Clínica Internacional (☎ 45-24-82-38; ◷ 24 Std.) Befindet sich im Verwaltungsstädtchen Combinado.

GELD
Geld kann man in Hotels wechseln; andererseits liegt in Combinado die Hauptbank der Insel, **Bandec** (◷ Mo–Sa 8.30–15, So 8–12 Uhr).

TOURISTENINFORMATION
Cubatur (☎ 45-24-82-58) hat im Hotel Pelícano ein Büro, es gibt weitere Informationsbüros in den Resorts Sol Cayo Largo (S. 189) und Playa Blanca (S. 190).

An- & Weiterreise

Der internationale Flughafen Vilo Acuña ist ein helles Gebäude mit großer Snackbar und Souvenirstand. Mehrere Charterflüge kommen wöchentlich direkt aus Kanada und Italien.

Besucher auf Stippvisite können täglich mit der **Aerogaviota** (☎ 7-203-8686; Av 47 No 2814, zwischen Calle 28 & 34, Kohly, Havanna) oder **Cubana de Aviación** (☎ 7-649-0410; www.cubana.cu; Flughafengebäude, Calle 23 No 64, Vedado; ◷ Mo–Fr 8.30–16, Sa bis 12 Uhr) von Havanna nach Cayo Largo del Sur fliegen. Die Kosten für einen Hin- und Rückflug belaufen sich auf mindestens 149 CUC$. Im Preis eingeschlossen sind die Flughafentransfers und eine Bootsfahrt, die vom Jachthafen in Cayo Largo beginnt (die Teilnahme ist freiwillig). Die Insel lässt sich bequem im Rahmen eines Tagesausflugs von Havanna aus besuchen, allerdings muss man für den Flughafentransfer früh aufstehen (alle Flüge nach Cayo Largo starten zwischen 7 und 8 Uhr vom trostlosen Flughafen an der Playa Baracoa, wenige Kilometer westlich der Marina Hemingway). Buchen kann man diese Tour in den meisten Reisebüros und Hotels von Havanna.

Unterwegs vor Ort

Es ist relativ einfach, sich in Cayo Largo zurechtzufinden.

➜ Taxis oder Pendelbusse bringen die Besucher vom Flughafen bis zum Hotel (5 km). Die Fahrtkosten sind im Flugpreis bereits enthalten.

➜ Drei Mal am Tag gibt es einen Bus-Schiff-Transfer von den Hotels zur Playa Sirena (5 CUC$ hin und zurück). Alternativ kann man auch ein Taxi nehmen, das ähnlich viel kostet. Sie stehen vor den Hotels bereit.

➜ Die winzige Siedlung Combinado liegt 1 km nördlich des Flughafens und 6 km vom nächstgelegenen Resort entfernt.

➜ In den Hotels gibt es auch einen Moped- und Autoverleih; Iberostar Playa Blanca hat die meisten vorrätig, weil es am weitesten vom „Geschehen" entfernt liegt.

➜ Manche Hotels verleihen auch Fahrräder, die zwar eher klapprig sind, aber in der Regel für die kurzen Entfernungen auf der Insel reichen.

Valle de Viñales & die Provinz Pinar del Río

🗺 48 / 595 000 EW.

➡ Inhalt

Gut essen

➡ Tres Jotas (S. 200)

➡ El Olivo (S. 200)

➡ Balcón del Valle (S. 201)

➡ Café Ortuzar (S. 214)

Schön übernachten

➡ Casa Daniela (S. 196)

➡ Hotel los Jazmines (S. 199)

➡ Terra Mar 1910 (S. 213)

➡ Villa los Reyes (S. 196)

Auf ins Valle de Viñales & nach Pinar del Río!

Noch heute gibt der Tabak hier den Takt an. Die hügelige Region ist ein Flickenteppich aus rostroten, von Pflügen zerfurchten Feldern mit strohgedeckten Trockenscheunen, den Tabakhäusern, die von *guajiros* (der Landbevölkerung dieser Gegend) mit Sombreros auf dem Kopf bewacht werden.

Der Inbegriff dieses smaragdgrünen Landes ist das Valle de Viñales, eine Weltnaturerbestätte der Unesco, in dem die faszinierenden, die Landschaft prägenden *mogotes* (Kalksteinmonolithe) verstreut liegen. An zweiter Stelle, doch ebenso facettenreich, folgt die Península de Guanahacabibes, eine Wildnis voller fruchtbarer Ökoregionen, begrenzt von einer Küste, an der rund 50 Tauchgründe zu finden sind.

Reisende kommen vor allem, um der Natur nahe zu sein, und quartieren sich in der heiteren, ruhevollen Stadt Viñales ein. Von dort locken Ausflüge zu Höhlen, deren riesige Labyrinthe im Schein von Lampen erkundet werden können, auf Tabakplantagen finden Führungen unter fachkundiger Leitung statt, Strände verführen zu stiller Kontemplation, und hinter dem Horizont lockt die Wirklichkeit des kubanischen Landes mit einer unerschöpflichen Fülle von Bildern. Es lohnt sich, dem würzigen Aroma des Tabaks nachzuspüren.

Reisezeit

➡ Von Mai bis einschließlich August sind faszinierende Wildtiere zu beobachten, z. B. Guanahacabibes-Schildkröten und Kubanische Landkrabben.

➡ Von November bis einschließlich Februar dauert die Tabaksaison an, eine günstige Zeit zum Besuch der Plantagen, die dann von tiefgrünen Tabakpflanzen bedeckt sind.

➡ Von Dezember bis in den März ist ideales Strandwetter. Gute Bedingungen zum Tauchen an der Playa María la Gorda.

➡ Von Juli bis Anfang November ist Hurrikansaison. In den vergangenen Jahren wurde die Provinz im August oder September von mehreren schweren Stürmen getroffen.

VALLE DE VIÑALES

Hohe Kiefern und knollenartige Karstfelsen, die wie riesige Heuhaufen am Rand von stillen Tabakplantagen aufragen, machen die Schönheit des Parque Nacional Viñales aus – es ist eine der herrlichsten Naturlandschaften Kubas. Wie ein Keil durchschneidet das 5 km breite Tal auf einer Länge von 11 km die Gebirgskette der Sierra de los Órganos. Als Nationalmonument wurde es 1979 anerkannt, der Status als Welterbestätte der Unesco folgte 1999 aufgrund der dramatisch steilen Kalksteinformationen (mogotes) in Verbindung mit der traditionellen Bauweise der Bauernhäuser und Dörfer des Tales.

In Viñales bieten sich Gelegenheiten für schöne Wanderungen, Bergtouren und Reitausflüge. Als Unterkunftsmöglichkeiten hat die Stadt erstklassige Hotels und casas particulares zu bieten, die zu den besten auf ganz Kuba gehören. Trotz der Massen von Tagestouristen, die in Bussen herangefahren werden, sind die gut geschützten und weit verstreut liegenden Naturschätze vom touristischen Rummel bisher verschont geblieben, der an anderen, weniger gut verwalteten Stätten herrscht. Die Atmosphäre in der Stadt und in ihrem Umland ist immer noch erfreulich ungestört.

Viñales

27 806 EW.

Sobald die Vegetation von Pinar del Río abrupt vor einer schroffen Karstlandschaft aus mogotes (Kalksteinmonolithen) zurückweicht und man einem guajiro begegnet, der, an einer Zigarre kauend, seinen Pflug von Ochsen durch ein rostrotes Tabakfeld ziehen lässt, wird klar, dass Viñales nicht mehr weit sein kann. Trotz seiner langjährigen Zuwendung zum Tourismus weigert sich dieser geruhsame, entspannte, wundervoll traditionsverbundene Ort standhaft, eine touristische Fassade zur Schau zu stellen. Alles, was hier zu sehen ist, ist echt – eine ländliche Kleinstadt, in der die Türen der Häuser immer offen stehen, in der jeder jeden kennt und es zu den Vergnügungen des Nachtlebens gehört, in einen Schaukelstuhl (sillón) gelehnt die Wunder der Milchstraße zu ergründen.

Reisende kommen nicht wegen der Musik oder der Mojitos, sie kommen, um die Natur zu erleben und – beim Wandern, Reiten oder Radfahren – eine Landschaft zu entdecken, die zu den schönsten Kubas gehört.

Sehenswertes

Finca Raúl Reyes
PLANTAGE

(Karte S. 199; Morgen- bis Abenddämmerung) **GRATIS** Die Finca Raúl Reyes, 1 km nördlich des Stadtzentrums gelegen, ist eine Tabakplantage, auf der es Obst, Kaffee, puros (Zigarren) und Gläschen voll Rum, der in der Kehle brennt, zu probieren gibt. Von dort können Besucher zur Cueva de la Vaca hinaufwandern. Die Höhle verläuft wie ein Tunnel durch die mogotes: Vom Höhleneingang öffnet sich ein unvergesslich weiter Blick über das Tal.

El Jardín Botánico de las Hermanas Caridad y Carmen Miranda
GÄRTEN

(Karte S. 199; Salvador Cisneros; Spende erwünscht; 8–17 Uhr) Gegenüber der Servi-Cupet-Tankstelle, wo die Avenida Cisneros nach Norden aus der Stadt führt, lädt ein eigenartiges, von Wein umranktes Tor zum Eintreten ein. Dahinter verbirgt sich ein üppiger Garten, der 1918 angelegt wurde.

Valle de Viñales

N 0 ————— 2 km

La Carreta
Hotel Rancho San Vicente
Finca San Vicente
Cueva del Indio
Valle de San Vicente
Sierra la Guasasa
Unterirdischer Weg
Cueva de San Miguel
Underground River
Mogote la Esmeralda
Mogote de Robustiano Izquierda
Valle del Silencio
Valle de Palmarito
Mogote Dos Hermanas (400 m)
Mogote del Valle (402 m)
s. Karte Viñales (S. 199)
Mogote Coco Solo
Campismo Dos Hermanas
Mural de la Prehistoria
VIÑALES
La Ermita
Los Aquáticos (3 km)
La Casa del Veguero
Valle de Viñales
Balcón del Valle
Parque Nacional Viñales Visitors Center
Hotel los Jazmines
Pinar del Río (26 km)

GOLF VON MEXIKO

Mantua

Guane

Río Mantua

Río Cuyaguateje

Embalse Laguna Grande

Ciudad Bolívar

Isabel Rubio

Sandino

Golfo de Guanahacabibes

La Fe

Parque Nacional Península de Guanahacabibes ❷

Cueva las Perlas

Visitor Center ℹ

Manuel Lazo

Marina Gaviota Cabo de San Antonio

Península de Guanahacabibes

La Bajada

Estación Ecológica Guanahacabibes

Playa las Tumbas
Faro Roncali

Playa la Barca

Bahía de Corrientes

❼ **María la Gorda**

Cabo de San Antonio

El Salón de María

El Valle de Coral Negro

Cabo Corrientes

Cayo Jutía

0 ——————————— 40 km

Highlights

❶ **Parque Nacional Viñales**
(S. 203) Mit allen Sinnen ist die Schönheit dieser wunderbar ursprünglichen Kulturlandschaft, einer Weltnaturerbestätte der Unesco, zu erleben.

❷ **Parque Nacional Península de Guanahacabibes** (S. 217) An der westlichen Spitze des kubanischen Festlandes faszinierende Schildkröten an einsamen Stränden beobachten.

❸ **Valle de Palmarito**
(S. 205) Einfach ein Pferd satteln und zusammen mit den *guajiros* in das Weidetal im Parque Nacional Viñales aufbrechen.

4 Gran Caverna de Santo Tomás (S. 203) Die Grotten und Höhlen eines der größten Höhlensysteme Lateinamerikas sind überwältigend.

5 Cayo Levisa (S. 207) Auf einer verträumten Korallenin- sel, die nur per Boot zugäng- lich ist, neue Kräfte sammeln.

6 Hacienda Cortina (S. 210) Das weitläufige Landgut ist in seiner fantastischen Andersar- tigkeit seit Kurzem wiederher- gestellt.

7 Playa María la Gorda (S. 218) Tauchen im azurblau- en Meer in einem Revier, das mit seiner Durchsichtigkeit und seinem Farbenreichtum zu den schönsten des Landes zählt.

Kaskaden von Orchideenblüten sind neben Plastikpuppenköpfen zu sehen, orangefarbene Lilien blühen in Massen in sanften Hainen, aufgeschreckte Truthähne trippeln umher. Klopft man an die Tür des Häuschens, das an das Märchen vom Rotkäppchen erinnert, wird wahrscheinlich einer der Bewohner öffnen und die Besucher gern herumführen.

Galleria de Arte
KUNSTGALERIE
(Karte S.199; ⊙7–12, 13–19 & 20–23 Uhr) GRATIS Eine winzige Kunstgalerie neben der Casa de la Cultura im Stadtzentrum von Viñales. Ein Besuch lohnt sich an einem regnerischen Tag!

Iglesia del Sagrado Corazón de Jesús
KIRCHE
(Karte S.199) Die winzig kleine cremefarbene Kirche am Marktplatz profitiert von einer (nach kubanischen Maßstäben) erst kürzlich erfolgten Renovierung.

Museo Municipal
MUSEUM
(Karte S.199; Salvador Cisneros No 115; 1 CUC$; ⊙Mo–Sa 8–17, So 8–16 Uhr) Auf halber Höhe der Avenida Cisneros, der von Kiefern gesäumten Hauptstraße von Viñales, befindet sich das Museo Municipal. Es ist im einstigen Wohnhaus der Unabhängigkeitskämpferin Adela Azcuy (1861–1914) untergebracht und zeichnet die Geschichte der Region nach. Von hier aus starten täglich fünf unterschiedliche Wanderungen mit Führung; die Uhrzeiten sind im Museum jeweils am Vortag zu erfahren.

La Casa del Veguero
PLANTAGE
(Karte S.193; Carretera a Pinar del Río Km 24; ⊙10–17 Uhr) Wer etwas über den Tabakanbau in der Region erfahren möchte, kann im Süden von Viñales auf dem Weg nach Pinar del Río an dieser Tabakplantage anhalten und ein in Betrieb befindliches *secadero* (Tabakhaus) besichtigen. Hier werden von Februar bis Mai die Tabakblätter getrocknet. Die Beschäftigten erklären die Arbeitsschritte; Zigarren (die markenlose Variante, die von den meisten Kubanern geraucht wird) sind hier stückweise zu günstigen Preisen zu bekommen. Außerdem gibt es ein Restaurant.

👉 Geführte Touren

Cubanacán
TOUREN
(Karte S.199; ☎48-79-63-93; Salvador Cisneros No 63c; ⊙Mo–Sa 9–19 Uhr) Cubanacán organisiert gleichbleibend beliebte Tagesaus-

flüge nach Cayo Levisa (39 CUC$), Cayo Jutías (15 CUC$), zur Gran Caverna de Santo Tomás (20 CUC$) und María la Gorda (35 CUC$). Von hier starten außerdem täglich offizielle Parkwanderungen (8 CUC$).

🛏 Schlafen

⭐ Casa Daniela
CASA PARTICULAR $
(Karte S.199; ☎48-69-55-01; casadaniela@nauta.cu; Carretera a Pinar del Rio; Zi. 25 CUC$; P✹🛜✉) Nach ihrer Gastfreundlichkeit zu urteilen, müssen die Inhaber, ein ehemaliger Arzt und seine Frau, ein ähnlich gutes Händchen für ihre Patienten gehabt haben. Das orangefarbene, klinisch reinliche Haus wurde zu einer ansehnlichen Ferienresidenz erweitert, ohne seine ortstypische Behaglichkeit einzubüßen. Es gibt sechs Zimmer, einen Pool, eine Dachterrasse und einen schattigen Hof, der für die in Viñales obligatorische Entspanntheit förderlich ist.

Die Frühstücksvariationen – sie werden vom fleißigen Sohn des Paares zubereitet – sind allein schon einen Aufenthalt in dem Haus wert.

Casa Papo y Niulvys
CASA PARTICULAR $
(Karte S.199; ☎48-69-67-14; papoyniulvys@gmail.com; Rafael Trejo No 18a; Zi. 30 CUC$; P✹) Als eines der wenigen Häuser in Viñales mit einem Vorgarten gibt dieses Haus seinen Gästen Raum, sich in einer Hängematte zu wiegen oder auf der Veranda in einen Schaukelstuhl zurückzulehnen. Die Zimmer sind klein, aber seit Kurzem in modernem Stil eingerichtet. Es ist ein verträumtes, stilles Plätzchen in einer zunehmend betriebsamen Stadt. Rechtzeitig buchen – die Zimmer sind schnell vergeben.

Villa Los Reyes
CASA PARTICULAR $
(Karte S.199; ☎48-79-33-17; http://villalosreyes.com; Salvador Cisneros No 206c; Zi. 25–30 CUC$; P✹@) Ein großartiges, modernes Haus mit fünf Zimmern (u. a. in einem neuen Anbau), allen Annehmlichkeiten, einem geschützten Patio, wo in einem Restaurant echtes kubanisches Essen mit modernen Einflüssen serviert wird, und einer Dachterrasse, die zu den besten der Stadt gehört. Die Gastgeberin Yarelis war als Biologin im Nationalpark tätig, der Gastgeber Yoan ist ein echtes Gewächs aus Viñales.

Das Paar ist für seine hervorragenden Touren bekannt, u. a. einen beliebten Ausflug bei Sonnenuntergang nach Los Aquáticos (S. 203) und einen weiteren ins abendliche Valle del Silencio.

DIE TÄLER VON VIÑALES

Die Viñales-Formation aus zerklüfteten *mogotes* (Kalksteinfelsen) gliedert das Gebiet in fünf große Täler.

Viñales

Das wunderschöne Haupttal ist eine Augenweide und am besten bei sinkender Sonne vom Hotel Los Jazmines (S. 199) zu bewundern. In diesem Tal leben die meisten der Einwohner des Gebietes, es ist das am dichtesten erschlossene Tal und birgt mehrere der größten Sehenswürdigkeiten der Gegend, darunter das kaum zu verfehlende Mural de la Prehistoria (S. 203). Im Tal eingebettet liegt das symbolhafte Tabakanbaugebiet von Viñales; der Inbegriff einer vom Landbau geformten Kulturlandschaft. Die schroffen Kalksteinfelsen (*mogotes*) im Norden sind Überreste eines riesigen Höhlensystems, von dem die gesamte Region ursprünglich durchzogen war. An einem Punkt der Erdgeschichte, vor Millionen von Jahren, brachen die Höhlendecken aus weichem Gestein ein, nur die härteren Höhlenwände und -säulen blieben erhalten.

Palmerito

Das Palmerito-Tal (auf Landkarten üblicherweise als Valle de la Guasasa verzeichnet) liegt direkt im Norden von Viñales und ist von der Stadt aus leicht zu Fuß zu erreichen. Auf dem rostroten Boden des Tales gedeihen zahlreiche Tabakplantagen, auf denen verstreut die charakteristischen strohgedeckten Tabakhäuser stehen. Seit es in den 1980er-Jahren zu schweren Überschwemmungen gekommen ist, gibt es im Tal keine dauerhaften menschlichen Siedlungen mehr. Stattdessen kommen Bauern, meist auf Pferden, täglich aus der Stadt Viñales ins Tal und kehren am Abend zurück. Die meiste Feldarbeit wird noch immer von Ochsengespannen mit Pflügen verrichtet (Traktoren werden kaum eingesetzt). Das Palmerito-Tal birgt mehrere Höhlen, darunter eine mit einem natürlichen Schwimmbecken. Das Tal ist als Austragungsort von Hahnenkämpfen berühmt und berüchtigt.

San Vicente

Aus südlicher Richtung ist das schmale San-Vicente-Tal auf der Straße nach Puerto Esperanza zugänglich. Wie durch einen geöffneten Rachen führt der Weg durch zwei *mogotes*. Das Tal ist für seine Höhlen – darunter die Cueva del Indio (S. 204) und die Cueva de San Miguel (S. 204) – und ein Touristenhotel bekannt, das als Ausgangspunkt für verschiedene Wanderungen dient. Ein gutes Revier für Vogelbeobachtungen.

Ancón

Das ruhige nördliche Tal ist im Allgemeinen vom Gelände des Rancho San Vicente (S. 205) im Norden von Viñales zugänglich. Es wird vom Fluss Ancón durchflossen, der jene edlen Langusten hervorbringt, die in mehreren Restaurants in Viñales zubereitet werden. Das Tal umschließt eine kleine Siedlung und eine Kaffeeplantage. Ein schönes Ziel für eine Radtour von Viñales aus.

Silencio

Das „stille Tal" gilt als bester Ort in ganz Viñales zum Genießen eines Sonnenuntergangs über den *mogotes*. In diesem Tal wird außerdem der größte Teil des Tabaks der Region angebaut. Die breiten, relativ flachen Radwege des Tales machen es zu einem beliebten Ziel von Radfahrern. Es gibt mehrere Seen zu entdecken, einige Bauernhöfe sind für Besucher geöffnet.

VALLE DE VIÑALES & DIE PROVINZ PINAR DEL RÍO VIÑALES

Villa Juanito El Joyero   CASA PARTICULAR $
(Karte S. 199; ☑ 48-69-59-33; milay.rivera@nauta.cu; Adela Azcuy Norte No 53; Zi. 25–30 CUC$; ❄) Wer ein einfaches, ordentliches Haus sucht,

das von der traditionellen Gastfreundlichkeit von Viñales erfüllt, aber der Hektik der Hauptstraße entrückt ist, findet in diesem leuchtend orangefarbenen Bungalow das

Passende. Das Gästezimmer ist mit zwei Betten, einer Minibar und einem angenehmen Hinterhof ausgestattet. Kleinheit bedeutet Schönheit in dieser Gegend der Welt.

La Auténtica
CASA PARTICULAR $

(Karte S. 199; ☑ 48-69-58-38; Salvador Cisneros No 125; Zi. 30 CUC$) Ein großzügiger neuer Farbtupfen an der Hauptgeschäftsstraße von Viñales ist La Auténtica – es wirkt wie ein Miniaturhotel mit vier neuen Zimmern, die sich in einem großen, eingeschossigen Haus befinden, und fügt dem traditionellen Hintergrundbild moderne Züge hinzu. Im Gegensatz zu anderen casas in Viñales wohnen die Inhaber nicht auf dem Anwesen, Gäste können sich also ungehindert in den verschiedenen Gemeinschaftsbereichen bewegen, dazu gehört ein großer Hinterhof mit behaglichen Stühlen.

Casa Haydée Chiroles
CASA PARTICULAR $

(Karte S. 199; ☑ 52-54-89-21; casahaydee@nauta.cu; Rafael Trejo No 139; Zi. 25 CUC$) Mit sechs Zimmern, die auf zwei angrenzende Häuser verteilt sind, und einem schönen, reich bepflanzten Hinterhof, wo Gäste sich in Schaukelstühlen (sillón) unter den Sternen wiegen können, spiegelt das Haus den liebenswürdigen Charakter von Viñales wider. Zu alledem ist die Tochter des Inhabers im Infotur-Büro (S. 202) tätig, eine Verständigung auf Englisch und Französisch sowie Empfehlungen aus gut informierter Quelle sind daher garantiert.

Villa El Niño
CASA PARTICULAR $

(Karte S. 199; ☑ 48-69-66-66; casaelninoalexander@nauta.cu; Adela Azcuy No 9; Zi. 25 CUC$; 🌬) Ein reizvolles grünes Anwesen mit mehrstufigen Terrassen und Hängesesseln an der Calle Adela Azcuy – fern vom Lärm der Hauptgeschäftsstraße Salvador Cisneros. Das Haus bietet vier kleine, aber ausreichende Zimmer und reichlich Platz zur Entspannung.

Casa Nenita
CASA PARTICULAR $

(Karte S. 199; ☑ 48-79-60-04; emiliadiaz2000@yahoo.es; Salvador Cisneros Internal No 1; Zi. 35–40 CUC$; 🅿🌬🌬) Nenitas Haus hat sich unmerklich zu einem der Spitzenhäuser unter den casas particulares von Kuba entwickelt. Obgleich der abgelegene Standort störend wirken kann, sind die acht Zimmer tadellos und – in Verbindung mit dem außergewöhnlichen Restaurant, einem Pool und einer Dachterrasse – eine luxuriöse Ausgangsbasis für Ausflüge zu den mogotes.

Nenitas Fisch im Backteig wird bereits in Kochbüchern erwähnt. Der Weg zum Haus ist allerdings schwierig zu finden – es liegt hinter dem policlinico (Krankenhaus).

Casa Jean-Pierre
CASA PARTICULAR $

(Karte S. 199; ☑ 48-79-33-34; Ecke Celso Maragoto & Salvador Cisneros; Zi. 25 CUC$; 🅿🌬) Jean-Pierres kürzlich renoviertes mandarinenfarbenes Haus ist eine kluge Wahl: makellos gepflegt und zentral gelegen. Das obere Zimmer mit eigener Terrasse gewährt den beiden unteren Zimmern Schatten. Gutes Essen ist außerdem zu bekommen (Jean-Pierre betreibt die gegenüberliegende Tapasbar Tres Jotas). Der Eingang liegt an der Seitenstraße.

Villa Cafetal
CASA PARTICULAR $

(Karte S. 199; ☑ 53-31-17-52; edgar21@nauta.cu; Adela Azcuy Final; Zi. 20–25 CUC$; 🅿🌬) Die Inhaber dieses ruhigen Hauses am Stadtrand kennen sich bestens mit Bergtouren aus und besitzen einen Schuppen voller Ausrüstungen – aus gutem Grund, denn die schönsten Bergwanderungen von Viñales beginnen direkt vor ihrer Haustür. Das Haus liegt in einem prächtigen Garten, in dem Kaffee angebaut wird (das Endprodukt gibt es zum Frühstück!). Gäste können die herüberwehende Bergluft spüren, während sie in einer Hängematte ausruhen.

El Balcón
CASA PARTICULAR $

(Karte S. 199; ☑ 48-69-67-25; elbalcon2005@yahoo.es; Rafael Trejo No 48, altas; Zi. 25–30 CUC$; 🌬) Eine Querstraße südlich des Platzes liegt das El Balcón mit vier modernen, im ersten Stock gelegenen, abgeschlossenen Zimmern (ein weiteres Haus kann unterhalb des El Balcón gemietet werden), einem Balkon zur Straße und einer riesengroßen Dachterrasse, auf der feine Speisen serviert werden. Die freundlichen Inhaber Mignelys und Juanito sprechen Englisch.

Hostal Doña Hilda
CASA PARTICULAR $

(Karte S. 199; ☑ 48-79-60-53; flavia@correode cuba.cu; Carretera a Pinar del Río No 4 Km 25; Zi. 25 CUC$; 🌬) Eines der ersten Häuser der Stadt an der Straße von Pinar del Río ist das von Doña Hilda, es bietet drei Zimmer mit Verandas und Schaukelstühlen. Vor allem aber ist das unscheinbare Haus so typisch für Viñales, wie es die pausenlos lächelnde Gastgeberin ist, und das Essen ist himmlisch. Die Mojitos zählen zu den besten von ganz Kuba. Gäste sollten sich auch nach den Tanzkursen erkundigen.

Viñales

N 0 ————— 400 m

★ **Hotel los Jazmines**   HOTEL **$$$**
(Karte S. 193; ☎ 48-79-64-11; Carretera a Pinar del Río; EZ/DZ inkl. Frühstück 88/138 CUC$; P❄☂) Auf den Ausblick von diesem rosafarbenen Hotel im Kolonialstil sollte man vorbereitet sein – er zählt zu den schönsten und typischsten auf ganz Kuba. Öffnet man die Fensterläden der klassisch eingerichteten Zimmer, die einen Blick ins Tal bieten, kann man die flirrenden Silhouetten der bizarren *mogotes,* die von Ochsenpflügen durchzogenen roten Felder und die mit Palmwedeln gedeckten Trockenscheunen auf sich wirken lassen. Jazmines ist zwar kein 5-Sterne-Pa-

last, profitiert aber von seiner einzigartigen Lage und einem herrlichen, einladenden Swimmingpool.

Es gibt weitere Annehmlichkeiten, darunter eine internationale Klinik, ein Massageraum und ein kleiner Laden/Markt. Die Aussicht hat einen Preis: Fast stündlich treffen Busse mit Reisegruppen ein und unterbrechen die friedliche Stimmung. Das Hotel ist von Viñales gut zu Fuß zu erreichen: Es liegt 4 km südlich an der Straße nach Pinar del Río. Der Tourenbus aus Viñales hält am Hotel – wie auch die Víazul-Busse (wenn man die Fahrer darum bittet).

La Ermita · HOTEL $$$
(Karte S. 193; ☑ 48-79-64-11; Carretera de La Ermita Km 1,5; EZ/DZ inkl. Frühstück 88/138 CUC$; P✳︎🛏) Das Hotel La Ermita verdient die höchste Auszeichnung unter allen Hotels von Viñales, wenn es um Baustil, Inneneinrichtung, Service und Qualität geht. Die Abwesenheit von Reisebussen macht sich durch eine friedliche Ruhe bemerkbar, die Zimmer mit Aussicht befinden sich hier in ansprechenden zweigeschossigen Kolonialgebäuden, das Restaurant ist ein schöner Ort fürs Frühstück. Dazu kommen attraktive Extras, z. B. ein hervorragender Swimmingpool, kunstvoll gemixte Cocktails, Tennisplätze, ein Laden, Reitmöglichkeiten und Massagen.

In den Ort hinunter führt ein 2 km langer Fußweg, alternativ kann man den Tourenbus aus Viñales nehmen.

 Essen

El Olivo · MEDITERRAN $
(Karte S. 199; Salvador Cisneros No 89; Pasta 4–6 CUC$; ⏱ 12–23 Uhr) In dem beliebtesten Restaurant von Viñales – wie an der stets vorhandenen Schlange vor dem Eingang zu erkennen ist – werden Lasagne- und Pastagerichte in gewaltigen Portionen serviert, die durch andere mediterrane Klassiker ergänzt werden, z. B. Ente à l'orange. Das Highlight der Speisekarte ist allerdings Kaninchen mit Kräutern in einer dunklen Schokoladensoße.

Restaurant La Berenjena · VEGETARISCH $
(Karte S. 199; ☑ 52-54-92-69; Mariana Grajales, zwischen Salvador Cisneros & Rafael Trejo; Hauptgerichte 4–7 CUC$; ⏱ 10–22 Uhr; ✍) ✿ Ein bemerkenswerter Vorstoß, der eine Lücke in der kulinarischen Szene Kubas – die vegetarische Küche – schließen soll, ist La Berenjena („die Aubergine"). Das Restaurant

ist in einem charmanten blau-weißen Haus mit einer Terrasse unter Sonnensegeln untergebracht. Es ist ein echtes Biorestaurant und bietet Obst-Shakes, Gemüse-Gerichte, Crêpes, Suppen, Auberginen (natürlich) sowie ein paar Fleischgerichte (für alle, die sich nicht für reine Pflanzenkost begeistern können).

Darüber hinaus wird Regenwasser genutzt, der Honig stammt aus eigener Erzeugung und weitere Zutaten aus dem eigenen Gemüsegarten.

La Esquinita · FASTFOOD $
(Karte S. 199; Ecke Rafael Trejo & Adela Azcuy; Snacks 1–3 CUC$; ⏱ 10–23 Uhr) Ein willkommener Neuzugang in einer Stadt, in der das Unterwegs- und Draußensein populär ist, ist dieses schnelle Stehcafé, in dem einfache Grill-Sandwiches zum Mitnehmen zubereitet werden. Als Zugabe werden mit Schokolade gefüllte Churros (ein Fettgebäck), angeboten, vielleicht das feinste Dessert, das in Viñales zu bekommen ist.

El Barrio · MEDITERRAN $
(Karte S. 199; ☑ 48-69-69-27; Salvador Cisneros No 58a; Hauptgerichte 3–7 CUC$; ⏱ 9.30–22.30 Uhr) Das auf stilvolle Weise auf schäbig gemachte Restaurant nimmt eine Monopolstellung in einem neuen Marktsektor der Stadt ein: Es ist von morgens bis spätabends durchgehend geöffnet – sei es zum Frühstück, Mittag oder abendlichen Cocktail. Die Tapas und Pizzas sind gut, nicht so sehr die Pastagerichte. Die Terrasse wird bevorzugt von lebhaften Reisenden okkupiert.

★ Tres Jotas · TAPAS $$
(Karte S. 199; ☑ 53-31-16-58; Salvador Cisneros No 45; Tapas 2–6 CUC$; ⏱ 8–2 Uhr) Es dürfte kaum bekannt sein, dass in Viñales, lange Zeit eine Bastion des cerdo asado (Spanferkel), auch große Krustentiere wie Langusten aus dem Fluss Ancón zu bekommen sind. Wer sich davon überzeugen möchte, ist bei „3 J's" richtig. Die Tapasbar, zugleich ein Restaurant mit Cocktail-Lounge und Frühstückscafé, wird vom umgänglichen Jean-Pierre geführt, der seine Gäste unermüdlich am Eingang willkommen heißt.

Markenzeichen sind camarones del río (Garnelen), zum Einstieg gibt es aber auch verschiedene Tapas nach spanischer Art, z. B. Kroketten mit Kräuterkäse oder Schinken. Der Innenraum in gedämpftem Licht wirkt cool, ohne überelegant zu sein, die Atmosphäre ist zu jeder Zeit elektrisierend.

★ **Balcón del Valle**   KUBANISCH $$

(Karte S. 193; Carretera a Pinar del Río; Hauptgerichte 6–8 CUC$; ⏱ 12–24 Uhr) Mit drei geschickt konstruierten Holzterrassen, die hoch über ein Panorama von Tabakfeldern, Tabakhäusern und zerklüfteten *mogotes* hinausragen, wird das Restaurant seinem Namen („Balkon über dem Tal") vollkommen gerecht. Die Qualität der Küche entspricht den sensationellen Ausblicken. Die ungeschriebene Speisekarte erlaubt eine dreifache Wahl zwischen Hühner- oder Schweinefleisch oder Fisch. Alles wird auf ländliche Art mit reichlich Beilagen serviert. Das Restaurant liegt 3 km außerhalb von Viñales auf dem Weg zum Hotel los Jazmines.

La Dulce Vida   ITALIENISCH $$

(Karte S. 199; Salvador Cisneros No 71b; Hauptgerichte 5–14 CUC$; ⏱ 12–22 Uhr) Das „süße Leben" auf spanische Art ist eine der erfolgreichen Variationen zum Thema der italienischen Küche in Viñales. Hier werden beachtenswerte Pastagerichte zubereitet – die Gäste wählen unter verschiedenen Nudelformen und Soßen. Das Angebot wird durch kubanische Klassiker ergänzt. Der kleine Innenraum erinnert an eine schlichte Trattoria in Apulien, draußen können sich Gäste auf gepolsterten Bänken niederlassen. Außerdem gibt es gute Desserts!

La Cuenca   INTERNATIONAL $$

(Karte S. 199; ☎ 48-69-69-68; Salvador Cisneros No 97, Ecke Adela Azcuy; Hauptgerichte 5–12 CUC$; ⏱ 11–22.30 Uhr) Mit einer schmalen, überdachten Terrasse und einer ausgefallenen, einladenden Raumgestaltung in Schwarz-Weiß wirkt La Cuenca weniger ländlich-schlicht als andere Restaurants in Viñales. Die Speisekarte umfasst von spanischen Tapas bis zum Lammkarree die ganze Welt, manche Gerichte (Kaninchen in Schokoladensoße) scheinen aber vom berühmten kulinarischen Nachbarn El Olivo entlehnt worden zu sein. Wer nicht viel Zeit hat, kann eine kurze Pause bei den berühmten Kaffees und Cocktails des Hauses machen.

Cocinita del Medio   KUBANISCH $$

(Karte S. 199; Salvador Cisneros, zwischen Celso Maragoto & Adela Azcuy; Platten 10 CUC$; ⏱ 12–23 Uhr) Das Einfache ist manchmal das Beste. Das Restaurant La Cocinita ähnelt eher einem Wohnhaus und ist leicht zu verfehlen.

KLETTERN IN VIÑALES

Es braucht keinen Reinhold Messner, um die einmaligen Klettermöglichkeiten in Viñales, Kubas Miniversion des amerikanischen Yosemite Park, zu erkennen. Die Region zieht mit ihren von Steilwänden geprägten *mogotes* (Kegelbergen aus Kalkstein) und den atemberaubenden Naturschönheiten, die als Motive ein ganzes Fotoalbum füllen könnten, seit über zehn Jahren Kletterer aus der ganzen Welt an. Allerdings wurde dieser Sport bisher immer noch nicht von der kubanischen Regierung offiziell anerkannt.

Der Klettersport ist in Viñales noch immer eine Sache der Mund-zu-Mund-Propaganda. Es gibt keine gedruckten Streckenkarten und keine offiziellen Informationen vor Ort (die staatlich angestellten Tourismusbeauftragten geben nur ungern Auskunft). Gute Informationsquellen für alle, die eine Felswand besteigen wollen, sind die umfassende Website Cuba Climbing (www.cubaclimbing.com) sowie das Buch *Cuba Climbing* (auf Englisch) von Aníbal Fernández und Armando Menocal (2009). Die besten Treffpunkte vor Ort sind die *casas* von Oscar Jaime Rodríguez und die Villa Cafetal in Viñales. Ortsansässige können den Weg zu den Häusern beschreiben.

In Viñales gibt es zahlreiche gut bekannte Kletterrouten, darunter die berüchtigte „Wasp Factory", und eine Handvoll erfahrener kubanischer Bergführer. Ein zuverlässiger Ausrüstungsverleih ist nicht vorhanden (eine eigene Ausrüstung ist also notwendig), außerdem gibt es keine angemessenen Sicherheitsvorrichtungen. Jeder Bergsteiger ist für sich und jedes Risiko selbst verantwortlich, dazu gehören auch alle heiklen Situationen, in die man bei Begegnungen mit Behörden geraten kann, die Klettern offiziell nicht stillschweigend dulden (obwohl sie in der Regel ein Auge zudrücken). Es ist zu erwarten, dass der Klettersport in Viñales in naher Zukunft offiziell anerkannt wird, über den aktuellen Stand können sich Kletterer vor Ort ein Bild machen. Zu bedenken bleibt, dass ungenehmigte Klettertouren im Gebiet eines Nationalparks gefährdete Pflanzenarten und Ökosysteme schädigen können. Bergsteiger sollten sich auf jeden Fall vorsichtig und achtsam verhalten.

Was dem Restaurant an aufwendigen Dekorationen mangelt, wird durch großzügige Platten mit gegrilltem Fleisch oder Fisch wettgemacht – perfekt in Größe und Würze. Hier lohnt es sich unbedingt, öfter herzukommen.

Unterhaltung

Centro Cultural Polo Montañez   LIVEMUSIK
(Karte S. 199; Ecke Salvador Cisneros & Joaquin Pérez; nach 21 Uhr 1 CUC$; ☉ Musik 21–2 Uhr) Der Name geht auf den legendären Polo Montañez, einen Sänger von Volksliedern, zurück, der sich von einem Einwohner Pinar del Ríos zu einem *guajiro* wandelte. Die Bar mit Restaurant beim Hauptplatz besitzt einen Patio, der dem Himmel offen steht, und eine vollwertige Bühne, die nach 21 Uhr zum Leben erwacht.

Patio del Decimista   LIVEMUSIK
(Karte S. 199; Salvador Cisneros No 102; ☉ Musik ab 19 Uhr) Im übersprudelnden und alteingesessenen Patio del Decimista werden Livemusik, kühles Bier, Snacks und hervorragende Cocktails serviert.

Shoppen

Mercado de Artesanía   KUNST & KUNSTHANDWERK
(Karte S. 199; Joaquin Pérez; ☉ 10–19 Uhr) Auf dem privatwirtschaftlichen Markt werden künstlerische und kunsthandwerkliche Stücke verkauft. Der Markt wird täglich an der Calle Joaquin Pérez abgehalten.

Los Vegueros   ZIGARREN, RUM
(Karte S. 199; ☎ 48-79-60-80; Salvador Cisneros No 57; ☉ 9–21 Uhr) Eine würzige Auswahl von Zigarren – die oft direkt im Geschäft gerollt werden – und dazu passender Rum.

ⓘ Praktische Informationen

GELD
In den Banken von Viñales kommt es leicht zu langen Wartezeiten. Am besten frühzeitig hingehen oder zum Geldumtausch nach Pinar del Río fahren

Banco de Crédito y Comercio (Salvador Cisneros No 58; ☉ Mo–Fr 8–12 & 13.30–15, Sa 8–11 Uhr) Es gibt zwei Geldautomaten.

Cadeca (Ecke Salvador Cisneros & Adela Azcuy; ☉ Mo–Sa 8.30–16 Uhr) Hier ist der Service am zügigsten.

INTERNETZUGANG

Etecsa Telepunto (Ceferino Fernández No 3; Internet pro Std. 1,50 CUC$; ☉ Mo–Sa 8.30–19, So 8.30–17 Uhr) Drei Computer in einem

winzigen Raum; außerdem sind WLAN-Karten zu kaufen – auf dem Marktplatz gibt es einen guten WLAN-Empfang.

MEDIZINISCHE VERSORGUNG

Clinica (☎ 48-79-33-48; Salvador Cisneros interior)

Farmacia Internacional (☎ 48-79-64-11; Hotel los Jazmines, Carretera a Pinar del Río) Eine Apotheke gibt es im Hotel los Jazmines.

POST

Post (Karte S. 199; Ceferino Fernández 14, Ecke Salvador Cisneros; ☉ Mo–Sa 9–18 Uhr)

TOURISTENINFORMATION

Infotur (Karte S. 199; Salvador Cisneros No 63b; ☉ 8.15–16.45 Uhr)

ⓘ An- & Weiterreise

AUTO & MOPED
Eine lange, kurvenreiche Straße führt aus südlicher Richtung von Pinar del Río nach Viñales. Die Straßen von der Nordküste sind weniger kurvig, wegen ihres schlechten Zustandes aber mit mehr Zeitaufwand verbunden. Die abgelegene Bergstraße von der Península de Guanahacabibes über Guane und Pons zählt zu den spektakulärsten Routen auf Kuba; genügend Zeit sollte dafür eingeplant werden.

Ein Mietwagen ist bei **Cubacar** (☎ 48-79-60-60; Salvador Cisneros No 63C; ☉ 9–19) im Cubanacán-Büro zu bekommen.

Mopeds können für 26 CUC$ pro Tag beim Bike Rental Point (S. 204) neben dem Restaurante la Casa de Don Tomás geliehen werden.

BUS

Das gut sortierte **Víazul-Fahrkartenbüro** (Karte S. 199; Salvador Cisneros No 63A; ☉ 8–12 & 13–15 Uhr) befindet sich gegenüber dem Marktplatz im selben Gebäude wie Cubataxi. Die täglichen Víazul-Busse fahren hier um 8 und 14 Uhr ab (12 CUC$, 3¼ Std.). Um 6.45 Uhr fährt ein weiterer Bus nach Cienfuegos (32 CUC$, 8 Std.) und Trinidad (37 CUC$, 9½ Std.). Alle Busse halten in Pinar del Río (6 CUC$, 30 Min.)

Conectando-Busse, die von Cubanacán (S. 196) betrieben werden (sie fahren vor dem Cubanacán-Büro ab), bieten tägliche Fahrten nach Havanna, Trinidad und Cienfuegos an. Fahrkarten sollten bereits am Vortag gebucht werden. Die Preise entsprechen denen von Víazul.

Busse für Tagesausflüge fahren täglich nach Cayo Levisa (39 CUC$ inkl. Mittagessen und Bootsüberfahrt), Cayo Jutías (15 CUC$) und María la Gorda (35 CUC$). Die Preise gelten für die Hin- und Rückfahrt.

TAXI

Die Víazul-Busse sind häufig mehrere Tage im Voraus ausgebucht. Eine Alternative kann ein Sammeltaxi (*colectivo*) sein. Diese können im gemeinsamen Büro von **Cubataxi** (☑ 48-79-31-95; Salvador Cisneros No 63A) und Víazul gebucht werden. Folgende Preise gelten pro Person in einem vollbesetzten Taxi (vier Fahrgäste) nach Havanna (20 CUC$), Varadero (30 CUC$), Cienfuegos (35 CUC$) und Trinidad (40 CUC$).

ℹ Unterwegs vor Ort

Die Viñales Bus Tour wird von Minibussen befahren, die neun Mal täglich die weit im Tal verstreut liegenden Fahrtziele ansteuern. Fahrgäste können beliebig oft ein- und aussteigen. Start- und Endpunkt ist der Marktplatz der Stadt, eine vollständige Rundfahrt dauert 65 Minuten. Der erste Bus fährt um 9 Uhr ab, der letzte um 16.50 Uhr. Die 18 Haltestellen zwischen dem Hotel los Jazmines und dem Hotel Rancho San Vicente sind deutlich auf Streckenkarten und Fahrplänen angegeben. Ganztägige Fahrkarten kosten 5 CUC$ und sind im Bus erhältlich.

Eine Servi-Cupet-Tankstelle befindet sich am nordöstlichen Ende der Hauptstraße Salvador Cisneros.

Parque Nacional Viñales

Die außergewöhnliche Kulturlandschaft des Parque Nacional Viñales erstreckt sich über eine Fläche von 150 km² und wird von 25 000 Menschen bewohnt. Der Nationalpark – ein Mosaik aus Siedlungen und landwirtschaftlichen Flächen, in denen *mogotes* aufragen und Kaffee, Tabak, Zuckerrohr, Orangen, Avocados und Bananen angebaut werden – umfasst eine der ältesten und traditionsreichsten Landschaften Kubas.

◉ Sehenswertes

Gran Caverna de Santo Tomás   HÖHLE
(10 CUC$; ⊙ 9–15 Uhr) Das größte Höhlensystem auf Kuba nimmt mit seiner Größe auf dem gesamten amerikanischen Kontinent den zweiten Rang ein. Mit Galerien und acht Etagen hat es eine Ausdehnung von 46 km, ein Abschnitt von 1 km ist für Besucher zugänglich. Es gibt keine künstliche Beleuchtung, jedoch werden zur Teilnahme an der 90-minütigen Führung Helme mit Scheinwerfern zur Verfügung gestellt. Zu den Highlights gehören Fledermäuse, Stalagmiten und Stalaktiten, unterirdische Wasserbecken, interessante Felsformationen und die Rekonstruktion einer Wandmalerei der indianischen Ureinwohner.

Besucher sollten geeignete Schuhe tragen und beachten, dass auf der Wanderung steile Höhlenwände und rutschige Felsen zu bewältigen sind. Die meisten Besucher kommen im Rahmen eines organisierten Ausfluges von Viñales (20 CUC$) hierher.

Los Aquáticos   DORF
🚶 1 km hinter der Abzweigung zum Mogote Dos Hermanas und dem Mural de la Prehistoria führt eine unbefestigte Straße zur Bergsiedlung Los Aquáticos, die 1943 von Anhängern der visionären Antoñica Izquierdo gegründet wurde. Sie entdeckte die heilende Kraft des Wassers zu einer Zeit, als die *campesinos* der Gegend keinen Zugang zu konventioneller medizinischer Versorgung hatten. Sie gründeten eine Kolonie an den Berghängen, wo noch heute zwei Familien leben. Los Aquáticos ist nur zu Pferd oder zu Fuß erreichbar. Ausflüge mit Führung können in den meisten *casas particulares* von Viñales organisiert werden.

Wanderer können den Weg auch allein bewältigen; er ist zwar nicht durch Hinweisschilder markiert, doch befinden sich viele Wohnhäuser an der Strecke, bei denen man nach dem Weg fragen kann. Von der Hauptstraße führt eine unbefestigte Straße nach etwa 400 m zur ersten Abzweigung, die nach links querfeldein verläuft. Auf diesem Weg sollte geradeaus ein blaues Haus auf halber Höhe des Berges zu erkennen sein. Dies ist das Ziel der Wanderung. Dort ist eine schöne Aussicht zu bewundern, Kaffee aus eigenem Anbau ist zu bekommen, und die liebenswürdigen Besitzer sprechen gern über die Heilkraft des Wassers. Auf dem Rückweg kann die Wanderung in einem Bogen am Campismo Dos Hermanas und an den Felsmalereien des Mural de la Prehistoria vorbeiführen; die Route ist landschaftlich wunderschön (der vollständige Rundweg Los Aquáticos–Dos Hermanas umfasst insgesamt 6 km Landstraße).

Mural de la Prehistoria   FELSMALEREI
(Karte S.193; inkl. Getränk 3 CUC$; ⊙ 9–18 Uhr) 4 km westlich der Stadt Viñales auf der Seite des Mogote Pita befindet sich ein 120 m hohes Gemälde, das 1961 von Leovigildo González Morillo, einem Schüler des mexikanischen Künstlers Diego Rivera, entworfen wurde (die Idee stammte von Celia Sánchez, Alicia Alonso und Antonio Núñez Jiménez). Die gewaltige Malerei entstand an einer Felswand am Fuß der 617 m hohen Sierra de Viñales, des höchsten Abschnitts

der Sierra de los Órganos; 18 Maler und Hilfskräfte arbeiteten insgesamt vier Jahre lang daran.

Die riesenhaften Schnecken, Saurier, Meeresungeheuer und Menschen an der Felswand stehen symbolisch für die Evolutionsgeschichte und können je nach Sichtweise beeindruckend psychedelisch oder monumental erschreckend wirken. Betrachter müssen dem Kunstwerk nicht nahe kommen, um es würdigen zu können, doch die Eintrittsgebühr entfällt für Besucher, die sich für das köstliche, wenn auch etwas überteuerte Mittagessen für 15 CUC$ im zugehörigen Restaurant (S. 206) entscheiden. Für verschiedene Ausflüge stehen Pferde bereit (5 CUC$ pro Std.).

Cueva del Indio   HÖHLE

(Karte S. 193; 5 CUC$; ⊙ 9–17.30 Uhr; ⚑) In einer hübschen Nische 5½ km im Norden der Stadt Viñales befindet sich diese Höhle, ein beliebtes Touristenziel. Die einstige Wohnstätte von Ureinwohnern wurde 1920 wiederentdeckt. Nach einem kurzen Fußweg von 200 m können Höhlenbesucher ein Motorboot besteigen, das 400 m auf einem Fluss durch die Höhle fährt. Die Höhle ist von elektrischem Licht beleuchtet, die Wirkung ist nicht sonderlich beeindruckend. Der Ausgang führt zwangsläufig durch einen Souvenirladen. Eine nette Abwechslung für Kinder.

El Memorial „Los Malagones"   DENKMAL

(1 CUC$) Los Malagones, aus der Gemeinde El Moncada, waren die erste ländliche Miliz Kubas; sie wurde von zwölf Männern gebildet, die 1959 eine Schar von Konterrevolutionären in den nahen Bergen aufspürten. Ein Mausoleum und Brunnendenkmal, das 1999 eingeweiht wurde, enthält Nischen, die den zwölf Milizsoldaten gewidmet sind (nur zwei von ihnen sind noch am Leben).

Gekrönt wird das Denkmal von einem steinernen Abbild ihres Anführers Leandro Rodríguez Malagón. Die Wasserspiele des Brunnens sollen das Geräusch von Maschinengewehrsalven (mit unfehlbarer Genauigkeit) nachahmen. Auf dem Gelände befindet sich ein winziges Museum.

Cueva de San Miguel   HÖHLE

(Karte S. 193; inkl. Getränk 3 CUC$; ⊙ 9–17.30 Uhr) Die kleine Höhle liegt am Eingang des Valle de San Vicente. Im Höhleneingang befindet sich eine Nachtbar. Der Eintrittspreis berechtigt dazu, die klaffende Höhle zu betreten, von der man eine kurze Zeit verschluckt

wird – es ist ein Gang von zehn Minuten durch eine Unterwelt, an deren Ende man (ironischerweise) im Restaurant El Palenque de los Cimarrones landet.

🏃 Aktivitäten

Radfahren

Trotz des bergigen Geländes gehört Viñales zu den besten Gegenden zum Radfahren in Kuba (die meisten Straßen folgen dem Verlauf der Täler und sind relativ flach). Die Straßen sind immer noch wenig befahren, die Szenerie ist ein endloser Bilderbogen landschaftlicher Schönheit. In vielen *casas* werden mittlerweile preiswerte Leihfahrräder – und oft auch Radtouren – angeboten. Gäste sollten sich danach erkundigen.

Bike Rental Point   RADFAHREN

(Karte S. 199; Salvador Cisneros No 140; Fahrradverleih pro Std./Tag 1/10 CUC$) Bietet moderne Räder mit Gangschaltung. Der Fahrradverleih befindet sich neben dem Restaurante la Casa de Don Tomás. (Viele Inhaber von *casas particulares* verleihen Fahrräder zu vergleichbaren Preisen.)

Wandern

★ Mogotes Coco Solo & Palmarito   WANDERN

(Karte S. 199) Die Wanderung beginnt auf einer Nebenstraße 100 m südlich des Eingangs zum Hotel La Ermita und führt auf einer Strecke von 8 km durch das Valle del Silencio und an den *mogotes* Coco Solo und Palmarito sowie dem Mural de la Prehistoria vorüber. Auf dem Weg eröffnen sich gute Ausblicke auf die Tier- und Pflanzenwelt. Zur Wanderung gehört auch der Besuch einer *finca* (Bauernhaus) mit Tabakplantage.

Der Rückweg führt zur Hauptstraße nach Viñales zurück.

San Vicente/Ancón   WANDERN

(Karte S. 193) Der Wanderweg um das entlegene Valle Ancón gewährt Einblicke in intakte Kaffeekooperativen in einem Tal, das von *mogotes* eingeschlossen ist. Es ist eine Rundwanderung von 8 km.

Tradiciones de Viñales   WANDERN

(Karte S. 193) Der Wanderweg beginnt direkt östlich des Hotels los Jazmines, eine idyllische 5,7 km lange Rundwanderung, die durch Waldgebiete zu einem hoch gelegenen *mirador* (Aussichtspunkt) hinaufführt. Der Rückweg verläuft durch eine Landschaft, die auf eine reizvoll charakteristische Art vom Tabakanbau geprägt ist.

WANDERUNGEN & FÜHRUNGEN DURCH DEN PARQUE NACIONAL VIÑALES

Das Netz der Wanderwege durch den Parque Nacional Viñales wurde in den vergangenen Jahren durch eine Anzahl neuer Wanderrouten deutlich erweitert. Derzeit sind es etwa 15 Wanderrouten, die in der Touristeninformation vorgestellt werden und auf Wanderkarten verzeichnet sind. Wanderer sollten sich der Führung von Guides anschließen – Markierungen der Wege sind praktisch nicht vorhanden. Die Gebühren für Nationalparkführer liegen bei etwa 10 CUC$ pro Person, sie richten sich nach der Länge der Wanderroute und nach der Gruppengröße.

Neben den offiziellen gibt es private Parkführungen – in fast allen *casas particulares* in Viñales können Kontakte zu solchen Guides hergestellt werden, die auch individuell gestaltete Touren anbieten können. Extrem populär ist die Rundwanderroute durch das Valle de Palmarito mit Start- und Endpunkt im Ort. Die Wanderung führt zu einer Kaffeeplantage, einem Tabakhaus und zur Cueva de Palmarito, in deren See ein Bad im Licht von Lampen möglich ist.

Andere beliebte Wanderrouten führen zu Los Aquáticos und zum Valle del Silencio.

Cueva El Cable   WANDERN
(Karte S. 193) Eine 10 km lange Wanderung ins Innere einer Höhle, die typisch für die Kegelkarsttopografie von Viñales ist. Der Weg beginnt im Valle de San Vicente nahe der Cueva del Indio (S. 204).

Maravillas de Viñales   WANDERN
Ein 6 km langer Rundweg, der 1 km nordöstlich von El Moncada und 13 km von der Abzweigung zum Mogote Dos Hermanas entfernt beginnt. Auf dieser Wanderung sind endemische Pflanzen, Orchideen und das (wie es heißt) größte Nest von Blattschneiderameisen in Kuba zu entdecken.

Reiten
Die grünen Berge und Täler (und nicht zuletzt die charmanten *guajiros*) in der Umgebung der Stadt sind Grund genug, auch Reitausflüge, vor allem in das Valle de Palmarito und auf dem Weg nach Los Aquáticos, zu unternehmen. In den meisten *casas particulares* können Kontakte zu entsprechenden Guides hergestellt werden. Auf dem Pferderücken lassen sich mehr Eindrücke in kürzerer Zeit gewinnen. Reitausflüge sind insbesondere in der Regenzeit (April bis Oktober) geeignet, wenn die Pfade schlammig sein können.

Schwimmen
Schwimmen bei Lampenlicht ist in einem natürlichen Wasserbecken bei La Cueva de Palmarito im Valle de Palmarito möglich. Der Ort ist auf einer Wanderung oder auf einem Ausritt von Viñales aus gut zu erreichen. Von Menschenhand gemachte Swim-

mingpools stehen in allen drei Hotels im Tal zum Preis von 8 CUC$ (inkl. 7 CUC$ für Getränke) zur Verfügung.

🛏 Schlafen

Campismo Dos Hermanas   CAMPISMO $
(Cubamar; Karte S. 193; ☏ 48-79-32-23; www.campismopopular.cu; Mogote Dos Hermanas; DZ/3BZ 30/45 CUC$; ❄) Eingeschlossen von den steilen Hängen zweier *mogotes* (der Name stammt vom 1 km westlich gelegenen Mogote Dos Hermanas) und in Sichtweite des Mural de la Prehistoria liegt dieser internationale Campismo, einer der besten von Cubamar. Zu den Pluspunkten gehören ein Restaurant, ein Swimmingpool, ein geologisches Museum und nahe gelegene Wanderwege. Der einzige Nachteil ist die laute Musik, die die stille Atmosphäre stört.

Hotel Rancho San Vicente   HOTEL $$$
(Karte S. 193; ☏ 48-79-62-01; Carretera a Esperanza Km 33; EZ/DZ 88/138 CUC$; P❄🌐❄) Der Anblick der beiden spektakulär gelegenen Hotels von Viñales ist eigentlich nicht zu übertreffen, und doch kommt es noch besser: Das Hotel Rancho San Vicente liegt 8 km nördlich der Stadt, ein idyllisches Feriendorf, dessen Hütten verstreut in einem Wäldchen stehen. Gerade wurde es um ein moderneres Hotel mit 22 Zimmern erweitert, das ebenfalls viel ländlichen Charme besitzt.

Auf dem Gelände gibt es zwei Swimmingpools, ein Restaurant sowie einen Spa mit Massageräumen. Spaziergänge mit Vogelbeobachtungen können arrangiert werden.

 Essen

La Carreta
MEDITERRAN **$$**

(Karte S. 193; Carretera a Esperanza Km 36; Hauptgerichte 10–15 CUC$; ⏲ 10–17 Uhr) Eine *carreta* ist ein schlichter Ochsenkarren, dabei hat diesen Restaurant nichts Schlichtes an sich: Auf steilen Stufen gelangen die Gäste in einen Raum, in dem sie in den privilegierten Genuss der wunderbaren kubanischen Küche kommen, die hier mediterrane Einflüsse aufweist. Das klassische Gericht? Lamm mit Rotweinsoße. Das Restaurant liegt 2 km nördlich des Hotels Rancho San Vincente.

Finca San Vicente
KUBANISCH **$$**

(Karte S. 193; Carretera a Esperanza Km 32½; Hauptgerichte 10 CUC$; ⏲ 12–15 Uhr) Ein großes und dabei ländliches Restaurant, wie es in der Gegend von Viñales typisch ist. In der Finca San Vicente kommen großzügige Mittagsgerichte (10 CUC$) auf den Tisch. Sind genug Gäste anwesend, kann auch ein ganzes Spanferkel mit allen dazugehörigen Beilagen serviert werden. Ein beliebtes Ziel von Busreisegruppen.

Restaurante Mural de la Prehistoria
KUBANISCH, INTERNATIONAL **$$$**

(Mittagsgericht 15 CUC$; ⏲ 8–19 Uhr) Gesalzene Preise (aber doch lohnend) werden verlangt für die riesigen Portionen der Mittagsgerichte – wie etwa köstliches Schweinefleisch, über natürlicher Holzkohle gebraten und geräuchert – sie machen nachhaltig satt.

❶ Praktische Informationen

Touristeninformation des Parque Nacional Viñales (Karte S. 193; ☏ 48-79-61-44; Carretera a Pinar del Río Km 22; ⏲ 8–18 Uhr) Die Touristeninformation befindet sich 3 km südlich von Viñales, sie ist mit einer guten Auswahl von Karten- und Informationsmaterial zu Wanderwegen ausgestattet und vermittelt naturkundliches Wissen zum Nationalpark. Parkhüter stehen jederzeit bereit, Wanderungen und andere Aktivitäten können arrangiert werden.

DIE NORDKÜSTE

Cayo Jutías

Die 3 km lange Sandfläche, die die Nordküste von Cayo Jutías malerisch begrenzt, ist der am besten bekannte „unerschlossene" Strand von Pinar del Río. Die winzige, von Mangroven bedeckte Insel liegt ca. 65 km

nordwestlich von Viñales entfernt und ist mit dem Festland über einen kurzen Damm (*pedraplén*) verbunden. Jutías – benannt nach den hier heimischen Baumratten – macht dem östlich gelegenen Cayo Levisa den Rang als malerischster Strand der Provinz streitig: Falls Letzterer hübscher sein sollte, zeichnet sich der erstgenannte durch ein Fehlen von Übernachtungsmöglichkeiten aus – es ist dort also zwangsläufig ruhiger.

Die Zufahrtsstraße nach Cayo Jutías beginnt ca. 4 km westlich von Santa Lucía. Zehn Autominuten nach dem Überqueren des Dammes kommt der Faro de Cayo Jutías in Sicht; dieser Leuchtturm, eine Metallkonstruktion, wurde 1902 von den US-Amerikanern gebaut und eignet sich als Ziel für einen schönen Spaziergang am Strand, der an einen dichten Mangrovenwald angrenzt. Die Straße biegt scharf nach links ab und endet am Hauptstrand von Jutías, der sich an ein kristallklares Meer schmiegt – 12½ km von der Küstenautobahn entfernt.

Aktivitäten

In Cayo Jutías gibt es ein kleines Tauchzentrum; dort werden Kajaks für 1 CUC$ pro Stunde verliehen, Schnorchelausflüge (12 CUC$) und andere Bootstouren (10 bis 25 CUC$) und Tauchausflüge (ab 37 CUC$ pro Tauchgang) organisiert – es gibt sieben nahe gelegene Tauchreviere. Hinter einem ersten Sandbogen setzt sich der Strand weitere 3 km lang fort; es ist möglich, barfuß durch die Mangroven zu wandern.

✖ Essen

Restaurante Cayo Jutías
FISCH **$$**

(Cayo Jutías; Hauptgerichte 7–10 CUC$; ⏲ 10–17.30 Uhr) Das Restaurante Cayo Jutías liegt mit offenen Wänden direkt am Strand und ist auf regionale Fischgerichte spezialisiert.

❶ An- & Weiterreise

Ein Tagesausflug im Bus ab Viñales kostet 15 CUC$ und bietet einen Strandaufenthalt von sechs Stunden. Andernfalls ist ein eigenes Fahrzeug notwendig. Die schnellste und bei Weitem schönste Route führt über Minas de Matahambre durch ein von Kiefern bestandenes Hügelland.

Puerto Esperanza

7000 EW.

Am Ende einer langen, holperigen Straße liegt das stille Fischerdorf Puerto Esperanza („Hafen der Hoffnung"), 6 km nördlich von

San Cayetano und 25 km nördlich von Viñales. Es ist kaum noch verträumt zu nennen, sondern liegt vielmehr in einem Tiefschlaf. Die Kalender scheinen hier seit 1951 hängen geblieben zu sein. Überlieferungen berichten, dass die mächtigen Mangobäume, die die Zufahrtsstraße säumen, in der Zeit um 1800 von Sklaven gepflanzt wurden. Eine lange Seebrücke, die in die Bucht hinausragt, ist ein bevorzugter Platz der vollkommen reglos dasitzenden Fischer und eignet sich gut für einen Sprung in den Ozean.

Puerto Esperanza besitzt eine treue Anhängerschaft von ausgeprägt unabhängigen Reisenden – sie wollen Kuba von einer Seite kennenlernen, die von Ausländern sonst kaum beachtet wird. Materielle Reichtümer hat die Gegend nicht zu bieten, dafür ist sie reich an Möglichkeiten für spontane, überraschende Erlebnisse in der Natur. Wer hierherkommt, kann mit einheimischen Radfahrern durch schroffe Berge touren und am Ende des Tages an einem einsamen Strand etwas fürs Abendessen fischen.

 Aktivitäten

Reiseplanung? Unnötig. Stattdessen einfach entspannen, lesen, Hummer essen. Seltsam überirdische Santería-Rituale entdecken, mit alten Fischersleuten ins Gespräch kommen oder spontan eine benachbarte Tabakplantage besichtigen – falls Bedarf nach starken Peso-Zigarren besteht. Noch mehr Hummer essen.

In der Casa Teresa werden Reit- oder Radausflüge nach den Wünschen der Gäste organisiert.

🛏 **Schlafen**

Casa Teresa Hernández Martínez CASA PARTICULAR **$**

(✍48-79-37-03; Calle 4 No 7; Zi. inkl. Frühstück 25 CUC$) Die charismatische Teresa ist genauso bunt wie ihre sechs farbenprächtigen, sauberen Zimmer, die wenig dezent in grellem Pink, Blau und Grün möbliert sind. Die Gastgeberin betreibt auch ein eigenes Restaurant in einem urwaldartigen Garten; Fisch und Hummer bestimmen die Speisekarte (Meeresfrüchteteller 10 CUC$). Ausflüge in die Region, z. B. Radtouren oder Reitausflüge, können arrangiert werden.

ℹ **An- & Weiterreise**

Für eine Fahrt nach Puerto Esperanza ist ein eigenes Auto notwendig. Eine praktische Servi-Cupet-Tankstelle findet man in San Cayetano.

Die Straße nach Cayo Jutías verwandelt sich außerhalb von San Cayetano in eine Schotterpiste: Wer mit einem Fahrrad oder Moped unterwegs ist, muss mit schmerzenden Gesäßbacken rechnen.

Cayo Levisa

Obwohl Cayo Levisa mehr Besucher anzieht und vermutlich noch schöner ist als der Rivale Cayo Jutías, vermittelt es immer noch den Eindruck völliger Abgeschiedenheit. Die Entfernung vom Festland wirkt sich offensichtlich positiv auf die Atmosphäre aus. Anders als bei einigen anderen kubanischen Keys gibt es hier keinen Damm: Besucher erreichen Cayo Levisa von Palma Rubia aus in einer 35-minütigen Bootsfahrt. Die Fahrt lohnt sich: 3 km strahlend weißen Sandes und ein saphirgrünes Meer machen Cayo Levisa zum schönsten Strand der Provinz Pinar del Río. „Entdeckt" wurde die Insel, die zum Archipiélago de los Colorados gehört, in den 1940er-Jahren vom amerikanischen Schriftsteller Ernest Hemingway. Er hatte sein Angelcamp auf der kleineren, 10 km östlich gelegenen Koralleninsel Cayo Paraíso eingerichtet. Heute kommen zusätzlich zu den rund 50 Hotelgästen täglich etwa 100 Besucher auf die Insel. Auch wenn keine Robinsongefühle aufkommen: Es bleiben genug Zeit und Platz zum Erholen und Entspannen.

 Aktivitäten

Cayo Levisa besitzt eine kleine Marina, wo es Gelegenheiten zum Tauchen gibt (40 CUC$ pro Tauchgang, inkl. Ausrüstung und Fahrt zum Tauchrevier). 14 Tauchreviere liegen vor der Küste, darunter die populäre La Corona de San Carlos („Krone des hl. Karl"), eine Formation, die es den Tauchern erlaubt, sich den Meerestieren unbemerkt zu nähern, sowie Mogotes de Viñales, deren Name auf ihre hoch aufragenden Korallenformationen zurückgeht, die Ähnlichkeit mit den *mogotes*, jenen steilwandigen Karstkegeln von Viñales, besitzen. La Cadena Misteriosa („Geheimnisvolle Kette") ist ein flaches Riff, wo neben Barrakudas und Rochen Fischschwärme von außergewöhnlicher Farbenpracht zu beobachten sind. Eine Schnorcheltour inklusive Ausrüstung kostet 12 CUC$, eine Bootstour in der Abenddämmerung gibt es zum gleichen Preis. Kajakfahrten und Aqua-Biking sind hier ebenfalls möglich.

VON GUANAHATABEYS UND GUAJIROS

Die vorkolumbische Geschichte des westlichen Kuba ist von den Guanahatabey geprägt, einem Nomadenvolk, das in Höhlen lebte und dessen Lebensgrundlage zum überwiegenden Teil das Meer war. Weniger fortgeschritten als andere indigene Völker der Insel, entwickelte sich die Kultur der friedlichen, kaum wehrhaften Guanahatabey mehr oder weniger unabhängig von jener der Taíno und Siboney, die weiter östlich lebten. Als die Spanier 1492 das Land betraten, waren sie bereits ausgestorben.

Nach Kolumbus' Entdeckung überließen die Spanier diesen zerklüfteten Inselteil weitgehend sich selbst. Seine Entwicklung begann erst, als im 16. Jh. erste Siedler von den Kanarischen Inseln hier eintrafen. Wegen der zahlreichen Philippinos, die in die Region kamen, um auf den neu angelegten Tabakplantagen zu arbeiten, hieß die Provinz zunächst Nueva Filipina (Neue Philippinen). Erst im Jahr 1778 wurde sie dann in Pinar del Río umbenannt. Namensgebend waren wahrscheinlich die vielen Kiefernwälder entlang des Río Guamá. Zu diesem Zeitpunkt war der Westen Kubas bereits für seinen Tabak berühmt und hatte sich zum Standort des heute weltweit ältesten, 1636 gegründeten Tabakunternehmens Tabacalera entwickelt. Auch die Rinderzucht trug zur wirtschaftlichen Entwicklung bei. Die Bauern, die von ihrem kostbaren und qualitativ hochwertigen Anbauprodukt gut leben konnten, wurden umgangssprachlich *guajiros* genannt, was im lokalen Dialekt wörtlich übersetzt „einer von uns" bedeutet.

Mitte des 19. Jhs. verfielen die Europäer dann dem Tabakgenuss, und die Region erlebte eine Zeit der wirtschaftlichen Blüte. Neue Seewege wurden daraufhin erschlossen und die Eisenbahnlinie wurde verlängert, um die Verschiffung des aromatischen Krauts zu erleichtern.

Neben dem traditionellen Tabakanbau ist es heute vor allem der Tourismus, der die wirtschaftliche Kraft und die Bekanntheit von Pinar del Río ausmacht. Viñales nimmt mittlerweile in der Rangliste der meistbesuchten touristischen Ziele Kubas den dritten Platz hinter Havanna und Varadero ein.

🛌 Schlafen

Casa Mario & Antonia　　　CASA PARTICULAR **$**
(☎ 52-28-30-67; Palma Rubia; Zi. 25 CUC$) Ideal für Gäste, die auf Ferienanlagen allergisch reagieren oder das letzte Boot nach Cayo Levisa verpasst haben: Das Haus von Mario und Antonia ist wie ein ländliches Stück vom Paradies, wo echte kubanische Gastfreundlichkeit jeden Mangel an modernen Annehmlichkeiten vergessen macht. Das kleine, einfache Haus hat zwei Gästezimmer, bietet gutes Essen und eine ruhige, beschauliche Umgebung. Die Bootsanlegestelle ist in fünf Minuten zu Fuß zu erreichen.

Hotel Cayo Levisa　　　HOTEL **$$$**
(☎ 48-75-65-01; www.hotelcayolevisa-cuba.com; EZ/DZ inkl. Mahlzeiten 106/172 CUC$; ❄) Der idyllische tropische Strand direkt vor der Haustür lässt über die etwas altmodischen *cabañas* (Hütten) und das nichtssagende kulinarische Angebot hinwegsehen. Vor einigen Jahren wurde das Hotel auf 60 Zimmer erweitert, seitdem heben sich die neuen Holzhütten (alle mit Badezimmern) gegen die älteren Betonbauten vorteilhaft ab. Der Service hat mit den Verbesserungen Schritt gehalten. Frühzeitig buchen – das Hotel liegt abgeschieden, die Zimmer sind begehrt.

ℹ An- & Weiterreise

Die Anlegestelle der Boote nach Cayo Levisa befindet sich etwa 21 km nordöstlich von La Palma bzw. 40 km westlich von Bahía Honda. Hinter der Abzweigung nach Mirian führt der Weg 4 km weit durch eine große Bananenplantage bis zur Station der Küstenwache in Palma Rubia. Dort befinden sich eine Imbissbar (10–18 Uhr) und der Bootssteg zur Inselüberfahrt. Das Boot nach Cayo Levisa fährt täglich um 10, 14 und 18 Uhr ab und kehrt um 9, 12.30 und 17 Uhr zurück. Eine Rundfahrt kostet 35 CUC$ pro Person (inkl. Bootsfahrt, drei Getränke und Mittagsbüfett). Wer das Boot verpasst, kann ein Wassertaxi zum Preis von zusätzlich 10 CUC$ nehmen.

Von der Anlegestelle auf Cayo Levisa führt ein Bohlenweg durch Mangroven zum Hotel Cayo Levisa und zum herrlichen Strand an der Nordseite der Insel. Wer ohne eigenes Auto unterwegs ist, kann sich auch einem Tagesausflug von Viñales nach Cayo Levisa anschließen, mit 39 CUC$ inkl. Bootsfahrt und Mittagessen sehr günstig ist.

SAN DIEGO DE LOS BAÑOS & UMGEBUNG

San Diego de Los Baños

6269 EW.

Die gesichtslose Stadt 130 km südwestlich von Havanna und nördlich der Carretera Central gilt als bester Kurort des Landes. Wie in vielen anderen kubanischen Heilbädern wurde sein heilkräftiges Wasser in der frühen Kolonialzeit „entdeckt". Ein kranker Sklave stieß auf eine schwefelhaltige Quelle, badete darin und war auf wundersame Weise geheilt. Da San Diego nicht weit von Havanna entfernt liegt, verbreitete sich sein Ruf sehr schnell; bereits 1891 wurde ein richtiges Heilbad eingerichtet. Zu Beginn des 20. Jhs. war das Spa vor allem bei amerikanischen Touristen beliebt, und so wurde in den frühen 1950er-Jahren der heutige Hotel- und Thermalbadkomplex errichtet.

Obwohl der Kurort touristisches Potenzial besitzt, ist die etwas unheimliche Sanatoriumsatmosphäre des vernachlässigten Thermalbades von San Diego nicht jedermanns Sache. Viel anziehender ist die reizvolle Natur der westlich gelegenen Region, die als Sierra de Güira bekannt ist, das Gebiet ist von dichten Wäldern geprägt, ein bevorzugtes Ziel von Vogelkundlern.

Sehenswertes

Balneario San Diego — THERMALBAD
(Geteilte/private Bäder 2/4 CUC$; ⊙8–17 Uhr) Thermalbecken, heiße Quellen, Kurzentrum: Das berühmte Thermalbad San Diego lässt sich mit vielen Namen umschreiben, „Spa" trifft es allerdings am wenigsten. Keinesfalls sollten Kurgäste mit Vorstellungen von flauschigen Handtüchern, Gesichtsbehandlungen und verführerischen Eukalyptusdüften hierher kommen. Nach langwierigen Renovierungen wurde das berühmte *Balneario* 2015 wiedereröffnet – und erinnert vage an *Einer flog über das Kuckucksnest*. In dieser Heilanstalt stehen jedoch wohltuende Bäder im heißen Quellwasser (30 bis 40 °C) neben Massagen und Akupunkturbehandlungen auf dem Programm.

Das Thermalbad ist bei kubanischen Gästen, die sich hier einer Kur unterziehen, nach wie vor beliebt und steht allen Besuchern offen (es kommen nur vereinzelt neugierige Touristen her). Ein durchdringender, Schwefelgeruch erfüllt die Atmosphäre.

Aktivitäten

Julio César Hernández — VOGELBEOBACHTUNG
(☎52-48-66-31; carpeta@mirador.sandiego.co.cu) Vogelbeobachtungen und Trekking-Touren in den Parque la Güira unter der Führung des qualifizierten Guide Julio César Hernández können im Hotel Mirador organisiert werden. Ein eigenes Auto ist notwendig. Zu den gefiederten Beobachtungsobjekten gehören z. B. Bienenelfen (auch Bienenkolibris oder Kubaelfen genannt), Kuba-Sperlingskäuze und Kubaklarinos. Es ist eine der besten Gegenden des Landes für Vogelbeobachtungen.

Schlafen & Essen

Villa Julio & Cary — CASA PARTICULAR $
(☎48-54-80-37; Calle 29 No 4009; Zi. 20–25 CUC$; ❋) Eine der wenigen *casas particulares* im Ort ist dieses angenehme Eckchen mit einem kleinen Garten, farbenprächtigen Wandmalereien und Veranden (mit Schaukelstühlen), hinter denen saubere, gepflegte Zimmer verborgen sind. Das Haus ist nur einen Sprung vom *Balneario* entfernt.

Hotel Mirador — HOTEL $$
(☎48-77-83-38; Calle 23 Final; EZ/DZ inkl. Frühstück 68/78 CUC$; P❋🏊) Das einfache Hotel Mirador eignet sich gut für einen kurzen Zwischenaufenthalt. Im Revolutionsjahr bestand das Hotel bereits fünf Jahre; es wurde 1954 gebaut, um Kurgäste zu beherbergen, die im benachbarten Balneario San Diego Erholung suchten. Gutgepflegte, terrassierte Gärten steigen zum Haus hin an, die Zimmer harmonieren mit den hübschen Außenanlagen: frisch, behaglich und meistens mit Balkonen ausgestattet, die einen Blick auf die Gärten und das *Balneario* haben.

Unten befindet sich ein angenehmer Swimmingpool, im Freien werden Spanferkel am Spieß auf einem Grill zubereitet. Drinnen gibt es ein richtiges Restaurant *con una vista* (mit Aussicht) und mit kubanischer Küche.

An- & Weiterreise

Das Gebiet ist nur per Auto oder Fahrrad zugänglich.

Zum Kurort führt eine Abzweigung von der Carretera Central, er liegt ca. 10 km nördlich der Autopista. Von Havanna kommend, finden Autofahrer eine Servi-Cupet-Tankstelle am Ortseingang von San Diego de los Baños.

Eine Taxifahrt von Havanna kostet rund 60 CUC$, von Viñales 25 CUC$.

VALLE DE VIÑALES & DIE PROVINZ PINAR DEL RÍO SAN DIEGO DE LOS BAÑOS

Sierra de Güira

Mit rauen Straßen und rar gesäten Unterkünften liegt die urtümliche Sierra de Güira, eine Landschaft, in der zerklüftete Karstberge und ausgedehnte Wälder im Westen von San Diego de los Baños ineinander übergehen, außerhalb des touristischen Radarschirms. In der Vergangenheit war die Region ein Rückzugsort der berühmtesten Revolutionsführer und ist heute eine Zufluchtsstätte für seltene Vogelarten.

◉ Sehenswertes

★ Hacienda Cortina · HISTORISCHE STÄTTE

(⊙ Morgen- bis Abenddämmerung) Ein prachtvolles, mit Zinnen bewehrtes Eingangstor kündigt wenige Kilometer westlich von San Diego de los Baños das surreal wirkende, seit Langem verlassene Anwesen der Hacienda Cortina an. Der wohlhabende Rechtsanwalt José Manuel Cortina verwirklichte in den 1920er- und 1930er-Jahren seine Fantasie von einem immens großen Park, als dessen Mittelpunkt er ein stattliches Herrenhaus bauen ließ. Nach einer fast hundert Jahre während Vernachlässigung flossen 2014 Fördergelder aus dem Nichts – die Hacienda wurde damit teilweise wiederhergestellt.

Obwohl dieser tropische Vergnügungspark eine Fülle von Eindrücken bereithält, wird er in seiner Gesamtheit von ausländischen Besuchern noch kaum gewürdigt (die meisten vorübergehenden Gäste sind Kubaner). Vom grandiosen Eingangstor führt eine Auffahrt zu einem Ensemble ansprechend restaurierter Gebäude, darin sind u. a. ein Restaurant, ein Swimmingpool und ein Hotel (nur für kubanische Gäste) untergebracht. Von dort führt eine Treppe hinab durch einen Park in französischem Stil mit prachtvollen Blütengewächsen und Statuen aus Carraramarmor. Dahinter liegen die Überreste des einstigen Herrenhauses Cortinas, das teilweise wiederhergestellt ist und ein weiteres Open-Air-Restaurant mit Bar beherbergt.

Zu beiden Seiten dehnt sich das weitläufige, reich bewachsene Gelände und umschließt einen künstlichen Bootsteich, mehrere Zierbrücken sowie japanische und chinesische Gärten, in denen auch Pagoden nicht fehlen. Von dem wunderschönen Landsitz geht eine anregende, belebende Wirkung aus, die nur von den diversen Restaurants gestört wird, aus denen ohrenbetäubende Musik ins Freie dringt.

Die Ländereien der Hacienda gehen fächerförmig in die Wildnis des 25 000 ha großen Parque la Güira über.

Cueva de los Portales · HÖHLE

(2 CUC$; ⊙ 8–17 Uhr) Während der Kubakrise im Oktober 1962 verlegte Ernesto „Che" Guevara das Hauptquartier der westlichen Armee in diese weiträumige und eindrucksvolle Höhle, 11 km westlich vom Parque la Güira und 16 km nördlich von Entronque de Herradura an der Carretera Central gelegen. Die Höhle liegt in einer wunderschönen, entlegenen Gegend zwischen steil aufragenden, von wildem Wein bewachsenen *mogotes*, sie wurde in den 1980er-Jahren zum Nationalmonument erklärt.

Im Höhleneingang zeigt ein kleines Freilichtmuseum nüchterne Einrichtungsgegenstände aus dem Besitz Ches, darunter sein Bett und der Tisch, an dem er Schach spielte (während der Rest der Welt am Rand eines Atomkrieges stand). Höher am Berghang liegen drei weitere Höhlen: El Espejo, El Salvador und Cueva Oscura. Die Region ist für ihren Vogelreichtum bekannt; Beobachtungstouren können im Hotel Mirador (S. 209) des Thermalbades San Diego de los Baños organisiert werden, auch die Mitarbeiter am Höhleneingang können Auskunft geben. In der Nähe befindet sich ein guter *campismo* (nur für kubanische Gäste) mit einem Bar-Restaurant, das allen Gästen offensteht. Die Höhle ist nur mit einem eigenen Auto zu erreichen.

ⓘ An- & Weiterreise

Das Gebiet ist nur per Auto zugänglich.

Auf einer Autofahrt zeigt sich die Schönheit der Strecke, die durch die Berge von San Diego de los Baños zur Höhle Che Guevaras führt, doch die Straße ist auch schmal und voller Schlaglöcher, d. h. mit einem normalen Pkw gerade noch befahrbar. Leichter ist eine Fahrt von Entronque de Herradura. Am Ortseingang von San Diego de los Baños (von Havanna kommend) befindet sich eine Servi-Cupet-Tankstelle.

REGION PINAR DEL RÍO

Pinar del Río

191 660 EW.

In wunderschöner grüner Landschaft gelegen und von einem wirtschaftlichen Aufschwung begünstigt, der von ihrer Nähe zum weltweit ertragreichsten Tabakanbaugebiet herrührt, strahlt die Stadt Pinar del Río eine merkwürdige Energie aus, an der die berüchtigten *jinteros* (Kundenfänger und Schwarzhändler) einen großen Anteil haben; sie können den gleichmütigsten Reisenden zermürben. Folglich hat die Stadt wahrscheinlich mehr Gegner als Freunde, vor allem da das ländliche Paradies (ohne *jinteros*) von Viñales so nah ist. Doch ein kurzer Aufenthalt in der Stadt muss nicht die Hölle sein. Es gibt eine Tabakfabrik und eine faszinierend eigenartige Architektur sowie (falls gewünscht) ein wildes, hitziges Nachtleben zu entdecken.

Bei alledem scheinen die Uhren in Pinar del Río manchmal so langsam zu gehen wie in irgendeinem Nest der Provinz. Tatsächlich wurde die Stadt zur Zielscheibe unzähliger Witze über angeblich tölpelhafte *guajiros* (die Landbevölkerung der Provinz Pinar del Río), die bevorzugt – und zu Unrecht – als einfältige Hinterwäldler porträtiert werden. Wer die Kunstwerke der Region kennenlernt oder im Juli zum Karneval in die Provinz kommt, kann sich selbst ein Bild machen.

⊙ Sehenswertes

Palacio de los Matrimonios
BEDEUTENDES BAUWERK
(Martí, zwischen Rafael Morales & Plaza de la Independencia; mit Führung 1 CUC$) An der Avenida Martí wird eine Reihe von herrschaftlichen klassizistischen Fassaden in westlicher Richtung von einem stilwidrigen Bauwerk unterbrochen – in einem schwärmerisch opulenten Stil entstand dieses Gebäude 1924 und dient heute vorrangig als Veranstaltungsort für Hochzeiten. Die freundlichen Wächter lassen Besucher gern ins verschwenderisch gestaltete Innere blicken, das mit einer Fülle von Kunstwerken, hauptsächlich chinesischen Ursprungs, ausgestattet ist.

Casa Taller
KUNSTGALERIE
(Martí No 160, Plaza de la Independencia; ⊙ wechselnde Öffnungszeiten) GRATIS Die Plaza de la Independencia ist der Mittelpunkt der Kunstszene. An erster Stelle ist die Ateliergalerie des namhaften kubanischen Künstlers Pedro Pablo Oliva zu nennen, sie liegt auf der nordwestlichen Seite. Das Hauptanliegen der Galerie ist es, künstlerische Talente aus Pinar del Río zu fördern und vorzustellen; mehrere Künstler der Region stellen hier ihre Arbeiten aus. An den meisten Tagen ist die Galerie für Besucher geöffnet.

Fábrica de Tabacos Francisco Donatien
ZIGARRENFABRIK
(Antonio Maceo Oeste No 157; 5 CUC$; ⊙ Mo–Fr 9–13.30 Uhr) Hier können Besucher eifrigen Arbeiterinnen dabei zusehen, wie sie Zigarren rollen, die zu den besten von Pinar del Río (oder eigentlich: der Welt) zählen. Heute ist der Besuch der Fabrik ein Muss auf allen touristischen Reiserouten.

Die Fabrik ist kleiner als die Partagás-Fabrik in Havanna; Besucher bekommen hier einen intensiveren Einblick in die Produktion. Irritierend sind allerdings die gleichen Dinge – mechanisch kommentierte Führungen, die im Eiltempo absolviert werden, und die unangenehme Empfindung, an einer etwas voyeuristischen Veranstaltung teilzunehmen. Gegenüber befindet sich ein hervorragendes Zigarrengeschäft.

Museo de Historia Natural
MUSEUM
(Martí Este No 202; 1 CUC$, Fotoerlaubnis/Kamera 1 CUC$; ⊙ Mo–Sa 9–17, So bis 13 Uhr) Ein ebenso irrsinniges wie prächtiges Herrenhaus, dessen Baustil neugotische, maurische, hinduistische und byzantinische Elemente aufweist. Der einheimische Arzt und Weltreisende Francisco Guasch ließ es 1914 bauen. Ist der erste Schreck beim Anblick der verrückten Fassade (groteske Wasserspeier, Türmchen und Seepferdchenskulpturen) überwunden, wirken die altersschwachen Ausstellungsstücke im Innern eher ernüchternd. Ein gigantischer Tyrannosaurus aus Stein, der im Garten steht, ist allerdings ein fesselnder Anblick.

Teatro José Jacinto Milanés
BEDEUTENDES BAUWERK
(⊡ 48-75-38-71; Martí Este No 60, zwischen Colón & Isabel Rubio) Das schöne Milanés-Theater mit 540 Plätzen wird oft zu den sieben klassischen kubanischen Provinztheatern des 19. Jhs. gezählt, es stammt von 1845 und gehört damit zu den ältesten Theaterbühnen Kubas. Es wurde im Jahr 2006 nach langwierigen Renovierungsarbeiten wiedereröffnet und ist mit seinen drei Rängen, seinen antiken Sitzen, einem spanischen Patio und einem Café sehr sehenswert.

Museo Provincial de Historia
MUSEUM
(Martí Este No 58, zwischen Colón & Isabel Rubio; 1 CUC$; ⊙ Di–Sa 8–22, So 8–12 Uhr) Das Museum dokumentiert und präsentiert die Geschichte der Provinz von der vorkolumbischen Zeit bis in die Gegenwart, darunter sind auch einige Erinnerungsstücke an Enrique Jorrín (den Erfinder des weltbe-

Pinar del Río

Pinar del Río

◉ Sehenswertes
1 Casa Taller A1
2 Catedral de San Rosendo B2
3 Centro Provincial de Artes
Plásticas Galería B1
4 Fábrica de Bebidas Casa Garay C3
5 Fábrica de Tabacos Francisco
Donatien A2
6 Museo de Historia Natural D2
7 Museo Provincial de Historia C2
8 Palacio de los Matrimonios B1
9 Teatro José Jacinto Milanés C2

🛏 Schlafen
10 Gladys Cruz Hernández D2
11 Hotel Vueltabajo B1
12 Pensión El Moro D2
13 Terra Mar 1910 .... B1

⊗ Essen
14 Café Ortuzar D2

15 Casa del Té La Beisbolera C2
16 El Gallardo D2
17 El Mesón D2
18 Panadería Doña Neli B2

◉ Ausgehen & Nachtleben
19 Café Pinar C1
20 Disco Azul E2

◉ Unterhaltung
21 Casa de la Música C1
22 La Piscuala C2

◉ Shoppen
23 Casa del Habano B1
24 Fondo Cubano de Bienes
Cultural C1
25 La Casa del Ron B2
26 Todo Libro Internacional C2

rühmten Tanzes *Cha-Cha-Cha*). Nach einer Renovierung wurde es erst vor Kurzem wiedereröffnet.

Centro Provincial de Artes Plásticas Galería KUNSTGALERIE
(Antonio Guiteras, Plaza de la Independencia; ⊘ Mo–Sa 8–21 Uhr) GRATIS Diese erstklassi-

ge Galerie an der Plaza de la Independencia birgt Werke von Künstlern der Region. Schön sind auch die interessanten Wandmalereien an den Häusern auf dem Platz.

Fábrica de Bebidas Casa Garay BRENNEREI
(Isabel Rubio Sur No 189, zwischen Ceferino Fernández & Frank País; 1 CUC$; ⊘ Mo–Fr 9–15.30, Sa

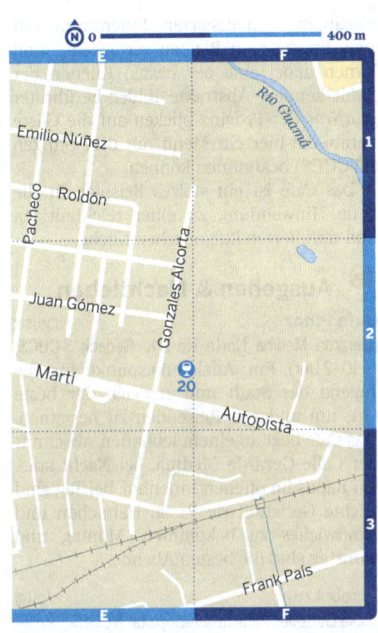

9–12.30 Uhr) Nach einem Geheimrezept werden süße und trockene Varianten des berühmtesten Brandys der Stadt destilliert, dem aus Guavensaft gebrannten Guayabita del Pinar. Die 15-minütigen, mehrsprachigen Führungen enden mit der Verkostung des Getränks in der Probierstube. Ein Laden ist angeschlossen.

Catedral de San Rosendo KIRCHE

(Antonio Maceo Este No 3) Die unscheinbare Kathedrale der Stadt liegt vier Querstraßen in südöstlicher Richtung von der Zigarrenfabrik entfernt. Die Kirche stammt aus dem Jahr 1883, ihrer Fassade in blassem Rosa könnte ein neuer Anstrich nicht schaden. Wie die meisten Kirchen in Kuba ist sie häufig geschlossen. Während der Messe am Sonntagmorgen ist ein Blick in den Innenraum möglich.

Feste & Events

Carnaval KARNEVAL

(☉ Juli) Zum jährlichen Karneval in den ersten Julitagen zieht eine bunte Prozession von *carrozas* (Kutschen) durch die Straßen der Stadt, wobei zahlreiche Tanzpaare sich zwischen den Festwagen bewegen. Das Ganze ist ein großes, trunkenes, taumelndes Tanzfest.

 Schlafen

★ Terra Mar 1910 CASA PARTICULAR $

(☎ 48-75-58-42; Martí No 140, zwischen Rafael Morales & González Coro; EZ/DZ/4BZ 35/40/60 CUC$; ❄ 🔊) Ein neu eröffnetes Haus mit Restaurant direkt an der Hauptstraße von Pinar del Río. Es wird von einem Kubaner geführt, der eine Zeitlang in Brüssel gelebt hat (daher die draußen wehende belgische Flagge). In einem attraktiven Kolonialbau befinden sich die sechs Zimmer und ein Restaurant. Eines der Zimmer ist mit einem King-Size-Bett ausgestattet, ein anderes verfügt über einen riesigen Whirlpool.

Die Spezialität des Restaurants sind Fischgerichte vom Grill und auf der Veranda vor dem Haus gibt es WLAN.

Pensión El Moro CASA PARTICULAR $

(☎ 48-77-43-35; moro75@nauta.cu; Adela Azcuy No 46, zwischen Colón & Ciprián Valdés; Zi. 20–25 CUC$; ❄) Zwei helle kleine Apartments, eines zu ebener Erde, eines im oberen Stock, befinden sich in einem Haus gegenüber dem Víazul-Busbahnhof. Die beiden teilen sich eine wohnliche Küche mit Frühstücksbar. Die bessere Wahl ist das obere Apartment, es liegt direkt an einer Dachterrasse. Die Gastgeber sprechen Englisch.

Gladys Cruz Hernández CASA PARTICULAR $

(☎ 48-77-96-98; casadegladys@gmail.com; Av Comandante Pinares Sur No 15, zwischen Martí & Máximo Gómez; Zi. 20–25 CUC$; ❄) Gladys' purpurrotes Haus ist nicht zu übersehen. Es ist eine der verlässlichsten Adressen in Pinar del Río für Gäste, die sich kolonialzeitlich herrschaftliche Zimmer und einen freundlichen Service wünschen. Zwei Zimmer stehen zur Verfügung, die mit kürzlich renovierten, gefliesten Bädern und mit Kühlschränken und Fernsehern ausgestattet sind, hinter dem Haus befindet sich ein ansprechender Patio. Das Haus liegt gleich in der Nähe des Bahnhofs.

Hotel Vueltabajo HOTEL $$

(☎ 48-75-93-81; Ecke Martí & Rafael Morales; EZ/DZ inkl. Frühstück 82/97 CUC$; ❄) Eine kolonialzeitliche Vergangenheit wird in den Räumen mit hohen Decken und gestreiften Pariser Markisen bewahrt – die Zimmer dieses stimmungsvoll altertümlichen Hotels sind so weitläufig, dass die sparsam verteilten Möbel sich in ihnen verlieren. Altmodische Fensterläden lassen sich zur Straße hin öffnen, im Erdgeschoss gibt es ein ziemlich gutes Restaurant mit Bar.

Villa Aguas Claras
BUNGALOW **$$**

(✆ 48-77-84-27; www.campismopopular.cu; EZ/DZ inkl. Frühstück 44/58 CUC$; P ❖ ❖) Der *campismo* befindet sich 8 km nördlich der Stadt an der Carretera a Viñales (abseits der Straße Rafael Morales). 50 Bungalows (zehn davon sind klimatisiert) sind mit Heißwasserduschen ausgestattet und für jeweils zwei Gäste geeignet; sie wirken etwas vernachlässigt, liegen aber in reizvoller Landschaft. Es gibt ein Restaurant und Möglichkeiten zu Ausritten und Tagesausflügen. Das Gelände ist abgelegen – stechende Insekten finden allerdings leicht den Weg hierher (ein Insektenschutzmittel ist daher unverzichtbar).

Zum *campismo* fahren mehrmals täglich Busse von Pinar del Río.

✕ Essen

Casa del Té La Beisbolera
KUBANISCH, CAFÉ **$**

(Gerardo Medina, zwischen Martí & Máximo Gómez; Snacks 2–5 CUC$; ⏰ 9–21 Uhr) Ein angenehmes Café mit vier Tischen. Die zahlreichen Baseballmotive des Raumes sprechen ein heimisches Publikum an. Der gute Kaffee besteht einen ersten Test, auch die Speisekarte – Eier, Smoothies, Tee und Burger bis hin zu Hauptgerichten (vor allem Hähnchen) – hält einer näheren Prüfung stand. Sehr schlicht. Sehr typisch für Pinar del Río.

El Mesón
KUBANISCH **$**

(✆ 48-75-28-67; Martí Este 205; Hauptgerichte 4–6 CUC$; ⏰ 11–23 Uhr) In diesem ziemlich guten privat geführten Restaurant werden großzügige Portionen einer einfachen *comida criolla* (kreolischen Küche) serviert, deren Grundlage Reis und Bohnen sind. Touristen können hier zahlreiche kubanische Gäste antreffen.

El Gallardo
KUBANISCH **$**

(✆ 48-77-84-92; Martí Este 207; 40–125 MN$; ⏰ 11–23 Uhr; ❖) Ein ziemlich auffallend gestalteter Eingang führt in einen Speiseraum im typischen Stil eines *ranchón*. Das Essen (vor allem der Fisch) ist großartig – aber was bezwecken wohl diese grotesken Gnome? Die Gäste bezahlen mit nationalen Pesos.

Panadería Doña Neli
BÄCKEREI **$**

(Ecke Gerardo Medina Sur & Máximo Gómez; Snacks 0,50–1 CUC$; ⏰ 7–19 Uhr) Eine gute Bezugsquelle für das tägliche Brot.

★ Café Ortuzar
KUBANISCH, IINTERNATIONAL **$$**

(Martí 127; 3-gängiges Menü 15 CUC$; ⏰ 11.30–24 Uhr; ❖) Hier machen Gäste im Straßencafé eine kurze Pause oder lassen sich vom eleganten, klimatisierten Innenraum mit zwei Etagen zum Bleiben verlocken – und lernen dabei eine der besten Küchen der Stadt kennen. Abstrakte Bilder berühmter *guajiros* der Provinz blicken auf die Gäste herab, die hier ein Menü mit drei Gängen (15 CUC$) bekommen können.

Das Café ist ein stolzes Beispiel für die neue Hinwendung zu einer reichhaltigen und raffinierten kubanischen Küche.

Ausgehen & Nachtleben

Café Pinar
LIVEMUSIK

(Gerardo Medina Norte No 34; Gedeck 3 CUC$; ⏰ 10–2 Uhr) Ein Anziehungspunkt für die Jugend der Stadt und zugleich der beste Ort, um anderen Reisenden zu begegnen. Das Café liegt an einem lebhaften Abschnitt der Calle Gerardo Medina, bei Nacht spielen Bands im offenen Innenhof, bei Tag sind leichte Gerichte wie Pasta, Hähnchen und Sandwiches zu bekommen. Montag und Samstag sind die besten Abende.

Disco Azul
CLUB

(Ecke Gonzales Alcorta & Autopista; 5 CUC$; ⏰ Di-So ab 22 Uhr) Ein schäbiges Hotel mit einer lebhaften Disko – der glitzernde Nachtclub im Hotel Pinar del Río, am Stadtrand gelegen und über die Autopista zu erreichen, ist der beliebteste der Stadt.

Unterhaltung

La Piscuala
KULTURZENTRUM

(Ecke Martí & Colón) Ein friedlicher Patio beim Teatro José Jacinto Milanés (S. 211). Auf einem Aushang ist das Programm der abendlichen Kulturveranstaltungen nachzulesen.

Estadio Capitán San Luis Sports
SPORT

(✆ 48-75-38-95; Herryman, zwischen Rafael Morales & San Luis; 1 MN$; ⏰ Spiele Di-Do & Sa 19, So 16 Uhr) Von Oktober bis April werden aufregende Baseballspiele in diesem Stadion am nördlichen Stadtrand ausgetragen. Die Mannschaft von Pinar del Río gehört zu den besten des Landes und macht dem Team Havanna–Santiago (den Landesmeistern von 2011 und 2014) ihre Spitzenposition oft streitig. Abends kann man den Spielern beim Training zusehen.

Casa de la Música
LIVEMUSIK

(Gerardo Medina Norte No 21; 1 CUC$; ⏰ Konzerte beginnen allabendlich um 21 Uhr) Nach einer Aufwärmphase im nahen Café Pinar überqueren viele Feiernde die Straße, um hier noch mehr Livemusik zu hören.

Rumayor
VARIETÉ

(☑ 48-76-30-51; Carretera a Viñales Km 1; Gedeck 5 CUC$; ☺ 12–24 Uhr) Die Meinungen über das Abendprogramm des staatlichen Restaurants und Unterhaltungszentrums am Stadtrand (an der Straße nach Viñales) gehen auseinander. Tagsüber wird Essen von mittelmäßiger Qualität serviert, in den Nächten zwischen Dienstag und Sonntag findet eine ziemlich wilde Disko statt, die gegen 22 Uhr Fahrt aufnimmt. Das kitschige Varieté am Sonntag hält vielleicht einem Vergleich mit dem Tropicana nicht stand, ist aber auch nicht so übel!

Shoppen

Casa del Habano
ZIGARREN

(Antonio Maceo Oeste No 162; ☺ Mo–Sa 9–17 Uhr) Gegenüber der Fábrica de Tabacos Francisco Donatien befindet sich dieses Geschäft, eines der besseren der beliebten regierungseigenen Zigarrenladenkette mit einer Bar im Innenhof, einem klimatisierten Verkaufsraum und einem Rauchzimmer.

Todo Libro Internacional
BÜCHER

(Ecke Martí & Colón; ☺ Mo–Fr 8–12 & 13.30–18, Sa 8–12 & 13–16 Uhr) Eine Auswahl von Landkarten, Büchern und Schreibwaren neben dem Cubanacán-Büro.

La Casa del Ron
KUNST & KUNSTHANDWERK, RUM

(Antonio Maceo Oeste No 151; ☺ Mo–Fr 9–16.30, Sa & So 9–13 Uhr) In der Nähe der Fábrica de Tabacos Francisco Donatien werden hier Andenken, CDs und T-Shirts sowie eine große Auswahl des starken Destillats (Rum) verkauft.

Fondo Cubano de Bienes Cultural
KUNST & KUNSTHANDWERK

(Ecke Martí & Gerardo Medina; ☺ Mo–Fr 9–16.30, Sa 8.30–15.30 Uhr) Das Geschäft stellt die interessanteste Auswahl des regionalen Kunsthandwerks vor. Die Erlöse fließen aber fast ausschließlich in die Staatskasse und kommen nicht den Kunsthandwerkern zugute.

Praktische Informationen

GEFAHREN & ÄRGERNISSE

Für eine touristisch relativ unerschlossene Großstadt wie Pinar del Río liegt die Zahl unerwünschter Kundenfänger und Schwarzhändler (*jineteros*) ziemlich hoch. Die Mehrzahl von ihnen sind junge Männer, die sich an der Calle Martí herumtreiben und von Mahlzeiten in den privaten *paladares* bis zu „Führungen" durch Tabakplantagen alles nur Vorstellbare anbieten.

Die meisten ziehen sich zurück, wenn man ihnen ein- oder zweimal ein „*no me moleste, por favor*" entgegensetzt, es gibt jedoch hartnäckigere Zeitgenossen, die sich auf Fahrrädern den Touristenautos (erkennbar an Nummernschildern in Purpurrot und Braun) nähern, wenn sie an einer Ampel anhalten müssen. Wenngleich sie im Allgemeinen nicht aggressiv sind, ist es am besten, von Anfang an höflich, aber bestimmt zu sein, um keine weitere Aufmerksamkeit auf sich zu ziehen.

GELD

Banco Financiero Internacional (Gerardo Medina Norte No 46; ☺ Mo–Fr 8.30–15.30 Uhr) Gegenüber der Casa de la Música.
Cadeca (Martí No 46; ☺ Mo–Sa 8.30–17.30 Uhr) Keine Wartezeiten.

INTERNETZUGANG

Etecsa Telepunto (Ecke Gerardo Medina & Juan Gómez; pro Std. 1,50 CUC$; ☺ 8.30–19.30 Uhr) Telefon und Internetzugang.

MEDIZINISCHE VERSORGUNG

Farmacia Martí (Martí Este No 50; ☺ 8–23 Uhr)
Hospital Provincial León Cuervo Rubio (☑ 78-75-44-43; Carretera Central) 2 km nördlich der Stadt gelegen.

POST

Post (Martí Este No 49; ☺ Mo–Sa 8–20 Uhr)

TOURISTENINFORMATION

Cubanacán (☑ 48-75-01-78, 48-77-01-04; Martí No 109, Ecke Colón; ☺ 8–18 Uhr) Hier werden Touren durch Tabakplantagen der Region organisiert, außerdem gibt es Informationen zur sog. „Ruta del Tabaco". Fahrkarten für Fahrten in Conectando-Bussen (eine Reserveflotte für Víazul) können gebucht werden.
Infotur (☑ 48-72-86-16; Hotel Vueltabajo, Ecke Martí & Rafael Morales; ☺ Mo–Fr 9–17.30 Uhr) Die im Hotel Vueltabajo untergebrachte Touristeninfomation Infotur ist eine der besten Informationsquellen der Stadt.

An- & Weiterreise

BUS

Der **Busbahnhof** (Adela Azcuy, zwischen Colón & Comandante Pinares) befindet sich in bequemer Nähe zum Stadtzentrum. Pinar del Río ist in das Verkehrsnetz von **Víazul** (www.viazul.com) gut eingebunden. Alle Verbindungen nach Havanna und zu östlich gelegenen Zielen gehen von Viñales aus. Nach Havanna fährt jeweils ein Bus um 8.35 und 14.35 Uhr (11 CUC$, 2½ Std.). Der spätere Bus nach Havanna hält auch in Las Terrazas. Busse nach Viñales fahren um 11.45, 14.25, 15.30 und 17.25 Uhr ab (6 CUC$, 45 Min.).

Conectando-Busse verkehren an den meisten Tagen und bieten Fahrten nach Havanna und Viñales an. Die Fahrten müssen im Voraus beim Cubanacán reserviert werden; dort gibt es auch Informationen zu anderen Verbindungen nach Cayo Levisa, Cayo Jutías und María la Gorda.

TAXI

Private Taxis, die rund um den Busbahnhof warten, bieten gute Preise für Fahrten bis nach Havanna an – es ist eine Überlegung wert, wenn mehrere Fahrgäste sich den Fahrpreis teilen können.

ZUG

Wenn eine Zugreise geplant ist, sollte man sich zuvor durch die Aushänge am Bahnhof über ausfallende/verspätete/umgestellte Zugverbindungen informieren. Vom **Bahnhof** (Ecke Ferrocarril & Comandante Pinares Sur; ☺ Fahrkartenschalter 6.30–12 & 13–18.30 Uhr) fährt jeden zweiten Tag ein quälend langsamer Zug nach Havanna (6,50 CUC$, 5 ½ Std.). Die Fahrkarte für diesen Zug kann am Abfahrtstag gekauft werden; eine gute Stunde vor der Abfahrt sollte man am Bahnhof sein. Regionalzüge fahren in südwestlicher Richtung nach Guane über Sábalo (2 CUC$, 2 Std.).

❶ Unterwegs vor Ort

Ein Büro der Autovermietung **Cubacar** (☏ 48-75-93-81; Hotel Vueltabajo, Ecke Martí & Rafael Morales; ☺ 9–17 Uhr) ist im Hotel Vueltabajo untergebracht. Mopeds werden im Cubanacán vermietet.

Servicentro Oro Negro (Carretera Central) liegt gegenüber dem Hospital Provincial an der Carretera Central. Ein weiterer Standort befindet sich an der Straße Rafael Morales Sur am südlichen Ortseingang.

Pferdekutschen (1 MN$), die an der Straße Isabel Rubio nahe bei Adela Azcuy bereitstehen, fahren vom Hospital Provincial und weiter auf die Carretera Central. Fahrten mit Bici-Taxis kosten 5 MN$ im Stadtgebiet.

San Juan y Martínez & San Luis

Wenn Kuba das bedeutendste Tabakerzeugerland der Welt ist und Pinar del Río das Kernland des Tabakanbaues, dann bildet die fruchtbare Region von San Luis im Südwesten der Provinzhauptstadt gewissermaßen das innerste Herz des Kernlandes. Es ist nicht zu bestreiten, dass das tellerflache Bauernland rund um die hübsche Stadt San Juan y Martínez den nach weltweitem Maßstab hochwertigsten Tabak hervorbringt

und die malerische Schönheit der bäuerlichen Kulturlandschaft von ebenso hohem Rang ist. Das kubanische Tourismusministerium hat kürzlich begonnen, das Gebiet als „Ruta del Tabaco" bekannt zu machen; mehrere Tabakplantagen sind inzwischen für Besucher zugänglich.

◉ Sehenswertes

Vega Quemado del Rubi TABAKPLANTAGE
(☏ 58-20-38-39; Comunidad de Obeso; Führungen 2 CUC$; ☺ 9–17 Uhr) Die Tabakplantage von Hector Luis Prieto zählt zu den populärsten an der gegenwärtigen Strecke der Ruta del Tabaco. 2007 war Prieto der jüngste Preisträger Kubas, der mit dem renommierten *Hombre Habano* ausgezeichnet wurde; der Preis wird alljährlich an den besten Tabakerzeuger des Landes vergeben. Auf seiner sechs Hektar großen Plantage, die rund 250 000 Tabakpflanzen umfasst, werden informative Führungen sowie Reitausflüge angeboten, außerdem gibt es ein Mittagsrestaurant und ein paar gemütliche Holzhütten in Blau-Weiß als Unterkünfte (45–50 CUC$) für Übernachtungsgäste.

Tabakplantage Alejandro Robaina TABAKPLANTAGE
(☏ 48-79-74-70; 2 CUC$; ☺ 9–17 Uhr) Auf den berühmten Feldern (*vegas*) von Robaina in der fruchtbaren Region Vuelta Abajo südwestlich von Pinar del Río, wird seit 1845 hochwertiger Tabak angebaut, doch erst 1997 wurde eine Zigarrenmarke namens Vegas Robaina eingeführt und gewann internationale Anerkennung.

Der frühere Eigentümer Alejandro Robaina, der seine Zigarrenmarke so berühmt machte, ist im April 2010 gestorben. Der Betrieb wird auf der Tabakplantage bis heute weitergeführt; sie ist seit einigen Jahren für ausländische Gäste zugänglich. Mit einem guten Orientierungssinn können Besucher die Plantage erkunden und die Grundzüge der Tabakherstellung von der empfindlichen Pflanze bis zum aromatischen Deckblatt kennenlernen: Rundgänge dauern 25 Minuten.

Der Weg zur Plantage führt über die Carretera Central, auf der man Pinar del Río in südwestlicher Richtung verlässt. Nach einer Fahrt von 12 km biegt man nach links in Richtung San Luis ab, fährt dann nach etwa 3 km (beim Schild der Robaina-Plantage) wieder links ab. Diese holperige Strecke führt nach 1,5 km zur Plantage. Auf die Dienste von *jinteros* sollte man verzichten, da sie Gutgläubige häufig zu einer falschen Plantage führen. Führungen finden jeden Tag statt. Die Anbausaison für Tabak reicht von November bis Februar, diese Zeit eignet sich für einen Besuch daher am besten. Eine imposante Größe erreichen die Pflanzen nicht vor Dezember.

Rancho la Guabina
RANCH

(✒ 48-75-76-16; Carretera de Luis Lazo Km 9,5; ☺ Pferdeshows Mo, Mi & Fr 10 & 16 Uhr) Ein einstiges spanisches Landgut mit einer Fläche von über 1000 ha, die Weideland, Wald- und Sumpfgebiete umfasst – auf dem Rancho la Guabina ist alles möglich: Wer möchte kann romantische Bootsfahrten auf einem See und Reitausflüge über das Gelände unternehmen oder ein leckeres kubanisches Barbecue genießen.

Für die meisten bilden jedoch die fantastischen Rodeovorführungen das absolute Highlight ihres Besuches. Auf der Ranch werden schon seit Langem Pferde gezüchtet – wunderschöne Pinto Cubanos und Appaloosas – und jeden Montag, Mittwoch und Freitag von 10 bis 12 Uhr sowie von 16 bis 18 Uhr finden kleine Showeinlagen statt.

Reisebüros in Viñales und Pinar del Río organisieren Ausflüge zur Farm (ab 29 CUC$), es ist aber auch möglich, auf eigene Faust dorthin zu gelangen. Wer will, kann hier über Nacht bleiben, es gibt aber nicht allzu viele Übernachtungsmöglichkeiten für Besucher.

❶ An- & Weiterreise

Das Gebiet ist am besten mit dem eigenen Auto zu erkunden. Besucher, die Tabakplantagen besichtigen möchten, können in Viñales oder Pinar del Río problemlos ein Taxi bekommen. Informationen gibt es bei Cubataxi (S. 203) in Viñales.

Península de Guanahacabibes

Auf der westlichen, schmaler werdenden Seite der Insel liegt die tiefliegende, ökologisch reiche Península de Guanahacabibes. Die Halbinsel, eine der abgelegensten Gegenden Kubas, war einst die Heimat der frühesten Bewohner des Landes, der Guanahatabeys. Die Region liegt zwei Autostunden von Pinar del Río entfernt, touristische Verkehrswege sind kaum vorhanden, sodass die Gegend viel abgeschiedener wirkt, als sie tatsächlich ist. Es gibt zwei gute Gründe, hierherzukommen:

ein Nationalpark (ein Biosphärenreservat der Unesco) und das Tauchzentrum María la Gorda mit internationalem Standard.

Obwohl die Nationalparkgrenze die kleine Ortschaft La Fe umfasst, liegt der Eingang zum Schutzgebiet bei La Bajada.

Eine 120 km lange Rundfahrt führt von La Bajada zum westlichsten Punkt Kubas. Am Cabo de San Antonio ragt ein einsam stehender Leuchtturm (Faro Roncali) über der Marina Gaviota und der Villa Cabo San Antonio auf. Das Hotel grenzt an die Playa las Tumbas, den entlegensten Strand Kubas, er eignet sich zum Schwimmen.

Parque Nacional Península de Guanahacabibes

Wer Kuba so sehen möchte, wie Kolumbus es vor Augen gehabt haben muss, sollte die Península de Guanahacabibes bereisen, die an der westlichen Spitze der Insel flach und überraschend schmal wie ein Zeigefinger nach Mexiko weist. Das Gebiet steht als Nationalpark und Biosphärenreservat unter dem Schutz der Unesco und ist ein praktisch unberührtes Territorium. Kilometerweit erstrecken sich Karstfelsen, auf denen Leguane sich wie Wächter emporrecken, sowie Lagunen mit versteinerten Bäumen und Krokodilen beim Sonnenbaden. Seltene Vögel schwirren durch Palmenhaine, über Strände, an denen sich selbst Robinson Crusoe einsam gefühlt hätte, fegen heftige Stürme hinweg.

Im Sommer kommen Meeresschildkröten bei Nacht an den Strand, um ihre Eier abzulegen (der einzige Ort auf dem kubanischen Festland, an dem sich ein solches Ereignis beobachten lässt), im April tauchen die rot-gelben Kubanischen Landkrabben (cangrejos colorados) auf, die zu Tausenden auf ihrem Weg zum Meer die raue Küstenstraße, die zentrale Verkehrsader der Halbinsel, überqueren, wo sie unglücklicherweise in großer Zahl unter die Räder vorbeirasender Autos geraten und achtlos zermalmt werden. Von dem Gebiet wird vermutet, dass es bedeutende archäologische Fundstätten aus der Zeit des präkolumbischen Volkes der Guanahatabey birgt.

◎ Sehenswertes

★ Playa las Tumbas
STRAND

Könnten kubanische Strände mit einem Oscar ausgezeichnet werden, wäre Playa Las Tumbas ein aussichtsreicher Anwärter, denn neben diesem Strand verschwinden die Playa Sirena an der Cayo Largo del Sur (zu viele Touristen) und die Playa Pilar am Cayo Guillermo (seit Neuestem durch ein hässliches Hotel verunstaltet). Es ist der einsamste Strand des Landes, 60 km von der nächsten menschlichen Siedlung entfernt – im Hintergrund liegt lediglich ein ruhiges Hotel mit 16 Zimmern.

Faro Roncali
LEUCHTTURM

An der westlichen Spitze Kubas ragt der älteste Leuchtturm des Landes auf. Er wurde hier im Jahr 1849 von Sklaven und chinesischen Arbeitern errichtet. Seinen Namen erhielt er nach dem damaligen Gouverneur von Kuba, dem Spanier Federico Roncali Ceruti.

Aktivitäten

Die Península de Guanahacabibes ist ein Paradies für Taucher, naturverbundene Reisende, Naturschützer und Vogelfreunde. Zu den gefiederten Bewohnern des Gebietes gehören hier z. B. Papageien, *tocororos* (Kubatrogone, die Nationalvögel Kubas), Spechte, Eulen, Kubatodis und *zunzuncitos* (Kubaelfen). An Vierbeinern sind *jutías* (Baumratten), Leguane, Schildkröten und eine Population von etwa 30 amerikanischen Krokodilen zu nennen.

Tauchen

Centro Internacional de Buceo
TAUCHEN

(☎ 48-77-13-06; María la Gorda) Tauchen ist María la Gordas eigentlicher Daseinszweck und Hauptgrund für Besucher, den westlichsten Zipfel von Kuba zu besuchen. Als Tauchzentrale dient die gut geführte Basis neben dem namengebenden Hotel an der Marina Gaviota. Pluspunkte sind die weite Sicht und die geschützten, küstennahen Riffe. 32 Tauchplätze liegen hier im näheren Umkreis.

Auch wegen der größten Formation schwarzer Korallen im gesamten Archipel zählen die Riffe um María la Gorda zu Kubas besten abseits der Isla de la Juventud.

Ein Tauchgang kostet 40 CUC$ (Nachttauchen 50 CUC$), plus 10 CUC$ für die Ausrüstung. Das Zentrum bietet einen vollständigen CMAS-Tauchkurs (Confédération Mondiale des Activités Subaquatiques/World Underwater Activities Federation) und einen Zertifizierungskurs fürs Gerätetauchen (365 CUC$, 4 Tage) an. Schnorchelschwimmer können für 15 CUC$ im Taucherboot mitfahren.

Tauchbegeisterte können unter 50 Tauchplätzen auswählen, darunter El Valle de Coral Negro, eine 100 m lange Wand von schwarzen Korallen, und El Salón de María, eine 20 m tiefe Höhle, die Haarsterne und Korallen in brillanten Farben birgt. Mitunter ist die Ansammlung von Wanderfischen schlichtweg überwältigend. Der am weitesten entfernte Tauchplatz kann per Boot in nur 30 Minuten erreicht werden.

Marina Gaviota Cabo de San Antonio
TAUCHEN

(☎ 48-75-01-18) Die am westlichsten Punkt Kubas gelegene Marina befindet sich 4 km hinter der Playa las Tumbas am Ende der Península Guanahacabibes. An der Marina gibt es Treibstoff, Bootsanlegeplätze, ein kleines Restaurant, einen Laden und leichten Zugang zu 27 Tauchgründen. Die Villa Cabo San Antonio liegt nahebei.

Geführte Wanderungen

Es ist eine lange Fahrt von Pinar del Río zum Eingang des Nationalparks – um sich mögliche Enttäuschungen zu ersparen, sollten Besucher zuvor telefonisch über die Touristeninformation (gegenüber) Führungen und andere Aktivitäten verabreden.

Aktuell werden drei unterschiedliche Wanderungen durch den Park angeboten. Unabhängige Reisende mit einer Reservierung in der Villa Cabo San Antonio erhalten ebenfalls Zutritt.

Del Bosque al Mar
WANDERN

(Guide 6 CUC$) Die 1½ km lange Wanderung beginnt nahe der Estación Ecológica Guanahacabibes, führt an einer Lagune mit einem großen heimischen Vogelreichtum vorbei und erschließt eine interessante Pflanzenwelt, u. a. auch Orchideen. Auf dem Weg verlockt ein Einsturztrichter im Karst (*cenote*) mit kristallklarem Wasser zum Schwimmen.

Mit einer Dauer von 90 Minuten ist die Wanderung – gemessen an der immensen Größe des Parks – eher kurz, aber die Guides sind sehr gut ausgebildet und fachkundig. Führungen finden auf Spanisch, Englisch oder Italienisch statt.

Cueva las Perlas
WANDERN

(Guide 8 CUC$) Die 3 km lange Rundwanderung zur „Perlenhöhle" dauert drei Stunden und führt durch Laubwald mit einer reichen, vielfältigen Vogelwelt, darunter *tocororos*, *zunzuncitos* und Kuba-Spechte. Auf dem Weg sind Spuren von indigenen

REISE ANS ENDE DER INSEL

Eine fünfstündige Tour zur einsamen und praktisch unberührten westlichen Spitze Kubas – bei Cabo de San Antonio – ist ein Highlight. Auf dem Weg sind dichte, dschungelartige Palmenwälder, wüstenhaft einsame Strände, Leguane, Krokodile (mit etwas Glück), *cenotes* (wassergefüllte Einsturztrichter im Karst – Dolinen) und versteinerte Wälder zu sehen. In der Verantwortung der Teilnehmer liegt es, für Transportmittel, Kraftstoff, Wasser und Verpflegung zu sorgen; ein eigenes Auto (oder ein Taxi) ist daher notwendig.

Auf den meisten der 120 km, die die Rundfahrt durch den Parque Nacional Península de Guanahacabibes ausmachen, sind auf einer Seite dunkle, schroffe Felsen – die *dientes de perro* („Hundezähne") – und auf der anderen Seite das leuchtend blaue Meer zu sehen. Beim Näherkommen huschen Leguane auf der Suche nach Schutz davon, vielleicht sind auch kleine Hirsche, *jutías* (Baumratten) und zahlreiche Vögel zu beobachten. Hinter dem Leuchtturm dehnt sich die wüstenartige Playa las Tumbas aus, an der Schwimmer ihrem Wunsch nach einem Bad nachgeben können.

Dank einem erneuerten Straßenbelag kann die Fahrt mit jedem Leihwagen unternommen werden. Eine fünfstündige Rundfahrt kostet 10 CUC$ pro Person mit Führung sowie zusätzlich etwa 80 CUC$ für das Leihen eines Autos (es gibt eine Autovermietung beim Hotel María la Gorda). Neben den Stränden und der exotischen Pflanzenwelt können sich Gelegenheiten bieten, Krokodile zu sehen oder die eine oder andere von Fledermäusen bewohnte Höhle zu entdecken oder auf einen hölzernen Aussichtsturm, einen *mirador*, zu steigen, um die nördlichen und südlichen Küsten Kubas zu überblicken. Nahe bei Playa La Barca liegt das Wrack eines vor Kurzem zerschellten Schiffes und verleiht dieser Rundfahrt noch mehr romantischen Reiz.

Einwohnern früherer Jahrhunderte zu entdecken. Nach 1½ km wird die eigentliche Höhle erreicht, wo Schleiereulen zu beobachten (und vor allem zu hören) sind. In der Höhle, die von zahlreichen Galerien durchzogen ist, befindet sich ein See, der auf einer Länge von 300 m für Höhlenwanderer zugänglich ist.

Schildkröten beobachten

Der Nationalpark Guanahacabibes befindet sich noch im Entstehen, jedoch wurde vor Kurzem die Beobachtung von Schildkröten in das ansonsten noch sehr eingeschränkte Besucherprogramm aufgenommen. Das Schildkrötenschutzprogramm läuft bereits seit 1998 unter der Leitung von Umweltforschern und der Beteiligung der einheimischen Bevölkerung (hauptsächlich Schulkinder). Seit einigen Jahren ist es Außenstehenden erlaubt, daran teilzunehmen. Zwischen Juni und August legen etwa 1500 Grüne Meeresschildkröten ihre Eier an einer Handvoll der südlich gelegenen Strände der Halbinsel ab; freiwillige Helfer sind eingeladen, den Verlauf zu beobachten, zu überwachen und zu begleiten. 2013 wurden 900 Schildkrötennester gezählt – ein Rekordergebnis. Wer teilnehmen möchte, sollte sich vorab beim Nationalparkbüro (nähere Informationen gegenüber) in La Bajada erkundigen. Touren finden in der Brutsaison zwischen 22 und 2 Uhr nachts statt, es gibt Beobachtungsunterstände an der Playa La Barca, dem wichtigsten Schildkrötenstrand. Die Auswilderung von Schildkrötenbabys beginnt Mitte September.

🛏 Schlafen

Hotel María la Gorda   HOTEL $$
(☎ 48-77-81-31; www.hotelmarialagorda-cuba. com; EZ/DZ/3BZ inkl. Frühstück 62/85/106 CUC$; 🅿🌐@🛜) Das Hotel gehört zu den entlegensten auf Kuba – diese Abgeschiedenheit bringt viele Vorteile mit sich. Der angrenzende, von Palmen gesäumte Strand ist hübsch (wenn auch ziemlich felsig), doch kommen 90 % der Gäste ohnehin zum Tauchen hierher; Korallenriffe und vertikale Steilabfälle befinden sich nur 200 m vom Hotel entfernt. María la Gorda (wörtlich „Maria die Dicke") liegt an der Bahía de Corrientes, 150 km südwestlich von Pinar del Río.

Als Unterkünfte stehen drei strandnahe, rosafarbene Betonbauten im Motelstil und, etwas zurückgesetzt, ansprechende weiße Apartmenthäuser mit zwei Etagen sowie rustikale Holzhütten, zwischen denen Wege verlaufen, zur Auswahl. Das Hotel María la

Gorda ist alles andere als eine schicke Ferienanlage, vielmehr ein entspannter Ort mit Hängematten, die zwischen Palmen festgemacht sind, wo man zum Sonnenuntergang an kühlem Bier nippt und sich bis zum frühen Morgen über Erlebnisse beim Tauchen austauschen kann.

Büfettgerichte kosten am Mittag oder Abend 15 CUC$; Berichte über das Essen fallen unterschiedlich aus. Es gibt zwei Restaurants und eine Strandbar. In einem kleinen Laden werden Wasser und einfache Lebensmittel verkauft. Von Nichthotelgästen werden 10 CUC$ (ein Sandwich ist inklusive) für den Zutritt ins Hotel und zum angrenzenden, 5 km langen Strand verlangt, obwohl es ein Leichtes wäre, unbemerkt (und kostenlos) an den Strand zu gelangen, wenn man auf das ein wenig teure Sandwich verzichten kann!

Villa Cabo San Antonio HÜTTEN $$
(☑ 48-75-76-55; Playa las Tumbas; Zi. inkl. Frühstück 118 CUC$; 🅿🌀) Eine Ferienanlage mit 16 Villas liegt hinter der idyllischen Playa las Tumbas auf der fast unberührten Península de Guanahacabibes – 3 km hinter dem Faro Roncali (Roncali-Leuchtturm) und 4 km von der Gaviota-Marina entfernt. Es ist eine freundliche und überraschend gut ausgestattete Anlage mit Satellitenfernsehen, Autovermietung, Verleih von Fahrrädern und Quadbikes sowie einem kleinen Restaurant.

Eine luxuriöse Alternative ist die Casa Leñador (Übernachtung 160 CUC$), es liegt beim Faro Roncali. Das Haus ist für bis zu neun Gäste geeignet und hat einen Swimmingpool.

❶ Praktische Informationen

Touristeninformation (☑ 48-75-03-66; La Bajada; ⊘ 8.30–15 Uhr)

❶ An- & Weiterreise

AUTO

Via Gaviota (☑ 48-77-81-31; Hotel María la Gorda) hat ein Büro im Hotel María la Gorda und bietet eine Autovermietung zu einem Preis von 75 CUC$ pro Tag für einen Kleinwagen an. Die Straße zum Nationalpark ist seit Kurzem erneuert und mit einem normalen Pkw befahrbar.

BUS

Ein Transferbus (hin & zurück 35 CUC$) verkehrt an den meisten Tagen zwischen Viñales und María la Gorda (Reisende sollten sich zuvor informieren und rechtzeitig buchen). Planmäßig fährt der Bus in Viñales um 7 Uhr ab und erreicht die Halbinsel um 9.30 Uhr. Von María la Gorda fährt der Bus um 17 Uhr zurück und erreicht Viñales um 19 Uhr. Reservierungen sind bei Cubanacán (S. 196) in Viñales oder bei Infotur (S. 215) in Pinar del Río möglich.

Varadero & die Provinz Matanzas

☎ 45 / 692 536 EW.

Gut essen

➜ Varadero 60 (S. 234)

➜ Salsa Suárez (S. 233)

➜ Paladar Nonna Tina
(S. 234)

➜ El Chiquirrín (S. 244)

Schön übernachten

➜ Hostal Azul (S. 244)

➜ Casa Julio y Lidia (S. 259)

➜ Casa Mary y Àngel (S. 227)

➜ Royalton Hicacos Resort
(S. 229)

Auf nach Varadero & Matanzas!

Hinter ihrem Namen, der sich als „Gemetzel" übersetzen lässt, verbirgt die Provinz Matanzas eine entsprechend turbulente Vergangenheit. Heute ist sie vor allem als schickes Ferienziel für den Pauschaltourismus bekannt. Im 17. Jh. verwüsteten plündernde Piraten die begehrte Nordküste; drei Jahrhunderte später landeten in der Bahía de Cochinos (Schweinebucht) andere Invasoren mit der irrigen Vorstellung, das Land zu befreien.

Heutzutage lockt die Bahía de Cochinos eher Taucher als Söldner an, und die Strände von Varadero im Norden werden von Sonnenbadenden anstatt von Piraten belagert. Der weitläufige karibische Touristenort ist der lukrative „Goldesel" der Region und erstreckt sich über 20 km entlang der sandigen Península de Hicacos.

Einen seltsamen Gegensatz dazu bildet die verwahrloste Stadt Matanzas, die musikalische Provinzhauptstadt, die der Welt den Rumba, den *danzón,* zahllose prachtvolle klassizistische Gebäude und die Santería geschenkt hat (die Provinz ist die wahre Wiege der afrokubanischen Religion). Touristen mögen hier, außerhalb von Varadero, selten sein, aber echte und typisch kubanische Erlebnisse sind überraschend reichlich zu finden.

Reisezeit

➜ Von Dezember bis April, in der *temporada alta* (Hochsaison), der besten Zeit für Strandurlaub, erhöhen die Pauschalhotels in der Touristenhochburg Varadero die Preise.

➜ Um den 10. Oktober findet in der Stadt Matanzas das jährliche Rumbafestival statt, das Festival del Bailador Rumbero.

➜ November bis April ist die beste Zeit zur Vogelbeobachtung in der Ciénaga de Zapata.

Highlights

1 Matanzas (S. 240) Die Schätze des lange vernachlässigten, aber langsam wieder erblühenden „Athens von Kuba" entdecken.

2 Playa Coral (S. 239) Die seltene Gelegenheit zum Tauchen und Schnorcheln an diesem Strand im Norden nutzen.

3 Cuevas de Bellamar (S. 240) Das tiefste Höhlensystem Kubas gleich bei Matanzas erforschen.

4 Varadero (S. 224) Das private Nirwana am längsten Sandstrand Kubas finden.

5 San Miguel de los Baños (S. 251) Die vergessene Pracht in einem lang verlassenen Kurhotel bewundern.

6 Ciénaga de Zapata (S. 253) Die vielfältigen Vegetationszonen in einem der letzten echten Wildnisgebiete Kubas erkunden.

7 Playa Girón (S. 257) Die steilen Riffe und bunten Korallen des am besten erschlossenen Tauchreviers Kubas entdecken.

DER NORDEN VON MATANZAS

An der Nordküste liegen nicht nur Kubas größtes Feriengebiet (Varadero) und eine der größten Hafenstädte des Landes (Matanzas) – sie ist auch am dichtesten besiedelt und ein bedeutendes Industrie- und Dienstleistungszentrum. Dennoch wirkt die Region sehr grün, da weite Teile aus hügeligem Ackerland bestehen, das gelegentlich von üppigen, dramatischen Tälern wie etwa dem Valle de Yumurí durchbrochen wird. Hinzu kommen geheimnisvolle Höhlensysteme im Umland von Matanzas.

Varadero

27 630 EW.

Varadero liegt auf der gebogenen, 20 km langen Halbinsel Hicacos und ist eines der wichtigsten Tourismuszentren des Landes. Die größte Ferienanlage in der Karibik besteht aus einem riesigen, aufdringlichen und ständig größer werdenden Haufen Hotels (über 60 insgesamt) sowie Läden, Wasseraktivitäten und Unterhaltung am Pool. Die Trumpfkarte ist der Strand, ein ununterbrochener, 20 km langer Streifen aus hellgelbem Sand, zweifellos einer der schönsten der Karibik. Die große, touristenfreundliche Megaurlaubsstadt mag zwar für die kubanische Wirtschaft wichtig sein, bietet aber kaum authentische kubanische Erlebnisse.

Die meisten Touristen in Varadero buchen ihre Pauschalreise daheim und geben sich damit zufrieden, ein oder zwei Wochen zu faulenzen und die Rundumversorgung ihrer Resorthotels zu genießen (warum auch nicht?). Wer jedoch auf eigene Faust in Kuba unterwegs ist und seine Streifzüge durchs Hinterland gegen ein paar Tage stressfreien Strandlebens austauschen will, kann sich nach einer staubigen Zeit unterwegs in Varadero ein paar wohlverdiente Tage des Müßiggangs gönnen.

⦿ Sehenswertes

Für Kultur- und Geschichtsinteressierte ist Varadero nicht der richtige Ort; gleichwohl gibt es ein paar lohnenswerte Sehenswürdigkeiten, für den Fall, dass das Strandleben langweilig wird. Die beiden zentralen Plätze Varaderos, der Parque de las 8000 Taquillas (mit einem kleinen, unterirdischen Einkaufszentrum) und der Parque Central sind enttäuschend öde, von der irgendwie unpassenden Kirche im Kolonialstil, der **Iglesia de Santa Elvira** (Karte S. 230; Ecke Av 1 & Calle 47) einen Straßenblock weiter östlich einmal abgesehen.

Mansión Xanadú   SEHENSWERTES GEBÄUDE
(Karte S. 232; Ecke Av las Américas & Autopista Sur) Alles, was östlich des kleinen, steinernen Wasserturms (er sieht aus wie eine spanische Festung, stammt aber aus den 1930er-Jahren) neben dem Restaurante Mesón del Quijote (S. 235) liegt, war einst im Besitz der Familie DuPont. Hier baute der amerikanische Unternehmer Irenée DuPont die dreistöckige Mansión Xanadú. Heute ist es ein vornehmes Hotel oberhalb von Varaderos 18-Loch-Golfplatz mit einer Bar im obersten Stock, die sich prima für einen Cocktail mit Blick auf den Sonnenuntergang eignet.

Varadero (Stadt) – Westen

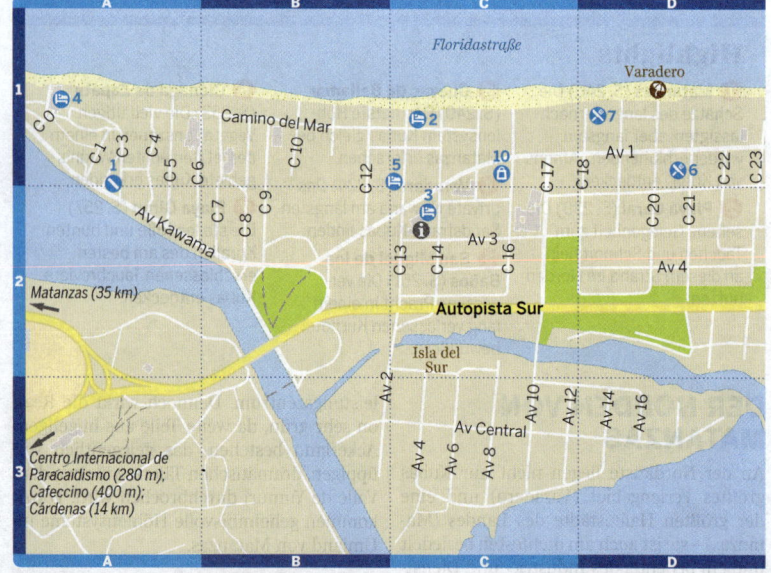

Marina Gaviota   JACHTHAFEN

(Karte S. 232) Der eindrucksvolle Jachthafen von Marina Gaviota an der Ostspitze der Halbinsel wurde Anfang der 2010er-Jahre gebaut. Zu ihm gehören ein breiter *malecón* (Hauptstraße), Luxusapartments, das Nobelhotel Meliá Marina Varadero (S. 231) mit Designergeschäften und Restaurants sowie das beliebte Konzerthaus Sala de la Música (S. 236). Die Kubaner kommen meilenweit hierher, um ihn zu bestaunen: Er ist wie ein Stückchen Florida und der einzige Jachthafen in Kuba, der einen internationalen Stellenwert verdient.

Parque Josone   PARK

(Karte S. 230; Ecke Av 1 & Calle 58; ☺ 9–24 Uhr; 🚻) Wer in Varadero auf Besichtigungstour gehen möchte, sollte sich in diese hübsche, grüne Oase begeben. Der Landschaftsgarten wurde im Jahr 1940 angelegt und erhielt seinen Namen von den früheren Besitzern José Fermín Iturrioz y Llaguno und seiner Frau Onelia. Die Besitzer der Rumdestillerie Arechabala (S. 249) im nahen Cárdenas bauten sich hier eine klassizistische Villa, den Retiro Josone.

Nach der Revolution wurde die Villa enteignet und als Gästehaus für ausländische Funktionäre genutzt. In dem Park können sich heute alle vergnügen – hier feiern manchmal kubanische Mädchen ihre *quinceañeras* (15. Geburtstag). Auf dem weitläufigen, schattigen Gelände des Josone gibt es einen See mit Ruderbooten (pro Pers. und Std. 0,50 CUC$) und Waterbikes (pro Std. 5 CUC$), ein paar nette Restaurants, Gänse, unzählige Baumarten und eine Minibahn (pro Fahrt 1 CUC$). Im Südteil des Parks befindet sich ein Swimmingpool (2 CUC$), um den hin und wieder ein Strauß herumstapft. Gute Musik wird jeden Abend gespielt.

Cueva de Ambrosio   HÖHLE

(Karte S. 232; Autopista Sur; 5 CUC$; ☺ 9–16.30 Uhr) Etwas völlig anderes im Touristenzirkus von Varadero ist diese große Höhle 500 m jenseits des Club Amigo Varadero an der Autopista Sur. Bekannt ist sie wegen ihrer 47 präkolumbischen Zeichnungen, die 1961 in einer Nische entdeckt wurden und mutmaßlich rund 2000 Jahre alt sind. Die schwarz-roten Zeichnungen zeigen die gleichen konzentrischen Kreise wie ähnliche Bilder auf der Isla de la Juventud, möglicherweise eine Art Sonnenkalender. Besucher erhalten am Eingang eine Taschenlampe und die Ermahnung, auf die Fledermäuse zu achten.

Museo Municipal de Varadero   MUSEUM

(Karte S. 230; Calle 57; 1 CUC$; ☺ 10–19 Uhr) Wer von der Avenida 1 die Calle 57 hinauf geht, sieht viele typische hölzerne Strandhütten mit eleganten Rundum-Veranden. Die hübscheste, das Museo Municipal von Varadero, wurde in ein Chalet mit Balkon umgebaut, in dem historische Möbel und ein Abriss der Geschichte des Badeorts gezeigt werden. Es ist interessanter als vermutet.

Varadero (Stadt) – Westen

🏃 Aktivitäten

Fallschirmspringen

Centro Internacional de Paracaidismo

FALLSCHIRMSPRINGEN

(📞45-66-28-28; http://skydivingvaradero.com; Carretera Vía Blanca Km 1.5; Sprung pro Pers. 190 CUC$) Varaderos größter Thrill für Fallschirmbegeisterte ist das Angebot am alten Flughafen westlich des Ortes. Es liegt 1 km entfernt an einer unbefestigten Straße gegenüber der Marina Acua. Skydiver steigen mit einem Doppeldecker vom Typ Antonov AN-2 auf. Dann springen sie als Tandem mit einem Lehrer auf dem Rücken aus 3000 m Höhe in die Tiefe, wobei ein Fallschirm mit Doppelgurt genutzt wird. Er öffnet sich nach 35 Sekunden im freien Fall und man gleitet zehn Minuten lang hinunter zum weißen Sandstrand.

Das Zentrum bietet außerdem weniger spektakuläre (aber genauso spannende) Ultraleichtflüge an. Fallschirmspringen kostet pro Person 190 CUC$ plus 80 CUC$ für Videos. Wer schon Erfahrung hat, kann auch Einzelsprünge (60 CUC$) buchen, sofern ein entsprechendes Zertifikat vorgewiesen werden kann.

Normalerweise müssen Sprünge einen Tag im Voraus gebucht werden; viele Hotels übernehmen diese Buchungen für ihre Gäste. Ob gesprungen wird, hängt natürlich vom Wetter ab. Seit der Öffnung 1993 hat es nicht einen einzigen Unfall gegeben. Mehr über das Angebot erfährt man am Schalter von Cubatur (S. 238).

Golf

Varadero Golf Club

GOLF

(Karte S. 232; 📞45-66-77-88; www.varaderogolfclub.com; Mansión Xanadú; Greenfee 18 Loch 100 CUC$; 🕐7–19 Uhr) Es ist zwar kein Luxusplatz, aber Golfer können auf diesem wenig besuchten und schön gestalteten Platz, dem ersten und einzigen richtigen 18-Loch-Platz (Par 72) Kubas den Schläger schwingen. Die ersten, noch von den DuPonts angelegten neun Löcher liegen zwischen dem Hotel Bella Costa und der Mansión Xanadú der DuPonts; weitere neun Löcher wurden 1998 an der Südseite der drei Meliá-Resorts hinzugefügt.

Buchungen für den Golfplatz übernimmt der Pro Shop neben der Mansión Xanadú (S. 231; heute ein behagliches Hotel mit kostenloser, unbegrenzter Nutzung des Golfplatzes). Merkwürdigerweise sind Golfwagen (pro Pers. 30 CUC$) vorgeschrieben.

Kitesurfen

Ke Bola Kiteboarding School

KITESURFEN

(Karte S. 232; 📞52-64-43-76; Varadero Beach; Kite-Verleih pro Std./Tag 35/190 CUC$; 🕐12–18 Uhr) Kiteboarding-Schule und Ausrüstungsverleih am Strand zwischen den Hotels Laguna Azul und La Ocean El Patriarca (S. 231). Anfängerkurse kosten ab 55 CUC$ pro Stunde. Am Strand weht immer eine steife Brise.

Tauchen & Schnorcheln

Varadero hat mehrere hervorragende Tauchzentren, die jedoch in dieser Touristenenklave doppelt so hohe Preise wie die Zentren in der Bahía de Cochinos an der Südküste der Provinz verlangen. Hinzu kommt, dass alle 21 Tauchreviere um die Península de Hicacos nur im Rahmen einer einstündigen Bootstour erreichbar sind. Zu den Highlights zählen Riffe, Höhlen und ein russisches Patrouillenboot, das 1997 zu Tauchzwecken versenkt wurde. Das nächste Küstentauchrevier liegt 20 km westlich an der Playa Coral (S. 239). Die Zentren bieten auch Tagesexkursionen zu attraktiveren Stellen in der Bahía de Cochinos (S. 258) (1/2 Tauchgänge 50/70 CUC$, mit Transfer) an – oder man kann selbst mit dem Bus hinfahren und ohne Druck von einheimischen Ausbildern tauchen und in einer lokalen *casa* übernachten, was alles nur minimal mehr kostet.

Wenn an der Nordküste das Wetter schlecht ist, werden Taucher oft mit dem Bus zur geschützteren Bahía de Cochinos im Süden gefahren.

Barracuda Scuba Diving Center

TAUCHEN

(Karte S. 224; 📞45-61-34-81; Av Kawama, zwischen Calle 2 & Calle 3; 🕐8–19 Uhr) Das superfreundliche, mehrsprachige Barracuda Scuba Diving Center ist das beste Tauchzentrum Varaderos. Tauchgänge kosten mit Ausrüstung 50 CUC$, Höhlentauchen 80 CUC$ und nächtliche Tauchgänge 65 CUC$. Mehrere Tauchgänge im Paket kommen billiger. Barracuda gibt Einführungskurse in den Resorts für 70 CUC$ und ACUC-Kurse (American Canadian Underwater Certificate) ab 250 CUC$, außerdem zahlreiche Fortgeschrittenenkurse. Schnorcheln an der Playa Coral (S. 239) mit Guide kostet 36 CUC$.

Wenn der Nordwind bläst und Tauchen im Atlantik nicht möglich ist, werden Taucher im Minibus an die Karibikküste gefahren (90 Min. Fahrt); das kostet insgesamt 55/75 CUC$ für ein/zwei Tauchgänge. Weitere beliebte Ausflugsziele sind die Cueva de Saturno (S. 240) zum Höhlentauchen und die Playa Coral zum Schnorcheln.

Andere Aktivitäten

Windsurfbretter werden an verschiedenen Stellen am öffentlichen Strand verliehen (Std. 10 CUC$), ebenso kleine Katamarane, Bananenboote, Kajaks usw. Bei den gehobenen Hotels sind diese Wasserspielzeuge meist im Pauschalpreis enthalten.

 Kurse

ABC Academia de Arte y Cultura TANZEN, SPRACHE
(Karte S. 230; ☏45-61-25-06; Ecke Av 1 & Calle 34; ⊙9–18.30 Uhr) Das Zentrum, das von der staatlichen Kulturbehörde Paradiso betrieben wird, bietet Tanz-, Spanisch-, Mal- und Trommelkurse an. Einmaliger zweistündiger Unterricht kostet 15 CUC$, es gibt aber auch Kurse mit bis zu zwölf Unterrichtseinheiten.

☞ Geführte Touren

In allen großen Hotels gibt es Buchungsschalter für Bootstouren und sportliche Aktivitäten sowie für Besichtigungstouren ab Varadero. Sie sind bei den Pauschaltouristen höchst beliebt.

Zu den üblichen Ausflügen gehören Bootstouren bei Sonnenuntergang oder auf dem Río Canímar, eine Jeepsafari ins Valle de Yumurí sowie Bustouren bis nach Santa Clara, Trinidad, Viñales und natürlich Havanna.

Boat Adventure BOOTSTOUREN
(Karte S. 232; ☏45-66-84-40; pro Pers. 41 CUC$; ⊙9–16 Uhr) Die zweistündige geführte Tour, die an einem separaten Kai neben der Marlin Marina Chapelín ablegt, ist eine rasante Fahrt auf Motorbooten für zwei Personen durch die umliegenden Mangroven, um unzählige Wildtiere, darunter auch neugierige Krokodile zu sichten. All diese Bootsexkursionen können auch über die meisten großen Hotels gebucht werden.

Marlin Marina Chapelín (Aquaworld) BOOTSTOUREN, WASSERSPORT
(Karte S. 232; ☏45-66-75-50; Autopista Sur Km 12; ⊙8–16 Uhr) Die Firma veranstaltet Varaderos beliebtesten Bootsausflug, die Seafari Cayo Blanco. Die siebenstündige Exkursion (109 CUC$) führt von der Marina Chapelín zum nahen Cayo Blanco und seinem idyllischen Strand. Im Preis inbegriffen sind

kostenlose Drinks, ein Hummeressen, zwei Schnorcheltrips, Livemusik und der Hoteltransfer.

Im Angebot ist auch ein fünfstündiger Ausflug zum Hochseefischen: 310 CUC$ für vier Personen (inkl. Hoteltransfer, freie Getränke und Genehmigungen; Begleiter, die nicht angeln, zahlen 30 CUC$).

 Schlafen

🛏 Varadero (Ort)

★**Beny's House** CASA PARTICULAR $
(Karte S. 230; ☏45-61-17-00; www.benyhouse.com; Calle 55, zwischen Av 1 & Av 2; Zi. mit Frühstück 35 CUC$; P❄) Warum sollte man Hunderte von Dollar für ein Pauschalhotel verschwenden, wenn die Unterkunft in Benys Haus nur 35 CUC$ pro Nacht kostet? Es liegt nur ein paar Schritte vom Strand entfernt und bietet die Gelegenheit, einen der großartigen Charaktere Varaderos kennenzulernen.

Es gibt hier alles, was nötig ist: einen schönen Garten, eine Terrasse, drei schicke Zimmer mit französischen Betten und Flachbildschirm-TV, ein Fischrestaurant und als Sahnehäubchen Beny selbst.

Casa Mary y Ángel CASA PARTICULAR $
(Karte S. 230; ☏45-61-23-83; marisabelcarrillo@yahoo.com; Calle 43 No 4309, zwischen Av 1 & Av 2; DZ/3BZ 35/40 CUC$; ❄) Die schattigen Terrassen dieser erstklassigen Privatunterkunft lassen die Hotels in dieser Gegend vor Neid erblassen – ebenso die drei blitzblanken, gut eingerichteten Zimmer. Das Frühstück besteht aus mehreren Gängen und hält mehrere Stunden an, auch dank des aromatischen, starken Kaffees. Am besten sind jedoch die Gastgeber – herzlich, freundlich und mit zahllosen Insidertipps.

Casa Marlén y Javier CASA PARTICULAR $
(Karte S. 230; ☏45-61-32-86; Av 2, zwischen Calle 46 & 47; Zi. 30–35 CUC$; ❄) Ein hervorragendes Haus in einer ruhigen Seitenstraße mit drei Gästezimmern und Gastgebern, die unter Reisenden zu den beliebtesten in Varadero zählen. Es gibt eine Dachterrasse in der Art eines *ranchón* (rustikales Restaurant mit offenen Wänden), auf der Mahlzeiten serviert werden. Man spricht Englisch.

Papo's House CASA PARTICULAR $
(Karte S. 230; ☏45-61-26-40; papomoreno89@yahoo.es; Calle 55 No 114, zwischen Av 1 & Av 2; Zi. 35 CUC$; P❄) Ein echtes Schmuckstück:

VARADERO & DIE PROVINZ MATANZAS VARADERO
VARADERO

Papos Haus ist eines der wenigen in Kuba, die mit echten Louis-quinze-Möbeln eingerichtet ist, zumindest einige der Zimmer, weswegen es bei französischen Touristen ganz besonders beliebt ist. Es steht direkt neben dem Parque Josone (S. 225) und ist, wie alles in Varadero, in Strandnähe. In der angrenzenden Straße gibt es einen WLAN-Hotspot.

Hostal Sol RyA
CASA PARTICULAR $

(Karte S. 230; ☏ 45-61-29-25; rafael.g@nauta.cu; Calle 36 No 117, zwischen Av 1 & Autopista; 35–40 CUC$; ▒) Praktische kleine Privatunterkunft direkt neben dem Busbahnhof Víazul (S. 238) mit einem separaten Apartment (mit Stockbetten und ideal für Familien) und einem normalen Doppelzimmer. Alle Zimmer haben modernen Komfort, außerdem stehen reichlich Informationen zum Ort zur Verfügung.

Casa Menocal
CASA PARTICULAR $

(Karte S. 224; ☏ 45-60-31-64; Calle 14 No 1, Ecke Callejón del Mar; EZ/DZ/3BZ 35/45/50 CUC$; ▒) Dieses traditionelle Varadero-Haus aus grauem Stein befindet sich direkt an einem traumhaft schönen Strandabschnitt. Die fünf Zimmer mit freiliegenden Dachbalken besitzen das Flair der 1940er-Jahre. Reservierung ist empfehlenswert.

Villa Sunset
CASA PARTICULAR $

(Karte S. 224; ☏ 52-39-45-42; adrylopfer@yahoo.es; Calle 13, zwischen Av 1 & Av Camino del Mar; Zi. mit Frühstück 45 CUC$; ▒) Die Besitzer der beschaulichen Villa Sunset mit vier Gästezimmern und einer großen, gut ausgestatteten Küche leben selbst nicht im Haus (was keine Seltenheit ist in den *casas particulares* von Varadero); es ist also eine Mischung aus schickem Boutiquehostel und Ferienhaus. Einen Garten gibt es ebenfalls, also insgesamt gut geeignet für Familien.

Starfish Las Palmas
HOTEL $$

(Karte S. 230; ☏ 45-66-70-40; www.starfishresorts.com; Calle 62, zwischen Av 1 & Av 2; EZ/DZ mit Frühstück 90/120 CUC$; ⓟ▒☎) Im November 2016 führte Varadero mit der Eröffnung des neuen Hotels Starfish ein willkommenes neues Konzept ein. Es ist kein Pauschalhotel und keine *casa particular*, sondern eher eine Art Boutiquehotel der Mittelklasse, das sich über mehrere Gebäude im Ostteil der Stadt verteilt.

Die frischen und sauberen Zimmer sind in Erdtönen gehalten und haben einen kleinen Balkon. Gäste können eine Tageskarte

für 20 CUC$ für das **Starfish Cuatro Palmas** (Karte S. 230; Av 1, zwischen Calle 60 & 62; EZ/DZ alles inkl. 135/220 CUC$; ⓟ▒@☎▒) gegenüber erwerben. Das Hotel erstreckt sich über mehrere Straßenzüge, die Rezeption befindet sich in der Calle 62.

Hotel los Delfines
RESORT $$

(Karte S. 230; ☏ 45-66-77-20; www.islazul.cu; Ecke Av de la Playa & Calle 39; EZ/DZ all-inclusive ab 110/125 CUC$; ▒@▒) Das Delfines ist ungewöhnlich für Varadero, da es ein preiswertes Pauschalhotel in der Stadt selbst und nicht in der weitläufigen Hotelzone im Osten ist. Wer an den Luxus der Meliá-Hotelkette gewöhnt ist, wird sich mit diesem 103-Zimmer-Resort nicht anfreunden können. Aber wem es nichts ausmacht, ein behagliches und einfacheres Hotel mit ausländischen und auch mit kubanischen Gästen zu teilen, wird sich hier wohlfühlen.

Das Hotel liegt an einem herrlichen Stück breiten, geschützten Strands und falls das Pauschalangebot langweilig wird, locken reichlich Läden und Restaurants in der Umgebung.

Hotel Acuazul
HOTEL $$

(Karte S. 224; ☏ 45-66-71-32; Av 1, zwischen Calle 13 & Calle 14; EZ/DZ all-inclusive 102/124 CUC$; ▒@☎▒) Nicht wählerisch? Dann ist dieses recht preiswerte Pauschalhotel am westlichen Ende der Halbinsel genau richtig. Die Architektur ist ein bisschen russisch und das Ambiente ist eher kubanisch als international. Wenn das Büfett zu eintönig wird (was mit Sicherheit passiert), gibt es als Alternative reichlich private Restaurants in der Nähe.

Hotel Club Kawama
RESORT $$$

(Karte S. 224; ☏ 45-61-44-16; www.gran-caribe.cu; Ecke Av 1 & Calle 1; EZ/DZ all-inclusive ab 124/170 CUC$; ⓟ▒@▒) Das weitläufige Kawama, ein altehrwürdiges Haus aus den 1930er-Jahren im Hazienda-Stil, war das erste der über 60 Hotels, das vor mehr als 70 Jahren auf der einst einsamen Halbinsel gebaut wurde. Der Service tut sich etwas schwer und die Ausstattung ist trotz jüngster Renovierungen etwas mitgenommen, aber Optimisten werden in den 235 farbenfrohen Zimmern, die sich geschickt an den Strandstreifen am westlichsten Rand Varaderos schmiegen, noch immer einen Silberstreif entdecken.

Im Pauschalpreis ist alles enthalten, von Tennis bis zur Nutzung der Aquabikes.

VARADEROS HOTELS IM ÜBERBLICK

Varaderos verwirrend große Hotelzone kann zur Vereinfachung in vier große Abschnitte aufgeteilt werden.

Die Unterkünfte in der weitläufigen kubanischen Stadt im Westen der Halbinsel bestehen aus älteren Budgethotels zwischen Läden, Banken, Bars und alten Strandhäusern. Seit 2011 dürfen die Einwohner offiziell Zimmer an Ausländer vermieten; seither eröffneten über 20 casas particulares.

Der Abschnitt von der Calle 64 nordöstlich des Golfplatzes besteht aus einem schmalen Streifen unterschiedlichster Bauten, von kitschigem Ferienlager bis zu sowjetartigen Klötzen. Viele dieser Hotels, die billige Pauschalangebote für hauptsächlich ausländische Touristen verkaufen, sehen bereits nach drei oder vier Jahrzehnten veraltet aus.

Östlich der Mansión Xanadú (S. 224) konzentrieren sich einige große, mehrstöckige Hotelbauten mit eindrucksvollen Lobbys, die meist Anfang der 1990er-Jahre errichtet wurden. Der höchste ist das spektakuläre, 14-stöckige Blau Varadero (S. 230), das einer aztekischen Pyramide gleicht.

Je weiter es zum Osten der Halbinsel geht, desto mehr sieht die Gegend wie eine Vorstadt in Florida aus. Die modernen kubanischen Pauschalresorts bestehen aus ein- bis dreistöckigen Blöcken, die wie kleine Städtchen angelegt wurden und sich über mehrere Hektar ausdehnen. Die meisten dieser weitläufigen Resorts wurden nach 2000 errichtet. Hier stehen auch Varaderos größte (das Memories Varadero mit 1025 Zimmern; s. 233) und exklusivste (das Planta real des Blau Marina Palace; s. unten) Hotelanlage. Aber jedes Jahr gibt es Meldungen von neuen Resorteröffnungen mit niemals zuvor gesehener Ausstattung.

🛏 Varadero (Hotelzone)

⭐ Royalton Hicacos Resort   RESORT $$$
(Karte S. 232; ☎ 45-66-88-51, 45-66-88-44; www. royaltonresorts.com; Punta Hicacos; Suite all-inclusive 420 CUC$; P ✱ @ 🛜 🏊) Da das Royalton Hicacos mit seinen öffentlichen Bereichen im *ranchón*-Stil und plätschernden Brunnen, die eine angenehme Atmosphäre verbreiten, eine dezentere Optik (und einen freundlicheren Service) hat, ist es eines der attraktivsten Resorts an der Spitze der Halbinsel. Die Zimmer in sonnigen Gelb- und Orangetönen sind mit extrabreiten Betten und großen Badezimmern ausgestattet. Keine Kinder erwünscht.

Paradisus Princesa del Mar   RESORT $$$
(Karte S. 232; ☎ 45-66-72-00; www. meliacuba. com; Carretera las Morlas Km 19.5; EZ/DZ 389/ 555 CUC$; P ✱ @ 🛜 🏊) Bei den hohen Preisen sind die Erwartungen an dieses Meliá-Resort nur für Erwachsene entsprechend hoch. Trotz der Größe (630 Zimmer) sind romantische Elemente schwer angesagt: Luxusliegen um den Pool, eine große Spa-Anlage, Liegen unter den Palmen und viele Flitterwöchner, die glücklich Hand in Hand schlendern. Für manche ist es sicherlich ein Paradies bzw. „Paradisus".

Paradisus Varadero   RESORT $$$
(Karte S. 232; ☎ 45-66-87-00; www.meliacuba. com; Autopista Sur; EZ/DZ 372/585 CUC$; P ✱ @ 🛜 🏊) Dieses Paradisus, ein weiteres 5-Sterne-Luxushotel der Meliá-Gruppe. Es steht auch Kindern offen und ist etwas kleiner als das „Princesa del Mar". Die ganze Anlage ist offen gestaltet und zeichnet sich durch ihre schlanken Säulen aus, die den Blick über einen gepflegten, von Palmen gesäumten Rasen auf einen breiten Strand lenken. Die Einrichtung ist eher flippig-modern und die musikalische Untermalung häufig klassisch.

Blau Marina Palace   RESORT $$$
(Karte S. 232; ☎ 45-66-99-66; Autopista Sur Final; all-inclusive EZ/DZ 211/338 CUC$, Planta Real EZ/ DZ/Suite 279/448/848 CUC$; P ✱ @ 🛜 🏊) Das Blau Marina ist die letzte Station auf der Halbinsel vor Florida und hat optisch auch deutliche Ähnlichkeiten mit dem Nachbarstaat. Es folgt dem modernen Resort-Trend Varaderos, nämlich weitläufig verteilte niedrige Gebäude in üppigen, großzügigen Gärten zu platzieren und einen beispielhaften Service zu bieten. Es gibt einen Pseudo-Leuchtturm mit schönem Blick über den Strand und den Jachthafen (S. 225), unendlich große Swimmingpools und einen schönen Strand gleich davor.

Varadero (Stadt) – Osten

Varadero (Stadt) – Osten

Zusätzlichen Luxus (und Ironie) bietet die „königliche" Erweiterung der Anlage auf der kleinen Insel Cayo Libertad, die über eine Brücke zu erreichen ist. Dort erfüllen Butler den Gästen jeden Wunsch. Ah … Socialismo!

Blau Varadero RESORT $$$
(Karte S. 232; ☎ 45-66-75-45; Carretera de las Morlas Km 15; all-inclusive EZ/DZ 228/375 CUC$; ⓟ✳@🛜🏊) Man sollte über Varaderos höchstes und architektonisch protzigstes

Varadero

Av 1

Parque Josone

Autopista Sur

Hotelzone Varadero (725 m)

Resort nicht zu früh urteilen. Das Äußere ist sehr bemüht einer aztekischen Pyramide nachgebildet (warum nur?), aber innen ist es schlichtweg spektakulär: Ein 14-stöckiges Atrium, das mit Hängepflanzen geschmückt ist, die teilweise über 80 m abfallen. Die riesigen Zimmer sind klinisch sauber und die in den oberen Stockwerken bieten den besten Blick in ganz Varadero.

Unten ist es ein typisches Resorthotel, also mit quasselnden Entertainern am Pool, Bier in Plastikbechern und dubiosen Michael-Jackson-Themenabenden.

Mansión Xanadú RESORT $$$
(Karte S. 232; ☎ 45-66-73-88; www.varaderogolfclub.com; Ecke Av las Américas & Autopista Sur; EZ/DZ all-inclusive 198/264 CUC$; P ❄ @ ☎) Varaderos faszinierendste und persönlichste Unterkunft ist der prachtvolle ehemalige Wohnsitz des US-amerikanischen Chemieunternehmers Irenée Du Pont, der mit acht opulenten Gästezimmern lockt. Die Mansión Xanadú war das erste große Gebäude im östlichen Teil der Halbinsel und ist ein wirkliches Schmuckstück in einer eintönigen Architekturwüste. Noch heute ist die Villa mit millionenteurem kubanischen Marmor und Möbeln ausgestattet, die DuPont in den 1930er-Jahren anfertigen ließ.

Im Preis mit enthalten ist die unbeschränkte Nutzung des angrenzenden Golfplatzes (S. 226).

Meliá Las Américas RESORT $$$
(Karte S. 232; ☎ 45-66-76-00; Autopista Sur Km 7; all-inclusive EZ/DZ 274/395 CUC$; P ❄ @ ☎) Las Américas ist die kleinere, erwachsenere Alternative zum Meliá Marina Varadero nebenan; Kinder sind dort nicht erwünscht. Es hat einen netten Strandabschnitt mit Palmen und noble Kronleuchter. Mit 225 Zimmern ist es zu groß, um behaglich zu sein, aber es besitzt ein kultivierteres Ambiente als die anderen Riesenhotels in der Umgebung.

Sol Palmeras RESORT $$$
(Karte S. 232; ☎ 45-66-70-09; www.meliacuba.com; Carretera de las Morlas; EZ/DZ all-inclusive 230/338 CUC$; P ❄ @ ☎ ☎) Für ein Meliá-Hotel ist dieses Haus ziemlich alt (es stammt aus den 1980er-Jahren) und die Architektur ist nicht gerade atemberaubend. Beim letzten Besuch wurde das Hotel jedoch gerade stückweise renoviert und die umgestalteten Familienbungalows sahen innen ziemlich attraktiv aus. Stammbesucher (und davon gibt es viele) loben stets den hervorragenden Service.

La Ocean Varadero El Patriarca RESORT $$$
(Karte S. 232; ☎ 45-66-81-66; www.oceanvaradero.com; Autopista Sur Km 18; EZ/DZ 222/359 CUC$; P ❄ @ ☎ ☎) Das Patriarca, das nach einem Riesenkaktus in der Nähe benannt wurde, den die Bauherren dankenswerterweise nicht planiert haben, verfügt über einige lohnenswerte Eigenheiten. Die Zimmerauskleidung besteht aus Holz statt aus Beton, es gibt einen hübschen und lauschigen, fast maurischen Innenhof neben der Lobby und die „Pool-Entertainer" sind zurückhaltender als anderswo. Und dann ist da noch der Strand – eine reinste Wonne!

Meliá Marina Varadero RESORT $$$
(Karte S. 232; ☎ 45-66-73-30; www.meliacuba.com; Autopista Sur Final; EZ/DZ all-inclusive ab 347/496 CUC$; P ❄ @ ☎ ☎) Nein, es handelt sich hierbei nicht um ein gestrandetes Kreuzfahrtschiff, sondern um ein nagelneues Meliá! Es ist Teil der nobel ausgebauten Marina Gaviota (S. 225) und bietet mehrere wichtige Vorteile gegenüber der Konkurrenz an diesem östlichen Teil der Halbinsel: einen herrlichen Blick auf den Jachthafen sowie die Nähe zu mehreren Restaurants und Läden innerhalb der Hafenanlage, was

Hotelzone Varadero

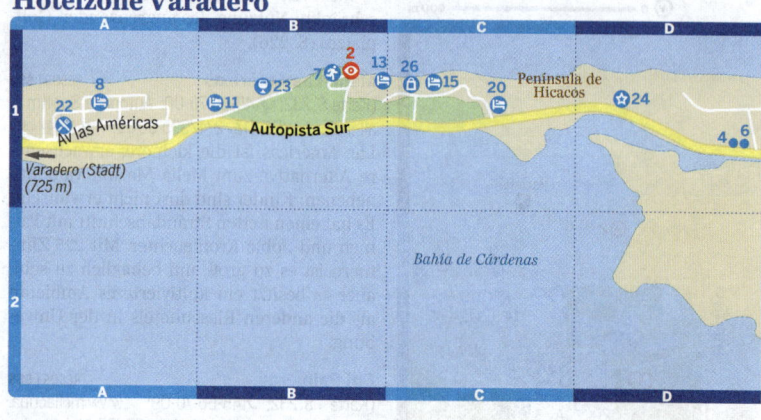

Hotelzone Varadero

dem Aufenthalt hier ein bisschen mehr Abwechslung verleiht als in all den anderen Pauschalhotels.

Es gibt hier keinen Strand (ein Brückenübergang über die Straße führt aber zu einem) und über die Zimmer gibt es unterschiedliche Berichte, aber mehr Miami ist in ganz Kuba nicht zu finden. Das Hotel bietet auch einige nicht-pauschale Apartments an.

Meliá Varadero   RESORT $$$
(Karte S. 232; ☎ 45-66-70-13; Carretera las Morlas; all-inclusive EZ/DZ 180–240/340–400 CUC$; 🅿✳@🛜🏊) Das Meliá Varadero mit

490 Zimmern, das sofort mit seiner zylindrischen, rankenbewachsenen Lobby beeindruckt, ist doppelt so groß wie das Schwesterhotel Meliá Las Américas und nimmt gerne Familien auf. Das Hotel liegt auf einem kleinen Felsvorsprung mit einem Strand an einer Seite, der viel Schatten bietet. Anders als viele andere Hotels in Varadero verleiht es kostenlos Fahrräder an seine Gäste. Und psst: Die Restaurants sind hier viel besser als die im angeblich glanzvolleren Schwesterhotel; das japanische Restaurant Sakura ist erstklassig.

Memories Varadero

RESORT **$$$**

(Karte S. 232; ☏ 45-66-70-09; www.memoriesre
sorts.com; Autopista Sur Km 18; all-inclusive EZ/DZ
208/340 CUC$; P❋@🛜🛝) Ganz am Ende der
Halbinsel scheinen all die ausgedehnten Re-
sorthotels zu einem einzigen zu verschmel-
zen – in diesem hier. Das Memories (2008
eröffnet, 2012 änderte es seinen Namen) ist
eine Art Abziehbild eines modernen Strand-
hotels: 1025 Zimmer, internationale Küche,
umfangreiche Unterhaltung und jede Men-
ge sonnenverbrannter Europäer, die in Golf-
wagen herumflitzen.

Hotel Tuxpán

RESORT **$$$**

(Karte S. 232; ☏ 45-66-75-60; www.cubanacan.
cu; Av las Américas Km 2; EZ/DZ all-inclusive ab
87/140 CUC$; P❋@🛜🛝) Betonklotzarchi-
tektur und palmengesäumte Strände sind
unpassende Kombinationen, die es in Varadero allzu häufig gibt. Aber das Tuxpán ist
aus anderen Gründen berühmt, nämlich für
seine Disco La Bamba (S. 235), angeblich die
angesagteste des ganzen Resorts. Wenn die
Sowjetarchitektur nicht begeistert, bleibt
immer noch der herrliche Strand in der
Nähe – und das Hotel ist preiswert!

Be Live Experience Varadero

RESORT **$$$**

(Karte S. 232; ☏ 45-66-82-80; www.belivehotels.
com; Av las Américas Km 2; all-inclusive
2-/3-/4-/5-/6-Bett-Villen 176/249/314/395/447
CUC$; P❋@🛜🛝) Die jüngst umbenannte
Villa Cuba sieht verdächtig nach einem
Flughafen aus (samt Überwachungsturm),
aber innen wirkt es eher wie ein Ferienlager
aus den 1970er-Jahren. Der Vorteil ist die
große Bandbreite an Zimmergrößen; die Vil-
len haben zwei bis sechs Schlafzimmer, al-
lerdings scheint das Farbschema von einem
hyperaktiven Fünfjährigen mit Legosteinen
zusammengewürfelt zu sein.

✖ Essen

✖ Varadero (Ort)

La Rampa

KUBANISCH **$**

(Karte S. 230; ☏ 45-60-24-14; Calle 43, zwischen Av
1 & Av de la Playa; Hauptgerichte 4,50–10,50 CUC$;
🕐 12–23 Uhr) Ein einfaches, von einer Familie
privat geführtes Restaurant, das zu Recht
für sein absolut anständiges Essen gelobt
wird. Tische stehen teils drinnen, teils drau-
ßen. Die Hummerschwänze sind empfeh-
lenswert (und erstaunlich günstig).

★ Salsa Suárez

INTERNATIONAL **$$**

(Karte S. 224; ☏ 45-61-41-94; Calle 31 No 103,
zwischen Av 1 & Av 3; Hauptgerichte 8–12 CUC$;
🕐 10.30–23 Uhr; ☑) Das Salsa Suárez hat
wohl das umfangreichste Speisenangebot
aller neuen privaten Restaurants in Varadero und beeindruckt mit seiner angenehmen,
begrünten Terrasse und dem höchst professionellen, stets aufmerksamen Service.
Die Gerichte orientieren sich an der ganzen
Welt (Tapas, Quesadillas, Risotto, Sushi und
die üblichen kubanischen Speisen), aber sie
sind durchgängig gut bis hin zu den Details,
wie stets ein kostenloser Brotkorb und exzel-
lenter Kaffee nach italienischer Art.

Restaurante La Barbacoa

STEAK **$$**

(Karte S. 230; ☏ 45-66-77-95; Ecke Calle 64 & Av 1;
Steaks 11–15 CUC$; 🕐 12–23 Uhr) Varaderos
bestes staatliches Restaurant ist ein Steak-
haus mit unglaublich billigen Steaks und

Hummer in einem altmodischen Ambiente (Hirschköpfe, Reiterutensilien), serviert von Kellnern, die keine Miene verziehen.

Paladar Nonna Tina
ITALIENISCH $$

(Karte S. 230; ☑ 45-61-24-50; www.paladar-nonna tina.it; Calle 38, zwischen Av 1 & Av de la Playa; Pizza & Pasta 6–10 CUC$; ☺ 12–23 Uhr; ☑☑) Altgediente Kubabesucher werden sich an eine Zeit erinnern, als das Wort „Pasta" ein Euphemismus für „Pampe" war. Aber die Zeiten haben sich geändert und dank der neuen inspirierten Restaurants wie dem Nonna Tina (der Besitzer ist Italiener) ist der Begriff „al dente" keine unübersetzbare ausländische Bezeichnung mehr. Der Beweis ist im hübschen Vorgarten des Restaurants zu finden, wo italophile Reisende Pizza mit dünnem Boden aus dem Holzofen, Linguine mit Pesto und richtigen Cappuccino genießen.

La Vaca Rosada
FISCH & MEERESFRÜCHTE $$

(Karte S. 224; ☑ 45-61-23-07; Calle 21, zwischen Av 1 & Av 2; Hauptgerichte 7,50–23 CUC$; ☺ Di–So 18.30–23 Uhr) Wenn es nicht regnet, lohnt sich die „rosa Kuh", um dort einen Abend zu verbringen. Das Restaurant befindet sich auf einer idyllischen Dachterrasse und serviert Fleisch- und Fischgerichte, auch die gute alte dünnkrustige Pizza.

La Fondue
SCHWEIZERISCH $$

(Karte S. 230; Ecke Av 1 & Calle 62; Hauptgerichte 7–13 CUC$; ☺ 12–24 Uhr) Die Einheimischen halten dieses Fondue-Restaurant für eines der besten staatlichen Lokale im Ort. Es ist zwar eine willkommene Abwechslung von Reis und Bohnen, aber was den Käse angeht, erreicht es längst keinen Schweizer Standard. Gleichwohl lohnen es die kleinen heißen Käsetiegel, sich mal vom Hotelbüfett zu verabschieden.

Restaurante Mallorca
SPANISCH $$

(Karte S. 230; Av 1, zwischen Calle 61 & Calle 62; Hauptgerichte 10 CUC$; ☺ 12–24 Uhr) Ein intimes Lokal mit einer Tendenz zu spanischer Küche (Chorizo, garbanzos etc.), das bekannt ist für seine Paella. Innen ist es überraschend geräumig, es gibt eine gut bestückte Bar (mit guter Auswahl an südamerikanischen Weinen), großzügige Portionen und nette Bedienung.

Dante
ITALIENISCH $$

(Karte S. 230; ☑ 45-66-77-38; Parque Josone; Pizza 7,50 CUC$; ☺ 12–22.45 Uhr) Das seit 1993 erfolgreiche Dante wurde nach einem unternehmerischen Koch benannt, der auch weiterhin schmackhafte italienische Gerichte brutzelt, die zur idyllischen Lage am See im Parque Josone (S. 225) passen. Antipasti kosten ab 6 CUC$, außerdem gibt's hier das eindrucksvollste Weinangebot Varaderos. Es ist ein schlagender Beweis dafür, dass einige staatliche Restaurants in Kuba noch immer wettbewerbsfähig sind.

Restaurante Esquina Cuba
KUBANISCH $$

(Karte S. 230; Ecke Av 1 & Calle 36; Hauptgerichte 8–13 CUC$; ☺ 12–23 Uhr) Das Restaurant war einst das Lieblingslokal von Compay Segundo, einem der Stars des Buena Vista Social Club – der Mann hatte ganz offensichtlich Geschmack. Lecker ist das Schweinefleischgericht (13 CUC$) mit reichlich Bohnen, Reis und frittierten Kochbananen, das unter dem Blick des großen Kubaners an den Wänden – und des hauseigenen amerikanischen Autos – serviert wird.

Lai-Lai
CHINESISCH $$

(Karte S. 224; Ecke Av 1 & Calle 18; Hauptgerichte 6–10 CUC$; ☺ 12–23 Uhr) Der alte Hase Lai Lai in einer zweistöckigen Strandvilla serviert traditionelle chinesische Menüs. Das Essen erhält gemischte Kritiken, aber nun ja, wem der Sinn nach Wan-Tan-Suppe steht ...

★ Varadero 60
INTERNATIONAL $$$

(Karte S. 230; ☑ 45-61-39-86; www.varadero60. com; Ecke Calle 60 & Av 3; Hauptgerichte 9–19 CUC$; ☺ 12–24 Uhr) Das Nobellokal hat das Niveau unter Varaderos neuen privaten Restaurants enorm erhöht – es verströmt eine Aura der Kultiviertheit, die seit dem letzten Mal, als Benny Moré sich räusperte und „dilo!" rief, nicht mehr erlebt wurde. Hummer und solomillo (Steak) sind die Spezialitäten des Hauses, zu denen am besten exzellenter chilenischer oder spanischer Wein schmeckt und zum Abschluss eine hochwertige Zigarre oder Rum.

In fast einem Jahrzehnt wiederholter Besuche auf Kuba haben wir selten einen solch untadeligen Service erlebt. Der Name ist doppelsinnig: Das Restaurant liegt in der Calle 60 und an den Wänden des eleganten Innenraums hängen Reklametafeln aus den 1960er-Jahren.

Waco's Club
INTERNATIONAL $$$

(Karte S. 230; ☑ 52-97-14-08, 45-61-21-26; Av 3, zwischen Calle 64 & Calle 65; Hauptgerichte 12–28 CUC$; ☺ 12–23 Uhr; ☑) Reisende schätzen dieses abgelegene Lokal im einstigen Club Náutico von Varadero. Das Restaurant hat sich mit seinem eindrucksvollen internationalen Speisenangebot (nichts Ausgefallenes, aber alles gut angerichtet und schmackhaft) und der eleganten Terrasse oben ganz klar ein hohes Ziel gesteckt. Spezialität ist der Hummer, der auf verschiedene Arten zubereitet wird, u. a. *langosta Varadero* (mit Rum flambiert).

✕ Varadero (Hotelzone)

Kike-Kcho
FISCH & MEERESFRÜCHTE $$$

(Karte S. 232; ☑ 45-66-41-15; Autopista Sur y Final; Hauptgerichte 15–30 CUC$; ⏱ 12–23 Uhr) Das Kike-Kcho, ein „schwimmendes" Nobelrestaurant in der Marina Gaviota (S. 225) setzt voll auf Hummer, der in heimischen Gewässern gefangen wurde und im Restaurant aufbewahrt wird, also superfrisch ist. Daneben sind noch etliche andere Fischarten im Angebot – Kabeljau, Thunfisch, Seehecht, Aal, was auch immer. Es ist ein toller Standort, aber dem Essen fehlt die „Seele" der Privatrestaurants Varaderos.

Restaurante Mesón del Quijote
SPANISCH $$$

(Karte S. 232; Reparto la Torre; Hauptgerichte 8–16,50 CUC$; ⏱ 12–24 Uhr; 🐾) Das Restaurant neben der Statue von Cervantes' berühmtem Don, der sich so ziemlich eifrig Richtung Pauschalhotels davonzumachen scheint, ist eines der wenigen auf der östlichen Halbinsel, die nicht zu einem Resorthotel gehören. Es liegt auf einem Grashügel an der Avenida las Américas neben einem alten Turm, auf den die Kids losgelassen werden können. Die spanisch angehauchten Speisen (köstliche Paella) sind eine erfrischende Abwechslung zu den Resort-Büfetts.

🍷 Ausgehen & Nachtleben

★ Cafeccino
CAFÉ, BÄCKEREI

(Circuito Norte, zwischen Calle J & Calle I, Santa Marta; ⏱ 24 Std.) Der beste Kaffee in Kuba außerhalb Havannas wird von 99 % der Touristen Varaderos ignoriert, einfach weil sie nichts davon wissen. Der Grund: Die rund um die Uhr geöffnete Café-Bäckerei liegt in Santa Marta, dem kleinen Dorf am Südwestende der Halbinsel. Das Cafeccino ist auch wegen seiner Kuchen lohnenswert. Der *tres leches* ist besser als irgendein Kuchen, der in den hiesigen 5-Sterne-Hotels auf den Tisch kommt.

★ Bar Mirador Casa Blanca
BAR

(Karte S. 232; Mansión Xanadú, Av las Américas; 2 CUC$; ⏱ 11–24 Uhr) Die Bar im obersten Stockwerk der Mansión Xanadú (S. 231) ist

Varaderos romantischster Treffpunkt, wo die Happy Hour praktischerweise mit den Cocktails zum Sonnenuntergang zusammenfällt.

La Bodeguita del Medio
BAR

(Karte S. 230; Av de la Playa, zwischen Calle 40 & Calle 41; ⏱ 10.30–23.30 Uhr) Varadero scheint sich eine Kopie von Hemingways Lieblingskneipe in Havanna zugelegt zu haben, nämlich die Bodeguita del Medio, eine coole Bar, in der Musiker im Innenhof klimpern und Gäste innen an den Wänden Graffiti hinterlassen, während sie nachmittägliche Mojitos schlürfen. Die Frage ist – kann man wirklich eine Szenekneipe erfolgreich als Kette betreiben?

Für Hungrige gibt's eine recht gute *comida criolla* (kreolisches Essen).

La Isabelica Casa del Café
KAFFEE

(Karte S. 232; Marina Gaviota, Autopista Sur Final; Imbiss/Süßes ab 2 CUC$; ⏱ 9–23 Uhr) In der Miami-artigen Marina Gaviota (S. 225) am Ostende der Halbinsel ist dies ein Miami-artiges Café. Das Isabelica versucht Touristen, die ihren Starbucks vermissen, mit Ikea-ähnlichen Sofas und Kaffeeplantagenszenen an den Wänden zu beeindrucken, aber der Kaffee ist leider nur ziemlich mittelmäßig.

Palacio de la Rumba
CLUB

(Karte S. 232; Av las Américas Km 2; 10 CUC$; ⏱ 22–3 Uhr) Alles in allem der fetzigste Laden auf der Halbinsel, wenn man gerne mal einen zwitschert. Am Wochenende gibt's Salsa-Livemusik und bei den Gästen eine gute Mischung aus Kubanern und Touristen. Im Eintrittspreis sind die Getränke enthalten. Der Club befindet sich beim Hotel Bella Costa.

Calle 62
BAR

(Karte S. 230; Ecke Av 1 & Calle 62; ⏱ 8–2 Uhr) Die einfache Snackbar an der Schnittstelle zwischen altem und neuem Varadero zieht Gäste aus beiden Teilen an. Tagsüber bekommt man hier für den Hunger zwischendurch ein Käsesandwich, abends geht es lebhafter zu, wenn bis Mitternacht Salsa-Livemusik gespielt wird.

Discoteca la Bamba
CLUB

(Karte S. 232; Hotel Tuxpán, Av las Américas Km 2; 10 CUC$; ⏱ 22–4 Uhr) Varaderos modernste Disko befindet sich im Hotel Tuxpán (S. 233) im östlichen Varadero. Hier wird meist lateinamerikanische Musik gespielt und der Laden gilt als „hip".

⭐ Unterhaltung

⭐ Beatles Bar-Restaurant   LIVEMUSIK

(Karte S. 230; Ecke Av 1 & Calle 59; ⏰13–1 Uhr) Eine Freude für *roqueros*: Eine Bar am Rand des Parque Josone (S. 225), die sich ganz dem einst verbotenen Beatles widmet und das Flair der ausgesprochen unkubanischen Swinging Sixties verströmt. Es gibt hier zwar auch einfaches Essen und Bier, aber die eigentliche Attraktion sind die Rock 'n' roll-Konzerte im Freien, die jeden Montag, Mittwoch und Freitag ab 22 Uhr stattfinden. Hier spielt das beste Nachtleben in Varadero!

Geboten werden Cover-Versionen von Led Zeppelin, den Stones, Pink Floyd und na, wem wohl.

Sala de la Música la Marina   LIVEMUSIK

(Karte S. 232; Marina Gaviota, Autopista Sur Final; ⏰10–15 CUC$; ⏰22 Uhr bis spät) Ein relativ neuer Laden in der Marina Gaviota (S. 225), der (natürlich) voller Touristen ist. In den meisten Nächten ist eine Disko mit DJ. Samstags spielt üblicherweise eine Band Musik des *Buena Vista Social Club*. Es ist mit den weißen Sofas und oben einer Terrasse mit Blick auf den Jachthafen angenehm modern.

Club Mambo   LIVEMUSIK

(Karte S. 232; Av las Américas; Eintritt 10 CUC$; ⏰Mo–Fr 3–2, Sa & So bis 5 Uhr) Kubas Mambofieber der 1950er-Jahre tobt in der erstklassigen Livemusikbar neben dem Club Amigo Varadero im Ostteil der Stadt weiter; zweifellos eine der hippsten und besten Locations in Varadero. Im 10 CUC$ Eintrittspreis sind alle Getränke mit enthalten. Wenn die Band gerade Pause macht, dreht ein DJ seine Scheiben, aber die Gäste kommen in erster Linie wegen der Livemusik.

Wer keine Lust zum Tanzen hat, der kann sich mit Poolbillard vergnügen.

Cabaret Cueva del Pirata   SHOW

(Karte S. 232; ☎45-66-77-51; Autopista Sur; Eintritt 10 CUC$; ⏰Mo–Sa 22.30–3 Uhr) Das Cabaret Cueva del Pirata, 1 km östlich des Hotel Sol Elite Palmeras, präsentiert spärlich bekleidete Tänzer in einer kubanischen Show mit Seeräuber-Touch (Augenklappen kommen zum Einsatz sowie verwegene Akrobatik). Die Show findet in einer Naturhöhle statt, anschließend beginnt die Disko. Das beliebte Lokal zieht tendenziell eher junge Leute an, montags ist die beste Nacht. Gebucht wird übers Hotel.

Casa de la Música   LIVEMUSIK

(Karte S. 230; Ecke Av de la Playa & Calle 42; 10 CUC$; ⏰Mi–So 22.30–3 Uhr) Der Laden, der sich den Namen von zwei beliebten Clubs in Havanna angeeignet hat, bietet einige sehr gute Bands und eine eindeutig kubanische Atmosphäre. Er befindet sich im Ort und wird auch von Einheimischen besucht, die in Pesos zahlen. Ausländer zahlen in Convertibles.

Centro Cultural Comparsita   KULTURZENTRUM

(Karte S. 230; Calle 60, zwischen Av 2 & Av 3; 1–5 CUC$; ⏰22–3 Uhr) Ein ARTex-Kulturzentrum am Ortsrand Varaderos, in dem Konzerte, Shows, Tanz, Karaoke und viel kubanische Stimmung geboten werden. An der Tür hängt das aktuelle Programm aus.

🛍 Shoppen

Casa del Ron   ALKOHOL

(Karte S. 230; Ecke Av 1 & Calle 62; ⏰9–21 Uhr) Die beste Auswahl an Rum in Varadero, der auch gleich in dem altehrwürdigen Gebäude verkostet werden kann. Der Laden vermittelt einen historischen Einblick in die Beziehung zwischen Kuba und dem Getränk, auch mittels eines Modells der Destillerie Santa Elena in Matanzas.

Casa del Habano   ZIGARREN

(Karte S. 224; Av de la Playa, zwischen Calle 31 & Calle 32; ⏰9–18 Uhr) Der Zigarrenladen schlechthin: Hier wird von hilfsbereiten Angestellten hochwertige Ware verkauft, von Humidoren bis zum Parfum. Er betreibt auch eine kleine Bar mit Probierraum an einem ruhigen Strandabschnitt. Diese Filiale befindet sich im Zentrum von Varadero.

Casa de las Américas   BÜCHER, MUSIK

(Karte S. 230; Ecke Av 1 & Calle 59; ⏰9–19 Uhr) Das Geschäft der berühmten Kultureinrichtung in Havanna verkauft CDs, Bücher und Kunst.

Gran Parque de la Artesanía   MARKT

(Karte S. 224; Av 1, zwischen Calle 15 & Calle 16; ⏰9–19 Uhr) Auf dem Kunsthandwerksmarkt verkaufen private Händler hauptsächlich Sachen mit kubanischen Motiven.

Casa del Habano   ZIGARREN

(Karte S. 230; ☎45-66-78-43; Ecke Av 1 & Calle 63; ⏰9–21 Uhr) Der Inbegriff eines Zigarrengeschäfts, der auch im Café darüber einen klasse Kaffee serviert. Der Laden befindet sich am östlichen Ende von Varadero Richtung Hotelzone.

VARADERO & DIE PROVINZ MATANZAS VARADERO

Galería de Arte Varadero
KUNST

(Karte S. 230; Av 1 zwischen Calle 59 & Calle 60; ☺9–19 Uhr) Verkauft werden alter Schmuck, Silber und Glas in Museumsqualität, Gemälde sowie andere Erbstücke der einstigen Bourgeoisie. Da die meisten Stücke zum „nationalen Erbe" gerechnet werden, wurde für sie praktischerweise schon die Ausfuhrgenehmigung besorgt.

Taller de Cerámica Artística
KUNSTHANDWERK

(Karte S. 230; Av 1, zwischen Calle 59 & Calle 60; ☺9–19 Uhr) In dem Laden neben der Galería de Arte Varadero (s. oben) und der Casa de las Américas (S. 236) wird schöne, künstlerische Keramik verkauft, die im Haus hergestellt wurde. Die meisten Stücke kosten zwischen 200 und 250 CUC$.

ARTex
GESCHENKE & SOUVENIRS

(Karte S. 230; Av 1, zwischen Calle 46 & Calle 47; ☺9–20 Uhr) Verkauft CDs, T-Shirts, Musikinstrumente und mehr.

Centro Comercial Hicacos
EINKAUFSZENTRUM

(Karte S. 230; Parque de las 8000 Taquillas; ☺10–22 Uhr) Das moderne, unterirdische Einkaufszentrum im Parque de las 8000 Taquillas ist nach amerikanischem Standard klein, aber es gibt hier Souvenirs, ein Spa mit Fitnesszentrum und einen kleinen Markt.

Plaza América
EINKAUFSZENTRUM

(Karte S. 232; Autopista Sur Km 7; ☺10–20.30 Uhr) Kubas erstes richtiges Einkaufszentrum wurde 1997 gebaut, sieht aber inzwischen veraltet aus. Es ist eine von Varaderos langweiligsten architektonischen Kreationen, aber es erfüllt seinen Zweck. Zu den nützlichen Geschäften gehören eine Apotheke, eine Bank, ein Musikladen, ein Modegeschäft, Restaurants und verschiedene Souvenirläden.

Librería Hanoi
BÜCHER

(Karte S. 230; Ecke Av 1 & Calle 44; ☺9–20.30 Uhr) Bücher auf Englisch, von Poesie bis Politik.

❶ Praktische Informationen

GEFAHREN & ÄRGERNISSE

Die Kriminalität hält sich in Varadero sehr in Grenzen. Einmal abgesehen von einem Vollrausch in der Hotelbar bei freien Getränken, durch den man dann auf dem Weg zur Toilette über den Badvorleger stolpert, kann eigentlich nicht besonders viel passieren. In Acht nehmen sollte man sich jedoch vor falsch gelegten Steckdosen in den Hotels: In einigen Zimmern befindet sich die Steckdose für 110 V direkt neben derjenigen für 220 V. Eigentlich sollten sie gekennzeichnet sein, das ist aber nicht immer der Fall.

Am Strand bedeutet eine rote Flagge, dass Schwimmen wegen Strömung oder anderen Gefahren nicht erlaubt ist. Eine blaue Qualle – die Portugiesische Galeere – kann bei Kontakt mit ihren langen Tentakeln eine schlimme Hautreaktion hervorrufen; sie ist im Sommer recht verbreitet. Kommt es zum Kontakt, sollte die betroffene Hauptpartie mit Essig gewaschen werden. Wird der Schmerz zu heftig oder kommt es zu Atemproblemen, muss sofort ein Arzt aufgesucht werden. Der Diebstahl von unbewachten Schuhen, Sonnenbrillen und Handtüchern ist am Strand inzwischen Alltag.

GELD

In Varadero können Europäer für die Hotels und das Essen auch in Euro bezahlen. Geldwechsel an der Hotelrezeption ist etwa 1 % teurer als in der Bank.

Banco de Ahorro (Calle 36, zwischen Av 1 & Autopista Sur; ☺Mo-Fr 8.30–16 Uhr) Viel genutzter Geldautomat.

Banco de Crédito y Comercio (Av 1, zwischen Calle 35 & 36; ☺Mo–Fr 9–19, Sa & So bis 17 Uhr) Geldautomat

Banco Financiero Internacional (Autopista Sur Km 7; ☺Mo–Fr 9–12 & 13–18, Sa & So 9–18 Uhr) Geldwechsel an der Plaza América (gegenüber) in der Hotelzone.

Cadeca (Ecke Av de la Playa & Calle 41; ☺Mo–Sa 8.30–18, So bis 12 Uhr)

INTERNETZUGANG

Die meisten Hotels in Varadero haben Internetzugang, die Internetkarte gibt es an der Rezeption oder beim **Etecsa Telepunto** (Ecke Av 1 & Calle 30; ☺8.30–19 Uhr).

In der Calle 54 befindet sich ein WLAN-Hotspot.

MEDIZINISCHE VERSORGUNG

Viele große Hotels haben eine Krankenstation, in der kostenlos Erste Hilfe geleistet wird.

Clínica Internacional Servimed (☏45-66-77-11; Ecke Av 1 & Calle 60; ☺24 Std.) Hat auch eine Apotheke.

Farmacia Internacional (☏45-66-80-42; Plaza América, Autopista Sur Km 7; ☺9–21 Uhr) An der Plaza América.

Farmacia Internacional (☏45-61-44-70; Av Kawama, Ecke Calle 4; ☺9–21 Uhr) Am westlichen Ende der Halbinsel in der Nähe des Hotels Club Kawama (S. 228).

NOTFALL

Asistur (☏45-66-72-77; Av 1 No 103, Ecke Calle 30; ☺Mo–Fr 9–16.30 Uhr) Notfallhilfe für Touristen im Ort Varadero.

POST

Viele der größeren Hotels in Varadero haben einen Postschalter.

Postamt (Karte S. 230; Av 1, zwischen Calles 43 & 44; ☺ Mo–Sa 8–18 Uhr)

TOURISTENINFORMATION

In allen Pauschalhotels in Varadero gibt es einen Touristeninformationsschalter.

Cubatur (☎ 45-66-72-16; Ecke Av 1 & Calle 33; ☺ 8.30–18 Uhr) Reserviert landesweit Hotelzimmer, organisiert Busfahrten zu Hotels in Havanna und Ausflüge zur Península de Zapata (S. 253) und anderen touristischen Zielen. Dient auch ganz allgemein als Touristeninformation.

Infotur (Karte S. 224; ☎ 45-66-29-61; Ecke Av 1 & Calle 13; ☺ 8.30–16 Uhr) Das Hauptbüro befindet sich neben dem Hotel Acuazul, aber Infotur hat auch Schalter in den meisten großen Resorthotels.

❶ An- & Weiterreise

AUTO

Mietwagen können in praktisch allen Hotels in Varadero gebucht werden; die Preise sind für die verschiedenen Marken und Modelle ziemlich gleich. Einschließlich der Kosten für Benzin und Versicherung wird ein Standardauto auf etwa 70 bis 80 CUC$ pro Tag kommen.

Abgesehen von den Vertretungen in den Hotels gibt es noch das Büro von **Cubacar** (☎ 45-66-81-96; Ecke Av 1, zwischen Calle 21 & 22; ☺ 9–17 Uhr) in der Stadt und die Autovermietungen am Flughafen.

Eine Servi-Cupet-Tankstelle befindet sich an der Autopista Sur auf Höhe der Calle 17 (Ecke Autopista Sur & Calle 17; ☺ 24 Std.) und eine weitere ist in der Calle 54 (Autopista Sur & Calle 54).

Wer nach Havanna fährt, muss 2 CUC$ Maut am Mauthäuschen in der Vía Blanca am Ortsausgang bezahlen.

BUS

Vom **Terminal de Ómnibus** (Karte S. 230; Ecke Calle 36 & Autopista Sur) fahren täglich klimatisierte Víazul-Busse (www.viazul.com) zu diversen Zielorten. Warnung: Sie sind schnell besetzt, eine Vorab-Buchung ist ratsam.

Alle fünf täglichen Busse nach Havanna halten in Matanzas (6 CUC$, 1 Std.) und am Juan Gualberto Gómez International Airport (6 CUC$, 25 Min.).

Der Bus nach Trinidad hält in Cienfuegos (16 CUC$, 4½ Std.).

Der Bus nach Santiago hält auch in Santa Clara (11 CUC$, 3¾ Std.), Sancti Spíritus (17 CUC$, 5 Std.), Ciego de Ávila (19 CUC$, 6¼ Std.), Camagüey (25 CUC$, 8 Std.), Las Tunas (33 CUC$, 10 Std.), Holguín (38 CUC$, 11¼ Std.) und Bayamo (41 CUC$, 13 Std.).

Nach Cárdenas fährt der Regionalbus 236 (1 CUC$) etwa jede Stunde neben einem kleinen Tunnel mit dem Schild Ómnibus de Cárdenas vor dem Terminal de Ómnibus von Varadero ab. Es ist aber nicht sicher, ob man Fahrkarten für Busse, die nicht zum Unternehmen Víazul gehören und ab Varadero zu anderen Zielen in der Provinz Matanzas und darüber hinaus fahren, überhaupt kaufen kann: Offiziell dürfen Touristen sie nämlich nicht benutzen, und Touristen sind in Varadero leicht von Kubanern zu unterscheiden. Mit guten Spanischkenntnissen könnte es vielleicht klappen.

Der Conectando von Cubanacán ist ein praktischer Bus, der zwischen den Hotels in Varadero und Havanna verkehrt (Reservierungen dafür sind über die Hotelrezeption möglich). Es gibt auch eine tägliche Verbindung zwischen Varadero und Trinidad über Cienfuegos. Die Preise sind ähnlich wie die der Víazul-Busse. Die Fahrkarten sollten jedoch mindestens einen Tag im Voraus bei Infotur gekauft werden.

FLUGZEUG

Der **Juan Gualberto Gómez International Airport** (☎ 45-61-30-16, 45-24-70-15) liegt 20 km vom Zentrum Varaderos in Richtung Matanzas und weitere 6 km von der Hauptstraße entfernt. Er wird von Air Berlin, Eurowings und Condor aus fast allen größeren Flughäfen in Deutschland angeflogen, aus der Schweiz gibt es Flüge ab Zürich und aus Österreich starten die Flüge ab Klagenfurt und Wien.

BUSSE AB VARADERO

REISEZIEL	FAHRPREIS (CUC$)	FAHRZEIT (STD.)	ABFAHRTSZEIT
Havanna	10	3	8, 12, 14, 16, 18 Uhr
Santa Clara	11	3	7.25, 21 Uhr
Santiago de Cuba	49	15¼	21 Uhr
Trinidad	20	6¼	7.25 Uhr
Viñales	22	7¼	8 Uhr

TAXI

Da die **Víazul**-Busse schnell voll sind, übernehmen auch *colectivos* (Gemeinschaftstaxis) Passagiere. Sie können telefonisch direkt bei **Cuba Taxi** (☎ 45-61-05-55) oder über die jeweilige *casa particular* bestellt werden, warten aber auch am Víazul-Busbahnhof. Meist brauchen noch andere Passagiere eine Mitfahrgelegenheit, wenn die voll besetzten Busse abfahren; man kann sich also zusammentun.

ⓘ Unterwegs vor Ort

BUS

Die **Varadero Beach Tour** (Tageskarte 5 CUC$; ⊙ 9–21 Uhr) ist ein praktischer, offener Touristenbus mit 45 Haltestellen zum beliebigen Ein- und Ausstieg, der alle Resorthotels und Einkaufszentren auf der ganzen Länge der Halbinsel verbindet. Er nutzt deutlich gekennzeichnete Haltestellen mit Strecken- und Entfernungsangaben. Fahrkarten werden im Bus selbst verkauft.

Ein lustiges Bähnlein verbindet die drei großen Meliá-Resorts.

Die Regionalbusse 47 und 48 fahren von der Calle 64 nach Santa Marta südlich von Varadero an der Autopista Sur; der Bus 220 fährt von Santa Marta zum östlichsten Ende der Halbinsel. Einen festen Fahrplan gibt es nicht und die Fahrkarten kosten nur Kleingeld. Der Bus 236 verkehrt von und nach Cárdenas über die ganze Länge der Halbinsel.

FAHRRAD

Fahrräder sind prima, um abseits der Hicacos Peninsula ein Stück vom Kuba dahinter zu entdecken. Fahrräder werden in den meisten Pauschalresorts verliehen, in der Regel gehören sie sogar zum Pauschalangebot. Auch einige *casas particulares* vermieten (oder verleihen) einfache Fahrräder. Am besten, einfach herumfragen.

PFERDEWAGEN

Eine staatlich betriebene Pferdewagentour durch Varaderos kostet rund 10 CUC$ für volle zwei Stunden – reichlich Zeit, um in ihrem Verlauf sämtliche Sehenswürdigkeiten des Ortes zu sehen.

TAXI

Taxis mit Taxameter verlangen in Varadero eine Grundgebühr von 1 CUC$ plus 1 CUC$ pro Kilometer (gleicher Tag- und Nachttarif). Coco-Taxis (*coquitos* oder *huevitos* auf Spanisch) sind billiger und verlangen keine Grundgebühr. Ein Taxi nach Cárdenas/Havanna (15 Min./2¼ Std.) kostet etwa 20/85 CUC$ für die einfache Strecke. Taxis stehen an den großen Hotels und am Busbahnhof (S. 238) oder können über Cuba Taxi (s. oben) bestellt werden.

Von Varadero bis Matanzas

Die 40-minütige Fahrt über die breite, glatte, 36 km lange Fernstraße Vía Blanca zwischen den Städten Matanzas und Varadero führt an vielen der großartigsten Attraktionen des Nordens von Matanzas vorbei: unterirdische Badeteiche, hervorragende Schnorchelreviere und Bootstouren auf versteckten Flüssen. Hier lässt sich gut ein ganzer Tag mit Wasseraktivitäten am Río Canímar und an der Playa Coral verbringen, und abends werden richtige Bühnenshows geboten.

◉ Sehenswertes & Aktivitäten

Parque Turístico Río Canímar   FLUSS

(⌖) Bootsausflüge auf dem Río Canímar, 8 km östlich von Matanzas, sind ein wahrhaft magisches Erlebnis. Die dschungelartigen Äste knorriger Mangroven hängen bis ins seichte Wasser, ein warmer Dunstschleier weht durch die Königspalmen, während das Boot 12 km flussaufwärts von der Brücke der Vía Blanca bis zu einem *ranchón* namens La Arboleda gleitet, wo Mittagessen und Reitausflüge angeboten werden.

Motorboote für bis zu vier Personen (erste Stunde 35 CUC$, jede weitere 10 CUC$) und Kajaks (erste Stunde 10 CUC$, jede weitere 5 CUC$) werden am Ostufer des Flusses an der Brücke der Vía Blanca verliehen. Mit dem Motorboot dauert die Fahrt bis La Arboleda ungefähr 25 Minuten.

In den meisten Hotels in Varadero gibt es Tourveranstalter, die diese Ausflüge anbieten (unter dem Namen Río Canímar „Back to Nature").

Playa Coral   STRAND

Das beste Schnorchelrevier in der Varadero-Gegend gibt's an der Playa Coral an der alten Küstenstraße (etwa 3 km abseits der Vía Blanca) auf halber Strecke zwischen Matanzas und Varadero. Wer möchte, kann auf eigene Faust vom Strand aus schnorcheln, aber weitaus besser (und sicherer) ist es ab der Reserva Flora y Fauna (8–17 Uhr) 400 m östlich des Strands. Ecotur stellt professionelle Guides zur Verfügung, die die Schnorchler zum Riff 150 m vor der Küste begleiten (1 Std. 10 CUC$).

Mit etwas Glück gibt es dort 300 dokumentierte Fischarten zu bestaunen und die Sichtbarkeit beträgt recht gute 15 bis 20 m.

Auch Möglichkeiten zum Tauchen werden angeboten. Der Preis pro Tauchgang beträgt 35 CUC$.

Im Naturschutzgebiet Flora y Fauna befindet sich auch 2 km landeinwärts von der Playa Coral die **Laguna de Maya** (P ♦). Ein Paket mit allen Aktivitäten wird für 25 CUC$ angeboten und kann über die meisten Hotels in Varadero oder über das Barracuda Scuba Diving Center (S. 226) gebucht werden. Ein Großteil der Küste hier besteht aus grau-weißen Korallenriffen, aber gleich westlich der Playa Coral gibt es auch Strände.

Cuevas de Bellamar HÖHLE

(☑ 45-25-35-38, 45-26-16-83; Eintritt 10 CUC$, Kamera 5 CUC$; ⊙ 9–17 Uhr; P ♦) Kubas älteste Touristenattraktion, laut kubanischer Propaganda, liegt 5 km südöstlich von Matanzas und ist 300 000 Jahre alt. Die Höhlen erstrecken sich über 2,5 km und wurden 1861 von einem chinesischen Arbeiter im Dienst von Don Manuel Santos Parga entdeckt. Der Zugang erfolgt durch ein kleines Museum, und die 45-minütigen Besichtigungen beginnen fast stündlich ab 9.30 Uhr. Zu sehen sind in den zugänglichen Höhlen u. a. ein riesiger, 12 m hoher Stalagmit und ein unterirdischer Bach; die von Kristallen bedeckten Höhlenwände glitzern gespenstisch.

Die gut gepflegten und beleuchteten Wege machen es auch für Kinder einfach, die großartige Geologie zu bestaunen. Vor den Cuevas de Bellamar gibt es zwei Restaurants und einen Spielplatz.

Der Bus Nr. 12 fährt von der Plaza Libertad in Matanzas hierher.

Cueva de Saturno HÖHLE

(☑ 45-25-38-33, 45-25-32-72; inkl. Schnorchelausrüstung 5 CUC$; ⊙ 8–18 Uhr) Die Cueva de Saturno, eine sehr beliebte (sprich: überfüllte) unterirdische Höhle mit einem Süßwassersee, der zum Schnorcheln und Schwimmen geeignet ist, befindet sich 1 km südlich der Vía Blanca an der Straße zum internationalen Flughafen Varaderos (S. 238). Das Wasser ist um die 20 °C warm und die tiefste Stelle beträgt 22 m, aber es gibt auch flachere Stellen. Vor der Höhle gibt es eine Imbissbude und einen Ausrüstungsverleih.

Castillo del Morrillo BURG

(1 CUC$; ⊙ Di–So 9–17 Uhr) An der Westseite der Brücke über den Río Canímar, 8 km östlich von Matanzas, führt eine Straße 1 km hinab zu einer Bucht, über die vier Kanonen dieser gelb gestrichenen Burg (1720) wa-

chen. Heute ist die Burg ein Museum, das dem Studentenführer Antonio Guiteras Holmes (1906–1935) gewidmet ist, der 1934 die revolutionäre Gruppe Joven Cuba (Junges Kuba) gründete.

Guiteras, der für kurze Zeit in der Regierung nach Machado mitwirkte, wurde vom Armeechef Fulgencio Batista entlassen und am 8. Mai 1935 erschossen. Eine Bronzebüste markiert die Stelle seiner Hinrichtung.

🛏 Schlafen

Hotel Canimao HOTEL $$

(☑ 45-26-10-14; Carretera Matanzas-Varadero Km 5; Zi. mit Frühstück 45–65 CUC$; P ❄ ☀) Das Canimao hoch über dem Río Canímar 8 km östlich von Matanzas hat 160 Zimmer (mit kleinen Balkonen), die aussehen, als wären sie das letzte Mal während des Kalten Kriegs neu eingerichtet worden – von sowjetischen Innenarchitekten. Das Hotel liegt günstig für Ausflüge auf dem Río Canímar, zu den Cuevas de Bellamar oder um das Tropicana Matanzas zu besuchen, ist aber ansonsten ziemlich abgelegen. Es hat ein langweiliges Restaurant.

☆ Unterhaltung

Tropicana Matanzas SHOW

(☑ 45-26-53-80; Carretera Matanzas-Varadero Km 5; 35 CUC$; ⊙ Di–Sa 22–2 Uhr) Nach den Erfolgen in Havanna und Santiago de Cuba hat die berühmte Tropicana-Show auch eine Bühne neben dem Hotel Canimao 8 km östlich von Matanzas. Hier kann man sich unter die Bustouristen von Varadero mischen und unter freiem Himmel die gleiche unterhaltsame Kombination aus Lichtern, Federn, nackter Haut und Frivolität genießen.

Matanzas

152 408 EW.

Matanzas lässt sich mit einer untergegangenen Galeone auf dem Grund des Ozeans vergleichen: Die meisten ahnungslosen Kubabesucher schippern glatt darüber hinweg (meist in einem Reisebus nach Varadero), aber einige neugierige Abenteurer tauchen hinab und entdecken, dass diese scheinbar verlotterte Stadt noch immer voller unvergleichlicher Schätze steckt. Vor ein paar Generationen bot Matanzas ein ganz anderes Bild. Im 18. und 19. Jh. entwickelte sich in der Stadt eine gigantische Literatur- und Musiktradition und sie wurde häufig als „Athen Kubas" bezeichnet. Hier entstanden zwei wichtige Musikrichtungen, *danzón* und Rumba, ebenso verschiedene Religionen mit afrikanischen Wurzeln. Matanzas besitzt auch eines der besten Theater Kubas und es ist der Geburtsort einiger der sprachgewandtesten Dichter und Schriftsteller des Landes. Trotz der heutigen Atmosphäre des Verfalls ist der kulturellen Reichtum nicht verschwunden. Es sind nur Geduld, Fantasie und Spürsinn nötig, um ihn ausfindig zu machen.

◎ Sehenswertes

★ Taller-Galería Lolo   GALERIE
(☏ 45-26-08-54; Calle 97, Ecke Calle 288) Was für eine Überraschung: Man stapft durch Matanzas' schäbige Straßen und fragt sich, ob die Bezeichnung „Athen Kubas" nur ein Witz der Einheimischen ist, und stößt dann auf dieses Künstlerkollektiv am Fluss, bewacht von umwerfend surrealen Skulpturen, die anscheined aus geborgenen Schiffsteilen bestehen. Innen warten dann noch sehr viel mehr künstlerische Wunderwerke von den innovativen Kulturhütern Matanzas'. Flugs folgt eine E-Mail an die *amigos* zu Hause, um ihnen von Lolo zu berichten, einer unbedingt sehenswerten Kunstgalerie, die sich zum Ziel gesetzt hat, Matanzas wieder dorthin zu bringen, wo es hingehört, nämlich auf die gleiche kulturelle Stufe wie Havanna.

★ Iglesia de Monserrate   KIRCHE
(Calle 306; 🚌 26) Um einen Überblick über das gammelige Matanzas auf der einen Seite und das tiefgrüne Valle de Yumurí auf der anderen zu erhalten, lohnt ein Aufstieg über die Calle 306 zu dieser renovierten Kirche 1,5 km nordöstlich des Zentrums. Das erhabene Bollwerk hoch über der Stadt wurde 1875 von katalanischen Kolonisten als Symbol ihrer Macht in dieser Region gebaut.

Um den Aussichtspunkt in der Nähe befinden sich einige *ranchón*-artige Restaurants mit ohrenbetäubender Musik und einfachen Erfrischungen. Frühmorgens jedoch bietet die Aussicht einen völlig neuen Blick auf diese unvermutet schöne Stadt.

Plaza de la Vigía   PLATZ
Die ursprüngliche Plaza de Armas heißt heute Plaza de la Vigía (wörtlich: „Ausguckplatz"), ein Bezug auf die Piraten und Schmuggler, die eine Bedrohung für Matanzas erste Siedler darstellten. An diesem winzigen Platz, um den noch immer zahlreiche historische Gebäude stehen, wurde Ende des 17. Jhs. Matanzas gegründet.

Teatro Sauto   THEATER
(☏ 45-24-27-21; Plaza de la Vigía) Das Teatro Sauto (1863) an der Südseite der Plaza de la Vigía ist dem mexikanischen Maler (und Bewunderer) Diego Riviera zufolge das prägende Symbol der Stadt. Es ist eines der schönsten Theater Kubas und berühmt für seine hervorragende Akustik. Marmorstatuen von griechischen Göttinnen schmücken das Foyer und die Deckengemälde des Hauptsaals stellen die Musen dar.

Der Boden des Theaters mit drei Rängen und 775 Sitzen kann hochgefahren werden, um den Zuschauerraum in einen Ballsaal zu verwandeln. Der originale Bühnenvorhang ist ein Gemälde des Puente de la Concordia in Matanzas und hier traten Berühmtheiten wie die russische Tänzerin Anna Pavlova auf. Nach langer Restaurierung soll das Theater im Laufe des Jahres 2017 wieder geöffnet werden.

Castillo de San Severino   FESTUNG
(Av del Muelle; 2 CUC$; ⏱ Di–Sa 10–19, So 9–12 Uhr) Die beeindruckende Bastion nordöstlich von Versalles wurde 1735 von den Spaniern als Teil des Verteidigungsrings Kubas errichtet. In dieser Funktion musste sie sich schon früh bewähren, als die Briten sie während ihrer Invasion 1762 gnadenlos bombardierten. Nach dem Wiederaufbau in den 1770er-Jahren diente sie als Verladestation für Sklaven. Später wurden kubanische Patrioten hier eingesperrt – und manchmal auch hingerichtet. Bis in die 1970er-Jahre blieb San Severino ein Gefängnis, ist aber seit jüngerer Zeit ein bescheidenes Museum zum Thema Sklavenhandel, das Museo de la Ruta de los Esclavos.

Die Festung selbst hat einen großartigen Blick über die Bahía de Matanzas, könnte aber sehr viel mehr anbieten, um neugierige Besucher zu begeistern.

Catedral de San Carlos Borromeo   KIRCHE
(Calle 282, zwischen Calle 83 & Calle 85; ⏱ Mo–Sa 8–12 & 15–17, So 9–12 Uhr) Ein Stück zurückgesetzt vom wirren Gedränge der Calle 83 hinter der schattigen Plaza de la Iglesia steht die Hauptkirche von Matanzas, ein klassizistischer Bau mit zwei ungleichen Türmen, der ursprünglich 1693 errichtet wurde (das heutige Gebäude stammt aber aus den 1730er-Jahren). Die Kirche wurde zwar 1912 zur Kathedrale erhoben, aber durch jahrelange Vernachlässigung im 20. Jh. stark in Mitleidenschaft gezogen. Nach acht Jahren Renovierungsarbeiten wurde sie 2016 wie-

Matanzas

N 0   400 m

Iglesia de Monserrate (900 m)

Carretera Yumurí

Río Yumurí

VERSALLES

C 278

C 63

C 65

C 67

C 71

16

MATANZAS ESTE

Hershey-Bahnhof

4

57

C 266

C 270

C 67

C 71

Castillo de San Severino (2 km)

C 302

C 300

C 298

C 294

C 292

C 290

C 288

C 282

C 280

C 278

C 276

Puente de la Concordia

18

C 61

Restaurante Paladar Mallorca (1,5 km)

C 73

C 75

C 77

C 79

27 15

Bahía de Matanzas

MATANZAS

21

7

25

C 83

13 12

5

C 83

2

C 286

17

26 6

22

C 272

10

C 85

23 20

8

C 91

C 93

14

28

Taller-Galería Lolo

1

Río San Juan

9

3

C 95

C 97

19

C 97

C 105

Puente Sánchez Figueras

24

Vía Blanca

C 109

C 103

Av Martin Dihigo

Bus 12 zur Iglesia de Monserrate & Cuevas de Bellamar

C 105

Río Canímar (8 km)

Estadio Victoria de Girón (500 m)

C 115

C 117

C 117

C 115

C 298

C 119

C 121

C 272

C 268

C 264

PUEBLO NUEVO

C 123

Amelias del Mar (2,2 km)

C 127

C 131

C 276

C 171

C 135

C 139

Nationaler Busbahnhof

C 226

Cuevas de Bellamar (3,5 km)

C 145

C 171

C 276

(1 km)

Matanzas

VARADERO & DIE PROVINZ MATANZAS MATANZAS

der eröffnet. Der Kirchenraum ist relativ schlicht, aber dennoch recht ansehnlich, und heute wieder Zentrum der hiesigen Gemeinde.

Museo Farmaceútico   MUSEUM
(Calle 83 No 4951; 3 CUC$; ⊙ Mo–Sa 10–17, So bis 16 Uhr) Das Museo Farmaceútico an der Südseite des Parks ist eine der stolzen Sehenswürdigkeiten von Matanzas. Die alte Apotheke, 1882 von der Familie Triolett gegründet, war die erste ihrer Art in Lateinamerika und sieht noch immer so aus wie in den 1880er-Jahren. Zu den schönen Ausstellungsstücken gehören all die Flaschen, Instrumente und dergleichen, die in diesem Metier gebräuchlich waren. Auf einer Führung wird der Rest erläutert.

Puente Calixto García   BRÜCKE
Wer in Kubas berühmter „Stadt der Brücken" nur Zeit für die Besichtigung einer Brücke hat (es gibt insgesamt 21), sollte sich diese beeindruckende Stahlkonstruktion von 1899 anschauen. Sie überspannt den Río San Juan, auf dem gemächlich Kajaks vorbeigleiten. Gleich südlich ist ein auffallendes Che-Wandbild zu sehen, während die nördliche Seite direkt zur Plaza de la Vigía führt.

Museo Histórico Provincial   MUSEUM
(Ecke Calle 83 & 272; 2 CUC$; ⊙ Di–So 9–17 Uhr) Das Gebäude mit seinen Doppelarkaden an der Plaza de la Vigía – auch Palacio del Junco (1840) genannt – präsentiert die gesamte Geschichte Matanzas', von den Piratenüberfällen bis zur grausamen Sklaverei. An einem seitlichen Hof steht eine riesige Statue des unbeliebten spanischen Königs Ferdinand VII., die in den 1830er-Jahren in Italien hergestellt wurde.

Parque Libertad   PLATZ
Ein paar Straßenzüge direkt westlich der Plaza de la Vigía befindet sich der Parque Libertad mit mehreren der reizvollsten Sehenswürdigkeiten Matanzas', darunter eine „Freiheitsstatue", die eine Frau mit offenen Armen und zerbrochenen Ketten an ihren Handgelenken darstellt, sowie eine Bronzestatue (1909) von José Martí.

Iglesia de San Pedro Apóstol   KIRCHE
(Ecke Calle 57 & 270, Versalles) Die schöne klassizistische Kirche, die das schäbige Viertel Versalles dominiert, wurde jüngst innen und außen renoviert. Der helle Kirchenraum besteht aus cremefarbenen Bögen, hat aber nur wenig Ausschmückung.

🎆 Feste & Events

Festival del Bailador Rumbero   TANZ
In den zehn Tagen nach dem 10. Oktober entdeckt Matanzas jährlich aufs Neue seine Rumbawurzeln. Das Fest wird derzeit in einem kleinen Park vor dem Museo Histórico Provincial (s. links) gefeiert, während

das Teatro Sauto (S. 241) noch restauriert wird. Es findet im gleichen Zeitraum wie der Jahrestag der Stadtgründung statt (12. Oktober), eine mehrtägige Party, auf der Berühmtheiten geehrt werden, die die Stadt zu dem gemacht haben, was sie ist (oder war).

🛏 Schlafen

⭐ Hostal Azul
CASA PARTICULAR $

(☏45-24-24-49; hostalazul.cu@gmail.com; Calle 83 No 29012, zwischen Calle 290 & Calle 292; Zi. 25–30 CUC$; ❄) Das schöne blaue Haus aus den 1890er-Jahren, dessen Tür breit genug für einen Elefanten ist, besitzt noch die originalen Fliesenböden, eine alte hölzerne Wendeltreppe und vier burggroße Zimmer um einen großen Innenhof.

Der mehrsprachige Besitzer ist zudem ein wahrer Gentleman und bietet gerne seinen robusten Lada von 1984 als Taxi an. Und das Allerbeste? Vermutlich die große historische Bar mit abendlicher Livemusik und schöner Holzdecke (10–22 Uhr) – was das Haus zu einer äußerst atmosphärischen Adresse macht.

Villa Soñada
CASA PARTICULAR $

(☏45-24-27-61; mandy_rent_habitaciones@yahoo.com; Calle 290 No 6701, Ecke Santa Isabel; Zi. 25–30 CUC$; ❄) Die „Villa der Träume", vier Straßenzüge nördlich des Hauptplatzes von Matanzas, hat eine hübsche Fassade und eine große Dachterrasse, die von Löwenskulpturen bewacht wird. Die modernen Zimmer mit Glasbausteinen und viel Platz (eines hat zwei Ebenen) sind mit Minibars und sehr schicken Badezimmern ausgestattet. Innen und außen gibt es reichlich Ecken zum Entspannen, und Frühstück und Abendessen (kosten extra) sind toll und reichlich.

Hostal Río
CASA PARTICULAR $

(☏45-24-30-41; hostalrio.cu@gmail.com; Calle 91 No 29018, zwischen Calle 290 & Calle 292; Zi. 25–30 CUC$; ❄) Das Haus gehört den Eltern von Joel, dem Star des Hostal Azul in der Nähe; die dominierende Farbe hier ist amarillo (gelb) statt azul (blau). Es gibt zwei komfortable Gästezimmer mit hohen Decken in kolonialem Ambiente. Essen wird im Hostal Azul zwei Straßenzüge weiter serviert.

Evelio & Isel
CASA PARTICULAR $

(☏45-24-30-90; evelioisel@yahoo.es; Calle 79 No 28201, zwischen Calle 282 & Calle 288; Zi. 20–25 CUC$; P❄) Die Zimmer in dieser Wohnung im zweiten Stock haben TV, Minisafe, Balkon und Zugang zur Tiefgarage. Der sympathische Besitzer Evelio ist Kenner der Musikszene von Mantanzas.

Hostal Alma
CASA PARTICULAR $

(☏45-29-08-57; hostalalma63@gmail.com; Calle 83 No 29008, zwischen Calle 290 & Calle 292; Zi. 25–30 CUC$; ❄) Mayras Haus besitzt mucha alma (viel Seele) und ist mit andalusische anmutenden azulejos (Kacheln), entspannenden Schaukelstühlen und regenbogenbunten vitrales (Buntglasfenstern) ausgestattet, die farbiges Licht über die Fliesenböden werfen. Auf einer der beiden riesigen Terrassen lässt sich gut ein Willkommenscocktail genießen, während der Blick über die halb verfallenen Dächer von Matanzas schweift. Es gibt drei schicke Gästezimmer.

Hotel Velazco
HOTEL $$

(☏45-25-38-80; Calle 79, zwischen Calle 290 & Calle 288; EZ/DZ 85/128 CUC$; ❄@🛜) Das bezaubernde historische Hotel stammt aus den ersten Jahren der kubanischen Republik – der originale Fin-de-Siècle-Stil von 1902 passt perfekt zu den Pferden, Kutschen und vorsintflutlichen Autos auf dem Platz davor. Eine schöne Mahagoni-Bar lockt in das Haus; 16 elegante Zimmer (mit Flachbildschirm-TV und WLAN) zwingen praktisch zum Bleiben.

🍴 Essen

⭐ El Chiquirrín
INTERNATIONAL $

(☏45-24-38-77; Calle Laborde No 27013; Hauptgerichte 2,50–6,50 CUC$; ⏱Di–So 12.30–23 Uhr) Ein Pianist spielt romantisch auf einem Stutzflügel, Köche zaubern ihre Kunst in der Küche hinter einer Glastrennwand und ein Kellner tranchiert am Tisch ein Chateaubriand. New York? Paris? Nein, die ehemalige kulinarische Wüste Matanzas. Das zauberhafte neue Restaurant an der Bucht im Stadtteil Versalles ist ein Beleg dafür, wie sich die Dinge in Kuba verändern.

Auf steifen Tischdecken wird gut zubereitetes kubanisches Essen serviert, auch Pizza und Pasta, und wie in allen guten Restaurants gibt es einen kleinen kostenlosen Snack, bis das Essen fertig ist.

Amelias del Mar
KUBANISCH, INTERNATIONAL $

(☏45-26-16-53; Via Blanca No 22014, Playa; Hauptgerichte 2–7 CUC$; ⏱Do–Di 12–2 Uhr) Amelias del Mar verleiht den üblichen kubanischen „internationalen" Speisen durch überzogene Präsentation augenzwinkernde Kreativität und serviert das Ganze draußen auf einer

ABAKUÁ

Eine geheime Männergesellschaft, eine Sprache, die nur Eingeweihten verständlich ist, ein enges Netzwerk freimaurerartiger Logen und das Symbol des afrikanischen Leoparden als Zeichen der Macht: Die mysteriösen Riten der Abakuá hören sich an wie eine kubanische Version von Dan Browns *Sakrileg*.

In einem Land mit reichlich verschwommenen religiösen Praktiken ist die Abakuá vielleicht die am wenigsten durchschaubare. Sie ist eine komplizierte Mischung aus Initiationen, Tänzen, Gesängen und zeremoniellem Trommeln, die vom bemerkenswerten Überleben afrikanischer Kultur in Kuba seit der Sklavenzeit zeugen.

Die Traditionen der Abakuá, nicht zu verwechseln mit der Santería oder anderen assimilierten afrikanischen Religionen, wurden im 18. und 19. Jh. von versklavten Efik aus Calabar im Südosten Nigerias nach Kuba gebracht. Sie schlossen sich in „Logen", den *juegos*, zusammen. Die erste Loge entstand 1836 im Vorstadt Regla in Havanna. Abakuá war ursprünglich eine Art Hilfsvereinigung aus hauptsächlich schwarzen Hafenarbeitern, deren Hauptziel der Freikauf ihrer Stammesbrüder aus der Sklaverei war.

Zu Beginn waren die Abakuá-Logen zwangsläufig gegen die Sklaverei und die Kolonialisten und wurden von den Spaniern unterdrückt. Gleichwohl nahmen die Logen ab den 1860er-Jahren zunehmend auch weiße Mitglieder auf und stellten fest, dass ihre Stärke in ihrer Verschwiegenheit und Unsichtbarkeit lag.

Heute gibt es mutmaßlich über 100 Abakuá-Logen in Kuba, einige mit bis zu 600 Mitgliedern, hauptsächlich in Havanna, Matanzas und Cárdenas (der Brauch drang nie bis ins zentrale oder östliche Kuba vor). Die Eingeweihten heißen *ñáñigos* und ihre äußerst geheimen Zeremonien finden in einem Tempel, einer *famba*, statt. Genauere Informationen über die Bruderschaft sind zwar spärlich, aber die Abakuá ist der Außenwelt durch ihre maskierten Tänzer, den *Ireme* (Teufeln), durchaus bekannt. Sie zeigen ihr Geschick auf verschiedenen jährlichen Volksfesten und trugen zur Entwicklung der *Guaguancó*-Tanzform der Rumba bei. Kubas großer abstrakter Künstler Wilfredo Lam stellte Abakuá-Masken in seinen Gemälden dar, und der Komponist Amadeo Roldán integrierte ihren Rhythmus in die klassische Musik.

Die Bruderschaft hat zwar ein starkes spirituelles und religiöses Element (Waldgötter und die Leopardensymbolik sind wichtig), aber sie unterscheidet sich von der weiter verbreiteten Santería dadurch, dass sie ihre Götter nicht hinter katholischen Heiligen verbirgt. Der kubanische Anthropologe Fernando Ortíz Fernández bezeichnete einst die Abakuá-Bünde als eine Form des „afrikanischen Freimaurertums", während andere Forscher behaupten, sie verhielten sich wie ein „Staat im Staat" mit eigenen Gesetzen und Sprache. Das saloppe kubanische Wort *asere*, „Kumpel", stammt tatsächlich aus dem Abakuá-Begriff für „ritueller Bruder".

adretten Terrasse, die auch gleichzeitig als quirlige Bar genutzt wird. Hier werden Hühnchen-Fajitas zu köstlichen *trapos de viejas* („Altweiberklamotten"), Garnelen sind *cuerpos revisitados* („ausgegrabene Leichen"). Auf dem Schild draußen steht zwar nur „Snack Bar", aber es ist wesentlich mehr als das.

Restaurante Romántico San Severino
INTERNATIONAL $

(Calle 290, zwischen Calle 279 & Calle 283; Hauptgerichte 4,50–6,50 CUC$; ☺18–23 Uhr) An der Westseite des Parque Libertad (S. 243) gibt es nun ein herausragendes Restaurant, zu erreichen über eine steile Treppe hinauf.

Einrichtung im Kolonialstil, guter, freundlicher Service und exzellente, mit Garnelen gefüllte Fischfilets.

Plaza la Vigía
CAFÉ $

(Ecke Plaza de la Vigía & Calle 85; Snacks 2–3 CUC$; ☺11–23 Uhr) Hamburger und Bier vom Fass dominieren das Angebot und junge Leute, vor allem Studenten sind in der Überzahl in der altmodischen Bar, die wie eine Szene von einem Pariser Jugendstilplakat von ca. 1909 aussieht. Der ultimative Gegenpol zu Varadero!

Café Atenas
KARIBISCH $

(Calle 83 No 8301; 2–5 CUC$; ☺10–22 Uhr) Auf der *terraza* (Terrasse) lässt sich inmitten von einheimischen Studenten, Taxifahrern und dienstfreien Hotelangestellten das alltägliche Leben auf der Plaza de la Vigía betrachten. Es gibt recht gute Sandwiches und Grillfleisch.

Restaurante Paladar Mallorca
INTERNATIONAL $$

(☑ 45-28-32-82; Calle 334, zwischen Calle 77 & Calle 79; Hauptgerichte 8–14 CUC$; ⊙ Mi–So 12.30–21.30 Uhr; 🖈) Das Mallorca im Stadtteil Los Mangos nordwestlich des Zentrums beeindruckt mit abenteuerlichen Gerichten, wie Fisch mit Balsamico-Creme, und einer der besten Piña Coladas in Kuba. Die Präsentation ist sehr *nouvelle cuisine* und es gibt überraschende Extras wie eine Kinderkarte, Waschtücher für die Hände am Tisch und Livemusik.

Ausgehen & Nachtleben

Café Mambo Jambo
CAFÉ

(Calle 85 No 27414; ⊙ 10.30–18 Uhr) Neues, schnuckeliges Café voller aniquierter Radios und alten Plattencovern, das starken Kaffee, Frappuccino und einfache kleine Speisen serviert. Die Kundschaft ist eine Mischung aus coolen Studenten und alten Damen, die gerade frisch vom Friseur hereingeschneit kommen.

ACAA
BAR

(Asociación Cubana de Artistas y Artesanos; Calle 85, zwischen Calle 282 & Calle 284; ⊙ 10 Uhr bis spät) Ein schicker Laden für Künstlerbedarf und Ausstellungsraum führt auf einen Innenhof, der an das Bohème-Paris erinnert und wo Gestalten der Kunst- und Kulturszene herumsitzen, starken Kaffee schlürfen und sich angeregt unterhalten. Ab abends geht's auf der Dachbar richtig los, häufig mit Livemusik.

Bistro Kuba
BAR

(Calle 83, zwischen Calle 292 & 290; ⊙ 11–2 Uhr) Die Tische in dieser coolen, winzigen Bar sind von innen beleuchtet und zeigen alte Wahrzeichen der Stadt. Die Cocktails sind unglaublich, ebenso der Espresso. Für Hungrige gibt es Probierteller mit Schinken und Käse. Die Gäste sind zu 99 % Kubaner und es gibt an mehreren Abenden pro Woche Livemusik.

Ruinas de Matasiete
BAR

(Ecke Vía Blanca & Calle 101; ⊙ 10–22 Uhr, Club 22–2 Uhr) In der berühmten Kneipe der Stadt, eingerichtet in der Ruine eines Speichers aus dem 19. Jh. direkt an der Bucht

geht's ziemlich hoch her (für manche zu hoch). Drinks und Grillfleisch werden auf einer Terrasse serviert, aber ein besserer Grund für einen Besuch ist die Livemusik (Fr–So ab 21 Uhr, Eintritt 3 CUC$).

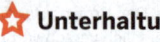 Unterhaltung

⭐ Sala de Conciertos José White
KONZERTSAAL

(☑ 45-26-70-32; Calle 79, zwischen Calle 290 & Calle 288) Die Restaurierung des Gebäudes von 1876 direkt neben dem Hotel Velazco (S. 244) wurde 2014 fertiggestellt und jedes Eckchen, jeder Schnörkel und jedes Gesims aus der alten Glanzzeit lohnt einen längeren Blick. Passend für ein Haus, in dem einst das Sinfonieorchester der Stadt spielte, macht klassische Musik den Hauptteil des Programms aus. Aber auch der typische Matanzas-Tanz *danzón* (Gesellschaftstanz) wird aufgeführt. Eine Bar im Innenhof ergänzt das Kulturerlebnis.

Teatro Sauto
THEATER

(☑ 45-24-27-21; Plaza de la Vigía) Das Sauto, das nach einer längeren Renovierung kurz vor seiner Wiedereröffnung steht (irgendwann 2017) ist ohne Frage von hoher Bedeutung: Seit 1863 finden hier Aufführungen statt. Wer Glück hat, kann hier das Ballet Nacional de Cuba oder den Conjunto Folklórico Nacional de Cuba (Rumba) erleben.

Centro Cultural Comunitario Nelson Barrera
KULTURZENTRUM

(Ecke Calle 276 & 77, Marina; ⊙ Di–So 9–17 Uhr) Das Kulturzentrum im Stadtteil Marina ist ein guter Startpunkt für alle, die sich für die afrokubanische Geschichte Matanzas' interessieren. Wer Glück hat, erwischt religiöse Prozessionen oder Trommelaufführungen oder kann einfach nur mit einigen *hombres* vom *barrio* plaudern.

Museo Histórico Provincial
KULTURZENTRUM

(Palacio del Junco; Ecke Calle 83 & 272; 2 CUC$; ⊙ Di–Fr 10–18, Sa 13–19, So 9–12 Uhr) An der Anschlagtafel an dem Gebäude wird das Programm der Veranstaltungen für einen Monat im Voraus angekündigt. Das Angebot reicht von Theater bis hin zu *danzón*-Aufführungen und Rumba.

Estadio Victoria de Girón
ZUSCHAUERSPORT

(Av Martín Dihigo) Von Oktober bis April wird in dem Stadion, Heimspielort des heiß geliebten lokalen Teams Cocodrilos, Baseball gespielt. Es liegt 1 km südwestlich des Markts (Ecke Calle 97 & 298).

RUMBA IN MATANZAS

„Ohne Rumba gibt es kein Kuba, und ohne Kuba gibt es keine Rumba", lautet ein kubanisches Sprichwort. Matanzas ist zweifellos der Geburtsort von Kubas prägenden Musikrichtungen und nimmt eine zentrale Stellung in der Geschichte und der zukünftigen Entwicklung der Musik des Landes ein.

Rumba entwickelte sich in den afrikanischen *cabildos* der Stadt, geheimen Bruderschaften von Sklaven, die im 19. Jh. aus dem westlichen Zentralafrika als Plantagenarbeiter nach Kuba verschleppt wurden. Diese Bruderschaften trafen sich in den Hinterhöfen des Hafenviertels, um ihre *orishas* (Gottheiten) anzubeten und ihre Traditionen zu bewahren. So entstand die Rumba in Matanzas, die sich rasch verbreitete: Die Musik eines unterdrückten und verschleppten Volks, das sich an seine Wurzeln mithilfe der Musik erinnerte. Es war das Ventil, durch das zunächst Afrokubaner, aber später auch andere unterdrückte Gruppen aus unterprivilegierten Schichten ihre Ängste und Hoffnungen über ihre gesellschaftliche Stellung ausdrückten.

Aus Matanzas stammen die meisten der Hauptformen der Rumba. Die älteste Variante, Rumba Yambú, entstand Ende des 19. Jhs. im Stadtteil Versalles und hat ein langsameres, weicheres Tempo. Rumba Guaguancó ist moderner und sinnlicher, imitiert das Paarungsritual zwischen Hahn und Henne und benutzt Congatrommeln. Dann gibt es noch die Rumba Columbia, die nach einer alten Bushaltestelle außerhalb Matanzas benannt und wegen der gewagten Bewegungen nur von Männern getanzt wird. Als Nebenform wurde erst jüngst die Batá-Rumba anerkannt, die von der modernen Gruppe AfroCuba de Matanzas erfunden wurde, die sie auch am besten veranschaulicht. Der Rhythmus wird hier durch sanduhrförmige Batá-Trommeln vorgegeben, ein rituelles Instrument des nigerianischen Yoruba-Volks.

Meister der ersten drei dieser Formen sind Los Muñequitos de Matanzas, die sich vor fast 60 Jahren formierten, als eine lebhafte, spontane Jam-Session auf Flaschen in einer Bar im Barrio Marina unterschiedliche Leute auf die Idee brachte, sich als Gruppe zusammenzutun. Und das taten sie auch, ursprünglich unter dem Namen Guaguancó Matancero. Ihre erste Aufnahme *Los Muñequitos* („kleine Komiker") war so populär, dass die Band dann letztlich auch so genannt wurde.

Los Muñequitos de Matanzas und AfroCuba de Matanzas entstammen den ersten *cabildos* mit Lucumí- und kongolesischen Ursprüngen. Aber die Musik, die sie heute spielen, dreht sich ebenso um die Neuinterpretation der Wurzeln der Musik wie um die Wurzeln ihrer Vorfahren. Ein großartiges Beispiel ist AfroCubas bahnbrechende Liedsammlung *The Sign and the Seal*, bei der mit Hilfe traditoneller *orishas* scheinbar die Grenzen der Musik selbst gesprengt werden. Die Songs sind Gottheiten wie Agayú gewidmet – in der Yoruba-Kultur ein leerer Raum oder eine Wildnis – oder beschäftigen sich mit Oshún, der Quelle der Flüsse, des Wassers und des Lebens. Durch Rückkehr zu den Grundelementen einer Kultur greift das Album die Grundelemente der Musik wieder auf; es fügt den Sound wieder so zusammen wie das Universum (die Beziehung zu diesem ist ein Grundstein des Yoruba-Glaubens) den Sound zusammenfügt.

Besser als über die Rumba zu lesen ist, sie zu hören und beide hier erwähnten Gruppen treten in Matanzas auf. Es ist ein unglaubliches Charakteristikum dieser Stadt, der Heimat der Rumba, dass zwei ihrer bekanntesten Vertreter hier noch immer beim Jammen in kleinem Rahmen zu entdecken sind. Am einfachsten lässt sich Rumba bei den großartigen Freiluftauftritten erleben, die am dritten Freitag eines jeden Monats um 16 Uhr vor dem Museo Histórico Provincial (S. 246) stattfinden.

 Shoppen

Ediciones Vigía BÜCHER
(Plaza de la Vigía, Ecke Calle 91; ⊘ Mo–Sa 9–17 Uhr) Diese einzigartige, im Jahr 1985 gegründete Verlagsbuchhandlung im Südwesten der Plaza de la Vigía (S. 241) gelegen, verkauft hochwertiges, handgefertigtes Papier und Erstausgaben. Die Bücher werden getippt, schabloniert und gebunden und erscheinen dann in einer limitierten Auflage von 200 Exemplaren. Besucher sind in der antiquierten Werkstatt gerne willkommen,

wo sie auch wunderschöne nummerierte und signierte Unikate erwerben können (5–40 CUC$).

ℹ Praktische Informationen

GELD

Banco de Crédito y Comercio (Calle 85 No 28604, zwischen Calle 286 & 288; ◷ 9–17 Uhr) Geldautomat.

Cadeca (Calle 286, zwischen Calle 83 & 85; ◷ Mo–Sa 8–18, So 8–12 Uhr)

INTERNETZUGANG

Etecsa Telepunto (Ecke Calle 83 & 282; pro Std. 1,50 CUC$ ◷ 8.30–19.30 Uhr) Verkauft Telefon- und Internetkarten.

WLAN gibt es gegenüber im Park vor der Kathedrale (S. 241) und im Parque Libertad (S. 243).

MEDIZINISCHE VERSORGUNG

Servimed (☎ 45-25-31-70; Hospital Faustino Pérez, Carretera Central Km 101; ◷ 24 Std.) Ambulanz im Krankenhaus gleich südwestlich von Matanzas.

POST

Postamt (Ecke Calle 85 & 290; ◷ Mo–Sa 8–17 Uhr)

ℹ An- & Weiterreise

AUTO

Die zentralste Autovermietung ist **Cubacar** (☎ 45-25-32-46; Ecke Calle 127 & 204, Playa) im Stadtteil Playa.

BUS

Alle Fern- und Regionalbusse nach Matanzas benutzen den **Nationalen Busbahnhof** (Ecke Calle 131 & 272, Pueblo Nuevo) im alten Bahnhof südlich des Río San Juan.

Matanzas verfügt über recht gute Verbindungen, nach Cienfuegos und Trinidad muss jedoch in Varadero umgestiegen werden, also am besten den ersten Bus nach Varadero nehmen und dort auf den Nachmittagsbus nach Trinidad warten.

Víazul (www.viazul.com) fährt fünfmal täglich nach Havanna (7 CUC$, 2 Std., 9, 12.55, 14.50, 16.50 und 18.50 Uhr); der 9-Uhr-Bus fährt weiter nach Viñales. Des Weiteren fahren auch fünf Busse täglich nach Varadero (6 CUC$, 1 Std., 8, 10.05, 12.05, 15.05 und 19 Uhr); sie halten auch am Flughafen (6 CUC$, 25 Min.).

FAHRRAD

Matanzas ist von Varadero mit dem Fahrrad zu erreichen. Die 32 km lange Straße ist gut asphaltiert und völlig flach, abgesehen von den letzten

3 km vor der Stadt ab der Brücke über den Río Canímar. Fahrräder werden in einigen Pauschalhotels in Varadero verliehen.

FLUGZEUG

Matanzas ist mit der Außenwelt über den Juan Gualberto Gómez International Airport (S. 238), also den Flughafen Varadero, 20 km östlich der Stadt, verbunden.

TAXI

Taxis stehen am Busbahnhof und am Parque Libertad (S. 243). Mitfahrer für Fahrten in einem *colectivo* (Gemeinschaftstaxi) zu Zielen im Süden und Osten lassen sich besser am Busbahnhof in Varadero (S. 238) finden.

ZUG

Matanzas besitzt zwei Bahnhöfe. Der **Hauptbahnhof** (☎ 45-29-16-45; Calle 181) befindet sich in Miret am Südrand der Stadt. Die meisten Züge zwischen Havanna und Santiago de Cuba halten hier, aber die Züge sind langsam, schmuddelig und unzuverlässig. Theoretisch verkehren täglich ein halbes Dutzend Züge nach Havanna (3 CUC$, 1½ Std.). Der Zug nach Santiago de Cuba (27 CUC$; 13½ Std.) fährt offiziell alle drei oder vier Tage am Abend ab. Die aktuellen Zuginformationen stehen auf Zetteln, die an die Wand im Wartesaal geklebt sind. Eine frühe Ankunft ist ratsam, um den Andrang zu vermeiden.

Der **Hershey-Bahnhof** (☎ 45-24-48-05; Ecke Calle 55 & Calle 67) liegt in Versalles, nur zehn Minuten zu Fuß vom Parque Libertad (S. 243) entfernt. Täglich fahren hier drei Züge zum Casablanca-Bahnhof in Havanna (2,80 CUC$, 4 Std.), mit Halt in Canasí (0,85 CUC$, 1 Std.), Jibacoa (1,10 CUC$, 1½ Std.; zur Playa Jibacoa), Hershey (1,40 CUC$, 2 Std.; zu den Jardines de Hershey) und Guanabo (2 CUC$, 3 Std.). Abfahrtszeiten in Matanzas sind 4.39, 12.09 (ein Schnellzug, offiziell 3 Std.) und 16.25 Uhr.

Die Züge fahren meist pünktlich ab, treffen aber am Casablanca-Bahnhof in Havanna (gleich unterhalb der Festung La Cabaña an der Ostseite des Hafens) mit einer Stunde Verspätung ein. Es ist die einzige elektrische Bahn (S. 173) in Kuba. Wer es nicht eilig hat, kann die landschaftlich reizvolle Fahrt genießen und auch einige der wenig besuchten Attraktionen in der Provinz Mayabeque erreichen.

ℹ Unterwegs vor Ort

Der Bus 12 fährt von der Plaza Libertad zu den Cuevas de Bellamar und zur Iglesia de Monserrate.

Die **Oro-Negro-Tankstelle** (Ecke Calle 129 & 210) liegt 4 km außerhalb des Zentrums von Matanzas an der Straße nach Varadero. Autofahrer nach Varadero müssen zwischen Boca de Camarioca und Santa Marta 2 CUC$ Autobahnmaut zahlen (keine Maut zwischen Matanzas und dem Flughafen).

Bici-Taxis stehen neben dem Mercado la Plaza und fahren für 1 oder 2 Pesos zu fast jedem Zielort in der Stadt. Ein Taxi zum Juan Gualberto Gómez International Airport (S. 238) kostet rund 25 bis 30 CUC$ (20 Min.), nach Varadero ein bisschen mehr (30 CUC$; 40 Min.).

Cárdenas

109 552 EW.

Ohne die strahlenden Lichter von Varadero oder die Wiederbelebung des historischen und kulturellen Erbes von Matanzas kann Cárdenas ausgesprochen schäbig wirken. In der verwahrlosten Stadt, die wie ein sepiafarbenes Foto aus einer anderen Zeit aussieht, leben zahllose Kellner, Rezeptionsangestellte und Taxifahrer aus den Resorts. Aber es ist hier kaum ein Restaurant, Hotel oder Taxi zu finden.

Cárdenas spielte kurzzeitig durchaus eine Rolle in der kubanischen Geschichte. 1850 hisste hier der venezolanische Abenteurer Narciso López mit einer zusammengewürfelten Armee aus amerikanischen Söldnern bei den vergeblichen Versuch, das Land von seinen spanischen Kolonialherren zu befreien, das erste Mal die kubanische Flagge. Die Stadt hat noch weitere Einwohner, die Geschichte schrieben, darunter der revolutionäre Studentenführer José Antonio Echeverría, der 1957 während eines gescheiterten Attentatversuchs auf Präsident Batista erschossen wurde. Die ereignisreiche Vergangenheit der Stadt wird in drei großartigen Museen um den Parque Echeverría, den Hauptplatz der Stadt, dargestellt. Sie sind auch die Hauptattraktionen der Stadt.

Die Einwohner von Cárdenas verwenden oft noch die alten Straßennamen statt des neuen Nummernsystems. Bei Unsicherheiten lieber nochmals nachprüfen.

Sehenswertes

★ Museo Oscar María de Rojas · MUSEUM
(Ecke Av 4 & Calle 13; 5 CUC$; ⊙ Mo–Sa 9–18, So 9–13 Uhr) Kubas zweitältestes Museum (nach dem Museo Bacardí in Santiago) zeigt eine Auswahl skurriler Exponate, wie etwa einen Strangulierungsstuhl von 1830, eine Gesichtsmaske von Napoleon, den Schweif von Antonio Maceos' Pferd, Kubas größte Schneckensammlung und zu guter Letzt ein paar konservierte Flöhe aus dem Jahr 1912 (kein Scherz!).

Das Museum ist in einem hübschen Kolonialhaus untergebracht und hat kenntnisreiche staatliche Museumsführer.

Museo de Batalla de Ideas · MUSEUM
(Av 6, zwischen Calle 11 & Calle 12; 2 CUC$; ⊙ Di–Sa 9–17, So 9–12 Uhr) Das neueste der drei Museen von Cárdenas bietet einen gut gestalteten und organisierten Überblick über die Geschichte der amerikanisch-kubanischen Beziehungen, einschließlich aufwendiger Grafiken. Anlass zur Gründung des Museums war der Fall Elián González, ein Junge aus Cárdenas, dessen Mutter, Stiefvater und weitere elf Personen 1999 beim Versuch, mit einem Boot in die USA zu fliehen, ertranken. Das Museum ist ein Manifest für Castros folgende *batalla de ideas* (ideologischer Kampf) mit der US-Regierung.

Die Ausstellung dreht sich natürlich um die acht Monate, in denen Kuba und die USA um das Sorgerecht für Elián kämpften, aber es werden auch interessante Exponate zur Qualität des kubanischen Bildungssystems gezeigt sowie ein Hof mit Büsten antiimperialistischer Kämpfer, die für die Revolution starben. Das Ausstellungsstück, das den Zweck des Museums am besten versinnbildlicht, ist die Statue eines Kindes, das verächtlich ein Superman-Spielzeug wegwirft.

Museo Casa Natal de José Antonio Echeverría · MUSEUM
(Av 4 Este No 560; mit Führung 5 CUC$; ⊙ Di–Sa 10–17, So 9–13 Uhr) Das Museum zeigt eine makabre historische Sammlung, darunter das originale Würgeisen, das 1851 zur Hinrichtung von Narciso López benutzt wurde. Exponate, die in Verbindung mit den Unabhängigkeitskriegen im 19. Jh. stehen, befinden sich unten. Die Revolution des 20. Jhs. wird im oberen Stock gewürdigt, der über eine schöne Wendeltreppe erreicht wird.

1932 wurde hier José Antonio Echeverría geboren, ein Studentenführer, der 1957 nach einem gescheiterten Attentatsversuch in Havannas Präsidentenpalast von Batistas Polizei getötet wurde. Seine Statue steht auf dem gleichnamigen Platz vor dem Museum.

Rumdestillerie Arechabala · DESTILLERIE
(Ecke Calle 2 & Av 13) Die berühmte Rumdestillerie im Industriegebiet nordwestlich des Zentrums von Cárdenas wurde 1878 vom spanischen Immigranten José Arechabala gegründet. Arechabala produzierte den Havana Club, den zweitberühmtesten Rum Kubas (nach Bacardí), bis der Familienbetrieb von der kubanischen Regierung 1959

beschlagnahmt wurde. Arechabala ging in die USA, ließ sich aber Havana Club nicht markenrechtlich schützen. Der Name wurde dann 1976 von der kubanischen Regierung übernommen.

Arechabala (und sein internationaler Partner Bacardí) waren jüngst in einen markenrechtlichen Streit mit der kubanischen Regierung und dem Partner Pernod Ricard über die Verkaufsrechte von Havana Club in den USA verwickelt. Die Destillerie ist noch in Betrieb, aber Führungen werden nicht angeboten.

Fahnenmast-Denkmal
DENKMAL

(Ecke Av Céspedes & Calle 2) Nein, nicht nur irgendein Fahnenmast! Am nördlichen Ende der Avenida Céspedes jenseits der Catedral de la Inmaculada Concepción gehört genau dieser Fahnenmast zu einem Denkmal, das an den Moment erinnert, als die kubanische Flagge am 19. Mai 1850 erstmals gehisst wurde.

Catedral de la Inmaculada Concepción
KIRCHE

(Av Céspedes zwischen Calle 8 & Calle 9) Auf dem Parque Colón, dem zweiten interessanten Platz der Stadt fünf Blocks nördlich des Parque Echeverría, steht der wichtigste Kirchenbau Cárdenas.

Errichtet wurde die Kathedrale 1846, bekannt ist sie für ihre Buntglasfenster und die angeblich älteste Statue (1862) von Christoph Kolumbus in der westlichen Hemisphäre. Colón, wie er in Kuba heißt, wirkt hier ziemlich herrisch, mit nachdenklich gerunzelter Stirn und einem Globus zu seinen Füßen. Die Statue ist Cárdenas schönstes Fotomotiv.

Schlafen

Eine Ecke weiter in Varadero gibt es 60 Hotels (mit steigender Tendenz), hier im bescheidenen Cárdenas kein einziges. Zum Glück hat Cárdenas ein paar gute (wenn auch notorisch schwer zu findende) *casas particulares*.

Hostal Ida
CASA PARTICULAR $

(☎ 45-52-15-59; ida83@nauta.cu; Calle 13, zwischen Av 13 & Av 15; Zi. 35 CUC$; P ❄) Die Lage in einer schäbigen Straße sollte die Besucher nicht abschrecken. Das schmucke Apartment (mit eigenem Eingang und Garage) besteht aus einem tollen Wohnzimmer mit Kochnische und einem opulent möblierten Schlafzimmer mit Bad, das genauso gut

auch aus einem gehobenen Hotel in Varadero stammen könnte. Das Frühstück ist üppig (5 CUC$).

Ricardo Domínguez
CASA PARTICULAR $

(☎ 52-89-44-31; yaniamaria82@nauta.cu; Ecke Av 31 & Calle 12; Zi. 35 CUC$; P ❄) Ricardos Haus liegt 1,5 km nordwestlich des Parque Echeverría, und es lohnt sich, es ausfindig zu machen. Das blitzblanke weiße Haus mit Terrakotta-Ziegeln steht in einem großen Garten mit viel Grün und wirkt, als stamme es aus einem der geschmackvolleren Wohnviertel Miamis. Drei Gästezimmer stehen zur Verfügung.

Essen

Die Hälfte der Köche von Varadero lebt vermutlich in Cárdenas, was ein Witz ist angesichts des düsteren Restaurantangebots der Stadt. Ein paar neue *paladares* (privat betriebene Restaurants) haben die Lage etwas verbessert.

In der Nähe der schmiedeeisernen Markthalle Plaza Molocoff (gegenüber) aus dem 19. Jh., wo es einen billigen Imbiss für kubanische Pesos gibt, sind viele Supermärkte und Geschäfte, in denen mit Convertibles gezahlt werden kann.

★ Don Qko
KUBANISCH $

(☎ 45-52-45-72; Av Céspedes No 1000, Ecke Calle 21; Hauptgerichte 3–8 CUC$; ⊙ Mi–Mo 12–23 Uhr) Don Qko ist eines dieser gut geführten, aber dennoch unbeirrt kubanischen Privatrestaurants, die in den Provinzstädten Kubas (besonders in Cárdenas und Matanzas) so typisch und nicht besonders auf das Geld der Touristen aus sind. Daher sind die Preise auch bezahlbar, das Essen ist ganz einfach Hausmannskost und die Atmosphäre zu 90 % kubanisch. Mit ein paar Spanischkenntnissen lohnt ein Besuch.

Studio 55
CAFÉ $

(Calle 12, zwischen Av 4 & Av 6; leichte Gerichte 3–5 CUC$; ⊙ Mo–Do 12–24, Fr & Sa bis 2 Uhr) In dem ziemlich trendigen Laden am Hauptplatz gibt's zum Industriechick tolle Burger und überhaupt gut zubereitetes Fastfood, das auf Speisekarten angeboten wird, die wie DVD–Hüllen gestaltet sind. Eine prima Ergänzung der eher dürftigen Restaurantszene Cárdenas'.

Restaurant Don Ramón
INTERNATIONAL $

(Av 4, zwischen Calle 12 & Calle 13; Hauptgerichte 6–8 CUC$; ⊙ 11–22 Uhr; ❄) Das wunderbare Don Ramón am Parque Echeverría lockt mit altmodisch kolonialem Charme. Um ein vielfältiges Speiseangebot zu genießen, gibt es keinen besseren Ort in Cárdenas. Empfehlenswert sind das Filet Mignon und die Gin-Spezialitäten.

Plaza Molocoff
MARKT $

(Ecke Av 3 Oeste & Calle 12) Die Plaza Molocoff ist eine verspielte, zweistöckige schmiedeeiserne Markthalle mit einer glitzernden, 16 m hohen Silberkuppel, die 1859 errichtet wurde. Sie ist immer noch der Gemüsemarkt der Stadt, bräuchte aber dringend eine Restaurierung.

☆ Unterhaltung

Casa de la Cultura
KULTURZENTRUM

(Av Céspedes No 706, zwischen Calle 15 & Calle 16; ☺unterschiedl.) Befindet sich in einem wunderschönen, aber heruntergekommenen Kolonialhaus mit Buntglasfenstern und einem Innenhof mit Schaukelstühlen. Auf handgeschriebenen Plakaten werden Rap-*peñas* (Aufführungen), Theater- und Literaturveranstaltungen angekündigt.

ℹ Praktische Informationen

GELD

Banco de Crédito y Comercio (Ecke Calle 9 & Av 3)

Cadeca (Ecke Av 1 Oeste & Calle 12)

INTERNETZUGANG

Der Parque Echeverría ist auch ein WLAN-Hotspot.

Etecsa Telepunto (Ecke Av Céspedes & Calle 12; pro Std. 1,50 CUC$; ☺8.30–19.30 Uhr) Telefon und Internetzugang.

MEDIZINISCHE VERSORGUNG

Centro Médico Sub Acuática (☑45-52-21-14; Carretera a Varadero Km 2; pro Std. 80 CUC$; ☺Mo–Sa 8–16 Uhr, Notfallärzte 24 Std.) 2 km nordwestlich an der Straße nach Varaderos im Hospital Julio M Aristegui; hat eine sowjetische Dekompressionskammer von 1981.

Apotheke (Calle 12 No 60; ☺24 Std.)

ℹ An- & Weiterreise

Am einfachsten ist es, in Varadero einen Bus zu nehmen. Der **Víazul-Bus** (www.viazul.com) zwischen Varadero und Santiago de Cuba fährt zwar hier durch, hält aber offiziell nicht. Von Varadero gibt es zudem viel mehr tägliche Busverbindungen nach Trinidad und Havanna.

Der Bus 236 von/nach Varadero fährt stündlich an der Ecke Avenida 13 Oeste und Calle 13 ab (50 Centavos, aber für Touristen kostet es in

der Regel 1 CUC$, 30 Min.). Für ein Taxi für die selbe Strecke muss mit 15 bis 29 CUC$ (15 Min.) gerechnet werden.

ℹ Unterwegs vor Ort

Öffentliche Verkehrsmittel in Cárdenas sind *coches* (Pferdekutschen). Die Hauptstrecke führt vom **Busbahnhof** (Ecke Av Céspedes & Calle 22) nordostwärts über die Avenida Céspedes und dann nach Nordwesten über die Calle 13 an der Haltestelle der Buslinie 236 (Varadero) vorbei bis zum Krankenhaus. Gezahlt wird mit der kleinsten CUC$-Münze.

Autofahrer finden die **Servi-Cupet-Tankstelle** (Ecke Calle 13 & Av 31 Oeste) gegenüber einer alten spanischen Festung an der Nordwestseite der Stadt an der Straße nach Varadero.

Wer nach dem Weg fragt, sollte immer daran denken, dass die Bewohner von Cárdenas oft noch die alten Straßennamen benutzen anstatt das neue Namenssystem (nummerierte *calles* und *avenidas*). Bei Unklarheit sollte man besser nochmal nachfragen.

San Miguel de los Baños & Umgebung

San Miguel de los Baños liegt im Landesinneren der Provinz Matanzas inmitten sanfter Hügel mit leuchtenden Tupfern aus Bougainvilleen. Der zauberhafte alte Kurort konnte es einst mühelos in Sachen eleganter Opulenz mit Havanna aufnehmen. Mit Betonung auf „einst" ... Ihre kurze Blütezeit erlebte die Stadt, als reiche Kurgäste wegen des heilkräftigen Wassers, das Anfang des 20. Jhs. hier entdeckt wurde, in den Kurort strömten. Damals entstanden auch die luxuriösen neoklassizistischen Villen, die noch heute die Hauptstraße Avenida de Abril säumen. Aber der Boom hielt nicht lange an: Kurz vor der Revolution verunreinigte eine lokale Zuckerfabrik das Wasser so massiv, dass der Kurort rasch an Bedeutung verlor. Heute präsentiert er sich als eine merkwürdige Mischung aus Architekturmuseum und Geisterstadt.

⦿ Sehenswertes

★ Finca Coincidencia
BAUERNHOF

(☑45-81-39-23; Carretera Central, zwischen Coliseo & Jovellanos) GRATIS Auf dem Biobauernhof 14 km nordöstlich von San Miguel de los Baños und 6 km östlich von Colesio über die Carretera Central lässt sich wunderbar idyllisches Landleben abseits des Getriebes an der Nordküste der Provinz Matanzas genießen. Besucher können auf dem Gelände voller Mango- und Guavenbäume die Seele baumeln lassen, an Keramikkursen teilnehmen und durch Gärten schlendern, in denen 83 Pflanzenarten angebaut werden.

Der Besitzer Héctor Correa ist ein Öko-Genie und baut alles an, was er zum Leben braucht. Er betreibt auch eine kleine Keramikwerkstatt und hat einen eigenwilligen Skulpturengarten unter den Mangobäumen angelegt – den Ehrenplatz nimmt ein lebensgroßer Charlie Chaplin ein. Wer sich ganz und gar aufs Landleben einlassen will, findet hier auch Unterkunft und Essen (rund 10 CUC$).

★ Gran Hotel & Balneario RUINE

Inmitten des provinziellen Kubas liegt wahrlich verlassen eine hinreißende Ruine, die viel Atmosphäre verströmt und (trotz des Schimmels) noch immer in spürbarer Schönheit erstrahlt. Von den 1920er- bis zu den 1950er-Jahren diente das prächtige Bauwerk als teures Kurhaus und Hotel. Heute birgt es Vogelnester, Unkraut und – wer weiß? – die Geister einstiger Gäste.

Es kostet keinen Eintritt und es gibt kaum andere Besucher. Man kann einfach hineingehen und den Zauber genießen, so lange es noch möglich ist.

Loma de Jacán HÜGEL

Hoch über San Miguel de los Baños ragen die steilen Hänge der Loma de Jacán empor, eines finsteren Hügels mit 448 Stufen, die mit verblichenen Felsbildern des Kreuzwegs geschmückt sind. Von der Kapelle auf dem Gipfel bietet sich der schönste Blick der Stadt, ganz zu schweigen davon, dass es der höchste Punkt in der Provinz ist. Die Aussicht ist fantastisch.

🛏 Schlafen

Finca Coincidencia CASA PARTICULAR $

(☏ 45-81-39-23; Carretera Central, zwischen Coliseo & Jovellanos; Zi. 20–25 CUC$; P ❄) 🌿 Die wohl beste ländliche Unterkunft in Kuba. Drei einfache, aber hübsche Zimmer auf einem Biobauernhof (S. 251) mit Keramikwerkstatt, auf dem so ziemlich alles (auch der Kaffee, die Milch und die Kaffeetasse) selbst hergestellt wird. Einfach herrlich.

ABSEITS DER ÜBLICHEN PFADE

DAS GRAN HOTEL – KUBAS VORNEHMSTE RUINE

In Kuba gibt es reichlich verlassene Ruinen, aber nur wenige sind so nobel wie das ehemalige Gran Hotel und sein elegantes Kurhaus im Zentrum der Provinz Matanzas. Das Hotel im verschlafenen Nest San Miguel de los Baños nur 50 km südlich von Varadero wirkt wie eine verkümmerte Zeitkapsel, die sich noch keine entschlossenen Restaurateure oder beflissene Wachmänner vorgenommen haben. Kinder spielen noch immer Fußball zwischen den Brüstungen und Terrassen, und neugierige Touristen können ungehindert über das überwucherte Gelände streifen und sich ein wenig wie Pip in Charles Dickens' Roman *Große Erwartungen* fühlen.

Das „Gran" wurde in den 1920er-Jahren vom reichen kubanischen Rechtsanwalt Manuel Abril Ochoa als Kurhotel errichtet, der damit die Wohlhabenden Kubas zu den Thermalquellen der Region locken wollte.

Ochoa stellte mit Bedacht den Ingenieur Alfredo Colley als Leiter des Projekts ein. Colley, der gerade die Arbeit am prunkvollen Casino von Monte Carlo beendet hatte, entwarf das Hotel mit vier verschwenderischen Türmen und einer ausladenden zentralen Treppe als nahezu identische Kopie des Casinos. Das angrenzende Kurhaus wurde aus Terrakotta-Ziegeln mit einer eigenwilligen Mischung aus römischen, maurischen und Jugendstileinflüssen gebaut.

Das 1929 eröffnete Gran und sein *balneario* (Kurhaus) erwiesen sich in den ersten Jahren als sehr beliebt – so sehr, dass in dem kleinen Ort schnell drei weitere Hotels entstanden, um den Ansturm der Gäste zu bewältigen. Kurz nach der Revolution verlor das Hotel zwar seine Opulenz und wurde in den 1970er-Jahren völlig aufgegeben, aber Gebäude und Gelände besitzen noch immer eine stille und unerwartete Schönheit, die durch das fast vollständige Fehlen von Besuchern nur noch verstärkt wird. Pläne, die Anlage zu restaurieren, werden zwar immer wieder verkündet, aber bislang hatte noch niemand den Mut, sich der verfallenden und doch prachtvollen Ruinen anzunehmen.

ℹ️ An- & Weiterreise

San Miguel de los Baños ist über die Ruta 101 von Cárdenas nach Colesio zu erreichen, von wo es ab der Kreuzung mit der Carretera Central nochmals 8 km Richtung Südwesten sind. Ein Taxi von Cárdenas (25 Min.) sollte 20 bis 25 CUC$ kosten – hart verhandeln!

Für Radfahrer ist es eine nette Tagestour von Cárdenas (42 km hin & zurück) oder bei entsprechender Fitness von Varadero (80 km hin & zurück).

PENÍNSULA DE ZAPATA

Die 4520 km² große Península de Zapata, eine weite, praktisch unbewohnte sumpfige Wildnis, die den gesamten Süden von Matanzas einnimmt, ist ein Paradies für Tierbeobachter und Taucher: Hier leben die wichtigsten Vogelarten des Landes und vor der Küste des Feuchtgebiets verstecken sich traumhafte Tauchreviere. Ein Großteil der Halbinsel ist ein Naturschutzgebiet, national Teil des Gran Parque Natural Montemar und international als Unesco-Biospärenreservat Ciénaga de Zapata.

Die Zuckerfabrikstadt Australia im Nordosten der Halbinsel bildet den Haupteingang zum Park. Direkt südlich befindet sich einer der großen touristischen Dukateninsel der Region, das kitschige, aber merkwürdig anziehende Boca de Guamá, ein rekonstruiertes Taíno-Dorf.

Die Straße trifft an der Playa Larga am Kopf der Bahía de Cochinos (Schweinebucht) auf die Küste, unterwegs stehen Propagandatafeln, die noch immer Kubas historischen Sieg von 1961 über die *Yanquis* rühmen. Hier liegen auch die schönsten Strände der Halbinsel.

ℹ️ An- & Weiterreise

Víazul-Busse (www.viazul.com) fahren täglich über die Halbinsel mit offiziellen Haltestellen in Playa Larga und Playa Girón. Andernfalls ist sie mit dem Mietwagen oder einem Taxi zu erreichen. Das flache Gelände eignet sich prima zum Radfahren.

Central Australia & Umgebung

Nein, hier ist man nicht in Australien gelandet. Central Australia ist die große, stillgelegte Zuckerfabrik 1,5 km südlich der Autopista Nacional Richtung Boca de Guamá.

Sie entstand 1904 und birgt nun ein kleines Museum sowie einen ziemlich absurden „Bauernhof" und ist ein praktischer Zwischenstopp auf dem Weg nach Playa Girón oder Cienfuegos.

🔴 Sehenswertes

Museo Comandancia de las FAR   MUSEUM
(1 CUC$; ⊙ Di–Sa 9–17 Uhr) Während der Schweinebuchtinvasion von 1961 hatte Fidel Castro sein Hauptquartier in der ehemaligen Verwaltung der Zuckerfabrik aufgeschlagen – heute dient das Gebäude als Revolutionsmuseum. Zu sehen sind der Schreibtisch und das Telefon, von dem aus Fidel seine Truppen befehligte, sowie andere Memorabilien aus dieser Zeit. Draußen liegt das Wrack eines Invasionsflugzeugs, das Fidels Soldaten abgeschossen hatten.

Die Mahnmale aus Beton entlang der Straße zur Bahía de Cochinos markieren die Stellen, an denen Verteidiger 1961 getötet wurden. Das Museum und seine Monumente dienen als eine Art Ergänzung zum viel besseren Museo de Playa Girón (S. 257).

Finca Fiesta Campesina   PARK
(1 CUC$; ⊙ 9–18 Uhr; 🅿️ 🏍️) Ungefähr 400 m nach der Ausfahrt zur Central Australia an der Autopista Nacional liegt auf der rechten Seite eine Art Mischung aus Minizoo und Dorfkirmes mit etikettierten Exemplaren der typischen Fauna und Flora Kubas. Die Highlights dieser etwas schäbigen Anlage sind der Kaffee (einer der besten in Kuba, serviert mit einem süßen Stück Zuckerrohr), das Bullenreiten und das urkomische, wenn auch etwas infantile Meerschweinchenroulette, das der Herr am Tor mit viel Schwung veranstaltet.

Es ist der einzige Ort in Kuba – abgesehen von Hahnenkämpfen –, wo überhaupt eine Art von öffentlichem Glücksspiel erlebt werden kann.

🛏️ Schlafen & Essen

Motel Batey Don Pedro   HÜTTEN $
(☑️ 45-91-28-25; Carretera a Península de Zapata; EZ/DZ 36/54 CUC$ 🅿️) Ein verschlafenes Motel mit zwölf Zimmern in blau-weißen Einheiten mit Strohdach, Deckenventilatoren, krächzenden Fernsehern und Veranden – und gelegentlich einem Frosch im Badezimmer. Es liegt auf dem Weg zur Finca Fiesta Campesina, gleich südlich des Abzweigs zur Península de Zapata am Km 142 der Autopista Nacional in Jagüey Grande.

Das Motel ist wie ein „Bauerndorf" gebaut. Die beste Wahl für ein Essen ist die Finca Fiesta Campesina nebenan.

Pío Cuá
KARIBISCH $$

(Carretera de Playa Larga Km 8; Mahlzeiten 8–20 CUC$; ⏰ 11–17 Uhr; ⓟ) Das riesige Lokal ist auf große Gruppen eingerichtet und wird deshalb gern von Reisebussen auf dem Weg nach Guamá angefahren. Dennoch wirkt es mit seinen vielen Buntglasfenstern sehr nett. Zu empfehlen sind die Gerichte mit Krabben, Hummer oder Huhn. Es liegt 8 km vom Abzweig der Autopista Nacional Richtung Süden ab Australia entfernt.

Boca de Guamá

Boca de Guamá mag zwar eine rein touristische Kreation sein, aber im Vergleich mit anderen Ferienanlagen zählt sie dennoch zu den fantasievolleren. Sie liegt etwa auf halbem Weg zwischen der Autopista Nacional bei Jagüey Grande und der berühmten Bahía de Cochinos und wurde nach dem Taíno-Häuptling Guamá benannt, der 1532 in Baracoa ein letztes Gefecht gegen die Spanier austrug. Die große Attraktion ist die Bootstour durch die von Mangroven gesäumten Kanäle und über die Laguna del Tesoro (Schatzsee) zu einer Nachbildung eines Taíno-Dorfs. Fidel hatte hier einst seinen Urlaub verbracht und war maßgeblich an der Entwicklung des Taíno-Motivs beteiligt.

Aber das Bild eines präkolumbischen Kuba verwischt recht schnell: Lärmende Reisegruppen und noch lautere Rapmusik reißen einen schnell in die Gegenwart zurück. Rund um den Bootsanleger drängen sich Restaurants, teure Snackbars, Krimskramsläden und eine Krokodilfarm. Die Palmen auf dem Gelände sind jedoch eine angenehme Erholung nach der sumpfigen Hitze der Umgebung.

🔴 Sehenswertes

Laguna del Tesoro
SEE

Der See liegt 5 km östlich von Boca de Guamá und ist nur mit dem Boot über den Canal de la Laguna erreichbar. Auf der anderen (östlichen) Seite des 92 km² großen Gewässers liegt auf einem Dutzend kleiner Inseln eine Touristenanlage namens Villa Guamá, die in Anlehnung an ein Taíno-Dorf gebaut wurde.

In einem Skulpturenpark neben dem Dorf stehen 32 lebensgroße Figuren von Taí-no-Dorfbewohnern in diversen idealisierten Posen. Seinen Namen „Schatzsee" verdankt der See einer Legende über einen Schatz, den die Taíno angeblich kurz vor der Eroberung durch die Spanier ins Wasser geworfen haben (erinnert an südamerikanischen Legenden von El Dorado). Im See tummeln sich Forellenbarsche, daher sind hier häufig Angler anzutreffen.

Criadero de Cocodrilos
KROKODILFARM

(☎ 45-91-56-66; Carretera a Playa Larga; Erw./Kind inkl. Getränk 5/3 CUC$; ⏰ 9.30–17 Uhr) 🖉 Der Criadero de Cocodrilos, rechts an der Autopista am Ortseingang von Boca de Guamá, ist eine höchst erfolgreiche Zuchtanstalt für Krokodile, die vom Ministerio de la Industria Pesquera betrieben wird. Zwei Krokodilarten werden hier gezüchtet: das einheimische *Crocodylus rhombifer* (*cocodrilo* auf Spanisch bzw. „kubanisches Krokodil") und das *Crocodylus acutus* (*caimán* auf Spanisch), das überall im tropischen Amerika lebt.

Die Zuchtstation Criadero de Cocodrilos, rechts von der Autopista aus, wird vom Zoo betrieben, mit etwas Glück kann man sich einer Führung (auf Spanisch) anschließen, die Besuchern jeden Schritt des Zuchtprogramms erklärt. Vor der Einrichtung dieses Programms 1962, das als erstes Umweltschutzprogramm der Revolutionsregierung gilt, waren diese beiden Sumpfkrokodilarten in Kuba nahezu ausgestorben.

Die Zucht ist so erfolgreich, dass gegenüber in Boca de Guamá ausgestopfte Babykrokodile verkauft und, ganz legal, Krokodilsteaks serviert werden.

Wer ein Produkt aus Krokodilleder in Boca de Guamá kauft, sollte unbedingt die Rechnung für den Zoll als Nachweis dafür aufbewahren, dass das Leder auch wirklich von einer Krokodilfarm und nicht von wilden Krokodilen stammt. Völlig unproblematisch ist dagegen der Kauf von Erzeugnissen der nahen **Taller de Cerámica** (⏰ Mo–Sa 9–18 Uhr).

🛏 Schlafen

Villa Guamá
HÜTTEN $$

(☎ 45-91-55-51; EZ/DZ mit HP 67/100 CUC$; ❄ ♨) Die Anlage wurde 1963 an der Ostseite der Laguna del Tesoro gebaut, etwa 8 km per Boot von Boca de Guamá entfernt (Autos werden an der Krokodilfarm geparkt werden; 1 CUC$). Die 50 strohgedeckten *cabañas* (Hütten) mit Bad und TV stehen auf Pfählen im seichten Wasser.

Die sechs kleinen Inseln, auf denen die Hütten stehen, sind durch Holzbrücken mit anderen Inseln verbunden, auf denen sich eine Bar, eine Cafeteria, ein übersteuertes Restaurant und ein Swimmingpool mit gechlortem Seewasser befinden. Es gibt einen Ruderbootverleih, und bei Sonnenaufgang die Vögel zu beobachten soll ganz phantastisch sein. Aufgrund der Stechmückenplage ist ein im Ausland hergestelltes Insektenschutzmittel hier allerdings unerlässlich. Frühstück und Abendessen sind im Preis enthalten; die 20-minütige Überfahrt mit der Fähre kostet extra (Erw./Kind 12/6 CUC$).

ℹ Anreise & Unterwegs vor Ort

Eine **Passagierfähre** (Erw./Kind 12/6 CUC$, 20 Min.) über die Laguna del Tesoro verkehrt viermal täglich zwischen Boca de Guamá und Villa Guamá. Schnellboote fahren häufiger und bringen Passagiere für 12 CUC$ pro Person zu jeder Tageszeit in nur 10 Min. zum pseudo-indianischen Dorf (40 Min. Aufenthalt an der Villa Guamá, Mindestpassagierzahl: 2 Pers.). Wer vormittags mehr Zeit auf der Insel verbringen möchte, der sollte für die Hinfahrt das Boot und für die Rückfahrt die Fähre benutzten.

Gran Parque Natural Montemar

Die Ciénaga de Zapata ist das größte Sumpfgebiet (*ciénaga*) in der Karibik und sowohl als Gran Parque Natural Montemar, als auch als Unesco-Biosphärenreservat und unter der Ramsar-Konvention geschützt. Es ist eines der artenreichsten Ökosysteme Kubas, eine Mischung aus tierreichen Feuchtgebieten und salzigem Marschland. Auf einer großen, praktisch unbewohnten Halbinsel (eigentlich zwei durch einen felsigen Streifen getrennte Sümpfe) verteilen sich 14 unterschiedliche Vegetationsgebiete, darunter Mangroven, Wald, Trockenwald, Kakteen, Savanne, Regenwald und halbimmergrüne Vegetation. Dank der weiten Salzpfannen und Moore ist Zapata der beste Ort zur Vogelbeobachtung in Kuba, auch ein Paradies für Krokodile sowie für Angelsport zum Fangen und Freilassen.

Die Haupteinnahmequelle ist heute der Tourismus, vor allem für immer mehr Ökotouristen, die gerne die fachkundigen Exkursionen in Anspruch nehmen. Der Zugang zu diesem Gebiet ist nur im Rahmen einer Führung möglich.

Aktivitäten

Es gibt vier größere Exkursionen in den Gran Parque Natural Montemar, Schwerpunkt ist natürlich die Vogelbeobachtung. Die Routen sind flexibel.

Transportmittel stehen nicht immer zur Verfügung und sollten vorher vereinbart werden. Autos (auch Geländewagen mit Fahrer) vermietet Cubacar (S. 261) in Playa Girón. Eine andere Möglichkeit ist ein Taxi.

Aktivitäten, Exkursionen und Transportmittel können im Büro des Nationalparks (S. 257) in Playa Larga, in **La Finquita** (☑ 45-91-32-24; Autopista Nacional Km 142; ⊙ Mo–Sa 9–17, So 8–12 Uhr) am Abzweig nach Playa Larga von der Autopista Nacional oder allenfalls noch in den *casas particulares* in Playa Girón vereinbart werden.

★ Reserva de Bermejas VOGELBEOBACHTUNG

(pro Pers. 15 CUC$) Auf der wohl besten Tour Kubas für Vogelbeobachter führt ein ausgebildeter Ornithologe durch die Reserva de Bermejas. Hier ist es möglich, 21 der 28 endemischen Vogelarten Kubas zu erspähen, darunter die seltene *ferminia* (Kubazaunkönig), den *cabrerito de la ciénaga* (Zapata-Ammer) und die *gallinuela de Santo Tomás* (Kubaralle). Private Führer sind auf Anfrage im Nationalparksbüro (S. 257) oder

---

ℹ PENDELBUSSE AUF DER HALBINSEL

Zusätzlich zum Víazul-Bus zwischen Havanna, Cienfuegos und Trinidad (www.viazul.com), der über die Halbinsel Zapata fährt, aber oft seinen Fahrplan ändert (oder einstellt), gibt es noch den zweimal täglich verkehrenden Pendelbus mit beliebigem Ein-und Ausstieg zu allen wichtigen Sehenswürdigkeiten. Der Bus fährt um 9 Uhr am Hotel Playa Girón zur Caleta Buena und kehrt um 10 Uhr über die Punta Perdiz, Cueva de los Peces und das Hotel Playa zurück nach Boca de Guamá. Um 10.30 Uhr fährt der Bus von Boca de Guamá die gleiche Strecke zurück. Die Busfahrt wiederholt sich am Nachmittag um 13 Uhr ab dem Hotel Playa Girón und um 15.30 Uhr von Boca de Guamá. Eine Tageskarte kostet 3 CUC$ pro Person.

Die Termine können sich jederzeit ändern, man sollte sich also vor Ort erkundigen.

durch Umhören in Playa Larga zu finden. Für die Tour über 3 km sind etwa vier Stunden einzuplanen.

Sendero Enigma de las Rocas · WANDERN

Der neueste Wanderweg im Park hat sich dank seiner Nähe zum Dorf Playa Girón (S. 257) schnell als sehr beliebt erwiesen. Die meisten Reisenden lassen sich zum Startpunkt mehrere Kilometer nordwestlich des Dorfs im Pferdewagen transportieren. Der Weg selbst ist ein 4 km langer Rundweg, aber es lohnt sich, einen halben Tag mit Führer einzuplanen, um die reiche Flora und Fauna würdigen zu können. Am Ende des Wegs befindet sich ein *cenote* (wassergefüllter Bruch) zum Schwimmen.

Cayo Venado · VOGELBEOBACHTUNG

(pro Pers. 20 CUC$) Der Cayo Venado ist im Prinzip eine optionale Verlängerung der Las-Salinas-Exkursion (2 Std. zusätzlich), bei der Teilnehmer mit dem Boot zu dieser Sandinsel übergesetzt werden, um etwas über die dortige exotische Fauna und Vogelwelt zu erfahren.

Laguna de las Salinas · VOGELBEOBACHTUNG

(4-Std.-Tour ro Pers. 15 CUC$) Eine der beliebtesten Exkursionen führt zu dieser *laguna*, wo sich zwischen November und April unzählige Wasserzugvögel tummeln: 10 000 Flamingos zur gleichen Zeit sowie 190 weitere Vogelarten. Die Straße nach Las Salinas führt durch Wald und an Sümpfen und Lagunen vorbei (mit weiteren Wasservögeln). Führer und Fahrzeuge sind für die Erkundung des Naturschutzgebiets vorgeschrieben.

Die 22 km lange Tour dauert über vier Stunden, aber manchmal lässt sich auch ein längerer Aufenthalt aushandeln.

Señor Orestes Martínez García · VOGELBEOBACHTUNG

(52-53-90-04, 45-98-75-45; chino.zapata@gmail.com; Tour pro Pers. 10–20 CUC$) Der *señor*, der sich einen Ruf als sachkundigster Vogelbeobachter auf der Zapata-Halbinsel erworben hat, bietet individuellere und angeblich höchst lohnenswerte ornithologische Führungen in die *ciénaga* an. Er betreibt auch eine *casa particular* im Dorf Caletón bei Playa Larga.

Río Hatiguanico · VOGELBEOBACHTUNG

(pro Pers. 15 CUC$) Die dreistündige Bootstour auf dem Fluss führt 14 km durch den dicht bewaldeten Nordwesten der Halbinsel. Teilnehmer müssen an manchen Stellen Ästen ausweichen, bis sich der Fluss zu einem breiten Meeresarm öffnet. Vögel gibt es massenhaft, manchmal lassen sich auch Meeresschildkröten und Krokodile blicken. Für die 90 km bis zum Startpunkt muss ein Auto gemietet werden (z. B. bei Cubacar; S. 261).

Santo Tomás · OUTDOOR-AKTIVITÄTEN

(pro Pers. 20 CUC$) Auch diese Exkursion, die von Dezember bis April angeboten wird, lohnt sich, vor allem für Vogelbeobachter. Sie beginnt 30 km westlich von Playa Larga im einzigen nennenswerten Dorf (Santo Tomás) im Gran Parque und führt weiter über einen Nebenfluss des Hatiguanico – je nach Wasserstand zu Fuß oder mit dem Boot.

Playa Larga

Die Playa Larga, mehrere Kilometer südlich von Boca de Guamá am Kopf der Bahía de Cochinos (Schweinebucht), war einer der zwei Strände, an denen US-unterstützte Exilkubaner am 17. April 1961 einfielen (in Playa Girón, 35 km weiter südlich, landeten jedoch weitaus mehr Truppen). Heute ist es der beste Standort, um die Zapata-Halbinsel zu erkunden, das größte Wildnisgebiet Kubas. Bekannt ist es auch als Tauchrevier (allerdings eignet sich Playa Girón zu diesem Zweck besser). Es gibt hier ein halbwegs preiswertes Resort, ein Tauchzentrum und einige *casas particulares* im benachbarten Küstendorf Caletón.

Aktivitäten

Club Octopus International Diving Center · TAUCHEN

(45-98-72-25, 45-98-72-94; pro Tauchgang 35 CUC$) Das Tauchzentrum liegt 200 m westlich der Villa Playa Larga. Die meisten der Tauchreviere befinden sich jedoch weiter südlich in und um Playa Girón (S. 257). Ein Tauchgang kostet ab 25 CUC$.

🛏 Schlafen

Casa Kirenia · CASA PARTICULAR $

(45-98-73-68; kirenia800320.roque@nauta.cu; Zi. 25–30 CUC$; ❄) Die leuchtend orangefarbene Fassade des am meisten leuchtenden, orangefarbenen Hauses Caletóns ist garantiert nicht zu übersehen – und es ist eine der besten *casas particulares*. Die drei blitzblanken und hellen Zimmer bieten reichlich Platz, es gibt hervorragendes Essen und Getränke und die Vermieter sind extrem gastfreundlich und dazu äußerst hilfsbereit bei der Organisation von Aktivitäten in der Natur).

Hostal Enrique
CASA PARTICULAR $

(☑ 45-98-74-25; enriqueplayalarga@gmail.com; Zi. 25–40 CUC$; ❄) Die Unterkunft mitten im Dorf Caletón ist eine der besseren *casas* in der Gegend, ein riesiges Haus mit 14 Zimmern, alle mit Bad, sowie einem Speiseraum (in dem große Portionen serviert werden), einer Dachterrasse und einem Weg, der vom Garten zum oft leeren Strand von Caletón führt. Enrique vermittelt Tauch- und Vogelbeobachtungstouren zu deutlich günstigeren Preisen als die Hotels in der Umgebung.

Villa Playa Larga
HOTEL $$

(☑ 45-98-72-94; EZ/DZ mit Frühstück 67/100 CUC$; P❄❄) Das Hotel an einem gebogenen, weißen Sandstrand an der Straße gleich östlich des Dorfs Caletón vermietet große Zimmer in Bungalows mit Bad, Wohnzimmer, Kühlschrank und TV. Es gibt auch acht Familienbungalows mit jeweils zwei Schlafzimmern sowie ein hauseigenes Restaurant. Es ist jedoch insgesamt ziemlich schäbig und könnte regelmäßigere Pflege gebrauchen.

❶ Praktische Informationen

Nationalparkbüro (☑ 45-98-72-49; ◷ 8–16.30 Uhr) Das Büro des Nationalparks, das den Gran Parque Natural Montemar (S. 255) verwaltet, befindet sich am Nordeingang von Playa Larga an der Straße von Boca de Guamá. Die Mitarbeiter sind sachkundig, hilfsbereit und mehrsprachig (Spanisch, Englisch und Deutsch) und sind bei der Planung von Aktivitäten und für den Transport zum Park behilflich.

❶ An- & Weiterreise

Ein **Víazul-Bus** (www.viazul.com) von Havanna fährt dreimal täglich nach Playa Larga (6 CUC$, 30 Min.), Cienfuegos (7 CUC$, 1¾ Std.) und Trinidad (12 CUC$, 2¾ Std.). Er hält an der Hauptstraße an der Abzweigung 400 m westlich der Villa Playa Larga. In die entgegengesetzte Richtung nach Havanna (13 CUC$, 3¼ Std.) fährt der Bus nur einmal täglich, ein weiterer nach Varadero (12 CUC$, 3 Std.). Die Busse sind in der Regel voll, ein Platz sollte daher vorher reserviert werden, vorzugsweise im Fahrkartenbüro (S. 261) in Playa Girón.

Playa Girón

Der sandige Bogen der Playa Girón schmiegt sich friedlich an die Ostseite der berüchtig-ten Bahía de Cochinos (Schweinebucht), gesäumt von einem dieser herrlich altmodischen kubanischen Dörfer, in denen jeder jeden kennt. Es ist zwar berüchtigt als jener Ort, an dem der Kalte Krieg beinahe zum heißen Krieg wurde, ist aber tatsächlich nach dem französischen Piraten Gilbert Girón benannt, der hier Anfang des 17. Jh. von wütenden Einheimischen geköpft worden war. Im April 1961 kam es hier zu einem weiteren verpfuschten Überfall, jener unglückseligen, von der CIA unterstützten Invasion, die in einem der klassischen David-gegen-Goliath-Kämpfe der modernen Geschichte versuchten, an diesem abgelegenen Sandstränden zu landen. Damit das auch ja niemand vergisst, erinnern jede Menge Propagandaschilder an die einstigen Heldentaten.

Heutzutage ist Girón mit dem klaren karibischen Wasser, den steilen Riffen vor der Küste und vielen Privatunterkünften einer der besten Orte Kubas, um zu tauchen und zu schnorcheln.

◉ Sehenswertes

Museo de Playa Girón
MUSEUM

(2 CUC$, Fotografieren 1 CUC$; ◷ 8–17 Uhr) Das Museum gegenüber der Villa Playa Girón (S. 260) vermittelt in seinen schimmernden Glasvitrinen einen greifbaren Eindruck der Geschichte der berühmten Episode im Kalten Krieg, die sich hier 1961 in Schussweite abgespielt hat. In den zwei Räumen sind Gegenstände aus dem Scharmützel in der Schweinebucht sowie zahlreiche Fotos mit (einigen) erklärenden, zweisprachigen Texten ausgestellt.

Das Wandbild mit den Opfern und deren persönliche Besitztümer sind erschütternd und das taktische Genie der kubanischen Truppen wird durch anschauliche Darstellungen des Schlachtverlaufs deutlich. Der 15-minütige Film über die „erste Niederlage des US-Imperialismus in Amerika" kostet 1 CUC$ extra. Ein britischer Hawker Sea Fury, ein Flugzeug, das von der kubanischen Luftwaffe benutzt wurde, steht vor dem Museum. Hinten sind weitere Kriegsfahrzeuge aus der Schlacht ausgestellt.

Cueva de los Peces
TAUCHEN

(◷ 8–17 Uhr) Wer keine Lust hat, im Meer zu tauchen, kann sich auch zur Cueva de los Peces begeben, einem 70 m tiefen *cenote* (Bruch) landeinwärts der Küstenstraße auf halber Strecke zwischen Playa Larga (S. 256) und Playa Girón. Der hübsche Flecken ist

TAUCHEN IN DER BAHÍA DE COCHINOS

Die Isla de la Juventud und María la Gorda stehen zwar ganz oben auf der Wunschliste kubanischer Taucher, aber die Bahía de Cochinos hat ebenso eindrucksvolle Unterwasserwelten. Etwa 30 bis 40 m vor der Küste verläuft über 30 km von Playa Larga bis Playa Girón ein gewaltiger Abhang – ein fantastisches, 300 m hohes und von Korallen bedecktes Naturgebilde mit tollen Durchbrüchen, Höhlen, Gorgonien und Meerestieren. Die Küstennähe dieser Wand bedeutet zudem, dass die über 30 Tauchreviere der Region problemlos ohne Boot erreichbar sind – die Taucher schwimmen einfach vom Ufer dorthin. Die Sichtweite an der Südküste reicht 30 bis 40 m weit, auch ein paar Wracks liegen auf dem Grund.

In Playa Girón gibt es reichlich hochqualifizierte Tauchlehrer, die an fünf verschiedenen Standorten an der Küste zu finden sind. Die einheitlichen Preise (Tauchgang 25 CUC$, nächtlicher Tauchgang 25 CUC$, fünf Tauchgänge 100 CUC$, Freiwasserkurs 365 CUC$) gehören zu den niedrigsten in Kuba. Schnorcheln kostet 5 CUC$ pro Stunde.

Das International Scuba Center (S. 259) in der Villa Playa Girón ist das größte Tauchzentrum. Die Casa Julio y Lidia (S. 259) in Playa Girón ist eine weitere gute Informationsquelle für Taucher.

La Guarandinga, ein quietschbunter „Taucherbus", holt jeden Morgen Touristen an verschiedenen Stellen in Playa Girón ab und fährt sie zur Playa el Tanque an der Straße nach Playa Larga, dem besten Tauchrevier in der Umgebung. Es ist besonders günstig für Anfänger, da sie hier in flachem Gewässer losschwimmen können.

8 km östlich von Playa Girón eignet sich die wunderbar geschützte Bucht **Caleta Buena** (S. 259) ideal zum Schnorcheln. Hier hat ein weiterer Tauchanbieter sein Büro. Schwarze Korallenriffe schützen mehrere Krater und Unterwasserhöhlen voll merkwürdig geformter Schwämme, für die die Gegend berühmt ist: Eine super Gelegenheit zum Höhlentauchen! Da hier Salzwasser auf Süßwasser trifft, leben hier andere Fische als in den sonstigen Tauchrevieren. Der Eintritt zum Strand beträgt 15 CUC$ einschließlich Mittagsbüfett und freie Getränke. Liegestühle und Strohsonnenschirme stehen überall an der felsigen Küste herum. Die Schnorchelausrüstung kostet 3 CUC$.

Weitere Unterwasserschätze bietet die **Cueva de los Peces** (S. 257), ein etwa 70 m tiefer, gefluteter tektonischer Bruch *(cenote)* landeinwärts der Straße; exakt auf halber Strecke zwischen Playa Larga und Playa Girón. Es gibt hier jede Menge leuchtender, tropischer Fische, auch können die dunkleren und unheimlicheren Teile der *cenote* mit Schnorchel- oder Tauchausrüstung erkundet werden (Taschenlampe mitbringen). Am Strand befinden sich auch ein Restaurant und ein Tauchanbieter.

Die **Punta Perdiz** (s. unten) gleich hinter der Cueva de los Peces ist ein weiteres großartiges Schnorchel- und Tauchrevier mit dem Wrack eines US-amerikanischen Landungsboots, das während der Invasion der Schweinebucht versenkt wurde. Das seichte Wasser ist hier leuchtend blau und Schnorcheln ist direkt ab der Küste möglich. Es gibt dort auch eine kleinere Taucherbude. Zu den Aktivitäten an Land gehören Volleyball und die Gelegenheit, mit den freundlichen Aufsehern Domino zu spielen. Vorsicht ist geboten vor den Moskitoschwärmen und den *libélulas* (riesigen Libellen)!

bei Schwimmern ebenso beliebt wie bei Schnorchlern, die hier tropische Fische beobachten können. Mutige können mit ihrer Tauchausrüstung in die dunkleren Teile der Unterwasserhöhle hinabgleiten.

Um das kristallklare Wasserbecken herum schwingen sanft Hängematten und gegenüber lockt der Strand.

Es gibt hier auch ein Restaurant und einen Tauchladen, der Schnorchelausrüstung verleiht (3 CUC$).

Punta Perdiz   TAUCHEN

(inkl. Mittagessen 15 CUC$; ⊘ 10–17 Uhr) Die Punta Perdiz ist ein Schnorchel- und Tauchrevier 10 km nördlich von Playa Girón, wo man von der Küste direkt in klares Wasser bis hin zu einer Welt aus Korallen und tropischen Herrlichkeiten gleiten kann. An der felsigen Küste gibt es ein bootsförmiges Restaurant, Volleyballnetze, Sonnenliegen, Ausrüstungsverleih und ein Tauchzentrum. Die Nutzung des Areals kostet für den ganzen Tag 15 CUC$, einschließlich mittägliches Büffet (12–15 Uhr). Es ist mit dem Fahrrad auf ebener Strecke gut vom Dorf Playa Girón aus zu erreichen.

Caleta Buena
STRAND

(☉9.30–16 Uhr) Die Caleta Buena, 8 km südöstlich von Playa Girón, ist eine schöne, geschützte Bucht, die perfekt ist zum Schnorcheln und wo es einen weiteren Tauchladen gibt. Im Eintrittspreis von 15 CUC$ sind ein All-you-can-eat-Büfett und freie Getränke enthalten. An der felsigen Küste stehen Liegestühle und Strohsonnenschirme zur Verfügung, und es gibt genügend Platz an diesem abgelegenen Ort, um etwas Privatsphäre zu haben. Schnorchelausrüstung kostet 3 CUC$.

 Aktivitäten

Alles in allem ist Girón wohl die beste Tauchregion Kubas. Die Gründe? Es liegt relativ nahe an Havanna, die meisten Tauchreviere befinden sich direkt vor der Küste und benötigen keine Bootsfahrt, mit 25 CUC$ ist ein Tauchgang relativ preiswert, das Wasser ist außerordentlich klar und es gibt zahlreiche gute Tauchlehrer, die oft auch Zimmer vermieten.

International Scuba Center
TAUCHEN

(☎45-98-41-10, 45-98-41-18; Villa Playa Girón) Das International Scuba Center in der Villa Playa Girón (S. 260) ist die Zentrale für Tauchsport und die beste Anlaufstelle, um Tauchgänge in der Gegend zu vereinbaren. Das Zentrum wird gut geführt und bietet Tauchgänge ab 25 CUC$ an.

🛏 Schlafen

⭐ **Casa Julio y Lidia**
CASA PARTICULAR $

(☎45-98-41-35; lidia.aguero@nauta.cu; Zi. 30 CUC$; P❄) Der Besitzer Julio ist der erfahrenste Tauchlehrer in der Gegend, was sein modernes Haus mit zwei schicken Gästezimmern zu einer nützlichen Option für Taucher macht. Die großen Zimmer sind mit den wohl komfortabelsten Betten und weichsten Laken in Kuba ausgestattet. Das Essen ist spektakulär. Es ist das zweite Haus links des westlichen Ortseingangs von Playa Girón.

Hostal Luis
CASA PARTICULAR $

(☎45-98-42-58; hostalluis@yahoo.es; Zi. mit Frühstück 30–50 CUC$; P❄) Das erste Haus an der Straße nach Cienfuegos ist auch die beste *casa* in Playa Girón und sofort an der

blauen Fassade und den beiden Steinlöwen am Tor zu erkennen. Der junge Luis und seine Frau vermieten acht blitzblanke Zimmer hier und in einem weiteren, gerade renovierten Haus gegenüber. Sie sind beim Organisieren diverser Aktivitäten in der Umgebung behilflich.

Ivette & Ronel
CASA PARTICULAR $

(☎45-98-41-29; micha@infomed.sld.cu; Zi. 30 CUC$; P❄) Das erste Haus links am westlichen Ortseingang von Playa Girón hat den Vorteil, dass der Hausbesitzer auch ein Tauchprofi ist. Fünf Zimmer und hinten eine kleine Tierfarm mit *jutías* (Baumratten) und Krokodilen.

KS Abella
CASA PARTICULAR $

(☎45-98-43-83; Zi. 25–30 CUC$; ❄) Der *señor* war einmal Chefkoch in der Villa Playa Girón und erprobt nun seine Meeresfrüchtespezialitäten an seinen Hausgästen. Die *casa* mit zwei Gästezimmern (und Dachterrasse) ist der beeindruckende rot- und

Bahía de Cochinos

DIE SCHWEINEBUCHT & DIE AMERIKANER

Was die Kubaner Playa Girón nennen, verbindet der Rest der Welt mit dem Schweinebucht-Fiasko, einem katastrophalen Versuch der amerikanischen Regierung unter Kennedy, in Kuba einzumarschieren und Fidel Castro zu stürzen.

Den Plan, verdeckte Aktionen gegen das Castro-Regime zu unternehmen, schmiedete 1959 die Eisenhower-Regierung unter Führung des Vizedirektors der CIA, Richard Bissell. Am 17. März 1960 wurde er offiziell gebilligt. Es gab nur eine Einschränkung: Es sollten keine US-Soldaten für Kampfhandlungen eingesetzt werden.

Die CIA nahm sich für ihre Operation den Umsturz der linksgerichteten Regierung von Jacobo Árbenz in Guatemala von 1954 zum Vorbild. Als Präsident Kennedy jedoch im November 1960 über die Pläne informiert wurde, hatte sich das Projekt bereits zu einer großangelegten Invasion ausgeweitet. Durchgeführt werden sollte die Aktion von 1400 von der CIA ausgebildeten Exilkubanern und finanziert mit einem Militärbudget in Höhe von 13 Mio. US$.

Die Invasion begann am 15. April 1961 und war von Anfang bis Ende eine Katastrophe. Die in den Farben der kubanischen Luftwaffe bemalten US-Flugzeuge (geflogen von Exilkubanern) sollten die kubanische Luftwaffe am Boden vernichten, verfehlten aber die meisten ihrer Ziele. Der vorgewarnte Castro hatte seine Luftwaffe in der Woche zuvor an verschiedene Orte verlegt. Als die Invasoren daher zwei Tage später an der Playa Girón landeten, konnten die Kubaner prompt zwei der US-Nachschubschiffe versenken und schnitten somit die Versorgung von 1400 Soldaten am Strand ab.

Um das Ganze noch schlimmer zu machen, fand die von der CIA groß angekündigte landesweite Revolution in Kuba nicht statt. Ein zaudernder Kennedy teilte gleichzeitig Bissell mit, dass er den gestrandeten Exilsoldaten keine US-Luftunterstützung geben werde.

Verlassen am Strand, ohne Nachschub oder militärische Unterstützung, befanden sich die Invasoren in einer hoffnungslosen Lage. 114 Menschen wurden in Scharmützeln getötet, weitere 1189 gefangen genommen. Ein Jahr später wurden die Gefangenen im Austausch gegen Lebensmittel und Medikamente im Wert von 53 Mio. US$ an die USA zurückgegeben.

Die Schweinebucht-Invasion ging aus zahlreichen Gründen schief. Die CIA hatte erstens das persönliche Engagement Kennedys überschätzt und die Stärke der zersplitterten Anti-Castro-Bewegung innerhalb Kubas falsch beurteilt. Zweitens hatte Kennedy selbst, der von vornherein darauf bestand, die Landung nicht an die große Glocke zu hängen, einen ungeschützten Strandabschnitt nahe den Zapata-Sümpfen für die Invasion ausgesucht. Und drittens hatte niemand mit der politischen und militärischen Kompetenz Fidel Castros gerechnet, auch nicht damit, in welchem Ausmaß der kubanische Geheimdienst die vermeintlich verdeckte Operation der CIA unterwandert hatte.

Die Konsequenzen für die USA waren weitreichend. „Sozialismus oder Tod!" verkündete Castro trotzig bei der Beerdigung von sieben kubanischen „Märtyrern" am 16. April 1961. Die Revolution hatte sich damit unwiderruflich der Sowjetunion zugewandt.

cremfarbene Bungalow, vom Hostal Luis (gegenüber) ein paar Häuser weiter die Straße nach Cienfuegos entlang.

Villa Playa Girón
RESORT $$

(☏ 45-98-41-10; EZ/DZ alles inkl. 66/99 CUC$; P ❄ ☎) Das einfache Hotel am geschichtsträchtigen Strand ist stets von Tauchern belegt. Die Villa hat saubere, schlichte Zimmer, die oft ein ganzes Stück vom Haupthaus entfernt sind. Zum Strand, dessen Reiz allerdings durch einen riesigen Wellenbrecher eingeschränkt ist, sind es nur 50 m,.

 ## Essen

Bar-Restaurante El Cocodrilo
INTERNATIONAL $$

(☏ 52-82-96-86; Hauptgerichte 5–10 CUC$; ⏱ 11.30–22.30 Uhr) Die ultimative Après-Tauch-Bar in Playa Girón ist ein strandbudenähnliches Lokal mit offenen Seitenwänden gegenüber der Zufahrtsstraße zum Hotel Playa Girón. Schon von außen macht es einen fröhlichen Eindruck und enttäuscht meist auch nicht. Nach einem Cocktail an der Bar geht's weiter zu Schweinefleisch und Hühnchen oder auch zum Billardtisch, je nachdem, wonach einem gerade der Sinn steht.

ⓘ Praktische Informationen

Cadeca (⊘ Mo–Fr 8.30–12 & 12.30–16, Sa 8.30–11.30 Uhr) Gegenüber dem Museo de Playa Girón.

ⓘ An- & Weiterreise

Der **Víazul-Bus** (www.viazul.com) nach Havanna (13 CUC$, 3¼ Std.) fährt täglich um 17.35 Uhr und zweimal täglich um 10.15 und 14.35 Uhr nach Trinidad (13 CUC$, 3 Std.), beide Linien halten in Cienfuegos (7 CUC$, 1½ Std.). Bushaltestelle und Fahrkartenverkauf befinden sich gegenüber dem Museo de Playa Girón.

ⓘ Unterwegs vor Ort

AUTO & MOPED

Cubacar (☏ 45-98-41-26; Villa Playa Girón; ⊘ 9–17 Uhr) hat eine Vertretung in der Villa Playa Girón; es werden auch Mopeds für 26 CUC$ pro Tag vermietet.

Die Küstenstraße Richtung Cienfuegos ist östlich der Caleta Buena (S. 259) für norma-le Pkws nicht passierbar; Autofahrer müssen zurück und die Landstraße über Rodas nehmen.

BUS

Ein kleiner **Shuttlebus** (3 CUC$, 2½ Std. für die ganze Strecke) mit beliebigem Ein- und Ausstieg verkehrt zwischen Playa Girón und den meisten Tauch- und Naturstätten in der Umgebung, darunter die Caleta Buena (S. 259) im Süden sowie Playa Larga (S. 256) und Boca de Guamá (S. 254) im Norden. Er fährt die Strecke zweimal täglich; die genauen Zeiten sind in der *casa* oder im Hotel zu erfahren.

La Guarandinga ist der unverwechselbare Taucherbus mit offenen Seiten, der die Leute jeden Morgen (gegen 8.30 Uhr) in Playa Girón abholt und zu den verschiedenen Tauchrevieren bringt. Abends kehrt er wieder zurück. Wer mitfahren will, sollte dem *casa*-Besitzer Bescheid sagen, damit der Bus anhält.

FAHRRAD

Viele der *casas particulares* vermieten (oder verleihen) einfache Fahrräder; sie sind völlig ausreichend für die flachen Straßen in der Gegend um Playa Girón und ein prima Transportmittel zu den verschiedenen Stränden und Tauchstellen, die meist weniger als 10 km entfernt sind.

Provinz Cienfuegos

📱 43 / 408 825 EW.

Gut essen

➡ Restaurante Villa Lagarto
(S. 273)

➡ Paladar Aché (S. 272)

➡ Restaurante Las Mampa-
ras (S. 271)

➡ Casa Prado Restaurante (S. 273)

Schön übernachten

➡ Bella Perla Marina (S. 269)

➡ Hotel la Unión (S. 270)

➡ Angel y Isabel (S. 270)

➡ Hostal Palacio Azul (S. 270)

Auf nach Cienfuegos!

Bienvenue – willkommen – in Cienfuegos, Kubas französischem Herzen, das wie ein aus der Reihe getanztes Stück Paris im Schatten der Berge der Sierra del Escambray an Kubas wilder Südküste schlägt. Im Jahr 1819 waren es nämlich nicht spanische, sondern französische Kolonialherren, die sich in dieser Region niederließen und sich eifrig daran machten, in ihrer frisch gegründeten Stadt die aus Europa mitgebrachten Ideale der Aufklärung u. a. in klassizistischer Architektur zu verwirklichen. Das noch heute sichtbare Ergebnis ist ein wahres Schatzkästchen mit prachtvoller Architektur des 19. Jhs.

Jenseits der Stadtgrenzen ist nicht viel los, das Meer schillert in allen Farben von Smaragdgrün bis leuchtend Blau, die Küste ist gespickt mit Buchten, Höhlen und Korallenbänken. Die Spitze der Provinz liegt ein Stück landeinwärts bei El Nicho, dem wohl schönsten Fleckchen der ganzen Sierra del Escambray.

Auch wenn die Region frankophil und von weißer Bevölkerung geprägt scheint, brachte sie in den 1940er-Jahren mit Benny Moré Kubas Mambo-König hervor: Er wurde zum Sprachrohr der verstummten „afrikanischen Seele" von Cienfuegos. In der Stadt Palmira praktizieren die Santería-Bruderschaften noch immer ihren Mischkult aus Katholizismus und Yoruba; sie halten damit bedeutende Traditionen aus vergangenen Sklaventagen lebendig.

Reisezeit

➡ In der Hauptsaison zwischen Januar und April zieht es Strandjünger und Taucher an die Karibikküste.

➡ Trotz Hurrikanzeit kommen Feierfreudige im August und September zum Karneval nach Cienfuegos und zum alle zwei Jahre stattfindenden Benny-Moré-Festival.

➡ In der Regenzeit von August bis Oktober werden die Straßenverhältnisse rund um El Nicho in der Sierra del Escambray zur Herausforderung.

Highlights

1 Parque José Martí (S. 271) Hier spaziert man durch Cienfuegos vielseitige Architektur aus dem 19. Jh. – ein Unesco-Welterbe!

2 Punta Gorda Auf der wunderschönen Halbinsel schmeckt ein Drink zum Sonnenuntergang in früher unbezahlbaren und heute noch schönen Hotels, Yachtclubs oder Privatresidenzen.

3 El Nicho (S. 278) Bei einem Abstecher in die dschungelähnliche Landschaft der Sierra del Escambray unter einem belebenden Wasserfall abkühlen.

4 Palmira (S. 278) Im ungewöhnlichen afrokubanischen Außenposten den Legenden der Santería-Religion nachspüren.

5 Jardín Botánico de Cienfuegos (S. 267) Die unglaubliche Vielfalt an Pflanzen und Bäumen in Kubas ältestem Botanischen Garten bestaunen.

6 Castillo de Nuestra Señora de los Ángeles de Jagua (S. 266) Eines der wenigen militärischen Bollwerke an Kubas Südküste besuchen.

7 Laguna Guanaroca (S. 267) Im wenig besuchten Naturreservat Rosaflamingos und Pelikane entdecken.

Cienfuegos

165 113 EW.

Als die Stadt, die ihm am besten gefalle, pries Benny Moré seine Heimat im Song „Cienfuegos". Doch er war nicht der Einzige, der ihr Lobeslied sang. Kubas „Perle des Südens" lockt mit ihrer französisch-freigeistigen Lebensart und karibisch-lebenslustigem Temperament seit Langem Reisende von der ganzen Insel an. Wenn es auf Kuba ein Paris gibt, dann ist es definitiv Cienfuegos.

Die Lage an der schönsten Naturbucht Kubas verleiht Cienfuegos maritimes Flair. Die elegante klassische Architektur der 1819 von französischen Emigranten gegründeten Stadt wirkt wie aus einem Guss, 2005 wurde das mit der Aufnahme ins Unesco-Welterbe gewürdigt. Geografisch teilt sich die Stadt in zwei unterschiedliche Hälften: das von Kolonnaden gesäumte Zentrum samt stattlichem Paseo del Prado und reizendem Park; und die Punta Gorda, die wie eine schmale Klinge in die Bucht ragt. Dort reihen sich eklektizistische Paläste, die sich die oberen Zehntausend in den 1920er-Jahren bauten, aneinander.

Geschichte

Gegründet wurde Cienfuegos im Jahr 1819 vom französischen Pionier und Auswanderer Don Louis D'Clouet aus Louisiana mit der erklärten Absicht, den weißen Bevölkerungsanteil auf der Insel zu erhöhen. Mit D'Clouet kamen 40 Familien aus New Orleans, Philadelphia und sogar dem französischen Bordeaux.

Die aufstrebende Siedlung Fernandina de Jagua wurde 1821 von einem Wirbelsturm zerstört, doch von den davon unbeeindruckten französischen Siedlern sogleich wieder aufgebaut. Da sie befürchteten, der Name hätte ihnen möglicherweise Unglück gebracht, nannten sie ihre neue Stadt nach dem damaligen Gouverneur der Insel Cienfuegos.

1850 wurde die Stadt ans Eisenbahnnetz angeschlossen, außerdem zog es die kubanischen Zuckerrohrbarone nach dem Ersten Unabhängigkeitskrieg (1868–1878) nach Westen: Cienfuegos blühte auf und die ortsansässigen Unternehmer steckten ihr Geld in viele umwerfend schöne Bauwerke, die stilistisch an das klassizistische Erbe ihrer französischen Vorfahren anknüpften.

Den Tag X in der Geschichte von Cienfuegos markiert der 5. September 1957, als Offiziere der lokalen Marinebasis eine Revolte gegen die Batista-Diktatur anzettelten. Der Aufstand wurde brutal niedergeschlagen, sicherte der Stadt aber einen festen Platz in den Revolutionsannalen.

Das heutige Cienfuegos wirkt etwas vornehmer als viele andere Städte Kubas. Auch die Zukunft der Stadt und ihrer hübschen Architektur aus dem 19. Jh. scheint rosig: Die dringend benötigten Unesco-Gelder fließen und die wirtschaftliche Schlagkraft nimmt weiterhin zu.

◉ Sehenswertes

◉ Innenstadt

★ Teatro Tomás Terry   THEATER
(Karte S. 266; ☑ 43-51-33-61, 43-55-17-72; Av 56 No 270, zwischen Calle 27 & Calle 29; geführte Touren 2 CUC$; ☉ 9–18 Uhr) Das Theater an der Nordseite des Parque José Martí zeigt sich französisch und italienisch beeinflusst. Schon von außen wirkt es prunkvoll (mit goldverzierten Mosaiken an der Front), innen geht es mindestens so prachtvoll weiter. Es wurde von 1887 bis 1889 zu Ehren des venezolanischen Industriellen Tomás Terry erbaut. Der 950 Plätze umfassende Zuschauerraum ist mit Carrara-Marmor, handgeschnitzten kubanischen Edelhölzern und fantasievollen Deckenfresken ausgestattet.

1895 wurde das Theater mit einer Aufführung von Verdis Oper *Aida* eröffnet, seitdem sind hier zahllose kubanische Musikstars sowie Größen wie der Tenor Enrico Caruso und die Ballerina Anna Pavlova aufgetreten. Bis heute finden hier sehenswerte Aufführungen und Konzerte statt.

Museo Provincial   MUSEUM
(Karte S. 266; Ecke Av 54 & Calle 27; 2 CUC$; ☉ Di–Sa 10–18, So 9–13 Uhr) Das ehrwürdige Museum ist die Hauptattraktion an der Südseite des Parque José Martí. Hier erfährt man alles zur Geschichte Cienfuegos: Vor allem die exzentrische Wohnkultur der feinen französisch-kubanischen Gesellschaft des 19. Jhs. ist zu bewundern, aber man bekommt auch einen eher seltenen Einblick in die Vorgeschichte der Provinz. Im Obergeschoss wartet ein Highlight – das verspiegelte Werk *Como ven los hombres de la Guerra* erlaubt einen näheren Blick auf die unglaublichen Deckengemälde.

Catedral de la Purísima Concepción KIRCHE
(Karte S. 266; Av 56 No 2902; ☉ Mo–Fr 7–12 Uhr) Die Kathedrale von Cienfuegos wurde 1869 an der Ostseite des Parque José Martí errichtet und besticht durch ihre französischen Buntglasfenster. Dem im Gegensatz dazu eher schlichten Innenraum steht eine Renovierung bevor. Die chinesischen Inschriften, die man an Säulen entdeckte, stammen vermutlich aus den 1870er-Jahren. Die Kathedrale ist fast immer geöffnet, man kann auch am Gottesdienst teilnehmen (wochentags 7.30, sonntags 10 Uhr).

Arco de Triunfo   WAHRZEICHEN
(Karte S. 266; Calle 25, zwischen Av 56 & 54) Der Triumphbogen am westlichen Rand des ruhigen Stadtparks macht den Platz zu etwas Einzigartigem: Es gibt in ganz Kuba kein anderes vergleichbares Bauwerk seiner Art. Das frankophile Monument erinnert an die kubanische Unabhängigkeit. Durch das vergoldete Tor schreitet man auf den in Marmor verewigten Philosophen und Revolutionär José Martí zu.

Casa de la Cultura Benjamín Duarte   BEDEUTENDES GEBÄUDE
(Karte S. 266; Calle 25 No 5401; ☉ 8.30–24 Uhr) GRATIS Das früher als Palacio de Ferrer (1918) bekannte Gebäude am Westrand des Parque José Martí ist ein faszinierender neoklassizistischer Bau, der mit italienischen Marmorböden und einem – wahrlich schwer zu übersehenden – Dachtürmchen mit gusseiserner Treppe ausgestattet ist. Letzteres ist leider ausnahmslos geschlossen und die im Haus ausgestellte Kunst ist eher langweilig.

Palacio de Gobierno   BEDEUTENDES GEBÄUDE
(Karte S. 266; Av 54, zwischen Calle 27 & 29) Fast die gesamte Südseite des Parque José Martí wird von diesem imposanten silbergrauen

Gebäude beherrscht, in dem die Provinzregierung (Poder Popular Provincial) untergebracht ist. Der Palacio de Gobierno ist für Besucher nicht zugänglich, aber durch den Haupteingang kann man einen Blick auf das prunkvolle Treppenhaus erhaschen – es ist in exzellentem Zustand.

Casa del Fundador   BEDEUTENDES GEBÄUDE
(Karte S. 266; Ecke Calle 29 & Av 54) An der Südostecke des Parque José Martí steht das älteste Gebäude der Stadt: Hier lebte einst der Stadtgründer Louis D'Clouet, heute beherbergt es einen Souvenirshop. Die Haupteinkaufsstraße von Cienfuegos, El Bulevar (S. 276), verläuft von hier in östlicher Richtung, wo sie auf den Paseo del Prado trifft.

Benny-Moré-Denkmal   DENKMAL
(Karte S. 266; Ecke Av 54 & Calle 37) Kurz vor dem Malecón trifft man an der Kreuzung der Avenida 54 mit dem Paseo del Prado auf eine Statue des in Lebensgröße verewigten Musikers, der in Cienfuegos geboren wurde. Er ist mit seinem Markenzeichen, dem Spazierstock, dargestellt.

Museo Histórico Naval Nacional   MUSEUM
(Karte S. 266; Ecke Av 60 & Calle 21; ⊘ Di–So 9–16.30 Uhr) GRATIS Jenseits der Bahngleise und fünf Blocks nordwestlich vom Parque José Martí fällt dieses rosafarbene Museum aus dem Jahr 1933 direkt ins Auge. Früher befand sich das Hauptquartier des Distrito Naval del Sur in diesem Gebäude, auf das eine breite Auffahrt zuführt, die von allerlei Bordwaffen aus verschiedenen Epochen gesäumt ist. Im September 1957 starteten hier einige Marinesoldaten und Zivilisten einen erfolglosen Putschversuch gegen die Batista-Regierung. Der Aufstand ist das zentrale Thema der Ausstellung. Von den Befestigungsmauern hat man einen sehr guten Blick auf die Bucht.

★ Cementerio la Reina   FRIEDHOF
(✆ 43-52-15-89; Ecke Av 50 & Calle 7; ⊘ 8–17 Uhr) GRATIS Der älteste Friedhof der Stadt, ein Nationaldenkmal, wurde im Jahr 1837 gegründet. Hier reihen sich die Gräber spanischer Soldaten, die in den Unabhängigkeitskriegen fielen. La Reina ist der einzige Friedhof auf ganz Kuba, auf dem die Toten aufgrund des hohen Grundwasserspiegels nicht in der Erde, sondern in Mauern bestattet werden. Wer Friedhöfe mag, sollte diesen nicht verpassen und auf einer der angebotenen Führungen nach der Marmorstatue Bella Durmiente Ausschau halten: Sie gedenkt

einer 24-Jährigen, die 1907 an gebrochenem Herzen starb.

Zu Fuß oder mit der Pferdekutsche führt ein langer, heißer Weg entlang der etwas verwahrlosten Avenida 50 zum Cementerio. Unterwegs passiert man eine traurige Ansammlung von Eisenbahnen, die den Parque de Locomotivas darstellen sollen.

◎ Punta Gorda

Malecón   PROMENADE
(Karte S. 272) Weiter südlich wird der Prado zum Malecón, der sich an einer der schönsten natürlichen Buchten der Welt entlangwindet und atemberaubende Ausblicke schenkt. Wie alle Küstenstraßen – deren aller Vorbild der Malecón von Havanna ist – kommt hier besonders am Abend Stimmung auf: Dann hängen Dichter ihren Gedanken nach und schmusen Verliebte.

Palacio de Valle   HISTORISCHES GEBÄUDE
(Karte S. 272; Ecke Calle 37 zwischen Av 0 & Av 2; ⊘ 9.30–23 Uhr) GRATIS Der ultimative Kitschüberfall erwartet Spaziergänger gegen Ende der Calle 37: Beim Anblick des Palacio de Valle meint man, unversehens in *1001 Nacht* gestolpert zu sein. Das 1917 vom Asturier Acisclo Valle Blano erbaute Schlösschen wirkt wie eine übertrieben verzierte arabische Kasbah.

Batista wollte diese bunte Mischung aus farbenfrohen Ziegeln, Türmchen und Stuck in ein Kasino umwandeln, heute befindet sich hier ein (aufstrebendes) Edelrestaurant, dessen Terrassenbar einladend wirkt.

Centro Recreativo la Punta   PARK
(Karte S. 272; ⊘ So–Fr 9–22, Sa bis 24 Uhr) Verliebte schauen vom mit Grün umgebenen Aussichtspavillon an der Südspitze des Parks gerne der im Meer versinkenden Sonne zu. Die Bar ist übrigens bei einheimischen Polizisten sehr beliebt.

◎ Außerhalb der Stadt

Necrópolis Tomás Acea   FRIEDHOF
(✆ 43-52-52-57; Av 5 de Septiembre; 1 CUC$; ⊘ 8–17 Uhr) Der Acea ist einer von zwei Friedhöfen in Cienfuegos, die zu Nationaldenkmälern erklärt wurden. Man betritt den „Gartenfriedhof" durch einen riesigen neoklassizistischen Pavillon von 1926, der von 64 dorischen Säulen nach dem Vorbild des Parthenon in Griechenland flankiert wird. Ein Denkmal erinnert an die Marinesoldaten, die beim fehlgeschlagenen Aufstand

Innenstadt von Cienfuegos

1957 in Cienfuegos als Märtyrer starben. Der Friedhof ist jünger und auch besser gepflegt als der Cementerio la Reina (S. 265). Er liegt zwei Kilometer östlich des Stadtzentrums an der Avenida 5 de Septiembre.

Castillo de Nuestra Señora de los Ángeles de Jagua

FESTUNG

(5 CUC$; ☺ 8–18 Uhr) Das Kastell westlich der Einmündung der Bahía de Cienfuegos ist knapp ein Jahrhundert älter als die Stadt. Es wurde 1738 von José Tontete entworfen und im Jahr 1745 fertiggestellt. Nach den Festungen von Havanna und Santiago de Cuba stand Jagua zu jener Zeit in Kuba an dritter Stelle.

Die umfangreiche Renovierung des Forts im Jahr 2010 war dringend nötig. Außer einer Kracheraussicht über die Bucht und einem einfachen Museum über die Geschichte der Kernenergie in Cienfuegos (!) bietet die Festung im Untergeschoss ein Restaurant, das einigermaßen stimmungsvoll ist.

Passagierfähren starten zweimal täglich um 8 und 13 Uhr in Cienfuegos (1 CUC$, 40 Min.) und kehren vom Castillo um 10 und 15 Uhr dahin zurück. Eine weitere Fähre steuert einen Halt knapp unterhalb des

ten Widerstand seitens der USA und wurde nach dem Zusammenbruch des Kommunismus aufgegeben. Ausländischen Besuchern ist der Zutritt nicht gestattet.

Jardín Botánico de Cienfuegos GARTEN

(Circuito Sur Km 15; 2 CUC$; 8–17 Uhr) Der 94 ha große Botanische Garten, 17 km östlich von Cienfuegos, wurde 1901 gegründet und ist somit der älteste auf Kuba. (Jahrzehnte später nutzte man Setzlinge aus Cienfuegos für die Kultivierung des Botanischen Gartens in Havanna.) Hier wachsen 2000 verschiedene Baumarten, darunter 23 Bambus-, 65 Feigen- und 150 verschiedene Palmenarten. Angelegt wurde er vom US-amerikanischen Zuckerbaron Edwin F. Atkins, der hier ursprünglich verschiedene Spezies des Zuckerrohrs erforschen wollte, dann aber begann, exotische Tropenbäume zu pflanzen.

Den Garten kann man auf eigene Faust oder mit einem mehrsprachigen Guide erkunden (kostenfrei). Die Vogelbeobachtungsexkursionen morgens um 7 Uhr muss man im Voraus buchen.

Zum Garten kommt man nur mit dem eigenen Auto oder einem Taxi (Hin- und Rückfahrt ca. 20 CUC$ mit Wartezeit). Am günstigsten ist ein organisierter Ausflug, Cubanacán (S. 268) in Cienfuegos bietet Trips für 10 CUC$ an. Von Cienfuegos kommend biegt man an der Kreuzung nach Pepito Tey rechts (in Richtung Süden) ab.

Laguna Guanaroca SEE

(43-54-81-17; inkl. Führung 10 CUC$; 8–15 Uhr) Die Laguna Guanaroca ist ein von Mangroven gesäumter Salzsee südöstlich von Cienfuegos. Nach Las Salinas auf der Zapata-Halbinsel zieht er die meisten Vögel an und ist die einzige *area protegida* (Naturschutzgebiet) der ganzen Provinz Cienfuegos. Pfade führen zu einer Plattform, von wo aus man regelmäßig Flamingos, Pelikane und *tocororos* (Trogone, Kubas Nationalvogel) beobachten kann.

Hier wachsen Birn-, Zitronen- und Avocadobäume sowie die *güira*, aus deren Frucht *maracas* (Handrasseln) hergestellt werden. Geführte Touren dauern rund zwei Stunden, inkl. einer kurzen Wanderung und einer Bootsfahrt an die andere Seeseite. Je früher man kommt, umso bessere Chancen hat man, viele verschiedene Vögel zu sehen.

Der Eingang zum Schutzgebiet liegt 12 km von Cienfuegos entfernt, abseits der Straße nach Rancho Luna, an der Verbindungsstra-

Hotels Pasacaballo (0,50 CUC$, 15 Min.) in Rancho Luna an.

Atomkraftwerk Juragua BEDEUTENDES GEBÄUDE

Auf der Cienfuegos gegenüberliegenden Seite der Bucht ist von der Stadt aus die Kuppel des berühmt-berüchtigten Atomkraftwerks Juragua deutlich zu erkennen. Das Gemeinschaftsprojekt von Kuba und der Sowjetunion entstand ab 1976, wurde aber nie vollendet. Zum Projekt gehörte der Bau der halb fertig gebliebenen Ciudad Nuclear in der Nähe. Das nur 288 km von den Florida Keys entfernte Kernkraftwerk traf auf erbitter-

Innenstadt von Cienfuegos

ße nach Pepito Tey. Hin- und Rückfahrt mit dem Taxi kosten mit Wartezeit 15 CUC$.

 **Aktivitäten**

Base Náutica Club Cienfuegos WASSERSPORT (Karte S.272; ☑ 43-52-65-10; Calle 35, zwischen Av 10 & Av 12; ⊙ 10–18 Uhr) Im Wassersportzentrum des Club Cienfuegos kann man ab 12 CUC$ pro Person jede sportliche Aktivität, die irgendwie mit Wasser zu tun hat, buchen – von Bootsfahrten über Kajakfahren bis hin zu Windsurfen. Außerdem gibt es einen Unterhaltungskomplex mit Autoscooter und Videospielen sowie einen Tennisplatz. Da der aber keinen Zaun hat, wird manch einer eventuell mehr den Bällen hinterherrennen, als ihm lieb ist. In den Pool springen darf man für 8 CUC$ pro Person.

Marlin Marina Cienfuegos ANGELN, SEGELN (Karte S.272; ☑ 43-55-16-99; http://nauticamarlin.tur.cu/en; Calle 35, zwischen Av 6 & 8; ⊙ 11–20.45 Uhr) Wer aufs Meer zum Fischen möchte, wird an diesem Hafen mit seinen 36 Ankerplätzen nur ein paar Blocks nördlich des Hotel Jagua fündig: Vier Leute zahlen für vier Stunden ab 200 CUC$. Außerdem werden Bootsausflüge in die Bucht angeboten (12–16 CUC$), z. B. zum Castillo de Jagua. Am besten bucht man bei Cubatur (S. 276) oder Cubanacán.

 Geführte Touren

Cubanacán GEFÜHRTE TOUR (Karte S.266; ☑ 43-55-16-80; Av 54, zwischen Calle 29 & Calle 31) Die hilfsbereite Crew im Cubanacán-Büro in Cienfuegos organisiert interessante Trips ins Umland, z. B. Bootsausflüge in die Bucht (12 CUC$), die beliebte Tour nach El Nicho (35 CUC$) und Ausflüge zu weiteren schwer zugänglichen Zielen wie dem Jardín Botánico de Cienfuegos (ab 10 CUC$) und zur lokalen Zigarrenfabrik (5 CUC$). Außerdem im Programm: Tauchen bei Rancho Luna an der Península de Zapata und der Trip „El Plurial" zu einigen wenig bekannten Wasserfällen und Wandertrails bei El Güije.

 Feste & Events

Benny Moré International Music Festival MUSIK (⊙ Nov.) Dieses Festival ehrt den größten lokalen Helden der Provinz: Sänger Benny Moré. In den letzten Jahren fand es jeden

November in Cienfuegos und im nahen Santa Isabel de las Lajas statt.

🛏 Schlafen

Sind die staatlichen Hotels auf Kuba oft eher ein schlechter Scherz, hat Cienfuegos immerhin vier gute zu bieten – von kolonialem Charme bis hin zu geleckt modern ist alles dabei. Auch die *casas particulares* machen der schönen Lage an der Bucht alle Ehre. In Punta Gorda wohnt man etwas ab vom Schuss, dafür atmosphärischer und teurer.

🛏 Innenstadt

★ Bella Perla Marina   CASA PARTICULAR $
(Karte S. 266; ☎43-51-89-91; bellaperlamarina@yahoo.es; Calle 39 No 5818, Ecke Av 60; Zi./Suite 30/70 CUC$; P🌀@) Bella Perla wird seit Langem für seine zentrale Lage und die Gastfreundschaft geschätzt und könnte sehr gut als „Boutique-*casa-particular*" bezeichnet werden. Seit das Haus mit den zwei Standardzimmern und einer beeindruckenden Dachsuite mit einer zweistöckigen Dachterrasse voller Pflanzen gekrönt wurde, hat es die Dimensionen einer kleinen Festung angenommen. In den Vintage-Betten schläft es sich königlich und es gibt sogar einen richtigen Billardtisch.

In der Nähe betreibt Inhaber Waldo das ebenso erstklassige Auténtica Perla.

Lagarto Ciudad   CASA PARTICULAR $
(Karte S. 266; ☎43-52-23-09; www.lagartociudad.com; Calle 35 No 5607, zwischen Av 56 & 58; Zi. 35–40 CUC$; 🌀@) Das Haus aus den 1920er-Jahren versammelt alles, was es für den stadttypischen Eklektizismus-Look braucht: Säulen, Vintage-Betten, Fliesenböden, *vitrales* (Buntglasfenster) und Lüster. In welchem Hotel bekommt man all das bitte für 40 CUC$? Das Essen ist ebenfalls gut, und es wird Englisch gesprochen. Am besten online buchen.

Villa María   CASA PARTICULAR $
(Karte S. 266; ☎54-16-66-74; odalys.villamaria@nauta.cu; Calle 31 No 4606a, zwischen Av 46 & 48; Zi. 40 CUC$) Die neue Privatunterkunft inklusive ruhigem Restaurant ist mehr Boutiquehotel als *casa particular*. Viel Arbeit wurde in die sechs schicken Zimmer, die in strahlendem Weiß mit wenigen Designerakzenten gehalten sind, gesteckt. Die Inhaberfamilie ist sehr bemüht und das hübsche Café-Restaurant auch für Nichthotelgäste eine wunderbare Ruheoase.

Hostal Mailé   CASA PARTICULAR $
(Karte S. 266; ☎43-52-53-85; mailebarcelo@yahoo.es; Av 56a No 4116, zwischen Calle 41 & 43; Zi. 25 CUC$; 🌀) Das unerschütterliche Lächeln von Gastgeberin Mailé macht dieses bescheidene Haus in einer ebenso unscheinbaren Seitenstraße zu etwas Besonderem. Das Innere des schmalen Gebäudes überrascht mit großen Räumen (ebenso sauber und gut ausgestattet wie jedes andere hiesige Hotel) und einer Dachterrasse, auf der man in der Sonne frühstücken oder beim Cocktail dieselbe untergehen sehen kann.

Hostal Colonial Pepe & Isabel   CASA PARTICULAR $
(Karte S. 266; ☎43-51-82-76; hostalcolonialisapepe@gmail.com; Av 52 No 4318, zwischen Calle 43 & Calle 45; Zi. 25–35 CUC$; 🌀) Exlehrer Pepe begrüßt seine Gäste mit einem Lächeln so breit wie die Bahía de Cienfuegos. Das überraschend große Kolonialhaus verfügt über fünf moderne Zimmer, die sich im Erd- und Obergeschoss um jeweils eine lange schmale Terrasse gruppieren. Jeder Raum hat ein schmales Doppelbett sowie ein ausklappbares Schrankbett, zwei Einheiten verfügen sogar über eine kleine Küche und ein zusätzliches Wohnzimmer.

Casa Amigos del Mundo   CASA PARTICULAR $
(Karte S. 266; ☎43-55-55-34; Av 60, zwischen Calle 33 & 35; Zi. 25 CUC$) Die zwei Erdgeschossräume liegen sehr weit von der Straße weg und dürften zu den ruhigsten Zimmern in der Stadtmitte von Cienfuegos zählen. Eine einladende, frisch fertiggestellte Dachterrasse ergänzt die Unterkunft.

Casa las Golondrinas   CASA PARTICULAR $
(Karte S. 266; ☎43-51-57-88; drvictor61@yahoo.es; Calle 39, zwischen Av 58 & 60; Zi. 25–30 CUC$; 🌀) Ein Arzt und seine Frau vermieten in diesem hübschen renovierten Haus im Kolonialstil drei geräumige Zimmer. Es wurde mit viel Liebe zum Detail saniert, vom mit Säulen versehenen vorderen Zimmer bis hin zur mit Pflanzen bestückten Dachterrasse, auf der Gäste beim Essen oder bei Cocktails entspannen und genießen können. Die Inhaber verleihen Stadt- (5 CUC$ pro Tag) und gute Trekkingräder mit Gangschaltung (15 CUC$ pro Tag).

Casa de la Amistad   CASA PARTICULAR $
(Karte S. 266; ☎43-51-61-43; casaamistad@correocuba.cu; Av 56 No 2927, zwischen Calle 29 & 31; Zi. 25 CUC$; P🌀) Freundschaft ist der passende Name für das altehrwürdige, mit

Familienerbstücken vollgestopfte Kolonial-haus nahe dem Parque José Martí. Gastge-berin Leonor macht den Job seit Ewigkeiten und hat schon Gäste aus aller Welt begrüßt. Es gibt zwei gepflegte Zimmer, eine hübsche Dachterrasse und zwei Katzen als Mitbe-wohner.

Claudio & Ileana
CASA PARTICULAR $

(Karte S. 266; 43-51-97-74; Av 54 No 4121, zwi-schen Calle 41 & 43; Zi. 20–25 CUC$;) Das gastfreundliche Ärztepaar vermietet in dem schicken Haus zwei Zimmer, die mit allem Pipapo ausgestattet sind. Es liegt in der Nähe des Busbahnhofs und in guter Lauf-nähe zum als Unesco-Weltkulturerbe ausge-zeichneten Stadtzentrum.

★ Hotel la Unión
BOUTIQUEHOTEL $$$

(Karte S. 266; 43-55-10-20; www.hotellaui-on-cuba.com; Ecke Calle 31 & Av 54; EZ/DZ 130/190 CUC$;) Barcelona, Neapel oder Paris? In diesem exklusiven Kolonialhotel mit europäischem Anspruch finden sich Anklänge an alle drei europäischen Städte. Der Pool im italienischen Stil würde auch einem römischen Kaiser zur Ehre gereichen. Inmitten von Marmorsäulen und antiker Ausstattung finden sich rund um zwei ru-hige Innenhöfe 46 schön ausgestattete Zim-mer mit Balkon, von denen der Blick auf die Straße oder auf einen von Bodenmosaiken umsäumten Patio fällt.

Neben einem Fitnessstudio und einem Whirlpool erwartet die Gäste eine kleine Kunstgalerie mit kubanischen Werken. Der Service im Haus ist erfrischend tüchtig: Auf der luftigen Dachterrasse wird Livesalsa ge-boten, außerdem ist hier ein angesehenes und gut besuchtes **Restaurant** (Hauptgerich-te 10 CUC$; 7.30–9 & 12–14 & 19–21.45 Uhr;) beheimatet.

Punta Gorda

Casa los Delfines
CASA PARTICULAR $

(Karte S. 272; 43-52-04-58; Calle 35 No 4e; Zi. 35 CUC$;) Direkt an der Spitze der Pun-ta Gorda vereint die Casa los Delfines (Die Delfine) alle Trümpfe dieser schönen Ge-gend: Auf ihrer Rückseite liegt die ruhige, seichte Bucht mit der Sierra del Escambray im Hintergrund. Die beiden Zimmer sind gemütlich, hell und mit Minibar ausgestat-tet – allerdings wird man sich bei der Land-schaftsszenerie kaum drin aufhalten. Ein Cocktail auf der Terrasse gehört zum Pflicht-programm.

Angel y Isabel
CASA PARTICULAR $

(Karte S. 272; 43-51-15-19; Calle 35 No 24, zwi-schen Av 0 & Litoral; Zi. $35 CUC$;) Hier gilt das Motto: Lage, Lage, Lage! Eine von vielen Architekturperlen an der begehrten Land-spitze Punta Gordas, an der sich zahlreiche prachtvolle Häuser aneinanderreihen. Im hinteren Teil des mit einem Türmchen ver-sehenen Haupthauses liegen drei Zimmer, die auf einen Patio an der Bucht hinausge-hen. Es gibt sogar einen eigenen Bootssteg. Eine Wonne!

Villa Lagarto – Maylin & Tony
CASA PARTICULAR $

(Karte S. 272; 43-51-99-66; villalagartocuba@gmail.com; Calle 35 No 4b, zwischen Av 0 & Lito-ral; Zi. 40 CUC$;) Das Lagarto gehört zu den besten Restaurants von ganz Kuba und vermietet drei Gästezimmer, die an einer reizenden Terrasse mit Blick aufs glitzernde Meer liegen sowie mit großem Doppelbett und Hängematten ausgestattet sind.

So herrlich die Lage der Villa Lagarto an der Bucht auch ist, so beliebt ist das haus-eigene Lokal: Wer Ruhe oder Zweisamkeit sucht, schaut sich lieber nach etwas ande-rem um.

Perla del Mar
BOUTIQUEHOTEL $$$

(Karte S. 272; 43-55-10-03; Calle 37, zwischen Av 0 & 2; EZ/DZ 90/150/210 CUC$;) Das 2012 eröffnete Perla del Mar hat sich beim nahen Palacio Azul abgeschaut, wie ein historisch angehauchtes Boutiquehotel geht und das Konzept auf die 1950er-Jahre übertragen. Die neun Zimmer sind modern geradlinig, aus zwei einladend unter freiem Himmel positionierten Whirlpools blickt man auf die Bucht. Eine Treppe führt auf eine Terrasse, wo das Sonnenbaden erfun-den worden sein könnte.

Hostal Palacio Azul
HOTEL $$$

(Karte S. 272; 43-58-28-28; Calle 37 No 201, zwi-schen Av 12 & 14; DZ 271–286 CUC$;) Hotels geben sich ja gerne mal als Palast aus, in diesem Fall ist es umgedreht: Der Pa-lacio Azul war bei seiner Fertigstellung 1921 eines der ersten großen schmucken Gebäu-de in Punta Gorda. Die sieben renovierten Zimmer sind nach Blumen benannt und versprühen jede Menge vorrevolutionären Charme.

Zum Hotel gehören das gemütliche Res-taurant El Chelo und eine elegante Dach-kuppel, von der man einen wunderbaren Blick genießt.

Hotel Jagua
HOTEL $$$

(Karte S. 272; 📞 43-55-10-03; Calle 37 No 1, zwischen Av 0 & 2; EZ/DZ/3BZ 110/180/210 CUC$; 🅿✳🛜🛄) Was sich Batistas Bruder beim Bau dieses modernen Betonklotzes an der Punta Gorda in den 1950er-Jahren gedacht hat, ist nicht überliefert, vermutlich wollte er einfach viel Geld verdienen. Das Jagua ist dennoch ein recht gutes Hotel – weiträumig und überraschend vornehm mit modernen Gemeinschaftsräumen und wechselnder Avantgarde-Kunst. Die Zimmer in den oberen der sieben Etagen sind die schöneren.

 **Essen**

In Cienfuegos gibt es viele hervorragende Restaurants, vor allem in Punta Gorda. Seitdem nun mehrmals die Woche Kreuzfahrtschiffe im Hafen einlaufen, hat man in puncto Vielfalt und Qualität noch einmal einen draufgelegt.

 **Innenstadt**

Restaurante Las Mamparas
INTERNATIONAL $

(Karte S. 266; 📞 43-51-89-92; Calle 37 No 4004, zwischen Av 40 & 42; Hauptgerichte 3–6 CUC$; ⏱12–22.30 Uhr) Das in der Regel recht gut besuchte Restaurant Mamparas ist nach den Pendeltüren, die man aus Kubas Kolonialhäusern kennt, benannt. Viele davon gibt es hier zwar nicht, aber das Ambiente ist angenehm und das angebotene deftige Essen – vor allem Kubanisches mit jeder Menge Reis und Bohnen – ist unglaublich preiswert und einen Versuch wert.

Polinesio
SANDWICHES $

(Karte S. 266; Calle 29, zwischen Av 54 & 56; Hauptgerichte 5–12 CUC$; ⏱11–22 Uhr) Direkt unter den Portalen am Parque José Martí gelegen und genau richtig für ein kaltes Bier und einen Snack.

FRANZÖSISCHES ARCHITEKTURERBE IN CIENFUEGOS

C'est vrai, in der aparten Küstenstadt Cienfuegos schlägt Kubas französisches Herz. Die ihr innewohnende Nähe zu Frankreich zeigt sich aber nicht in der Küche, in der immer noch Reis und Bohnen und nicht *bœuf bourguignon* den Ton angeben, sondern in der stimmigen klassizistischen Architektur. Die breiten gepflasterten Straßen sind in einem fast perfekten Gitternetz angelegt: Auf diese Weise wollten die von der europäischen Aufklärung beseelten Siedler, die Cienfuegos im 19. Jh. anlegten, den Slums den Garaus machen, die hygienischen Zustände verbessern und den öffentlichen Raum vergrößern. In den 1850er- und 1860er-Jahren machte es Baron Haussmann in Paris den Städteplanern Cienfuegos nach. Veranden, Säulen und Pfeiler sind die augenfälligsten architektonischen Details der Stadt, durch die von Nord nach Süd die breite Hauptstraße (Prado) verläuft. Die insgesamt 3 km lange Straße wirkt mit ihren hübsch aufgereihten und perfekt proportionierten Kolonnadenfassaden, die in allen möglichen Pastellfarben gestrichen sind, wie ein Pariser Boulevard.

Cienfuegos wurde zwar 1819 von französischen Auswanderern gegründet, die meisten klassizistischen Gebäude, die heute bewundert werden, entstanden jedoch erst zwischen 1850 und 1910. Im frühen 20. Jh. begannen sich die Architekturstile immer stärker zu vermischen. Der Erste, der aus der Reihe tanzte, war der 1917 gebaute Palacio Ferrer (heute Casa de la Cultura Benjamin Duarte) im Parque José Martí, dessen außergewöhnlich verzierte Kuppel einen Trend zu auffälligen Dachgestaltungen auslöste.

In den 1920er- und 1930er-Jahren setzte man vor allem im exklusiven Punta Gorda auf Extravaganz. Reiche Zuckerhändler steckten ihre Profite in immer prunkvollere Anwesen und machten so aus der Halbinsel ein Mini-Miami. Die Entwicklung kann man nachverfolgen, wenn man die Calle 37 in Richtung Süden läuft, vorbei am majestätischen Palacio Azul und dem märchenhaften Club Cienfuegos weiter zum Palacio de Valle, der Barock und maurischen Stil verbindet und einer der wildesten Stilmixe auf ganz Kuba sein dürfte.

Die Innenstadt von Cienfuegos wurde 2005 zum Unesco-Welterbe erklärt. Ausschlaggebend waren das schöne Architekturensemble und die innovative Städteplanung, die für das Lateinamerika des 19. Jh. als revolutionär eingeschätzt wurde. Inzwischen wurde Geld in die Verschönerung des Hauptplatzes und des Parque José Martí sowie dessen Umgebung gepumpt, wo nun Schilder auf die bedeutendsten Gebäude verweisen.

Punta Gorda

N 0 _____ 400 m

Punta Gorda

★ **Paladar Aché**   MEERESFRÜCHTE $$
(Karte S. 266; ☎ 43-52-61-73; Av 38, zwischen Calle 41 & 43; Hauptgerichte 10–15 CUC$; ⊙ Mo–Sa 12–22.30 Uhr; 🅿⊛) Aché ist eins von zwei privaten Restaurants, die die dürftigen 1990er-Jahre überlebt haben und immer noch mit der jungen Konkurrenz prima mithalten können. Zur interessanten Einrich-

tung gehören Vögel in Käfigen, die „Sieben Zwerge" in Form von Gartenzwergen und ein Wandgemälde von Cienfuegos' Attraktionen. Auf der Karte steht Schweinebraten.

Casa Prado Restaurante INTERNATIONAL $$
(Karte S. 266; ☑ 52-62-38-58; www.casaprado restaurant.com; Calle 37 No 4626, zwischen Av 46 & 48; Hauptgerichte 4–11 CUC$; ⊙ 11.30–22.30 Uhr) Mit das beste Preis-Leistungs-Verhältnis in Cienfuegos: Wohl nirgendwo sonst auf Kuba wird die Meeresfrüchte-Paella so üppig und schnell aufgetischt. Der Gastraum im Erdgeschoss ist gemütlich, auf der Dachterrasse gibt es ab und an Livemusik. Eine Klingel am Prado gewährt Einlass.

Doña Nora INTERNATIONAL $$
(Karte S. 266; ☑ 43-52-33-31; Calle 37, zwischen Av 42 & Av 44; Hauptgerichte um 10 CUC$; ⊙ 8–15 & 18–23 Uhr) Es ist schon ein Aufstieg in den ersten Stock dieses gewaltigen Kolonialhauses am Paseo del Prado. Demzufolge ist der Blick von den Tischen am Balkon – falls man einen solchen ergattert – ideal zum Leutegucken. Das beliebte kleine Lokal ist stets gut besucht, denn das Essen ist außergewöhnlich gut und französisch angehaucht (das Kaninchen in Weinsoße!).

Restaurant Bouyón 1825 STEAKHAUS $$
(Karte S. 266; ☑ 43-51-73-76; Calle 25 No 5605, zwischen Av 56 & 58; Hauptgerichte ca. 10 CUC$; ⊙ 11–23 Uhr) Dieses private Restaurant liegt nur einen Steinwurf vom Hauptplatz entfernt und hat sich auf Fleisch *a la parrillada* – vom Grill – spezialisiert. Bekennenden Karnivoren wird der herzhafte Mix aus vier verschiedenen Sorten Grillfleisch munden. Ergänzt wird das Mahl durch kräftige chilenische Rotweine.

Te Quedarás INTERNATIONAL $$$
(Karte S. 266; ☑ 58-26-12-83; Av 54, zwischen Calle 35 & 37; Hauptgerichte 10–18 CUC$; ⊙ 12–24 Uhr) *Te quedarás* heißt „Du wirst bleiben" – und das wird sich wohl bewahrheiten, wenn man erst einmal einen Platz auf dem schmalen, schmiedeeisernen Balkon mit gutem Blick auf El Bulevar ergattert hat und am leckeren Frozen Daiquiri nippt, während die Liveband einen Benny-Moré-Song anstimmt (am besten „Te Quedarás", einer seiner beliebtesten Songs).

Das Restaurant gleicht einem Moré-Schrein: Die Mahagoni-Bar, Schwarz-Weiß-Fotos aus der Ära des Mambo und elegante Säulen sorgen für ein schönes Ambiente. Das Essen ist da fast gar nicht so wichtig,

kann aber durchaus mithalten, besonders die Garnelen.

✖ Punta Gorda

Club Cienfuegos MEERESFRÜCHTE $$
(Karte S. 272; ☑ 43-51-28-91; Calle 37, zwischen Av 10 & 12; ⊙ 12–22.30 Uhr) Ein Besuch im Club Cienfuegos ist Pflicht – zwar nicht unbedingt wegen des Essens (der Club wird staatlich geführt), aber der märchenhafte Bau, die Sonnenuntergänge und das Yachtclubambiente machen das wett.

Gleichwohl fehlt es nicht an kulinarischen Optionen: Die **Bar la Terraza** (⊙ So–Fr 11–22, Sa 11–2 Uhr) versorgt mit Cocktails und Bier; **El Marinero** (Snacks 3–7 CUC$; ⊙ 12–15 Uhr) serviert in schickem Ambiente auf Strandlevel Snacks und leichten Lunch, und im obersten Stock präsentiert sich das **Restaurante Café Cienfuegos** (Hauptgerichte 12–17 CUC$; ⊙ 18–22 Uhr) als etwas edlere und verwegenere Option: Steak und Paella sind fast so gut wie in einem privaten Lokal.

Palacio de Valle MEERESFRÜCHTE $$
(Karte S. 272; Ecke Calle 37 & Av 2; Hauptgerichte 7–12 CUC$; ⊙ 10–22 Uhr) Das Essen ist nicht so abwechslungsreich wie die vielfältige Architektur, aber die Lage ist so einzigartig, dass man dieses Restaurant nicht auslassen sollte. Im Erdgeschoss stehen vor allem Meeresfrüchte auf der Karte; wen das nicht vom Stuhl reißt, der gönnt sich in der Bar oder der Dachterrasse vor dem Essen einen Cocktail oder danach eine gute Zigarre.

Restaurante Villa Lagarto INTERNATIONAL $$$
(Karte S. 272; ☑ 43-51-99-66; www.villalagarto. com; Calle 35 No 4b, zwischen Av 0 & Litoral; Hauptgerichte 10–18 CUC$; ⊙ 12–23 Uhr) Die Lage an der Bucht ist ein Traum und das Essen im Lagarto (Die Eidechse) steht dem nicht nach. Ebenso wunderbar ist der Service: Schneller und dennoch dezent wird man wohl nirgendwo sonst auf Kuba bedient. Lagarto gehört mit exquisit zubereiteten *brochetas* (Schaschlik), Lamm und Schweinebraten zur Speerspitze der aufstrebenden privaten Restaurantszene und könnte auch locker in Miami bestehen!

Finca del Mar MEERESFRÜCHTE $$$
(Karte S. 272; Calle 35, zwischen Av 18 & 20; Hauptgerichte 10–20 CUC$; ⊙ 12–24 Uhr) Die Finca del Mar spielt in Bezug auf Service und Essen – Meeresfrüchte wie Hummer und Oktopus sind die Spezialitäten – locker in der oberen Liga. Nicht jedermanns Geschmack:

Das Lokal ist teuer und bei Touristen, in jüngster Zeit vor allem Kreuzfahrtpublikum, sehr beliebt. Die Kubaner finden es zu teuer.

Ausgehen & Nachtleben

In Cienfuegos gibt es keinen Mangel an charmanten Kneipen, viele Bars liegen nah dem Meer. Schöne Fleckchen für einen Drink (vor allem zum Sonnenuntergang) bieten der Club Cienfuegos und die Bar auf der Dachterrasse des Palacio de Valle.

Teatro Café Terry CAFÉ
(Karte S. 266; Av 56 No 2703, zwischen Calle 27 & 29; ⊙9–22 Uhr) Café, Souvenirshop und abends Konzertbühne: In diesem winzigen Laden, der sich zwischen das Teatro Tomás Terry und das klassizistische Colegio San Lorenzo zwängt, kann man gut entspannen und Atmosphäre tanken, während man Frühsportlern im Parque José Martí zusieht. Die blumenüberrankte Straßenterrasse entfaltet ihren Charme bei den tollen Livekonzerten am Abend, bei denen von *trova* (traditionelle Musik) bis Jazz alles gespielt wird.

El Palatino BAR
(Karte S. 266; Av 54 No 2514, zwischen Calle 25 & 27; ⊙12–24 Uhr) Alkohol zum Lunch? Wer auf diese Idee kam, wird an eine Bar wie das El Palatino gedacht haben. Das mit dunklem Holz vertäfelte Etablissement residiert an der Südseite des Parque Martí in einem der ältesten Gebäude der Stadt. Manchmal wird spontan Live-Jazz geboten; man sollte darauf vorbereitet sein, spätestens nach dem dritten Stück die Börse für eine Spende zu zücken.

Bar Terrazas BAR
(Karte S. 266; Ecke Av 54 & Calle 31; ⊙10–24 Uhr) Auf der Dachterrasse des Hotel la Unión lebt bei einem Mojito die gute alte Zeit wieder auf. Ab 22 Uhr gibt es Live-Salsa.

Cubita Café CAFÉ
(Karte S. 266; Av 56, zwischen Calle 33 & 35; ⊙rund um die Uhr) Stark und schwarz für trainierte kubanische Gaumen oder schwach und milchig für die Starbucks-Generation. Als Zuckerli gibt es supersüße Kuchen.

El Benny NACHTCLUB
(Karte S. 266; Av 54 No 2907, zwischen Calle 29 & Calle 31; pro Paar 8 CUC$; ⊙Di–So 22–3 Uhr) Was der „Barbar des Rhythmus" zu diesem nach ihm benannten Disco-Club zu sagen gehabt hätte, ist schwer einzuschätzen. Die Tanzschuhe glühen hier eher zu Techno als zu Mambo, den Durst löscht Rum-Cola.

☆ Unterhaltung

★ Patio de ARTex – El Cubanismo LIVEMUSIK
(Karte S. 272; Ecke Calle 35 & Av 16; ⊙18–2 Uhr) In diesem Innenhof in Punta Gorda geht was: Am Abend wird *son* (beliebtester Musikstil auf Kuba), Salsa und *trova* (traditionelle Musik) gespielt – garniert mit einem Touch Benny-Moré-Nostalgie. Die Livemusik schätzen auch die *cienfuegueños* – ein empfehlenswerter Laden, um sich unters Volk zu mischen. Tipp: Auf dem Malecón hört man oft noch die Musik über die Bucht hinweg.

Teatro Tomás Terry LIVEMUSIK, THEATER
(Karte S. 266; ☏43-51-33-61, 43-55-17-72; Av 56 No 270, zwischen Calle 27 & Calle 29; ⊙22 Uhr bis frühmorgens) Das Tomás Terry ist sicher ein Anwärter auf den Titel „schönstes Theater Kubas". Das Gebäude allein ist schon einen Besuch wert, aber erst bei einem Konzert oder einem Theaterstück kann man das architektonische Kleinod in seiner ganzen Pracht erfassen. Die Konzertkasse ist täglich von 11 bis 15 Uhr und 90 Min. vor jeder Vorstellung geöffnet.

Centro Cultural de las Artes Benny Moré LIVEBÜHNE
(Karte S. 266; Av 56, zwischen Calle 25 & 27; ⊙10–23 Uhr) Das neue staatliche Kulturzentrum bietet eine Bar und eine Disko. Was an welchem Abend geboten wird, steht draußen auf einer Tafel – meistens ist es traditionelle Musik. Dienstags um 17 Uhr gibt es die wöchentliche Hommage an Benny Moré.

Café Cantante Benny Moré LIVEMUSIK
(Karte S. 266; Ecke Av 54 & Calle 37; ⊙18–2 Uhr) Ein Ort für Benny-Melodien – vor allem am Abend. Tagsüber macht das Restaurant nicht viel her, im scheidenden Licht des Tages lässt sich darüber aber hinwegsehen. Dann werden hier verboten gute Cocktails gemixt und es erklingt traditionelle Livemusik. Schick machen ist hier angesagt.

Jardines de Uneac LIVEMUSIK
(Karte S. 266; Calle 25 No 5413, zwischen Av 54 & 56; 2 CUC$; ⊙10–2 Uhr) Uneac bietet in allen kubanischen Städten Livemusik in entspannter Atmosphäre. In Cienfuegos ist es der vielleicht beste Veranstaltungsort für afrokubanische *peñas* (Musikvorführungen), *trova* und die besten lokalen Bands (wie etwa die überaus beliebten Los Novos).

Estadio 5 de Septiembre ZUSCHAUERSPORT
(Karte S. 272; ☏43-51-36-44; Av 20, zwischen Calle 45 & 51a) Das Baseballteam der Provinz Cien-

fuegos – die Los Elefantes – spielt hier von Oktober bis April. Ihr bisher bestes Ergebnis war der vierte Platz bei den Landesmeisterschaften im Jahr 1979.

 Shoppen

Die meisten Geschäfte liegen rund um die Haupteinkaufsmeile Avenida 54 (von den Einheimischen El Bulevar genannt), wo Souvenirshops und alteingesessene Läden billige Ware in der Landeswährung feilbieten. Einige ausgefallenere private Geschäfte haben in jüngster Zeit an der Calle 37 (Paseo del Prado) eröffnet.

⭐ **Librería 'La Fernandina'** BÜCHER, VINTAGE
(Karte S. 266; ☎ 43-51-70-37; Calle 37 No 4404, zwischen Av 44 & 46; ⊗ 10–20 Uhr) Der erste Laden auf Kuba, in dem eine (gebrauchte) Ausgabe von George Orwells „1984" angeboten wurde – echt revolutionär! Außer Büchern gibt es alte Magazine, Sammlerstücke aus den 1950er-Jahren und weitere Schätzchen.

Tienda Terry GESCHENKE & SOUVENIRS
(Karte S. 266; Av 56 No 270, zwischen Calle 27 & 29; ⊗ 9–18 Uhr) Wer Bongotrommeln, Bücher und Che-Guevara-T-Shirts sucht, ist hier richtig.

BENNY MORÉ

Kein anderer Sänger vereint die Bandbreite der kubanischen Musik gewandter als Bartolomé „Benny" Moré. Der Ururenkel eines kongolesischen Königs wurde 1919 im kleinen Dorf Santa Isabel de las Lajas in der Provinz Cienfuegos geboren. 1936 zog es ihn nach Havanna, wo er zunächst als Straßenverkäufer nicht mehr ganz frischer Früchte einen spärlichen Lebensunterhalt verdiente. Später spielte und sang er in den verrauchten Bars und Lokalen des schäbigen Hafenviertels der Habana Vieja, wovon er mehr schlecht als recht leben konnte.

Seinen ersten großen Erfolg hatte er 1943: Mit seiner samtigen Stimme und einer perfekten Performance gewann er den ersten Preis beim Gesangswettbewerb eines lokalen Radiosenders und bekam so den Job als Leadsänger beim Cauto Quartet, einer Mariachi-Gruppe aus Havanna.

Sein kometenhafter Aufstieg begann zwei Jahre später, als Siro Rodríguez vom Trío Matamoros, damals Kubas berühmteste *Son-bolero*-Band, ihn bei einem Konzert in der Bar El Temple in Havanna singen hörte. Rodríguez war so beeindruckt, dass er ihm anbot, die Band auf deren bevorstehenden Mexiko-Tour als Leadsänger zu begleiten. In den späten 1940er-Jahren war Mexiko-City für junge spanischsprachige Künstler aus Kuba das sprichwörtliche Hollywood. Moré unterschrieb bei der Plattenfirma RCA und wurde rasant berühmt.

1950 kehrte Moré als Star nach Kuba zurück und bekam schnell den Spitznamen „Prinz des Mambo" und „Barbar des Rhythmus" verpasst. In den folgenden Jahren ersann er einen völlig neuen Sound, den er *batanga* nannte und stellte sein eigenes 40-köpfiges Orchester zusammen, die Banda Gigante. Mit der Banda tourte er durch Venezuela, Jamaika, Mexiko und die USA und trat als Krönung 1957 bei den Oscars auf. Sein Herz schlug aber immer für Kuba. Der Legende nach verstopften Menschentrauben bei seinen Auftritten in Havannas Centro Gallego die nahe gelegenen Parks und Straßen, nur um ihn singen zu hören.

Morés Markenzeichen war neben seiner ausdrucksstarken Stimme sein gleitender Tonumfang, sein großes Talent lag darin, scheinbar spielend zwischen verschiedenen Genres zu wechseln. Ein rührseliger Bolero gelang ihm ebenso mühelos wie eine hüftwackelnde Rumba: Moré schaffte es, in fünf aufregenden Minuten Zartheit, Ausgelassenheit, Gefühl und Inbrunst gleichzeitig zu vermitteln. Obwohl er keine Noten lesen konnte, schrieb Moré viele seiner berühmtesten Stücke selbst, z. B. „Bonito y sabroso" und den großen Hit „Que bueno baila usted". Als er 1963 starb, kamen über 100 000 Menschen, um ihm die letzte Ehre zu erweisen. In Kuba konnte ihm bisher kein weiterer Künstler das Wasser reichen.

Im kleinen Dorf Santa Isabel de las Lajas, einige Kilometer westlich von Cruces an der Straße von Cienfuegos nach Santa Clara, liegt ein kleines Museum, das dem Sänger gewidmet ist. Regionalbusse (nicht Víazul) verkehren vom Busbahnhof in Cienfuegos nach Santa Isabel de las Lajas.

Casa del Habano 'El Embajador' ZIGARREN
(Karte S. 266; Ecke Av 54 & Calle 33; ⊙ Mo–Sa
9–17.30 Uhr) Die beste Adresse für Rauchwa-
re, Rum und Kaffee – verpackt in einen kul-
tivierten Rahmen.

El Bulevar STRASSE
(Karte S. 266; Av 54) Cienfuegos größte Einkaufsmeile – die eigentlich Avenida 54 heißt,
aber eher als El Bulevar bezeichnet wird –
ist eine typisch kubanische Shoppingstraße,
in der es weit und breit keinen Kettenladen
gibt. Der schönste Abschnitt, auf dem auch
keine Autos fahren dürfen, erstreckt sich
von der Calle 37 (Paseo del Prado) bis zum
Parque Martí und lockt mit Läden aller Art
und Größe.

❶ Praktische Informationen

GELD
Banco de Crédito y Comercio (Bandec; Ecke
Av 56 & Calle 31; ⊙ Mo–Fr 9–17 Uhr) Geldau-
tomaten.
Cadeca (Av 56 No 3316, zwischen Calle 33
& 35; ⊙ Mo–Fr 9–17 Uhr) Hier kann man
Bargeld in CUC$ oder kubanische Pesos
umtauschen.

INTERNETZUGANG
Im Hotel la Unión und beim Parque Martí gibt es
Hot Spots (WLAN).
Etecsa Telepunto (Calle 31 No 5402, zwischen
Av 54 & 56; Std. 1,50 CUC$; ⊙ 8.30–19 Uhr)
verkauft Karten mit Zugangscodes für das
Internet.

MEDIZINISCHE VERSORGUNG
Clínica Internacional (☑ 43-55-16-22; Av 10,
zwischen Calle 37 & 39) Ausgezeichnetes und
halbwegs neues Gesundheitszentrum, das sich
um Ausländer kümmert und (zahn-)medizini-
sche Notfälle betreut. Die Apotheke hat rund
um die Uhr geöffnet.
Hotel la Unión Pharmacy (☑ 43-55-10-20;
Ecke Calle 31 & Av 54; ⊙ rund um die Uhr

geöffnet) Diese Apotheke ist auf ausländische
Touristen eingestellt.

POST
Postamt (Karte S. 266; Av 56 No 3514, zwischen Calle 35 & 37; Mo–Fr 9–17 Uhr)

TOURISTENINFORMATION
Cubanacán (Karte S. 266; ☑ 43-55-16-80; Av
54, zwischen Calle 29 & 31) Beste Adresse für
organisierte Ausflüge.
Cubatur (Karte S. 266; ☑ 43-55-12-42; Calle
37 No 5399, zwischen Av 54 & 56; ⊙ Mo–Sa
9–18 Uhr) Organisiert Ausflüge.
Infotur (Karte S. 266; Calle 56 No 3117, zwischen Av 31 & 33; ⊙ 8.30–17 Uhr) Hat Kartenmaterial und Broschüren.
Paradiso (☑ 43-51-18-79; www.paradisonline.
com; Av 54 No 3301, zwischen Calle 33 & 35;
⊙ Mo–Sa 9–18 Uhr) Die meisten der Führungen
durch die Stadt oder Trips in die Umgebung
kosten zwischen 5 CUC$ und 16 CUC$.

❶ An- & Weiterreise

BUS
Der **Busbahnhof** (Karte S. 266; ☑ 43-51-57-20,
43-51-81-14; Calle 49, zwischen Av 56 & 58) von
Cienfuegos ist sauber und gut organisiert. Im
Untergeschoss (die Treppe runter und dann
links) verkauft ein Víazul-Büro Fahrkarten für die
lokalen Busse nach Rancho Luna, Santa Isabel
de las Lajas, Palmira und weitere Destinationen
für etwa 1 CUC$. Informationen kann man der
Anzeigentafel im Untergeschoss entnehmen (die
Treppe runter und rechts, an den Fahrkarten-
schaltern hier muss man jedoch längere Wartezeiten einplanen).

Die Busse nach Varadero halten auch in Santa
Clara (6 CUC$, 1,5 Std.). Ebenfalls in Santa Clara
sowie in Remedios stoppt der Bus nach Cayo
Santa María.

Weitere Ziele erreicht man, wenn man in Trinidad oder Havana umsteigt. Unbedingt zu beachten ist, dass die Busse von Cienfuegos nach
Trinidad weiter im Westen losfahren und daher
mitunter bereits voll besetzt sind.

BUSSE AB CIENFUEGOS
Die Busse von Víazul steuern folgende Ziele an. Aktuelle Informationen auf: www.viazul.com

REISEZIEL	FAHRPREIS (CU$)	FAHRZEIT (STD.)	ABFAHRT
Cayo Santa María	16	4, 25	9.45 Uhr
Havana	20	5	9.20, 16.05 Uhr
Playa Girón	7	1, 5	16.05 Uhr
Trinidad	6	1, 75	11.40, 14.30pm, 16.05 Uhr
Varadero	16	5	8.35, 15.30 Uhr

FLUGZEUG

Auf dem **Jaime González Airport** (☎ 43-55-22-35; Carretera a Caonao Km 3), 5 km nordöstlich von Cienfuegos gelegen, landen jede Woche internationale Flüge aus Miami und Kanada (allerdings nur von Nov.–März). Es gibt keine Verbindung nach Havanna.

ZUG

Der **Bahnhof** (☎ 43-52-54-95; Ecke Av 58 & Calle 49; ☉ Schalter Mo–Fr 8–15.30, Sa bis 11.30 Uhr) liegt gegenüber dem Busbahnhof, bei einer Reisezeit von zehn Stunden bis Havanna (im Gegensatz zu drei Stunden mit dem Bus) muss man aber schon ein Eisenbahnfreak sein, um mit der merkwürdig langsamen *ferrocarril* an- oder abreisen zu wollen. Die Züge nach Havanna fahren angeblich jeden zweiten Tag um 7 Uhr morgens los: Man sollte besser lange vorher die Abfahrtszeit prüfen.

 Unterwegs vor Ort

AUTO & MOPED

Die **Servi-Cupet-Tankstelle** (Ecke Calle 37 & Av 16) liegt in Punta Gorda. Eine weitere Tankstelle gibt es 5 km nordöstlich am Hotel Rancho Luna.

Cubacar (Hotel Jagua, Calle 37, zwischen Av 0 & 2; ☉ 9–17 Uhr) hat größtenteils Autos mit Schaltgetriebe im Angebot. Eine Filiale der Autovermietung befindet sich im Hotel Jagua.

FAHRRAD

In Cienfuegos fährt man gerne Rad, überhaupt wird hier Sport großgeschrieben. Mit dem Rad erreicht man auch gut die etwas außerhalb gelegenen Attraktionen der Punta Gorda. Einige *casas particulares* verleihen Räder, zum Beispiel die Casa las Golondrinas (S. 269).

FÄHRE

Von der **Muelle Real** (Karte S. 266; Ecke Av 46 & Calle 25) verkehrt eine Fähre (1 CUC$, 40 Min.) mit Raum für 120 Passagieren zum Castillo de Jagua. Das kubanische Pendlervehikel ist kein Ausflugsboot für den Sonnenuntergang! Am Hafen kann man sich über die aktuellen Abfahrtszeiten informieren, theoretisch fährt sie um 8 Uhr und um 13 Uhr.

Eine kleinere Fähre (0,50 CUC$, 15 Min.) überwindet ebenfalls den Katzensprung zwischen dem *castillo* und dem Hotel Pasacaballo in Rancho Luna. Die letzte Fähre verlässt das *castillo* um 20 Uhr.

PFERDEKUTSCHEN

Zahlreiche Pferdekutschen und Bici-Taxis warten an der Calle 37. Kubaner zahlen einen Peso pro Fahrt, Ausländer einen CUC$. Insgesamt eine angenehme Art, um von der Stadt nach Punta Gorda und zu den Friedhöfen zu gelangen.

TAXI

In Cienfuegos gibt es jede Menge Taxis. Die meisten warten vor dem Hotel Jagua und dem Hotel la Unión sowie am Busbahnhof auf Fahrgäste. Bici-Taxis fahren den Malecón auf und ab, für rund 3 CUC$ kutschieren sie Gäste nach Punta Gorda oder zurück. Verhandeln hilft. Ein Taxi zum Flughafen sollte von der Innenstadt rund 6 CUC$ kosten. Aktuelle Preise hat das Büro von **Cubataxi** (Karte S. 266; ☎ 43-55-11-72; Av 50, zwischen Calle 35 & 37).

Die Umgebung von Cienfuegos

Rancho Luna

Rancho Luna ist ein winziges, bildschönes Strandresort 18 km südlich von Cienfuegos nahe der Mündung der Bahía de Cienfuegos. Im Ort gibt es zwei einfache Mittelklassehotels, man kann aber auch in einigen *casas particulares*, die entlang der Straße liegen, die auf das Hotel Faro Luna zuführt, übernachten. Die Küste ist durch ein Korallenriff geschützt, was wunderbare Schnorchelerlebnisse ermöglicht. Der Sandstrand kommt nicht an den von Varadero heran, dafür ist es ruhiger und ursprünglicher.

Aktivitäten

Tauchbasis
TAUCHEN

(☎ 43-54-80-40; Carretera Pasacaballos Km 18; Tauchgänge ab 35 CUC$, Open-Water-Tauchkurs 365 CUC$) Dieses Tauchzentrum neben dem Hotel Faro Luna steuert 30 verschiedene Tauchstellen an, die alle innerhalb von 20 Bootsminuten zu erreichen sind. Es gibt Höhlen, üppige Meeresfauna und -flora sowie beeindruckende Korallengärten, die Taucher wegen ihrer unglaublichen Schönheit und Größe „Notre Dame" nennen, zu bewundern. Von November bis Februar durchstreifen harmlose Walhaie die hiesigen Gewässer.

Weitere Attraktionen unter Wasser sind sechs Schiffswracks und die Überbleibsel eines transatlantischen Kabels, das einst Kuba mit Spanien verband und von den Briten im Jahre 1895 installiert wurde.

 Kurse

Academia Cienfuegos
SPRACHKURSE

(www.formationcuba.com; Carretera Faro Luna) Diese Spanisch-Sprachschule gehört zu den besten auf Kuba. Sie bietet ein- oder zwei-

PALMIRA

Wer sich für die Santería und die damit verbundenen Mythen interessiert, sollte im hübschen Städtchen Palmira, 8 km nördlich von Cienfuegos, einen Stopp einlegen. Es ist berühmt für seine Santería-Bruderschaften, zu denen auch die Gesellschaften von Cristo, San Roque und Santa Barbara gehören. Einen kurzen Abriss über ihren Glauben vermittelt das **Museo Municipal de Palmira** (☎43-54-45-33; Villuendas No 41; 1 CUC$; ☺ ☺ Di–Sa 10–18, So bis 13 Uhr) am Hauptplatz. Das in Cienfuegos ansässige Reisebüro Cubanacán (S. 268) organisiert manchmal Touren dahin. Die wichtigsten Feste des Kultes finden Anfang Dezember statt.

wöchige Kurse im Hotel Faro Luna an, die kulturelle Aktivitäten einschließen. Preise auf der Website.

🛏 Schlafen

In Rancho Luna gibt es zwei Hotels – beide erschwinglich, eines hat All-inclusive-Service. Ein noch besseres Preis-Leistungs-Verhältnis bietet ein Dutzend quer über den Ort verteilte *casa particulares*.

⭐ Casa Larabi
CASA PARTICULAR $

(☎43-54-81-99; casa.larabi1@gmail.com; Carretera Faro Luna; Zi. 35 CUC$; 🅿❄) Das wohl ausgefallenste Haus der ganzen Provinz ist kaum zu verfehlen: In Türkis, Lila und Pink (doch, das passt zusammen!) gestrichen, springt einen das Larabi an der Zufahrtsstraße zum Hotel Faro Luna förmlich an. Innen treffen antike Möbel, die eines Museums würdig sind, auf Pflanzen, die einem Botanischen Garten zur Ehre gereichen würden. Und die rosa Terrasse mit Meerblick schießt den Vogel ab.

Vier fabelhafte Zimmer stehen zur Wahl, das Essen ist fantastisch. Man spricht hier Englisch.

Hotel Rancho Luna
RESORT $$

(☎43-54-80-12; Carretera Rancho Luna Km 18; EZ/DZ all-inclusive 75/120 CUC$) Das Rancho Luna kann mit den Resorts in Varadero zwar nicht mithalten und eine Renovierung würde nicht schaden, aber viele Reisende, die

aufs Geld schauen, sind dem Haus zum Teil schon seit Jahren treu (darunter viele Kanadier!). Die Vorteile gegenüber den teureren Resorts an der Nordostküste? Es ist ruhig und die Unesco-Welterbe-Stadt Cienfuegos ist nur 15 Min. entfernt. Täglich fahren Shuttles kostenlos in die Stadt.

Hotel Faro Luna
RESORT $$$

(☎43-54-80-30; Carretera Faro Luna; EZ/DZ 80/120 CUC$; 🅿❄@☀) Faro Luna ist der Geheimtipp an Kubas Südküste und als eines von nur zwei Hotels an der ansonsten von Resorts dominierten Küste erfrischend schlicht. Anders als im benachbarten Hotel Rancho Luna kann man hier keine All-inclusive-Pakete buchen, das hoteleigene Restaurant tischt aber genießbares Abendessen auf, das durch die schöne Lage gleich noch besser schmeckt.

Hier steigen gerne kanadische Sprachkursgruppen ab. Nebenan gibt es ein Tauchzentrum (S. 277).

ℹ An- und Weiterreise

Rein theoretisch verkehrt täglich ein halbes Dutzend Busse ab Cienfuegos, aber in Kuba sollte man sich stets auf Wartezeiten und mit Kreide angekritzelte Fahrpläne einstellen.

Die Fähre nach Jagua startet mehrmals täglich vom Kai am Hotel Pasacaballo, das Boot vom Castillo de Jagua zurück nach Cienfuegos verkehrt nur sporadisch (es steuert alle drei Haltepunkte an und fuhr zur Zeit der Recherche zweimal am Tag: um 10 und 15 Uhr vom Castillo).

Am verlässlichsten sind Taxis, die einfache Fahrt nach Cienfuegos kostet rund 10 CUC$ – Taxis stehen vor dem Hotel la Unión (S. 270). Man sollte sich im Handeln vesuchen.

Die beiden Hotels in Rancho Luna betreiben einen kostenlosen Shuttleservice nach und von Cienfuegos.

Von Cienfuegos kommt man am besten mit dem Fahrrad hierher.

El Nicho

Zwar liegt die grüne Sierra del Escambray zum großen Teil in der Provinz Cienfuegos (samt dem höchsten Gipfel der Gebirgskette, dem 1156 m hohen Pico de San Juan), aber der Zugang ist auf ein kleines Schutzgebiet um El Nicho, das zum Parque Natural Topes de Collantes gehört, beschränkt.

Legendär sind die Kurven und Serpentinen der schönen Straße über Cumanayagua nach El Nicho. *Tienes mas curvas de la carretera por Cumanayagua* (du hast mehr

Kurven als die Straße nach Cumanayagua) gilt für *chicas* (Mädchen) hier angeblich als Kompliment. Die Wasserfälle sind ein beliebtes und lohnendes Tagesausflugsziel von Cienfuegos aus, allerding kommen viele andere Besucher auch auf diese Idee.

Sehenswertes

El Nicho
NATURPARK

(10 CUC$; ⊙ 8–17 Uhr) El Nicho, ein abgelegener Teil des Naturparks Topes de Collantes, ist auch der Name eines schönen Wasserfalls am Río Hanabanilla samt umliegendem Schutzgebiet. Man bewundert die Wasserfälle, badet in einem von zwei Naturschwimmbecken und erklimmt kurze steile, aber klar ausgewiesene Pfade zum *mirador* (Aussichtspunkt), von wo sich ein Spitzenblick über üppig bewaldete Berge und den entfernten Embalse Hanabanilla eröffnet. Die Gegend ist dafür bekannt, dass man sehr gut Vögel beobachten kann. In einem großen rustikalen **Restaurant** (Hauptgerichte 5,50 CUC$; ⊙ 12–17 Uhr) kann man sich erholen und versorgen.

ⓘ An- & Weiterreise

Es gibt leider keine zuverlässige Nahverkehrsverbindung nach El Nicho. Am besten nimmt man in Cienfuegos ein Taxi (ca. 50 CUC$ inkl. 2 Std. Wartezeit). Halbtagestouren kann man bei der Agentur Cubanacán (S. 268) in Cienfuegos buchen. Sie bietet auch einen Trip nach El Nicho mit anschließender Weiterfahrt nach Trinidad an.

Wer über ein Auto verfügt, kann durch die Berge über eine recht anständige Straße in Richtung Embalse Hanabanilla (Provinz Villa Clara) fahren.

Karibikküste

Auf der Fahrt gen Osten nach Trinidad in der Provinz Sancti Spíritus rücken die Postkartenmotive der Sierra del Escambray immer näher, bis deren zerklüfteten Ausläufer die Küstenstraße beinahe unter sich begraben. Vor der Küste bieten versteckte Korallenriffe hervorragende Tauchmöglichkeiten.

🏃 Ativitäten

Guajimico Diving Center
TAUCHEN

(☎ 43-42-06-46; Carretera de Trinidad Km 42) Für ein *campismo* ungewöhnlich verfügt die Villa Guajimico über ihre eigene Tauchbasis, die 16 Tauchplätze eines küstennahen Korallenriffs ansteuert. In der Sprache der indigenen Stämme, die einst hier lebten, bedeutet

Guajimico „Ort der Fische" – die Tauchplätze bieten exotische Unterwasserwelten. Alle Plätze sind nah am Ufer, sechs liegen in einem von Wald umgebenen Meeresarm. Aktuelle Preise und Angebote sollte man an der Rezeption erfragen.

Hacienda la Vega
REITEN

(Carretera de Trinidad Km 52; pro Std. 6 CUC$) Die bäuerliche Rinderfarm an der Hauptstraße, rund 9 km östlich von Villa Guajimico, wird von Obstbäumen eingerahmt und serviert im hauseigenen Restaurant typisch kubanische Speisen (5–10 CUC$) – herrlich, um sich beim Lunch im Schatten zu entspannen. Wer Zeit zum Verweilen hat, kann Pferde mieten und zum nahen Strand Caleta de Castro galoppieren – ein traumhafter Schnorchel-Spot (eigene Ausrüstung muss man allerdings mitbringen).

🛏 Schlafen & Essen

Villa Guajimico
FERIENHÜTTEN $

(☎ 43-42-06-46; Carretera de Trinidad Km 42; EZ 22–25 CUC$, DZ 38–44 CUC$; P ❄ ⌗) Einer der luxuriösesten *campismos* von Cubamar: Die Ausstattung der 51 ansprechenden und idyllisch am Meer gelegenen Hütten ist auf Niveau eines 3-Sterne-Hotels. Außerdem werden Fahrräder, Autos, Katamarane und Kajaks verliehen sowie kurze Wanderungen angeboten. Der Campismo liegt an der Busroute von Cienfuegos nach Trinidad. Auch bei Kubanern beliebt, Treffpunkt für Sporttaucher.

Villa Yaguanabo
ZIMMER $$

(☎ 43-54-19-05; Carretera de Trinidad Km 55; EZ/DZ mit Frühstück 78/92 CUC$; P ❄) Etwas überraschend stößt man knapp vor der Grenze zu Trinidad auf die (leider überteuerte) Villa Yaguanabo an einem traumhaften Küstenabschnitt an der Mündung des Río Yaguanabo. Der meiste Verkehr fließt ohne Halt vorbei. Die schlichten, aber sauberen Motelzimmer sind auf einen ruhigen goldbraunen Strand ausgerichtet.

Das entspannte Hotel kann man wunderbar als Standort nutzen und zum Beispiel mit einem Boot 2 km den Fluss zu den Valle de Iguanas hochschippern (3 CUC$), wo es Thermalquellen, Reitmöglichkeiten und ein kleines Trekkingwegenetz an den Ausläufern der grünen Sierra del Escambray gibt. An der Hauptstraße serviert ein privates Restaurant (Casa Verde) gegenüber dem Hotel ein recht annehmbares Mittag- und Abendessen.

ROSTISLAV AGEEV/SHUTTERSTOCK ©

1. Statue von José Martí (S. 83) Diese Statue im Parque Central von Havanna war die erste von Tausenden zu Ehren des Freiheitskämpfers.

2. Ruine der Iglesia de Santa Ana (S. 310) Eine Kirche im perfekt erhaltenen spanischen Kolonialviertel von Trinidad.

3. Iglesia de Nuestra Corazón de Sagrado Jesús (S. 359) Die Kirche in Camagüey besitzt Glasfenster und dekorative Schmiedearbeiten.

4. Havanna (S. 64) In Habana Vieja findet man über 900 Gebäude von historischer Bedeutung; der Stil reicht vom raffiniertem Neobarock bis zum prächtigen Art déco.

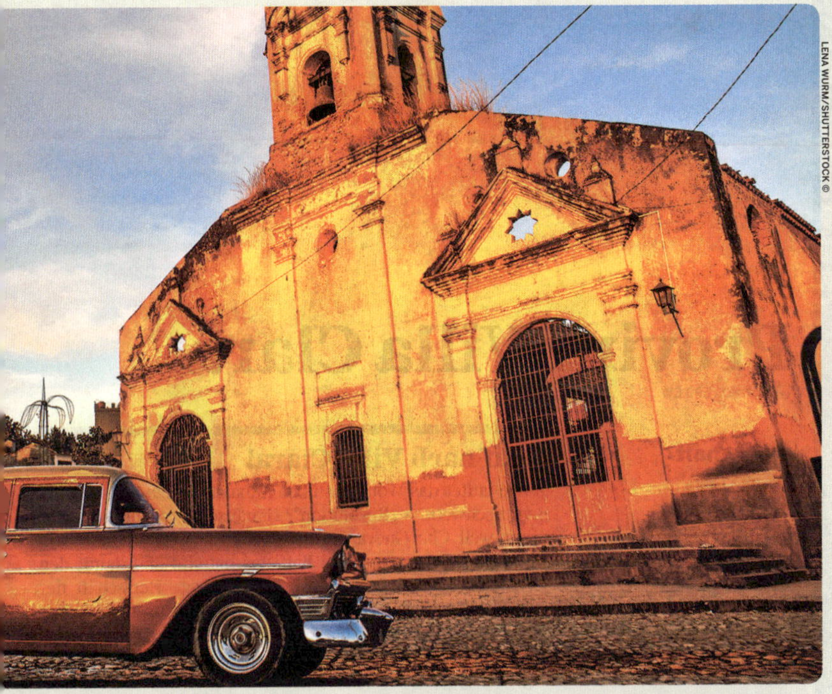

LENA WURM/SHUTTERSTOCK ©

HEIKONEUMANNPHOTOGRAPHY/SHUTTERSTOCK ©

3

LENA WURM/SHUTTERSTOCK ©

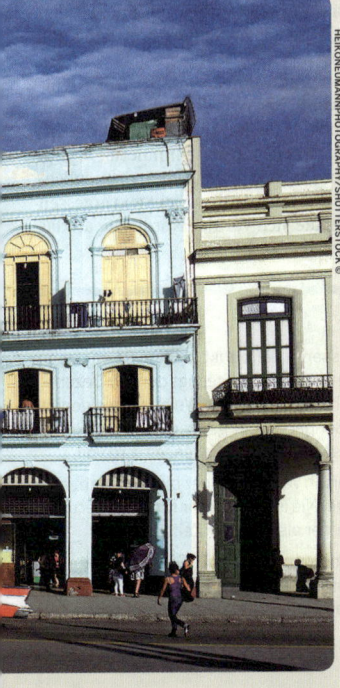

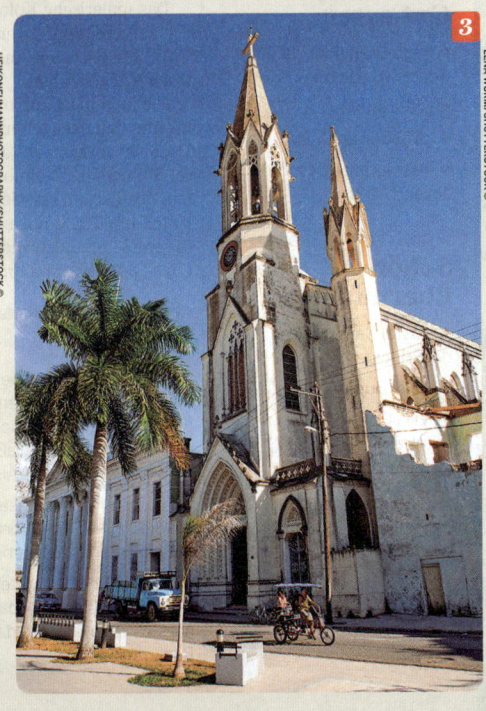

Provinz Villa Clara

📷 42 / 803 690 EW.

Gut essen

➡ Restaurant Florida Center (S. 290)

➡ La Piramide (S. 297)

➡ La Taberna (S. 300)

➡ Restaurante Casona Jover (S. 291)

Schön übernachten

➡ Hostal Camino del Príncipe (S. 297)

➡ Meliá Buenavista (S. 301)

➡ 'Villa Colonial' – Frank & Arelys (S. 297)

➡ Iberostar Ensenachos (S. 302)

Auf nach Villa Clara!

Wie lautet das Wort, das über Kubas facettenreichster Provinz schwebt? – „Revolution"? Genauso ist es, und das nicht nur weil Che Guevara Villa Claras Hauptort Santa Clara von der korrupten Partei Battistas befreite und damit den Startschuss gab für die bislang 58-jährige Herrschaft der beiden Castro-Brüder, deren Ende nicht abzusehen ist. Das kulturell attraktive Santa Clara ist Heimat der kubanischen Künstleravantgarde und schmückt sich u. a. mit Kubas einziger Drag-Show und dem wichtigsten Rockfestival der Insel.

Das malerische Kolonialstädtchen Remedios und die davor aufgereihten Cayerías del Norte hingegen erleben den wohl drastischsten touristischen Ausbau, den es auf Kuba bislang gegeben hat.

Die Region ist auf immer untrennbar mit Ches Vermächtnis und den dazugehörigen Sehenswürdigkeiten verbunden. Doch sie veranstaltet auch das wildeste Straßenfest der Insel (Remedios), bezaubert mit den grün schimmernden Gipfeln des Escambray-Gebirges und den vielen Sportmöglichkeiten um den Embalse de Hanabanilla. Nicht zu vergessen die weißen Sandstrände, die sich vor der Nordküste an das Cayo Santa María schmiegen.

Reisezeit

➡ Es gibt kaum einen besseren Zeitpunkt für eine Reise nach Villa Clara als den Dezember, genauer gesagt den 24. Dezember. Denn wer würde nicht gern ein kaltes Weihnachten gegen eine der heißesten Straßenpartys der ganzen Karibik in Remedios eintauschen? Also im Voraus buchen, es wird voll.

➡ Zu Beginn der Hochsaison von Dezember bis März geht es auf die Cayerías del Norte. Nie ist die Gefahr für einen verregneten Strandurlaub geringer als in dieser Zeit.

➡ November ist ein guter Monat, um Santa Clara zu besuchen – dann findet Kubas einzigartigstes und revolutionärstes Festival statt, das Ciudad Metal (mit kubanischer Rockmusik).

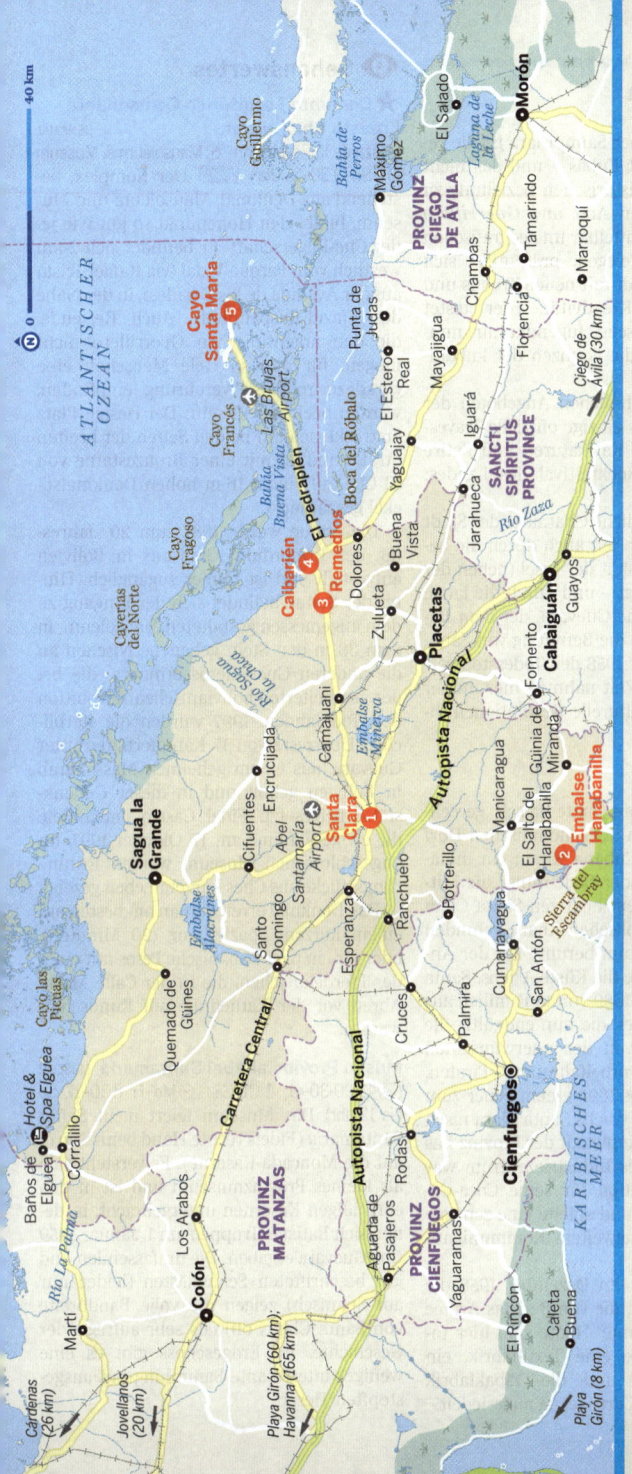

Highlights

1 Santa Clara (S. 284) In einer palastartigen casa particular wohnen und eintauchen in das elektrisierende Nachtleben des legendären Club Mejunje. Auf den Spuren einer Legende zum Denkmal Ernesto Che Guevaras wandeln.

2 Embalse Hanabanilla (S. 294) Wandern, baden und die Einsamkeit dieses, von Bergen umgebenen Sees genießen.

3 Remedios (S. 295) Passanten beobachten in den Cafés dieser kürzlich wieder jung gewordenen, aber – bisher – noch unverdorbenen Kolonialstadt.

4 Caibarién (S. 299) Villa Clara, wie es das Fremdenverkehrsamt gerne unterschlägt: durch die etwas heruntergekommene, aber sympathische Siedlung am Wasser streifen.

5 Cayo Santa María (S. 300) Ein Sonnenbad am Strand Playa Las Gaviotas genießen, einem der letzten noch öffentlichen Strände auf Cayo Santa María.

Santa Clara

239 000 EW.

Sorry, Havanna, aber Santa Clara ist die revolutionärste Stadt Kubas – und das nicht nur wegen ihrer historischen Beziehung zu dem argentinischen Arzt und *Guerrillero* Che Guevara. Unmittelbar im geografischen Zentrum Kubas gelegen, präsentiert sich Santa Clara als Stadt mit neuen Trends und unerschöpflicher Kreativität. Hier testet eine avantgardistische Jugendkultur nunmehr seit Jahren die Grenzen der kubanischen Zensur aus.

Zu den ungewöhnlichen Angeboten der Stadt zählen Kubas einzige offizielle Travestieshow, politische Karikaturen und Satire sowie das beste Rockfestival des Landes: Ciudad Metal.

Der leidenschaftliche Charakter der Stadt wurde im Lauf der Zeit auch durch die bedeutendste Universität der Insel (neben der in Havanna) geprägt – und durch die lange Verbindung mit Che Guevara, der dem Batista-Regime durch die Befreiung von Santa Clara im Dezember 1958 den Todesstoß versetzte. Seit dieser Zeit nahmen hier immer wieder kleinere kulturelle Revolutionen ihren Anfang.

Geschichte

Christoph Kolumbus hatte falsch gerechnet und glaubte, in dem indianischen Dorf Cubanacán (oder Cubana Khan; ein indianischer Name mit der Bedeutung „die Mitte Kubas") nahe dem heutigen Santa Clara den Sitz der mongolischen Khane gefunden zu haben. Sein Irrtum beruhte auf der Annahme, er erforsche die Küste Asiens. Santa Clara selbst wurde 1689 von 13 Familien aus Remedios gegründet, die nun endgültig die Nase voll hatten von der unerwünschten Aufmerksamkeit vorbeifahrender Piraten. Nachdem Remedios 1692 einem Feuer zum Opfer gefallen war, wuchs Santa Clara rasch und wurde 1867 Hauptstadt der Provinz Las Villas. Als wichtiges Industriezentrum war es vor der Revolution für seine Coca-Cola-Fabrik berühmt und spielte eine zentrale Rolle in Kubas inselweitem Kommunikationsnetz.

Santa Clara war im Dezember 1958 die erste größere Stadt, die von Batistas Armee befreit werden konnte. Heute sind hier Industriebetriebe wie eine Textilfabrik, ein Marmorsteinbruch und die Tabakfabrik Constantino Pérez Carrodegua angesiedelt.

Sehenswertes

★ Conjunto Escultórico Comandante Ernesto Che Guevara DENKMAL

(Plaza de la Revolución; Mausoleum & Museum Di–So 9.30–16 Uhr) GRATIS Der Komplex, bestehend aus Denkmal, Mausoleum und Museum, bildet den Höhepunkt so gut wie jeder Che-Pilgerschaft. Er befindet sich 2 km westlich vom Parque Vidal (via Rafael Tristá auf der Avenida de los Desfiles), in der Nähe des Víazul-Busbahnhofs. Auch Reisende, die den argentinischen Guerrillero nicht mögen, für den so viele Menschen eine geradezu religiöse Verehrung empfinden, werden beeindruckt sein: Der riesige Platz erstreckt sich auf beiden Seiten der breiten Straße und ist mit einer Bronzestatue von El Che auf einem 16 m hohen Denkmalsockel geschmückt.

Die Statue wurde 1987 zum 20. Jahrestag der Ermordung Guevaras in Bolivien aufgestellt und ist immer zugänglich. Hinter der Statue befindet sich der Eingang zu dem angemessen gestalteten Mausoleum, in dem 38 in den Stein gehauene Nischen an die anderen Guerrilleros erinnern, die bei der gescheiterten bolivianischen Revolution den Tod fanden. 1997 wurden die sterblichen Überreste von 17 Kämpfern, darunter Guevara, aus einem geheimen Massengrab in Bolivien geholt und in dieser Gedenkstätte beigesetzt. Fidel Castro entzündete die ewige Flamme am 17. Oktober 1997. Im angeschlossenen Museum werden Erinnerungsstücke aus Ches kurzem Leben gezeigt.

Das Denkmal erreicht man am besten auf einem kurzem Spaziergang (20 Minuten), oder für ein paar kubanische Pesos mit einer der Pferdekutschen, die in der Calle Marta Abreu vor der Kathedrale auf Kundschaft warten.

Museo Provincial Abel Santamaría MUSEUM

(42-20-30-41; 1 CUC$; Mo–Fr 8.30–17, Sa bis 12 Uhr) Das Museum feiert nicht Señor Santamaría (Fidels rechte Hand beim Sturm auf die Moncada-Kaserne). Es versteht sich als kleines Provinzmuseum und ist in den ehemaligen Kasernen untergebracht, in denen sich Batistas Truppen am 1. Januar 1959 Che Guevara ergaben. Die umfassenden und gut beschrifteten Schaukästen (leider nur auf Spanisch) zeigen die volle Bandbreite von Santa Claras oftmals sehr aufregender Geschichte. Im Erdgeschoss gibt es eine weniger interessante Sammlung mit ausgestopften Tieren.

Das Museum befindet sich oben auf einem Hügel, am nördlichen Ende der Esquerra und jenseits des Río Bélico. Es ist das große, cremefarbene Gebäude hinter der Pferdekoppel.

Catedral de las Santas Hermanas de Santa Clara de Asís   KATHEDRALE

(Marta Abreu) Die Kathedrale drei Blocks westlich vom Parque Vidal wurde 1923 unter heftigen Kontroversen erbaut, nachdem Santa Claras ursprüngliches Gotteshaus im Parque Vidal abgerissen worden war. Sehenswert sind die herrlichen Glasfenster, die bemerkenswerten Einflüsse des Art déco und eine mythische weiße Statue der Gottesmutter Maria, die inoffiziell La Virgen de la Charca – die Jungfrau des Brunnens – genannt wird.

Die Statue wurde in den 1980er-Jahren in einem Graben gefunden, nachdem sie mysteriöserweise kurz nach der Einsegnung der Kirche 1954 verschwand. 1995 wurde sie erneut in der Kathedrale aufgestellt.

La Casa de la Ciudad   KULTURZENTRUM

(☏ 42-20-55-93; Ecke Independencia & JB Zayas; ⊙ 8–17 Uhr) GRATIS Der Puls des progressiven, städtischen Kulturlebens schlägt in diesem Kulturzentrum: Es gibt Kunstausstellungen (in einer wird u. a. eine Originalskizze von Wifredo Lam gezeigt), Noches del Danzón (traditionelle Tanzveranstaltungen), ein Filmmuseum sowie spontane Konzerte. Erst kürzlich hat es nach einer Renovierung wiedereröffnet.

Parque Vidal   PLATZ

Der Parque Vidal ist ein richtiges Freilufttheater! Benannt ist er nach Oberst Leoncio Vidal y Caro, der hier am 23. März 1896 getötet wurde. In der Kolonialzeit rahmte ein doppelter, durch einen Zaun geteilter Gehsteig den Park ein, auf dem die Weiße und Schwarze getrennt promenieren mussten. Die Wunden einer jüngeren Auseinandersetzung sind an der Fassade des mintgrünen Hotels Santa Clara Libre an der Westseite sichtbar: Die Einschusslöcher der Schlacht um die Stadt zwischen Batistas Regierungstruppen und den Partisanen Che Guevaras.

Heute vermischen sich in diesem Park, der zu den lebhaftesten und aufregendsten der Insel zählt, alle Farben des kubanischen Kulturregenbogens: Alte Herren in *guayabera*-Hemden schwatzen auf den schattigen Bänken miteinander, während Kleinkinder von Ziegenböcken in Leiterwagen herumgezogen werden. Beachtung verdienen

die Statuen der lokalen Philanthropin Marta Abreu und von *El niño de la bota* (Junge mit Stiefel), der seit Langem ein Symbol der Stadt ist. Seit 1902 tritt das städtische Orchester jeden Donnerstag und Sonntag um 20 Uhr mit begeisternden Darbietungen im Musikpavillon auf.

Monumento a la Toma del Tren Blindado   DENKMAL

(Güterwagenmuseum 1 CUC$; ⊙ Güterwagenmuseum Mo–Sa 8.30–17 Uhr) Hier wurde am 29. Dezember 1958 Geschichte geschrieben: Ernesto „Che" Guevara und eine Gruppe von 18 Gewehre schwenkenden Revolutionären, die gerade eben dem Teenageralter entwachsen waren, brachten mithilfe eines geliehenen Bulldozers und ein paar selbst gebauter Molotow-Cocktails einen schwer gepanzerten Zug zum Entgleisen.

Das Gefecht dauerte 90 Minuten, besiegelte unglaublicherweise das Schicksal der Batista-Diktatur und leitete die 50-jährige Regierungszeit Fidel Castros ein. Das Museum östlich an der Independencia und jenseits des Flusses steht genau dort, wo der Zug mit den 350 schwer bewaffneten Regierungssoldaten entgleiste. Der berühmte Bulldozer thront auf einem Sockel am Eingang.

Fábrica de Tabacos Constantino Pérez Carrodegua   ZIGARRENFABRIK

(Maceo No 181, zwischen Julio Jover & Berenguer; 4 CUC$; ⊙ 9–11 & 13–15 Uhr) Santa Claras Zigarrenfabrik gehört zu den besten Kubas und stellt eine qualitativ sehr hochwertige Auswahl an Zigarren der Marken Montecristo, Partagá und Romeo y Julieta her. Verglichen mit Havanna sind die Führungen hier eher einfach gehalten, doch der Besuch läuft damit sehr viel intensiver und weitaus weniger gehetzt ab. Eintrittskarten im Voraus im Hotel Santa Clara Libre (S. 290) kaufen.

Direkt auf der gegenüberliegenden Straßenseite liegt La Veguita (S. 292). Der winzige, aber gut sortierte Laden der Fabrik wird von einem freundlichen, hoch professionellen Team von Zigarrenexperten geführt. Es gibt auch preiswerten Rum zu kaufen, und in der Bar genießen die Gäste einen hervorragenden Kaffee.

Teatro la Caridad   THEATER, SEHENSWERTES GEBÄUDE

(Ecke Marta Abreu & Máximo Gómez) Die relativ strenge, klassizistische Fassade wirkt für viele enttäuschend, doch wer dem Portier 1 CUC$ in die Hand drückt, wird entdecken,

Santa Clara

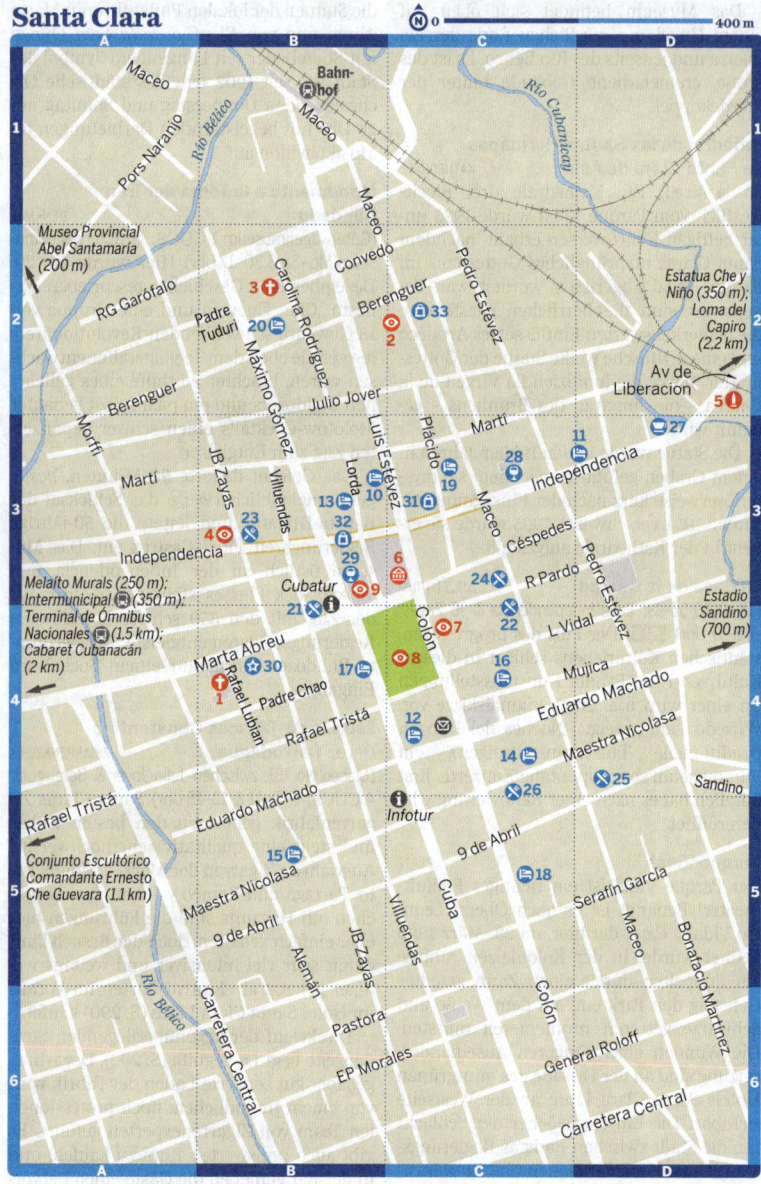

PROVINZ VILLA CLARA SANTA CLARA

warum das 1885 errichtete Teatro La Caridad zu den großen Provinztheatern der Kolonialzeit zählt.

Der reich dekorierte Innenraum gleicht mit seinen drei Stufen, dem U-förmigen Zuschauerraum und den dekadenten Marmorstatuen beinahe vollständig den Räumlichkeiten des Tomás Terry in Cienfuegos bzw. des Sauto in Matanzas. *Pièce de résistance* nannte Camilo Zalaya sein Deckenfresko.

Museo de Artes Decorativas   MUSEUM

(Parque Vidal No 27; 2 CUC$; ⏲ So–Do 9–18, Fr & Sa 13–22 Uhr) Das verträumte Herrenhaus

Santa Clara

aus dem 18. Jh. im Parque Vidal wurde in ein Museum umgestaltet. Es ist vollgestopft mit historischem Mobiliar und zeigt die unterschiedlichsten Stile, die Kubas architektonisches Erbe zu imitieren scheinen. Hier finden sich barocke Schreibtische, Art-nouveau-Spiegel, Jugendstilmöbel und Veláquez' sagenhafte *Rendición de Breda* (Die Übergabe von Breda), reproduziert auf einem Porzellanteller. Live-Kammermusik unterstreicht die romantische Stimmung am Abend.

Iglesia de Nuestra Señora del Carmen   KIRCHE

(Carolina Rodríguez) Die älteste Kirche der Stadt, fünf Blocks nördlich des Parque Vidal gelegen, wurde im Jahr 1748 errichtet, der Turm wurde erst im Jahr 1846 angefügt. Während des Unabhängigkeitskriegs wurde das Gebäude als Gefängnis für kubanische Patrioten missbraucht.

Das moderne, zylinderförmige Denkmal gegenüber bezeichnet die Stelle, an der Santa Clara 1689 von 13 Flüchtlingsfamilien aus Remedios gegründet wurde.

Estatua Che y Niño   DENKMAL

(Av Liberación) Die Statue vor der Officina de la Provincia (PCC) vier Blocks östlich des Tren Blindado ist ein intimeres und differenzierteres Denkmal als ihr Pendant auf der anderen Seite der Stadt. Sie zeigt El Che, der als Symbol der nächsten Generation ein Baby auf den Schultern trägt.

Aus der Nähe sind kleinere Skulpturen zu erkennen, die in die Uniform des Revolutionärs eingemeißelt sind und wichtige Wendepunkte in seinem Leben abbilden. So finden sich die Porträts der 38 Männer, die mit Guevara in Bolivien getötet wurden, an seiner Gürtelschnalle.

Loma del Capiro   WAHRZEICHEN

Zwei Blocks östlich der *Estatua Che y niño* zweigt eine Straße nach rechts ab zum schönsten Aussichtspunkt von Santa Clara: dem markanten Loma del Capiro. Den Hügel krönen eine Fahne und mehrere Stangen, die das metallene, aber erkennbare Gesicht von – ja, ganz recht – Che Guevara stützen.

Die Anhöhe war ein wichtiger strategischer Standort seiner Truppe während im Jahr 1958 die Befreiungskämpfe um Santa Clara tobten.

Palacio Provincial   SEHENSWERTES GEBÄUDE

(Parque Vidal) Die Ostseite des Parque Vidal wird von den mächtigen Säulen des klassizistischen Palacio Provincial (1902) gesäumt, der heute die **Martí Bibliothek** (⊙9–17 Uhr) und eine Sammlung seltener Bücher beherbergt.

LEBEN & WIRKEN DES CHE GUEVARA

Nur wenige Persönlichkeiten des 20. Jhs. haben die öffentliche Meinung so gespalten wie Ernesto Guevara de la Serna, dessen sterbliche Überreste in einem Mausoleum (S. 284) in Santa Clara beigesetzt wurden. Weltweit bekannt wurde er als „Che Guevara". Wie kein anderer steht er als Symbol für den Kampf für die Freiheit der Dritten Welt, wurde als Held der Sierra Maestra gefeiert und stand oben auf der Abschussliste der CIA. Das Bild dieses oft missverstandenen argentinischen Arztes und *guerrillero* ziert heute noch Plakate und Souvenirs in Kuba. Doch was würde er selbst von dieser Vermarktung halten?

Im Juni 1928 wurde Guevara in Rosario, Argentinien, als Sohn einer bürgerlichen Familie irisch-spanischer Abstammung geboren. Das kränkliche Kind entwickelte im Alter von zwei Jahren ein Asthmaleiden. Schon früh kämpfte er darum, diese Krankheit, die ihn schwächte, zu besiegen. Dies gab dem jungen Ernesto eine Willenskraft, die ihn später von anderen Menschen unterscheiden sollte. Ernesto, der in seiner Jugend ein engagierter Sportler war, bekam aufgrund seines Kampfgeistes auf dem Rugbyfeld in der Schule den Spitznamen „Fuser". 1953 machte er an der Universität von Buenos Aires seinen Abschluss in Medizin, doch anstatt eine Karriere als Arzt anzustreben, entschied er sich dafür, mit seinem alten Freund und Kollegen Alberto Granado eine Motorradtour quer über den lateinamerikanischen Kontinent zu unternehmen. Die Reise, die in einer Reihe von posthum veröffentlichen Tagebüchern festgehalten ist, öffnete Ernesto die Augen, denn er wurde mit der Armut und der politischen Ungerechtigkeit konfrontiert, die im Lateinamerika der 1950er-Jahre allgegenwärtig waren. Als Guevara 1954 – am Vorabend eines durch die USA unterstützen Staatsstreichs gegen die linksorientierte Regierung von Jacobo Arbenz – Guatemala erreichte, verschlang er gerade die Werke von Marx und entwickelte eine tiefsitzende Abneigung gegen die USA. Wegen seines Einsatzes für die Regierung Arbenz wurde er nach Mexiko ausgewiesen und schloss sich dort einer Gruppe von Kubanern an, zu der auch der Moncada-Veteran Raúl Castro gehörte. Raúl, selbst ein langjähriges Mitglied der kommunistischen Partei, war beeindruckt vom scharfen Verstand und der politischen Einstellung des Argentiniers. Er beschloss, ihn seinem charismatischen Bruder Fidel vorzustellen. Das Treffen der beiden im Juni 1955 im Haus von Maria Antonia in Mexiko City dauerte zehn Stunden und veränderte den Lauf der Geschichte. Selten haben sich zwei Menschen so sehr gebraucht wie der hitzköpfige Castro und der stillere, eher ideologisch veranlagte Che. Beide waren privilegierte Kinder aus großen Familien, beide verzichteten auf ein geruhsames Leben, um mutig für eine größere Sache zu kämpfen. Beide hatten wenig zu gewinnen und viel zu verlieren, wenn sie ihre berufliche Karriere für etwas aufgaben, was den meisten als Spinnerei erschien.

Im Dezember 1956 begleitete Che die 82 Rebellen als Arzt auf der Jacht *Granma* nach Cuba. Als einer von zwölf Überlebenden der katastrophalen Landung in Las Coloradas erwies er sich als mutiger und furchtloser Kämpfer, der mit gutem Beispiel voranging und schnell das Vertrauen seiner nicht ganz so draufgängerischen kubanischen Kameraden gewann. Castro belohnte ihn hierfür im Juli 1957 mit dem Rang des Comandante. Im Dezember 1958 revanchierte sich Che für Fidels Vertrauen, als er in der Schlacht von Santa Clara einen historisch revolutionären Sieg errang.

Im Februar 1959 erhielt Guevara die kubanische Staatsbürgerschaft; bald spielte er als Präsident der Nationalbank und als Industrieminister eine tragende Rolle bei den wirtschaftlichen Reformen des Landes. Sein Arbeitseifer und seine Teilnahme an den organisierten freiwilligen Arbeitseinsätzen an den Wochenenden machten ihn zur lebendigen Verkörperung des „neuen kubanischen Mannes". Doch die Flitterwochen dauerten nicht lange. Von Gerüchten begleitet, verschwand Guevara 1965 von Kubas politischer Bühne, um Ende der 1966er-Jahre als Anführer einer Gruppe kubanischer *guerrilleros* in Bolivien wieder aufzutauchen. Nachdem es ihm im März 1967 gelungen war, eine bolivianische Einsatztruppe in einen Hinterhalt zu locken, rief er dazu auf, „zwei, drei, viele Vietnams in Amerika" zu schaffen. Derart provokante Äußerungen konnten nicht geduldet werden. Am 8. Oktober 1967 wurde Guevara von der bolivianischen Armee gefangen gesetzt. Nach Absprache mit militärischen Führern in La Paz und Washington wurde er am nächsten Tag im Beisein amerikanischer Berater erschossen. Seine sterblichen Überreste kehrten 1997 nach Kuba zurück und wurden in Santa Clara beigesetzt.

✨ Feste & Events

Zu Santa Claras ungewöhnlichsten, jährlich stattfindenden Events gehören Miss Trasvesti, eine Art Miss-World-Wahl für Transvestiten im März, und im November Ciudad Metal mit den besten Heavy-Metal-Bands der Insel, deren Fans sich an verschiedenen Veranstaltungsorten in ein Heer von Luftgitarrenspielern verwandeln.

🛏 Schlafen

⭐ Hostal Familia Sarmiento
CASA PARTICULAR **$**

(☑42-20-35-10; www.santaclarahostel.com; Lorda No 56, zwischen Martí & Independencia; Zi. 25–35 CUC$; ✳🖥📶) Das Sarmiento bietet zwei Schlafgelegenheiten, die sich direkt gegenüberliegen: eine traditionelle, familienbetriebene *casa particular* und ein schickes neues Hotel im Boutique-Stil mit minimalistischen Gestaltungsmerkmalen und einer eigenen Rezeption, einer 24 Stunden geöffneten Bar und Room Service. Das Hostal verfügt über insgesamt acht Räume, alle mit eigenen Badezimmern.

Gastgeberin Elizabeth kann fantastisch kochen, und ihr Mann Carlos ist Fahrer, leidenschaftlicher Fotograf und eine unerschöpfliche Informationsquelle über Kuba. Es wird Englisch gesprochen, und auch WLAN ist vorhanden.

⭐ Hostal Florida Terrasse
CASA PARTICULAR **$**

(☑42-22-15-80; florida.Terrasse59@gmail.com; Maestra Nicolasa No 59, zwischen Maceo & Colón; Zi. 30–35 CUC$; 🅿✳📶) Das erlesen dekorierte Hostal, das an ein Hotel erinnert, ist an das Restaurant Florida Center auf der gegenüberliegenden Straßenseite angeschlossen und hat mehr Stockwerke (vier), als die meisten *casas particulares* überhaupt Zimmer haben. Das elegante Kolonialdekor zeigt Anklänge an das Art déco. Hier gibt es viel zu bewundern, und die sechs Räume mit ihren antiken Betten sind oberste Kategorie. Oben gibt es eine Bar und einen *mirador* (Aussichtspunkt) mit einem der besten Ausblicke über die Stadt.

Es wird Englisch, Französisch und Italienisch gesprochen.

Casa Mercy 1938
CASA PARTICULAR **$**

(☑42-21-69-41; casamercy@gmail.com; Independencia No 253, zwischen Estévez & Gutiérrez; Zi. 30–35 CUC$; ✳📶) Der Name stammt zwar aus einem anderen Zeitalter, aber tatsächlich hat dieses wundervolle Gebäude im Neokolonial-Stil erst vor Kurzem nach Restaurierungsarbeiten eröffnet. Das Haus ist in sich abgeschlossen (die Besitzer leben anderswo), aber mit gewissenhaftem Personal ausgestattet. Es verfügt über zwei große Zimmer und jede Menge Gemeinschaftsflächen – darunter den Innenhof – sowie wunderbare Details wie den Brunnen im Sevilla-Stil im zentralen Patio.

Authentica Pérgola
CASA PARTICULAR **$**

(☑42-20-86-86; carmen64@yahoo.es; Luis Estévez No 61, zwischen Independencia & Martí; Zi. 30 CUC$; ✳) Mittelpunkt des Pérgola ist ein mit viel Grün und einem Brunnen geschmückter Patio, der an die Alhambra erinnert und von dem mehrere große Zimmer abgehen. Beinahe alles hier ist antik, darunter auch die Schlafräume. Es gibt ein wunderschönes Dachterrassen-Restaurant namens La Aldaba.

La Casona Jover
CASA PARTICULAR **$**

(☑42-20-44-58; almiqui2009@yahoo.es; Colón No 167, zwischen 9 de Abril & Serafín García; Zi. 30–35 CUC$; ✳) Die fünf großen Zimmer im Kolonialstil liegen weit genug von der Straße entfernt. Es gibt eine Terrasse mit jeder Menge Pflanzen, die zum Träumen einlädt. Das Jover gehört zu Santa Claras Top-Unterkünften.

Hostal Marilin & Familia
CASA PARTICULAR **$**

(☑42-20-76-55; marilin1103@gmail.com; 116 Maestra Nicolasa, zwischen Alemán & JB Zayas; Zi. 25–30 CUC$; ✳📶) Eine charmante Ergänzung im Unterkunftsspektrum der Stadt, mit drei Schlafzimmern (eines davon ist ein größeres Familienzimmer), einem grünen Hinterhof, einer Terrasse nach vorne raus, und – was ziemlich einmalig ist – einem klassischen Zigarrenraum. Die Besitzerin Marilin ist Zigarrenexpertin und kennt alle wissenswerten Details über Cohibas, Montecristos und andere Marken.

Olga Rivera Gómez
CASA PARTICULAR **$**

(☑42-21-17-11; Evangelista Yanes No 20, zwischen Máximo Gómez & Carolina Rodríguez; Zi. 25 CUC$; ✳) Von der sagenhaften Dachterrasse aus hat man einen herrlichen Ausblick auf Santa Claras hübscheste Kirche; die beiden darunter liegenden Räume sind groß und gepflegt.

Mary & Raicort
CASA PARTICULAR **$**

(☑42-20-70-69; Placído No 54, zwischen Independencia & Martí; Zi. 20–25 CUC$; ✳) Ein charmantes Gebäude mit zwei Zimmern (eines davon mit Balkon), die vermietet werden.

Außerdem wird hier wahrscheinlich Santa Claras früchtehaltigstes *desayuno* (Frühstück) serviert. Eine steile Treppe führt zu einer wunderbaren Dachterrasse. Die temperamentvolle Gastgeberin Mary ist ein weiterer Grund, um hier abzusteigen!

Hostal Alba
CASA PARTICULAR $

(📱 42-29-41-08; Eduardo Machado No 7, zwischen Cuba & Colón; Zi. 30–35 CUC$; ✳) Das architektonische Schmuckstück mit zauberhaften antiken Betten, Originalkacheln und einem Patio serviert ein überwältigendes Frühstück und liegt nur einen Block vom Hauptplatz entfernt. Der sympathische Eigentümer Wilfredo ist zugleich Küchenchef im Restaurante Florida Center – was will man mehr!

Villa Los Caneyes
HOTEL $$

(📱 42-20-45-13; Ecke Av de los Eucaliptos & Circunvalación de Santa Clara; EZ/DZ 85/120 CUC$; P✳@☎) Das kürzlich renovierte Pseudo-Eingeborenendorf außerhalb der Stadt ist nun eine ernsthafte Alternative für alle Gäste, die es eher friedlich und vor allem ruhig mögen. Los Caneyes empfängt Gäste mit *95 bohíos* (strohgedeckten Bungalows) in üppig grünem Ambiente mit großem Vogelreichtum, einem guten Restaurant, Pool, bestens ausgestatteter Bar und einem Souvenirladen. Vor allem Busgruppen schätzen die 3 km außerhalb von Santa Clara gelegene Anlage.

Anfahrt über Martha Abreu und Carretera Central.

Hotel Santa Clara Libre
HOTEL $$

(📱 42-20-75-48; Parque Vidal; EZ/DZ 62/70 CUC$) Es ist vielleicht Santa Claras höchstes Gebäude, allerdings sind die Zimmer und die Ausstattung weniger hoch einzustufen. Dennoch ist es ein geschichtsträchtiges Hotel: Noch immer sind an der Fassade Einschüsse zu sehen – Spuren des Gefechts von 1958 zwischen Che Guevaras Guerrilleros und den Regierungstruppen.

Hotel América
HOTEL $$$

(📱 42-20-15-85; Mujica, zwischen Colón & Maceo; Zi. 156 CUC$; ✳@☎) Das América mit seinen 27 Zimmern ist das erste Hotel im Stadtzentrum, das man seinen Freunden und nicht seinen Feinden empfehlen würde. Es wurde 2012 eröffnet und kann sich zwar nicht unbedingt „Boutique" nennen, aber es ist neu, versucht zu gefallen, und hat einige interessante Details wie schmiedeeiserne Treppengeländer vorzuweisen. Eine anstän-

dige Bar (auch für Nichtgäste) und einen kleinen Pool im Freien gibt es ebenfalls.

 Essen

Empire
SANDWICHES $

(Ecke Zi Pardo & Maceo; Sandwiches 0,80–1,50 CUC$; 🕙10–2 Uhr) In einer geschäftigen Ecke liegt dieses schlichte Privatcafé, das in der Hauptsache auf Einheimische abzielt. Es ist ein großartiges Lokal, um ein gegrilltes Käse-Sandwich und einen *café bombón* (Espresso mit Kondensmilch) zu bestellen. Freundlicher Service.

El Alba
KUBANISCH $

(📱 42-20-39-35; Ecke Maceo & R Pardo; 35–95 MN$; 🕙12–23 Uhr) Preisgünstiges Essen und große Portionen, bezahlbar in kubanischen Pesos ohne großes Drumherum. Eine gute Adresse für alle, die auf Sparkurs sind.

El Gobernador
KUBANISCH $

(Ecke Independencia & JB Zayas; Hauptgerichte 3–8 CUC$; 🕙11–17 & 19–23.30 Uhr) Staatliche Restaurants müssen sich in der neuen Ära besonders bemühen, um sich gegen die unabhängigen durchzusetzen, und das gelingt hier gut. Die ehemaligen Amtsräume sind mit dunklen Kolonialmöbeln und Kunst an den Wänden eingerichtet. Die Qualität der Speisen kann mit dem Prunk der Ausstattung nicht mithalten, doch Fleisch- wie Fischgerichte schmecken gut.

Panadería Doña Neli
BÄCKEREI $

(Ecke Maceo Sur & 9 de Abril; Brot/Snacks etwa 1 CUC$; 🕙7–18 Uhr) Diese einladende Bäckerei zwischen den schmucklosen Ladengeschäften an der Calle Maceo hat viele Tische, an denen sich die Gäste bei einem Stück aromatischen Obstkuchen und dem besten Cappuccino in ganz Santa Clara entspannen können.

Dinos Pizza
CAFETERIA $

(Marta Abreu No 10, zwischen Villuendas & Cuba; Pizza 3–6 CUC$; 🕙10–22 Uhr) Der Santa-Clara-Ableger der kubanischen Minikette hat eine angenehme Bar, Klimaanlage und freundliches, hilfsbereites Personal. Auch die Pizza ist für Leute, die auf Sparkurs sind oder es eilig haben, in Ordnung – da wundert es nicht, dass das Dinos meist voller Studenten ist.

★ Restaurant Florida Center
KUBANISCH, FUSION $$

(📱 42-20-81-61; Maestra Nicolasa No 56, zwischen Colón & Maceo; Hauptgerichte 10–15 CUC$;

MELAÍTO – POLITSATIRE & STRASSENKUNST

Wenn der *socialismo* auf Kuba auch nicht immer gerade lustig war, hat die Revolution Ansätze politischen Humors doch nicht komplett ausradiert – zumindest nicht in Santa Clara, der Heimat des *Melaíto*. Die Zeitschrift diente über 50 Jahre einigen der besten Karikaturisten und Zeichnern Kubas als Plattform. 1968 wurde sie als unbekümmerte Ergänzung zur üblichen Propaganda gegründet, um die aufkommende „Zafra de Diez Millones" (10-Millionen-Tonnen-Zuckerrohrernte) zu unterstützen. Das Magazin wurde nach einem seiner frühen Charaktere benannt, einem glücklosen chinesisch-kubanischen Zuckerrohrschneider namens Melaíto. Als die Zuckerrohrernte vorüber war, arbeitete die Zeitschrift hart daran, auf dieser neuen Popularität aufzubauen, und nahm allgemein politische Themen mit Satire und Witz in Angriff. In den 1970er-Jahren war sie zu einer regulären monatlichen Beilage der lokalen Villa Clara-Zeitung *Vanguardia* geworden – eine Stellung, die sie bis heute vor allem dank des Talents ihrer Humoristen, Karikaturisten und Zeichner halten kann, die zu den besten Kubas gehören.

In den letzten Jahren hat *Melaíto* seine Reichweite auf das Internet und Straßenkunst ausgedehnt. Die charakteristischen Karikaturen tauchen regelmäßig auf öffentlichen Plätzen in Santa Clara auf, und ein ganzes Gebäude auf der Carretera Central wurde den **Wandbildern** (Carretera Central, zwischen Vidaurreta & Carlos Pichardo) gewidmet. Die Cartoons wechseln regelmäßig. Zum Zeitpunkt der Recherche stand das Anti-Kriegs-Thema im Mittelpunkt, mit Soldaten mit Tauben in ihren Gewehren. Außerdem wurde ein satirischer Blick auf Kubas fragiles Verhältnis zu den USA geworfen.

⊙18–20.30 Uhr) Das Florida gilt seit mindestens zehn Jahren als Santa Claras bestes Restaurant. Das Essen ist ebenso gut wie die ganze Stimmung: Die Gäste speisen in einem kolonialen, mit Pflanzen geschmückten und von Kerzen erleuchteten Innenhof voller interessanter Antiquitäten. Ángel, der Eigentümer, ist ebenso bemüht wie das übrige Personal und berät bei der Auswahl aus einer Fülle an Gerichten auf Französisch, Englisch, Italienisch und Spanisch. Das Highlight der Küche ist der Hummer mit Garnelen in einer würzigen Tomatensoße.

Restaurante Casona Jover   INTERNATIONAL $$
(☑42-20-44-58; Colón No 167, zwischen 9 de Abril & Serafín García; Hauptgerichte 8 CUC$; ⊙12–22 Uhr) Der langjährige *casa-particular*-Vermieter hat sich entschieden, in der kulinarischen Szene mitzumischen. Das Jover ist in einem zauberhaften Kolonialhaus aus dem Jahr 1867 untergebracht, hat einen Patio und ist auf Hähnchen in Honigsauce spezialisiert. Ausprobieren!

🍷 Ausgehen & Nachtleben

Dank der vielen Studenten in der Stadt bietet Santa Clara neben Havanna die besten Ausgehmöglichkeiten – und reicht dabei weit über den üblichen Standard hinaus. Es gibt sowohl eine etablierte Schwulenszene als auch ein starkes Aufgebot an *roqueros* (Rockmusikern). Der Großteil des Nachtlebens findet im oder rund um den Parque Vidal statt, allerdings gibt es auch ein paar außerhalb gelegene Hochburgen, darunter ein neues Variété.

⭐ **La Marquesina**   BAR
(Parque Vidal, zwischen Máximo Gómez & Lorda; ⊙9–1 Uhr) In der legendären Kneipe unter den Arkaden des ebenfalls berühmten Teatro la Caridad an der Ecke des Parque Vidal können Reisende ein kaltes Flaschenbier bestellen und mit Einheimischen plaudern. Die Gäste sind ein Querschnitt durch Santa Claras Alltag: Studenten, Lebenskünstler, Arbeiter aus der Zigarrenfabrik und Fahrradtaxi-Fahrer außer Dienst. Regelmäßig wird Livemusik gespielt.

Cafe-Museo Revolución   CAFÉ
(Independencai No 313; ⊙11–23 Uhr) Santa Clara hat bereits eine Revolution hinter sich, die von Che Guevara 1958 erfolgreich losgetreten wurde. Dieses neue Café erweist Santa Claras (und Kubas) revolutionärer Vergangenheit seine Ehrerbietung mit Fotos, alten Uniformen und anderem Sammelsurium, das der Eigentümer liebevoll ausgestellt hat. Der Kaffee und die Milchshakes sind auch ziemlich revolutionär.

Santa Rosalia
BAR

(Máximo Gómez, zwischen Independencia & Marta Abreu; ⊙11–2 Uhr) Das Santa Rosalia bezeichnet sich selbst als staatlichen *complejo* (Komplex). Es gibt in seinen Mauern ein Restaurant, eine Bar und eine Musikkneipe. Empfehlenswert ist die Bar vor allem für Letztere – obwohl auch das Essen nicht schlecht ist, nach Staatsstandards, gibt es eindeutig bessere Restaurants in Santa Clara. Das Kolonialgebäude ist zauberhaft, und der Patio hinten raus ist groß und stimmungsvoll nach Einbruch der Dämmerung. Livebands spielen ab 22 Uhr.

El Bar Club Boulevard
CLUB

(Independencia No 2, zwischen Maceo & Pedro Estévez; 2 CUC$; ⊙Mo–Sa 22–2 Uhr) Die Cocktail-Lounge in Santa Clara, über die man aktuell spricht! Livebands, Tanz und Komikerauftritte sorgen ab etwa 23 Uhr für Stimmung.

☆ Unterhaltung

★ Club Mejunje
LIVE MUSIK

(Marta Abreu No 107; ⊙Di–So 16–1 Uhr; 🎵) Graffiti, Kindertheater, Transvestiten, alte Schnulzensänger, die Boleros seufzen und auch einige Touristen beim Salsatanzen ... Willkommen im Club Mejunje, einer lokalen oder besser nationalen Institution in den Ruinen eines alten Gebäudes, dessen Dach eingestürzt ist und das sich nun wucherndes Grün zurückerobert. Der Club ist für vieles berühmt, darunter auch für Kubas erste offizielle Drag-Show am Samstagabend.

Ganz gleich an welchem Wochentag (außer am Montag) – hier erlebt man unvergessliche Santa-Clara-Momente.

Cabaret Cubanacán
VARIÉTÉ

(Carretera Central, zwischen Caridad & Venecia; Gedeck 5 CUC$; ⊙Mi–So 10–15 Uhr) Dieses neue, aber etwas außerhalb der Stadt gelegene Variété hat eine Late-Night-Disco. Zuvor gibt es kubanische Lieder und eine Tanz-„Show" an den Wochenenden.

Estadio Sandino
SPORT

(9 de Abril Final) Im Zeitraum von Oktober bis April finden in dem Stadion östlich vom Zentrum (zu erreichen über die Calle 9 de Abril) Baseballspiele statt.

Villa Claras Club, der wegen seiner Trikots den Spitznamen Las Naranjas (die Orangen) trägt, gehört zu Kubas besseren Baseballteams.

🛍 Shoppen

Independencia zwischen Maceo und JB Zayas ist eine Fußgänger-Einkaufszone, die von Einheimischen der „Boulevard" genannt wird. Hier gibt es alle nur möglichen Arten von Läden und Restaurants; es ist eindeutig der quirlige Mittelpunkt des städtischen Lebens.

La Veguita
ZIGARREN, RUM

(☑42-20-89-52; Calle Maceo No 176a zwischen Julio Jover & Berenguer; ⊙Mo–Sa 9–19, So 11–16 Uhr) Im Laden der Fábrica de Tabacos Constantino Pérez Carrodegua gegenüber der Fabrik arbeitet ein sehr freundliches Team von Zigarrenexperten. Außerdem kann man preiswerten Rum erwerben, und die Bar dahinter serviert guten Kaffee (S. 285).

ARTex
GESCHENKE & SOUVENIRS

(Independencia, zwischen Luis Estévez & Plácido; ⊙Mo–Sa 9–17, So bis 12 Uhr) Auf Santa Claras Fußgänger-„Boulevard" liegt dieser Laden mit Kunsthandwerk und den üblichen Souvenirs, darunter auch jede Menge der obligatorischen Che Guevara T-Shirts und Becher.

ℹ Praktische Informationen

GELD

Banco Financiero Internacional (Cuba No 6, Ecke Rafael Tristá; ⊙Mo–Fr 9–15 Uhr) Hat einen Geldautomaten.

Cadeca (Ecke Rafael Tristá & Cuba; ⊙Mo–Sa 8.30–20, So bis 11.30 Uhr) An der Ecke des Hauptplatzes; der beste Platz in der Stadt, um Geld zu wechseln. Lange Öffnungszeiten.

INTERNETZUGANG

Etecsa Telepunto (Marta Abreu No 55, zwischen Máximo Gómez & Villuendas; Internet pro Std. 1,50 CUC$; ⊙8.30–19 Uhr) Acht Internet-Terminals und drei Telefonzellen.

Parque Vidal WLAN Hot Spot.

MEDIZINISCHE VERSORGUNG

Farmacia Internacional (Parque Vidal; ⊙8.30–17 Uhr) Im Hotel Santa Clara Libre.

Hospital Arnaldo Milián Castro (☑42-46049; zwischen Circumvalación & Av 26 de Julio) Die Klinik liegt südöstlich vom Zentrum und nordwestlich von Santa Claras *circunvalación* (Umgehungsstraße). Das auch Hospital Nuevo genannte Krankenhaus ist die beste Allgemeinmedizinische Klinik für Ausländer.

POST

Post (Colón No 10, zwischen Machado & Parque Vidal; ⊙Mo–Sa 8–18, So bis 12 Uhr)

TOURISTENINFORMATION

Cubanacán (☎ 42-20-51-89; Colón, Ecke Maestra Nicolasa; ⊙ Mo–Sa 8–20 Uhr)
Cubatur (☎ 42-20-89-80; Marta Abreu No 10, zwischen Máximo Gómez & Villuendas; ⊙ 9–12 & 13–20 Uhr) Hier kann man eine Besichtigungstour durch eine Zigarrenfabrik buchen.
Infotur (☎ 42-20-13-52; Cuba No 68, zwischen Machado & Maestra Nicolasa; ⊙ 8.30–17 Uhr) Praktische Stadtpläne und Prospekte in verschiedenen Sprachen.

❶ An- & Weiterreise

BUS

Der **Terminal de Ómnibus Nacionales** (☎ 42-20-34-70), der auch der Víazul-Busbahnhof ist, liegt 2,5 km westlich vom Zentrum, an der Carretera Central Richtung Matanzas, und 500 m nördlich vom Che-Denkmal.

Fahrkarten für die klimatisierten Víazul-Busse verkauft ein spezieller Schalter für „Ausländer" am Eingang zum Busbahnhof.

Die Santiago de Cuba-Busse fahren über Sancti Spíritus (6 CUC$, 1¼ Std.), Ciego de Ávila (9 CUC$, 2½ Std.), Camagüey (15 CUC$, 4½ Std.), Holguín (26 CUC$, 7¾ Std.) und Bayamo (26 CUC$, 9¼ Std.).

Der Cayo-Santa-María-Bus hält auch in Remedios (7 CUC$, 1 Std.) und Caibarién (7 CUC$, 1¼ Std.).

Der **Busbahnhof** Intermunicipal (Carretera Central), westlich vom Zentrum gelegen, ist über die Calle Marta Abreu erreichbar. Preiswerte Regionallinien verkehren von hier täglich nach Remedios, Caibarién und Manicaragua (für Fahrten zum Embalse Hanabanilla). Es fahren Busse oder auch Lkws; sie sind meist überfüllt und nicht immer hundertprozentig zuverlässig.

Casa-particulares-Eigentümer kennen normalerweise die Abfahrtszeiten, oder finden sie auf Wunsch gerne heraus.

FLUGZEUG

Santa Claras Flughafen **Abel Santamaría** (☎ 42-22-75-25; an der Rte 311) wird wöchentlich von Montreal, Toronto und Calgary angeflogen,

außerdem fliegt Copa Airlines am Dienstag/Sonntag nach Panama City. Mittlerweile ist er der drittwichtigste Flughafen Kubas. Es gibt keine Flüge nach Havanna.

TAXI

Colectivos (Sammeltaxis) warten am Terminal de Ómnibus Nacionales auf Fahrgäste nach Havanna. Am besten erwischt man sie unmittelbar vor den offiziellen Abfahrtszeiten der Víazul-Busse. Sie fahren zu Zielen in Havanna in drei Stunden für 35 CUC$ (weniger, wenn man hart verhandelt), aber sie starten erst, wenn alle Plätze besetzt sind (vier Personen).

ZUG

Der **Bahnhof** (☎ 42-19591) liegt im Norden der Stadt und ist vom Parque Vidal direkt über die Luis Estévez erreichbar. Der **Fahrkartenschalter** (Luis Estévez Norte No 323) befindet sich dem Bahnhof gegenüber auf der anderen Seite des kleinen Parks.

Notorisch unregelmäßige Züge halten hier auf dem Weg nach Santiago de Cuba via Camagüey. In der anderen Richtung geht es nach Havanna, normalerweise über Matanzas.

Aufgrund ihrer Unberechenbarkeit und ihrer deprimierend schlechten Ausstattung werden die Züge nur sehr selten von Ausländern benutzt.

❶ Unterwegs vor Ort

Pferdekutschen warten vor der Kathedrale auf der Marta Abreu (1 CUC$ pro Fahrt). Fahrradtaxis (im Nordwesten des Parks) kosten ebenso viel. Taxis vom Zentrum zum Terminal de Ómnibus Nacionales/Flughafen belaufen sich auf 3/15 CUC$.

AUTO & MOPED

Cubacar (☎ 42-21-81-77; Marta Abreu, zwischen JB Zayas & Alemán; ⊙ 9–17 Uhr) verleiht Autos und hat Filialen in der Stadt, ebenso **Rex** (☎ 42-22-22-44; ⊙ 8.30–17.30 Uhr), der einen Schalter am Flughafen hat.

Es gibt eine **Tankstelle** (Ecke Carretera Central & Calle 9 de Abril) südwestlich vom Stadtzentrum.

BUSSE AB SANTA CLARA

REISEZIEL	FAHRPREIS (CUC$)	FAHRZEIT (STD.)	ABFAHRTSZEITEN TÄGLICH
Cayo Santa María	13	2½	11.30 Uhr
Havanna	18	4	3.35, 8.40, 16.50 Uhr
Santiago de Cuba	33	12½	12.10, 1.45, 9.50, 19 Uhr
Trinidad	8	3½	10.30, 17.15 Uhr
Varadero	11	3¼	7.50, 16.55 Uhr

TAXI

Die Privattaxis vor dem Terminal de Ómnibus Nacionales bieten Fahrten nach Remedios und Caibarién.

Ein staatliches Taxi zu den gleichen Zielen kostet etwa 30/35 CUC\$. Um nach Cayo Santa María zu gelangen, sollte man mit 70–80 CUC\$ einfach rechnen. Preise für die Rückfahrt mit Wartezeiten für den Fahrer sollte man aushandeln. Die Fahrer warten normalerweise im Parque Vidal, vor dem Hotel Santa Clara Libre.

Embalse Hanabanilla

Der 36 km² große Stausee Embalse Hanabanilla, Villa Claras Haupt-Einfallstor für Ausflüge in die Sierra del Escambray, schmiegt sich malerisch zwischen traditionellen Bauernhöfen und grünen Hügeln.

Der glitzernde, fjordähnliche See ist die Heimat von berühmten, rekordverdächtig großen Barschen. Neben Anglern zieht der Stausee auch Bootsfahrer und Naturliebhaber an. Verschiedene Ausflüge werden angeboten, und es gibt einige hübsche, wenig genutzte Wanderwege.

Am einfachsten erreicht man die Region per Boot vom Hotel Hanabanilla aus, das etwa 80 km südlich von Santa Clara am Nordwestufer des Stausees liegt. Touristisch ist die Gegend bisher noch nicht so richtig erschlossen.

 **Aktivitäten**

Angeln

Im See werden bis zu neun Kilogramm schwere Forellenbarsche gefangen. Angelausflüge organisiert das Hotel: Für zwei Personen mit Führer sollte man für vier Stunden mit 50 CUC\$ rechnen.

Bootsausflüge

Boote bringen Fahrgäste auf Wunsch gerne hinüber zur Casa del Campesino (s. rechts), wo es Kaffee, frische Früchte und einen Einblick ins ländliche Leben der Insel gibt (auf Wunsch auch ein Mittagessen).

Ein weiteres beliebtes Ziel per Boot ist das 7 km entfernte **Río Negro Restaurant** (Hauptgerichte 5–6 CUC\$; ⊙9–17 Uhr) oben an einer steilen Steintreppe mit Blick auf den See. Mitten in der Natur wird *comida criolla* (kreolische Küche) serviert; ein Wanderweg führt zu einem Mirador (Aussichtspunkt) hinauf. 2 km mit dem Boot vom Río Negro Restaurant entfernt befindet sich ein winziger Kai; von hier aus führt ein

1 km langer Wanderweg zum Arroyo-Trinitario-Wasserfall, an dem auch gebadet werden kann. Am Wasserfall beginnen weitere Wanderwege. Je nach Dauer und Anzahl der Fahrgäste kostet die Rückfahrt 10–20 CUC\$ pro Person.

Eine weniger bekannte, saisonale Bootstour führt zum spektakulären El-Nicho-Wasserfall (S. 279) in der Provinz Cienfuegos. Man sollte mit 35 CUC\$ für die Hin- und Rückfahrt rechnen.

All diese Touren können über das Hotel Hanabanilla organisiert werden, oder man bucht einen Tagesausflug (etwa 33 CUC\$ ab Santa Clara; 69 CUC\$ ab Cayo Santa María). Vor den Toren des Hotels bieten Einheimische alle oben genannten Trips zu billigeren Preisen an.

🛏 Schlafen & Essen

Hotel Hanabanilla   HOTEL \$\$

(☎42-20-84-61; Salto de Hanabanilla; EZ/DZ 72/83 CUC\$; P✱✷) Das Hotel ist ein weiteres Beispiel für die zweckmäßig orientierte kubanische Architektur, die in den 1970er-Jahren so viele schöne Fleckchen nachhaltig verunstaltet hat. Das 125-Zimmer-Gebäude wurde seither mehrmals umgestaltet, doch keine Renovierung konnte seine Hässlichkeit grundlegend beheben. Innen ist vieles gut in Schuss, u. a. das À-la-carte-Restaurant, der Swimmingpool, die Bar mit fantastischer Aussicht und die Zimmer mit kleinen Balkonen und Seeblick.

Unter der Woche geht es hier sehr friedlich zu; an den Wochenenden füllt sich das Hotel mit kubanischen Gästen. Das Hotel ist weit und breit die einzige Unterkunftsmöglichkeit und ein idealer Ausgangspunkt für Aktivitäten rund um den See. Von Manicaragua aus folgt man der Route 152 rund 13 km nach Westen. An einer Kreuzung mit Hinweisschild biegt man links ab und erreicht das Hotel nach weiteren 10 km.

Casa del Campesino   KUBANISCH \$\$

(Mittagessen 8 CUC\$; ⊙Mittags) Diese traditionelle Holzhütte am Embalse Hanabanilla ist am besten per Boot erreichbar (es führt keine Straße dorthin). Hier arbeiten die Männer draußen im Freien und holen Früchte mit Macheten von den Bäumen, während die Frauen Reis, Schweinefleisch und Bohnen in riesigen, dampfenden Töpfen in ihren Außenküchen zubereiten. Das Essen ist ebenso köstlich wie das herrliche Setting.

UM DEN HANABANILLA-SEE WANDERN

Zahllose Wanderwege erschließen die Sierra del Escambray. Die am leichtesten zugänglichen und am besten markierten Routen beginnen bei Topes de Collantes in der Provinz Sancti Spíritus und sind vor allem bei Touristen aus dem nahen Trinidad sehr beliebt. Weitaus weniger begangen sind die Trails rund um den Embalse Hanabanilla in der Provinz Villa Clara. Für die meisten muss man zunächst mit einem Boot vom Hotel Hanabanilla (S. 294) übersetzen. Im Hotel gibt es weitergehende Informationen zu den Wanderwegen.

Ruta Natural por la Rivera Der 3,4 km lange Weg folgt dem Seeufer und passiert Kaffeeplantagen und tropische Wäldern voller Schmetterlinge.

Montaña por Dentro Die 17 km lange Tour führt vom Embalse Hanabanilla zum El Nicho-Wasserfall im Cienfuegos-Teil der Sierra del Escambray. Am besten engagiert man einen Führer, denn der Weg ist kaum beschildert.

Un Reto a Loma Atahalaya Die 12 km lange facettenreiche Wanderung führt bergauf auf den 700 m hohen Loma Atahalaya mit Fernblick nach Süden und Norden, zu einem Wasserfall sowie zu einem lokalen *campesino*-Haus und endet an der Höhle Cueva de Brollo.

ℹ An- & Weiterreise

Der in Santa Clara ausgehängte Busfahrplan listet tägliche Busse nach Manicaragua auf, doch man prüfe die Abfahrtszeiten besser. Theoretisch fahren Busse von Manicaragua weiter zum Embalse Hanabanilla, doch de Facto ist der See nur mit dem Auto, einem Fahrrad oder mit dem Moped zu erreichen.

Taxifahrer in Santa Clara bieten den Ausflug mit großem Nachdruck für etwa 50 CUC$ (einfache Fahrt) an. Wenn der Fahrer warten soll, während man an einem Ausflug teilnimmt, ist hartes Verhandeln vonnöten.

Remedios

45 836 EW.

Die ruhige Kleinstadt verwandelt sich zu Weihnachten regelmäßig in einen Hexenkessel: Dann wird das lärmende Feuerwerk-Festival Las Parrandas gefeiert. Remedios zählt zu den unscheinbareren Kolonialstädtchen der Insel, obwohl es nach Ansicht einiger Historiker die zweitälteste Siedlung Kubas ist (gegründet 1513). Offiziell rangiert es allerdings nach Santiago an achter Stelle und feierte 2015 stolz sein 500-jähriges Bestehen. Die 500-Jahr-Feier hat Remedios verwandelt: Aus dem leicht heruntergekommenen Zwischenstopp auf dem Weg nach Cayo Santa María ist ein Mini-Trinidad geworden, mit hübschen Boutiquehotels, einem wunderbar restaurierten Hauptplatz (Plaza Martí) und etlichen guten Speiselokalen. Nichtsdestotrotz haben die Massen an kulturbeflissenen Touristen Remedios glanzvolle Wiedergeburt noch nicht spitzgekriegt – und man sollte es besser besuchen kommen, bevor es vollends bekannt wird.

◉ Sehenswertes

★ Parroquia de San Juan Bautista de Remedios
KIRCHE

(Camilo Cienfuegos No 20; Spenden willkommen; ⊙ Mo–Sa 9–12 & 14–17 Uhr) Die Kirche gehört zu den schönsten und eklektizistischsten Bauwerken Kubas. Die Hauptkirche von Remedios entstand etwa 1550, allerdings ist ein Großteil der gegenwärtigen Struktur das Ergebnis umfassender Restaurierungsarbeiten im 18. Jh. Die hölzerne *mudéjar*-Decke war in einem früheren Leben ein Bootskörper, während der vergoldete Hochaltar aus kubanischem Zedernholz im klassischen Barockstil geschnitzt wurde. Hauptsehenswürdigkeit der Kirche ist eine seltene Schnitzarbeit, die aus Sevilla in Spanien stammt und eine schwangere *Inmaculada concepción* darstellt.

Weitere wichtige Statuen zeigen *San Salvador* (Nordseite) und *Carmen* (Südseite), die beiden Schutzheiligen der Umgebung. Sie kommen im Parrandas-Festival im Dezember zum Einsatz. Die Statue der *Virgen del Cobre* (Kubas Schutzpatronin) ist die zweitälteste der Insel nach dem Original in Santiago.

Betreten wird die Kirche durch den kleinen hinteren Eingang. Am besten sollte man

NICHT VERSÄUMEN

LAS PARRANDAS

Irgendwann im 18. Jh. hatte Francisco Vigil de Quiñones, Priester an der Kathedrale von Remedios, die grandiose Idee, Kinder mit Töpfen und Löffeln ausgerüstet durch die Stadt zu schicken, um mit dem Lärm auf die Messen vor Weihnachten aufmerksam zu machen. Er hatte keine Vorstellung, was er damit in Gang setzte. Drei Jahrhunderte später haben sich die *parrandas*, wie das lautstarke Ritual genannt wird, zu einer der berühmtesten Straßenpartys der Karibik entwickelt. *Parrandas* sind eine Spezialität der ehemaligen kubanischen Region Las Villas und werden nur in den Städten der Provinzen Villa Clara, Ciego de Ávila und Sancti Spíritus abgehalten. Die größte Party steigt jedes Jahr am 24. Dezember in Remedios.

Das Fest beginnt um 22 Uhr mit einem Wettkampf zwischen den Bewohnern der beiden traditionellen Stadtviertel El Carmen und El Salvador, die sich mit Feuerwerk und Tänzen von Rumba bis Polka gegenseitig zu übertreffen versuchen. Darauf folgt eine Parade riesiger, aufwendig geschmückter Karnevalswagen, die von Traktoren durch die Straßen gezogen werden. Dabei bleiben die fantasievoll verkleideten Menschen auf den Wagen völlig bewegungslos. Den Abschluss bildet ein weiteres Feuerwerk.

Parrandas gibt es nicht nur in Remedios. Auch andere Städte in der ehemaligen Provinz Las Villas (heute Ciego de Ávila, Sancti Spíritus und Villa Clara) starten ähnliche Spektakel. Obwohl sie sich voneinander unterscheiden, gibt es doch einige Grundelemente, die überall vorkommen: Feuerwerk, reich geschmückte Karnevalswagen und gegeneinander antretende Stadtviertel, die versuchen, sich mit Lärm und auffälligen oder wilden Auftritten gegenseitig auszustechen. Camajuani, Caibarién, Mayajigua und Chambas feiern nahezu gleiche, lärmende *parrandas*.

Es ist wichtig zu wissen, dass Remedios während Las Parrandas schon Monate im Voraus ausgebucht ist. Wer für Weihnachten keinen Platz mehr bekommt, sollte vorher kommen: Ab dem 8. Dezember finden kleinere Feste in der Stadt statt.

---

darum bitten, herumgeführt zu werden und sich die wirklich kostbaren Artefakte erklären zu lassen.

Museo de las Parrandas Remedianas
MUSEUM

(Andrés del Río No 74; 1 CUC$; ⊙9–18 Uhr) Ein Besuch dieses erst kürzlich renovierten und umgesiedelten Museums zwei Blocks vom Parque Martí entfernt ist kein Ersatz für das echte Fest am 24. Dezember, aber was soll's? Es beinhaltet eine Fotogalerie, die normalerweise die *parrandas* aus dem Vorjahr rekapituliert und außerdem historische Informationen zu der Tradition liefert, darunter auch maßstabsgetreue Modelle der Festwagen und Erklärungen zur Herstellung des Feuerwerks.

Iglesia de Nuestra Señora del Buen Viaje
KIRCHE

(Alejandro del Río No 66) Die Iglesia de Nuestra Señora del Buen Viaje aus dem 18. Jh. im Parque Martí (dem einzigen Platz auf ganz Kuba mit zwei katholischen Kirchen) befindet sich inmitten längst überfälliger Restaurierungsarbeiten. Sie wurde nach einer Sta-

tue der Jungfrau Maria benannt, die 1600 von Seefahrern hierher gebracht wurde.

Museo de Música Alejandro García Caturla
MUSEUM

(Parque Martí No 5) Zwischen den Kirchen auf dem Hauptplatz befindet sich das ehemalige Haus von Alejandro García Caturla, einem kubanischen Komponisten und Musiker, der von 1920 bis zu seiner Ermordung 1940 hier lebte. Caturla war ein Pionier der Musik, der als Erster afrokubanische Rhythmen mit klassischer Musik kombinierte und zudem als Anwalt und Richter arbeitete. Gelegentlich finden in dem Gebäude spontane Konzerte statt. Das Museum machte zum Zeitpunkt der Recherchen Pause.

🛏 Schlafen

Remedios hat vier Boutiquehotels (zwei von ihnen haben 2016 neu eröffnet), die in restaurierten historischen Gebäuden untergebracht sind und von Cubanacáns „Encanto"-Marke geleitet werden. Wie auch in Trinidad befinden sich die meisten *casas particulares* in wunderschönen Kolonialgebäuden.

Im Dezember sollte man rechtzeitig im Voraus buchen, vor allem ab dem 20. Dezember, wenn Las Parrandas bereits in vollem Gang sind.

Villa Colonial – Frank & Arelys
CASA PARTICULAR $

(42-39-62-74; www.cubavillacolonial.com; Maceo No 43, Ecke Av General Carrillo; Zi. CUC$30; ✳@☎) Frank & Arelys wundervolles Kolonialhaus ist ihr ganzer Stolz – und das sieht man auch. Die vier Zimmer verfügen über jeweils einen eigenen Eingang, ein Bad, eine Essecke mit gut bestücktem Kühlschrank und ein Wohnzimmer, dessen große Fenster mit eisernen *rejas* (Stäben) ausgestattet und mit dekorativen *mamparas* (Schwingtüren) geschmückt sind. Es gibt Internetzugang und erlesene Weine, und kurzfristig kann auch rasch etwas zu Essen zubereitet werden. Die Dachterrasse bildet das Sahnehäubchen.

Hostal Casa Richard
CASA PARTICULAR $

(42-39-66-49; hostalcasarichard@gmail.com; Maceo No 52, zwischen Av General Carrillo & Fe del Valle; Zi. 30 CUC$; ✳) Längerfristige Vermietung, mit drei Räumen und jeder Menge Extras (Föhn, Seifen, Regenschirme). Die Zimmer öffnen sich zu einem zauberhaften und ordentlichen Patio (abgesehen von dem üppig wuchernden Avocadobaum), komplett mit den unverzichtbaren Schaukelstühlen. Der Besitzer Richard ist außerordentlich zuvorkommend und eine unerschöpfliche Quelle mit allen wichtigen Informationen über die Region. Wenn kein Zimmer frei ist, kann er ein anderes Haus in der Nähe empfehlen.

Hostal Buen Viaje
CASA PARTICULAR $

(42-39-65-60; hostal.buenviaje@gmail.com; Andrés del Río No 20; Zi. 30 CUC$; ✳) Ein langjähriger Kolonial-Vermieter in der Nähe der Kirche gleichen Namens mit einem Innenhof, der einen unvermittelt 150 Jahre in der Zeit zurückversetzt. Das Haus bietet drei Schlafzimmer mit großen Betten und einem noch größeren Frühstück. Die gastfreundlichen Eigentümer sprechen Englisch. Es überrascht nicht, dass viele Gäste nicht zum ersten Mal hierher kommen.

La Paloma
CASA PARTICULAR $

(42-39-54-90; Parque Martí No 4; Zi. 25 CUC$; P✳) Das La Paloma aus dem Jahr 1875 teilt sich seine erstklassige Lage auf dem Hauptplatz von Remedios mit drei anderen historischen Hotels der Stadt. Es ist mit antiken Kachelmosaiken und Möbeln reich geschmückt, die anderswo zig Millionen kosten würden.

Die drei Zimmer sind mit moderner Einrichtung aufpoliert worden – es gibt große Duschen, Jugendstilbetten und Türen, die so groß sind, dass man durch sie hindurchschreiten könnte. Ein Restaurant ist auch vor Ort.

★ Hostal Camino del Príncipe
BOUTIQUEHOTEL $$

(42-39-51-44; Camilo Cienfuegos No 9, zwischen Montaiván & Alejandro del Río; EZ/DZ 98/144 CUC$; ✳) Das neue Hotel mit seinen eleganten weißen Säulen und der hübschen Terrakotta-Fassade ist ein Zeichen für Remedios jüngsten Fortschritt und eines von Kubas besten Boutiquehotels. Es verströmt diesen zurückhaltenden Charme, für den die Stadt so bekannt ist, und kombiniert auf geschickte Weise modernen Komfort mit dem Zauber der Alten Welt. Am besten nach einem Zimmer mit Blick auf den Platz fragen.

Hostal Real
BOUTIQUEHOTEL $$

(Camilo Cienfuegos, Ecke Alejandro del Río; EZ/DZ 90/120 CUC$) Mit diesem neuen Hotel im Kolonialstil am Parque Martí hat sich das Angebot in Remedios an Boutiquehotels auf vier erhöht – und es ist ein außerordentlich attraktives Quartett! Wie seine drei Konkurrenten ist das Real gemütlich, authentisch und geschmackvoll, was bedeutet, dass Remedios eine der wenigen Städte auf Kuba ist, in der die Hotels mit den *casas particulares* in Sachen Qualität konkurrieren können – allerdings nicht, was die Preise betrifft.

Hotel Mascotte
BOUTIQUEHOTEL $$

(42-39-53-41; Parque Martí; EZ/DZ 90/120 CUC$; ✳@) Man nehme die angenehme Kolonialatmosphäre von Remedios und lasse sie in einem kleinen „Encanto"-Hotel wirken, (dem Boutique-Zweig der Cubanacán-Kette) – das Ergebnis ist durchaus sehenswert, wie dieses langjährige Juwel mit seinen zehn Zimmern auf dem Hauptplatz beweist.

✗ Essen

La Piramide
KUBANISCH $$

(42-39-54-21; Andrés del Río No 9; 3-Gänge-Menü 13 CUC$; ◷Mi–Mo 10.30–14.30 & 18.30–22.30 Uhr) Remedios hat viele private Esslokale zu bieten, aber diejenigen, die vor Ort sind, sind gut. Zum Beweis einfach die *brochetas* (Grillspieße) mit Meeresfrüchten

Remedios

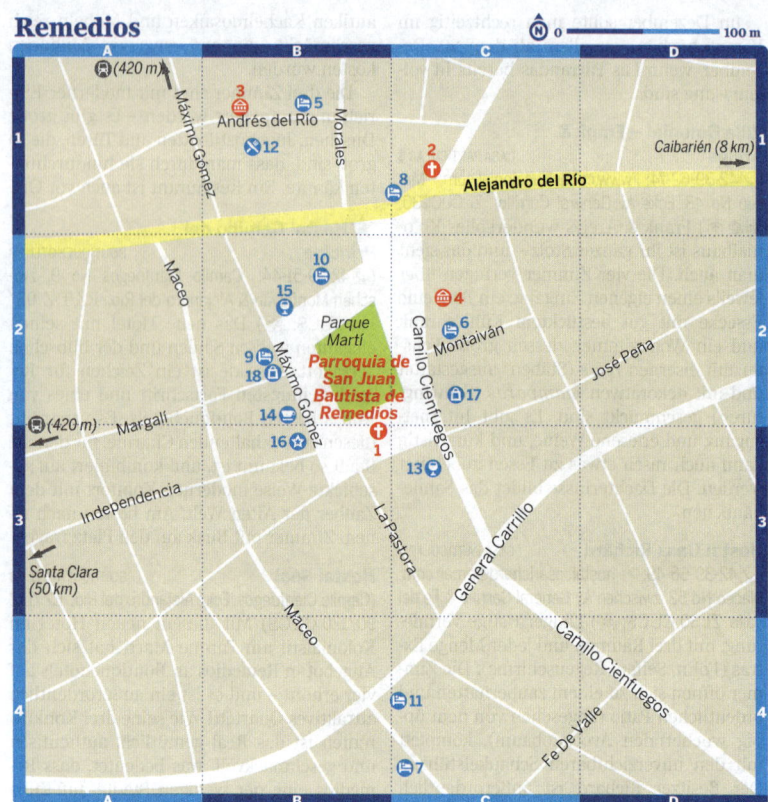

und Fleisch in diesem winzigen Hafen des guten Geschmacks probieren.

🍷 Ausgehen & Nachtleben

Driver's Bar BAR
(José Peña No 61, Ecke Camilo Cienfuegos; ⏱10–24 Uhr) Einst war es eine typische Spelunke, doch vor Kurzem hat das Driver's radikale neue Akzente gesetzt. Ein lokaler Künstler hat die Bar in die 1950er-Jahre zurückversetzt, mit einem starken Fokus auf Automobile. Oldtimer-Fans und die lokalen Fahrradtaxi-*muchachos* versammeln sich hier gerne, was bedeutet, die Preise sind recht niedrig und die Atmosphäre ist 90 % kubanisch.

Taberna de los 7 Juanas BAR
(Parque Martí, Ecke Máximo Gómez; ⏱10–24 Uhr) Remedios 500-Jahr-Feier hat der Stadt viele gute Dinge beschert – nicht zuletzt dieses neue Lokal auf dem Platz, gegenüber der langjährigen Standardbar El Louvre (der ein wenig Konkurrenz ganz gut tut). Der Service ist flott, die Lage großartig, und das Bier fließt reichlich. Die Bar verfügt sogar über einen eigenen Weinkeller.

El Louvre CAFE, BAR
(Máximo Gómez 122; ⏱7.30–24 Uhr) Die Einheimischen behaupten, El Louvre sei die älteste Bar des Landes, die durchgehend, nämlich seit 1866, ihren Dienst versieht. Wer wollte das bestreiten, und so zieht sie die (noch) wenigen Touristen in der Stadt nahezu magnetisch an. Der spanische Dichter Federico García Lorca führt die Liste berühmter, früherer Stammkunden an. Es gibt auch einfaches Essen.

⭐ Unterhaltung

Im Dezember während Las Parrandas und den damit verbundenen Veranstaltungen ist in Remedios viel geboten. Das übrige Jahr

Remedios

hindurch ist die Stimmung allerdings deutlich entspannter.

Centro Cultural las Leyendas KULTURZENTRUM (Máximo Gómez, zwischen Margalí & Independencia) Das ARTex Kulturzentrum neben dem El Louvre spielt Musik bis 1 Uhr morgens von Mittwoch bis Samstag.

🔒 Shoppen

Plaza Isabel II Artesania KUNSTHANDWERK
(Camilo Cienfuegos No 13; ⏱7–18 Uhr) Neben den üblichen Che-Guevara-Schlüsselringen verkauft dieser Laden einige authentische Andenken, die es ausschließlich in Remedios gibt. Bemerkenswert sind die abstrakten Musikinstrumente und die Parrandas-Masken aus Muschelschalen.

Tres Reyes ZIGARREN
(Ecke Máximo Gómez & Margali; ⏱9–17 Uhr) In dem Zigarrenladen läuft die Klimaanlage auf vollen Touren. Er verkauft die besten Zigarren Kubas neben einer Reihe anderer relativ vorhersagbarer Souvenirs.

ℹ️ An- & Weiterreise

BUS

Der **Busbahnhof** (Av Cespedes, zwischen Margalí & La Fragua) liegt auf der Südseite der Stadt, am Beginn der 45 km langen Straße nach Santa Clara.

Täglich um 12.40 Uhr fährt ein Viazul-Bus über Caibarién nach Cayo Santa María (6 CUC$, 1½ Std.). Ein weiterer Bus in die andere Fahrtrichtung mit Halt in Santa Clara (7 CUC$, 1¼ Std.), Cienfuegos (11 CUC$, 3 Std.) und Trinidad (14 CUC$, 4¼ Std.) startet um 16 Uhr. Vor

der Abreise sollte man allerdings zur Sicherheit die Abfahrtszeiten noch einmal prüfen, da sie sich manchmal ändern.

TAXI

Ein staatliches Taxi vom Busbahnhof nach Caibarién kostet etwa 5 CUC$; nach Santa Clara oder Cayo Santa María beträgt der Fahrpreis 30–35 CUC$.

Fahrradtaxis verkehren für wenig Geld zwischen Busbahnhof und Parque Martí.

Caibarién

37 902 EW.

Nach dem hauptstädtischen Santa Clara und dem kolonialen Glanz von Remedios wirkt der einst lebhafte Hafen an der kubanischen Atlantikküste mit seinen verfallenen alten Häusern und der Atmosphäre des Niedergangs wie ein Schock. Seit sich das Meer die Piers zurückerobert hat und die kleinstädtischen Zuckermühlen geschlossen wurden, hat sich Caibariéns Wirtschaft dem Tourismus zugewandt: Die meisten Mitarbeiter aus Cayo Santa Marías Hotels stammen aus der Stadt.

Caibarién ist auch berühmt für seine *cangrejos* (Krabben) – die besten auf ganz Kuba – und die *parrandas* im Dezember, die in Sachen Explosivität direkt nach Remedios kommen.

Für alle, die gerne einen Eindruck von den *cayos* und ihren Stränden bekommen wollen, ohne teure Pauschalpreise bezahlen zu müssen, stellt Caibarién einen preisgünstigen und freundlichen, alternativen Ausgangspunkt dar.

◉ Sehenswertes

Museo de Agroindustria Azucarero Marcelo Salado MUSEUM

(☎ 42-35-38-64; Carretera Caibarién-Remedios Km 3.5; 3 CUC$, mit Zugfahrt 9 CUC$; ◷ Mo–Sa 9–16 Uhr) GRATIS 3 km nach der Krabbenstatue auf der Straße nach Remedios liegt die ehemalige Zuckerfabrik (1998 stillgelegt), die mittlerweile ein Museum beherbergt. Von den vier noch erhaltenen Zuckerfabriken auf Kuba ist diese die vermutlich am besten erhaltene. Das Museum stellt zusammenfassend die Geschichte der Sklavenkultur, der Zuckerindustrie und der Dampflokomotiven dar. Ein Video über Kubas Zuckerindustrie ist zu sehen, außerdem wird mit Hilfe von Puppen die Plackerei bei der Ernte dargestellt und es werden jede Menge Originalmaschinen gezeigt. Ein Führer erklärt den Prozess der Zuckerherstellung und lässt Besucher *guarapo* (Zuckerrohrsaft) probieren.

Ein weiterer Bonus ist die ausgedehnte Sammlung an Lokomotiven (das Museum ist auch unter dem Namen Museo de Vapor bekannt – Dampfmuseum). Es zeigt die größte Dampfmaschine Lateinamerikas, außerdem werden täglich Fahrten mit der Dampflok angeboten.

Krabbenstatue DENKMAL

(Ecke Av 9 & Circuito Norte) Am Ortseingang von Caibarién ragt ein gigantisches Krustentier auf. Das Wahrzeichen der Stadt wurde von Florencio Gelabert Pérez entworfen und 1983 aufgestellt.

Museo Municipal María Escobar Laredo MUSEUM

(Ecke Av 9 & Calle 10; 1 CUC$; ◷ Mo–Fr 10–18, Sa 14–22, So 9–13 Uhr) Selbst das bescheidene Caibarién hat eine Vergangenheit, wenn die Glanzzeit auch schon ein Weilchen zurückliegt. Mehr erfährt man hier in einem der elegantesten Gebäude der Stadt, dem ehemaligen Liceo (1926) am Hauptplatz.

🛏 Schlafen & Essen

Virginia's Pension CASA PARTICULAR $

(☎ 42-36-33-03; Ciudad Pesquera No 73; Zi. 25–30 CUC$; P ❄) Ein Klassiker unter Caibariéns wachsendem Angebot an Privatzimmern ist diese von der charismatischen Virginia Rodríguez geführte *casa particular*, die mit dem Fortschritt mithalten konnte. Das Essen ist hier hervorragend, vor allem Virginias ganz besonderer Meeresfrüchte-Eintopf und die obligatorischen *cangrejos* (Krabben).

La Taberna KUBANISCH $

(Calle 10 No 921; 150–200 MN$; ◷ 11–23 Uhr) Das La Taberna ist innen deutlich größer, als der schmale Eingang vermuten lässt. Durch die schmale Bar, die im Freibeuter-Stil dekoriert ist, geht es an der kleinen Tanzfläche und Bühne vorbei (Disco und Livebands an den Wochenenden), dann betritt man das eigentliche Highlight: das Restaurant.

Die Speisekarte entspricht dem dramatisch im Piratenstil geschmückten Restaurant und konzentriert sich auf Meeresfrüchte (Garnelen und Hummer dominieren). Da Caibarién weniger auf den Tourismus ausgerichtet ist, belaufen sich die Preise in *moneda nacional*, was bedeutet, Hummer kostet nicht mehr als 8 CUC$.

❶ Praktische Informationen

Cadeca (Calle 10 No 907, zwischen Av 9 & 11; ◷ Mo–Sa 8.30–16 Uhr)

Havanatur (☎ 42-35-11-71; Av 9, zwischen Calle 8 & 10; ◷ Mo–Sa 9–17 Uhr) Kann Übernachtungen auf Cayo Santa María arrangieren.

❶ An- & Weiterreise

AUTO & MOPED

Die Servi-Cupet-Tankstelle befindet sich am Ortseingang, hinter der Krabbenstatue.

BUS

Ein Víazul-Bus fährt täglich um 12.50 Uhr nach Cayo Santa María (6 CUC$, 1¼ Std.). Auch in die andere Richtung verkehrt täglich ein Bus, mit Halt in Remedios (3 CUC$, 10 Min.), Santa Clara (7 CUC$, 1½ Std.) und Cienfuegos (11 CUC$, 3 Std.); Endstation ist Trinidad (14 CUC$, 4½ Std.). Er startet um 15.50 Uhr in Caibarién vor der Servi-Cupet-Tankstelle am Ortseingang.

Zahlreiche Lokalbusse fahren täglich nach Remedios, Santa Clara und Yaguajay an Caibariéns altem blau-weißen **Bahnhof** (Calle 6) auf der Westseite der Stadt.

TAXI

Eine einfache Taxifahrt nach Villa los Brujas auf dem Cayo Santa María kostet etwa 25 CUC$; zum Hotelstreifen in Cayo Santa María oder nach Santa Clara ist es ein klein wenig mehr.

Cayerías del Norte

Kubas neuestes Tourismusprojekt wird auf der weit verstreuten Gruppe flacher Keys vor der Nordküste der Villa Clara Provinz aus dem Boden gestampft. Zwar vermeidet man hier einige der schlimmsten architektonischen Auswüchse, die für andere kubanische Strandresorts charakteristisch sind, aber die Entwicklung ist weitreichend und vollzieht sich sehr schnell. Ungünstigerweise liegt gleich daneben das Unesco Biosphären-Reservat von Buenavista. Als 1998 das erste Hotel eröffnete, waren die Keys noch eine moskitoverseuchte Wildnis. Bis 2017 wurden hier mittlerweile über ein Dutzend beinahe identischer Pauschal-Ferienresorts errichtet (und es kommen noch mehr hinzu), in denen bis 85 % kanadische Touristen absteigen. Die drei Keys – Cayo las Brujas, Cayo Ensenachos und Cayo Santa María – sind durch die eindrucksvolle, 48 km lange Dammstraße El Pedraplén untereinander verbunden. Die Enklave ist auf Tourismus der gehobenen Preisklasse eingerichtet.

Für Tagesausflüge bieten die Cayerías eine Reihe von öffentlichen Stränden. Wassersport kann über die von Gaviota geführte Marina gebucht werden, und es gibt ein kleines Naturreservat. Die Resorts verkaufen Tagespässe für etwa 70 CUC$.

🔴 Sehenswertes

Refugio de Fauna Cayo Santa María
NATURRESERVAT

In diesem Naturreservat bekommt man einen Eindruck von Cayo Santa Marías ursprünglichem, natürlichem Lebensraum. Das Tor (manchmal unbewacht) mit mehreren Schildern befindet sich in einer Kurve an der Hauptstraße unmittelbar nach dem Hotel Cayo Santa María. Es gibt Wanderwege nach Aguada del Bagá (1,2 km), Ensenada de Santa María (1,7 km) und Punta Amanecer (5,6 km). Sie sind nur leicht ausgetreten – (die meisten Touristen scheinen organisierte Tagestouren zu bevorzugen).

Playa Las Gaviotas
STRAND

(Cayo Santa María; 4 CUC$) 🏄 Einer der wenigen öffentlichen Strände, die es auf Cayo Santa María noch gibt und der nicht an ein Resort geknüpft ist: Playa Las Gaviotas befindet sich innerhalb eines Naturreservats im fernen Osten der Insel. Nachdem man den Eintritt am Parkplatz bezahlt hat, geht es auf einem 700 m langen Weg zum Strand, der normalerweise erfrischend ruhig und unter Kiteboardern beliebt ist.

San Pascual
HISTORISCHE STÄTTE

GRATIS Eine der ältesten und merkwürdigsten Kuriositäten ist dieser San-Diego-Tanker. Er wurde 1920 gebaut und schlug 1933 in der Nähe vom Cayo Francés leck, unmittelbar westlich von Cayo las Brujas. Später wurde das Schiff als Lagerraum für Melasse und danach als ziemlich surreales Hotel/Restaurant genutzt (derzeit allerdings geschlossen).

Zu den Schnorchelausflügen und Kreuzfahrten bei Sonnenuntergang gehört auch ein Besuch des Wracks.

🏃 Aktivitäten

Die Hotels bieten allesamt die gleichen organisierten Aktivitäten zum gleichen Preis an, und sie werden alle von dem staatlichen Unternehmen Gaviota verwaltet. Meist geht es um Wassersport, wie Tauchen, Schnorcheln und Angeln. Täglich gibt es Jeep-Safaris zum Festland, außerdem werden Städtetouren in Remedios und Santa Clara angeboten. Wer auf eigene Faust losziehen will, hat zahlreiche Wanderwege ins Refugio de Fauna Cayo Santa María zur Auswahl (s. links).

Marina Gaviota
WASSERSPORT

(☎ 42-35-00-13; Cayo las Brujas) Die meisten Wassersport-Aktivitäten werden über die Hotels organisiert, aber man kann sich auch direkt an die Marina auf Cayo las Brujas wenden. Zu den Highlights zählen ein Tagesausflug mit dem Katamaran inklusive Schnorcheln (85 CUC$), eine Kreuzfahrt in den Sonnenuntergang (59 CUC$) und Tiefseefischen (295 CUC$ für 4 Pers.). Tauchgänge an einer von 24 Stellen auf offener See werden auch angeboten (65 CUC$ für zwei Tauchgänge). Bei rauem Wetter können die Aktivitäten abgesagt werden.

🛏 Schlafen

Auf den *cayos* gibt es über ein Dutzend All-inclusive-Resorts, von denen die meisten auf Cayo Santa María liegen. Alle Anlagen bieten komfortable Unterkünfte in zwei- oder dreigeschossigen Gebäuden, die sich über eine sehr ausgedehnte Fläche verteilen. Sie alle verfügen über Pools und Fitnessstudios; die meisten haben auch Tennisplätze. Drei von ihnen, darunter das vornehme Meliá Buenavista, sind nur für Erwachsene gedacht. Gaviota, ein Unternehmen, das der kubanischen Regierung gehört, leitet das Ganze.

⭐ Meliá Buenavista
RESORT $$$

(☎ 42-35-07-00; www.meliacuba.com; Punta Madruguilla, Cayo Santa María; EZ/DZ all-inclusive 360/450 CUC$; ❄ @ 🛜 🏊) *Small is beautiful* – für das Buenavista gilt das auf jeden Fall. Mit seinen 105 Zimmern (ein Winzling, nach *cayo*-Standards) liegt es ein Stück abseits von den anderen Hotels am westlichen Ende von Cayo Santa María. An seinem ruhigen Strand kann man sich in den Sonnenuntergang träumen, während diensteifrige Butler gekühlten Wein servieren. In diesem Romantikhimmel sind Kinder nicht erwünscht, und man fühlt sich schon schuldig, wenn man nur die Stimme hebt.

★ Iberostar Ensenachos
RESORT $$$

(☎ 42-35-03-00; www.iberostar.com; Cayo Ensenachos; Zi. all-inclusive 300–600 CUC$; ❄@🛜🏊) Das luxuriöse Paradies erinnert an ein privates, maledivisches Inselressort und ist das einzige Hotel auf dem winzigen Cayo Ensenachos. Gleich zwei der besten kubanischen Strände, die Playas Ensenachos und Mégano, gehören zur Anlage mit ihrem eleganten, maurisch wirkenden Dekor mit Brunnen und üppigem Grün. Ein Teil des Hotels ist Erwachsenen vorbehalten. Gäste werden in hübschen 20-Zimmer–Blocks von einem jeweils eigenen Concierge freundlich empfangen.

Royalton Cayo Santa María
RESORT $$$

(☎ 42-35-09-00; www.royaltonresorts.com; Cayo Santa María; EZ/DZ all-inclusive 228/298 CUC$; ❄@🛜🏊) Das Royalton ist für viele das beliebteste Resort auf den *cayos*. Mit seinen spitzenbesetzten Liegestuhl-Himmelbetten rund um den Swimmingpool gibt es sich betont romantisch. Nach Santa-María-Standards ist es verhältnismäßig klein (122 Zimmer). Kinder sind nicht erwünscht, dagegen ist es unter kanadischen Hochzeitsreisenden sehr beliebt. Kubas bestes Resort? Manche sagen ja.

Ocean Casa del Mar
RESORT $$$

(☎ 42-35-08-50; www.oceanhotels.net; Cayo Santa María; EZ/DZ all-inclusive 150/221 CUC$; ❄@🛜🏊) Das 2016 neu errichtete Ocean mit seinen modernen, dreigeschossigen Häuserblocks erinnert an einen eleganten Vorort in Miami. Es gibt ein paar interessante Details wie beispielsweise die geflieste Lobby, die schweren Vorhänge und die hölzernen (kein Plastik!) Sonnenliegen. Da die Klientel aber zu 90 % aus Kanadiern besteht, wird man sehr wahrscheinlich eher über Eishockey reden als über die Gedichte von José Martí. Es liegt am östlichen Ende des *cayo*, in der Nähe des Strandes Perla Blanca.

Valentín Perla Blanca
RESORT $$$

(☎ 42-35-06-21; www.valentinhotels.com; Cayo Santa María; DZ all-inclusive 270 CUC$; ❄@🛜🏊) Das Valentín ist eines der neueren Resorts auf dem Cayo Santa María (Kinder sind nicht erwünscht). Die Zimmer in weißen, dreigeschossigen Apartmentblocks sind minimalistisch gehalten, mit klaren Linien und eleganten Farbakzenten. Es ist ein wenig ruhiger als die mehr auf Familien spezialisierten Ferienanlagen, vor allem, wenn man noch ein Stückchen Richtung Osten geht, zu dem öffentlichen Strand Playa Las Gaviotas.

Sol Cayo Santa María
RESORT $$$

(☎ 42-35-02-00; www.meliacuba.com; Cayo Santa María; EZ/DZ all-inclusive ab 167/238 CUC$; ❄@🛜🏊) Es ist nicht ganz leicht, zwischen den einzelnen Resorts auf Cayo Santa María zu unterscheiden: Es gibt mehr Gemeinsamkeiten als Unterschiede. Das Sol allerdings hat ein paar kleinere Eigenheiten vorzuweisen, wie beispielsweise Schaukelstühle auf den Veranden der Zimmer, abgeschlossene, begrünte Bereiche und ein- und zweigeschossige Wohnblocks aus Holz, schön verziert mit Gitterwerk und braunen Balustraden. Ansonsten gleicht es den anderen Resorts.

Meliá Las Dunas
RESORT $$$

(☎ 42-35-03-01; www.meliacuba.com; Cayo Santa María; Zi. all-inclusive 350 CUC$; ❄@🛜🏊) Dieses Ungetüm von Ferienanlage mit seinen 925 Zimmern (das größte auf den *cayos*) hat viel zu bieten – Ruhe und Beschaulichkeit gehören allerdings nicht dazu. Es ist grüner als einige der anderen Resorts, mit jeder Menge Palmen und tropischer Vegetation. Die Betten sind bequem, und das gesamte Personal ist ausgezeichnet.

Playa Cayo Santa María
RESORT $$$

(☎ 42-35-08-00; www.gaviota-grupo.com; Cayo Santa María; EZ/DZ all-inclusive 150/245 CUC$; ❄@🛜🏊) Mit seinen 769 Zimmern ist das Playa ein Riesending zu relativ vernünftigen Preisen, verglichen mit der nahe gelegenen Konkurrenz. Wer nur den Tag über hier ist, kann sich einen Tagespass zulegen (Erw./Kind 70/35 CUC$) und sich durch das All-you-can-eat Mittagsbüfett futtern.

Villa las Brujas
HOTEL, RESORT $$$

(☎ 42-35-01-99; www.gaviota-grupo.com; Cayo las Brujas; Zi. 128 CUC$; P❄@) Das Villa las Brujas thront auf einer kleinen Anhöhe, die die Statue einer *bruja* (Hexe) krönt. Das kleinste und bescheidenste Resort auf dem Key entstand 1999. Es ist ein wunderbar ruhiger, naturbelassener Ort inmitten ver-

Cayo Santa María & Umgebung

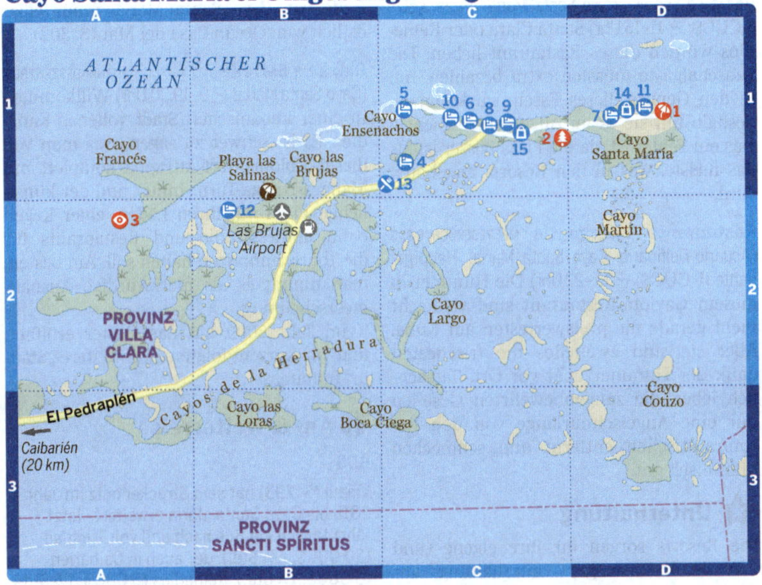

Ⓝ N 0 ─────────────── 10 km

ATLANTISCHER OZEAN

Cayo Frencés

Cayo Ensenachos **5**

10 6 8 9

14 11
7 ● **1** Cayo Santa María

2

15

Playa las Salinas

Cayo las Brujas

4

13

12

Las Brujas Airport

● **3**

Cayo Martín

PROVINZ VILLA CLARA

Cayos de la Herradura

Cayo Largo

Cayo Cotizo

El Pedraplén

← Caibarién (20 km)

Cayo las Loras

Cayo Boca Ciega

PROVINZ SANCTI SPÍRITUS

PROVINZ VILLA CLARA CAYERÍAS DEL NORTE

Cayo Santa María & Umgebung

schlungener Mangroven und einer wirklich einzigartigen Atmosphäre.

Die 24 geräumigen, wenn auch leicht gefleckten Hütten sind mit Kaffeeautomat, Kabelfernsehen und großen Betten ausgestattet. Vom zugehörigen **Restaurant Farallón** (Mahlzeiten 15 CUC$; ⊙ 12–15 & 19–22.30 Uhr) eröffnet sich ein herrlicher Blick auf den Strand Playa las Salinas. Aber Vorsicht: Zum Zeitpunkt der Recherche hatten Bulldozer angefangen, das Fundament für zwei neue Resorts zu schaffen.

✖ Essen

Auf den Keys wird von den Gästen meist alles inklusive gebucht, und die meisten Gäste verlassen die Anlage nicht und essen ausschließlich in ihren Hotels.

In Plaza La Estrella und Pueblo las Dunas auf Cayo Santa María gibt es allerdings einige Restaurants, in denen Reisende, die nicht in einer Ferienanlage wohnen (oder auch Touristen, die das täglich wiederkehrende Büfett leid sind) zu Abend essen können.

Trattoria ITALIENISCH $

(Plaza La Estrella, Cayo Santa María; Pizza 3,50–5 CUC$; ⏲11–16 Uhr) Santa Clara oder Remedios würden dieses Restaurant lieben: Die Pauschalgäste müssten extra bezahlen, um in den Genuss dieses Essens zu kommen, deshalb tun sie es im Allgemeinen nicht – was ein Fehler ist, da die Pizza besser ist als das meiste, was in den Resorts angeboten wird.

Restaurante El Bergantín MEERESFRÜCHTE $$$

(Acuario-Delfinario, Cayo Santa María; Hauptgerichte 15 CUC$; ⏲12–22 Uhr) Die Hummer in diesem Gaviota-Restaurant sind vielleicht nicht gerade die preiswertesten auf Kuba. Aber sie sind zweifellos die frischesten dank der Hummerzucht vor Ort. Tatsächlich leben die zangenbewehrten Gesellen nur eine Angelschnurlänge von den Restauranttischen entfernt und schmecken himmlisch gut.

Unterhaltung

Die Resorts sorgen für ihre eigene (und manchmal kitschige) Unterhaltung vor Ort, die von Zaubershows bis hin zu Modenschauen rund um den Swimmingpool reicht. In den drei „Plaza" Einkaufszentren gibt es Discos; Plaza La Estrella hat eine **Jazzbar** (⏲20–2 Uhr) und eine Pianobar.

Shoppen

Es gibt drei kleine Einkaufszentren auf Cayo Santa María, die euphemistischerweise unter den Namen „plazas" oder „pueblos" bekannt sind und den üblichen Standardmix aus vergessenen Urlaubsutensilien, einem Trio aus Casa-del-Habano-Zigarrenläden sowie ein paar Kunsthandwerksmärkte im Freien bieten.

Las Terrazas del Atardecer EINKAUFSZENTRUM

(Cayo Santa María) Das neueste der drei Einkaufs- und Entertainmentcenter auf Cayo Santa María verfügt über einen eigenen Strand – den einzigen noch übrigen kostenlosen und öffentlichen Strand auf der Insel. Außerdem gibt es die obligatorische Kegelbahn, mehrere Geschäfte und eine gute Cocktailbar mit Blick aufs Meer namens Chachacha's.

Das Einkaufszentrum liegt am östlichen Ende von Cayo Santa María, unmittelbar östlich vom Ocean Casa del Mar (S. 302).

Plaza La Estrella EINKAUFSZENTRUM

(Cayo Santa María; ⏲9–19.30 Uhr) Willkommen in einer kubanischen Stadt voller ... Kanadier. Es ist schwer zu sagen, was man von dieser Kolonialdorf-Attrappe komplett mit Manaca-Iznaga-Turm-Imitat und der künstlichen Plaza mit ihren Läden, einer Kegelbahn, Fitnessstudio und Restaurants für die Touristenmassen halten soll. Am besten, man nimmt es als merkwürdige Ausnahmeerscheinung.

Im Jahr 2009 hat das Center eröffnet, und vor Kurzem folgten zwei weitere „Städte"-Imitate.

An- & Weiterreise

BUS

Víazul (S. 293) hat sein Streckennetz im Jahr 2015 bis Cayo Santa María erweitert. Jetzt fährt täglich ein Bus nach und von Trinidad (20 CUC$, 5¾ Std.), der auch in Caibarién (6 CUC$, 1¼ Std.), Remedios (6 CUC$, 1½ Std.) und Santa Clara (13 CUC$, 3 Std.) hält. Sobald er auf den Keys ist, stoppt er bei den meisten Hotels. Der Bus fährt um 14.40 Uhr von Cayo Santa María ab.

FLUGZEUG

Vom Flughafen **Las Brujas** (☏42-35-00-09) starten hauptsächlich Charterflüge nach Havanna mit Aerogaviota. Die meisten Touristen kommen am Flughafen Abel Santamaría in der Nähe von Santa Clara an und reisen von dort an.

TAXI

Die Tarife für eine einfache Fahrt mit dem Taxi von Caibarién/Remedios/Santa Clara nach Cayo Santa María liegen bei etwa 30/35/70 CUC$ (je nachdem, in welches Hotel man will). Es lohnt sich zu handeln – vor allem, wenn man die Rückfahrt mit Wartezeit gleich mit aushandeln will.

Unterwegs vor Ort

Panoramic Bus Tour ist ein oben offener Doppeldeckerbus, der mehrmals täglich zwischen dem Delfinario auf Cayo Ensenachos und all den anderen Cayo Santa María-Hotels verkehrt. Eine Tageskarte kostet 2 CUC$.

Trinidad & die Provinz Sancti Spíritus

⏹ 41 / 465 500 EW.

Gut essen

- ➡ La Redaccion Cuba (S. 316)
- ➡ Vista Gourmet (S. 315)
- ➡ Esquerra (S. 316)
- ➡ Restaurante San José (S. 315)

Schön übernachten

- ➡ Iberostar Grand Hotel (S. 314)
- ➡ Casa Muñoz – Julio & Rosa (S. 312)
- ➡ Hostal del Rijo (S. 329)
- ➡ Casa El Suizo (S. 312)
- ➡ El Capitan (S. 321)

Auf nach Trinidad & Sancti Spíritus!

In dieser kleinen, aber reich gesegneten Provinz zeigt sich Kuba von seiner schönsten Seite und präsentiert einen wichtigen Teil des fantastischen historischen Erbes des Landes. Die Provinz Sancti Spíritus steht für Naturlandschaften, die nur darauf warten, bereist zu werden. Playa Ancón, der beste Strand an Kubas Südküste, ist ein Traum. Zum Ausgleich geht es dann in die Berge: Außerhalb von Trinidad können Wanderer auf einem Netz schöner Wanderpfade den eindrucksvollen Gebirgszug Sierra del Escambray erforschen.

Trinidad gleicht einem zum Leben erwachten Ansichtskartenmotiv und ist eine der am besten erhaltenen Kolonialstädte ganz Amerikas: rote Dachziegel, Kopfsteinpflasterstraßen und pastellfarbene Kolonialhäuser mit Türen, die eines Schlosses würdig wären. Die Rivalin Sancti Spíritus besticht dafür als Underdog durch den Charme des Zerfalls. 2014 feierten beide Städte mit großem Pomp ihren 500. Geburtstag, nicht ohne zuvor die schönsten Gebäude prachtvoll herausgeputzt zu haben.

Doch die Region hat noch mehr zu bieten: eine Vielzahl leicht zu übersehender touristischer Attraktionen wie wenig besuchte Naturschutzgebiete, ein wegweisendes Museum, das der Guerrilla-Ikone Camilo Cienfuegos gewidmet ist, sowie das Unesco-Biosphärenreservat Bahía de Buenavista.

Reisezeit

➡ In Trinidad beginnt man schon kurz nach Weihnachten wieder mit dem Feiern. Die zweite Januarwoche steht im Zeichen der Semana de la Cultura Trinitaria (Kulturwoche in Trinidad), sie fällt mit dem Gründungsfest der Stadt zusammen.

➡ Der ruhige Mai ist ideal für eine Besichtigung der Provinz. Die Nebensaison bietet wenig Urlauber und gutes Wetter.

➡ Wer bis Juni bleibt, erlebt Trinidads zweites Großereignis, die Fiestas Sanjuaneras. Bei diesem karnevalsartigen Fest treiben Reiter ihre Pferde im Galopp durch die Straßen. Vorsichtig sein!

Highlights

1 Trinidad (S. 307) Museumsbesuche, von kolonialem Komfort geprägte *casas particulares* und noble Restaurants.

2 Valle de los Ingenios (S. 321) Besteigung des Turms von Manaca Iznaga und die umwerfende Aussicht auf das Unesco-Weltkulturerbe.

3 Sancti Spíritus (S. 325) Bummel durch die renovierten Straßen aus der Kolonialzeit.

4 Naturreservat Jobo Rosado (S. 332) Wald und Wasserfälle des abwechslungsreichen Reservats erforschen und dabei einiges über die Kriegsgeschichte lernen.

5 Playa Ancón (S. 319) Ein Ferienhaus in La Boca und ein romantischer Sonnenuntergang am beliebten Strand.

6 Salto del Caburní (S. 323) Wanderung zu einem kühlen Naturpool und ein erfrischendes Bad.

7 Reiten (S. 310) In der Landschaft rund um Trinidad Cowboy oder Cowgirl spielen.

Trinidad

73 500 EW.

In dieser einzigartigen, perfekt erhaltenen spanischen Kolonialstadt sind die Uhren 1850 stehen geblieben und beginnen nun wieder langsam zu ticken. Im nahe gelegenen Valle de los Ingenios wurden im frühen 19. Jh. bedeutende Vermögen aus dem Zuckerverkauf angehäuft: Noch heute zeigt sich dieser Reichtum in illustren Herrenhäusern mit italienischen Fresken, französischen Kronleuchtern und Wedgwood-Porzellan.

1988 wurde die Stadt zur Unesco-Welterbestätte erklärt. Kubas ältestes und bezauberndstes „Freiluftmuseum" lockt die Besucher in Scharen. In den gewundenen Kopfsteinpflastergassen, in denen *guajiros* (Leute vom Land) mit wettergegerbten Gesichtern, schnaubende Esel und musikalische Troubadoure unterwegs sind, herrscht eine entspannte Atmosphäre. Abends erwacht die Stadt beim Klang der Livemusik in den Straßen zum Leben.

Rings um Trinidad liegen einzigartige Natursehenswürdigkeiten. 12 km südlich befindet sich die platinblonde Playa Ancón, der schönste Strand an Kubas Südküste. 18 km Richtung Norden lockt die violette Silhouette der Sierra del Escambray, ein grüner Abenteuerspielplatz mit zahlreichen Wanderwegen und rauschenden Wasserfällen.

Geschichte

1514 gründete Konquistador Diego Velázquez de Cuéllar an Kubas Südküste die Siedlung La Villa de la Santísima Trinidad, die dritte Siedlung nach Baracoa und Bayamo. 1518 kam Hernán Cortés, Velázquez' früherer Sekretär, durch die Stadt und rekrutierte Söldner für seinen Eroberungszug nach Mexiko. Bei dieser Aktion verlor die Siedlung fast alle ihre ursprünglichen Bewohner. In den folgenden 60 Jahren blieb es den ungelernten ortsansässigen Taínos überlassen, die schwächelnde Wirtschaft mit einem Mix aus Landwirtschaft, Rinderzucht und ein wenig Handel am Leben zu erhalten.

Im 17. Jh. war Trinidad zu einem kleinen ländlichen Provinznest geworden, das von der Kolonialverwaltung in Havanna fast völlig abgeschnitten war. Auch deshalb avancierte die Stadt zu einem Zufluchtsort für Piraten und Leute, die von hier aus den lukrativen, aber illegalen Sklavenschmuggel mit dem von den Briten kontrollierten Jamaika überwachen konnten.

Im frühen 19. Jh. veränderte sich dann einiges. Trinidad wurde Hauptstadt des Departamento Central, Hunderte von französischen Flüchtlingen kamen in die Stadt. Sie waren auf der Flucht vor einem Sklavenaufstand in Haiti und errichteten im nahe gelegenen Valle de los Ingenios mehr als 50 kleine Zuckermühlen. Bald ersetzte dieses Nahrungsmittel Leder und gepökeltes Fleisch als wichtigstes Exportprodukt der Region. Mitte des 19. Jhs. schließlich produzierte das Gebiet rund um Trinidad ein Drittel der gesamten kubanischen Zuckerproduktion.

Als die Plantagen während der Unabhängigkeitskriege durch Feuer und Kämpfe verwüstet wurden, endete der Zuckerboom abrupt. Der Industrie gelang es in den Folgejahren nicht mehr, sich von diesem gravierenden Einbruch zu erholen. Daraufhin verlagerte sich der Zuckerhandel im späten 19. Jh. in die Provinzen Cienfuegos und Matanzas, Trinidad fiel ins wirtschaftliche Koma.

Seine touristische Renaissance begann in den 1950er-Jahren, als Präsident Batista ein Denkmalschutzgesetz verabschiedete, das den historischen Wert der Stadt anerkannte. 1965 wurde Trinidad zum Nationaldenkmal erklärt und 1988 von der Unesco zum Weltkulturerbe ernannt.

Sehenswertes

In Trinidad führen alle Straßen zur Plaza Mayor, dem bemerkenswert ruhigen Hauptplatz im Herzen des *casco histórico*, des historischen Zentrums der Stadt. Gesäumt wird er an allen vier Seiten von eindrucksvollen historischen Gebäuden.

⭐ Museo Histórico Municipal MUSEUM
(☎ 41-99-44-60; Simón Bolívar 423; 2 CUC$; ☺ Sa–Do 9–17 Uhr) Unter Trinidads Museen steht dieser Prachtbau nahe der Plaza Mayor fraglos an erster Stelle. Das Herrenhaus gehörte von 1827–1830 der Familie Borrell. Später ging das Gebäude in den Besitz eines deutschen Plantagenbesitzers namens Kanter oder Cantero über, bis heute trägt das Anwesen seinen Namen: Casa Cantero.

Die etwas ramponierten Ausstellungsobjekte könnten eine Rundumerneuerung vertragen, doch der Panoramablick vom Turm, zu dem eine ausgetretene Treppe hinaufführt, lohnt allein schon den Eintrittspreis.

Angeblich erwarb Dr. Justo Cantero riesige Zuckerrohrfelder, indem er einen alten

Trinidad

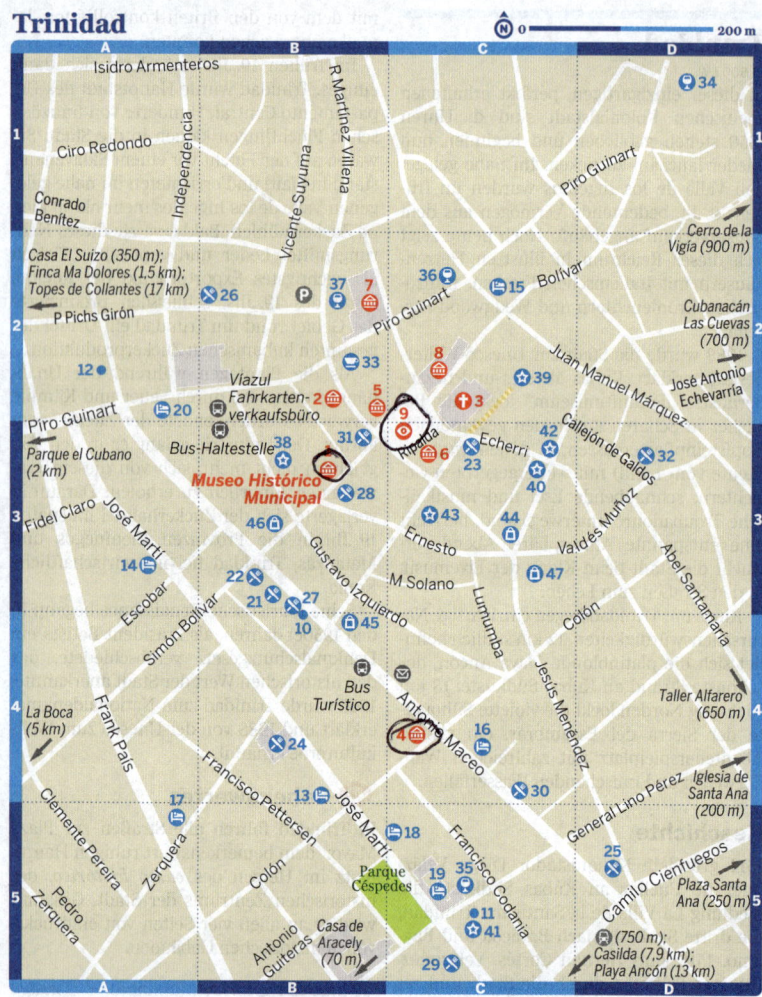

Sklavenhändler vergiftete und dessen Witwe heiratete, die dann ebenfalls frühzeitig vom Tod dahingerafft wurde.

Canteros unrechtmäßig erworbener Reichtum wird in der stilvollen klassizistischen Ausstattung der Räume bestens zur Schau gestellt. Die ideale Zeit für eine Besichtigung ist vor 11 Uhr, da später ein Reisebus nach dem anderen anrollt.

Plaza Mayor
PLATZ

Trinidads bemerkenswert friedlicher Hauptplatz liegt im Herzen des *casco histórico* und ist der meistfotografierte Ort der Stadt.

Iglesia Parroquial de la Santísima Trinidad
KIRCHE

(⏰ Mo–Sa 11–12.30 Uhr) Trotz ihrer recht unscheinbaren Fassade ziert die Kirche der Heiligen Dreifaltigkeit an der nordöstlichen Seite der Plaza Mayor zahllose Ansichtskarten Trinidads. Sie wurde 1892 auf den Mauern einer vom Sturm zerstörten früheren Kirche wiederaufgebaut und vereint Restaurierungsarbeiten aus dem 20. Jh. mit Kunstwerken des 18. Jhs. Zu diesen zählt beispielsweise der verehrte Christus vom wahren Kreuz (1713), ihn findet man auf der linken Seite am zweiten Altar von vorne.

Trinidad

⊙ Highlights

⊙ Sehenswertes

⊙ Aktivitäten, Kurse & Touren

⊙ Schlafen

⊙ Essen

⊙ Ausgehen & Nachtleben

⊙ Unterhaltung

⊙ Shoppen

Plaza Santa Ana   KULTURZENTRUM, PLAZA
(Camilo Cienfuegos; ⊙ 11–22 Uhr) Am gleichnamigen Platz, der die Grenze zu Trinidads nordöstlichem Teil bildet, befindet sich ein ehemaliges spanisches Gefängnis (1844), das zum Tourismuszentrum Plaza Santa Ana umgebaut wurde. Der Komplex umfasst eine Kunstgalerie, einen Kunsthandwerkermarkt, einen Keramikladen sowie eine Bar und ein Restaurant.

Maqueta de Trinidad   MUSEUM
(☎ 41-99-43-08; Ecke Colón & Maceo; 1 CUC$, Stadtführung 5 CUC$; ⊙ Mo–Sa 9–17, So 9–13 Uhr) Dieses 2014 eröffnete, maßstabsgetreue Modell von Trinidads *casco histórico* ist in der wunderbar restaurierten Casa Frias ausgestellt. Die Detailtreue ist erstaunlich (wer will, kann sich den Spaß machen und seine *casa particular* suchen). Ein Museumsführer zeigt den Besuchern mit einem Zeigestock die Hauptsehenswürdigkeiten.

Auch Stadtführungen auf Englisch und Spanisch werden angeboten. An den Plänen, die Casa Frias zu einem Kulturzentrum zu erweitern, wird noch gearbeitet.

Casa Templo de
Santería Yemayá   MUSEUM
(R Martínez Villena 59, zwischen Simón Bolívar & Piro Guinart; ⊙ variierende Öffnungszeiten) GRATIS Nur mit etwas Glück erlebt man hier eine religiöse Zeremonie. Kein Santería-Museum kann die entrückte spirituelle Erfahrung der Regla de Ocha (Santería, Kubas Hauptreligion afrikanischen Ursprungs) tatsächlich wiedergeben. Doch hier wird es zumindest versucht. Im Haus befindet sich ein der Meeresgöttin Yemayá geweihter Altar mit vielen Opfergaben (Früchte, Wasser, Steine).

Die *santeros* – Priester der afrokubanischen Religion Santería –, die plötzlich aus dem hinteren Hof heranschreiten und Besucher mit einer gut einstudierten Show überraschen, leiten das Museum. Am 19. März, dem Jahrestag der Göttin, werden Tag und Nacht Zeremonien abgehalten.

Museo Nacional de la Lucha Contra Bandidos

MUSEUM

(☑41-99-41-21; Echerri 59; 1 CUC$; ⊙Di–So 9–17 Uhr) Das Gebäude mit dem höchsten Wiedererkennungswert ist wohl der verwitterte, pastellgelbe Glockenturm des ehemaligen Klosters San Francisco de Asís.

Seit 1986 ist im Gebäude ein Museum untergebracht. Ausgestellt werden vor allem Fotos, Landkarten, Waffen und andere Objekte aus dem Kampf gegen verschiedene konterrevolutionäre Banden, die sich Fidel zum Vorbild nahmen und zwischen 1960 und 1965 illegal von der Sierra del Escambray aus operierten.

Der Rumpf eines US-amerikanischen U-2-Spionageflugzeugs, das über Kuba abgeschossen wurde, ist hier ebenfalls ausgestellt. Die Besteigung des Turms lohnt sich wegen der schönen Aussicht.

Museo Romántico

MUSEUM

(☑41-99-43-63; Echerri 52; 2 CUC$; ⊙Di–So 9–17 Uhr) Auf der anderen Seite der Calle Simón Bolívar steht der glanzvolle Palacio Brunet. Das Erdgeschoss wurde 1740 errichtet, das obere Stockwerk kam 1808 dazu. 1974 wurde das Herrenhaus in ein Museum umgewandelt, das heute Möbel des 19. Jhs., eine schöne Porzellanausstellung und weitere Ausstellungsstücke aus jener Zeit zeigt. Manchmal tauchen aus den dunklen Ecken lästige Museumswärter auf, die ein Trinkgeld erwarten. Der Museumsladen führt eine gute Auswahl an Fotos und englischsprachigen Büchern.

Museo de Arquitectura Trinitaria

MUSEUM

(☑41-99-32-08; Ripalda 83; 1 CUC$; ⊙Sa–Do 9–17 Uhr) Auch auf der südöstlichen Seite der Plaza Mayor wird der Reichtum der Stadt öffentlich zur Schau gestellt: In diesem Museum sind Architekturbeispiele von Bürgerhäusern der Oberschicht aus dem 18. und 19. Jh. ausgestellt. Die Gebäude wurden in den Jahren 1738 und 1785 errichtet und 1819 zu einem Gebäude vereint. Hier residierte einst die reiche Familie Iznaga.

Iglesia de Santa Ana

KIRCHE

(Plaza Santa Ana, Camilo Cienfuegos) Auch wenn rund um den Glockenturm mit Kuppeldach Gras wächst und die Torbögen schon vor langer Zeit zugemauert wurden: Die Fassade dieser Kirchenruine (1812) blieb voller Trotz dennoch stehen. In der Dunkelheit ragt sie geradezu gespenstisch wie eine alte, sakrale Schablone auf.

Museo de Arqueología Guamuhaya

MUSEUM

(☑41-99-32-08; Simón Bolívar 457; 1 CUC$; ⊙Di–Sa 9–17 Uhr) Auf der Nordwestseite des Hauptplatzes zeigt das archäologische Museum eine seltsame Mischung aus ausgestopften Tieren, Skeletten von Indios und ein wenig deplaziert wirkendes Küchenmobiliar aus dem 19. Jh.

Aktivitäten

Rund um die Stadt gibt es viele Möglichkeiten, sich zu bewegen, sei es bei einer Radtour zu einem der wunderbaren Strände, bei einer Wanderung oder einem Ausritt. Wer in der Region einen Ausflug bucht, sollte darauf achten, dass die Anfahrt im Preis inbegriffen ist. Bei Schnorchel- und Tauchtouren ist das generell nicht der Fall.

Centro Ecuestre Diana

REITEN

(☑41-99-36-73; www.trinidadphoto.com; Reiten 26–30 CUC$) ✦ Dieser einzigartige Reitstall auf einer Finca am Rande der Stadt bietet Naturausflüge und Reitstunden (inklusive Helmverleih). Reiter sollten jedoch nicht unangekündigt dorthin fahren, sondern zunächst Julio in der Casa Muñoz kontaktieren. Ein Besuch auf der Finca schließt eine riesige leckere landestypische Mahlzeit mit ein. Die Finca dient auch als Aufnahmestation für misshandelte und kranke Pferde, die Mitarbeiter engagieren sich für eine bessere Pflege und Haltung sowie tiergerechte Trainingstechniken. Im Winter nutzt Julio seine Fähigkeiten als Pferdeflüsterer, um wilde, noch nicht zugerittene Pferde zu zähmen.

Parque Natural El Cubano

WANDERN

(10 CUC$) Im Naturschutzgebiet liegt ein *ranchón*, das sich auf *pez gato* (Wels) aus der örtlichen Fischzucht spezialisiert hat. Auf dem Wanderweg Huellas de la História (3,6 km) gelangt man zum erfrischenden Javira-Wasserfall. Wer den Wasserfall-Ausflug mit einem Mittagessen im *ranchón* kombiniert, kann sich auf einen wunderbaren Tagesausflug freuen. Cubatur (S. 318) bietet das Ganze als organisierten Tagesausflug an, die Alternative ist das Anmieten eines Taxis in Trinidad (Rundfahrt 30 CUC$).

Von Trinidad nach El Cubano wandert man etwa 16 km. Zunächst verlässt man die

Stadt Richtung Westen auf der Straße nach Cienfuegos. Am Willkommens-Schild „Welcome to Trinidad" vorbei geht es auf einer Brücke über den Río Guaurabo. Ein Pfad führt dahinter linkerhand unter der Brücke hindurch und leitet auf eine schmale, schlecht geteerte Straße, die zunächst westlich des Flusses verläuft. Auf ihr erreicht man nach 5 km den Parque Natural El Cubano.

Finca Ma Dolores FARM, HOTEL
(☑41-99-64-81; Carretera de Cienfuegos, Km 1,5) Das rustikale Cubanacán-Hotel bietet Bootsfahrten auf dem Río Guaurabo nach La Boca (5 CUC$) an. Gelegentlich finden *fiestas campesinas* (Dorffeste) statt. Für die Zukunft sind auch Ausritte geplant.

Erreichbar ist die Finca über Trinidad mit dem Taxi (5 CUC$).

Cerro de la Vigía WANDERN
Für ein ordentliches Training und eine schöne Aussicht auf Trinidad, das Valle de los Ingenios und die Karibikküste lohnt sich der Weg, der zwischen der Iglesia Parroquial und dem Museo Romántico (Calle Simón Bolívar) zur verfallenen Ermita de Nuestra Señora de la Candelaria de la Popa aus dem 18. Jh. führt. Das Gebäude war früher Teil eines spanischen Lazaretts, wurde aber inzwischen zum Luxushotel umgebaut. Von dort aus geht es in einer halben Stunde Fußmarsch weiter bergauf zur Radioantenne (180 m).

Geführte Touren
Wegen der unzuverlässigen öffentlichen Verkehrsmittel und der steilen Straßenführung (Radfahren ist hier eine beschwerliche Angelegenheit), ist es am einfachsten, den Naturpark Topes de Collantes im Rahmen einer geführten Tagestour zu besuchen.

Stadtführungen in Trinidad bietet das Büro des Stadthistorikers an. Sie starten täglich an der Maqueta de Trinidad (S. 309) und kosten 10 CUC$.

Trinidad Travels WANDERN, REITEN
(☑52-82-37-26; www.trinidadtravels.com; Antonio Maceo No 613a) Reinier von Trinidad Travels ist einer der besten privaten Englisch und Italienisch sprechenden Führer. Er bietet verschiedene Führungen an, u. a. auch Wanderungen in der Sierra del Escambray und Ausritte in der näheren Umgebung. Auch Spanisch kann man bei ihm lernen. Der Kontakt läuft über die Casa de Victor (S. 314).

 Kurse

Las Ruinas
del Teatro Brunet TROMMELN, TANZEN
(Antonio Maceo No 461, zwischen Simón Bolívar & Zerquera; Unterricht 1 Std. 5 CUC$) Die dachlosen Ruinen eines alten Theaters um 1840 werden heute u. a. für Trommel- und Tanzunterricht genutzt (nach den Zeiten fragen).

Paradiso KULTURFÜHRUNG
(www.paradiso.cu; General Lino Pérez 306, Casa ARTex; ins Valle de los Ingenios 15 CUC$; ⊙ Mo–Sa 8–17, So 8–12 Uhr) Die Veranstalter in der Casa Fischer bieten einige interessante Kurse an, darunter Salsa, Percussion, Spanisch, aber auch Kurse mit kulturellen Themen wie kubanische Architektur oder afrokubanische Kultur. Alle Kurse werden von Fachkräften geleitet und dauern jeweils vier Stunden.

Paradiso bietet auch die günstigsten Touren in die Umgebung an, u. a. ins Valle de los Ingenios und zum Trinitopas-Wasserfall. Etwas Besonderes ist die nächtliche Stadtführung in einer Kutsche (20 CUC$).

Die Mindestteilnehmerzahl für alle Kurse liegt bei sechs bis zehn Personen, die Mitarbeiter sind aber auch verhandlungsbereit, wenn es weniger Teilnehmer sind.

Feste & Events

Semana Santa RELIGION
(Karwoche; ⊙ März oder April) Die Semana Santa spielt in Trinidad eine wichtige Rolle: Am Karfreitag ziehen Tausende von Menschen in einer Prozession durch das Stadtzentrum.

Schlafen
In Trinidad scheint fast jedes Haus eine *casa particular* zu sein. Wer mit dem Bus ankommt oder mit Gepäck durch die Straßen läuft, wird von auf Kommissionsbasis arbeitenden *jinteros* (Schleppern) belagert.

> ### ❶ BUCHUNGSBÜRO
> Wer Zimmer selbst buchen möchte, wendet sich online an die englischsprachige Agentur **Trinidad Rent** (☑41-99-36-73, 52-90-08-10; www.trinidadrent.com), die einige der besten *casas particulares* in Trinidad verwaltet. Nach einem Blick auf die Fotos fällt die Auswahl der Zimmer leicht. Auch Ausflüge können über diese Adresse gebucht werden. Online-buchungen sind praktisch, wenn man nicht alles vor Ort bar bezahlen will.

Manchmal wird man auch direkt von den Besitzern der Privatzimmer angesprochen. Am besten nimmt man sich Zeit und schaut sich zunächst selbst einmal um.

Demnächst soll das Pansea Trinidad, ein 5-Sterne-Boutiquehotel, eröffnen. Ein Teil der Ermita de Nuestra Señora de la Candelaria de la Popa, Ruinen einer Kirche aus der Mitte des 18. Jhs., wird dabei ins Hotel integriert.

★ Casa Muñoz – Julio & Rosa
CASA PARTICULAR $

(☎ 41-99-36-73; www.trinidadphoto.com; José Martí No 401, Ecke Escobar; DZ/3BZ/Apt. 40/45/50 CUC$, Fototour 25 CUC$; 🅿️❄️) In diesem traumhaft schönen Kolonialhaus wird man herzlich auf Englisch empfangen. Ein paar nette Hunde schließen sich dem Empfangskomitee an. Vermietet werden drei große Zimmer und ein Apartment, das sich über zwei Ebenen erstreckt. Im Patio kommt köstliches Essen auf den Tisch. Angesichts der Beliebtheit der Casa Muñoz empfiehlt sich eine frühe Buchung.

Julio ist ein hervorragender Fotograf, der auch Kurse zu den Themen Dokumentarfotografie, Religion und Alltagsleben in Kubas neuer wirtschaftlicher Realität anbietet.

Nicht nur mit der Kamera, sondern auch mit Pferden kann er umgehen: Der Pferdeflüsterer bietet zusätzlich im Centro Ecuestre Diana Ausritte an.

★ Casa El Suizo
CASA PARTICULAR $

(☎ 53-77-28-12; P Pichs Girón No 22; Zi. 40 CUC$; 🅿️❄️) Das Haus liegt zwar ein gutes Stück entfernt vom belebten Zentrum, ist aber dank seiner Lage an der Straße von Trinidad nach Cienfuegos praktisch für Ausflüge.

Die geräumige Unterkunft wirkt eher wie eine Pension, denn es gibt fünf große Zimmer mit jeweils eigener Terrasse und neuer Einrichtung. So haben alle Gäste einen Safe und Haarfön sowie WLAN in ihren Zimmern. Ein *ranchón* (Restaurant mit Schilfdach) ist in Planung. Die Vermieter sprechen englisch und deutsch. Der einzige Nachteil ist der lange Fußweg zu den Sehenswürdigkeiten im Stadtzentrum.

Nelson Fernández Rodríguez
CASA PARTICULAR $

(☎ 41-99-38-49; www.hostalcasanelsontrinidad.com; Piro Guinart No 226, zwischen Maceo & Gustavo Izquierdo; Zi. 30 CUC$; ❄️) Nelsons Haus (über dem schönen Restaurant El Dorado; S. 315) zeigt die klassischen Merkmale eines typischen noblen Privathauses in Trinidad – einen üppig grünen Patio, eine romantische Terrasse und eine Unesco-reife Kolonialpracht. Vermietet werden vier Zimmer, zwei weitere liegen auf der anderen Straßenseite und werden von derselben Familie verwaltet.

El Rústico
CASA PARTICULAR $

(☎ 41-99-30-24; Juan Manuel Márquez No 54a, zwischen Piro Guinart & Simón Bolívar; EZ/DZ/3BZ 25/30/35 CUC$; ❄️) Die Zimmer über dem Restaurant El Criollo (Hausgäste bekommen dort einen Rabatt) sind eine angenehme und luftige Überraschung: Die Räume sind schön und blitzsauber, im Bad liegt jeweils ein Fön bereit. Die Dachterrasse gibt es als nettes Extra noch gratis dazu. Und das alles nur eine Kopfsteinpflastergasse von der Plaza Mayor entfernt!

Hostal José & Fatima
CASA PARTICULAR $

(☎ 41-99-66-82; hostaljoseyfatima@gmail.com; Zerquera No 159, zwischen Frank País & Pettersen; Zi. CUC$30-35; ❄️🌐) Sehr beliebte *casa particular* mit fünf Zimmern und Kolonialausstattung, inklusive einer Terrasse. Die hilfsbereiten Gastgeber helfen mit Tipps zu lokalen Aktivitäten. Und der entzückende Dackel wird alle Hundeliebhaber begeistern.

Casa Gil Lemes
CASA PARTICULAR $

(☎ 41-99-31-42; carlosgl3142@yahoo.es; José Martí No 263, zwischen Colón & Zerquera; Zi. 35–40 CUC$; ❄️) Diese fantastische *casa* war eine der ersten in Trinidad und stand schon im ersten Kuba-Reiseführer von Lonely Planet (1997). Edle Bögen, religiöse Statuen und ein klassischer Patio mit Brunnen, echten Kolibris und (nicht ganz so echten) Seeschlangen begeistern alle Neuankömmlinge. Oft sind alle Zimmer ausgebucht, wobei sich die Lage durch die zwei neuen Zimmer (nun sind es insgesamt vier) vielleicht etwas entspannen wird. Die renovierten Zimmer sind ein klein wenig teurer als die alten.

Hostal Colina
CASA PARTICULAR $

(☎ 41-99-23-19; Antonio Maceo No 374, zwischen General Lino Pérez & Colón; Zi. 25–30 CUC$; ❄️) Obwohl es in den 1830er-Jahren gebaut wurde, hat dieses wunderbare Haus einen modernen Touch und erinnert ein wenig an ein vornehmes mexikanisches Anwesen. Drei pastellgelbe Zimmer gehen auf einen Patio hinaus. Dort kann man an der edlen, aus Holz gefertigten Bar sitzen und die von den Bäumen fallenden Mangos und Avocados gleich auffangen.

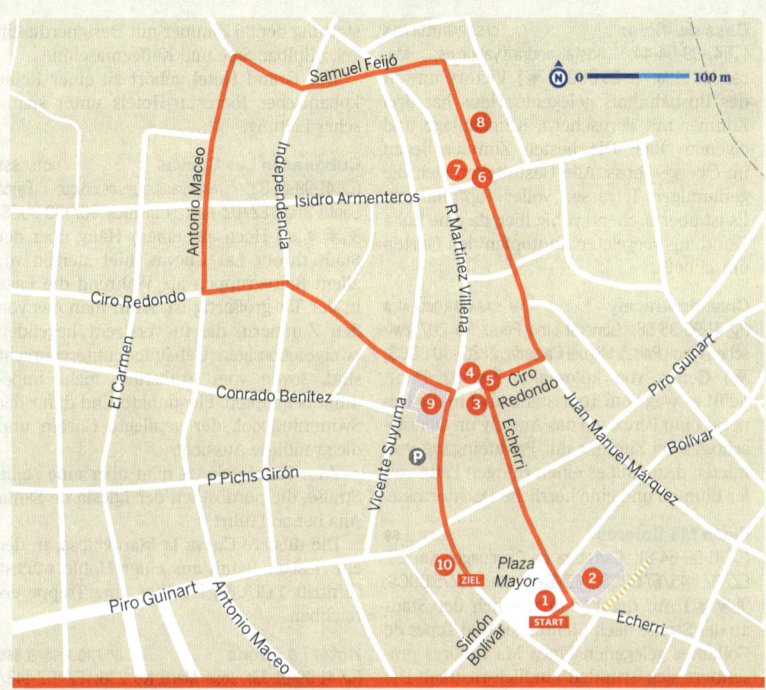

Stadtspaziergang
Foto-Rundgang durch Trinidad

START PLAZA MAYOR
ZIEL CASA TEMPLO DE SANTERÍA YEMAYA
LÄNGE/DAUER 2 KM; 1½ STUNDEN

Sanftes Abendlicht, beeindruckende Kolonial-architektur und Straßenszenen, die an die 1850er-Jahre erinnern, verbinden sich hier zu einem idealen Jagdgebiet für Fotografen. Am frühen Abend ist das Sonnenlicht nicht mehr so intensiv und die Schatten werden merklich länger. Ausgangspunkt ist die ❶ **Plaza Mayor** (S. 308). Die sich ständig ändernden Alltags-szenen bieten Fotografen immer wieder neue Motive mit der ❷ **Iglesia Parroquial de la Santísima Trinidad** (S. 308) als Hintergrund.

Das klassische Foto ist der Blick nach Nord-westen durch die Kopfsteinpflastergasse Calle Echerri, vorbei an den Kolonialgebäuden zum Turm des ❸ **Convento de San Francisco de Asís**. Danach geht es eine Straße weiter Richtung Nordwesten. Dort wartet das Motiv des kleinen, im Abendlicht schimmernden ❹ **Parks** gegenüber vom Kloster. Am Ende der Calle Echerri stellt man sich am besten ein Stück weit entfernt von der ❺ **T-Kreuzung**

mit der Calle Ciro Redondo und wartet ... auf ein Pferd, einen 1951er Plymouth, ein Fahrrad.

Danach geht es rechts in die Ciro Redondo, links in die Calle Juan Manuel Márquez und schließlich in Richtung des schäbigeren, aber fotogenen ❻ **Barrio Los Tres Cruces**, wo sich das echte Leben von Trinidad abspielt. Hier trifft man auf Damen mit Lockenwick-lern, Leute, die ein Schwein hinter sich herziehen, Kinder, die auf der ❼ **Plaza** ihres Viertels Ball spielen, und alte Männer, die entspannt in Hauseingängen sitzen. In der Calle Juan Manuel Márquez leuchtet im Licht der schräg einfallenden Sonnenstrahlen eine Reihe einstöckiger ❽ **Häuser** in allen Far-ben des Regenbogens. In der Calle Samuel Feijó versammeln sich oft Reiter mit ihren Pferden, im Hintergrund die dunkle Sierra del Escambray. Weitere Alltagsstraßenszenen erwarten die Fotografen wieder in der Calle Ciro Redondo. Vor der ikonischen ❾ **Taberna la Canchánchara** (S. 316) steht fast immer ein 1958er Chevy. Zum Schluss führt der Weg noch an der ❿ **Casa Templo de Santería Yemayá** (S. 309) vorbei, die dem *orisha* (Yoru-ba-Gottheit) des Meeres geweiht ist.

TRINIDAD & DIE PROVINZ SANCTI SPIRITUS TRINIDAD

Casa de Victor
CASA PARTICULAR **$**

(☎ 41-99-64-44; hostalsandra@yahoo.es; Maceo No 613a; Zi. 25 CUC$; ❄) Victors unweit des Busbahnhofs gelegenes Haus hat drei Zimmer mit Fernsehern, Klimaanlage und eigenem Bad. Die besten Zimmer liegen im Obergeschoss. Alle Gäste teilen sich die geräumigen Terrassen voller Topfpflanzen. Es ist überraschend ruhig hier, da eine hohe Wand aus recycleten Tontöpfen den Garten umschließt.

Casa de Aracely
CASA PARTICULAR **$**

(☎ 41-99-35-58; General Lino Pérez No 207, zwischen Frank País & Miguel Calzada; Zi 20–30 CUC$; ❄) Genug von kolonialer Pracht? Dann heißt es weg vom Touristentrubel in die General Lino Pérez, wo das Aracely im Obergeschoss zwei Zimmer mit Privateingang vermietet, dazu gibt es einen ruhigen Patio voller Blumen und eine herrliche Dachterrasse.

Finca Ma Dolores
HOTEL **$$**

(☎ 41-99-64-81; Carretera de Cienfuegos Km 1.5; EZ/DZ 45/67 CUC$, EZ/DZ-Hütte 53/75 CUC$; P ❄ ☎) Auf der 1,5 km westlich der Stadt an der Straße nach Cienfuegos und Topes de Collantes gelegenen Finca Ma Dolores präsentiert sich Trinidad ländlich-rustikal. Die Finca bietet hotelähnliche Zimmer und Hütten – wobei die Hütten eher zu empfehlen sind (besonders jene mit Veranda zum Río Guaurabo hin).

Wenn Reisegruppen zu Gast sind, wird um 20.30 Uhr eine *fiesta campesina* (eine Art Dorffest) veranstaltet, bei der in typisch kubanischem Stil getanzt wird (frei für Hotelgäste/10 CUC$ für Besucher, inklusive einem Drink). Darüber hinaus gibt es einen Pool, ein *ranchón* sowie Ausflüge im Boot oder hoch zu Pferd.

★ Iberostar
Grand Hotel
BOUTIQUEHOTEL **$$$**

(☎ 41-99-60-70; www.iberostar.com; Ecke José Martí & General Lino Pérez; DZ inkl. Frühstück ab 400 CUC$; ❄ @ ☎) Von der farngeschmückten Lobby mit edlem Fliesenboden geht es weiter in den Hof, der von drei Stockwerken mit Zimmern umrahmt wird. Das Kolonialhaus aus dem 19. Jh. wurde zum höchst luxuriösen 5-Sterne-Grand Hotel umgebaut. Keine Spur von Standard-All-Inclusive-Ausstattung, stattdessen werden hier Privatsphäre und eine gewisse Kultiviertheit mit Geschichtsbewusstsein kombiniert! Die feinen Unterschiede zeigen sich in Form einer coolen Zigarrenbar, aber auch in der Ausstattung der 36 Zimmer mit Designerduschgel, Minibar, Safe und Kaffeemaschine.

Das Grand Hotel gehört zu einer Reihe kubanischer Iberostar-Hotels unter spanischer Leitung.

Cubanacán Las Cuevas
HOTEL **$$$**

(☎ 41-99-61-33; reservas@cuevas.co.cu; Finca Santa Ana; EZ/DZ inkl. Frühstück 90/130 CUC$; P ❄ ☎ ☎) Hoch auf einem Hang über der Stadt thront Las Cuevas, hier steigen vor allem Reisegruppen ab. Während die Lage in der Tat großartig ist, kann man das von den Zimmern, die in verstreut liegenden zweigeschossigen Gebäuden untergebracht sind, sowie vom Frühstück nicht unbedingt behaupten. Pluspunkte sind dafür der Swimmingpool, der gepflegte Garten und die grandiose Aussicht.

Zum Hotel gelangt man über eine steile Straße, die nordöstlich der Iglesia de Santa Ana bergauf führt.

Die düstere Cueva la Maravillosa, in der ein riesiger Baum aus einer Höhle wächst (Eintritt 1 CUC$), ist über eine Treppe erreichbar.

Hotel La Ronda
BOUTIQUEHOTEL **$$$**

(☎ 41-99-61-33; José Martí No 238; EZ/DZ 143/170 CUC$; ❄ @ ☎ ☎) Das La Ronda ist noch ein klein wenig besser als Trinidads beste *casas particulares*, dafür aber auch entsprechend teurer. Alle Zimmer haben Flachbildfernseher, die Handtücher werden kunstvoll in Schwanenform gefaltet. Ein modernistischer Brunnen, Jugendstilfotos und *Bolero*-Gedichte verleihen dem kolonialen Ambiente eine individuelle Note. Die Zimmer sind teilweise etwas klein und gehen auf den Innenhof hinaus, haben dafür aber kein Fenster zur Straße hinaus.

Essen

In Trinidad gibt es unzählige Restaurants, von denen viele ausgesprochen gut sind.

Paraito
FAST FOOD **$**

(☎ 41-99-23-47; Martí 181b, zwischen Lino Pérez & Camilo Cienfuegos; Hauptgerichte 3–10 CUC$; ◷ 11–21 Uhr) Eine Seltenheit in Trinidad: ein schlichtes Lokal mit Stehtischen, an denen Einheimische essen und dabei in ratternd-schnellem Spanisch den neuesten Tratsch austauschen. Der Bratreis schmeckt recht gut, ebenso der Teller mit Garnelen und Reis. Die Gäste können von beiden Karten bestellen: Die mit CUC-Preisangaben bietet ausgefeiltere Gerichte, die andere

Karte an der Wand ist mit *Moneda-nacio-nal*-Preisen ausgezeichnet und bietet günstiges Fastfood.

Mesón del Regidor
FAST FOOD $

(Simón Bolívar 424; Hauptgerichte 5–15 CUC$; ☺10–22 Uhr) Das Café-Restaurant besticht durch seine freundliche Atmosphäre und eine wechselnde Truppe an Musikern aus der Umgebung, darunter die besten *trovadores*. Die schauen tagsüber vorbei und singen den Gästen, die hier gerade ihr Sandwich mit gegrilltem Käse verspeisen und einen *café con leche* trinken, ein Ständchen. Diese Überraschung sollte man genießen!

Dulcinea
CAFÉ $

(Ecke Antonio Maceo & Simón Bolívar; Snacks 1–4 CUC$; ☺7.30–22 Uhr) Das einstige Café Begonias ist tagsüber seit Langem der In-Treffpunkt für Trinidads durchreisende Backpacker, die hier wichtige Reiseinformationen und wilde Schleppergeschichten austauschen. Auch heute noch verströmt die Bäckerei mit angeschlossener Konditorei die Atmosphäre eines gut besuchten Eckladens. Erwähnenswert sind auch die relativ sauberen Toiletten und die fünf oder sechs günstigen Internet-Terminals (20 Min. 3 CUC$), die allerdings immer gut besetzt sind.

Galería
Comercial Universo
SUPERMARKT $

(Ecke José Martí & Zerquera) Das kleine Einkaufszentrum beherbergt mehrere Läden für Dinge des täglichen Bedarfs, u. a. auch Trinidads besten (und teuersten) Lebensmittelladen. Hier findet man Joghurt, lebensrettende Kekse und Drogerieprodukte.

★ Vista
Gourmet
KUBANISCH, INTERNATIONAL $$

(☎41-99-67-00; Callejón de Galdos; Hauptgerichte 13 CUC$; ☺12–24 Uhr; 🅿) Das schicke Privathaus unter der Leitung des charismatischen Sommeliers Bolo thront auf einer hübschen Terrasse über Trinidads roten Dächern. Ein nettes Extra sind die kostenlosen Cocktails zum Sonnenuntergang auf der Dachterrasse. Die hungrigen Gäste sind vom Vor- und Nachspeisenbüffet begeistert. Das zarte *lechón asado* (gegrilltes Schweinefleisch) und der frische Hummer sind beide empfehlenswert. Die Auswahl an (klimatisiert gelagerten) Weinen ist beachtlich. Auch Vegetarier finden hier etwas auf der Speisekarte. Wer eine Zigarre kaufen will, wird vom Personal beraten, sowohl hinsichtlich der Auswahl als auch des korrekten Rauchens.

Restaurante San José
KUBANISCH $$

(☎41-99-47-02; Maceo No 382; Hauptgerichte 6–15 CUC$) Das hübsche Restaurant serviert frisch gegrillten Snapper, leckere Süßkartoffel-Pommes und die beliebte Frozen Limeade. Damit zählt es zu den besten Lokalen der Stadt. Die Kellner schlängeln sich zwischen glänzendem Mobiliar und vollbesetzten Tischen hindurch. Wer nicht warten will, muss frühzeitig kommen.

Restaurant El Dorado
INTERNATIONAL $$

(☎41-99-38-49; Piro Guinart No 226, zwischen Maceo & Gustavo Izquierdo; Mahlzeiten 6–12 CUC$; ☺12–24 Uhr) Ein beeindruckendes Kolonialhaus mit auf Hochglanz polierten antiken Möbeln und äußerst höflichem Personal. Die Qualität der Gerichte schwankt ein wenig, doch auf die Rindfleischstreifen, den gut gewürzten Fisch und den gegrillten Truthahn kann man sich eigentlich immer verlassen. Der kostenlose Brotkorb und der Gruß aus der Küche sind eine nette, professionelle Geste.

Cubita Restaurant
INTERNATIONAL $$

(☎54-30-63-76; Antonio Maceo No 471; Hauptgerichte 8–15 CUC$; ☺11–24 Uhr) Wenn gutes Essen und guter Service zusammenkommen, verspricht das Hochgenuss – wie er bis vor Kurzem in Trinidad kaum zu finden war. In einem hart umkämpften Feld punktet das Cubita mit originellen Vorspeisen, Gratis-Salaten, einigen wunderbar marinierten Spießen und einer sehr umsichtigen Bedienung. Geleitet wird es von Trinidads berühmten Keramikherstellern.

Guitarra Mia
KUBANISCH $$

(☎41-99-34-52; Jésus Menéndez No 19, zwischen Camilo Cienfuegos & Lino Pérez; Hauptgerichte 10–15 CUC$; ☺12.30–23 Uhr) Nur ein paar Straßen vom *centro histórico* entfernt lässt die Zahl der Touristen deutlich nach. Doch zum Glück bleibt die Qualität des Essens trotzdem so hoch wie im Zentrum. In diesem interessanten Lokal steht die Musik an erster Stelle, ob in Form eines Quintetts oder eines wandernden Troubadours.

Vom Essen bleiben die mit Krabbenhackfleisch gefüllten *tostones* (in Öl in der Pfanne gebratene Kochbananen) auf jeden Fall gut in Erinnerung.

Außerdem gibt es Kubas Klassiker *ropa vieja* (in diesem Fall mit Lammfleisch zubereitet) und erfrischende Fruchtsäfte. Beim Verlassen des Lokals wird man um seinen Kommentar gebeten, den man die Tür schreibt.

TRINIDAD & DIE PROVINZ SANCTI SPÍRITUS TRINIDAD

La Ceiba
KUBANISCH **$$**

(P Pichs Girón No 263; Mahlzeiten 12–18 CUC$; ⊙ 12–23 Uhr) Das etwas noblere Café befindet sich in einem Hinterhof unter einem riesigen Ceiba-Baum. Das *Pollo meloso* (Hähnchen in Honig-Zitronen-Sauce) ist die Spezialität des Hauses. Hier kann man *canchánchara* (ein zitroniges Rumgetränk und Trinidads beliebtester Cocktail) in Keramikbechern bestellen und in ruhiger Atmosphäre genießen. Der Service ist etwas langsam, aber aufmerksam. Zum Hauptgericht gibt es Beilagen, Salat und Obstteller.

Sol Ananda
INTERNATIONAL **$$**

(☑ 41-99-82-81; Rubén Martínez Villena No 45, Ecke Simón Bolívar; Hauptgerichte 9–18 CUC$; ⊙ 11–23 Uhr; ☑) Feines Porzellan aus dem 18. Jh., Standuhren und sogar ein antikes Bett: Das Sol Ananda an der Plaza Mayor von Trinidad wirkt auf den ersten Blick eher wie ein Museum als wie ein Restaurant. Es ist in einem der ältesten, 1750 erbauten Häuser der Stadt untergebracht und versucht sich in einer anspruchsvollen Kombination globaler kulinarischer Einflüsse. Hier findet man alles von traditionellen kubanischen (das *ropa vieja* mit Lamm ist exzellent) bis zu vorder- und mittelasiatischen Speisen (Fisch-*kofta* und *samosas*). Vegetarier werden von der guten Auswahl an entsprechenden Gerichten begeistert sein.

★ La Redacción Cuba
INTERNATIONAL **$$$**

(☑ 41-99-45-93; www.laredaccioncuba.com; Maceo No 463; Hauptgerichte 8–17 CUC$) Auch wenn es mit den nackten Ziegelwänden eher nach Brooklyn als nach Kuba aussieht, bietet dieses neue Lokal unter französischer Leitung allen Reisenden mit kulinarischem Heimweh ein wenig Trost, z. B. mit riesigen Lamm-Burgern mit Yam-Pommes, Pasta mit Hummer-Kräuter-Sauce und im Steinbackofen zubereiteten Mahlzeiten. Alleinreisende können sich an den großen Gemeinschaftstisch in der Mitte setzen und kommen so schnell ins Gespräch mit anderen Reisenden. Wer nicht allein einkehrt, sollte einen Tisch reservieren, da sich das Redacción großer Beliebtheit erfreut.

Esquerra
KUBANISCH **$$$**

(☑ 41-99-34-34; Rosario No 464; Hauptgerichte 8–18 CUC$; ⊙ 12–23 Uhr) Das elegante Restaurant liegt erstklassig an der kopfsteinepflasterten Plaza und bringt gut zubereitete kubanische Spezialitäten auf den Tisch. Von der Konkurrenz unterscheidet es sich durch seine besonderen Aromen: pikante Criollo-Tomatensoße, die Zubereitung nach Müllerin-Art und katalanische Soßen, die Fisch oder Schweinefleisch den Pfiff geben. Der Garnelencocktail ist ebenso hervorragend wie der Service. Es stehen auch Tische im hübschen, heimeligen Innenhof.

🍷 Ausgehen

★ Taberna La Botija
BAR

(Ecke Juan Manuel Márquez & Piro Guinart; ⊙ 24 Std.) Während andere Restaurants ihre Kellner auf die Straße schicken, damit sie Gäste anlocken, muss sich das La Botija diese Mühe nicht machen, denn in der belebten Eckbar versammelt sich die halbe Stadt. Die Erklärung: eine herzliche nachbarschaftliche Atmosphäre, ein kühles, in Keramikbechern serviertes Bier und die beste Hausband von Trinidad (Jazz trifft hier auf Soul über einer Geige). Und das Essen ist auch nicht schlecht.

Café Don Pepe
CAFÉ

(☑ 41-99-35-73; Ecke Piro Guinart & Martínez Villena; ⊙ 8–23 Uhr) In diesem wunderschönen Innenhof im Kolonialstil, der mit modernen Graffiti verziert ist, wird der beste Kaffee ganz Trinidads serviert, und zwar in Keramikbechern mit einem Stück Schokolade aus Baracoa.

Taberna la Canchánchara
BAR

(Ecke Rubén Martínez Villena & Ciro Redondo; ⊙ 10–24 Uhr) Dieser Ort ist berühmt für seinen gleichnamigen Hauscocktail, der aus Rum, Honig, Zitrone und Wasser gemixt wird. Hier schauen regelmäßig örtliche Musiker vorbei und schütteln Jam-Sessions aus dem Ärmel. Außerdem kommt es häufig vor, dass die vom *canchánchara* berauschte Menge spontan zu tanzen anfängt. Die Öffnungszeiten variieren.

Disco Ayala
NACHTCLUB

(10 CUC$; ⊙ 22–3 Uhr) Eine etwas billige Variété-Show zu einem indigenen Thema findet in einer Höhle oben am Hügel hinter der Kirche Ermita Popa statt. Später startet eine wilde Disko, normalerweise voller *jineteras*. Der Eintritt schließt so viele Mojitos ein, wie man verträgt.

Der Weg führt von der Plaza Mayor durch die Calle Simón Bolívar hinauf zur Ermita de Nuestra Señora de la Candelaria de la Popa. Die Diskothek befindet sich 100 m weiter auf der linken Seite.

El Floridita
BAR

(General Lino Pérez No 313; ⊘24-Std.) Eine staatlich geführte, billige Kopie von Havannas berühmter Hemingway-Bar. Dafür bekommt man hier die Daiquiris zu einem vernünftigen Preis. Eine lebensgroße Statue des verehrten Schriftstellers lehnt an der Bar.

⭐ Unterhaltung

Hier tobt das beste kubanische Nachtleben außerhalb von Havanna.

★ Casa de la Música
CLUB

(Cristo; Eintritt 2 CUC$) Einer von Trinidads und Kubas klassischen Veranstaltungsorten: Hier trifft und vergnügt man sich im Freien auf der breiten Prachttreppe neben der Iglesia Parroquial an der Plaza Mayor. Eine gute Mischung aus Touristen und Einheimischen sieht sich um 22 Uhr die Salsa-Show an. Außerdem finden im hinteren Hof Salsa-Konzerte statt (Eingang auch über die Straße Juan Manuel Márquez).

★ Casa de la Trova
LIVEMUSIK

(Echerri No 29; 1 CUC$; ⊘21–2 Uhr) Trinidads lebhafte Casa de la Trova hat sich trotz des hohen Anteils an Pauschaltouristen (im Verhältnis zu echten Kubanern) ihre Bodenständigkeit bewahrt. Es lohnt sich, nach den einheimischen Musikern Semillas del Son, Santa Palabra und dem besten *trovador* (traditioneller Singer-Songwriter) der Stadt, Israel Moreno, Ausschau zu halten.

Rincón de la Salsa
CLUB

(☑53-91-02-45; Zerquera, zwischen Martínez Villena & Ernesto; ⊘22–2 Uhr) In diesem Livemusikladen kann man mit viel Spaß an seinen Salsaschritten feilen. Tagsüber können sich Reisende auch nach Tanzlehrern für Privatstunden erkundigen.

Palenque de los Congos Reales
LIVEMUSIK

(Ecke Echerri & Av Jesús Menéndez) Rumbafans sollten unbedingt den offenen Patio auf Trinidads Musikmeile besuchen. Das vielseitige Programm bietet Salsa, *son* (kubanische Volksmusik) und *trova* (traditioneller lyrischer Gesang), doch den Höhepunkt bilden die Rumbatrommler, die um 22 Uhr das Publikum mit gefühlvollen afrikanischen Rhythmen und feurigen feuerschluckenden Tänzern begeistern.

Casa Fischer
KULTURZENTRUM

(ARTex; General Lino Pérez No 312, zwischen José Martí & Francisco Codania; Show 1 CUC$) Im örtlichen ARTex-Patio sorgt um 22 Uhr mal ein Salsaorchester (Di–Do, Sa, So), mal eine Folklore-Show (Fr) für Stimmung. Wer zu früh dran ist, kann die Zeit in der Kunstgalerie totschlagen (Eintritt frei) oder mit den Leuten im Paradiso-Büro über Salsa-Unterricht und andere Kurse plaudern.

Bar Yesterday
LIVEMUSIK

(Gustavo Izquierdo, zwischen Piro Guinart & Simón Bolívar; ⊘16–24 Uhr) Der Beat schlägt hier inzwischen im $^4/_4$-Takt: Die alte Casa de la Rumba ist über und über mit Beatles-Devotionalien geschmückt, darunter vier lebensgroße Statuen. Doch das Publikum ist absolut nicht von „gestern", sondern gerade einmal den Teenagerjahren entwachsen. Ein Wiedererwachen der Beatlemania?

🛍 Shoppen

Märkte unter freiem Himmel gibt es überall in der Stadt. An einigen Stellen kann man einheimischen Malern bei der Arbeit zusehen und auch gleich ihre Gemälde erstehen. In der Stadt gibt es zahlreiche Werkstätten mit offenen Fenstern, durch die man einen Blick ins Innere werfen kann.

Galería La Paulet
KUNST

(Simón Bolívar No 411) Interessante Auswahl an überwiegend abstrakten Kunstwerken lokaler Künstler.

Casa del Habano
ZIGARREN

(Ecke Antonio Maceo & Zerquera; ⊘9–19 Uhr) Wer den Schleppern und Neppern ein Schnippchen schlagen will, sollte hier seinem Alkohol- (Rum) und Nikotinlaster frönen.

Arts & Crafts Market
KUNSTHANDWERK, SOUVENIRS

(Av Jesús Menéndez; ⊘9–18 Uhr) Dieser Open-Air-Markt vor der Casa de la Trova ist der richtige Ort, um Souvenirs zu kaufen, besonders Textilien und Häkelarbeiten. Gegenstände aus schwarzer Koralle oder Schildkrötenpanzer sollte man nicht erstehen, da sie von gefährdeten Arten stammen. Die Einfuhr ist in den meisten Ländern sowieso generell verboten.

Taller Alfarero
KERAMIK

(☑41-99-31-46; Andrés Berro No 51, zwischen Pepito Tey & Abel Santamaría; ⊘ Mo–Fr 8–12 & 14–17 Uhr) GRATIS Trinidad ist bekannt für seine schönen Keramikwaren. In dieser großen Fabrik stellen Arbeiter in Teamarbeit auf einer traditionellen Töpferscheibe die Original-Trinidad-Keramik aus lokalem

Ton her. Man kann ihnen bei der Arbeit zusehen und anschließend das fertige Produkt kaufen.

Taller Instrumentos Musicales MUSIKINSTRUMENTE
(Ecke Av Jesús Menéndez & Valdés Muñoz) Hier werden Musikinstrumente gefertigt und gleich im Laden nebenan verkauft.

❶ Praktische Informationen

GEFAHREN & ÄRGERNISSE

Obwohl noch relativ selten, sind Diebstähle in Trinidad doch immer mehr im Kommen. Meist geschieht es spätabends, oft sind die Geschädigten betrunken. Um kein leichtes Opfer der Diebe zu werden, sollte man auf der Hut sein, besonders nachts nach einer Runde Drinks auf dem Heimweg zum Hotel oder zur *casa*. Ein bisschen Vorsicht hat noch nie geschadet.

GELD

Es gibt eine Bank sowie eine Wechselstube.
Banco de Crédito y Comercio (José Martí No 264; ☺ Mo–Fr 9–15 Uhr) Geldautomat.
Cadeca (Maceo, zwischen Camilo Cienfuegos & Lino Perez; ☺ 8.30–17 Uhr) Geldwechsel.

INTERNETZUGANG

Auf der Plaza Mayor und auf den Stufen, die zur Casa de la Musica hinaufführen, gibt es öffentliches WLAN.
Dulcinea (Antonio Maceo No 473; Internet Std. 4,50 CUC$; ☺ 9–20.30 Uhr) Ein halbes Dutzend Terminals stehen an der Ecke Simón Bolívar. Hier ist es immer sehr voll.
Etecsa Telepunto (Ecke General Lino Pérez & Francisco Pettersen; Internet Std. 1,50 CUC$; ☺ 8.30–19 Uhr) Moderne, wenn auch langsame Computerterminals. Nicht ganz so voll.

MEDIZINISCHE VERSORGUNG

In Trinidad gibt es ein Krankenhaus und mehrere Apotheken.
General Hospital (☎ 41-99-32-01; Antonio Maceo No 6) Südöstlich des Stadtzentrums.
Servimed Clínica Internacional Cubanacán (☎ 41-99-62-40; General Lino Pérez No 103,

Ecke Anastasio Cárdenas; ☺ 24 Std.) Die Apotheke verkauft Medikamente, bezahlt wird mit Convertibles.

POST

Post (Antonio Maceo No 418, zwischen Colón & Zerquera; ☺ Mo–Sa 9–18 Uhr)

TOURISTENINFORMATION

Meist ist in diesen Büros viel los – daher am besten frühzeitig kommen.
Cubatur (☎ 41-99-63-14; Antonio Maceo No 447; ☺ 8–20 Uhr) Eine gute allgemeine Touristeninformation, in der man zudem Hotelzimmer und Ausflüge buchen kann, z. B. ins Valle de los Ingenios (35 CUC$) oder zum Salto del Caburní in Topes de Collante (30 CUC$). Auch Schnorchelausflüge nach Cayo Iguanas (45 CUC$) und Cayo Blanco (50 CUC$) können hier gebucht werden. Vor der Tür sammeln sich die staatlichen Taxis.
Infotur (☎ 42-99-82-58; Gustavo Izquierdo No 112; ☺ 9–17 Uhr) Nützliche Adresse für allgemeine Informationen zur Stadt, zur Umgebung und zur Provinz Sancti Spíritus im Allgemeinen.

❶ An- & Weiterreise

BUS

Vom zentral gelegenen **Busbahnhof** (Piro Guinart No 224) aus starten die Busse in alle Landesteile. Ausländer bevorzugen meist die verlässlicheren Busse von Víazul. Der **Víazul-Fahrkartenschalter** (☎ 41-99-44-48; ☺ 8.30–16 Uhr) liegt etwas weiter hinten im Bahnhof.

Der Víazul-Bus nach Varadero hält auch in Jagüey Grande (15 CUC$, 3 Std.), auf Wunsch mit Halt in Jovellanos, Colesio und Cárdenas. Der Bus nach Santiago de Cuba hält in Sancti Spíritus (6 CUC$, 1½ Std.), Ciego de Ávila (9 CUC$, 2¾ Std.), Camagüey (15 CUC$, 5¼ Std.), Las Tunas (22 CUC$, 7½ Std.), Holguín (26 CUC$, 8 Std.) und Bayamo (26 CUC$, 10 Std.). Um 10 Uhr fährt ein Bus zur Playa Santa Lucía (23 CUC$, 6½ Std.).

Der Touristen-Shuttlebus Cubanacán Conectando bietet Direktverbindungen nach Havanna (25 CUC$). Die Firma hat jedoch kein eigenes Büro. Informationen erhält man bei Infotur.

ABFAHRTSZEITEN DER VÍAZUL-BUSSE VON TRINIDAD

REISEZIEL	FAHRPREIS (CUC$)	FAHRZEIT (STD.)	ABFAHRT
Cienfuegos	6	1½	7.30, 8.15, 15, 16 Uhr
Havanna	25	6⅓	8.15, 16 Uhr
Santa Clara	8	3	7.30 Uhr
Santiago de Cuba	33	12	8 Uhr
Varadero	20	6	7.30, 15 Uhr

ZUG

Selbst für kubanische Verhältnisse sind die Zugverbindungen in Trinidad grauenvoll. Seit ein Hurrikan in den 1990er-Jahren eine Brücke eingerissen hat, ist die Stadt vom Hauptschienennetz abgeschnitten.

Die Touristenlinie ins Valle de los Ingenios ist wegen Reparaturarbeiten geschlossen. Über die aktuelle Lage sollte man am Bahnhof oder bei allen Tourveranstaltern erkundigen.

Der **Bahnhof** (Lino Pérez final) ist das rosafarbene Haus gegenüber den Gleisen auf der Westseite des Bahnhofs.

❶ Unterwegs vor Ort

AUTO & MOPED

Die Mietwagenpreise hängen von der Saison, dem Wagentyp und der Mietdauer ab. Die Mietwagenfirmen in den Hotels an der Playa Ancón vermieten Autos und Mopeds (Tag 25 CUC$).

Cubacar (☑41-99-66-33; General Lino Perez, zwischen Codania & Maceo; Tag 70 CUC$) vermietet Autos und Scooter.

Die Oro-Negro-Tankstelle befindet sich, wenn man aus Sancti Spíritus kommt, am Ortseingang von Trinidad, 1 km östlich der Plaza Santa Ana. Die **Tankstelle Servi-Cupet** (⊘24 Std.) liegt 500 m südlich von Trinidad an der Straße nach Casilda. Hier gibt es auch die Snackbar El Rápido.

Bewachte Parkplätze finden sich an einigen Stellen rund um das *casco histórico*. Am besten erkundigt man sich vorab im Hotel oder der *casa particular* und lässt sich einen Platz reservieren.

BUS

In Trinidad gibt es, ähnlich wie in Havanna und Viñales, einen praktischen Minibus, den **Bus Turístico** (Tagesfahrkarte 5 CUC$), der die wichtigsten Punkte außerhalb der Stadt ansteuert. Die Fahrt darf beliebig oft unterbrochen werden.

FAHRRAD

Wer ein Fahrrad leihen möchte, sollte zunächst beim Vermieter nachfragen. Bei den Leihrädern handelt es sich allerdings selten um Modelle mit neuester Shimanoschaltung. Die 30-minütige Fahrt von Trinidad zur Playa Ancón ist recht schön. Die Radtour nach Topes de Collantes erinnert allerdings eher an einen der härteren Abschnitte der Tour de France.

TAXI

Staatliche Taxis stehen im Pulk vor dem Cubatur-Büro an der Antonio Maceo. Für eine Taxifahrt nach Sancti Spíritus (70 km) sollte man nicht mehr als etwa 40 CUC$ zahlen.

Taxi Cuba (☑41-99-80-80) Mit dem offiziellen Taxiunternehmen sollte man für Rundfahrten zu den Hauptsehenswürdigkeiten vorab den Preis aushandeln, er hängt u. a. von der Wartezeit bei den Sehenswürdigkeiten ab.

Playa Ancón & Umgebung

Die Playa Ancón gilt zu Recht als schönster Strand der kubanischen Südküste, ein schöner weißer Sandstreifen an der strahlenden Karibikküste von Sancti Spíritus. Am Wasser stehen drei All-inclusive-Hotels. In der gut ausgestatteten Marina werden Katamaranfahrten zu den nahe gelegenen Korallenriffen angeboten. Obwohl der Strand nicht mit den Stränden der Nordküste (Varadero, Cayo Coco und Guardalavaca) konkurrieren kann, bietet er doch einen gewichtigen Vorteil: nur 12 km nördlich funkelt Trinidad, Lateinamerikas kolonialer Diamant.

Zwischen Playa Ancón und Trinidad liegt an der Mündung des Río Guaurabo das halbvergessene Fischerdorf La Boca: Der Kieselstrand wird hier von blühenden Akazien beschattet. Wer gern im Schaukelstuhl faulenzt und die Ruhe genießt, frischen Hummer mag und himbeerrot gebänderte Sonnenuntergänge toll findet, ganz zu schweigen von einem Schwätzchen auf Spanisch mit den einheimischen Fischern, für den ist La Boca der Himmel.

Die einzige Teerstraße durchquert ein Watt voller Vögel, die sich hier besonders in den frühen Morgenstunden gut beobachten lassen. Aber Achtung: Zu Sonnenauf- und -untergang greifen leider auch die berühmt-berüchtigten Sandflöhe an.

Aktivitäten

Mit dem Fahrrad fährt man von Trinidad über Casilda zum Hotel Club Amigo Ancón (18 km). Wer die wesentlich schönere Küstenstraße über La Boca wählt, hat nur 16 km zu fahren. Der dortige Hotelpool steht auch Nicht-Hausgästen offen. Meist ist es sogar möglich, heimlich Tischtennis zu spielen.

Marina Trinidad   ANGELN, SCHNORCHELN
(☑41-99-82-60; www.nauticamarlin.com; Halbtagesausflug zum Hochseeangeln 300 CUC$; ⊘8–17 Uhr) Die Marina liegt einige hundert Meter nördlich des Hotels Club Amigo Ancón. Wer romantisch veranlagt ist, kann die Sonnenuntergangsfahrten ausprobieren, von denen viele Leser immer wieder schwärmen.

Die Marina bietet auch einen Tagesausflug zum Cayo Iguanas zum Schnorcheln und Baden an. Auch Reiseveranstalter in

Trinidad & Umgebung

N 0   5 km

PROVINZ VILLA CLARA

PROVINZ CIENFUEGOS

Topes de Collantes

Salto del Caburní

Hacienda Codina

Restaurante Mi Retiro

Vegas Grandes

Topes de Collantes Natural Park

Pico de Potrerillo (931 m)

Río Caburní

Meyer

Río Agabama

Valle de los Ingenios

Condado

Manaca Iznaga

Casa Guachinango

Carretera Central

Cascada El Cubano

Sitio Guáimaro

Parque el Cubano

Cerro de la Vigía

Iznaga

Mirador de la Loma del Puerto

San Isidro de los Destiladeros

Hostal Idel & Domingo

Finca Ma Dolores

Trinidad

La Boca

El Capitan

Alberto Delgado Airport

Grill Caribe

Casilda

Brisas Trinidad del Mar

Playa Ancón

Marina Trinidad

Hotel Club Amigo Ancón

Península de Ancón

Cayo Blanco International Dive Center

KARIBISCHES MEER

Trinidad vermitteln diese Tour, wenn man sich einen Tag (24 Std.) vorher anmeldet. Der vierstündige Hochseeangeltörn umfasst Fahrt, Ausrüstung und Begleitung.

Cayo Blanco International Dive Center

TAUCHEN

(Marina Trinidad; Tauchgang 35 CUC$, Open-water-Tauchkurs 320 CUC$; ⊙ 8–17 Uhr) Die Tauchbasis bietet Einzel- oder Mehrfachtauchgänge sowie Open-water-Tauchkurse an. Cayo Blanco, eine kleine Riffinsel 25 km südöstlich der Playa Ancón, besitzt 22 ausgewiesene Tauchspots mit schwarzen Korallen und einer reichen Meeresfauna. Tauchreservierungen nehmen die Mitarbeiter der Rezeption des nahegelegenen Hotels Club Amigo Ancón entgegen.

Schlafen

Die drei Hotels von Ancón sind alles All-inclusive-Anlagen. Wer etwas knapp bei Kasse ist, kann sein Glück privat in dem am Meer gelegenen Dorf La Boca versuchen.

Playa Ancón

Hotel Club Amigo Ancón

RESORT $$

(☏ 41-99-61-20/29; asubdirector@brisastdad. co.cu; EZ/DZ/3BZ All-inclusive 67/89/122 CUC$; P✳@☲) Das Hotel wurde während Kubas 30 Jahre andauerndem Flirt mit der Sowjetunion in sowjetischem Stil gebaut und kann sicher keinen Schönheitspreis gewinnen. Der siebenstöckige Betonklotz in Form eines Dampfers wirkt neben der natürlichen Schönheit des Strandes reichlich unpassend. Auch die Einrichtung hat schon bessere Zeiten gesehen und das Essen bekommt regelmäßig schlechte Bewertungen. Manchen gefallen die unprätentiöse Atmosphäre, die niedrigen Preise und die Zimmer mit Meerblick. Andere vermuten dahinter einen Club, der einen als Mitglied werben will.

Brisas Trinidad del Mar   RESORT $$$

(☎41-99-65-00; reserva5@brisastdad.co.cu; EZ/ DZ all-inclusive 115/184 CUC$; P🅿❄@🛜♨) Der Versuch, Trinidad als All-inclusive-Resort zu kopieren, ist reichlich kitschig ausgefallen. Dem Betreiber muss man dennoch gratulieren, weil er statt monolithischer Architektur niedrige Villen im Kolonialstil errichtet hat. Der Strandabschnitt ist umwerfend und wer's gern sportlich hat, freut sich über Massage, Sauna, Fitnesscenter und Tennisplatz. Doch nicht einmal ein Jahrzehnt nach der Eröffnung leidet die Qualität des Hotels unter der schlechten Instandhaltung und dem mangelhaften Service.

 La Boca

Hostal Idel & Domingo   CASA PARTICULAR $

(☎41-99-86-34; Av del Mar No 9; Zi. 30 CUC$; P🅿❄) Idel, die Kitschkönigin, ist eine sehr liebe Oma, die einfache Zimmer vermietet. Dies hier ist die Essenz des Lebens in La Boca: Schaukelstühle und Hängematten auf einer umlaufenden Veranda mit Blick aufs Meer und zwei schlichte Zimmer mit allem, was man so braucht, um *muy contente* zu sein (Ventilator, Klimaanlage, Kühlschrank und Doppelbett).

★El Capitán   CASA PARTICULAR $$

(☎41-99-30-55; capitancasanovatrinidad@yahoo. es; Playa Boca 82; DZ/3BZ inkl. Frühstück 60/ 70 CUC$; ❄) Das moderne Strandhaus ist ein wahres Refugium im B&B-Stil. Yile und Maikel vermieten vier smarte Gästezimmer, jeweils mit Kühlschrank und Safe. Die Zimmer gehen auf die Terrasse hinaus, wo auch das Frühstück serviert wird. Dazu gibt es einen weitläufigen, angenehm schattigen Garten am Meer – was will man mehr zum Entspannen? Reisende mit kleinem Budget können nach dem Zimmer ohne Meerblick fragen und so 15 CUC$ sparen.

✖ Essen

Grill Caribe   KARIBISCH $$

(Mahlzeiten 5–23 CUC$; ◷8–20 Uhr) Das an einem hübschen Strand gelegene Open-Air-Restaurant serviert frischen Fisch und Meeresfrüchte. Fisch, Garnelen und Hummer werden mit Beilagen serviert. Vegetarier werden hier allerdings nicht glücklich. Ein toller Ort bei Sonnenuntergang.

ℹ An- & Weiterreise

Von Trinidad aus ist man im Auto in 15 Minuten am Strand, mit dem Fahrrad fährt man gemüt-

liche 40 Minuten. Der Shuttlebus von Transtur verbindet Ancón und Trinidad vier Mal täglich (5 CUC$). Ansonsten nimmt man zum Strand das Fahrrad oder ein Taxi, das auch nicht viel kostet (8 CUC$). Bis La Boca zahlt man im Taxi nur 5 CUC$.

Valle de los Ingenios

Trinidads immenser Reichtum wurde nicht in der Stadt selbst angehäuft, sondern in einem grünen Tal 8 km weiter östlich. Im Valle de los Ingenios (auch: Valle de San Luis) stehen immer noch die Ruinen Dutzender Zuckermühlen aus dem 19. Jh., einschließlich der dazugehörigen Lagerhäuser, Maschinen, Sklavenunterkünfte, Gutshäuser und einer voll funktionsfähigen Dampfeisenbahn.

Die meisten Mühlen wurden während der Unabhängigkeitskriege und im Spanisch-Amerikanischen Krieg zerstört, als sich der Fokus der Zuckerindustrie nach Westen Richtung Matanzas verlagerte.

Heute wird zwar immer noch etwas Zucker angebaut, doch berühmter ist das Tal inzwischen wegen seines Status' als Unesco-Welterbestätte. Und zu Recht: die idyllischen Felder, die Königspalmen und verwitternden Ruinen aus der Kolonialzeit im Schutze der schattigen Sierra del Escambray sind von zeitloser Schönheit.

◉ Sehenswertes

Die Reisebüros in Trinidad oder an der Playa Ancón vermitteln Ausritte.

Mirador de la Loma del Puerto   AUSSICHTSPUNKT

Der 192 m hohe Aussichtspunkt findet sich 6 km östlich von Trinidad an der Straße nach Sancti Spíritus. Von hier aus genießt man den besten Rundblick über das Tal, mit etwas Glück schnauft auch gerade eine Dampflok durch die Szenerie. Und ja, es gibt auch eine Bar – wir sind ja schließlich in Kuba.

Manaca Iznaga   MUSEUM

(Turm 1 CUC$; ◷9–16 Uhr) Dieses 1750 errichtete Anwesen ist der Mittelpunkt des Tals. 1795 erwarb es Pedro Iznaga, den der Sklavenhandel zum reichsten Mann Kubas machte. Vom 44 m hohen Turm neben der Hacienda wurden die Sklaven überwacht, die Glocke vor dem Haus rief alle zusammen. Die Hacienda liegt 16 km nordöstlich von Trinidad.

Heute kann man den Turm besteigen, sich an der schönen Aussicht erfreuen und sich danach im Restaurant mit Bar in Iznagas ehemaligem kolonialen Herrenhaus ein ordentliches Mittagessen schmecken lassen (12–14.30 Uhr). Die riesige Zuckerpresse hinter dem Haus ist einen Blick wert.

San Isidro de los Destiladeros
HISTORISCHE STÄTTE

(1 CUC$; ☺ 9–17 Uhr) Nach langwierigen Freilegungsarbeiten sind die Ruinen dieser einst großartigen Zuckerfabrik nun für die Öffentlichkeit zugänglich. Die Fabrik wurde Anfang der 1830er-Jahre erbaut und hatte für die damalige Zeit einen hohen Standard. Sie stammt noch aus der vorindustriellen Zeit und wurde in erster Linie von Sklaven betrieben. Nach der Einstellung der Zuckerproduktion 1890 verfielen die Hauptgebäude (eine Hacienda), der dreistöckige Glockenturm, die Sklavenunterkünfte und einige Zisternen. Es wird hier weiter renoviert, was allerdings auch Kritiker auf den Plan ruft. Sie wünschen sich, dass die Gebäude als Ruinen erhalten bleiben.

Zu erreichen ist San Isidro, indem man 10 km östlich von Trinidad an der Straße nach Sancti Spíritus rechts abbiegt. Von dort sind es noch einmal 10 km.

Casa Guachinango
LANDMARKE

(☺ 9–17 Uhr) 3 km hinter dem Anwesen Manaca Iznaga steht an der landeinwärts führenden Straße eine alte Hacienda, die gegen Ende des 18. Jhs. von Don Mariano Borrell errichtet wurde. Heute ist darin ein Restaurant untergebracht. Gleich unterhalb fließt der Río Ay durch die eindrucksvolle Landschaft. Zur Casa Guachinango gelangt man auf der gepflasterten Straße rechter Hand, direkt hinter der zweiten Brücke, die man von Manaca Iznaga kommend überquert. Ausritte hoch zu Ross lassen sich hier ebenfalls arrangieren.

Der Zug hält jeden Morgen genau neben dem Haus. Wer sich bewegen will: Von der Casa Guachinango aus läuft man in nicht einmal einer Stunde entlang der Gleise zurück nach Iznaga.

Sitio Guáimaro
LANDMARK

(1 CUC$; ☺ 7–19 Uhr)) 7 km östlich der Abzweigung nach Manaca Iznaga gelangt man nach weiteren 2 km Richtung Süden zum früheren Anwesen von Don Mariano Borrell, einem wohlhabenden Zuckerhändler des frühen 19. Jhs. Die sieben Steinbögen der Hausfassade führen in freskengeschmückte Räume, die heute ein Restaurant beherbergen. Dort findet sich auch eine altmodische Presse oder *traipiche* für Zuckerrohrsaft.

ℹ️ An- & Weiterreise

Die meisten Besucher besuchen das Tal im Rahmen einer organisierten Bustour von Trinidad aus. Doch man kann auch ein Taxi nehmen (30–40 CUC$ für die Rundfahrt inkl. Wartezeiten).

Trinidads Zug durch das Valle de los Ingenios ist momentan außer Betrieb. Informationen zu Fahrplänen und Fahrbetriebsunterbrechungen erteilt Cubatur (S. 318) in Trinidad. Die Rezeptionen der Hotels in Ancón verkaufen die Fahrkarten für Zugfahrten zu einem etwas höheren Preis (inklusive Transfer von/nach Trinidad).

Ansonsten kann man sich die meisten Sehenswürdigkeiten auch vom Pferderücken aus ansehen (ab Trinidad).

Topes de Collantes

Die Sierra del Escambray ist Kubas zweitgrößter Gebirgszug. Die wunderbar geformten Hügel bergen eine reiche Flora und liegen erstaunlich abgeschieden. In ihren dschungelartigen Wäldern wuchern Lianen, Farne und auffällige Epiphyten, dazwischen versteckt sich Kubas bestes Netz an Wanderwegen.

Che Guevara schlug hier auf seinem Weg nach Santa Clara Ende 1958 sein Lager auf. Fast drei Jahre später führten konterrevolutionäre Truppen, die von der CIA finanziert wurden, ihre eigene Katz-und-Maus-Guerillakampagne durch, und zwar im gleichen Gebiet.

Topes de Collantes ist kein richtiger Nationalpark, sondern ein unter strengem Schutz stehendes 200 km² großes Schutzgebiet, das sich über drei Provinzen erstreckt und den Parque Altiplano, Parque Codina, Parque Guanayara und Parque el Cubano miteinschließt. Die fünfte Enklave El Nicho liegt in der Provinz Cienfuegos, wird aber ebenfalls von der Parkverwaltung betreut.

Der Parkname bezieht sich auf die größte Siedlung, eine Art Kurort von 1937, die der Diktator Fulgencio Batista für seine kranke Frau anlegen ließ. Ende der 1930er-Jahre begann man mit dem Bau einer Tuberkuloseklinik, die 1954 eröffnet und inzwischen zum „Gesundheitstempel" umgebaut wurde.

◉ Sehenswertes

Museo de Arte Cubano Contemporáneo
MUSEUM

(2 CUC$; ☺ 8–20 Uhr) Kaum zu glauben, aber das monströse Sanatorium von Topes de Collantes war einst ein wahres Schatzkästchen kubanischer Kunst, das Werke einhei-

mischer Künstler wie Tomás Sánchez und Rubén Torres Llorca präsentierte. Die Plünderung der alten Sammlung 2008 führte zur Gründung dieses weitaus attraktiveren Museums, das auf drei Ebenen und sechs Sälen über 70 Werke zeigt. Das Museum liegt an der Haupt-Einfallstraße aus Trinidad kurz vor den Hotels.

Plaza de las Memorias   MUSEUM
(🕙 8–17 Uhr) GRATIS Drei Holzhütten beherbergen diese kuriose kleine Ausstellung, die typisch für Topes de Collantes ist. Das Museum steht unweit der Casa Museo del Café und porträtiert die Geschichte der Siedlung sowie der dazugehörigen Hotels.

Casa Museo del Café   MUSEUM
(🕙 7–19 Uhr) 🖉 Seit über 200 Jahren wird in der Sierra del Escambray Kaffee angebaut. In dem kleinen, rustikalen Café kann man sich detailliert über die wechselvolle Geschichte des Kaffeeanbaus informieren, während man das aromatische Gebräu aus regionalen Bohnen (genannt Cristal Mountain) schlürft.

Ganz in der Nähe liegt der Jardín de Variedades del Café, der auf einem kurzen Rundweg 25 verschiedene Kaffeevarietäten vorstellt.

🏃 Aktivitäten

Topes de Collantes besitzt das beste Wandernetz in ganz Kuba. Grundsätzlich sollte man festes Schuhwerk tragen. Kürzlich wurde das Parkreglement gelockert: Nun dürfen Wanderer die meisten Wege alleine betreten. Zu einigen der Einstiege benötigt man allerdings ein Fahrzeug.

★ Sendero, Centinelas del Río Melodioso'   WANDERN
(Eintritt 10 CUC$, Tour inkl. Mittagessen 47 CUC$) Dieser 6 km lange Rundweg im Parque Guanayara ist zwar der am schwersten zugängliche, aber auch der schönste Weg in Topes de Collantes. Er beginnt in den kühlen, feuchten Kaffeeplantagen und führt dann steil hinunter zum Wasserfall El Rocio, der als erfrischende Dusche dient. Danach geht es am Río Melodioso entlang, vorbei an einem weiteren einladenden Wasserfall mit dem natürlichen Wasserbecken Poza del Venado, bevor man im Garten der Casa la Gallega, einer traditionellen Hacienda, wieder in der Zivilisation anlangt.

In der Regel wird in der Hacienda ein leichtes Mittagessen serviert. Manchmal

---

DIE BESTEN NATURPOOLS

Poza del Venado Sendero, Centinelas del Río Melodioso'

Salto del Caburní Topes de Collantes

La Solapa de Genaro (S. 322) Jobo Rosado

Cascada Bella (S. 324) Alturas de Banao

---

dürfen Wanderer sogar auf dem dicht bewachsenen Gelände campen.

Der Einstieg zur Tour liegt 15 km vom Besucherzentrum entfernt, die steile Straße weist üble Spurrillen auf. Die Logistik ist nicht einfach, weshalb man diese Tour am besten über einen Guide des Centro de Visitantes organisiert. Oder man bucht gleich in Trinidad bei Cubatur eine geführte Tour.

★ Salto del Caburní   WANDERN, SCHWIMMEN
(10 CUC$) Die Top-Wanderung, die zudem von den Hotels aus am leichtesten zu erreichen ist, führt zu einem 62 m hohen Wasserfall. Er sprudelt über Felsen in kühle Gumpen, bevor er anschließend in einer Schlucht verschwindet. Hier fordern sich die ortsansässigen Machos gegenseitig heraus, um zu sehen, wer als Erster hineinspringt. Vorsicht: In der Trockenzeit (März–Mai) ist der Wasserstand oft zu niedrig für eine solche Mutprobe.

Das Eintrittsgeld entrichtet man an der Mautstelle beim Eingang zur Villa Caburní (vom Kurhotel in der Nähe des Centro de Visitantes geht es den Berg hinunter, ein recht langer Fußweg). Für die 5 km lange Rundwanderung sollte man eine Stunde bergab und anderthalb Stunden bergauf einplanen. Einige Hänge sind ziemlich steil und können nach Regenfällen gefährlich rutschig werden.

Gruta Nengoa   WANDERN, SCHWIMMEN
(10 CUC$) Ein neu angelegter, 2,6 km langer Trail führt zu einer Grotte und zu einem 12 m hohen Wasserfall. Unterwegs kann man sehr schön Vögel beobachten und schwimmen gehen. Der Einstieg liegt 16 km von Topes entfernt, gleich südlich des Dorfes Cuatro Vientos.

Hacienda Codina   WANDERN
(10 CUC$) Bei der Hacienda schlängelt sich der 1,2 km lange Rundweg Sendero de Al-

TRINIDAD & DIE PROVINZ SANCTI SPÍRITUS TOPES DE COLLANTES

fombra Mágica durch einen Orchideen- und Bambusgarten und vorbei an der Cueva del Altar. Darüber hinaus erwarten einen Schlammbäder, ein Restaurant und ein malerischer Aussichtspunkt.

Von Topes de Collantes aus fährt man 8 km auf einer Holperstraße. Die 4 km lange Piste für Geländewägen beginnt auf einem Hügel nach einer 3 km langen Fahrt auf der Straße nach Cienfuegos und Manicaragua.

Eine schöne Alternative ist der La-Batata-Weg, nach der Höhle sind es noch 1,5 km bis zur Hacienda. Wichtig zu wissen: zuerst beim Centro de Visitantes nach dem Weg erkundigen und einen Führer buchen.

Sendero Jardín del Gigante   WANDERN
(10 CUC$) Wer wenig Zeit hat, kann sich auf diesem 1,2 km langen Spazierweg wunderbar einen Eindruck vom Ökosystem verschaffen. Er beginnt an der Plaza de las Memorias und endet ein Stück weit den Berg hinunter im Parque la Represa am Río Vega Grande. Unterwegs führt der Weg an 300 Baum- und Farnarten vorbei, darunter Kubas größtem *Caoba*-Baum (Mahagonibaum).

Das kleine Restaurant am Garteneingang ist in einer Villa untergebracht, die sich Fulgencio Batistas Frau bauen ließ. Ihre Liebe zu dieser Region bewegte ihren Mann dazu, das Topes-Resort anzulegen.

Vegas Grandes   WANDERN, SCHWIMMEN
(10 CUC$) $) Der 2 km lange Wasserfall-Wanderweg beginnt bei den Apartmentblocks (Reparto el Chorrito) auf der Südseite von Topes de Collantes, nahe dem Eingang zum Resort (von Trinidad kommend). Für den Weg inklusive erfrischendem Bad sollte man

einige Stunden einplanen. Vom Wasserfall aus geht es weiter nach Salto del Caburní. Für diesen Wegabschnitt ist ein Führer empfehlenswert, da die Wege schlecht markiert und ausgeschildert sind.

Sendero la Batata   WANDERN
(10 CUC$) Der 6 km lange Weg (hin & zurück) zu einer kleinen Höhle mit unterirdischem Fluss beginnt bei einem Parkschild unterhalb der Casa Museo del Café. Sobald man eine weitere Straße erreicht hat, geht man rechts um den Betondamm herum und dann bergab. Danach sollte man geradeaus weitergehen oder sich rechts halten (keinesfalls einen der Pfade nach links einschlagen!). Für die einfache Strecke muss man eine Stunde Gehzeit einplanen.

🛏 Schlafen

Villa Caburní   HÜTTE $
(☎41-54-01-80; pro Person inkl. Frühstück 14 CUC$; P❄) Bei Immobilien kommt es immer auf die Lage an – in diesem Fall ist es eine üppig grüne Parklandschaft. Die 29 Hütten im Chaletstil (einige davon werden noch renoviert) sind ein sehr schön. Alle haben Warmwasser (Solaranlage) und einen Kühlschrank. Das Frühstück wird in einer in die Jahre gekommenen Bar-Cafeteria serviert, die sich auf dem Gelände befindet. Die Hütten liegen direkt hinter dem Centro de Visitantes.

Hotel los Helechos   HOTEL $
(☎41-54-03-30; EZ/DZ inkl. Frühstück 51/64 CUC$; P❄🏊) Dieser plumpe Schuhkarton von Hotel passte mit seinen Korbmöbeln und Villen im Feriencampstil nie so recht

---

ABSEITS DER ÜBLICHEN PFADE

ALTURAS DE BANAO

Dieses Schutzgebiet haben die meisten Reiseführer noch nicht im Visier. Das Gebiet lockt mit kaum erforschten Bergen, Wasserfällen, einem Wald sowie steilen Kalksteinfelsen. Der höchste Gipfel des Reservats ist 842 m hoch und gehört zur Guamuhaya-Bergkette. Zahllose Flüsse rauschen durch das Vorgebirge, überall wuchern Pflanzen, darunter epiphytische Kakteen. Hier und da bröckeln Farmhausruinen aus dem 19. Jh. vor sich hin, die einst von Bauern mit Pioniergeist errichtet worden sind.

Die Parkzentrale befindet sich in Jarico, nach 3,5 km auf einem holprigen Weg, der von der Straße zwischen Sancti Spíritus und Trinidad abzweigt. Sie umfasst ein *ranchón*-artiges Restaurant, ein Besucherzentrum und ein Chalet mit acht Doppelzimmern.

In Rufweite liegen der Wasserfall Cascada Bella sowie ein natürliches Wasserbecken. Von Jarico aus führt der 6 km lange Wanderweg La Sabina zur gleichnamigen Station und zum Chalet La Sabina. Geführte Tageswanderungen (3 CUC$) müssen zusätzlich zum Parkeintritt bezahlt werden.

in die üppig grüne Umgebung und sieht immer noch ein wenig deplatziert aus. Der Innenpool, die engen (nicht immer funktionstüchtigen) Dampfbäder, das Restaurant im Handwerkerstil und die kitschige Disko (ausgerechnet in einem Naturpark!) machen die Sache kaum besser. Einziger Pluspunkt im Restaurant ist das köstliche selbst gebackene Brot – wohl das Beste in Kuba.

✗ Essen

Bar-Restaurante Gran Nena KUBANISCH $
(✆ 41-54-03-38; Carretera Principal; Hauptgerichte 4–6 CUC$; ⊙ 10–21 Uhr) Gran Nena bietet eine stimmungsvolle Umgebung und einen traditionellen seitlich offenen Speiseraum – nur leider schmeckt das kubanische Essen nicht besonders und wird zudem recht langsam serviert. Bananen, Papayas, Avocados, Orangen und Pfirsiche wachsen üppig im angrenzenden Hanggarten, durch den ein Weg zu einer verborgenen Höhle führt.

Das Restaurant liegt neben dem Museo de Arte Cubano Contemporáneo (S. 322).

Restaurante Mi Retiro KARIBISCH $$
(Carretera de Trinidad; Mahlzeiten 6–9 CUC$; ⊙ 8–23 Uhr) Nach 3 km auf der Straße nach Trinidad gelangt man zu diesem Restaurant, das gute bis mittelmäßige *comida criolla* (kreolische Spezialitäten) kredenzt, ab und an musikalisch untermalt von reisenden Minnesängern.

ℹ Praktische Informationen

Centro de Visitantes (⊙ 8–17 Uhr) Nahe der Sonnenuhr am Eingang zum Hotelkomplex. Der beste Ort für Landkarten, Führer und Wanderwegbeschreibungen.

ℹ An- & Weiterreise

Ohne Wagen kommt man kaum nach Topes de Collantes, ganz zu schweigen zu den Ausgangspunkten der Wanderwege. Am besten nimmt man sich ein Taxi (hin & zurück 40–60 CUC$ mit Wartezeiten), bucht einen Ausflug ab Trinidad (ab 35 CUC$) oder mietet sich ein Auto.

Die Straße zwischen Trinidad und Topes de Collantes ist geteert, aber sehr steil. Bei Nässe wird sie gefährlich rutschig.

Wer einen Mietwagen hat, kann auf der Straße von Topes über Jibacoa nach Manicaragua weiterfahren (44 km): Die Strecke durch die Berge ist spektakulär (manchmal ist sie gesperrt, daher besser vorab in Trinidad Erkundigungen einholen). Auch von/nach Cienfuegos führt eine teils geteerte, teils mit Schotter belegte Straße über Sierrita (nur Allradfahrzeuge).

Sancti Spíritus

105 200 EW.

Sancti Spíritus ist eine attraktive Kolonialstadt. Doch was in anderen Weltgegenden ein kulturelles Highlight wäre, verblasst neben den anderen Schönheiten dieser Provinz. Die Stadt spielt nach Trinidad nur die zweite Geige, weshalb viele Touristen sie links liegen lassen. Andere Besucher finden sie genau deshalb so reizvoll. Sancti Spíritus gleicht Trinidad, nur ohne all die Nepper und Schlepper. Als Reisender kann man hier in Ruhe essen gehen, sich auf der Plaza die *boleros* anhören und ungestört nach einer bestimmten *casa particular* suchen.

Diego Velázquez gründete Sancti Spíritus bereits 1514 als eine der sieben ursprünglichen *villas*. 1522 wurde der Ort an der jetzigen Stelle am Río Yayabo neu errichtet. Seeräuber überfielen die Stadt immer wieder bis in die 1660er-Jahre.

Sancti Spíritus trug einiges zur Geschichte des Landes bei: Es machte die elegante *guayabera*, Lateinamerikas beliebtestes Herrenhemd, populär, baute die *guayaba* (Guave) an und errichtete eine Bogenbrücke, bei deren Anblick man sich nach Yorkshire (England) versetzt glaubt. Zur Feier ihres 500. Geburtstags hat sich die Stadt 2014 schön herausgeputzt.

◉ Sehenswertes

★ Casa de la Guayabera MUSEUM
(✆ 41-32-22-05; guayabera@hero.cult.cu; San Miguel 60; 1 CUC$; ⊙ Di–So 10–17 Uhr) Das *Guayabera*-Hemd – südamerikanische Präsidenten trugen es ebenso wie errötende Bräutigame auf mexikanischen Strandhochzeiten, wurde angeblich in Sancti Spíritus „erfunden". Die Idee stammt von den Ehefrauen der Landarbeiter, die ihren Mannsbildern die typischen Taschen ans Hemd nähten, in denen sie Werkzeug und Brotzeit transportieren konnten. Dieses neue Museum ist den berühmten Hemden gewidmet und zeigt *guayaberas*, die von Hugo Chávez, Gabriel Garcia Márquez und Fidel getragen wurden.

Der Gebäudekomplex liegt an einem hübschen Patio am Fluss vor der bekannten Bogenbrücke. Es gibt eine Bar und einen netten Garten, in dem außerhalb der Öffnungszeiten gesellschaftliche und kulturelle Veranstaltungen stattfinden (öffentlich zugänglich). Wer sich eine *guayabera* bestellen möchte, muss zwei Tage auf die Fertigstellung warten.

Sancti Spíritus

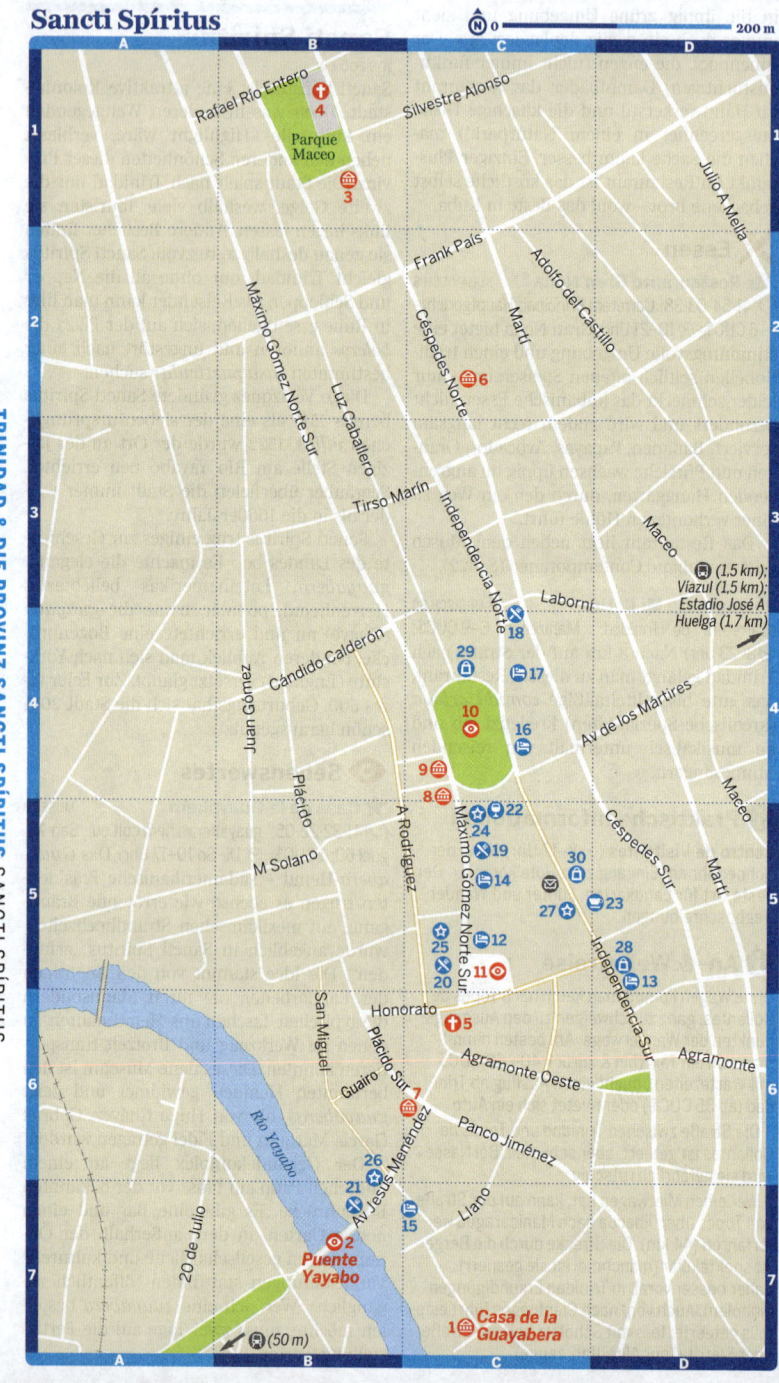

N ⊙ 0 ————— 200 m

A · B · C · D

Rafael Río Entero

Silvestre Alonso

Parque Maceo

4 ✝

3 🏛

Julio A Mella

Frank País

Adolfo del Castillo

Máximo Gómez Norte Sur

Luz Caballero

Céspedes Norte

Martí

6 🏛

Tirso Marín

Independencia Norte

Maceo

Laborní

🏨 (1,5 km);
Víazul (1,5 km);
Estadio José A
Huelga (1,7 km)

Cándido Calderón

Juan Gómez

18 ✈

29 ⭐

17 🛏

10 ⊙

16 🏛

Av de los Mártires

Maceo

Plácido

M Solano

A Rodríguez

9 🏛
8 🏛

22 ✦
24 ✦
19 ✕
14 🛏

30 🔒

Céspedes Sur

Martí

27 ✦
23 💻

25 ⭐
12 🛏
20 ✕

11 ⊙

28 🔒
13

Independencia Sur

San Miguel

Honorato

5 ✝

Agramonte Oeste

Agramonte

Plácido Sur

Guairo Sur

7 🏛

Panco Jiménez

AV Jesús Menéndez

26 ✦

21 ⭐

15 🛏

Llano

20 de Julio

Río Yayabo

2 ⊙
**Puente
Yayabo**

🚂 (50 m)

1 🏛 **Casa de la
Guayabera**

Sancti Spíritus

⭐ **Puente Yayabo**   SEHENSWÜRDIGKEIT
Das Wahrzeichen von Sancti Spíritus ist die
vierbogige Brücke, die 815 von den Spaniern
über den Yayabo errichtet wurde und auch
in einer englischen Ortschaft stehen könnte. Heute rollt der Verkehr über die unter
Denkmalschutz stehende Brücke. Von der
Freiterrasse an der Taberna Yayabo hat man
den schönsten Blick – von hier aus gesehen
ist die Spiegelung perfekt. Die Brücke wird
von Kopfsteinpflastergassen eingerahmt –
am entzückendsten ist die enge Calle Llano,
in der alte Damen mit lebenden Hühnern
handeln und Nachbarn lautstark vor ihren
pastellfarbenen Häusern tratschen. Schön
schlendern lässt es sich auch durch die Calle
Guairo und die Calle San Miguel.

Parque Serafín Sánchez   PLATZ
Der Serafín Sánchez mag vielleicht nicht
der schattigste oder stimmungsvollste kubanische Platz sein, verströmt dafür aber
eine zurückhaltende Eleganz, die für Sancti
Spíritus so typisch ist. Die Metallstühle in
der Mitte (Fußgängerbereich) werden meist
von Zigarren rauchenden Großvätern und
flirtenden jungen Paaren in Beschlag genommen, während sich vor ihren Augen das
lebhafte Nachtleben abspielt.
  Auf der Südseite des Platzes dringt oft
Musik aus der Casa de la Cultura (S. 330)

auf die Straße und lockt so interessierte
Zuhörer an.
  Nebenan steht eine säulengeschmückte
hellenistische Schönheit, die heute als **Biblioteca Provincial Rubén Martínez Villena** (📞41-32-77-17; Máximo Gómez Norte No 1;
🕑9–17 Uhr) dient. Das Gebäude wurde 1929
von der Fortschrittsgesellschaft errichtet.
  Die magnolienfarbene „Grande Dame“
auf der Nordseite des Platzes war früher
das Perla Hotel. Jahrelang verfiel das unbewohnte Gebäude, bis es schließlich zu einem
dreistöckigen, staatlich geführten Einkaufszentrum umgebaut wurde.

**Fundación de la
Naturaleza y El Hombre**   MUSEUM
(📞41-32-83-42; Cruz Pérez No 1; Spende 2 CUC$;
🕑Mo–Fr 10–17, Sa 10–12 Uhr) Das Museum am
Parque Maceo könnte der Zwillingsbruder
des gleichnamigen und ebenso winzigen
Museums in Miramar (Havanna) sein. Hier
wird die Geschichte einer über 17 422 km
führenden Kanu-Odyssee präsentiert: 1987
unternahm der kubanische Schriftsteller
und Universalgelehrte Antonio Nuñez Jiménez (1923–1998) eine Fahrt vom Amazonas
zum Karibischen Meer. Zusammen mit ihm
reisten 432 Forscher in den Zwillingsein-
bäumen *Simón Bolívar* und *Hatuey* durch
insgesamt 20 Länder – von Ecuador bis zu

328

den Bahamas. Spanischkenntnisse sind von Vorteil. Die Öffnungszeiten variieren.

Iglesia Parroquial
Mayor del Espíritu Santo KIRCHE
(Agramonte Oeste No 58; ⊙ Di–Sa 9–11 & 14–17 Uhr) Eine der Seiten der Plaza Honorato nimmt die schöne blaue Kirche ein, die zum Stadtgeburtstag 2014 durch eine Renovierung zu neuem Leben erweckt wurde. Das 1522 aus Holz errichtete Gotteshaus wurde 1680 aus Stein neu aufgebaut und gilt als die älteste noch auf ihren ursprünglichen Fundamenten ruhende Kirche. Das einfache, aber stimmungsvolle Kircheninnere lässt sich vielleicht am besten während der Sonntagsmesse (10 Uhr) bewundern. Man kann dann auch gleich eine kleine Spende hinterlassen.

Museo de Arte Colonial MUSEUM
(☑ 41-32-54-55; Plácido Sur No 74; 2 CUC$; ⊙ Di–Sa 9–17, So 8–12 Uhr) Das kleine Museum residiert in einem imposanten Gebäude aus dem 17. Jh., das einst im Besitz der Zuckerfamilie Iznaga war. Es wurde 2012 renoviert und zeigt Möbel und Einrichtungsgegenstände aus dem 19. Jh.

Plaza Honorato PLATZ
Dieser winzige Platz war früher unter dem Namen Plaza de Jesús bekannt. Die spanischen Behörden nutzten ihn einst für ihre grausigen öffentlichen Hinrichtungen. Später diente er als Marktplatz. Marode Stände, an denen man mit Pesos einkaufen kann, säumen noch immer die schmale Verbindungsgasse an der Ostseite. An der Nordseite steht nun ein Boutiquehotel.

Museo Provincial MUSEUM
(☑ 41-32-74-35; Máximo Gómez Norte No 3; 1 CUC$; ⊙ Di–So 9–17 Uhr) Dies ist eines der skurrilen kubanischen Museen, in denen Aufpasser den Besuchern durch alle Räume folgen, als könnten sich diese mit den Kronjuwelen davonmachen. Dabei ist die Sammlung gar nicht so bedeutend. Sie zeichnet anhand eines staubigen Sammelsuriums aus englischem Porzellan, grausamen Exponaten aus der Zeit der Sklaverei und den unvermeidlichen M-26/7-Revolutionsrequisiten die Geschichte von Sancti Spíritus nach.

Iglesia de Nuestra
Señora de la Caridad KIRCHE
(Céspedes Norte No 207) Gegenüber der Fundación de la Naturaleza y El Hombre steht die zweite Kirche der Stadt, die 2014 einen neuen Anstrich erhalten hat. Kubanische Spatzen nisten in den Innenbögen und zeigen sich unbeeindruckt vom weiterhin maroden Bauzustand im Kircheninneren.

Museo Casa Natal
de Serafín Sánchez MUSEUM
(☑ 41-32-77-91; Céspedes Norte No 112; 1 CUC$; ⊙ Di–Sa 9–17 Uhr) Serafín Sánchez war ein Lokalpatriot, der in beiden Unabhängigkeitskriegen kämpfte und im November 1896 fiel. Seine hier aufgelisteten Heldentaten hat man in 20 Minuten durchgelesen.

Museo de Ciencias Naturales MUSEUM
(☑ 41-32-63-65; Máximo Gómez Sur No 2; 1 CUC$; ⊙ Di–So 9–17 Uhr) Als Naturkundemuseum macht das Kolonialhaus nahe des Parque Serafín Sánchez nicht viel her. Dafür hat es ein ausgestopftes Krokodil zu bieten, das jeden Dreijährigen zu Tode erschreckt, sowie eine Sammlung funkelnder Steine.

🛏 Schlafen
In Sancti Spíritus existieren zwei exzellente Boutiquehotels (Encanto-Hotels) der Cubanacán-Kette. Eine Handvoll hübscher *casas particulares* bietet weitere Betten.

🛏 In der Stadt
⭐**Hostal Paraíso** CASA PARTICULAR $
(☑41-33-46-58; Máximo Gómez Sur No 11, zwischen Honorato & M Solano; Zi. 25 CUC$; ❄) In einem Kolonialhaus voller Farne versteckt sich die beste günstige Unterkunft der Stadt. Zur netten Besitzerfamilie gehört auch ein umher tapsender Dackel. Am besten nach einem der beiden Zimmer an der luftigen Dachterrasse fragen. Das 1838 erbaute Gebäude hat große Bäder mit kräftigen Duschen.

Hostal Yayabo CASA PARTICULAR $
(☑ Handy 53-53-00-70; liosmany.gomez@nauta.cu; Jesus Menendez No 109; Zi. 25 CUC$; ☎) Nuris und ihre junge Familie heißen die Gäste in ihrem Haus am Fluss herzlich willkommen. Im Wohnzimmer steht ein Motorrad, ein Schlafzimmer präsentiert sich in Kaugummirosa mit Satinbettzeug, um das einen jede Barbieprinzessin beneiden würde. Die Gäste können sich selbst etwas kochen und es auf der Terrasse am Fluss verspeisen.

„Los Richards" –
Ricardo Rodríguez CASA PARTICULAR $
(☑41-32-26-56; gisel.rios@nauta.cu; Independencia Norte No 28 Altos; Zi. 25–30 CUC$; ❄☎) Eine dunkle, ungepflegte Treppe am Hauptplatz führt hinauf zu einem etwas älteren, aber

sauberen Apartment im ersten Stock. Die beiden vorderen Zimmer sind riesig. Es gibt vier Gästezimmer, viele Betten, eine Bar im Haus, ein Esszimmer und einen Kühlschrank. Am besten sind die gusseisernen Balkone, von denen aus man das Treiben auf dem Hauptplatz beobachten kann. Die Vermieter organisieren Ausflüge nach Alturas de Banao.

Hostal Don Florencio
BOUTIQUEHOTEL **$$**

(☎41-32-83-06; rperurena@islazulssp.tur.co.cu; Independencia Sur; EZ/DZ 102/122 CUC$; ✳@) Im Rennen gegen Trinidad hat Sancti Spíritus nur selten die Nase vorn: Doch die Auswahl an Hotels ist hier eindeutig besser. Diese Schönheit hat helle Räume, antike Möbel und zwei einladende Jacuzzis im coolen Patio in der Mitte. Der Service ist allerdings manchmal fast schon etwas zu entspannt. Das Hotel ist bei Reisegruppen beliebt.

★ Hostal del Rijo
BOUTIQUEHOTEL **$$$**

(☎41-32-85-88; rperurena@islazulssp.tur.co.cu; Honorato del Castillo No 12; EZ/DZ inkl. Frühstück 102/122 CUC$; ✳@✉) Selbst wer ein eingefleischter Fan von *casas particulares* ist, wird dieser liebevoll restaurierten Villa von 1818 kaum widerstehen können. Das Haus steht an der Plaza Honorato, wo es sehr ruhig zugeht (zumindest bis die Casa de la Trova aufmacht). Die 16 großen, plüschigen Zimmer – viele mit Balkon zur Plaza – sind mit allem ausgestattet, was sich ein romantisch gestimmter, kubaphiler Reisender nur wünschen kann, darunter Satellitenfernsehen und wuchtige Kolonialmöbel. Das elegante Restaurant im Hof serviert ein opulentes Frühstück in gemütlicher Atmosphäre, das dazu verlockt, sich so richtig Zeit zu lassen.

Hotel Plaza
BOUTIQUEHOTEL **$$$**

(☎41-32-71-02; rperurena@islazulssp.tur.co.cu; Independencia Norte No 1; EZ/DZ inkl. Frühstück 102/122 CUC$; ✳@📶) Vom Hotel Plaza am Parque Serafín Sánchez aus kann man das bunte Treiben auf dem Platz aus der ersten Reihe bestaunen. Besonders glanzvoll sind die Gemeinschaftsflächen wie die romantische Patio-Bar. Die großen Zimmer (kuschelige Bademäntel, Safe, schwere Möbel) verteilen sich über zwei Stockwerke. Das Plaza ist eine beliebte Unterkunft von Reisegruppen.

🛏 Außerhalb der Stadt

Hotel Zaza
HOTEL **$**

(☎41-32-70-15; ypuerta@islazulssp.tur.co.cu; Finca San Jose Km 5.5, Lago Zaza; EZ/DZ inkl. Frühstück 25/33 CUC$; P✳✉) Das über der weitläufigen Embalse Zaza 5 km östlich von Sancti Spíritus thronende ungepflegte Landhotel gleicht eher einem aus Moskau importierten Zweckbau als einem Hotel. Das schreckt die Horden von Barschanglern, die am See ihr Glück versuchen (4-Std.-Angelausflug 40 CUC$), aber nicht von einer Buchung ab.

Nichtangler können sich am Swimmingpool vergnügen oder im Boot über den See gondeln (1 Std. 20 CUC$ für zwei Pers.).

Villa Rancho Hatuey
HOTEL **$$**

(☎41-36-13-15; gniubo@islazulssp.tur.co.cu; Carretera Central Km 384; EZ/DZ 76/85 CUC$; P✳@📶✉) Die Islazul-Perle erreicht man über die nach Süden führende Spur der Carretera Central. Das Hotel vermietet 76 Zimmer in zweistöckigen Bungalows, die sich in einem großen gepflegten Garten abseits der Straße verteilen. Wer sich am Swimmingpool sonnt oder im Restaurant einen Happen isst, kann beobachten, wie sich kanadische Bustouristen unter die Funktionäre der Kommunistischen Partei mischen – ein reizvoller Kontrast.

🍴 Essen

Früher war Sancti Spíritus für private Restaurants nicht gerade berühmt. Doch nach der Lockerung der Privatisierungsgesetze haben ein paar Lokale eröffnet. Auch bei den Staatsbetrieben gibt es einige bemerkenswerte Herausforderer.

Dulce Crema
EIS **$**

(Ecke Independencia Norte & Laborni; Eis 1–2 CUC$; ⏱8–22 Uhr) Wie, nicht das Coppelia? Das Dulce Crema ist Sancti Spíritus' ehrwürdiges Provinzdouble und eigentlich sogar besser als das Coppelia in Havanna. Wer lange genug im Parque Serafín Sánchez herumhängt, kommt ebenfalls in den kühlen Genuss eines Eises. Der handwerklich geschickte Eisverkäufer betreibt seine Eismaschine mit einem Waschmaschinenmotor.

Mesón de la Plaza
KARIBISCH, SPANISCH **$**

(Máximo Gómez Sur No 34; Hauptgerichte 4–7 CUC$; ⏱12–15 & 18–22 Uhr) Lange galt das Essen in dieser Villa aus dem 19. Jh., die einst im Besitz eines reichen spanischen Tycoons war, als recht ordentlich. Serviert werden spanische Klassiker wie *potaje de garbanzos* (Kichererbsen mit Schweinefleisch) oder ein nicht allzu zähes Rindfleisch. Appetitanregend wirkt auch die Musik, die aus der Casa de la Trova nebenan herüberweht.

★ Taberna Yayabo KUBANISCH, SPANISCH $$
(☑41-83-75-52; Jesús Menéndez No 106; Mahlzeiten 6–12 CUC$; ⊙9–22.45 Uhr) In diesem hübschen, staatlich betriebenen Restaurant verweilt man gerne, überzeugt durch die hervorragende Lage am Fluss, den Weinkeller und den wunderbaren Service. Nun gut, die Gäste müssen sich die Hits der 80er-Jahre in Endlosschleife anhören, dafür gibt es aber leckere Tapas wie frisch aufgeschnittenen Serranoschinken oder verschiedene Käsesorten – Dinge, die man auf der Insel sonst nicht so einfach findet.

Der Sommelier des Hauses platzt fast vor Begeisterung. Die Cocktails sind bemerkenswert gut: unbedingt *cunyaya* probieren, eine Mischung aus Zitronenbonbongeschmack, *guarapo* (Zuckerrohr), Honig und altem Rum. Auch Zigarren sind hier erhältlich.

El 19 INTERNATIONAL $$
(Máximo Gómez No 9, zwischen Manolo Solano & Honorato del Castillo; Mahlzeiten 8–12 CUC$; ⊙6.30–22 Uhr) Stylish und zentral gelegen: Das El 19 hat sich auf Sirloinsteak spezialisiert, ein Sorte Fleisch, das bis vor Kurzem auf Kuba kaum erhältlich war. Beflissene Kellner servieren es an den Tisch.

Restaurante la Fuente INTERNATIONAL $$
(Honorato No 12; Mahlzeiten 6–9 CUC$; ⊙7–23 Uhr) Eine ruhige Kolonialatmosphäre herrscht in diesem eindrucksvollen zentralen Hof des Hostal del Rijo und auf der wunderbaren Terrasse. Auf der internationalen Karte finden sich u. a. Filet mignon und Hähnchen in Weißweinsoße sowie diverse Sandwiches. Der Service ist gut, ebenso die beachtliche Auswahl an Nachspeisen, Drinks und Kaffee.

 Ausgehen

★ Cafe Colga'o CAFÉ
(☑mobile 54-33-62-37; Independencia Sur No 9c; ⊙Fr–Mi 16–24 Uhr) In diesem kubanisch-italienischen Café macht sich echtes Undergroundfeeling breit – kein Schild verweist an der Straße auf das Lokal. Über eine Treppe gelangt man in den achten Stock, wo die Gäste an winzigen Tischen mit Bodenkissen und Balkonaussicht sitzen. Hier groovt die Jugend des Ortes zu einem eklektischen Musikmix, nippt an ihrem Espresso und isst billige Sandwiches, die mit *moneda nacional* bezahlt werden. Der nur ein paar Cents kostende Kaffee-Flan schmeckt übrigens hervorragend.

Café ARTex CLUB
(M Solano; 1–3 CUC$; ⊙Di–So 22–2 Uhr) Das in einem oberen Stockwerk am Parque Serafín Sánchez gelegene Café wirkt eher wie ein Nachtclub als wie ein gewöhnlicher ARTex-Patio.

Jeden Abend gibt es hier Tanz, Livemusik und Karaoke. Sonntag um 14 Uhr findet ein Matineekonzert statt, donnerstagabends ist Reggaeton angesagt, auch Comedy-Abende finden statt. Die meisten Gäste sind hier unter 25 Jahre alt.

★ Unterhaltung

Die Stadt hat ein tolles Nachtleben, das cool, offen und unprätentiös ist. Außerdem gibt es hier viele Kulturzentren mit Livemusik.

★ Uneac LIVEMUSIK
(Unión Nacional de Escritores y Artistas de Cuba, Nationale Union kubanischer Schriftsteller und Künstler; Independencia Sur No 10) Beim Eintritt wird man freundlich begrüßt, Wildfremde schütteln einem die Hand und ein romantischer Sänger wirft von der Bühne aus seiner Freundin (respektive seinen Freundinnen) im Publikum Kusshändchen zu. Konzerte im Uneac erinnern daher eher an ein Familientreffen als an organisierte Kulturveranstaltungen. Und die Leute von Sancti Spíritus sind eine der nettesten „Familien", die man sich vorstellen kann.

★ Casa de la Trova
Miguel Companioni LIVEMUSIK
(Máximo Gómez Sur No 26; ⊙ab 21 Uhr) Noch eines von Kubas berühmten *Trova*-Häusern, in denen die Folkmusik lebt und pulsiert. Das in einem Kolonialhaus nahe der Plaza Honorato residierende Lokal kann es ohne Weiteres mit den entsprechenden Pendants in Trinidad aufnehmen. Allerdings sind die Besucher hier zu 90 % Einheimische und nur zu 10 % Touristen.

Casa de la Cultura LIVEMUSIK
(☑41-32-37-72; M Solano No 11) Hier finden zahlreiche Kulturveranstaltungen statt. An den Wochenenden wird auf der Straße weitergefeiert, sodass auf dem Bürgersteig kein Durchkommen mehr ist. Das Haus steht in der Südwestecke des Parque Serafín Sánchez.

Teatro Principal THEATER
(☑232-5755; Av Jesús Menéndez No 102) Die architektonische Sehenswürdigkeit neben dem Puente Yayabo hat kürzlich eine Rundum-Auffrischung erhalten. Am Wo-

chenende finden um 10 Uhr Matineen mit Kindertheater statt.

Estadio José A Huelga ZUSCHAUERSPORT
(Circunvalación) Von Oktober bis April werden in diesem Stadion 1 km nördlich des Busbahnhofs Baseballspiele ausgetragen. Die Provinzmannschaft Los Gallos (Die Hähne) hat zuletzt 1979 Ruhm errungen.

Shoppen

Boulevard STRASSE
Die Calle Independencia Sur, die modernisierte Einkaufsmeile der Stadt, ist eine Fußgängerzone, die von Statuen, Skulpturen und unzähligen kleinen Läden gesäumt wird. Interessant ist das opulente Gebäude Colonia Española, das einst ein Club nur für weiße Herren war und heute ein Minikaufhaus ist.

Der *agropecuario* (Gemüsemarkt) liegt ungewöhnlicherweise mitten im Stadtzentrum. In der Calle Honorato, einer Seitenstraße der Independencia, findet ein Flohmarkt statt. Und rundum finden sich *vendutas* (kleine private Läden oder Stände), die von der entspannteren Wirtschaftslage des Landes zeugen.

La Perla EINKAUFSZENTRUM
(☑41-32-81-71; Parque Serafín Sánchez; ☺9–16 Uhr) Shoppen ohne Warenknappheit, und das auf drei Ebenen in einem wundervoll restaurierten Kolonialbau am Parque Serafín Sánchez.

Librería Julio Antonio Mella BÜCHER
(Independencia Sur No 29; ☺ Mo–Sa 8–17 Uhr) Revolutionslektüre für gelehrte (und Spanisch sprechende) Reisende findet sich in diesem Laden gegenüber vom Postamt.

ⓘ Praktische Informationen

INTERNETZUGANG
Auf der Plaza und in allen Hotels gibt es WLAN.
Etecsa Telepunto (Independencia Sur No 14; Internet Std. 1,50 CUC$; ☺8.30–19.30 Uhr) Zwei selten belegte Computerterminals sowie Verkauf von WLAN-Rubbelkarten.

MEDIZINISCHE VERSORGUNG
In Sancti Spíritus findet man alle Einrichtungen einer Großstadt.
Farmacia Especial (Independencia Norte No 123; ☺24 Std.) Apotheke am Parque Maceo.
Hospital Provincial Camilo Cienfuegos (☑41-32-40-17; Bartolomé Masó No 128) 500 m nördlich der Plaza de la Revolución.

Policlínico Los Olivos (☑41-32-63-62; Circunvalación Olivos No 1) Krankenhaus nahe dem Busbahnhof. Behandelt bei einem Notfall auch Ausländer.

GELD
Es gibt viele Geldautomaten und Wechselstuben.
Banco Financiero Internacional (☑41-32-84-47; Independencia Sur No 2; ☺ Mo–Fr 9–15 Uhr) Am Parque Serafín Sánchez.
Cadeca (☑41-33-61-84; Independencia Sur No 31; ☺ Mo–Sa 9–17 Uhr) Wer sich hier anstellt, kann beim Warten alt und grau werden.

POST
Post (☑41-32-47-01; Independencia Sur No 8; ☺ Mo–Sa 9–18 Uhr)

TOURISTENINFORMATION
Infobüros für Touristen gibt es kaum. Am besten bei Infotur (S. 318) in Trinidad nach Informationen zu Zielen in der Provinz fragen.

ⓘ An- & Weiterreise

BUS
Der **Busbahnhof** (Carretera Central) der Provinz liegt 2 km östlich der Stadt. Die pünktlichen und klimatisierten Busse von **Víazul** (☑41-32-41-42; www.viazul.com; Carretera Central) bedienen verschiedene Routen.

Die fünf Mal am Tag verkehrenden Busse nach Santiago de Cuba halten auch in Ciego de Ávila, Camagüey, Las Tunas und Bayamo. Der Bus nach Havanna fährt fünf Mal täglich und hält in Santa Clara. Der Bus nach Trinidad fährt um 5.40 Uhr zu nachtschlafender Zeit los.

LASTWAGEN & TAXIS
Lastwagen nach Trinidad, Jatibonico und zu anderen Zielen fahren vom Busbahnhof los. Eine Fahrt im Regierungstaxi nach Trinidad kostet rund 40 CUC$.

ZUG
In Sancti Spíritus gibt es zwei Bahnhöfe. Für Fahrten nach Havanna ist der **Hauptbahnhof** (☑41-32-79-14; Av Jesús Menéndez No 92; nach Havanna 14 CUC$; ☺Fahrkarten Mo–Sa 7–14 Uhr) zuständig, der südwestlich der Puente Yayabo liegt, gemütliche zehn Gehminuten vom Stadtzentrum aus.

Von Guayos 15 km nördlich von Sancti Spíritus werden Orte im Osten angesteuert. Dazu gehören Holguín (8½ Std.), Santiago de Cuba (10¼ Std.) und Bayamo (8¼ Std.). Wer den Havanna–Santiago de Cuba-Überlandexpresszug nutzt und nach Sancti Spíritus oder Trinidad reisen möchte, muss in Guayos aussteigen.

Am Fahrkartenschalter im Bahnhof von Sancti Spíritus werden auch Fahrkarten für Züge ab

VÍAZUL-BUSSE AB SANCTI SPÍRITUS

REISEZIEL	FAHRPREIS (CUC$)	FAHRZEIT (STD.)
Bayamo	21	7
Camagüey	10	3
Ciego de Ávila	6	1¼
Havanna	23	5
Santa Clara	6	1¼
Santiago de Cuba	28	8
Trinidad	6	1¼

Guayos verkauft. Dort hinkommen muss man aber auf eigene Faust (Taxi 10 CUC$).

ⓘ Unterwegs vor Ort

Am Parque Serafín Sánchez ist das Parken relativ sicher. Alternativ erkundigt man sich in den Hotels Rijo und Plaza, die meistens einen Mann ausfindig machen, der für 1–3 CUC$ über Nacht Wache hält.

Cubacar (☑41-32-85-33; Calle Maximo Gomez 9; ⓧ9–16 Uhr) An der Nordwestecke des Parque Serafín Sánchez gibt es ein Büro der Mietwagenfirma Cubacar; der Tagesmietpreis beginnt bei 70 CUC$.

Servi-Cupet Gas Station (Carretera Central) 1,5 km nördlich von Villa los Laureles, Richtung Santa Clara.

Im Norden von Sancti Spíritus

Auf Tausend Touristen in Trinidad kommt gerade mal ein Handvoll Reisender, die den schmalen nördlichen Streifen der Provinz Sancti Spíritus besucht, der zwischen Remedios in der Provinz Villa Clara und Morón in der Provinz Ciego de Ávila verläuft. Zu den eindrucksvollen Landschaften zählen ein verkarstetes Bergland mit typischen Höhlen und halbimmergrünen Wäldern auf der einen und eine flache, ökologisch wertvolle Küstenebene im Nationalpark Caguanes auf der anderen Seite. Der lohnenswerte Nationalpark ist leider nur schwer zugänglich.

🏃 Aktivitäten

★ Parque Nacional Caguaes　　WANDERN, BOOTSFAHRTEN
Aufgrund der strengen Schutzmaßnahmen ist der öffentliche Zutritt zum Nationalpark Caguanes mit seinen Flamingos, Höhlen und Artefakten der Ureinwohner nur begrenzt möglich. Es gibt eine einfache Station der Biologen an der Küste, die über eine Piste

von Mayajigua nach Norden zugänglich ist. Bevor man aber unangemeldet dort aufkreuzt, sollte man sich besser zuerst in der Villa San José del Lago (S. 333) oder im hilfsbereiten Büro von Ecoturs in Trinidad (☑ 41-99-84-16; Simón Bolívar 424) über die Einzelheiten erkundigen.

Der einzige angebotene Ausflug ist die Fahrt „Las Maravillas que Atesora Caguanes" (2½ Std.), die die Wanderung zu den Karsthöhlen Humboldt, Ramos und Los Chivos und eine Bootsfahrt rund um den Cayos de Piedra umfasst.

Jobo Rosado　　NATURRESERVAT

Dieses gut 40 km² große Schutzgebiet ist den meisten Reisenden noch recht wenig bekannt, obwohl immer mehr geführte Gruppen dorthinfahren. Touren werden von Ecotur oder von Villa San José del Lago aus angeboten. Zu den Highlights zählt La Solapa de Genaro, eine 1 km lange Wanderung durch tropische Savannenlandschaft zu einer Reihe grandioser Wasserfälle und Gumpen. Die Wanderung zur Cueva de Valdés (800 m) führt durch immergrüne Wälder zu besagter Höhle.

Zum Schutzgebiet gehört auch die Sierra de Meneses-Cueto, eine Hügelkette, die die nördliche Provinz durchzieht und als eine Art Pufferzone für die streng geschützte Bahía de Buenavista fungiert.

Wie in der Sierra Maestra verbinden sich auch hier Geschichte und Ökologie: General Máximo Gomez kämpfte während des spanisch-kubanisch-amerikanischen Kriegs in der Gegend und Camilo Cienfuegos' Rebellenarmee (2. Kolonne) errichtete 1958 hier ihren letzten Gefechtsstand. Ein fantasievolles Denkmal des Bildhauers José Delarra erinnert daran.

Rancho Querete　　BAUERNHOF

(ⓧ Di–So 9–16 Uhr) Die Zentrale des Jobo-Rosado-Reservats liegt unweit der Haupt-

MUSEO NACIONAL CAMILO CIENFUEGOS

Das hervorragende **Museum** (☑41-55-26-89; CUC$1; ◷ Di–Sa 8–16, So 9–13 Uhr) in Yaguajay, 36 km südöstlich von Caibarién, wurde 1989 eröffnet und erinnert auf unheimliche Weise an das Che-Guevara-Denkmal in Santa Clara. Camilo schlug am Vorabend des Triumphs der Revolution eine entscheidende Schlacht in dieser Stadt und übernahm die Kontrolle über die Militärkaserne (das jetzige Krankenhaus Hospital Docente General gegenüber vom Museum).

Das Museum steht direkt unterhalb einer modernistischen Plaza, die eine 5 m hohe Statue von *El Señor de la Vanguardia* (Der Mann der Vorhut) ziert. Es beherbergt eine interessante Ausstellung über Cienfuegos' Leben sowie Fakten und Erinnerungen aus dem Kampf der Revolutionäre. Ein Nachbau des kleinen Panzers Dragon I, eines für Kampfzwecke umfunktionierten Traktors, wurde vor dem Krankenhaus aufgestellt. Das hinter dem Haus stehende Mausoleo de los Mártires del Frente Norte de las Villas ist den Soldaten gewidmet, die in dem Scharmützel starben.

straße, nur wenige Kilometer östlich von Yaguajay. Sie umfasst ein Bar-Restaurant, ein natürliches Wasserbecken, eine biologische Station und einen kleinen „Zoo", in dem hauptsächlich Hähne leben. Hier können auch geführte Wanderungen gebucht werden.

🛏 Schlafen

Villa San José del Lago HOTEL $
(☑41-54-61-08; Antonio Guiteras, Mayajigua; DZ inkl. Frühstück/Mahlzeiten 20/45 CUC$; P❄☁) Das ungewöhnliche Spa war früher bei den hier urlaubenden Amerikanern recht beliebt. Es liegt außerhalb von Mayajigua im Nordteil der Provinz Sancti Spíritus. Die winzigen Zimmer verteilen sich auf mehrere zweistöckige Villen, die sich ans Ufer eines kleinen, palmenumstandenen Sees schmiegen (mit Tretbooten und zwei hauseigenen Flamingos).

Die Anlage ist berühmt für ihr Thermalwasser (32 °C), das einst im 19. Jh. von verletzten Sklaven genutzt wurde. Heute erhoffen sich überwiegend kubanische Urlauber eine heilende Wirkung.

Die 67 Zimmer sind schlicht, doch die Lage zwischen der Sierra de Jatibonico und dem Parque Nacional Caguanes ist großartig. Das Spa ist ein guter Standort für Ausflüge zu Kubas unbekannteren Reisezielen. Auf dem Gelände gibt es ein Restaurant und eine Snackbar.

❶ Praktische Informationen

Ecotur (☑41-55-49-30; Pedro Díaz No 54, Yaguajay) Das beste Informationsbüro für die Region liegt eine Straße nördlich der Caibarién–Morón-Straße in Yaguajay.

❶ An- & Weiterreise

Früher fuhr ein Víazul-Bus auf dieser nördlichen Route, zur Zeit der Recherche fuhr er allerdings nicht mehr. So ist man nun auf ein Fahrrad, einen Mietwagen oder ein Taxi angewiesen.

Provinz Ciego de Ávila

📖 33 / 424 400 EW.

Gut essen

➡ Restaurante Maité la Qbana (S. 341)

➡ Lenny's Lobster Shack (S. 347)

➡ Ranchón Playa Pilar (S. 348)

➡ Rancho Flamingo (S. 347)

Schön übernachten

➡ Alojamiento Maité (S. 340)

➡ Meliá Cayo Coco (S. 345)

➡ Iberostar Daiquirí (S. 349)

➡ Colonial Cayo Coco (S. 345)

Auf nach Ciego de Ávila!

Die kleine Provinz Ciego de Ávila erlangte in den kubanischen Unabhängigkeitskriegen des späten 19. Jhs. Bedeutung, als dort eine mächtige Befestigungslinie, la Trocha, entstand, um die Rebellenarmeen aus dem Osten vom florierenden Westen fernzuhalten. Und noch heute ist die Provinz die kulturelle Trennlinie zwischen Kubas Oriente und Occidente.

Die meisten Touristen kommen hier in die nach der Sonderperiode entstandenen Resorts von Cayo Coco und Cayo Guillermo. Die wundervollen tropischen Plätze, die einst Ernest Hemingway bezauberten, wurden mit mehr als einem Dutzend exklusiver Resorts herausgeputzt.

Abseits der Touristenmassen birgt die Provinz seit mehr als einem Jahrhundert faszinierende Geheimnisse. Eine Reihe nicht spanischer Immigranten kam im 19. Jh. aus Haiti, Jamaika, der Dominikanischen Republik und Barbados hier an und brachte eine Vielzahl von Traditionen mit, die noch heute fortleben, etwa Kricket-Matches, Volkstanz, Feuerwerk und mehr.

Reisezeit

➡ Wer vor allem der Strände wegen kommt, sollte die Cayos zwischen November und März besuchen, wenn es trockener und immer noch angenehm warm ist – auch wenn Kubaner es als kühl empfinden.

➡ Im November lockt im Landesinneren im ländlichen Majagua die Fiesta de los Bandas Rojo y Azul, bei der man sich in spanische Zeiten zurückversetzt fühlt.

➡ Morón feiert im September seinen Wasserkarneval auf dem Kanal, der zur Laguna de la Leche führt.

Ciego de Ávila

110 400 EW.

Für eine Stadt dieser Größe besitzt Ciego de Ávila eine ganz beträchtliche Portion *Orgullo* (Stolz). Doch stolz oder nicht, Ciego zählt nicht zu den interessanteren Provinzhauptstädten Kubas, obwohl seine kolonnadengesäumten Straßen durchaus hübsch sind.

Die Stadt wurde 1840 gegründet und wuchs in den 1860er- und 1870er-Jahren als Militärstadt hinter der Verteidigungslinie Morón-Júcaro (Trocha) heran. Später wurde sie Standort der lukrativen Zuckerrohr und Ananas verarbeitenden Industrie (die Ananas ist auch das örtliche Maskottchen). Die Bewohner von Ciego bezeichnen ihre Stadt als „Stadt der Veranden", weil verzierte Fassaden mit Kolonnaden das Stadtzentrum beherrschen.

Zu den bekannten *avileños* zählen der kubanische Pop-Art-Künstler Raúl Martínez und die örtliche Gesellschaftsdame Ángela Hernández, die reiche Witwe von Señor Jiménez, der viele der klassizistischen Gebäude aus dem frühen 20. Jh. finanzierte, darunter das Teatro Principal.

Ciego besitzt gegenwärtig Kubas bestes Baseball-Team, das seit 2012 dreimal die nationale Meisterschaft gewonnen hat.

◉ Sehenswertes

Ciego de Ávila versucht, Besucher mit einem neu gestalteten Boulevard von drei Blocks Länge, hübschen Parks und Museen anzulocken, die eine relativ uninteressante Geschichte faszinierend aufbereiten.

Parque de la Ciudad PARK

(👟) 🏳 Auf dem einst unansehnlichen Brachland am Nordweststrand der Stadt zwischen dem Hotel Ciego de Ávila (S. 337) und dem Zentrum erstreckt sich heute ein großer Park mit einem künstlichen See, dem Embalse la Turbina. Man kann hier Boot fahren, es gibt Kinderspielplätze und gute Restaurants. Mit den unkonventionellen Attraktionen und dem liebenswürdigen Understatement ist es eines der interessantesten Stadterneuerungsprojekte in Kuba.

Das Projekt beweist auch, welche Wunder sich mit Müll bewerkstelligen lassen: Alte Dampfzüge wurden entstaubt, um der Geschichte von Ciegos Transportmitteln zu huldigen; es gibt faszinierende *artes plásticos* (Kunstwerke) einschließlich eines Elefanten aus alten Autoteilen und, unter

verschiedenen Lokalen, ein altes Flugzeug von Aerocaribbean, das in ein Restaurant verwandelt wurde.

Der See füllt das Loch, das ein ehemaliger Steinbruch hinterlassen hat; er lieferte in den 1860er-Jahren Steine für die Trocha und in den 1920er-Jahren für die Carretera Central.

Museo Provincial Simón Reyes MUSEUM

(Ecke Honorato del Castillo & Máximo Gómez; 1 CUC$; ⊙ Di–Sa 9–17, So 8–12 Uhr) Eines der am besten gestalteten Stadtmuseen von Kuba befindet sich in diesem gelben Gebäude mit der typischen *avileño*-Veranda. Zu den fesselnden Exponaten ein maßstabsgetreues Modell von La Trocha, detaillierte Informationen zur afrokubanischen Kultur und Religion sowie Erklärungen zu den zahlreichen traditionellen Festen der Provinz. Es werden auch indigene Artefakte aus der nahe gelegenen archäologischen Stätte Los Buchillones (S. 342) gezeigt.

Museo de Artes Decorativas MUSEUM

(Ecke Independencia & Marcial Gómez; 1 CUC$; ⊙ Mo–Do 9–17, Sa 13–21, So 9–12 Uhr) Die schönsten Betten von ganz Kuba? Nicht in Varadero, auch nicht auf einer der kolonialen Inseln, sondern im unteren Stockwerk dieses bescheidenen Museums. Die sorgfältig zusammengestellte Sammlung umfasst Gegenstände einer vergangenen Zeit, etwa ein noch funktionierendes Victrola, ein altmodischer Fonograf – bei unserem Besuch sang Benny Moré für uns –, und alte Taschenuhren. Im obersten Stockwerk fasziniert das Museum mit orientalischer Kunst: nicht versäumen, den chinesischen Wandschirm zu bestaunen.

Samstags um 15 Uhr finden Klavierkonzerte statt.

Parque Martí PLATZ

Alle Straßen von Ciego führen zu diesem kolonialen Bilderbuchpark, der 1877 zu Ehren des spanischen Königs Alfonso XII. angelegt wurde. Im frühen 20. Jh. wurde er dann nach dem kubanischen Freiheitshelden José Martí umbenannt. Hier gibt es auch eine Kirche von 1947, die **Iglesia Católica** (Independencia, zwischen Marcial Gómez & Honorato del Castillo), und das **Ayuntamiento** (Rathaus, keine Besucher) von 1911.

Centro de Promoción Cultural
Guiarte GALERIE

(Independencia No 65; ⊙ Di–Fr & So 8–21, Sa 8–23 Uhr) GRATIS An der Calle Independencia

Map labels:

ATLANTISCHER OZEAN

0 — 50 km

Cayo Fragoso
Cayo las Brujas
Las Brujas Airport
Bahía Buena Vista
Cayo Santa María
Caibarién
Cayo Santa María
6 Playa Pilar
5 Cayo Guillermo
Archipiélago de Sabana-Camagüey
Aeropuerto Internacional Jardines del Rey
Cayo Coco
Cayo Romano
Los Buchillones
Máximo Gómez
El Pueblo Holandés
Isla Turiguanó
Cayo Judas
Bahía de Jigüey
Santa Clara (59 km)
Chambas
Laguna de la Leche
3 Laguna la Redonda
PROVINZ SANCTI SPIRITUS
Florencia 4
Tamarindo
Morón 1
Loma de Cunagua (364 m)
Central Patria O Muerte
Cabaiguán
Taguasco
Ceballos
Carretera de Morón
Sancti Spíritus
Jatibonico
Majagua
Primero de Enero
Ciego de Ávila 2
Carretera Central
Pablo
Sanguily
Venezuela
Gaspar
Nuevitas (100 km)
Baraguá
Embarcadero de Júcaro
Florida
Cayo Ana María
Golfo de Ana María
PROVINZ CAMAGÜEY
Jardines de la Reina 7
KARIBISCHES MEER

Highlights

1 Morón (S. 340) Ein Aufenthalt in einer privaten Unterkunft in dieser hart arbeitenden Stadt.

2 Parque de la Ciudad (S. 335) Bewunderung, wie ein Müllplatz in einen von Kubas schönsten Stadtparks verwandelt wurde.

3 Laguna la Redonda (S. 342) Eine Fahrt am Steuer eines Schnellboots durch die mangrovengesäumten Kanäle dieses Süßwassersees.

4 Florencia (S. 343) Ein Ritt auf den idyllischen Wegen und Sträßchen des nördlichen Ciego.

5 Cayo Guillermo (S. 348) Ein Ausflug auf „Papa" Hemingways Spuren zum Hochseeangeln oder Kiteboarden auf dem Wasser des Golfstroms.

6 Playa Pilar (S. 348) Eine Tour, um herauszufinden, ob dies der schönste Strand Kubas ist.

7 Jardines de la Reina (S. 344) Beim Aufenthalt in einem schwimmenden Hotel Kubas beste Tauchgründe erkunden.

bietet diese Galerie eine Dauerausstellung mit Werken von Raúl Martínez, Kubas König der Pop-Art. Außerdem werden Werke anderer lokaler Künstler gezeigt.

 Schlafen

★ Villa Jabón Candado CASA PARTICULAR $
(☎ 33-22-58-54; Ecke Chico Valdés & Abraham Delgado; Zi. 20–25 CUC$; P ❄) Müde Rad- und Autofahrer sollten nicht weitersuchen: Dieses leuchtend rosafarbene allein stehende Haus ist leicht zu finden. Die Besitzer haben jahrelange Erfahrung als Vermieter. Die zwei Zimmer sind sauber, am besten sind die im Obergeschoss (mit Balkon). Es gibt auch einen Carport.

María Luisa Muñoz Álvarez CASA PARTICULAR $
(☎ 52-39-39-95; Máximo Gómez No 74, zwischen Honorato del Castillo & Antonio Maceo; Zi. 25 CUC$; P ❄) Zwei saubere Zimmer an einem langen Flur, der zu einem Patio führt, entsprechen genau der Vorstellung von Privatunterkünften. Nur einen Block vom Zentrum entfernt.

Hotel Ciego de Ávila HOTEL $
(☎ 33-22-80-13; Carretera a de Ceballos Km 1,5; EZ/DZ inkl. Frühstück 32/44 CUC$; P ❄ @ ❄) Wohin sind all die Touristen verschwunden? Wahrscheinlich nach Cayo Coco, und dieser Klassiker von Islazul ist heute in der Hand von kubanischen Sportmannschaften und Arbeitern, die hier auf Staatskosten Ferien machen. Das Hotel liegt 2 km vom Stadtzentrum mit Blick auf den Parque de la Ciudad. Die Zimmer sind nur durchschnittlich, der Poolbereich ist sehr lärmig, das Frühstück ist eher langweilig, aber das Personal ist freundlich.

✗ Essen

Fonda la Estrella KUBANISCH $
(☎ 33-26-61-86; Honorato del Castillo No 34, Ecke Máximo Gómez; Hauptgerichte 2–3 CUC$; ⊗ 12–22 Uhr) Hier wird die vermutlich preiswerteste *ropa vieja* (würziger Fleischeintopf) in ganz Kuba serviert. La Fonda (wie das Lokal allgemein genannt wird) ist eine winzige Eckkneipe, in der kein Gericht auf der einfachen Speisekarte mehr als 3 CUC$ kostet. Als Beilage gibt es immer Reis und Bohnen. Ein wahres Paradies für alle Budget-Reisenden.

El Camarote INTERNATIONAL $
(República No 183, zwischen Reyes & Agramonte; Hauptgerichte 2–4 CUC$; ⊗ 18.30–23 Uhr) Trotz

seiner günstigen geografischen Lage schießen in Ciego die privaten Restaurants nicht gerade wie Pilze aus dem Boden – noch nicht. In diesem bescheidenen Lokal drei Blocks von der Carretera Central gibt es Pizza, Tacos, Spaghetti oder die Spezialität des Hauses: gegrillten Fisch mit Garnelen, Béchamelsoße und Käse.

Madre de Agua KUBANISCH $
(Parque de la Ciudad; Hauptgerichte 25–150 MN$; ⊗ 12–22 Uhr) Das *restaurante flotante* (schwimmende Restaurant) steht auf Stelzen im Wasser des Embalse la Turbina im Parque de la Ciudad, Ciegos empfehlenswertem Projekt der Stadterneuerung. Hier gibt es einfache, aber einwandfreie kubanische Kost für Pesos. Das Ambiente ist sehr schön.

Solaris FUSION $
(☎ 33-22-34-24; Doce Plantas Bldg, Ecke Honorato del Castillo & Libertad; Hauptgerichte 1–5 CUC$; ⊗ 11–23 Uhr; ❄) Ein Restaurant im Stadtzentrum, im zwölften Stock des relativ hässlichen Doce-Plantas-Gebäudes, das vor Kurzem nach einjähriger Renovierung wiedereröffnet hat. Wunderbarer Blick auf die Stadt, jetzt auch von einer neuen Terrasse aus. Auch die *parrillada* (Barbecue-Grill) ist neu. Wie zuvor führt das Cordon bleu (Hähnchen mit Schinken und Käse) die Speisekarte an, im Solaris allerdings als „Gordon Bleu".

Don Ávila KARIBISCH $$
(Marcial Gómez, Ecke Libertad; Hauptgerichte 1–5 CUC$; ⊗ 11–23 Uhr; ❄) Das an der Plaza liegende Don Ávila beeindruckt mit seinem majestätischen Ambiente, dem Zigarren-Outlet vor Ort, einer eleganten Bar im traditionellen Stil, dem typischen freundlichen *avileño*-Service und günstigen Preisen. Die *comida criolla* (kreolisches Essen) ist weniger interessant, aber reichlich.

Ausgehen & Nachtleben

Piña Colada BAR
(Ecke Independencia & Honorato del Castillo; ⊗ 15–2 Uhr) Hier werden stolz karibische Cocktails gemixt – seit 2011 in der geradezu arktischen Kälte der Klimaanlage.

La Fontana CAFE
(Ecke Independencia & Antonio Maceo; ⊗ 6–14 & 15–23 Uhr) Ciegos langjährige Kaffeehaus-Institution hat schon bessere Zeiten gesehen. Doch wer einen *cafecito* ohne großes Brimborium, Milch, Mitnehmbecher oder WLAN möchte, wird hier immer noch bedient.

Ciego de Ávila

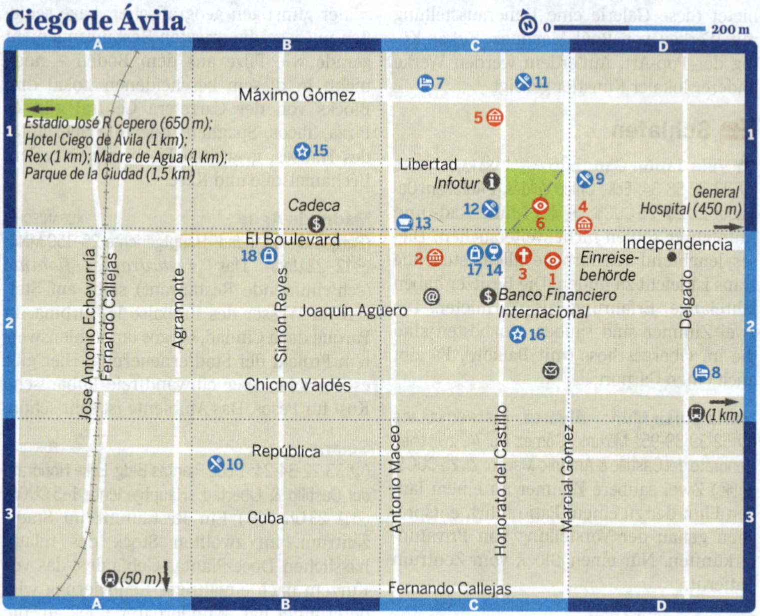

(Map)

Máximo Gómez

Estadio José R Cepero (650 m);
Hotel Ciego de Ávila (1 km);
Rex (1 km); Madre de Agua (1 km);
Parque de la Ciudad (1,5 km)

Libertad
Infotur

Cadeca

El Boulevard

General
Hospital (450 m)

Independencia
Einreise-
behörde

Banco Financiero
Internacional

Joaquín Agüero

Chicho Valdés

República

Cuba

Fernando Callejas

José Antonio Echeverría
Fernando Callejas
Agramonte
Simón Reyes
Antonio Maceo
Honorato del Castillo
Marcial Gómez
Delgado

⭐ Unterhaltung

Teatro Principal   THEATER
(Ecke Joaquín Agüero & Honorato del Castillo)
Einen Block südlich des Parque Martí ent-
schädigt das großartige Teatro Principal
für das Fehlen anderer bedeutender Bauten im Park. Es wurde im Jahr 1927 mit
Hilfe der lokalen Mäzenin Ángela Hernández de Jiménez erbaut. Es hat angeblich
die beste Akustik aller Theater der Insel.
Plakate informieren über die aktuellen
Vorstellungen.

Estadio José R Cepero   ZUSCHAUERSPORT
(Máximo Gómez) Im Zeitraum von Oktober bis
April finden Baseballspiele nordwestlich von
Ciegos Zentrum statt. Das Glück der örtlichen
Tigres hat sich in den letzten Jahren gewen-
det und sie sind gegenwärtig Kubas bestes
Team. In den Jahren 2012, 2015 und 2016 ge-
wannen sie die nationalen Meisterschaften.

**Casa de la Trova Miguel Ángel
Luna**   LIVEMUSIK
(Libertad No 130; ⊙ Di–So 12–18 & 21–1 Uhr) Die
casa de la trova (nationales poetisches Singen) von Ciego zählt zu den Top-Locations
der traditionellen Musik. Donnerstagabend
treten die regionalen *trovadores* in hübscher kolonialer Kulisse auf.

🛍 Shoppen

La Época   GESCHENKE & SOUVENIRS
(Independencia, zwischen Antonio Maceo & Honorato del Castillo; ⊙ Mo–Sa 9–17 Uhr) Dies ist eher
ein ARTex-Souvenirladen als das allbekann-
te kubanische Warenhaus. Auf zwei Etagen
wird hier alles verkauft von reich verzierten
Sonnenschirmen bis hin zu kubanischen
Fahnen.

Librería Juan A Márquez   BÜCHER
(Independencia Oeste No 153, Ecke Simón Reyes;
⊙ Mo–Fr 9–17, Sa 9–12 Uhr) Revolutionäre Wäl-
zer für leidenschaftliche Linke.

ℹ Praktische Informationen

GELD

Banco Financiero Internacional (Ecke Honorato del Castillo & Joaquín Agüero Oeste;
⊙ Mo–Fr 9–15 Uhr)

Cadeca (Independencia Oeste No 118, zwischen Antonio Maceo & Simón Reyes; ⊙ 8.30–
12.30 Uhr)

INTERNETZUGANG

Etecsa Telepunto (Joaquín Agüero No 62;
Internet pro Std. 1,50 CUC$; ⊙ 8.30–19 Uhr)
Verkauft Internetkarten.

Parque Martí Ein WLAN-Hotspot.

Ciego de Ávila

MEDIZINISCHE VERSORGUNG

General Hospital (☎ 33-22-40-15; Máximo Gómez No 257)

POST

Postamt (Ecke Chicho Valdés & Marcial Gómez; ☉ Mo–Sa 8–17 Uhr)

TOURISTENINFORMATION

Infotur (☎ 33-20-91-09; Doce Plantas Bldg, Ecke Honorato del Castillo & Libertad; ☉ 9–12 & 13–18 Uhr) Vielleicht Kubas freundlichste, informativste Infotur-Filiale.

ℹ An- & Weiterreise

BUS

Die **Bushaltestelle** (Carretera Central), etwa 1,5 km östlich des Zentrums von Ciego de Ávila gelegen, wird täglich von zahlreichen Viazul-Bussen angefahren.

Busse von Santiago de Cuba halten auch in Camagüey (6 CUC$, 1½ Std.), Las Tunas (12 CUC$, 4½ Std.), Holguín (17 CUC$, 5¼ Std.) und Bayamo (17 CUC$, 6 Std.). Busse von Havana halten auch in Sancti Spíritus (6 CUC$, 1½ Std.) und Santa Clara (9 CUC$, 2½ Std.). Vorab online oder persönlich am Schalter buchen.

TAXI

Wenn ein Víazul-Bus voll besetzt ist, ist es üblich an der Bushaltestelle herumzuhängen und auf ein *colectivo* (Gemeinschaftstaxi) zu warten. Häufig finden sich andere Reisende mit dem gleichen Problem. Bis zu vier Personen können sich ein Cubataxi teilen; der Preis liegt bei 0,55 CUC$ pro Kilometer.

ZUG

Der **Bahnhof** (☎ 33-22-33-13) liegt sechs Blocks südwestlich des Zentrums von Ciego de Ávila. Ciego liegt an der Hauptstrecke Havana–Santiago. Es gibt gelegentlich Züge nach Havana (15,50 CUC$, 7½ Std.), Bayamo (10,50 CUC$, 7 Std.), Camagüey (3,50 CUC$, 2¼ Std.), Holguín (11 CUC$, 7 Std.), Guantánamo (17 CUC$, 9½ Std.) und Santiago de Cuba (14 CUC$, 9¼ Std.). Es verkehren auch vier Züge täglich nach Morón (1 CUC$, 1 Std.).

Der Fahrplan ist unzuverlässig und die Züge sind bestenfalls schmuddelig. Abfahrzeiten am Tag vor der Fahrt überprüfen.

ℹ Unterwegs vor Ort

Die **Tankstelle Carretera a Morón** (Carretera a Morón) liegt direkt vor der Umgehungsstraße, nordöstlich vom Stadtzentrum. Die **Tankstelle**

PROVINZ CIEGO DE ÁVILA CIEGO DE ÁVILA

BUSSE AB CIEGO DE ÁVILA

REISEZIEL	FAHRPREIS (CUC$)	FAHRZEIT (STD.)	ABFAHRTSZEITEN
Havanna	27	6½	0.50, 2.25, 5.50, 14, 15.40 Uhr
Santiago de Cuba	24	8½	3, 4.30, 10.45, 13.15, 22.20 Uhr
Trinidad	9	2¾	4.25 Uhr
Varadero	19	6½	4.55 Uhr

Oro Negro (Carretera Central) befindet sich nahe der Bushaltestelle.

Rex (Hotel Ciego de Ávila, Carretera a Ceballos; ☉8.30–19.30 Uhr) vermietet Autos und Mopeds.

Morón

59 200 EW.

Obwohl Morón 35 km nördlich von Kubas Hauptstraße Carretera Central – und damit etwas abseits – liegt, ist es ein wichtiger Ort für Reisende (dank der Eisenbahn) und stellt einen guten Stützpunkt für Menschen dar, die Resorts wie jene von Cayo Coco nicht so sehr lieben.

Bereits 1543 gegründet, 300 Jahre vor der Provinzhauptstadt Ciego de Ávila, ist Morón auf der ganzen Insel als Ciudad del Gallo (Stadt des Hahns bekannt). Der Name geht auf einen gockelhaften schikanierenden Beamten der Kolonialzeit zurück, der schließlich seine wohlverdiente Strafe erhielt. Die Stadt besitzt ihrem Alter gemäß architektonische Highlights, zum Teil besser erhaltene Beispiele der für Ciego de Ávila typischen kolonnadengesäumten Fassaden.

Es gibt auch einige ausgezeichnete *casas particulares* und eine überraschende Vielzahl an Aktivitäten in der Umgebung. Die Stadt selbst ist leger und kompakt. Viele Individualreisende mögen sie sehr.

◉ Sehenswertes

Morón ist berühmt für seinen symbolischen **Hahn**, der auf einem Kreisverkehr gegenüber dem Hotel Morón am Südrand der Stadt Wache hält. Er ist benannt nach einem hochnäsigen und übergriffigen Beamten des 16. Jhs., der seine gerechte Strafe von den Einheimischen bekam und aus der Stadt getrieben wurde. Der Hahn kräht (elektronisch gesteuert) jeden Morgen um 6 Uhr zur Weckzeit.

Terminal de Ferrocarriles   BEMERKENSWERTES GEBÄUDE
(Bahnhof; Vanhorne, zwischen Av de Tarafa & Narciso López) Morón war lange Zeit der Haupteisenbahnknotenpunkt in Zentralkuba und besitzt den zweitelegantesten Bahnhof nach Havanna. Das Gebäude entstand 1923 im Kolonialstil, doch die Schalterhalle zeigt sich im stromlinienförmigen Art-déco-Look. Ein Hingucker ist auch das Oberlicht aus Buntglas. Wie so viele Dinge im ländlichen Kuba benötigte es eigentlich dringend eine Restaurierung.

Museo Caonabo   MUSEUM
(Martí No 374, zwischen Cervantes & Antuña; 1 CUC$; ☉Mo–Sa 9–17, So 8–12 Uhr) Zwischen wimmelnden Bürgersteigen und abblätternden Fassaden beherbergt Moróns frühere Bank, ein imposanter neoklassizistischer Bau von 1919, ein gut kuratiertes Geschichts- und Archäologiemuseum. Auf dem Dach gibt es einen *mirador* (Aussichtsplatz) mit einem schönen Blick über die Stadt.

Central Patria o Muerte   HISTORISCHE STÄTTE
(Patria; inkl. Führung 3 CUC$; ☉8–17 Uhr) Kubas Zuckerindustrie wird in dieser riesigen ehemaligen Zuckermühle von 1914 im Dorf Patria, 3 km südlich von Morón bewahrt. Führer erklären den Prozess der Zuckerverarbeitung von Sklavenzeiten bis zur Stilllegung der Fabrik im Jahr 2001. Für weitere 4 CUC$ können Besucher mit einem 1920 in Philadelphia gebauten Baldwin-Dampfzug 5 km durch die Zuckerrohrfelder zum Rancho Palma fahren. Auf dieser malerischen *finca* (Farm) mit einem Bar-Restaurant kann man *guarapo* (gepressten Zuckerrohrsaft) kosten.

Die Mühle mit ihren 263 Arbeitern wurde 1919 den Amerikanern übergeben und blieb in „Yanqui"-Hand bis zur Nationalisierung im Jahr 1960.

🛏 Schlafen

⭐ **Alojamiento Maité**   CASA PARTICULAR $
(☎33-50-41-81; maite68@enet.cu; Luz Caballero No 40b, zwischen Libertad & Agramonte; r 25–30 CUC$; 🅿✳@☎) Sicher eine der bestgeführten *casas* in ganz Kuba; allein wegen Maité lohnt es sich, Morón zu besuchen. Entspannen am kleinen Pool, auf der luftigen Dachterrasse oder in einem der großen gut ausgestatteten Zimmer mit Kosmetikartikeln, gut gefüllten Minibars (mit Wein) und gestärkten weißen Laken (werden täglich gewechselt).

Doch das allerbeste sind die unermüdliche Gastgeberin und ihr Personal, die nicht nur den Aufenthalt der Gäste unvergesslich machen, sondern sie auch überzeugen, dass Morón eine der unterschätztesten Kleinstädte Kubas ist.

Es gibt fünf Zimmer. Im Voraus buchen.

Alojamiento Vista al Parque CASA PARTICULAR $
(☎33-50-41-81; yio@hgm.cav.sld.cu; Luz Caballero No 49d Altos, zwischen Libertad & Agramonte; Zi. 25–30 CUC$; 🅿✳@) In diesem hübschen hellblauen Haus sind Bequemlichkeit und reibungsloser Service angesagt. Die drei

Zimmer (darunter zwei Apartments) bieten Terrassen und den Blick auf einen gut gepflegten Park. Die *casa* wird geführt von Idolka (die etwas Englisch spricht) und ist dem Alojamiento Maité angeschlossen.

Casa Belkis CASA PARTICULAR $
(☎33-50-57-63; Cristobal Colón No 37; Zi. 20–25 CUC$; ❄) Nur ein großartiges koloniales Zimmer, das einfach super ist. Der Blick geht auf einen der idyllischsten Plätze der Stadt, den Parque los Ferrocarriles. Direkt nordöstlich vom Bahnhof (S. 340).

La Casona de Morón HISTORISCHES HOTEL $
(☎33-50-22-36; Colón No 41; EZ/DZ 34/45 CUC$; P❄🏊) Angeblich wie eine schmuddelige Stadt hütet Morón auch viele Geheimnisse. Eines davon ist dieses wunderschöne gelb-weiße Plantagenhaus, dessen Veranda rundherum führt, und das in ein kleines Hotel verwandelt wurde. Es gibt acht einfache Zimmer, attraktives koloniales Dekor und einen hübschen Pool im schattigen Gelände. Es war lang die Lieblingsunterkunft von Moróns kleiner, aber aktiver Jagd- und Angelszene.

 **Essen**

Restaurante Maité la Qbana INTERNATIONAL $$
(☎33-50-41-81; Luz Caballero No 40, zwischen Libertad & Agramonte; Hauptgerichte 10–15 CUC$; ⊙12–23 Uhr; 🍴) Maité ist eine sehr einfallsreiche Köchin, deren internationale, mit viel Liebe zubereitete Gerichte Zweifel an der Beliebtheit der allgegenwärtigen Büfetts aufkommen lassen. Al dente gekochte Pasta, guter Wein, hausgemachte Desserts und eine Paella, bei der *valencianos* Sehnsucht nach ihrer Heimat bekommen, machen eine Reservierung hier empfehlenswert.

Don Papa KUBANISCH $$
(Enrique Varona No 56, zwischen Calle 5 & 6; Hauptgerichte 7 CUC$; ⊙12–24 Uhr) Auch wenn hier internationale Flaggen wehen, ist Don Papa hundertprozentig *cubano*. Das Essen ist einfach köstlich und auch sehr reichlich. Zu Fleisch, Fisch und Hummer werden Wurzelgemüse, Kochbananen, Reis und Bohnen serviert. Und es gibt Livemusik. Es ist ein einfacher Anbau an einem durchschnittlichen Haus in einer Seitenstraße.

 Ausgehen & Nachtleben

Discoteca Morón CLUB
(Hotel Morón, Av de Tarafa; ⊙22 Uhr bis spät) Junge wilde Unterhaltungssüchtige stellen die Geduld der zahlenden Gäste im Hotel Morón auf eine harte Probe.

 **Unterhaltung**

Casa de la Trova Pablo Bernal LIVEMUSIK
(Martí No 169; ⊙20–23 Uhr) Lebendige Veranstaltungsstätte mit einem beliebtem Comedy-Abend am Mittwoch.

ℹ **Praktische Informationen**

GELD
An der Hauptstraße, Calle Martí, gibt es mehrere Geldautomaten.
Cadeca (Ecke Martí & Gonzalo Arena; ⊙Mo–Sa 9–16.40, So 9–12 Uhr) Möglichkeit zum Geldwechseln.

INTERNETZUGANG
Internet gibt es in Moróns **Etecsa** (El Centro Multiservicio de Morón; Ecke Martí & Céspedes; pro Std. 1,50 CUC$; ⊙8.30–19.30 Uhr); der Park davor ist ein WLAN-Hotspot.

MEDIZINISCHE VERSORGUNG
Hospital Multiclínica Roberto Rodríguez (☎33-50-50-11; Zayas, zwischen Libertad & Teneria; ⊙24 Std.) Zentral gelegen, drei Blocks östlich der Martí.

TOURISTENINFORMATION
Cubatur (Martí No 169; ⊙9–17 Uhr) In der Casa de la Trova gibt es Informationen zur Laguna de la Leche und der Laguna la Redonda. Es werden auch Touren nach Florencia (S. 343) organisiert.

ℹ **An- & Weiterreise**

BUS
Morón wird von öffentlichen Verkehrsmitteln etwas stiefmütterlich behandelt; es gibt keine Verbindungen mit Víazul-Bussen. Die günstigste Busverbindung ist nach Ciego de Ávila; von dort aus kostet ein Taxi zwischen 15 CUC$ und 20 CUC$ (40 Min.).
Moróns **Bushaltestelle** (Martí No 12) liegt einen Block nördlich des Bahnhofs in Richtung Zentrum; von dort verkehren regionale Busse, die Reisenden leider nicht viel bringen.

ZUG
Morón war einst ein wichtiger Halt an der Bahnstrecke, der imposante **Bahnhof** (Vanhorne, zwischen Av de Tarafa & Narciso López) ist legendär, doch die Züge sind es keineswegs (verspätet, unzuverlässig und in schlechtem Zustand).
Es sollen drei bis vier Züge täglich nach Ciego de Ávila (1 CUC$, 1 Std.) fahren, wo Reisende Züge der Hauptlinie Havana–Santiago (oder

LOS BUCHILLONES

Versteckt an der Nordwestküste der Provinz Ciego de Ávila liegt die archäologische Stätte Los Buchillones, die seit den 1980er-Jahren ausgegraben wird, seit Fischer Werkzeuge wie Axtgriffe und Nadeln in den Mooren der Umgebung gefunden haben.

Dabei stellte sich heraus, dass Los Buchillones in der Zeit vor der Ankunft der Europäer eine Taíno-Siedlung von beträchtlicher Größe mit 40 bis 50 Häusern gewesen war. *Cemíes* (Taíno-Gottheiten wie der Gott des Regens, der Gott des Maniok und andere), Kanus, Reste von Häusern und vieles mehr wurden in der Folge hier gefunden. Und die Ausgrabungsarbeiten gehen weiter. Der Schlamm am Grund der flachen Lagune schützte die Artefakte gut und brachte die bedeutendste Ansammlung präkolumbischer Relikte auf den Großen Antillen zum Vorschein.

Viele der Artefakte sind entweder im **Museo Municipal** (Agramonte No 80, zwischen Calixto García & Martí; 1 CUC$; ⊙ Mo–Do 8–17, Fr 8–21, So 9–12 Uhr) in Chambas oder im Museo Provincial Simón Reyes (S. 335) in Ciego de Ávila zu sehen. Doch jeder, der sich für das präkolumbische Kuba interessiert, sollte zur Ausgrabungsstätte fahren. Dort auf halbem Weg zwischen dem Fischerdorf Punta Alegre und Punta San Juan gibt es auch ein kleines Museum, das die Funde zeigt. Einige Züge fahren durch Chambas; von dort sind es 35 km Fahrt durch den Parque Nacional Caguanes nach Los Buchillones (öffentliche Verkehrsmittel sind hier rar).

einen Bus) nehmen können. Es gibt auch Verbindungen nach Camagüey (3 CUC$, 4 Std., tgl.) und Santa Clara ($4 CUC, 6 Std., diese verkehren jeden zweiten Tag).

❶ Unterwegs vor Ort

Die Straßen von Morón Richtung Nordwesten nach Caibarién (112 km) und Richtung Südosten nach Nuevitas (168 km) sind gut. Mietwagen sind rar und es lohnt sich, einige Tage im Voraus einen Wagen zu reservieren, etwa bei **Cubacar** (☑ 33-50-22-30; Hotel Morón, Av de Tarafa; ⊙ 9–17 Uhr).

Die **Servi-Cupet-Tankstelle** (Carretera a Ciego de Ávila; ⊙ 24 Std.) liegt einen Block südlich des Hotel Morón.

Wegen eines Taxis entweder den Besitzer der *casa particular* fragen oder es vor dem Bahnhof versuchen. Der Preis liegt für Fahrten aus der Stadt hinaus bei etwa 0,55 CUC$ pro Kilometer.

Die lokalen Busse empfehlen wir nicht.

Rund um Morón

Laguna de la Leche & Laguna la Redonda

Wassersport schlägt an diesen beiden großen natürlichen Seen direkt nördlich von Morón gewaltige Wellen. Hier schwimmen reichlich Fische und man kann ein Motorboot für eine Fahrt durch die Mangroven mieten. An beiden Seen gibt es Essen, Angelausflüge und verschiedene Bootsfahrten.

Der kleinere Redonda steht auf der Liste der Tagesausflüge ab Cayo Coco und besitzt die bessere touristische Infrastruktur. Näher an Morón liegt die größere Laguna de la Leche mit mehr einheimischen Besuchern.

◉ Sehenswertes

★ **Laguna la Redonda**　　　　SEE

(⊙ 9–17 Uhr) Angler aufgepasst: 12 km nördlich von Morón, abseits der Straße nach Cayo Coco bietet dieser mangrovenbestandene 4 qkm große See, die größte Dichte an Barschen und Forellen auf der gesamten Insel. Vier Stunden Angeln kosten 70 CUC$. Auch Bootstouren sind möglich und auf den engen, dicht bewachsenen Zuflüssen fühlt man sich ein bisschen wie auf dem Amazonas. Besucher dürfen auch das Steuer übernehmen!

Wer kein leidenschaftlicher Angler ist, kann es sich einfach im rustikalen Bar-Restaurant gemütlich machen und bei einem Drink oder einem Fischgericht den Blick auf den See genießen.

Laguna de la Leche　　　　LAKE

Die Laguna de la Leche (Milchsee) trägt ihren Namen wegen der reflektierenden Unterwasser-Kalksteinlager; sie ist Kubas größter natürlicher See (66 km^2). Ihr Wasser ist eine Mischung aus Süß- und Salzwasser. Angler sammeln sich hier in großer Zahl wegen der zahlreichen Karpfen, Tarpune und Tilapias. Geführte Angelausflüge (70 CUC$

für vier Stunden) lassen sich am Haupteingang des Südufers arrangieren.

Für etwas mehr Geld können Angler ihren Fang behalten und ihn bei einem Barbecue an Bord eines Schiffes garen. Es gibt auch Bootsausflüge ohne Angeln (20 CUC$ für 45 Min.).

Am See wird auch der jährliche Morón Aquatic Carnival veranstaltet, normalerweise im September.

 Essen

Restaurant Laguna la Redonda   FISCH $
(Hauptgerichte 4–8 CUC$; ☺10–17 Uhr) Dieses Restaurant am Zugang zur Laguna la Redonda bietet gute *comida criolla* oder einen Drink mit Blick auf den See. Spezialität des Hauses ist ein Fischfilet namens *calentico* – super mit Ketchup und Tabasco.

La Atarraya   FISCH $
(Hauptgericht 2–7 CUC$; ☺12–18 Uhr) In einem auf Stelzen stehenden und mit Schindeln belegten Haus direkt vor dem Südufer der Laguna de la Leche befindet sich eines der besten Fischrestaurants der Insel. Das unglaublich preiswerte Essen wird dominiert von *paella valenciana* und *pescado monteroro* (Fischfilet mit Schinken und Käse); die Atmosphäre ist gemütlich und lebendig.

☆ Unterhaltung

Cabaret Cueva   VARIÉTÉ
(Laguna de la Leche; ☺Do–So 22 Uhr bis spät) Einheimische trampen, laufen oder fahren gern die sechs Kilometer von Morón bis zu diesem Variété, das in einer Höhle am Südufer der Laguna de la Leche stattfindet.

Loma de Cunagua

Die Loma de Cunagua (5 CUC$; ☺9–16 Uhr), ragt wie ein riesiger Termitenhügel über der flachen Umgebung auf. Diese wilde, von Bäumen bedeckte *loma* (Hügel) ist seit 1985 ein Schutzgebiet für Flora und Fauna. Hier gibt es ein Restaurant im *ranchón*-Stil, ein kleines Netz an Wanderwegen und ausgezeichnete Möglichkeiten zur Vogelbeobachtung. Mit 364 m über dem Meeresspiegel ist die Loma de Cunagua der höchste Punkt in der Provinz Ciego de Ávila und der Blick reicht weit über das Land und das Meer.

Auf den kurzen, von Büschen bestandenen Wegen sind die Chancen gut, Tocororos (Kubatrogone), *zunzunes* (Bienenelefen) und Ähnliches zu sehen; die Führer sind in der Regel mehrsprachig und kenntnisreich.

Einzelreisende, die das Schutzgebiet besuchen möchten, sollten besser zuvor anrufen anstatt unangekündigt aufzutauchen. Normalerweise arrangiert **Ecotur** (☑33-30-81-63; Hotel Sol Cayo Coco; ☺9–17 Uhr) in Cayo Coco Touren; so ist auch sichergestellt, dass ein Naturkundler Besucher auf den ungekennzeichneten Wegen herumführt und Flora und Fauna erklärt.

Um zum Naturschutzgebiet zu gelangen, das 18 km östlich von Morón liegt (ausgeschildert), braucht man ein Auto (oder ein Taxi). Nach dem Bezahlen des Eintrittspreises führt eine 7 km lange unbefestigte Straße zum Gipfel; dort beginnen die Wanderwege. Eine Reihe von **Hütten** (☑33-30-81-63; Zi. 30 CUC$) bietet schlichte Unterkunft für alle, die ländliche Stille suchen. Es gibt auch ein einfaches Restaurant und einen Aussichtsturm.

Florencia

Umgeben von sanften Hügeln, wurde die verschlafene Stadt Florencia, 40 km westlich von Morón, nach dem italienischen Florenz benannt – frühe Siedler fühlten sich an die Landschaft der Toskana erinnert. In den frühen 1990er-Jahren ließ die kubanische Regierung einen Staudamm für ein Wasserkraftwerk bauen, die Liberación de Florencia am Río Chambas. Der See, der dadurch entstanden ist, ließ eine unerwartet harmonische Kombination aus Wasser und Grün entstehen. Mit der maßvollen Landwirtschaft und dem nahe gelegenen Naturschutzgebiet von Boquerón ist Florencia eine schöne Tagestour von Morón aus.

Aktivitäten

Es gibt zwei Touren, die im Gebiet von Florencia arrangiert werden. Einen Ausflug zu Pferd und zu Fuß durch die Hügel um den See zu einer Tabakfarm, gefolgt von einer Bootstour zur einzigen Insel des Sees mit ihrem rustikalen Restaurant zum Lunch, zur Entspannung und zum Kajakfahren.

Das zweite Angebot ist eine Kombination aus Ausritt und Wanderung ins nahe Naturschutzgebiet von Boquerón, die dem Lauf des Río Jatibonico folgt, wo die Teilnehmer schwimmen und einige Höhlen erkunden können.

Um einen dieser Ausflüge zu organisieren, ruft man am besten bei **La Esquinita** an (☑33-55-92-94; Ecke Martí & Agramonte; ☺9–20 Uhr).

JARDINES DE LA REINA

Die unbewohnten Jardines de la Reina sind ein 120 km langes System aus Mangroven-wäldern und Koralleninseln, das 80 km vor der Südküste der Provinz Ciego de Ávila und 120 km nördlich der Cayman-Inseln liegt. Der Meerespark umfasst 3800 km² und ist ein Gebiet, das seit den Zeiten des Kolumbus mehr oder weniger unberührt ist. Es ist die beste Tauchlocation auf Kuba (nein, in der ganzen Karibik), doch sind nur wenige Besucher zugelassen bei jährlich etwa einem halben Dutzend Schiffstouren.

Kommerzielles Fischen wurde in diesem Gebiet verboten; hier wohnen keine Einheimischen und Taucher müssen an Bord eines zweistöckigen Hausboots namens *Hotel Flotante Tortuga* bleiben oder auf einer von fünf gut ausgestatteten Jachten ab dem Embarcadero de Júcaro (auf dem Festland) kommen.

Die Pflanzenwelt besteht aus Palmen, Koniferen, Seetrauben und Mangroven, während die Tierwelt – neben Baumratten und Leguanen – eine interessante Vielfalt an Vögeln bietet, darunter Fischadler, Pelikane, Löffler und Reiher. Unter Wasser sind Haie (Wal- und Hammerhaie) die Hauptattraktion, dazu unberührte Korallen und die unglaubliche Klarheit des Wassers. Deshalb kommen Taucher aus aller Welt.

Zu den Jardines zu kommen ist weder einfach noch billig. Die einzige Möglichkeit ist ein Tauchausflug mit dem italienisch geführten Anbieter **Avalon** (www.cubandivingcenters. com). Einwöchige Taucharrangements, die Ausrüstung, sieben Übernachtungen, einen Führer, eine Parklizenz, 12 Tauchgänge sowie Essen und Trinken umfassen, kosten ab 3250 CUC$. Auf der Website gibt es mitunter Angebote. Ein weiterer Anbieter, **Windward Islands Cruising Company** (www.windward-islands.net), schließt die westliche Spitze der Inselgruppe in ihre einwöchigen Kuba-Kreuzfahrten ein.

 **Essen**

Restaurante Presa de Florencia
KUBANISCH $

(Hauptgerichte 3,50–5 CUC$; ◷9–17 Uhr) Ein traditionelles, an einer Seite offenes Restaurant unter einem reetgedeckten Dach auf einer kleinen Insel mitten im Stausee von Florencia. Es wird kubanisches Essen serviert; verwendet werden die Zutaten, die gerade zur Verfügung stehen. Bei organisierten Ausflügen ist das Essen im Allgemeinen im Preis eingeschlossen - Cubatur (S. 341) in Morón oder La Esquinita (S. 343) bieten solche Ausflüge an.

ⓘ An- & Weiterreise

Außer den lokalen Lkws und Bussen, deren Fahrplan sehr unzuverlässig ist, verkehren keine öffentlichen Verkehrsmittel nach Florencia. Am besten ist es, einen Wagen zu mieten oder in Morón ein Taxi zu nehmen (einfache Fahrt rund 25 CUC$, 1 Std.).

Cayo Coco

Im Archipiélago de Sabana-Camagüey, oder den Jardines del Rey (Gärten des Königs, wie Reisebroschüren mit Vorliebe schreiben), liegt Cayo Coco, Kubas viertgrößte

Insel. Das 370 km² große, von Stränden gesäumte Inselchen hat sich ganz dem Tourismus ergeben. Der Bereich nördlich der Bahía de Perros (Hundebucht) war bis 1992 unbewohnt, bis das erste Hotel- das Cojímar – im angrenzenden Cayo Guillermo errichtet wurde. Seither kamen die Bulldozer nicht zur Ruhe.

Cayo Coco ähnelt stark dem westlich gelegenen Cayo Santa María, obwohl Letzteres jetzt eine größere Bettenkapazität und bessere Sternebewertungen hat. Seit 1988 ist die Insel durch einen 27 km langen Damm, der die Bahía de Perros durchschneidet, mit dem Festland verbunden. Es gibt auch Dämme im Westen von Cayo Coco nach Cayo Guillermo und im Osten nach Cayo Romano; außerdem einen internationalen Flughafen.

◎ Sehenswertes & Aktivitäten

Cayo Paredón Grande
INSEL

(Karte S. 346) Östlich von Cayo Coco führt eine Straße hinüber nach Cayo Romano (in der Provinz Camagüey) und wendet sich nördlich nach Cayo Paredón Grande und zum Faro Diego Velázquez, einem 52 m hohen Leuchtturm aus dem Jahr 1859. In diesem Bereich gibt es eine Reihe einsamer Strände, darunter die hochgelobte Playa los Pinos, außerdem kann man dort gut angeln. Am besten so bald wie möglich besuchen! Hier sollen nämlich bald Hotels entstehen.

Rocarena
KLETTERN

(Karte S. 346; ☑ 33-30-21-29; Av de los Hoteles; 25 CUC$; ⊙ 9–21 Uhr; 🚗) Ein geschickt entworfenes Kletterzentrum, vor allem für Kids und Teenager, aber auch Erwachsene dürfen dort klettern. Jede Menge Flaschenzüge, Seile, Schaukeln, Kletterwände und ein Mini-Bungee-Sprung sorgen für einige Stunden Beschäftigung. Es gibt kenntnisreiches Personal und gute Sicherheitsgurte. Das Zentrum liegt westlich des Hotel Sol Cayo Coco.

Centro Internacional de Buceo Blue Diving
TAUCHEN

(Karte S. 346; http://nauticamarlin.tur.cu/en; Meliá Cayo Coco Resorts. Am Strand innerhalb des Meliá Cayo Coco Resorts. Tauchgänge kosten ab 45 CUC$ (ein Tauchgang), ein Einführungskurs im Swimmingpool mit einem Tauchgang im Meer kostet 70 CUC$. Der Tauchbereich erstreckt sich über 10 km, vorwiegend Richtung Osten; es gibt sechs zertifizierte Lehrer, die 30 Taucher pro Tag betreuen können.

Achtung: Das Meer ist hier kabbelig, so werden Tauchgänge oft abgesagt.

Marina Marlin Aguas Tranquilas
ANGELN

(Karte S. 346; http://nauticamarlin.tur.cu/en) Cayo Cocos wichtigster Jachthafen liegt an der Südküste der Insel beim Meliá Cayo Coco; dort werden Touren zum Hochseeangeln angeboten (310 CUC$ für 4 Std.).

🛏 Schlafen

In Cayo Coco dominieren All-inclusive-Resorts, die alle direkten Zugang zum Strand haben. 3- bis 5-Sterne-Unterkünfte sind relativ ähnlich. Es gibt keine kubanische Siedlung auf der Insel und daher auch keine privaten Pensionen. Für Alleinreisende ist das rustikale, aber preiswerte Sitio la Güira die beste Wahl.

Sitio la Güira
HÜTTE $

(Karte S. 346; ☑ 33-39812; cabaña 25 CUC$; 🚿) 🅿 Für Backpackers ist auf Kubas Resort-Inseln nicht gut gesorgt, nur in dieser schlichten Unterkunft, dem Nachbau eines einstigen Köhlercamps. Vier pseudo-rustikale bohíos (reetgedeckte Hütten) mit Bad und

– man höre und staune – Klimaanlage (wohl um die Moskitos zu vertreiben) werden vermietet. Es gibt ein Restaurant und eine Bar im ranchón-Stil vor Ort.

★ Meliá Cayo Coco
RESORT $$$

(Karte S. 346; ☑ 33-29555; www.meliacuba.com; EZ/DZ all-inclusive 265/378 CUC$; 🅿 ❄ @ 🛜 🏊) Das intime Resort an der Playa las Coloradas liegt am östlichen Ende der Hotelreihe und hält alles, was Spaniens Meliá-Kette verspricht. Besonders luxuriös sind die eleganten weißen Bungalows, die auf Stelzen in der Lagune stehen. Die Preise sind hoch, dafür ist das Meliá auch sehr exklusiv. Da keine Kinder erlaubt sind, geht es sehr ruhig zu.

Pullman Cayo Coco
RESORT $$$

(Karte S. 346; ☑ 33-30-44-00; www.accorhotels.com; Zi. all-inclusive ab 350 CUC$; 🅿 ❄ @ 🛜 🏊) Das neueste 5-Sterne-Resort von Cayo Coco wurde im Dezember 2015 eröffnet und hat sich einen großen Teil der einst ruhigen Playa las Coloradas einverleibt. Es gibt zwei verschiedene Teile – einen Familienbereich und einen Bereich nur für Erwachsene. Gäste rühmen den Service, den Strand und das (für Kuba) leistungsfähige WLAN. Doch wie alle neuen Resorts wirkt es noch ein bisschen kahl und steril.

Meliá Jardines del Rey
RESORT $$$

(Karte S. 346; ☑ 33-30-43-00; www.meliacuba.com; EZ/DZ all-inclusive 186/232 CUC$; 🅿 ❄ @ 🛜 🏊) Der Riese unter Kubas Resorts (1176 Zimmer), ein 5-Sterne-Etablissement, das 2014 eröffnete, bildet eine kleine Stadt, in der mit Golf-Carts herumgefahren wird. Karten erleichtern es, sich zurechtzufinden. Es gibt mehr Restaurants als in der nahen Stadt Morón. Die Gemeinschaftsbereiche sind minimalistisch gestaltet; in den Zimmern gibt es einige Farbakzente und kühnes zeitgenössisches Design.

Colonial Cayo Coco
RESORT $$$

(Karte S. 346; ☑ 33-30-13-11; www.hotelescuba nacan.com; EZ/DZ all-inclusive 148/190 CUC$; 🅿 ❄ @ 🛜 🏊) Die Villen im spanischen Kolonialstil mit attraktiv gefliesten Gemeinschaftsbereichen geben dem Colonial ein elegantes Flair – eine wunderbare Abwechslung zu all den schlichten standardisierten All-inclusive-Resorts in Kuba.

Dies war 1993 das erste Hotel auf Cayo Coco (für diese Insel eine weit zurückliegende Vergangenheit) und es bleibt hübscher als viele seiner jüngeren Geschwister.

Cayo Coco & Cayo Guillermo

Cayo Coco & Cayo Guillermo

◎ Sehenswertes
1 Cayo Paredón Grande F2
2 Playa Pilar A1

◆ Aktivitäten, Kurse & Touren
Boat Adventure .... (s. 6)
Centro Internacional de
Buceo Blue Diving .... (s. 10)
3 Centro Internacional de
Buceo Coco Diving A1
Ecotur .... (s. 10)
4 Marina Marlin Aguas
Tranquilas D2
Marina Marlin Cayo
Guillermo .... (s. 6)
5 Rocarena D2

🛏 Schlafen
6 Casa Gregorio A1
7 Colonial Cayo Coco D2

8 Hotel Tryp Cayo Coco D2
9 Iberostar Daiquirí A1
10 Meliá Cayo Coco D2
11 Meliá Jardines del Rey D2
12 Pullman Cayo Coco D2
13 Secortel Club Cayo Guillermo A1
14 Sitio la Güira C2

✕ Essen
15 Lenny's Lobster Shack D1
Rancho Flamingo .... (s. 11)
16 Ranchón Playa Pilar A1

🔒 Shoppen
Plaza Los Flamencos .... (s. 11)

ⓘ Information
Clínica Internacional Cayo
Coco .... (s. 7)

Hotel Tryp Cayo Coco RESORT **$$$**
(Karte S. 346; ☎ 33-30-13-00; www.meliacuba.com; EZ/DZ all-inclusive 173/216 CUC$; P✹@🛜🏊) Das Tryp Cayo Coco ist eine gute Wahl für Familien. Das Tryp ist das perfekte All-inclusive-Resort mit einem unregelmäßig geformten Pool, einer Vielzahl Bars und abendlichen Touristen-Shows.

Die Einrichtungen sind gut, obwohl übereifrige Animateure am Pool manchmal die Stimmung eines Ferienlagers aufkommen lassen. Die mehr als 500 Zimmer – in sonnigen dreistöckigen Apartmenthäusern – sind groß, mit Balkon und riesigen Betten, wenn auch schon ein bisschen abgenutzt. Die Bewertung mit vier Sternen ist eher großzügig.

PROVINZ CIEGO DE ÁVILA CAYO COCO

ATLANTISCHER
OZEAN

Cayo
Paredón
Grande

1

Infotur
Aeropuerto
Internacional
Jardines del Rey

Cayo
Romano

**PROVINZ
CAMAGÜEY**

✕ Essen

Unter den allgegenwärtigen „All-you-can-eat"-Büfetts von Cayo Coco gibt es einige individuelle Restaurants, vor allem an den Stränden.

Rancho Flamingo · KARIBISCH $
(Karte S. 346; Playa los Flamencos; Hauptgerichte 4–10 CUC$; ⏱10–19.30 Uhr; Ⓟ) Hier können Gäste ausgezeichneten Fisch und Meeresfrüchte, ein kaltes Bier, Schwimmen, ein Sonnenbad und noch mehr Bier genießen. Das Flamingo hütet ein kleines Stück öffentlichen Strand im Schatten von Kubas größtem Resort.

Lenny's Lobster Shack · FISCH & MEERESFRÜCHTE $$
(Karte S. 346; Playa Prohibida; Hauptgerichte 7–15 CUC$; ⏱10–19.30 Uhr) Das Lenny's – angeblich benannt nach einem kanadischen Touristen und Stammgast – ist eine schöne reetgedeckte Rundhütte an der Playa Prohibida, an der es keine Hotels gibt. Es ist dekoriert mit alten kanadischen Nummernschildern und wird für ein Gericht gerühmt: eine Zusammenstellung aus Hummer, Garnelen und Fisch. Dafür sind 15 CUC$ (!) wirklich gut angelegt. Die Hausband, Coco Indio, wird meist durch einige Gäste verstärkt.

🛍 Shoppen

Plaza Los Flamencos · EINKAUFSZENTRUM
(Karte S. 346) Neues Einkaufszentrum direkt beim Eingang zum Meliá Jardines del Rey mit Souvenir- und Bekleidungsgeschäften, einer Bowlingbahn und einem für alle offenen Spa.

❶ Praktische Informationen

GELD
In allen Resorts von Cayo Coco gibt es Wechselstuben. Der Kurs ist etwas besser als bei der Bank.

Banco Financiero Internacional (Karte S. 346; Rotunda, 4 Caminos; ⏱Mo–Sa 8.30–17 Uhr)

MEDIZINISCHE VERSORGUNG
Clínica Internacional Cayo Coco (Karte S. 346; ☑33-30-21-58; Colonial Cayo Coco; ⏱9–17 Uhr) Bietet medizinische Versorgung. Im Colonial Cayo Coco.

TOURISTENINFORMATION
Infotur (Karte S. 346; ☑33-30-91-09; www.infotur.cu; Jardines del Rey Airport; ⏱8.30–17 Uhr) Verfügt über ein hilfreiches Büro am Flughafen sowie über Schalter in den wichtigsten Hotels. Im Infotur in Ciego de Ávila (S. 339) gibt es auch jede Menge Informationen über Cayo Coco.

❶ An- & Weiterreise

FLUGZEUG
Auf Cayo Cocos **Aeropuerto Internacional Jardines del Rey** (Karte S. 346; ☑33-30-91-65) werden jährlich 1,2 Millionen Reisende abgefertigt. Wöchentlich landen hier Flugzeuge aus Kanada, Großbritannien, den USA, Frankreich, Argentinien und anderen Ländern. Aerogaviota (www.aerogaviota.com) bietet täglich Flüge von und nach Havana (etwa 110 CUC$; 3 Std. mit Zwischenlandung), meist über Holguín.

TAXI
Ein Taxi von Morón nach Cayo Coco kostet etwa 40 CUC$ (1 Std.); von Ciego de Ávila, 60 CUC$ (1¾ Std.). Die Benutzung des Damms kostet 2 CUC$ Maut.

❶ Unterwegs vor Ort
Seit Transtur die Hop-on/Hop-off-Doppeldeckerbusse eingeführt hat, ist es wesentlich einfacher geworden, auf Cayo Coco und Cayo Guillermo herumzukommen. Das Angebot ändert sich je nach Jahreszeit, doch gibt es wenigstens zwei Busse täglich in jede Richtung. In der Hauptsaison sind es sechs Busse. Der Bus verkehrt in ost-westlicher Richtung

zwischen dem Pullman Cayo Coco und Playa Pilar; Zwischenstopps werden an allen Hotels in Cayo Coco und Cayo Guillermo eingelegt. Eine Tageskarte kostet 5 CUC$. Die gesamte Fahrt dauert mit Stopps 50 Minuten.

In jedem der Hotels besteht auch die Möglichkeit bei **Cubacar** (www.cubacar.info; pro Tag ab 70 CUC$) ein Auto oder ein Moped zu mieten.

Einige der Hotels stellen auch kostenlos Fahrräder zur Verfügung, allerdings lässt die Qualität oft zu wünschen übrig.

Cayo Guillermo

Ach ja, Cayo Guillermo: Weiße Sandstrände säumen den Lieblingsplatz von Rosaflamingos und Kubas zweitberühmtestem Ernesto nach Che Guevara – Señor Hemingway. Es war Hemingway, der Guillermo zuerst bekannt machte, indem er es in seinem posthum veröffentlichten Roman *Inseln im Strom* (1970) in glühenden Farben schilderte. Die Entwicklung der nördlichen Cayos nahm 1993 hier ihren Anfang, als das erste der sechs All-inclusive-Resorts, Villa Cojímar, seine Tore öffnete. Lange vor allem als Ort zum Hochseeangeln bekannt, hat sich das 13 qkm große Guillermo dank seiner steifen Brisen an der Nordküste zu Kubas Kiteboard-Hochburg entwickelt. Die Mangroven vor der Südküste sind auch heute Heimat für zahlreiche Rosaflamingos und Pelikane. Das atlantische Riff hat eine faszinierende Vielfalt an tropischen Fischen und Krebstieren.

Würde es Hemingway heute noch hier gefallen? Wahrscheinlich nicht. Nichtsdestotrotz ziert eine Staute des Schriftstellers, der einst Guillermo wegen der Einsamkeit und des Angelns rühmte, an der Brücke.

Sehenswertes & Aktivitäten

Playa Pilar STRAND

(Karte S. 346) Dieser äußerst beliebte Streifen Sand wird regelmäßig als bester Strand Kubas (und der ganzen Karibik) beworben. Gründe dafür sind der staubfeine weiße Sand und die 15 m hohen Sanddünen (die höchsten ihrer Art in der Karibik). Doch sein Glanz wurde jüngst erheblich getrübt, weil in Sichtweite ein vierstöckiges Resort gebaut wurde. Was einst außergewöhnlich war, erscheint heute durchschnittlich.

Abgesehen von Neubauten ist das Meer an der Playa Pilar warm, flach und reich an Schnorchelmöglichkeiten. Einen Kilometer entfernt, durch einen ruhigen Kanal getrennt, lockt der glitzernde Sand von Cayo Media Luna, einst ein Rückzugsort am Strand für Fulgencio Batista. Es gibt Ausflüge dorthin (25 CUC$), außerdem einen Verleih von Kajaks und Fahrrädern – all das organisiert ein kleines Büro (geöffnet von 9 bis 15 Uhr) am Strand beim rustikalen Strandlokal **Ranchón Playa Pilar** (Karte S. 346; Hauptgerichte 12–18 CUC$; ⌚10–16.30 Uhr).

Der Hop-on-/Hop-off-Bus ab Cayo Coco hält in der Hauptsaison täglich sechsmal in jede Richtung in Playa Pilar (sonst zwei-bis viermal). Und ja, der Strand ist nach Hemingways Fischerboot, *Pilar,* benannt.

Marina Marlin Cayo Guillermo ANGELN

(Karte S. 346; ☎33-30-15-15; http://nauticamarlin.tur.cu/en) Wenn man von Cayo Coco kommt, rechts des Damms gelegen, ist die Marina mit 36 Liegeplätzen einer von Kubas ausgewiesenen internationalen Einreisehäfen. Hier ist es möglich Touren zum Hochseeangeln auf großen Schiffen, die 5 bis 13 km vor der Küste fahren, zu organisieren. In Hemingways einstiger Spielweise gibt es Makrelen, Barrakudas, Rote Schnapper und Marline. Die Preise beginnen bei 310 CUC$ für einen halben Tag (vier Personen).

Centro Internacional de Buceo Coco Diving TAUCHEN

(Karte S. 346; www.amazingcocodiving.com) Das Tauchzentrum ist vor Kurzem von Cayo Coco nach Cayo Guillermo (ins Meliá Cayo Guillermo) umgezogen. Mehrsprachige (vier Sprachen) Tauchgänge ab 45 CUC$ für einen Tauchgang.

Geführte Touren

Boat Adventure BOOTSTOUREN

(Karte S. 346; 2-stündige Bootstour 46 CUC$) Für diese beliebte Aktivität gibt es einen eigenen Anleger links vom Damm, wenn man nach Guillermo hineinfährt. Die zweistündige Motorboottour (manchmal dürfen Gäste das Steuer übernehmen) führt durch die natürlichen Mangrovenkanäle zwischen den Inseln. Die Touren starten viermal täglich ab neun Uhr.

Schlafen

Casa Gregorio HOTEL $

(Karte S. 346; DZ inkl. Frühstück 25 CUC$; P ❄ 🛌) Die Eröffnung eines Budgethotels sowohl für Kubaner als auch für Ausländer ist in dieser Gegend nicht ungewöhnlich. Das Gregorio (benannt nach Hemingways altem

KUBAS KITESURFING-HAUPTSTADT

Noch bevor man irgendetwas anderes von Cayo Guillermo sieht, rücken die vielen bunten Segel ins Blickfeld. Die jüngste Mode, das Kitesurfen, hat nun überall im nördlichen Kuba Fuß gefasst, doch viele Experten sind der Meinung, dass diese von Hemingway so geliebte Insel die beste Mischung aus Wind, Wellen und kite-freundlichen Hotels besitzt. Hier haben mehrere Anbieter ihren Sitz, darunter der italienisch geführte **Havana Kiteboarding Club** (☎ 58-04-96-56 ; www.havanakite.com ; Plaza Cobre , zwischen 12 & 14, Tarará), der im Secortel Club Cayo Guillermo residiert. Eine Einführungsstunde kostet etwa 150 CUC$; Wochenkurse beginnen bei 650 CUC$. Das Ausleihen von Ausrüstung kostet rund 60 CUC$ für die erste Stunde. Wer das Kiteboarden ernsthaft betreiben will, sollte überlegen, ob das Mitbringen eigener Ausrüstung nicht kostengünstiger ist als die Leihgebühr für eine Woche. Der Hauptstartpunkt für Kiteboarder ist die Playa el Paso, die kite-freundlichsten Hotels sind das Secortel und das Sol Cayo Guillermo. Beide verfügen über große Rasenflächen, wo sich die Ausrüstung gut auslegen lässt.

Angelkumpel) liegt gleich bei der Marina an der Einfahrt nach Cayo Guillermo und bietet eine kleine Auswahl an schlichten, aber schmucken Zimmern, die um einen kleinen, aber manchmal recht lauten Pool angeordnet sind.

Abendessen ist im Restaurant vor Ort möglich und der Strand ist nur einen kurzen Spaziergang durch die Mangroven entfernt.

★ **Iberostar Daiquirí** HOTEL **$$$**
(Karte S. 346; ☎ 33-30-16-50; www.iberostar.com; Zi. all-inclusive 160–200 CUC$; P ❋ ❄) Große Schattenbereiche, ein schöner Seerosenteich und ein Wasservorhang, der vor der Poolbar eindrucksvoll herabstürzt machen das Daiquirí heute zum Top-Hotel in Guillermo. Die 312 Zimmer liegen in Apartmenthäusern im Kolonialstil, die von einer gewissen architektonischen Fantasie zeugen. Der schmale paradiesische Strand ist wie aus dem Bilderbuch.

Secortel Club Cayo Guillermo HOTEL **$$$**
(Karte S. 346; ☎ 33-30-17-12; www.clubcayoguillermo.com; EZ/DZ all-inclusive 107/187 CUC$;

P ❋ @ ❄) Dieses preisgünstige 3-Sterne-Resort ist das älteste Hotel in der Inselwelt von Sabana-Camagüey (eröffnet 1993) und hat schon des Öfteren den Namen gewechselt. Es umfasst eine Reihe unauffälliger lachsfarbener Bungalows in ruhiger Lage am Strand.

Ein Teil des Hotels ist durch italienische Reiseveranstalter blockiert; der rest wird zunehmend beliebter bei Kiteboardern, die ihre Kiteboards auf dem üppig grünen Rasen des Resorts unter Palmen ausbreiten. Unterricht und der Verleih von Boards können organisiert werden.

❶ An- & Weiterreise

Der Hop-on-/Hop-off-Bus bringt Gäste von und nach Cayo Coco und hält auch an allen Hotels in Cayo Guillermo. Die Fahrt endet an der Playa Pilar. Tageskarten kosten 5 CUC$. Er verkehrt in jede Richtung fünf- bis sechsmal täglich. Die Taxifahrt von Cayo Guillermo nach Cayo Coco und umgekehrt kostet zwischen 10 CUC$ und 15 CUC$ (25 Min.).

Um von Cayo Coco aus weiterzukommen, braucht man ein eigenes Auto oder ein Taxi.

PROVINZ CIEGO DE ÁVILA CAYO GUILLERMO

Provinz Camagüey

📱 32 / 782 500 EW.

Gut essen

➡ Casa Austria (S. 358)

➡ El Paso (S. 361)

➡ Mesón del Príncipe (S. 361)

➡ El Bucanero (S. 370)

Schön übernachten

➡ El Marqués (S. 358)

➡ Hotel Camino de Hierro (S. 360)

➡ Los Vitrales (S. 357)

➡ Hotel Avellanada (S. 360)

➡ The Point of Pilots (S. 369)

Auf nach Camagüey!

Camagüey, das weder zum Westen noch zum Osten Kubas gehört, ist eine Art Rebell unter Kubas Provinzen. Die Region geht sowohl in politischen als auch in kulturellen Fragen ihren eigenen Weg und trotzt allen Erwartungen Havannas und Santiagos. Schon in der Kolonialzeit wurde der Grundstein für diese Entwicklung gelegt: Da es in Camagüey mehr Rinderfarmen als Zuckerrohrplantagen gab und daher kaum Sklaven, entwickelte sich hier ein deutlich stärkeres Bestreben, das System der Unterdrückung abzuschaffen.

Heute prägt eine Mischung aus Viehweiden und verlassenen alten Zuckerfabriken die größte Provinz Kubas, in der es außer ein paar niedrigen, aber hübschen Hügeln im Süden keine nennenswerten Erhebungen gibt. Dafür wird Camagüey von den beiden größten Inselgruppen Kubas flankiert: von Sabana-Camagüey im Norden und den Jardines de la Reina im Süden. Beide Gebiete sind noch weitgehend unberührt, obwohl es Pläne gibt, die winzigen Inselchen im Norden zu erschließen.

Die streng katholische Provinzhauptstadt Camagüey mit ihrer faszinierenden Architektur, den berühmten Einwohnern und dem kosmopolitischen Charme ist das Aushängeschild der Provinz.

Reisezeit

➡ Im Februar wird die Jornada de la Cultura Camagüeyana, der Tag der camagüeyanischen Kultur, gefeiert. Damit wird an die Stadtgründung 1514 erinnert.

➡ Naturliebhaber können im März am besten Zugvögel auf den nur wenig entwickelten nördlichen Inseln beobachten.

➡ Zwischen Juni und Januar finden in Playa Santa Lucía die faszinierenden Haifischfütterungen statt. Das beste Wetter für einen Tag am Strand gibt es ab November.

➡ Ein wichtiges Datum im städtischen Kulturkalender ist das Festival Nacional de Teatro (Nationales Theaterfestival), das in der ersten Oktoberwoche in Camagüey stattfindet.

Highlights

1 Sierra del Chorrillo
(S. 365) Ein Ausflug in die
grünen Hügel mit ihren vielen
seltenen Vögeln und den versteinerten Wäldern.

2 Playa Los Cocos (S. 368)
An den weißen Sandstränden
baden und das Leben im kleinen Ort La Boca genießen.

**3 Reserva Ecológica
Limones Tuabaquey** (S. 365)
Höhlen, Krater und Schluchten
prägen das jüngste Natur-
schutzgebiet Kubas.

4 Guáimaro (S. 367) Ein historisch bedeutender Ort: hier
wurde Kubas erste Verfassung
unterzeichnet.

5 Cayo Cruz (S. 370) In
den seichten Gewässern vor
den Inseln nach Tarpunen und
Knochenfischen angeln.

6 Camagüey (S. 352) Durch
die verwinkelten Straßen laufen,
Ateliers besuchen, versteckte
Kirchen entdecken und das
pulsierende Leben genießen.

Camagüey

301 000 EW.

Kubas drittgrößte Metropole ist nach Havanna sicherlich die gefälligste und kultivierteste Stadt des Landes. Die Kunst spielt eine große Rolle, zudem ist die Stadt die bedeutendste Bastion der katholischen Kirche auf Kuba. Die unbeugsamen Einheimischen sind für ihre Alleingänge bekannt und werden deshalb in Anlehnung an den Unabhängigkeitskämpfer Ignacio Agramonte (Co-Autor der Verfassung von Guáimaro und mutiger Anführer der besten Kavalleriebrigade Kubas) auch als *agramontinos* bezeichnet.

Die pastellfarbenen Kolonialhäuser und die verwinkelten Straßen machen den Reiz der Stadt aus. Versteckte Plätze, barocke Kirchen, fesselnde Kunstgalerien und nette Bars und Restaurants sind Grund genug, hier einen oder zwei Tage zu verbringen. Die Kehrseite ist die überdurchschnittlich große Zahl an *jinteros* (Schleppern), die den Besuchern nervend an den Fersen kleben.

2008 wurde die gut erhaltene Altstadt als neunte kubanische Stätte in die Unesco-Liste des Weltkulturerbes aufgenommen, 2014 feierte sie ihr 500-jähriges Bestehen.

Geschichte

Im Februar 1514 wurde Camagüey unter dem Namen Santa María del Puerto Príncipe als eine der von Diego Velázquez initiierten sieben *villas* gegründet und zwar ursprünglich an der Küste nahe des heutigen Nuevitas. Aufgrund einer Reihe von blutigen Aufständen der einheimischen Taíno-Indianer wurde die Stadt im frühen 16. Jh. zweimal verlegt. 1528 errichtete man sie an ihrer heutigen Stelle. 1903 erhielt sie den Namen Camagüey zu Ehren des Camagua-Baums, von dem nach einer Legende der Indianer alles Leben abstammt.

Dank seiner auf Zuckerproduktion und Rinderzucht basierenden Wirtschaft entwickelte sich Camagüey im 17. Jh. schnell – trotz immer wiederkehrender Piratenangriffe. Wegen der akuten Wasserknappheit in der Gegend stellten die Bewohner *tinajones* (Tontöpfe) her, um Regenwasser zu sammeln. Noch heute ist Camagüey als Stadt der *tinajones* bekannt – auch wenn sie jetzt nur noch als Zierde dienen.

Neben dem verwegenen Unabhängigkeitshelden Ignacio Agramonte hat die Stadt noch weitere bedeutende Persönlichkeiten hervorgebracht, darunter den Dichter und Patrioten Nicolás Guillén und den berühmten Arzt Carlos J. Finlay. Dieser entdeckte den Übertragungsweg des Gelbfiebers.

1959 gerieten die wohlhabenden Bürger mit Castros Revolutionären in Konflikt, als Fidels einstiger Verbündeter, der örtliche Militärkommandant Huber Matos, den Líder Máximo beschuldigte, die Revolution zu begraben. Postwendend wurde er verhaftet und ins Gefängnis gesteckt.

Das erzkatholische Camagüey begrüßte 1998 Papst Johannes Paul II.; 2008 wurde hier Kubas erster Heiliger, Pater José Olallo, selig gesprochen. Der „Vater der Armen" kümmerte sich im Unabhängigkeitskrieg 1868 bis 1878 um die Verletzten auf beiden Seiten. 2014 wurde die Stadt anlässlich der 500-Jahr-Feier umfangreich saniert (und bekam infolgedessen vier neue Hotels).

⊙ Sehenswertes

Die Stadt hat einen für den Kontinent ungewöhnlichen Grundriss. Der Legende nach wollte man so plündernde Eindringlinge in die Irre führen und der gebeutelten Bevölkerung etwas zusätzlichen Schutz bieten. So erinnern die gewundenen Straßen und schmalen Gassen heute eher an eine marokkanische Medina als an die sonst typischen geometrischen Grundrisse lateinamerikanischer Städte.

⊙ Stadtzentrum

★ Casa de Arte Jover KUNSTGALERIE

(☎ 32-29-23-05; Martí No 154, zwischen Independencia & Cisneros; ⊙ Mo–Sa 9–12 & 15–17 Uhr) **GRATIS** Camagüey ist die Heimat von zwei kreativen und beeindruckenden modernen Malern – Joel Jover und seiner Frau Ileana Sánchez. Ihr prächtiges Haus an der Plaza Agramonte dient nicht nur als Galerie, sondern ist mit seiner Mischung aus Kunst, Chihuahua-Hunden und herrlich kitschigen Familienerbstücken selbst ein Kunstwerk. Besucher sind willkommen, dürfen sich alles ansehen und gerne ein Originalkunstwerk kaufen.

Die Künstler betreiben auch das Atelier **Estudio-Galería Jover** (Calle Ramón Pinto 109; ⊙ Mo–Sa 9–12 & 15–17 Uhr) an der Plaza San Juan de Dios, auch hier sind Besucher willkommen.

Museo Casa Natal de Ignacio Agramonte MUSEUM

(☎ 32-28-24-25; Av Agramonte No 459; 2 CUC$; ⊙ Di–Fr 9–17, Sa 9–16, So 9–13 Uhr) Das Museum befindet sich im Geburtshaus des Unabhängigkeitskämpfers Ignacio Agramonte (1841–1873), der als Viehzüchter in der Region Camagüey den Aufstand gegen die Spanier anführte. Das Museum – untergebracht in einem eleganten Kolonialgebäude – zeigt die häufig unterschätzte Rolle Camagüeys und Agramontes im Ersten Unabhängigkeitskrieg. Das Gewehr des Helden ist eines der wenigen persönlichen Dinge, die hier ausgestellt werden.

Im Juli 1869 bombardierten die Rebellentruppen unter dem Kommando Agramontes Camagüey; vier Jahre später wurde der 32-Jährige im Kampf getötet. Kubas Folksänger Silvio Rodríguez ehrte den Helden, dessen Spitzname „El Mayor" war, auf seinem Album *Días y flores*. Das Museum liegt gegenüber der Iglesia de Nuestra Señora de la Merced an der Ecke Independencia.

Plaza San Juan de Dios   PLATZ

(Ecke Hurtado & Calle Ramón Pinto) Die Plaza San Juan de Dios sieht eher mexikanisch als kubanisch aus (Mexiko war damals die Hauptstadt Neuspaniens und protzte mit kolonialen Bauten) und ist die malerischste und am besten erhaltene Ecke von Camagüey. Ihre Ostseite dominiert das Museo de San Juan de Dios, das in einem ehemaligen Krankenhaus untergebracht ist. Hinter den faszinierenden blauen, gelben und rosafarbenen Fassaden verstecken sich mehrere tolle Restaurants.

Parque Ignacio Agramonte   PLATZ

(Ecke Martí & Independencia) Der schönste Platz im Herzen der Stadt lädt mit seinen vielen Marmorbänken zu einer Pause ein. Ein Reiterstandbild von 1950 erinnert an Ignacio Agramonte, Camagüeys Held aus dem Unabhängigkeitskrieg.

Casa de la Diversidad   MUSEUM

(☑32-29-25-98; Cisneros No 150; 1 CUC$; ◷Mo–Fr 10–18, Sa 9–21, So 8–12 Uhr) Das Museum ist wegen seiner auffälligen Fassade (einer Mischung aus maurischen und neoklassizistischen Elementen) kaum zu übersehen. Die Fassade ist auch das Beste an diesem Museum. Die vier Ausstellungsräume bieten Exponate zur Sklaverei, Mode, Kunst und Architektur, aber viel schöner ist der Bummel durch die verschnörkelte Lobby mit ihren hohen Säulen.

Der Stolz des Hauses sind die Toiletten (ja richtig, *Toiletten*!), in denen kunstvolle Fresken freigelegt wurden. Die schönsten Fresken befinden sich übrigens in den Damentoiletten.

Museo de San Juan de Dios   MUSEUM

(Plaza San Juan de Dios; 2 CUC$; ◷Di–Sa 9–17, So 9–13 Uhr) Das Museum befindet sich in einem ehemaligen Krankenhaus, das der selig gesprochene Pater José Olallo geführt hat. Das Museum zeigt neben Exponaten zur Lokalgeschichte auch Gemälde lokaler Künstler. Das Kloster an der Vorderseite stammt von 1728, während der einzigartige dreieckige Patio an der Rückseite mit maurischen Elementen 1840 gebaut wurde.

1902 wurde das Krankenhaus geschlossen, seitdem diente das Gebäude als Lehrerseminar, als Notunterkunft während des Wirbelsturms 1932 und als Centro Provincial de Patrimonio, der verantwortlichen Behörde für die Restaurierung der Denkmäler der Region.

Zur Zeit der Drucklegung wurde das Museum gerade renoviert.

Centro de Interpretacion de la Ciudad   ARCHITEKTUR

(La Maqueta; ☑32-22-12-35; Martí; 1 CUC$; ◷Mo–Sa 9–18, So 9–13 Uhr) Kuba liebt seine *maquetas* (maßstabgetreue Modelle) und Camagüey ist da keine Ausnahme. Hier bekommt man einen guten Überblick über die verwinkelten Straßen der Stadt.

Casa Natal de Nicolás Guillén   KULTURZENTRUM

(Hermanos Agüero No 58; ◷9–17 Uhr) GRATIS Das bescheidene Haus gibt Besuchern einen kleinen Einblick in das Leben und Werk des verstorbenen Nationaldichters und beherbergt zugleich das Instituto Superior de Arte, in dem einheimische Studenten Musik studieren.

Zur Zeit der Recherche war das Zentrum wegen Renovierungsarbeiten geschlossen.

Casa Finlay   MUSEUM

(☑32-29-67-45; Cristo, zwischen Cisneros & Lugareño; 1 CUC$; ◷Mo–Fr 9–17, Sa 8–12 Uhr) Camagüeys zweiter berühmtester Sohn, Dr. Carlos J. Finlay (1833–1915), schaffte einen bedeutenden Durchbruch in der Medizin, als er entdeckte, wie Moskitos das lebensgefährliche Gelbfieber übertragen. Sein Geburtshaus ein Museum zu nennen, ist etwas übertrieben, aber an guten Tagen findet man vielleicht einen Mitarbeiter, der etwas über sein Leben und seine medizinischen Forschungen erzählt. Das Haus hat einen wunderschön gefliesten Innenhof.

PROVINZ CAMAGÜEY CAMAGÜEY

Camagüey

FLORAT

Museo Provincial Ignacio Agramonte
3

Av de los Mártires →

Ignacio Sánchez

Bahn-hof

J Ramón Silva

San Martín

27

Santayana

Santa Rosa

San Martín

República

Avellaneda

Heredia

Heredia

49

El Solitario

El Solitario

56

Iglesia de
San Lázaro (1,3 km) ←

Oscar Primelles

Gral Espinosa

General Gómez

Padre Valencia

Enrique J Varona

San Ramón

55

22

34

54

Ramon Guerrero

Finlay

48

25

Astilleros

42

12

Sin Salida

32

13

Infotur

Bartolomé Masó

Plaza de los
Trabajadores

51

52

30

Cubanacán

Maceo

47

45

29

31

Avellaneda

16

39

24

General Gómez

Enrique J Varona

43

**Martha
Jiménez
Pérez**

7

Hermanos Agüero

Plaza
Maceo

21

36

14

4

Príncipe

San Antonio

28

35

**Plaza del
Carmen**

2

33

**Casa
de Arte Jover**

Hospital

38

1

46

Martí

Parque
Martí

41

Luaces

Martí

50

19

11

Carlos M de Céspedes

Cristo

5

26

Academia

6

9

República

San Pablo

Cristo

Lugareño

Cisneros

Independencia

Padre Olallo

Bembeta

Rosa La Bayamesa

Hospital

Raúl Lamar

Paco Recio

Hurtado

44

18

15

40

10

20

17

Friedhof
Raúl Lamar

**Mercado Agropecuario
Hatibonico (1 km)** ↘

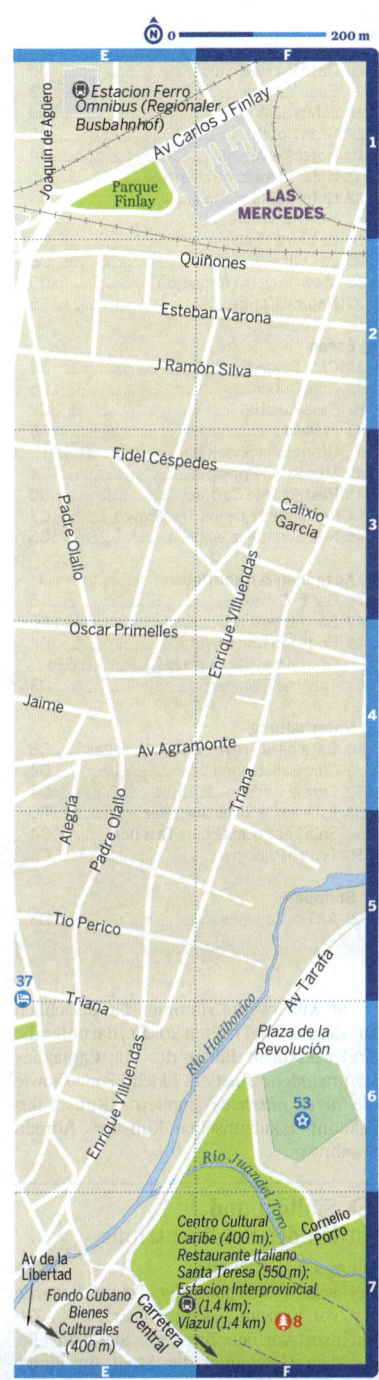

N 0 ————— 200 m

E   F

Estación Ferro Ómnibus (Regionaler Busbahnhof)

Av Carlos J Finlay

Joaquín de Agüero

Parque Finlay

LAS MERCEDES

Quiñones

Esteban Varona

J Ramón Silva

Fidel Céspedes

Padre Olallo

Calixio García

Enrique Villuendas

Oscar Primelles

Jaime

Av Agramonte

Triana

Padre Olallo

Alegría

Tio Perico

Av Tarafa

37

Triana

Río Hatibonico

Plaza de la Revolución

53

Enrique Villuendas

Río Juan del Toro

Centro Cultural Caribe (400 m);
Restaurante Italiano Santa Teresa (550 m);
Estación Interprovincial (1,4 km);
Víazul (1,4 km)

Cornelio Porro

Av de la Libertad

Fondo Cubano Bienes Culturales (400 m)

Carretera Central

8

Westlich des Stadtzentrums

★ Plaza del Carmen   PLATZ

(Hermanos Agüero zwischen Honda & Carmen) 600 m westlich der hektischen Avenida República stößt man auf diesen hübschen und wenig bevölkerten Platz. An der Ostseite erhebt sich die beeindruckende Iglesia de Nuestra Señora del Carmen, eine der schönsten Kirchen der Stadt.

Vor etwas mehr als zehn Jahren war die Plaza del Carmen kaum mehr als eine Ruine, heute überstrahlt der neue Platz das Original. Auf dem Kopfsteinpflaster stehen nun riesige *tinajones* (Tontöpfe), stimmungsvolle Straßenlaternen sowie lebensgroße Skulpturen von *camagüeyanos* in Alltagssituationen (hauptsächlich Zeitung lesend und tratschend).

★ Martha Jiménez Pérez   KUNSTGALERIE

(📱32-25-75-59; Martí 282, zwischen Carmen & Onda; ⏱8–20 Uhr) GRATIS Wer sich in der Keramikhauptstadt Kubas aufhält, sollte unbedingt das Atelier von Martha Jiménez Pérez besuchen. Sie ist einer der besten lebenden Künstlerinnen des Landes und fertigt von Töpfen bis zu Gemälden so ziemlich alles. Ihre Galerie liegt an der Plaza del Carmen, auf der auch Pérez großes Werk steht, die Statue der *chismosas* (Klatschmäuler). Die drei tratschenden Frauen kommen auch in vielen ihrer Gemälde vor.

Necropolis de Camagüey   FRIEDHOF

(Plaza del Cristo; ⏱7–18 Uhr) GRATIS Dieses Meer an kunstvollen, strahlend weißen gotischen Grabstätten ist sicherlich der am meisten unterschätzte Friedhof Kubas. Hier befindet sich u. a. die Grabstätte von Ignacio Agramonte, dem aus Camagüey stammenden Nationalhelden. Der Friedhof ist vielleicht nicht ganz so bedeutend wie Havannas Cementerio Colón, aber auch hier findet man viele bekannter Namen.

Ignacio Agramonte liegt etwa auf der Hälfte der zweiten Allee links vom Eingang, es ist ein blaues Grabmal.

Schwieriger zu finden sind die Gräber der anderen Freiheitskämpfer aus Camagüey: Tomás Betancourt und Salvador Cisneros Betancourt, eines ehemaligen Staatspräsidenten des Landes.

Führungen über den Friedhof starten am Eingang hinter die Iglesia de San Cristo de Buen Viaje, am besten am frühen Vormittag kommen und schauen, ob eine stattfindet.

PROVINZ CAMAGÜEY CAMAGÜEY

Camagüey

PROVINZ CAMAGÜEY CAMAGÜEY

◎ Nördlich des Stadtzentrums

★ Museo Provincial Ignacio Agramonte
MUSEUM

(☏ 32-28-24-25; Av de los Mártires No 2; 2 CUC$; ⏱ Di–Fr 9–17, Sa 9–16, So 9–13 Uhr) Wie fast die halbe Stadt wurde auch dieses Museum nach dem großen lokalen Helden des Unabhängigkeitskrieges benannt. Das riesige Gebäude nördlich des Bahnhofs wurde 1848 zunächst als Kavalleriekaserne errichtet.

Heute bietet es einige beeindruckende Kunstwerke im oberen Stockwerk, darunter die Arbeiten vieler Künstler aus Camagüey, außerdem werden antike Möbel und Familienerbstücke ausgestellt.

Die Kunstwerke stammen hauptsächlich aus dem 19. und frühen 20. Jh., darunter die eindrucksvollen Bilder des aus Camagüey stammenden Künstlers Fidelio Ponce sowie die *artes plasticos* (moderne Kunst) des bekannten kubanischen Künstlers Alfredo Sosabravo.

◎ Südlich und östlich des Stadtzentrums

El Lago de los Sueños
PARK

Der sogenannte „See der Träume" wurde erst vor Kurzem geschaffen. Er ist ein Zufluchtsort vor den Toren der Stadt für alle, die dem Gewimmel der Stadt für einige

Stunden entfliehen wollen. Mit seinem einfallsreichen, aber recht kitschigen Entwurf ähnelt er einem Park in Ciego de Ávila. Den Preis für den seltsamsten Entwurf erhält sicherlich die Eisdiele im Rumpf eines alten sowjetischen Flugzeugs. Zweitplatzierter ist der vorsintflutliche Eisenbahnwaggon mit Restaurant. Ansonsten kann man den See an sich genießen, eine Bootsfahrt machen oder sogar auf einem extra nachgebauten *malecón* (Uferpromenade) bummeln. Im Park finden sich mehrere Restaurants.

Mercado Agropecuario Hatibonico
MARKT

(Carretera Central; ⏱7–18 Uhr) Wer nur einen einzigen kubanischen Markt anschauen kann, sollte unbedingt diesen am Ufer des trüben Río Hatibonico in der Nähe der Carretera Central besuchen. Typisch ist das oftmals komische Marktgeschrei der Händler, das zwischen den Ständen erschallt. Der Markt ist ein klassisches Beispiel für die kubanische freie Marktwirtschaft im Gegensatz zu den billigeren, aber qualitativ oft weniger guten staatlich geführten Geschäften.

Besonders sehenswert sind die *herberos* (Verkäufer von Kräutern, Elixieren und Wundersäften). Auch die Baumschule mit Mini-Mangobäumen und Zierpflanzen ist einen Besuch wert. Achtung vor Taschendieben!

Casino Campestre
PARK

(Carretera Central) Von der Altstadt aus jenseits des Río Hatibonico befindet sich Kubas größter Stadtpark. Er wurde 1860 angelegt und bietet neben schattigen Bänken auch ein Baseballstadion, Konzerte und andere Aktivitäten. Auf einer Verkehrsinsel in der Nähe des Parkeingangs steht ein Denkmal für Mariano Barberán und Joaquín Collar. Die beiden Spanier schafften 1933 den ersten Nonstop-Flug zwischen Spanien (Sevilla) und Kuba (Camagüey).

Der Flug gelang den beiden in ihrer Maschine *Cuatro Vientos*. Tragischerweise verschwand das Flugzeug nur eine Woche später während eines Fluges nach Mexiko. Überall warten *Bici*-Taxifahrer auf Kundschaft.

👉 Geführte Touren

★ Camaguax Tours
GEFÜHRTE TOUREN

(☎32-28-73-64, 58-64-23-28; www.camaguax.com/en; República 155 No 7; ⏱8.30–17.30 Uhr) Privates Reisebüro mit englisch- und französischsprachigen Führern und jeder Menge interessanter Touren durch die Provinz; der Fokus liegt auf Kultur und Abenteuer. Besonders beliebt sind die Stadtführung, die Besuche auf Zuckerrohrplantagen, Wanderungen und abenteuerlichen Höhlenbesuche. Im Programm sind auch Fahrten in die Sierra del Chorrillo, zur Reserva Nacional Limones Tuabaquey und zum Río Máximo. Für schlechte Straßen kommen Allradfahrzeuge zum Einsatz, auch mehrtägige Touren sind möglich.

Ecotur
GEFÜHRTE TOUREN

(☎32-24-49-57; República No 278; ⏱Mo–Sa 8–12 & 13–16.30 Uhr) Organisiert Ausflüge zur Hacienda la Belén in der Sierra del Chorrillo und zur Reserva Ecológica Limones Tuabaquey. Unbedingt bei der Buchung das Kleingedruckte lesen – bei manchen Touren ist der Transport nicht im Preis inbegriffen. Das Büro befindet sich im Complejo Turístico Bambú.

Feste & Events

Festival Nacional de Teatro
DARSTELLENDE KÜNSTE

(www.festivalteatro.pprincipe.cult.cu; ⏱Ende Sept.–Anfang Okt.) Beim Nationalen Theaterfest zeigt Camagüey das Beste, was das kubanische Theater zu bieten hat.

San Juan Camagüeyano
KARNEVAL

(⏱24.–29. Juni) Der Karneval erreicht seinen Höhepunkt alljährlich zwischen dem 24. und 29. Juni und bietet eine Mischung aus Tanz, Festumzügen und afrikanischer Musik.

🛏 Schlafen

In der Stadt sprießen neue Boutiquehotels wie Pilze aus dem Boden, zwei weitere sollen in naher Zukunft öffnen.

★ Los Vitrales
CASA PARTICULAR $

(Emma Barreto & Rafael Requejo; ☎32-29-58-66, Mobil 52-94-25-22; requejobarreto@gmail.com; Avellaneda No 3, zwischen General Gómez & Martí; Zi. 30 CUC$; 🅿❄) Früher beherbergte dieser riesige, sorgsam renovierte Kolonialbau ein Kloster, daran erinnern noch breite Rundbögen, hohe Decken und viele Antiquitäten. Und man erkennt sofort, dass der hilfsbereite Besitzer Rafael selbst Architekt ist. Die drei Zimmer mit gutem Wasserdruck in den Duschen gruppieren sich um einen schattigen Innenhof mit üppigem Pflanzenbewuchs. Rafael serviert ein sagenhaftes Frühstück sowie ein Abendessen, bei dem die Gäste spezielle Wünsche äußern können (interessant für Vegetarier).

Schlepper versuchen oft, die Gäste in andere „Vitrales" zu locken – am besten vorher ein Taxi bestellen und sich die Reservierung am Vortag bestätigen lassen.

La China House
CASA PARTICULAR $

(☎32-28-30-22, Mobil 54-65-92-40; houselachina@gmail.com; Padre Valencia No 57; Zi. 25 $; ❋) Mit Blick auf das Teatro Principal liegt dieses makellos saubere Apartment im zweiten Stock eines Gebäudes und bietet einen Mix aus moderner Kunst und Kolonialstil. Vermietet werden zwei Zimmer mit Fernsehern, elektrischen Duschen und Lederkopfteilen am Bett. Der freundliche Besitzer spricht ein wenig Englisch, bietet ein Abendessen und kann Massagen, Salsa- und Gitarrenkurse organisieren.

Natural Caribe
CASA PARTICULAR $

(☎32-29-14-17, mobile 52-76-75-98; requejoarias@nauta.cu; Avellaneda No 8; Zi. 30 CUC$; ❋) 🖉 „Tropischer Minimalismus" heißt der Einrichtungsstil des schick renovierten Kolonialgebäudes. Ein lokaler Architekt hat es mit viel Geschick entworfen. Es könnte auch – trotz des tropischen Innenhofs mit Farnen – in New York stehen. Das Frühstück ist üppig. Derzeit wird die Dachterrasse renoviert und bekommt einen Grillplatz mit Lounge.

Bei den beiden Zimmern und der Terrasse wurden Licht, Luft, Wasser und nachhaltige Baumaterialien geschickt kombiniert.

Casa Láncara
CASA PARTICULAR $

(☎32-28-31-87; aledino@nauta.cu; Avellaneda No 160; Zi. 30 CUC$; ❋🖳) Hier fühlt man sich ein bisschen wie im spanischen Sevilla: Wunderschöne blaue und gelbe *azulejos* (Kacheln) schmücken das freundliche Kolonialgebäude der Andalusien-Fans Alejandro und seiner Frau Dinorah. Die beiden Zimmer bieten Original-Gemälde einheimischer Künstler, die Dachterrasse liegt nur einen Steinwurf von der Chiesa Neustra Señora de la Soledad entfernt.

Auf der anderen Straßenseite wird gerade eine weitere prächtige Unterkunft gebaut.

Maria Eugenia Requejo
CASA PARTICULAR $

(☎32-25-86-70; Avellaneda No 3-A; Zi. 30 CUC$; ❋🖳) Der Ableger von Los Vitrales wird von der Tochter des Besitzers geführt. Das hypermoderne Apartment eignet sich gut für Familien oder Reisende, die sich viel Privatsphäre wünschen.

Casa los Helechos
CASA PARTICULAR $

(☎32-29-48-68, 52-31-18-97; v.manuel@nauta.cu; República No 68; Zi. 30 CUC$; ❋) *Helechos* bedeutet übersetzt Farne – und davon gibt es jede Menge in dem langen Innenhof des hübschen Kolonialgebäudes. Das geräumige Gästezimmer mit zwei Betten und eigener Küche eignet sich perfekt für Familien.

Casa Yaneva
CASA PARTICULAR $

(☎32-29-79-31; www.casayaneva.com; San Martin No 763; 30 CUC$; ❋🖳) Die glänzende Unterkunft liegt etwas abseits des Zentrums und eignet sich gut für Reisende mit Mietwagen. Eva kennt sich im Tourismusgeschäft aus und vermietet drei sehr saubere und sichere, allerdings kleine Zimmer mit Safe und Kühlschrank. Es gibt auch einen netten Innenhof.

Casa Angelito
CASA PARTICULAR $

(☎32-29-82-71; Maceo No 62 altos; 25 CUC$; 🅿❋) Angelito sieht seine Unterkunft im zweiten Stock gerne als eine günstigere und gemütlichere Alternative zum gegenüberliegenden Gran Hotel. Die einfachen, aber sauberen Zimmer liegen an einer riesigen, mit Pflanzen bestückten Terrasse, auf der man das Frühstück oder einen abendlichen Cocktail genießen kann. Eine liebenswerte und sehr zentral gelegene Familienpension.

Alba Ferraz
CASA PARTICULAR $

(☎32-28-30-81; jose.collot5477@gmail.com; Ramón Guerrero No 106; Zi. 25–30 CUC$; ❋) Eine Unterkunft mit liebenswerten Besitzern. Die beiden Gästezimmer liegen an einem großen bepflanzten Hof im Kolonialstil. Die Gäste können die Dachterrasse nutzen und an dem von der Gastgeberin Alba organisierten Tanz- und Gitarrenunterricht teilnehmen. Sie organisiert auch den Taxi-Transfer von oder zum Busbahnhof bzw. Flughafen.

⭐ El Marqués
BOUTIQUEHOTEL $$$

(☎32-24-49-37; ventas@ehoteles.cmg.tur.cu; Cisneros No 222; EZ/DZ inkl. Frühstück 120/160 CUC$; ❋@🖳) Das aus sechs Zimmern bestehende Hotel im Kolonialstil ist ein richtiges Schmuckstück. Die mit Eisenmöbeln ausgestatteten Zimmer liegen an einem zentralen Hof, jede Zimmertür wird von einer Skulptur von Martha Jiménez Pérez bewacht. Alle Zimmer bieten Satellitenfernseher, Safes und Klimaanlagen, schöne Stilmöbel und viel Ruhe. Eine kleine Bar ist rund um die Uhr zugänglich, für Entspannung sorgt ein Hot Tub. Das Hotel gehört zur exklusiven E-Hotelkette von Cubanacán.

CAMAGÜEYS KIRCHEN

Wenn es in Kuba so etwas wie ein Zentrum des katholischen Glaubens gibt, dann befindet sich das zweifellos in Camagüey, einer Stadt, in der Kirchtürme das Gewirr der schmalen Gassen überragen.

Die Kathedrale

Jede Beschäftigung mit den religiösen Wurzeln der Stadt sollte bei der **Catedral de Nuestra Señora de la Candelaria** (Cisneros No 168) beginnen, die im 19. Jh. an der Stelle einer Kapelle von 1530 erbaut wurde. Die Kathedrale ist nach dem Schutzpatron der Stadt benannt und konnte mit Hilfe von Spendengeldern, die 1998 beim Besuch von Papst Johannes Paul II. gesammelt wurden, komplett restauriert werden. Es handelt sich vielleicht nicht um die schönste Kirche Camagüeys, die prächtige Christusfigur auf dem Glockenturm ist aber auf jeden Fall ein Blickfang. Die Turmbesteigung kostet 1 CUC$.

Die Kirche mit Stilmischung

Die **Iglesia de Nuestra Señora de la Merced** (Plaza de los Trabajadores) von 1748 ist wahrscheinlich die beeindruckendste Kolonialkirche der Stadt. Angeblich fand 1601 ein wundersames Wesen aus den Tiefen des Wassers dorthin, seitdem dient die Kirche der Anbetung. Der aktive Konvent bietet beeindruckende Bogengänge, unheimliche Katakomben und den überwältigenden Santo Sepulcro, einen Sarg aus massivem Silber.

Die Barocke

Nach der erfolgreichen Renovierung 2007 präsentiert sich die **Iglesia de Nuestra Señora de la Soledad** (Ecke República & Av Agramonte), ein massives Barockgebäude von 1779, in neuem Glanz. Der hübsche creme- und terrakottafarbene Turm ist der älteste Teil des Gebäudes und weithin sichtbar. Das Innere der Kirche bietet kunstvolle barocke Fresken und das Taufbecken, über dem Ignacio Agramonte 1841 getauft wurde.

Die Neogotische

Am Parque Martí, ein paar Straßen östlich des Parque Ignacio Agramonte, steht eine der wenigen neogotischen Kirchen Kubas. Die **Iglesia de Nuestra Corazón de Sagrado Jesús** (Ecke República & Luaces) mit ihren drei Kirchtürmen wurde vom Stil der katalanischen Gotik beeinflusst und besticht durch bunte Glasfenster, Schmiedearbeiten und Spitzbögen.

Die Zweitürmige

Zur **Iglesia de Nuestra Señora del Carmen** (Plaza del Carmen), einer schönen Barockkirche mit zwei Türmen aus dem Jahr 1825, gehört ein ehemaliges Kloster. Das Monasterio de las Ursalinas ist ein solide errichtetes Gebäude im Kolonialstil mit einem schönen Kreuzgang, der 1932 den Opfern eines verheerenden Wirbelsturms sichere Zuflucht bot. Heute befindet sich hier das Büro des Stadthistorikers.

Die Lazaruskirche

Die **Iglesia de San Lazaro** (Ecke Carretera Central Oeste & Calle Cupey) ist eine hübsche, aber kleine cremefarbene Kirche von 1700. Ebenso interessant ist das nahe gelegene klösterliche Krankenhaus, das hundert Jahre später vom rechtschaffenen Franziskanerpater Valencia erbaut wurde, um dort Leprakranke zu pflegen. Die Anlage liegt 2 km westlich des Stadtzentrums.

Die Kleinste

Die **Iglesia de San Cristo del Buen Viaje** (Plaza del Cristo) liegt neben dem Friedhof an einem ruhigen Platz. Sie ist eine der am wenigsten besuchten Kirchen des religiösen Oktetts von Camagüey, lohnt aber einen Abstecher, wenn man die dahinter liegende Nekropole besuchen will. 1723 wurde hier die erste Kapelle erbaut, das heutige Gebäude stammt jedoch hauptsächlich aus dem 19. Jh.

ABSEITS DER ÜBLICHEN PFADE

REFUGIO DE FAUNA SILVESTRE RÍO MÁXIMO

Wenige kennen es und noch weniger kommen in dieses schwer zu erreichende Feuchtgebiet zwischen dem Río Máximo und dem Río Cagüey an der Nordküste der Provinz Camagüey. Hier leben Flamingos, jede Menge Wasservögel, amerikanische Krokodile und eine gesunde Population an westindischen Rundschwanzseekühen (Manatis). 1998 wurde das *refugio de fauna silvestre* (Schutzgebiet für Wildtiere) geschaffen, vor Kurzem wurde das Naturschutzgebiet als schützenswertes Feuchtgebiet gemäß der Ramsar-Konvention ausgezeichnet.

Wegen der andauernden Umweltverschmutzung durch Landwirtschaft und Menschen und gelegentlicher Dürreperioden sieht die Zukunft des Río-Máximo-Deltas trotzdem düster aus. Früher lebte hier die weltweit größte Flamingokolonie, die Population wurde durch Verschmutzung ihres Lebensraums in den letzten Jahren stark dezimiert.

Da es im gesamten Gebiet keine Straßen gibt, ist es nur schwer zu erreichen: über Ecotur (S. 357) oder Camaguax Tours (S. 357) in Camagüey werden jedoch ab und zu Fahrten dorthin organisiert.

⭐ Hotel

Camino de Hierro
BOUTIQUEHOTEL **$$$**

(☏ 32-28-42-64; ventas@ehoteles.cmg.tur.cu; Plaza de la Solidaridad; EZ/DZ 115/140 CUC$; ✴ @) Die Unterkunft zählt zu den besten Boutiquehotels der Stadt und befindet sich in einem attraktiven Gebäude im Zentrum der Stadt. Da es sich um die ehemaligen Büros der kubanischen *ferrocarril* handelt, dreht sich hier alles um das Thema Eisenbahn. Die Einrichtung präsentiert sich in hübschem Kolonialstil, es gibt romantische Balkone, eine rund um die Uhr geöffnete Bar und einen hübschen Hof. Das Hotel gehört zur exklusiven E-Hotelkette von Cubanacán.

Hotel Avellanada
BOUTIQUEHOTEL **$$$**

(☏ 32-24-49-58; ventas@ehoteles.cmg.tur.cu; República No 226; EZ/DZ 115/140 CUC$; ✴ @) Das ebenerdig gelegene Hotel wurde nach einer bekannten kubanischen Schriftstellerin des 19. Jhs. benannt und strahlt Eleganz aus.

Das Kolonialgebäude bietet einen großen Innenhof mit Säulen, farbige Kacheln und ein Bild von Gertrudis, die berühmt für ihre Geschichten über Liebe, Feminismus und gegen Sklaverei ist. Alle Zimmer sind mit Safe, Minibar, Fernseher und großen Fenstern ausgestattet. Wer Geld übrig hat, sollte sich die tolle Mini-Suite leisten.

Auch dieses Hotel gehört zur exklusiven E-Hotelkette von Cubanacán.

Hotel Sevillana
BOUTIQUEHOTEL **$$$**

(☏ 32-24-49-37; Calle Cisneros, zwischen Hermanos Agüero & Martí; EZ/DZ 120/160 CUC$; ✴ @) Das Hotel bietet seinen Gästen eine prächtige Villa aus den 1920er-Jahren mit Buntglasfenstern und Kronleuchtern, einem riesigen Hof mit Springbrunnen und einer Dachterrasse mit Whirlpool. Die Zimmer sind allerdings weniger beeindruckend, aber in Ordnung. Es gibt auch ein kleines Restaurant.

Das Hotel gehört zur exklusiven E-Hotelkette von Cubanacán.

Hotel Santa María
BOUTIQUEHOTEL **$$$**

(Ignacio Agramonte, Ecke República; EZ/DZ inkl. Frühstück 120/160 CUC$; ✴ @ 🛜) Das attraktive Boutiquehotel besticht mit eleganten Gemeinschaftsräumen mit Skulpturen von Martha Jiménez Pérez und Skizzen aus Camagüey. Die 31 Zimmer bieten Safe, Fernseher und Minibar, die Suiten haben frei stehende Badewannen mit Klauenfüßen. Vom Restaurant auf der Dachterrasse bietet sich eine herrliche Aussicht über die Stadt. Ein Zimmer ist rollstuhlgerecht eingerichtet.

Gran Hotel
HOTEL **$$$**

(☏ 32-29-20-93; Maceo No 67, zwischen Av Agramonte & General Gómez; EZ/DZ inkl. Frühstück 132/152 CUC$; ✴ @ ✴) Das ehrwürdige Stadthotel wurde 1939 gebaut und bietet seinen Gästen gleichsam eine Zeitreise. Durch die 72 noblen Zimmer weht noch der Duft des vorrevolutionären Kubas. Wer nicht die Marmortreppe benutzen möchte, kann den altmodischen Lift nehmen – hier gibt es sogar Liftboys, die den Hut lüften. Das Restaurant im fünften Stock und die Bar bieten einen Blick aus der Vogelperspektive auf die Stadt. Von der Lobby hat man Zugang zur Pianobar. Und hinten befindet sich ein eleganter, im Renaissancestil gestalteter Pool.

 Essen

Restaurante Carmen
KUBANISCH **$**

(☏ 32-28-79-02; Maceo No 6; Hauptgerichte 2–12 CUC$; ⏱11–23 Uhr; ✴) Das beliebte, tiefgekühlte Restaurant in der Fußgängerzone von Maceo ist mittags gesteckt voll mit Einheimischen. Die meisten kommen wegen der günstigen Tagesgerichte – wer allerdings nicht früh genug da ist, geht möglicherweise leer aus. Die Karte bietet eine große Auswahl von Sandwiches bis zu Schmorfleisch.

Mercado Agropecuario Hatibonico
MARKT $

(Carretera Central; ☉ 7–18 Uhr) ✐ Der Markt am stinkenden Ufer des Río Hatibonico ist ein klassisches Beispiel für einen kubanischen Markt, auf dem staatliche Produkte (schlechte Qualität, aber günstig) direkt neben privaten (gute Qualität, aber teuer) verkauft werden. Es gibt Peso-Sandwiches und frische *batidos* (Fruchtshakes in Marmeladengläsern) sowie eine ausgezeichnete Auswahl an Obst und frischem Gemüse, das nur wenige hundert Meter vom Markt entfernt geerntet wurde. Außerdem bietet der Markt ein tolles Angebot an Kräutern. Achtung vor Taschendieben!

Café Ciudad
CAFÉ $

(☏ 32-25-84-12; Plaza Agramonte, Ecke Martí & Cisneros; Snacks 2–5 CUC$; ☉ 10–22 Uhr; ☎) Camagüey hat gewaltige Anstrengungen unternommen, um das historische Erbe auch kulinarisch aufzupolieren. Das hübsche Café mischt kolonialen Prunk mit tollem Service und bietet das Beste von Havana Vieja. Einen Versuch wert sind der *jamón serrano* und der exzellente *café con leche*. Das Gemälde an einer der Wände ist das exakte Abbild der ursprünglichen Straße.

Restaurante Italiano Santa Teresa
ITALIENISCH $

(☏ 32-29-71-08; Av de la Victoria No 12, zwischen Padre Carmelo & Freyre; Gerichte 3–7 CUC$; ☉ 12–24 Uhr) Hier kann man wunderbar italienisch schlemmen! Es gibt knusprige Pizza, tolles Eis und einen hervorragenden Espresso im Patio – der Ort zum Schlemmen!

Café Cubanitas
CAFÉ $

(Ecke Independencia & Av Agramonte; Snacks 1–3 CUC$; ☉ 24 Std. Das Café unweit der Plaza de los Trabajadores ist ein gut besuchtes Straßencafé und tatsächlich rund um die Uhr geöffnet. Wem also nachts um 3 Uhr nach kaltem Bier und *ropa vieja* (Hackfleisch und Gemüse in Tomaten-Salsa) gelüstet …

Gran Hotel Snack Bar
FASTFOOD $

(Maceo No 67, zwischen Av Agramonte & General Gómez; Snacks 1–4 CUC$; ☉ 9–23 Uhr) Hier gibt es Kaffee, Sandwiches, Hähnchen, Eis sowie Hamburger. Und über allem schwebt der Geist der 1950er-Jahre.

★ Casa Austria
EUROPÄISCH $$

(☏ 32-28-55-80; Lugareño No 121, zwischen San Rafael & San Clemente; Gerichte 5–14 CUC$; ☉ 7.30–23.30 Uhr; ☒) In dem von einem Österreicher geführten Lokal treffen sich die Einheimischen zu Strudel und üppigen Torten. Nach so viel *comida criolla* (kreolischem Essen) freuen sich auch Touristen über die internationale Speisekarte mit Cordon bleu, Schnitzel und Kichererbsen in Tomatensauce mit Speck – alles lecker zubereitet. Das Lokal ist vollgestopft mit schweren Kolonialmöbeln, die Alternative sind die Tische im Patio.

★ El Paso
INTERNATIONAL $$

(☏ 32-27-43-21; Hermanos Agüero No 261, zwischen Carmen & Honda; Gerichte 5–10 CUC$; ☉ 9–23 Uhr) Eine echte Seltenheit: ein privates Restaurant, das ganztägig geöffnet hat, flippig eingerichtet ist und eine beneidenswerte Lage an der Plaza del Carmen hat. Zur Auswahl stehen u. a. leckere *ropa vieja* und große Schüsseln *arroz con pollo a la chorrillana* (Hähnchen, Reis und Paprika). Zum Dessert empfiehlt sich *pan patato* – die Zutaten sind Maniok und Kokosnuss. Die Wein- und Cocktailkarte kann sich durchaus sehen lassen.

Das Restaurant bietet einen hübschen Patio und eine Terrasse im zweiten Stock.

Mesón del Príncipe
KUBANISCH $$

(☏ 52-40-45-98; Astilleros No 7; Gerichte 4–12 CUC$; ☉ 12–24 Uhr) Elegantes Restaurant, das erschwingliches, aber erstklassiges Essen in einer gepflegten, typisch camagüeyanischen Umgebung bietet. Restaurants wie dieses haben dazu geführt, dass der Name Camagüey inzwischen ein Begriff für Feinschmecker ist – und Santiago überholt hat.

Restaurante la Isabella
ITALIENISCH $$

(☏ 32-24-29-25; Ecke Av Agramonte & Independencia; Hauptgerichte 5–12 CUC$; ☉ 11–16 & 18.30–22 Uhr) Das coole Restaurant wurde 2008 eröffnet, als Delegierte des Festival Internacional del Cine Pobre aus Gibara hier zu Gast waren. Italienisches Essen (z. B. Pizza, Lasagne und Fettucine) wird in einer ausgefallenen Filmdekoration serviert, die Gäste sitzen auf Regiestühlen. Der Grund für dieses Einrichtungsthema: Hier befand sich einst das erste Kino der Stadt.

Restaurante de los Tres Reyes
KARIBISCH $$

(☑ 32-28-68-12; Plaza San Juan de Dios No 18; Gerichte 8–12 CUC$; ☺ 10–22 Uhr) In einem schönen Kolonialhaus an der Plaza San Juan de Dios befindet sich dieses nette, staatlich geführte Restaurant, in dem hauptsächlich Gerichte mit Hähnchen auf der Karte stehen. Durch die riesigen, mit Gittern versehenen Fenster kann man den Trubel auf der Straße beobachten oder sich alternativ in den ruhigen, begrünten Patio zurückziehen.

Ausgehen & Nachtleben

Vielleicht ist es ja das Erbe der Piratenzeit? Camagüey besitzt auf alle Fälle einige großartige Kneipen im Tavernenstil.

Gran Hotel Bar Terraza
BAR

(Maceo No 67, zwischen Av Agramonte & General Gómez; ☺ 13–2 Uhr) Die Hotelbar für Ästheten! Ganz oben auf dem Gran Hotel bereitet der Barkeeper tadellose Mojitos und Daiquiris zu, während man den schönen Blick über die Stadt genießt – Camagüey liegt den Besuchern buchstäblich zu Füßen.

Unten am Pool findet mehrmals in der Woche um 21.15 Uhr eine faszinierende Wasserballettshow statt.

Bodegón Don Cayetano
BAR

(☑ 32-29-19-61; República No 79; ☺ 12–23 Uhr) Die spanisch angehauchte Taverne liegt direkt neben der Iglesia de Nuestra Señora de la Soledad und bietet sich für einen netten Drink an. Es gibt eine gute Weinkarte, das Essen ist jedoch in anderen Lokalen eindeutig besser. Beliebt ist es dennoch: die Tische stehen bis auf die Straße hinaus.

Bar Yesterday
BAR

(☑ 32-24-49-43; República No 222; ☺ Mo–Fr 12–24, Sa & So 12–1 Uhr) Im großen Innenhof der Bar erinnern lebensgroße Beatles-Statuen aus Bronze an die beliebte Gruppe. Hier treffen sich die Einheimischen für ein kühles Bier und Snacks.

Bar El Cambio
BAR

(Ecke Independencia & Martí; ☺ 7 Uhr bis spätabends) Graffiti schmücken die Wände dieser Spelunke, die Cocktails haben interessante Namen. Die Bar besteht nur aus einem Raum mit vier Tischen, hat aber viel Atmosphäre.

Taberna Bucanero
BAR

(☑ 32-25-34-13; Ecke República & Fidel Céspedes; ☺ 24 Std.) Die Kneipe für Biertrinker. Piratenfiguren und Bucanero-Bier vom Fass kennzeichnen diese verwegene Taverne, die an einen britischen Pub erinnert.

☆ Unterhaltung

★ Teatro Principal
THEATER

(☑ 32-30-48; Padre Valencia No 64; Tickets 5–10 CUC$; ☺ Aufführungen Fr & Sa 20.30, So 17 Uhr) Wer die Möglichkeit hat, eine Vorstellung zu besuchen, sollte das auch tun! Nach Havanna ist das Ballettensemble von Camagüey die zweitbeste Balletttruppe Kubas und international bekannt. Die Aufführung sind regelmäßig Stadtgespräch. Das Ensemble wurde 1971 von Fernando Alonso (dem Ex-Mann der kubanischen Tanzlegende Alicia Alonso) gegründet.

Sehenswert ist auch das wunderbare Theatergebäude an sich. Es wurde 1850 mit prunkvollen Kronleuchtern und viel Buntglas gebaut.

Casa de la Trova Patricio Ballagas
LIVEMUSIK

(☑ 32-29-13-57; Cisneros No 171, zwischen Martí & Cristo; 3 CUC$; ☺ 19–1 Uhr) Durch die reich verzierte Eingangshalle gelangt man in einen stimmungsvollen Patio, in dem alte Schnulzensänger singen und junge Paare *chachachá* tanzen. Dies ist einer der besten *Trova*-Clubs des Landes, auch die Touristen stören die Atmosphäre des alten Kuba nicht. Dienstags wird immer traditionelle Musik gespielt. Im Eintrittspreis ist ein Getränk enthalten.

Centro Cultural Caribe
VARIÉTÉ

(☑ 32-29-81-12; Ecke Narciso Montreal (Calle 1) & Freyre; Karten 3–6 CUC$; ☺ 22–2, Fr & Sa 22–4 Uhr) Manche Leute glauben, dass dies das beste Variété außerhalb Havannas sei – bei den Eintrittspreisen lohnt sich ein Besuch auf jeden Fall. Plätze sollten reserviert werden (bei der Theaterkasse für den gleichen Tag), dann kann man einen Abend mit Federboas und Abendkleidern genießen. Für Herren gibt es einen Dresscode: lange Hose und Hemd.

Estadio Cándido González
ZUSCHAUERSPORT

(☑ 32-29-31-40; Av Tarafa; ☺ 19.15 Uhr, Spiele Okt.–April) In diesem Stadion neben dem Casino Campestre finden regelmäßig Baseballspiele statt. Die Alfareros (Töpfer), die Mannschaft aus Camagüey, war lange Zeit ein Außenseiter in der Liga, hat aber in der letzten Saison mehrere Spiele gewonnen.

Sala Teatro José Luis Tasende THEATER
(☑ 32-29-21-64; Ramón Guerrero No 51; ☺ Shows Sa & So 20.30 Uhr) Wer klassisches Theater erleben möchte, ist hier richtig, denn es werden anspruchsvolle Stücke in spanischer Sprache aufgeführt.

Cine Casablanca KINO
(☑ 32-29-22-44; Av Agramonte No 428) Das Kino aus den 1940er-Jahren wurde als Multiplex-Kino wiedereröffnet.

Cine el Circuito KINO
(☑ 32-25-65-43; Av Agramonte) Das ehemalige Kino wurde 2014 als Aufführungsort für Video-Kunst wiedergeboren und hat auch einen 3D-Saal. Die angeschlossene Galería Pixel zeigt nonstop Dokumentarfilme.

Shoppen

Die Top-Einkaufsstraße von Camagüey ist die Calle Maceo. Hier befinden sich zahlreiche Souvenirläden, Buchhandlungen und Kaufhäuser sowie eine attraktive Fußgängerzone.

Fondo Cubano
Bienes Culturales KUNSTHANDWERK
(Av de la Libertad No 112; ☺ Mo–Sa 8–18 Uhr) Nördlich vom Bahnhof werden alle Arten von Kunsthandwerk in einer netten, wenig touristischen Umgebung angeboten.

ARTex Souvenir GESCHENKE & SOUVENIRS
(República No 381; ☺ 9–17 Uhr) Hier findet man von T-Shirts bis zu Mini-*tinajones*, Schlüsselbändern, CDs und Kaffeebechern alles, was man mit dem Konterfei von Che Guevara schmücken kann.

Praktische Informationen

GEFAHREN & ÄRGERNISSE

Camagüeys hart arbeitende *jinteros* (Schlepper) sind Experten im Schröpfen von Touristen. Vielen Reisenden wird Hilfe bei der Suche nach ihrer *casa particular* angeboten, allerdings muss man später oft feststellen, dass man bei einer anderen (häufig weniger guten) Adresse gelandet ist. Oder jemand steht vor der gebuchten Unterkunft und behauptet, dass das Haus gerade renoviert werde oder geschlossen sei. Wer so etwas erlebt, sollte sich persönlich durch Klingeln an der Tür vom Wahrheitsgehalt dieser Aussage überzeugen.

Am besten bucht man seine Unterkunft im Voraus und bittet die Besitzer um Abholung am Bahnhof oder Flughafen. Vorsicht bei Fremden, die ungefragt ihre Hilfe und „Dienste" (z. B. als Guide) anbieten.

Auch die Bici-Taxifahrer am Busbahnhof können extrem unangenehm sein.

GELD

Banco de Crédito y Comercio (☑ 32-29-25-31; Ecke Avenida Agramonte & Cisneros; ☺ Mo–Fr 9–15 Uhr) Hat einen Geldautomaten.

Banco Financiero Internacional (☑ 32-29-48-46; Independencia, zwischen Hermanos Agüero & Martí; ☺ Mo–Fr 9–15 Uhr) Geldautomat.

Cadeca (☑ 32-29-52-20; República No 84, zwischen Oscar Primelles & El Solitario; ☺ Mo–Sa 8.30–20, So 9–18 Uhr) Wechselt Geld.

INTERNETZUGANG

Öffentliches WLAN (mit Zugang über Rubbelkarten-Code) gibt es am Parque Ignacio Agramonte und zwischen dem Plaza los Trabajadores und der Iglesia de Nuestra Señora de la Soledad.

Etecsa Telepunto (☑ 32-25-15-59; República, zwischen San Martín & José Ramón Silva; Internet Std. 1,50 CUC$; ☺ 8.30–19 Uhr) Besser als das WLAN in Camagüey ist das Internet an einem dieser zwölf Terminals. Hier lassen sich auch die Rubbelkarten fürs WLAN kaufen.

MEDIZINISCHE VERSORGUNG

Policlínico Integral Rodolfo Ramirez Esquival (☑ 32-28-14-81; Ecke Ignacio Sánchez & Joaquín de Agüero) Liegt nördlich des Hotel Plaza; Ausländer werden im Notfall behandelt.

Policlínico José Martí (☑ 32-29-78-10; Luaces No 1; ☺ 24 Std.) Zentral gelegenes Krankenhaus.

POST

Post (☑ 32-29-39-58; Av Agramonte No 461, zwischen Independencia & Cisneros; ☺ Mo–Sa 9–18 Uhr)

REISEBÜROS

Cubanacán (☑ 32-28-78-79; Maceo No 67, Gran Hotel) Die besten Infos im Stadtzentrum.

TOURISTENINFORMATION

Infotur (☑ 32-25-67-94; www.facebook.com/camaguey.travel; Ignacio Agramonte; ☺ 8.30–17.30 Uhr) Hilfreiche Touristeninformation in einer Galerie in der Nähe des Kinos Casablanca.

An- & Weiterreise

AUTO

Eine Taxifahrt nach Playa Santa Lucía kostet einfach 60 bis 70 CUC$; Feilschen lohnt sich.

BUS & LASTWAGEN

An der **Estacion Ferro Omnibus** (Regionaler Busbahnhof) in Bahnhofsnähe starten Lastwagen zu mehreren Zielen in der Umgebung (2 CUC$), dazu zählt auch die Playa Santa Lucía. Bezahlt wird in kubanischen Pesos. Wer bis

VÍAZUL-BUSSE AB CAMAGÜEY

REISEZIEL	FAHRPREIS (CUC$)	FAHRZEIT (STD.)	ABFAHRTSZEITEN
Havanna	33	9	0.35, 6.30, 11.05, 14.25, 23.45 Uhr
Holguín	11	3	0.30, 4.30, 6.25, 13.20, 18.40 Uhr
Santiago de Cuba	18	6	0.30, 6.25, 9.30, 13.20, 16 Uhr
Trinidad	15	4½	2.45 Uhr
Varadero	24	8¼	3.10 Uhr

5 Uhr da ist, bekommt mit ziemlicher Sicherheit noch einen Platz in den Fahrzeugen zum Strand.

Fernbusse von **Víazul** (☎ 32-27-03-96; www. viazul.com; Carretera Central Este, an der Calle Peru) fahren ab der **Estacion Interprovincial** (Busbahnhof; Carretera Central), 3 km südöstlich vom Zentrum ab. Einmal täglich gibt es um 14.45 Uhr eine Fahrt zur Playa Santa Lucía (8 CUC$, 1¾ Std.).

Passagierlastwagen (einfach ca. 1 CUC$) nach Las Tunas, Ciego de Ávila und in die Nachbarstädte fahren ebenfalls hier ab. Wer vor 9 Uhr am Bahnhof ist, hat bessere Chancen auf einen Platz.

FLUGZEUG

Die Flugverbindungen in die USA werden immer weiter ausgebaut. **Air Transat** (www.airtransat. com) und **Sunwing** (www.sunwing.ca) bringen Pauschaltouristen, z. B. aus Kanada, in die Region. Diese werden direkt nach der Ankunft nach Playa Santa Lucía in ihre Hotels weitergefahren.

ZUG

Der **Bahnhof** (☎ Fahrkarten 32-28-47-66; Ecke Avellaneda & Av Carlos J. Finlay; nach Santiago/ Havanna 11/19 CUC$11/19) liegt günstiger als der Busbahnhof – allerdings geht dort leider alles etwas umständlich zu. Der Tren Francés fährt alle vier Tage gegen 3.19 Uhr nach Santiago und gegen 1.47 Uhr nach Havanna (mit einem Halt in Santa Clara).

Eine Fahrkarte erster Klasse kostet rund 23 CUC$. Da sich die Fahrpläne häufig ändern, sollte man sich einige Tage vor Abfahrt nach den aktuellen Abfahrtszeiten erkundigen. Die langsameren Coche-motor-Züge verkehren auch auf der Strecke Havanna–Santiago mit Zwischenstopp u. a. in Matanzas und Ciego de Ávila.

Richtung Osten gibt es tägliche Zugverbindungen nach Las Tunas, Manzanillo und Bayamo. Richtung Norden fahren (theoretisch) vier Mal täglich Züge nach Nuevitas und nach Morón.

❶ Unterwegs vor Ort

AUTO

Die Preise für Mietwagen hängen von der Automarke und der Mietdauer ab und beginnen bei 70 CUC$ pro Tag (zzgl. Benzin). Mietwagen bekommt man z. B. bei **Cubacar** (☎ 32-29-74-72; www.transturcarrental.com; Casino Campestre).

Wer mutig genug ist, sich mit dem Leihwagen in das Straßenlabyrinth von Camagüey zu wagen, findet dort bewachte Parkplätze (24 Std. 2 CUC$). Genauere Informationen erhält man im Hotel oder in seiner casa particular.

In der Nähe der Avenida de la Libertad gibt es zwei **Servi-Cupet Tankstellen** (Carretera Central; ⊙ 24 Std.).

Das Autofahren in den engen Einbahnstraßen ist allerdings eine Herausforderung und fast schon so aufregend wie Bungeejumping.

BICI-TAXIS

Fahrrad-Taxifahrer warten auf vielen Plätzen der Stadt auf Kundschaft, die meisten finden sich auf der Plaza de los Trabajadores. Der verlangte Preis beträgt normalerweise 5 Pesos, die meisten Fahrer möchten aber lieber mit Convertibles bezahlt werden.

PFERDEKUTSCHEN

Pferdekutschen pendeln auf einer festen Strecke zwischen dem Regionalbusbahnhof und dem Bahnhof (1 CUC$). Manchmal muss man allerdings am Casino Campestre in der Nähe des Flusses umsteigen.

Florida

73 600 EW.

Florida liegt 46 km nordwestlich von Camagüey an der Straße nach Ciego de Ávila. Wer durch Zentralkuba tourt und nach einem langen Tag hinter dem Steuer zu müde ist, um den Wagen durch die labyrinthartigen Straßen von Camagüey zu manövrieren (was generell nicht zu empfehlen ist), kann sich hier eine Unterkunft suchen.

In der Zuckermühlenstadt wird ordentlich malocht, Assoziationen von einem Strandidyll à la Miami sind daher fehl am Platz. Die Stadt bietet ihren Gästen dafür Rodeos und ein Etecsa-Büro zum Telefonieren.

PROVINZ CAMAGÜEY FLORIDA

RESERVA ECOLÓGICA LIMONES TUABAQUEY

Eines der jüngsten Naturschutzgebiete Kubas befindet sich im dicht bewaldeten **Bergland der Sierra de Cubitas** (6 CUC$) in der nördlichen Provinz Camagüey. Die Hauptattraktion bilden die präkolumbischen Höhlenmalereien an den Wänden der Cueva Pichardo und der Cueva María Teresa, die als bedeutendste indigene Kunst Kubas gelten. Die zweite große Attraktion ist die einzigartige Doline Hoyo de Bonet, eine 300 m breite und 90 m tiefe natürliche Karstform, die ihr eigenes kühl-feuchtes Mikroklima besitzt und in der Riesenfarne wachsen. Beeindruckend ist auch die Artenvielfalt der Vogelwelt: Die Fülle an *tocororos* (Kuba-Trogon, der Nationalvogel Kubas) und *cartacubas* (Vielfarbentodi) und ihr Gezwitscher schaffen eine Symphonie der Vogelgesänge.

Fußwege führen zu den Höhlen, Kratern und der engen natürlichen Schlucht Paso de los Paredones mit schroffen, 40 m hohen Felswänden. Ganz in der Nähe wird an eine historische Begebenheit erinnert: Ein Pfosten markiert jene Stelle, an der im Februar 1869 eine Gruppe von *mambises* (kubanische Unabhängigkeitskämpfer des 19. Jhs.) einen spanischen Angriff erfolgreich abwehrten.

Die Wanderwege dürfen nur mit einem Führer gelaufen werden. Geführte Touren durch das Schutzgebiet organisieren Ecotur (S. 357) oder private Reisebüros in Camagüey. Im Park gibt es ein Besucherzentrum sowie Übernachtungsmöglichkeiten in Hütten.

Das Naturschutzgebiet liegt rund 35 km nördlich von Camagüey an der (holprigen) Straße von Morón nach Nuevitas. Der Abzweig befindet sich unweit des Ortes Cubitas.

Das einzige Hotel der Stadt eignet sich für eine Übernachtung auf der Durchreise: Das zweistöckige **Hotel Florida** (☑ 32-51-46-70; Carretera Central, Km 534; EZ/DZ 23/36 CUC$; P ✳ ✳) liegt 2 km westlich des Stadtzentrums und hat 74 angemessen ausgestattete Zimmer, einige sind in Teilen renoviert worden. Die Zufahrtsstraße ist bezeichnenderweise reich an Schlaglöchern, aber die Mitarbeiter sind freundlich und die Preise vergleichbar mit denen einer *casa particular*. Zum Hotel gehört ein strohgedecktes Restaurant, das kreolische Gerichte kocht.

Wem das Hotel nicht passt, findet eine Autostunde entfernt in Camagüey viele Unterkunftsmöglichkeiten.

ℹ An- & Weiterreise

Florida liegt 46 km von Camagüey entfernt. Wer hier eine Pause macht, ist normalerweise mit dem Leihwagen unterwegs. Zwischen Florida und Camagüey verkehren aber auch Lastwagen.

Eine Tankstelle von Servi-Cupet befindet sich im Stadtzentrum an der Carretera Central.

Sierra del Chorrillo

Etwa 36 km südöstlich von Camagüey erstreckt sich ein Naturschutzgebiet mit drei niedrigeren Hügelketten: Sierra del Chorrillo, Sierra del Najasa und Guaicanámar

(höchste Erhebung 324 m). Besucher erreichen das Schutzgebiet über die Hacienda la Belén, einst eine Ranch und inzwischen ein Naturschutzgebiet mit eigenem Zoo, einem versteinerten Wald und ausgezeichneten Möglichkeiten zur Vogelbeobachtung.

◎ Sehenswertes

Hacienda la Belén   RANCH
(Eintritt 6 CUC$; Sendero las Aves 7 CUC$) In den grasbewachsenen Hügeln versteckt sich die hübsche Ranch, die im Zweiten Weltkrieg von einem peruanischen Architekten gebaut wurde. Heute steht das Land der Ranch unter Naturschutzgebiet und wird von Ecotur verwaltet. Es ist einer der besten Orte Kubas, um so seltene Arten wie den Kubasittich, den Kubatyrann oder den Kubasegler zu beobachten. Gehalten werden aber auch viele nicht-einheimische Tiere wie Zebras, Hirsche, Rinder und Pferde. Zu den beliebten Aktivitäten der Gäste zählt die Wanderung auf dem gebührenpflichtigen Sendero las Aves (Vogelweg).

Eine weitere Besonderheit ist der etwa 3 Mio. Jahre alte versteinerte Wald, der sich über eine gut 1 ha große Fläche erstreckt. Um die Baumstümpfe zu finden, muss man hinter dem Eingang zur Hacienda noch ein Stück bis zu einer Kreuzung fahren und sich dann rechts bis zum Ende einer Sackgasse an einer Fabrik halten. In der Nähe liegt außerdem noch ein weitaus größerer versteinerter Baum.

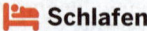 Schlafen

Motel la Belén
MOTEL $

(☎ Reservierung 32-24-49-57; EZ/DZ 13/20 CUC$, Vollpension 29/40 CUC$; ❄ ✺) Das Motel la Belén auf dem Gelände der Hacienda ist auf typisch kubanische Art einfach und ländlich und bietet neben Swimmingpool und Restaurant auch einen Fernsehraum und saubere Zimmer mit Klimaanlage – und das alles in einer faszinierenden Landschaft. Die Zimmerreservierung läuft über Ecotur (S. 357) in Camagüey.

❶ An- & Weiterreise

Von Camagüey aus gibt es geführte Touren ins Schutzgebiet, die Alternative ist der Mietwagen. Zunächst fährt man ab Camagüey auf der Carretera Central 24 km Richtung Osten, dann 30 km nach Südosten und folgt der Ausschilderung nach Najasa.

Wer von Las Tunas anreist, fährt in Sibanicú von der Carretera Central Richtung Süden ab und folgt einer Schlaglochpiste nach Najasa. Die Hacienda liegt 8 km hinter Najasa an einer ausgefahrenen Straße.

Wer sich die Fahrt mit eigenem Wagen nicht zutraut, kann von Camagüey aus ein Taxi nehmen, sollte aber vorab einen Festpreis aushandeln.

Cayo Sabinal

Cayo Sabinal liegt 22 km nördlich von Nuevitas und ist immer noch ein unberührtes Territorium (gleichwohl gibt es Pläne für eine touristische Erschließung). Das 30 km lange Korallenatoll mit Sümpfen ist das Rifugium vieler Flamingos und Leguane. Die einzigartig schöne Landschaft ist überwiegend flach und besteht aus Marschland und Lagunen. Zur hier lebenden Fauna gehören Baumratten, Wildschweine und eine große Vielfalt an Schmetterlingen.

❿ Sehenswertes

Fuerte San Hilario
FORT

Cayo Sabinal bietet für eine so ursprüngliche Gegend eine sehr bewegte Geschichte: Weil die Insel im 17. und 18. Jh. häufig von Piraten überfallen wurde, errichteten die Spanier hier ein Fort (1831), um plündernde Seeräuber fernzuhalten. Das Fort wurde später in ein Gefängnis umgewandelt. 1875 war es Schauplatz des einzigen Karlistenaufstandes in Kuba (eine konterrevolutionäre Bewegung in Spanien, die gegen die herrschende Monarchie kämpfte).

Faro Colón
LEUCHTTURM

(Punta Maternillo) Der 1848 erbaute Faro Colón ist einer der ältesten Leuchttürme, die auf dem ganzen kubanischen Archipel noch in Betrieb sind.

Da in dieser Gegend während der Kolonialzeit mehrere Seeschlachten ausgetragen wurden, findet man in den seichten Gewässern ringsum eine Reihe spanischer Wracks wie etwa die *Nuestra Señora de Alta Gracia* und die *Pizarro*. Die Wracks sind heute beliebte Tauch-Spots.

Aktivitäten

Playa Bonita
STRAND

(Tagestour Erw./Kind 59/36 CUC$) 30 km lang sind die Strände von Cayo Sabinal, dieser hier ist einer der schönsten. Von Playa Santa Lucía werden täglich Ausflüge mit dem Katamaran zur Playa Bonita angeboten; ein rustikaler *ranchón* bietet sich für ein Mittagessen an.

❶ An- & Weiterreise

Zur Insel führt eine Schotterpiste, der Zugang ist jedoch momentan wegen Bauarbeiten durch einen Security Checkpoint nur eingeschränkt möglich. Der 2 km lange Damm, der die Insel mit dem Festland verbindet, war der erste seiner Art, der in Kuba errichtet wurde, er verursachte auch die größten Umweltschäden.

Am einfachsten erreicht man Cayo Sabinal im Rahmen einer Katamarantour ab Playa Santa Lucía, Ziel ist die Playa Bonita. Die Ausflüge finden täglich statt, Fahrt und Mittagessen sind im Preis inbegriffen. Buchungen nehmen die Hotels in Playa Santa Lucía entgegen.

Derzeit kann die Insel nur im Rahmen besagter Katamarantour ab Playa Santa Lucía erreicht werden.

Playa Santa Lucía

Der 20 km lange, goldgelbe Strand liegt 112 km nordöstlich von Camagüey und wetteifert mit Varadero um den Titel des „längsten Strands von Kuba". Die meisten Reisenden besuchen den Strand, um hier zu tauchen, denn nur wenige Kilometer vor der Küste liegen einige der schönsten und leicht zugänglichsten Korallenriffe der Nordküste.

Der Strand selbst ist das eigentliche Highlight – ein tropisches Juwel mit überraschend vielen einsamen Stellen; allerdings

GUÁIMARO: DIE STADT DER BEFREIUNG

Guáimaro wäre eine Stadt wie jede andere, wenn hier nicht im April 1869 die berühmte Versammlung von Guáimaro stattgefunden hätte, auf der die erste kubanische Verfassung angenommen und die Abschaffung der Sklaverei eingefordert wurde. Die Versammlung wählte damals Carlos Manuel de Céspedes zu ihrem Präsidenten.

Wer sich für Geschichte interessiert, legt hier eine Pause ein. An die Ereignisse von 1869 erinnert ein großes Denkmal, das 1940 im Parque Constitución errichtet wurde. Um den Sockel des Monuments reihen sich Bronzeplatten mit Porträts von José Martí, Máximo Gómez, Carlos Manuel de Céspedes, Ignacio Agramonte, Calixto García und Antonio Maceo – allesamt Helden der kubanischen Unabhängigkeit.

Im Park befindet sich auch die Grabstätte von Kubas erster – und wahrscheinlich größter – Heldin: Ana Betancourt (1832–1901) stammt aus Camagüey und kämpfte im Ersten Unabhängigkeitskrieg für die Emanzipation der Frau und für die Abschaffung der Sklaverei.

Einen Besuch wert ist auch das **Museo Histórico** (Constitución 85 zwischen Libertad & Máximo Gómez, Guáimaro; Eintritt 1 CUC$; ⊙ Mo–Fr 9–17 Uhr) mit einer netten Mischung aus Kunst und Geschichte.

Guáimaro liegt an der Carretera Central zwischen Camagüey und Las Tunas. Durch den Ort fahren täglich etliche Víazul-Busse. Wer aussteigen möchte, muss dem Fahrer Bescheid sagen.

---

taucht selbst im Umkreis der Hotels immer wieder unangenehmer Seetang auf.

Der isoliert liegende Küstenstreifen hat schon bessere Tage gesehen, viele Hotels erinnern heute eher an billige Ferienlager.

Trotzdem kann man hier ausgezeichnet schwimmen, schnorcheln und tauchen. Die vier All-inclusive-Ferienanlagen bieten zudem günstige Preise für Dauerurlauber. Während der Hauptsaison trifft man hier vorwiegend Kanadier.

In der flachen Umgebung tummeln sich Flamingos, vereinzelt sieht man grasende Kühe. Durch die Nähe zu den Feuchtgebieten sind Mücken ein sehr lästiges Problem, vor allem in der Dämmerung: unbedingt ausreichend Mückenschutz einpacken.

 Aktivitäten

Playa Santa Lucía ist ein ausgezeichnetes Tauchgebiet und das zweitgrößte Korallenriff nach dem Great Barrier Reef in Australien.

Seine 35 Tauchgründe am Eingang zur Bahía de Nuevitas bieten den Cueva-Honda-Tauchspot, etliche historische Schiffswracks und eine artenreiche Meeresfauna, u. a. trifft man hier auf diverse Rochenarten. Als Highlight wird die Handfütterung der 3 m langen Bullenhaie vermarktet (Juni bis Januar).

Die Hotels organisieren auch andere Aktivitäten rund ums Wasser wie z. B. Kajaktouren, Hochseeangeln und Kitesurfen (Letzteres ist zwischen November und April möglich).

⭐ **Katamaranfahrt zur Playa Bonita** BOOTSTOUR

(Erw./Kind 59/36 CUC$) Wer sich seinen Traum von der einsamen Insel erfüllen möchte, sollte mit dem nur 14 Personen fassenden Katamaran zur Playa Bonita auf Cayo Sabinal fahren. Im Preis inbegriffen sind 45 Minuten Zeit zum Schnorcheln sowie ein Mittagessen mit Getränken. Abfahrt ist in Playa Santa Lucía um 9.30 Uhr, Rückkehr um 16.20 Uhr. An ausreichend Sonnenmilch denken! Den Ausflug kann man bei Marlin buchen, das Wassersportzentren in jedem Hotel unterhält.

Centro Internacional de Buceo Shark's Friends TAUCHEN

(☎32-36-51-82; www.nauticamarlin.com; Av Tararaco; Haifütterung 69 CUC$, Tauchgänge ab 30 CUC$) Shark's Friends ist ein professionelles Unternehmen, dessen Tauchlehrer Englisch und Deutsch sprechen. Die Tauchbasis am Strand zwischen Brisas Santa Lucía und Gran Club Santa Lucía bietet Tauchgänge, Kurse zum Erlangen eines Open-Water-Zertifikats sowie die Haifütterungen an.

Die beste Zeit für diese Haifütterung sind die Monate November bis einschließlich Januar. Tauchboote starten täglich alle zwei Stunden zwischen 9 und 15 Uhr (der letzte Tauchgang hängt allerdings von der Nachfrage ab). Der Open-Water-Tauchkurs kostet 315 CUC$; ein Hotelkurs 74 CUC$. Möglich sind auch Schnorchelausflüge.

Playa Santa Lucía

0 ———— 1 km

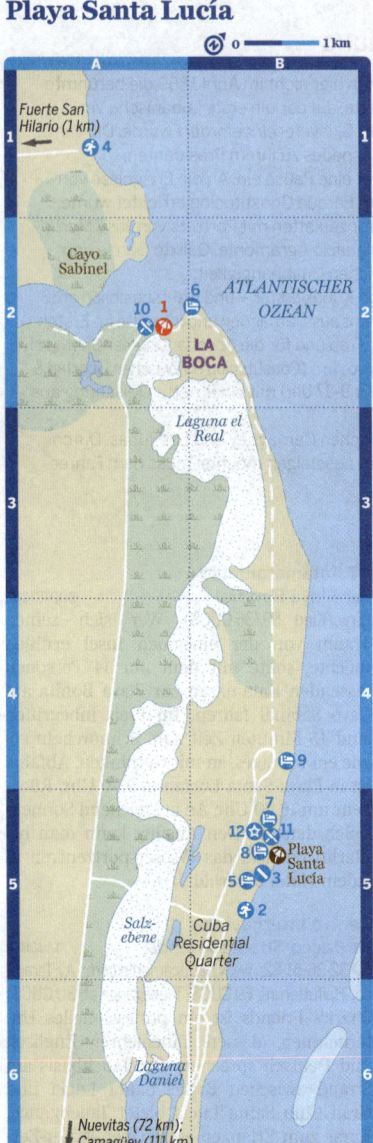

Fuerte San Hilario (1 km)

Cayo Sabinel

ATLANTISCHER OZEAN

LA BOCA

Láguna el Real

Salz-ebene

Cuba Residential Quarter

Laguna Daniel

Nuevitas (72 km); Camagüey (111 km)

auch die Qualität der Hotels wird Richtung Nordwesten zunehmend schlechter. Da Playa Santa Lucía recht klein und einsam ist, empfiehlt es sich, die Unterkunft im Voraus zu buchen.

Casas particulares finden sich im Ort südöstlich der Hotels, hier ist der Zugang zum Strand allerdings schlechter.

Islazul Tararaco HOTEL **$**
(☎32-33-63-10; EZ/DZ 33/36 CUC$; ❋) Schnäppchenjäger dürfen sich bei Changó für das Tararaco bedanken, das älteste Hotel der Gegend (es stammt tatsächlich aus vorrevolutionären Zeiten). Jedes Zimmer hat einen Fernseher und einen kleinen Patio und liegt nur einen Steinwurf vom Strand entfernt. Die Busse von Víazul nach Camagüey halten direkt an der Hoteleinfahrt.

Brisas Santa Lucía RESORT **$$$**
(☎32-33-63-17; EZ/DZ/3BZ all-inclusive 143/190/193 CUC$; ⓟ❋@🛜🏊) Die 412 Zimmer der riesigen, 11 ha großen Hotelanlage verteilen sich auf mehrere dreistöckige Gebäude. Es ist das beste Hotel am Strand – auch wenn die vier Sterne etwas zu hoch gegriffen sind. Dazu kommt die Atmosphäre eines Ferienlagers mit Animateuren und einer Show, in der alle Ansagen in drei Sprachen wiederholt werden, sicher nicht jedermanns Geschmack. Es gibt auch ein eigenes Kinderprogramm.

🛌 Schlafen

Die kleine Hotelmeile beginnt 6 km nordwestlich des Kreisverkehrs am Ortseingang nach Santa Lucía. Die vier großen Hotels gehören zur bekannten Cubanacán-Kette, sowohl die Kategorie als

Club Brava Caracol
RESORT **$$$**

(📞 32-33-63-02; EZ/DZ all-inclusive 89/139 CUC$; P ✻ @ 🛜 🏊) Schlichte umgebaute Zimmer mit bequemen Betten und karibischen Farben verschaffen dem Resort einige Pluspunkte. Wegen seines Kinderprogramms ist es das Lieblingshotel von Familien. Bei der Zimmerwahl muss man allerdings aufpassen: Die Shows und die Musik auf der Hauptbühne sind recht laut, außerdem funktionieren nicht alle Zimmersafes. Die Zimmer mit Meerblick sind erwartungsgemäß teurer.

Gran Club Santa Lucía
RESORT **$$$**

(📞 32-33-61-09; EZ/DZ all-inclusive 86/133 CUC$; P ✻ @ 🛜 🏊) Das Hotel ist eines der besseren vor Ort. Es bietet 249 farbenfroh gestaltete Zimmer in gut gepflegten zweistöckigen Häusern, eine hübsche Gartenanlage und einen Pool, an dem immer viel los ist. Der nicht besonders umwerfende Nachtclub nennt sich Discoteca la Jungla und bietet abends Musik bzw. bemüht lustige Comedy-Shows.

✕ Essen

Abgesehen von den Hotelbüfetts gibt es nur wenig Auswahl. Am Kreisverkehr am Westende der Hotelmeile gibt es ein El Rápido, das billiges Fastfood bietet.

Restaurante Luna Mar
MEERESFRÜCHTE **$$**

(Playa Santa Lucía; Hauptgerichte 7–20 CUC$; ⊙ 12–21 Uhr) Das Lokal liegt am Strand zwischen dem Gran Club Santa Lucía und dem Club Amigo Caracol. Auf der Karte stehen hauptsächlich Meeresfrüchtegerichte.

☆ Unterhaltung

Außerhalb der Hotelanlagen wird nicht viel geboten. Wer seine Ruhe haben möchte, sollte Ohrstöpsel mitbringen.

Mar Verde Centro Cultural
KULTURZENTRUM

(📞 32-33-62-05; Mar Verde Centro Commercial; 1 CUC$; ⊙ 22–3 Uhr) Das Mar Verde Centro Cultural hat eine nette Patio-Bar und bietet jeden Abend Variété mit Livemusik.

❶ Praktische Informationen

GELD

Cadeca (Mar Verde Centro Commercial; ⊙ 9–16 Uhr) Im Mar-Verde-Einkaufszentrum.

MEDIZINISCHE VERSORGUNG

Clínica Internacional de Santa Lucía (📞 32-33-63-60; Ignacio Residencial No 14) Gut ausgestattetes Krankenhaus von Cubanacán für

Notfälle und medizinische Grundversorgung. Es gibt auch eine Apotheke.

TOURISTENINFORMATION

Die Reiseagentur Cubanacán, die vier der fünf Hotels vor Ort besitzt, unterhält in jedem Hotel eine Filiale. Ein gutes Büro von Cubatur befindet sich direkt vor dem Gran Club Santa Lucía.

❶ An- & Weiterreise

Die Busse von **Víazul** (www.viazul.com) fahren täglich um 11 Uhr vom Hotel Tararaco nach Camagüey (9 CUC$, 1¾ Std.).

Die einfache Fahrt mit einem Taxi kostete von Camagüey zur Playa Santa Lucía etwa 70 CUC$.

Eine Tankstelle von Servi-Cupet befindet sich am Südostende der Hotelmeile unweit der Zufahrtsstraße von Camagüey. Eine weitere Servi-Cupet-Tankstelle mit Snackbar liegt direkt südlich vom Brisas Santa Lucía.

Autos und Mopeds können über Cubacar (S. 364) in allen Hotels gemietet werden.

Playa los Cocos

Der sichelförmige Strand liegt am Ende der 20 km langen Playa Santa Lucía, 7 km von den Hotels an der Mündung der Bahía de Nuevitas entfernt. Er besticht mit weiß-gelbem Sand und einem in allen Grüntönen schillerndem Meer. Hinter dem Strand in der Laguna el Real lassen sich manchmal rosa Flamingos beobachten.

Das kleine kubanische Dorf hier heißt La Boca. Mit Blick auf den Leuchtturm Faro Colón auf Cayo Sabinal kann man wunderbar schwimmen, allerdings sind die Gezeitenströmungen nicht ungefährlich. Die Strände an der Meerseite eignen sich nicht zum Schwimmen – dort gibt es zu viele Seeigel.

🛏 Schlafen & Essen

Es gibt zwei Restaurants, außerdem kann man in den *casas particulares* essen.

★ The Point of Pilots
CASA PARTICULAR **$**

(📞 Mobil 53-41-46-60, 55-44-88-21; La Boca No 16; Zi. 25 CUC$) Nur einen Steinwurf vom Wasser entfernt bietet das frisch angestrichene, marineblaue Haus am Sandweg die nettesten Gastgeber der Welt. Es gibt drei Zimmer in Schiffsform, eines davon ist allerdings sehr klein. Auf Anfrage bereiten die Besitzer gerne ein Essen mit Meeresfrüchten zu.

Casa Betty
CASA PARTICULAR **$**

(La Boca No 38; Zi. 25 CUC$) Einfach, aber gut gelegen ist das Haus am Meer, das nur zwei

PROVINZ CAMAGÜEY PLAYA LOS COCOS

INSELN & DÄMME

In jedem anderen Land wäre die Perlenkette kleiner Inselchen (*cayos*) mit herrlichen Stränden, so wie sie hier zwischen Cayo Coco und Playa Santa Lucía liegen, schon längst von den großen Hotelketten okkupiert worden. Nicht so in Kuba – die Mischung aus ökonomischen Einschränkungen und kleinkrämerischer Regierungsbürokratie ließ sie fast unberührt. Dennoch gibt es inzwischen Pläne für Hotelbauten auf mehreren Inseln. Die ortskundigen Fischer kreuzen mit ihren Booten in den Gewässern bis Cayo Cruz.

Das seichte Wasser, die Lagunen und Meeresarme vor der Nordküste von Camagüey sind ein Paradies für Fliegenfischer (in einem knapp 350 km² großen, für den Fischfang freigegebenen Gebiet tummeln sich Knochenfische, Kurznasenmakrelen und Tarpune, fast unbehelligt von Anglern). Die Angelsaison dauert von November bis August, kommerzieller Fischfang ist nicht erlaubt.

Ende der 1980er-Jahre wurden massive Dämme und Straßen kreuz und quer in den *cayos* gebaut, um ein großes kubanisches Tourismusprojekt vorzubereiten; das Projekt wurde jedoch wegen des Wirtschaftskrise in der Sonderperiode nie verwirklicht. So blieben die Inseln und ihr glasklares Wasser ein Geheimtipp für eingeweihte Angler, Hobby-ornithologen und all jene, die ungestörte Einsamkeit suchen.

Folgende Inseln reihen sich hier von West nach Ost aneinander: Cayo Paredón Grande ist die Heimat des karierten Leuchtturms Faro Diego Velázquez mit einem herrlichen Strand und Schwärmen von Tagesbesuchern aus Cayo Coco. Der Cayo Romano ist Kubas drittgrößte Insel und ein Paradies für Flamingos, Mangroven und blutrünstige Mosquitos. Cayo Guajaba präsentiert sich als unberührte Wildnis, Cayo Sabinal bietet dagegen eine Schotterpiste und drei makellose Strände, eine alte spanische Festung und einen Leuchtturm. Abgelegen im Norden liegt der 800 m lange Cayo Confites, auf dem sich der 21 Jahre alte Fidel Castro 1947 während der Vorbereitung einer erfolglos gebliebenen Verschwörung zum Sturz des Regimes von Rafael Trujillo in der Dominikanischen Republik versteckte (Fidel verließ damals das Schiff in der Bucht von Nipe und schwamm mit seiner Waffe 15 km bis zum Ufer).

Wer sich in diese mit Schlaglochpisten übersäte Wildnis traut, braucht ein robustes Auto oder ein Rad. Der Zugang zum Cayo Romano ist von Cayo Coco oder von Brasil im Nordwesten der Provinz Camagüey aus möglich. den Cayo Cruz erreicht man über einen Damm vom Cayo Romano aus. Cayo Sabinal ist durch einen schmalen Damm nordwestlich von Nuevitas mit dem Festland verbunden. Da überall Polizeikontrollpunkte sind, sollte man seinen Ausweis mitnehmen.

Zimmer vermietet. Die Wohlgerüche aus der winzigen Küche künden von einer weiteren Funktion – es ist gleichzeitig ein *paladar*. Zur Auswahl stehen gegrillte oder frittierte Meeresfrüchte (Hauptgerichte 5–10 CUC$) und das zu jeder Tageszeit: gut für hungrige Strandbesucher, aber nicht so gut für die Übernachtungsgäste.

★**El Bucanero** MEERESFRÜCHTE $$
(☏32-36-52-26; Playa los Cocos; Gerichte 8–12 CUC$; ⏰10–22 Uhr) Das Restaurant ist etwas ganz Besonderes – hier werden frische Meeresfrüchte in einer traumhaften Umgebung serviert. Spezialität des Hauses sind Hummer und Garnelen. Man kann auch Liegestühle mieten – mit einem Kokosnusssaft oder einem kühlem Bier die perfekte Voraussetzung für eine kleine Auszeit.

ℹ An- & Weiterreise

Eine Fahrt mit der Pferdekutsche von den Hotels in Santa Lucía zur Playa los Cocos kostet hin und zurück inklusive Wartezeit 20 CUC$.

Wer will, kann die Strecke auch laufen, joggen oder mit dem Rad fahren (kostenlose Leihräder ohne Schaltung gibt es in allen Hotels).

Auf der Straße sind es 12 km, an der Küste entlang 8 km (nicht für Autos befahrbar; Kutsch- und Radfahrer müssen zwischendurch 5 Minuten durch sandiges Gelände laufen).

Provinz Las Tunas

🗺 31 / 526 000 EW.

Gut essen

➡ La Negra (S. 375)

➡ Ristorante La Romana
(S. 376)

➡ La Sicilia (S. 379)

➡ El Bodegón de Polo
(S. 378)

Schön übernachten

➡ Villa Carolina (S. 380)

➡ Mayra Busto Méndez
(S. 373)

➡ Hostal Melina (S. 373)

➡ Casa Karen & Roger
(S. 374)

➡ Brisas Covarrubias
(S. 379)

Auf nach Las Tunas!

Für die meisten Reisenden liegt zwischen Ankunft und Abschied in der Provinz Las Tunas nur eine Stunde: genau die Zeit, die nötig ist, um die Provinz – an einem guten Tag – auf der Carretera Central zu durchqueren. Dabei entgeht ihnen viel! Viehhirten, die nichts aus der Ruhe bringt, Sänger, deren Lieder voller Poesie sind; Rodeos und Straßenfeste am Samstagabend sind über die Provinz hinaus bekannt. Eine mitreißende Feststimmung wird in jedem Augenblick aus dem Zylinder gezaubert. Obwohl historisch mit dem Oriente verbunden, weist die Provinz Las Tunas viele Gemeinsamkeiten mit Camagüey auf. Das flache Weideland im Landesinnern wird von Zuckerrohrmühlen und Rinderfarmen unterbrochen, an der Nordküste ist den Stränden in Ökoregionen ein wilder Reiz bewahrt geblieben. In diesem stillen Landstrich, der sich nicht aufdrängt, können Besucher den ländlichen Charme der Provinzhauptstadt auf sich wirken lassen oder nach Norden zu den Stränden nahe der alten Zuckermühlenstadt Puerto Padre weiterfahren.

Reisezeit

➡ Die regenreichsten Monate sind Juni und Oktober, in denen es zu Niederschlägen von durchschnittlich 160 mm und überfluteten Straßen kommen kann.

➡ In den heißesten Monaten Juli und August verbringen die Einheimischen ihre Ferien an den Stränden, ausländische Besucher kommen eher in kühleren Monaten ins Land.

➡ Die Provinzhauptstadt Las Tunas ist Veranstaltungsort vieler Festivals; das beste ist die Jornada Cucalambeana, ein Festival der ländlichen Musik Kubas, im Juni.

➡ La Festival Internacional de Magia Anfora, das Festival der Zauberkunst, wird im November in der Provinzhauptstadt veranstaltet; Magier kommen aus aller Welt zusammen.

➡ Im Februar findet die Nationale Skulpturenausstellung in der „Stadt der Skulpturen", wie Las Tunas auch genannt wird, einen passenden Ort.

Highlights

❶ Parque 26 de Julio
(S. 377) Das kubanische Gegenstück der Cowboys ist auf dem Festivalgelände von Las Tunas zu bewundern – das Rodeo gibt es zweimal im Jahr.

❷ Playa la Herradura
(S. 379) Die Ursprünglichkeit des Strandbades ist noch nicht im Lärm von Hotelbauten untergegangen.

❸ Puerto Padre (S. 378)
In einem netten, ruhigen und abgeschiedenen Küstenort eine Weile zur Ruhe kommen.

❹ Jornada Cucalambeana
(S. 373) Im El Cornito sind im Juni Kostproben der *Música campesina* beim Festival der ländlichen Musik Kubas zu hören.

❺ Las Tunas (S. 372)
Elegante italienische Restaurants in der Provinzhauptstadt werden von privater Hand geführt.

❻ Punta Covarrubias
(S. 379) Mehrere Tauchgründe mit größtenteils unerforschten Korallenriffen liegen vor dem unberührten Strand.

Las Tunas

163 500 EW.

La Victoria de Las Tunas (wie der offizielle Name der Stadt lautet) ist ein verträumter ländlicher Ort, der zur Hauptstadt der Provinz erhoben wurde. Lange Zeit hatte die Stadt einen recht zweifelhaften Ruf als Hauptstadt des Sextourismus im Oriente. Einzig den guten privaten Unterkünften, der Gastfreundlichkeit der Einheimischen und einer günstigen Lage an der Carretera Central, der pulsierenden Hauptverkehrsader Kubas, ist es zu verdanken, dass etliche straßenmüde Reisende dennoch hier haltmachen und bei ihrem Besuch angenehm überrascht werden.

Kundenfänger, die an anderen Reisezielen Touristen zur Verzweiflung treiben, fehlen hier völlig. Die Stadt ist ein Schaustück des echten Lebens in der kubanischen Provinz.

Las Tunas, das den Beinamen „Stadt der Skulpturen" trägt, ist eher reich an Kontrasten als an Kunstschätzen. Ein Mangel an Urbanität wird jedoch durch provinzielle Kuriositäten leicht wettgemacht. Ein echtes ländliches Rodeo ist hier ebenso zu erleben wie die Skulptur eines zweiköpfigen Taíno-Häuptlings. Der Samstagabend ist von wilden, übermütigen Straßenpartys lärmend erfüllt. Poetisch und schwärmerisch ist die Stimmung auf der Jornada Cucalambeana; dieses größte ländliche Musikfestival Kubas sprüht vor Witz und Originalität.

⊙ Sehenswertes

Memorial a los Mártires de Barbados MUSEUM
(Lucas Ortíz No 344; ☉ Mo–Sa 10–18 Uhr) GRATIS
Die Sehenswürdigkeit, die in Las Tunas wohl am meisten unter die Haut geht, ist das ehemalige Zuhause von Carlos Leyva

González, einem Florettfechter und Olympioniken, der 1976 beim schlimmsten Terrorangriff in der Geschichte Kubas ums Leben kam: bei einem Bombenanschlag auf ein Flugzeug der Fluglinie Cubana de Aviación. Eindrucksvolle Privatfotos von den Opfern hängen an den Wänden des Museums und erinnern schmerzlich an den fatalen Absturz des Fliegers.

Am 6. Oktober 1976 legte Flug 455 von Cubana de Aviación auf dem Rückflug von Guyana nach Havanna einen Zwischenstopp in Barbados ein. Neun Minuten nach dem erneuten Start explodierten zwei Bomben in der hinteren Toilette – das Flugzeug zerbrach in zwei Teile und stürzte in den Atlantik. Alle 73 Menschen an Bord – darunter 57 kubanische Staatsbürger – kamen ums Leben. Die gesamte 24-köpfige kubanische Jugendnationalmannschaft der Fechter gehörte zu den Opfern des schlimmsten Terrorangriffs in der Geschichte des Landes. Die Sportler hatten soeben Goldmedaillen bei den Mittelamerikanischen Meisterschaften gewonnen.

Memorial Vicente García   MUSEUM
(☎ 31-34-51-64; Vicente García No 7; 1 CUC$; ◷ Di–Sa 9–17, So 8–14 Uhr) Das im Kolonialstil errichtete Gebäude in der Nähe des Parks, nach dem das Museum benannt ist, erinnert an den Helden von Las Tunas zur Zeit des Unabhängigkeitskriegs: Vicente García. Er nahm 1876 die Stadt den Spaniern ab und fackelte sie 21 Jahre später kurzerhand ab, als die Kolonialherren versuchten, sie zurückzuerobern. Das Gebäude war einst das Haus von García; vom Originalgebäude hat sich jedoch nur ein kleines, freigelegtes Stück Bodenfliesen erhalten. Die vier Räume des Museums lassen sich am schönsten mit einem Führer erkunden, der mit vielen interessanten Informationen geschichtliche Lücken zu füllen weiß.

Museo Provincial General Vicente García   MUSEUM
(☎ 31-34-51-64; Ecke Francisco Varona & Ángel de la Guardia; 1 CUC$; ◷ Di–So 8–16.30 Uhr) Das Provinzmuseum ist im königsblauen Rathaus untergebracht, dessen Fassade mit einer Uhr geschmückt ist. Es dokumentiert die Geschichte der Stadt und ihrer Einwohner, der *Tuneros*. Die Mitarbeiter führen Besucher gerne durch die Ausstellung.

El Cornito   WALD
(Carretera Central Km 8; ◷ 9–17 Uhr) Die Bambuswälder rund um das Motel el Cornito, 6 km außerhalb der Stadt gelegen, bieten mit ihrem kühlenden Schatten eine willkommene Abwechslung vom Stadtgewühl in sengender Hitze. Es gibt Restaurants im Stil von *ranchónes* (in denen bevorzugt dröhnender *reggaeton* zu hören ist). Das Gelände des alten Gutshauses von Juan Cristóbal Nápoles Fajardo (alias El Cucalambé), des großen Dichters von Las Tunas, und ein Stausee sind hier zu sehen.

Am Rückweg zur Carretera Central liegen ein Zoo, ein Freizeitpark und ein Motocross-Parcours. Ein Taxi kostet zwischen 5 und 7 CUC$ mit Rückfahrt.

⭐ Feste & Events

Bienal de Escultura Rita Longa   BILDHAUEREI
(◷ Feb.) Im Februar findet das Festival in Jahren mit gerader Jahreszahl in der „Stadt der Skulpturen" statt.

Jornada Cucalambeana   MUSIK
(◷ Juni) Beim größten Fest der ländlichen Musik in Kuba überbieten Lieddichter der Region einander mit improvisierten *décimas* – aus jeweils zehn Verszeilen zusammengesetzten Strophen. Das Ereignis findet im Juni beim Motel el Cornito, etwas außerhalb von Las Tunas, statt.

🛏 Schlafen

⭐ Hostal Melina   CASA PARTICULAR $
(☎ 31-34-35-03; Av Frank País 55; Zi. 25 CUC$; P ❄) Eine freundliche Einladung geht von diesem Wohnhaus der 1970er-Jahre aus, es strahlt vor sorgfältiger Pflege. Eindrucksvoll sind auch die Tagesdecken aus Goldlamé. Zwei Gästezimmer hinter dem Haus bieten viel Privatsphäre und Platz und sind mit Flachbildfernsehern und Kühlschränken ausgestattet. Jedes Zimmer hat einen überdachten Patio und eine Dachterrasse. Die Frühstücksauswahl ist riesig.

⭐ Mayra Busto Méndez   CASA PARTICULAR $
(☎ 31-34-42-05, Mobil 52-71-30-84; mayra.busto@nauta.cu; Hirán Durañona No 16, zwischen Frank País & Lucas Ortíz; Zi. 25 CUC$; P ❄) Entgegenkommend und verlässlich wirkt diese *casa particular* mit aufmerksamen Gastgebern. Die spiegelblank polierten Möbel des makellosen Bungalows blenden vor Glanz. Es gibt zwei Gästezimmer (eines davon ist riesengroß), eine Renovierung sorgt für modern hergerichtete Bäder. Im Taxi können Gäste auf die Lage des Hauses an einer Sackgasse (*calle sin salida*) hinweisen.

Las Tunas

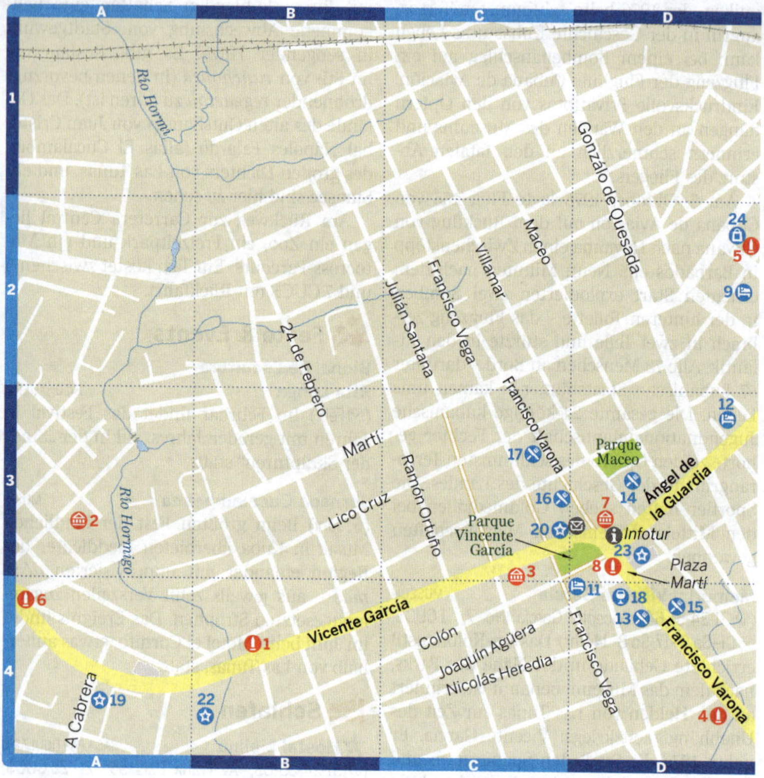

Casa Karen & Roger
CASA PARTICULAR $

(☎ 31-34-28-73; kyl@itu.sld.cu; Lico Cruz No 93; Zi. 25 CUC$; ❀) Mit seinem eleganten, modernen Stil, der in Kuba selten zu finden ist, ist das zweistöckige Haus eine willkommene Ergänzung des Angebots; es bietet zwei geräumige Zimmer. An den Wänden sind originale Kunstwerke und überall kühne Farben zu sehen, es gibt eine exzellente Dachterrasse. Zur Inhaberfamilie gehören kleine Kinder und ein kleiner Hund.

Hotel Cadillac
HOTEL $$

(☎ 31-37-27-91; Ecke Ángel de la Guardia & Francisco Vega; EZ/DZ inkl. Frühstück 72/86 CUC$; ❀) Eines der Hotels in Las Tunas, die nicht an die Ära von Chruschtschow und Breschnew erinnern. Das Haus wurde 2009 nach einer Renovierung neu eröffnet. In dem zentral gelegenen Bauwerk aus den 1940er-Jahren gibt es acht Zimmer – darunter eine schöne Suite an einer Ecke des Hauses – mit Safe und Minibar, außerdem Flachbildfernse-

hern, modernen Bädern und einem Hauch von altmodischer, vorrevolutionärer Noblesse. Draußen befindet sich der Eingang zur lebhaften Cadillac Snack Bar (S. 376).

Essen

Los Hermanos
ITALIENISCH $

(☎ Mobil 54-86-45-14; Varona No 284; Hauptgerichte 2–6 CUC$) Günstig und gut ist dieses italienische Restaurant, eine beliebte Adresse der Einheimischen. Aus der Küche kommen z. B. ein knoblauchschweres Pesto, aber auch wenig überzeugende Desserts.

Caché
INTERNATIONAL $

(☎ 31-99-55-57; Francisco Varona, zwischen Nicolás Heredia & Joaquin Agüera; Sandwiches & Burger 2–5 CUC$; ⏱ 12–2 Uhr) Die todschicke neue Cocktailbar ist zugleich Café und Restaurant und zeigt deutlich, dass sich in Kuba vieles verändert – hier wird versucht, den Geschmack von Miami nach (ausgerech-

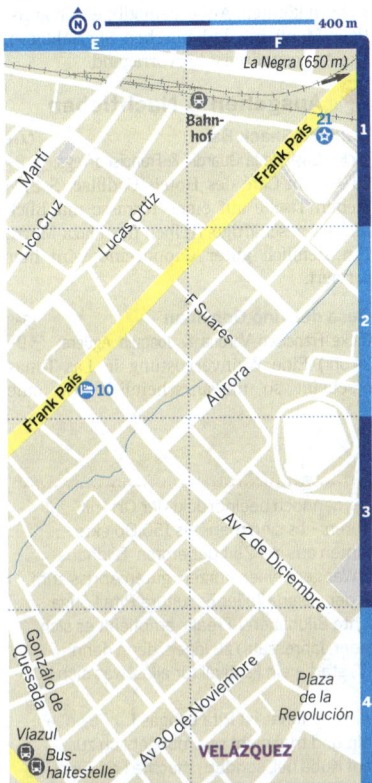

Las Tunas

net!) Las Tunas zu tragen. Der schummrig beleuchtete, klimatisierte Innenraum wirkt mit Ledersesseln und gewandten Cocktailkellnern eine Spur zu großartig. In der Speisekarte liegt die Betonung auf Deluxe-Burgern und Club-Sandwiches.

Einheimische würden die köstlichen, frittierten *croquetas* empfehlen.

La Patrona
KUBANISCH $

(☎ 31-34-05-11; Custodio Orive No 94; Hauptgerichte 3–4 CUC$; ⊙ 11–23 Uhr) Ein Stadtteilrestaurant mit gutem Essen zu günstigen Preisen. Die Hauptgerichte stammen vorherrschend aus der *comida criolla* (kreolischen Küche), aber auch Gerichte mit Eiern und Pasta sind preiswert zu bekommen.

Restaurante la Bodeguita
KARIBISCH $

(☎ 31-37-15-36; Francisco Varona No 293; Hauptgerichte 5 CUC$; ⊙ 12–23 Uhr) Das Restaurant gehört zur staatlichen Palmares-Kette, ist also eine bessere Wahl als die üblichen Peso-Res-

taurants. Gäste finden hier karierte Tischdecken, eine eingeschränkte Weinkarte und eine staatlicherseits als „international" bezeichnete Küche vor – sprich Spaghetti und Pizza. Einen Versuch wert ist ein Gericht mit Hähnchenbrust und Pilzsoße.

★ La Negra
KUBANISCH $$

(☎ 31-39-81-48, Mobil 52-71-30-72; www.restaurantelanegra.com; Israel Santos 41; Hauptgerichte 5–12 CUC$; ⊙ 11–23 Uhr) Das Restaurant kann zu den besten der kubanischen Provinz gezählt werden. In einem Wohnhaus mit begrüntem Innenhof werden vorzügliche kubanische Klassiker serviert. Knusprige Kochbananenscheiben, aromatische gebratene Schweinefleischstreifen (*fajita de cer-do*) und kreolische Garnelen mit sahniger Tomatensauce bereiten keine Enttäuschung. Küchenchef Vladimir kreiert Wunderwerke mit feinen Soßen, Olivenöl und frischen Zutaten. Vom Stadtzentrum führt eine kurze Taxifahrt hierher.

★ Ristorante La Romana
ITALIENISCH $$

(☎ 31-34-77-55; Francisco Varona No 331; Hauptgerichte 6–9 CUC$; ⏲ 12.45–23 Uhr) In diesem neuen römischen Refugium an der Hauptstraße ist das Olivenöl *extra vergine*, die Pasta ist hausgemacht, und der Kaffee ist von Lavazza. Das Essen – einschließlich der *bruschetta* als Vorspeise – ist *molta ottima*, wie italienischen Gäste in Las Tunas ver-

sichern können. Außerdem gibt es ein günstiges Menü mit kubanischen Spezialitäten. Die Atmosphäre ist hervorragend.

Ausgehen & Nachtleben

Cadillac Snack Bar
CAFÉ

(Ecke Ángel de la Guardia & Francisco Vega; ⏲ 9–23 Uhr) Im Café des Hotels Cadillac (S. 374) stehen Tische auf einer Terrasse mit Blick auf das geschäftige Treiben der Plaza Martí. Ein ziemlich guter Cappuccino wird hier serviert.

Casa del Vino Don Juan
BAR

(Ecke Francisco Varona & Joaquín Agüera; ⏲ 9–24 Uhr) Eine Weinverkostung in Las Tunas erscheint so unwahrscheinlich wie eine

---

SKULPTUREN IN DER STADT

Florenz ist Las Tunas natürlich nicht gerade, aber dennoch beeindruckt der Ort mit seinen vielfältigen und oft exzentrischen Skulpturen – es sind mehr als 150 Objekte –, die sich über die ganze Stadt verteilen. Sie stammen aus der Zeit der ersten Bildhauerei-Ausstellung, die 1974 in Las Tunas stattfand. Wer gern einen kurzen, guten Abriss zum Thema neue Talente in dieser Stadt hätte, sollte der Galería Taller Escultura Rita Longa (S. 377) einen Besuch abstatten. Für eingefleischte Bildhauerei-Freaks empfiehlt es sich, den Besuch auf den Februar (in Jahren mit gerader Jahreszahl) zu legen, denn dann findet die Bienal de Escultura Rita Longa (S. 373) statt – ein Festival für alles, was sich in eine Skulptur verwandeln lässt.

Die bedeutendste und bekannteste Skulptur in Las Tunas ist Rita Longas **La Fuente de Las Antilles**. Sie wurde im Jahr 1977 enthüllt und trug nicht nur maßgeblich zur Wiederbelebung der Tradition der Bildhauerei auf Kuba bei, sondern machte Las Tunas auch zum Zentrum dieser Kunst. Die Skulptur besteht aus einem riesigen Brunnen mit kunstvoll verbundenen Figuren, die das Auftauchen der indigenen Bevölkerung auf den Großen Antillen aus dem Karibischen Meer symbolisiert. Kuba wird dabei von einer *India dormida*, einer schlafenden Taíno-Frau, repräsentiert. Das Werk weckte neues Interesse an Kunst mit indigenen Themen in Kuba und führte in der Folgezeit zum Entstehen weiterer komplexer Skulpturen wie beispielsweise **Mestizaje**, der Darstellung der ethnischen Vielfalt Kubas anhand einer mehrgesichtigen Statue im Parque de la India in der Nähe vom Busbahnhof.

Auf der Plaza Martí mitten in der Stadt beeindruckt ein weiteres Werk von Longa, die einfallsreiche **Bronzestatue** des Helden der kubanischen Unabhängigkeit: José Martí; sie ist gleichzeitig eine Sonnenuhr. Das Werk wurde 1995 enthüllt, um an den 100. Todestags von Martí zu erinnern.

An anderen Ecken in der Stadt finden sich Skulpturen, die die Revolution zum Thema haben. Das 8 m hohe, abstrakte **Monumento al Trabajo** (Ecke Carretera Central & Martí) von José Peláez ist eine kubistische Hommage an die Arbeiter Kubas, während das bleistiftartige **Monumento a Alfabetización** (Lucas Ortíz) an ein Gesetz aus dem Jahr 1961 erinnert, das in Las Tunas verabschiedet wurde, um dem Analphabetentum ein Ende zu bereiten.

Ein Stück weiter ist der janusköpfige Cacique Maniabo y Jibacoa ein Taíno-Häuptling, der in zwei entgegengesetzte Richtungen schaut, zu sehen; er dominiert die Umgebung des rustikalen Motels el Cornito, 6 km westlich der Stadt. Am Motel El Cornito beeindrucken zudem die Columna Taina, eine Art indigener Totempfahl, sowie die neueste Skulptur in Las Tunas, der Cornito al Toro (2013), ein Stier aus Metall und Zement, der von seinem riesigen Podest die Zufahrtsstraße zu diesem Komplex bewacht.

Lebensmittelrationierung in Beverley Hills und ist dennoch möglich: Zum Preis von sieben Pesos bekommen Gäste Kostproben eines regionalen Erzeugnisses – ein süßlicher Rotwein namens Puerto Príncipe, den man wirklich nur einmal probiert haben sollte.

 Unterhaltung

★ Parque 26 de Julio MESSEGELÄNDE
(Av Vicente García; ⊙ Sa & So 9–18 Uhr) GRATIS Der Freizeitpark liegt im Parque 26 de Julio an der Einmündung der Calle Vicente García in die Avenida 1 de Mayo. An jedem Wochenende entfaltet sich ein Jahrmarkt mit Musik, Imbiss- und Marktständen sowie Spiel und Spaß für Kinder.

Teatro Tunas THEATER
(☑ 31-34-50-10; Ecke Francisco Varona & Joaquín Agüera) Das Theater ist seit Kurzem wieder mit Leben erfüllt und zeigt heute anspruchsvolle Kinofilme; es ist außerdem eine Bühne für Flamenco-, Ballett- und Theateraufführungen von Gastspielensembles, die zu den besten des Landes zählen.

Casa de la Cultura KULTURZENTRUM
(☑ 31-34-35-00; Vicente García No 8) Die beste Spielstätte für traditionelle Konzerte, Poesie und Tanz. An Wochenendabenden drängt sich das kunstvolle Treiben hier bis auf die Straße hinaus.

Cabaret el Taíno THEATER
(☑ 31-34-38-23; Ecke Vicente García & A Cabrera; pro Paar 1 CUC$; ⊙ Di–So 21–2 Uhr) In einer Veranstaltungshalle unter einem Strohdach spielen sich am westlichen Ortseingang – jeden Samstag und Sonntag – abendliche Shows mit gewohntem Federschmuck, Salsa und viel nackter Haut ab.

Estadio Julio Antonio Mella SPORT
(☑ 31-34-84-03; Frank País) Von Oktober bis April dauert die Baseballsaison. Das Team von Las Tunas spielt in diesem Stadion in der Nähe des Bahnhofs. Los Magos („die Zauberer") scheinen in letzter Zeit wenig Zauberkraft bewiesen zu haben und konkurrieren mit Mannschaften wie Ciego de Ávila um den letzten Platz in der Ostliga.

Shoppen

Galería Taller Escultura Rita Longa KUNST
(☑ 31-34-29-69; Ecke Av 2 de Diciembre & Lucas Ortíz; ⊙ Mo–Sa 9–17 Uhr) Die kleine Galerie

zeigt einen guten Querschnitt hochrangiger Kunstwerke aus der Region, die Besucher betrachten, aber auch erwerben können.

Fondo Cubano de Bienes Culturales KUNST & KUNSTHANDWERK
(☑ 31-34-69-83; Ecke Ángel de la Guardia & Francisco Varona; ⊙ Mo–Fr 9–12 & 13.30–17, Sa 8.30–12 Uhr) Das Geschäft handelt mit Kunstgegenständen, Keramiken und Stickereien; gegenüber dem Hauptplatz gelegen.

ℹ Praktische Informationen

GELD
Geldautomaten sind leicht zu finden.
Banco Financiero Internacional (☑ 31-34-62-02; Ecke Vicente García & 24 de Febrero; ⊙ Mo–Fr 9–15 Uhr)
Cadeca (☑ 31-34-63-82; Colón No 141) Geldumtausch.

MEDIZINISCHE VERSORGUNG
Die Gastgeber der *casas particulares* können ihren Gästen Hausarztbesuche vermitteln.
Hospital Che Guevara (☑ 31-34-50-12; Ecke Av CJ Finlay & Av 2 de Diciembre) Das Krankenhaus liegt 1 km von der Schnellstraßenausfahrt in Richtung Holguín entfernt.

POST
Post (☑ 31-34-38-63; Vicente García No 6; ⊙ 8–20 Uhr) Im Stadtzentrum.

REISEBÜROS
Ecotur (☑ 31-34-20-73; Av 2 de Diciembre, Hotel Las Tunas; ⊙ Mo–Fr 9–16.30, Sa 9–12 Uhr) Reservierungen von Touren nach Monte Cabaniguan (20 CUC$). Fahrten im Geländewagen müssen zusätzlich organisiert werden.

TOURISTENINFORMATION
Infotur (☑ 31-37-27-17; infotur@tunas.infotur. tur.cu; Francisco Varona No 298; ⊙ Mo–Fr 8.15–16.15 Uhr & jeden 2. Sa) Gute Informationen zu Sehenswürdigkeiten in der Region.

ℹ An- & Weiterreise

BUS
Der **Hauptbusbahnhof** (Francisco Varona) liegt 1 km südöstlich vom Hauptplatz. Busse von **Víazul** (☑ 31-37-42-95; www.viazul.com) fahren täglich; Fahrkarten sind beim *jefe de turno* (Schichtleiter) erhältlich. Karten sollten eine Stunde vor der Fahrt oder – in der Hauptsaison – mehrere Tage im Voraus gekauft werden.

Busse nach Havanna halten in Camagüey (7 CUC$, 2½ Std.), Ciego de Ávila (13 CUC$, 4¼ Std.), Sancti Spíritus (17 CUC$, 5½–6 Std.),

PROVINZ LAS TUNASPROVINZ LAS TUNAS LAS TUNAS

Santa Clara (22 CUC$, 7 Std.) und Entronque de Jagüey (26 CUC$, 9¼ Std.). Busse nach Holguín (6 CUC$, 70 Min.) fahren um 2.40, 6.35, 8.30 und 15.30 Uhr ab.

Busse nach Santiago halten in Bayamo (6 CUC$, 1¼ Std.). Wer nach Guantánamo oder Baracoa fahren möchte, muss in Santiago de Cuba umsteigen.

ZUG

Der **Bahnhof** (☎ 31-34-81-46; Terry Alomá, zwischen Lucas Ortíz & Ángel de la Guardia) liegt in der Nähe des Estadio Julio Antonio Mella auf der nordöstlichen Seite der Stadt.

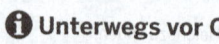 Unterwegs vor Ort

Taxis stehen am Busbahnhof, vor dem Hotel Las Tunas und auf dem Hauptplatz bereit.

Pferdekutschen nehmen ihren gemütlichen Weg ins Stadtzentrum über die Calle Frank País nahe beim Baseball-Stadion; eine Fahrt kostet 10 Pesos.

Autos und Motorroller können bei der empfehlenswerten Agentur **Cubacar** (☎ 31-34-68-99; Ecke Angel de la Guardia & Maceo; ◔ Mo–Fr 8–17, Sa 8–12 Uhr) im Hotel Las Tunas gemietet werden.

Eine **Oro-Negro-Tankstelle** (Ecke Francisco Varona & Lora) liegt eine Querstraße westlich vom Busbahnhof.

Eine **Servi-Cupet-Tankstelle** (Carretera Central; ◔ 24 Std.) befindet sich am Ortsausgang von Las Tunas in Richtung Camagüey.

Puerto Padre

93 700 EW.

Es ist kaum zu glauben: Dieses lethargisch dahindämmernde Städtchen in einem halb vergessenen Winkel von Kubas unauffälligster Provinz war einmal der weltweit größte Hafen für den Zuckerexport. Der Niedergang ist überall erkennbar – doch in den Augen eingefleischter Reisender verleiht gerade das aus dem Ort einen angenehm melancholischen Zauber. Zu den Besonderheiten der selbst ernannten „Stadt der Mühlen" gehören ein Boulevard nach Art der Ramblas in Barcelona, ein Miniatur-Malecón und das einsame Standbild eines ausgezehrten Don Quixote vor einer sturmzerzausten alten Windmühle. Puerto Padre ist einer dieser Orte, in denen man zur Mittagszeit nur eben nach dem Weg fragen will und wo man dann noch ein paar Stunden später in einem Restaurant am Wasser sitzt, um sich den Bauch mit leckeren frischen Meeresfrüchten vollzuschlagen.

◉ Sehenswertes

Fuerte de la Loma
FESTUNG

(☎ 31-51-52-24; Av Libertad; 1 CUC$; ◔ Di–Sa 9–16 Uhr) Die Festung liegt am oberen Ende der steilen Avenida Libertad und ist auch als Castillo de Salcedo bekannt; sie ist ein Zeugnis der früheren strategischen Bedeutung Puerto Padres. Dazu gehört ein kleines Militärmuseum mit ständig wechselnden Öffnungszeiten.

Museo Fernando García Grave de Peralta
MUSEUM

(☎ 31-51-53-08; Yara 45, zwischen Av Libertad & Maceo; 1 CUC$; ◔ Di–Sa 9–16 Uhr) In regelmäßigen Abständen wird das städtische Museum von Hurrikanen heimgesucht. Wenn es also nicht gerade renoviert werden muss, sind darin die gewohnte Reihe gefallener Revolutionäre neben Tierpräparaten und Antiquitäten zu sehen, darunter auch eine Sammlung altertümlicher Plattenspieler.

◈ Kurse

Silverio Cuevas Vargas
TANZEN

(☎ Mobil 53-26-66-39; silcuevas@nauta.cu; Martires de la Herradura No 109; pro Std. 10 CUC$) Salsa, Rumba und populäre kubanische Tänze: Eine in Jahren erworbene mitteleuropäische Steifheit schmilzt unter Silverios herzlicher Anleitung dahin. Die Kurse finden in der Regel als Einzelunterricht statt und können auch in Las Tunas absolviert werden. Die Tanzschule befindet sich gegenüber der Taxistände.

▨ Schlafen & Essen

Roberto Lío Montes de Oca
CASA PARTICULAR $

(Los Chinos; ☎ 31-51-57-22; Francisco V Aguilera No 2, zwischen Jesús Menéndez & Conrrado Benítez; Zi. 25 CUC$; ▦) Die korallenrot leuchtende Fassade dieses Wohnhauses eines jungen Paares fällt inmitten eines allgemeinen Verfalls besonders auf und verspricht ein behagliches Unterkommen. Unten befindet sich ein Süßwarenladen, darüber liegen zwei hübsch eingerichtete Gästezimmer. Frühstück und Abendessen können für Gäste zubereitet werden. Noch weisen keine Straßenschilder auf die Adresse hin, sie liegt eine Querstraße vom Parque Martin und drei Querstraßen von der Promenade entfernt.

El Bodegón de Polo
KUBANISCH $

(☎ 31-51-23-57; Lenin No 54; Hauptgerichte 2–5 CUC$; ◔ 11–23 Uhr) In diesem ansprechenden Stadtteilrestaurant werden köstliche Krebse, Schwert- und Tintenfische auf einer luftigen Terrasse im oberen Stockwerk serviert. Im günstigsten Restaurant am Ort ist es noch dazu besonders nett.

La Sicilia ITALIENISCH **$$**

(☏ Mobil 54-40-91-66; Paco Cabrera No 47; Hauptgerichte 5–10 CUC$; ⏱ Mo–Sa 18.30–24 Uhr) Wenn es um Atmosphäre geht, ist dieses restaurierte Herrenhaus am Meer wirklich nicht zu übertreffen. Inhaberin Lili hat einige Zeit in Italien verbracht und bietet herzhafte Gerichte an, z. B. gebackenen Fisch, würziges Hähnchen und Lasagne mit Béchamelsoße oder einem gehaltvollen Ragout mit Tomaten. Das Restaurant liegt im zweiten Stock und hat einen prachtvollen Meerblick.

Unterhaltung

Casa de la Cultura KULTURZENTRUM

(☏ 31-51-54-63; Parque de la Independencia) Abendliche Veranstaltungen finden im städtischen Kulturhaus statt.

1913 Ballroom TANZEN

(☏ 31-51-68-97; Jesus Menendez, zwischen 24 de Febrero & Av Ameijeres; ⏱ wechselnde Öffnungszeiten) Gäste kommen gerne auf einen Drink oder einen schnellen Imbiss hierher oder toben sich beim Tanzen aus; in der Innenstadt gelegen.

❶ An- & Weiterreise

Las Tunas und Puerto Padre sind durch eine 52 km lange, gut befestigte Straße miteinander verbunden. Puerto Padre ist – neben dem eigenen Auto – am besten per Lastwagen (10 $ *moneda nacional*) zu erreichen, Abfahrt ist am Bahnhof von Las Tunas. Eine Fahrt im Taxi von der Provinzhauptstadt kostet rund 30 CUC$.

Punta Covarrubias

49 holperige Kilometer nordwestlich von Puerto Padre liegt der makellose Sandstrand von Punta Covarrubias, ein Paradies abseits der ausgetretenen Pfade.

Die einzige Pauschalhotelanlage in der Provinz Las Tunas, **Brisas Covarrubias** (☏ 31-51-55-30; EZ/DZ CUC$41/82; P ✻ @ ☲), mit 122 komfortablen Zimmern in Hüttenanlagen (eine ist behindertengerecht ausgestattet) ist zugleich eine der entlegensten der Insel. Der größte Anziehungspunkt ist ein Korallenriff, 1½ km vor der Küste gelegen, ein Highlight für Tauchsportler. Pauschalangebote mit zwei Tauchgängen pro

Tag kosten ab 45 CUC$ bei der Marina Covarrubias. Es gibt zwölf Tauchplätze.

Reisende, die in eigener Regie unterwegs sind, können beim *mirador* (Aussichtsturm), 200 m vor dem Hotel, zum Strand abbiegen oder einen Tagespass (25 CUC$) für das Hotel erwerben.

❶ An- & Weiterreise

Fast alle Besucher kommen auf Pauschaltouren hierher und fahren vom Flughafen Frank País in Holguín, 115 km südöstlich gelegen, im Transferbus weiter. Die Gegend ist schwer zugänglich.

Die Straße von Puerto Padre zur Playa Covarrubias ist durch den regelmäßigen Hotelverkehr in einem „mehr oder weniger" (*mas o menos*), wie kubanische Taxifahrer es nennen würden, guten Zustand. In westliche Richtung, nach Manatí und Playa Santa Lucía, führt lediglich eine Schlaglochpiste von afrikanischen Ausmaßen. Hier gilt es, langsam und vorsichtig zu fahren!

Eine Taxifahrt ab Las Tunas kostet 45 CUC$ (einfache Fahrt) plus 10 CUC$ pro Stunde Wartezeit.

Playa la Herradura, Playa la Llanita & Playa las Bocas

Ein Band von ursprünglichen Stränden schmiegt sich im Norden, 55 km von Holguín entfernt, an die Atlantikküste. Hier fällt es leicht zu entspannen und sich wahlweise in einem Buch oder an der lebhaften Farbigkeit des traditionellen kubanischen Alltagslebens zu verlieren.

Von Puerto Padre sind es 30 km zur urtümlichen Playa la Herradura. An dieser großen Schaufelvoll von herrlichem goldbraunen Sand wirft – zumindest gegenwärtig – kein Hotelbauprojekt seinen Schatten drohend voraus. In dem anziehenden kleinen Ort sind die Küstenbewohner noch unter sich; wie lange noch?.

In westlicher Richtung führt der Weg 11 km weiter zur Playa la Llanita. Die Straße wurde vom Hurrikan Matthew stark verwüstet; Autofahrer sollten besonders achtsam sein. Ein lang gestreckter Strand senkt sich hier flach ins Meer. Der Sand ist weicher und weißer als der von La Herradura, doch liegt der Strand an einer ungeschützten Biegung – es kommt manchmal zu heftigem Wellengang.

Nach einem weiteren Kilometer ist bei Playa las Bocas das Ende der Straße erreicht. Im Ort gibt es ein paar Häuser, einen Ge-

DER BALKON DES OSTENS

Aufgrund des Wesens der Kolonialisierung und der Fülle von unterschiedlichen Einflüssen von außen, die immer wieder an Kubas Küsten gespült wurden, weist Kuba erhebliche regionale Unterschiede auf. Am markantesten sind sicher die zwischen dem Westen (Occidente) und dem Osten (Oriente), wobei die Grenzlinie so etwa durch Las Tunas verläuft, eine Provinz, die im Volksmund als *El Balcón del Oriente* (Der Balkon des Oriente) bekannt ist.

Vor 1976 waren Las Tunas und die vier Provinzen im Osten (Guantánamo, Santiago de Cuba, Granma und Holguín) in eine einzige Provinz mit eigener Kultur zusammengefasst, die kurz und knapp „Oriente" hieß. Auch wenn die politischen Grenzen durch die Neuordnung im Jahr 1976 fielen, ist die regionale Identität weiterhin stark ausgeprägt, und zwar vor allem bei den traditionellen „Underdogs" aus dem Osten.

Der Oriente liegt geografisch näher bei Haiti als bei Havanna und hat oft eher nach Osten als nach Westen geblickt, um seine alternative kubanische Identität zu zementieren, wobei eine Fülle von Einflüssen aus Jamaika, den Kleinen Antillen und vor allem aus dem französischen Haiti zum Tragen kamen. Dieser Seelensuche ist es zum Teil geschuldet, dass die Region eine derart reiche ethnische Vielfalt sowie einen langjährigen Hang zur Rebellion aufweist.

Es ist also kein Zufall, dass in Kuba alle revolutionären Bewegungen im Oriente ihren Anfang nahmen, inspiriert von so hitzigen *orientales* wie Carlos Manuel de Céspedes (aus Bayamo), Antonio Maceo (aus Santiago) und Fidel Castro (aus Birán bei Holguín). Aus dieser Region kommt jedoch auch der Löwenanteil der vielfältigen musikalischen Genres auf Kuba – vom *son* und *changüí* bis zur *nueva trova*. Der kubanische Hip-Hop erlebte wohl in Alamar seine Geburtsstunde, einer Vorstadt von Havanna, aber die meisten Impulsgeber waren dann doch wieder Zuwanderer aus dem Osten, genau gesagt aus Santiago de Cuba.

Bis heute macht sich die Rivalität zwischen dem Osten und dem Westen auf Kuba in humorvollen Veräppelungen auf zahlreichen Gebieten bemerkbar. Wer genau hinhört, wird zudem feststellen, dass die Bevölkerung aus dem Oriente mit einem Singsang-Akzent spricht. Die Leute dort sind im Allgemeinen auch nicht so gut situiert, was wiederum den langen Trend bestärkt, zum Arbeiten in den Westen zu gehen. In Sachen Musik und Religion gestalten sich die Nuancen dann allerdings subtiler. Im Oriente verbergen sich die reichen afrohaitianischen Traditionen, die aus der Zeit der Sklaverei verblieben sind. Deutlich erkennbar sind sie dann allerdings bei den Folklore-Tanzgruppen in Santiago sowie beim umtriebigen Karneval im Juli.

mischtwarenladen und eine Bar unter freiem Himmel. In der Regel ist eine Fähre nach El Socucho (1 CUC$) in Betrieb, von dort ist die Rückfahrt nach Puerto Padre möglich.

🛏 Schlafen & Essen

⭐ Villa Carolina
CASA PARTICULAR $
(📱 Mobil 52-38-72-72; Casa No 99, La Herradura; Zi. 20–25 CUC$; ❄) Auf dem Weg in die Stadt lohnt es sich, auf das gelbe Wohnhaus mit zwei Etagen zu achten! Die Zimmer liegen im oberen Stock über einer langen, schattigen Terrasse, auf der Gäste in Schaukelstühlen über das Meer blicken können. Es gibt drei makellose Zimmer mit Kühlschränken und Fernsehern. Ein Frühstück kostet zusätzlich 2,50 CUC$.

Casa Reinold
CASA PARTICULAR $
(📱 52-38-04-68; entrada Playa La Llanita, La Llanita; Zi. 25 CUC$; ❄) Tatsächlich gibt es hier kaum etwas anderes zu tun, als mit den Füßen im weißen Sand zu graben und die Wellen heranrollen zu sehen – als ob das nicht genügen würde! In diesem Strandhaus in grellem Pink werden zwei durchschnittlich ausgestattete Zimmer mit elektrisch beheizten Duschen vermietet und die Gäste auf Wunsch mit Mahlzeiten versorgt. Zwei Adirondack-Gartenstühle stehen bei einem Meertraubenbaum am flachen Saum des Meeres.

Das Haus liegt direkt am Zugang zum Strand von La Llanita, auf der rechten Seite einer Gabelung der Straße.

Restaurante Roberto
FISCH **$$**

(☏ 31-54-71-26; Las Bocas, Playa Las Bocas; Hauptgerichte 3–12 CUC$; ❄) Eine korallenrote Mauer umgibt den kleinen Innenhof dieses Wohnhauses; hier stehen einige Tische im Freien, Gäste werden freundlich bedient. Der schattige Patio, von dem allerdings das Meer nicht zu sehen ist, ist angenehm. Frische Fischgerichte werden zu jeder Tageszeit angeboten, außerdem werden ein paar recht dunkle Zimmer vermietet.

❶ An- & Weiterreise

Lastwagen fahren ab Las Tunas (3 $ *moneda nacional*) bis nach Puerto Padre. In Puerto Padre nehmen andere Lastwagen Fahrgäste zu den Stränden mit (2 $ *moneda nacional*). Einfacher ist es, in Holguín loszufahren und in Velasco umzusteigen.

Die beste Wahl ist ein eigenes Gefährt, allerding kann sich die Straße hinter Puerto Padre in einem vernachlässigten Zustand befinden.

Eine Taxifahrt ab Puerto Padre kostet je nach Straßenverhältnissen mindestens 20 CUC$.

Taxifahrten von Las Tunas an die Strände kosten je nach Entfernung 61–66 CUC$.

1

MIAMI2YOU/SHUTTERSTOCK ©

2

4

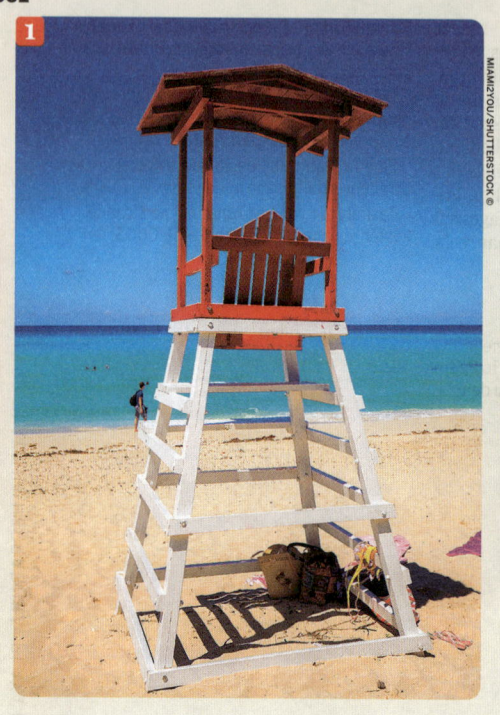

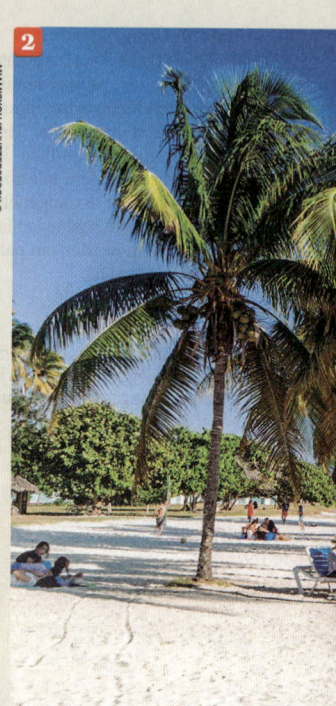

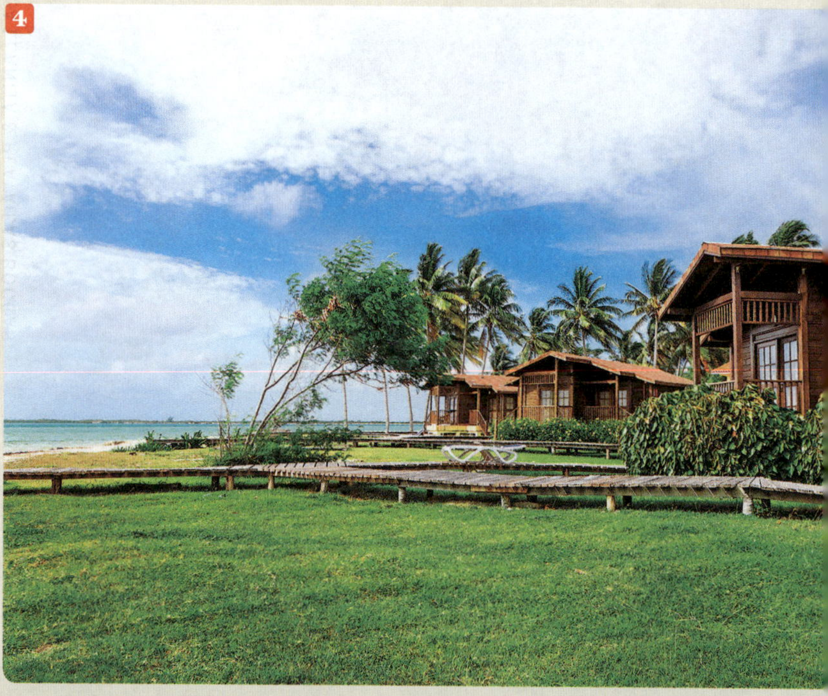

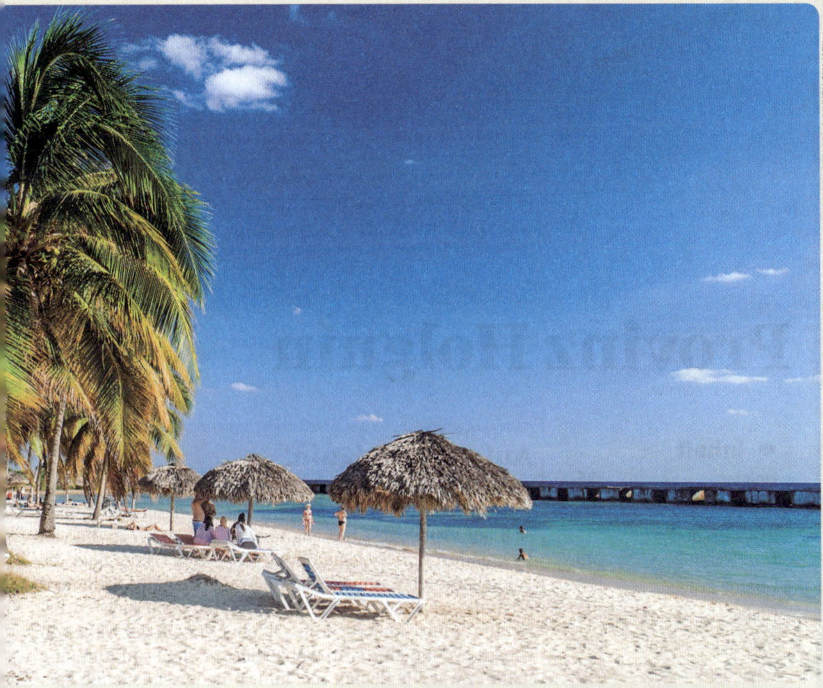

MATYAS REHAK/SHUTTERSTOCK ©

VVITAL/SHUTTERSTOCK ©

FINDELMUNDO/SHUTTERSTOCK ©

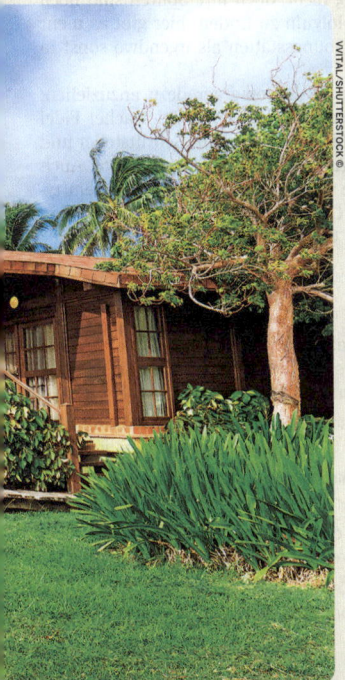

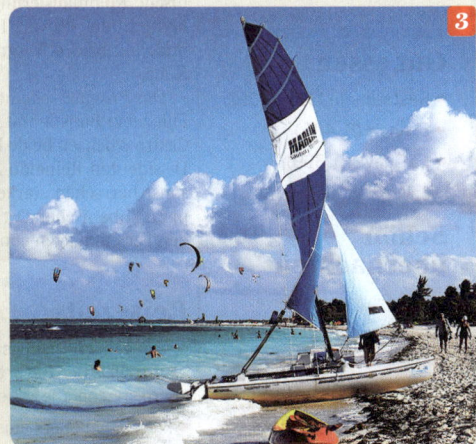

1. Varadero (S. 224)
Kubas größtes Resort-Areal imponiert mit einem 20 km langen leuchtend weißen Sandstrand.

2. Playa Girón (S. 257)
Playa Girón, einer von Kubas besten Orten zum Tauchen und Schnorcheln, befindet sich im Osten der berüchtigten Schweinebucht.

3. Cayo Guillermo (S. 348)
Cayo Guillermo hat sich mittlerweile in einen der besten Kiteboarding-Spots des Landes verwandelt.

4. Secortel Club Cayo Guillermo (S. 349
Das älteste Hotel des Sabana-Camagüey-Archipels liegt an einem ruhigen Strand.

Provinz Holguín

24 / 1 037 600 EW.

Gut essen

➡ Restaurante 1910 (S. 391)
➡ El Ancla (S. 406)
➡ La Cueva (S. 399)

Schön übernachten

➡ Villa Pinares del Mayarí
(S. 409)
➡ Villa Cayo Saetía (S. 410)
➡ Villa Don Lino (S. 402)
➡ Campismo Silla de Gibara
(S. 401)

Auf nach Holguín!

Kubas Gegensätze treten in diesem wunderschönen, hügeligen Hinterland besonders stark hervor. Besucher können sich auf vielfältige Landschaften freuen – seien es die von Fichtenduft durchzogenen Berge der Sierra Cristal oder die Palmenstrände rund um Guardalavaca. Holguíns Schönheit erkannte als Erster Christoph Kolumbus. Den meisten Berichten zufolge ankerte er im Oktober 1492 in der Nähe von Gibara, wo ihn eine Gruppe neugieriger Taínos in Empfang nahm. Zwar überlebten die Taínos die anschließende spanische Kolonialisierung nicht, doch ihre Spuren sind noch heute in der Provinz Holguín zu finden: hier gibt es mehr präkolumbische Ausgrabungsstätten als irgendwo sonst in Kuba.

Die Provinz scheint die Extreme geradezu anzuziehen: Fulgencio Batista und sein ideologischer Widersacher Fidel Castro wuchsen beide hier auf, ebenso die Schriftsteller und Dissidenten Reinaldo Arenas und Guillermo Infante. Auch sonst herrschen starke Gegensätze, z. B. zwischen dem typisch kubanischen Ort Gibara und dem Touristenrummel in den Ferienanlagen von Guardalavaca.

Reisezeit

➡ In der Haupturlaubssaison von Dezember bis Anfang März kann man in den Resorts in Guardalavaca und Playa Pesquero angenehme Ferien verbringen.

➡ Fans lateinamerikanischer Musik sollten Holguín Ende Oktober zur Fiesta de la Cultura Iberoamericana besuchen.

➡ Im April treffen sich Filmfans im verschlafenen Städtchen Gibara zum Festival Internacional del Cine Pobre.

➡ Anfang Mai offenbart die Stadt Holguín während der Romerías de Mayo ihre religiöse Seele. Höhepunkt ist die Prozession auf den steilen Hügel Loma de la Cruz.

➡ Die Hurrikansaison von Juli bis Mitte November sollte man tunlichst meiden.

Holguín

288 400 EW.

Die viertgrößte Stadt des Landes repräsentiert das provinzielle Kuba authentisch und ohne Geschenkverpackung. Obwohl die Stadt San Isidoro de Holguín in Kubas touristischem Masterplan nur eine Nebenrolle spielt, besitzt sie dennoch für manche einen geheimnisvollen Zauber: Hier fahren unzählige glänzende alte Chevys herum, auf den Plätzen tummeln sich uniformierte Schulkinder mit ihren Handys und die Einheimischen bewegen sich in aller Ruhe und bedrängen keinen Fremden, etwas zu kaufen. Die Stadt ist eine Art Fenster auf die kubanische Befindlichkeit: hier erlebt man alles vom tiefreligiösen Ernst bei der alljährlichen Prozession auf den Loma de la Cruz bis hin zum überschäumenden Jubel der sportbegeisterten Menge im überdimensionierten Baseballstadion.

Obwohl Guardalavaca in der Nähe liegt, ist vom Tourismus in der Provinzhauptstadt wenig zu spüren. Hier gibt es keine Reisegruppen, die wie wandernde Herden durch die Straßen ziehen, dafür aber authentisches kubanisches Leben – Besitzer von *casas particulares*, die sich um das Wohlergehen ihrer Gäste bemühen, günstiges Essen in Restaurants mit Pioniergeist und eine Stadt, die ihr eigenes Bier liebt (und braut).

◎ Sehenswertes

Wer sich im Umfeld der vier zentralen Plätze der Stadt einquartiert, kann alles Sehenswerte bequem erreichen. Zum Pflichtprogramm gehört der Aufstieg auf den Hügel Loma de la Cruz – es lohnt sich.

★ Museo de Historia Provincial
MUSEUM

(Karte S. 392; ☑24-46-33-95; Frexes No 198; 1 CUC$; ⊙ Di–Sa 8–16.30, So 8–12 Uhr) Heute ein Nationaldenkmal an der Nordseite des Parque Calixto Garcia, wurde das Gebäude zwischen 1860 und 1868 errichtet und zunächst während der Unabhängigkeitskriege als spanische Kaserne genutzt. Die Bewohner gaben ihm den Spitznamen „La Periquera" (Papageienkäfig) – in Anlehnung an die roten, gelben und grünen Uniformen der spanischen Wachen.

Das wichtigste Exponat im Museum ist die Hacha de Holguín (Holguín-Axt), eine alte Axt in Form eines Mannes, die vermutlich im frühen 15. Jh. von Ureinwohnern hergestellt und 1860 entdeckt wurde. In einer anderen Vitrine liegt ein Schwert, das einmal dem Nationalhelden und Dichter José Martí gehörte.

★ La Loma de la Cruz
LANDMARKE

Am Nordende der Maceo führt eine Treppe mit 465 Stufen auf einen 275 m hohen Hügel hinauf. Oben erwarten einen neben dem Panoramablick ein Restaurant und eine Bar, die rund um die Uhr geöffnet hat. Vom Zentrum ist es ein 20-minütiger Spaziergang zum Aussichtspunkt. Wem das zu anstrengen ist, fährt mit einem Bici-Taxi (1 CUC$) zum Fuß des Hügels. Aus zwei Gründen sollte man frühmorgens aufbrechen: Das Licht ist dann besonders schön und die Hitze lähmt noch nicht so sehr.

1790 wurde hier in der Hoffnung auf das Ende einer Dürreperiode ein Kreuz aufgestellt. Während der Romerías de Mayo besteigen jedes Jahr am 3. Mai zahllose Gläubige den Gipfel und feiern oben eine Messe.

★ Catedral de San Isidoro
KATHEDRALE

(Karte S. 392; Manduley) Blendend weiß und mit zwei charakteristischen Türmen mit roten Kuppeldächern präsentiert sich die Catedral de San Isidoro. Gebaut wurde sie 1720 und ist damit eines der ältesten Bauwerke der Stadt. Über die Jahre sind verschiedene Erweiterungen hinzugekommen, so stammen etwa die Türme aus dem 20. Jh. Eine überlebensgroße Statue von Papst Johannes Paul II. steht direkt am Haupteingang. Falls die Kirche offen ist, kann man einen Blick in den relativ schlichten Innenraum werfen.

Parque Céspedes
PARK

(Parque San José; Karte S. 392) Holguíns jüngster Park spendet auch den meisten Schatten. Benannt ist er nach dem „Vater des Mutterlandes" Carlos Manuel de Céspedes. Dessen Statue steht exponiert neben einem Denkmal, das die Helden des Unabhängigkeitskrieges ehrt. Die Iglesia de San José beherrscht den kopfsteingepflasterten Platz.

Die Kirche mit ihrem charakteristischen Zwischengeschoss, der Kuppel und dem Glockenturm diente einst den Unabhängigkeitskämpfern als Ausguck. Die Einheimischen nennen den Park oft noch bei seinem alten Namen: San José.

Parque Peralta
PLATZ

(Parque de las Flores; Karte S. 392) Der Platz ist nach General Julio Grave de Peralta (1834–1872) benannt, der im Oktober 1868 in Holguín einen Aufstand gegen die Spa-

Highlights

1 Loma de la Cruz (S. 385) Beim Blick auf Holguín hat man das Gefühl, auf eine Landkarte zu schauen.

2 Playa Pesquero (S. 401) Das ist Urlaub: ein luxuriöser Strandtag in einer der schicken Ferienanlagen.

3 Banes (S. 407) Eine entspannte Radtour durch idyllische Dörfer in diesen für Holguín so typischen Ort.

4 Museo Chorro de Maita (S. 403) In dieser archäologischen Stätte in Guardalavaca, einer der bedeutendsten des Landes, lassen sich die Schätze der Taínos bewundern.

ATLANTISCHER
OZEAN

Punta de
Mulas

Playa Puerto Rico
Playa de Morales

Guatemala

Cayo
Saetía

Nicaro   Bahía de
Levisa

Bahía Sagua
de Tánamo

Cayo Moa
Grande

Cayo Mambí

Moa

Mayarí

Levisa   Río Cabonico

Sierra del Cristal

Sagua de
Tánamo

El Sitio

Flughafen
Orestes Acosta

Yamanigüey

Parque
Nacional
Sierra Cristal

Pico del Toldo
(1175 m)

Pico de
Cristal
(1213 m)

Tres Palmas

Loma de la
Mensura (995 m)

Parque
Nacional la
Mensura

Palenque

Bayate

PROVINZ
GUANTÁNAMO

Bernardo

Felicidad

Macizo de Sagua-Baracoa

El Salvador

Honduras

Jamaica

Manuel Tames

La Maya

⑤ Gibara (S. 395) Eine schillernde Küstenstadt mit grandiosen Kolonialgebäuden.

⑥ Museo Conjunto Histórico de Birán (S. 410) Hier in Fidels erstem Zuhause kann man einen Blick hinter die Kulissen des Familienanwesens der Castros werfen.

⑦ Salto del Guayabo (S. 409) Der Besuch des spektakulären Wasserfalls in der „kleinen Schweiz" Kubas lohnt sich.

Holguín

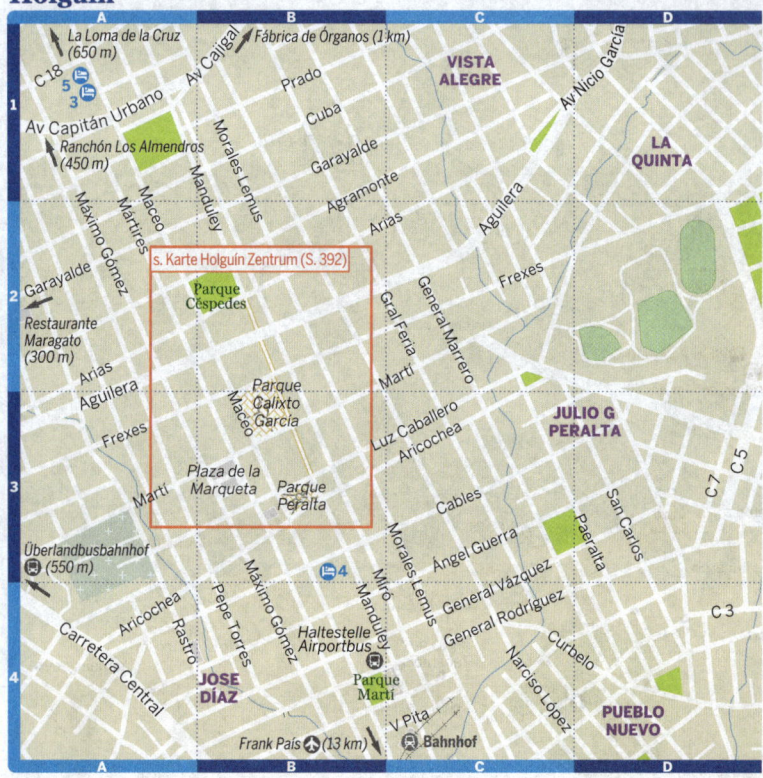

nier anführte. Sein Marmorstandbild (1916) blickt auf die eindrucksvolle Catedral de San Isidoro. Auf der Westseite des Parks befindet sich das Wandbild *Mural de Origen*, das die Entwicklung von Holguín und Kuba von den Ureinwohnern bis zum Ende der Sklaverei darstellt.

Fábrica de Órganos
FABRIK

(Carretera de Gibara No 301; ⊙ Mo–Fr 8–16 Uhr) Kubas einzige Fabrik für mechanische Orgeln kann besichtigt werden. Die kleine Werkstatt baut jährlich etwa sechs dieser Orgeln, außerdem Gitarren und andere Instrumente. Eine gute Orgel kostet zwischen 10.000 und 28.000 US$.

In Holguín gibt es acht professionelle Orgelgruppen (darunter die Familia Cuayo, die hier in der Fábrica wohnt). Mit etwas Glück kann man am Donnerstagnachmittag oder am Sonntagvormittag eine dieser Orgelgruppen im Parque Céspedes spielen hören.

Plaza de la Marqueta
PLATZ

(Karte S. 392) Angelegt 1848, umgestaltet 1918 und erst kürzlich renoviert, wird dieser strahlende Platz von Bronzebüsten und einer Markthalle mit Café und Kunsthandwerksständen dominiert. Die Nord- und Südseite der Plaza säumen unzählige Geschäfte, die Musik, Kunsthandwerk und Zigarren verkaufen.

Parque Calixto García
PLATZ

(Karte S. 392) Der weitläufige Platz besticht eher durch seine Atmosphäre als durch seine Architektur. Er wurde ursprünglich 1719 als Plaza de Armas angelegt und diente viele Jahre als Treffpunkt und Markt. Heute steht eine Statue von General Calixto García von 1912 im Mittelpunkt. Dort sammelt sich ein gemischtes Publikum aus weisen älteren Herrschaften, Baseball-Pessimisten und Teenagern auf der Suche nach der ersten Liebe.

In der Südwestecke des Parque Calixto García liegt das **Centro de Arte** (Karte

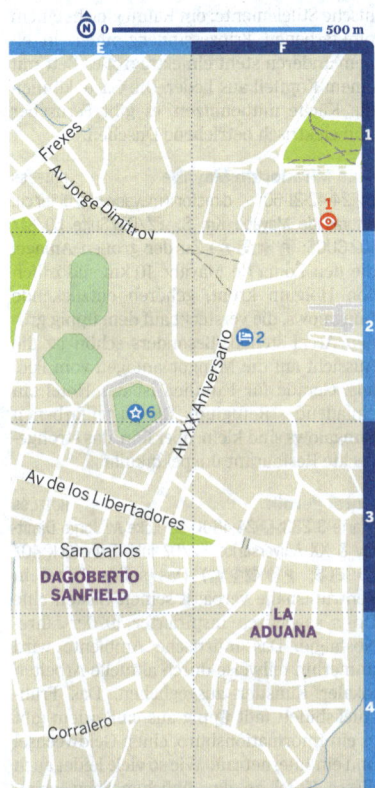

Holguín

⊚ **Sehenswertes**
1 Plaza de la Revolución..........................F1
  Gruft von Calixto García................(s. 1)

🛏 **Schlafen**
2 Hotel Pernik F2
3 La Palma Casa Enrique A1
4 Villa Janeth B3
5 Villa Liba...A1

🍸 **Ausgehen & Nachtleben**
  Terraza del Pernik........................(s. 2)

✿ **Unterhaltung**
6 Estadio General Calixto García E2

Plaza de la Revolución   PLATZ

(Karte S.388) Holguín ist eine sehr linientreue Stadt und so beherrscht den bombastischen „Platz der Revolution" im Osten des Zentrums ein riesiges Denkmal für die Helden der kubanischen Unabhängigkeit. Zitate von José Martí und Fidel Castro wurden hier in Stein gemeißelt, jedes Jahr am 1. Mai (Tag der Arbeit) finden große Paraden statt.

Die Gruft von Calixto García mit seiner Asche befindet sich ebenfalls auf dem Platz, dazu ein kleineres Denkmal für seine Mutter.

Iglesia de San José   KIRCHE

(Karte S.392; Manduley No 116) Im Parque Céspedes präsentiert sich die Iglesia de San José mit einer charakteristischen Kuppel und einem Glockenturm (1842), von dem aus die Unabhängigkeitskämpfer (Independistas) einst nach Feinden Ausschau hielten.

✺ Feste & Events

★ Fiesta de la Cultura Iberoamericana   MUSIK

(www.casadeiberoamerica.cult.cu; ⊗ Ende Okt.) Musiker aus ganz Lateinamerika und anderen Teilen der Welt erobern die Stadt für eine Woche voller meist kostenloser Konzerte, die an Veranstaltungsorten im gesamten Stadtgebiet stattfinden. Auch einige große kubanische Künstler treten hier auf. 40 Länder und diverse Musikrichtungen sind vertreten; ergänzt wird die Fiesta mit Workshops für Musiker,. Aber auch andere Kunstrichtungen und der Tanz bekommen hier ihren Rahmen.

Romerías de Mayo   RELIGIÖSES FEST

(⊗ Mai) Holguíns große jährliche Pilgerfahrt findet in der ersten Maiwoche statt: Gläubige besteigen für eine besondere Messe den

S. 392; ☎ 24-42-23-92; Maceo No 180; ⊗ Mo–Sa 9–16 Uhr) **GRATIS**, eine Galerie für Wechselausstellungen, die sich den Platz mit der **Biblioteca Alex Urquiola** (☎ 24-46-25-62; ⊗ Mo–Sa 8–21 Uhr) teilt. Sie ist nach einem lokalen Revolutionär benannt und birgt die größte Buchsammlung der Stadt.

Casa Natal de Calixto García   MUSEUM

(Karte S.392; ☎ 24-42-56-10; Miró No 147; 1 CUC$; ⊗ Di–Sa 9–17 Uhr) In diesem Haus zwei Blocks östlich des gleichnamigen Parks lässt sich so einiges über das militärische Wirken des Lokalhelden in Erfahrung bringen. Der weit unterschätzte García – er entriss zwischen 1896 und 1898 den Spaniern die Städte Las Tunas, Holguín und Bayamo – kam hier 1839 zur Welt.

Die kleine Sammlung gibt einen fundierten Überblick über sein Leben: Zu sehen sind Militärkarten, alte Uniformen und ein Löffel, mit dem er 1885 auf dem Feldzug gegessen hat.

Loma de la Cruz. Die ganze Stadt versammelt sich und folgt der Prozession ab der Catedral de San Isidro. Der Brauch reicht bis in die 1790er-Jahre zurück. In letzter Zeit ist die Parade durch die künstlerischen Beiträge der Jugendorganisation Hermanos Saíz deutlich lebendiger geworden.

🛏 Schlafen

La Palma Casa Enrique CASA PARTICULAR $

(Karte S. 288; ☎24-42-46-83; lapalmaenrique@nauta.cu; Maceo No 52a, zwischen Calle 16 & 18, El Llano; Zi. 25 CUC$; ❄) Wie ein Stückchen Florida wirkt dieses schicke, frei stehende neokoloniale Haus mit der unverzichtbaren Palme. Gebaut wurde es 1945 und steht im Schatten des Loma de la Cruz. Die ruhige Lage macht die kleine Unannehmlichkeit wett. Zwei geräumige Gästezimmer sind in einem separaten Flügel des Hauses untergebracht und bieten viel Privatsphäre. Enrique ist zudem ein aufmerksamer und hilfsbereiter Gastgeber. Die Kunstwerke seines Sohnes sollte man sich unbedingt ansehen: eine Terrakotta-Büste von Che Guevara im Wohnzimmer steht dort neben einer ungewöhnlichen, 3 m langen Kopie von Da Vincis *Abendmahl,* auf der der Apostel Johannes als Frau dargestellt ist.

Einen Häuserblock weiter gibt es einen Platz mit kostenlosem WLAN.

Villa Liba CASA PARTICULAR $

(Karte S. 288; ☎24-42-38-23, 52-89-69-31; Maceo No 46, Ecke Calle 18; EZ/DZ 25/30 CUC$; ❄) Der schicke Bungalow, der an eine nordamerikanische Vorstadt aus den 1950ern erinnert, quillt von *alma* (Seele) geradezu über. Im Zentrum stehen die entzückenden Gastgeber: Jorge ist so etwas wie ein moderner Pablo Neruda, der zahllose skurrile Anekdoten über das Leben in Holguín erzählen kann, Mariela eine ausgebildete Masseurin und Reiki-Spezialistin, die vor Ort Behandlungen (25 CUC$) anbietet.

Und es lohnt sich, hier zu essen. Die Mahlzeiten (4–8 CUC$), darunter vegetarische Gerichte, erhalten alle als besondere Note einen libanesischen Touch.

Villa Janeth CASA PARTICULAR $

(Karte S. 288; ☎24-42-93-31, Mobil 53-14-03-13; filihlg@infomed.sld.cu; Cables No 105; 20–25 CUC$; ❄) Janeth ist eine herzliche Gastgeberin, die ein sauberes, großzügiges Haus mit tollen Räumlichkeiten führt. Ihren Gästen stellt sie ein ganzes Stockwerk mit Balkon zur Verfügung. Hier trifft man auf typisch kubanische Stilelemente: ein Raum gleicht einem pinkfarbenen Prinzessinnenzimmer, in einem anderen steht ein extragroßes Bett mit einem Kopfteil aus Leder. Die Gäste können die Küche mitbenutzen, es gibt Fernseher und elektrisch betriebene Duschen.

Villa Mirador de Mayabe HOTEL $$

(☎24-42-21-60; director@mayabe.islazul.tur.cu; Alturas de Mayabe Km 8; EZ/DZ/Suite 69/81/102 CUC$; ❄⭐📶❄) Zu der großen Anlage, die den Loma de Mayabe 10 km südöstlich von Holguín krönt, gehören entzückende Bungalows, die versteckt auf dem üppig grünen Areal stehen. Besonders schön ist die Aussicht auf die Mangoplantagen vom Pool aus. Gerade für Familien ist das Hotel ein einladendes Refugium. Die pastellfarbenen Bungalows sind klein, aber fein, das strohgedeckte Restaurant unspektakulär.

Hotel Pernik HOTEL $$

(Karte S. 288; ☎24-48-10-11; Ecke Av Jorge Dimitrov & XX Aniversario; EZ/DZ inkl. Frühstück 40/65 CUC$; ❄⭐@📶❄) Das solide Hotel in Zentrumsnähe verpasst seinen Gästen eine Dosis sowjetisch inspirierter 1970er-Jahre-Nostalgie. Das mürrische Ambiente wird immerhin teilweise durch aktuelle Arbeiten lokaler Künstler ausgeglichen. Das Frühstücksbüfett fällt üppig aus, außerdem gibt es ein Informationsbüro, einen Geldwechsel und ein Internetcafé. Wie so viele leidet auch dieses Hotel an den üblichen Schwächen: nicht enden wollende Renovierungsarbeiten und lärmende Musik in der Nacht …

⭐ Hotel Caballeriza BOUTIQUEHOTEL $$$

(Karte S. 392; ☎24-42-91-91; www.hotelescubanacan.com; Calle Miró No 203; EZ/DZ inkl. Frühstück 100/130 CUC$; ❄📶) Das renovierte Herrenhaus von 1846 hat schon viel erlebt. Nachdem der ursprüngliche Besitzer pleite gegangen war, wurde es zunächst als Stall genutzt.

Heute präsentiert es sich mit moderner Einrichtung und einer großartigen Kolonialfassade. In der grandiosen Eingangshalle befinden sich eine Bar und ein Restaurant. Die großen Zimmer, die von einem zentralen Innenhof abgehen, kombinieren eine Einrichtung aus dem 19. Jh. mit modernen Flachbildfernsehern. Die Rezeption ist rund um die Uhr besetzt, der Service sehr aufmerksam. Auch einen Geldwechsel gibt es im Haus. Das Hotel Caballeriza gehört zur Elite-Hotelkette Encanto, die von Cubanacán repräsentiert wird.

 Essen

2011 wurden die Bestimmungen für private Restaurants gelockert, wovon Holguín stärker profitiert hat als die meisten anderen Städte: Heute hat man die Wahl zwischen vielen guten privat geführten Restaurants, die oft von deutlich mehr Einheimischen als Touristen besucht werden (was immer ein gutes Zeichen ist).

Restaurante-Bar San José   KUBANISCH $
(Karte S. 392; ☑ 24-42-48-77; Agramonte No 188; Mahlzeiten 3–7 CUC$; ⊘ 12–23 Uhr) Das Lieblingslokal der Einheimischen steht am zentralen Parque Céspedes und fällt gleich durch seine bunt zusammengewürfelten Farben und die uniformierten Servicekräfte auf. Die Speisekarte bietet nichts Ausgefallenes, die Gäste kommen, um *comida criolla* zu essen, nicht Ente in Orangensoße.

Cremería Guamá   EIS $
(Karte S. 392; ☑ 24-46-26-22; Ecke Luz Caballero & Manduley; Eis 1 CUC$; ⊘ 10–22.45 Uhr) Die berühmte Eisdiele lädt zu einer langen Pause unter rot-weiß gestreiften Markisen ein. Mit einer günstigen, kalten Köstlichkeit lässt sich das Treiben in der Fußgängerzone der Calle Manduley entspannt beobachten.

★ Restaurante 1910   INTERNATIONAL $$
(Karte S. 392; ☑ 24-42-39-94; www.1910restaurantebar.com; Mártires No 143, zwischen Aricochea & Cables; Mahlzeiten 8–11 CUC$; ⊘ 12–24 Uhr) Das elegante, holzverkleidete Kolonialgebäude zählt zu den besten Lokalen des Landes. Die Gäste lassen sich hier dicke Steaks schmecken, als sei es ihr letzter Tag auf Erden. Auf der Karte finden sich aber auch zarter gegrillter Oktopus mit Knoblauchsoße, leckere Schokoladen-*torta,* ergänzt um eine umfangreiche Wein- und Spirituosenkarte. Nicht unerwähnt bleiben sollte auch der zuvorkommende Service. Die Gästeschar ist ein Mix aus Einheimischen und Touristen. Wer einen Tisch ergattern will, muss früh kommen oder reservieren.

Restaurante Maragato   KUBANISCH $$
(☑ Mobil 52-46-68-02; Calle Carbo, zwischen Garayalde & Agramonte; Hauptgerichte 4–11 CUC$) Für das lässige Restaurant, das stilvoll *comida criolla* serviert, lohnt sich der Umweg. Da der Besitzer zugleich Barkeeper ist, werden hier die auch besten Cocktails der Stadt gemixt. Auf den Tisch kommen saftige Fleischstücke vom Grill, zarte Lammhaxen, Süßkartoffeln (*yam*) und frischer Salat. Das Lokal liegt vor dem Hospital Lenin auf einer luftigen Terrasse im dritten Stock.

Ranchón Los Almendros   PARRILLA $$
(☑ 24-42-96-52; José A Cardet No 68, zwischen Calle 12 & 14; Hauptgerichte 10–12 CUC$; ⊘ 10–23 Uhr) Die ausgezeichneten Rauchfleischgerichte mit vielen Beilagen, die *tostones* (gebratene Kochbananen) und die riesigen gefüllten Paprikaschoten mit Rinderhack sind die etwas höheren Preise wert. Das Lokal liegt in der Nähe des Loma de la Cruz und macht von außen nicht viel her. Aber keine Sorge – drinnen sieht es ganz anders aus.

Salón 1720   KARIBISCHE KÜCHE $$
(Karte S. 392; ☑ 24-46-81-50; Frexes No 190, Ecke Miró; Mahlzeiten 6–9 CUC$; ⊘ 12–22.30 Uhr) In dem sorgfältig restaurierten Herrenhaus im Zuckerbäckerstil herrscht eine gesellige Atmosphäre. Hier wird jeder bei großen Portionen Paella oder Hähnchen mit Gemüse-Käse-Füllung satt; zum Essen werden sogar noch extra Cracker serviert.

Im Gebäudekomplex (im Kolonialstil) befinden sich außerdem noch ein Zigarrenladen, eine Bar, eine Boutique und eine Autovermietung. Auf einer Terrasse wird abends Musik gespielt. Die Tafeln an den Wänden geben interessante Einblicke in Holguíns Geschichte.

🍷 Ausgehen & Nachtleben

Willkommen in der Bierstadt! Die hiesigen Bars sind nicht besonders schick, aber für eine Kneipentour reicht es allemal.

Casa de la Música   CLUB
(Karte S. 392; ☑ 24-42-95-61; Ecke Frexes & Manduley; ⊘ Di–So) In dem Club am Parque Calixto García herrscht eine junge, trendige Atmosphäre. Wer nicht tanzen will, setzt sich entspannt auf die angrenzende Terraza Bucanero (Zugang über Calle Manduley) und genießt in aller Ruhe sein Bier.

Bar Terraza   BAR
(Karte S. 392; Frexes, zwischen Manduley & Miró; ⊘ 20–1 Uhr) Die Bar über dem Salón 1720 ist die nobelste der Stadt. Die Cocktails trinkt man hier mit Blick auf den Parque Calixto García (S. 388) und lauscht dabei der Livemusik.

Terraza del Pernik   CLUB
(Karte S. 388; ☑ 24-48-10-11; Hotel Pernik, Ecke Av Jorge Dimitrov & XX Aniversario; Hotelgäste/Nicht-Hotelgäste 2/4 CUC$; ⊘ Di–So 22–2 Uhr) Hol-

PROVINZ HOLGUÍN HOLGUÍN

guíns angesagteste Diskothek befindet sich im Hotel Pernik. Wer dort wohnt, hat wohl oder übel auch im eigenen Zimmer noch was von der Musik – bis 1 Uhr früh.

Disco Cristal
CLUB

(Karte S. 392; ✆ 24-42-10-41; 3. Etage, Edificio Pico de Cristal, Manduley No 199; 1 CUC$; ⏱ Di–Do 21–2 Uhr) Bei Holguíns geübten Tänzern (die meisten sind noch recht jung, cool und sehr amüsierfreudig) ist dieser Club an Wochenenden sehr angesagt. Hier bekommt man reichlich Anregungen für das Salsa-/Rap-/Reggaeton- (kubanischer Hip-hop) Repertoire.

El Nocturno
CLUB

(✆ 24-42-93-45; Av Cajígal; 8 CUC$; ⏱ 22–2 Uhr) Der Variété-Club im Tropicana-Stil liegt hinter der Servi-Cupet-Tankstelle, 3 km außerhalb der Stadt an der Straße nach Las Tunas.

Las 3 Lucías
CAFÉ

(Karte S. 392; ✆ 24-45-18-72; Ecke Mártires & Frexes; ⏱ 7–23 Uhr) Das originelle Café, das mit kubanischen Filmmemorabilien dekoriert ist, pflegt das stilvolle Flair vergangener Zeiten – einmal abgesehen vom großen Fernsehschirm an der Wand. Die Einheimischen schätzen es als preisgünstiges Ausgehlokal: Die Cocktails sind gut, der Kaffee ganz in

Holguín Zentrum

N 0 ————————— 200 m

Ordnung und die Atmosphäre ziemlich einzigartig.

Benannt ist das Café nach den Protagonistinnen des Kinofilms *Lucía* (1968). In diesem kubanischen Filmklassiker dreht sich alles um das Leben dreier Frauen, die jeweils Lucía heißen. Der Film spielt während des Unabhängigkeitskriegs, in den 1930er- und in den 1960er-Jahren.

Taberna Mayabe   BAR
(Karte S. 392; Manduley, zwischen Aguilera & Frexes; ☺ Di–So 12–18 & 20–23 Uhr) In der düsteren Kneipe in der Fußgängerzone der Manduley sorgen Holztische und Keramikkrüge für eine heimelige Atmosphäre wie in alten Zeiten. Einzelreisende werden hier oftmals schief angeguckt, am besten kommt man daher als Paar oder in der Gruppe. Serviert wird das namengebende lokale Bier.

☆ Unterhaltung

★**Uneac**   THEATER, MUSIK
(Karte S. 392; ☑ 24-47-40-66; Manduley, zwischen Luz Caballero & Martí) In Kuba gibt es in jeder Provinz mindestens eine UNEAC (Nationale Union kubanischer Schriftsteller und Künstler) – wer nur eine davon besuchen will, sollte sich für die hiesige Einrichtung entscheiden. Sie liegt in der liebevoll restaurierten Casa de las Moyúas (1845) an der autofreien Calle Manduley und bietet literarische Abende mit berühmten Autoren, Musikabende, Theateraufführungen im Innenhof

(auch Lorca) und Vorträge zu verschiedenen kulturellen Themen. Sporadisch öffnet eine Bar im grandiosen zentralen Patio. Auf dem Gelände befindet sich außerdem die Kunstgalerie La Cochera mit Atelier.

★**Teatro**
Comandante Eddy Suñol   THEATER
(Karte S. 392; ☑ 24-42-79-94; Martí No 111; ♿) Holguíns bedeutendstes Theater befindet sich in einem Art-déco-Gebäude von 1939 am Parque Calixto García. Unter seinem Dach arbeiten sowohl das Teatro Lírico Rodrigo Prats als auch das Ballet Nacional de Cuba. Das Theater ist überregional bekannt für seine Operetten- und Tanzaufführungen und die spanischen Musicals. Hier erhält man auch Auskunft über Aufführungen des berühmten Kindertheaters Alas Buenas und des Orquesta Sinfónica de Holguín.

★**Casa de la Trova**   LIVEMUSIK
(Karte S. 392; ☑ 24-45-31-04; Maceo No 174; ☺ Di–So) Alte Männer mit Panamahüten singen sich hier schmachtend die Seele aus dem Leib, Musiker in *guayaberas* (karibischen Hemden) blasen ihre Trompeten in voller Lautstärke, während ältliche Paare im besten Sonntagsstaat einen perfekten *danzón* (traditionellen kubanischen Gesellschaftstanz) aufs Parkett legen. Die Casa ist so zeitlos wie Holguín.

PROVINZ HOLGUÍN HOLGUÍN

Holguín Zentrum

Salón Benny Moré
LIVEMUSIK

(Karte S. 392; ☑24-42-35-18; Ecke Luz Caballero & Maceo; ☺Show 22.30 Uhr) Die Freiluft-Location ist der beste Ort, um eine Kneipentour mit Livemusik und Tanz abzurunden.

Estadio General Calixto García
ZUSCHAUERSPORT

(Karte S. 388; ☑24-42-26-14; nahe Av de los Libertadores; 1–2 CUC$) Wie wäre es mit einem Stadionbesuch, um Holguíns Baseballteam anzufeuern? Die einstigen Favoritenkiller Los Perros haben 2002 den „großen zwei" die nationale Meisterschaft weggeschnappt, seither aber kaum noch gebellt. Im Stadion versteckt sich zudem ein kleines, interessantes Sportmuseum.

Shoppen

Fondo de Bienes Culturales
KUNST & KUNSTHANDWERK

(Karte S. 392; ☑24-42-37-82; Frexes No 196; ☺Mo–Fr 10–15, Sa 9–12 Uhr) Der staatlich geführte Laden am Parque Calixto García verkauft kleine, erschwingliche Gemälde und Kunsthandwerk, vergleichbar dem Sortiment auf dem Markt der Privatverkäufer ein paar Straßen weiter.

Bazar – Proyecto de Desarollo Local
MARKT

(Karte S. 392; Manduley, zwischen Aguilera & Arias; ☺Mo–Sa 8–18 Uhr) Auf dem privaten Markt findet man ein ähnliches Sammelsurium an Billigkram, afrokubanischen Masken und Kleidung wie auf dem staatlichen. Allerdings fließt hier das Geld direkt in die Taschen der Verkäufer. *Capitalismo* oder *socialismo* – der Kunde hat die Wahl.

Pentagrama
MUSIK

(Karte S. 392; ☑24-45-31-35; Ecke Maceo & Martí; ☺8–12 & 12.30–16.30 Uhr) Die offizielle Filiale der staatlichen kubanischen Plattengesellschaft Egrem verkauft eine kleine, aber feine Auswahl an CDs.

El Jigue
BÜCHER, SOUVENIRS

(Karte S. 392; ☑26-46-85-21; Ecke Martí & Mártires; ☺9–17 Uhr) Die gut sortierte Buchhandlung mit Souvenirladen grenzt an die Plaza de la Marqueta.

Praktische Informationen

GELD

Banco de Crédito y Comercio (☑24-46-73-89; Arias; ☺Mo–Fr 9–15 Uhr) Bank am Parque Céspedes mit Geldautomat.

Banco Financiero Internacional (☑24-46-85-02; Manduley No 167, zwischen Frexes & Aguilera; ☺Mo–Fr 9–15 Uhr) Betreibt einen Geldautomaten.

Cadeca (☑24-46-86-63; Manduley No 205, zwischen Martí & Luz Caballero) Geldwechsel.

INTERNETZUGANG

Es gibt einen WLAN-Hotspot im Parque Calixto García.

Etecsa Telepunto (☑24-47-40-67; Calle Martí No 122, zwischen Martires & Máximo Gómez; Internet Std. 1,50 CUC$; ☺8.30–19.30 Uhr) Die Zweigstelle der kubanischen Telefongesellschaft verkauft WLAN-Telefonkarten.

MEDIZINISCHE VERSORGUNG

Farmacia Turno Especial (☑24-42-57-90; Maceo No 170; ☺Mo–Sa 8–22 Uhr) Apotheke am Parque Calixto García.

Hospital Lenin (☑24-42-53-02; Av VI Lenin) behandelt Ausländer in Notfällen.

POST

Post (Karte S. 392; Maceo No 114, Parque Céspedes; ☺Mo–Sa 8–18 Uhr)

REISEBÜROS

Cubatur (Karte S. 392; Edificio Pico de Cristal, Ecke Manduley & Martí) Das Reisebüro hat sein Lager an einem Gästetisch in der Cafetería Begonias aufgeschlagen. Hier lassen sich die Viazul-Fahrkarten kaufen.

TOURISTENINFORMATION

Eine Reihe von Agenturen in der Nähe des Hauptplatzes bieten ähnliche Dienstleistungen: Reservierungen, Fahrkarten und Ausflüge.

Infotur (Karte S. 392; ☑24-42-50-13; 1. Etage, Edificio Pico de Cristal, Ecke Manduley & Martí; ☺Mo–Fr 8–16 Uhr & jeden 2. Sa) Touristeninformation in der zweiten Etage über der Cafetería Cristal.

An- & Weiterreise

AUTO

Colectivos (Sammeltaxis) fahren von der Avenida Cajígal nach Gibara (4 CUC$) und Puerto Padre in der Provinz Las Tunas. Die Wagen mit Ziel Guardalavaca (5 CUC$) starten vor dem Estadio General Calixto García (s. links).

BUS

Ein Transtur-Bus verbindet Holguín mit den Ferienanlagen in Guardalavaca (hin & zurück 15 CUC$). Abfahrt ist täglich um 13 Uhr vor dem Museo de Historia Provincial (S. 385), in Guardalavaca fahren die Busse um 8 Uhr ab.

Busse der Gesellschaft Víazul (www.viazul.com) fahren vom **Fernbusbahnhof** (Ecke Car-

VÍAZUL-BUSSE AB HOLGUÍN

REISEZIEL	FAHRPREIS (CUC$)	FAHRZEIT (STD.)	TÄGLICHE ABFAHRTEN
Havana	44	12	7.45, 10.10, 20.20, 21.15 Uhr
Santiago	11	3.5	3.55, 9.50, 16.45 Uhr
Trinidad	26	7¾	23.15 Uhr
Varadero	38	11¼	23.45 Uhr

retera Central & Independencia) westlich des Stadtzentrums unweit des Hospital Lenin ab.

FLUGZEUG

Frank País Airport (HOG; ☎ 24-47-46-30) Auf Holguíns gut organisiertem Flugplatz, 13 km südlich der Innenstadt, landen regelmäßig internationale Flüge, darunter solche aus Amsterdam, Düsseldorf, London, Montreal und Toronto. Die meisten Urlauber werden direkt per Bus nach Guardalavaca weitergefahren.

LKW

Vom **Terminal Dagoberto Sanfield Guillén** (Av de los Libertadores) gegenüber dem Estadio General Calixto García (S. 394) fahren mindestens zweimal täglich Lastwagen nach Gibara, Banes und Moa.

ZUG

Zunächst einmal: Das Zugfahren ist nicht wirklich zu empfehlen. Die einzige einigermaßen verlässliche Zugverbindung ist diejenige nach Havanna. Die Züge nach Santiago de Cuba fahren dagegen sehr unregelmäßig. Unbedingt vorher nachfragen!

Wer nach Havanna will, muss in Cacocum, dem Knotenpunkt der Hauptlinie Santiago – Havanna, umsteigen. Cacocum liegt 17 km südlich von Holguín. Theoretisch fährt einmal täglich morgens ein Zug nach Las Tunas (3 CUC$, 2 Std.) und alle drei Tage um 8 Uhr ein Zug nach Guantánamo. Drei Mal täglich fahren Züge nach Santiago de Cuba (5 CUC$, 3½ Std.) und zweimal täglich (22.19 und 5.28 Uhr) nach Havanna (26 CUC$, 15 Std.). Letztgenannte halten in Camagüey (6,50 CUC$), Ciego de Ávila (10,50 CUC$), Santa Clara (15,50 CUC$) und Matanzas (22,50 CUC$).

Bahnhof (☎ 24-42-23-31; Calle V Pita 3) Der Bahnhof liegt auf der Südseite der Stadt.

❶ Unterwegs vor Ort

AUTO

Über Cubacar kann man Autos mieten und/oder zurückgeben. Büros gibt es im Hotel Pernik (☎24-46-84-14; Av Jorge Dimitrov; ⊗8–21 Uhr), am Aeropuerto Frank País (☎24-46-84-14) und

in der Cafetería Cristal (☎ 24-46-85-59; Ecke Manduley & Martí; ⊗8–21 Uhr).

Eine **Servi-Cupet-Tankstelle** (Av Cajigal; ⊗24 Std.) befindet sich 3 km außerhalb der Stadt in Richtung Las Tunas; eine weitere Tankstelle gibt es an der Straße nach Gibara gleich außerhalb der Stadt. Eine **Oro-Negro-Tankstelle** (Carretera Central) liegt am Südrand der Stadt. Die Straße nach Gibara ist die Verlängerung der Avenida Cajígal Richtung Norden; wer nach Playa la Herradura fahren möchte, nimmt ebenfalls diese Straße und hält sich an der Gabelung 5 km weiter links.

BICI-TAXI

Das Bici-Taxi mit Beiwagen – es ähnelt einem Fahrrad, an dem ein Rollstuhl befestigt ist – wurde hier erfunden. Es lohnt sich definitiv, es einmal auszuprobieren. Die Fahrer der allgegenwärtigen Bici-Taxis berechnen 1 CUC$ für eine kurze und 2 CUC$ für eine lange Fahrt.

TAXI

Ein **Cubataxi** (Karte S. 392; ☎ 24-47-35-35; Máximo Gómez Ecke Martí) nach Guardalavaca (54 km) kostet etwa 35 CUC$. Für die einfache Fahrt nach Gibara sollte nicht mehr als 20 CUC$ bezahlt werden.

VOM/ZUM FLUGHAFEN

Airport Bus Stop (Karte S. 388; General Rodríguez No 84; ⊗Abfahrt 14 Uhr) Der öffentliche Bus zum Flughafen fährt an der Flughafenbushaltestelle am Parque Martí in der Nähe des Bahnhofs ab.

Gibara

73'000 EW.

Das halb vergessene Gibara mit seinen verblichenen pastellfarbenen Fassaden und den mächtigen Wellen des Ozeans gibt sich die größte Mühe, seine Besucher zu verführen. Mit der wilden Schönheit seiner Küste kann nur noch Baracoa mithalten. Überraschend ist das kulturelle Leben, das so gar nicht zu der kleinen Stadt zu passen scheint – zumal es bis Holguín nicht weit ist.

2008 fegte der Hurrikan Ike den Ort fast von der Landkarte, zum Glück aber nur beinahe.

Gibara liegt 33 km nördlich von Holguín, die Fahrt von dort an die Küste führt über eine landschaftlich sehr schöne Straße, die sich durch kleine Dörfer windet. Die Kleinstadt erlebt gerade einen winzigen Aufschwung, den sie dringend benötigten Investitionen verdankt. Im Unterschied zum nahe gelegenen Guardalavaca setzt man hier auf eine dezente Weiterentwicklung und konzentriert sich in erster Linie auf die Renovierung der schönen, aber baufälligen Architektur der Stadt. Der sattelförmige Silla de Gibara, der schon Columbus in seinen Bann schlug, sorgt für eine wilde, malerische Kulisse.

Ganz in der Nähe wurde einer der ersten Windparks in Kuba gebaut.

Jedes Jahr im April ist Gibara Gastgeberin des Festival Internacional de Cine Pobre (S. 297), das Filme und Filmemacher aus aller Welt anzieht.

Geschichte

Kolumbus landete hier 1492 und nannte den Küstenstrich wegen der Flüsse Cacoyugüín und Yabazón, die in die Bucht Bahía de Gibara münden, Río de Mares – Fluss der Meere. Der heutige Name stammt vom einheimischen Wort für einen hier an der Küste wachsenden Strauch ab, den *jiba*.

1817 wurde Gibara gegründet, seine Blütezeit erlebte es im 19. Jh., als die Zuckerindustrie boomte und der Handel einen Aufschwung nahm. Um die Siedlung vor Piratenangriffen zu schützen, baute man Kasernen und errichtete Anfang des 19. Jhs. einen 2 km langen Wall. Damit war Gibara nach Havanna Kubas zweite Stadt, die durch eine Mauer geschützt wurde. Ihren Spitznamen La Villa Blanca verdankt Gibara den einst strahlend weißen Fassaden ihrer Häuser.

Gibara ist für Holguín ein wichtiger Zugang zum Meer. Die Stadt war einst von großer Bedeutung für den Export des Zuckers und durch eine Eisenbahnlinie mit der Provinzhauptstadt verbunden. Als allerdings in den 1920er-Jahren die Carretera Central gebaut wurde, verlor Gibara seine Bedeutung für den internationalen Handel. Der Zugverkehr wurde schließlich 1958 eingestellt, die Stadt verfiel in einen tiefen Dornröschenschlaf, aus dem sie noch immer nicht vollständig erwacht ist.

Sehenswertes

Dank staatlicher Investitionen, die in die Restaurierung und Renovierung der vorhandenen Architektur fließen, erlebt Gibara gerade eine kleine Renaissance. Ähnlich wie in Baracoa gibt es auch hier kaum nennenswerte Sehenswürdigkeiten; trotzdem ist es ein Vergnügen, durch die Straßen zu schlendern und die Atmosphäre der Stadt zu genießen. Dazu kommen einige schöne Strände in unmittelbarer Nähe der Stadt.

In der Stadt

El Cañonazo   MUSEUM

(Karte S. 401; ☎53-81-26-72; elpatriotaflores@gmail.com; ⊙Öffnungszeiten variieren) Etwas Vergleichbares gibt es in ganz Kuba nicht: Der bekennende Patriot Miguel Flores besitzt eine schrullige Sammlung selbst gemachter satirischer Memorabilien, die u. a. den Papst, Obama und Filmstars der 1950er-Jahre darstellen. Er überlegt sogar, eine parodistische Sklavenauktion zu erschaffen, als Verweis auf Kubas Vergangenheit. Eine politische Stellungnahme verweigert er: Alle Kunst sei „ein Statement für den Frieden".

Iglesia de San Fulgencio   KIRCHE

(Karte S. 401; ⊙Di–So 8–12 & 14–16.30 Uhr) Die 1850 erbaute Kirche wurde kürzlich einer glanzvollen Renovierung unterzogen.

Parque Calixto García   PLATZ

(Karte S. 401) Den Mittelpunkt der Stadt bildet ein zentraler Platz, der mit seltsamen *robles africanos,* Afrikanischen Eichen mit langen Schoten, bepflanzt ist. Die Freiheitsstatue erinnert an den Kubanischen Unabhängigkeitskrieg.

Spanische Festungen   FESTUNG

(Karte S. 401) Am oberen Ende der Calle Cabada steht eine arg ramponierte spanische Festung, deren anmutige Bögen einen fantastischen Blick auf die Stadt und die Bucht freigeben. Wer der Straße für weitere 200 m folgt, trifft auf das Restaurante el Mirador mit einer noch besseren Aussicht. Hier und beim Fuerte Fernando VII hinter dem Parque de las Madres (einen Block oberhalb des Parque Calixto García) sieht man weitere Überreste alter Festungen. Am Ortseingang – aus Richtung Holguín kommend – steht ein Wachtturm.

Museo de Historia Natural   MUSEUM

(Karte S. 401; Luz Caballero No 23; 1 CUC$; ⊙Di–Sa 8–12 & 13–17, Mo 13–16 Uhr) Das Naturkundemuseum ist in einem heruntergekommenen Kolonialpalast untergebracht (der interessanter ist als die dort ausgestellten ausgestopften Exponate). Durch vergitterte Fenster kann man zusehen, wie Frauen in der Zigarrenfabrik auf der anderen Seite des Platzes die Stumpen rollen.

Außerhalb der Stadt

Playa Caletones   STRAND

Der hübsche kleine Strand liegt 17 km westlich von Gibara. Der bogenförmige weiße Sandstreifen und das azurblaue Meer ist bei Urlaubern aus Holguín sehr beliebt. Der Ort selbst ist verfallen; außer einem rustikalen Restaurant gibt es hier keine Dienstleister. Strandbesucher können sich nach den Süßwasser-*pozas* (Pools) erkundigen, in denen man baden kann. Zu erreichen ist der Strand mit dem Fahrrad, einem Taxi (hin & zurück mit Wartezeit 25 CUC$) oder Leihwagen.

5 km weiter können Taucher in Begleitung (10 CUC$) in einen Cenote, ein dolinenartiges Kalksteinloch, tauchen – hier liegen angeblich einige der besten Tauchspots Kubas. Die Tauchausrüstung muss man allerdings selbst mitbringen. Das Höhlensystem mit seinem kristallklaren Wasser erstreckt sich über eine Länge von etwa 3 km, getaucht wird in einer Wassertiefe von 15 m.

Das Restaurante La Proa an der Strandstraße serviert auf einer Terrasse im Obergeschoss mit Blick aufs Meer leckeren fangfrischen Fisch und Meeresfrüchte.

Caverna de Panaderos   HÖHLE

(Karte S. 401; Independencia; Exkursion 5 CUC$) Das komplexe Höhlensystem mit 19 Galerien und einem lang gezogenen unterirdischen Gang liegt unweit der Stadt am oberen Ende der Calle Independencia. Ein Führer ist erforderlich, denn es gibt hier keine Installationen oder Beschilderungen. Am besten heuert man einen der qualifizierten lokalen Führer an, der auch Helme und Stirnlampen bereithält. Der Fußweg zur Höhle ist 1 km lang. Wer nicht allzu klaustrophobisch veranlagt ist, kann sich durch einen schmalen Durchlass in eine Kammer mit einem Badesee zwängen. Für die Höhlenexkursion sollte man zwei Stunden einplanen.

Die Einheimischen haben große Mühe darauf verwendet, den Pfad zur Höhle zu säubern und eine wilde Müllhalde in der Nähe des Eingangs abzutragen; noch sind die Arbeiten allerdings nicht abgeschlossen, insbesondere vor dem Eingang und in dessen Nähe gibt es noch viel zu tun.

Playa Blanca   STRAND

(Karte S. 401) Der kleine Sandstrand auf der anderen Seite der Bucht lädt zum Baden ein. Vom Anleger in Gibara fährt eine lokale *lancha* (offene Fähre; 2 CUC$) über die Bahía de Gibara nach Juan Antonio; von dort sind es 400 m bis zur Playa Blanca. Dort gibt es eine *casa particular*, aber keine touristische Infrastruktur, deshalb empfiehlt es sich, ein Picknick mitzunehmen.

Aktivitäten

Silla de Gibara   KLETTERN

(Karte S. 401) Silla de Gibara, der sattelförmige Kalksteinfelsen 35 km südöstlich von Gibara, weist an der schattigen Nordflanke etwa 20 „offizielle" Kletterrouten auf, die am besten in den kühleren Monaten von November bis Februar in Angriff genommen werden sollten. Das Klettern hier ähnelt dem in Viñales, nur dass man hier mit deutlich weniger staatlicher Unterstützung auskommen muss. Wer hier klettern will, muss seine eigene Ausrüstung mitbringen und sollte sich einen Führer engagieren.

Geführte Touren

Jose Corella   GEFÜHRTE TOUREN

(Mobil 53-97-90-96; joselin54@nauta.cu; Stadttour 5 CUC$) Gibaras ortsansässiger Historiker ist nicht nur freundlich, sondern arbeitet auch sehr professionell. Er begleitet am Wochenende Touren zur Caverna de Panaderos und unternimmt Tauchausflüge zum Höhlensystem unweit der Playa Caletones. Darüber hinaus bietet er kurze historische Stadtführungen an.

Alexis Silva García   GEFÜHRTE TOUREN

(24-84-44-58) Alexis ist einer der lokalen Kletterführer für das Klettergebiet bei Gibara, außerdem ist er Höhlenführer. Man findet ihn im Museo de Historia Natural (S. 396).

Feste & Events

★ Festival
Internacional de Cine Pobre   FILM

(Internationales Low-Budget Filmfestival; www.cinepobre.com; April) Das Festival für unabhängige Filmemacher mit begrenzten finanziellen Mitteln wird alljährlich im April veranstaltet. Obwohl das Festival kaum Sponsoren hat, werden bis zu 100.000 US$ Preisgelder ausgeschüttet.

NICHT VERSÄUMEN

FESTIVAL DES „ARMEN KINOS"

Hier gibt es keinen roten Teppich, keine Paparazzi und keine Hollywoodstars. Doch was dem Festival Internacional de Cine Pobre an Glamour fehlt, macht es durch seine ungeschliffenen, noch unentdeckten Talente wett. Und dann ist da auch noch die Kulisse – das himmlische Gibara, Kubas bröckelnde Villa Blanca, ein perfektes Gegenstück zur Opulenz der Pendants in Hollywood und Cannes.

Das „Arme Kino" wurde 2003 von dem inzwischen verstorbenen kubanischen Regisseur Humberto Solás ins Leben gerufen. Er hatte sich in den typischen Fischerort verliebt, als er hier 1968 seinen wegweisenden Film *Lucía* drehte.

Das Festival, das nur unabhängigen Filmemachern mit begrenzten finanziellen Mitteln offen steht, findet im April statt und bringt, obwohl es kaum Werbesponsoren hat, ein Preisgeld von bis zu 100 000 US$ auf. Gestartet wird mit einer Gala im Cine Jiba. Dann folgen sieben Tage mit Filmvorführungen, Kunstausstellungen und abendlichen Konzerten. Auch wenn der Wettbewerb freundlich bleibt, setzen die Teilnehmer alles daran, zu gewinnen. Die Preise würdigen eine bunt zusammengewürfelte Schar von Digitalfilm-Revolutionären aus so unterschiedlichen Ländern wie Iran und USA.

Schlafen

Die Hotelsituation in Gibara verbessert sich langsam; die *casas particulares* bieten gute Übernachtungsmöglichkeiten.

⭐ Hostal Sol y Mar
CASA PARTICULAR $
(☏52-40-21-64; J Peralta No 59; Zi. 25 CUC$; ❄) Mit der wunderbar erfrischenden Meeresbrise und dem romantischen Meerblick schlägt das große gelbe Haus am Wasser hinsichtlich der Atmosphäre alle Konkurrenten aus dem Feld. Die vielen Terrassen bieten die gewünschte Privatsphäre. Die fünf Zimmer sind gut und modern ausgestattet und bieten etwa elektrische Duschen. Der junge Hausherr, der Französisch, Englisch, Holländisch und Deutsch spricht, sorgt für einen angenehmen Aufenthalt und bietet seinen Gästen eine Küche zum Selbstversorgen.

⭐ Hostal El Patio
CASA PARTICULAR $
(☏24-84-42-69; oceanomg@nauta.cu; J Mora No 19, zwischen Cuba & J Agüero; Zi. 30 CUC$; ❄) Versteckt hinter hohen Patiomauern liegt die gemütlichste Unterkunft von Gibara. Von einem hübschen, teilweise überdachten und mit vielen Pflanzen bestückten Innenhof gehen die luftigen renovierten Zimmer ab. Die Einrichtung – weiß mit leuchtend bunten Akzenten – wirkt wie eine aktualisierte Version des 1950er-Jahre-Stils. Hübsch ist auch die Dachterrasse. Die Mahlzeiten sind hervorragend zubereitet, die gastgebende Familie hilft gerne mit ihren Ortskenntnissen.

Bayview
CASA PARTICULAR $
(Karte S. 401; ☏52-24-55-70; Playa Blanca; Zi. 25–30 CUC$; ❄) Diese unglaubliche Lage! Das kleine Haus liegt 900 m von der Playa Blanca entfernt, einem weißen, unverbauten Karibiksandstrand. Es gibt Hängematten und auf Anfrage hausgemachte Mahlzeiten.

Um dorthin zu kommen, nimmt man die Fähre von Gibara – die Fahrt dauert nur zehn Minuten. Achtung: Den Strand nicht mit der Playa Blanca in der Nähe von Guardalavaca verwechseln.

Eine Übernachtung ist mit Reservierung möglich, dafür einfach Jimmy anrufen.

La Luz del Norte
CASA PARTICULAR $
(☏58-60-64-49; anabeatriziberia@nauta.cu; Donato Marmol No 69; Zi. 25 CUC$; ❄☎) Das coole, renovierte Haus hat vor allem die Millennials als Zielgruppe im Blick. Zu den besonderen Merkmalen zählen die Dielenböden, die spärliche Möblierung und die Trompe-l'œil-Wandbilder mit lebhaften Sonnenuntergängen oder einer Wolkenwand rund um ein geöffnetes Fenster und eines Magritte würdig. Vermietet werden fünf geräumige Zimmer; das Haus liegt etwas oberhalb des städtischen Treibens. Gastgeberin Ana spricht Englisch und hat Hotelerfahrung.

Hotel Arsenita
BOUTIQUEHOTEL $$
(☏24-84-44-00; reservas.arsenita@cubanacan.gibara.tur.cu; EZ/DZ inkl. Frühstück 80/110 CUC$; ❄@) Das gerade erst umgestaltete Kolonialgebäude bringt den Glanz alter Zeiten in den betulichen alten Parque Calixto García

zurück. Es gibt eine entzückende Lobby-bar und einen Barmann mit Fliege, der Daiquiris mixt, ein grandioses Wandbild im gewölbten Eingangsbereich und zwölf moderne Zimmer mit Flachbildfernsehern. Es ist zwar nur das zweitbeste Hotel der Stadt, aber hat den Willen, mehr aus sich zu machen.

★ **Hotel Ordoño**   HOTEL **$$$**
(📞24-84-44-48; recepcion@hotelordono.tur.cu; J Peralta, Ecke Donato Mámol & Independencia; EZ/DZ/Suite inkl. Frühstück 100/130/160 CUC$; ❄@) Das majestätische dreigeschossige Kolonialgebäude war ursprünglich ein Warenhaus und hat noch immer viel Charakter. Kürzlich wurde es nach den Plänen junger Architekten renoviert, geblieben sind aber die riesigen Zimmer, besonders auf der dritten Etage. Einige haben so nette Details wie Pfeiler mit Filigranarbeit. Insgesamt gibt es 27 Zimmer und eine hübsche Dachterrasse. Der Betreiber des Hotels ist Cubanacán.

Erwähnenswert ist auch der gute Service und die himmlische Lage: Man fühlt sich wie Ludwig XIV., der wieder in Versailles eingezogen ist. Das beste Hotel auf Kuba? Definitiv ein aussichtsreicher Kandidat!

✖ Essen

Die örtliche Gastroszene wird mit der Geschwindigkeit eines Cadillacs auf einer Schlaglochpiste modernisiert. Einige unternehmungsfreudige Besitzer von *casas particulares* betreiben ihre privaten Restaurants.

★ **La Cueva**   PARRILLA **$**
(📞24-84-53-33; Calle 2da, Ecke Carretera & Playa Caletones; Gerichte 6 CUC$; ❄Di–So 12–24 Uhr) Das private Lokal ist ein Gewinn für Gibaras Gastromieszene. Die Besitzer bauen Kräuter an, um damit die Grillfleischgerichte zu garnieren, ergänzt um eine eigene kleine Farm. Ein Teil des Lokals ist im *ranchón*-Stil gehalten, darüber liegt ein formellerer Restaurantbereich. La Cueva findet man am nördlichen Stadtrand; am besten nimmt man eine Pferdekutsche (2 CUC$) dorthin.

La Perla del Norte   FISCH & MEERESFRÜCHTE **$**
(Céspedes; Hauptgerichte 3–11 $; ❄11–23 Uhr) Für überdurchschnittlich gute Gerichte mit Fisch und Meeresfrüchten ist dieses zweigeschossige Restaurant die richtige Adresse. Zu empfehlen sind die Krabben, die *camarones enchilados* (Shrimps in Knoblauch-Tomaten-Soße), der leckere Bratreis und die knusprigen Kochbananen-Chips. Es gibt einige Plätze im Freien und einen kühlen Speiseraum. Und alles hier ist supersauber.

La Casa de Los Amigos   FISCH & MEERESFRÜCHTE **$$**
(📞24-84-41-15; Céspedes 15, zwischen J Peralta & Luz Caballero; Mahlzeiten 5–10 CUC$) Die Privatunterkunft mit Restaurant besitzt einen faszinierenden Innenhof mit Fresken, einer Gartenlaube und handgemalte Türen. Zwar kann man hier auch übernachten, kommen sollte man aber in erster Linie wegen des fantastischen Essens – eine Vielzahl lokaler Fischgerichte mit reichlich Beilagen.

🍷 Ausgehen & Nachtleben

Bar La Loja   BAR
(📞24-84-44-85; Calle J Agüero; ❄Mi–So 9–24, Mo–Di 16–24 Uhr; 📞) In der Bar neben der Casa de la Cultura wird an Freitag- und Sonntagabenden Livemusik gespielt. La Loja ist zudem eine gute Adresse, um Einheimische kennenzulernen. Schön sind der Weinkeller und der riesige Innenhof.

☆ Unterhaltung

Wie in den meisten kubanischen Küstenstädten hängt auch hier die „Dorfjugend" an den Wochenenden abends in der Nähe des Malecón ab. Immer wieder kommt es zu spontanen musikalischen Darbietungen in und um den Parque Calixto García (S. 396) und den Parque Colón.

Siglo XX   KULTURZENTRUM
(📞24-84-54-75; Calle Martí; ❄Mo–Di 8–17, Mi–So 8–23 Uhr) In dem schönen neuen Kulturzentrum am Hauptplatz spielen Musiker am Samstagabend traditionelle Musik, an allen anderen Tagen erklingt sie aus der Konserve. Der Innenhof ist ein schöner Platz, um an einem heißen Nachmittag bei einem eiskalten *refresco* zu chillen.

Cine Jiba   KINO
(📞24-84-46-89; Parque Calixto García) Kubas fantastisches Low-Budget-Festival zeigt die meisten seiner hochaktuellen Filme (manche davon in englischer Sprache) in diesem kleinen Kino, das mit Art-House-Filmplakaten vollgepflastert ist.

Wer in Kuba irgendwann einmal ins Kino gehen möchte, sollte das in Gibara tun – es ist ein lokaler Initiationsritus.

ⓘ Praktische Informationen

GELD

Geld sollte man im nahe gelegenen Holguín wechseln.

Bandec (☑ 24-84-41-01; Ecke Independencia & J Peralta; ⊙ Mo–Fr 9–15 Uhr) Tauscht auch Reiseschecks ein.

POST

Postamt (Karte S. 401; ☑ 24-84-43-95; Independencia No 15; ⊙ Mo–Sa 8–20 Uhr) Bietet die gängigen Postdienstleistungen.

ⓘ An- & Weiterreise

Nach Gibara fahren keine Víazul-Busse, alle Reisende müssen auf dieser Strecke auf die kubanischen Verkehrsmittel zurückgreifen – das heißt LKWs und *colectivos* (Sammeltaxi; 5 CUC$), die ab Holguín zur Küste fahren. Die Bushaltestelle liegt 1 km außerhalb an der Straße nach Holguín. Täglich fahren zwei Busse (1 CUC$) in jede Richtung. Taxis fahren zum Flughafen in Holguín (40 CUC$) oder nach Guardalavaca (40 CUC$).

Alle, die mit dem Auto Richtung Guardalavaca unterwegs sind, seien gewarnt: Die Verbindungsstraße von der Kreuzung in Floro Pérez bis hinter Rafael Freyre ist die Hölle, danach wird es besser. Am Stadtrand steht eine Oro-Negro-Tankstelle.

Wer zur Playa Blanca fahren möchte, nimmt die Fähre (2 CUC$) nach Juan Antonio, von dort sind es noch 400 m zum Strand. Das Schiff legt um 6.30, 8.30, 10.10, 13, 15.40 und 17 Uhr ab.

Playa Pesquero & Umgebung

Mit einem luxuriösen karibischen Glanz, den man überall sonst auf der Insel vermisst, sind diese wenig bekannten Strände eine wunderbare Urlaubsadresse. Die Strände sind mit ihrem goldgelben Sand, dem seichten, warmen Wasser und den tollen Schnorchelmöglichkeiten ein karibischer Traum. Besonders viel los ist hier nicht: Außer einem kleinen Einkaufszentrum gibt es nur wenig Ablenkung vom Faulenzen. Von den drei nördlichen Feriengebieten in Holguín ist die Playa Pesquero (Fischerstrand) der nobelste. Hier stehen vier riesige Ferienanlagen, darunter das 5-Sterne-Hotel Playa Pesquero (S. 402).

Die nahe gelegene Playa Esmeralda besetzt das Mittelfeld zwischen der Touristenklasse von Guardalavaca und der Opulenz der Playa Pesquero. Zwei Mega-Anlagen säumen diesen schönen Strandabschnitt 6 km westlich von Guardalavaca, der über

eine Stichstraße gleich östlich des Anlegers Cayo Naranjo zu erreichen ist.

◉ Sehenswertes

Der Bioparque Rocazul, der Parque Nacional Monumento Bariay und Las Guanas in Playa Esmeralda gehören zum Parque Natural Cristóbal Colón.

★ **Bioparque Rocazul** NATURSCHUTZGEBIET
(Karte S. 401; ☑ 115 24-43-33-10; ejecutivo.comercial@pncolon.co.cu; Playa Esmeralda; ⊙ 9–17.30 Uhr; ⊕) Unweit der Verbindungsstraße zwischen Playa Turquesa und den restlichen Pesquero-Resorts bietet dieses Schutzgebiet im Parque Natural Cristóbal Colón das übliche Angebot an Outdooraktivitäten unter der Aufsicht eines zwingend anzuheuernden staatlichen Guides. Das ist zwar ein verdienstvoller Einsatz für die Umwelt in einem bedeutenden Feriengebiet, aber die Beschränkungen sind dann doch etwas erdrückend (und teuer).

Zur Auswahl stehen gemütliche Wanderungen (die erste Std. 8 CUC$, jede weitere Std. 2 CUC$), Ausritte (Std. 16 CUC$) und Riffangeln (49 CUC$). Wer einen ganzen Tag bleiben möchte, bucht am besten den „Tag auf dem Land" (Pauschalpreis 40 CUC$). Der bietet viele Hügel und Wege, einen Minizoo für die Kinder und Zugang zum Meer. Parkbesucher können in einer **Hütte** (Zi. inkl. 3 Mahlzeiten 59 CUC$) übernachten. Am Parkeingang befindet sich eine freundliche Bar, in der man in aller Ruhe über die Angebote nachdenken kann.

Parque Nacional Monumento Bariay HISTORISCHE STÄTTE
(Karte S. 401; ☑ 24-43-07-66; Playa Blanca; 8 CUC$; ⊙ 9–17 Uhr) 10 km westlich der Playa Pesquero und 3 km westlich der Villa Don Lino liegt die Playa Blanca. Kolumbus landete 1492 angeblich irgendwo hier in der Nähe. An das historische Zusammentreffen zweier Kulturen wird mit einer albernen historischen Nachstellung und verschiedenen Sehenswürdigkeiten erinnert. Dazu zählt auch das eindrucksvolle Denkmal im hellenistischen Stil, das die Holguíner Künstlerin Caridad Ramos zum 500. Jahrestag der Landung 1992 geschaffen hat.

Interessant sind das Informationszentrum, die Überreste einer spanischen Festung aus dem 19. Jh., drei rekonstruierte Taíno-Hütten und ein archäologisches Museum. Alles zusammen lässt sich zu einem angenehmen Nachmittagsausflug verbinden.

Guardalavaca & Playa Pesquero

Guardalavaca & Playa Pesquero map

Guardalavaca & Playa Pesquero

Öko-Archäologischer
Wanderweg Las Guanas   NATURSCHUTZGEBIET
(Karte S. 404; 3 CUC$; ⌚8–16.30 Uhr) Der Lehr-
pfad beginnt am Ende der Straße von Playa
Esmeralda. 3 CUC$ Eintritt werden für
den einen Kilometer verlangt, damit ist er
wahrscheinlich Kubas teuerster Wanderweg
(und dürfte auch weltweit zu den teuersten
zählen). Da heißt es, langsam gehen, um das
Eintrittsgeld auch voll auszukosten!

  Die markierte Route führt angeblich an
14 endemischen Pflanzenarten vorbei. Wenig authentisch wirkende Skulpturen von
indigenen Taínos bewachen die Strecke.
Abenteuerlustige können sich anschließend
noch etliche Kilometer weiter auf Feuer-
schneisen durch das Unterholz zu einem
malerischen Steilufer mit einem Leuchtturm durchkämpfen.

An diesem Steilufer sollten ursprünglich
einmal Hotelbauten entstehen, dann schritt
aber die Regierung ein und bewahrte es vor
den zerstörerischen Bulldozern. Ein Modell
am Beginn des Weges zeigt, wie die Hotelanlage geplant war.

🛏 Schlafen

🛏 Playa Pesquero

Campismo Silla de Gibara   HÜTTEN $
(Karte S. 401; ☎24-42-28-81; Rafael Freyre; EZ/DZ
18/36 CUC$; 🅿🛄) Der kürzlich renovierte
campismo (billige rustikale Unterkunft)
liegt an einem Hang unterhalb des charakteristischen sattelförmigen Berges 35 km
südöstlich von Gibara und 1,5 km von der
Hauptstraße entfernt. Zu erreichen ist er

über eine Schotterstraße zwischen Floro Pérez und Rafael Freyre. Zur Auswahl stehen 42 Zimmer mit zwei, vier oder sechs Schlafplätzen; die Gäste kommen hier in erster Linie wegen des Blickes, nicht wegen des Komforts.

Eine Wanderung führt zu einer Höhle 1,5 km weiter bergauf, für Reiter gibt es Pferde. Es empfiehlt sich, den Aufenthalt über Cubamar (S. 464) in Santiago de Cuba zu buchen statt einfach aufzukreuzen.

Villa Don Lino   HÜTTEN $$
(Karte S. 401; ☑ 24-43-03-08; director@donlino.co.cu; Rafael Freyre; EZ/DZ ab 49/78 CUC$; P ✳ ❄) Die günstige Alternative zu den „großen Vier" von Playa Pesquero sind Don Linos neu möblierte Holz-*cabañas,* die direkt an einem winzigen weißen Strand stehen. Ein romantischer Aufenthalt ist garantiert. Es besticht mit einem kleinen Pool, abendlicher Unterhaltung und kubanischem Flair, das den größeren Resorts fehlt.

Die Villa Don Lino liegt 8,5 km nördlich von Rafael Freyre an einer Stichstraße.

★ Hotel Playa Pesquero   RESORT $$$
(Karte S. 401; ☑ 24-43-35-30; Playa Pesquero; all-inclusive EZ/DZ 175/280 CUC$, Premium 430 CUC$; P ✳ @ ❄ ❄) Das Playa Pesquero mit seinen 933 Zimmern zählt zu den größten Hotels in Kuba, eine erstklassige Anlage an einem schönen Strand. Zur Eröffnung 2003 erschien Fidel Castro höchstpersönlich, seine aus diesem Anlass gehaltene Rede kann im Rezeptionsbereich nachgelesen werden.

Auf dem landschaftlich schön gestalteten, mehr als 30 ha großen Areal finden sich italienisch inspirierte Brunnen, schicke Geschäfte, sieben Restaurants, ein Spa, Tennisplätze mit Flutlicht und viele Swimming-Pool-Landschaften – die Fahrt von einem zum anderen übernehmen flotte Golfwägelchen.

Kürzlich ist ein Premium-Bereich ausschließlich für Erwachsene hinzugekommen. Er umfasst 56 Luxuszimmer mit Outdoorduschen, Whirlpools, kostenlosem WLAN in den Zimmern und iPhone-Ladestationen.

Blau Costa Verde   RESORT $$$
(Karte S. 401; ☑ 24-43-35-10; www.blauhotels.com; Playa Pesquero; all-inclusive EZ/DZ 107/184 CUC$) Die kleine Anlage mit blockartiger Architektur ist vor allem für Taucher ein günstiges Angebot, sie können ihre Tauchgänge über das angeschlossene Tauchzentrum buchen. In den attraktiven, mit Kacheln ausgeschmückten Zimmern gibt es angenehme Extras wie WLAN.

Hotel Playa Costa Verde   RESORT $$$
(Karte S. 401; ☑ 24-43-05-20; reservationsmanager@playacostaverde.co.cu; Playa Pesquero; all-inclusive EZ/DZ 130/210 CUC$; P ✳ @ ❄ ❄) Die Anlage wirkt zwar etwas künstlich, bietet aber eine exzellente Ausstattung, z. B. ein japanisches Restaurant, einen Fitnessraum, farbenfroh gestaltete Gärten und eine Lagune, die man auf dem Weg zum Strand überquert. Es gehört zur Hotelgruppe Gaviota, die Atmosphäre ist durchschnittlich, aber alles ist deutlich dezenter als in den Hotels im eigentlichen Guardalavaca.

🏖 Playa Esmeralda

★ Paradisus Río de Oro   RESORT $$$
(Karte S. 401; ☑ 24-43-00-90; www.melia.com; Playa Esmeralda; all-inclusive EZ/DZ 431/615 CUC$, Tagespass 115 CUC$; P ✳ @ ❄ ❄) Eine Tasche voller Gold kann in dem Goldfluss-Resort der Meliá-Kette durchaus von Nutzen sein. Die Anlage mit 356 Zimmern und dem Glanz der fünf Sterne wird oft als Kubas bestes Resort beworben. In einer Hütte an der Klippe kann man sich massieren lassen, ein japanisches Restaurant schwimmt auf einem Koi-Teich, und es gibt Gartenvillen mit eigenem Pool. Palmenhaine und viel Grün schirmen die Anlage ab und sorgen für die gewünschte Privatsphäre. Das Hotel nimmt ausschließlich Erwachsene auf.

Die Anlage wird als Ökoresort vermarktet, allerdings besteht die Nachhaltigkeit ausschließlich im Erhalt des vorhandenen Baumbestands. Gäste mit dicker Brieftasche sollten sich in den neueren Luxusbereich innerhalb des Geländes einbuchen, der nur einige 100 Zimmer umfasst.

Sol Río Luna Mares Resort   RESORT $$$
(Karte S. 401; ☑ 24-43-00-30; Playa Esmeralda; all-inclusive EZ/DZ 182/280 CUC$; P ✳ @ ❄ ❄) Das Zwei-in-Eins-Hotel ist ein Zusammenschluss von zwei Ferienanlagen, das Angebot jedoch etwas dünn. Es gibt fast 500 große Zimmer mit ein paar Extras wie Kaffeemaschinen. Die wesentlichen Vorteile gegenüber Guardalavaca sind das bessere Essen in den französischen und italienischen Restaurants auf dem Gelände und der wirklich traumhafte Strand – Strandspielzeug ist im Preis inbegriffen.

 Shoppen

**Centro Comercial
Playa Pesquero** EINKAUFSZENTRUM
(Karte S. 401; Playa Pesquero Eingang; ⊙ So–Do 9–23 Uhr, Fr & Sa 24 Std.) Eine neue Einkaufspassage mit Fastfood-Lokal, Geldwechsel und Geschäften.

❶ An- & Weiterreise

Die vier Resorts von Playa Pesquero erreicht man von der Hauptstraße zwischen Holguín und Guardalavaca über eine Stichstraße 12 km westlich des eigentlichen Guardalavaca. Die Playa Esmeralda und ihre beiden Ferienanlagen liegen am Ende einer kurzen Stichstraße 4 km westlich von Guardalavaca. Die Hotels vermieten Mopeds und Fahrräder.

Ein Shuttle-Bus (5 CUC$) von Transtur pendelt zwischen Playa Pesquero, Playa Esmeralda und Guardalavaca. Zwischen Ab- und Rückfahrt liegen jeweils zwei Stunden. Es gibt zusätzlich noch einen Wagen, der einen Rundkurs zwischen den Hotels und Guardalavaca fährt.

Taxis (nach Guardalavaca 10 CUC$), darunter auch einige Oldtimer und Pferdekutschen, warten vor den Ferienanlagen auf Kundschaft.

Guardalavaca

Guardalavaca liegt 54 km nordöstlich von Holguín und besteht aus einer Kette von Megaresorts entlang einer Abfolge idyllischer Strände, hinter denen sich sattgrüne Hügel erheben. In der Zeit vor den aufgereihten Sonnenliegen und Bingo am Beckenrand beschrieb Kolumbus diesen Küstenstreifen als den schönsten Ort, den er je gesehen habe. In den geschützten türkisfarbenen Korallenriffen wimmelt es nur so vor marinem Leben. Weitläufiger als Varadero und weniger isoliert als Cayo Coco erfreut sich Guardalavaca bei Einheimischen wie ausländischen Urlaubern einer anhaltenden Beliebtheit. Da die Kubaner schon lange Zugang zu den Stränden haben, ist die Atmosphäre hier deutlich kubanischer als anderswo.

Anfang des 20. Jhs. war die Region ein bedeutendes Viehzuchtgebiet mit einem kleinen Bauerndorf (Guardalavaca bedeutet wörtlich „Hüte die Kuh"). Der Tourismus startete Ende der 1970er-Jahre, als der *holguiñero* Fidel Castro die erste Ferienanlage in Guardalavaca – das großzügige Atlántico – mit einem kurzen Bad im Hotelpool einweihte. Seither verzeichnet die örtliche Wirtschaft ein konstantes Wachstum.

◉ Sehenswertes

Das Urlaubsgebiet besteht aus drei separaten Enklaven: Playa Pesquero, Playa Esmeralda und, 4 km weiter östlich, das eigentliche Guardalavaca. Diese erste Hotelmeile weist inzwischen aber deutliche Abnutzungserscheinungen auf.

Museo Chorro de Maita MUSEUM
(Karte S. 401; ☑ 24-43-02-01; 2 CUC$; ⊙ Di–Sa 9–17, So 9–13 Uhr) ✐ Das Museum an einer archäologischen Stätte schützt die Überreste eines ausgegrabenen Indianerdorfes und Friedhofes, darunter die gut erhaltenen Überreste von 62 menschlichen Skeletten und die Knochen eines Haushundes.

Das Dorf stammt aus dem frühen 16. Jh. und ist eine von fast 100 archäologischen Stätten in der Region. Neue Funde legen nahe, dass hier auch viele Jahrzehnte nach der Ankunft von Kolumbus noch indigene Völker lebten.

Gegenüber vom Museum befindet sich eine rekonstruierte **Aldea Taína** (Taíno-Dorf; Karte S. 401; ☑ 24-43-02-01; CUC$5; ⊙ Mo–Sa 9–17, So 9–13 Uhr; ▣), ein nachgebautes Dorf mit Modellen der Behausungen der Ureinwohner in Originalgröße. Hier werden immer wieder mal einheimische Tanzrituale vorgeführt, und es gibt ein Restaurant.

🏃 Aktivitäten

In Playa Esmeralda lassen sich Ausritte organisieren, für eine Stunde Ausritt werden üblicherweise 10 CUC$ verlangt.

In allen Hotels kann man für einen Tag Mopeds mieten (27 CUC$). Bei einigen der All-inclusive-Resorts stehen Fahrräder zur Nutzung bereit, allerdings handelt es sich um eher einfache Modelle ohne Gangschaltung. Die Straße zwischen Guardalavaca und Playa Esmeralda und weiter Richtung Playa Pesquero ist flach und ruhig und hervorragend für einen Radausflug geeignet. Etwas mehr Schweiß verströmt man auf der Fahrt nach Banes (hin & zurück 66 km).

Bootsfahrten

Viele Ausflüge auf dem Wasser starten an der **Marina Internacional Puerto de Vita** (Marina Gaviota; Karte S. 401; ☑ 24-43-04-75) und können über die jeweiligen Hotels gebucht werden.

Es gibt noch eine neuere, kleinere Marina in **Boca de Samá** (Karte S. 401); sie liegt 9 km östlich von Guardalavaca und wird von Cubanacán betrieben.

Guardalavaca

0 ————— 1 km

N 0

ATLANTISCHER
OZEAN

Punta
Guardalavaca

Playa
Caletica

Playa
Esmeralda

Cayo
Naranjo

Cayo
Jutía

Schiff nach Aquarium

Bahía de
Naranjo

Yacht
Anchorage

AGUADA
LA PIEDRA

GUARDALAVACA
VILLAGE

s. Karte Guardalavaca Dorf (Vergrößerung)

Guardalavaca Dorf

GUARDALAVACA
VILLAGE

Playa
Guardalavaca

Asistur

10

4

3

5

12

11

2

9

8

6

7

1

500 m

0

Guardalavaca

Außer den allgegenwärtigen Ausfahrten bei Sonnenuntergang (60 CUC$) lassen sich Hochsee-Angeltörns (360 CUC$ für bis zu sechs Pers.) und gelegentlich Katamaranausflüge über die Bahía de Vita mit Schnorcheln und offener Bar buchen.

Kitesurfen

Luís Riveron KITESURFEN
(Karte S. 404; ☎53-78-48-57; luiskitesurf@nauta.cu; Unterricht Std. 50 CUC$, Leihgebühr Std. 30 CUC$) Kubas jüngste Sportart hat einen privaten Betreiber in Guardalavaca auf den Plan gerufen, der Privatunterricht (bei mehreren Teilnehmern gibt es Preisnachlässe) und einen Board-Verleih anbietet. Man findet ihn am Strand des Brisas Guardalavaca.

Tauchen

Guardalavaca besitzt ausgezeichnete Tauchreviere (bessere als Varadero und ebenso gute wie Cayo Coco). Das Riff mit 32 Tauchspots liegt 200 m vor der Küste, die meisten sind mit dem Boot erreichbar. Zu den Highlights zählen Höhlen, Wracks, Mauern und „La Corona", eine riesige Korallenformation, die einer Krone ähneln soll.

Eagle Ray Marlin Dive Center TAUCHEN
(Cubanacán Náutica; Karte S. 404; ☎24-43-03-16; Tauchgänge ab 45 CUC$; ⊙Mo–Sa 8.30–16.30 Uhr) Die einzige Tauchbasis am Strand

von Guardalavaca liegt etwa 300 m westlich des Club Amigo Atlántico-Guardalavaca. Hier können Open-water-Kurse für 365 CUC$ und zweistündige Schnupperkurse für 70 CUC$ gebucht werden. Der Preis für einen Tauchgang startet bei 45 CUC$, wer mehrere Tauchgänge bucht, erhält einen Preisnachlass. Wichtig zu wissen: Schnorchelfahrten werden nicht angeboten.

Schlafen

In Guardalavaca werden inzwischen Privatzimmer vermietet, sodass man nicht mehr gezwungen ist, in den All-inclusive-Anlagen einzuchecken. Im Dorf Guardalavaca gegenüber vom Zugang zu den Hotels finden sich Dutzende Apartments. Ein neues 5-Sterne-Hotel namens Albatros ist im Bau.

★Villa Bely CASA PARTICULAR $
(Karte S. 404; ☎52-61-41-92; www.villabely.orgfree.com; Eingang zum Guardalavaca; Zi. 25–30 CUC$; P✱) Als clevere Alternative zu den Resorts bietet diese *casa* eine Wohnung im obersten Stock, die größer und besser ausgestattet ist als das durchschnittliche Hotelzimmer. Hier ist genug Platz für eine kleine Familie, es gibt einen winzigen Balkon und einen hübschen Schlafbereich auf einem Podest. Unten befinden sich zwei kleinere Zimmer. Das Haus steht gegenüber der letzten Ausfahrt der Hotelmeile.

Villa Bely verleiht Schnorchelausrüstung und arrangiert geführte Ausritte.

Brisas Guardalavaca RESORT $$$
(Karte S. 404; ☎24-43-02-18; Playa Guardalavaca; all-inclusive EZ/DZ 110/160 CUC$; P✱@🖥🌊) Die Anlage mit 437 Zimmern zieht vor allem Kanadier und Europäer an, die hier überwintern. Sie ist ein Paradies für Pauschalreisende und weckt Erinnerungen an britische Feriencamps der 1970er-Jahre. Pluspunkte sind die riesigen Zimmer und die Tennisplätze mit Flutlicht. Die Einrichtung erinnert ein bisschen an ein Altenheim und schrammt haarscharf am Kitsch vorbei, aber es ist ruhiger als in den umliegenden Anlagen und das Resort hat einen vernünftigen Strand.

Club Amigo Atlántico – Guardalavaca RESORT $$$
(Karte S. 404; ☎24-43-01-21; Playa Guardalavaca; all-inclusive EZ/DZ 90/140 CUC$; P✱@🖥🌊) Günstige Urlaube sind angesagt, und dies hier ist Guardalavacas Sonderangebot, das sich aber nicht an eine bestimmte Gruppe

von Gästen richtet. Sauberkeit steht in diesem Dorf mit 600 Zimmern, einem durchschnittlichen Mischmasch aus Villen, Bungalows und Standardzimmern, leider nicht immer an erster Stelle. Wegen seines umfassenden Angebots für Kinder ist es bei Familien sehr beliebt. Es gibt hier mehr Felsen als im weiteren Verlauf des Strandes, die landeinwärts gerichteten Zimmer sind ruhig.

Das Resort ist aus dem Zusammenschluss der ehemaligen Hotels Guardalavaca und Atlántico entstanden. Letzteres war Guardalavacas ältestes Ferienanlage. Sie wurde 1976 fertiggestellt und von Fidel Castro höchstpersönlich eingeweiht, der einmal kurz in den Pool sprang.

Essen

Außerhalb der All-inclusive-Resorts gibt es eine Handvoll Restaurants, die meisten direkt in Guardalavaca.

★ El Ancla
FISCH & MEERESFRÜCHTE $$
(Karte S. 404; ☎24-43-03-81; Mahlzeiten 4–20 CUC$; ☻12–21.30 Uhr) Das Restaurant steht auf einer felsigen Landzunge am westlichen Rand des Guardalavaca-Strands. Mit seinen Glaswänden ist es ein schöner Ort, um bei einem ausgedehnten Essen die Aussicht auf das Meer zu genießen – der 180°-Blick ist überwältigend. Zum Glück wurde das El Ancla 2008 nicht vom Hurrikan Ike weggepustet. Es gibt ausgezeichneten Hummer, mit weißem Leinen gedeckte Tische und einen aufmerksamen Service.

El Uvero
KUBANISCH $$
(Karte S. 404; ☎52-39-35-71; Carretera Guardalavaca-Banes; Mahlzeiten 10–18 CUC$; ☻12–23 Uhr) 4 km und eine kurze Taxifahrt östlich von Guardalavacas größter Hotelmeile steht das bescheiden wirkende Haus im Dorf Cuatro Caminos. Die Anfahrt lohnt sich. Prunkstücke der Speisekarte sind Garnelen, Hummer und Weißfisch. Der Name bezieht sich auf den Uvero (Meertraubenbaum), der hier steht.

Ausgehen & Nachtleben

Bar Pirata
BAR
(Karte S. 404; Playa Guardalavaca; ☻9–21 Uhr) Im Epizentrum von Guardalavacas belebtestem Strandabschnitt ist das Pirata ein durchschnittlicher Strandschuppen mit Bier, Musik und genügend Zutaten für ein sandfreies Sandwich zu Mittag. Zugänglich ist es über den Flohmarkt gleich westlich des Club Amigo Atlántico.

Shoppen

Boulevard
GESCHENKE & SOUVENIRS
(Karte S. 404; Eingang Playa Guardalavaca; ☻7–17 Uhr) Der touristische Kunsthandwerksmarkt unter freiem Himmel versorgt die Resort-Gäste aus der Umgebung. Sie finden hier Kunsthandwerk, Postkarten, billige Kleidung und Che Guevara, aber nicht wirklich etwas qualitativ Anspruchsvolles.

Praktische Informationen

GELD
Euros werden in allen Resorts in Guardalavaca, Playa Esmeralda und Pesquero akzeptiert. Darüber hinaus haben alle größeren Hotels Wechselstuben.

Banco Financiero Internacional (☎24-43-02-17; Centro Comercial los Flamboyanes; ☻Mo–Fr 9–15 Uhr) Befindet sich im Einkaufszentrum direkt westlich des Club Amigo Atlántico – Guardalavaca (S. 405), hat aber keinen Geldautomaten.

MEDIZINISCHE VERSORGUNG
Die Clinica Internacional betreibt eine rund um die Uhr geöffnete Apotheke. Die Resorts haben eigene „Drugstores" und bieten medizinische Versorgung.

NOTFÄLLE
Asistur (Karte S. 404; ☎24-43-01-48; Centro Comercial; ☻Mo–Fr 8.30–17, Sa 8.30–12 Uhr) bietet Versicherung, medizinische Versorgung, Rücktransport und finanzielle Hilfe für Reisende in Not.

TOURISTENINFORMATION
Infotur eröffnet einen Schalter im Centro Comercial los Flamboyantes in der Club Amigo-Anlage. In den Resorts gibt es Schalter, an denen man sich informieren und Ausflüge buchen kann.

An- & Weiterreise

Transtur (☎24-43-04-90; comercialhlg@transtur.cu; hin & zurück 15 CUC$) schickt einmal täglich einen Touristenbus von Guardalavaca über Playa Esmeralda und Playa Pesquero nach Holguín.

Auch mit dem Taxi kommt man von Guardalavaca nach Holguín (einfach 20 CUC$). Ein Taxi ruft man über **Cubataxi** (☎24-43-01-39) oder **Transgaviota** (☎24-43-49-66). Sammeltaxis (*colectivos/maquinas*) – oft Oldtimer – fahren für 5 CUC$ vom Dorf Guardalavaca nach Holguín.

Unterwegs vor Ort

Ein Transtur-Shuttlebus (Tagespass 5 CUC$) in Guardalavaca verbindet die drei Strandabschnitte und das Aldea Taína (S. 403). Theoretisch fährt er in jede Richtung drei Mal täglich, man sollte sich aber im Hotel erkundigen, ob das auch tatsächlich der Fall ist. Haltestellen sind u.°a. Parque Rocazul, Playa Pesquero, Playa Costa Verde, die Hotels an der Playa Esmeralda, der Club Amigo Atlántico – Guardalavaca und das Aldea Taína.

Coches de caballo (Pferdekutschen) verkehren zwischen Playas Esmeralda und Guardalavaca; die Resorts verleihen Mopeds (Tag 25 CUC$) und Fahrräder (bei den All-inclusive-Anlagen kostenlos). Außerdem fahren Taxis zur Playa Esmeralda oder Playa Pesqueros (10 CUC$).

Wer ein Auto mieten möchte, wendet sich an **Cubacar** (📞24-43-03-89; Club Amigo Atlántico – Guardalavaca). Eine **Servi-Cupet-Tankstelle** (⊘24 Std.) befindet sich zwischen Guardalavaca und Playa Esmeralda.

Banes
81°300 EW.

In der einstigen Zuckerstadt Banes zeigt sich einmal mehr die Ironie der Geschichte. 1901 wurde hier der kubanische Präsident Fulgencio Batista geboren. 47 Jahre später heirateten Fidel Castro und Birta Díaz Balart in der mit Schindeln gedeckten Kirche Nuestra Señora de la Caridad. Batista zeigte sich großzügig und schenkte dem Brautpaar 500 US$; ganz gewiss ahnte er nicht, dass ihn der Beschenkte eines Tages stürzen würde.

1887 wurde die quirlige Handelsstadt gegründet; bis in die 1950er-Jahre war sie quasi Eigentum des US-Unternehmens United Fruit Company. Viele der alten amerikanischen Firmengebäude blieben erhalten, auf den sonnendurchfluteten Straßen und Plätzen spielen Freunde Domino und rauchen dabei Zigarren, Mütter tragen meterlange Brotlaibe nach Hause; kurz gesagt: Hier erlebt man das kubanische Flair, das in den All-inclusive-Anlagen oft vermisst wird.

Dank seines Taíno-Museums und der verschiedenen Ausgrabungsstätten in der Umgebung ist Banes auch als Kubas „archäologische Hauptstadt" bekannt.

⦿ Sehenswertes

Für diejenigen, die gerade aus den Resorts kommen, ist ein Spaziergang durch die lebhaften Straßen von Banes wahrscheinlich schon ein großartiges Erlebnis. Die alten Firmengebäude, einst von den Bonzen der United Fruit Company bewohnt, sollte man sich unbedingt einmal anschauen. Für alle

Fitten und Abenteuerlustigen empfiehlt sich die Anreise von Guardalavaca per Fahrrad, sie führt durch eine sanft gewellte, malerische Hügellandschaft.

★**Museo Indocubano Bani**   MUSEUM
(Karte S. 401; General Marrero No 305; 1 CUC$; ⊘Di–Sa 9–17, So 8–12 Uhr) Die kleine, aber wertvolle Sammlung indigener Artefakte zählt zu den besten der Insel. Besonders bemerkenswert ist das winzige goldene Fruchtbarkeitsidol, das in der Nähe von Banes gefunden wurde (einer von nur 20 Goldgegenständen, die man insgesamt auf Kuba gefunden hat). Ausgezeichnete Führer geleiten die Besucher mit viel Engagement durch das Museum. La Plaza Aborigen im Freien zeigt Nachbildungen örtlicher Höhlenmalereien.

Der Museumsfachmann vor Ort, **Luis Quiñones García** (📞24-80-26-91; luisq1962@ nauta.cu; Führung 2 CUC$), informiert umfassend über die indigene Kultur und die Archäologie vor Ort. Er bietet außerdem Stadtführungen an.

Playa de Morales   STRAND
Eines nicht allzu fernen Tages (nachdem er „cancun-isiert" worden ist) wird man voller Nostalgie von diesem wunderschönen Strandabschnitt schwärmen, der 13 km östlich von Banes an der befestigten Fortsetzung des Tráfico liegt. Bis dahin sollte man das kleine Fischerdorf genießen und einen Nachmittag damit vertrödeln, mit den Einheimischen zu essen und den Männern beim Netzeflicken zuzuschauen.

Ein paar Kilometer weiter nördlich liegt die noch ruhigere Playa Puerto Rico.

Iglesia de Nuestra Señora de la Caridad   KIRCHE
(Karte S. 401; Parque Martí) Am 2. Oktober 1948 gaben sich Fidel Castro Ruz und Birta Díaz Balart in dieser ungewöhnlichen Art-déco-Kirche am Parque Martí im Zentrum von Banes das Ja-Wort. Nach ihrer Scheidung 1954 heiratete Birta ein zweites Mal und zog nach Spanien. Fidelito, der einzige Sohn des Paares, bescherte Fidel einige Enkel.

🛏 Schlafen

In der Stadt selbst gibt es keine Hotels, aber ein paar superfreundliche Privatvermieter.

Villa Lao   CASA PARTICULAR $
(📞24-80-30-49; Bayamo No 78, zwischen José M Heredia & Augo Blanco; Zi. 25 CUC$; ❄) Das blitzsaubere, professionell geführte Haus hat

KUBAS ARCHÄOLOGISCHE HAUPTSTADT

Die präkolumbische Geschichte Kubas lässt sich mehr als 8000 Jahre zurückverfolgen, gleichwohl wird sie in aktuellen Geschichtsbüchern in aller Regel nur am Rande erwähnt. Wer sich dafür interessiert, sollte in die Provinz Holguín reisen. Dort, in der Gegend rund um Banes, findet sich die höchste Konzentration an präkolumbischen archäologischen Stätten des Landes.

Der Großteil der archäologischen Funde aus der Taíno-Epoche, die bisher in Kuba ausgegraben wurden, stammt aus der Zeit von etwa 1050 bis zum frühen 16. Jh. Die Taínos stellten die dritte Welle an Einwanderern. Sie erreichten die Inseln im Gefolge der weniger entwickelten Guanahatabeys und Siboneys, alle drei Kulturen existierten schließlich nebeneinander. Die Neuankömmlinge, die keine kriegerischen Absichten hatten, waren geschickte Bauern, Weber, Töpfer und Bootsbauer; ihre komplexe Gesellschaftsstruktur baute auf einem Mitbestimmungssystem unter der Leitung lokaler *caciques* (Häuptlinge) auf.

60 % der Feldfrüchte, die heute auf Kuba angebaut werden, wurden von Taíno-Bauern eingeführt. Sie pflanzten sogar Baumwolle, die sie in Hängematten, Fischernetzen und Taschen verarbeiteten. Erwachsene praktizierten eine Form von künstlicher Schädeldeformation, indem sie die weichen Schädel ihrer Kleinkinder abflachten. Einzelne Gruppen lebten in Dörfern mit den typischen strohgedeckten *bohíos* (Wohnhütten) und *bateys* (Gemeinschaftsplätzen) zusammen. Ein rekonstruiertes Taíno-Dorf kann man im Aldea Taína (S. 403) nahe Guardalavaca besichtigen. Nebenan in Chorro de Maíta (S. 403), Kubas weitläufigster archäologischer Grabungsstätte, wurden Skelette mit Schädeldeformationen gefunden.

Kolumbus beschrieb die Taínos als „sanft", „freundlich", „immer lachend" und „ohne Kenntnis des Bösen". Das macht den Genozid, den er unbeabsichtigt entfesselte, noch entsetzlicher. Schätzungen, wie viele Menschen im präkolumbischen Kuba lebten, gehen weit auseinander, wobei 100.000 einen guten Konsenswert darstellt. Innerhalb von 30 Jahren wurden die Taínos zu 90 % ausgerottet.

Da die Taínos ihre Dörfer aus Holz und Lehm bauten, sind keine größeren Ortschaften oder Tempelanlagen erhalten. Die bedeutsamsten Grabungsfunde sind *cemís*, kleine Figurinen, die Taíno-Gottheiten darstellen. *Cemís* waren Kultobjekte, die Sozialstatus, politische Macht oder Fruchtbarkeit repräsentierten.

Die *hacha* del Holguín, eine 600 Jahre alte, gottähnliche Figur aus Peridotit, ist im Museo de Historia Provincial in Holguín (S. 385) ausgestellt. Der *ídolo del oro*, ein seltenes Fruchtbarkeitssymbol aus zehnkarätigem Gold, er datiert aus dem 13. Jh. (oder früher), befindet sich im Museo Indocubano Bani in Banes. Das älteste bisher in Kuba gefundene *cemí* entdeckten Archäologen in den 1910er-Jahren in der Nähe von Maisí in der Provinz Guantánamo. Dieses Ídolo de Tabaco genannte Objekt stammt aus dem 10. Jh. und besteht aus kubanischem Hartholz. Gegenwärtig ist es im Museo Antropológico Montané (S. 90) in der Universität von Havanna ausgestellt.

---

zwei Zimmer; besonders empfehlenswert ist das obere mit Küche und einer Terrasse voller Pflanzen. Auf der vorderen Veranda mit Blick auf den zentralen Park stehen einladende Schaukelstühle.

Villa Gilma   CASA PARTICULAR $
(☑ 24-80-22-04; Calle H No 15266, zwischen Veguitas & Francisco Franco; Zi. 25 CUC$; ✼) Der klassische Kolonialbau bewacht den Zugang zum Stadtzentrum und verfügt über ein riesiges Zimmer (die Decken müssen um die 7 m hoch sein) mit eigenem Bad und Kühlschrank.

Casa „Las Delicias"   CASA PARTICULAR $
(☑ 24-80-29-05; Augo Blanca No 1107, zwischen Bruno Merino & Bayamo; Zi. 25 CUC$; ✼) Ein tadellos sauberes Zimmer, ein eigener Eingang, ein freundlicher Vermieter und ordentliches Essen im privaten Restaurant im Untergeschoss – was kann man im ruhigen Banes mehr verlangen?

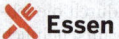 Essen

Restaurante Don Carlos   KUBANISCH $
(☑ 24-80-21-76; Veguitas No 1702, Ecke Calle H; Mahlzeiten 3–8 CUC$; ◷ 12–22 Uhr) Im bodenständigen privaten Restaurant lernt man

nicht nur Einheimische kennen, sondern kann auch hervorragende Fischgerichte genießen. Das Lokal liegt keine 30 Minuten von Guardalavacas Resorts entfernt.

Restaurant el Latino KARIBISCH $
(General Marrero No 710; Hauptgerichte um 8 CUC$; ⊙ 11–23 Uhr) Das staatlich geführte Restaurant, seit Langem eines der beliebtesten in Banes, serviert alle gängigen kreolischen Gerichte mit etwas Extra-Flair und Charme. Der Service ist gut, und die hier spielenden Musiker ungewöhnlich talentiert und unaufdringlich.

 ## Unterhaltung

Cafe Cantante LIVEMUSIK
(☎ 24-80-46-58; General Marrero No 320) Der gesellige, von Musik erfüllte Patio ist ein Top-Spot in Banes. Hier probt die quäkende Stadtkapelle; ansonsten bestimmen Disko, *Son*-Septetts und entspannte Jazz-Sessions das Programm. Das Lokal wird auch Casa de la Trova genannt.

 ## An- & Weiterreise

Von der **Bushaltestelle** (Ecke Tráfico & Los Ángeles) fahren zwei Mal täglich Busse nach Holguín (72 km). Es gibt keine Fahrpläne; die Abfahrtszeiten werden auf Wandtafeln angezeigt. LKWs (5 MN$) von Banes nach Holguín verkehren häufiger.

Ein Taxi von Guardalavaca (33 km) kostet pro Strecke etwa 25 CUC$. Alternativ legt man den Weg mit dem Moped (leicht) oder Fahrrad (nicht so leicht) zurück – ein fantastischer Tagesausflug in Eigenregie.

Sierra del Cristal

Die zerklüftete Sierra del Cristal und der Altiplanicie de Nipe bilden zusammen Kubas „kleine Schweiz", mit zwei bedeutenden Nationalparks.

Der Parque Nacional Sierra Cristal, das älteste Schutzgebiet des Landes, wurde 1930 gegründet. Hier befindet sich der 1213 m hohe Pico de Cristal, der höchste Gipfel der Provinz.

Interessanter für Reisende ist der nach Pinien duftende, 53 km große Parque Nacional la Mensura, er liegt 30 km südlich von Mayarí und schützt den höchsten Wasserfall der Insel. La Mensura, bekannt für ihr kühles alpines Mikroklima und über 100 endemische Pflanzen, bietet zahlreiche Wander- und Reitmöglichkeiten.

Übernachten kann man in einer von Gaviota geführten Ökolodge. Hier befindet sich auch ein Gebirgsforschungszentrum der Academia de Ciencias de Cuba.

Die Landschaft an der Sierra del Cristal inspirierte die Musiker von Buena Vista Social Club zu ihrem Hit „Chan Chan". Fans von Leadsänger Compay Segundo und Co. tauchen regelmäßig hier auf, deshalb wird die Route oft Ruta de Chan Chan genannt.

 ## Sehenswertes

★ Salto del Guayabo WASSERFALL
(Eintritt 5 CUC$) Mit etwas über 100 m Fallhöhe gilt Guayabo (15 km von der Villa Pinares de Mayarí) als höchster Wasserfall Kubas und hat einen spektakulären Aussichtspunkt. Die geführte, 1,2 km lange Wanderung zum unteren Ende des Wasserfalls durch fruchtbaren Tropenwald schließt ein Bad in einem Naturpool ein.

Salto de Capiro WASSERFALL
Ein 2 km langer Pfad von der Villa Pinares del Mayarí führt zu diesem in einem dichten Waldgebiet versteckt liegenden Wasserfall.

Aktivitäten

Die meisten Aktivitäten lassen sich in der Villa Pinares del Mayarí oder über Ausflüge mit Allradfahrzeugen von den Hotels in Guardalavaca oder Santiago de Cuba aus organisieren.

Sendero la Sabina WANDERN
(Eintritt 3 CUC$) Der kurze Lehrpfad im Centro Investigaciones para la Montaña liegt 1 km von der Villa Pinares del Mayarí entfernt. Hier findet man Pflanzen von acht verschiedenen Ökosystemen, darunter einen 150 Jahre alten Baum, den „Ocuje Colorado", und seltene Orchideenarten.

Hacienda la Mensura REITEN
Das Aufzuchtzentrum für exotische Tiere wie etwa Antilopen liegt 8 km von der Villa Pinares del Mayari entfernt. Hier können auch Ausritte arrangiert werden.

Schlafen

★ Villa Pinares del Mayarí HOTEL $
(☎ 24-45-56-28; EZ/DZ 25/35 CUC$; P ❄ ☏) Das Pinares del Mayarí steht in einem der größten Kiefernwälder Kubas zwischen dem Altiplanicie de Nipe und der Sierra del Cristal auf 600 m Höhe. Halb Ferienanlage mit Chalets, halb Berghütte, verfügt das abgeschiedene Refugium in alpinem Stil über

FIDEL CASTROS WURZELN

Fidel Castro Ruz wurde am 13. August 1926 in der Finca las Manacas in der Nähe des Dorfes Birán südlich von Cueto geboren. Die weitläufige Ranch, die Fidels Vater Ángel 1915 gekauft hatte, umfasst ein eigenes Dorf (eine Ansammlung kleiner, strohgedeckter Hütten für die überwiegend aus Haiti stammenden Farmarbeiter), einen Ring für Hahnenkämpfe, eine Schlachterei, ein Postamt, ein Lagerhaus und einen Telegrafen. Die Familie Castro bewohnte mehrere große gelbe Holzhäuser zwischen mächtigen Zedern.

Die Farm wurde 2002 als **Museo Conjunto Histórico de Birán** (Eintritt/Kamera/Video 10/10/10 CUC$; ⊙ Di–Sa 9–15.30, So 9–12 Uhr) eröffnet; die unauffällige Benennung sollte den Castro-„Personenkult" herunterspielen. Die attraktiven Holzgebäude auf einem ausgedehnten Gelände bilden ein *pueblito* (kleines Dorf). Heute wirkt es wie ein verschlafenes Nest, aber früher lag es am *camino real*, in Kolonialzeiten die wichtigste Ost-West-Verbindung in Kuba. Die detailreichen Führungen lohnen sich.

In den verschiedenen Häusern sind über 100 Fotos, diverse Kleidungsstücke, Fidels Kinderbett und der Wagen seines Vaters, ein Ford von 1918, ausgestellt. Vielleicht am interessantesten ist aber das Schulhaus, das Fidel besuchte, bevor er wegen seiner herausragenden Schulleistungen nach Santiago umzog. Fidel saß in der Mitte der ersten Reihe. Es gibt Kinderfotos von Fidel und Raúl sowie Fidels Geburtsurkunde, die auf den Namen Fidel Casano Castro Ruz ausgestellt ist.

Auf dem Friedhof liegt das Grab von Ángel, dem Vater von Fidel und Raúl; auch weitere Geschwister sind hier begraben. Hier wird deutlich, welch großes Erbe der hitzköpfige junge Rechtsanwalt aufgab, als er sich für zwei Jahre in die Sierra Maestra davonmachte und sich dort von zerdrückten Krabben und rohem Pferdefleisch ernährte. Die Finca Las Manacas war der erste Besitz, den sich die Regierung nach der Revolution aneignete.

Hütten mit zwei oder drei Schlafzimmern, warmen Duschen und bequemen Betten. Es gibt ein großes Restaurant (Hauptgerichte 4–9 CUC$), eine Bar, einen Sportplatz, einen Fitnessraum und einen traumhaften Pool.

El Cupey, ein kleiner Natursee, liegt 300 m entfernt und eignet sich hervorragend für ein Bad am frühen Morgen. Das Gelände, das von Gaviota unterhalten wird, befindet sich 30 km südlich von Mayarí und ist über eine holprige Schotterpiste erreichbar.

ⓘ An- & Weiterreise

Außerhalb einer organisierten Tour sind Villa Pinares del Mayarí und der Parque Nacional la Mensura nur mit dem Auto, Taxi (von Holguín 50 CUC$) oder Fahrrad (wenn man abenteuerlustig und das Fahrrad kein kubanisches ist) zu erreichen. Die Zufahrtstraße besteht überwiegend aus einer Ansammlung von Löchern, in die hier und da eine Schaufel Asphalt geworfen wurde. Sie ist aber bei vorsichtiger Fahrweise auch mit einem Leihwagen befahrbar. Für die 30 km braucht man mindestens 1½ Stunden.

Cayo Saetía

Östlich von Mayarí tun sich in der Straße immer mehr Schlaglöcher auf, zugleich wird die staubige Landschaft immer einsamer. Ziel der holprigen Fahrt ist das hübsche Cayo Saetía, eine kleine, flache, bewaldete Insel in der Bahía de Nipe, die durch eine kleine Brücke mit dem Festland verbunden ist. In den 1970er- und 1980er-Jahren war sie ein beliebtes Jagdrevier der kommunistischen Apparatschiks, die sich daran ergötzten, den lokalen Wildbestand mit Blei vollzupumpen. Heute ist Cayo Saetía ein geschützter Wildpark mit 19 exotischen Tierarten, darunter Kamele, Zebras, Antilopen, Strauße und Rotwild.

Dank der weiten Grasflächen und versteckt liegenden kleinen Buchten und Strände kommt Kuba hier der Vorstellung von einem afrikanischen Wildreservat schon ziemlich nah. Allerdings hat immer noch das Militär das Sagen, das gegenüber Besuchern nicht besonders freundlich ist – vor allem dann, wenn diese sich einfach nur umschauen möchten. Den grandiosen Strand nehmen oft organisierte Katamaran-Gruppen aus Guardalavaca in Beschlag.

🛏 Schlafen

Villa Cayo Saetía RESORT $$
(☏ 24-51-69-00; EZ/DZ inkl. Frühstück 43/62 CUC$; ❄) Die rustikale Ferienanlage auf

einer 42 km² großen Insel am Eingang der Bahía de Nipe ist klein, abgelegen und hochklassiger, als der Preis es zunächst vermuten lässt. Die zwölf Zimmer sind in rustikale und Standard-*cabañas* unterteilt, der Preisunterschied ist minimal. Man fühlt sich, als sei man 1000 Meilen von der restlichen Welt entfernt.

Das hauseigene Restaurant (Hauptgerichte 5–12 CUC$) La Güira ist im Hemingway-Stil mit Jagdtrophäen an den Wänden geschmückt. Das passt perfekt zu den exotischen Fleischgerichten, auf der Speisekarte, z. B. Antilope.

🛈 An- & Weiterreise

Auf den letzten 20 km vor der Insel (die über eine Brücke erreichbar ist) ist der Straßenzustand wirklich schlecht. Wer mit dem Auto kommt, muss den Kontrollposten 15 km abseits der Hauptstraße an der Brücke passieren; von jedem Besucher wird eine Zutrittsgebühr von 7 CUC$ kassiert. Zum Resort sind es dann noch einmal 8 km auf einer unbefestigten Piste.

Sofern es nicht geregnet hat, ist die Strecke bei vorsichtiger Fahrweise auch mit den üblichen Leihwägen zu bewältigen. Bei Regen sollte man auf die Fahrt verzichten, da der Lehmboden dann unglaublich rutschig wird. Achtung: Ohne eine Buchung wird man von den Wachen mit Sicherheit unangenehm schikaniert.

Von Guardalavaca aus werden Tagesausflüge mit dem Katamaran angeboten (120 CUC$ pro Pers.), arrangiert durch Reisebüros und Resorts.

🛈 Unterwegs vor Ort

Es gibt drei Möglichkeiten, die Insel Cayo Saetía zu erkunden, abgesehen von der nahe liegenden Variante, nämlich zu Fuß von der Villa Cayo aus.

Für eine einstündige Safari mit einem Allradfahrzeug werden 9 CUC$ pro Person verlangt. Außerdem sind Ausritte und Bootsausflüge möglich, die alle direkt über das Resort organisiert werden.

Provinz Granma

📖 23 / 836 000 EW.

Gut essen

➡ Meson La Cuchipapa
(S. 420)

➡ Restaurante San Salvador
de Bayamo (S. 420)

➡ Fiesta de la Cubanía
(S. 421)

Schön übernachten

➡ Villa La Paz (S. 418)

➡ Adrián & Tonia (S. 428)

➡ Villa Santo Domingo
(S. 426)

Auf nach Granma!

Es gibt nicht viele Orte auf der Welt, die nach einer Jacht benannt wurden – wie die Provinz Granma, in der Kubas Revolutionsgeist am leidenschaftlichsten brennt. *Granma* war der Name des Bootes, mit dem Fidel Castro und seine durchnässte Truppe von Revolutionären 1956 an der Küste strandete, um das Regime zu stürzen. Granma ist aber auch die Provinz, in der José Martí starb und in der der hier geborene Carlos Manuel de Céspedes seinen Sklaven die Freiheit schenkte und 1868 zum ersten Mal die kubanische Unabhängigkeit erklärte.

Die Abgeschiedenheit der Region mit ihren wenigen Verbindungsstraßen war ein strategisches Plus für die Revolutionäre: Hoch aufragende Berge und tropische Wälder boten dem flüchtigen Fidel Castro in den 1950er-Jahren für über zwei Jahre Unterschlupf.

Die Isolation führte zu einer besonderen Ausprägung der kubanischen Identität. In Granmas Städten und Dörfern finden wöchentliche Straßenfeste statt - mit Grillabenden im Freien und Musik von handbetriebenen Drehorgeln. Bayamo, die Hauptstadt der Provinz, zählt zudem zu den ruhigsten und saubersten Städten des Archipels.

Reisezeit

➡ Meist herrscht mildes Klima; im Januar und Februar ist der Strand von Marea del Portillo der wärmste Ort des Landes.

➡ Wer die Traditionen der Provinz hautnah miterleben möchte, sollte Bayamos größtes Fest nicht verpassen, den Incendio de Bayamo am 12. Januar.

➡ In den Bergen der Sierra Maestra gibt es deutlich mehr Niederschläge. Die Monate März und April sind am trockensten; da dann auch die Nachttemperaturen erträglich sind, ist es die beste Wanderzeit.

➡ Der 2. Dezember ist der Jahrestag der historischen Landung der Granma und wird mit einer großen Zeremonie in Las Coloradas gefeiert.

Geschichte

Felszeichnungen und Funde von Taíno-Keramiken im Parque Nacional Desembarco del Granma deuten darauf hin, dass in der Region bereits lange vor der Ankunft der Spanier einheimische Kulturen existierten.

Auf seiner zweiten Reise betrat Kolumbus das Gebiet als erster Europäer, als er im Golfo de Guacanayabo Schutz vor einem Sturm suchte. Die ersten Besiedlungspläne verliefen allerdings im Sande, und im 17. Jh. beherrschten vor allem Piraten Granmas wilde Küste.

Erst am 10. Oktober 1868 nahm Granmas Schicksal eine bedeutende Wendung: Von seiner Demajagua-Zuckermühle in der Nähe von Manzanillo aus verkündete der Zuckerplantagenbesitzer Carlos Manuel de Céspedes die Abschaffung der Sklaverei, schenkte seinen Sklaven die Freiheit und löste damit den Ersten Unabhängigkeitskrieg des Landes aus.

1895 kam es erneut zu dramatischen Ereignissen, als der Gründer der kubanischen Revolutionspartei, José Martí, in Dos Ríos ums Leben kam. Nur eineinhalb Monate zuvor war er mit Máximo Gómez an der Küste von Guantánamo gelandet, um den Spanisch-Amerikanischen Krieg zu entfachen.

Am 2. Dezember 1956 schließlich erreichten Fidel Castro und 81 Rebellen auf der Jacht *Granma* die Provinzküste bei Playa las Coloradas. Als die Revolutionäre ihr Lager in einem Zuckerrohrfeld bei Alegría del Pío aufschlugen, wurden sie von Batistas Truppen gestellt. Etwa 15 Überlebenden gelang es, in die Sierra Maestra zu fliehen, wo sie ihr Hauptquartier aufschlugen: die Comandancia de la Plata. Von dort aus koordinierten sie den bewaffneten Kampf, verbreiteten ihre Erfolge über das Radio und sicherten sich damit landesweit die Unterstützung ihrer Sympathisanten. 1959, nach zwei Jahren härtester Lebensbedingungen und beispiellosen Bartwuchses, triumphierten schließlich die Truppen der M-26-7 (Bewegung des 26. Juli).

Bayamo

157 400 EW.

Die elegante und altehrwürdige Stadt bietet Erholungssuchenden eine Oase des Friedens und der Ruhe. Sie ist älter als Havanna und Santiago und ging für immer in die Geschichte ein als die Stadt, in der der Kampf für die kubanische Unabhängigkeit begann.

Und doch ist die Stadt nicht selbstgefällig: Die *ciudad de los coches* (Stadt der Pferdekutschen) ist ein leichtlebiger, gemächlicher, in der Zeit gefangener Ort, in dem es sehr viel wahrscheinlicher ist, literarische Zitate zu hören, als dass jemand versucht, einem Plunder anzudrehen. In Kubas Provinzhauptstadt mit dem mildesten Klima ertönt an allen Ecken das Klappern von Hufen: Beinahe die Hälfte der Einwohner nutzt Pferde als tägliches Fortbewegungsmittel.

Bayamo opferte sich selbst während Kubas verworrener historischer Entwicklung. *„Como España quemó a Sagunto, así Kuba quemó a Bayamo"* (Wie die Spanier Sagunto niederbrannten, so brannten die Kubaner Bayamo nieder), schrieb José Martí um 1890. Doch obwohl ein 1869 gelegtes Feuer viele klassische Kolonialbauten der Stadt zerstörte, gibt es immer noch genug zu besichtigen. Auch der Geist der Bewohner und die lange bestehenden Traditionen blieben erhalten.

◎ Sehenswertes

◉ In der Stadt

★ Plaza de la Revolución PLATZ
(Parque Céspedes) Bayamos zentraler Treffpunkt ist einer der grünsten und freundlichsten Plätze Kubas. Er ist von Fußgängerstraßen umgeben, was ihn zu einem außergewöhnlich ruhigen Ort in der Stadt macht. Trotz des unbekümmerten Flairs und seiner Funktion als bester Freiluft-Veranstaltungsort der Stadt (Orchester sind hier regelmäßig zu hören) ist der Platz von großer historischer Bedeutung.

1868 erklärte Céspedes zum ersten Mal vor dem **Ayuntamiento** (Rathaus; General García) Kubas Unabhängigkeit. Der Platz ist von großen Denkmälern und hohen Bäumen gesäumt, in denen in der Abenddämmerung die Vögel zu hören sind. In der Mitte stehen sich eine Bronzestatue von Carlos Manuel de Céspedes, Held des Ersten Unabhängigkeitskrieges, und eine Marmorbüste von Perucho Figueredo gegenüber, auf der der Text der kubanischen Nationalhymne (den er verfasst hat), eingraviert ist.

★ Casa Natal de Carlos Manuel de Céspedes MUSEUM
(Maceo No 57; 1 CUC$; ⊙ Di–Fr 9–17, Sa 9–17 & 20–22, So 10–13.30 Uhr) In diesem Haus wurde am 18. April 1819 Céspedes, der „Vater des Vaterlandes" geboren und verbrachte

Highlights

① **Marea del Portillo**
(S. 432) Kubas mildestes Mikroklima in diesem abgeschlossenen Strandresort genießen.

② **Comandancia de la Plata**
(S. 423) Eine Wanderung zu Fidels Hauptquartier im Gran Parque Nacional Sierra Maestra.

③ **Den Parque Nacional Desembarco del Granma**
(S. 430) mit seinen Meeresterrassen und archäologischen Spuren durchstreifen.

④ **Reiten, Wandern und Baden in Santo Domingo**
(S. 424) mit seiner guten Bergluft im idyllischen Gran Parque Nacional Sierra Maestra.

⑤ **Fiesta de la Cubanía**
(S. 421) Bayamos einzigartige Partystimmung erleben mit Schweinebraten, Drehorgelmusik und einer Partie Schach.

⑥ **Kubas erster Schrei nach Unabhängigkeit:** zu Besuch im **Museo Histórico la Demajagua** (S. 427).

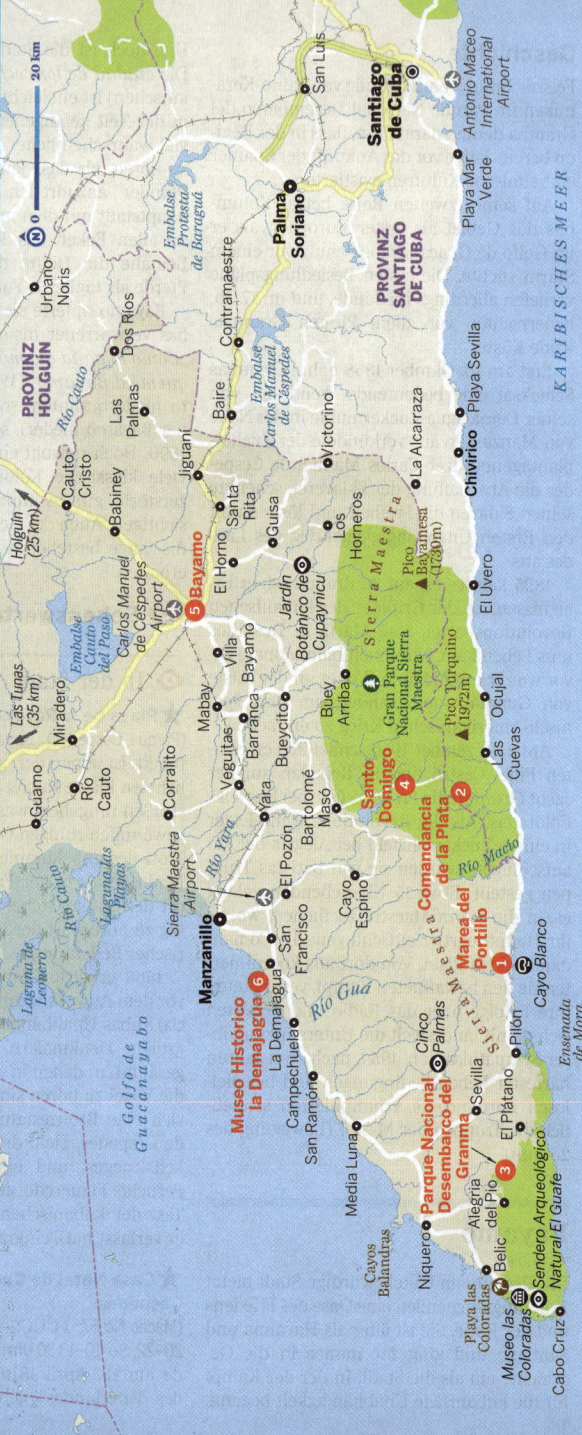

hier seine ersten zwölf Lebensjahre. Im Inneren sind Erinnerungsstücke an Céspedes ausgestellt, ergänzt durch antikes Mobiliar. Aus architektonischer Sicht ist das Gebäude interessant, weil es als einziges zweigeschossiges Kolonialhaus das große Feuer von 1869 überstanden hat.

Paseo Bayamés STADTVIERTEL

(Calle General García) Bayamos Haupteinkaufsstraße wurde in den 1990er-Jahren in eine Fußgängerzone umgewandelt und mit Bänken und unkonventionellen Kunstwerken geschmückt. Hier befindet sich auch das Wachsmuseum **Museo de Cera** (☎23-42-54-21; General García No 261; 2 CUC$; ☺Di–Fr 9–17, Sa 10–13 & 19–22, So 9–12 Uhr), außerdem jede Menge kubanischer Geschäfte und Essensstände am Abend.

Plaza de la Patria PLATZ

(Av Felino Figueredo) Auf diesem Platz hielt Fidel Castro im Juli 2006 seine letzte mitreißende öffentliche Rede, bevor ihn eine Erkrankung zwang, sein Präsidentenamt niederzulegen. Die Denkmäler für die großen Männer Kubas zeigen Manuel de Céspedes, Antonio Maceo, Máximo Gomez, Perucho Figueredo und, dezent links des Mittelpunkts platziert, Fidel Castro: Es ist das einzige Denkmal auf ganz Kuba, das seine Person zeigt.

Der Platz liegt sechs Blocks nordöstlich des Busbahnhofs.

Parque Chapuzón PARK

(Av Amado Estevez; ♿) Weniger als 1 km von Bayamos Stadtzentrum entfernt lockt eine grüne Oase am Bayamo-Fluss, wo sich der üppige Vegetationsgürtel des Río Bayamo durch die Stadt zieht. Die Einheimischen kommen an diesen herrlichen Flecken, um ihre Pferde zu tränken oder mit ihren Familien zu grillen. Fußwege und pavillonartige Buden, die Essen und Getränke verkaufen, verschönern das Flussufer, ohne den vorherrschenden Eindruck der Ruhe zu stören.

Oficina de Arqueología MUSEUM

(☎23-42-15-91; General García No 252; 1 CUC$; ☺Di–Fr 9–17, Sa 9–12 & 18–22, So 9–13 Uhr) Zeigt präkolumbische Steingeräte und andere Objekte wie Muschelschalen, Gebeine und Keramiken.

Catedral de San Salvador de Bayamo KIRCHE

(☎23-42-25-14; Jose Joaquin Palma No 130) Bereits seit 1514 befindet sich an dieser Stelle eine Kirche. Das gegenwärtige Gebäude datiert zwar aus dem Jahr 1740, wurde jedoch beim großen Brand von 1869 zum großen Teil vernichtet. Was heute zu sehen ist, ist das Ergebnis von Restaurierungsarbeiten, die 1919 durchgeführt wurden. Ein Originalbereich, der das Feuer überstanden hat, ist die **Capilla de la Dolorosa** (J Palma; Spenden willkommen; ☺Mo–Fr 9–12 & 15–17, Sa 9–12 Uhr) mit ihrem vergoldeten Holzaltar.

Ein Highlight der Kirche ist das Zentralgewölbe mit einem Wandgemälde, auf dem die Segnung der kubanischen Flagge vor der Revolutionsarmee am 20. Oktober 1868 zu sehen ist. Davor liegt die Plaza del Himno Nacional: Hier wurde 1868 das erste Mal die kubanische Nationalhymne „La Bayamesa" gesungen.

Museo Provincial MUSEUM

(☎23-42-41-25; Maceo No 55; 5 CUC$; ☺Di–Fr 8-17, Sa 9–17, So 9–13 Uhr) In direkter Nachbarschaft zu Céspedes' Geburtshaus liegt das Provinzmuseum. Es vervollständigt Bayamos historische Grundausstattung mit einer vergilbten Stadturkunde aus dem Jahr 1567 und einem seltenen Foto von Bayamo unmittelbar nach dem Stadtbrand.

Torre de San Juan Evangelista RUINE

(Ecke José Martí & Amado Estévez) An der geschäftigen Kreuzung stand eine Kirche aus Bayamos frühester Zeit, die jedoch im großen Feuer von 1869 zerstört wurde. Später nutzte man ihren Turm als Eingang zu Kubas erstem, 1919 geschlossenen Friedhof. 1940 wurde dieser zerstört, der Turm aber blieb erhalten.

Im Park schräg gegenüber sieht man ein Denkmal für den Dichter José Joaquín Palma (1844–1911) und neben dem ehemaligen Kirchturm eine Bronzestatue von Francisco Vicente Aguilera (1821–1877), der in Bayamo den Unabhängigkeitskampf anführte.

Ventana de Luz Vázquez SEHENSWÜRDIGKEIT

(Céspedes, zwischen Figueredo & Luz Vázquez) Die Vorläuferin der Nationalhymne, an der Céspedes mitschrieb (und die verwirrenderweise ebenfalls „La Bayamesa" genannt wird) wurde hier am 27. März 1851 zum ersten Mal angestimmt. Eine Gedenktafel an der Wand neben dem holzvergitterten Kolonialfenster erinnert an das Ereignis.

Casa de Estrada Palma KULTURZENTRUM

(Céspedes No 158) Tomás Estrada Palma, Kubas erster kubanischer Präsident nach der Unabhängigkeitserklärung, wurde im Jahr

Bayamo

PROVINZ GRANMA

N 0 ————— 200 m

CAMILO CIENFUEGOS

Adriana del Castillo

Donato Marmol

José

J Palma

Vicente Aguilera

Mariano

William Soler

20

17

21

Coronel J Esfrada

Pio Rosado

Cisnero

Parada

Idalberto Tamayo

Hermanos Lotty

Linea

Bici-taxis

Bahn-hof

Busbahnhof Intermunicipal (städtisch)

Rubén Nogueras

M Echevarría

Casa Natal de Carlos Manuel de Céspedes

Pedro Batista

Maceo

33
27

28

Cacique Guamá

José A Saco

Infotur

10

1

26

18

Cubanacán

36

Plaza del Himno Nacional

19

3

2

32

34

Av Felino Figueredo

24

6

35

Plaza de la Revolución

29

4

Carlos Manuel de Céspedes

13

16

Plaza de la Patria (1,3 km);
Teatro Bayamo (1,3 km);
Estadio Mártires de Barbados (1,5 km)

Maximo Gómez

General García (Paseo Bayamés)

30

José Martí

Perucho Figueredo

M Capote

Donato Marmol

25

General Lora

A Usett

Manuel Pedreira

Barranca de la Luz

15

5

22

Juan Clemente Zenea

Pio Rosado

31

8

11

Maximo Gómez

Carlos Manuel de Céspedes

José Martí

Anley Rosales Benitez (100 m);
Provincial (3000 m);
Viazul (300 m);
Ecotur (1,1 km); Hotel
Sierra Maestra (1,1 km);
Cabaret Bayam (1,2 km)

Villa Bayamo (1 km)

Av Amado Estévez

12

14

Av Amado Estévez

9

7

Bayamo

1835 in diesem Haus geboren. Der einstige Freund von José Martí fiel nach der Revolution aber aufgrund seiner Komplizenschaft mit den USA wegen des Platt Amendments (Verfassungszusatz zugunsten der USA) in Ungnade. Sein Geburtshaus ist heute der Sitz der Uneac (Unión Nacional de Escritores y Artistas de Kuba; der Nationale Verband der kubanischen Schriftsteller und Künstler).

An den berühmten einstigen Bewohner erinnert heute nur noch wenig im Haus; lediglich im Innenhof steht eine Palme aus dem Jahr 1837 die (wahrscheinlich) noch direkten Kontakt mit Palma hatte.

Museo Ñico López   MUSEUM
(☏23-42-31-81; Abihail González; 1 CUC$; ☺Di–Sa 9–12 & 13.30–17.30, So 9–13 Uhr) Das Museum ist im einstigen Offiziersclub der Militärkaserne Carlos Manuel de Céspedes untergebracht, etwa 1 km südöstlich des Parque Céspedes gelegen. Am 26. Juli 1953 wurde die Garnison von 25 Revolutionären unter der Führung von Ñico López überfallen, allerdings fand zeitgleich ein Angriff auf die Moncada-Kaserne in Santiago de Cuba statt, sodass keine Verstärkung geschickt werden konnte.

Ñico López, der den Angriff auf Bayamo anführte, entkam und flüchtete nach Guatemala. Er war der erste Kubaner, der sich mit Ernesto „Che" Guevara anfreundete. 1956 wurde er jedoch kurz nach der Landung der *Granma* getötet.

Fabrica de los Coches   FABRIK
(☏23-41-16-44; Prolongacion General García No 530; 1 CUC$ Spende; ☺Mo–Fr & jeden 2. Sa 8–15 Uhr) Der Ausflug lohnt sich, denn hier erlebt man das Treiben in Kubas einziger Produktionsstätte handgefertigter *coches* (Pferdekutschen) mit eigenen Augen. Die meisten Kutschen auf Kuba sind aus Metall, doch hier werden die Wagen aus Holz gefertigt, und die Herstellung ist wesentlich aufwendiger und dauert deutlich länger (bis zu drei Monate pro Wagen).

Neben der Besichtigung von Pferdekutschen in unterschiedlichen Stadien der Fertigstellung kann man auch Bayamos bestes Souvenir ergattern: Modellpferdewagen im Miniaturformat, die mit einer unglaublichen Liebe zum Detail gefertigt wurden. Die großen Exemplare kosten etwa 8000 Pesos (325 CUC$), passen aber nicht wirklich in einen Reisekoffer.

Rund um Bayamo

Jardín Botánico de Cupaynicu
BOTANISCHER GARTEN

(Carretera de Guisa, Km 10; 2 CUC$; ⏱ Di–So 8–16.30 Uhr) Wer einen echten Einblick in die Vegetation von Bayamos immergrüner Umgebung bekommen möchte, sollte diesen Botanischen Garten etwa 16 km außerhalb der Stadt in Richtung Guisa besuchen. Da er nicht auf den üblichen Reiserouten liegt, hat man als Besucher die ruhige, 104 Hektar umfassende Anlage mehr oder weniger für sich allein. 74 unterschiedliche Palmensorten wurden hier gepflanzt, außerdem unzählige Kakteen, blühende Orchideen und gefährdete Arten sowie Heilpflanzen.

Auf den geführten Touren (nur auf Spanisch) werden auch die Gewächshäuser besucht, die wegen ihrer Zierpflanzen sehenswert sind. Anfahrt: Die Straße nach Santiago de Kuba nehmen, 6 km später an der beschilderten Abzweigung nach Guisa links abbiegen. Nach 10 km taucht das Schild des Botanischen Gartens auf der rechten Seite auf. Von Bayamo aus starten Lastwagen (10 MN$) in diese Richtung vom Intermunicipal Busbahnhof vor dem Bahnhof.

Aktivitäten

Academia de Ajedrez
SCHACHSCHULE

(José A Saco No 63, zwischen General García & Céspedes; ⏱ Mo–Fr 9–12, 14–15.30 & 20–22 Uhr) Die Academia de Ajedrez ist auf bezaubernde Schüler in ihren Schuluniformen ausgerichtet und genau der richtige Ort, um die eigenen Schachtechniken zu verbessern. Bilder kubanischer Helden schmücken die Wände und bieten jede Menge Inspiration.

👉 Geführte Touren

Anley Rosales Benitez
TOUREN

(☎ 52-92-22-09; www.bayamotravelagent.com; Carretera Central No 478) Anley bietet Ausflüge in die Sierra Maestra an, denn ohne eigenes Transportmittel ist der Zugang manchmal schwierig. Da er nicht alle Trips persönlich begleitet, sollte man im Voraus sicherstellen, dass im Bedarfsfall auch mehrsprachige Führer vor Ort sind. Das Highlight ist eine Fahrt zu den revolutionären Stätten aus den Jahren 1956 bis 1958, wo sich die Rebellen versteckt hielten – wie beispielsweise das Dorf, in dem Fidel Castro Baseball mit den Einheimischen spielte.

Außerdem arrangieren die Leute alles, von Tagesausflügen zum Jardín Botánico Cupaynicu über einen Abholservice vom Flughafen in Bayamo bis hin zu Exkursionen zur Comandancia de la Plata (115 CUC$ für 2 Personen, alles inklusive).

Feste & Events

Incendio de Bayamo
KULTUR

(⏱ 12. Jan.) Das alljährlich größte Ereignis ist das Incendio de Bayamo am 12. Januar, das an den großen Brand von 1869 erinnern soll. Aus diesem Anlass gibt es Livemusik, Theater und Aufführungen im Parque Céspedes. Alljährlicher Höhepunkt ist das Feuerwerk, das auf den umliegenden Gebäuden gezündet wird.

🛏 Schlafen

Bayamo bietet eine gute Mischung aus Hotels und privaten Unterkünften, hinzu kommt die lange erwartete Wiedereröffnung des Hotel Telegrafo im Jahr 2017.

⭐ Villa La Paz
CASA PARTICULAR $

(☎ 52-77-34-59, 23-42-39-49; anyoleg2005@yahoo.es; Coronel J Estrada No 32, zwischen William Soler & Av Milanés; Zi. 20–25 CUC$; ✳ @ 🛜) Dieses makellose, moderne Haus mit seinen attraktiven, renovierten Zimmern wird vermutlich alle Kuba-Reisenden überzeugen. Die Gästezimmer verfügen über Flachbildfernseher, WLAN und einen eigenen, abgetrennten Speisebereich. Obwohl das Haus nur wenige Außenbereiche hat, sind die Innenbereiche dafür besonders angenehm, ebenso wie die Gastgeber, die Englisch und Russisch sprechen.

Casa Olga
CASA PARTICULAR $

(☎ 23-42-38-59, mobile 54-95-59-54; olgacr@nauta.cu; Parada No 16, Ecke Martí; Zi. 25 CUC$; ✳ 🛜) Dieses Haus mit drei Zimmern im zweiten Stock mit Balkon, der auf den Platz hinausblickt, könnte nicht zentraler liegen. Olga ist eine herzliche Gastgeberin, die ein deftiges Frühstück zubereitet. Bei geöffnetem Fenster wehen von gegenüber die sanften Töne der Casa de la Trova ins Zimmer.

Casa de la Amistad
CASA PARTICULAR $

(☎ 23-42-57-69; gabytellez2003@gmail.com; Pío Rosado No 60, zwischen Ramírez & N López; Zi. 25 CUC$; 🅿 ✳ @ 🛜) Gabriel und Rosa haben zwei geräumige Apartments im Obergeschoss eines pastellfarbenen Hauses für Gäste umgebaut. Sie verfügen über einen eigenen Eingang, Küche, Sitzbereich, Schlafzimmer und Bad. Die beiden sind feine und hilfsbereite Gastgeber, die ein exzellentes

Englisch sprechen, und ihren Gästen als besonderen Service sogar einen WLAN-Anschluss anbieten.

Villa Pupi & Villa América   CASA PARTICULAR $
(☎ 23-42-30-29; yuri21504@gmail.com; Coronel J Estrada No 76–78; Zi. 20–25 CUC$; ❄) Der Familienbetrieb in zwei benachbarten Häusern bietet drei Räume an – die besseren liegen an einer geräumigen Terrasse im zweiten Stock, auf der gutes kubanisches Essen serviert wird (Hauptgerichte 5–10 CUC$). Vorsicht, Reservierungen werden nicht immer berücksichtigt.

Villa Bayamo   HOTEL $$
(☎ 23-42-31-02; EZ/DZ 58/64 CUC$; P❄❄) Die Unterkunft außerhalb der Stadt (3 km südwestlich des Zentrums, an der Straße nach Manzanillo) verströmt eine ländliche Atmosphäre. Vom netten Swimmingpool aus blickt man über die Felder hinter dem Hotel. Alle Zimmer sind gut ausgestattet, außerdem gibt es ein ordentliches Restaurant vor Ort.

Hotel Sierra Maestra   HOTEL $$
(☎ 23-42-79-70; Carretera Central; EZ/DZ 56/64 CUC$; P❄❄❄) Das Sierra Maestra mit seinem Hauch 1970er-Jahre-Sowjetära verdient seine drei Sterne nicht wirklich, obwohl die Zimmer in den letzten Jahren eine dringend nötige Auffrischung bekommen haben. Die Anlage liegt 3 km außerhalb des Stadtzentrums und ist für eine Nacht ganz

DA WAREN'S NUR NOCH DREI …

Zunächst schien es auf eine schmähliche Niederlage hinauszulaufen. Drei Tage, nachdem Castros 82 Mann zählende Expeditionsarmee mit ihrer angeschlagenen Freizeitjacht an der Südostküste Kubas gestrandet war, wurde sie von der überlegenen Armee Batistas stark dezimiert. Einige der Rebellen konnten fliehen, andere wurden gefangen genommen und getötet. Castro entkam dem Hinterhalt und fand sich mit zwei zerlumpten Genossen in einem Zuckerrohrfeld wieder, seinem „Bodyguard" Universo Sánchez und dem zierlichen Faustino Pérez, einem Arzt aus Havanna. „Es kam der Moment, in dem ich Oberbefehlshaber über mich und zwei andere Männer war", sagte der Mann, der eines Tages die kubanische Regierung stürzen, eine von den USA unterstützte Invasion verhindern und ein Nuklear-Patt anzetteln sollte.

Vier Tage und drei Nächte lang wurde das Trio von Bodentruppen gejagt und von Militärflugzeugen bombardiert und saß in einem Zuckerrohrfeld fest. Der unglückselige Pérez hatte versehentlich seine Waffe entsorgt, Sánchez seine Schuhe verloren. Geplagt von Müdigkeit und Hunger machte Fidel das, was er schon immer am besten konnte. Er flüsterte unentwegt auf seine Genossen ein, erzählte ihnen von der Revolution und von José Martís Weltanschauung und referierte darüber, wie „alle Herrlichkeit der Welt sich in einem Maiskorn wiederfände". Sánchez schloss daraus – nicht ganz zu Unrecht –, dass ihr Führer den Verstand verloren haben musste.

Nachts schlief Fidel, der nicht lebend aufgegriffen werden wollte, mit seinem entsicherten Gewehr an der Kehle. Eine falsche Bewegung seines Fingers, und alles wäre vorbei gewesen und es hätte keine kubanische Revolution, keine Schweinebucht, keine Kubakrise gegeben.

Das Schicksal hatte jedoch andere Pläne. Die Armee hielt die Rebellen für tot und brach die Suche ab. Fidel und seine Gefährten nutzten die Gelegenheit und flüchteten Richtung Nordosten in die Sierra Maestra, wobei sie sich von Zuckerrohr ernährten.

Es war ein verzweifelter Kampf ums Überleben. Acht Tage lang wich das Trio Armeepatrouillen aus, kroch durch Abwasser und trank den eigenen Urin. Erst am 13. Dezember trafen sie auf Guillermo García, einen *campesino* (Bauern), der mit den Rebellen sympathisierte und die Truppe rettete.

Am 15. Dezember tauchte plötzlich Fidels Bruder Raúl mit drei Männern und vier Waffen aus dem Dschungel auf. Drei Tage später erschien eine dritte erschöpfte Gruppe mit acht Soldaten – darunter Che Guevara und Camilo Cienfuegos – nun zählte die Rebellenarmee klägliche 15 Mitglieder.

„Wir wissen diesen Krieg gewinnen", rief ein überschwänglicher Fidel seiner kleinen Gruppe von etwas weniger enthusiastischen Männern zu. „Der Kampf hat gerade erst begonnen."

passabel. Die Mojitos an der Bar tragen vielleicht ein wenig zur Aufhellung der Stimmung bei.

⭐Hotel Royalton · HOTEL $$$

(☎23-42-22-90; Maceo No 53; EZ/DZ 120/135 CUC$; ❄🛜) Bayamos bestes Hotel verfügt über 33 Zimmer, die „aufgerüstet" wurden und jetzt Boutique-Standard haben, mit guten Duschen und Flachbildfernsehern; eine Dachterrasse gibt es auch. Unten ergänzt eine attraktive Bar den Empfangsbereich. Sitzgelegenheiten sind auch auf der Terrasse mit Blick auf den Parque Céspedes vorhanden. Im hauseigenen Restaurant isst man gut.

Essen

In Bayamo gibt es einmalige Straßenimbisse entlang der Calle Saco und Parque Céspedes. Ansonsten hat man es hauptsächlich mit einheimischen Restaurants zu tun, in denen mit kubanischen Pesos bezahlt wird.

El Polinesio · KUBANISCH $

(☎23-42-24-49; Parada No 125, zwischen Pío Rosado & Cisnero; Gerichte 6–8 CUC$; ⏱12–23 Uhr) Dieses alteingesessene Lokal gab seinen Einstand noch in den Tagen, als private Restaurants nur 12 Personen gleichzeitig bewirten durften und es lediglich Schweinefleisch und Hähnchen gab. Auf der heutigen Speisekarte finden sich Meeresfrüchte in Weinsoße und Hähnchen mit Gemüse.

Was sich nicht geändert hat, ist die Örtlichkeit – oben gelegen, in einem offenen Familien-Speisezimmer mit fünf oder sechs Tischen – und der herzliche Service.

La Sevillana · SPANISCH $

(☎23-42-14-72; General García, zwischen General Lora & Perucho Figueredo; Hauptgerichte 1–4 CUC$; ⏱12–14 & 18–22 Uhr) Die kubanischen Chefköche trauen sich hier an spanische Klassiker wie Paella und *garbanzos* (Kichererbsen). La Sevillana ist eine neue Form von Peso-Restaurants – mit Dresscode (keine Shorts!) und einem Türsteher im Anzug. Also: Hosen bügeln, die Spanischkenntnisse aufpolieren, aber dennoch nicht unbedingt eine kreative *Sevillano*-Küche erwarten.

Cuadro Gastronómica de Luz Vázquez · FASTFOOD $

(bei General García, zwischen Figueredo & General Lora; Gerichte ab 10 MN$; ⏱unterschiedliche Zeiten) In dieser kurzen Gasse steht mindestens ein Dutzend sauber aussehender Wagen, die

Straßensnacks (*bayamés*) für kubanische Pesos verkaufen. Unter anderem gibt es Hot Dogs, Kroketten, Eis, Sardinen und Empanadas.

⭐Restaurante San Salvador de Bayamo · KARIBISCH $$

(☎23-42-69-42; Maceo No 107; Hauptgerichte 3–9 CUC$; ⏱12–23 Uhr) Wer nimmt sein Abendessen nicht gerne zu Geigenklängen in einem herrlichen Koloniallokal ein? Dank des sachkundigen Eigentümers sind die Gerichte nicht zu offensichtlich regional gehalten. Empfehlenswert ist beispielsweise die Tortilla mit Maniok und einheimischem Käse oder Krabben in einer Knoblauchsoße – ebenso wie die *cerveza mambisa:* Jagua-Saft, fermentiert in einer Zuckerrohrstange.

Es gibt auch eine preiswertere Speisekarte, auf der die Preise in *moneda nacional* (MN$; kubanische Pesos) sowie Menüs in *convertibles* ausgewiesen sind.

⭐Meson La Cuchipapa · KUBANISCH $$

(☎52-39-89-05; lacuchipapa@gmail.com; Parada zwischen Marmol & Martí; Hauptgerichte 6–10 CUC$; ⏱11–24 Uhr) Hier gibt es echte *comida cubana* (authentisch kubanisches Essen) das nach alten Traditionen zubereitet wird, die den Besuchern kaum bekannt sein dürften. Auf hölzernen Picknickbänken kann man Maniokbrot kosten, so wie es einst von den einheimischen Taínos verzehrt wurde, wohlriechende Bohneneintöpfe und große Portionen regulärer Speisen wie geräucherte Schweinerippchen. Und wer sich traut, der kann auch das Getränk *frutanga* probieren: ein Cocktail aus dem lokalen Branntwein, gesüßt mit Zuckerrohr, das die Gäste selbst mit einer alten Handmühle zerstoßen.

Restaurante Plaza · KUBANISCH $$

(☎23-42-22-90; Maceo No 53, Hotel Royalton; Hauptgerichte 6–10 CUC$; ⏱7.30–22.30 Uhr) Bayamos erlesenstes Hotel (das Royalton) beherbergt auch eines der besten Restaurants der Stadt – es ist nichts Legendäres, bietet aber eine herausragende Lage mit der Möglichkeit, im Freien zu sitzen und von dort auf einen der hübschesten Plätze Kubas zu blicken. Das Essen wird großzügig als „international" betitelt mit starker Tendenz zu Fleisch-, Reis- und Bohnengerichten. Der Service kann an schlechten Tagen durchaus als aufdringlich empfunden werden, an guten ist er dagegen ruhig und höflich.

La Bodega
KARIBISCH $$

(☑ 23-42-10-11; Plaza del Himno Nacional No 34; Gerichte 5–15 CUC$, Gedeck nach 21 Uhr 3 CUC$; ⏲ 11–1 Uhr) Das Restaurant befindet sich an Bayamos Hauptplatz. Es empfiehlt sich allerdings, zur Terrasse im hinteren Teil zu gehen, die auf den Río Bayamo blickt und von einer sehr idyllischen Kulisse eingerahmt wird, die selbst einer abgelegenen Villa auf dem Lande würdig wäre. Auf dem Speiseplan stehen Schweinefleisch oder *vaca frita* (eine Art Rindergeschnetzeltes), mit Beilagen und Dessert. Man kann die Rindfleischgerichte oder Kaffee bestellen oder sich einfach auf der Terrasse entspannen, bevor die Touristengruppen eintreffen. An manchen Nachmittagen gibt es Livemusik.

 Ausgehen & Nachtleben

Café Literario Ventana Sur
BAR

(Figueredo No 62; ⏲ 10–24 Uhr) Hier treffen sich die Dichter, Künstler und Musiker der Stadt, trinken starken Kaffee und tauschen Ideen aus. Sie sitzen an Tischen im Freien, klimpern auf ihren Gitarren und stimmen dann spontan irgendwelche Lieder an – Silvio Rodríguez meets Radiohead.

Bar la Esquina
BAR

(☑ 23-42-17-31; Ecke Donato Marmol & Maceo; ⏲ 12–24 Uhr) Internationale Cocktails werden in dieser winzigen Eckbar serviert, die jede Menge Flair verströmt.

Piano Bar
BAR

(☑ 23-42-40-27; Bartholomé Masó zwischen General García & Barranca de la Luz; 10 MN$; ⏲ Mo–Fr 12–24, Sa & So 14–2 Uhr) Eiskalte Klimaanlage, gestärkte Tischdecken, ernst dreinblickende Kellner, gute Livemusik, von Klavierabenden über *trovadores* (Folksänger) bis hin zu Schnulzensängern mit *musica romantica*. Es ist so vornehm, dass man manchmal nur mit einer Einladung hineindarf. Musik wird täglich außer montags gespielt.

La Taberna
BAR

(General García, zwischen Saco & Figueredo; ⏲ 10–22 Uhr) Das geschäftige Lokal in der Haupteinkaufsstraße bietet Bier vom Fass in anständigen Krügen. Bezahlt wird in kubanischen Pesos.

⭐ **Unterhaltung**

Teatro Bayamo
THEATER

(☑ 23-42-51-06; Reparto Jesús Menéndez) Sechs Blocks nordöstlich des Busbahnhofs, gegenüber von der Plaza de la Patria, befindet sich dieses eindrucksvolle Theatergebäude. Erst im Jahr 2007 bekam es sein gegenwärtiges Aussehen, doch errichtet wurde es bereits 1982. Die schönen *vitrales* (Buntglasfenster) in der Lobby sind ein echter Hingucker. Theateraufführungen finden hier normalerweise am Mittwoch, Samstag oder Sonntag statt.

Casa de la Trova la Bayamesa
TRADITIONELLE MUSIK

(☑ 23-42-56-73; Maceo No 111; 1 CUC$; ⏲ 10–1 Uhr) In einem zauberhaften Kolonialgebäude auf der Maceo ist eines der besten *Trova*-Häuser Kubas untergebracht. Bilder an den Wänden zeigen den in den 1970er-Jahren berühmten, in Bayamo geborenen *Trova*-König Pablo Milanés. Vor Ort gibt es auch einen ARTex Geschenkeladen.

Uneac
KULTURZENTRUM

(☑ 23-42-36-70; Céspedes No 158; ⏲ unterschiedlich) Im blumenreichen Patio gibt es Boleros (Balladen) zu hören, die von Herzen kommen. Es ist das einstige Wohnhaus des in Ungnade gefallenen ersten Präsidenten Tomás Estrada Palma. Ihm wird heute vorgeworfen, dass er Guantánamo den *Yanquis* überließ.

Centro Cultural Los Beatles
LIVEMUSIK

(☑ 23-42-17-99; Zenea, zwischen Figueredo & Saco; 1 CUC$; ⏲ Di–So 6–24 Uhr) Gerade zu der Zeit, als der Westen dem exotischen Charme des Buena Vista Social Club verfiel, verliebten sich die Kubaner in das Genie der Fab

NICHT VERSÄUMEN

FIESTA DE LA CUBANÍA

Bayamos nächtliche Hauptattraktion ist ein überschäumendes Straßenfest, das auf Kuba seinesgleichen sucht. Zu dem Fest gehören Drehorgelmusik, Schweinebraten und – seltsam unpassend mitten in dem Trubel – Tischreihen mit Schachspielen. Tanzen ist selbstverständlich und unvermeidlich. Das Fest beginnt samstags ab 20 Uhr. Ursprünglich fand die Party in der Calle Saco, in der Nähe des Hauptplatzes statt, aber sehr zum Verdruss vieler Einheimischer wurde sie an einen Platz außerhalb des Zentrums, auf die Plaza de la Fiesta verlagert. Am besten den aktuellen Standort noch einmal über Infotur erfragen (S. 422).

Four. In dem schrulligen Lokal treten jedes Wochenende Beatles-Tribute-Bands (auf Spanisch) auf. Nicht verpassen!

Cine Céspedes
KINO

(☎ 23-42-42-67; Libertad No 4; MN$5) Dieses Kino liegt auf der Westseite des Parque Céspedes, bei der Post. Hier läuft alles, von Gutiérrez Alea bis zum neuesten Hollywood Blockbuster (gelegentlich gibt es Filme auf Englisch mit spanischen Untertiteln).

Casa de la Cultura
KULTURZENTRUM

(☎ 23-42-59-17; General García No 15) Hier werden breit gefächerte Kulturveranstaltungen geboten, u. a. Kunstausstellungen. Das Kulturzentrum liegt auf der Ostseite des Parque Céspedes.

Estadio Mártires de Barbados
SPORT

(☎ 23-42-57-47; Av Granma) Von Oktober bis April finden im Stadion Baseballspiele statt. Es liegt etwa 2 km östlich des Zentrums.

Cabaret Bayam
VARIÉTÉ

(☎ 23-48-16-98; Carretera Central, Km 2; ⊙ Di–So 19–24 Uhr) Bayamos glitzernder Nachtclub/Varieté gegenüber vom Hotel Sierra Maestra lockt an den Wochenenden die Einheimischen in ihrer ebenso glitzernden Garderobe an. Es ist das größte Innenraum-Variété auf Kuba.

Shoppen

Die Fußgängerzone des Paseo Bayamés ist die wichtigste Einkaufsstraße der Stadt, aber nur wenige Touristen kaufen hier ein. Die Läden sind vorwiegend auf kubanische Kundschaft ausgerichtet.

ARTex
SOUVENIRS

(☎ 23-48-79-56; General García No 7; ⊙ Mo–Sa 9–16.30 Uhr) Hier ist der übliche Souvenir-Mix aus Che-Guevara-T-Shirts und nachgemachten Santería-Puppen im Parque Céspedes zu finden.

❶ Praktische Informationen

GELD

Es gibt eine ganze Reihe von Geldautomaten.
Banco de Crédito y Comercio (☎ 23-42-63-40; Ecke General García & Saco; ⊙ Mo–Fr 8–16, Sa 8–11 Uhr) Bank mit Geldautomat.
Cadeca (☎ 23-42-72-22; Saco No 101; ⊙ Mo–Sa 8.30–16 Uhr) Geldwechsel.

INTERNETZUGANG

WLAN gibt es auf der Plaza de la Revolución und in dem kleinen Park vor der Casa de la Trova.

Etecsa Telepunto (☎ 23-42-83-53; General García, zwischen Saco & Figueredo; Internet pro Std. 1,50 CUC$; ⊙ 8.30–19 Uhr) Hier kann man Internet-Karten kaufen oder auch die Internet-Terminals benutzen; es ist selten viel los.

MEDIZINISCHE VERSORGUNG

Farmacia Internacional (☎ 23-42-95-96; General García, zwischen Figueredo & Lora; ⊙ Mo–Sa 8–12 & 13–17 Uhr) Apotheke.
Hospital Carlos Manuel de Céspedes (☎ 23-42-50-12; Carretera Central, Km 1) Für medizinische Notfälle.

POST

Post (☎ 23-42-32-72; Ecke Maceo & Parque Céspedes; ⊙ Mo–Sa 8–20 Uhr)

TOURISTENINFORMATION

Kubanacán (Maceo; ⊙ Mo–Sa 9–12 & 13–16.30 Uhr) Arrangiert unter anderem Wanderungen zum Pico Turquino und zum Parque Nacional Desembarco del Granma.
Ecotur (☎ 23-48-70-06 ext 639; Hotel Sierra Maestra) Hilfsbereites Reisebüro, das Buchungen für Ausflüge zum Pico Turquino und in den Parque Nacional Desembarco de Granma entgegennimmt. Nach der Ruta-de-la-Revolución-Wanderung fragen.
Infotur (☎ 23-42-34-68; Plaza del Himno Nacional, Ecke Joaquín Palma; ⊙ Mo–Fr 8.30–12 & 13–17 Uhr) Eine dieser wirklich zuvorkommenden, hilfsbereiten Auskunftsstellen – eine eher seltene Erscheinung auf Kuba. Sie bietet zweisprachige Stadttouren im Fahrradtaxi an (4 CUC$) und verkauft die gleichen Touren wie Ecotour und Kubanacán. Die Hashtags #Infotur #Bayamo auf Facebook führen zu Informationen über Veranstaltungen in der Stadt.

❶ An- & Weiterreise

BUS & LASTWAGEN

Am **Provinzbusbahnhof** (Ecke Carretera Central & Av Jesús Rabí) bietet **Víazul** (☎ 23-42-74-82; www.viazul.com; Ecke Carretera Central & Av Jesús Rabí) diverse Busverbindungen zu unterschiedlichen Zielen an.

Busse, die in westlicher Richtung fahren, halten auch in Las Tunas (6 CUC$), Camagüey (11 CUC$), Ciego de Ávila (17 CUC$), Sancti Spíritus (21 CUC$) und Santa Clara (26 CUC$).

Passagierlastwagen starten von einem benachbarten Terminal mehrmals täglich nach Santiago de Kuba, Holguín, Manzanillo, Pilón und Niquero. Es gibt auch einen Lastwagen nach Bartolomé Masó – näher kann man dem Startpunkt der Wanderung in die Sierra Maestra mit öffentlichen Verkehrsmitteln nicht kommen. Die Lastwagen starten, sobald alle Plätze besetzt sind; gezahlt wird beim Einsteigen.

Am **Busbahnhof Intermunicipal** (☑ 23-42-40-40; Ecke Saco & Línea) gegenüber vom Bahnhof verkehren hauptsächlich lokale Busse, die für die meisten Reisenden weniger interessant sind. Allerdings starten auch die Lastwagen nach Guisa von hier.

FLUGZEUG

Bayamos Flughafen Carlos Manuel de Céspedes (Code BYM) liegt etwa 4 km nordöstlich der Stadt an der Straße nach Holguín. Es gibt keine internationalen Flüge nach oder von Bayamo.

TAXI

Staatliche Taxis fahren zu schwieriger erreichbaren Ortschaften wie beispielsweise Manzanillo (30 CUC$), Pilón (75 CUC$) und Niquero (80 CUC$). Die hier aufgeführten Preise sind nur Richtwerte, sie orientieren sich am aktuellen Benzinpreis. Nichtsdestotrotz ist es normalerweise billiger, in die genannten Orte mit dem Taxi und nicht mit einem Leihwagen zu fahren.

ZUG

Der **Bahnhof** (☑ 23-42-30-56; Ecke Saco & Línea; Zug nach Havanna 25 CUC$) befindet sich 1 km östlich des Zentrums. Täglich fahren drei Regionalzüge nach Manzanillo (via Yara). Andere Züge fahren täglich nach Santiago und Camagüey. Der Fernreisezug von Havanna nach Manzanillo passiert Bayamo jeden vierten Tag.

ⓘ Unterwegs vor Ort

Cubataxi (☑ 23-42-43-13) bietet Taxis zum Flughafen in Bayamo für 5 CUC$ und zum Aeropuerto Frank País in Holguín für 35 CUC$.

Ein Taxi nach Villa Santo Domingo (Ausgangspunkt für Wanderungen in der Sierra Maestra) oder zur Comandancia la Plata kostet einfach etwa 35 CUC$. Im Süden der Stadt gibt es in der Nähe des Museo Ñico López einen Taxistand. **Cubacar** (☑ 23-59-70-05; Carretera Central) verleiht Autos beim Hotel Sierra Maestra.

Die **Servi-Cupet-Tankstelle** (Carretera Central) befindet sich zwischen dem Hotel Sierra Maestra und dem Busbahnhof, an dem Reisende aus Santiago de Cuba ankommen.

Die Haupt-Pferdekutschenroute (1 MN$) verläuft zwischen dem Bahnhof und dem Krankenhaus und führt über den Busbahnhof. Bici-Taxis sind ebenfalls ganz nützlich, um in der Stadt herumzukommen, sie kosten nur ein paar Pesos. In der Nähe des Bahnhofs gibt es einen Stand.

Gran Parque Nacional Sierra Maestra

Der Nationalpark besteht aus einer grandiosen Gebirgslandschaft mit tiefgrünen Gipfeln und feuchten Nebelwäldern. Zudem bietet er den ehrlichen, schwer arbeitenden *campesinos* (Bauern) eine Heimat. Beim **Gran Parque Nacional Sierra Maestra** (15 CUC$; ⊙ ab 16 Uhr geschl.) handelt es sich um ein faszinierendes Naturschutzgebiet, in dem man noch heute das Echo der Schüsse von Castros Guerrillakrieg in den späten 1950er-Jahren zu hören glaubt. Es erstreckt sich 40 km südlich von Yara und ist über eine steile Betonstraße von Bartolomé Masó aus zu erreichen. In dieser schroffen und wilden Region locken der höchste Gipfel des Landes, der Pico Turquino (1972 m; jenseits der Grenze der Provinz Santiago de Cuba), eine überaus vielfältige Vogel- und Pflanzenwelt und das ehemalige Hauptquartier der Rebellen, Comandancia la Plata.

◎ Sehenswertes

★ Comandancia de la Plata
SEHENSWÜRDIGKEIT

Fidel Castros Camp liegt auf dem Gipfel eines Bergkamms inmitten dichter Lorbeerwälder. Das Camp gründete er 1958 nach einem Jahr Flucht durch die Sierra Maestra. Das gut getarnte und abgelegene Rebellen-Hauptquartier wurde seiner Unzugänglichkeit wegen gewählt und erfüllte seinen Zweck — Batistas Soldaten entdeckten es nicht.

Noch heute sieht es aus wie damals, als es in den 1950er-Jahren zurückgelassen wurde. Die 16 schlichten Holzgebäude erinnern an einen der erfolgreichsten Guerrillafeldzüge der Geschichte. Die strategische Wahl des Ortes ist leicht zu erkennen. Das Zentrum mit der Casa de Fidel (Fidels Haus) ist zu erreichen, indem man einen offenen Platz überquert und sich dann durch dichte Vegetation bewegt.

Zu den Highlights gehört ein kleines Museum, außerdem die meisterhaft durchdachte Casa de Fidel mit ihren sieben verborgenen Fluchtwegen, die den Revolutionsführer im Falle einer Entdeckung hätten retten sollen, und der steile Aufstieg zu den Gebäuden des Radio Rebelde, von denen aus die frühen Sendungen der Rebellen ausgestrahlt wurden. Die Krankenhausgebäude liegen weiter entfernt; ein eigener Pfad führt dorthin. Die Verletzten wurden dort untergebracht, damit sie in ihrem Schmerz nicht aus Versehen die Position des Lagers verraten konnten.

Die Comandancia de la Plata wird vom Centro de Información de Flora y Fauna in Santo Domingo verwaltet. Um dorthin zu

Gran Parque Nacional Sierra Maestra

N 0 _____ 2 km

Villa Santo Domingo — Ecotur
Casa Sierra Maestra — **Santo Domingo**
Villa Balcón de la Sierra (24 km);
Bartolomé Masó (25 km)

Comandancia de la Plata — Alto del Naranjo

PROVINZ GRANMA

La Platica

La Plata Trail

Pico Joachín
Regino
Paso de los Monos
Pico Turquino (1972 m) — Loma Redonda

Sierra Maestra

Pico Cuba (1872 m)

Río Palma Mocha

Pico Cardero (1265 m)

Gran Parque Nacional Sierra Maestra

PROVINZ SANTIAGO DE CUBA

Pico Turquino Trail

Pico Turquino Trailhead

Las Cuevas Besucherzentrum — Las Cuevas

Santiago de Cuba (115 km)

Ensenada de las Cuevas

Museo de la Plata

KARIBISCHES MEER

La Plata

Pilón (51 km)

gelangen, müssen Interessierte zunächst bei der Parkverwaltung einen Führer anheuern, auch der Transport muss selbst organisiert werden. Wer gut zu Fuß ist, kann die 5 km aufwärts nach Alto del Naranjo zu Fuß gehen, von dort sind es weitere 4 km auf einem schlammigen Pfad bis zur Comandancia. Die geführte Tour kostet 33 CUC$ inklusive Transport, Wasser und Imbiss (Kamerabenutzung kostet 5 CUC$ extra). Sie kann bei Ecotur (S. 426) in Villa Santo Domingo gebucht werden.

★ **Santo Domingo** DORF
(Museumseintritt 1 CUC$; ⊘unterschiedlich)Das klitzekleine Dorf Santo Domingo schmiegt sich in ein tiefes, grünes Tal am erfreulich sauberen Río Yara. Hier geht das wundervolle, friedliche kubanische *campesino*-Leben weitgehend unverändert seinen Gang, seit Fidel und Che die schattigen Berge in den 1950er-Jahren durchstreiften. Wer im

Örtchen verweilen möchte, sollte sich die Schule und die Klinik ansehen, um einen Eindruck von lebendigem, ländlichem Sozialismus zu bekommen, oder in der Villa Santo Domingo nach dem winzigen Museum fragen.

Die Bewohner bieten auch Ausritte (10 CUC$ pro Std.), Pediküre sowie Wanderungen zu Naturseen an und erzählen gerne ein paar klassische Geschichten aus den Annalen der Revolution.

Ab dem späten Vormittag wird man von den Rangern nicht mehr in den Park gelassen, denn dieser schließt um 16 Uhr. Also: früh herkommen.

Alto del Naranjo LANDMARKE
Alle Ausflüge in den Park starten am Ende der extrem steilen Zufahrtsstraße bei Alto del Naranjo (nach Villa Santo Domingo steigt der Weg innerhalb von weniger als 5 km um 750 m an). Die zweistündige Wanderung ist anstrengend, wer den Aufstieg

AUF DEM PICO TURQUINO

1972 m über der azurblauen Karibik ragt der Pico Turquino auf – so genannt wegen seiner türkisen Färbung an den steilen oberen Hängen. Er ist Kubas höchster und meist bestiegener Berg.

Der Pico Turquino ist von einem üppigen Lorbeerwald bedeckt und liegt in einem 140 km² großen Nationalpark. Der hoch aufragende Gipfel wird von einer Bronzestatue des Nationalhelden José Martí gekrönt. In einem patriotischen Akt wurde die Statue 1953 von der jungen Celia Sánchez und ihrem Vater, Manuel Sánchez Silveira, auf den Gipfel geschleppt, um den hundertjährigen Geburtstag des Helden zu feiern.

Vier Jahre später besuchte Sánchez den Gipfel erneut, diesmal allerdings mit einem bewaffneten Fidel Castro im Schlepptau, um ein Interview mit dem American News Network CBS aufzuzeichnen. Bald darauf errichteten die Rebellen ihr festes Hauptquartier im imposanten Schatten des Berges, auf einem von Bäumen geschützten Bergkamm nahe La Plata.

Am besten startet man die Trekkingtour dorthin von der Santo-Domingo-Seite aus. Die anstrengende, zwei bis drei Tage dauernde Wanderung auf den Turquino startet am Alto del Naranjo oberhalb von Santo Domingo und endet bei Las Cuevas an der Karibischen Küste (alternativ ist die Wanderung (hin & zurück) vom Alto del Naranjo zum Pico Turquino möglich). Die Begleitung eines Führers ist Pflicht, die Guides können über Flora y Fauna beim Hotel Villa Santo Domingo gebucht werden oder bei der kleinen Hütte in Las Cuevas. Der Preis variiert, je nachdem, wie viele Tage gebucht werden. Wer über Ecotur/Cubanacán in Bayamo bucht, sollte mit 68 CUC$ pro Person für zwei Tage rechnen. Proviant ist wichtig, ebenso wie warme Kleidung, Kerzen und ein Leintuch oder eine Decke bzw. ein Schlafsack (Abendessen und Frühstück in den Schutzhütten sind im Preis enthalten, aber keine Verpflegung für unterwegs). Selbst im August wird es kalt in den Berghütten. Trinkwasser ist entlang der Wege vorhanden, aber knapp, also lieber einen eigenen Vorrat mitnehmen.

Die Tour durch die Berge ab Alto del Naranjo führt durch das Dorf La Platica (Wasser), Palma Mocha (Zeltplatz), Lima (Zeltplatz), Campismo Joachín (Schutzhütte und Wasser), El Cojo (Schutzhütte), Pico Joachín, Paso de los Monos, Loma Redonda, Pico Turquino (1972 m), Pico Cuba (1872 m; Schutzhütte und Wasser auf 1650 m), Pico Cardero (1265 m) und La Esmajagua (600 m; mit einfachen Erfrischungen), dann beginnt der Abstieg nach Las Cuevas an der Küste. In den ersten beiden Tagen wird die 13 km lange Strecke zum Pico Turquino (normalerweise Übernachtung am Pico Joachín und/oder den Pico-Cuba-Hütten) zurückgelegt, wo der gebuchte Führer die Wanderer erwartet und nach Las Cuevas hinunterführt. Wie bei allen Serviceleistungen ist ein Trinkgeld willkommen. Die Organisation des zweiten Abschnitts von Pico Cuba nach Las Cuevas übernehmen die Parkmitarbeiter.

Die Touren und die Führer sind gut organisiert. Am vernünftigsten ist es, in Villa Santo Domingo zu übernachten und von hier aus gleich morgens zu starten (um 10 Uhr sollte man beim Parkeingang sein). Es gibt nur wenige Verkehrsmittel, die ab Las Cuevas die Küste entlangfahren, u. a. ein planmäßig fahrender Lastwagen, der jedoch an wechselnden Tagen unterwegs ist. Von daher empfiehlt es sich, die Fahrt ab Las Cuevas im Voraus zu organisieren. Wer von Santo Domingo aus kommt, wird es wahrscheinlich nicht mehr schaffen, die Comandancia-de-la-Plata- und die Pico-Turquino-Wanderung am gleichen Tag zu stemmen. In dem Fall sollte man über Nacht im Dorf bleiben und die Pico-Turquino-Wanderung am nächsten Tag in Angriff nehmen.

scheut, kann mit einem Geländewagen fahren. Vom 950 m hohen Aussichtspunkt aus eröffnet sich ein überwältigender Blick auf die Ebenen von Granma. Hier beginnen auch die Wanderungen nach La Plata (3 km) bzw. auf den Pico Turquino (13 km).

 **Schlafen**

Casa Sierra Maestra CASA PARTICULAR $
(☑ 23-56-44-91; Santo Domingo; Zi. 15–40 CUC$;
❄) Das rustikale Casa Sierra Maestra mit seinen gackernden Hennen in vollende-

ter ländlicher Idylle befindet sich jenseits des Flusses vom Parkeingang aus in Santo Domingo. Es verfügt über vier ordentliche Zimmer (zwei davon in separaten Hütten) und einen stimmungsvollen *ranchón*, ein Bar-Restaurant im Farmhausstil (Hauptgerichte 4–8 CUC$).

★ **Villa Santo Domingo**   HOTEL **$$**
(☎23-56-55-68, 23-56-58-34; EZ/DZ 38/50 CUC$, Bungalow 63 CUC$; ℗ ❋) Die Ansiedlung 24 km südlich von Bartolomé Masó flankiert die Einfahrt zum Gran Parque Nacional Sierra Maestra. 40 Hütten (20 preiswertere aus Beton und 20 neuere und zugleich hübschere aus Holz) wurden neben dem Río Yara errichtet. Die Umgebung zwischen Bergen und *campesino*-Hütten ist idyllisch. Es ist der beste Ausgangsort für Wanderungen zur Comandancia de la Plata und zum Pico Turquino.

Ein anspruchsvoller Lungenfunktionstest ist der Aufstieg auf den steilen Alto del Naranjo (5 km; 750 m Steigung). Andere Freizeitmöglichkeiten sind Reiten, Schwimmen im Fluss und das Hören von traditioneller Musik im Restaurant. Fidel übernachtete hier mehrfach (im Hütte 6), Raúl schaute 2001 vorbei, als er im stolzen Alter von 70 Jahren den Pico Turquino bestieg. Das Frühstück ist im Übernachtungspreis enthalten.

Villa Balcón de la Sierra   HOTEL **$$**
(☎23-56-55-13; EZ/DZ inkl. Frühstück 62/72 CUC$; ℗ ❋ ▣) 1 km südlich von Bartolomé Masó und 16 km nördlich von Santo Domingo ist dieses schlichte Hotel im Vorgebirge zu finden. Allerdings ist es etwas zu weit entfernt, um von hier aus leicht den Park erreichen zu können. Ein Swimmingpool und ein Restaurant wurden auf einem kleinen Hügel mit überwältigendem Bergblick gebaut. Darunter befinden sich 20 Hütten mit Klimaanlage – in einer herrlichen Landschaft gelegen und mit dem üblichen einfachen, aber zweckmäßigen Islazul-Mobiliar ausgestattet.

❶ Praktische Informationen

Ecotur (☎23-56-58-34; ⊗8–12, 14–17 Uhr) hat einen sehr praktischen Schalter im Hotel Villa Santo Domingo. Wer im Voraus buchen möchte, sollte sich an Ecotur in Bayamo oder Santiago wenden.

Der Park schließt um 16 Uhr, aber die Ranger lassen Besucher nach dem Vormittag nicht mehr passieren, man sollte also früh starten, um möglichst viel von dem Besuch zu haben.

❶ An- & Weiterreise

Es gibt keine öffentlichen Verkehrsmittel zwischen Bartolomé Masó und dem Alto del Naranjo (die Lastwagen nach Bartolomé Masó von Bayamo aus fahren selten und sind unbequem). Ein Taxi von Bayamo nach Villa Santo Domingo kostet für die einfache Fahrt etwa 35 CUC$. Vor der Abfahrt sollte man sich vergewissern, dass das Taxi auch den ganzen Weg fahren kann; die letzten 7 km vor Villa Santo Domingo sind extrem steil, in der Regel mit einem normalen intakten Auto aber zu bewältigen. Für die Rückfahrt kann das Hotel den Transport nach Bartolomé Masó, Bayamo oder Manzanillo organisieren.

Ein Wagen mit Allradantrieb und guten Bremsen ist für die restlichen 5 km (45 % Steigung) von Santo Domingo zum Alto del Naranjo nötig. PS-starke Fahrzeuge mit Allradantrieb bringen abenteuerlustige Reisegruppen hin – 5 CUC$ pro Pers.; in der Villa Santo Domingo nachfragen (s. links). Als Alternative bleibt nur der harte, aber lohnende 5-km-Fußweg. Oder eben ein wirklich harter Lauf am frühen Morgen.

Manzanillo
131 000 EW.

Manzanillo liegt in einer Bucht und mag vielleicht nicht sonderlich schön sein, hinterlässt aber dennoch einen bleibenden Eindruck. Wer sich in den leicht verwahrlosten Hauptpark mit seinen altmodischen Straßenorgeln und der neomaurischen Architektur setzt, findet normalerweise schnell Anschluss. Da es kaum Verkehrsverbindungen gibt, kommen nur wenige Reisende hierher. Abseits der touristischen Standardrouten können Besucher hier hautnah erleben, wie die Kubaner Jahrzehnte der Entbehrungen überlebten.

1784 wurde Manzanillo als kleiner Fischereihafen gegründet. In den Anfangsjahren dominierten Schmuggler und Piraten die Geschichte der Stadt. In den späten 1950er-Jahren dann avancierte der Ort – dank seiner Nähe zur Sierra Maestra – für Castro und seine Mitrevolutionäre in ihrem geheimen Hauptquartier in den Bergen zu einem wichtigen Nachschublager für Waffen und Männer.

Manzanillo wurde durch seine Drehorgeln berühmt, die zunächst im frühen 20. Jh. von Frankreich aus nach Kuba importiert wurden. Im Jahr 1972 festigte sich das musikalische Erbe der Stadt mit dem von der Regierung unterstützten *Nueva-trova*-Festival, das mit einem Solidaritätsmarsch zur Playa las Coloradas seinen Höhepunkt erreichte.

⊙ Sehenswertes

⊙ In der Stadt

Manzanillo ist für seine eindrucksvolle Architektur bekannt, einer psychedelischen Mischung aus hölzernen Strandhütten, andalusischen Stadthäusern und aufwendigen neo-maurischen Fassaden. Sehenswert sind außerdem die baufälligen Holzbehausungen rund um Perucho Figueredo, zwischen Merchán und JM Gómez.

Parque Céspedes   PARK

Manzanillos Hauptplatz besticht vor allem durch seine hübsche Glorieta (Musikpavillon) mit maurischen Mosaiken, einer verkleideten Kuppel und arabesken Säulen. Es handelt sich dabei um eine Nachbildung des Patio de los Leones in Granadas Alhambra. In der Nähe trifft man auf die steinerne Statue von Carlos Puebla, Manzanillos berühmtem Troubadour, der in Gedanken versunken auf einer Bank sitzt.

Auf der Ostseite des Parque Céspedes befindet sich Manzanillos Museo Histórico Municipal. Die Iglesia de la Purisma Concepción ist ein klassizistisches Schmuckstück aus dem Jahr 1805, mit einem eindrucksvollen vergoldeten Altargemälde.

Celia-Sánchez-Monument   DENKMAL

Etwa acht Blocks südwestlich des Parks liegt Manzanillos geschichtsträchtigste Sehenswürdigkeit, die 1990 eingeweiht wurde: Ein mit Terrakottakacheln gefliester Treppenaufgang, geschmückt mit farbenprächtigen Keramikwänden führt die Calle Caridad zwischen Martí und Luz Caballero hinauf. Die Vögel und Blumen auf den Reliefs repräsentieren Sánchez – Angelpunkt der M-26-7-Bewegung und langjährige Helferin Castros, dessen Gesicht auf dem zentralen Wandgemälde am oberen Ende der Stufen auftaucht. Es ist ein bewegendes Denkmal, mit herausragendem Blick über die Stadt und die Bucht.

City Bank of New York   SEHENSWERTES GEBÄUDE

(Ecke Merchán & Dr Codina) Wer auf der Suche nach Beispielen für die herausragende Architektur der Stadt ist, sollte auf jeden Fall das Gebäude der alten City Bank of New York aus dem Jahr 1913 besichtigen.

Museo Histórico Municipal   MUSEUM

(☑23-57-20-53; Martí No 226; ⊙Di–Fr 8–12 & 14–18, Sa & So 8–12 & 18–22 Uhr) GRATIS Auf der Ostseite des Parque Céspedes erteilt Manza-

ABSTECHER

MEDIA LUNA

Media Luna ist eine von nur wenigen Kleinstädten zwischen Manzanillo und Cabo Cruz und liegt zwischen ausgedehnten Zuckerrohrfeldern. Wegen ihrer Verbindung zu Celia Sánchez lohnt sich ein kurzer Stopp vor Ort. Die „First Lady" der Revolution wurde im Jahr 1920 hier in einem kleinen, mit Schindeln gedecktem Haus geboren, das heute das sorgsam verwaltete **Celia Sánchez Museum** beherbergt (☑23-59-34-66; Raúl Podio No 111; Eintritt 1 CUC$; ⊙Mo–Sa 9–17, So 8–12 Uhr).

Wer Zeit hat, sollte einen kleinen Streifzug durch die typisch kubanische Zuckerstadt unternehmen: Diese wird von einer großen, rußgefärbten Fabrik (mittlerweile außer Betrieb) dominiert. Die Architektur ist von charakteristischen, schindelgedeckten Häusern im Zuckerbäckerstil geprägt. Es gibt eine hübsche *glorieta* (Musikpavillon), die beinahe genauso ausgefallen ist wie der Pavillon in Manzanillo. Im Park können die Besucher ein wenig Kultur durch das lokale Straßentheater genießen, während sie sich gleichzeitig die schnell schmelzende Eiscreme schmecken lassen.

Eine ausgeschilderte Straße von Media Luna führt zum 28 km entfernten Cinco Palmas.

nillos Museo Histórico Municipal die übliche Unterrichtsstunde in lokaler Geschichte mit revolutionärem Einschlag.

⊙ Außerhalb der Stadt

★ Museo Histórico la Demajagua   MUSEUM

(☑52-19-40-80; 1 CUC$; ⊙Di–Sa 8–17, So 8–14 Uhr) 10 km südlich von Manzanillo liegt das Anwesen von Carlos Manuel de Céspedes, dessen Aufschrei, bekannt als *Grito de Yara,* mit der anschließenden Freilassung seiner Sklaven am 10. Oktober 1868 den Startschuss zu Kubas Unabhängigkeitskriegen gab. Ein kleines Museum und die Demajagua-Glocke können hier besichtigt werden. Die Glocke läutete Céspedes, um Kubas (damals noch inoffizielle) Unabhängigkeit zu verkünden.

Im Jahr 1947 „entführte" ein damals noch unbekannter Fidel Castro die Glocke und brachte sie nach Havanna, um damit gegen die korrupte kubanische Regierung zu protestieren.

Außerdem sind in La Demajagua auch die Überreste von Céspedes' *ingenio* (Zuckermühle) zu sehen sowie ein ergreifendes Denkmal mit einem Zitat von Castro. Um dorthin zu gelangen, fährt man von der Servi-Cupet-Tankstelle in Manzanillo aus 10 km Richtung Media Luna und dann noch weitere 2,5 km in Richtung Meer.

Criadero de Cocodrilos   WILDRESERVAT

(Krokodilfarm; ☎23-53-22-11; 5 CUC$; ☉Mo–Fr 7–18, Sa 7–11 Uhr) Das nahe gelegene Delta des Río Cauto ist Heimat einer wachsenden Zahl von wild lebenden Krokodilen – kein Wunder also, dass hier auch eine der sechs kubanischen Krokodilfarmen angesiedelt ist. Rund 1000 Krokodile leben in der Zuchtstation, die sich 9 km südlich von Manzanillo an der Straße nach Media Luna befindet. Die Farm ist per Taxi (10 CUC$) von Manzanillo aus zu erreichen.

Schlafen

Manzanillo bietet – dem Himmel sei Dank – großartige Privatzimmer, an Hotels dagegen mangelt es nach wie vor.

★ Adrián & Tonia   CASA PARTICULAR $

(☎23-57-30-28; ato700714@gmail.com; Mártires de Vietnam No 49; Zi. 20–25 CUC$; P❄❀) Dieses attraktive *casa* würde auch in jeder anderen Stadt auffallen – und erst recht natürlich in Manzanillo. Ein Vorteil ist ihre Lage bei der Terrakottatreppe zum Celia-Sánchez-Denkmal. Doch Adrián und Tonia geben sich auch sonst alle Mühe: Die Terrasse bietet einen herrlichen Ausblick, und es gibt ein Tauchbecken sowie fünf separate Apartments, darunter eines mit einem eigenen Eingang, und einer voll ausgestatteten Küche.

La Roca   CASA PARTICULAR $

(☎58-15-18-21, 23-57-79-80; mercyandraca@nauta.cu; Martires de Vietnam No 68; Zi. 25 CUC$; ❀🛜) Oben an der Celia-Sánchez-Treppe liegt dieses elegante mehrstöckige Gebäude mit zwei Gästezimmern. Die Zimmer sind geräumig und hell, und der Ausblick über die Stadt ist großartig. Das empfehlenswerte, hauseigene Restaurant (Hauptgerichte 5–10 CUC$) ist nur für Hausgäste gedacht. Vom Balkon aus hat man WLAN-Empfang.

Casa Peña   CASA PARTICULAR $

(☎52-46-61-51, 23-57-26-28; mherrerar@grannet.sld.cu; Maceo No 189 Ecke Loma; Zi. 25 CUC$) Eine hübsche *casa*, geleitet von Dolli. Die öffentlichen Bereiche erinnern an ein raffiniertes Museum, und der große, weitläufige Raum und die stille, mit Pflanzen bestandene Terrasse enttäuschen genauso wenig.

Hotel Guacanayabo   HOTEL $

(☎23-57-40-12; Circunvalación Camilo Cienfuegos; EZ/DZ 25/40 CUC$; P❄❀) Das strenge Islazul-Hotel Guacanayabo erinnert an die tropische Reinkarnation eines sowjetischen Gulag (Straflager). Es befindet sich 3 km vom Zentrum entfernt.

 ## Essen

Die Stadt ist für ihre Fischgerichte bekannt, darunter die köstliche *Liseta*, doch insgesamt sieht es hier in der Restaurantszene leider noch ziemlich düster aus: Im Zweifelsfall ist es am besten, wenn sich die Möglichkeit bietet, gleich in der *casa particular* zu essen, in der man übernachtet. Oder man geht am Wochenende zum Sábado en la Calle, wo die Einheimischen traditionell ein ganzes Schwein grillen.

Paladar Rancho Luna   KUBANISCH $

(☎23-57-38-58; José Miguel Gómez No 169; Gerichte 3–5 CUC$; ☉12–23 Uhr) Ein passables Restaurant, in dem der Reggaetón dröhnt; nichtsdestotrotz ist es das beste Lokal, wenn man Essen zu einem vernünftigen Preis bekommen will. Die dekorative, für Manzanillo typische Fassade ist tonangebend. Das Essen ist nicht gerade legendär, aber durchaus in Ordnung, solange man sich an die lokale Spezialität hält – Garnelen.

Cayo Confite   MEERESFRÜCHTE $$

(Malecón; Hauptgerichte 8 CUC$; ☉9–21 Uhr) Vollkommene Schlichtheit – die Gäste sitzen auf einer schattigen Terrasse mit Blick aufs Meer und genießen ganze gebratene Fische, serviert mit Kochbananen-Chips. Es befindet sich am Stadtrand, am anderen Ende des Malecón.

Complejo Costa Azul   PARRILLA $$$

(Hauptgerichte 15–30 MN$; ☉Essen tgl. 12–21.30 Uhr, Variété Di–So 20–24 Uhr) Unten in der Bucht ist dieses Lokal zu finden; es ist Grillrestaurant und Variété in einem. Keines von beiden ist jetzt wirklich umwerfend, aber trotzdem sind Essen und Unterhaltung so gut, wie man es hier eben bekommen kann. Bezahlt wird in Pesos.

Ausgehen & Nachtleben

Bodegón Pinilla
BAR

(Martí No 212; ⊙ Mo–Do 9–20, Fr & Sa bis 2 Uhr)
Ein neues, zweistöckiges Lokal im *peatonal*
(Fußgängerbereich). Gut, um ein Bier zu
trinken.

 Unterhaltung

Manzanillos bester Gig findet an den Sams-
tagabenden im berühmten Sábado en la
Calle statt und besteht aus Drehorgelmusik,
Schweinebraten, scharfem Rum und – natürlich – tanzenden Einheimischen. Auf
keinen Fall verpassen! Die lokalen Jugend-
lichen ziehen den Malecón vor.

Teatro Manzanillo
THEATER

(☑ 23-57-25-39; Villuendas, zwischen Maceo &
Saco; ⊙ Shows Fr–So 20 Uhr) In dem hübsch
restaurierten Etablissement mit 430 Plätzen, vielen Ölgemälden und Buntglas ziehen
Gastspiele von Ensembles wie das Ballet
de Camagüey und der Danza Contemporá-
nea de Cuba zahlreiche Gäste an. Errichtet
wurde es 1856 und 1926; 2002 hat man das
Gebäude renoviert.

Casa de la Trova
TRADITIONELLE MUSIK

(☑ 23-57-54-23; Merchán No 213; 1 MN$) In der
geistigen Heimat der *nueva trova* (traditioneller Gesang) war eine Renovierung des
lokalen *Trova*-Hauses längst überfällig. Ein
Besuch in diesem geheiligten und frisch ge-
strichenen Musik-Schrein ist unbedingt lohnenswert: Hier zupfte Carlos Puebla einst
die Saiten.

 Praktische Informationen

GELD

Es gibt zahlreiche Banken mit Geldautomat.
Banco de Crédito y Comercio (☑ 23-57-71-25;
Ecke Merchán & Saco; ⊙ Mo–Fr 9–15 Uhr) Hat
einen Geldautomat.
Cadeca (☑ 23-57-74-67; Martí No 188) Zwei
Blocks vom Hauptplatz entfernt. Da nur wenige
Läden/Lokale hier *convertibles* akzeptieren,
braucht man kubanische Pesos.

INTERNETZUGANG

Auf der Plaza gibt es WLAN-Empfang.
WLAN-Karten sind erhältlich bei **Etecsa** (☑ 23-
57-88-91; Ecke Gomez & Codina; Internet
pro Std. 1,50 CUC$; ⊙ 8.30–19 Uhr).

POST

Post (☑ 23-57-29-21; Ecke Martí & Codina;
⊙ Mo–Sa 8–20 Uhr) Einen Block vom Parque
Céspedes entfernt.

TOURISTENINFORMATION

Infotur (☑ 23-57-44-12; Maceo zwischen
Maran & Gomez; ⊙ Mo–Fr 8–17.30 Uhr) Hilfs-
bereiter Informationsschalter gegenüber der
Plaza. Bei Interesse an *espiritismo* (Rituale, die
auf Wurzeln der Taíno zurückgehen, sich aber
mit katholischen Heiligen vermischt haben)
hilft Infotur dabei, einen Besuch im größten
espiritismo-Center auf Kuba namens Centro la
Ville zu organisieren.

❶ An- & Weiterreise

AUTO

Kubacar (☑ 23-57-77-36; Hotel Guacanayabo)
hat seine Geschäftsstelle im Hotel Guacanayabo. Eine Straße führt durch Corralito und
weiter nach Holguín: Sie ist der schnellste Weg
aus Manzanillo hinaus in Richtung Norden und
Osten.

BUS & LASTWAGEN

Der **Busbahnhof** (☑ 23-57-27-27; Av Rosales)
befindet sich 2 km nordöstlich des Stadtzentrums. Es gibt hier keine Víazul-Busverbindungen, daher bleiben für den öffentlichen Transport nur die *guaguas* (lokale kubanische Busse,
3 MN$ für Fahrtziele in der Umgebung) oder
Lastwagen, die aber nicht nach zuverlässigen

ABSTECHER

CINCO PALMAS

Der kleine Ort Cinco Palmas liegt inmitten einer unberührten Landschaft, die
durchwoben ist von der dramatischen
Geschichte der Revolution. Hier sam-
melten sich – nach ihrer Feuertaufe im
28 km entfernten Alegrio de Pio – am
18. Dezember 1956 Castros Revolutionäre erneut. Ein Bronzedenkmal mit drei
campesinos, die den arg mitgenomme-
nen Rebellen halfen, wurde 2008 errichtet. Das Denkmal steht am Eingang zur
finca von Ramón „Mongo" Pérez, auf
der Castro und andere Schutz suchten.
Außerdem gibt es ein kleines Museum
mit einer 3D-Karte des hügeligen Geländes. Der Eintritt ist kostenlos.

Cinco Palmas liegt 28 km südöstlich
der Stadt Media Luna, an einer holprigen und unbefestigten, aber annehm-
baren Straße. Wanderwege führen vom
Ort in Richtung Westen nach Alegria de
Pio und nach Osten zur Comendancia
La Plata. Bei Ecotur (S. 422) in Bayamo
können geführte Wanderungen gebucht
werden.

Zeitplänen verkehren; es ist mit langen Warteschlangen zu rechnen (10–15 MN$ für Fahrtziele in der Umgebung).

Mehrmals täglich gibt es eine Verbindung nach Yara (20 Min.) und Bayamo (2 Std.) im Osten und Pilón (2 Std.) und Niquero (1¾ Std.) im Süden. Für Letztere können Reisende auch an den Kreuzungen nahe der Servi-Cupet-Tankstelle und beim Krankenhaus zusteigen; hier fahren auch die *amarillos* (öffentliche Busse) ab.

FLUGZEUG

Manzanillos Sierra Maestra Flughafen (Code MZO) liegt an der Straße nach Cayo Espino, 8 km südlich der Servi-Cupet-Tankstelle in Manzanillo. Im Winter bietet **Sunwing** (www.sunwing.ca) Direktflüge von Toronto und Montreal an, und **Silver Airways** (www.silverairways.com) fliegt von Fort Lauderdale, USA.

Ein Taxi zwischen Flughafen und Stadtzentrum kostet ca. 10 CUC$. Eventuell auch mehr, wenn ein Taxi über die Unterkunft bestellt wurde und es auf die Landung des Flugzeugs wartet.

ZUG

Alle Verbindungen vom Bahnhof auf der Nordseite der Stadt fahren über Yara und Bayamo, und alle Züge sind schrecklich langsam unterwegs.

❶ Unterwegs vor Ort

Pferdekutschen (2 MN$) zum Busbahnhof starten ab der Dr. Codina zwischen Plácido und Luz Caballero. Pferdekutschen zur Werft starten unten bei Saco (6 MN$).

Niquero

41 252 EW.

Niquero ist ein kleiner Fischerhafen und eine Zuckerstadt in der isolierten südwestlichen Ecke von Granma und ein guter Ausgangspunkt für Abstecher in den Parque Nacional Desembarco del Granma. Es wird von der Zuckerfabrik Roberto Ramírez Delgado dominiert, die 1905 errichtet und 1960 verstaatlicht wurde. Sie zählt zu den wenigen regionalen Fabriken, die noch in Betrieb sind. Wie in vielen Siedlungen in Granma stehen auch in Niquero die charakteristischen, mit Schindeln gedeckten Häuser.

Viel lässt sich in Niquero scheinbar nicht unternehmen, einen Besuch lohnt aber immerhin der Stadtpark mit einem Kino und einem kleinen Museum. Ein Denkmal erinnert an die Opfer der *Granma*-Landung, die im Dezember 1956 von Batistas Truppen gejagt und getötet wurden.

Die Stadt bietet zwei Servi-Cupet-Tankstellen und eine Bank.

Ein Überraschung gibt es allerdings in Niquero – und keine unangenehme: Mitten in Niqueros Zentrum liegt das **Hotel Niquero** (☎ 23-59-23-68; Esquina Martí; EZ/DZ 25/28 CUC$; ℙ❊☎), ein unaufdringliches Hotel gegenüber der örtlichen Zuckerfabrik mit relativ großen, offenen Zimmern und kleinen Balkonen, die auf die Straße blicken. Das bezahlbare Restaurant vor Ort serviert ein ordentliches Beefsteak mit Soße.

❶ An- & Weiterreise

Mehrmals täglich fahren Busse nach Manzanillo, aber es gibt keine Víazul-Busverbindungen.

Parque Nacional Desembarco del Granma

Der **Parque Nacional Desembarco del Granma** (5 CUC$) zeichnet sich durch eine enorme ökologische Vielfalt sowie seine große historische Bedeutung aus. Seine Fläche von 275 km² ist geprägt von Wäldern, bizarren Karstlandschaften und hoch gelegenen Meeresterrassen. Zudem handelt es sich um ein spirituelles Heiligtum der kubanischen Revolution – hier landete Castros angeschlagene Jacht *Granma* im Dezember 1956.

Das Unesco-Welterbe schützt einige der unberührtesten Küstenformationen von ganz Amerika. Von den 512 Pflanzenarten, die bisher identifiziert werden konnten, handelt es sich bei etwa 60 % um einheimische Pflanzen, und etwa ein Dutzend kommt ausschließlich in dieser Gegend vor. Auch die Fauna ist mit ihren 25 Weichtier-, 7 Amphibien-, 44 Reptilien-, 110 Vogel- und 13 Säugetierarten sehr vielfältig.

In El Guafe haben Archäologen Kubas zweitwichtigste Siedlung von Bauern und Keramikerzeugern freigelegt. Die ausgegrabenen Artefakte sind etwa 1000 Jahre alt und umfassen Altäre, Steinwerkzeuge und Tongefäße sowie Statuetten (sie wurden in einer Höhle gefunden, in der Zeremonien für eine Wassergöttin stattfanden).

Es gibt zwei Hauptzugangspunkte: Las Coloradas und das Dorf Alegrio de Pio.

◉ Sehenswertes

Alegría de Pío   HISTORISCHE STÄTTE
(5 CUC$) Hier befindet man sich auf geheiligtem revolutionären Boden: An dieser Stelle wurden Castros schiffbrüchige Rebellen 1956 von Batistas Armee gestellt, sie mussten sich daraufhin trennen und

PILÓN

Pilón ist eine kleine, isoliert gelegene Siedlung zwischen den Resorts von Marea del Portillo und dem Parque Nacional Desembarco del Granma. Da die Zuckerfabrik geschlossen wurde, lohnt sich nun ein Besuch vor allem noch wegen des **Casa Museo Celia Sánchez Manduley** (1 CUC$; ⊙ Mo–Sa 9–17 Uhr), einem Museum zu Ehren der „First Lady" der Revolution, die für kurze Zeit hier in Pilón lebte.

Wer an einem Samstag hier ist, sollte sich außerdem die Gelegenheit nicht entgehen lassen, an dem lebhaften Sábado de Rumba teilzunehmen, einem wöchentlich stattfindenden Straßenfest mit Schweinebraten, Rum und jeder Menge Livemusik. Es ist die beste Gelegenheit, um einen beliebten kubanischen Tanz zu sehen: den *pilón* (nach der Stadt benannt), der den Rhythmus der Arbeiter beim Zuckerstoßen imitiert.

Die 11 km entfernt gelegenen Hotels bei Marea del Portillo organisieren samstagabends einen Bus, der nach Pilón und wieder zurück fährt (5 CUC$). Wer an anderen Tagen hierher kommen will, braucht ein Auto oder ein Fahrrad für Langstrecken, oder er versucht es mit den *amarillos* (öffentliche Busse).

fliehen. Außerdem ist Alegría de Pío auch Endstation der 18 km langen Wanderung von Las Coloradas, die der Spur der schiffbrüchigen Rebellen im Dezember 1956 folgt. Es werden geführte Wanderungen angeboten, außerdem Vogelbeobachtungen und die Erkundung eines faszinierenden Höhlensystems. Erreichbar ist die Stelle über einen 28 km langen, von Schlaglöchern übersäten Fahrweg, ab einer Abzweigung in Niquero. Ausreichend Trinkwasser mitnehmen.

In dem Zuckerrohrfeld, wo die Rebellen überrumpelt wurden, ist ein Denkmal errichtet. Es trägt die Namen der Gefallenen und die Worte *„Nadie se rinde aqui, cojones!"* (Hier ergibt sich niemand, verflucht noch mal!), angeblich ausgerufen von Camilo Cienfuegos und wiederholt von Juan Almeida, als die Hölle losbrach. Ein Guide führt durch die Stätte, zu der mehrere Gräber, Anschlagbretter und eine Höhle gehören, in der Che Guevara und Juan Almeida sich zwei Tage lang versteckten.

Höhepunkt für Outdoor-Fans ist das Höhlensystem. Morlotte-Fustete ist ein 2 km langer Wanderweg, der die spektakulären Meeresterrassen durchquert (manchmal mithilfe von Holzleitern). Auf der Strecke liegen die Cueva del Fustete, eine 5 km tiefe Höhle mit Stalagmiten und Stalaktiten, sowie die Hoyo de Morlotte, eine 77 m tiefe Doline, die durch Korrosion entstand. El Samuel ist ein 1,3 km langer Wanderweg zur Cueva Espelunca, einer weiteren Höhle, die vermutlich von Ureinwohnern für religiöse Zeremonien genutzt wurde. Boca de Toro ist ein 6 km langer Weg zu hohen Klippen, die auf ein Flusstal blicken. Die Route führt an Farallón de Blanquizal vorbei, einem wunderschönen natürlichen Aussichtspunkt.

Von hier führt die Rebellenroute von Las Coloradas weiter in Richtung Osten, nach Cinco Palmas und schließlich zur Comandancia La Plata.

Cabo Cruz
DORF

3 km jenseits des Ausgangspunkts des El Guafe liegt eine winzige Ansiedlung von Fischern, deren Barken auf der offenen See schaukeln. Muskelbepackte Männer nehmen hier ihren Fang am goldfarbenen Strand aus. Der 33 m hohe Leuchtturm Vargas (1871 errichtet) gehört nun dem kubanischen Militär. Es existieren Pläne, hier ein Tauchzentrum einzurichten, um die unglaublichen Tauchgelegenheiten in der Nähe zu nutzen.

Es gibt gute Schwimm- und Schnorchelgelegenheiten in Ufernähe östlich des Leuchtturms; eigene Ausrüstung ist mitzubringen, hier gibt es keinen Verleih.

Museo las Coloradas
MUSEUM

(5 CUC$; ⊙ 8–18 Uhr) Ein großes Denkmal direkt hinter dem Parkeingang markiert den Landepunkt der *Granma*. Das kleine Museum gibt einen Überblick über die Routen, die Castro, Guevara und ihre Mitstreiter gewählt haben, außerdem steht hier eine Kopie der *Granma* in Originalgröße. Mit etwas Glück lässt einen die Machete tragende Wache hineinklettern.

Im Eintrittspreis enthalten ist auch eine Besichtigung der schlichten rekonstruierten Hütte des ersten *campesino*, der Fidel nach der Landung geholfen hat. Ein enthusiastischer Führer begleitet die Besucher auch auf dem 1,3 km langen Pfad durch dichte Mangrovenwälder zum Meer bis zu dem Punkt, an dem die *Granma* tatsächlich strandete.

Aktivitäten

Sendero Arqueológico Natural el Guafe
WANDERN

(5 CUC$) Etwa 8 km südwestlich von Las Coloradas befindet sich dieser gut ausgeschilderte, 2 km lange Wanderweg, einer der wichtigsten Natur- und archäologischen Wege des Parks. Ein unterirdischer Fluss hat 20 große Höhlen geschaffen, von denen eine das berühmte Ídolo del Agua enthält, das von präkolumbischen Indianern aus einem Stalagmiten geschnitzt wurde. Zwei Stunden sollte man für den Wanderweg einplanen, um genügend Zeit für die Besichtigung des 500 Jahre alten Kaktus, der Schmetterlinge, der 170 unterschiedlichen Vogelarten (darunter Kolibris) und der Vielfalt an Orchideen zu haben.

Führer sind erforderlich, sind aber im Eintrittspreis inbegriffen. Man sollte sich zwei Stunden Zeit für den Spaziergang nehmen, um alles ausreichend besichtigen zu können. Hier gibt es Hunderte von Fliegen, deshalb unbedingt ein Insektenschutzmittel mitnehmen.

Der Park ist durchzogen von weiteren Wegen, u. a. dem 30 km langen Wanderweg nach Alegria del Pio – auf den Spuren der 82 Rebellen, die 1956 hier landeten. Wegen seiner Länge und dem Fehlen einer brauchbaren Beschilderung engagiert man für diesen Weg am besten einen Guide (wer richtig viel Energie hat: Die Wanderung führt tatsächlich weitere 70 km in die Sierra Maestra). Bei Interesse vorab Erkundigungen bei Ecotur (S. 422) in Bayamo einholen. Auch die Rückfahrt von Alegria del Pio sollte im Vorfeld organisiert werden.

Schlafen

Campismo las Coloradas
CAMPISMO $

(Carretera de Niquero Km 17; EZ/DZ 8/12 CUC$; ❄) Der *campismo* (Kategorie 3) mit 28 Doppelblockhütten auf einem 500 m langen, düsteren Strand liegt 5 km südwestlich von Belic, direkt außerhalb des Parks. Alle Hütten verfügen über eine Klimaanlage und über Badezimmer, und es gibt ein Restaurant, eine Spielhalle sowie einen Verleih von Wassersportgeräten. Gebucht werden

kann die Unterkunft über **Campismo Popular** (☎ 23-42-24-25; General García No 112; ◷ 8–17 Uhr) in Bayamo.

Essen

Restaurante el Cabo
MEERESFRÜCHTE $

(Cabo Cruz; Gerichte 3 CUC$; ◷ Di–So 7–21 Uhr) Die günstigsten Fische und Meeresfrüchte Kubas kommen direkt aus der Karibischen See hinter dem Restaurant im Schatten des Vargas-Leuchtturms. Zur Auswahl stehen Schnapper und Schwertfisch; bezahlt wird in kubanischen Pesos.

Ranchón las Colorados
KARIBISCH $

(Los Colorados; Gerichte 2–4 CUC$; ◷ 12–19 Uhr) Das traditionelle Schilfdach-Restaurant mit einfacher *comida criolla* (kreolischer Küche) befindet sich unmittelbar vor den Toren des Parks. Es erfüllt seinen Zweck für alle, die hungrig sind nach einer langen Fahrt.

An- & Weiterreise

10 km südwestlich von Media Luna gabelt sich die Straße: Pilón liegt von hier aus gesehen 30 km im Südosten und Niquero 10 km im Südwesten. Belic befindet sich 16 km südwestlich von Niquero. Weitere 6 km sind es von Belic zum Eingangstor des Nationalparks. Die Abzweigung nach Alegria de Pio kommt direkt nach dem Servicentro in Niguero.

Wer nicht über ein eigenes Fahrzeug verfügt, wird Schwierigkeiten mit der Anreise haben. Busse verkehren unregelmäßig, aber täglich bis zum Campismo las Coloradas; ebenfalls unregelmäßig fahren Lastwagen von Belic aus. Als letzte Möglichkeit kann man die *amarillos* (öffentliche Busse) in Niquero nutzen. Die nächstgelegene Tankstelle befindet sich in Niquero.

Marea del Portillo

Ein Zauber liegt über Marea del Portillo, einem winzigen Dörfchen an der Südküste, das von zwei unauffälligen All-inclusive-Resorts begrenzt wird. Es liegt eingezwängt auf einem schmalen Streifen trockenen Landes zwischen der glitzernden Karibik und der stufenförmig ansteigenden Sierra Maestra und begeistert mit seiner landschaftlichen Schönheit und seiner großen Geschichte.

Individualreisende werden Probleme haben, hierher zu gelangen. Es gibt keine regelmäßig fahrenden öffentlichen Transportmittel, sodass man ein Ferntaxi nehmen oder sich an den sporadischen Lastwagen-Transport halten muss. Ein weiteres Thema ist der Sand: Strandliebhaber, die das leuchtende Weiß von Cayo Coco kennen, werden von der gräulichen Farbe des hiesigen Strandes enttäuscht sein.

Die Ferienanlagen sind bezahlbar und gut geführt, aber sehr abgelegen; die nächste nennenswerte Stadt ist Manzanillo 100 km weiter nördlich. Dafür kann man hier das echte und unverfälschte Kuba quasi vor der Hoteltür erleben.

Aktivitäten

Die Resorts bieten trotz ihrer isolierten Lage viel Abwechslung: Ausritte nach El Salto, oder Ausflüge in die Dörfer Sevilla, Pilón und Mota. Jeep-Touren zum Fluss El Macio sind ebenso möglich wie ein Besuch des Parque Nacional Desembarco del Granma. Die Ausflüge können an den Schaltern von Cubanacán im Hotel Marea del Portillo und im Hotel Farallón del Caribe gebucht werden.

Tauchen

Centro Internacional de
Buceo Marea del Portillo TAUCHEN, ANGELN
(☑23-59-71-39; Hotel Marea del Portillo) Die von Cubanacán betriebene Tauchbasis befindet sich gleich neben dem Hotel Marea del Portillo, sie bietet Gerätetauchen zu bezahlbaren Preisen an. Spannend ist eine Fahrt zum Wrack *Cristóbal Colón* (1898 im Spanisch-Kubanisch-Amerikanischen Krieg gesunken) mit der Möglichkeit zum Tauchen. Hochseeangeltörns sind inklusive Bar und Mittagessen. Es gab Beschwerden bezüglich der Zuverlässigkeit des Unternehmens (die Exkursionen finden nicht statt, wenn das Zentrum keinen Treibstoff mehr für seine Boote hat).

Weitere Wasserexkursionen sind die „Seafari" (Schnorcheln inklusive), die Bootsfahrt in den Sonnenuntergang und ein Trip zum unbewohnten Cayo Blanco.

Wandern

El Salto WANDERN
Diese erlebnisreiche, insgesamt 20 km lange Wanderung führt durch Felder und Täler, ein kleines Dorf, einen See entlang, über einen Fluss und schließlich nach El Salto. Hier stößt man auf einen kleinen Wasserfall, einen strohgedeckten Sonnenschutz und eine einladende Badestelle.

Der Weg beginnt direkt beim Hotelkomplex. Nach rechts abbiegen auf die Küstenstraße, dann nach etwa 400 m unmittelbar vor einer Brücke links abbiegen auf einen ungepflasterten Feldweg. Der Weg mündet schließlich in eine Straße und durchquert eine Siedlung

mit verstreut liegenden, staubigen Häusern. Auf der anderen Seite des Dorfes ragt ein Damm auf. Statt den befestigten Weg, der links den Damm hinaufführt, zu nehmen sollte man sich lieber rechts halten und nach 200 m den Pfad nehmen, der steil auf den Damm hinaufführt und den Blick auf den See dahinter freigibt. Der wunderschöne Weg führt am See entlang und kreuzt dann einen der darin einmündenden Flüsse (Holzbrücke). Danach geradeaus weitergehen und dann bergauf steigen. Wenn der Pfad sich auf dem Bergkamm gabelt, rechts halten. Weiter geht es bergab in ein grünes, stilles Tal, dann an einer *casa de campesino* vorbei (die freundlichen Besitzer halten Bienen und bieten Honig, Kaffee und eine Orientierungshilfe). Dann den Fluss queren (Río Cilantro) und flussaufwärts nach El Salto wandern.

Salto de Guayabito WANDERN
Ausgangspunkt ist das Dorf **Mata Dos** etwa 20 km östlich von Marea. Die Tour ist normalerweise Bestandteil eines von den Hotels organisierten Ausflugs. Gruppen, die oft mit Pferden starten, folgen dem Río Motas 7 km flussaufwärts zu einem zauberhaften Wasserfall, der von felsigen Klippen, Farnen, Kakteen und Orchideen umgeben ist. Das ganze ist ein bequemer Tagesausflug.

🛏 Schlafen

Neue *casas particulares* bieten eine interessante Alternative zu den Resorts mit ihren Pauschalpreisen.

Casa Particular Barbara
Mendez CASA PARTICULAR **$**
(☑23-59-71-62; Marea del Portillo No 14; Zi. 30 CUC$) Barbara vermietet zwei Zimmer in ihrem Apartment, das 200 m vom Strand entfernt liegt.

Hotel Marea del Portillo HOTEL **$$**
(☑23-59-70-08; alles inkl. EZ/DZ/3BZ 40/80/90 CUC$; P ❋ @ ☒) Es ist zwar nicht Cayo Coco, aber das macht nichts. Tatsächlich scheinen Mareas Allround-Funktionalismus und das Fehlen großer Tourismusambitionen hier gut zu funktionieren. Die 74 Zimmer sind völlig ausreichend, die Auswahl am Büfett ebenfalls. Und der Strandstreifen mit dunklem Sand im Schatten der Sierra Maestra liegt nur einen Steinwurf vom Hotelbalkon entfernt. Es gibt einen Mix aus kanadischen Urlaubern und einigen kubanischen Familien zu sehen und die Möglich-

keit, spannende Ausflüge zu einigen der weniger umworbenen Sehenswürdigkeiten der Insel zu unternehmen.

★ **Hotel Farallón del Caribe**   HOTEL **$$$**
(☎ 23-59-70-82; alles inkl. EZ/DZ 95/120 CUC$, Tagespass 25 CUC$; ☺ Nov.–April; [P][✱][@][☎][⊠])
Auf einem niedrigen Hügel, mit dem Karibischen Meer auf der einen und der Sierra Maestra auf der anderen Seite, liegt das moderne Farallón. Es ist die wohl eindrucksvollste Übernachtungsmöglichkeit in Marea de Portillo: Hier wird die 3-Sterne-Ausstattung (alles inklusive) durch eine 5-Sterne-Umgebung ergänzt. Das Essen ist besser als bei der Konkurrenz, und der Ausblick großartig. Allerdings liegt dieses Resort am weitesten vom Strand entfernt.

Die Anlage ist unter kanadischen Pauschaltouristen beliebt, die mit Bussen von Manzanillo anreisen, und nur während der Saison geöffnet (November bis April).

❶ An- & Weiterreise

Die Reise in östlicher Richtung von Santiago gehört zu Kubas spektakulärsten, aber die Qualität der Straßen ist schlecht und immer wieder durch die Wetterverhältnisse beeinträchtigt. Die Anreise ist möglich mit einem eigenen Fahrzeug (man sollte sich aber vorab über den aktuellen Straßenzustand informieren); Taxi (auf mindestens 160 CUC$ von Marea nach Santiago de Cuba einstellen); Fahrrad (eine zwei- bis dreitägige Berg- und Talfahrt mit herrlichen Ausblicken); oder man improvisiert mit den „öffentlichen Verkehrsmitteln" (vermutlich eines der größten Abenteuer, die Kuba zu bieten hat, aber nur für ganz Hartgesottene, die nichts gegen langwieriges Warten und ein wenig Autostopp haben).

Eine Warnung noch: Die Straße ist wenig befahren, es gibt praktisch keine Infrastruktur und keinerlei Tankstellen (die nächste liegt in Pilón). Mit ausreichend Vorräten reisen.

❶ Unterwegs vor Ort

Die Hotels vermieten Motorroller für ungefähr 25 CUC$ pro Tag. Autos können über **Cubacar** (☎ 23-59-70-05; ☎) gebucht werden, die einen Schalter im Hotel Marea del Portillo betreiben, oder man nimmt an einer Exkursion mit Cubanacán teil. Die Strecke nach El Salto kann auch zu Fuß zurückgelegt werden.

Provinz Santiago de Cuba

📖 22 / 1 043 200 EW.

Schauplätze historischer Schlachten

➡ Cuartel Moncada (S. 443)

➡ Loma de San Juan (S. 449)

➡ El Uvero (S. 477)

➡ Museo de la Lucha Clandestina (S. 446)

Schöne Naturlandschaften

➡ La Gran Piedra (S. 468)

➡ Pico Turquino (S. 476)

➡ El Saltón (S. 474)

➡ Laguna Baconao (S. 471)

Auf nach Santiago de Cuba!

Reizvolles Santiago. Weit weg von der Hauptstadt in Kubas gebirgigem Oriente liegt die Provinz Santiago de Cuba, eine geschichtsträchtige Keimzelle der Rebellion und des Aufruhrs. Zudem bildet sie die „karibischste" Enklave des Landes. Die Unterschiede sind erfrischend und manchmal sogar atemberaubend. Viele der kulturellen Einflüsse Santiagos kamen aus dem Osten. Über Haiti, Jamaika, Barbados oder Afrika fanden sie ihren Weg in die Provinz. Karibisches Flair spiegelt sich in dem furiosen Karneval wider, während sich bei den Folklore-Tanzgruppen auch Einflüsse der französisch-haitianischen und der spanischen Kultur zeigen.

Als Zentrum der neuen spanischen Kolonie spielte die Stadt Santiago de Cuba im 16. Jh. und in den ersten Jahren des 17. Jhs. eine bedeutende Rolle. Für kurze Zeit war sie sogar Kubas Hauptstadt, bis ihr 1607 Havanna diesen Status streitig machte. Die langsamere Entwicklung hatte jedoch durchaus auch einige Vorteile: Verlässt man die heutige Provinzhauptstadt und folgt der Küste in eine beliebige Richtung, ist man nach kaum 20 km in einer anderen Welt: Zerklüftete Buchten, krachende Wellen, historische Kaffeeplantagen und smaragdgrüne Berge prägen die Landschaft.

Reisezeit

➡ Im Kulturkalender der Stadt in Santiago de Cuba steht der Juli im Mittelpunkt. In dem Monat geht es hier in jeder Hinsicht *caliente* (heiß) zu und in den Straßen drängen sich Massen feiernder Menschen. Der Spaß beginnt mit dem furiosen Festival del Caribe und endet mit dem zu Recht berühmten Karneval.

➡ Ausgezeichnete Musik hat auch schon der März zu bieten, wenn sich die Stadt beim Festival Internacional de Trova an ihre musikalischen Wurzeln erinnert.

➡ Von März bis Juni zeigt das Meer sein berühmtes klares Wasser, das u. a. hervorragende Bedingungen für Tauchgänge zu den Wracks garantiert.

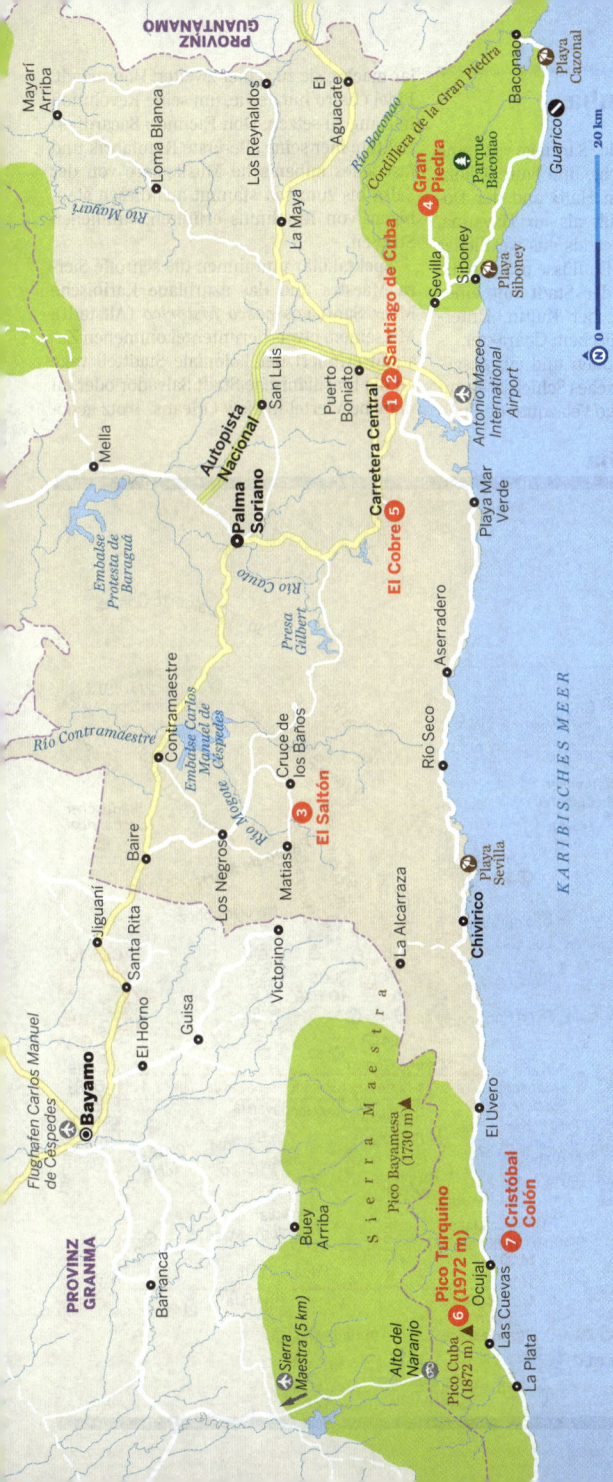

PROVINZ GUANTÁNAMO

PROVINZ GRANMA

Mayarí Arriba
Loma Blanca
Los Reynaldos
El Aguacate
El Acueducto

La Maya
Sevilla
Siboney
Playa Siboney
Playa Mar Verde

4 Gran Piedra
Cordillera de la Gran Piedra
Parque Baconao
Baconao
Guarico
Playa Cazonal

Río Baconao

San Luis
Puerto Boniato

1 2 Santiago de Cuba
Carretera Central

Antonio Maceo International Airport

Mella
Palma Soriano
Autopista Nacional

Embalse Protesta de Baraguá

Río Cauto

Presa Gilbert

5 El Cobre

Aserradero

Río Seco

Playa Sevilla
Chivirico

KARIBISCHES MEER

Jiguaní
Santa Rita
Baire
Guisa
El Horno

Bayamo

Flughafen Carlos Manuel de Céspedes

Río Contramaestre

Contramaestre
Embalse Carlos Manuel de Céspedes

Cruce de los Baños
Matías
Victorino

3 El Saltón

La Alcarraza

Los Negros
Río Mogote

Sierra Maestra
Pico Bayamesa (1730 m)

Buey Arriba
Barranca
Sierra Maestra (5 km)

Alto del Naranjo
Pico Cuba (1872 m)
Pico Turquino (1972 m) 6

Ocujal
Las Cuevas
La Plata
El Uvero

7 Cristóbal Colón

N
0   20 km

Highlights

1 Auf dem **Cementerio Santa Ifigenia** (S. 450). Santiago de Cubas wunderschönem Friedhof, den Helden der Nation Respekt bezeugen

2 Besuch des **Cuartel Moncada** (S. 443), eines Wahrzei-

chens der Stadt Santiago, um den Wagemut (oder Wahnwitz) von Castros Revolte 1953 zu begreifen

3 Einen Ausflug in die Berge zur herrlichen Naturoase **El Saltón** (S. 474) unternehmen.

4 Kubas französisch inspirierte Kaffeekultur auf der **Cafetal la Isabelica** (S. 468) am Gran Piedra nachspüren.

5 Eine Wallfahrt nach **El Cobre** (S. 473) zum Schrein

von La Virgen de la Caridad, Kubas Schutzpatronin

6 Den Ausblick vom **Pico Turquino** (S. 476), Kubas höchstem Berg mit einer Büste von José Martí bewundern.

7 Ein Tauchgang zum Wrack des spanischen Kriegsschiffes **Cristóbal Colón** (S. 478) vor der rauen Küste bei Chivirico

Santiago de Cuba

431 500 EW

Kubas Kulturmetropole Santiago ist eine ungebändigte, heißblütige und laute Schönheit. Sie liegt näher an Haiti und der Dominikanischen Republik als an Havanna. Die stärker aus östlicher als aus westlicher Richtung kommenden Einflüsse prägten die einzigartige Identität der Stadt mit einer Mixtur aus afrokaribischer Kultur, Unternehmergeist und rebellischem Charakter.

Bahnbrechende Visionen und ein ausgeprägter Sinn für historisches Schicksal kennzeichnen die Stadt. Diego Velázquez de Cuél-

lar machte sie zu seiner zweiten Hauptstadt. Fidel Castro nutzte sie, um seine Revolution in Gang zu setzen. Don Facundo Bacardí errichtete hier seine allererste Rumfabrik und fast jedes kubanische Musikgenre von der Salsa bis zum *son* stammt aus diesen staubigen, von Rhythmus erfüllten, sinnlichen Straßen.

Spektakulär umrahmen die schroffe Sierra Maestra und das azurblaue Karibische Meer Santiagos *casco histórico* (Altstadt). Mit seinem etwas heruntergekommenen Zustand erinnert der koloniale Stadtteil vage an die brasilianische Stadt Salvador oder an manche Viertel in New Orleans. Trotz gebo-

Santiago de Cuba

tener Vorsicht sollten Besucher sich weder von den Prostituierten noch den zu schnell fahrenden Chevys und der beklemmenden Hitze von einem Streifzug durch die Altstadt abhalten lassen – auch sie besitzt einen unbeschreiblichen Reiz.

◉ Sehenswertes

◉ Casco Histórico

★ **Museo de Ambiente Histórico Cubano** MUSEUM
(Casa de Diego Velázquez; Karte S. 448; ☎ 22-65-26-52; Felix Peña No 602; 2 CUC$; ⊙ Mo–So

9–17 Uhr) Das 1522 errichtete Gebäude stammt aus der frühen Kolonialzeit und ist das älteste noch erhaltene Haus auf Kuba. Ursprünglich diente es dem ersten Gouverneur der Insel, Diego Velázquez, als Amtssitz. Das Haus mit einer Fassade im andalusischen Stil und fein gearbeiteten Holzgittern an den Fenstern wurde in den späten 1960er-Jahren restauriert und 1970 als Museum eröffnet.

Ursprünglich befanden sich im Erdgeschoss ein Handelshaus und eine Goldgießerei, während Diego Velázquez das darüber liegende Stockwerk bewohnte. Heute werden in den Räumen Möbel und Deko-

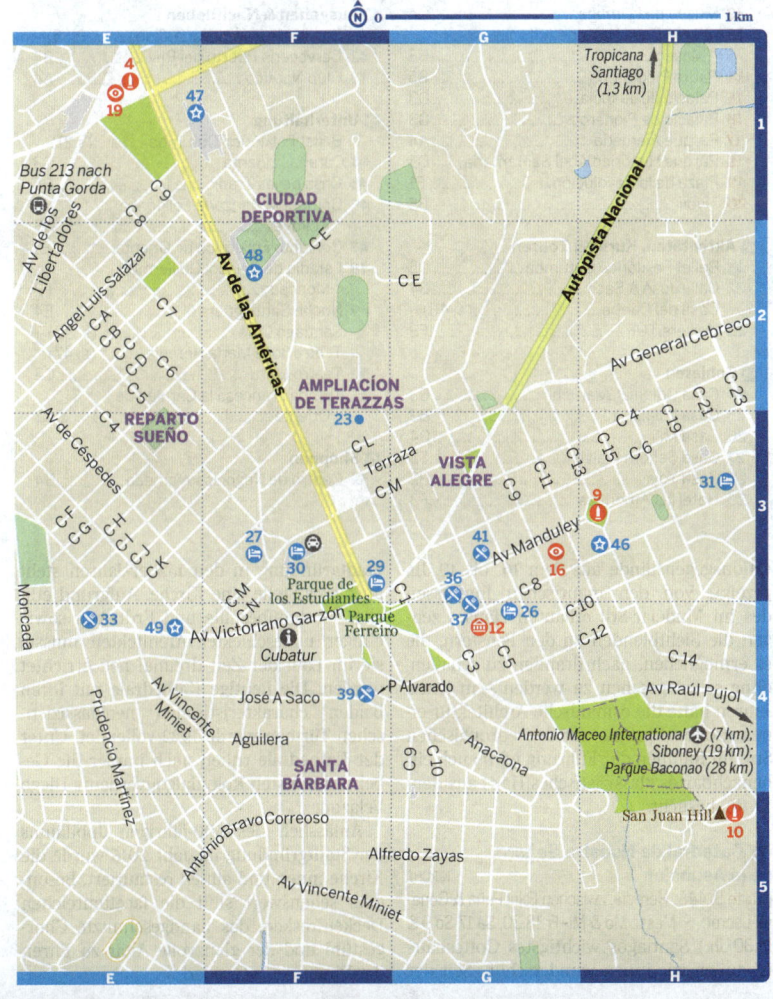

Santiago de Cuba

rationsgegenstände aus dem 16. bis 19. Jh. gezeigt. Von den maurischen Einflüssen des im Mudéjar-Stil erbauten Hauses zeugen die Sichtblenden an den Fenstern, die es ermöglichen, nach draußen zu schauen, ohne selbst gesehen zu werden – in jenen Jahren hatte die osmanische Architektur einen großen Einfluss auf den europäischen Stil. Im Rahmen der Führung wird auch ein benachbartes klassizistisches Haus aus dem 19. Jh. besucht.

★ **Catedral de Nuestra Señora de la Asunción**   KIRCHE
(Karte S. 448; Heredia, zwischen Felix Peña & General Lacret; ☉ Messe Mo & Mi–Fr 18.30, Sa 17, So 9 & 18.30 Uhr) Santiagos wichtigstes Gotteshaus ist außen wie innen wunderschön. Seit der Stadtgründung in den 1520er-Jahren steht an dieser Stelle eine Kirche. Aufgrund etlicher Piratenüberfälle und Erdbeben sowie einiger ungeschickter Architekten musste sie im Lauf der Zeit dreimal neu errichtet werden. Die heutige Kathedrale mit ihren beiden charakteristischen neoklassizistischen Türmen wurde 1922 vollendet. Unter der Kathedrale ruhen noch immer die Gebeine des ersten Kolonialgouverneurs Diego Velázquez.

Anlässlich des 500-jährigen Jubiläums der Stadtgründung im Jahr 2015 wurde die Kirche innen und außen restauriert. Besonders sehenswert sind die facettenreichen Deckenfresken, das handgeschnitzte Chorgestühl und der glanzvolle Altar zu Ehren der Virgen de la Caridad.

★ Museo Municipal Emilio Bacardí Moreau MUSEUM

(Karte S. 448; zwischen Calle Heredia & Calle Aguilera; 2 CUC$; ☺ Mo 13–17, Di–Fr 9–17, Sa 9–13 Uhr) Die enge Calle Pío Rosado verbindet die Calle Heredia mit der Calle Aguilera und führt direkt zu der imposanten griechischen Fassade des Bacardí-Museums. Gegründet wurde es 1899 von Emilio Bacardí y Moreau, seinerzeit Rum-Magnat, Kriegsheld und Bürgermeister. Den palastartigen Bau ließ er auf gut Glück, sprich: ohne Architektenhilfe, errichten. Einige faszinierende Exponate des Museums, das zu den ältesten und vielseitigsten Museen auf Kuba zählt, hat Bacardí von seinen Reisen mitgebracht, darunter eine umfangreiche Waffensammlung, Gemälde des spanischen *costumbrismo* (einer Kunstrichtung, die der Romantik im 19. Jh. vorausging) sowie die einzige auf Kuba vorhandene ägyptische Mumie.

Memorial de Vilma Espín Guillois MUSEUM

(Karte S. 448; ☎ 22-65-54-64; Sánchez Hechavarría No 473; 2 CUC$; ☺ Mo–Sa 9 –12.30, So 13–17 Uhr) In diesem Haus wohnte einst Vilma Espín, die Ehefrau von Raúl Castro sowie Kubas (inoffizielle) „First Lady" und eine treibende Kraft in der Erfolgsgeschichte der kubanischen Revolution. 2010, drei Jahre nach ihrem Tod, wurde das Haus als Museum eröffnet. Die Räume, in denen Vilma von 1939 bis 1959 lebte, sind vollgepackt mit Gegenständen, die informative Einblicke in Teile ihres Lebens geben.

Erst nach einer Begegnung mit Frank País 1956 in Santiago schlug Vilma, Tochter eines Anwalts des Bacardí-Clans, den radikalen Weg ein. Eng verbunden mit den Rebellen in den Bergen gründete sie 1960 die einflussreiche Föderation der kubanischen Frauen (Federación de Mujeres Cubanas).

Calle Heredia STRASSE

(Karte S. 448) Von früh bis spät erklingt Musik in der Calle Heredia, der sinnlichsten und einer der ältesten Straßen der Stadt. Aus der Casa de Cultura Josue País García (S. 461), von deren Fassade die Farbe abblättert, ertönt häufig Tanzmusik. Zu den in stolzierenden Schritten *danzón* (einen Gesellschaftstanz) tanzenden Rentnern gesellen sich hier anmutige Rapper im Teenageralter. Gleich nebenan steht Kubas originale Casa de la Trova (S. 461), eine hübsche Stadtvilla mit Balkonen. Ihr Baustil erinnert stark an die Häuser im French Quarter von New Orleans.

Die Casa de la Trova ist dem bahnbrechenden kubanischen *trovador* José „Pepe" Sánchez (1856–1928) gewidmet. Im März 1968 wurde es als erstes *Trova*-Haus (Haus der Sänger und Liedermacher der kubanischen Folkmusik) eröffnet.

Museo del Ron MUSEUM

(Karte S. 448; ☎ 22-62-88-84; Bartolomé Masó No 358; 2 CUC$; ☺ Mo–Sa 9–17 Uhr) Wenn auch nicht so beeindruckend wie sein Pendant in Havanna, so ist Santiagos Rum-Museum erfrischenderweise weitaus weniger darauf aus, Havana Club (Kubas bekanntesten Rum) und allerlei anderes zu verkaufen. Mit Maschinen und Abfüllanlagen aus dem vergangenen Jahrhundert sowie ausführlichen Informationen gewährt es einen aufschlussreichen Einblick in die Geschichte des kubanischen Rums – serviert mit einem kräftigen Schluck des harten Getränks *(añejo)*.

Das Museum befindet sich in einem hübschen Stadthaus und verfügt über eine Bar (Öffnungszeiten wie das Museum). Allerdings liegt sie im Untergeschoss so gut versteckt wie eine illegale Kneipe während der Prohibition in den USA. Immerhin serviert ein kenntnisreicher Barkeeper die „Empfehlungen des Hauses".

Parque Céspedes PARK

(Karte S. 448) Mit seinem pulsierenden Kaleidoskop gehender, eilender, miteinander plaudernder, flirtender und auf Gitarren klimpernder Menschen bildet der Parque Céspedes ein Musterbeispiel für das romantische Straßenleben auf Kuba. Sehenswert ist dieser quirligste Platz der Stadt zu jeder Tages- und Nachtzeit. Umgeben ist er von kolonialer Architektur und mittendrin prangt eine Bronzebüste von Carlos Manuel de Céspedes, der 1868 den Impuls für Kubas Unabhängigkeit ausgelöst hat. Insbesondere die Einheimischen genießen das öffentliche WLAN auf dem Platz.

Museo del Carnaval MUSEUM

(Karte S. 448; ☎ 22-62-69-55; Heredia No 303; 1 CUC$; ☺ Mo 14–17, Di–Fr 9–17, Sa 9–22, So 9–17 Uhr;) Eine Stippvisite in dem sehenswerten Museum informiert über die Geschichte der absolut größten und wildesten Party der Stadt: Santiagos Karneval, den größten und ältesten neben dem Karneval in Río und dem Mardi Gras in New Orleans. Ausgestellt sind hier u. a. Festwagen und Karnevalspuppen. Im Patio treten gelegentlich auch Folkloretänzer auf.

STRASSENNAMEN IN SANTIAGO DE CUBA

Willkommen in einer weiteren Stadt, in der manche Straßen zwei Namen haben.

ALTER NAME	NEUER NAME
Calvario	Porfirio Valiente
Carniceria	Pío Rosado
Enramadas	José A Saco
José Miguel Gómez	Havana
Paraíso	Plácido
Reloj	Mayía Rodríguez
Rey Pelayo	Joaquín Castillo Duany
San Félix	Hartmann
San Francisco	Sagarra
San Gerónimo	Sánchez Hechavarría
San Mateo	Sao del Indio
Santa Rita	Diego Palacios
Santo Tómas	Felix Peña
Trinidad	General Portuondo

Balcón de Velázquez · AUSSICHTSTERRASSE

(Karte S. 448; Ecke Bartolomé Masó & Mariano Corona; Spende 1 CUC$) Der Balcón de Velázquez gehört zu einer alten spanischen Festung. Es ist eine luftige Aussichtsterrasse mit einem faszinierenden Ausblick über die mit Terrakottaziegeln gedeckten Dächer des Stadtteils Tivoli bis hinunter zum Hafen. Wenn auf der Terrasse ein historisch bewanderter Einheimischer Besuchern einen kleinen Einblick in die Stadtgeschichte gibt, sollte man ihm ein Trinkgeld geben.

Plaza de Dolores · PLATZ

(Karte S. 448; Ecke Aguilera & Porfirio Valiente) Die hübsche, schattige Plaza de Dolores, ein ehemaliger Marktplatz, liegt östlich vom Parque Céspedes. Heute beherrscht die **Iglesia de Nuestra Señora de los Dolores** (Karte S. 448; Ecke Aguilera & Porfirio Valiente) aus dem 18. Jh. das Bild. Zahlreiche Restaurants und Cafés säumen den Platz, der auch Santiagos beliebtester Schwulentreff ist.

Iglesia de San Francisco · KIRCHE

(Karte S. 448; Juan Bautista Sagarra No 121) Die dreischiffige Kirche aus dem 18. Jh. ist ein sakrales Kleinod. Sie liegt drei Blocks nördlich des Parque Céspedes.

Plaza de Marte · PLATZ

(Karte S. 448) Bildlich gesprochen bewacht die von Mopeds heimgesuchte Plaza de Marte den Zugang zum *casco histórico*. Im 19. Jh. war die Plaza ein makabrer spanischer Paradeplatz, auf dem wegen revolutionärer Aktivitäten Verurteilte öffentlich hingerichtet wurden. Heute ist die Plaza Santiagos *esquina caliente* (in der Baseballsprache: hot corner, wörtlich: „heiße Ecke") der Fans des heimischen Baseballclubs. Hier diskutieren sie lautstark den bevorstehenden Niedergang der Industriales aus Havanna. Die hohe Säule mit einer roten Kappe auf der Spitze ist ein Freiheitssymbol.

Auf der Plaza steht öffentliches WLAN zur Verfügung.

Casa Natal de José María Heredia y Heredia · MUSEUM

(Karte S. 448; ☎ 22-62-53-50; Heredia No 260; 1 CUC$; ⊙ Di–Sa 9–19, So 9–12 Uhr) Das kleine Museum dokumentiert das Leben von José Maria de Heredia (1803–1839), eines der großartigsten kubanischen Dichter der Romantik und Namensgeber der Straße. Auf der Fassade des Hauses ist sein international bekanntes Werk, die Oda al Niágara (*Ode an die Niagarafälle*), eingraviert. Darin zieht er Parallelen zwischen der Schönheit der kanadischen Niagarafälle und seinen persönlichen Gefühlen zum Verlust seiner Heimat. Wie viele Verfechter der kubanischen Unabhängigkeit musste Heredia ins Exil gehen. Er starb 1839 in Mexiko.

Maqueta de la Ciudad · MUSEUM

(Karte S. 448; Mariano Corona No 704; 1 CUC$; ⊙ Mo–Sa 9–17 Uhr) Auf Kuba ist man geradezu detailbesessen, wenn es um eine maß-

stabsgetreue *maqueta de la ciudad* (Stadt-
modell) geht. Die unbeschreiblich detaillierte *maqueta* von Santiago in diesem Museum macht da keine Ausnahme. Darüber
hinaus vermitteln illustrierte Wandtafeln
interessante Informationen zur Geschichte
und Architektur der Stadt. Von einer Galerie im Zwischengeschoss können Besucher
einen Blick aus der Vogelperspektive auf die
Miniaturstadt werfen. Schöne Ausblicke auf
die reale Stadt bietet das Terrassencafé im
hinteren Bereich des Museums.

Ayuntamiento   HISTORISCHES GEBÄUDE
(Rathaus, Karte S. 448; Ecke General Lacret & Aguilera) Das neoklassizistische Ayuntamiento
wurde in den 1950er-Jahren nach einem
Entwurf von 1783 errichtet. An der Stelle befand sich einst das Bürgermeisterbüro von
Hernán Cortés. In der Nacht vom 2. Januar
1959 erschien Fidel Castro auf dem Balkon
des Gebäudes und verkündete den Triumph
der Revolution.

**Iglesia de Nuestra Señora del
Carmen**   KIRCHE
(Karte S. 448; Félix Peña No 505) Wer tiefer in
Santiagos Kirchengeschichte eintauchen
möchte, sollte diese baufällige Hallenkir-
che aus dem 17. Jh. besuchen. Hier fand der
Weihnachtsliedkomponist Esteban Salas
(1725–1803) seine letzte Ruhestätte. Eine
Zeitlang leitete Salas den Chor von Santia-
gos Kathedrale.

**Casa de la Cultura Miguel
Matamoros**   MUSEUM
(Karte S. 448; General Lacret No 651) In der Casa
de la Cultura Miguel Matamoros an der Ost-
seite des Parque Céspedes befand sich früher
der San Carlos Club, der bis zur Revolution
ein Treffpunkt der reichen *santiagüeros*
(Bezeichnung für Santiagos Bewohner) war.
Nebenan suchte der britische Autor
Graham Greene literarische Inspiration in
der Terrassenbar des 1914 erbauten Hotels
Casa Granda (S. 455).

⊙ Nördlich des Casco Histórico

★ Cuartel Moncada   MUSEUM
(Moncada-Kaserne; Karte S. 438; ☎ 22-66-11-57; Av
Moncada) Santiagos berühmte Moncada-Kaserne – ein imposantes Art-déco-Bauwerk
mit Zinnen – wurde 1938 fertiggestellt. Heute ist sie ein Synonym für einen der bedeutendsten fehlgeschlagenen Putsche der Geschichte. Ihren unsterblichen Ruf erlangte
die Cuartel Moncada am 26. Juli 1953, als

über 100 Revolutionäre unter Fidel Castros
Führung die Kaserne der Batista-Soldaten
angriffen. Damals war sie Kubas zweitwich-
tigster Militärstützpunkt und kaum jemand
kannte Fidel Castro.

Wie alle anderen Kasernen auf Kuba
wurde auch der Cuartel Moncada nach der
Revolution in eine Schule umgewandelt.
Sie trägt den Namen Ciudad Escolar 26 de
Julio. Nahe dem Tor 3, wo der Hauptangriff
stattfand, entstand 1967 ein **Museum** (Karte
S. 438; 2 CUC$; ☉ Mo–Sa 9–17, So 9–13 Uhr). Nach
dem Angriff hatten Batistas Soldaten die
Einschusslöcher zuzementiert. Jahre später
ließ die Castro-Regierung die Löcher als
eine schmerzliche Erinnerung wieder herstellen, dieses Mal allerdings nicht mit Gewehren. Das Museum (eines der besten des
Landes) zeigt ein Modell der Kasernenanlage sowie interessante, mitunter recht grau-
sige Exponate. Modelle und Schaubilder
dokumentieren den Angriff, seine Planung
und seine Folgen. Der wohl ergreifendste
Anblick sind die Fotos der 61 Gefallenen am
Ende des Gefechts.

Die ersten Kasernengebäude auf diesem
Gelände bauten die Spanier 1859. Später
erhielt die Kasernenanlage den Namen von
Guillermón Moncada, der im Unabhängigkeitskrieg kämpfte und 1874 hier gefangen
gehalten wurde.

Parque Histórico Abel Santamaría   PARK
(Karte S. 438; Ecke General Portuondo & Av de los
Libertadores) Auf dem heutigen Parkgelände
stand früher das Saturnino Lora Civil Hospital, das Abel Santamaría mit 60 Männern
an jenem schicksalhaften Julitag stürmte
(sie wurden später gefoltert und ermordet).
In der damaligen Escuela de Enfermeras
(Schwesternschule) fand am 16. Oktober
1953 die Gerichtsverhandlung statt, in der
sich Fidel Castro wegen des Angriffs auf die
Moncada-Kaserne verantworten musste.
Während dieser Verhandlung hielt er seine
berühmte Rede mit dem Satz „*Die Geschichte wird mich freisprechen*".

Im Park befindet sich ein Brunnen mit einem riesigen Kubus, in den die Porträts von
Abel Santamaría und José Martí eingemeißelt sind. Das aus dem Brunnen strömende
Wasser erinnert an die Niagarafälle.

**Museo-Casa Natal de Antonio
Maceo**   MUSEUM
(Karte S. 438; ☎ 22-62-37-50; Los Maceos No
207; 1 CUC$; ☉ Mo–Sa 9–17 Uhr) Das Museum
besitzt für Kuba einen hohen Stellenwert.

In dem Haus kam am 14. Juni 1845 Antonio Maceo zur Welt, ein *mulato* (Mulatte), General und Held beider Unabhängigkeitskriege. Mit Fotos und Briefen sowie einer im Kampf zerfetzten Fahne dokumentiert das Museum Höhepunkte seines Lebens. Auf Kuba ist Maceo wegen seiner Tapferkeit im Kampf als *Titán de Bronce* (Titan aus Bronze) und als der maßgebliche „Mann der Tat" bekannt.

In seinem *Protest von Baraguá* lehnte Maceo 1878 jeglichen Kompromiss mit den Kolonialbehörden ab. Lieber ging er ins Exil, als sich an die Spanier zu verkaufen. 1895 landete er mit seiner Armee an der Playa Duaba und stieß westwärts bis Pinar del Río vor. Maceo starb 1896 im Kampf.

Plaza de la Revolución   PLATZ

(Karte S. 438) Wie alle kubanischen Städte besitzt auch Santiago eine bombastische Plaza de la Revolución. Sein Platz der Revolution liegt verkehrsgünstig an der Kreuzung zweier großer Straßen. Seinen Blickfang bildet eine Reiterstatue (Karte S. 438; Plaza de la Revolución) von Antonio Maceo, dem verehrten Helden und Sohn der Stadt. Umgeben ist das Monument von 23 stilisierten, aufrecht stehenden Macheten. Unterhalb des gigantischen Sockels befindet sich ein kleines Museum, das Maceos Leben ehrfurchtsvoll dokumentiert. Weitere bemerkenswerte Bauwerke säumen den Platz, darunter das moderne Teatro José María Heredia und der Busbahnhof der Überlandbusse.

Palacio de Justicia   WAHRZEICHEN

(Karte S. 438; Ecke Av de los Libertadores & General Portuondo) Auf der dem Parque Histórico Abel Santamaría gegenüberliegenden Straßenseite steht das Gerichtsgebäude, das Kämpfer unter der Führung von Raúl Castro während des Moncada-Überfalls einnahmen. Vom Dach aus sollten sie Fidels Gruppe Feuerschutz geben, was sich dann aber durch den Gang der Ereignisse erübrigte. Zwei Monate später landeten viele von ihnen wieder in diesem Gebäude – als Angeklagte, die verurteilt und bestraft wurden.

Casa Museo de Frank y Josué País   MUSEUM

(Karte S. 438; ☎22-65-27-10; General Banderas No 226; 1 CUC$; ⊙Mo–Sa 9–17 Uhr) Die beiden jungen País-Brüder trugen wesentlich zum Erfolg der Revolution bei. Gemeinsam organisierten sie in Santiago de Cuba eine Untergrundzelle der M-26-7 (Movimiento 26 de Julio; Bewegung des 26. Juli), bis die Polizei am 30. Juli 1957 Frank ermordete. Die

🏃 Stadtspaziergang
Streifzug durch die Geschichte

START PARQUE ALAMEDA
ZIEL CUARTEL MONCADA
LÄNGE/DAUER 2 KM; 3–4 STUNDEN

Für Besucher, die zum ersten Mal in der Stadt sind, ist der Gang durch dieses Viertel so etwas wie ein Einführungsritus in das charakteristische Kolorit dieser Stadt.

Vom Startpunkt an der Bucht führt der Spaziergang hangaufwärts. Los geht es am Parque Alameda an der Durchgangsstraße gegenüber von Santiagos wenig geschäftigem Hafen. Die reizvollsten Punkte liegen östlich der Straße in dem hügeligen Viertel ➊ El Tivolí, das französisch-haitianische Exilanten in den frühen 1800er-Jahren aufbauten. Tivolí ist eines der malerischsten Viertel der Stadt. Seine Häuser mit roten Ziegeldächern und die steilen Straßen strahlen noch das Flair vergangener Zeiten aus. Vom Hafen aus geht es über die Calle Diego Palacios immer weiter bergauf bis zum ➋ Museo de la Lucha Clandestina. Vom Museum bringt die berühmte ➌ Padre-Pico-Treppe – eine in den Hang gebaute Terrakottatreppe – hinauf zur Calle Bartolomé Masó, wo es rechts zu dem luftigen ➍ Balcón de Velázquez geht, einer Aussichtsterrasse auf einer alten Festung. In früheren Zeiten inspirierte der atemberaubende Ausblick keinesfalls zur besinnlichen Ruhe; die ersten spanischen Kolonisten hielten hier voller Sorge Ausschau nach Piraten.

Um den nervenden Mopeds auszuweichen, geht es in östlicher Richtung weiter zum ➎ Parque Céspedes. An dessen Westseite liegt die ➏ Casa de Diego Velázquez mit ihren maurischen Elementen und aufwendig geschnitzten Arkaden. Sie gilt als Kubas ältestes intaktes Wohnhaus. An der Südseite des Platzes bildet die gewaltige Fassade der ➐ Catedral de Nuestra Señora de la Asunción einen imposanten Kontrast. Dieses Bauwerk wurde geplündert, niedergebrannt, von Erdbeben erschüttert und immer wieder aufgebaut, umgestaltet, restauriert und wieder geplündert. Statuen von Christoph Kolumbus und Pater Bartolomé de las Casas flankieren den Eingang.

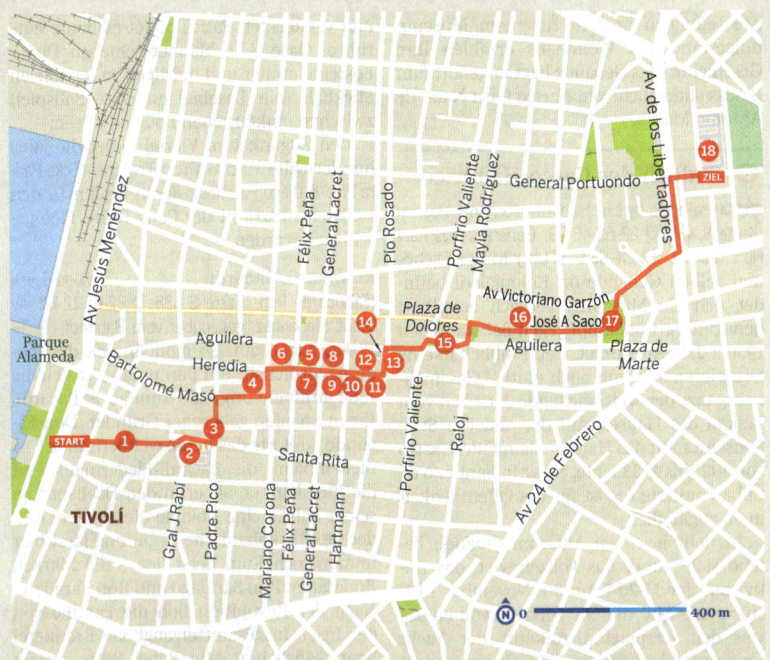

Für eine Erholungspause lockt an der südöstlichen Ecke des Platzes das **8** **Hotel Casa Granda** mit einer gemütlichen Terrassenbar. Hier stieg Graham Greene ab, als er in den 1950er-Jahren in geheimer Mission nach Kuba kam, um Fidel Castro zu interviewen. Das Interview kam nie zustande, aber immerhin schmuggelte er einen Koffer mit Kleidern zu den in den Bergen hausenden Rebellen.

Die Klänge der Musik weisen den Weg in die Calle Heredia mit ihrem morbiden Charme. In Santiagos stimmungsvollster Straße (und einer der reizvollsten auf Kuba) swingt die Atmosphäre wie in New Orleans zur Blütezeit des Jazz. Ihr Herzstück ist die berühmt-berüchtigte **9** **Casa de la Trova**.

Vorbei an Straßenständen, Zigarrenhändlern, Kontrabassspielern und zahllosen Mopeds führt die Heredia hangaufwärts zur **10** **Casa Natal de José María Heredia y Heredia**. Dieses Haus auf der rechten Straßenseite mit dem Gedicht an der Hauswand ist das Geburtshaus eines der größten Dichter Kubas. Lebende Autoren sind möglicherweise ein Stück weiter in der **11** **Uneac**, der Nationalen Union der Schriftsteller und Künstler Kubas, anzutreffen. Eine *cartelera de eventos* (Veranstaltungskalender) hängt

im Gebäude aus. Gedrucktes über weitere legendäre Helden verkauft die urige **12** **Librería la Escalere de Edy** gegenüber. Wer die nächste Straße überquert (Vorsicht, Mopeds!), kann seine Nase ins **13** **Museo del Carnaval** stecken. Ein Schwenk in die Calle Pío Rosado führt nach einem Block zur Calle Aguilera und zum **14** **Museo Municipal Emilio Bacardí Moreau** mit seinen imposanten griechischen Säulen. Von hier aus windet sich die enge Aguilera hinauf zur schattigen **15** **Plaza de Dolores**, auf der eine erstaunliche Ruhe herrscht. Parkbänke unter Bäumen laden zum Entspannen ein.

Nur einen Block weiter nach Norden liegt die **16** **Calle José A Saco**, eine steile Fußgängerzone mit Zoohandlungen und *Churro*-Verkäufern. Sie führt östlich direkt zur **17** **Plaza de Marte**, dem dritten zentralen und quirligsten Platz in der *casco histórico*.

Der Spaziergang endet an der vielleicht politisch bedeutungsvollsten Stätte von Santiago, der **18** **Cuartel Moncada**, einer ehemaligen Kaserne im Art-déco-Stil. Hier fielen 1953 die ersten Schüsse der von Fidel Castro angeführten Revolution. Heute dient sie als Schule. Erhalten blieb der hintere Bereich, er bildet heute eines der interessantesten und berührendsten Museen Kubas.

Ausstellungen in dem zu einem Museum umgewandelten Wohnhaus erzählen ihre Geschichte. Das Gebäude liegt ungefähr fünf Blocks südöstlich vom Museo Casa Natal de Antonio Maceo.

⊙ Südlich des Casco Histórico

★ Museo de la Lucha Clandestina MUSEUM

(Karte S. 438; ☏ 22-62-46-89; General Jesús Rabí No 1; 1 CUC$; ⊙ Di–So 9–17 Uhr) In dem schönen gelben Gebäude im Kolonialstil befindet sich ein Museum, das sich detailliert dem Untergrundkampf gegen Batista in den 1950er-Jahren widmet. Den Einblick in eine faszinierende, wenn auch blutige Geschichte ergänzt der weit reichende Ausblick vom Balkon des Hauses. Auf der anderen Straßenseite steht das Haus, in dem Fidel Castro von 1931 bis 1933 lebte, als er in Santiago de Cuba studierte (es ist für die Öffentlichkeit nicht zugänglich).

In dem heutigen Museumsgebäude befand sich früher das Polizeirevier, das Aktivisten der M-26-7 am 30. November 1956 stürmten. Mit diesem Angriff wollten sie von der verspäteten Ankunft der Yacht *Granma* ablenken, die Fidel Castro und 81 Mitstreiter an Bord hatte. Vom westlichen Ende der Calle Diego Palacios führt der Weg hangaufwärts zum Museum.

Parque Alameda PARK

(Karte S. 438; Av Jesús Menéndez) Der schmale Park erstreckt sich am Fuß des Stadtteils Tivolí. Ihn schmückt eine Hafenpromenade, die 1840 eröffnet und 1893 umgestaltet wurde. Seit den Verschönerungsmaßnahmen anlässlich des 500-jährigen Stadtjubiläums (2015) bildet sie das Zentrum des Malecón (Uferstraße). Vorbild für die Neugestaltung war Havannas Malecón. Auch mit Palmen, einem Kinderspielplatz und öffentlichem WLAN wartet der Parque Alameda auf. Am nördlichen Ende des Parks befinden sich der alte Uhrturm, die *aduana* (das Zollamt) und eine Zigarrenfabrik. Mit ihrer schicken Architektur, der frischen Meeresluft und ein wenig Hafenflair lädt die Promenade zu einem angenehmen Spaziergang ein.

Tivolí STADTVIERTEL

(Karte S. 438) Santiagos altes französisches Viertel wurde erstmals Ende des 18./Anfang des 19. Jhs. von französischen Kolonialisten aus Haita besiedelt. Es liegt an einem Südhang mit Ausblick auf den glitzernden Hafen. Mit seinen roten Ziegelsteindächern und versteckten Patios bildet es heute eine ruhige Oase. Alte Männer schieben Dominosteine umher und quirlige Kinder spielen Stickball (ein baseballähnliches Ballspiel) zwischen pinkfarbenen Bougainvilleen.

Den Zugang zum Viertel bildet die jahrhundertealte **Padre-Pico-Treppe** (Ecke Padre Pico & Diego Palacios), deren Stufen in den steilsten Abschnitt der Calle Padre Pico geschlagen wurden.

Rumfabrik Bacardí WAHRZEICHEN

(Fábrica de Ron; Karte S. 438; ☏ 22-65-12-12; Av Jesús Menéndez, gegenüber vom Bahnhof; ⊙ 9–18 Uhr) Nicht ganz so mondän wie der moderne Firmensitz auf Bermuda zeigt sich die 1868 eröffnete originale Rumfabrik Bacardí. Ihr in Spanien geborener Gründer, Don Facundo, kreierte das heute weltberühmte Firmenemblem: die Bacardí-Fledermaus. Auf die Idee kam er, als er in den Dachsparren seiner Fabrik eine Kolonie dieser Tiere entdeckte. Die kubanische Regierung lässt hier immer noch Rum herstellen – die Marken Ron Caney, Ron Santiago und Ron Varadero. Nach der Revolution floh die Familie von der Insel. Insgesamt erzeugt die Brennerei heute jährlich 9 Mio. Liter Rum, wovon 70 % exportiert werden. Führungen durch die Fabrik sind nicht möglich, aber der Barrita de Ron Havana Club, eine zur Fabrik gehörende Touristenbar neben der Fabrik, verkauft Rum und bietet Verkostungen an. Gegenüber vom Bahnhof verkündet eine Plakatwand Santiagos heutigen Schlachtruf: *Rebelde ayer, hospitalaria hoy, heroica siempre* (Gestern rebellisch, heute gastfreundlich, allzeit heldenhaft).

⊙ Vista Alegre

Museo de la Imagen MUSEUM

(Karte S. 438; ☏ 22-64-22-34; Calle 8 No 106; 1 CUC$; ⊙ Mo–Fr 9–17, Sa & So 14–17 Uhr) Das Museum bietet eine kurze, aber faszinierende Zeitreise durch die Geschichte der kubanischen Fotografie von Kodak bis Korda. Zu den Exponaten zählen kleine Spionagekameras der CIA sowie zahlreiche historische und zeitgenössische Fotos. Auch eine Sammlung seltener Dokumentarfilme und anderer Filme wird hier gehütet.

Palacio de Pioneros WAHRZEICHEN

(Karte S. 438; ☏ 22-64-22-18; Ecke Av Manduley & Calle 11) Die außergewöhnliche, zwischen 1906 und 1910 erbaute Villa war einst das größte und opulenteste Herrenhaus in

CUARTEL MONCADA – 26. JULI 1953

Ein ruhmreicher Aufruf zu den Waffen oder ein schlecht inszenierter Putsch? Dem 1953 erfolgten Angriff auf die Moncada-Kaserne in Santiago mangelte es nicht an kühnem Draufgängertum. Um ein Haar zerstörte er jedoch Fidel Castros aufkeimende revolutionäre Bewegung, noch bevor die Tinte auf dem Manifest getrocknet war.

Batistas Staatsstreich von 1952 machte Castros politischen Plänen einen Strich durch die Rechnung. Die Wahlen, bei denen Castro für die Orthodoxe Partei kandidieren wollte, fielen aus. Kurzerhand beschloss er, auf direkterem Weg die Macht zu erlangen, indem er die Wahlurne mit dem Gewehr vertauschte.

Fidel scharte 116 Männer und zwei Frauen aus Havanna und Umgebung um sich – handverlesen und gut trainiert. Gemeinsam mit seinem getreuen Leutnant Abel Santamaría schmiedete der kampflustige Fidel einen Plan, der einer strengen Geheimhaltung unterlag. Sogar Fidels jüngerer Bruder Raúl wurde anfangs nicht eingeweiht.

Castro plante, den Cuartel Moncada zu stürmen. Die weitläufige Kaserne in Santiago blickte auf eine schäbige Geschichte als spanisches Gefängnis zurück. Statt die Macht sofort an sich zu reißen, verfolgte Castro jedoch einen klügeren Plan. Er beabsichtigte, erst einmal ausreichend Munition für eine Flucht in die Sierra Maestra zu erbeuten. Von den Bergen aus wollten er und Santamaría dann einen größeren Volksaufstand gegen Batistas bösartige, von der Mafia unterstützte Regierung anführen.

Castro wählte den Cuartel Moncada aus, weil es die zweitgrößte Kaserne des Landes war. Außerdem lag sie weit genug von Havanna entfernt, sodass er mit einer relativ schwachen Verteidigung rechnen konnte. Genauso durchdacht legte er den Angriff auf den 26. Juli, den Tag nach Santiagos jährlichem Karneval. Im Anschluss an die Feiern und wüsten Gelage würden sowohl die Polizei als auch die Soldaten müde und verkatert sein.

Doch am Tag des Angriffs ging von Anfang an alles schief. Dazu trug die strikte Geheimhaltung des Plans einiges bei. Die angeheuerten Mitstreiter versammelten sich in einem ruhigen Bauernhaus unweit des Dorfes Siboney. Erst dort erfuhren sie, dass sie auf bewaffnete Soldaten schießen sollten, worauf sie nervös und unwillig reagierten. Als der Konvoi schließlich um 5 Uhr morgens aufbrach, stellte sich die nächste Schwierigkeit ein: Unter den Kämpfern befand sich nur ein einziger *santiagüero* (Einwohner der Stadt Santiago), ein 18-jähriger Junkie namens Renato Guitart. Die anderen kamen aus der Region Havanna und kannten sich in Santiagos komplexem Straßennetz überhaupt nicht aus. Prompt verirrten sich zwei Wagen und blieben eine ganze Weile verschwunden.

Als der Angriff endlich begonnen hatte, dauerte er gerade einmal zehn Minuten und das ganze Vorhaben stand kurz vor einem Debakel. Die Angreifer hatten sich in drei Gruppen aufgeteilt: Raúl Castro stürmte mit einem größeren Trupp den benachbarten Palacio de Justicia, Abel Santamaría griff mit seiner kleineren Gruppe das nahe Militärkrankenhaus an, während die größte Gruppe unter Fidel Castros Führung versuchte, in die Kaserne einzudringen.

Die beiden kleineren Gruppen waren anfangs erfolgreich. Gar nicht gut lief es bei Fidel und seinem mit gestohlenen Militäruniformen nur unzulänglich verkleideten Trupp. Eine Wachpatrouille entdeckte den Konvoi bereits vor der Kaserne und nur ein Wagen schaffte es auf das Kasernengelände, bevor der Alarm losging.

Als in dem darauffolgenden Chaos beim Schusswechsel fünf Rebellen ums Leben kamen, sah sich Fidel geschlagen und befahl den ungeordneten Rückzug. Auch Raúls Gruppe gelang die Flucht. Doch die Gruppe im Krankenhaus wurde samt Abel Santamaría gefangen genommen, gefoltert und hingerichtet. Fidel floh in die Berge, wurde aber wenige Tage später gefasst. Dank der Öffentlichkeit, die auf die brutalen Hinrichtungen mit Abscheu reagiert hatte, blieb Fidels Leben verschont.

Hätte die Revolution nicht den Sieg davongetragen, wäre dieser chaotische Aufstandsversuch allenfalls als militärischer Reinfall in die Geschichte eingegangen. Jedoch im Licht der Revolution von 1959 betrachtet, gilt er als der erste ruhmreiche Coup auf dem Weg zur Macht.

Die Aktion lieferte Fidel die bitter benötigte politische Bühne. In seinem anschließenden Gerichtsverfahren posaunte er zuversichtlich: „Die Geschichte wird mich freisprechen." – was sechs Jahre später auch tatsächlich geschah.

PROVINZ SANTIAGO DE CUBA

Casco Histórico Santiago de Cuba

Casco Histórico Santiago de Cuba

Santiago. Seit 1974 beherbergt das Gebäude ein Förderzentrum für junge Pioniere *(pioneros)*. Im Garten steht ein altes MiG-Kampfflugzeug, auf dem die jüngeren Pioniere spielen.

Loma de San Juan DENKMAL
(Karte S. 438; San-Juan-Hügel) Der spätere amerikanische Präsident Teddy Roosevelt erntete den Ruhm für einen berühmten Sieg der Vereinigten Staaten über die Spanier auf diesem kleinen Hügel. Mit den legendären Rough Riders (einem Freiwilligen-Kavallerieregiment) an seiner Seite hat Roosevelt angeblich einen mutigen Kavallerieangriff an der Loma de San Juan angeführt, der schließlich zum Sieg führte. Das hübsch gepflegte Gelände auf der Loma de San Juan, das an das heutige Motel San Juan angrenzt, war am 1. Juli 1898 Schauplatz der einzigen Landschlacht im Spanisch-Amerikanischen-Krieg.

In Wirklichkeit aber bestehen Zweifel, ob Roosevelt in Santiago überhaupt auf sein Pferd stieg, während die angeblich ahnungslose spanische Garnison – zahlenmäßig 1:10 unterlegen – es schaffte, 24 Stunden lang mehr als 6000 amerikanische Soldaten abzuwehren.

Kanonen, Schützengräben und zahlreiche Denkmäler „zieren" die elegante Gartenanlage, darunter auch die Bronzefigur eines

Rough Rider. Das einzige Zugeständnis an die Präsenz der Kubaner ist das relativ dezente Denkmal eines unbekannten Mambí-Soldaten.

José María Heredia y Heredia Statue
DENKMAL

(Karte S. 438; Ecke Av Manduley & Calle 13) Im Kreisverkehr Ecke Avenida Manduley und Calle 13 steht auf der Mittelinsel eine beeindruckende Marmorstatue des Dichters José María de Heredia.

⊙ Rund um Santiago de Cuba

★ Castillo de San Pedro de la Roca del Morro
FESTUNG

(El Morro; Karte S. 466; ☑ 22-69-15-69; 5 CUC$; ☺ 9–19 Uhr; ♿) Rund 10 km südwestlich der Stadt thront die Festung San Pedro unbezwingbar auf den 60 m hohen Felsen der Landspitze an Santiagos Hafeneinfahrt. Seit 1997 zählt die Festung zum Unesco-Welterbe. Von der oberen Terrasse reicht der faszinierende Blick über Santiagos wildwestartige Küstenlandschaft bis hin zu den grünen Höhenzügen der Sierra Maestra im Hintergrund.

1587 entwarf der berühmte italienische Militäringenieur Giovanni Bautista Antonelli die Baupläne für die Festung (er plante auch die Festungen La Punta und El Morro in Havanna). Die Festungsanlage sollte Santiago vor plündernden Piraten schützen, damit sich die 1554 erfolgte Plünderung der Stadt nicht wiederholte. Finanzielle Schwierigkeiten verzögerten jedoch den Baubeginn bis 1633 (17 Jahre nach Antonellis Tod). Durch zahlreiche Unterbrechungen kam der Bau aber auch in den darauffolgenden 60 Jahren nur langsam voran. Zwischendrin überfiel der britische Freibeuter Henry Morgan die Festung und zerstörte sie teilweise.

In den frühen 1700er-Jahren war die Festungsanlage endlich fertiggestellt. Für ihre massiven Geschütz- und Verteidigungsstellungen, Arsenale und Mauern ergab sich jedoch kaum mehr eine Gelegenheit, ihren ursprünglichen Zweck zu erfüllen. Mit dem Niedergang des Piratenzeitalters wurde die Festung in den 1800er-Jahren in ein Gefängnis umgewandelt. Abgesehen von einer kurzen Unterbrechung während des Spanisch-Amerikanischen Krieges erfüllte sie diese Funktion über eine lange Zeit. Erst Ende der 1960er-Jahre erstellte der kubanische Architekt Francisco Prat Puig einen Restaurierungsplan.

Heute beherbergt die Festung das von Piratenabenteuern inspirierte Museo de Piratería. Darüber hinaus widmet sich einer der Ausstellungsräume der spanisch-amerikanischen Seeschlacht, die 1898 in der Bucht stattfand.

Wie auf der Festung El Morro in Havanna findet jeden Tag bei Sonnenuntergang eine Cañonazo-Zeremonie (Kanonenschuss-Zeremonie) statt, bei der die Akteure die Kluft der Mambises (kubanische Freiheitskämpfer gegen Spanien im 19. Jh.) tragen.

Wer vom Stadtzentrum aus zur El Morro möchte, fährt mit dem Bus 212 nach Ciudamar. Von hier aus geht es zu Fuß weiter bis zur Festung, was ungefähr 20 Minuten dauert. Die Alternative ist eine Taxirundfahrt ab dem Parque Céspedes, die inklusive Wartezeit nicht mehr als 25 CUC$ kostet.

★ Cementerio Santa Ifigenia
FRIEDHOF

(Karte S. 438; Av Crombet; 3 CUC$; ☺ 8–18 Uhr) Der Cementerio Santa Ifigenia schmiegt sich friedvoll an den westlichen Stadtrand. Neben Havannas Necrópolis Cristóbal Colón (S. 87) ist dies der bedeutendste und imposanteste Friedhof auf Kuba. Angelegt wurde der Friedhof im Jahr 1868 als letzte Ruhestätte für die Opfer des Kubanischen Unabhängigkeitskrieges und die Toten der damals gleichzeitig ausbrechenden Gelbfieberepidemie. In seinen mehr als 8000 Gräbern ruhen zahlreiche historische Persönlichkeiten. Besonders bemerkenswert sind das Mausoleum von José Martí und das Grab von Fidel Castro.

Zu entdecken sind hier so berühmte Namen wie Tomás Estrada Palma (1835–1908), Kubas in Ungnade gefallener erster Präsident, Emilio Bacardí y Moreau (1844–1922), Mitglied der berühmten Rumfabrikanten-Dynastie, sowie María Grajales, die Witwe des Unabhängigkeitshelden Antonio Maceo, und Mariana Grajales, Maceos Mutter. Außerdem liegen hier elf der 31 Generäle des Unabhängigkeitskampfes sowie die spanischen Soldaten, die in den Schlachten auf dem San-Juan-Hügel und von Caney starben. Ihre letzte Ruhestätte fanden hier auch die „Märtyrer" des Angriffs auf die Moncada-Kaserne 1953 sowie die M-26-7-Aktivisten Frank und Josué País ebenso wie der Vater der kubanischen Unabhängigkeit Carlos Manuel de Céspedes (1819–1874). 2003 wurde hier auch der international berühmte und äußerst beliebte Buena-Vista-Social-Club-Musiker Compay Segundo (1907–2003) beigesetzt.

Viele Besucher kommen vor allem wegen des beinahe religiös anmutenden Mausoleums des Nationalhelden José Martís (1853–1895). Das sechseckige Grabmal wurde 1951 während der Batista-Ära errichtet und so angelegt, dass die Sonne jeden Tag auf Martís Holzsarg fällt, der würdevoll in eine kubanische Flagge gehüllt ist. Auf diese Weise folgte man einem Gedicht des Nationalhelden, in dem er sagt, er wolle nicht wie ein Verräter im Dunkeln sterben, sondern mit dem Gesicht in der Sonne. Das Mausoleum wird rund um die Uhr bewacht, alle 30 Min. findet eine pompöse Wachwechsel-Zeremonie statt.

Ende 2016 fand der nun berühmteste Grabbewohner des Friedhofs neben seinem Helden José Martí seine letzte Ruhe: Fidel Alejandro Castro Ruz (1926–2016). Im Gedenken an Castros revolutionäre „Karawane der Freiheit" von 1959 wurde seine Asche auf der umgekehrten Route in einem Trauerzug von Havanna nach Santiago gebracht. Die Beisetzung der Urne auf dem Cementerio Santa Ifigenia fand am 4. Dezember 2016 in einem kleinen Rahmen mit 21 Böllerschüssen und ohne Reden statt. Bekanntermaßen hat Castro verfügt, jegliche Ehrungen seiner Person nach seinem Tode zu unterlassen, seien es Statuen oder die Benennung von Straßen usw. Daher besteht sein Grabmal aus einem schlichten, großen Felsblock mit einer Grabplatte, auf der nur der Name „Fidel" steht.

Pferdekutschen fahren entlang der Avenida Jesús Menéndez vom Parque Alameda zum Cementerio Santa Ifigenia. Wer diese Strecke zu Fuß gehen möchte, muss sich auf einen langen Spaziergang einstellen.

Jardín de los Helechos GÄRTEN

(Karte S. 466; ☎ 22-60-83-35; Carretera de El Caney No 129; 3 CUC\$; ⊙ Mo–Fr 9–17 Uhr) Mit seinen 350 Farn- und 90 Orchideenarten bildet der beschauliche Jardín de los Helechos eine üppig bewachsene Oase. Ursprünglich gehörte die Pflanzensammlung einem Privatmann, dem *santiagüero* Manuel Caluff, der sie dann samt dem 3000 m² großen Garten 1984 der Academia de Ciencias de Cuba (Kubas Akademie der Wissenschaften) schenkte. Seither hegt und pflegt die Akademie die berauschend schöne Pflanzenpracht. In der Mitte des Gartens lädt ein dichter Hain mit Parkbänken zum Ausruhen ein.

Die beste Zeit, um die Orchideen in ihrer vollen Schönheit zu sehen, ist November bis Januar. Die Buslinie 5 (20 Centavos), die von der Plaza de Marte im Zentrum Santiagos abfährt, hält am Jardín de los Helechos. Die Alternativen sind ein Taxi oder ein Spaziergang. Der Garten liegt nur 2 km von der Innenstadt an der Straße nach El Caney.

Cayo Granma INSEL

Auf Cayo Granma, einer märchenhaft schönen kleinen Insel an den Ausläufern der Bucht, lebt eine traditionelle Fischergemeinde. Viele ihrer mit roten Ziegeln gedeckten Holzhäuser stehen auf Pfählen über dem Wasser. Von der Inselküste bis zu der kleinen, weiß angestrichenen **Iglesia de San Rafael** auf dem höchsten Punkt ist es nur ein kurzer Weg. Und es dauert nur 15 Min., zu Fuß die gesamte Insel zu umrunden.

Das Beste an diesem Eiland: Besucher können hier einfach mal die Seele baumeln lassen und ein wenig echtes Kuba-Flair aufsaugen. Außer dem Restaurante El Cayo am Fischerhafen gibt es noch auf der anderen Seite der Insel das Restaurant Palmares in einem Schindelhaus, das auf Pfählen stehend ins Wasser ragt.

Man erreicht die Insel mit der regulären Fähre, die alle 1 bis 1½ Std. von Punta Gorda direkt unterhalb der Festung El Morro abfährt. Unterwegs legt die Fähre in La Socapa an. Die Ortschaft liegt noch auf dem Festland an der Westküste der Bahia de Santiago. In ihrer unmittelbaren Umgebung finden sich einige schöne Badestrände.

 Aktivitäten

Calle José A Saco SPAZIERGANG

(Karte S. 438) Die Straße ist eine Fußgängerzone und reicht von der Plaza de Marte bis zum Paseo Alameda am Hafen. Scharen an Einheimischen durchstöbern hier die Geschäfte und besuchen die Restaurants.

Auch ein Schlenker zur verkehrsfreien Tamayo Fleites (aka Callejon del Carmen) lohnt sich. In der nur drei Blocks langen Seitengasse zwischen der Calle Felix Peña und der Calle Pío Rosado gibt es Läden mit Kunsthandwerk und Souvenirs.

Ecotur BERGWANDERN

(Karte S. 448; ☎ 22-68-72-79; General Lacret No 701, Ecke Hartmann) Ist die beste Adresse für geführte Wanderungen auf den Gipfel des Pico Turquino.

Kurse

Kursangebote von Architektur bis Musik, offiziell oder privat organisiert, bietet Santiago in Hülle und Fülle. Interessierte Besucher können sich im Voraus anmelden oder auch spontan nach ihrer Ankunft in Santiago in einen Kurs einsteigen.

Ballet Folklórico Cutumba MUSIK, TANZ

(Karte S. 438; Teatro Galaxia, Ecke Av 24 de Febrero & Av Valeriano Hierrezuelo) Santiagos *Folklórico*-Gruppen sind ausgesprochen vielseitig und geben auch Einzel- oder Gruppenunterricht in Tanz und Percussion. Empfehlenswert sind z. B. das Cutumba-Ensemble, das häufig im Hotel las Américas (S. 456) auftritt, und die Gruppe Conjunto Folklórico de Oriente (S. 461).

Casa del Caribe MUSIK, TANZ

(Karte S. 438; ☎ 22-64-22-85; Calle 13 No 154) Die Casa gewährt einen facettenreichen Einblick in die Santería (afrokubanische Religion) und die kubanische Folklore. Auf ihrem Programm stehen auch Conga-, *Son*- und Salsakurse für 10 CUC$ pro Stunde. Auf Wunsch arrangiert der ortsansässige Mitarbeiter Juan Eduardo Castillo auch Percussionunterricht. Fans der afrokubanischen Religion und Kultur können in Fachkursen auch tiefer gehende Einblicke gewinnen. Die Lehrer in der Casa del Caribe sind Experten und sehr flexibel.

UniversiTUR SPRACHE

(Karte S. 438; ☎ 22-64-31-86; www.uo.edu.cu; Universidad de Oriente, Ecke Calle L & Ampliación de Terrazas) Das Institut bietet Spanischkurse an. Die Monatsgebühren für einen 60-stündigen Kurs (3 Std. tgl., 5 Tage pro Woche) beginnen bei 280 CUC$.

Feste & Events

Nur wenige Städte können mit der Vielfalt und Lebendigkeit der jährlichen Festivals von Santiago de Cuba konkurrieren.

★ Karneval KULTUR, MUSIK

(☻Juli) Der Karneval von Santiago de Cuba ist eines größten und authentischsten Karnevalsfeste in der Karibik. Das Spektakel mit fantasievollen Kostümen, Imbissbuden und Musik läuft rund um die Uhr. Die ganze Stadt ist auf den Beinen und feiert ausgelassen in den Straßen.

★ Fiesta del Fuego KULTUR

(☻Anfang Juli) Kurz vor dem Karneval geht es Anfang Juli bei der Fiesta del Fuego (Feuerfest) im wahrsten Sinn feurig zu: Eines des Highlights des Festes ist eine Zeremonie, bei der unter dem Jubel der Menge der Teufel auf dem Malecón verbrannt wird.

Fiesta de San Juan KULTUR

(☻24. Juni) Die Fiesta de San Juan eröffnet die Sommersaison mit Prozessionen und Congatänzen. Kulturverbände, die sogenannten *focos culturales* (Brennpunkt Kultur), organisieren dieses Spektakel.

Festival Internacional Matamoros Son MUSIK

(☻Okt.) Mit Tanzaufführungen, Vorträgen, Konzerten und Workshops ehrt Santiago de Cuba Ende Oktober eine der Musikgrößen der Stadt: Miguel Matamoros,. Zu den Hauptschauplätzen zählen die Casa de la Trova (S. 461) und das Teatro José María Heredia (S. 463).

Festival Internacional de Coros MUSIC

(☻Nov.) Ende November fördert das Chor-Festival mit internationalen stimmgewaltigen Chören den Kulturaustausch und den musikalischen Horizont.

Festival del Caribe KULTUR

(☻Juli) Das Festival del Caribe (Fest der karibischen Kulturen) findet im Juli gemeinsam mit der Fiesta del Fuego statt. Das Gespann stimmt auf den kurz darauffolgenden Karneval ein.

Boleros de Oro MUSIK

(☻Juni) Das Schnulzenspektakel der Bolero-Sänger wird von Mitte bis Ende Juni in mehreren Städten des Landes inszeniert.

🛏 Schlafen

★ Roy's Terrace Inn CASA PARTICULAR $

(Karte S. 448; ☎ 22-62-05-22; roysterraceinn@ gmail.com; Diego Palacios No 177, zwischen Padre Pico & Mariano Corona; Zi 35 CUC$; 🅿❄🛜) Von der im Stil eines hängenden Gartens angelegten Dachterrasse über Wandgemälde bis hin zu den makellosen Zimmern stimmt hier alles bis ins Detail. Geführt wird die Spitzenunterkunft von einem engagierten Team aus weitgereisten Kubanern und einheimischen „Mamas", die mit ihrer Herzlichkeit und Kochkunst die Gäste umgarnen. Die Zimmer sind modern ausgestattet, inklusive Fernseher, Haartrockner und Informationsmaterialien. Ein Highlight ist der Service – das Personal spricht neben Spanisch auch Englisch, Französisch und ein wenig Deutsch.

Bei der Tischreservierung in dem kleinen Dachterrassenrestaurant haben die Gäste des Hauses Vorrang. Diese Unterkunft ist wirklich empfehlenswert.

KARNEVAL: EINE NÄRRISCHE GESCHICHTE

Im Juli feiert die Stadt ihren Karneval – eines der größten und authentischsten Karnevalsfeste der Karibik. Santiagos kulturelle Vielfalt garantiert ein dröhnendes Spektakel mit einem Kaleidoskop an Kostümen und unzähligen Imbissständen. Musik und Lärm reichen aus, um Tote aufzuwecken. Wer Sommerhitze, Gedränge und ein bisschen Halsrenken, um auch ja alles zu sehen, in Kauf nimmt, erlebt einen Karneval vom Feinsten.

In den meisten lateinamerikanischen und vielen anderen Ländern wird mit dem Karneval die Zeit vor der christlichen Fastenzeit (Aschermittwoch bis Ostern) gefeiert. Im Gegensatz dazu basieren Santiagos karnevalistische Aktivitäten nicht auf diesem religiösen Brauch. Hier geschieht das närrische Treiben, die *fiestas de las mamarrachos* (Feste der Einfaltspinsel oder Narren, kurz *mamarrachos* genannt), an einzelnen Tagen rund um die Namenstage von Heiligen wie dem hl. Johannes (24. Juni) oder der hl. Anna (26. Juli), aber ohne tiefer gehenden religiösen Bezug. Ursprünglich dienten diese Feste dazu, den Arbeitern nach der langen Zuckerrohrernte (Januar bis Mai) etwas Freizeitvergnügen zu verschaffen. In früheren Zeiten hießen sie sogar *festivales de las clases bajas* (Feste der Unterschicht).

Während der spanischen Kolonialzeit tolerierten die Machthaber die Festivitäten mit dem Hintergedanken, solche Vergnügungen würden die Armen von ernster zu nehmenden rebellischen Vorhaben abhalten. Sehr schnell wurde „Carnaval" mit Ausschweifungen und Skandal gleichgesetzt. Ironie der Geschichte: Heute erreicht Santiagos Karneval seinen Höhepunkt am Día de la Rebeldía Nacional (26. Juli), dem Nationalfeiertag zu Ehren der berühmtesten (wenn auch fehlgeschlagenen) Rebellion auf Kuba, dem Angriff auf die Moncada-Kaserne.

Die Glanzzeit von Santiagos Karneval lag im späten 19. Jh., allerdings waren die Festivitäten damals nur als *mamarrachos* bekannt – ein Synonym für „Feste, auf denen alles geht". Zu den damaligen Vergnügen zählten Pferderennen, riesige Freudenfeuer, Essensschlachten, Ströme an Alkohol und *cantos de pullas* (Spottlieder) sowie das, was die Spanier als lüsternes Tanzen bezeichneten.

Heute geht es auf Santiagos Karneval gemäßigter zu: nun ja, ein wenig. Besonders sehenswert sind die Paraden der *comparsas* (Musik- und Tanzgruppen), die in ihrem Ursprung satirische oder sogar gegen die Obrigkeit gerichtete Elemente aufwiesen. Sie sind unterteilt in *congas* und *paseos*. *Congas* sind einfacher, aber sehr temperamentvolle Darbietungen, die ärmere Leute in großen Gruppen mit einer etwas wahnsinnig wirkenden Percussion bestreiten. Ausgefeilter zeigen sich die *paseos*, die u. a. mit ihren aufwendig gestalteten Pferdewagen an die Karnevalsumzüge in Europa erinnern. Schauplatz der Paraden ist Santiagos frisch herausgeputzter Malecón.

Santiagos Museo del Carnaval (S. 441) vermittelt einen Einblick in die kulturellen Hintergründe und die Geschichte des hiesigen Karnevals.

Casa Colonial 1893 CASA PARTICULAR $
(Karte S. 448; ☎ 22-62-24-70; casacolonial1893@gmail.com; Hechavarría No 301; Zi 25–30 CUC$; ❄) Die sieben Zimmer in dem hübschen Haus im gut erhaltenen Kolonialstil liegen rund um einen großen Innenhof mit originalen Bodenfliesen. Sämtliche Bettüberwürfe bestehen aus Satin. Abseits der Gäste befindet sich der Aufenthaltsbereich der Familie im Vorderzimmer hinter einer Trennwand. Manche mag das etwas irritieren, aber es ist nichts Ungewöhnliches in *casas particulares*, in denen die Zimmervermietung für das Haushaltseinkommen eine wichtige Rolle spielt.

Casa Señora Inalvis CASA PARTICULAR $
(Karte S. 438; ☎ 22-65-11-13, 53-08-80-20; nalviscasado@nauta.cu; Calle 6ta No 660; Zi 25–30 CUC$; ❄) In einer für Besucher günstig gelegenen Gegend nahe des Hotel Meliá Santiago de Cuba bietet das gemütliche Vorstadthaus nur ein paar Zimmer sowie eine schattige Veranda auf der Rückseite des Hauses. Die Hausherrin Señora Inalvis, eine ehemalige Journalistin und ein wahrer Schatz, verfügt über nützliche Informationen und ist außerordentlich zuvorkommende, hilfsbereit und bietet ihren Gästen immer gleich einen erfrischenden Saft oder eine Tasse Kaffee an.

Casa Milena
CASA PARTICULAR $

(Karte S. 448; ☎ 22-62-88-22, mobil 53-19-58-14; penelope1212@nauta.cu; Heredia No 306; Zi 25–30 CUC$; ✿) Das gastfreundliche Haus im Kolonialstil liegt direkt im Herzen der Straße, die für ihre Livemusik-Szene bekannt ist. In dem Wohnhaus einer Familie stehen drei riesige Gästezimmer zur Verfügung. Die Unterkunft ist sehr sauber und liegt zentral.

Casa Terraza Pavo Real
CASA PARTICULAR $

(Karte S. 448; ☎ 22-65-85-89; juanmarti13@yahoo.es; Santa Rita No 302, Ecke San Félix; Zi 25–30 CUC$; ✿☎) Mit seiner Fülle an Antikmöbeln, die vitrales (Buntglasfenstern), die den Lichteinfall dämpfen, und den Wendeltreppen wirkt das sorgfältig gepflegte Wohnhaus von Juan Martí fast wie ein Palast. Die Krönung sind ein riesiger Innenhof mit einem beruhigend plätschernden Springbrunnen und Alhambra-Flair sowie eine sehr große Dachterrasse mit exotischen Orchideen. Kein so gutes Gefühl dürften viele bei den Volieren mit tropischen Vögeln und Pfauen haben. Bemerkenswert sind die Brotaufstriche beim Frühstück.

Casa Nelson y Deisy
CASA PARTICULAR $

(Karte S. 448; ☎ 22-65-63-72, mobile 53-65-81-33; casanelsonydeysi@yahoo.es; Donato Marmol No 476 1/2; Zi 20–25 CUC$; ✿) Weiße Elemente schmücken das gepflegte moderne Haus im kolonialen Kern der Stadt. In dem renovierten Gebäude gibt es drei hübsche Zimmer sowie eine separate Terrasse für die Gäste. Nelson und Deisy sind berühmt für ihre Kochkünste. Die beiden bieten ausgezeichnete vegetarische Kost, erfrischende Cocktails und einen überaus freundlichen Service.

Casa Lola
CASA PARTICULAR $

(Karte S. 438; ☎ 22-65-41-20; Mariano Corona No 309, zwischen General Portuondo & Miguel Gómez; Zi 20–25 CUC$; ✿) Wer braucht bei dem großen Garten mit Pavillon noch die Plaza zum Chillen? Beim Service scheuen die jungen Gastgeber keine Mühen. Die Zimmer sind schlicht, aber sauber und eines hat einen großen Balkon mit Blick auf die Straße. Da die Straßen in der Umgebung schlecht beleuchtet sind, könnte der nächtliche Heimweg nach einem Kneipenbesuch nicht ganz reibungslos laufen werden. Beste Lösung: ein Taxi nehmen.

Casa Colonial „Maruchi"
CASA PARTICULAR $

(Karte S. 438; ☎ 22-62-07-67, mobile 52-61-37-91; maruchib@yahoo.es; Hartmann No 357, zwischen General Portuondo & Máximo Gómez; Zi 30 CUC$; ✿) In dem Haus im Kolonialstil des 19. Jhs. mit Backsteinwänden und museumswürdigen Möbeln dreht sich alles um die Santería: Es ist eine Art „Santería-Tempel". In den drei Gästezimmern stehen Messingbetten mit Quilts. Das Zimmer im ersten Stock bietet die meiste Privatsphäre. Hier begegnet man den unterschiedlichsten Menschen, darunter santeros (Santería-Priester), Rucksackreisende oder ausländische Studenten, die eine Doktorarbeit zum Thema Regla de Ocha schreiben. Da im „Maruchi" ein umfassendes Wissen über afrokubanische Religionen vorhanden ist, werden auch Vorträge organisiert.
Das Essen schmeckt vorzüglich und der üppig begrünte Innenhof ist wunderschön.

Hotel Libertad
HOTEL $

(Karte S. 448; ☎ 22-62-77-10; reserva@libertad.tur.cu; Aguilera No 658; EZ/DZ 61/66 CUC$; ✿@☎) Das Hotel gehört zu der preisgünstigen kubanischen Hotelkette Islazul. Doch mit diesem schönen Gebäude im Kolonialstil an der Plaza de Marte durchbricht das Unternehmen seine obsessive Vorliebe für sowjetisch inspirierte Betonklötze. Einen Pluspunkt verdient auch das Personal. Die sauberen, teilweise etwas dunklen 17 Zimmer haben hohe Decken, aber die Einzelzimmer sind klein. Das Hotel geht neue, wenn auch etwas skurrile Wege. So müssen Gäste sich nicht wundern, wenn in der Eingangshalle chinesische Händler aus Koffern heraus Kleidung verkaufen.
Das hübsche Restaurant an der Straßenseite verursacht eine weitaus geringere Lärmkulisse als der Club auf der Dachterrasse – bedenkenswert, wenn man bereits vor ein Uhr nachts schlafen möchte.

Casa Yoyi
CASA PARTICULAR $

(Karte S. 438; ☎ 22-62-31-66; eulogiadelosmilagros@nauta.cu; Mariano Corona No 54; Zi 25–30 CUC$; ✿) Zehn Fußminuten vom Stadtzentrum entfernt bietet die hübsche Casa Yoyi im Stadtviertel Los Hoyos ein modernes und ruhiges Ambiente. Ihre großen Zimmer und ein Apartment liegen im ersten Stock und sind mit einem Flachbildfernseher sowie bunten Blumendrucken ausgestattet. Sofern möglich, sollte man sich vor dem Einchecken mehrere Zimmer anschauen, da die Qualität der Betten unterschiedlich ist – manche hängen durch. Richtig toll ist die Dachterrasse. Das Personal spricht auch Englisch und Russisch.

Casa Mili

CASA PARTICULAR $

(Karte S. 438; ☎ 22-66-74-56; mileidis.rodriguez@
nauta.cu; Calle 8 No 156, zwischen Av 5 & 7; Zi inkl.
Frühstück 25 CUC$; ❄) Wer das aberwitzige
Mopedgeknatter im Stadtzentrum nicht er-
trägt, kann in die Casa Mili entfliehen. Das
geräumige Haus mit hübschem Säulenein-
gang, hohen Räumen und blitzblanken Fuß-
böden liegt im ruhigen Wohnviertel Vista
Alegre. Clara, die resolute Hausherrin, bietet ihren Gästen fünf Zimmer und ein großes Wohnzimmer. Das Zimmer hinter dem
Innenhof gewährt mehr Privatsphäre als die
anderen.

Villa Gaviota

HOTEL $

(Karte S. 394; ☎ 22-64-13-70; jefe.recepcion@
gaviota.co.cu; Calle 21, Vista Alegre; EZ/DZ 38/
50 CUC$; P❄☷) Santiagos stiller Stadtteil
Vista Alegre eine Oase der Ruhe – oder eine
Art Geisterstadt. Verteilt auf dem Gelände
der eigenartigen Villa Gaviota liegen etliche
attraktive Unterkünfte und Apartments mit
Minimalausstattung. Weitläufige Grünanla-
gen sorgen für eine abgeschiedene, private
Atmosphäre. Die Preise sind relativ günstig,
nur der Service kann manchmal quälend
langsam sein.

Zu den Einrichtungen zählen ein Swimmingpool, ein Bar-Restaurant, ein Billard-
zimmer und eine Wäscherei.

Hotel Balcón del Caribe

HOTEL $

(Karte S. 466; ☎ 22-69-10-11, 22-69-15-06; Carretera del Morro Km 7,5; EZ/DZ inkl. Frühstück 34/
56 CUC$; P❄☎☷) Die fantastische Lage
nahe der Festung El Morro (S. 450) gleicht
die üblichen Schwächen der Islazul-Ketten-
hotels aus: geblümte Gardinen, uralte Mat-
ratzen und eine Einrichtung, die von einem
Flohmarkt der 1970er-Jahre stammen könnte. Trostpflaster sind auch der Swimmingpool und der wunderschöne Ausblick. Am
besten sind die Zimmer im Hauptgebäude,
während die Hütten auf dem Gelände eher
an Grotten erinnern. Das Hotel liegt 10 km
vom Stadtzentrum entfernt und ist ohne
eigenes Fahrzeug nur per Taxi zu erreichen.

Aichel & Corrado

CASA PARTICULAR $

(Karte S. 448; ☎ 22-62-27-47; www.casaparticu
larsantiago.com; José A Saco No 516, zwischen
Mayía Rodríguez & Donato Mármol; Zi 20–25 CUC$;
❄☎) Das Haus mit Gästezimmern im zweiten und dritten Stock – ohne Aufzug – liegt
an einer verkehrsreichen Straße. Seine Besitzer haben mehr Interesse an einem regen
Geschäft als am Begrüßen von Gästen. Manchen Reisenden gefällt es hier richtig gut.

Auch wenn das Zimmer im Dachgeschoss
tatsächlich viel versprechend wirkt, sollten
Gäste mit einem Hauch an Chaos rechnen.
Den geschäftigen Hausbesitzern gehört
auch das italienische Restaurant im Erdgeschoss.

Hotel Rex

HOTEL $$

(Karte S. 448; Victoriano Garzón; EZ/DZ inkl. Früh-
stück 96/100 CUC$; ❄☎) Vor dem Angriff
auf die Moncada-Kaserne im Juli 1953 war
das Hotel einer der Stützpunkte der Monca-
distas. Auferstanden ist es als komfortable
Mittelklasseunterkunft. Eingebettet in den
Mopedwahnsinn und den Backbeat-Rhyth-
mus des Zentrums von Santiago, hat es sich
sehr viel kubanisches Flair bewahrt – was
bei den hiesigen Hotels selten vorkommt.
Zu den Räumlichkeiten zählt eine hübsche
Dachterrasse und eine Bar mit Fernseher, in
dem Fußballsendungen laufen.

Von Ruhe keine Spur, das ist unverkenn-
bar Kuba wie es leibt und lebt.

Hotel Versalles

HOTEL $$

(Karte S. 466; ☎ 22-69-10-16; Alturas de Versalles;
EZ/DZ inkl. Frühstück 69/79 CUC$; P❄@☷)
Mit dem gleichnamigen „Rumbastadtvier-
tel" in Matanzas oder dem prächtigen
Schloss Ludwigs XIV. hat dieses bescheidene
Hotel nichts zu tun. Es liegt am Stadtrand
abseits der Straße, die zur Festung El Morro
führt. Mit dem einladenden Swimmingpool
und den komfortablen Zimmern mit kleiner
Terrasse besitzt es einen gewissen Stil.

Hotel Casa Granda

HOTEL $$

(Karte S. 448; ☎ 22-65-30-24; Heredia No 201; EZ/
DZ CUC$92/128; ❄@☎) Das elegante Hotel
(Baujahr 1914) mit 58 Zimmern und klassi-
schem Ambiente beschreibt Graham Greene
kunstvoll in seinem Roman *Unser Mann in
Havanna*. Der Schriftsteller logierte hier
in den späten 1950er-Jahren und saß gerne
entspannt auf der straßenseitigen Terrasse.
Dabei fing er mit seiner berühmten Feder
das nächtliche Flair der Stadt ein. Mehr als
ein halbes Jahrhundert später sind die Zim-
mer in die Jahre gekommen, aber die beson-
dere Atmosphäre ist geblieben.

Von den Che-Guevara-Postern und dem et-
was wirren Service an der Rezeption einmal
abgesehen, hat sich hier jedenfalls kaum et-
was geändert.

Hostal San Basilio

BOUTIQUEHOTEL $$

(Karte S. 448; ☎ 22-65-17-02; www.cubatravel
network.com; Bartolomé Masó No 403, zwischen
Pío Rosado & Porfirio Valiente; DZ inkl. Frühstück

100 CUC$; ✳@) Das hübsche San Basilio trägt den früheren Namen der Straße, in der es steht. In einer romantischen, kolonialen Umgebung bietet es mit seinen acht Zimmern eine gemütliche Atmosphäre und eine erfrischend moderne Ausstattung. In dem kleinen Innenhof wuchern Farne. In jedem Zimmer gibt es einen DVD-Player, Regenschirme, eine Personenwaage und Mini-Rumflaschen. Leider sind manche Matratzen mehr als reif für eine Erneuerung. Frühstück und Mittagessen werden in dem kleinen Hotelrestaurant serviert.

Hotel las Américas · HOTEL $$

(Karte S. 438; 📞 22-64-20-11; jcarpeta@hamerica. seu.tur.cu; Ecke Av de las Américas & Av General Cebreco; EZ/DZ 92/102 CUC$; 🅿✳🐕) Die 70 Zimmer des Hotels sind im üblichen öden Islazul-Stil eingerichtet. Wem solche standardisierten Hotelausstattungen gefallen, der fühlt sich hier wahrscheinlich wohl. Insgesamt hat Las Américas recht viel zu bieten, darunter ein Restaurant, ein rund um die Uhr geöffnetes Café, einen kleinen Pool und abendliches Unterhaltungsprogramm.

★ Hotel Imperial · HISTORISCHES HOTEL $$$

(Karte S. 448; 📞 22-62-82-30; José A Saco, zwischen Felix Peña & General Lacret; EZ/DZ 97/138 CUC$; ✳🐕) Mit willkommenen Zugeständnissen an eine Modernisierung erstrahlt ein Wahrzeichen der Stadt nach seiner Renovierung in neuem Glanz: das 1915 in einem Stilmix erbaute Hotel Imperial. Seine 39 Zimmer sind elegant und funkelnagelneu eingerichtet, mit Flachbildfernseher, großen Fenstern und verglasten Duschen. Ein Aufzug fährt hinauf zu einer schicken Dachterrassenbar mit herrlichem Blick über die Stadt und Livemusik am Wochenende.

Vorhanden sind auch ein Restaurant und im Erdgeschoss eine Snackbar, die bis spätnachts geöffnet hat.

Meliá Santiago de Cuba · HOTEL $$$

(Karte S. 438; 📞 22-68-70-70; www.meliacuba. com/cuba-hotels/hotel-melia-santiagodecuba; Ecke Av delas Américas & Calle M; EZ/DZ inkl. Frühstück 174/224 CUC$; 🅿✳@🛜🐕) Das in den 1990er-Jahren entstandene „Monster" mit blau verspiegelter Fassade und schickem Interieur ist Santiagos einziges Hotel mit internationalem Standard. Kaum eine andere Unterkunft auf Kuba kann mit so einer ellenlangen Ausstattungsliste aufwarten, darunter eine richtige Badewanne in jedem Bad, drei Pools, vier Restaurants, mehrere

Läden und eine schicke Bar im 15. Stock. Nachteile sind der Standort am Stadtrand und der Mangel an echtem kubanischem Charme.

Wer nicht Gast des Hauses ist, kann für die Benutzung des Swimmingpools eine Tageskarte (20 CUC$) kaufen.

Gran Hotel · HOTEL $$$

(Karte S. 448; 📞 22-28-71-71; José A Saco, zwischen General Lacret & Hartmann; EZ/DZ inkl. Frühstück 95/134 CUC$; ✳@) Die 2016 eröffnete Neuauflage eines klassischen Innenstadthotels bleibt etwas hinter den Erwartungen zurück. Die Zimmer sind alle groß und es gibt eine hübsche Dachterrasse sowie ein Internetcafé. Leider verhält sich das Personal entweder wie Schlafwandler oder desinteressiert. Zur Auswahl stehen Zimmer mit Balkon und Blick auf die Fußgängerzone sowie innenliegende Zimmer ohne Fenster.

Die Zimmerbuchung erfolgt derzeit über die Casa Granda (S. 455), was sich aber ändern kann.

Essen

Für eine Stadt mit mehr als einer Million Einwohner und einem Mix an Kulturen hat Santiago eine ziemlich magere Restaurantszene. Auch wenn sich die Situation in den letzten Jahren ein wenig verbessert hat, sehen die Zukunftsperspektiven für einen Ausweg aus dieser seltsamen Misere eher durchwachsen aus.

Die Calle José A Saco in der *casco histórico* (Altstadt) ist eine Fußgängerzone mit mobilen Ständen, die *comida ligera* (leichte Kost) verkaufen.

Ranchon Los Naranjos · KUBANISCH $

(Karte S. 438; 📞 22-71-40-68; Pedro Alvarado No 16; 6–10 MN$) Das preisgünstige Gartenlokal liegt nahe dem Hotel Mélia in einer Wohnstraße am Hang. Empfehlenswert sind z. B. der gegrillte Fisch und das geschmorte Lamm in Tomatensoße. Die abseits gelegene Location eignet sich bestens für eine entspannende Pause. Tipp: Die neonfarbenen Cocktails sind eine Spur zu süß. Gezahlt wird in *moneda nacional*, der nationalen Währung.

Rumba Café · CAFÉ $

(Karte S. 448; 📞 58-02-21-53; Hartmann No 455; Sandwiches 3–7 CUC$; ⏰ Mo–Sa 9.30–22.30 Uhr; 📶) Im Kontrast zum Trubel des Stadtzentrums wirkt das gepflegte Café mit Klimaanlage und einladenden Räumen wie eine

Zuflucht in einer imaginären Welt. Alles andere als unreal sind der Caffè Latte, die vegetarischen Sandwiches, die Toasts und die köstlichen Omeletts.

Bendita Farándula CARIBBEAN $

(Karte S. 448; ☑ 22-65-37-39; Monseñor Barranda No 513; Hauptgerichte 5–9 CUC$; ⏱ 12–23 Uhr) Spontan kehren hier vielleicht nur wenige Reisende ein. Doch das doppelstöckige Restaurant mit mehr oder weniger geistreichen Gästekommentaren an den Wänden ist richtig gemütlich. Sein Ambiente erinnert an ein Bistro in einer französischen Provinzstadt. Köstlicher als in anderen Speiselokalen der Stadt schmeckt hier auf jeden Fall der *pescado con leche de coco* (Fisch mit Kokosmilchsoße), eine afrokubanische Spezialität. Lecker ist auch das *bistek de cerdo con jamon y queso* (Schweinesteak mit Schinken und Käse).

Jardín de los Enramadas EISDIELE $

(Karte S. 438; ☑ 22-65-22-05; Ecke José A Saco & Gallo; Eiscreme 1–2 CUC$; ⏱ 9.45–23.45 Uhr) Gleich unterhalb des *casco histórico* an der Straße zum Flughafen nimmt das Gartenlokal einen Block ein. Sein besonderer Reiz liegt in seinen schönen Pflanzen und dem köstlichen Eis, das mit Marshmallows und Keksen garniert wird. Der Service ist vorbildlich.

La Fortaleza KUBANISCH $

(Karte S. 438; ☑ 22-64-62-96; Ecke Av Manduley & Calle 3; Hauptgerichte 3–7 CUC$; ⏱ 12–23.30 Uhr) Das Restaurant mit einladendem geräumigen, schattigen Patio liegt mitten im ruhigen Villenviertel von Vista Alegre. Livemusik untermalt in der Mittagszeit das überdurchschnittlich gute Essen (in Pesos zu zahlen). Der Haken? Der Service – der verdient einen dicken fetten Minuspunkt.

La Arboleda EISDIELE $

(Karte S. 438; Ecke Av de los Libertadores & Av Victoriano Garzón; Eiscreme 1 CUC$; ⏱ Di–So 10–23.40 Uhr) Santiagos beliebter Eiscremetempel liegt etwas außerhalb des Zentrums und trotzdem ist die Warteschlange meistens endlos lang. Eisliebhaber stellen sich geduldig ans Ende der Menschenschlange, die sich immer entlang der Avenida de los Libertadores aufreiht. Aber bitte nicht ohne vorher laut zu fragen: *¿Quién es último?* („Wer ist der Letzte?"). Auch Milchshakes sind im Angebot; sie werden manchmal auch von einem Fenster aus an die Kunden verkauft.

Cafe Hotel Casa Granda CAFÉ $

(Karte S. 448; ☑ 22-65-30-21; Heredia No 201, Casa Granda; Snacks 2–8 CUC$; ⏱ 9–24 Uhr; ☎) Für Schaulustige zählt das hoteleigene Terrassencafé mit Pariser Flair zu Kubas besten „Beobachtungsposten". Wie aus einer weiß getünchten Theaterloge blicken die Cafébesucher auf das Stehgreifvarieté der Menschen im Parque Céspedes. An Essen darf man hier lediglich Snacks wie Burger, Hot Dogs, Sandwiches und Ähnliches erwarten. Gleichgültig, fast schon mürrisch zeigt sich das Personal. Doch wen interessiert das schon bei diesem Ausblick?

Restaurante España FISCH & MEERESFRÜCHTE $

(Karte S. 438; Av Victoriano Garzón; Hauptgerichte 3–7 CUC$; ⏱ 12–16, 18–22 Uhr) Wer dieses Restaurant besucht, muss sich auf eine Klimaanlage einrichten, die arktische Kälte erzeugt, kann dafür aber getrost die üblichen Vorurteile über kubanisches Essen zu Hause lassen. Die auf Fisch und Meeresfrüchte spezialisierte Küche hat wirklich Stil und verwendet gelegentlich sogar frische Kräuter. Der Hummer oder die scharf gewürzten Garnelen lohnen sich, während der kubanische Wein praktisch ungenießbar ist.

Santiago 1900 KARIBISCH $

(Karte S. 448; ☑ 22-62-35-07; Bartolomé Masó No 354; Hauptgerichte 2–8 CUC$; ⏱ 12–24 Uhr) In der ehemaligen Bacardí-Residenz wird das kulinarische Standardprogramm serviert: Hühner- oder Schweinefleisch und Fisch (in kubanischen Pesos zu zahlen). Eine Renovierung hat dem vornehmen Speisesaal vor einiger Zeit sein koloniales Jahrhundertwende-Ambiente zurückgegeben. Gäste sollten unbedingt die strengen Bekleidungsregeln einhalten. Sprich: auf keinen Fall in kurzen Hosen oder im T-Shirt erscheinen.

El Barracón KARIBISCH $

(Karte S. 438; ☑ 22-66-18-77; Av Victoriano Garzón; Hauptgerichte 3–9 CUC$; ⏱ 12–23 Uhr) Mit mehr oder weniger guten Ergebnissen versucht das El Barracón, die Wurzeln der afrokubanischen Kultur und Küche wieder aufleben zu lassen. Das Ambiente des staatlich geführten Restaurants ist eine faszinierende Mischung aus stimmungsvollem Santería-Schrein und *cimarrón*-Feeling (entlaufener Sklave). Das Essen kann mit der privat geführten Konkurrenz jedoch nicht Schritt halten. Am besten hält man sich an die mit Chorizo und Käse gefüllten *tostones* (frittierte Bratlinge aus Kochbananen) oder die Lammspezialitäten.

PROVINZ SANTIAGO DE CUBA SANTIAGO DE CUBA

Panadería Doña Neli
BÄCKEREI **$**

(Karte S. 448; ☑ 22-64-15-28; Ecke Aguilera & Gen Serafin Sánchez; Brot/Snacks 0,50–1 CUC$; ⏱ 7–19 Uhr) In der Bäckerei an der Plaza de Marte werden verführerisch duftendes Brot und leckere Kuchen verkauft, allerdings ist das Personal ziemlich mürrisch. Harte Währungen werden akzeptiert.

Supermercado Plaza de Marte
SUPERMARKT **$**

(Karte S. 448; ☑ 22-68-60-45; Av Victoriano Garzón; ⏱ Mo–Sa 9–18, So 9–12 Uhr) Ist einer von Santiagos besser sortierten Supermärkten mit einer großen Auswahl an Eiscreme und preisgünstigem Tafelwasser in Flaschen. Liegt gleich oberhalb der nordöstlichen Ecke der Plaza de Marte.

Städtischer Markt
MARKT **$**

(Karte S. 438; Ecke Aguilera & Padre Pico) Santiagos Hauptmarkt liegt zwei Blocks westlich vom Parque Céspedes. Für die Größe der Stadt ist sein Sortiment dürftig. Am frühen Morgen ist die Auswahl an Produkten noch am größten.

★ Roy's Terrace Inn Roof Garden Restaurant
KUBANISCH **$$**

(Karte S. 448; ☑ 22-62-05-22; roysterraceinn@gmail.com; Hauptgerichte 10–15 CUC$; ⏱ 19–21.30 Uhr; ☕☑) Schön wäre es, wenn auch das restliche Kuba diese Formel befolgen würde: hochwertige hausgemachte Gerichte, aufmerksamer Service und ausgezeichnete Atmosphäre. Auf der Dachterrasse gibt es nur sechs Tische, umgeben von Blumenranken und Kerzenlicht (Reservierung einen Tag im Voraus erforderlich). Die Cocktails und die Gerichte im familiären Stil sind mehr als großzügig bemessen. Fisch, Hühnchen oder Schweinefleisch werden mit Beilagen wie knusprigen *tamale*s oder gedünsteten Auberginen serviert. Auch Veganer und Vegetarier kommen nicht zu kurz.

★ St Pauli
INTERNATIONAL **$$**

(Karte S. 448; ☑ 22-65-22-92; José A Saco No 605; Hauptgerichte 4–15 CUC$; ⏱ Mo–Do 12–23, Fr–So 12–24 Uhr) In einer Stadt mit einer spärlichen kulinarischen Tradition tauchte das St Pauli wie ein Hurrikan auf. Abseits der Calle Saco führt ein langer Korridor mit Wandgemälden zu einem hellen Gastraum. Die Speisekarte steht auf einer Schiefertafel und die Wand zur Küche ist verglast. Hier schmeckt immer alles gut, insbesondere aber der Gazpacho im Cocktailglas, der *pul-*

po al ajillo (Oktopus mit Knoblauch) und die Hühnchen-Fajitas mit Ananas. Wer nach einer Gästegruppe eintrifft, muss allerdings Geduld aufbringen.

Madrileño
KUBANISCH **$$**

(Karte S. 438; ☑ 22-64-41-38; Calle 8 No 105; Hauptgerichte 4–15 CUC$; ⏱ 12–23 Uhr) Das angesehene, sehr gute Restaurant befindet sich im Stadtteil Vista Alegre in einem klassischen Haus aus der Kolonialzeit. Die Gäste können auch in einem Innenhof speisen, wo Vögel zwitschern. Anders als der Name vermuten lässt, wird hier *comida criolla* (Gerichte der kreolischen Küche) nach kubanischer Art serviert. Aus der Küche wabert ein köstlicher Duft nach saftigem gegrillten Fleisch – und genau auf diesem liegt der Schwerpunkt der umfangreichen Speisekarte. Wesentlich kleiner ist dagegen die Auswahl an Gerichten mit Fisch und Meeresfrüchten.

Geboten wird solide italienische Küche, z. B. Pasta, oder karibische Kost vom Grill, die perfekt mariniert, glaciert und gewürzt ist. Sowohl die saftigen geräucherten Steaks als auch die *brochetas* (Spieße) mit Meeresfrüchten schmecken lecker. Da das Lokal sehr beliebt ist, kann eine frühzeitige Tischreservierung nicht schaden.

El Palenquito
PARRILLA **$$**

(Karte S. 466; ☑ 22-64-52-20; Av del Río No 28, zwischen Calle 6 & Carretera de Caney; Hauptgerichte 6–12 CUC$) Grillgerichte sind die Spezialität des legeren Hinterhof-Restaurants am Stadtrand von Santiago. Auf den Tisch kommen gegrilltes Schweine- und Hühnerfleisch mit den typischen Beilagen. Der Knüller ist allerdings das Dessert. Empfehlenswert sind die Sapote- oder Kokoseiscreme, die in der Originalschale der jeweiligen Frucht serviert werden. Obwohl die Eisportionen riesig sind, schmecken sie so köstlich, dass man sie mit niemandem teilen möchte. Guter Service.

El Holandes
KUBANISCH **$$**

(Karte S. 448; ☑ 22-62-48-78; Heredia No 251; Hauptgerichte 6–15 CUC$; ⏱ 12–24 Uhr) In dem kleinen, ansprechenden *paladar* (privat geführtes Restaurant) können die Gäste entweder drinnen oder draußen auf einer hübschen erhöhten Terrasse Platz nehmen. Auf der Speisekarte stehen klassische kubanische Gerichte. Das gepflegte Restaurant liegt mitten im trubeligsten Geschehen der Stadt.

Restaurante el Morro
KARIBISCH $$

(Karte S. 466; ☑ 22-69-15-76; Castillo del Morro; Hauptgerichte 6–12 CUC$; ⊗ 12–17 Uhr) Wirklich schön ist die spektakuläre Lage des Restaurants auf der Klippe mit grandiosem Ausblick aufs Meer. Den Schwerpunkt bilden klassische, hübsch angerichtete Gerichte wie Brathähnchen und Schweinebraten. Wenn eine Busladung mit ca. 50 Europäern oder Nordamerikanern anrückt, kommt das Personal nicht hinterher. Dann heißt es: geduldig warten oder später wiederkommen. Das hat Paul McCartney nicht davon abgehalten, während eines Kurztrips im Jahr 2000 hier zu essen (sein Teller hängt ehrerbietig an der Wand).

Den Bedienungen zufolge hat sich der berühmteste Vegetarier der Welt ein Omelett genehmigt. Fleischliebhaber fahren am besten mit dem *comida-criolla*-Menü (Gerichte der kreolischen Küche). Das sättigende Mittagessen umfasst eine Suppe, ein Hauptgericht, ein kleines Dessert und ein Getränk. Wer sich kein Taxi nehmen will, fährt mit der Buslinie 212 bis Ciudamar, ab hier geht es dann noch 20 Minuten zu Fuß weiter. Nicht vergessen, den Besuch der Festung einzuplanen.

Compay Gallo
KUBANISCH $$

(Karte S. 438; ☑ 22-65-83-95; Máximo Gómez No 503 altos; Hauptgerichte 4–10 CUC$; ⊗ 12–23 Uhr) Das Compay Gallo liegt im Obergeschoss eines Hauses an der Schwelle zum Stadtzentrum in einer von Santiagos typisch engen Straßen. Seine Spezialität ist die klassische kubanische Kost, wenn auch mit mehr oder weniger guten Ergebnissen. Empfehlenswert sind z. B. der Krabbencocktail als Vorspeise und das *ragout de codero* (Lammragout) mit einer großen Portion Gemüse.

Ristorante Italiano la Fontana
ITALIENISCH $$$

(Karte S. 438; Ecke Av de las Américas & Calle M, Meliá Santiago de Cuba; Hauptgerichte 6–18 CUC$; ⊗ 12–23 Uhr) Pizza *deliciosa*, Lasagna *formidabile*, Ravioli und Knoblauchbrot – *mamma mía!* Hier bietet sich eine Top-Möglichkeit, den endlosen Reigen an Hühner- und Schweinefleischgerichten einmal zu durchbrechen. Wer einen der chilenischen Weine wählt, muss ziemlich tief in die Tasche greifen, aber es könnte sich lohnen.

Restaurante Zunzún
KARIBISCH $$$

(Karte S. 438; Av Manduley No 159; Hauptgerichte 12–18 CUC$; ⊗ 12–22 Uhr) In dem Restaurant in einer umgebauten Villa können die Gäste im bourgeoisen Stil längst vergangener Zeiten speisen. Es liegt in dem ehemals vornehmen Stadtviertel Vista Alegre. Auch wenn es überteuert ist, wird das Zunzún immer gelobt. Auf der Speisekarte stehen Gerichte anderer Länderküchen, z. B. Hühnercurry, Paella oder eine beeindruckende Käseplatte und Cognac. Der Service umfasst nicht nur professionelles, aufmerksames Personal, sondern auch unterhaltsame Troubadoure.

🍷 Ausgehen & Nachtleben

★ Dachterrassenbar Casa Granda
BAR

(Karte S. 448; Heredia No 201; Gedeck 3–10 CUC$; ⊗ 11–1 Uhr) Die Bar liegt im fünften Stock auf der Dachterrasse des Hotels Casa Granda. Von hier aus lässt sich der atemberaubendste Sonnenuntergang von ganz Kuba beobachten. Auch der Blick auf das rege Treiben im Parque Céspedes und auf die am Abend in helles Licht getauchte Kathedrale ist spektakulär. Von Nichtgästen des Hotels wird ein sog. Mindestverzehr (Gedeck) als Eintrittsgebühr verlangt, der auf das erste Getränk angerechnet wird und sich nach 19 Uhr erhöht. Der tolle Ausblick ist es jedenfalls wert. Und dass die Getränkepreise doppelt so hoch sind als anderswo, ist auch egal. Schließlich thront man hier gemütlich über dem ganzen Getümmel der Calle Heredia.

Cervecería Puerto del Rey
MIKROBRAUEREI

(Karte S. 438; ☑ 22-68-60-48; Paseo Alameda & Aguilera; ⊗ 12–24 Uhr) Die noch junge Mikrobrauerei mit Schenke im Stil einer Lagerhalle ist ein erlebbares Beispiel für den derzeitigen Wandel auf Kuba. An Gästen mangelt es nicht. Einheimische kehren hier gerne ein, um das vor Ort gebraute Bier zu genießen. Das Bier ist stärker und dunkler als die Bucanero-Biere, aber der Geschmack ist noch nicht ganz rund. Doch so ein kleiner Abstrich stört niemanden an diesem laut-fröhlichen Ort. Angeboten werden auch relativ gute kleine Gerichte wie z. B. der beliebte *caldo del rey* (aus Schweinerippen gekochte Brühe).

Ein Spaziergang über den neuen Malecón lässt sich perfekt mit einem Abstecher in die Cervecería Puerto del Rey kombinieren.

La Gran Sofía
CAFÉ

(Karte S. 448; Paraíso; Snacks 1–2 CUC$; ⊗ 24 Std.) In dem Einheimischen-Treff schmeckt der Kaffee gut und die *bocaditos* (Snacks) machen einen nicht ärmer.

GRUPOS FOLKLÓRICOS IN SANTIAGO DE KUBA

Der Besuch einer Aufführung eines *grupo folklórico* (Folkloretanzgruppe) zählt zu den absoluten kulturellen Highlights in Santiago de Cuba. In der Stadt gibt es über ein Dutzend dieser Gruppen (mehr als irgendwo sonst in Kuba). Sie haben die Aufgabe, traditionelle afrokubanische *bailes* (Tänze) zu lehren und aufzuführen, um deren Traditionen an zukünftige Generationen weiterzugeben. Die meisten Gruppen entstanden in den frühen 1960er-Jahren. Alle genießen die tatkräftige Unterstützung der kubanischen Regierung.

Gute Informationen über *Folklórico*-Veranstaltungen) bietet die Casa del Caribe (S. 452) im Stadtteil Vista Alegre, in dem viele der Gruppen proben und auftreten.

Santiagos älteste Folklórico-Gruppe ist der 1959 gegründete Conjunto Folklórico de Oriente (S. 461). Ihr umfangreiches Repertoire an afrokubanischen Tänzen, das von *gagá* über *bembé* bis hin zum *tumba francesa* reicht, führt er im Teatro Heredia auf. Das **Ballet Folklórico Cutumba** (Karte S. 438; ☎ 22-62-32-01; Teatro Galaxia, Ecke Av 24 de Febrero & Av Valeriano Hierrezuelo; 2 CUC$; ☺ Fr & So ab 20 Uhr) wurde 1976 als Ableger der Oriente-Gruppe gegründet. An ihrer Hauptspielstätte, dem Teatro Galaxia, sind die Proben dienstags bis freitags von 9 bis 13 Uhr öffentlich.

Die **Tumba Francesa La Caridad de Oriente** (Karte S. 438; Pio Rosado No 268), eine der drei letzten französisch-haitianischen Gruppen in Kuba, bietet *tumba francesa* in Reinkultur. Ihre Proberäume sind dienstags und donnerstags ab 21 Uhr für Zuschauer geöffnet.

Carabalí Olugo (Karte S. 466; Carretera del Morro, Ecke Av 24 de Febrero) und **Carabalí Izuama** (Karte S. 438; Pío Rosado No 107) sind die *comparsas* (Karneval-Musik- und -tanzgruppen), die im Juli während Santiagos Karneval die Stadtteile Tivoli und Los Hoyos repräsentieren. Beide Gruppierungen sind Nachfolger der im 19. Jh. bestehenden afrokubanischen *cabildos,* einer Art genossenschaftlicher Vereinigungen, die sich als Bewahrer ethnischer Traditionen betrachteten. Heute spiegelt sich diese Zielsetzung nur noch in ihrer Musik wider.

Die **Compañia Danzaría Folklórica Kokoyé** (Karte S. 438) ist eine modernere Gruppe, die sich 1989 formiert hat, um Touristen den afrokubanischen Tanz näher zu bringen. Sie ist immer Samstagabend und Sonntagnachmittag in der Casa del Caribe zu sehen.

Bar Sindo Garay BAR
(Karte S. 448; ☎ 22-65-15-31; Ecke Tamayo Fleites & General Lacret; ☺ 11–23 Uhr) Auf den ersten Blick wirkt diese Location nicht wie eine Bar, sondern eher wie ein Museum für Sindo Garay, einen der berühmtesten Trova-Musiker in Kuba. *Perla marina ist* seine bekannteste Komposition. Die beiden Etagen der hübschen Bar – mit hervorragenden Cocktails – sind meistens rappelvoll. Die Bar liegt an der zur Fußgängerzone umgestalteten Tamayo Fleites.

Café Ven CAFÉ
(Karte S. 448; ☎ 22-62-26-60; José A Saco, zwischen Hartmann & Pío Rosado; ☺ 24 Std.) Mit einer wohltuenden Klimaanlage ausgestattet und mit allerlei interessantem Krimskrams rund um das Thema *cafetal* (Kaffeeplantage) wartet das kleine Café an der geschäftigen Calle Saco (sie hieß früher Enramadas) auf. Zu seinen Gästen zählen auch zahlreiche italienische Touristen, die das Personal mit ihren Cappuccino-Bestellungen auf Trab halten.

Café la Isabelica CAFÉ
(Karte S. 448; ☎ 22-66-95-46; Ecke Aguilera & Porfirio Valiente; ☺ 7–23 Uhr) Den Kaffee kann man hier getrost vergessen, in jeder Fernfahrerkneipe gibt es einen besseren. Hier geht es nur um die Atmosphäre, und die ist zu 100 % authentisch. In dem kantinenartigen, verrauchten, düsteren Café wird Javakaffee verkauft und mit Pesos bezahlt.

Club Nautico BAR
(Karte S. 438; abseits des Paseo Alameda; ☺ 12–24 Uhr) Auf Pfeilern thront die quirlige Bar im *ranchón*-Stil über dem Wasser am ebenfalls lebhaften Paseo Alameda. Mit seinem schönen Ausblick über die Bucht und seiner luftigen Lage eignet sich der Club bestens, um Santiagos brütender Hitze zu entfliehen. Das Essen ist nicht gerade ein Highlight,

aber die Drinks und der herrliche Ausblick sind ein Genuss. Bezahlt wird in Pesos oder CUC$.

Barrita de Ron Havana Club BAR
(Karte S. 438; Av Jesús Menéndez No 703; ☺9–18 Uhr) Die zur Bacardí-Rumfabrik (S. 446) gehörende Touristenbar verkauft Rum und bietet Verkostungen an. Fabrikführungen finden derzeit nicht statt.

☆ Unterhaltung

Beim Thema Unterhaltungs- und Kulturszene in Santiago ist der Ausspruch von der „Qual der Wahl" eine echte Untertreibung. Über das reichhaltige Angebot informiert die *Cartelera Cultural*, ein alle zwei Wochen erscheinender Veranstaltungskalender. An der Rezeption im Hotel Casa Granda (S. 455) liegen in der Regel immer ein paar Exemplare davon aus.

★ Casa de las Tradiciones LIVEMUSIK
(Karte S. 438; ☏22-65-38-92; General J Rabí No 154; 1 CUC$; ☺17–24 Uhr) Auch als Santiagos „meistbekannter Geheimtipp" hat sich die Casa de las Tradiciones das althergebrachte Flair eines rauchgeschwängerten, vom Geräusch stampfender Füße erfüllten Empfangszimmer bewahrt. In dieser versteckt im charmanten Stadtviertel Tivolí liegenden Institution treten im Wechsel einige von Santiagos beeindruckendsten Ensembles, Sänger und Solisten auf. Die Freitagabende sind für klassische *trova* im Stil von Ñico Saquito und ähnlichen *trova*-Größen reserviert. Es gibt eine düstere Bar und einige farbenfrohe Kunstwerke.

★ Iris Jazz Club JAZZ
(Karte S. 448; General Serafín Sánchez, zwischen José A Saco & Bayamo; 5 CUC$; ☺Shows 21.30–2 Uhr) Wenn es in Santiago zu heiß, zu laut und zu turbulent wird, tut eine Dosis „Iris" gut. In dem Jazzclub, einem der charmantesten und besten der Stadt, schmücken Bilder von Jazzgrößen die gemütlichen Sitznischen. Santiagos kleine, aber feine Jazzszene präsentiert sich hier mit virtuosen Interpreten des Free Jazz.

Noche Santiagüera LIVE PERFORMANCE
(Karte S. 438; Av Victoriano Garzón, zwischen Moncada & Parque los Estudiantes; ☺Sa 18–24 Uhr) GRATIS Jeden Samstagabend feiern in den Seitenstraßen der Hauptdurchgangsstraße Scharen von Menschen eine Open-Air-Party mit Musikdarbietungen. Imbissstände sorgen für das leibliche Wohl.

Conjunto Folklórico de Oriente TANZ
(Karte S. 438; ☏22-64-31-78; Teatro José María Heredia, Ecke Av de las Américas & Av de los Desfiles) Santiagos älteste *Folklórico*-Gruppe wurde 1959 gegründet. Ihr Stammhaus ist derzeit das Teatro Heredia (S. 463). Ihr Repertoire umfasst ein breit gefächertes Spektrum an afrokubanischen Tänzen – von *gagá* über *bembé* bis hin zu *tumba francesa*.

Casa de la Trova LIVEMUSIK
(Karte S. 448; ☏22-65-38-92; Heredia No 208; ☺unterschiedl.) Fast 50 Jahre nach seiner Gründung zieht Santiagos Tempel der traditionellen Musik noch immer große Namen an, etwa den Buena-Vista-Social-Club-Sänger Eliades Ochoa. Am späten Nachmittag spielt man sich im Erdgeschoss warm, bis sich das Geschehen dann allmählich ins obere Stockwerk verlagert, wo es gegen 22 Uhr schon ziemlich *caliente* (heiß) zugeht.

Santiago Café VARIETÉ
(Karte S. 438; ☏22-68-70-70; Ecke Av de las Américas & Calle M; 5 CUC$; ☺Sa 22–2 Uhr) Der Club im ersten Stock des Hotels Meliá Santiago de Cuba (S. 456) ist nicht ganz so spektakulär wie das Tropicana. Samstags laufen Varieté-Shows mit anschließender Disko. Eine spritzige Atmosphäre herrscht auch in der Bello Bar im 15. Stock des Hotels.

Uneac KULTURZENTRUM
(Unión Nacional de Escritores y Artistas de Cuba, Nationale Union der Schriftsteller und Künstler Kubas; Karte S. 448; ☏22-65-34-65; Heredia No 266) Das Zentrum ist eine hervorragende Anlaufstelle für alle Kunst- und Literaturliebhaber. Auf sie wartet in einem wunderschönen Innenhof aus der Kolonialzeit eine Fülle intellektueller Anregungen, z. B. in Form von Gesprächen, Begegnungen, Workshops und Darbietungen unterschiedlicher Art.

Casa de Cultura Josué País García LIVEMUSIK
(Karte S. 448; ☏22-62-78-04; Heredia No 204; 1 CUC$; ☺Mi, Fr & Sa ab 9 Uhr, So ab 13 Uhr) Hier läuft alles spontan ab. Wer keinen Sitzplatz ergattert, bleibt einfach auf der Straße stehen und hört sich an, was gerade geboten wird, z. B. *Danzón*-Melodien, folkloristischer Rumba, Lieder liebeskranker *trovadores* oder rhythmischer Reggaeton (kubanischer Hip-Hop).

Tropicana Santiago VARIETÉ
(Karte S. 466; ☏22-68-70-20; ab 35 CUC$; ☺Mi–So ab 22 Uhr) Alles, was Havanna kann, kann Santiago besser oder zumindest billiger. Der

LA TUMBA FRANCESA

Während der gesamten letzten Periode der Kolonialzeit galt Haiti – Kubas östlicher Nachbar – als Schreckgespenst, das die Inselregion und vor allem den Oriente (Ostteil von Kuba), massiv beeinflusste. Was machte der damalige französische Kolonie so bedrohlich? Revolution! Der Sklavenaufstand von 1791 versetzte die französisch-haitianischen Grundbesitzer in Angst und Schrecken. Tausende von ihnen flüchteten eilig westwärts in die sicheren Gefilde von Kubas östlicher Gebirgsregion. Ihre schwarzen Sklaven brachten sie mit. In ihrer neuen Heimat bauten die vertriebenen Gutsherren Zuckerfabriken und Kaffeeplantagen auf, während sie ihre Sklaven zur Arbeit auf den neu entstehenden ländlichen Anwesen verpflichteten. Auch hier pflegten die Sklaven die Musik sowie die Sitten und Gebräuche des Landes, das sie hinter sich gelassen haben. Die haitianischen Sklaven stammten ursprünglich von Sklaven ab, die von der französischen Kolonie Dahomey (heute Benin) in Afrika nach Haiti gebracht wurden. Auf dieser wechselvollen Vorgeschichte basiert das Herzstück der kubanisch-haitianischen Kultur: die *tumba francesa*, eine Mixtur charakteristischer Musik- und Tanzstile. Genauer gesagt: eine ungewöhnliche Verbindung von französischer Tanzmusik des 18. Jhs. mit den wilden Trommelrhythmen Westafrikas, die sich vielleicht am besten mit „Voodoo trifft Versailles" beschreiben lässt. In der Praxis bedeutet das: Ein Trommler-Trio begleitet einen Frauenchor, der in einem französisch-afrikanischen Dialekt singt, den kaum ein Mensch versteht. Und dazu werden hauptsächlich zwei Tänze getanzt: *masón* und *yuba*. Der *masón* ist ein würdevoller Paartanz, der die Tänze der High-Society-Bälle der einstigen Sklavenbesitzer parodiert. In der Zeit von Ludwig XIV. wäre der Tanz in den Pariser Ballsälen nicht fehl am Platz gewesen. Ebenfalls paarweise, aber improvisierter und sportlicher wird der *yuba* getanzt. Dargeboten werden beide Tänze von Tänzern in eleganter Kleidung im Stil des 19. Jhs. Die Männer tragen weiße Hemden und farbige Schals, die Frauen weite knöchellange Kleider und Fächer.

Als die befreiten Sklaven in den späten 1800er-Jahren vom Land in Kubas Städte zogen, nahmen sie ihre Musik natürlich mit. Innerhalb kurzer Zeit schossen damals im gesamten Oriente *Tumba-francesa*-Gesellschaften wie Pilze aus dem Boden. Irgendwann waren es mehr als 100.

wie das originale Tropicana gestylte Club zeigt eine Las-Vegas-artige Show mit „Federn und Glamour", die hochgejubelt wurde. Sämtliche Reisebüros in der Stadt bieten den Besuch der Show für 35 CUC$ plus Transfer an. Die Shows in Havanna kosten das Doppelte, sind aber keineswegs doppelt so gut.

Wer den Club auf eigene Faust besuchen möchte, muss sich ein Taxi oder einen Mietwagen nehmen, denn das Tropicana liegt außerhalb der Stadt, 3 km nördlich des Hotels Las Américas. Das lässt die Angebote der Reisebüros umso attraktiver erscheinen. Die beste Show läuft am Samstagabend.

Patio ARTex
LIVEMUSIK
(Karte S. 448; ☎ 22-65-48-14; Heredia No 304; ⏲ 11–23 Uhr) Kunst schmückt die Wände dieser ungewöhnlichen Kombination aus Laden und Club. In dem malerischen Innenhof wird von morgens bis abends Livemusik gespielt. Das ARTex ist immer eine gute

Alternative, wenn die Casa de la Trova aus allen Nähten platzt oder wenn es dort gar zu hoch hergeht.

Subway Club
LIVEMUSIK
(Karte S. 448; ☎ 22-66-91-19; Ecke Aguilera & María Rodriguez; 5 CUC$; ⏲ 20–2 Uhr) Am späten Abend treten in dem stylischen neuen Club interessante Sänger auf, die – begleitet von wunderschöner Klaviermusik – aus vollem Herzen ihre Soli singen. Das Zuhören macht wirklich Spaß.

Estadio de Béisbol Guillermón Moncada
SPORT
(Karte S. 438; ☎ 22-64-26-55; Av de las Américas) Während der Baseballsaison von Oktober bis April finden hier an jedem Dienstag, Mittwoch, Donnerstag und Samstag jeweils um 19.30 Uhr sowie am Sonntag um 13.30 Uhr (Eintritt 1 Peso) Baseballmatches statt. Die Hauptkonkurrenten der Avispas (Wespen; Santiagos Baseballclub) sind die

Havannas Industriales, die bei der Nationalmeisterschaft in den Jahren 2005, 2007, 2008 und 2010 den Sieg davon getragen haben. Das Stadion befindet sich auf der Nordostseite der Stadt.

Das Reisebüro Cubanacán organisiert Touren zu Spielen der Avispas. Die Teilnehmer können nach dem Spiel die Umkleidekabinen besuchen und dort die Spieler treffen.

Teatro José María Heredia
THEATER

(Karte S. 438; ☑ 22-64-31-90; Ecke Av de las Américas & Av de los Desfiles; ☺ Theaterkasse 9–12 & 13–16.30 Uhr) Santiagos großes, modernes Theater und Kongresszentrum wurde im Zuge der Stadtsanierung in den frühen 1990er-Jahren gebaut. In der Sala Principal mit 2459 Sitzplätzen finden häufig Rock- und Folklorekonzerte statt. Speziellere Veranstaltungen gehen im Café Cantante Niagara (120 Sitzplätze) über die Bühne. Das Ensemble Conjunto Folklórico de Orient hat hier seine Spielstätte.

Patio los Dos Abuelos
LIVEMUSIK

(Karte S. 448; ☑ 22-62-32-67; Francisco Pérez Carbo No 5; 2 CUC$; ☺ Mo–Sa 22–2 Uhr) Die älteren Herrschaften (*abuelos* bedeutet Großeltern) im Namen haben eine gewisse Berechtigung: Dieser Livemusik-Club ist eine *son*-Bastion, in der die Lieder in altbewährter Weise gesungen werden. Die Musiker sind erfahrene Profis und die meisten der Stammgäste perfekte Ladys und Gentlemen.

Sala de Conciertos Dolores
LIVEMUSIK

(Karte S. 448; Ecke Aguilera & Mayía Rodríguez; ☺ ab 20.30 Uhr) In der ehemaligen Kirche an der Plaza de Dolores treten das Orquestra Sinfónica del Oriente und ein beeindruckender Kinderchor (um 17 Uhr) auf. Der Veranstaltungskalender hängt draußen aus.

Teatro Martí
THEATER

(Karte S. 438; ☑ 22-62-05-07; Félix Peña No 313; ☏) Das Theater liegt in der Nähe der Calle General Portuondo und gegenüber der Iglesia de Santo Tomás. Samstags und sonntags jeweils um 17 Uhr werden Shows für Kinder aufgeführt.

Orfeón Santiago
LIVEMUSIK

(Karte S. 448; ☑ 22-62-07-52; Heredia No 68; ☺ Mo–Fr 9–11 Uhr) Manchmal dürfen Besucher von montags bis freitags in der Zeit von 9 bis 11.00 Uhr bei den Proben dieses klassischen Chores zuhören.

Cine Rialto
KINO

(Karte S. 448; ☑ 22-62-30-35; Félix Peña No 654) Das Kino neben der Kathedrale ist eines der wenigen Kinos, die in Santiago de Cuba noch in Betrieb sind. Gelegentlich laufen hier englischsprachige Filme.

🔒 Shoppen

Innovative Kreativität prägt Santiagos Stadtviertel mit kolonialer Vergangenheit. Daher lässt sich schon bei einem kurzen *Casco-histórico*-Bummel so manches interessante Kunstwerk entdecken. In der Calle Heredia werden fast jeden Tag recht gute Stände mit Kunsthandwerk aufgestellt.

Galería de Arte de Oriente
KUNST & KUNSTHANDWERK

(Karte S. 448; ☑ 22-65-38-57; General Lacret No 656; ☺ Mo–Fr 9.30–18, Sa 9.30–12, So 10–22 Uhr) Mit ihren durchweg erstklassigen Kunstwerken ist die Galería de Arte de Oriente wahrscheinlich die beste Kunstgalerie in Santiago de Cuba.

Librería la Escalera de Edy
BÜCHER

(Karte S. 448; Heredia No 265; ☺ 10–22 Uhr) Ein wahres Museum - in dem Laden stapeln sich alte und seltene Bücher bis zur Decke. Auch die Auswahl an alten Vinyl-Schallplatten ist groß. Auf der Treppe zum Laden sitzen häufig *trovadores*, die einen Sombrero tragen und ihre Kunst zum Besten geben.

Discoteca Egrem
MUSIK

(Karte S. 448; ☑ 22-62-61-91; José A Saco No 309; ☺ Mo–Sa 9–18, So 9–14 Uhr) Der Musikladen der Egrem Studios ist der führende Spezialist für kubanische Musik. Er bietet auch eine große Auswahl an Tonaufnahmen ortsansässiger Musiker.

ARTex
GESCHENKE & SOUVENIRS

(Karte S. 448; ☑ 22-65-48-14; Patio ARTex, Heredia No 208; ☺ Di–So 11–19 Uhr) Mit einer beträchtlichen Auswahl an CDs und Kassetten konzentriert sich der Laden auf Musik.

Librería Internacional
BÜCHER

(Karte S. 448; ☑ 22-68-71-47; Heredia, zwischen General Lacret & Félix Peña) Der Buchladen an der Südseite des Parque Céspedes verkauft neben einer relativ guten Auswahl an politischen Büchern in englischer Sprache auch Postkarten und Briefmarken.

Centro de Negocios Alameda
EINKAUFSZENTRUM

(Karte S. 438; Av Jesus Menéndez, Ecke José A Saco; ☺ 8.30–16.30 Uhr) Als letztes Projekt im Rahmen der Verschönerung der Hafengegend hat dieses Einkaufszentrum in einem großen kolonialen Gebäude eröffnet. Neben verschiedenen Läden befinden sich darin auch ein Internetcafé, eine Apotheke, die Einwanderungsbehörde und eine Cubanacán-Filiale.

ⓘ Praktische Informationen

GEFAHREN & ÄRGERNISSE

Selbst unter Kubanern ist Santiago für seine übereifrigen *jineteros* (Gauner) bekannt. Sie besetzen unterschiedliche Nischen: Die einen handeln mit Zigarren, die anderen vermitteln *paladares* (private Restaurants), *chicas* (Mädchen) oder inoffizielle Touren. Manchmal geben sie einem fast das Gefühl, nichts anderes als eine wandelnde Brieftasche zu sein. Mit einem energischen „no" und ein wenig Humor lassen sich aber in den meisten Fällen auch die hartnäckigsten Schlepper abwehren.

Bei der Umweltbelastung durch den Straßenverkehr wird Santiago nur noch von Havanna übertroffen. Eine wahre Plage für Fußgänger sind die Motorradfahrer, die sich durch Santiagos Straßengewirr der 1950er-Jahre schlängeln. Schmale oder erst gar nicht vorhandene Bürgersteige bilden eine weitere Hürde in dem ohnehin riskanten Durcheinander. Also vor dem Überqueren einer Straße immer gut auf den Verkehr achten!

GELD

In der Innenstadt befinden sich zahlreiche Banken und Wechselstuben.

Banco de Crédito y Comercio (☏22-62-80-06; Felix Peña No 614; ⊙Mo–Fr 9–15 Uhr) Befindet sich in einem schrillen modernen Gebäude an der Plaza Céspedes.

Banco Financiero Internacional (☏22-68-62-52; Ecke Av de las Américas & Calle I; ⊙Mo–Fr 9–15 Uhr) Mit Geldautomat.

Bandec (Ecke José A Saco & Mariano Corona; ⊙Mo–Fr 9–15 Uhr) Mit Geldautomat.

Cadeca Es gibt zwei Filialen: Die eine befindet sich in der Calle Aguilera (☏22-65-13-83; Aguilera No 508; ⊙Mo–Fr 8.30–16, Sa 8.30–11.30 Uhr) – hier bilden sich am Schalter für den Geldumtausch meistens lange Schlangen. Die zweite Filiale liegt in der Calle José A Saco (José A Saco No 409; ⊙Mo–Fr 8.30–16, Sa 8.30–11.30 Uhr).

INTERNETZUGANG

WLAN gibt es an öffentlichen Plätzen, in großen Hotels und einigen *casas particulares*. WLAN-Prepaidkarten sind erhältlich in den Etecsa-Telepunto-Zentren, wo die Leute aber meistens in langen Schlangen anstehen, oder in Hotels, wo sie aber oft ausverkauft sind.

Etecsa Multiservicios (☏22-62-47-84; Ecke Heredia & Félix Peña; Internet pro Std. 1,50 CUC$; ⊙8.30–19.30 Uhr) Bildschirme mit Internetverbindung sowie Verkauf von WLAN-Prepaidkarten in einem kleinen Büro an der Plaza Céspedes.

Etecsa Telepunto (☏22-65-75-21; Ecke Hartmann & Tamayo Fleites; Internet pro Std. 1,50 CUC$; ⊙8.30–19.30 Uhr) Bildschirme mit Internetverbindung sowie Verkauf von WLAN-Prepaidkarten.

MEDIZINISCHE VERSORGUNG

Santiago bietet in der gesamten Region die besten Möglichkeiten für eine medizinische Versorgung, inklusive der damit zusammenhängenden Dienste wie z. B. Apotheken (farmacias).

Clínica Internacional Cubanacán Servimed (☏22-64-25-89; Ecke Av Raúl Pujol & Calle 10, Vista Alegre; ⊙24 Std.) verfügt über kompetentes Personal, einige Mitarbeiter sprechen auch Englisch. Ein Zahnarzt steht ebenfalls zur Verfügung.

Farmacia Clínica Internacional (☏22-64-25-89; Ecke Av Raúl Pujol & Calle 10; ⊙24 Std.) Beste Apotheke in der Stadt. Bezahlung in Convertibles.

Farmacia Internacional (☏22-68-70-70; Meliá Santiago de Cuba, Ecke Av de las Américas & Calle M; ⊙8–18 Uhr) Befindet sich in der Lobby des Hotels Meliá Santiago de Cuba. Bezahlung in Convertibles.

NOTFALL

Polizei (☏116; Ecke Mariano Corona & Sánchez Hechavarría)

POST

Postamt (Karte S. 448; ☏22-62-21-08; Aguilera No 519; ⊙Mo–Fr 9–17 Uhr) Hier gibt es auch öffentliche Telefone.

TOURISTENINFORMATION

Sämtliche Reisebüros sind unter staatlicher Leitung. Daher überschneiden sich ihre Angebote und die Preise sind einheitlich.

Asistur (Karte S. 448; ☏22-65-68-47; www.asistur.cu; Sagarra 204; ⊙Mo–Fr 9–17 Uhr) Das Büro liegt in dem Ladengeschoss unter dem Hotel Casa Granda (S. 455) und ist auf die Hilfe für Ausländer spezialisiert, insbesondere wenn es um Versicherungen oder finanzielle Angelegenheiten geht.

Cubamar (Karte S. 448; ☏22-65-36-39; comercial@scu.campismopopular.cu; Cornelio Robert 163 bajo; ⊙Mo, Mi & Fr 8.30–17, Di & Do 10–18, Sa 9–13 Uhr) Nimmt Reservierungen für die *campismos* (Campingplätze) der Provinz vor, z. B. die *campismos* Caletón Blanco, Las Golondrinas, El Salton und La Mula. Man sollte die unterschiedlichen Öffnungszeiten beachten!

Cubanacán (Karte S. 448; ☐ 22-68-64-12; Heredia No 201; ☺ 8–18 Uhr) Sehr hilfreich. Befindet sich im Hotel Casa Granda und bietet auch geführte Touren an.

Cubatur Betreibt mehrere Zweigstellen. Die Standorte sind: Calle Heredia (Karte S. 448; Heredia No 701; ☺ 8–20 Uhr); Avenida Victoriano Garzón (Karte S. 438; ☐ 22-65-25-60; Av Victoriano Garzón No 364, Ecke Calle 4; ☺ 8–20 Uhr). Bietet alle möglichen geführten Touren an, sei es ein Ausflug zur Gran Piedra oder nach El Cobre.

Infotur (Karte S. 448; ☐ 22-68-60-68; Felix Peña 562; ☺ 8–20 Uhr) Hilfreich, inkl. hilfsbereitem Personal. Eine Zweigstelle befindet sich auf dem Antonio Maceo International Airport.

❶ An- & Weiterreise

BUS

Der **Nationale Busbahnhof** (Karte S. 438; Paseo de Martí) liegt 3 km nordöstlich des Parque Céspedes hinter dem Bahnhof und direkt gegenüber vom Heredia Monument. Auch die Busse von **Víazul** (Karte S. 438; ☐ 22-62-84-84; www. viazul.cu) fahren hier ab.

Der Bus nach Havanna hält in Bayamo (7 CUC$, 2 Std.), Holguín (11 CUC$, 3½–4 Std.), Las Tunas (11 CUC$, 5 Std.), Camagüey (18 CUC$, 7½ Std.), Ciego de Ávila (24 CUC$, 9½ Std.), Sancti Spíritus (28 CUC$, 10–10½ Std.) und Santa Clara (33 CUC$, 11–12 Std.). Der Bus nach Trinidad macht Halt in Bayamo, Las Tunas, Camagüey, Ciego de Ávila und Sancti Spíritus. Der Bus nach Baracoa hält in Guantánamo.

FLUGZEUG

Der **Antonio Maceo International Airport** (SCU; Karte S. 466; ☐ 22-69-10-53) lieg 7 km südlich von Santiago de Cuba abseits der Carretera del Morro. Die internationalen Flüge von und nach Santo Domingo (Dominikanische Republik), Toronto und Montreal werden von **Cubana** (☐ 22-65-15-77; Ecke José A Saco & General Lacret; ☺ 9–17 Uhr) durchgeführt. Toronto und Montreal werden auch von **Sunwing** (www.sunwing.ca) angeflogen. Überwiegend als Charterflug pendelt **AeroCaribbean** einmal wöchentlich zwischen Santiago de Cuba und

Port-au-Prince (Haiti). **American Eagle** (www. aa.com) bietet regelmäßig Charterflüge von und nach Miami an – damit bedient die Fluggesellschaft vor allem die in Miami ansässige kubanisch-amerikanische Gemeinde.

Im Inlandsverkehr fliegt Cubana zwei- oder dreimal am Tag ohne Zwischenlandung von Havanna nach Santiago de Cuba (einfache Strecke ca. 136 CUC$, 1½ Std.). Es gibt auch einen Kurzstreckenflug nach Holguín.

LKW

Nach Guantánamo und Bayamo fahren Lastwagen, die zur Personenbeförderung umgebaut wurden. In unregelmäßigen Abständen starten diese Passagiertrucks den ganzen Tag über am **Busbahnhof Serrano Intermunicipal** (Ecke Av Jesús Menéndez & Sánchez Hechavarría; 5 MN$) nahe dem Bahnhof. Der Fahrpreis beträgt nur wenige Pesos. Am besten ist es, die Fahrt am frühen Morgen anzutreten. Für die Lkw braucht man keine Fahrkarte, es kommt nur darauf an, den richtigen Lkw zu finden und schon kann es losgehen. Vom Busbahnhof fahren Trucks nach Caletón Blanco und Chivirico.

Vom **Interkommunalen Busbahnhof** (Karte S. 438; Terminal Cuatro; Ecke Av de los Libertadores & Calle 4; 1 MN$), 2 km nordöstlich des Parque Céspedes, fahren täglich zwei Busse nach El Cobre. Außerdem starten hier zwei Mal täglich Busse nach Baconao.

ZUG

Der moderne im französischen Stil gehaltene **Bahnhof** (☐ 22-62-28-36; Ecke Av Jesús Menéndez & Martí) liegt nordwestlich des Stadtzentrums in der Nähe der Rumfabrik. Der *Tren Francés* fährt alle vier Tage nach Havanna (ab 30 CUC$, mind. 16 Std.). Unterwegs hält er in Camagüey und Santa Clara. Vor der Abreise rechtzeitig nach der genauen Abfahrtszeit erkundigen.

Wenn der *Tren Francés* nicht fährt, bedient ein wesentlich langsamerer *coche motor* (Triebwagen mit Verbrennungsmotor) die Strecke nach Havanna. Er hält zusätzlich in Las Tunas, Ciego de Ávila, Guayos und Matanzas.

Kubanische Zugfahrpläne ändern sich ständig, deshalb empfiehlt es sich, vor der Fahrt noch einmal genau nachzufragen, welcher Zug denn

PROVINZ SANTIAGO DE CUBA SANTIAGO DE CUBA

VÍAZUL-BUSSE AB SANTIAGO DE CUBA

REISEZIEL	FAHRPREIS (CUC$)	FAHRZEIT (STD.)	ABFAHRTSZEITEN (TGL.)
Baracoa	15	4¾	1.50 & 8 Uhr
Havana	51	13–14½	0.30, 6.30 & 16 Uhr
Trinidad	33	11½	19.30 Uhr
Varadero	49	15	20 Uhr

Rund um Santiago de Cuba

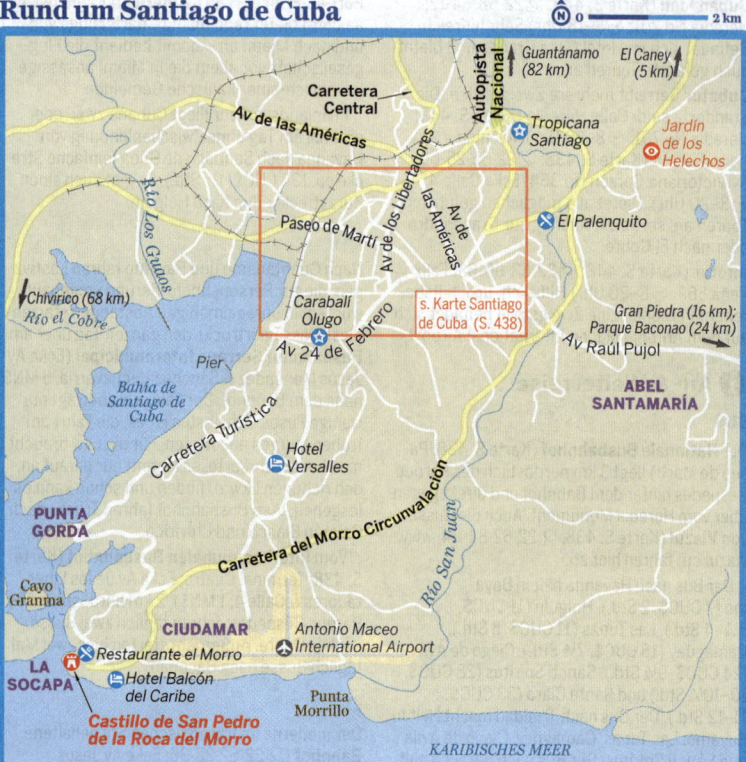

N · 0 · 2 km

Guantánamo (82 km)
El Caney (5 km)

Carretera Central
Av de las Américas
Autopista Nacional

Tropicana Santiago

Jardín de los Helechos

Paseo de Martí
Av de los Libertadores
Av de las Américas

El Palenquito

Chivirico (68 km)
Río el Cobre
Río Los Guaos

Carabalí Olugo
Av 24 de Febrero

s. Karte Santiago de Cuba (S. 438)

Gran Piedra (16 km);
Parque Baconao (24 km)
Av Raúl Pujol

Pier
Bahía de Santiago de Cuba

ABEL SANTAMARÍA

Carretera Turística

Hotel Versalles

Río San Juan

PUNTA GORDA

Cayo Granma

Carretera del Morro Circumvalación

CIUDAMAR
Antonio Maceo International Airport

Restaurante el Morro
LA SOCAPA
Hotel Balcón del Caribe

Punta Morrillo

Castillo de San Pedro de la Roca del Morro

KARIBISCHES MEER

s. Karte Santiago de Cuba (S. 438)

---

wann abfährt und anschließend so schnell wie möglich die entsprechende Fahrkarte dafür zu kaufen.

ℹ Unterwegs vor Ort

AUTO & MOPED

Santiago de Cuba leidet unter chronischer Mietwagen-Knappheit, vor allem Transtur hat in der Hochsaison arge Probleme, den Kunden genügend Autos zur Verfügung zu stellen – und das trotz des kubanischen Talents des *conseguir* (schaffen, hinbekommen) und *resolver* (austüfteln). Am Flughafen sind die Chancen in der Regel besser als in der Stadt.

Cubacar (☎ 22-68-71-60; Hotel las Américas, Ecke Av de las Américas & Av General Cebreco; ◷ 8–22 Uhr) vermietet Mopeds für 25 CUC$ pro Tag.

Die **Servi-Cupet-Tankstelle** (Ecke Av de los Libertadores & Av de Céspedes; ◷ 24 Std.) hat rund um die Uhr geöffnet. Eine **Oro-Negro-Tankstelle** (Ecke Av 24 de Febrero & Carretera del Morro) befindet sich an der Carretera del Morro.

BUS & LKW

Nützliche Stadtbusse sind u. a. die **Buslinie 212** zum Flughafen und nach Ciudamar (Karte S. 448; MN$1), die **Buslinie 213** nach Punta Gorda (Karte S. 438; MN$1) – beide Buslinien starten an der Avenida de los Libertadores gegenüber vom Hospital de Maternidad und fahren in südlicher Richtung auf der Calle Felix Peña zum *casco histórico*. Ebenfalls praktisch sind die **Buslinien 214, 401 & 407** (Karte S. 438; MN$1) nach Siboney, die alle in der Nähe der Avenida de los Libertadores No 425 abfahren. Die **Buslinie 5** nach El Caney hält an der nordwestlichen Ecke der Plaza de Marte und an der Avenida General Cebreco sowie an der Calle 3 in Vista Alegre. All diese Busse fahren ungefähr stündlich. In kürzeren Intervallen bedienen Lkw die gleichen Strecken.

Richtung Norden fahrende Lastwagen starten an der Avenida de las Américas in der Nähe der Calle M. Um sich vor Taschendieben zu schützen, ist es auf jeden Fall ratsam, in Lkw und Bussen den Rucksack immer vor dem Körper zu tragen.

Ein Taxi vom/zum Flughafen kostet 10 CUC$, aber die Fahrer verlangen häufig auch mehr. Vor dem Einsteigen sollte man deshalb hart verhandeln.

Man kann auch den Flughafenbus 212 nehmen, der an der Avenida de los Libertadores gegenüber dem Hospital de Maternidad startet. Auch der Bus 213 fährt von der gleichen Haltestelle aus zum Flughafen, allerdings über Punta Gorda. Beide Busse halten direkt hinter dem westlichen Ende des Flughafenparkplatzes (links von den Eingängen).

Eine andere Möglichkeit, nach Havanna (51 CUC$ inkl. Mittagessen) zu gelangen, ist der **Conectando Cuba**, ein Busservice, der speziell für Touristen betrieben wird und der mit Fernreisebussen wichtige Städte auf Kuba miteinander verbindet.

TAXI

Vor dem Hotel Meliá Santiago de Cuba befindet sich ein **Transtur-Taxistand** (Karte S. 438; ☎ 22-68-71-60). Am Parque Céspedes in der Nähe der Kathedrale warten ebenfalls Taxis, deren Fahrer erwartungsvoll potenzielle Kunden leise ansprechen. Man sollte unbedingt vor der Fahrt einen Festpreis aushandeln. Je nach Zustand des Autos kostet z. B. die Fahrt von der Innenstadt zum Flughafen zwischen 8 und 10 CUC$.

Bici-Taxis (Fahrradtaxis) verlangen etwa 5 Pesos pro Person und Fahrt.

Siboney

Playa Siboney ist Santiagos Antwort auf Havannas Playas del Este. Allerdings wirkt der schlichte Küstenort 19 km östlich der Stadt eher wie ein rustikales Dorf und keineswegs wie ein Luxusresort. Mit den steilen Klippen und den verwitterten Schindelhäusern zwischen hohen Palmen bildet die Ortschaft eine Oase der Entspannung. Den Strand bevölkern vergnügungshungrige kubanische Familien und junge *santiagüeras* mit ihren schon älteren, kahlköpfigen ausländischen Verehrern. Leider haben sich hier seit Neuestem *jejenes* (Sandflöhe) und *jinteros* (Schlepper) breit gemacht. Beides ist ausgesprochen lästig.

Während der schmale sichelförmige graue Sandstrand nicht sonderlich inspirierend anmutet, versöhnen die günstigen Preise und die gute Lage direkt am Eingang des Parque Baconao. Wer einmal eine Pause oder Abwechslung von Santiago braucht, der findet hier einen netten, kleinen Zufluchtsort.

⦿ Sehenswertes

Granjita Siboney   MUSEUM

(Karte S. 470; 1 CUC$; ⊗ Mo 9–13, Di–So 9–17 Uhr) Hätte die Revolution keinen Erfolg gehabt, wäre dieses bescheidene rot-weiße Bauernhaus heute die vergessene Stätte eines vergeblichen Putsches. So aber ist das Gebäude, das 2 km landeinwärts von Playa Siboney an der Straße nach Santiago de Cuba steht, ein weiteres Denkmal des ruhmreichen Angriffs auf die Moncada-Kaserne. Hier waren am 26. Juli 1953 um 5.15 Uhr die Revolutionäre unter Fidel Castros Kommando mit 26 Autos aufgebrochen, um die Kaserne in Santiago de Cuba anzugreifen.

Im Haus blieben viele Originaldetails erhalten, darunter das hübsche Zimmer, das sich die beiden an der Aktion teilnehmenden *compañeras* (weibliche Revolutionäre) Haydee Santamaría und Melba Hernández teilten. Außerdem sind hier Waffen, interessante Dokumente, Fotos und persönliche Gegenstände zu sehen, die alle im Zusammenhang mit der Moncada-Aktion stehen. In dem Brunnen neben dem Gebäude versteckten die Revolutionäre ihre Gewehre für den Überfall.

Unweit des Hauses wurde 1907 an einer Stelle mit Blick auf die steinige Küste ein amerikanisches Kriegerdenkmal errichtet. Es erinnert an die Landung der US-Truppen am 24. Juni 1898.

🛌 Schlafen

In dem kleinen Küstenort gibt es gut ein Dutzend *casas particulares*.

Ovidio González Salgado   CASA PARTICULAR $

(Karte S. 470; ☎ 22-39-93-40; Av Serrano; Zi 25–35 CUC$; ⊗ Nov.–April; ❄) Drei Zimmer, mehrere Terrassen und ein tolles Essen bietet der freundliche Besitzer in seinem geräumigen Haus. Besonders zu empfehlen ist das separate Apartment im Obergeschoss mit Blick auf die Stadt und aufs Meer.

María González   CASA PARTICULAR $

(Karte S. 470; ☎ 22-39-92-00; rafaelrg47@nauta.cu; Obelisko No 10; 25 CUC$; ⓟ❄❄) Eine Terrasse mit Schaukelstühlen und herrlichem Meerblick stellt die drei etwas derangierten Zimmer allemal in den Schatten. Ob sich der Swimmingpool benutzen lässt, steht nie ganz fest. Durch das rege Familienleben im Haus, geht es mitunter etwas chaotisch zu. Für seine Gäste nutzt der Hausherr seinen Peugeot, Baujahr 1968, als Taxi, was sich in der Gegend als sehr nützlich erweist.

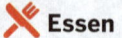 Essen

Außer einem Restaurant gibt es preisgünstige Imbissstände am Strand (mit Vorsicht zu genießen! Bezahlung in Pesos). Auch eine Strandbar ist vorhanden, die Getränke verkauft (Bezahlung in Convertibles).

Sitio del Compay — KARIBISCH $$
(Karte S. 470; Av Serrano; Hauptgerichte 5–10 CUC$; 11–19 Uhr) Siboneys einziges Restaurant bietet einfache *comida criolla*, einen freundlichen Service und einen schönen Ausblick aufs Meer. In dem Haus lebte früher die internationale Musikikone Francisco Repilado (besser bekannt unter seinem Künstlernamen Compay Segundo). Dieser Mann hat den unvergesslichen Song „Chan Chan" geschrieben, den jeder Kubabesucher garantiert landauf, landab Dutzende Male zu hören bekommt.

Compay Segundo erblickte 1907 in einer kleinen Hütte auf diesem Grundstück das Licht der Welt. Im hohen Alter von 90 Jahren wurde er schlagartig als Gitarrist und Spaßvogel zum Superstar von Ry Cooder's Buena Vista Social Club.

An- & Weiterreise

Die Buslinie 214 verbindet Santiago de Cuba mit Siboney. Die Busse starten zwischen 4 und 8.45 Uhr ungefähr stündlich (danach sehr unregelmäßig) nahe der Avenida de los Libertadores 425 gegenüber der Empresa Universal. Sie halten dann auch noch mal an der Avenida de Céspedes 110. Die Buslinie 407 fährt drei Mal täglich über Siboney nach Juraguá. Zwischen Santiago de Cuba und Siboney verkehren auch Passagiertrucks.

Ein Taxi zur Playa Siboney kostet zwischen 25 und 30 CUC$, je nachdem, ob es sich um ein privates oder ein staatliches handelt.

La Gran Piedra

Wie ein herabgestürzter Asteroid wirkt der 63 000 t schwere Gesteinsbrocken, der hoch über dem Karibischen Meer auf der Cordillera de la Gran Piedra thront. Dieser Gebirgszug bildet einen Teil von Kubas grünster und artenreichster Gebirgskette. Seine Berge zeichnen sich nicht nur durch ein erfrischend kühles Mikroklima aus, sie beherbergen auch ein einzigartiges historisches Erbe: etwa 60 Kaffeeplantagen, die französische Siedler in den späten 18. Jh. angelegt hatten. Es handelte sich um Einwanderer, denen die Flucht von Haiti gelungen war, als dort 1791 ein blutiger Sklavenaufstand ausbrach.

Tatkräftig meisterten sie die beschwerlichen Lebensbedingungen, bebauten das schwierige Gelände und machten Kuba im frühen 19. Jh. zum bedeutendsten Kaffeeproduzenten der Welt. Eine Unesco-Welterbestätte, die Cafetal la Isabelica, überliefert und erhält der Nachwelt die Zeugnisse der Arbeitsleistung und des Einfallsreichtums dieser Siedler. Das Gelände ist auch Bestandteil des Biosphärenreservats Baconao, das die Unesco 1987 anerkannte.

Sehenswertes & Aktivitäten

Durch den Gebirgszug windet sich eine steile 12 km lange Bergstraße. Je höher man kommt, umso schöner wird es, weil die Bäume immer spärlicher werden und den Blick ins Tal freigeben. Mangobäume sind hier weit verbreitet.

In der Gegend lassen sich die Überbleibsel von mehr als 60 alten Kaffeeplantagen zu Fuß erkunden. Von der Cafetal la Isabelica führen einige Wege in die Umgebung, allerdings sind sie weder markiert noch mit irgendwelchen Hinweisschildern versehen.

Cafetal la Isabelica — MUSEUM
(Karte S. 470; Carretera Gran Piedra; 2 CUC$; 8–16 Uhr) Unter der Rubrik „Erste Kaffeeplantage im Südosten Kubas" steht El Cafetal la Isabelica seit 2000 auf der Unesco-Welterbeliste. Abseits von La Gran Piedra geht es zu Fuß 2 km auf einer Schotterstraße bis zu dem beeindruckenden einstöckigen Herrenhaus mit seinen drei großen vorgelagerten Trockenböden für Kaffee. Französische Einwanderer aus Haiti errichteten diese Trockenböden im frühen 19. Jh.

Neben einer Werkstatt sind zahlreiche Arbeitsutensilien und Werkzeuge aus Metall zu sehen. Besucher können nach Belieben auf dem pinienbewachsenen Gelände spazierengehen. Da keinerlei Informationstafeln vorhanden sind, lohnt es sich (gegen ein Trinkgeld), einen kundigen Führer zu engagieren. Früher gab es in dieser Gegend mehr als 60 *cafetales*.

La Gran Piedra — BERGGIPFEL
(Karte S. 470; Carretera Gran Piedra; 2 CUC$) Es lohnt sich, die 459 Steinstufen schnaufend und keuchend zur Gran Piedra hinaufzusteigen. Der riesige Felsbrocken auf dem 1234 m hohen Gipfel ist 51 m lang und 25 m hoch und wiegt ... eine ganze Menge. Der Ansatz, seine Popularität zu vermarkten, verläuft bisher ein wenig unkontrolliert. Ein Zeichen

HISTORISCHE KAFFEEPLANTAGEN

Seit jeher sind Kubaner begeisterte Kaffeetrinker. Auf den kühlen Waldlichtungen der Sierra del Escambray und der Sierra Maestra gedeiht die schattenliebende Kaffeepflanze gut. Doch Kuba ist nicht ihre ursprüngliche Heimat.

Die ersten Kaffeepflanzen gelangten 1748 von der benachbarten Kolonie Santo Domingo nach Kuba. Der kommerzielle Kaffeeanbau begann jedoch erst nach der Ankunft der französischen Pflanzer aus Haiti in den frühen 1800er-Jahren.

Nach der Flucht vor dem Sklavenaufstand, den Toussaint Louverture angezettelt hatte, fanden die Franzosen in den Bergen von Pinar del Río und der Sierra Maestra ein neues Zuhause. Statt wie gewohnt Zuckerrohr anzupflanzen, bauten sie jedoch die ertragreicheren und langlebigeren Kaffeepflanzen an.

1801 entstand die Cafetal Buenavista – die erste große Kaffeeplantage der Neuen Welt. Heute steht sie als Reservat Sierra del Rosario in der Provinz Artemisa (bis Ende 2010 Teil der Provinz Pinar del Río) unter Schutz. Nur wenig später begannen die französischen Pflanzer in den dicht bewaldeten Bergen rund um La Gran Piedra ein Netzwerk aus 60 *cafetales* (Kaffeeplantagen) aufzubauen. Um das schwierige Gelände in den Griff zu bekommen, verwendeten sie fortschrittliche landwirtschaftliche Geräte. Ihre beharrlichen Anstrengungen zahlten sich aus: In den beiden ersten Jahrzehnten des 19. Jhs. feierte Kubas junge Kaffeeindustrie Triumphe.

Dank hoher Kaffeepreise auf dem Weltmarkt und neuer, technisch ausgefeilter Anbaumethoden dauerte der Boom von 1800 bis etwa 1820. In dieser Zeit wurde mehr Kaffee als Zuckerrohr angebaut. Auf dem Höhepunkt des Booms existierten auf Kuba mehr als 2000 *cafetales*, die sich vorwiegend auf die Region der Sierra del Rosario und der Sierra Maestra östlich von Santiago de Cuba konzentrierten.

In den 1840er-Jahren begann die Kaffeeproduktion zurückzugehen: Neue, starke Wirtschaftsmächte (allen voran Brasilien) machten Kuba Konkurrenz. Ungefähr zur gleichen Zeit richtete eine Reihe von Hurrikans verheerende Schäden auf den Plantagen an. Weitere erhebliche Beeinträchtigungen der Kaffeeindustrie brachte der Unabhängigkeitskrieg mit sich. Immerhin, die Produktion hat überlebt, auch wenn der Kaffee heute in kleinerem Maßstab und vorwiegend mit traditionellen Methoden angebaut wird.

Das Erbe der Pioniere der Kaffeeindustrie auf Kuba zeigt sich am eindrucksvollsten in der 2000 zum Unesco-Welterbe erklärten „Archäologischen Landschaft der ersten Kaffeeplantagen im Südosten Kubas". Sie erstreckt sich am Fuß der Sierra Maestra in der Nähe von La Gran Piedra.

dafür sind die begierigen Krimskramsverkäufer, die sich auf dem Gipfel postiert haben.

An klaren Tagen reicht der Blick vom Gipfel weit über die Karibik und in dunklen Nächten lassen sich angeblich sogar die Lichter von Jamaica erkenne.

🛏 Schlafen

Villa la Gran Piedra   HOTEL $$
(Karte S. 470; ☏ 22-68-61-47; Carretera Gran Piedra Km 14,5; EZ/DZ 60/68 CUC$; P ✳) Kubas höchstgelegene Hotelanlage liegt auf 1225 m Höhe. Die im Jahr 2012 vom Hurrikan zerstörten Hütten wurden wieder aufgebaut. Es sind einfache, aber gemütliche Unterkünfte mit Fliesenboden und spärlicher Möblierung. Umgeben sind sie von einer üppigen Vegetation, was neben dem wunderschönen Ausblick ihr hervorstechendes Merkmal ist. Die Rezeption befindet sich in dem Restaurant direkt am Eingang zum La-Gran-Piedra-Aussichtspunkt.

ℹ An- & Weiterreise

In der Nähe von Siboney zweigt eine befestigte Straße von der Küstenstraße ab (der Route der Buslinie 214). Über 1,5 km windet sich diese steil aufsteigende, mit vielen Schlaglöchern übersäte Straße durch die Berglandschaft.

Eine Taxifahrt von Santiago de Cuba kostet hin & zurück etwa 80–90 CUC$ (man sollte den Preis hart verhandeln). Sportliche Kubaner und einige fitte Ausländer bewältigen die 12 km lange, ansteigende Strecke von der Bushaltestelle an der Straßenkreuzung in Las Guásimas sogar zu Fuß.

La Gran Piedra & Parque Baconao

La Gran Piedra & Parque Baconao

Parque Baconao

Der gleichermaßen fantastische wie eigentümliche Parque Baconao erstreckt sich auf einer Fläche von über 800 km² zwischen der Stadt Santiago de Cuba und dem Río Baconao. Das Unesco-Biosphärenreservat bildet ein bedeutendes Schutzgebiet für ein vielseitiges und komplexes Ökosystem. Auf seinem Gelände befinden sich auch ein Open-Air-Automuseum und eine Sammlung lebensgroßer Dinosauriersculpturen.

Der Park liegt in einer flachen Senke, die auf der einen Seite von der Sierra Maestra und auf der anderen vom ruhigen Karibischen Meer abgeschirmt wird. Seine beachtliche Biodiversität fasziniert ungemein. Dokumentiert sind mehr als 1800 endemische Pflanzenarten – von ausladenden Königspalmen bis zu an Klippen wachsenden Kakteen. Zu den Tierarten zählen zahlreiche gefährdete Fledermäuse und Spinnen.

Die Strände sind hier schmaler als an der Nordküste, aber man kann angeln gehen oder einen der rund 70 Tauchplätze in der

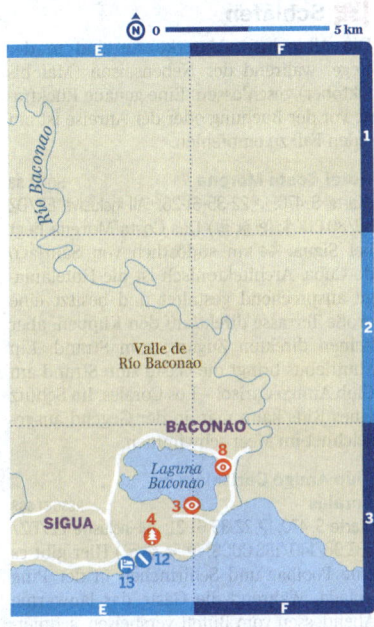

Map labels: N 0 — 5 km; Río Baconao; Valle de Río Baconao; BACONAO; Laguna Baconao; 8; 3; SIGUA; 4; 12; 13

Playa Daiquirí entfernt. Die Zufahrtsstraße ist nicht ausgeschildert. Hier leben Maler, Töpfer und Bildhauer. Besucher können sich die Ateliers ansehen und auch Werke der Künstler käuflich erwerben. Nur ein gutes Bio-Café fehlt.

Laguna Baconao SEE

(Karte S. 470; geführte Wanderung 2 CUC$) An der Laguna Baconao 2 km nordöstlich von Los Corales befinden sich ein Restaurant, ein Ruderbootverleih und mehrere Uferwege sowie ein trostlos wirkender Zoo mit Krokodilen und dergleichen. In dem See schwimmen vermutlich wild lebende Delfine. In der unmittelbaren Umgebung gibt es mehrere Möglichkeiten für kurze Wanderungen, darunter ein Weg rund um den See (insgesamt 8 km). Wer hier wandern möchte, muss allerdings einen Führer engagieren, da es sich um ein Naturschutzgebiet handelt. Empfehlenswert ist der mehrsprachige Norge Ramos Barroso. Auch geführte Ausritte werden angeboten.

Von der Playa Baconao am Ostufer des Sees verläuft eine 3,5 km lange Asphaltstraße hinauf ins schöne Valle de Río Baconao, wo sie in einen Feldweg übergeht. An einem Kontrollpunkt am Dorf Baconao verwehren Soldaten den direkten Weg über die Küstenstraße nach Guantánamo, weil sie an dem US-Marinestützpunkt vorbeiführt. Um in die weiter östlich liegende Region zu gelangen, muss man die 50 km nach Santiago de Cuba zurückfahren und die Straße im Landesinneren nehmen.

Museo Nacional de Transporte Terrestre MUSEUM

(Karte S. 470; 22-39-91-97; La Punta Km 8,5; 1 CUC$; 8–17 Uhr) Außerhalb von Kuba würde dieses Open-Air-Automuseum 2 km östlich vom Valle de la Prehistoria jeden beeindrucken. Zu sehen sind beispielsweise der 1958er-Cadillac von Benny Moré und der Chevrolet, mit dem sich Raúl Castro auf dem Weg zur Moncada-Kaserne verfahren hat, sowie der hübsche Ford T-Bird der Sängerin Rosita Fornes. Doch wo Automobilveteranen aus den 1950ern so alltäglich sind wie billige Zigarren, wirkt dieses Fahrzeugmuseum so kurios wie ein Toyota-Yaris-Museum in Kyoto.

Exposición Mesoamericana PARK

(Karte S. 470; 1 CUC$) Jeder kubanische Ferienort scheint eine Attraktion zu besitzen, die an die indigene Kultur erinnert. In diesem Fall ist das die Exposición Mesoameri-

Nähe aufsuchen, z. B. das kleine Stahlwrack der Guarico gleich südlich der Playa Sigua. Berühmt ist der Parque Baconao auch wegen seiner Landkrabben. Von Mitte März bis Anfang Mai sammeln sich Zehntausende dieser großen Krebstiere entlang der Küste abseits der Playa Verraco

Sehenswertes

Valle de la Prehistoria FREIZEITPARK
(Karte S. 470; 22-39-92-39; 1 CUC$; 8–17 Uhr) Eine der merkwürdigsten unter den vielen bizarren Attraktionen im Parque Baconao ist diese kubanische Interpretation des Jurassic Parks. In dem aus Beton geschaffenen Szenario stehen riesige Brontosaurier neben Höhlenmenschen – obwohl zwischen der Existenz dieser beiden Spezies locker 57 Millionen Jahre liegen. Besucher können einen Streifzug durch den gesamten 11 ha großen surrealen Kitschpark unternehmen. Seine 200 lebensgroßen Saurier wurden von Insassen eines nahen Gefängnisses aus Beton gegossen. Auf dem Gelände befinden sich auch ein ziemlich dürftiges naturhistorisches Museum und ein einfaches Café im Fred-Feuerstein-Stil.

Comunidad Artística Verraco GALERIE
(Karte S. 470; 9–18 Uhr) Die Künstlersiedlung liegt 10 km von der Abzweigung zur

cana; man findet sie unmittelbar östlich des Club Amigo Carisol – Los Corales (s. rechts). Indigene Kunstwerke aus Mittel- und Südamerika werden dort in Höhlen entlang der Klippen ausgestellt.

Fiesta Guajira
RANCH

(Karte S. 470; Arena 5 CUC$; ⊙ Mi & So 9 & 14 Uhr) Die von Ecotur betriebene *finca* (Gutshof) befindet sich in der Künstlergemeinde El Oasis. Früher fanden hier Rodeos statt, doch seit dem Hurrikan beschränkt sich das Angebot auf ein ländliches Restaurant und eine Hahnenkampfarena.

Playa Daiquirí
STRAND

(Karte S. 470) Für Unbefugte ist der Zutritt zu diesem geschichtsträchtigen Strand verboten. Vom Museo Nacional de Transporte Terrestre führt eine Seitenstraße nach 2 km zur Playa Daiquirí. Im Spanisch-Amerikanischen Krieg landeten hier am 24. Juni 1898 die amerikanischen Truppen und ein weltberühmter Cocktail trägt ihren Namen. Heute nimmt ein Ferienlager für Militärpersonal das gesamte Areal in Anspruch.

Criadero de Cocodrilos
FARM

(Karte S. 470; Laguna Baconao; 1 CUC$; ⊙ 8–17 Uhr) Der Criadero de Cocodrilos (Krokodilfarm) liegt an der Laguna Baconao 2 km nordöstlich von Los Corales. Auf der Farm lebt ein Dutzend Krokodile in Gehegen unterhalb eines Restaurants. Weitere Tiere wie Echsen und *jutías* (Baumratten) werden in Käfigen gehalten. Zum Ausleihen gibt es hier Pferde für Ausritte und Boote für Touren auf dem See.

🏃 Aktivitäten

Centro Internacional de Buceo Carisol los Corales
TAUCHEN

(Karte S. 470; ☎ 22-35-61-21; www.nauticamarlin.com; Club Amgio Carisol – Los Corales) Das Tauchzentrum liegt 45 km östlich von Santiago in der gleichnamigen Hotelanlage. Taucher, die in anderen Hotels wohnen, werden täglich abgeholt. Zwei Boote können bis zu 20 Personen zu jedem der 24 örtlichen Tauchgebiete bringen. Ein Open-Water-Diver-Kurs (Kurs zum Erwerb eines Tauchscheins) kostet 375 CUC$. Nahe der Küste locken Schiffswracks und Schwarze Zackenbarsche, die sich aus der Hand füttern lassen.

Die Wassertemperaturen (25 bis 28 °C) zählen zu den wärmsten rund um Kuba. Zwischen Februar und Juni ist die Sicht unter Wasser am besten.

🛏 Schlafen

Die All-inclusive-Unterkünfte sind in der Regel während der Nebensaison (Mai bis Oktober) geschlossen. Eine genaue Rückfrage vor der Buchung oder der Anreise ist auf jeden Fall zu empfehlen.

Hotel Costa Morena
HOTEL $$

(Karte S. 470; ☎ 22-35-61-26; All-inclusive EZ/DZ 59/80 CUC$; P ✳ ☒) Das Costa Morena liegt bei Sigua, 44 km südöstlich von Santiago de Cuba. Architektonisch ist die Hotelanlage ansprechend gestaltet und besitzt eine große Terrasse direkt auf den Klippen, aber keinen direkten Zugang zum Strand. Ein Shuttlebus bringt die Gäste zum Strand am Club Amigo Carisol – Los Corales. Im Schutz eines Riffs kann man in der Gegend ausgezeichnet im Meer schwimmen.

Club Amigo Carisol – Los Corales
RESORT $$$

(Karte S. 470; ☎ 22-35-61-21; All-inclusive EZ/DZ/ 3BZ 98/140/188 CUC$; P ✳ @ ☒) Hier gibt es eine Poolbar und Schirmchen in der Piña Colada. Während die Gäste das lauwarme Abendessen vom Büfett verspeisen, schmettert die von der Regierung gesponserte Band den Ohrwurm *Guantanamera*. Willkommen in der All-inclusive-Welt! Das von Cubanacán betriebene Resort mit zwei Hotelanlagen liegt 44 km östlich von Santiago am besten Strandabschnitt der Küste (auch wenn eine Reihe von Hurrikans Teile des Strandes beschädigt haben).

Zu seinen Vorzügen zählen ein Tennisplatz, eine Disko, Angebote für mehrtägige Ausflüge und helle, geräumige saubere Zimmer. Wer nicht Gast des Resorts ist, kann eine Tageskarte (25 CUC$ inkl. Mittagessen) kaufen.

🍴 Essen

Außer den Restaurants in den Resorts gibt es an verschiedenen Stellen Straßenrestaurants, die hauptsächlich am Wochenende geöffnet haben.

Finca el Porvenir
KARIBISCH $$

(Karte S. 470; ☎ 22-68-64-94; Carretera de Baconao Km 18; Hauptgerichte 8–12 CUC$; ⊙ 9–17 Uhr) Die von Palmares betriebene *finca* liegt 4 km östlich von El Oasis und links von der Hauptstraße. Vorteile sind die bodenständige *comida criolla*, ein großer Swimmingpool und die angebotenen Reitausflüge. Die Auswahl an Gerichten ist klein, aber die geräucherten Schweinekoteletts schmecken überraschend lecker. Ein kaltes Bucanero-Bier rundet den Genuss ab. Einziger Nachteil: Der plärrende Reggaeton am Pool fördert nicht gerade die Entspannung. Wem kommt das nicht bekannt vor?

Der Pool ist mit Flusswasser befüllt, das kontinuierlich umgewälzt wird; es ist sauber und erfrischend kühl.

Fiesta Guajira KARIBISCH $$
(Karte S. 470; ☑ 22-39-95-86; Carretera Baconao, El Oasis; Hauptgerichte 7–10 CUC$; ⊙ 9–17 Uhr) Früher fanden hier Rodeos statt, heute gibt es nur noch ein Restaurant, das *comida criolla* anbietet.

❶ An- & Weiterreise

Um von Santiago de Cuba aus die weit verstreuten Attraktionen des Parque Baconao zu erkunden, nutzen die meisten Besucher einen Mietwagen oder ein Taxi oder nehmen an einer geführten Tour teil.

Vom städtischen Busbahnhof an der Avenida de la Libertad in Santiago bedient die Buslinie 415 dreimal täglich die Baconao-Route. Doch Santiagos Busfahrpläne sind nicht in Stein gemeißelt, deshalb ist es ratsam, sich vorher genau zu erkundigen.

Wer diese Gegend besuchen will, muss bei der Planung bedenken, dass die Küstenstraße von der Ortschaft Baconao nach Guantánamo für Nichtansässige gesperrt ist.

❶ Unterwegs vor Ort

Die **Servi-Cupet-Tankstelle** (Complejo la Punta; ⊙ 24 Std.) liegt 28 km südöstlich von Santiago de Cuba.

Cubacar (☑ 22-35-61-69; Club Amigo Carasol; ⊙ Moped pro Tag 27 CUC$) vermietet Autos und Mopeds.

El Cobre

Die Basílica de Nuestra Señora del Cobre steht hoch oben auf einem Berg 20 km nordwestlich von Santiago de Cuba an der alten Straße nach Bayamo. Die Kirche ist Kubas heiligste Pilgerstätte und Schrein seiner Nationalheiligen: La Virgen de la Caridad (Jungfrau der Barmherzigkeit), die auch Cachita genannt wird. In der Santería nimmt die schöne *orisha* Ochún die Rolle der Virgen de la Caridad ein. Diese Yoruba-Göttin ist die Göttin der Liebe und des Tanzes und für die meisten kubanischen Frauen eine religiöse Ikone. Ochún wird durch die Farbe Gelb, durch Spiegel, Honig, Pfauenfedern und die Zahl Fünf symbolisiert. Für viele Gläubige ist die Verehrung der beiden religiösen Figuren eng miteinander verknüpft.

Sogar für Nichtgläubige lohnt sich ein Besuch der Pilgerstätte, denn sie gibt einen faszinierenden Einblick in die regionale Kultur. Die Straße zur Basilika ist gesäumt von Straßenhändlern, die Blumenkränze als Opfergabe für La Virgen und Miniatur-„Cachitas" anbieten.

⊙ Sehenswertes

Basílica de Nuestra Señora del Cobre KIRCHE
(⊙ 6–18 Uhr) Die Basilika, Kubas heiligste Pilgerstätte und ein faszinierender Anblick, erhebt sich oberhalb des Dorfes El Cobre vor einer Kulisse aus grünen Hügeln. Wie viele andere kubanische Kirchen wurde sie in jüngster Zeit renoviert. Ihr helles, schlichtes Kirchenschiff mit einigen schönen Buntglasfenstern ist beeindruckend. Seit 1648 steht an dieser Stelle eine Kirche, die heutige Basilika wurde 1927 gebaut. Die Pilger bilden eine schier endlose Schlange. Manche von ihnen reisen aus entfernten Ländern an.

Die Kirchenbesucher wahren die angemessene respektvolle Ruhe und zünden Gebetskerzen an, die vor der Kirche verkauft werden. Hoch über dem Altar steht die Statue von La Virgen in einem Glaskasten. Von der Krone bis zum Saum ihrer goldenen Robe misst sie nur 40 cm – überraschend wenig für solch ein kraftvolles heiliges Wesen. Das filigrane kubanische Wappen am Rock der Robe ist eine bewunderungswürdige Stickarbeit.

Der größte Teil der zahllosen Opfergaben (z. B. Krücken, die nicht mehr gebraucht werden, oder dank der Gebete errungene Preise) wird von Zeit zu Zeit entfernt. Eine Ausstellung in einer kleinen Seitenkapelle der Basilika zeigt eine kleine Auswahl der Tausenden von Opfergaben, die der Heiligen Jungfrau als Dank für ihre Gunst dargebracht wurden. Haarbüschel, ein Fernseher, eine Doktorarbeit, ein Wirrwarr an Stethoskopen, ein Floß aus Fahrradschläuchen (auf dem möglicherweise die Meeresstraße zwischen Florida und Kuba sicher überquert wurde) und ein vom Boden bis zur Decke reichender Stapel winziger Körperteile aus Metall füllen den Raum.

Monumento al Cimarrón DENKMAL
Durch die Ortschaft El Cobre weisen Schilder den Weg zum Monumento al Cimarrón. Nach einem zehnminütigen Aufstieg über

eine Steintreppe erreicht man diese anthropomorphe Skulptur, die zum Gedenken an eine Sklavenrevolte des 17. Jhs. in der Kupfermine errichtet wurde. Heute findet hier oben im Juli die Ceremonia a las Cimarrones statt, eines von Kubas wichtigsten Santería-Festen und Teil der Fiesta del Caribe. Der Ausblick ist fantastisch. Von der anderen Seite des Denkmals schaut man auf überhängende kupferfarbene Klippen an einem flaschengrünen Stausee.

Der Weg zum Denkmal ist in El Cobre ausgeschildert.

Feste & Events

Ceremonia a las Cimarrones RELIGIÖSES FEST
(☉Juli) Als Teil von Santiagos Fiesta del Caribe findet am Monumento al Cimarrón ein Santería-Gottesdienst statt.

Schlafen

Hospedaría el Cobre HOSTEL **$**
(☎22-34-62-46; Zi 30 MN$) Das große Gebäude hinter der Basilika bietet einen hübschen Aufenthaltsraum sowie 15 Zimmer mit ein bis drei Betten und eignem Bad (zu zahlen in *moneda nacional*). Essen gibt es um 7, 11 und 18 Uhr. Die Nonnen sind ausgesprochen gastfreundlich. Die Hausordnung verbietet allerdings das Trinken von Alkohol und das Übernachten von unverheirateten Paaren in einem gemeinsamen Zimmer. Erwartet wird auch eine Spende in Convertibles für die heilige Stätte. Die Reservierung sollte mindestens 15 Tage im Voraus erfolgen.

In der Lobby im Parterre informiert eine Ausstellung über die Geschichte von La Virgen und die der Basilika. Die Zeitspanne reicht dabei von den 1600er-Jahren bis zum Besuch von Papst Benedikt XVI. im Jahr 2012.

ℹ An- & Weiterreise

Vom Nationalen Busbahnhof (S. 465) in Santiago fährt die Buslinie 2 zweimal täglich nach El Cobre (1 MN$). Passagiertrucks (5 MN$) bedienen die Route häufiger. Beide Fahrmöglichkeiten sind in *moneda nacional* zu zahlen.

Ein Cubataxi verlangt für die Hin- und Rückfahrt zwischen Santiago de Cuba und El Cobre ungefähr 25 CUC$.

Wer vom Westen her nach Santiago de Cuba fährt, kann in der Nähe von Palma Soriano die Autopista Nacional nehmen. Wenn kein Zeitdruck besteht, ist es besser, auf der Carretera Central über El Cobre weiterzufahren. Die Landstraße windet sich durch eine malerische Hügellandschaft.

El Saltón

Seinen hohen ökologischen Status hat sich El Saltón wirklich verdient. In der ruhigen Oase in den Bergen des Verwaltungsbezirks Tercer Frente, wo einst prasselnde Gewehrfeuer widerhallten, ertönt heute das Gezwitscher tropischer Vögel. Das abgeschiedene und schwer erreichbare Refugium bietet eine Lodge, einen *mirador* (Aussichtspunkt) auf einer Bergkuppe und einen 30 m hohen Wasserfall mit einem natürlichen Pool (das Fallbecken), der sich bestens zum Schwimmen eignet. Öko-Führer begleiten Besucher auf Ausritten oder auf Wanderungen zu Thermalbädern oder zur nahen Kakaoplantage. Wer möchte, kann auf eigene Faust loswandern und die zahlreichen Bergdörfer erkunden. Manche tragen so charmante Namen wie Filé oder Cruce de los Baños. Gerade weil El Saltón schwierig zu erreichen ist, eignet es sich besonders gut für Naturliebhaber. Je nach Jahreszeit kann der Wasserfall austrocknen; über den aktuellen Zustand informiert Cubamar (S. 464) in Santiago.

🛏 Schlafen

Villa el Saltón HOTEL **$$**
(☎22-56-63-26; Carretera Puerto Rico a Filé; EZ/DZ mit Frühstück 45/65 CUC$; P✳✕) ✎ Die 22 Zimmer der von Cubamar betriebenen Lodge verteilen sich auf drei Blocks, die sich wie Baumhäuser im dichten Blattwerk verstecken. Wohltuend sind Extras wie Sauna, Whirlpool und Massagen sowie das Merkmal des Anwesens: ein erfrischender Wasserfall mit natürlichem Pool. Das recht gute Bar-Restaurant mit einem allseits beliebten Billardtisch liegt am Ufer eines sprudelnd dahinfließenden Flusses. Die Zimmer weisen keine Besonderheiten auf.

ℹ An- & Weiterreise

Wer nach El Saltón möchte, fährt westlich von El Cobre bis nach Cruce de los Baños weiter, das sich 4 km östlich des Dorfes Filé befindet. El Saltón liegt 3 km südlich von Filé. Mit etwas Verhandlungsgeschick fährt ein robustes Taxi für 90 CUC$ von Santiago de Cuba nach El Saltón.

Chivirico & Umgebung

5800 EW.

Chivirico befindet sich 75 km südwestlich von Santiago de Cuba und 106 km östlich von Marea del Portillo. Es ist die einzige

Ortschaft von Bedeutung an der Südküstenstraße, die allerdings mit ihren wechselnden Landschaftsszenerien aus steil abfallenden Bergen, geschwungenen Buchten und wogender Brandung zu den schönsten Strecken Kubas zählt. Bis nach Chivirico sind die Verkehrsverbindungen relativ gut. Weiter westlich verschlechtern sie sich jedoch rapide.

Chivirico selbst hat wenig zu bieten, doch immerhin kann man einige Wanderungen durch die raue Landschaft der Sierra Maestra unternehmen, sofern man die Genehmigung dafür erhält.

 ## Schlafen

Campismo Caletón Blanco HÜTTEN $

(☎22-62-57-97; Caletón Blanco Km 30, Guamá; DZ inkl. Frühstück 20 CUC$; P ❄) Dies ist einer der beiden praktischen *campismos* in dieser Gegend – der zweite ist La Mula (S. 478). Caletón Blanco zählt zu Cubamars erstklassigen *campismos*, er ist neuer und liegt näher an Santiago (30 km). Auf dem Gelände stehen 22 Bungalows, geeignet für jeweils zwei bis vier Personen. Vorhanden sind auch Stellplätze für Wohnmobile, außerdem gibt es ein Restaurant, eine Snackbar und einen Fahrradverleih. Empfehlenswert ist eine

---

ABSEITS DER ÜBLICHEN PFADE

MALERISCHE LANDSCHAFT & SCHLECHTE STRASSE

Kubas landschaftlich malerischste Route ist die 180 km lange Küstenstraße, die Santiago de Cuba mit dem kleinen, abgeschiedenen Dorf Pilón in der Provinz Granma verbindet. Aus Sicht von Autofahrern, die glatten Asphalt einer Schlaglochpiste vorziehen, ist sie allerdings Kubas absolut schlechteste Straße.

So überrascht es wohl kaum, dass auf der Strecke extrem wenig Verkehr herrscht und westlich von Chivirico kein fahrplanmäßiger Bus fährt. Bei einigermaßen passablem Straßenzustand lässt sich die Strecke mit einem stabilen Taxi oder Mietwagen bewerkstelligen. Vor Fahrtbeginn muss man aber unbedingt überprüfen, ob das Fahrzeug wirklich zuverlässig funktioniert und die Straße nicht gerade gesperrt ist, weil irgendetwas sie blockiert oder Straßenabschnitte weggeschwemmt wurden. Für die einfache Fahrt von Santiago bis zum Hotel Marea del Portillo als Endpunkt verlangen Taxifahrer ungefähr 160 CUC$.

Eine Alternative zum Auto ist das Fahrrad. Auf der zwischen Steilhang und Meer eingeklemmten Straße begeben sich Radfahrer auf eine wahrhaft lange, abenteuerliche Tour. Touristische Einrichtungen, inklusive Möglichkeiten, unterwegs den Hunger und Durst zu stillen, sind auf der Strecke dünn gesät. Radfahrer müssen also genügend eigenen Proviant mitnehmen, aber auch für Fahrradpannen gerüstet sein, denn auf den abgelegenen Streckenabschnitten kommt nur selten einmal ein Auto vorbei. Die Straße verläuft zwar entlang der Küste, führt aber immer wieder über Landzungen mit steilen Berg- und Talfahrten, was eine solide Gangschaltung und eine gute Kondition erfordert.

Glücklicherweise kommt die herrliche Landschaft dem langsamen Reisen sehr entgegen. In diesem abgelegenen Teil von Südostkuba mit seiner immer noch vollkommen erhaltenen unberührten Natur reihen sich versteckte Buchten fast wie Perlen auf einer Schnur. An der Küste kracht die Brandung an steil aufragende, wolkenumhüllte Berge. An der Landseite verläuft die Küstenstraße entlang der Ausläufer von Kubas beiden höchsten Gebirgszügen mit dem Pico Turquino und dem Pico Bayamesa. Die Berge erzeugen einen Regenschatteneffekt, wodurch ihre südlichen Hänge trocken und nur von kleinen Gehölzen bewachsen sind.

Etliche der ländlichen Siedlungen sind fest im Gedächtnis der revolutionären Geschichte verankert. In den 1950er-Jahren waren El Uvero und La Plata Kampfschauplätze von Fidel Castros aufkeimender Guerillaarmee. Direkt vor der Küste liegen die Wracks von zwei spanischen Kriegsschiffen – sie sanken während des Kubanischen Unabhängigkeitskrieges, denn der Spanisch-Amerikanische-Krieg folgte.

Radfahrer sollten sich für die Tour in Santiago mit Proviant und Wasser eindecken und die Fahrt auf drei Tage verteilen – mit Stopps im Resort Brisas Sierra Mar (S. 476), auf dem Campismo La Mula (S. 478; Reservierung in Santiago) und im **Hotel Marea del Portillo** (☎23-59-70-08; All-inclusive EZ/DZ/3BZ 40/80/90 CUC$).

rechtzeitige vorherige Reservierung über das Cubamar-Büro (S. 464) in Santiago de Cuba.

Brisas Sierra Mar
RESORT $$

(☎ 22-32-91-10; all-inclusive EZ/DZ 69/98 CUC$, Tagespass 27 CUC$; P ✳ @ ☷) Abgeschieden, aber einladend liegt dieses große Resort an der Playa Sevilla – 63 km westlich von Santiago de Cuba und zwei Autostunden vom Flughafen entfernt. Das pyramidenförmige, in Terrassenbauweise errichtete Hotel schmiegt sich an einen Hügel. Ein moderner Lift führt hinunter zu einem braunen Sandstrand, der allerdings wegen seiner Sandflöhe berühmt-berüchtigt ist. Das Highlight: Nur 50 m vor der Küste erstreckt sich ein bemerkenswertes Korallenriff, das sich hervorragend zum Schnorcheln eignet. Manchmal tauchen hier sogar Delfine auf.

Das Angebot an Aktivitäten ist üppig. Beispielsweise besteht die Möglichkeit zum Reiten und auf dem Gelände befindet sich ein Marlin-Tauchzentrum. Umfangreich ist auch das spezielle Programm für Kinder (für Kinder unter 13 Jahren kostenlos). Das Hotel hat viele Stammgäste. Nicht-Hotelgäste können einen Tagespass erwerben, der Mittagessen, Getränke und Sportangebote bis 17 Uhr umfasst. Wer eine Radtour entlang der Südküste unternimmt, kann hier auch gut eine angenehme Erholungspause einlegen.

❶ An- & Weiterreise

Vom Busbahnhof Serrano Intermunicipal (S. 465) in Santiago de Cuba gegenüber vom Bahnhof fahren den ganzen Tag über Lastwagen nach Chivirico. Darüber hinaus starten hier auch täglich drei Busse.

Eigentlich sollte einmal täglich ein Lastwagen den Campismo la Mula und den Startpunkt zum Aufstieg auf den Pico Turquino ansteuern. Doch die Verkehrsverbindung Richtung Marea del Portillo ist fast zum Erliegen gekommen. Die Straßenverhältnisse auf der Strecke variieren zwischen schlecht und völlig unpassierbar.

Rund um den Pico Turquino

Nahe der Grenze zwischen den Provinzen Granma und Santiago de Cuba liegt Las Cuevas. Die kleine Ortschaft ist ein günstiger Ausgangspunkt für den anstrengenden Aufstieg auf Kubas höchsten Berg. Auf- und Abstieg lassen sich in einer sehr langen Tagestour schaffen. Mit einem Bergführer

(und einer Übernachtung) kann man bis zum Alto del Naranjo und nach Villa Santo Domingo in der Nachbarprovinz Granma weiterwandern.

◉ Sehenswertes

Museo de la Plata
MUSEUM

(Karte S. 424; 1 CUC$; ⊙ Di–Sa) Das kleine Museum steht in La Plata direkt unterhalb der Landstraße am Flussufer. Es liegt 5 km westlich von Las Cuevas und 40 km westlich von El Uvero. La Plata war am 17. Januar 1957 der Schauplatz des ersten erfolgreichen Scharmützels der kubanischen Revolution. Zu den Ausstellungsstücken des Museums zählt auch ein Schriftstück mit den Unterschriften von 15 Überlebenden der *Granma,* die sich Ende 1956 in Cinco Palmas trafen.

Marea del Portillo liegt 46 km westlich. Dieses La Plata ist nicht zu verwechseln mit der Comandancia La Plata hoch in der Sierra Maestra, Fidel Castros Hauptquartier zu Zeiten der Revolution.

❌ Aktivitäten

Bergtour auf den Pico Turquino
Die beiden Ausgangspunkte für den Aufstieg auf den **Pico Turquino** (Karte S. 424) sind Las Cuevas und das weiter vom Pico Turquino entfernt liegende Dorf Santo Domingo in der Provinz Granma.

Bergwanderer, die nur die Gipfelbesteigung im Sinn haben, kommen von Las Cuevas aus wahrscheinlich am schnellsten und leichtesten zu ihrem Ziel. Wer jedoch in die Geschichte der Region eintauchen möchte, startet in Santo Domingo und wandert zur Comandancia la Plata. Mit einer spektakulären Trekkingtour quer durch das Gebirge lassen sich beide Varianten miteinander verbinden; sie wird von Ecotur (S. 451) organisiert. Bessere Transportmöglichkeiten für die Weiterfahrt finden sich allerdings in Santo Domingo.

Ecotur in Santiago bietet eine stramme Tagestour (pro Pers. 130 CUC$), ggf. mit einer Übernachtung (171 CUC$) sowie eine dreitägige Trekkingtour (201 CUC$), welche die Comandancia de la Plata einschließt. Im Preis inbegriffen sind Eintrittsgebühren, Transport ab Santiago de Cuba, Essen, einfache Unterkünfte und der Bergführer. Es ist möglich, eine Trekkingtour von Las Cuevas nach Santo Domingo zu buchen, oder auch eine Hin-und-zurück-Tour. Die Wanderung ab Las Cuevas lässt sich auch relativ kurzfristig vor Ort organisieren.

Camps & Schutzhüten

Der Campismo la Mula (S. 478) liegt 12 km östlich vom Ausgangspunkt Las Cuevas. Er ist besonders praktisch für Wanderer, die übernachten müssen, weil sie spät aufbrechen oder den Rückweg nicht mehr bei Tageslicht schaffen. Wanderer, die auf eigene Faust unterwegs sind, können auch am Las-Cuevas-Besucherzentrum (S. 478) ihr Zelt aufschlagen oder die schlichte Unterkunft des Zentrums nutzen. Hier wird auch die vor Antritt der Wanderung fällige Gebühr bezahlt, die den vorgeschriebenen kubanischen Bergführer einschließt.

Wer nicht am selben Tag wieder absteigen möchte, kann in der Schutzhütte auf dem Pico Cuba (zusätzlich 30 CUC$) übernachten. Sie verfügt über eine einfache Küche, einen Holzofen und Pritschen ohne Matratzen. Zur Not findet sich ein Schlafplätzchen auf dem Fußboden.

Die Route

Der Weg ab Las Cuevas beginnt an der Südküstenstraße 7 km westlich von Ocujal und 51 km östlich von Marea del Portillo. Er führt auch an Kubas zweithöchstem Gipfel, dem Pico Cuba (1872 m) vorbei. Für den Aufstieg müssen Wanderer mit mindestens sechs Stunden und für den Abstieg mit gut vier Stunden rechnen. Bei Regen oder nach einem Regenguss dauert es länger, weil der Pfad an manchen Stellen überflutet sein kann und sehr rutschig wird.

Die Bergtour ist richtig anstrengend, denn der Pfad überwindet auf einer Strecke von nur 9,6 km eine Steigung von 2 km. Für die Mühen entschädigen aber der Schatten und ein atemberaubender Ausblick. Wichtig bei der Tour ist, genügend Trinkwasser mitzunehmen.

Wer den Auf- und Abstieg an einem Tag schaffen will, muss spätestens um 6.30 Uhr aufbrechen.

Die gut markierte Strecke führt von Las Cuevas nach La Esmajagua (600 m, 3 km; hier gibt es Trinkwasser) und dann hinauf zum Pico Cardero (1265 m). Gleich danach geht es über eine Reihe von beinahe senkrechten Stufen, die Saca La Lengua (wörtlich übersetzt: heraushängende Zunge) genannt werden, zum Pico Cuba (1872 m, 2 km; Schutzhütte mit Trinkwasser) und schließlich im Endspurt auf den Pico Turquino (1972 m, 1,7 km). Wenn der Nebel sich lichtet, ist die Bronzebüste von José Martí auf dem Gipfel des höchsten kubanischen Berges zu erblicken.

ABSTECHER

EL UVERO

In diesem unscheinbaren Ort 23 km westlich von Chivirico führte ein Ereignis zu einem wichtigen Wendepunkt im revolutionären Kampf. Mit nur noch weniger als 50 Mann befand sich Fidel Castros Rebellenarmee seit sechs Monaten auf der Flucht, als sie hier am 28. Mai 1957 einen von 53 Batista-Soldaten bewachten Militärposten wagemutig überwältigten. An der Hauptstraße stehen zwei rote Lastwagen der Rebellen und in der Nähe weist eine Doppelreihe Königspalmen den Weg zu einem riesigen Denkmal, das an die kurze, aber entscheidende Schlacht erinnert. Nur wenige Reisende besuchen diesen berührenden Ort. Wer ihn sich ansehen möchte, kann von Chivirico mit dem Taxi hierher fahren oder die Tour bei Ecotur (S. 451) in Santiago buchen.

Hinweis für ambitionierte Rekordbrecher unter den Gipfelstürmern: Der (inoffizielle) Rekord eines der Bergführer liegt bei zwei Stunden und 45 Minuten.

Ausrüstung und Proviant

Wanderer sollten genügend Vorräte, warme Kleidung, einen Schlafsack und ein Cape mitbringen, denn Niederschläge (etwa 2200 mm jährlich), die von sanftem Nieselregen bis zu prasselndem Hagel reichen, sind hier oben üblich. Alles Notwendige bringt man selbst mit, beispielsweise auch zusätzliche Verpflegung zum Teilen, wenn man sie noch tragen kann, und eine Kleinigkeit für die *compañeros* (Kameraden), die in 15-Tageschichten auf dem Pico Cuba arbeiten.

Wer einen englischsprechenden Bergführer bevorzugt, muss vorher gezielt danach fragen. Zwar gibt es davon einige, aber die meisten von ihnen sind eher auf der Santo-Domingo-Seite im Einsatz. Außerdem sollten sich die Wanderer nach dem Stand der Lebensmittelvorräte in der Schutzhütte auf dem Pico Cuba erkundigen (und ggf. entsprechend vorsorgen). Am Startpunkt des Weges in Las Cuevas können Getränke gekauft werden. Üblich ist es, dem Bergführer für seine Dienste ein Trinkgeld von 3 bis 5 CUC$ zu geben.

Tauchen

Cristóbal Colón

Eines der schönsten Taucherlebnisse auf Kuba ist der Tauchgang zu dem noch gut erhaltenen Wrack der *Cristóbal Colón*. Der spanische Kreuzer befindet sich noch an der Stelle, an der er 1898 nahe bei La Mula gesunken ist; er liegt in ungefähr 15 m Tiefe und nur 30 m von der Küste entfernt. Es ist ein authentisches Relikt des Spanisch-Amerikanischen Krieges. Die Tauchzentren von Brisas Sierra Mar (S. 476) und vom Club Amigo Carisol – Los Corales (im Parque Baconao; S. 472) bieten Tauchausflüge zu dem Wrack an. Um sich das Wrack anzusehen, ist eine Tauchausrüstung nicht unbedingt nötig, Schnorchel und Tauchmaske genügen.

Schlafen

Campismo la Mula
HÜTTEN $

(22-32-62-62; Carretera Granma Km 120; Zi 16 CUC$) La Mula liegt an einem abgeschiedenen Kiesstrand 12 km östlich des Startpunkts der Pico-Turquino-Route. Ihre 50 kleinen Hütten sind bei kubanischen Urlaubern und Wanderern, die den Pico Turquino erklimmen wollen, sehr beliebt. Aber auch die skurrilen Abenteurer, die an der Südküste trampen, wissen den *campismo* zu schätzen. An diesem abgelegenen Küstenabschnitt ist La Mula so ziemlich die einzige Unterkunftsmöglichkeit. Auf jeden Fall ist es ratsam, sich vorher bei Cubamar in Santiago anzumelden und nicht einfach hier aufzutauchen.

Auf dem Gelände gibt es ein rustikales **Café** und ein einfaches **Restaurant**.

Praktische Informationen

Las-Cuevas-Besucherzentrum (Karte S. 424; Las Cuevas; Eintritt 15 CUC$, Fotografiererlaubnis 5 CUC$) Liegt am küstenseitigen Ausgangspunkt für die Wanderung auf den Pico Turquino.

An- & Weiterreise

Der Ausgangspunkt für die Las-Cuevas-Wanderung liegt 130 km westlich von Santiago de Cuba an der abgelegenen Küstenstraße. Wer die geführte Tour bei **Ecotur** (S. 451) bucht, sollte sicherstellen, dass der Hin- und Rücktransport inbegriffen ist.

Private Lastwagen und ein klappriger Bus verbinden den Campismo La Mula mit Chivirico. Sie fahren nur sporadisch und wenn, dann höchstens einmal am Tag. Ein Taxi von Santiago kostet 100–120 CUC$ – Grund genug, eine geführte Tour zu buchen, denn der Preisunterschied ist minimal. Öffentliche Verkehrsmittel sind in dieser abgelegenen Gegend so gut wie nicht vorhanden – dafür sind die Ausblicke märchenhaft schön.

Provinz Guantánamo

21 / 511 000 EW:

Gut essen

➡ Restaurante Las Terrazas Casa Nilson (S. 493)

➡ El Buen Sabor (S. 493)

➡ Sabor Melián (S. 483)

➡ Restaurante La Punta (S. 494)

Schön übernachten

➡ Villa Maguana (S. 497)

➡ Casa Colonial Ykira Mahiquez (S. 490)

➡ La Casona (S. 490)

Auf nach Guantánamo!

Die zerklüfteten Berge und das üppige Grün der kubanischen Provinz Guantánamo scheinen einer Fantasy-Welt entsprungen – das moderne Amerika ist hier weit weg. Trotzdem denken die meisten direkt an den US-Marinestützpunkt in der Guantánamo-Bucht, der – zwar verkleinert – aber noch immer in Betrieb ist. Jenseits davon zeigt sich Kuba in den abgeschiedenen Tälern der Region und den vielfältigen Mikroklimata der Küste (trocken im Süden, saftig grün im Norden) von seiner geheimnisvollsten und entlegensten Seite. Hier leben ursprüngliche Musikstile, kaum bekannte afrokubanische Religionsriten und Erinnerungen an die indigene Taíno-Kultur fort, die man bereits als vor Jahrhunderten von den Spaniern ausgerottet glaubte.

Von Hurrikan Matthew im Oktober 2016 arg durchgeschüttelt, ist Baracoa mit seiner ländlichen Umgebung nach wie vor das Highlight der Region. Dicht auf: der beinahe unberührte Parque Nacional Alejandro de Humboldt mit seiner Vielfalt endemischer Pflanzen. Weiter im Westen liegt die Stadt Guantánamo, die von den meisten Reisenden links liegen gelassen wird und gerade deshalb ein Stück ursprüngliches Kuba verspricht.

Reisezeit

➡ Baracoas größtes Festival, die Semana de la Cultura Baracoesa, ist Ende März/Anfang April ein wahres Feuerwerk aus Musik, Tanz und weiterer Kultur.

➡ Vollkommen untouristisch, dafür ziemlich heiß in jeder Beziehung geht es beim Festival Nacional de Changüí Mitte Dezember zu: Changüí ist der Vorläufer des heutigen Salsa.

➡ Hurrikans und schwere Stürme suchen Baracoa im September und Oktober heim – nicht die beste Reisezeit.

➡ Das Klima in Guantánamo variiert stark, allerdings hängt das eher von der Lage als von der Jahreszeit ab: Bergpässe und üppig grüne Parks sind in der Regel feuchter als die trockenen Küsten.

Highlights

480

1 Parque Nacional Alejandro de Humboldt (S. 497) Nach dem kleinsten Frosch im Nationalpark mit der größten Artenvielfalt der Karibik suchen.

2 Baracoa (S. 487) Die exotischen kulinarischen Genüsse der Stadt entdecken.

3 La Farola (S. 486) Die unwirklich schöne Leuchtturmstraße von Cajobabo nach Baracoa entlangradeln.

4 Zoológico de Piedras (S. 485) Einen Blick auf die Schönheit der Steinfiguren werfen.

5 El Yunque (S. 496) Durch Tropendschungel auf den Gipfel von Baracoas geheimnisumwobenen Tafelberg wandern.

6 Guantánamo (S. 481) Die vielseitige Musik kennenlernen, die zu dieser vergessenen Stadt gehört.

7 Boca de Yumurí (S. 487) Von der Flussmündung mit dem Boot stromaufwärts zur von steilen Felsufern verengten Schlucht dahingleiten.

Guantánamo

217 400 EW.

Es mag an Guantánamos fragwürdiger Berühmtheit liegen, dass die meisten Reisenden die an der Busroute von Santiago nach Baracoa gelegene Stadt links liegen lassen. Die geometrisch angelegten Straßen mit ihren ungepflegten Gebäuden wirken nicht gerade einladend, aber wer ein wenig Spürsinn und ein paar Brocken Spanisch bemüht, wird mit jeder Menge kubanischer Seele belohnt.

Guantánamo brachte einen eigenen Musikstil hervor *(changüi)*, hier residiert eine von landesweit drei Tumba-Francesa-Gruppen (die französisch-haitische Lieder und Tänze aufführen), es gibt eine aktive karibische Community (West Indian Social Club) und man findet den eklektizistischen Architekturstil, der eng mit der Arbeit von Leticio Salcines verbunden ist.

Kolumbus entdeckte die Region 1494 auf seiner zweiten Expedition. Eine Siedlung entstand aber erst 1819, als französische Plantagenbesitzer, die aus Haiti verjagt worden waren, Santa Catalina del Saltadero del Guaso gründeten. Die aufblühende Stadt wurde 1843 in Guantánamo umbenannt. 1903 quartierte sich die US-Marine in der benachbarten Bucht ein – seither gibt es immer wieder Spannungen.

◉ Sehenswertes

Im streng geometrischen Straßenmuster von Guantánamo fällt die Orientierung leicht. Am schönsten spaziert es sich auf der von Bäumen gesäumten Avenida Camilo Cienfuegos mit ihren skurrilen Skulpturen und einer zentralen Fußgängerpromenade. Sie liegt einige Blocks südlich von Bartolomé Masó.

Parque Martí   PLATZ
Die winzige Parroquia de Santa Catalina de Riccis (1863) bestimmt das Bild des renovierten und mit Hinweistafeln ausgestatteten Parque Martí: An belebten Boulevards reihen sich eine Handvoll interessanter Läden, Restaurants und weiteres Amusement. Mitten im Trubel sitzt verdenkmalt und von der Zeit völlig unberührt El Maestro José Martí, nach dem der Platz benannt ist.

Palacio Salcines   BEDEUTENDES GEBÄUDE
(Ecke Pedro A Pérez & Prado; ⊙ Öffnungszeiten wechseln) Der einheimische Architekt Leticio Salcines (1888–1973) hinterließ verschiedene

eindrucksvolle Bauten in Guantánamo, wie z. B. sein eigenes, 1916 erbautes Palais, ein üppig ausgestalteter Bau, der als repräsentativster der Stadt gilt. Der *palacio* ist heute ein Museum für bunte Fresken, japanisches Porzellan und Ähnliches. Die Öffnungszeiten können sich sporadisch ändern.

Auf dem Turm des Palais steht La Fama, eine vom italienischen Künstler Americo Chine entworfene Skulptur, die als städtisches Wahrzeichen gilt und deren Trompete Gutes und Schlechtes verkündet.

Plaza Mariana Grajales   PLATZ
Monumental und bombastisch erhebt sich das „Helden-Denkmal" an der Plaza Mariana Grajales, 1 km nordwestlich des Bahnhofs und gegenüber dem Hotel Guantánamo. Es ehrt die Brigada Fronteriza, die „an vorderster Front den Sozialismus auf diesem Kontinent verteidigt". Die Plaza gehört zu den beeindruckendsten Revolutionsplätzen der Insel.

Biblioteca Policarpo Pineda
Rustán   BIBLIOTHEK
(☎ 21-32-33-52; Ecke Los Maceos & Emilio Giro; ⊙ Mo–Sa 8–17 Uhr) Die schöne Provinzbibliothek – 1934 bis 1951 das Rathaus – ist ein weiteres architektonisches Geschenk von Leticio Salcines an die Stadt. 1959 wurde den Schlägern von Fulgencio Batista hier der Prozess gemacht. Als sie sich ein Gewehr schnappten und zu fliehen versuchten, wurden viele von ihnen getötet.

Museo Provincial   MUSEUM
(☎ 21-32-58-72; Ecke José Martí & Prado; 1 CUC$; ⊙ Mo–Fr 8–12 & 12.30–16.30, Sa 8–12 Uhr) Das Stadtmuseum ist in einem alten Gefängnis untergebracht und wird von zwei Kanonen bewacht. Die *salas* (Räume) widmen sich indigener Kultur, der heimischen Natur, zeigen Waffen (viele Mambí-Schwerter) und Kunstgewerbe.

Parroquia de Santa Catalina de
Riccis   KIRCHE
(Parque Martí) Die unspektakuläre, aber elegante Kirche stammt von 1863. Davor steht die 1928 errichtete Statue des Bürgermeisters, General Pedro A Pérez, gegenüber einem Tulpenbrunnen und einer winzigen *glorieta* (Musikpavillon).

☞ Geführte Touren

Oficina de Patrimonio   STADTSPAZIERGANG
(☎ 21-35-14-37; Los Maceos, zwischen Emilio Giro & Flor Crombet; ⊙ Mo–Fr 8.30–16.30 Uhr) Wer das

spannende Architekturerbe von Guantánamo näher kennenlernen möchte, sollte sich hier nach einem geführten Stadtspaziergang erkundigen. Es werden verschiedene Touren angeboten, u. a. „Auf den Spuren des Architekten José Lecticio Salcines".

 Feste & Events

Festival Nacional de Changüí
MUSIK

(◷ Mitte Dez.) Mitte Dezember wird das *changüí*-Genre gefeiert, ein regionaler Musikstil, der als Vorläufer des *son montuno* und des modernen Salsa gilt. Afrikanische Rhythmen und spanische Gitarren sind charakteristisch.

Noches Guantanameras
FEST

(◷ ❋ ❋ 20 Uhr) Für dieses Fest am Samstagabend wird die Calle Pedro A Pérez für den gesamten Verkehr gesperrt und es werden zahlreiche Buden aufgestellt. Es gibt Spanferkel, Musik, Gesang und natürlich jede Menge Rum.

🛏 Schlafen

Der Vorteil daran, dass es nicht sehr viele Touristen nach Guantánamo verschlägt, sind die nach wie vor recht günstigen Hotels. Die beste Wahl sind dennoch die *casas particulares*.

Casa Norka
CASA PARTICULAR $

(☎ 21-35-45-12; Calixto García No 766, zwischen Prado & Jesús del Sol; Zi. 25 CUC$; ❋ ❋) Jede Menge Schrulligkeiten (Beyoncé- und JLo-Poster?) sorgen für Aufmerksamkeit. Die Zimmer sind groß und gut in Schuss. Es gibt einen sehr hübschen Innenhof mit Pflanzen sowie einen Mini-Pool.

Lissett Foster Lara
CASA PARTICULAR $

(☎ 21-32-59-70; Pedro A Pérez No 761, zwischen Prado & Jesús del Sol; Zi. 25 CUC$; ❋) Wie viele *guantanameras*, spricht Lissett perfekt Englisch, und ihr Haus ist fein sauber gewienert, echt gemütlich und mit allerlei Annehmlichkeiten ausgestattet, die locker

PROVINZ GUANTÁNAMO GUANTÁNAMO

Guantánamo

Ⓝ 0 ▬▬▬▬ 200 m

Plaza Mariana Grajales (1,8 km);
Restaurante Girasoles (1,8 km);
Hotel Guantánamo (1,9 km)

Bahnhof

Paseo

Paseo

Narciso López

Pedro A Pérez

Calixto García

Los Maceos

Jesús del Sol

Bernabé Varona

17
15 18

10 7

Prado

2
3

Máximo Gómez

José Martí

9
11

Prado

Serafín Sánchez

Estadio Van Troi (1,2 km)

5
4

Aguilera

Flor Crombet

16 12

Flor Crombet

13
14 Infotur

6
1

Emilio Giro

Casa Sandunga (ARTex; 60 m)

Sabor Melián (320 m)

Bartolomé Masó

Río Gueso

8

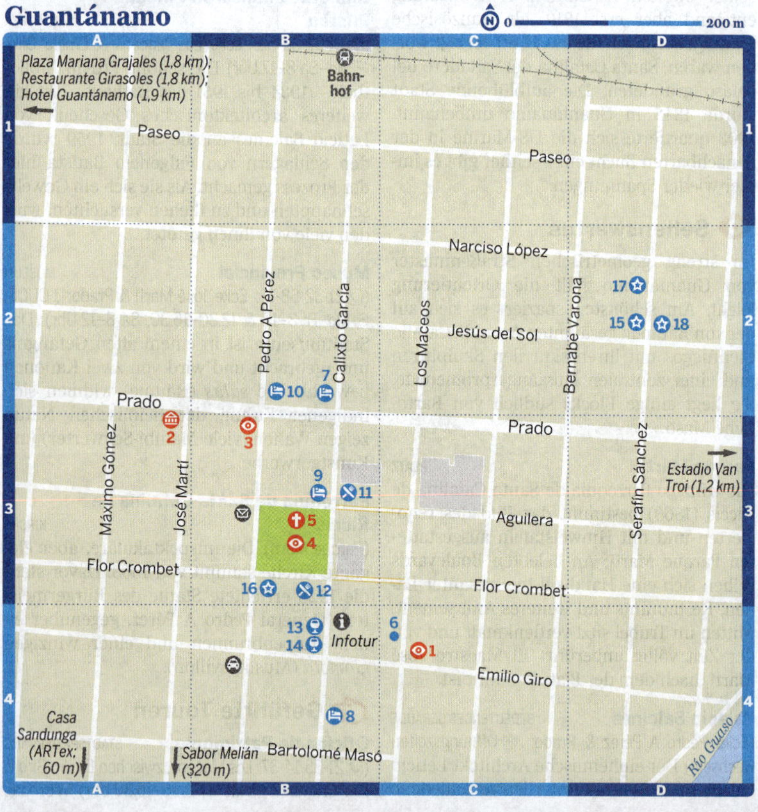

in einen Vororthaushalt in den USA passen würden. Sie vermietet drei Zimmer, eines ist wunderbar an der großen Dachterrasse gelegen.

Hotel Brasil
HOTEL $

(☏21-32-43-32; Calixto García zwischen Miro & Crombet; EZ/DZ 13/20 CUC$; ✳) Was kann man bei diesen Preisen erwarten? Die 35 günstigen, sauberen Zimmer riechen aber weniger muffig, als es die düstere Lobby, in der ohrenbetäubender Reggaeton läuft, erwarten lässt. Das Personal gleicht eher Statisten als Dienstleistern.

Hotel Guantánamo
HOTEL $$

(☏21-38-10-15; Calle 13 Norte, zwischen Ahogados & 2 de Octubre; EZ/DZ inkl. Frühstück 54/64 CUC$; P✳☎☷) Das Hotel Guantánamo ist schon fast gemütlich. Die durchschnittlichen Zimmer sind sauber, der Pool mit Wasser gefüllt und die gute Café-Bar in der Lobby serviert verführerische Mojitos und Kaffee. Das Hotel liegt 1 km nordwestlich vom Bahnhof.

Hotel Martí
HOTEL $$

(☏21-32-95-00; magdalaine.borges@hotelmarti. tur.cu; Ecke Aguilera & Calixto García; EZ/DZ 74/85 CUC$; ✳☎) Das halbwegs renovierte Kolonialgebäude mit Blick auf den Parque Martí verströmt Eleganz, aber aufgepasst: Man sollte die Zimmer nach Wasserflecken an den Wänden, die auf mögliche Leitungslecks hinweisen, inspizieren. Für Kurzweil sorgen das Restaurant auf der Dachterrasse mit lauter Musik und eine Bar im Erdgeschoss, um die *jinteras* (weibliche Schlepper) streichen. Islazul bietet über Agenturen die Zimmer günstiger an.

✗ Essen

★ Sabor Melián
KARIBISCH $

(☏21-32-44-22; Camilo Cienfuegos No 407; Gerichte 3–7 CUC$; ⊘12–24 Uhr) Der Eingang dieses bei Einheimischen beliebten Lokals an einer belebten Avenida fällt kaum ins Auge. Geboten werden guter Service und hochwertige karibische Küche. Keine Angst vor dem im Ganzen gebratenen Snapper – unter der knusprigen Haut ist der Fisch unglaublich saftig. Weniger schön sind der dunkle, klimatisierte Innenraum mit ursprünglicher Kunst und die Reggaeton-Videos.

Restaurante 1870
KUBANISCH $

(☏21-32-05-40; Flor Crombet; Gerichte 2–5 CUC$; ⊘7–9, 12–15 & 18–23 Uhr) Gäbe es dieses Lokal am Parque Martí nicht, man könnte meinen, Guantánamo habe nie eine koloniale Blütezeit erlebt. Eine breite Marmortreppe führt zur vornehmen Bar auf einen Balkon, von wo der Blick in den Speisesaal fällt. Die Preise sind angemessen und das *ropa vieja* (Rinderstreifen in würziger Soße) nicht schlecht. Achtung: keine Shorts oder Tanktops tragen!

Restaurante Girasoles
KARIBISCH $

(☏21-38-41-78; Calle 15 Norte, Ecke Ahogados; Gerichte 1–5 CUC$; ⊘10–22 Uhr) Eine Aktskulptur, keine *girasol* (Sonnenblume), markiert den Eingang zum wohl besten Restaurant Guantánamos. Hinter dem Hotel Guantánamo gelegen, offeriert das Girasoles (allerdings im Schneckentempo) Hühnchen und Fisch, gelegentlich in interessanten Soßen. Die Terrasse ist ein beliebter Ort für den Nachmittagsdrink.

Guantánamo

Bar-Restaurante Olimpia HAMBURGER $

(Ecke Calixto García & Aguilera; Hauptgerichte 2 CUC$; ⏱ 9–24 Uhr) Um Guantánamos erstaunliche Rekorde bei den Olympischen Spielen zu feiern, stellt dieses Bar-Restaurant Baseball-Trikots, Athletik-Memorabilien und das Boxerleibchen des dreimaligen Olympia-Gold-Gewinners Félix Savón (er stammt von hier) aus. Innen ist ein kleiner, offener Lichthof; eine Bar im Zwischengeschoss serviert Biere und kubanische Hamburger – mit Aussicht auf den angrenzenden Parque Martí.

 Ausgehen & Nachtleben

Casa de las Promociones Musicales ‚La Guantanamera' CLUB

(☎ 21-32-72-66; Calixto García, zwischen Flor Crombet & Emilio Giro; ⏱ Öffnungszeiten wechseln) Noch ein gut geführtes Lokal mit Livemusik: Donnerstags gibt es Rap-peñas (Auftritte) und sonntags trova-Matineen (traditionelle Lieder).

La Ruina BAR

(☎ 21-32-95-65; Ecke Calixto García & Emilio Giro; ⏱ 9.30–24 Uhr) Diese Gebäuderuine aus Kolonialzeiten hat 9 m hohe Decken und genügend Bänke, um nach dem xten Bier noch Halt zu finden. Beim Karaoke üben Reality-TV-Hoffnungen hier schon mal ihren Auftritt. Die Bar bietet ein paar Snacks zum Lunch.

 Unterhaltung

Guantánamo atmet Musik. Im Changüí – einer Unterart des son – kommt die charakteristische Musikkultur der Stadt zum Ausdruck.

⭐ Tumba Francesa Pompadour LIVEMUSIK

(Serafín Sánchez No 715; ⏱ 9.30–13, jeden 2. und 4. Di ab 19 Uhr) Auf Kuba gibt es nur noch drei Tumba-Francesa-Gruppen – in diesem Haus vier Blocks östlich vom Bahnhof sitzt eine davon. Sie ist auf einen Tanz im haitischen Stil spezialisiert. Auf dem Programm stehen dienstags mi tumba baile (Tanz), encuentro tradicional (traditionelle Versammlungen) und peña campesina (ländliche Musik). Falls geschlossen ist, erfährt man bei der Casa de Changüí gegenüber die aktuellen Vorstellungszeiten.

Casa de Changüí LIVEMUSIK

(☎ 21-32-41-78; Serafín Sánchez No 710, zwischen N López & Jesús del Sol; Di–So 9–12, 14–18 & 19–24 Uhr) Die erste Adresse für Guantánamos eigenen Musikstil changüí und beinahe so etwas wie ein Tempel für seinen wichtigsten Vertreter, den einheimischen timbalero (Schlagzeuger) Elio Revé. Im Haus befindet sich ein kleines Museum zur Geschichte.

Casa Sandunga (ARTex) LIVEMUSIK

(☎ 21-35-54-99; Máximo Gómez No 1062; 1 CUC$; ⏱ Di–So 20–1 Uhr) Bekannt wie ein bunter Hund ist diese casa, die in einem königsblauen Gebäude an einer ruhigen Straße Variétéshows und Kabarett bietet.

Casa del Son LIVEMUSIK

(☎ 21-32-41-78; Ecke Serafin Sánchez & Prado; ⏱ 17–24 Uhr) Neuer Ort, alte Musik: Diese casa teilt sich mit der Casa de Changüí liebevoll restaurierte Räumlichkeiten an der Calle Serafin Sánchez – der lebhaften Musikmeile der Stadt.

Casa de la Trova LIVEMUSIK

(Ecke Pedro Pérez & Flor Crombet; 1 CUC$; ⏱ 9–12, 14–18 & 19–24 Uhr) Diesen Laden muss man lieben: Es wird traditionelle Musik gespielt, die alte Männer mit Panamahüten ihre Arthritis vergessen und formvollendet tanzen lässt.

Estadio Van Troi BASEBALL

(☎ 21-32-71-13) In diesem Stadion in Reparto San Justo, 1,5 km südlich der Tankstelle Servi-Cupet wird von Oktober bis April Baseball gespielt. Trotz seiner starken Sporttradition schafft es Guantánamo – Spitzname Los Indios – fast nie in die Endausscheidungen.

ℹ Praktische Informationen

GELD

Banco de Crédito y Comercio (☎ 21-32-73-21; Calixto García, zwischen Emilio Giro & Bartolomé Masó; ⏱ Mo–Fr 9–15 Uhr) Eine von zwei Filialen im selben Block, mit Geldautomaten.
Cadeca (☎ 21-35-59-09; Ecke Calixto García & Prado; ⏱ 8–16 Uhr) Geldwechsel.

INTERNETZUGANG

Rund um den Parque Martí und die umliegenden Fußgängerzonen gibt es WLAN-Hotspots.
Etecsa Telepunto (☎ 21-32-78-78; Ecke Aguilera & Los Maceos; Internet 1,50 CUC$ pro Std.; ⏱ 8.30–19.30 Uhr) Vier Computer plus kaum Touristen ergibt: keine Warteschlangen. Hier sind Karten für WLAN-Hotspot-Zugänge erhältlich.

MEDIZINISCHE VERSORGUNG

Hospital Agostinho Neto (☎ 21-35-54-50; Carretera de El Salvador Km 1; ⏱ rund um die Uhr) Das Krankenhaus an der Westseite der Plaza Mariana Grajales beim Hotel Guantánamo behandelt in Notfällen auch Ausländer.

Farmacia Internacional (☎21-35-11-29; Flor Crombet No 305, zwischen Calixto García & Los Maceos; ⊙9–17 Uhr) Die Apotheke liegt an der Nordostecke des Parque Martí.

POST

Postamt (☎21-38-20-11; Pedro A Pérez; ⊙Mo–Sa 8–13 & 14–18 Uhr) Die Post liegt an der Westseite des Parque Martí.

REISEBÜROS

Havanatur (☎21-32-63-65; Aguilera, zwischen Calixto García & Los Maceos; ⊙Mo–Fr 8–12 & 13.30–16.30, Sa 8.30–11.30 Uhr) Reisebüro.

TOURISTENINFORMATION

Infotur (☎21-35-19-93; infotur@guantanamo. infotur.tur.cu; Calixto García zwischen Flor Crombet & Emilio Giro; ⊙ Mo–Sa 8.30–17 Uhr) Die hilfreiche Touristeninformation macht über Mittag eine – spontan gewählte – Stunde zu.

❶ An- & Weiterreise

AUTO

Die Autopista Nacional nach Santiago de Cuba endet nahe dem Embalse la Yaya, 25 km westlich von Guantánamo, wo die Straße auf die Carretera Central stößt (die Straßenbauarbeiten dauern noch an).

Um von Santiago de Cuba nach Guantánamo zu gelangen, folgt man der Autopista Nacional etwa 12 km in nördlicher Richtung bis zum höchsten Punkt der Steigung, dann an der ersten Abbiegung nach rechts. Die Beschilderung ist eher sporadisch und ungenau, eine gute Straßenkarte und Aufmerksamkeit sind also erforderlich.

BUS

Der ziemlich unpraktisch gelegene Terminal de Ómnibus (Busbahnhof) befindet sich 5 km westlich vom Stadtzentrum an der alten Straße nach Santiago (eine Verlängerung der Avenida Camilo Cienfuegos). Ein Taxi vom Hotel Guantánamo kostet zwischen 3 und 4 CUC$.

Täglich fahren zwei Busse von **Víazul** (☎21-32-96-40; www.viazul.com; Busbahnhof) nach Baracoa (10 CUC$, 3 Std., 3.30 & 9.30 Uhr) sowie einer nach Santiago de Cuba (6 CUC$, 1¾ Std., 23.30 Uhr).

FLUGZEUG

Cubana (☎21-35-54-53; Calixto García No 817) fliegt viermal wöchentlich (einfach 159 CUC$, 2 ½ Std.) von Havanna zum Mariana Grajales Airport (auch als Los Canos Airport bekannt). Es gibt keine internationalen Verbindungen.

ABSTECHER

ZOOLÓGICO DE PIEDRAS

Selbst für kubanische Verhältnisse ist der **Zoológico de Piedras** (1 CUC$; ⊙Mo–Sa 9–18 Uhr) recht skurril. Der Skulpturenpark mit Tiermotiven liegt 20 km nordöstlich von Guantánamo inmitten üppigem Grün auf einer Kaffeeplantage in den Bergen. Bildhauer Angel Iñigo Blanco meißelte ab den späten 1970er-Jahren die Skulpturen aus dem vorhandenen Gestein – inzwischen sind es mehr als 300 Stück, vom Flußpferd bis hin zur Riesenschlange. Im Jahr 2014 verstarb Señor Blanco, der Steinzoo wird jedoch in seinem Gedenken weitergeführt.

Den Park erreicht man mit dem Auto oder einem Taxi. Es geht in Richtung Osten stadtauswärts und dann links gen Jamaica und Honduras. Der „Zoo" liegt im Örtchen Boquerón.

LASTWAGEN

Lkws nach Santiago de Cuba und Baracoa, die auch Passagiere mitnehmen, fahren vom Terminal de Ómnibus ab und stoppen in den kleineren Orten am Weg.

Lkws nach Moa parken an der Straße nach El Salvador nördlich der Stadt nahe der Auffahrt zur Autopista.

Eine Fahrt kostet i.d.R. 1 CUC$ oder weniger.

ZUG

Vom **Bahnhof** (☎21-32-55-18; Pedro A Pérez; Züge nach Havanna 32 CUC$, 19 Std.), einige Blocks nördlich des Parque Martí gelegen, fährt alle vier Tage ein Zug nach Havanna via Camagüey, Ciego de Ávila, Santa Clara und Matanzas.

Fahrkarten werden am Morgen des Reisetags im Büro an der Pedro A Pérez verkauft.

❶ Unterwegs vor Ort

Taxis warten rund um den Parque Martí. Die Buslinie 48 (20 Centavos) verbindet ca. alle 40 Minuten das Stadtzentrum mit dem Hotel Guantánamo. Es gibt auch zahlreiche Bici-Taxis (ca. 2 CUS$).

Südküste

Die lange, trockene Küstenstraße von Guantánamo zum äußersten Punkt der Insel, dem Punta de Maisí, führt durch Kubas spektakuläre Halbwüstenregion, wo sich Kakteen an felsige Steilküsten schmiegen und stachelige Aloe Vera aus trockenem Gebüsch herauswächst.

Einige kleine Steinstrände zwischen Playa Yacabo und Cajobabo eignen sich gut als Zwischenstopps für Reisende, die etwas mehr Zeit haben, doch auch die Fahrt selbst, vorbei an violett schimmernden Bergen und sattgrünen Flussoasen – ist durchweg beeindruckend.

⊙ Sehenswertes

Playita de Cajababo STRAND

Cajobabos wichtigster Strand ist steinig und von dramatischen Felsen umgeben, aber es lässt sich dort gut schnorcheln. Die asphaltierte Straße am hinteren Ende des Strands führt über eine Landzunge und endet an einem weiteren Strand. Ein Spaziergang an diesem Strand entlang 400 m nach Osten führt zu einem bootsförmigen Denkmal, das an die Landung 1895 von José Martí erinnert, den Beginn des zweiten Unabhängigkeitskrieges.

In der Nacht vom 11. April landeten hier Martí und Gómez mit vier weiteren Männern gegen 22 Uhr in einem Ruderboot. 61 Jahre später fühlte sich Fidel Castro durch diese Begebenheit zu seiner Landung mit der *Granma* inspiriert.

Museo de 11 Abril MUSEUM

(☏ 21-88-63-15; ⊙ 8–12 & 13.30–17.30 Uhr) GRATIS In der winzigen *casa* an der Straße zum Cajobabo-Strand lebte einst Salustiano Leyva, der 1895 im Alter von elf Jahren den eben angelandeten José Martí und Máximo Gómez Unterschlupf gewährte und dabei half, ihren Weg nach Westen zu organisieren. Das Museum zeichnet mit Karten und Erinnerungsstücken die Ereignisse nach. Leyva starb in den 1970er-Jahren und war einer der wenigen, die sowohl Martí als auch Castro kennengelernt haben.

🏃 Aktivitäten

⭐ La Farola PANORAMASTRASSE

Die sogenannte Straße der Leuchttürme gehört zu den sieben Wundern moderner Ingenieurskunst auf Kuba: Über 55 km verläuft sie von Cajobabo bis nach Baracoa und verbindet kakteenbestandene Wüste mit saftig grünem Regenwald. Man sieht himmelstürmende Kiefern und auf dem höchsten Punkt, dem Alto de Cotilla, gibt es einen Aussichtspunkt.

🛏 Schlafen

Campismo Cajobabo HÜTTEN $

(☏ 21-88-63-04; 12 CUC$) Die rustikalen Hütten am Cajobabo-Strand kann man über **Cubamar** (Campismo Popular; ☏ 21-64-27-76; comercial.baracoa@campismopopular.cu; Martí No 225) in Baracoa buchen.

ⓘ An- & Weiterreise

Zweimal am Tag verbinden Busse Guantánamo und Baracoa über La Farola. Man kommt aber auch mit dem Rad, einem privatem Vehikel oder mit einem Taxi hierher.

Punta de Maisí

Von Cajobabo aus führt die Küstenstraße 51 km weiter in nordöstlicher Richtung nach La Máquina. Bis Jauco ist die Straße gut, dann wird sie allerdings schlechter. Fährt man von Baracoa nach La Máquina (55 km), dann ist die Straße bis Sabana gut, danach an manchen Stellen zwischen Sabana und La Máquina sehr holprig. Aus beiden Richtungen dient La Máquina als Startpunkt einer sehr rauen 13 km langen Piste hinunter nach Punta de Maisí. Am besten eignen sich Allradwagen, aber auch Radfahrer schätzen die Strecke.

An diesem östlichsten Punkt Kubas thront ein Leuchtturm (1862). Darüber hinaus gibt es einen kleinen Strand mit weißem feinem Sand. An klaren Tagen reicht die Sicht bis zum 70 km entfernten Haiti.

Lange war die Gegend um Maisí als militärische Sperrzone für Reisende tabu. Seit 2017 kann man Tagesausflüge zum Leuchtturm machen, campen und in einem neuen Hotel übernachten.

Jeepsafaris (64 CUC$ pro Pers., mindestens zwei Teilnehmer) bietet das in Baracoa ansässige Unternehmen Infotur (S. 495) an.

Das neue Hotel von Islazul, **Faro de Maisí** (☏ 21-68-96-20; adrian.rivas@hotelgtmo.tur.cu; La Asunción; Zi. inkl. Frühstück 40–60 $; ❄ ❀ ☎) mit eigenem Restaurant ist eine gute Wahl in einer außergewöhnlichen Umgebung. Die modernen Zimmer sind mit den üblichen Hotelbildern, Fernsehern und Telefonen ausgestattet. Die Minibars in den Superior-Zimmern bieten Erfrischungen.

ⓘ An- & und Weiterreise

Besucher erreichen die Gegend mit einer organisierten Tour von Baracoa aus oder privat mit dem eigenen Jeep.

Boca de Yumurí

5 km südlich von Baracoa zweigt eine Straße von La Farola nach Osten ab und verläuft dann 28 km entlang der Küste nach Boca de Yumurí an der Mündung des Río Yumurí. In der Nähe der Brücke über den Fluss liegt der Túnel de los Alemanes, ein beeindruckender natürlicher Bogen aus Bäumen und Laub. Der schöne dunkle Sandstrand ist allerdings zu *dem* Tagesausflugsziel von Baracoa aus geworden.

Schlepper drängen Touristen Fischgerichte auf, andere versuchen bunte Polymita-Schnecken zu verkaufen: Man sollte alle Angebote ablehnen, denn inzwischen stehen die Tiere kurz vor dem Aussterben, da sie zu intensiv gesammelt wurden.

 Aktivitäten

Boca de Yumurí eignet sich gut für eine Radtour ab Baracoa (56 km hin & zurück): heiß, aber eben und flach mit schönen Ausblicken und vielen Möglichkeiten für eine Pause (z. B. an der Playa Bariguá nach 25 km). Fahrräder kann man in Baracoa mieten – einfach in der *casa particulares* fragen.

Taxiboote　　　　　　　BOOTSFAHRT
(3 CUC$) Unterhalb der Brücke an der Mündung des Río Yumurí warten Taxiboote auf Gäste. Sie fahren 400 m stromaufwärts, wo sich die steilen Ufer zu einer spektakulären Schlucht verengen. Im Mündungsdelta oder auf einer Insel kann man sich zum Picknick absetzen lassen.

Playa Cajuajo　　　　　　WANDERN
In der Nähe von Boca de Yumurí liegt dieser wenig besuchte Sandstrand, den man über einen 5 km langen Weg vom Río Mata durch artenreiche Wälder erreicht. Ecotur in Baracoa (S. 490) organisiert Ausflüge.

 Essen

Restaurant Tato　　MEERESFRÜCHTE **$$**
(Hauptgerichte 5–9 CUC$; 8–24 Uhr) Dieses Lokal, direkt am hübschen kleinen Strand Playa Mangalito gelegen, tischt fangfrischen Oktopus auf, der nur ein paar Meter weiter aus dem Wasser gezogen wurde.

ⓘ An- & Weiterreise

Besucher erreichen die Gegend mit dem Mietwagen oder einem Taxi von Baracoa aus. Die Taxifahrt kostet allerdings meist mehr als eine geführte Tour. Einen Ausflug kann man privat planen oder bei **Cubatur** (22 CUC$) in Baracoa (S. 490) buchen.

Baracoa

82 000 EW.
Betörend, ausgefallen und ein wenig surreal: Baracoa hat Suchtpotenzial. Kubas älteste und abgelegenste Stadt glänzt auf der feuchten und windigen Seite der Berge des Biosphärenreservats Cuchillos del Toa mit originalem Charme.

Nach der staubtrockenen Südküste von Guantánamo ist das satte und vor allem reichliche Grün eine wahre Augenweide.

Es gibt hier fesselnde Legenden und ungewöhnliche lokale Helden zu entdecken: Zum Beispiel Cayamba, einen selbst ernannten Guerrilla-Troubadour, der von sich behauptete, er sei „der Mann mit der hässlichsten Stimme der Welt"; oder La Rusa, eine adlige Emigrantin aus Russland, die Alejo Carpentier zu einem seiner magischen Realismus zugehörigen Romane inspirierte; und Enriqueta Faber, eine Französin, die sich als Mann ausgab, um als Arzt praktizieren und 1819 eine einheimische Erbin in Baracoas Kathedrale heiraten zu können – höchstwahrscheinlich war das sogar die erste gleichgeschlechtliche Ehe Kubas. Es stellt sich unweigerlich die Frage: Baracoa – was wäre Kuba ohne dich?

Hurrikan Matthew hat Baracoa stark getroffen, die Stadt ist aber bereits dabei, sich davon zu erholen.

◎ Sehenswertes

◎ Innenstadt

 ★ Museo Arqueológico ‚La Cueva del Paraíso'　　MUSEUM
(Moncada; 3 CUC$; 8–17 Uhr) Das eindrucksvollste Museum der Stadt, Las Cuevas del Paraíso, befindet sich in einer Reihe von Höhlen, in denen die Taíno einst ihre Toten bestatteten. Die beinahe 2000 authentischen Taíno-Exponate umfassen ausgegrabene Skelette, Keramik, 3000 Jahre alte Felsritzungen und eine Nachbildung der Ídolo de Tabaco, einer Skulptur, die man 1903 in Maisí fand und die zu den bedeutendsten Taíno-Funden des Karibikraums zählt.

Die Mitarbeiter bieten engagierte Führungen für Besucher an. Das Museum liegt 800 m südöstlich vom Hotel El Castillo. Eintrittskarten verkauft Ecotur.

GITMO – EIN KURZER ÜBERBLICK

Als Folge des Spanisch-Amerikanischen Kriegs verschafften sich die Amerikaner durch das berüchtigte Platt-Amendment 1903 Zugang zur Guantánamo-Bucht. Dort richteten sie einen Marinestützpunkt (von US-Marinesoldaten kurz Gitmo genannt) ein, der ursprünglich den östlichen Zufahrtsweg zum strategisch wichtigen Panamakanal sichern sollte.

Eine Neufassung des Abkommens 1934 bestätigte die Einhaltung der bestehenden Pachtbedingungen auf unbestimmte Zeit, es sei denn, beide Regierungen entschieden sich anderweitig. Eine Jahrespacht von 4085 US$ wurde vereinbart, die die USA pflichtgemäß jedes Jahr entrichten, die aber von den Kubanern nicht angenommen wird mit der Begründung, die Besetzung sei rechtswidrig. (Fidel Castro soll die Schecks angeblich in seiner obersten Schreibtischschublade aufbewahren.)

Der amerikanische Marinestützpunkt umfasst militärische Einrichtungen entlang beider Seiten der Bucht, wobei der innere Teil der Bucht technisch gesehen kubanisches Hoheitsgebiet ist. Zum Stützpunkt gehören ein Dutzend Strände, eine Meerwasser-Entsalzungsanlage, zwei Landebahnen und Kubas einziges McDonalds, KFC und Starbucks. Etwa 9500 Angehörige des Militärs sind dort stationiert.

Die jüngste Geschichte der Einrichtung ist nur zu gut bekannt. In den frühen 1990er-Jahren wurden Tausende haitische Flüchtlinge und kubanische *balseros* (sogenannte Flößer), die die US-Küstenwache auf der Flucht nach Florida aufgegriffen hatte, hier festgehalten.

Seit 2002 haben die USA mehr als 770 Gefangene mit Verdacht auf Verbindungen zu Al-Qaida oder den Taliban im Camp Delta in der Guantánamo-Bucht eingesperrt, ohne sie offiziell anzuklagen. Die Gefangenen traten in Hungerstreik, da ihnen weder Rechtsbeistand noch der Kontakt zu ihren Familien gestattet wurde, während sie streng verhört wurden. Mehrere begingen Selbstmord. Nachdem das Rote Kreuz Berichte veröffentlichte, in denen von regelmäßiger Folter im Camp die Rede war, forderten Amnesty International und die Vereinten Nationen 2004 die Schließung. Die USA ließen daraufhin 420 Gefangene frei, nur gegen drei von ihnen wurde Anklage erhoben.

Im Januar 2009 versprach der damalige US-Präsident Obama das Internierungslager in Guantánamo und damit ein in seinen Worten „trauriges Kapitel der US-Geschichte" zu schließen. Eine überparteiliche Opposition im Kongress verhinderte das jedoch. Die Zwangsernährung von rund 100 Insassen, die sich im Mai 2013 im Hungerstreik befanden, wurde international verurteilt, was erneut Druck machte – der Kongress konnte jedoch abermals alle weiteren Versuche, Gefangene in die USA zu bringen und anzuklagen, abblocken.

Ende 2016 befanden sich noch immer 60 Gefangene in Guantánamo. Mindestens die Hälfte von ihnen soll entlassen werden, jedoch haben die Behörden bisher noch kein Land gefunden, das sie aufnehmen möchte. Inzwischen hat die Trump-Regierung angekündigt, die Basis weiterhin als Internierungslager nutzen zu wollen.

Casa del Cacao

MUSEUM

(☏ 21-64-21-25; Antonio Maceo, zwischen Maraví & Frank País; ⏰ 7–23 Uhr) GRATIS Der Duft Baracoas verrät Besuchern, dass die Stadt ein Zentrum der kubanischen Schokoladenindustrie ist. In der Region wird Kakao angebaut und in einer lokalen Fabrik zu Schokolade verarbeitet. Das Museum mit angeschlossenem Café gibt einen chronologischen Abriss der Geschichte der Kakaopflanze und ihrer Bedeutung für Ostkuba. Natürlich bietet das hübsche Café auch Tassen voll der puren, dicken Flüssigkeit (warm oder kalt) an. Dunkle, lecker bittere Baracoa-Schokolade gibt es auch zu kaufen.

Fuerte Matachín

FESTUNG

(Museo Municipal; ☏ 21-64-21-22; Ecke José Martí & Malecón; 1 CUC$; ⏰ 8–12 & 14–18 Uhr) Rings um Baracoa stehen drei starke spanische Festungen. Fuerte Matachín wurde 1802 an der südlichen Zufahrtsstraße zur Stadt erbaut und beherbergt nun das Museo Municipal. Das kleine, aber schöne Gebäude präsentiert einen chronologischen Überblick über Kubas älteste Besiedlung, dazu *polymita*-Schneckengehäuse, die Geschichte von Che Guevara und der Schokoladenfabrik und Baracoas besondere Musiktradition, *kiribá*, ein Vorläufer des *son*.

Weitere Exponate beziehen sich auf Magdalena Menasse (geborene Rovieskuya, „La Rusa") nach welcher Alejo Carpentier sein berühmtes Buch *La Consagración de la Primavera* (Le Sacre du Printemps) geschrieben hat.

El Castillo de Seboruco FESTUNG
(Loma del Paraíso) 1739 begannen die Spanier mit dem Bau von Baracoas höchster Festung, die 1900 von den Amerikanern fertiggestellt wurde. Heute beherbergt sie das Hotel El Castillo und ist kaum noch als Festung erkennbar. Über den glitzernden Swimmingpool hinweg geht der Blick auf den Tafelberg El Yunque. Vom südwestlichen Ende der Calle Frank País führt eine steile Treppe direkt nach oben.

Hatuey-Büste DENKMAL
(Antonio Maceo) Gegenüber der Kathedrale erinnert die Büste von Hatuey an den rebellischen Indianer-*cacique* (Häuptling), der im Jahr 1512 nahe Baracoa auf dem Scheiterhaufen verbrannt wurde, nachdem er sich geweigert hatte, zum Katholizismus überzutreten.

Catedral de Nuestra Señora de la Asunción KIRCHE
(☎21-64-30-05; Antonio Maceo No 152; ☉Di–So 7–11 & 16–21 Uhr) Hauptsächlich mit italienischen Spendengeldern wurde Baracoas historische Kathedrale, die nach einem Hurrikan jahrelang ein trauriges Bild abgab, liebevoll restauriert. Seit dem 16. Jh. gibt es ein Gebäude an dieser Stelle, auch wenn der aktuelle Bau von 1833 stark verändert wurde.

Das berühmteste Kunstwerk der Kirche ist das unschätzbar wertvolle Cruz de la Parra, einzig verbliebenes von 29 Holzkreuzen, die Kolumbus bei seiner ersten Reise 1492 in Kuba errichtete. Eine C-14-Messung bestätigte das Alter des Kruzifixes (es stammt aus dem späten 15. Jh.), ergab jedoch, dass es aus einheimischem, kubanischem Holz besteht. Die Legende, Kolumbus habe es aus Europa mitgebracht, ist dadurch widerlegt.

Fuerte de la Punta FESTUNG
Diese spanische Festung bewacht bereits seit 1803 den Hafeneingang im Nordwesten der Stadt. Hinter den dicken, sturmsicheren Mauern verbirgt sich heute ein Restaurant.

◎ Die Umgebung von Baracoa

Parque Natural Majayara PARK
(2 CUC$, Aussichtspunkt 5 CUC$) 🏊 Im Parque Natural Majayara südöstlich der Stadt warten einige bezaubernde Wanderwege und Bademöglichkeiten sowie ein Archäologie-Trail über das Gelände einer üppig bewachsenen Familienfarm.

In Eigenregie ist das Ganze ein recht entspannter Abstecher. Alternativ bucht man einen geführten Ausflug (20 CUC$) bei Ecotur (S. 490).

Am Fuerte Matachín vorbei führt der Weg südöstlich am Baseballstadion vorbei und etwa 20 Minuten über den dunklen Sandstrand zum Río Miel, wo eine niedrige Brücke den Fluss überquert.

Auf der anderen Flussseite geht es nach links auf einem Pfad durch eine einfache, kleine Siedlung bis zu einer Kreuzung. Das Wärterhäuschen hier ist manchmal mit einem Parkaufseher besetzt, der Eintrittsgebühren kassiert. Nach einer erneuten Linkswende geht es auf dem Fahrweg weiter vorbei an den letzten Häusern, bis ein ausgeschilderter, schmaler Weg nach links zur Playa Blanca führt, einem idyllischen Ort für ein Picknick.

Der Weg führt weiter geradeaus bis zu drei Gehöften aus Holz. Das dritte Haus gehört der Familie Fuentes. Gegen ein kleines Entgelt führt Señor Fuentes Besucher durch seine kleine *finca* (Gehöft), wo auch Kaffee und tropische Früchte angeboten werden.

Weiter führt er die Besucher zur Cueva de Aguas, einer kleinen Höhle mit einem sprudelnden Süßwasserbecken. Schließlich geht es zurück und bergauf bis zu einem archäologischen Pfad mit weiteren Höhlen und einigen großartigen Ausblicken auf das Meer.

Playa Duaba STRAND
Wer der Straße nach Moa Richtung Norden folgt, den Abzweig zum Hotel Porto Santo/Flughafen nimmt und an der Landebahn vorbei weitere 2 km geht, erreicht an der Flussmündung einen schwarzen Sandstrand. Hier gingen im Jahr 1895 Antonio Maceo, Flor Crombet und ihre Mitstreiter an Land und entfesselten den Zweiten Unabhängigkeitskrieg.

Es gibt einen *campismo* (günstige, einfache Unterkunft), eine Gedenkstätte und eine Zoom-Aussicht auf El Yunque. Der Strand selbst ist allerdings nicht zum Sonnenbaden geeignet.

PROVINZ GUANTÁNAMO BARACOA

👉 Geführte Touren

Baracoas abgelegene, schwer erreichbare Sehenswürdigkeiten lassen sich gut im Rahmen einer organisierten Tour entdecken: In den Filialen von **Cubatur** (☎ 61-32-83-42; Antonio Maceo No 181; ⊙ Mo–Fr 8–12 & 14–17 Uhr) und **Ecotur** (☎ 21-64-24-78; Antonio Maceo; ⊙ Mo–Sa 8–12 & 14–18 Uhr) an der Plaza Independencia kann man Ausflüge buchen, zum Beispiel nach El Yunque (16–20 CUC$), zum Parque Nacional Alejandro de Humboldt (22–25 CUC$) und nach Boca de Yumurí (22 CUC$).

⭐ José Ángel Delfino Pérez
GEFÜHRTE TOUREN

(☎ 21-64-13-67, Handy 54-25-58-19; joseguia@ nauta.cu; Tagestour 25–27 CUC$) José ist nicht nur ein lebendes Pflanzenlexikon und ein begeisterter Geologieexperte, sondern vor allem der wahrscheinlich beste Guide in ganz Baracoa. Seine professionell angeleiteten Touren gehen nach El Yunque, Punta de Maisí, zum Humboldt-Park und – die beste von allen – nach Boca de Yumurí: Dabei besichtigt die Gruppe Kakaoplantagen, nimmt an Schokoladen-Verkostungen teil und relaxt an einsamen Stränden. Je größer die Gruppe, umso niedriger wird der Preis pro Person.

Man sollte sich unbedingt Josés Ausweis zeigen lassen, es gibt einige unliebsame Nachahmer. Er ist telefonisch, per E-Mail oder über die *casa particular* von Nilson Abad Guilaré erreichbar.

🎉 Feste & Events

⭐ Semana de la Cultura Baracoesa
KULTURFEST

(⊙ Ende März) Auf den Straßen feiern Einheimische jedes Jahr die Landung von Antonio Maceo im Jahr 1895. Die Feste und Märkte zelebrieren authentische Traditionen: Musik und Tanz, die sowohl von indigenen Völkern als auch von modernen Rhythmen beeinflusst wurden. Das Fest endet am 1. April mit einer Wallfahrt.

🛏 Schlafen

⭐ Casa Colonial Ykira Mahiquez
CASA PARTICULAR $

(☎ 21-64-38-81; ykiram@nauta.cu; Antonio Maceo No 168A, zwischen Ciro Frías & Céspedes; Zi. 25 CUC$; ❋) Ihre einladende und gastfreundliche Art macht Ykira zur besten Gastgeberin in Baracoa. Sie tischt außerdem ein ausgezeichnetes Abendessen mit Kräutern aus dem eigenen Garten auf. Ein hübsches Wandgemälde schmückt den Eingang, die zwei Zimmer bieten Familienanschluss, aber auch genügend Privatsphäre. Den Gästen stehen Terrassen und ein *mirador* (Aussichtspunkt) mit Meerblick zur Verfügung.

⭐ La Casona
CASA PARTICULAR $

(☎ 21-64-21-33; Félix Ruenes No 1 altos; Zi. 20–25 CUC$; ❋) Selten zählt die zentralste *casa* einer Stadt auch zu deren besten, doch die beiden jungen Inhaber haben das Kunststück geschafft: Die zwei makellosen Zimmer liegen im Obergeschoss, auf der Wahnsinnsterrasse schmecken Cocktails.

Isabel Castro Vilato
CASA PARTICULAR $

(☎ 21-64-22-67, Handy 53-55-36-34; rosellocastro@gmail.com; Mariana Grajales No 35; Zi. 25 CUC$; 🅿 ❋) Von der lauten Straße kaum zu erahnen: Dieses elegante grüne Stein- und Schindelhaus gleicht innen einem Landhaus und verströmt auch solche Ruhe. Es gibt vier riesige Zimmer mit Minibars und einen schönen Hinterhofgarten, in dem so einiges wächst, was sich auf dem Frühstückstisch wiederfindet. Die Gastgeber sind hilfsbereit und einfach toll. Ungewöhnlich für Baracoa: Eine sichere Garage/Autostellplatz ist vorhanden.

Casa Yamicel
CASA PARTICULAR $

(☎ 21-64-11-18; ncc.gtm@infomed.sld.cu; Martí No 145A, zwischen Pelayo & Ciro Frias; Zi. 25 CUC$, Hauptgerichte 6–12 CUC$; ❋) Die Inhaber sind Ärzte und machen Hammer-Mojitos? Genau so ist es! Das Kolonialhaus hat vier angenehme Zimmer mit hübschen Mittelstreben aus Holz (die schönsten ganz oben). Die Atmosphäre ist wunderbar gastfreundlich, das Essen lecker und auf der Dachterrasse sorgt eine sanfte Meeresbrise für Erfrischung.

Casa Dorkis
CASA PARTICULAR $

(☎ 21-64-34-51, 52-38-53-16; dorkistd72@yahoo. es; Flor Crombet No 58 altos; Zi. 25 CUC$; ❋) Ein Stückchen von der Plaza entfernt, aber eine der besten Unterkünfte der Stadt. Das Apartment geht über zwei Stockwerke und bietet saubere helle Zimmer, die hübsch eingerichtet sind. Die Terrasse ist mit *azulejos* gefliest und bietet Ausblick auf den Atlantik – ideal, um ein paar Tage einfach mal zu entspannen.

Casa Colonial Lucy
CASA PARTICULAR $

(☎ 21-64-35-48; astralsol36@gmail.com; Céspedes No 29, zwischen Rubert López & Antonio Maceo; Zi.

KIRIBÁ & NENGÓN: DIE WURZELN DES SON

Wer den komplexen Stammbaum kubanischer Musik erforschen möchte, sollte das winzige Dörfchen Güirito, 18 km südöstlich von Baracoa, besuchen. Hier liegen die Wurzeln zweier einfacher Vorläufer von Kubas Nationalmusik, des *son*. Während *son* und sein rhythmischer Verwandter, der Salsa, in die ganze Welt exportiert wurden, schafften es die beiden Ur-Genres *kiribá* und *nengón* nie über die Grenze von Güirito hinaus.

Was also macht diese wilden und ursprünglichen Musikstile aus? Sowohl *kiribá* als auch *nengón* sind ländliche Vorformen (keine Varianten) des *son*, die seit Mitte des 19. Jh. mündlich von Generation an Generation weitergegeben wurden. 1982 wurden die Traditionen lokal neu belebt, diesem Umstand ist es zu verdanken, dass *kiribá* und *nengón* heute noch von einer 21-Mitglieder-starken Musik- und Tanz-Gruppe in Güirito praktiziert und die alten Traditionen bewahrt werden.

Zum schnellen Rhythmus und der recht freien Choreografie des *kiribá* drehen sich zwei Tänzer zusammen in breiten kreisförmigen Schritten. Der *nengón* ist ein langsamerer Tanz, zu dem ein charakteristisches Nachziehen des Fußes gehört – dies soll dem Zerstampfen von getrockneten Kaffee- und Kakaobohnen, wie es früher auf den Farmen üblich war, nachempfunden sein.

Begleitet werden die Tänze stets auf der *tres* (kubanische Gitarre), einem *güiro* (ein langer, ausgehöhlter Flaschenkürbis), den Calves (Klanghölzer), der Marimbula, Bongos, Maracas (Rasseln) und mit Gesang. Der *nengón* kennt 22 Lieder, beim *kiribá* denken sich die Sänger die Texte spontan aus. Bei musikalischen Zusammenkünften werden bestimmte Kostüme getragen: Frauen haben weiße Blusen und lange, geblümte Röcke an, Männer tragen eine *guayabera* (Leinenhemd) und Yaray-Hüte aus Stroh sowie Taschentücher.

Sie kommen an den meisten (aber nicht allen) Samstagnachmittagen in Güirito zusammen für traditionelle *fiestas*, zwanglose Treffen, bei denen eine breite Auswahl unterschiedlicher Gerichte aus Baracoa ausgetauscht werden. Es gibt z. B. *bacán* (Krebse und Tamales aus Kochbananen), *frangollo* (getrocknete Bananen mit Zucker vermischt und in ein Bananenblatt eingewickelt) oder Reis, der im Magen eines Spanferkels gegart wurde. Getanzt wird bis in die frühen Morgenstunden, dabei fließt viel Rum aus Eichenholzfässern. Jeder ist willkommen.

20 CUC$; ❋) Dieses freundliche Heim aus dem Jahr 1840 verströmt mit Innenhöfen, Veranden und blühenden Begonien viel Flair – es könnte allerdings sauberer sein. Es gibt zwei Räume und Terrassen auf verschiedenen Etagen, die Atmosphäre ist ruhig und abgeschieden. Lucys Sohn spricht vier Sprachen und gibt Salsa-Stunden.

Hostal Nilson
CASA PARTICULAR $
(☎21-64-31-23, 52-71-85-56; www.hostalnilson.baracoa.co; Flor Crombet No 143, zwischen Ciro Frías & Pelayo Cuervo; DZ 20–25 CUC$, Suite 35–50 CUC$; ❋) Geleckt sauberes Haus mit drei ausgefallenen Zimmern auf verschiedenen Etagen. Für kleine Gruppen oder Familien ist die große, sehr private Suite perfekt: ein Bad mit zwei Duschen und zwei Toiletten, die sich gegenüber stehen – Wartezeiten vor der Tür sind so Geschichte. Über dem Restaurant gibt es eine Dachterrasse mit Blick aufs Meer.

Hostal 1511
HOTEL $$
(☎21-64-57-00; reservas@gavbcoa.co.cu; Ciro Frías, zwischen Rubert López & Maceo; EZ/DZ 59/64 CUC$; ❋☎) Im Jahr 1511 wurde Baracoa gegründet – dieses winzige Hostal ist mit seiner zentralen Lage und dem überschäumenden Kolonialflair mindestens ebenso bekannt. Das Modellschiff in der Lobby weist auf das allgegenwärtige maritime Dekor voraus, das in den schöneren Zimmern im Obergeschoss am besten zur Geltung kommt.

Hostal la Habanera
HOTEL $$
(☎21-64-52-73; Antonio Maceo No 126; EZ/DZ 59/64 CUC$; ❋☎) La Habanera bietet eine Atmosphäre und viel Charme, wie das wohl nur in Baracoa möglich ist: Die restaurierte Kolonialvilla bekommt regelmäßig einen neuen Anstrich. Die vier Schlafzimmer nach vorne raus teilen sich einen Balkon mit gefliestem Boden und Schaukelstühlen

Baracoa

mit Blick auf die Straße. Perfekt, um das typische Baracoa-Feeling aufzusaugen: Straßenhändler, wilde Rhythmen und der Duft von gegrillten Meeresfrüchten aus den Restaurants.

In der Lobby im Erdgeschoss gibt es eine Bar, ein Restaurant und eine praktische Gaviota-Infostelle.

Hotel El Castillo HOTEL $$

(☎21-64-52-24; reservas@gavbcoa.co.cu; Loma del Paraíso; EZ/DZ 59/80 CUC$; P❋☎❖) Das auf einem Berg gelegene Castillo de Seboruco ist eine frühere Festung, in der sich die Gäste

wie die einstigen Kolonialherren fühlen dürfen – allerdings hatten jene keinen Pool oder einen Zimmerservice, der Handtücher zu kunstvollen Schiffen oder Schwänen faltet. Das Zimmer gilt es jedoch klug zu wählen, denn hier und da nagt der Zahn der Zeit. Die 28 moderneren Zimmer in einem neuen Anbau haben einen Spitzenblick auf den El Yunque.

Hotel Río Miel HOTEL $$

(☎21-64-12-07; reservas@gavbcoa.co.cu; Ave Malecón, Ecke Ciro Frias; EZ/DZ 59/64 CUC$; ❋☎) Robust und dennoch stylish: Das Hotel hielt

Baracoa

heldenhaft Hurrikan Matthew stand. Am Malecón gelegen, ist es das fieseste Wetter Kubas gewohnt. Der Service im von Gaviota geführten Haus ist zuweilen nachlässig, aber die neu gestalteten Zimmer haben Safes, die sogar groß genug für Laptops sind.

Hotel Porto Santo   HOTEL $$
(☎21-64-51-06; ejecutivo.comercial@gavbcoa.co. cu; Carretera del Aeropuerto; EZ/DZ 59/80 CUC$; P✳🌐🏊) Das ruhige, flache Hotel passt gut an die Bucht, in der Kolumbus angeblich sein erstes Kreuz in den Sand rammte. Es liegt 4 km vom Stadtzentrum und 200 m vom Flughafen entfernt und hat 36 anständige Zimmer, in denen man das Meeresrauschen hört. Eine steile Treppe führt hinab zum winzigen, wellenumtosten Strand. Leider hat Hurrikan Matthew die meisten der Palmen, die hier einst für Schatten sorgten, auf dem Gewissen.

Hotel la Rusa   HOTEL $$
(☎21-64-30-11; reservas@gavbcoa.co.cu; Máximo Gómez No 161; EZ/DZ 46/55 CUC$; ✳🌐) Die russische Auswanderin Magdalena Rovieskuya unterstützte einst Castros Rebellen oben in der Sierra Maestra. „La Rusa" kam in den 1930er-Jahren nach Baracoa, baute ein Hotel am Meer und begrüßte u. a. Errol Flynn, Che Guevara und Fidel Castro als Gäste. Nach ihrem Tod 1978 wurde es zu einem eher bescheidenen, staatlich geführten Hotel mit traurig wirkenden Einzelbetten und einer vernachlässigten Lobby.

✗ Essen

Dorado Café   CAFÉ $
(☎52-38-53-16; Martí No 171; Snacks 3 CUC$; ⊙10–14 & 18–22 Uhr) Ein kleines privates Café im Herzen Baracoas, das Pizza, Sandwiches und Ähnliches verkauft.

Cafetería el Parque   FASTFOOD $
(☎21-64-12-06; Antonio Maceo No 142; Snacks 1–3 CUC$; ⊙rund um die Uhr; 🌐) Der beliebteste Treffpunkt der Stadt: Früher oder später wird man sich auf der offenen Terrasse wiederfinden, wenn auch nur, um ein Bucanero zu trinken und das WLAN zu nutzen.

★ Restaurante Las Terrazas
Casa Nilson   KUBANISCH $$
(☎21-64-31-23; Flor Crombet No 143, zwischen Ciro Frías & Pelayo Cuervo; Gerichte 6–15 CUC$; ⊙12–15 & 18.30–23 Uhr) Auf der zweigeschossigen spektakulären Dachterrasse seines Hauses serviert Inhaber Nilson in flippigem afrokubanischen Ambiente mit das beste Essen in Baracoa, sprich: in ganz Kuba. Mit dem herrlichen *pescado con leche de coco* (Fischfilet in Kokosmilch) oder dem auf der Zunge zergehenden Oktopus mit Basilikumtinte und hausgemachten *patacon guisado* (Kochbanane) liegt man immer richtig. Unvergesslich!
    Reservierung empfohlen.

★ El Buen Sabor   KUBANISCH $$
(☎21-64-14-00; Calixto García No 134 altos; Gerichte 6–15 CUC$; ⊙12–24 Uhr) Auf einer makello-

PROVINZ GUANTÁNAMO BARACOA

sen und luftigen Terrasse im Obergeschoss werden die Gerichte mit Salat, Suppe und Beilage serviert. In diesem privaten Lokal darf man beste Baracoa-Küche erwarten: Schwertfisch in Kokossoße, *bacán* (rohe grüne Kochbanane mit Krabbenfleisch in Bananenblätter eingewickelt) und Schokodesserts. Der Service ist aufmerksam.

 ★**Restaurante la Punta**   KARIBISCH **$$**
(☎21-64-14-80; Fuerte de la Punta; Gerichte 5–12 CUC$; ☺10–23 Uhr) Von der Atlantikbrise gefächelt (und manchmal auch schier weggepustet), imponiert das von Gaviota geführte La Punta mit gekonnt zubereitetem und angerichtetem Essen in der schönen historischen Umgebung des Forts von La Punta. Samstags wird Livemusik gespielt.

🍷 **Ausgehen & Nachtleben**

El Ranchón   CLUB
(☎21-64-23-64; 1 CUC$; ☺ab 21 Uhr) Oberhalb einer langen Treppe am Westende der Coroneles Galano mischt das beliebte El Ranchón traumhafte Berglage mit Disco- und Salsa-Klängen vom Band und Scharen von *jinteras* (weibliche Schlepper). Augen auf beim Weg die 146 Stufen hinunter – die will

man weder nüchtern noch betrunken runterfallen.

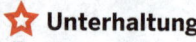 ☆ **Unterhaltung**

★**Casa de la Trova Victorino Rodríguez**   TRADITIONELLE MUSIK
(Antonio Maceo No 149A; 1 CUC$; ☺Nachmittagsvorstellung 17.30, 21–24 Uhr) Kubas kleinste, verrückteste, wildeste und authentischste *casa de la trova* (*trova*-Club) wiegt sich jede Nacht im hypnotischen Rhythmus des *changüí-son*. Das Durchschnittsalter der Band kann von Abend zu Abend zwischen 85 und 22 variieren – gut sind alle Musiker. Der Eintritt zur Frühvorstellung ist in der Regel frei. Mit einem Mojito im Marmeladenglas genießen Gäste die Show.

Casa de la Cultura   KULTURZENTRUM
(☎21-64-23-64; Antonio Maceo No 124, zwischen Frank País & Maraví) Bietet ein breites Programm, zu dem eine beachtliche Rumba-Show mit kubanischen Stilen wie *guaguancó, yambú* und *columbia* (Unterarten der Rumba) gehört. Besucher müssen damit rechnen, zum Mitmachen aufgefordert zu werden. Ein gutes *spectaculo* (Show) findet immer samstags gegen 23 Uhr auf der

---

BARACOAS EINZIGARTIGE KÜCHE

Anders als komplexere Küchen, hat Kuba keine besonderen regionalen Kochtraditionen hervorgebracht – außer in Baracoa, wo sowieso alles anders ist als im Rest des Landes. Das Wetter ändert sich hier schnell, und so hat Baracoa sein feuchtes Mikroklima und die geografische Abgeschiedenheit dazu genutzt, die bekanntermaßen fade kubanische Küche mit Gewürzen, Zucker, exotischen Früchten und Kokosnuss aufzupeppen. Fisch ist die Basis der meisten Gerichte, doch selbst bei Meeresfrüchten gibt es Überraschungen. So gibt es z. B. winzige, Kaulquappen ähnelnde *teti*-Fische, die im Río Toa von Juli bis Januar bei abnehmendem Mond gefischt werden.

Die größte Geschmacksüberraschung ist die Kokosnuss-Soße *lechita*, eine leckere Komposition aus Kokosnussmilch, Tomatensoße, Knoblauch und verschiedenen Gewürzen, die am besten über Garnelen, *aguja* (Schwertfisch) oder Dorade schmeckt. Als Beilage wird *bacán* gereicht – rohe, grüne Kochbananen mit Krebsfleisch in ein Bananenblatt gewickelt – oder *frangollo*, eine ähnliche Melange, bei der den zerriebenen Bananen Zucker beigemischt wird.

Süßigkeiten sind ein weiterer Höhepunkt der Küche Baracoas, denn die Kakaopflanze ist hier weit verbreitet, weshalb Che Guevara auch die hiesige Schokoladenfabrik gründete. Schokolade aus Baracoa wird auf der ganzen Insel verkauft, natürlich bietet sich aber die Casa del Cacao (S. 488) vor Ort zur Verkostung an. Meist wird sie auch in den *casas particulares* zum Frühstück als *chorote* serviert: eine heiße Schokolade, die mit Bananenpulver angerührt wird.

Baracoas außergewöhnlichste kulinarische Erfindung ist zweifellos *cucurucho*, ein leckerer Mix aus getrocknetem Kokosfleisch, Zucker, Honig, Papaya, Guayaba, Mandarinen und Nüssen (die Süßigkeit schmeckt immer ein wenig anders), die umweltfreundlich in einen Palmwedel gewickelt wird. Die besten *cucuruchos* verkaufen die *campesinos* an der La Farola in Richtung Guantánamo. Busse halten oft an dieser Stelle.

Terrasse statt. Präsentiert werden Rumba, Benny Moré und die örtliche Friseurin, die Lieder von Omara Portuondo singt.

Estadio Manuel Fuentes Borges BASEBALL

Hurrikan Matthew hat das Stadion schwer getroffen – noch ist nicht klar, ob hier von Oktober bis April Baseball gespielt werden kann. Das Feld liegt direkt am Strand und ist womöglich das einzige auf Kuba, auf dem die Spieler beim Abschlagen das Salz des Meeres auf den Lippen schmecken.

 Shoppen

An interessanter Kunst herrscht in Baracoa kein Mangel, und wie fast alles in dieser skurrilen Stadt am Meer hat sie ihren ganz eigenen Stil.

Taller Mirate KUNST

(Antonio Maceo; ☺ 10–20 Uhr) Eine Künstler-Kooperative, in der fast immer ein junger, kreativer Maler vor der Staffelei im Fenster sitzt. Beim für Baracoa typischen Stil trifft Gauguin auf Van Gogh in einem Roman von Gabriel García Márquez.

ARTex GESCHENKE & SOUVENIRS

(☑ 21-64-53-73; José Martí No 197; ☺ Mo–Sa 9–16.30 Uhr) Hier gibt es den üblichen Touristennippes.

ℹ Praktische Informationen

GELD

Cadeca (☑ 21-64-53-45; José Martí No 241; ☺ Mo–Fr 8.15–16, Sa & So 8.15–11.30 Uhr) Kurze Schlangen am Geldwechsel.
Banco Popular de Ahorro (☑ 21-64-52-09; José Martí No 166; ☺ Mo–Fr 8–11.30 & 14–16.30 Uhr) Hier gibt es einen Geldautomaten.
Banco de Crédito y Comercio (Antonio Maceo No 99; ☺ Mo–Fr 8–14.30 Uhr) Hier gibt es einen Geldautomaten.

INTERNETZUGANG

Auf der Plaza Independencia gibt es einen WLAN-Hotspot.
Etecsa Telepunto (☑ 21-64-31-82; Antonio Maceo No 182; Internetzugang 1,50 CUC$ pro Std.; ☺ 9–19 Uhr) Hier sind Karten für WLAN-Hotspot-Zugänge erhältlich und man kann an Computer-Terminals ins Netz gehen. Kaum Wartezeiten.

MEDIZINISCHE VERSORGUNG

Clínica Internacional (☑ 21-64-10-37; Ecke José Martí & Roberto Reyes; ☺ 8–20 Uhr) Ist eine relativ neue Klinik, die auch Ausländer behandelt. Zudem gibt es 2 km stadtauswärts

an der Straße nach Guantánamo ein Krankenhaus.

POST

Das **Postamt** (☑ 21-64-24-15; Antonio Maceo No 136; ☺ 8–20 Uhr) liegt nahe am Hauptplatz.

REISEBÜROS

Gaviota Tours (☑ 21-64-51-64; Cafeteria El Parque; ☺ Mo–Sa 8–12, 14–18 Uhr) Vermittelt Zimmer in Gaviota-Unterkünften, Flugtickets und gibt Tipps zu Tourenanbietern.

TOURISTENINFORMATION

Nachdem Hurrikan Matthew auf Kuba wütete, sollte man sich vor längeren Trips erkundigen, ob die Ausflugsziele und Verkehrsverbindungen in Mitleidenschaft gezogen wurden.
Infotur (☑ 21-64-17-81; Antonio Maceo No 129a, zwischen Frank País & Maraví; ☺ Mo–Sa 8.30–12 & 13–16.45 Uhr) Sehr hilfsbereit.

ℹ An- & Weiterreise

BUS

Vom **Nationalen Busbahnhof** (☑ 21-64-38-80; Ecke Av Los Mártires & José Martí) fahren Busse von **Víazul** (☑ 21-64-38-80) nach Guantánamo und Santiago de Cuba. Die Fahrkarte sollte man einen Tag vor der Reise reservieren – in der Hauptsaison bereits mehrere Tage früher.

Der Bus nach Santiago (15 CUC$, 5 Std.) mit Halt in Guantánamo, geht um 8.15 Uhr. Der Bus um 14 Uhr fährt nur bis Guantánamo (10 CUC$, 3 Std.).

FLUGZEUG

Der Flughafen Gustavo Rizo (Flughafencode: BCA) liegt 4 km nordwestlich der Stadt, direkt hinter dem Hotel Porto Santo. Flüge nach Havanna kann man in den Reisebüros buchen.

Flüge und Busse von Baracoa sind oft ausgebucht, wer wenig Zeit hat, sollte bei der Ankunft die Rückfahrt bereits organisiert haben.

LASTWAGEN

Die Lkws, die auch Passagiere mitnehmen, nach Moa (Abfahrt nach 6 Uhr) fahren am Nationalen Busbahnhof ab und nehmen den sehr holprigen Weg nach Nordwesten.

ℹ Unterwegs vor Ort

Die beste Verbindung zum Flughafen bieten Taxis (8–10 CUC$) oder auch Bici-Taxis (5 CUC$), falls man nur wenig Gepäck hat.

Am Flughafen gibt es ein nützliches Mietwagenbüro von **Via Gaviota** (☑ 21-64-16-65).

Die **Servi-Cupet-Tankstelle** (José Martí; ☺ rund um die Uhr) liegt an der Stadtgrenze an der Straße nach Guantánamo, 4 km vom Zentrum. Wer mit dem Auto nach Havanna fährt, sollte wissen, dass die Strecke nach Norden durch Moa und Holguín zwar die direkteste ist, aber die Straße nach Playa Maguana sehr schlecht wird – Taxis können daher extrem teuer sein. Die Einheimischen fahren lieber über die La Farola.

Bici-Taxis in und um Baracoa verlangen von Ausländern 2 bis 5 CUC$.

Die meisten *casas particulares* organisieren Leihräder (5 CUC$ pro Tag). Der ultimative Bike-Trip sind die 20 km hinunter zur Playa Maguana, eine der landschaftlich schönsten Strecken auf Kuba.

Bei Gaviota Tours oder dem Hotel El Castillo (S. 492) kann man auch Mopeds mieten (25 CUC$).

Nordwestlich von Baracoa

Die holprige Straße stadtauswärts in Richtung Moa führt durch ein grünes Paradies aus Palmenhainen, urigen Farmen und verträumten Ausblicken aufs Meer. Windumtoste Strände, Kaffeeplantagen und Regenwald wechseln sich ab. 2016 verwüstete Hurrikan Matthew die Region, sogar eine der Hauptbrücken wurde zerstört, der Zugang wurde aber wieder hergestellt.

Der größte Teil der Region liegt im 2083 km² großen Unesco-Biosphärenreservat Cuchillas Toa, zu dem auch das Weltnaturerbe Alejandro de Humboldt gehört. Es ist Kubas größter Regenwald mit vielen kostbaren Harthölzern und zahlreichen endemischen Arten.

◎ Sehenswertes

★ El Yunque   BERG
(13 CUC$) Wer in Baracoa, aber nicht auf den geheimnisvollen El Yunque gestiegen ist, war nicht da. Auf den Tafelberg führt eine 8 km lange Wanderung (hin & zurück). Der Blick vom Gipfel (575 m) sowie die Pflanzen- und Vogelwelt sind großartig: Ziemlich sicher sieht man *tocororo* (Kubas Nationalvogel), *zunzún* (kleinster Vogel der Welt), Schmetterlinge und bunte Polymita-Schnecken. Es wird heiß, mindestens zwei Liter Wasser gehören ins Gepäck. Der meist matschige Weg beginnt am Campismo 3 km hinter der Finca Duaba (4 km von der Straße von Baracoa nach Moa).

Es gibt nur geführte Touren. Cubatur bietet den Ausflug fast täglich an (16 CUC$, mind. 4 Pers.). Im Preis sind Parkeintritt, Guide, Transport und ein Sandwich inbegriffen. Wer nicht scharf auf den Gipfel ist, kann sich bei Ecotur nach dem 7 km langen

Sendero Juncal-Rencontra erkundigen: Er führt zwischen den Flüssen Duaba und Toa durch Obstplantagen und Regenwald.

Río Toa   FLUSS
Der Toa 10 km nordwestlich von Baracoa ist der drittlängste Fluss an der Nordküste Kubas und der wasserreichste des Landes. Er dient zudem als wichtiger Lebensraum für Vögel und Pflanzen. Im Valle de Toa wachsen Kakaobäume und die allgegenwärtigen Kokospalmen.

Pläne für ein gewaltiges Wasserkraftwerk am Río Toa wurden aufgegeben, nachdem die Fundación de la Naturaleza y El Hombre die Behörden davon überzeugen konnte, dass das Projekt der Umwelt irreparablen Schaden zufügen würde. Auch technische und finanzielle Gründe spielten ein Rolle.

Playa Maguana   STRAND
Noch ziemlich naturbelassen hat dieser Karibikstrand einen ganz eigenen Charme: Lebenslustige Kubaner kreuzen hier mit ihren amerikanischen Oldtimern auf und holen ihre heiß geliebten Ghettoblaster aus dem Kofferraum. Außer einer Snackbude gibt es wenig Infrastruktur und das macht einen Teil des Reizes aus. Aber: auf die Wertsachen aufpassen!

Finca Duaba   FARM
(2 CUC$; ⊗ 8–19 Uhr) ✎ 5 km außerhalb von Baracoa an der Straße nach Moa und dann 1 km landeinwärts bietet die Finca Duaba einen kleinen Eindruck vom Landleben in der Region. Die Farm liegt inmitten üppig wuchernder tropischer Vegetation. Der kurze *cacao*-Lehrpfad informiert über die Geschichte und die Eigenheiten der Kakaopflanze und von Schokolade. Es gibt zudem ein gutes Restaurant im *ranchón*-Stil und man kann im Río Duaba baden. Ein Bici-Taxi setzt Besucher an der Kreuzung ab.

⌙ Schlafen

Finca la Esperanza   AGROTOURISMUS $
(☎ 52-18-07-35; Zi. inkl. Frühstück 13 CUC$, Lunch 8 CUC$) 8 km außerhalb von Baracoa bietet diese hübsche Farm an der Straße nach Moa Unterkunft mit Verpflegung sowie Ausflüge an: Die Bootstouren kosten 2 CUC$, die Wanderungen auf dem Sendero Cayo los Chinos Trail 5 CUC$.

Campismo Duaba   HÜTTEN $
(18 CUC$) Noch nicht lange im Geschäft sind die zehn hübschen Mini-Hütten mit Bad und Klimaanlage. Von Baracoa kommend

liegt der Campismo an der Straße nach Moa, kurz vor dem Río Duaba.

Campismo el Yunque
HÜTTEN **$**

(☎ 21-64-52-62; Zi. 12 CUC$) Einfacher *campismo* im kubanischen Stil und mit schlicht ausgestatteten Hütten am Ende der Straße zur Finca Duaba, 9 km außerhalb von Baracoa. Die Wanderung auf den El Yunque beginnt hier.

★ Villa Maguana
HOTEL **$$**

(☎ 21-64-12-04; Carretera a Moa Km 20; EZ/DZ 86/103 CUC$; P ✳) Dieses angenehme Hotel 22 km nördlich von Baracoa schlägt jedes kubanische „All-inclusive"-Resort lächelnd um Längen. In vier einfachen Holzvillen gibt es insgesamt 16 Zimmer. Die Häuser liegen knapp oberhalb des von zwei Felsvorsprüngen bewachten Mini-Traumstrands von Maguana. Es gibt ein Restaurant, zu den Annehmlichkeiten in den Zimmern gehören Sat-TV, Kühlschrank und Klimaanlage.

Essen

Playa Maguana Snack Bar
KARIBISCH **$**

(Snacks 2–5 CUC$; ⊗ 9–17 Uhr) Die offene Snackbar direkt am Strand hat gute Käsesandwiches, Bier und Rum.

Rancho Toa
KUBANISCH **$$**

(Gerichte 10–12 CUC$, Bootsausflüge 5–10 CUC$) Direkt vor der Toa-Brücke geht es rechts ab zu diesem Palmares-Restaurant. Man kann hier Boot- und Kajaktrips buchen und akrobatische Einheimische beim Erklettern der *cocotero* (Kokospalme) beobachten. Wer genügend Personen zusammenbringt (acht in der Regel), kann das traditionelle kubanische Spanferkel-Festessen bestellen.

Die Attraktion war nach Hurrikan Matthew geschlossen, sollte aber inzwischen wieder geöffnet sein.

❶ An- & Weiterreise

Ein Lkw in Richtung Moa lässt Passagiere in der Gegend aussteigen. Man kann auch ein Taxi nach Playa Maguana (ca. 25 CUC$ hin & zurück), zum Campismo el Yunque (18 CUC$ hin & zurück) oder zu anderen Zielen in der Umgebung nehmen.

Parque Nacional Alejandro de Humboldt

Die steilen, mit Kiefern bestandenen Berghänge, über die morgens stimmungsvoll der Nebel kriecht, beheimaten ein erstaunliches Ökosystem, das in der Karibik seinesgleichen sucht. Kubas eindrucksvollster und vielfältigster Nationalpark wurde nach dem deutschen Naturforscher Alexander von Humboldt benannt, der 1801 die Gegend besuchte. Im Jahr 2001 wurde der Park als „eines der weltweit vielfältigsten Ökosysteme auf einer Tropeninsel" zum Unesco-Weltnaturerbe erklärt.

Oberhalb der Bahía de Taco liegen 40 km nordwestlich von Baracoa mehr als 600 km² unberührter Regenwald und ein 2641 ha großes Areal mit Lagunen und Mangrovenwäldern. Mit 1000 blühenden Pflanzen- und 145 Farnarten ist der Park das artenreichste Pflanzenhabitat der Karibik. Das Gestein unter der Erdoberfläche ist für Pflanzen toxisch, weshalb sie sich anpassen mussten. Demzufolge sind 70 % der hier vorkommenden Pflanzen endemisch, ebenso fast alle der 20 Amphibienarten, 45 % der Reptilien und viele Vögel. Zu den gefährdeten Vogelarten zählen die Kuba-Amazone, die Kuba-Schneckenweihe und der Elfenbeinspecht.

🏃 Aktivitäten

Im Park gibt es verschiedene Wege, die zu Wasserfällen, einem *mirador* (Aussichtspunkt) und einem riesigen Karsthöhlensystem bei den Farallones de Moa führen. Zurzeit sind der Trails begehbar, sie decken dabei nur einen winzigen Teil von den 594 km² des Parks ab. Auch hier kann man nicht auf eigene Faust losmarschieren.

Ecotur bietet seit Kurzem Jeep- und Quad-Touren an. Die längste der angebotenen Wanderungen führt über acht Stunden in den Wald hinein, wo man Vögel beobachten und Orchideen bewundern kann.

Jede Tour wird von Profis geleitet. Wer individuell anreist, sollte sich vor 10 Uhr beim Besucherzentrum melden, um sich einen Platz bei einer Tour zu sichern. Je nach Wanderung kosten diese zwischen 5 und 10 CUC$. Die meisten Besucher buchen jedoch bei Ecotur, Cubatur oder Gaviota in Baracoa, die jeweils für Transport sorgen und auf der Rückfahrt einen Stopp an der Playa Maguana machen (24 CUC$). Auch hier wirbelte der Hurrikan Matthew einiges durcheinander, einige der Touroptionen können daher anders ausfallen.

Balcón de Iberia
WANDERN

Die anspruchsvollste Rundwanderung im Park geht über 7 km über landwirtschaftlich genutztes Gebiet, aber auch durch unberührten Regenwald. Beim Wasserfall Salto

de Agua kann man in einem schönen Natur-
becken baden.

Bahía de Taco
WANDERN

Die Tour umfasst eine Bootsfahrt durch die
Mangrovenwälder und durch die idyllische
hufeisenförmige Bucht sowie eine 2 km
lange Wanderstrecke. Die Boote sind mit
speziellen Motoren ausgerüstet, die hiesige
Wissenschaftler entwickelt haben, um die
Rundschwanzseekühe nicht zu gefährden.

El Recreo
SPAZIERGANG

Dieser Trail führt über einfache 2 km rund
um die Bucht.

❶ Praktische Informationen

Besucherzentrum (Carretera a Moa; Parkein-
tritt 10 CUC$) Im kleinen Besucherzentrum
arbeiten Biologen.

❶ An- & Weiterreise

Das Besucherzentrum des Parks befindet sich
auf halbem Weg zwischen Baracoa und Moa.
Über eine Agentur in Baracoa lässt sich eine
organisierte Tour buchen. Man kann aber auch
individuell anreisen. Die Straße ist zwar malerisch, aber auch in sehr schlechtem Zustand.
Umsichtiges Fahren vorausgesetzt, ist sie aber
mit einem Mietwagen passierbar. Sie führt weiter in die Provinz Holguín und wird erst kurz vor
Moa wieder besser.

Seit Hurrikan Matthew die Brücke zerstörte,
führt der Weg über eine provisorische Kon-
struktion. Die Reparaturen sollten jedoch bald
abgeschlossen sein.

Kuba
verstehen

Kuba aktuell

Im großen Buch der kubanischen Geschichte wird offenbar gerade jetzt ein neues Kapitel aufgeschlagen. Der Tod des jahrzehntelangen Führers Fidel Castro hat Menschen in Trauer gestürzt, aber auch Hoffnungen geweckt. Sein Bruder, Präsident Raúl Castro, bemüht sich schon seit einigen Jahren um ein Gleichgewicht zwischen Parteiideologie und Reformen, die zu einer Verbesserung der Wirtschaftslage führen sollen. Abzulesen ist der neue Trend an Unternehmensgründungen, Internetzugang, Auslandsreisen oder einfach am Recht, Häuser zu verkaufen. In kürzester Zeit hat Kuba das Fenster zur Welt weit geöffnet.

Die besten Filme

Four Seasons in Havana (Félix Viscarret; 2016) Basiert auf den Detektivgeschichten von Leonardo Padura.
Che – Teil 1: Revolución (Steven Soderbergh; 2008) Teil 1 der Filmbiographie über Che Guevaras kubanische Jahre.
Before Night Falls (Julian Schnabel; 2000) Das streitbare Leben des Schriftstellers Reinaldo Arenas.
Fresa y Chocolate (Erdbeer und Schokolade; Tomás Gutiérrez Alea; 1993) Homosexualität und Kommunismus.
El Ojo del Canario (Fernando Pérez; 2010) Pérez' Porträt von José Martí hat viele Filmpreise gewonnen.

Die besten Bücher

Unser Mann in Havanna (Graham Greene; 1958) Greene macht sich über den Britischen Geheimdienst lustig, auch über das Batista-Regime.
Cuba and the Night (Pico Iyer; 1995) Vielleicht das eindringlichste Buch über Kuba, das ein Nicht-Kubaner je geschrieben hat.
Schmutzige Havanna-Trilogie (Pedro Juan Gutiérrez; 2002) Eine Studie über Alltag und Sex in Havanna während der Spezialperiode.
Che: Die Biographie (Jon Lee Anderson; 1997) Andersons Recherchen führten u. a. zur Bergung der sterblichen Überreste des Revolutionärs in Bolivien.

Ein neues Verhältnis zu den USA

Kubas vorsichtige Annäherung an die USA nahm Fahrt auf, nachdem beide Regierungen 2014 einen Gefangenenaustausch verabredet hatten. Am 17. Oktober 2014 verkündete Barack Obama die Wende in den Beziehungen zwischen beiden Ländern seit 54 Jahren. Zu den angekündigten Maßnahmen gehörten eine US-Unterstützung beim Ausbau der Telekommunikation, die Zulassung amerikanischer Kredit- und Debitkarten auf Kuba, eine Erleichterung der Reisebeschränkungen für US-Bürger und die Wiederaufnahme diplomatischer Beziehungen, die man 1961 abgebrochen hatte. Im Juli 2015 öffneten die USA und Kuba ihre Botschaften in Havanna und Washington. Im Mai 2016 reiste Obama als erster amtierender US-Präsident seit der Revolution nach Kuba und traf dort Unternehmer, kubanische Dissidenten, aber auch Präsident Raúl Castro. Ob Obamas Entspannungspolitik unter seinem Nachfolger eine Aufhebung der Embargopolitik folgt, lässt sich schwer einschätzen; Obama hat ohne Zweifel eine Wende in den amerikanisch-kubanischen Beziehungen eingeleitet.

Die Entwicklung der Beziehungen unter Präsident Trump bleibt abzuwarten. Im Senat und im Repräsentantenhaus leisten einige Gruppen noch erbitterten Widerstand. Umfragen zufolge befürwortet die Mehrheit der Amerikaner und eine wachsende Zahl der Exilkubaner ein Ende der Wirtschaftsblockade. Solange der Kurs der neuen US-Regierung unklar erscheint und eine beachtliche Anzahl von Exilkubanern jegliche Verhandlung mit der gegenwärtigen Regierung kategorisch ablehnt, dürfte die Entwicklung nicht konfliktfrei ablaufen.

Eine neue Unternehmerklasse

Es herrscht zwar noch keineswegs ein demokratischer Sozialismus, doch die ab 2011 eingeleiteten Reformen haben die Kreativität und den Unternehmergeist einer

Generation von Kubanern beflügelt. Privatunternehmen sind entstanden, Vorreiter waren vor allem Leute mit Zugang zu harter Währung.

Seit die Bürokratie mit ihrer Regelungswut zurückgedrängt wurde, haben sich manche *casas particulares* zu Minihotels entwickelt. Restaurants sind besser geworden – nicht nur die Küche, sondern auch die moderne Ausstattung. Der neueste Trend geht zu modischen Cafés, hippen Bars und eleganten Clubs. Trendsetter ist u. a. die Fábrica de Arte Cubano, eine 2014 gegründete avantgardistische Künstler-Kooperative, die den Austausch von Ideen fördert und zu diesem Zweck spontane Konzerte veranstaltet. Kreativ sind auch die Gründer von Läden für antiquarische Bücher und Zeitschriften, Barbiere, private Wanderführer und Künstler. Natürlich schätzen unterschiedliche Gruppen die Resultate des Wandels unterschiedlich ein. Eigentümer und Angestellte im privaten Sektor haben deutlich bessere Perspektiven als ihre Kollegen in staatlichen Unternehmen, das System sorgt für ungleiche Bedingungen. Und die Möglichkeit, Häuser zu erwerben und zu verkaufen, hat der sog. Gentrifizierung Vorschub geleistet: In aufgewerteten Vierteln kennen sich die Nachbarn plötzlich nicht mehr, und auf dem Immobilienmarkt tummeln sich vorwiegend ausländische Akteure.

An die Grenzen gehen

Ein Großteil der Diskussionen über Kubas Reformen konzentriert sich auf wirtschaftliche Angelegenheiten, doch findet auch ein kultureller Umbruch statt. Feine Veränderungen innerhalb der Kultur des Landes führen dazu, dass die autoritäre Herrschaft in Frage gestellt wird. 2014 wurde in Havanna die erste schwulenfreundliche Bar eröffnet. Die Schwulengemeinde hat von einer alljährlichen Pride-Parade und von der ersten Wahl einer bekennenden Transsexuellen in eine politische Vertretung profitiert. Noch bevor Papst Franziskus 2015 Kuba besuchte, war im Land eine Renaissance der Religionen zu spüren: Mehr Kubaner als früher besuchen die Gottesdienste, andere praktizieren ihre Santería-Traditionen. Auch die neue Reisefreiheit erweitert den Horizont. Einige Kubaner haben ihre Habseligkeiten verkauft und Kuba verlassen, doch zu einer Ausreisewelle ist es nicht gekommen. Die Kubaner kehren von Auslandsreisen nach Hause zurück: mit neuen Ideen und Anregungen sowie attraktiven Waren. Jeder Aufbruch in Kuba war bisher mit unerfreulichen Rückschlägen verbunden, die Mehrzahl der Kubaner betrachtet die Entwicklung deshalb mit einer Mischung aus Zynismus und Wachsamkeit. In seiner Antwort auf Obamas Rede vom Dezember 2014 hat Raúl Castro betont, Kuba werde weder vom Pfad der sozialistischen Wirtschaft abweichen noch sein politisches System ändern. Die Regierung hat bisher auch keinerlei Anstalten gemacht, die politischen Freiheitsrechte über die heutigen Grenzen hinaus auszudehnen.

EINWOHNER: **11,2 MIO.**

FLÄCHE: **110 860 KM²**

ARZT-PATIENTEN-VERHÄLTNIS: **1:149**

LEBENSERWARTUNG: **79,1 JAHRE**

KINDERSTERBLICHKEIT: **4,6 VON 1000**

Gäbe es nur 100 Kubaner, wären ...

65 Weiße
25 Mischlinge
10 Schwarze

Religion
(% der Bevölkerung)

85
Katholisch

13
Sonstige

2
Protestantisch

Einwohner pro km²

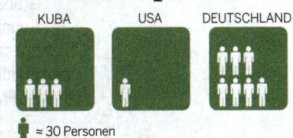

KUBA   USA   DEUTSCHLAND

👤 ≈ 30 Personen

Geschichte

Stolz auf gleich zwei siegreiche Revolutionen, aber auch geplagt von den wiederholten Heimsuchungen ausländischer Invasionen, hat Kuba eine historische Bedeutung erlangt, die dem kleinen Land aufgrund seiner Fläche eigentlich gar nicht zustände. Bis in die 1960er-Jahre hinein war die kubanische Geschichte geprägt von fremder Einmischung und internen Aufständen – und beides führte immer wieder zu Blutvergießen.

Ein turbulenter Weg

Seit der Ankunft von Kolumbus 1492 befand sich Kuba sozusagen auf einer historischen Achterbahnfahrt, zu der Völkermord, Sklaverei, zwei bittere Unabhängigkeitskriege, eine Periode korrupter und gewalttätiger Pseudo-Unabhängigkeit und schließlich eine Revolution gehörten, wobei Letztere trotz aller Versprechungen zu einem Stillstand führte. Es folgte die Emigration von fast einem Fünftel der kubanischen Bevölkerung, vor allem in die USA.

Der Einfachheit halber wird der Ablauf der kubanischen Geschichte hier in drei Epochen unterteilt: in die vorkoloniale, die kolonialzeitliche und die nachkoloniale Zeit. Vor 1492 lebten im heutigen Kuba Angehörige früher Kulturen, die aus dem Orinoko-Becken in Südamerika stammten und von dort weiter nach Norden und auf die Inseln gezogen waren. Über diese Kulturen ist noch nicht allzu viel bekannt, vor allem, weil sie nur wenige Zeugnisse ihrer Anwesenheit hinterlassen haben.

Kubas Kolonialgeschichte, eine Periode vorwiegend spanischer Vorherrschaft, war geprägt von der Sklavenhaltung – und zwar seit etwa 1520 und bis zur Abschaffung der Sklaverei 1886. Die Sklaverei hat im kollektiven Unterbewusstsein der Bevölkerung tiefe Narben hinterlassen, doch die Haltung von Sklaven und schließlich auch deren Befreiung haben zur Herausbildung einer sehr eigenständigen Kultur mit Musik, Tanz und Religion geführt. Wer dies begriffen hat, hält schon fast den Schlüssel zum Verständnis der sehr komplizierten Verhältnisse im heutigen Kuba in Händen.

Die Zeit nach dem Ende des Kolonialismus lässt sich in zwei sehr unterschiedliche Epochen untergliedern; die zweite Epoche lässt sich

ZEITACHSE

2000 v. Chr.	1100 n. Chr.	1492
Die erste bekannte Steinzeitkultur auf Kuba ist die der Guanahatabeys. Stammesangehörige leben in Höhlen an der Küste der Provinz Pinar del Río.	Vom venezolanischen Orinoko-Delta aus gelangen die Taíno über die Inseln der Kleinen Antillen nach Kuba.	Christoph Kolumbus betritt in der heutigen Provinz Holguín kubanischen Boden. Er segelt an der Küste entlang bis nach Baracoa, stellt an vielen Orten Kreuze auf und sucht Kontakt zu den Taíno.

ihrerseits in zwei Abschnitte unterteilen. Die Zeitspanne zwischen der Niederlage Spaniens 1898 und Castros Staatsstreich von 1959 gilt allgemein als eine Ära der Quasi-Unabhängigkeit, wobei die USA einen starken Einfluss auf das Land ausübten. In dieser Zeit nahmen Gewalt und Korruption überhand, und es kam wiederholt zu Aufständen, die auf einen Sturz der Regierung abzielten.

Die Castro-Ära nach 1959 lässt sich praktisch in zwei Perioden einteilen: in die Zeit, als von 1961 bis 1991 die Sowjets das Sagen hatten, und in die Moderne, die von der sog. Período Especial (Sonderperiode) bis heute dauert; trotz gravierender Wirtschaftsprobleme avancierte Kuba erstmals zu einer wirklich unabhängigen Macht.

Das vorkoloniale Kuba

Die erste bekannte Kultur im heutigen Kuba geht auf das Volk der Guanahatabey zurück, Angehörige einer steinzeitlichen Gruppe von Menschen, die in Höhlen lebten und ihren bescheidenen Lebensunterhalt als Jäger und Sammler bestritten. Irgendwann im Laufe zweier Jahrtausende wurden die Guanahatabey ganz allmählich nach Westen ins Gebiet der heutigen Provinz Pinar del Río verdrängt. Ihren Platz nahmen Neuankömmlinge ein: die Siboney, ebenfalls Vertreter einer präkeramischen Kultur. Alles in allem waren die Siboney schon ein wenig höher entwickelt; sie waren Fischer und Kleinbauern und lebten relativ friedfertig an der geschützten Südküste des Archipels. Irgendwann im zweiten Jahrtausend nach Christus wurden sie ihrerseits von den überlegenen Taíno verdrängt; die Taíno wiesen den Siboney einen Platz als häusliche Dienstboten und Knechte zu.

Die Taíno trafen in mehreren Einwanderungswellen seit etwa 1050 nach Christus in Kuba ein; ihre Ankunft auf dem Archipel stand am Ende einer Migration, die auf dem südamerikanischen Festland schon einige Jahrhunderte früher begonnen hatte. Die mit den Arawak von den Großen Antillen verwandten Menschen waren überaus friedliebend; genau deshalb waren sie auf der Flucht vor den aggressiven und zum Kannibalismus neigenden Kariben, die die Taíno nach Puerto Rico, Hispaniola und Kuba trieben.

Kuba zur Kolonialzeit

Kolumbus & die Landnahme

Als Christoph Kolumbus am 27. Oktober 1492 Kuba anlief, beschrieb er es als „das schönste Land, das ein menschliches Auge je erblickt hat". Zu Ehren der spanischen Thronerbin nannte er es Juana. Da die Insel aber nicht auf dem Weg zum Königreich des Großen Khan lag und in den üppigen und dichten Wäldern im Inneren nur wenig Gold zu finden war,

Im 17. Jh. beorderten die Spanier die verbliebene indigene Bevölkerung in Ortschaften, die unter dem Begriff *pueblos indios* bekannt sind. Die Kultur der Alten und Neuen Welt befruchtete sich gegenseitig; indianische Gepflogenheiten und Wörter konnten so in den kubanischen Alltag dringen.

1494	1508	1511	1519
Kolumbus kehrt auf seiner zweiten Seereise nach Kuba zurück, wo er an verschiedenen Orten an der Südküste kurz anlegt und die Isla de la Juventud entdeckt.	Der spanische Seefahrer Sebastián de Ocampo umrundet Kuba und beweist so, dass Kolumbus sich getäuscht hatte, als er Kuba für eine asiatische Halbinsel hielt.	Diego Velázquez landet mit 400 Siedlern in Baracoa. An Bord ist auch Hernán Cortés, der spätere Eroberer des Aztekenreichs. Die Neuankömmlinge errichten ein Fort und überwerfen sich mit den Taíno.	Havanna wird an seinen derzeitigen Standort an der Mündung eines natürlichen Hafens verlegt. Die Stadt wird mit einer Messe geweiht – die Location entspricht etwa der heutigen Plaza de Armas.

verließ er das Gebiet bald wieder und wandte sich der Insel Hispaniola zu (das heutige Haiti und die Dominikanische Republik).

Die Kolonisation von Kuba begann erst 20 Jahre später, als Diego Velázquez de Cuéllar 1511 mit vier Schiffen und 400 Mann Besatzung von Hispaniola aufbrach, um Kuba für die spanische Krone zu erobern. Sie gingen beim heutigen Baracoa vor Anker und gründeten sofort sieben *villas* (Städte) auf der Hauptinsel – Havanna, Trinidad, Baracoa, Bayamo, Camagüey, Santiago de Cuba und Sancti Spíritus –, weil sie ihre neue Kolonie einer starken Herrschaft unterstellen wollten. Aus der Sicherheit ihrer *bohíos* (Hütten mit Strohdach) sah die verstreute Taíno-Bevölkerung mit einer Mischung aus Faszination und Angst nervös zu.

Trotz Velázquez' Versuchen, die einheimischen Taínos vor den groben Exzessen spanischer Kämpfer zu schützen, gerieten die Dinge schnell außer Kontrolle. Bald sahen sich die Invasoren einer regelrechten Rebellion gegenüber. Führer des erbitterten, aber nur kurzlebigen Aufstands war der angriffslustige Hatuey, ein einflussreicher Taíno-*cacique* (Häuptling) und Vorbild für den kubanischen Widerstand. Hatuey wurde schließlich gefangen genommen und auf dem Scheiterhaufen verbrannt, weil er es gewagt hatte, der eisernen Faust der spanischen Herrschaft zu trotzen.

Nachdem der Widerstand niedergeschlagen war, plünderten die Spanier Kuba aus. Mithilfe der unterworfenen Eingeborenen rafften sie die relativ geringe Ausbeute an Gold und Mineralien zusammen. Da die Sklaverei durch ein päpstliches Edikt verboten war, machten sich die Spanier verschiedene legale Schlupflöcher zunutze. So führten sie das rücksichtslose *encomienda*-System ein: Tausende Indianer wurden zusammengetrieben und dann unter dem Vorwand, sie würden eine kostenlose „Unterweisung" im Christentum erhalten, gezwungen, für die spanischen Landbesitzer zu arbeiten. Das brutale System dauerte 20 Jahre lang, bis der „Verteidiger der Indianer", Fray Bartolomé de Las Casas, an die spanische Krone appellierte, für eine humanere Behandlung zu sorgen. 1542 wurden die *encomiendas* abgeschafft. Für die unglücklichen Taíno war es allerdings zu spät: Wer sich nicht in den Goldminen zu Tode geschuftet hatte, fiel tödlichen europäischen Krankheiten wie den Pocken zum Opfer. 1550 gab es nur noch etwa 5000 Überlebende im ganzen Land.

Die Unabhängigkeitskriege

Die Spanier regierten ihre größte karibische Kolonie, auf der das Sklavensystem fest etabliert war, die nächsten 200 Jahre lang mit eiserner Hand – Ausnahme war eine kurze Zeit unter britischer Besatzung 1792. Die kreolischen Landbesitzer auf Kuba hielten sich zurück, als das restliche Lateinamerika in den 1810er- und 1820er-Jahren gegen Spanien zu den Waffen griff, weil sie fürchteten, dass sich die brutale Sklaven-

US-Präsidenten, die Kuba kaufen wollten

1808 – Thomas Jefferson (unbekannter Geldbetrag)

1848 – James Polk (100 Mio. US$)

1854 – Franklin Pierce (130 Mio. US$)

1898 – William McKinley (300 Mio. $)

1522	**1555**	**1607**	**1741**
Ankunft der ersten afrikanischen Sklaven; die Zeit der Sklavenhaltung wird noch 350 Jahre andauern und die kubanische Kultur nachhaltig beeinflussen.	Das Zeitalter der Piratenüberfälle beginnt. Der französische Freibeuter Jacques de Sores brennt Havanna nieder; die Spanier schützen Kuba mit Hilfe mächtiger Festungen.	Havanna wird zur Hauptstadt des Landes. Hier versammelt sich alljährlich die spanische Karibik-Flotte, die das Silber aus Peru und das Gold aus Mexiko abtransportieren.	Ein britisches Marinegeschwader unter Admiral Edward Vernon besetzt die Bucht von Guantánamo, muss aber nach einer Gelbfieberepidemie aufgeben.

rebellion in Haiti von 1791 wiederholen könnte. Und so fanden die Unabhängigkeitskriege Kubas erst statt, nachdem der Rest Lateinamerikas sich schon mehr als ein halbes Jahrhundert zuvor von Spanien losgesagt hatte. Doch als sie schließlich ausbrachen, waren sie nicht weniger leidenschaftlich – und nicht weniger blutig.

Der erste Unabhängigkeitskrieg

In den späten 1860er-Jahren wurden die *criollos* (in Amerika geborene Spanier) Spaniens reaktionärer Kolonialpolitik immer überdrüssiger. Neidvoll betrachteten sie den neuen amerikanischen Traum, den Lincoln im Norden verwirklichen wollte. Die Großgrundbesitzer in der Gegend um Bayamo planten eine Rebellion. Am 10. Oktober 1868 war es dann so weit: Carlos Manuel de Céspedes, angehender Dichter, Rechtsanwalt und Besitzer einer Zuckerplantage, rief von seiner Zuckermühle Demajagua in der Nähe von Manzanillo im Oriente zum Aufstand auf. Er forderte die Abschaffung der Sklaverei, ließ als Vorbild seine eigenen Sklaven frei und stieß den berühmten *Grito de Yara* aus: den Schrei nach Freiheit und einem unabhängigen Kuba. Andere enttäuschte Separatisten schlossen sich ihm an. Für die Kolonialverwaltung in Havanna war dieser kühne und gewagte Versuch, die Kontrolle zu übernehmen, gleichbedeutend mit Verrat. Entsprechend verhielten sich die entsetzten Spanier.

Zum Glück für die nur lose organisierten Rebellen hatte der schlaue Céspedes seine militärischen Hausaufgaben gemacht. Innerhalb weniger Wochen nach dem *Grito de Yara* war der kleine Rechtsanwalt General, hatte eine Armee von 1500 Mann ausgehoben, marschierte nach Bayamo und nahm die Stadt in wenigen Tagen ein. Doch nach dem anfänglichen Erfolg blieb das Unternehmen bald stecken. Die taktische Entscheidung, Westkuba nicht anzugreifen, sowie eine Allianz zwischen den *peninsulares* (Spanier, die in Spanien geboren waren, aber in Kuba lebten) und den Spaniern brachten Céspedes bald ins Hintertreffen. Zeitweise erhielt er Unterstützung von General Antonio Maceo, einem Mulatten und ebenso harten wie kompromisslosen Santiagüero mit dem Spitznamen „Bronzetitan", den er sich bei mehreren Gelegenheiten durch seine Todesverachtung erworben hatte. Hilfe kam auch von dem ebenso furchterregenden Dominikaner Máximo Gómez. Doch obwohl es den Rebellen gelang, die Wirtschaft empfindlich zu beeinträchtigen und die Zuckerernte immer wieder zu zerstören, so fehlte ihnen ein dynamischer politischer Führer, dem es gelungen wäre, sie hinter einer einzigen ideologischen Fahne zu vereinigen.

Nach dem Tod von Céspedes in der Schlacht von 1874 zog sich der Krieg noch weitere vier Jahre hin. Die kubanische Wirtschaft lag in Trümmern, 200 000 Kubaner und 80 000 Spanier waren tot. Schließlich wurde im Februar 1878 in El Zanjón ein wirkungsloses Abkommen zwi-

Helden der Unabhängigkeitskriege

Carlos Manuel de Céspedes (1819–1874)

Máximo Gómez (1836–1905)

Calixto García (1839–1898)

Ignacio Agramonte (1841–1873)

Antonio Maceo (1845–1896)

1762	1791	1808	1850
Im Siebenjährigen Krieg schlägt sich Spanien auf die Seite der Franzosen, woraufhin die Briten Havanna überfallen. Die Briten halten Kuba elf Monate lang besetzt und tauschen es 1763 gegen Florida ein.	Ein blutiger Sklavenaufstand in Haiti zwingt Tausende weiße französische Pflanzer zur Flucht nach Kuba. Dort gründen sie die ersten Kaffeeplantagen der Neuen Welt.	In Vorwegnahme der Monroe-Doktrin erklärt US-Präsident Thomas Jefferson, Kuba sei „die interessanteste Ergänzung für unsere Staaten"; das Interesse der USA an Kuba hält 200 Jahre an.	Beim erfolglosen Versuch, die Kolonie von Spanien zu „befreien", hisst der venezolanische Filibuster Narciso López in Cárdenas erstmals die kubanische Flagge.

schen den unnachgiebigen Spaniern und den erschöpften Separatisten unterschrieben: ein weitschweifiges und weitgehend wertloses Papier, das nichts löste und der Sache der Rebellen wenig einbrachte. Maceo, angewidert und enttäuscht, machte seinem Herzen im „Protest von Baragua" Luft. Aber nach einem fehlgeschlagenen Versuch, 1879 den Krieg wieder zu beginnen, gingen er und Gómez in ein langes Exil.

Der Zweite Unabhängigkeitskrieg (zwischen Spanien, Kuba und den USA)

Der rechte Mann zur rechten Zeit: José Martí, Dichter, Visionär und Intellektueller, war in den Jahren nach seinem schmachvollen US-Exil 1871 schnell zu einer patriotischen Gestalt geworden. Und das nicht nur in Kuba, sondern in ganz Lateinamerika. Während des Ersten Unabhängigkeitskrieges nahm man ihn im Alter von 16 Jahren wegen einer kleinen Unüberlegtheit in Haft. Danach entwickelte Martí im Ausland 20 Jahre lang revolutionäre Ideen – an so verschiedenen Orten wie Guatemala, Mexiko und den USA. Auch wenn er vom Geschäftssinn und Fleiß der Nordamerikaner beeindruckt war, so stieß ihn der alles verzehrende Materialismus des Landes doch auch ab. Er war entschlossen, eine praktikable kubanische Alternative zu präsentieren.

Martí widmete sich leidenschaftlich dem Widerstand, indem er für die Unabhängigkeit redete, schrieb und Petitionen einreichte. Mehr als eine Dekade lang organisierte er unermüdlich die Unabhängigkeitsbewegung. 1892 hatte sie genug Schlagkraft, um Maceo und Gómez aus dem Exil unter den Schirm der Partido Revolucionario Cubano (PRC) zu locken. Endlich hatte Kuba den richtigen Mann an der Spitze gefunden.

Nun sah Martí die Zeit für eine weitere Revolution gekommen. Im April 1895 segelten er und seine Landsleute nach Kuba. Sie landeten bei Baracoa, zwei Monate, nachdem von der PRC initiierte Aufstände die spanischen Kräfte in Havanna gebunden hatten. Sofort stellten die Rebellen eine Armee von 40 000 Mann auf die Beine, gruppierten sich neu, eilten nach Westen und griffen die Spanier am 19. Mai zum ersten Mal an einem Ort namens Dos Ríos an. Auf diesem seltsam anonymen Schlachtfeld wurde Martí bereits im ersten Kugelhagel getroffen. Er fiel, als er sich auf seinem auffällig weißen Pferd und im schwarzen Smoking (seinem Markenzeichen) den spanischen Linien selbstmörderisch entgegenwarf. Hätte er überlebt, wäre er sicher Kubas erster Präsident geworden; stattdessen wurde er zum Helden und Märtyrer, dessen Leben und Erbe Generationen von Kubaner bis heute inspirieren.

Gómez und Maceo wussten um ihre Fehler im Ersten Unabhängigkeitskrieg und stürmten nach Westen: Ihre Politik der verbrannten Erde hinterließ die Insel vom Oriente bis nach Matanzas in Flammen. Ihre frühen Siege führten schnell zu einer anhaltenden Offensive und be-

Die ersten drei kubanischen Präsidenten

....

Tomás Estrada Palma (1902–1906)

....

José Miguel Gómez (1909–1913)

....

Mario García Menocal (1913–1921)

1868	1878	1886	1892
Céspedes lässt in Manzanillo seine Sklaven frei und stößt den Grito de Yara aus, Kubas ersten Schrei nach Unabhängigkeit. Ein zehnjähriger Krieg mit Spanien beginnt.	Mit dem Abkommen von El Zanjón endet der Erste Unabhängigkeitskrieg. Der kubanische General Antonio Maceo formuliert die Protestnote von Baraguá und nimmt im darauffolgenden Jahr den Kampf wieder auf.	Nach 350 Jahren Ausbeutung und Verschleppung aus Afrika schafft Kuba als zweitletztes Land in Übersee die Sklaverei ab.	Vom Exil in den USA aus mobilisiert José Martí neue Anhänger, gründet die Revolutionäre Partei Kubas und legt das Fundament zum Widerstand gegen Spanien.

reits im Januar 1896 hatte Maceo den Durchbruch nach Pinar del Rio geschafft, während Gómez die spanischen Truppen in Havannas Nähe festhielt.

Die Spanier antworteten mit einem ebenso rücksichtslosen General namens Valeriano Weyler, der im ganzen Land Nord-Süd-Befestigungen bauen ließ, um die Bewegungen der Rebellen einzuschränken. *Guajiros* (Leute vom Land) wurden bei der *reconcentración* in Lager verschleppt, um den Widerstand im Untergrund zu brechen. Jedem Unterstützer der Rebellion wurde die Todesstrafe angedroht. Die brutalen Methoden zeigten Erfolge, und am 6. Dezember 1896 traf die Mambís (Rebellen gegen Spanien im 19. Jh.) ein weiterer schwerer Schlag: Antonio Maceo wurde südlich von Havanna beim Versuch, nach Osten durchzubrechen, getötet.

Einmischung der Amerikaner

Zu dieser Zeit befand sich Kuba in einem Zustand der Verwüstung: Tausende waren gefallen und das Land stand in Flammen. William Randolph Hearst und die US-amerikanische Boulevardpresse führten eine hysterische Kriegs-Kampagne mit aufgebauschten und häufig falschen Berichten über angebliche spanische Gräueltaten.

Man bereitete sich auf das vermeintlich Schlimmste vor. Im Januar 1898 wurde das US-Schlachtschiff *Maine* unter dem Vorwand, US-Bürger zu schützen, nach Havanna geschickt. Doch das Schiff erfüllte nie seine Bestimmung. Am 15. Februar 1898 explodierte es überraschend im Hafen von Havanna. 266 US-Seeleute kamen ums Leben. Die Spanier behaupteten, es sei ein Unfall gewesen, während die USA den Spaniern die Schuld gaben. Einige Kubaner klagten die USA an, damit einen passenden Vorwand für eine Intervention geliefert zu haben. Trotz mehrerer Untersuchungen während der Folgejahre wird die Wahrheit vermutlich immer eines der großen Geheimnisse der Geschichte bleiben, denn der Rumpf des Schiffes wurde 1911 auf hoher See versenkt.

Nach dem Debakel mit der *USS Maine* bemühten sich die USA darum, die Kontrolle zu übernehmen. Sie boten Spanien 300 Mio. US$ für Kuba; als das abgelehnt wurde, verlangten sie einen vollständigen Rückzug der Spanier von der Insel. Die lange erwartete Machtprobe zwischen den USA und Spanien endete schließlich im Krieg.

Zur einzigen bedeutsamen Landschlacht des Konfliktes kam es am 1. Juli 1898, als die US-Armee spanische Positionen auf dem Hügel von San Juan östlich von Santiago de Cuba angriff. Obwohl die Spanier stark in der Unterzahl und mit nur wenigen sowie antiquierten Waffen ausgerüstet waren, hielten sie der Belagerung tapfer über 24 Stunden stand. Erst der spätere Präsident Theodor Roosevelt überwand das Patt, indem er die berühmte Kavallerieattacke der Rough Riders den

> In den 1880er-Jahren lebten in Kuba mehr als 100 000 Chinesen, die sich überwiegend als billige Arbeitskräfte auf den Zuckerplantagen in der Region Havanna verdingten.

1895	1896	1898	1902
José Martí und Antonio Maceo kommen nach Kuba, um den Zweiten Unabhängigkeitskrieg zu beginnen. Im Mai wird Martí bei Dos Ríos getötet und avanciert schnell zum Märtyrer.	Der in seiner 40-jährigen Militärlaufbahn mehr als 20 Mal verwundete Antonio Maceo wird in Cacahual, Havanna, aus dem Hinterhalt getötet.	Nach dem Verlust der USS Maine erklären die USA Spanien den Krieg und ringen die spanischen Truppen bei Santiago nieder. Vier Jahre lang halten die USA Kuba besetzt.	Kuba erhält formell seine Unabhängigkeit von den USA und wählt Tomás Estrada Palma zum Präsidenten. In den ersten 15 Jahren der Republik greifen US-Truppen allerdings dreimal in die Entwicklung des Landes ein.

Hügel von San Juan hinaufführte. Für die Spanier war dies der Anfang vom Ende. Am 17. Juli 1898 boten sie den USA die bedingungslose Kapitulation an.

Kuba nach dem Ende der Kolonialzeit

Freiheit oder Unabhängigkeit?

Am 20. Mai 1902 wurde Kuba eine unabhängige Republik – oder jedenfalls beinahe. Denn nach drei entbehrungsreichen Jahren des Blutvergießens im Spanisch-Amerikanischen Krieg hatte man zur Unterzeichnung des historischen Friedensabkommens von Paris im Jahr 1898 keinen einzigen kubanischen Vertreter eingeladen. Dementsprechend erhielt Kuba dort seine Unabhängigkeit auch nur mit Einschränkungen. Diese Einschränkungen wurden im berüchtigten Platt-Amendment festgehalten, einem hinterhältigen Zusatz zu einem US-amerikanischen Militärgesetz von 1901. Darin erhielt die US-Armee das Recht, militärisch auf Kuba zu intervenieren, wann immer sie das für geboten hielt. Zudem nutzten die USA ihren beträchtlichen Einfluss, um sich eine Marinebasis in der Bucht von Guantánamo zu sichern, mit deren Hilfe sie ihre strategischen Interessen im Bereich des Panamakanals durchzusetzen gedachten. Trotz einiger Vorbehalte in den USA und heftigen Widerstands in Kuba nahm der Kongress in Washington das Platt-Amendment an, und vertragsgemäß musste es in die kubanische Verfassung von 1902 aufgenommen werden.

Die Zeit unter Batista

Fulgencio Batista, ein *holguiñero* aus der Stadt Banes, trug im Kuba der 1940er- und 1950er-Jahre Verantwortung für die besten und die furchtbarsten Versuche, eine Art rudimentäre Demokratie zu errichten. Nach einem Militärputsch 1933 geriet er beinahe durch Zufall in eine einflussreiche Position. Schritt für Schritt nutzte er anschließend das politische Vakuum, das die korrupten Lager einer sich auflösenden Regierung hinterlassen hatten, für seine eigenen Zwecke. Seit 1934 diente er als Generalstabschef, und bei der relativ freien und fairen Wahl von 1940 wählten die Kubaner ihn zu ihrem Präsidenten.

In diesem Amt setzte Batista erfolgreich eine Reihe von Sozialreformen durch, und er ließ die bis zum heutigen Tage liberalste und demokratischste Verfassung ausarbeiten, die es in Kuba je gegeben hat. Doch weder die demokratisch-liberale Verfassung noch Batistas damalige Haltung waren von Dauer. Nach der Wahl von 1944 übergab die ehemalige Offizier die Macht an den ungeeigneten Präsidenten Ramón Grau San Martín, und schon bald herrschten wieder Korruption und Ineffizienz im Lande.

Che Guevara – der Familienname seines Vaters war Guevara Lynch – konnte seine keltischen Wurzeln bis zu einem gewissen Patrick Lynch zurückverfolgen, der 1715 in Galway/Irland zur Welt kam und 1749 über Bilbao nach Buenos Aires auswanderte.

1920	1925	1933	1940
Da die Weltmarktpreise für Zucker nach dem Ersten Weltkrieg stark anziehen, häufen viele Kubaner rasch große Vermögen an. Es dauert allerdings nicht lange bis zum wirtschaftlichen Zusammenbruch.	Gerardo Machado wird zum Präsidenten gewählt und beginnt ein umfangreiches Programm öffentlicher Bauten. Doch seine achtjährige Herrschaft wird zunehmend despotischer.	Ein Militärputsch gegen den Diktator Machado läutet eine Revolution ein und bringt Fulgencio Batista an die Macht.	Kuba nimmt die Verfassung von 1940 an, die als eines der progressivsten Dokumente ihrer Zeit gilt. Sie garantiert das Recht auf Arbeit, Eigentum, Mindestlohn, Bildung und Sozialfürsorge.

MENSCHENRECHTE

Die Frage der Menschenrechte bildete lange Zeit die Achillesferse der kubanischen Revolution. In dieser scharf kontrollierten, politisch paranoiden Gesellschaft gilt jede Kritik an der Regierung als schweres und streng bestraftes Verbrechen. Kritik führt mindestens zum Verlust des Jobs, zu kleinlichen Schikanen und sozialer Ausgrenzung – wenn nicht sogar auf direktem Weg ins Gefängnis.

Die Castro-Ära begann unter schlechten Vorzeichen, als im Januar 1959 die Revolutionsregierung – unter leitender Mitwirkung von Che Guevara – die Top-Komplizen von Batista zusammentrieb und in Havanna in der Festung La Cabaña hinrichtete, ohne einen Anwalt auch nur in die Nähe zu lassen. Nach wenigen Monaten war die kubanische Presse mundtot gemacht und besorgte Beobachter in den USA wurden lautstark diffamiert.

In all den Jahren seither hat Kuba, was die Menschenrechte angeht, auf sämtlichen weltweit aufgestellten Listen schlecht abgeschnitten; die zwei führenden Menschenrechtsorganisationen, Amnesty International und Human Rights Watch, kritisierten die Regierung immer wieder, weil sie der Bevölkerung das Recht auf Versammlungs- und Meinungsfreiheit sowie andere Grundrechte verweigert.

Das internationale Image Kubas litt 2003 im „Schwarzen Frühling" weiteren Schaden, als die Regierung 75 Dissidenten vor Gericht stellte und als angebliche US-Agenten zu langjährigen Haftstrafen verurteilte. Nach einem internationalen Aufschrei wurden alle Dissidenten schließlich entlassen, der letzte im Jahr 2011. Trotz Schikanen und Einschüchterungen machen die Dissidenten, darunter auch friedliche Protestierende wie die „Damen in Weiß", weiter.

Anhänger von Kuba rechtfertigen die angeblichen Menschenrechtsverletzungen oft mit Argumenten im Stil von „Wie du mir, so ich dir". Als die USA die Inhaftierung des amerikanischen Bauunternehmers Alan Gross 2011 in Frage stellte, verwies man auf die „Cuban Five" (fünf Kubaner, die in den USA wegen ähnlich fadenscheiniger Spionagevorwürfe einsitzen). Gross und die „Cuban Five" wurden schließlich im Rahmen eines Gefangenenaustauschs im Dezember 2014 freigelassen.

In den letzten Jahren sind noch andere Verbesserungen zu verzeichnen. Die Verfolgung Homosexueller, die früher in allen Gesellschaftsschichten verbreitet war, gehört größtenteils der Vergangenheit an. Auch Verfolgung aufgrund der Religionszugehörigkeit gibt es nur noch in seltenen Fällen. Die Meinungs- und Pressefreiheit sind hingegen weiterhin frustrierend stark eingeschränkt, wobei es im Internetzeitalter diverse bekannte Blogger – allen voran Yoani Sánchez – geschafft haben, ein internationales Publikum zu erreichen.

Funke der Revolution

Überzeugt von seiner anfänglichen Beliebtheit und gleichzeitig begierig nach finanziellen Vorteilen, arrangierte Batista sich mit der amerikanischen Mafia, der er freien Zugang zum kubanischen Markt zusicherte.

1952	1953	1956	1958
Batista übernimmt nach einem unblutigen Militärputsch erneut die Macht; er untersagt die vorgesehenen Wahlen, bei denen auch ein ehrgeiziger junger Rechtsanwalt namens Fidel Castro kandidieren wollte.	Fidel Castro führt eine Gruppe von Aufständischen bei einem – gescheiterten – Angriff auf die Moncada-Kaserne von Santiago. Beim anschließenden Prozess präsentiert er seine politischen Pläne.	Mit Castro und 81 Rebellen an Bord legt die Jacht *Granma* im östlichen Kuba an. Bis auf zwölf Mann werden alle Kämpfer von der kubanischen Armee getötet. In der Sierra Maestra formiert sich die Gruppe aufs Neue.	Che Guevara gelingt ein Anschlag auf einen gepanzerten Zug in Santa Clara, ein militärischer Sieg, der Batista schließlich zur Aufgabe zwingt. Die Rebellen marschieren triumphierend in Havanna ein.

Dann arbeitete er an seinem Comeback: Am 10. März 1952, drei Monate vor der nächsten regulären Wahl, bei der seine Aussichten schlecht standen, putschte das Militär unter seiner Führung. Zwar kam es zu heftigen Protesten der kubanischen Opposition, doch die US-Regierung erkannte die Putschisten nach nur zwei Wochen als legitime Regierung an. Rasch hob Batista eine Reihe verfassungsmäßiger Rechte auf, darunter zum Beispiel das Streikrecht – der „zweite Batista", so wurde schnell klar, hatte nur noch wenig Ähnlichkeit mit dem ehemaligen Präsidenten gleichen Namens.

Nach Batistas Coup bildete sich in Havanna ein revolutionärer Zirkel um die charismatische Figur von Fidel Castro. Der gelernte Rechtsanwalt und begnadete Redner wäre bei den verhinderten Wahlen von 1952 ein Kandidat gewesen. Unterstützt von seinem jüngeren Bruder Raúl und intellektuell verstärkt durch seinen zuverlässigen Helfer Abel Santamaría (der später von den Schergen Batistas zu Tode gefoltert wurde) sah Castro keine andere Alternative, als Kuba mit Gewalt von seinem Diktator zu befreien. Mit nur wenigen Getreuen, aber entschlossen, ein politisches Zeichen zu setzen, führte Castro am 26. Juli 1953 119 Rebellen zum Angriff auf die strategisch bedeutsame Moncada-Kaserne in Santiago de Cuba. Der gewagte, aber schlecht organisierte Überfall scheiterte dramatisch, als der Fahrer der Rebellen (der aus Havanna stammte) in Santiagos schlecht ausgeschilderten Straßen die falsche Abzweigung nahm und Alarm auslöste.

Getäuscht, geschlagen und hoffnungslos in der Unterzahl wurden 64 der Moncada-Verschwörer von Batistas Armee gefangen genommen, brutal gefoltert und exekutiert. Castro und ein paar anderen gelang es, in die nahen Berge zu fliehen. Dort fand sie ein paar Tage später ein mit ihnen sympathisierender Leutnant namens Sarría, der den Auftrag hatte, sie zu töten. „Schießt nicht, Ideen tötet man nicht!", soll Sarría angeblich seinen Soldaten zugerufen haben, als er Castro und seine erschöpften Mitstreiter fand. Dass er ihn ins Gefängnis brachte, anstatt ihn umzubringen, beendete zwar die militärische Karriere Sarrías, aber es rettete Fidels Leben. (Eine der ersten Amtshandlungen Fidels nach dem Sieg der Revolution war es, Sarría aus dem Gefängnis zu befreien und ihm einen Offiziersposten in der Revolutionsarmee zu geben.) Bald verbreitete sich die Nachricht von Castros Gefangennahme im ganzen Land, und er wurde mit erheblichem Medienrummel vor Gericht gestellt. Als ausgebildeter Anwalt verteidigte sich Fidel Castro vor Gericht selbst. Er schrieb dazu eine meisterhaft vorgetragene Rede, die er später zu einem umfassenden politischen Manifest mit dem Titel *Die Geschichte wird mich freisprechen* umarbeitete. Angesichts dieser Legitimation und unterstützt durch eine überall im Land wachsende Unruhe dem alten Regime gegenüber, wurde Castro zu 15 Jahren Gefängnis auf der Isla de

Das Buch *How the Battleship Maine Was Destroyed* (1976) kommt zu dem Schluss, dass die Explosion der *Maine* im Hafen von Havanna im Jahre 1898 durch eine spontane Verbrennung von Kohle im Bunker des Schiffes verursacht worden sei.

1959	1960	1961	1962
Castro wird in Havanna jubelnd empfangen. Die neue Regierung verabschiedet die historische Erste Landreform. Die Spuren von Camilo Cienfuegos' Flugzeug verlieren sich vor der Küste Camagüeys.	Fidel Castro verstaatlicht auf der Insel das US-Unternehmenseigentum, was die USA veranlasst, die Zuckereinfuhr aus Kuba zu stornieren. Castro verkauft den Zucker dann sofort an die Sowjetunion.	Kubanische Söldner versuchen mit Unterstützung der USA erfolglos eine Invasion in der Schweinebucht. Die USA erklären ein Handelsembargo. Kuba unternimmt eine sehr erfolgreiche Alphabetisierungskampagne.	Die Entdeckung sowjetischer Atomraketen in Kuba löst die sogenannte Kubakrise aus und bringt die Welt an den Rand eines Nuklearkriegs.

Pinos (der frühere Name für die Isla de la Juventud) verurteilt. Kuba war auf dem Weg, einen neuen Nationalhelden zu bekommen.

Im Februar 1955 wurde Batista in Wahlen, die allgemein als gefälscht angesehen wurden, erneut zum Präsidenten gewählt. Um sich bei der wachsenden inneren Opposition einzuschmeicheln, stimmte er einer Amnestie für alle politischen Gefangenen einschließlich Castros zu. Dieser erriet Batistas Absicht, ihn umbringen zu lassen, sobald er aus dem Gefängnis heraus wäre. Er floh nach Mexiko und überließ es dem baptistischen Lehrer Frank País, die gerade flügge gewordene Widerstandsbewegung zu organisieren. Die Veteranen des Angriffs auf die Moncada-Kaserne hatten sie „Bewegung des 26. Juli" (M-26-7) getauft.

Die Revolution

Im mexikanischen Exil heckten Fidel und seine Landsleute neue Pläne aus und gewannen für ihre Sache Schlüsselfiguren wie Camilo Cienfuegos sowie den argentinischen Arzt Ernesto „Che" Guevara hinzu. Beide brachten der entstehenden Armee unzufriedener Rebellen Kraft und Glanz. Auf der Flucht vor der mexikanischen Polizei und entschlossen, rechtzeitig zu dem Aufstand einzutreffen, den Frank País für den späten November 1956 in Santiago de Cuba plante, schifften sich Castro und 81 Gefährten am 25. November auf der alten und überladenen Jacht *Granma* Richtung Kuba ein. Nach sieben entsetzlichen Tagen auf See erreichten sie am 2. Dezember, zwei Tage zu spät, die Playa Las Coloradas bei Niquero im Oriente. Nach einer katastrophalen Landung – „Es war keine Landung, es war ein Schiffbruch" bemerkte Che Guevara später sarkastisch – wurden sie entdeckt und von Batistas Soldaten drei Tage später in einem Zuckerfeld bei Alegrá de Pío vernichtend geschlagen.

Nur zwölf von 82 Rebellen konnten entkommen. Die Überlebenden spalteten sich in drei kleine Gruppen auf und wanderten verwundet, halb verhungert und in dem Glauben, alle anderen seien beim anfänglichen Gefecht getötet worden, tagelang umher. „Zu einem bestimmten Zeitpunkt war ich Oberbefehlshaber über mich und zwei andere Leute", bemerkte Fidel Jahre später dazu. Doch mit Hilfe örtlicher Bauern gelang es den Soldaten, sich zwei Wochen später in Cinco Palmas, einer Lichtung im Schatten der Sierra Maestra, wieder zu vereinigen. Fidel hielt (halb im Wahn) eine aufrüttelnde und etwas verfrühte Siegesrede: „Wir werden diesen Krieg gewinnen", verkündete er zuversichtlich. „Der Kampf hat gerade erst begonnen!"

Am 17. Januar 1957 errangen die Guerillas einen wichtigen Sieg, als sie einen kleinen Armeeposten namens La Plata an der Südküste in der Provinz Granma einnahmen. Damit leiteten sie ihr Comeback ein. Im Februar landete Fidel einen vernichtenden Propagandacoup. Er überredete den Journalisten Herbert Matthews von der *New York Times* dazu, hin-

Castros Regierung erließ in seinem ersten Amtsjahr (1959) über 1000 Gesetze, darunter eine Senkung der Mieten und der Stromkosten, die Abschaffung der Rassendiskriminierung und die erste Agrarreform.

1967	**1968**	**1970**	**1976**
Che Guevara wird nach einem zehnmonatigen Guerillakrieg in Boliviens Bergen gestellt und im Beisein von CIA-Beobachtern exekutiert.	Im Rahmen sozialistischer Reformen verstaatlicht die kubanische Regierung 58 000 Kleinunternehmen. Die Regierung übt eine strikte Kontrolle aus.	Castro gibt als Ziel eine Zuckerrohrernte von 10 Mio. Tonnen vor. Der Plan scheitert jedoch, und Kuba löst sich aus der Abhängigkeit von der ausschließlichen Zuckerproduktion.	Terroristen verüben in Barbados einen Bombenanschlag auf ein kubanisches Flugzeug, bei dem alle 73 Passagiere ums Leben kommen. Die Spuren führen zu Anti-Castro-Aktivisten mit CIA-Vergangenheit.

DIE SONDERPERIODE

Nach dem Untergang der Sowjetunion 1991 ging es mit der kubanischen Wirtschaft, die seit den 1960er-Jahren auf sowjetische Unterstützung vertraute, sichtlich bergab. Nahezu über Nacht schlossen die Hälfte aller Fabriken des Landes, der Transportsektor kam zum Stillstand und die nationale Wirtschaft schrumpfte um 60 %.

Fidel Castro war entschlossen, die Revolution mit allen Mitteln zu verteidigen, und erklärte, dass Kuba in eine „Sonderperiode in einer Zeit des Friedens" (período especial) eintrat – verbunden mit einem Maßnahmenpaket von extremer Härte, das zu weit verbreiteten Rationierungen und akuter Knappheit im täglichen Leben führte. Es war eine nie zuvor dagewesene Trendwende, die sich bald in allen Schichten der Gesellschaft bemerkba machte. Quasi über Nacht mussten Kubaner, die ein Jahr zuvor noch relativ wohlhabend schienen, ums Überleben kämpfen.

Die Art und Weise, wie normale Kubaner durch die dunkelsten Tage der Sonderperiode kamen, sind so bemerkenswert wie schockierend. In drei schrecklichen Jahren verlor der durchschnittliche Kubaner ein Drittel seines Körpergewichts und Fleisch war fast vollständig vom Speiseplan gestrichen. Reste dieser allgemeinen Reduzierungen aus der Sonderperiode sind noch heute im kubanischen Leben zu beobachten.

Die schlimmsten Jahre der Sonderperiode waren zwischen 1991 und 1994, obwohl die Erholung nur langsam vorangig und wirklicher Fortschritt erst kam, als Kuba in den frühen 2000er-Jahren engere Verbindungen mit Venezuela (einem Öllieferanten) einging.

auf in die Sierra Maestra zu kommen und ihn zu interviewen. Der Artikel machte Castro international bekannt und trug ihm bei liberalen Amerikanern viel Sympathie ein. Er war aber keineswegs der einzige Kämpfer gegen Batista. Am 13. Mai 1957 griffen Studenten der Universität, geführt von José Antonio Echeverría, den Präsidentenpalast in Havanna an. Doch der Versuch, den Diktator zu töten, scheiterte. 32 der Angreifer wurden auf der Flucht erschossen, die Vergeltungsmaßnahmen führten auf den Straßen Havannas zu neuen Exzessen. Kuba wandelte sich immer schneller zu einem Polizeistaat, der von militärisch ausgebildeten Verbrechern geführt wurde.

Auch anderswo kam es zu leidenschaftlichen Aktionen. Im September 1957 organisierten Marineoffiziere in der normalerweise ruhigen Stadt Cienfuegos einen bewaffneten Aufstand und begannen, Waffen an die unzufriedene Bevölkerung zu verteilen. Nach erbitterten Kämpfen wurde der Aufstand brutal niedergeschlagen. Die Anführer wurden gefangen genommen und umgebracht. Für die Revolutionäre hatte der Aufstand dennoch eines gezeigt: Batistas Tage waren gezählt.

Im Mai überrumpelten Fidels Rebellen in der Sierra 53 Soldaten auf einem Armeeposten in El Uvero und verschafften sich dadurch weiteren

1980	1988	1991	1993
Fidel Castro öffnet den Hafen von Mariel. Innerhalb eines halben Jahres flüchten 125 000 Kubaner von dort aus auf Booten in die USA.	In der Schlacht von Cuito Cuanavale in Angola, in der die Armee des weißen Südafrika eine schwere Niederlage erleidet, spielen kubanische Truppen eine entscheidende Rolle.	Die Sowjetunion löst sich auf und Kuba gerät in die schwerste Wirtschaftskrise seiner jüngeren Geschichte. Castro spricht von einer „Sonderperiode in Friedenszeiten".	Kuba unternimmt Maßnahmen gegen sein wirtschaftliches Koma, legalisiert den USA-Dollar, öffnet die Grenzen für den Tourismus und erlaubt eingeschränkte Formen von Privatunternehmen.

dringend benötigten Nachschub. Die Bewegung schien immer mehr an Kraft zu gewinnen. Zwar wurde Frank País im Juli von einem Killer-kommando der Regierung in Santiago de Cuba umgebracht, doch im ganzen Land wuchsen Unterstützung und Sympathie für die Rebellen. Seit Beginn des Jahres 1958 hatte Castro ein festes Hauptquartier im Nebelwald der Sierra Maestra eingerichtet, das er „La Plata" nannte. Von dort sendete Radio Rebelde (auf 710 AM und 96,7 FM) seine Propaganda-botschaften. Das Blatt begann sich zu wenden.

Batista spürte, dass seine Popularität sank, und schickte im Mai 1958 10 000 Mann in die Sierra Maestra auf eine Mission, die als Plan FF *(Fin de Fidel* oder „Ende von Fidel")* bekannt wurde. Seine Absicht: Castro und dessen gestreute Gruppe treuer Guerilleros, die inzwischen zu einer soliden Kampftruppe von 300 Mann angewachsen war, zu liquidieren. Diese Offensive wurde so etwas wie der Wendepunkt. Denn es gelang den Re-bellen mit Hilfe der örtlichen *campesinos,* Schritt für Schritt den Angriff von Batistas junger und undisziplinierter Armee aus Wehrpflichtigen zu stoppen. Da der immer maßloser werdende Terror ihres einstigen kuba-nischen Alliierten die Amerikaner zunehmend befremdete, sah Castro die Gelegenheit, von der Defensive in die Offensive überzugehen. Ge-meinsam mit acht führenden Oppositionsgruppen unterzeichnete er das Abkommen von Caracas, in dem die USA aufgefordert wurden, jede Hilfe für Batista einzustellen. Che Guevara und Camilo Cienfuegos wurden sofort in die Sierra del Escambray geschickt, um neue Fronten im Westen zu eröffnen. Im Dezember stellte Cienfuegos die Truppen in Yaguajay (die Garnison ergab sich schließlich nach elftägiger Belagerung) und Che Guevara rückte auf Santa Clara vor. Das Ende war in Sicht. Es blieb Che überlassen, den endgültigen Triumph zu besiegeln. Er wandte dabei die klassische Guerillataktik an, ließ in Santa Clara einen gepanzerten Zug entgleisen und teilte das ohnehin weitgehend zerschlagene Kommuni-kationssystem in zwei Teile. Am Neujahrsabend 1958 jubelte das ganze Land; Che und Camilo zogen ungehindert nach Havanna.

In den frühen Morgenstunden des 1. Januar 1959 floh Batista mit einem Privatflugzeug in die Dominikanische Republik. Fidel trat zur selben Zeit in Santiago an die Öffentlichkeit und hielt vom Rathaus im Parque Céspedes eine flammende Rede, bevor er in einen Geländewagen sprang und in einem cäsarenähnlichen Triumphzug durch das gesamte Land nach Havanna reiste. Die Revolution hatte anscheinend gesiegt.

Die Wirklichkeit im nachrevolutionären Kuba

Kubas Geschichte seit der Revolution ähnelt einem Kampf Davids gegen Goliath: Immer wieder kam es zu Konflikten, die Rhetorik des Kalten Krieges entlud sich in gegenseitigen Beschuldigungen, und über allem Geschehen schwebt drohend das Handelsembargo der USA, das elf

Im Dezember 1946 veranstal-tete die Mafia in Havanna das größte Treffen aller Zeiten der US-amerikani-schen Mafiosi im Hotel Naci-onal unter dem Vorwand, dass sie dort ein Konzert von Frank Sinatra besuchen wollten.

1996	2002	2003	2006
Kubanische Jets schie-ßen Flugzeuge von Exilkubanern ab, was US-Präsident Bill Clin-ton zur Unterzeichnung des Helms-Burton-Ge-setzes veranlasst, das eine Verschärfung des US-Embargos zur Folge hat.	Die Hälfte aller kuba-nischen Zuckerraffine-rien wird geschlossen; Zucker verliert seine Vorrangstellung in der Landwirtschaft. Ent-lassene Zuckerarbeiter werden weiter bezahlt und können sich umschulen lassen.	Bushs Regierung schränkt die Reiseer-laubnis für US-Bürger nach Kuba noch weiter ein. Kubas Obrigkeiten lassen landesweit viele politische Dissidenten festnehmen.	Kurz vor seinem 80. Geburtstag zwingt eine Darmerkrankung Fidel Castro zum Rückzug aus der Ta-gespolitik. Sein Bruder Raúl vertritt ihn.

DIE USA & KUBA

Was passiert als Nächstes? Aufmerksame Kubabeobachter spekulieren weiter über die Zukunft der Beziehungen zwischen den USA und Kuba, nachdem nach dem Tode Fidel Castros erste entspannende Schritte seitens der USA unternommen wurden, um die Beziehungen wieder aufzunehmen.

Trotz der nur 90 Meilen vor der Küste Floridas bleibt Kuba in den Augen der meisten Amerikaner eins der letzten Reisegeheimnisse. Seit 1963, als die US-amerikanische Regierung quasi ein Reiseverbot erließ, waren Besuche von US-Bürgern in Kuba immer problematisch . Während die Obama-Administration die Türen erheblich geöffnet hat, ist unter der strikteren Regierung Trumps alles möglich: Die Beziehungen können weiter auftauen oder eben nicht.

Druck auf das Embargo

Während die USA die Reise- und Handelbeschränkungen mit Kuba unter Obama gelockert haben, muss der US-Kongress der Aufhebung des Embargos, das auf Spanisch *el bloqueo* genannt wird, noch zustimmen. Umfragen in den USA legen nahe, dass die Mehrheit der Amerikaner gegen das US-Embargo ist. Die UN-Vollversammlung stimmt jedes Jahr erneut gegen das US-Embargo. Die neueste UN-Abstimmung aus dem Jahre 2016 war mit einer Mehrheit von 188 Stimmen dagegen, allerdings waren die USA und Israel gegen eine Aufhebung.

Der kubanisch-amerikanische Traum

Im Moment gibt es mehr Wirtschaftsflüchtlinge als ältere, aus politischen Gründen im US-amerikanischen Exil lebende Kubaner. Daher wettert eine kleine Mehrheit der kubanischen Amerikaner heute weniger lautstark gegen Castro und spricht sich mehr für die Beendigung des Embargos aus, das Castro unbeabsichtigt an der Macht hielt. Nach 50 Jahren Zank und Streit bleiben die Kubaner und ihre im Exil lebenden Landsleute ein geteiltes Volk. Welche Rolle könnten die Exilkubaner in einer neuen kubanischen Regierung spielen? Wie sehr stehen sie unter dem Einfluss der Amerikaner? Und würde Kuba ihnen etwas zurückgeben für den Besitz und die Güter, die es ihnen 1960 nahm?

In die USA auszuwandern ist heute schwieriger denn je. Als eine seiner letzten Amtshandlungen beendete Präsident Obama die sogenannte „Wet-foot-dry-foot-Politik", die allen kubanischen Einwanderern die Möglichkeit einer amerikanischen Staatsbürgerschaft garantierte.

US-Präsidenten und zwei kubanische Regierungschefs überdauert hat. In den ersten 30 Jahren war Kuba ein treuer Verbündeter der Sowjetunion, denn die USA bemühten sich auf jede nur denkbare Weise, den Gegner Fidel Castro zu Fall zu bringen: mit einer – komplett verpfuschten – Invasion, mehr als 600 versuchten Anschlägen und einer der längsten Wirtschaftsblockaden der jüngeren Geschichte.

2008	2009	2011	2014
Raúl Castro wird als Präsident vereidigt und startet sein erstes Reformpaket, das es Kubanern gestattet, sich in Touristenhotels aufzuhalten sowie Handys und andere elektronische Geräte zu kaufen.	Die Wahl von Barack Obama zum Präsidenten der USA führt zu einer Verbesserung der Beziehungen zwischen beiden Ländern. Obama lockert Reisebeschränkungen für Amerikaner kubanischer Herkunft.	Raúl Castro verkündet, dass die Regierung eine halbe Million Stellen im staatlichen Sektor streichen und 175 lizenzierte Betriebe der Privatwirtschaft zulassen werde.	Im Anschluss an einen Gefangenenaustausch verkündet US-Präsident Barack Obama die Wiederaufnahme diplomatischer Beziehungen sowie weitere Maßnahmen, darunter Hilfe bei der Telekommunikation.

Als die Sowjetunion ab 1989 zerfiel, stand Kuba ganz allein hinter seinem trotzigen Führer, der entgegen allen Prophezeiungen sogar ein Jahrzehnt der Mangelwirtschaft, die sogenannte Sonderperiode, überstand. Das Bruttoinlandsprodukt sank in dieser Zeit um die Hälfte, jede Spur von Luxus löste sich in Luft auf, und die Bevölkerung gewöhnte sich wieder an Opfer und Rationierungen, wie man sie sonst nur aus Kriegszeiten kennt. Immerhin aber war Kuba nun zum ersten Mal in seiner Geschichte ganz auf sich allein gestellt und frei von ausländischen Einflüssen.

Raúl Castro betritt die politische Bühne

Im Juli 2006 passierte das Unvorstellbare: Fidel Castro – der nicht in Amt und Würden verstarb und so den Weg für eine kapitalistische Neuöffnung des Landes unter der Führung der USA ebnete (wie lange vorhergesagt) – trat von einem Tag auf den anderen aufgrund seines schlechten Gesundheitszustands zurück und übergab die Macht seinem jüngeren Bruder Raúl (geb. 1931). Da er das höchste Amt des Landes in just jenem Moment übernahm, als der Gipfelpunkt einer weltweiten Wirtschaftskrise erreicht war, leitete Raúl Castro langsam diverse Reformen ein. Sie begannen eher bescheiden, als es dann den Kubanern gestattet wurde, sich in Touristenhotels aufzuhalten und Handys sowie allerlei andere elektronische Geräte zu kaufen – Rechte, die in den meisten demokratischen Ländern als Selbstverständlichkeit gelten, für den Durchschnittskubaner jedoch außer Reichweite lagen.

Auf diese Lockerungen folgten im Januar 2011 die größten wirtschaftlichen und ideologischen Umbauten, seitdem sich das Land von Batista verabschiedet hatte. Radikal neue Gesetze führten zur Entlassung von einer halben Million Staatsangestellter und versuchten, die Privatwirtschaft anzukurbeln, indem 178 staatlich anerkannten Berufen Geschäftslizenzen bewilligt wurden – vom Friseur bis zum Wiederauffüller von Einwegfeuerzeugen.

Im Oktober 2011 wurde der Autoverkauf legalisiert, und die Kubaner bekamen nach 50 Jahren zudem erstmals das Recht, ein Eigenheim zu erwerben oder zu verkaufen. Ende 2012 wurde auch die Reisefreiheit gesetzlich festgeschrieben, die es Kubanern von da an gestattete, nach Belieben ins Ausland zu fahren – ein Grundrecht, in dessen Genuss seit 1961 nur wenige Begünstigte gekommen waren.

Bis zum Jahr 2013 hatte Kuba die dramatischste wirtschaftliche Veränderung seit Jahrzehnten vollzogen – an die 400 000 Personen waren in der Privatwirtschaft tätig, genau gesagt 250 000 mehr als noch im Jahr 2010. Vom Kapitalismus im westlichen Stil war das Land jedoch noch immer weit entfernt.

Von etwa einem Dutzend Männern, die die schicksalhafte Anlandung der *Granma* im Dezember 1956 überlebten, waren im Jahre 2017 nur noch zwei am Leben: Raúl Castro und Ramiro Valdés.

2015	2016	2017	2017
Papst Franziskus besucht zum ersten Mal Kuba und trifft dabei auch mit Fidel Castro zusammen.	Fidel Castro stirbt am 25. November 2016 im Alter von 90 Jahren. Nach einer Trauerwoche und einer Prozession über die gesamte Insel wird er in Santiago de Cuba zur letzten Ruhe gebettet.	Vor Ende seiner Amtszeit beendet US-Präsident Obama die „Wet-foot-dry-foot"-Politik, die allen kubanischen Einwanderern Asyl gewährte, was der kubanischen Regierung lange ein Dorn im Auge war.	Präsident Donald Trump widerruft Teile der Kubapolitik seines Vorgängers und begrenzt die Reisemöglichkeiten von US-Amerikanern nach Kuba auf Gruppenreisen.

Fidels Ende

Die Omnipräsenz Fidels im letzten halben Jahrhundert ließ den Mann eigentlich unbesiegbar erscheinen, aber dennoch musste Raúl Castro am 25. November 2016 verkünden, dass sein Bruder im Alter von 90 Jahren verstorben sei. Seine eingeäscherten Überreste wurden nach einer Prozession durchs ganze Land in Santiago de Cuba zur Ruhe gebettet. Die Fahrtroute sollte den Weg seines revolutionären Triumphes in umgekehrter Richtung nachzeichnen. In ganz Kuba erwiesen die Menschen an den Straßen ihrem langjährigen Führer die Ehre. Die Exilkubaner in Miami jubelten aus anderen Gründen.

Der *Observer* hielt fest, dass Fidel Castro „in seinem Tod genauso polarisierend wie im Leben" war. Seine Urne fand unter einem großen Findling mit der einfachen Inschrift „Fidel" ihre letzte Ruhestätte. Es erging die Anweisung, dass sein Bildnis nicht für Statuen oder Souvenirs verwendet und sein Name nicht für Straßen, Institutionen oder öffentliche Orte hergenommen werden sollte (vielleicht lastete die Kommerzialisierung Che Guevaras schwer auf seinen Schultern).

Dennoch war das Jahr 2016 bereits ein Jahr weiterer Veränderungen für Kuba. Im März hatte US-Präsident Barack Obama das Land besucht und bei einem Treffen mit Raúl Castro und örtlichen Unternehmern versprochen, dass es Veränderungen auf der Insel geben werde. Der Besuch war der erste eines amtierenden US-Präsidenten seit der Revolution von 1959 und gipfelte in einem Telekommunikationsabkommen, wechselseitiger Kooperation bei der Durchsetzung von Gesetzen im Bereich Umweltschutz und der Wiedereinsetzung eines regelmäßigen Flugverkehrs zwischen Kuba und den USA.

Ein neues Kapitel in der Geschichte Kubas hatte begonnen. Fidel Castro antwortete zu der Zeit mittels eines Kommentars in der *Granma*, der Zeitung der kommunistischen Partei: „Wir brauchen keine Geschenke des Imperiums."

Fidels Verkündigungen und Gedanken spielen immer noch eine Rolle und werden posthum in der *Granma* veröffentlicht.

Essen & Trinken

Bis vor Kurzem war Kuba ein Land, in dem Rationierungen die Speisekarte beherrschten. Erst in den letzten Jahren begann sich das langsam zu ändern. Die lange unterdrückten Chefköche witterten, angeregt und befähigt durch die andauernden politischen und wirtschaftlichen Reformen, ihre Chancen auf eine innovative Küche. Natürlich entsteht Kreativität gerade im Angesicht von Begrenzungen, aber es gibt keinen Zweifel, dass die kulinarische Revolution stark im Kommen ist.

Die kulinarische Revolution

Oben Lammeintopf

Señores und *señoras*, wir freuen uns, hier mitteilen zu können, dass Kuba nicht mehr die sprichwörtliche Resteküche der kulinarischen Welt ist. Diese Kehrtwende ist geradezu beispiellos und kam ganz unvorhergesehen. Die ökonomischen Reformen aus dem Jahr 2011, als die kubanische Regierung privaten Restaurants erlaubte, ihre Kapazitäten und damit das Essensangebot zu erweitern (bis zu dem Zeitpunkt waren maximal zwölf Sitzplätze zugelassen), brachten die Wende schlechthin.

Die Touristen, die einst wohlweislich die kubanischen Vor- und Hauptspeisen ausließen, um gleich zu Rum und Zigarren überzugehen, beäugen nun interessiert die mit Honig glasierten Hühnchen, liebevoll zubereitete Béchamelsoßen und neu interpretierte alte kubanische Lieblingsspeisen wie *ropa vieja* (scharfes geschnetzeltes Rindfleisch). Havanna und andere Städte stützen diese Entwicklung mit ihren vielen neuen, kreativen Privatrestaurants, die mit bisher unbekannten Zubereitungsmethoden und Zutaten experimentieren. Völlig befreit von den strengen Fesseln der Lebensmittelrationierungen aus den 1990er-Jahren, werfen kubanische Küchenchefs nun mit Wörtern um sich wie „Mischküche" und „medium", und vervollständigen ihre Speisekarten mit neuen Gerichten wie Auberginenkaviar.

Wer das erste Mal nach Kuba kommt und an die Kreativität der französischen oder die Mengen der amerikanischen Küche gewöhnt ist, findet das kubanische Essen vielleicht nicht so bemerkenswert. Wer jedoch in den frühen 2000er-Jahren zum letzten Mal in Kuba war, als alle Hähnchen noch zu kleinen Fetzen gebraten und durchweichte Käse- und Schinkensandwiches als einzige Art von Mittagessen serviert wurden, kann sich nun auf eine große und recht angenehme Überraschung gefasst machen.

> Die „heilige Dreifaltigkeit" der Cocktails besteht aus dem Mojito, dem Daiquiri und dem Cuba Libre.

500 Jahre mariniert

Die Rationierungen der 1990er-Jahre haben der kubanischen Küche keinen Gefallen getan, da die Reduzierung des Essens auf die grundlegendsten Zutaten überhaupt alles, was unter der Oberfläche einst eine reiche und erstaunlich vielfältige Esskultur war, überdeckt hat.

Die kubanische Küche ist eine kreative Mischung aus verschiedenen Häppchen, Rezepten und Zubereitungsmethoden, die seit der Zeit von Kolumbus und Velázquez von den verschiedenen Reisenden hinterlassen wurden. Man stelle sich einen brodelnden Kochtopf vor mit Zutaten aus Spanien, Afrika, Frankreich, präkolonialen Taínos und Kulturen verschiedener anderer karibischer Inseln, die man 500 Jahre lang gemischt und mariniert hat. Von den ursprünglichen Einwohnern, den Taínos, kamen einheimische Wurzelgemüsesorten, wie Yucca und Süßkartoffeln,

---

REGIONALE SPEZIALITÄTEN

➡ **Caibarién** Diese kleine Stadt in der Provinz Villa Clara ist Kubas „Hauptstadt" der Krabben.

➡ **Baracoa** Ein völlig anderes Essen als im restlichen Kuba. Zu den Spezialitäten gehören *cucurucho* (eine süße Mischung aus Honig, Kokosnuss, Guaven und Nüssen), *bacán* (Tamale mit gestampften Bananen, Krabben und Kokosnuss), *teti* (winziger Fisch, der im Río Toa heimisch ist) und *lechita* (würzige Kokosnusssoße).

➡ **Playa Larga & Zapata Peninsula** Im Süden der Provinz Matanzas werden Krokodile gezüchtet und dann in Hotels und *casas particulares* konsumiert.

➡ **Bayamo** *Ostiones* (Austern, meist in Tomatensoße) sind in der wichtigsten Stadt der Provinz Granma der Hauptsnack im Straßenverkauf.

➡ **Oriente** *Congrí* (Reis mit roten Bohnen, verschiedenen Paprikaschoten und einem großen Stück Schweinefleisch, gewürzt mit Kumin) hat seine Wurzeln in der von Afrika geprägten Kultur im Osten Kubas. Im Westen bekommt man eher *moros y cristianos* (mit schwarzen Bohnen und ohne Schweinefleisch).

➡ **Las Tunas** Geburtsstätte der *caldosa*, eines suppenähnlichen Eintopfs mit Wurzelgemüse, Hühnchen und Gewürzen.

Tamales

und Früchte wie die Guaven. Von den Spaniern kamen Schweinefleisch, Reis, Geschmack gebende Gewürze und andere Bratmethoden; aus der afrikanischen Sklavenkultur stammen Kochbananen in ihren verschiedensten Erscheinungsformen und *congrí* (Reis und Bohnen, die mit Gewürzen in einem einzigen Topf gegart werden). Mit den Inselnachbarn teilt sich Kuba den unverwechselbaren Geschmack der Karibik, wie er sich etwa im *sofrito*, einer Tomatensoße mit Zwiebeln, Pfeffer, Knoblauch, Lorbeerblatt und Kreuzkümmel, manifestiert.

Mischt man all dies zusammen, bekommt man die kubanische Küche: einfaches, herzhaftes, aber gesundes Essen, das leicht gewürzt (Kreuzkümmel und Oregano herrschen bei den Gewürzen vor), aber nicht ohne Geschmack ist. Schweinebraten, als ganzes Schwein gebraten, ist das Fleisch der Wahl, gefolgt von Hühnchen (gebacken oder gebraten) und oft mit Zitrussoßen oder Honig.

Da man in Kuba nirgends wirklich weit vom Meer entfernt ist, lieben die Kubaner jegliche Art von Fisch: Hummer, Krabben, Garnelen, *aguja* (Schwertfisch) und *pargo* (Snapper). Das Hauptnahrungsmittel ist Reis, der in der Regel entweder mit Schwarzen Bohnen (diese Mischung heißt dann *moros y cristianos)* oder Roten (diese Mischung heißt *congrí*) vermischt wird. Wurzelgemüse sind ein weiteres Standbein, die mit Kochbananen vervollständigt und auf ganz verschiedene Art und Weise zubereitet werden. Kubanische Avocados sind, wenn gerade Saison ist, überragend, und es gibt massig tropische Früchte.

Zu den Gerichten, die man unbedingt probiert haben sollte, gehören das Nationalgericht *ropa vieja* (scharfes geschnetzeltes Rindfleisch), Schweinebraten vom ganzen Schwein mit allem Pipapo, *picadillo* (Rinderhack mit Oliven und Kapern), *tostones* (doppelt frittierte oder gebratene Kochbananen) und *moros y cristianos.*

Guarapo ist purer Zuckerrohrsaft mit Eis und Zitrone. Verkauft wird er am Straßenrand an kleinen Ständen, die *guaraperos* genannt werden.

Mojito

Geschichten rund um den Rum

Die Kubaner waren Mitte des 19. Jhs. Pioniere im Bereich der Rumherstellung. Sie schafften es, das raue, unverfeinerte „Feuerwasser", das sich die Seeleute und Piraten auf dem spanischen Festland einverleibten, in den sanften, klaren „Ron Superior" zu verwandeln, der heutzutage in raffinierten Cocktails, wie *mojitos* und *daiquiris* verwendet wird. Der Mann, der hinter dieser Metamorphose steckt, war ein spanischer Einwanderer aus Katalonien namens Don Facundo Bacardí Massó (1814–1886). Don Facundos Rumfabrik in Santiago de Cuba wurde 1862 in einem von Fledermäusen befallenen Warenlager an den Docks eröffnet. Hier experimentierte er mit dem qualitativ hochwertigen Zuckerrohr der Region, um eine neue Art von abgelagertem Rum zu schaffen, der auf der Zunge schmackhaft, spritzig und fruchtig war. Dieser Rum wurde sofort populär, und der Name Bacardí wurde somit schnell zum festen Beinamen für Rum. Die Familie gehörte damit auch zu den mächtigen und einflussreichen Stimmen in der kubanischen Politik.

FRÜCHTE, HERRLICHE FRÜCHTE

Wer in einer kubanischen *casa particular* übernachtet, wird fast immer mit einem riesigen Frühstück bedient. Als ersten Gang gibt es in der Regel eine köstliche Platte mit tropischen Früchten. Die Auswahl richtet sich nach Saison und Ort, aber das klassische Angebot besteht aus einem saftigen Quintett aus Banane, Papaya, Mango, Ananas und Guave. Nur Guave und Ananas gab es schon vor der Ankunft der Spanier auf den Inseln. Bananen und Mangos stammen beide aus Asien und wurden in der Kolonialzeit nach Kuba eingeführt und konnten in dem tropischen Klima gut wachsen. Die Papaya ist ursprünglich in Südamerika beheimatet.

Dennoch stürzten die Bacardís in den frühen 1960er-Jahren schließlich unter dem Regime Castros und flohen ins Ausland. Ihren Hauptsitz verlegten sie nach Bermuda. Auch wenn es heutzutage keinen Bacardí-Rum in Kuba mehr zu kaufen gibt, produziert die alte Fabrik der Firma in Santiago noch immer den im Inland beliebten Ron Caney (den sogenannten „Rum der Revolution"), der noch in den Fässern gelagert wird, die einst von Don Facundo benutzt wurden.

Die andere berühmte Rum-Dynastie in Kuba ist der Havana Club, der 1878 von José Arechabala in Cárdenas gegründet wurde. Nach der Revolution musste die Familie Arechabala genauso wie die Barcadís aus Kuba fliehen, waren allerdings danach weniger erfolgreich: Sie konnten ihre Marke nicht halten, denn die wurde 1973 von der kubanischen Regierung übernommen. Heute entfällt 40 % des kubanischen Alkohohlmarktes auf Havana Club.

Außer der Ron-Caney-Fabrik in Santiago und dem Unternehmen Havana Club in Santa Cruz del Norte bei Havanna unterhält Kuba noch über 100 weitere Rumfabriken. Fragt man einen Einheimischen, wird er vielleicht ganz poetisch vom Ron Santiago de Cuba, Ron Mulata (aus Villa Clara) oder Ron Varadero schwärmen.

Rum wird aus Melasse, einem Nebenprodukt des Zuckerrohrs, produziert. Seine Herstellung wurde in Kuba über Generationen von sorgfältigen *maestros romeros* oder „Rumeistern" überwacht, die eine mindestens 15-jährige Erfahrung im Rumverkosten haben müssen. Das Getränk wird sowohl nach der Farbe (dunkel, golden oder klar) als auch nach dem Alter *(añejo)* klassifiziert. Guter Rum kann drei Jahre, aber auch 14 Jahre alt sein. Grundsätzlich gilt, dass Cocktails mit Rum (immer mit klarem Rum) bei Touristen viel beliebter sind als bei den Kubanern selbst. Die Kubaner mögen ihren Rum in der Regel dunkel und unverdünnt (ohne Eis), um das volle Aroma genießen zu können.

So lebt man in Kuba

Wer mit einem Sightseeing-Bus durch die Vororte einer kubanischen Provinzstadt kutschiert wird, dem mag das Land öde und ärmlich vorkommen. Doch auf dieser Insel trügt oft der Schein. Mit intensiver Beobachtung, Geduld und ein bisschen detektivischem Spürsinn kann man hinter die harte und undurchsichtige Oberfläche des Landes schauen. Man wird entdecken, dass ausgefeilte Verhaltensmuster das pulsierende Leben vor Ort in Gang halten. Wem es gelingt, diese zu knacken, der wird schnell die unbändige Energie und den Erfindergeist entdecken – ein ewiger Tanz, der allen Widrigkeiten zum Trotz nie endet.

Das Rezept, um echt kubanisch zu sein

Man sollte einfach mal versuchen, das Leben auf dieser widersprüchlichen Insel zu verstehen. Dem ersten Eindruck nach kommt es einem vielleicht starr und unbeweglich vor, aber in Wahrheit ist Kuba ein wandelndes Ziel, das sich nicht leicht definieren lässt.

Für Einsteiger ist es hier wie sonst nirgends auf der Welt. Für Kenner Lateinamerikas gibt es hier starke Familienbande und eine Leichtigkeit des Seins, die unvorhersehbar erscheint. Es gibt aber auch Unterschiede. Das gute Bildungssystem hat viele gebildete Bürger hervorgebracht, die wahrscheinlich eher klassische Literatur als die Texte von Popsongs zitieren können. Die Kubaner sind ausgelassen, ja sogar laut, aber auch vertraut mit den Härten und Entbehrungen des Lebens, gut ausgebildet, aber so verträumt wie ein karibischer Außenhafen.

Die beste Art, Kuba kennenzulernen ist es, sich jeglichen Kommentaren zu enthalten und es einfach vor den eigenen Augen sich ausbreiten zu lassen. Während die Touristen sich über lange Schlangen und schlechten Service aufregen, bleiben die Kubaner unerschütterlich. Sich zu beeilen, macht die Sache nicht schneller. Aber es gibt einen sinnvolleren Zeitvertreib: im Schaukelstuhl gemütlich mit jemandem plaudern, die Sonntage mit anderen Familien verbringen oder Cousinen, Freunde und Nachbarn einladen, wenn zufällig eine Flasche Rum auf dem Tisch steht.

Die wichtigsten kubanischen Erzeugnisse

Bananen

Zitrusfrüchte

Kaffee

Mangos

Ananas

Reis

Zuckerrohr

Tabak

Lebensart

Kubaner sind Überlebenskünstler und haben eine schier unerschöpfliche Fähigkeit entwickelt, Regeln und Gesetze zu beugen und Dinge „zu lösen", wenn es darauf ankommt. Die beiden am häufigsten benutzten Verben der kubanischen Umgangssprache sind *conseguir* (bekommen, schaffen, erreichen) und *resolver* (lösen, klappen). Tatsächlich sind die Kubaner Experten in beiden Dingen. Ihre intuitive Fähigkeit, ein Auge zuzudrücken und aus nichts etwas zu machen, ist aus der wirtschaftlichen Not heraus geboren. In einem kleinen Land, das sich gegen moderne sozialpolitische Realitäten sträubt und wo das monatliche Höchsteinkommen umgerechnet etwa 25 US$ entspricht, muss man gelegentlich erfinderisch sein und sein Einkommen ein bisschen aufpäppeln. Streift man durch die zerfallenden Straßen von Habana Centro, sieht man, wohin man auch geht, überall Leute, die die Kunst des *conseguir* und *resol-*

ver ausüben. Da ist z. B. der Arzt, der, wenn er nicht gerade Dienst hat, sein Auto als Taxi benutzt, oder der Straßenkünstler, der von nichtsahnenden Touristen witzige Skizzen anfertigt in der Hoffnung, sich so ein Trinkgeld zu verdienen. Andere „Problemlösungen" sind unrechtmäßig oder fast schon Betrug, beispielsweise wenn ein *compañero* (Genosse) hin und wieder mal in der Arbeit eine beschädigte Zigarre abzweigt, um sie an ahnungslose Touristen zu verkaufen. Gewitzte Kubaner wissen jedenfalls nur zu gut, dass sich im Tourismus und mit Touristen am einfachsten ein paar Scheine extra verdienen lassen.

In Kuba regiert die harte Währung (Convertible Pesos), hauptsächlich weil das die einzige Möglichkeit ist, an bescheidene Luxusgüter heranzukommen, die das Leben in dieser rauen sozialistischen Republik ein wenig erträglicher machen. Paradoxerweise hat die seit 1993 florierende Doppelwirtschaft das Klassensystem wiederbelebt, das die Revolution unter großen Mühen aufheben wollte. Nicht selten sieht man seitdem Kubaner, die auf dem Schwarzmarkt Designerklamotten verkaufen, während andere Touristen wegen ein paar Seifenstücken anbetteln. Diese Erscheinung des „Habens" und „Nichthabens" ist sehr auffällig.

Andere soziale Eigenschaften, die seit der Revolution aufgekommen sind, wirken altruistischer und weniger eigennützig. Mit anderen zu teilen, ist dem Kubaner zur zweiten Natur geworden und seinem *compañero* mit einem Fahrdienst, einer anständigen Mahlzeit oder ein paar echten Dollars im Notfall auszuhelfen ist sozusagen nationale Pflicht. Interessant zu beobachten, wie Fremde in Warteschlangen miteinander umgehen und wie in kubanischen Häusern alles selbstverständlich nachbarschaftlich miteinander geteilt wird, ob nun Werkzeuge, Essen oder Babysitting-Dienste.

Kubaner sind unkompliziert. Das spanische *tú* als Anrede ist sehr viel üblicher als das formellere *usted*, und man begrüßt einander mit unzähligen freundlichen Floskeln. Es ist keineswegs ungewöhnlich, einen vollkommen Fremden *mi amor* („mein Lieber") oder *mi vida* („mein Leben") zu nennen und ganz normal, wenn der Vermieter eines Privatquartiers die Haustür mit bloßem Oberkörper öffnet oder die Vermieterin den Gast mit Lockenwicklern im Haar begrüßt. Um das Verständnis noch weiter zu erschweren, ist das kubanische Spanisch gespickt mit umgangssprachlichen Ausdrücken, ironischen und sarkastischen Anspielungen und Schimpfwörtern.

In Kuba gibt es weltweit die meisten Ärzte pro Patient. Das numerische Verhältnis von Ärzten zu Patienten ist dreimal so hoch wie in den USA.

In den eigenen vier Wänden

In den kubanischen Haushalten finden sich so einfache Geräte wie Kühlschrank, Herd und Mikrowelle; an teuren Insignien, die das Konsumzeitalter des 21. Jhs. charakterisieren, mangelt es jedoch allenthalben. Etwa 38 Personen von 1000 besitzen ein eigenes Auto – im Vergleich zu 800 von 1000 in den USA. Nur wenige Haushalte haben einen Wäschetrockner, was allein schon an den Wäscheleinen zu erkennen ist. Und das beeindruckende Frühstück, das der Besitzer einer *casa particular* um 8 Uhr auf den Tisch bringt, hat ihn vermutlich drei Stunden Herumsuchen und Schlangestehen gekostet. (Kubanische Supermärkte weisen bei Weitem keinen solchen Überfluss und kein so breites Sortiment an Waren auf wie in Europa oder in den USA). Was jedoch dem Stolz auf das eigene Zuhause keinen Abbruch tut: Nippes und Andenken – wie alt und kitschig sie auch sein mögen – werden liebevoll zur Schau gestellt und tiptop sauber gehalten. Den meisten Fremden erscheint der einheimische Lebensstil dann allerdings doch irgendwie altmodisch und kärglich.

Was kubanische Städte von amerikanischen oder europäischen Großstädten unterscheidet, sind die enormen staatlichen Subventionen, die alle Facetten des Lebens betreffen. Und das bedeutet im Klartext, dass es kaum Hypotheken auf Immobilien, keine privaten Ausgaben für das Gesundheitswesen, keine Schulgebühren und erheblich weniger Steuern gibt. Wer in Kuba abends ausgeht, bezahlt sehr wenig, denn Theater- und Kinokarten oder auch der Besuch eines Baseballspiels oder Musikkonzerts werden staatlich subventioniert und gelten als Grundrecht der Bevölkerung.

Frischer Wind

Angeregt durch vorsichtige Reformen hat sich der Lebensstil in Kuba, seit Raúl Castro von seinem Bruder Fidel 2008 die Macht übernahm, langsam und subtil verändert. Insider haben ja vielleicht den Eindruck, dass sich dieser Fortschritt im Schneckentempo vollzieht, doch ein Exil-Kubaner, der nach einem Jahrzehnt in Miami oder Madrid nach Hause zurückkehrt, wird wohl kaum seinen Augen trauen.

Mitte 2000 besaß in Kuba kaum jemand ein Handy, heute ist dieses Gerät so weit verbreitet wie überall in der Welt. Die kürzliche Einrichtung öffentlicher WLAN-Hotspots hat Parks in eine lebhafte kollektive, aber einseitige Gesprächskulisse verwandelt, die die Kubaner nutzen, um mit ihren Verwandten im Ausland zu sprechen. Familien, die vor Jahrzehnten getrennt wurden, lernen sich wieder kennen.

Auch andere elektronische Geräte, die 2008 legalisiert wurden, haben Einzug in die kubanischen Haushalte gehalten; heutzutage ist es nichts Besonderes, einen DVD-Player und einen modernen Flachbildschirm unter einem vergilbten Bild von José Martí zu sehen. Dass die Kubaner seit Januar 2013 ins Ausland reisen dürfen, hat es einigen wenigen Glücklichen ermöglicht, in Übersee einzukaufen. Das Ergebnis ist, dass einige der erfolgreicheren *casas particulares* nun mit glänzenden neuen Sandwichmakern und Kaffeemaschinen ausgerüstet sind.

Eine der auffälligsten Veränderungen in Kuba erlebt die kulinarische Szene (S. 518), die gegenüber den Hungerjahren der 1990er-Jahre einen enormen Aufschwung genommen hat. Ein Problem, das sich jedoch jedem neuen Restaurantbesitzer stellt, betrifft die Preisgestaltung – soll es einen eigenen Preis für Ausländer und Kubaner geben, oder eine Mischung aus beiden? Manche haben zwei Speisekarten mit verschiedenen

KUBANISCHE ZIGARREN

Von den *guajiros* mit Sombrero auf den Tabakfeldern von Pinar del Río bis zu den feudalen Raucherzimmern und Schleppern in Havanna, die Zigarren verhökern, sind Zigarren zutiefst in der kubanischen Kultur verwurzelt. Hier nun einige beliebte einheimische Marken:

Cohiba Die Zigarre, für die sich Fidel Castro starkmachte. Sie wird aus dem edelsten Tabak aus der Provinz Pinar del Río hergestellt; er stammt angeblich von zehn auserlesenen Feldern der feudalsten Plantage Kubas, nämlich aus der Region Vuelta Abajo in der Umgebung von San Juan y Martínez.

Vegas Robaina Diese Marke findet man außerhalb Kubas nur selten; die nach dem legendären Tabakpflanzer Alejandro Robaina benannten Zigarren sind für die hervorragende Qualität ihres Tabaks bekannt, der von der Alejandro-Robaina-Tabakplantage bei Pinar del Río kommt.

Partagás Eine der meistgeschätzten kubanischen Zigarren schon aus der Zeit vor der Revolution, die heute wegen ihrer alljährlichen *ediciones limitadas* (limitierte Ausgaben) von sich reden macht.

Puro Cubano Eine markenlose Zigarre, der die Kubaner wegen des erheblich günstigeren Preises den Vorzug geben, die jedoch trotzdem mit den besten Blättern aus der Provinz Pinar del Río gerollt wird.

Preisen in beiden Währungen. Die Top-Restaurants in Havanna bleiben jedenfalls in der Regel weiterhin Touristen und Diplomaten vorbehalten; die Privatrestaurants in den kleineren Provinzstädten werden dagegen vor allem von Einheimischen frequentiert und nehmen dementsprechend akzeptablere Preise.

Bis in das Jahr 2008 war es Kubanern untersagt, in Touristenhotels zu logieren. Die hohen Übernachtungspreise halten viele Kubaner bis heute fern, aber es gibt günstigere Resorts wie an der Playa Santa Lucía, die in den langen Sommerferien viele kubanische Gäste willkommen heißen.

Wer mit dem Auto eine Spritztour durch das ländliche Kuba unternimmt, wird auf weitere Überraschungen stoßen. Natürlich ist das Verkehrsaufkommen mit Deutschland oder der Schweiz absolut nicht vergleichbar, doch es fällt auf, dass mittlerweile erheblich mehr Autos auf den Straßen sind als Anfang 2000. Aber dennoch ist klar, dass das neue Gesetz, das es Kubanern gestattet, Fahrzeuge zu kaufen und zu verkaufen, kaum mehr als eine politische Geste ist. Nur wenige Wohlhabende können sich einen Toyota oder Audi leisten, und so sind notgedrungen weiterhin jede Menge Ladas und alte Amischlitten unterwegs. In der Landwirtschaft sind ebenfalls erhebliche Verbesserungen zu verzeichnen. Vor 2008 sah man ausgemergelte, unproduktive Kühe, die zu zweit oder zu dritt herumzogen – ein schon bemitleidenswerter Anblick. Heute stehen auf den Weiden der Farmen in den Provinzen Las Tunas und Camagüey Unmengen wohlgenährtes Vieh.

In den Märkten und Geschäften herrscht zwar kein Überfluss, doch sind die Regale heute erheblich seltener leer, und es gibt auch mehr Läden, in denen Haushaltsgeräte wie Kühlschränke und Waschmaschinen verkauft werden. In den urbanen Zentren eröffnen allenthalben Privatunternehmen – vom kleinen Friseur am Straßenrand bis hin zu gewitzten Tourenveranstaltern mit eigener Visitenkarte und Website. Man sieht sogar professionelle Schilder, die für *casas particulares* oder Restaurants Werbung machen – was bis vor Kurzem undenkbar und obendrein verboten war.

Alle diese Veränderungen, die zwar weitgehend einheitlich willkommen geheißen wurden, haben in einem Land, das so lange an den Sozialismus gewohnt war, die Kluft in den Einkommensverhältnissen noch verstärkt. Kubaner, die problemlos an *convertibles* herankommen können – also vor allem Leute, die im Tourismus tätig sind –, haben Wohlstand erlangt; einige *casas particulares* in Havanna (die bis 2011 maximal zwei Zimmer vermieten durften) haben sich de facto in Minihotels verwandelt, die noch unter dem gleichen Namen laufen. Dagegen hat sich das Leben in den abgelegeneren, ländlicheren Regionen Kubas nur wenig verändert. In den Kleinstädten im Oriente machen die Schwächen, die Kuba seit der Período Especial zusetzen – der Mangel an Trinkwasser in Flaschen, verfallende öffentliche Gebäude und miserable Straßen – weiterhin zu schaffen.

Sport

Da Sport als Recht der Massen galt, war der Profisport von Staats wegen nach der Revolution abgeschafft worden. Was die Erfolge angeht, war es das Beste, was die neue Regierung machen konnte, denn seit 1959 ist die olympische Medaillenausbeute in die Höhe geschnellt. Aber in letzter Zeit haben die Leistungen wegen mangelnder finanzieller Unterstützung nachgelassen.

Der krönende Moment kam 1992, als Kuba – ein Land mit 11 Mio. Menschen, das ganz unten auf der Weltrangliste des Reichtums dahinsiecht – 14 Goldmedaillen aus Barcelona mit nach Hause brachte und an fünfter Stelle der Rangliste stand. Es zeugt vom hohen Standard des Inselstaats, dass der 11. Platz in Athen 2004 als nationales Versagen galt.

Bezeichnenderweise fängt die sportliche Obsession ganz oben an. Einst war Fidel Castro nämlich berühmt für seine Schlagkraft beim Baseball, weniger bekannt ist dagegen sein persönliches Engagement für die Einrichtung eines allgemein zugänglichen nationalen Sportlehrplans auf allen Ebenen. 1961 begründete das nationale Institut für Sport, Leibeserziehung und Freizeit (INDER) eine Methode für den Massensport und rottete so die Diskriminierung aus bzw. bezog Kinder von klein auf ein. Mit bezahlter Freizeit für Arbeiter und verbilligtem Eintritt zu großen Sportereignissen gelang es der Organisation, die Beteiligung am Volkssport zu verzehnfachen, und bald wurden auch Erfolge sichtbar.

Vom kubanischen *pelota* (Baseball) ist zwischen Oktober und März das ganze Land gefesselt, und vor den Play-offs im April wird es richtig fanatisch. Auf den großen Plätzen der Provinzhauptstädte kochen Emotionen hoch und Zuschauer diskutieren wild gestikulierend. Solche Orte kennt man als *peña deportiva* (Fanclub) oder *esquina caliente* (heiße Ecke).

Kuba ist außerdem ein Gigant im Amateurboxen. Das haben Champions wie Teófilo Stevenson, der die Olympische Goldmedaille 1972, 1976 und 1980 nach Hause gebracht hat, und Félix Savón, ein anderer dreifacher Medaillengewinner, zuletzt im Jahr 2000, bewiesen. Jede größere Stadt hat eine Arena, *sala polivalente* genannt, in der große Boxkämpfe ausgetragen werden. Das Training und kleinere Kämpfe finden dagegen in Übungsstudios statt, wo viele Olympiaathleten trainieren.

Multikulturelles

Kuba, ein Schmelztiegel dreier verschiedener Ethnien und zahlreicher Nationalitäten, ist eine wahrhaft multikulturelle Gesellschaft, die es ungeachtet schwieriger Herausforderungen relativ gut gemeistert hat, für soziale Gleichberechtigung aller Bürger zu sorgen.

Die Ausrottung oder zumindest Verdrängung der einheimischen Taíno-Indianer durch die Spanier und die Brutalität der Sklavenhaltung hinterließen eine Blutspur in der frühen Kolonialgeschichte. In der zweiten Hälfte des 20. Jhs. hatte sich die Lage erheblich verbessert. Seit der Revolution gilt von Gesetzes wegen die Gleichheit aller Menschen, trotzdem wird ein schwarzer Kubaner im Zweifel eher von der Polizei angehalten und verhört als ein weißer Verdächtiger; zudem sind 90 % der Exilkubaner in den USA weißer Abstammung. Auch in der Politik sind Schwarze unterrepräsentiert und nur eine Handvoll Schwarze oder Mulatten (Juan Almeida ist der bekannteste) im Offiziersrang aus der einstigen Rebellenarmee übernahmen 1959 einen Posten in der Regierung.

Die neueste Volkszählung weist folgende Verteilung kubanischer Ethnien aus: 24 % *mulatos* (Mulatten, Personen mit einem weißen und einem schwarzen Elternteil), 64 % Weiße, 8 % Schwarze und 1 % Chinesen. Abgesehen vom unübersehbaren spanischen Erbe sind viele der sogenannten Weißen Nachkommen französischer Immigranten, die in verschiedenen Wellen während des frühen 19. Jhs. auf der Insel Fuß fassten. Die Städte Guantánamo, Cienfuegos und Santiago de Cuba wurden beispielsweise entweder von französischen Einwanderern gegründet oder erheblich von ihnen geprägt. Außerdem verdanken nicht wenige kubanische Unternehmen der Kaffee- und Zuckerindustrien ihr Aufblühen französischem Unternehmergeist.

Die schwarze Bevölkerung besteht ebenfalls aus einem bunten Gemisch verschiedener Volksgruppen. Zahllose Haitianer und Jamaikaner kamen in den 1920er-Jahren nach Kuba, um an den Zuckerrohrplantagen zu arbeiten. Sie brachten viele ihrer Bräuche und Traditionen mit.

SO LEBT MAN IN KUBA MULTIKULTURELLES

Elemente der französischen Kultur, die in den 1790er-Jahren über Haiti nach Kuba kamen, sind bis heute auf der Insel erkennbar, und das vor allem in den Ortschaften Guantánamo und Cienfuegos, die beide von Franzosen gegründet wurden.

Ihre Nachkommen leben heute in Guantánamo und Santiago im Oriente oder in Orten wie Venezuela in der Provinz Ciego de Ávila, wo der haitianische Voodoo-Kult noch lebendig ist.

Religion

Religion ist einer der komplexesten und am meisten missverstandenen Aspekte der kubanischen Kultur. Vor der Revolution waren 85 % der Kubaner römisch-katholisch, nur 10 % von ihnen gingen allerdings regelmäßig in die Kirche. Vom Rest der Kirchgänger bildeten Protestanten den größten Teil. Daneben gab es immer und gibt es bis heute einen verschwindend geringen Anteil an praktizierenden Juden und Muslimen in Kuba. Als Castro an die Macht kam, wurden 140 katholische Geistliche wegen reaktionärer politischer Aktivitäten vertrieben, weitere 400 gingen freiwillig. Viele Protestanten blieben, da sie zum ärmeren Teil der Gesellschaft gehörten und deshalb auch weniger zu verlieren hatten.

Als die Regierung sich zur Anhängerin des Marxismus-Leninismus und somit für atheistisch erklärte, wurde das Leben für *creyentes* (wörtlich „Gläubige") erneut schwieriger. Wenn auch Gottesdienste niemals verboten waren und die Freiheit der Religion nie aufgehoben wurde, so schickte man Christen doch in die *Unidades Militares de Ayuda a la Producción* (UMAPs; militärische Einheiten zur Produktionshilfe), um durch harte Arbeit ihre religiösen Ansichten zu korrigieren. Auch Homosexuelle und Landstreicher schickte man kurzzeitig zum Arbeiten auf die Felder. Noch härter für Gläubige wurde es in den kompromisslosen sowjetischen Zeiten der 1970er- und 1980er-Jahre, als man ihnen verbot, der Kommunistischen Partei beizutreten. Nur sehr wenige Gläubige hatten deshalb politische Posten im Land inne. Bestimmte Universitätsausbildungen, vornehmlich in den humanistischen Fächern, waren ebenfalls unerreichbar.

Seitdem hat sich viel geändert, besonders 1992, als die Verfassung überarbeitet wurde und man alle Vermerke, die den kubanischen Staat als marxistisch-leninistisch bezeichneten, tilgte. Damit nahm die Regierung die radikale Trennung zwischen Kirche und Staat wieder auf. Das führte zu einer Öffnung der zivilen und politischen Gesellschaft gegenüber den Angehörigen der Kirchen sowie zu weiteren Reformen; z. B. ist es Gläubigen jetzt möglich, in die Partei einzutreten.

Kuba gehört zu den wenigen kleinen Nationen, die mit dem Besuch der letzten drei Päpste gesegnet wurden. Als der kubanische Katholizismus durch den Besuch von Papst Johannes Paul II. 1998 das päpstliche Siegel der Anerkennung erhielt, stieg die Zahl der Kirchgänger plötzlich deutlich an. Der Besuch Papst Benedikts XVI. im Jahr 2012 beflügelte noch einmal. Papst Franziskus, der erste Pontifex aus Lateinamerika, wurde bei seinem neuntägigen Besuch im Jahre 2015 von einer begeisterten Menge empfangen, als er mehr Freiheit in der Religionsausübung forderte. Ihm ist auch die Lockerung der diplomatischen Eiszeit in den amerikanisch-kubanischen Beziehungen zu verdanken.

Eine starke Präsenz der Jugend fällt in den Gottesdiensten auf. Gegenwärtig besuchen 400 000 Katholiken und 300 000 Protestanten aus 54 verschiedenen Glaubensgemeinschaften regelmäßig den Gottesdienst. Immer mehr andere Glaubensrichtungen, wie die Adventisten und die Pfingstbewegung, erfreuen sch wachsender Beliebtheit.

Santería

Von allen kubanischen Kulturgeheimnissen (und davon gibt es viele) ist die Santería das komplexeste. Sie bemäntelt eine ihr innewohnende Afrika-Affinität und führt die Besucher auf unbekannten Pfaden in ein gleichermaßen nebliges wie faszinierendes Land.

DIE BLOG-REVOLUTION

Das so literarisch gebildete Kuba bringt immer mehr eloquente Blogger aus dem gesamten politischen Spektrum hervor, obwohl der Internetzugang eher spärlich ist. Diese Seiten sollten vielleicht besser nicht von Kuba aus geöffnet werden.

Generación Y (Yoani Sánchez; www.desdecuba.com/generaciony) Yoani Sánchez gilt als die berühmteste Bloggerin (und Dissidentin) Kubas. Ihr couragierter Blog „Generación Y" stellt das Durchhaltevermögen der kubanischen Zensurbehörde schon seit April 2007 auf die Probe. Die gnadenlose Kritikerin der kubanischen Regierung hat ein riesiges Publikum im In- und Ausland – sogar US-Präsident Barack Obama antwortete einmal auf einen ihrer Posts. Sánchez hat bereits zahlreiche Preise gewonnen, darunter den Ortega y Gasset-Preis für digitalen Journalismus.

Havana Times (www.havanatimes.org) Die Website und „Blog-Kooperative" wurde 2008 von dem amerikanischen Schriftsteller Circles Robinson gegründet; sie vertritt eine Anti-Castro- und Anti-Embargo-Haltung.

Café Fuerte (www.cafefuerte.com; nur auf Spanisch) Der Blog von vier kubanischen Schriftstellern und Journalisten mit internationaler Erfahrung besteht seit 2010. Hier gibt es unabhängige Berichte zu Themen innerhalb und außerhalb des Landes, die mit Kuba im Zusammenhang stehen.

Als synkretistische Religion, die unter einer symbolisch aufgetragenen Schicht von Katholizismus ihre afrikanischen Wurzeln verbirgt, ist Santería zwar eine Hinterlassenschaft der Sklavenzeit, aber immer noch tief verwurzelt in der kubanischen Kultur von heute. Santería hatte einen großen Einfluss auf die Entwicklung von Musik, Tanz und anderen Ritualen im Lande. Heute bekennen sich über drei Millionen Kubaner zu diesem Glauben, darunter zahlreiche Schriftsteller, Künstler und Politiker.

Die Missverständnisse im Zusammenhang mit der Santería beginnen schon beim Namen: Das Wort ist eine historische Fehlbezeichnung, die zunächst von den spanischen Kolonisatoren geprägt wurde, um die „Heiligenverehrung" der afrikanischen Sklaven im 19. Jh. zu beschreiben. Ein zutreffenderer Name lautet Regla de Ocha („Tradition der *orishas*") bzw. Lucumí. Diese zweite Bezeichnung bezieht sich auf die ursprünglichen Glaubensanhänger, die von der Stammesgruppe der Yoruba in Südwest-Nigeria abstammten; dort gingen besonders viele brutale Sklavenhändler ihren Geschäften nach.

Die vollständig aufgenommenen Anhänger der Santería, die *santeros,* glauben an einen Gott, der Oludomare genannt wird, den Schöpfer des Universums und Ursprung von Ashe (allen Lebenskräften auf Erden). Statt direkt in das Weltgeschehen einzugreifen, kommuniziert Oludomare mittels eines ganzen Pantheons von *orishas*. Das sind diverse unvollkommene Gottheiten – grob vergleichbar katholischen Heiligen oder griechischen Göttern –, denen unterschiedliche Merkmale zu eigen sind – naturgegebene (Wasser, Wetter, Metall) und menschliche (Liebe, Intellekt, Manneskraft). *Orishas* haben ihre eigenen Festtage, verlangen ihre eigenen Speiseopfer und werden durch Ziffern und Farben unterschieden, um ihr jeweiliges Wesen zu kennzeichnen.

Die Santería kennt keine der Bibel oder dem Koran vergleichbare Schrift. Die religiösen Riten werden mündlich tradiert und haben sich mit der Zeit an die Gegebenheiten im modernen Kuba angepasst. Eine weitere Abweichung von bekannten Weltreligionen besteht darin, dass das „irdische Leben" im Mittelpunkt des Glaubens steht und nicht das Leben nach dem Tod, obwohl die Santería-Anhänger fest an die Kräfte toter Vorfahren, *egun,* glauben und deren Geister während der Initiationszeremonien anrufen.

Die Vermischung von Santería und Christentum fand im Verborgenen während der Kolonialzeit statt, als afrikanische animistische Traditionen nicht praktiziert werden durften. Um ihren Glauben vor den spanischen Autoritäten zu verbergen, stellten die afrikanischen Sklaven einem katholischen Heiligen jeweils heimlich einen Zwilling aus den Reihen ihrer *orishas* zur Seite. Daher verbarg sich beispielsweise Changó, der männliche Blitz-und-Donner-*orisha,* merkwürdigerweise hinter der weiblichen Erscheinung von Santa Bárbara (der heiligen Barbara), und Elegguá, die *orisha,* die über Reise und Straßen wacht, wurde zu Antonius von Padua. Ein ehemaliger Sklave oder eine ehemalige Sklavin, der/die vor der Statue der Santa Barbara betete, pries also in Wahrheit heimlich Changó, während Afrokubaner, die am 7. September angeblich den Festtag für die Jungfrau Maria de Regla begingen, in Wahrheit Yemayá ehrten. Diese Vermischung wird wird immer noch aufrechterhalten, obwohl sie heutzutage genau genommen eigentlich nicht mehr notwendig wäre.

Literatur & Kunst

Seine vorgefassten Meinungen zum Thema „Kunst in einem totalitären Staat" kann man getrost zu Hause vergessen. Die Bandbreite an Filmen, Malerei und Literatur in Kuba könnte so manche politisch erheblich liberalere Staaten beschämen. Die Kubaner scheinen jedenfalls die Fähigkeit zu besitzen, fast jedes künstlerische Genre aufzugreifen und zu seinem Vorteil umzugestalten zu können. Auf Kuba findet sich alles – von erstklassigem Flamenco und Ballett über klassische Musik und alternatives Kino bis hin zu Shakespeare-Theater und Lorca-Stücken.

Literarisches Kuba

Kubaner *lieben* das Reden und weiten dieses Mitteilungsbedürfnis auch auf Bücher aus. Ob das womöglich an irgendwelchen Ingredienzien im Rum liegt? Tatsache ist jedenfalls, dass die Schriftsteller dieses überaus gebildeten Archipels in der Karibik kaum einmal innehalten, um Luft zu schöpfen, und ihre Geschichten mit leidenschaftlichem Eifer erzählen und wieder neu erzählen – ein Prozess, der einige der bahnbrechendsten und einflussreichsten Werke der lateinamerikanischen Literatur hervorgebracht hat.

Die Klassiker

Jede literarische Reise sollte im Havanna der 1830er-Jahre ihren Anfang nehmen. Der kubanischen Literatur verlieh Cirilo Villaverde (1812–1894) mit seinem Roman *Cecilia Valdés* eine erste Stimme; der Titel wurde 1882 veröffentlicht, spielt jedoch 50 Jahre früher in einem Havanna, das von Klassendenken, Sklaverei und Vorurteilen zerrissen war. Das Buch gilt als der bedeutendste kubanische Roman des 19. Jhs.

Die Werke von Gertrudis Gómez Avellaneda (1814–1873), einer romantischen Dichterin und Romanschriftstellerin, erschienen zwar vor den

MARTÍ – EINE KATEGORIE FÜR SICH

José Julián Martí Pérez (1853–1895) war etwas wirklich Besonderes. Als wegweisender Philosoph, Revolutionär und moderner Schriftsteller erweiterte er die politische Debatte in Kuba über das Thema der Sklaverei hinaus (sie wurde 1886 abgeschafft) und hin zu Fragen der Unabhängigkeit und – vor allem – der Freiheit. Seine Prosa, aus der jeder Kubaner sofort zitieren kann, besitzt eine (seltene) einende Kraft unter den Kubanern weltweit, und zwar ungeachtet ihrer politischen Haltung. Auch wird Martí überall auf der Welt von spanischsprachigen Menschen für seinen Internationalismus verehrt, der ihn auf eine Stufe mit Simón Bolívar stellt.

Martís Werke weisen eine enorme Bandbreite an Genres auf: Essays, Romane, Lyrik, politische Kommentare, Briefe und sogar das überaus beliebte Magazin für Kinder *La edad de oro* (Das Goldene Zeitalter). Er gilt als Meister des geschliffenen Aphorismus, und so haben seine eindrucksvollen Einzeiler Einzug in die kubanische Umgangssprache gehalten. Seine beiden bedeutendsten Werke sind die 1891 veröffentlichten politischen Essays *Nuestra América* (Unser Amerika) und eine Gedichtsammlung mit dem Titel *Versos sencillos* (Einfache Verse), die beide seine Visionen und Träume von Kuba und ganz Lateinamerika widerspiegeln.

Büchern von Villaverde, die Handlung findet jedoch zu einem späteren Zeitpunkt statt. Avellaneda, die 1814 in Camagüey als Tochter einer privilegierten spanischen Adelsfamilie zur Welt kam, war zu ihrer Zeit eine der wenigen Schriftstellerinnen in diesem von Männern dominierten Bereich. Elf Jahre bevor Amerika durch Harriet Beecher-Stowes Roman *Onkel Toms Hütte* mit Sklaverei und Rassismus konfrontiert wurde, hatte Avellaneda 1841 bereits ihren Roman *Sab* veröffentlicht, der sich mit diesem brisanten Thema auseinandersetzte. Er stand in Kuba aufgrund seiner agitatorischen Rhetorik bis 1914 auf dem Index. Avellanedas subtiler Feminismus, der die Ehe als eine andere Form der Sklaverei beschrieb, wurde von der zeitgenössischen Literaturkritik gern übergangen.

Weiter gen Osten der Insel ist der Dichter José María de Heredia (1842–1905) ein echter *santiagüero* (also jemand, der aus Santiago de Cuba stammt). Er lebte und schrieb überwiegend im Exil in Mexiko, nachdem er wegen angeblicher Konspiration gegen die spanische Obrigkeit des Landes verwiesen worden war. Seine Dichtung, einschließlich seines bedeutenden Werks *Himno del desterrado* (Hymne des Verbannten) ist von romantischer Nostalgie für sein Heimatland gefärbt.

Experimentelle Literatur

Anfang des 20. Jhs. erlebte Kubas Literatur einen regelrechten Entwicklungsschub. Inspiriert von José Martís Modernismus und den neuen surrealistischen Einflüssen, die über Europa hinwegfegten, stellte die erste Hälfte des 20. Jhs. für kubanische Schriftsteller eine Zeit des Experimentierens dar. Das literarische Erbe dieser Epoche ruht auf drei gewaltigen Säulen: auf Alejo Carpentier (1904–1980), einem barocken Wortkünstler, auf den der oft kopierte Stil des *real maravilloso* (Magischer Realismus) zurückgeht; auf Guillermo Cabrera Infante (1929–2005), einem Meister der Umgangssprache im Stil von James Joyce, der die Grenzen der spanischen Sprache bis hin zum kaum noch Verständlichen verschob; und auf José Lezama Lima (1910–1976), einem homosexuellen Dichter Proustscher Provenienz, dessen gewichtige Romane einen reichen Fundus an Erzählebenen, Themen und Anekdoten aufweisen.

Leicht zu lesen waren diese Romane allesamt nicht, wirkten aber dennoch bahnbrechend auf gebildete Autoren weit über die Gefilde Kubas hinaus; Márquez und Rushdie sind offensichtlich von ihnen beeinflusst. Als Hauptwerk des in der Schweiz geborenen Carpentier gilt *El siglo de las luces (Explosion in der Kathedrale)*, ein Roman, der im Rahmen einer Liebesgeschichte hintergründig den Auswirkungen der Französischen Revolution in Kuba nachspürt. Der aus Gibara stammende Infante entwarf in in *Tres tristes tigres (Drei traurige Tiger)* ganz neue sprachliche Regeln; das Buch ist eine Studie des Straßenlebens in Havanna in der Zeit vor Castro.

An die Fersen dieser Vorbilder heftete sich Miguel Barnet (geb. 1940), ein Anthropologe aus Havanna, dessen 1963 veröffentlichte *Biografía de un cimarrón (Der Cimarrón: Die Lebengeschichte eines entflohenen Negersklaven aus Cuba)* auf den zusammengetragenen Erinnerungen des 103-jährigen ehemaligen Sklaven Esteban Montejo beruht.

Guillén

Der 1902 in Camagüey geborene Mulatte Nicolás Guillén (1902–1989) war erheblich mehr als einfach nur ein Schriftsteller: Er kämpfte Zeit seines Lebens für die Rechte der Afrokubaner. Erschüttert durch die Ermordung seines Vaters in seiner Jugend und inspiriert von den Trommelrhythmen der ehemaligen schwarzen Sklaven, begann Guillén, die Hoffnungen und Ängste schwarzer Tagelöhner in Form von rhythmischer afrokubanischer Lyrik zu artikulieren, die schließlich zu seinem Markenzeichen avancierte. Zu den berühmten Gedichten seiner erfolg-

Heberto Padilla (1932–2000) war ein kubanischer Dichter, der wegen seiner regimekritischen Schriften in den 1960er-Jahren ins Gefängnis kam – der Auslöser der sog. Padilla-Affäre.

MIT PREISEN AUSGEZEICHNET: SENEL PAZ

Senel Paz (geb. 1950), auf dessen Kurzgeschichte *El Lobo, El Bosque y El Hombre nuevo* (Der Wolf, der Wald und der neue Mensch) der berühmte Film *Fresa y Chocolate* basiert, wurde 2008 mit der Veröffentlichung seines Romans *En el cielo con diamantes* („Im Himmel mit Diamanten", auf Deutsch nicht erhältlich) erneut öffentliche Anerkennung zuteil; das Buch, das von einer anrührenden Freundschaft im Havanna der 1960er-Jahre handelt, brachte Senel Paz diverse Literaturpreise und den Status als Kubas meistgelesenen zeitgenössischen Schriftsteller ein.

reichen Laufbahn zählen das aufrüttelnde Gedicht *Tengo* (Ich habe) und das patriotische *Che comandante, amigo* (Kommandant Che, Freund).

Während der Ära Batista arbeitete er im selbst auferlegten Exil, kehrte nach der Revolution jedoch nach Kuba zurück. Er wurde daraufhin mit der Aufgabe betraut, die neue Kulturpolitik zu gestalten und die Uneac (Unión de Escritores y Artistas de Cuba), den Schriftsteller- und Künstlerverband, zu gründen.

Die „schmutzigen Realisten"

In den 1990er-Jahren und um 2000 begann die Baby-Boom-Generation, die in der Epoche der sowjetischen Vorherrschaft und Zensur volljährig geworden war, auf die radikal veränderten Einflüsse zu reagieren. Manche flohen aus Kuba, andere blieben im Land; sie alle jedoch testeten die Grenzen des künstlerischen Ausdrucks in einem System aus, das durch Zensur und Erstickung jeglicher Kreativität gekennzeichnet war.

Aus dem Schatten von Lezama Lima trat Reinaldo Arenas (1943–1990), ein homosexueller Schriftsteller aus der Provinz Holguín, der – wie Guillermo Cabrera Infante – Ende der 1960er-Jahre der Revolution den Rücken gekehrt hatte und wegen seiner Einstellung im Gefängnis gelandet war. Arenas konnte schließlich 1980 während der Mariel-Bootskrise in die USA fliehen. Dort setzte er seine markanten Memoiren fort, die von seiner Zeit im Gefängnis und seiner Homosexualität handeln; *Antes que anochezca (Bevor es Nacht wird)* lautet der Titel des Buches, das 1993 in den USA veröffentlicht und von der Kritik hochgelobt wurde.

Die Autoren des sogenannten schmutzigen Realismus Ende der 1990er-Jahre und Anfang 2000 entschieden sich für einen subtileren Ansatz bei der Auseinandersetzung mit den Herausforderungen des Daseins. Pedro Juan Gutiérrez (geb. 1950) handelte sich den Spitznamen „Bukowski der Tropen" wegen seiner *Trilogia sucia de la Habana (Schmutzige Havanna Trilogie)* ein, einer frivolen Studie über Centro Habana während der Sonderperiode, der Período Especial. Die Trilogie spiegelt die verheerende wirtschaftliche Situation wieder, ohne dabei in vordergründige politische Polemik zu verfallen. Zoé Valdés (geb. 1959), die in just dem Jahr geboren wurde, als Castro an die Macht kam, übt hingegen erheblich explizitere Regimekritik, und zwar vor allem, seit sie 1995 Kuba verlassen hat, um in Paris zu leben. Zu ihren zahlreichen und in viele Sprachen – so auch ins Deutsche – übersetzten Romanen gehören beispielsweise *Te di la vida entera (Dir gehört mein Leben)* und *Querido primer novio (Geliebte erste Liebe)*.

Die faszinierenden Ausländer

Auch diverse ausländische Schriftsteller fühlten sich von Kuba inspiriert, Literatur zu Papier zu bringen; am bekanntesten sind sicher Ernest Hemingway (1899–1861) und Graham Greene (1904–1991). Hemingway stattete Kuba erstmals Ende der 1930er-Jahre mit seinem Schiff *El Pilar* einen Besuch ab – als Trennung auf Zeit von seiner Frau, von der er sich

Graham Greene (1904–1991) wollte seinen Roman über die Spionagetätigkeiten der Briten eigentlich im von den Sowjets besetzten Tallinn/Estland spielen lassen. Doch ein zufälliger Besuch in Havanna bewirkte einen Sinneswandel. Der Roman hieß dann schließlich *Unser Mann in Havanna*.

später dann scheiden ließ. Seine Liebe zu Kuba sollte bis zu seinem Tod andauern. Seine Romane *Der alte Mann und das Meer* (1952; Porträt eines alten Mannes, der einen gigantischen Fisch fangen will) und *Inseln im Strom* (1970; Trilogie über das Schicksal des Schriftstellers Thomas Hudson) basierten auf seiner Erfahrung beim Angeln und auf der Jagd nach deutschen U-Booten vor Kubas Küste im Zweiten Weltkrieg.

Greene besuchte die Insel in den 1950er-Jahren mehrere Male; sie wurde zum Schauplatz seines Romans *Unser Mann in Havanna* (1958), einer ironischen Betrachtung zum Thema Spionage, die ein interessantes Licht auf die Kubakrise in der Zeit des Kalten Kriegs (1962) wirft.

Von den Romanen des kolumbianischen Schriftstellers und Literaturnobelpreisträgers Gabriel García Márquez (1927–2014) spielt zwar keiner in Kuba, doch pflegte der Autor in den 1960er-Jahren eine lange Freundschaft mit Fidel Castro und schrieb auch mehrere Artikel über Kuba, darunter *Erinnerungen eines Journalisten* (1981), der die Invasion in der Schweinebucht zum Inhalt hat.

> Der zeitgenössische Schriftsteller Leonardo Padura Fuentes ist für seine in Havanna angesiedelte Krimi-Tetralogie *Los cuatro estaciones* (Die vier Jahreszeiten; in Deutschland „Das Havanna-Quartett" genannt) bekannt. Sie sind nun als fesselnde Miniserie auf Netflix zu sehen.

Kino

Der kubanische Film stand schon immer der europäischen Filmkunst näher als den plakativen Hollywood-Streifen, und zwar vor allem seit der Revolution, als sich das kulturelle Leben vom amerikanischen Einfluss abwandte. Nur wenige bemerkenswerte Filme entstanden vor 1959, als die neue Regierung das Instituto Cubano del Arte e Industria Cinematográficos (Icaic) ins Leben rief, das von dem Filmguru und ehemaligen Studenten der Universität Havanna Alfredo Guevara (1925–2013) geleitet wurde; er hatte diese Position mit einigen Unterbrechungen bis 2000 inne. Die 1960er-Jahre gelten als die *Década de oro* (Goldenes Jahrzehnt) des Icaic. Damals testeten diverse Regisseure unter dem Deckmantel der Kunst die Grenzen der staatlichen Zensur aus, was in einigen Fällen zu größerem kreativem Spielraum führte. Die innovativen Filme dieser Epoche nahmen die Bürokratie auf die Schippe, gaben bissige Kommentare zu Wirtschaftsfragen ab, stellten die Rolle der Intellektuellen in einem sozialistischen Staat in Frage und setzten sich später auch mit dem Tabuthema Homosexualität auseinander. Zu den Berühmtheiten hinter der Kamera zählen Humberto Solás, Tomás Gutiérrez Alea und Juan Car-

KOLONIALE KUNST

Genauso wie Rom nicht in einem Tag erbaut wurde, so hat die Kunst in Kuba lange gebraucht, sich so richtig zu etablieren. Der erste richtige kubanische Künstler war José Nicolás de la Escalera. Er wurde 1734 in Havanna geboren und war ein religiöser Maler, der die barocken Werke des spanischen Meisters Esteban Murillo sehr getreu imitierte. Während der Stil von Escaleras Gemälden alles andere als bahnbrechend war, erwiesen sich seine Themen als sehr erhellend. Er war der erste kubanische Künstler, der schwarze Sklaven auf die Leinwand brachte – eine Vorstellung, die im späten 18. Jh. als revolutionär galt. Viele seiner Werke sind noch immer in Havanna sichtbar, nicht nur in Galerien, sondern auch in mehreren Stadtkirchen, darunter auch der Iglesia de Nuestra Señora del Rosario (S. 148) in einem Außenbezirk von Havanna. Seine düsteren Ölgemälde sind ebenfalls gut im Museo Nacional de Bellas Artes (S. 79) vertreten.

Viele kubanische Maler des 19. Jhs. waren wirkungsvolle Anwälte der Unabhängigkeit. Guillermo Collazo (1850–1896), ein Landschaftsmaler aus Santiago, hatte ein Studio in Havanna und war eng mit José Martí befreundet, dem er half, seinen ersten Schreibjob zu bekommen. Armando Menocal (1863–1942) war ein leichter impressionistischer Maler und Absolvent der San-Alejandro-Akademie in Havanna. Er kämpfte im Unabhängigkeitskrieg von 1895–1898. Aber während die Revolution auf den Schlachtfeldern in vollem Gange war, ließ die Revolution auf der Leinwand bis ins frühe 20. Jh. auf sich warten.

RAÚL MARTÍNEZ & DIE GRUPO DE LOS ONCE

Der in Ciego de Ávila geborene Raúl Martinez (1927–1995) gilt mit seinen ikonischen Darstellungen von José Martí, Camilo Cienfuegos und Che Guevara als Anführer der kubanischen Pop-Art-Bewegung der 1950er- und 1960er-Jahre. Ein Großteil seines Werks zeigt sich vom sowjetischen Realismus ebenso inspiriert wie von der amerikanischen Pop-Art-Strömung. Martinez war Mitglied der Grupo de los Once, einer Gruppe von bahnbrechenden abstrakten Malern und Bildhauern, die von 1953 bis 1955 gemeinsam ihre Werke ausstellten und die kubanische Kunst nachhaltig prägten. Viele der Werke von Martínez sind im Centro de Promoción Cultural Guiarte (S. 335) in Ciego de Ávila zu bewundern.

los Tabío, die unter der Leitung Alfredo Guevaras dem aktuellen kubanischen Kino zu internationaler Bekanntheit verhalfen.

Als erster bemerkenswerter Film nach der Revolution gilt der kubanisch-sowjetische Streifen *Soy Cuba (Ich bin Kuba;* 1964) des russischen Regisseurs Michail Kalatozov (1903–1973). Er brachte die Ereignisse, die schließlich zur Revolution von 1959 führten, in vier miteinander verknüpften Geschichten auf die Leinwand. Der Anfang der 1970er-Jahre größtenteils in Vergessenheit geratene Film wurde Mitte der 1990er-Jahre von dem US-Regisseur Martin Scorsese wieder ausgegraben, der von seiner künstlerischen Qualität, der stimmungsvollen Kameraführung und vor allem von den technisch beeindruckenden Kamerafahrten vollkommen begeistert war.

Kubas berühmtester Regisseur, Tomás Gutiérrez Alea (1928–1996), absolvierte seine Lehrzeit in den 1960er-Jahren und sammelte erste Erfahrungen mit der Regie zweier Arthouse-Filme, nämlich *La muerte de un burócrata (Der Tod eines Bürokraten;* 1966), einer Satire auf die exzessive Bürokratie im Sozialismus, und *Memorias de subdesarrollo (Erinnerungen an die Unterentwicklung;* 1968), der Geschichte eines kubanischen Intellektuellen, der für das Leben in Miami zu idealistisch, gleichzeitig aber auch zu dekadent für das kärgliche Leben in Havanna ist. Zusammen mit seinem Regisseurskollegen Juan Carlos Tabío (geb. 1942) drehte Gutiérrez 1993 einen weiteren Kinoklassiker, den für einen Oscar nominierten Film *Fresa y chocolate (Erdbeer und Schokolade).* Der Streifen erzählt die Geschichte von Diego, einem am System zweifelnden Schwulen, der sich in einen heterosexuellen militanten Kommunisten verliebt. Dieser Film gilt als der cineastische Höhepunkt des kubanischen Filmschaffens. Humberto Solás (1941–2008), ein Meister des *cine pobre* – also der Low-Budget-Produktionen – machte erstmals 1968 mit *Lucía* von sich reden. Der Film spürt dem Leben dreier Kubanerinnen in historischen Augenblicken der Geschichte des Landes nach, nämlich 1895, 1932 und in den frühen 1960er-Jahren. 2005 drehte Solás sein spätes Meisterwerk *Barrio Cuba.*

Seit dem Tod von Gutiérrez Alea im Jahr 1996 und von Solás 2008 hat das kubanische Kino den Stab an Fernando Pérez (geb. 1944) weitergereicht, der 1994 mit seinem Período-Especial-Klassiker *Madagascar* die Szene eroberte, ein Film, der einen Generationenkonflikt zwischen Mutter und Tochter beschreibt, gefolgt von *Suite Habana* im Jahr 2003, einer stimmungsvollen Dokumentation über das Leben von 13 realen Personen in der Hauptstadt Havanna, die auf jegliche Dialoge verzichtet. Als größter „Rivale" von Pérez macht Juan Carlos Cremata (geb. 1961) von sich reden, dessen Roadmovie *Viva Cuba* (2005), eine Studie der sozialen Schichten und Ideologie aus dem Blickwinkel von zwei Kindern, international viel Anerkennung zuteilwurde.

In den letzten Jahren waren nur wenige Klassiker dieses Kalibers zu verzeichnen. Bahnbrechend war 2011 allerdings *Juan de los muertos,* Kubas Variante der britischen Horror-Comedy *Shaun of the Dead,* der erste Zombie-Film Kubas. Mit kaum verhohlener Regimekritik kämpft ein Nichtsnutz, der sich zum Mörder der Untoten wandelt, fürs Überleben in Havanna, das von Zombies überrannt wird.

Vor dem Hintergrund der vielfältigen Veröffentlichungsmöglichkeiten im digitalen Zeitalter ist es nicht verwunderlich, dass es die unterhaltsame Komödie *Boccaccerías Habaneras* des Regisseurs Arturo Sotto von 2014 in voller Länge auf YouTube gibt.

Havannas spürbarer Einfluss auf das Filmschaffen in der amerikanischen Hemisphäre wird während des Festival Internacional del Nuevo Cine Latinoamericano offensichtlich, das alljährlich im Dezember in Havanna stattfindet. Die Veranstaltung, ein illustrer Treff von Filmemachern, Gurus und Kritikern, gilt als das letzte Wort des lateinamerikanischen Kinos und ist maßgeblich daran beteiligt, der Welt die neuesten kubanischen Filme zu präsentieren.

Malerei & Bildhauerei

Zeitgenössische Top-Künstler

José Villa

Joel Jover

Flora Fong

José Rodríguez Fúster

Tomás Sánchez

Julia Valdéz

Die moderne kubanische Kunst vereint anregende und sinnlich leuchtende afrolateinamerikanische Farben mit der harten Realität der Revolutionszeit. Für Kunstliebhaber aus dem Ausland ist ein Besuch in Kuba jedenfalls ein einzigartiges und schier berauschendes Erlebnis. Die durch den von der Revolutionsregierung neu definierten, restriktiven Kulturbegriff in die Ecke gedrängten modernen Künstler gelangten allesamt zu der Feststellung, dass sich durch Kooptation (im Gegensatz zur Konfrontation) die Möglichkeiten für eine akademische Ausbildung und künstlerische Förderung im sozialistischen Regime fast grenzenlos gestalten ließen. In diesem brisanten kreativen Klima konnte die abstrakte Kunst, die sich bereits vor der Revolution etabliert hatte, Furore machen.

Die erste Blüte der kubanischen Kunst begann in den 1920er-Jahren, als Maler, die der sogenannten *Vanguardia*-Bewegung (Avantgarde) angehörten, kurzzeitig nach Paris gingen, um sich in der von Größen wie Pablo Picasso dominierten europäischen Avantgarde erste Sporen zu verdienen. Einer der frühesten Vertreter besagter Vanguardia war Victor Manuel García (1897–1969), ein genialer Künstler, der eines der berühmtesten kubanischen Gemälde schuf: *La gitana tropical (Tropische Zigeunerin;* 1929), das Porträt einer archetypischen Kubanerin, den strahlenden Blick in die nicht allzu weite Ferne gerichtet. Das Ölgemälde, das im Museo Nacional de Bellas Artes in Havanna ausgestellt ist, wird oft als lateinamerikanische „Mona Lisa" bezeichnet.

Victor Manuels Zeitgenossin Amelia Peláez (1896–1968) studierte ebenfalls in Paris, wo sie avantgardistische Konzepte mit bodenständigeren kubanischen Sujets verband. Peláez verwendete vielfältige Materialien. Als ihre bedeutendsten Arbeiten gelten jedoch ihre Wandkunstwerke, beispielsweise das 670 m² große Mosaik aus Glasbausteinen an der Hauptfassade des Hotel Habana Libre.

Nach dem renommierten Künstler Wifredo Lam wurde die Kunst in Kuba in den 1950er- und 1960er-Jahren wesentlich von dem Pop-Art beeinflusst. Dass die Kunst seit der Revolution in den Genuss erheblicher staatlicher Förderung (wenngleich innerhalb der Grenzen strenger Zensur) kommt, wird an der Eröffnung des Instituto Superior de Arte in Cubanacán, einem Vorort von Havanna, im Jahr 1976 exemplarisch verdeutlicht.

Architektur

Von Stilreinheit kann in der kubanischen Architektur keine Rede sein. Wie die Musik, so legt auch die Fülle von Bauwerken ganz ungeniert eine bunte Mischung aus Stilen, Konzepten und Einflüssen an den Tag. Das Ergebnis lässt sich als „Thema mit Variationen" beschreiben und wandelt importierte Genres in etwas einzigartig Kubanisches. Mit Blick auf die Zukunft sieht sich Kuba dem Verlust seines architektonischen Erbes gegenüber, weil die Resourcen fehlen, diese Bauwerke zu erhalten. Im Moment wird Kubas wertvolles Erbe durch den verbreiteten Abbruch instabiler Gebäude einfach ausgelöscht.

Stilrichtungen & Trends

Von den Wirren der drei Revolutionskriege relativ unbeschadet und aufgrund der schwierigen Wirtschaftslage von der modernen Globalisierung ausgeschlossen, haben die kubanischen Städte bis ins 21. Jh. überdauert – mit überwiegend intakter Kolonialarchitektur. Dass Habana Vieja,

Oben Habana Vieja (S. 64), Havanna

Trinidad, Cienfuegos und Camagüey von der Unesco ins Weltkulturerbe aufgenommen wurden, war für den Erhalt der historischen Gebäude von Vorteil. Einen Beitrag leisteten auch die visionären einheimischen Stadthistoriker, die ein Modell zum nachhaltigen Denkmalschutz ersannen: eine der bedeutendsten Leistungen der Revolutionsregierung.

Die beiden in Kuba vorherrschenden Architekturstile sind Barock und Klassizismus. Baumeister des Barock gewannen schon in den 1750er-Jahren die Oberhand. In den 1820er-Jahren stieg dann der Klassizismus auf, der trotz diverser Rückgriffe auf alte Stilrichtungen bis in die 1920er-Jahre anhielt. Die Bauwerke aus der amerikanischen Ära (1902–1959) ließen Art déco und später modernistische Stilrichtungen sehen. Der Jugendstil spielte in dieser vom katalanischen Modernismus beeinflussten Epoche nur eine Nebenrolle; die typischen geschwungenen Linien und Ornamente sind in einigen von Osten nach Westen verlaufenden Straßen in Centro Habana erkennbar. Ab 1910 prägte dann dank der Amerikaner pompöser Eklektizismus die reichen, expandierenden Vorstädte Havannas. Die Baustile waren nicht alle schön. Kubas Flirt mit der Sowjetarchitektur der 1960er- und 1970er-Jahre brachte eine Fülle pragmatischer Wohnblocks und hässlicher Hotelklötze hervor, die nun deplatziert zwischen Relikten aus der Kolonialzeit stehen. Im Viertel Vedado haben sich wenige, dafür aber markante Wolkenkratzer aus dem vorrevolutionären Bauboom in den 1950er-Jahren erhalten.

Die schönsten Beispiele verschiedener Stilrichtungen

Frühkolonialistisch Museo de Pintura Mural (S. 77)

Barock Catedral de la Habana (S. 64)

Klassizistisch Capitolio Nacional (S. 81)

Art déco Edificio Bacardí (S. 77)

Jugendstil Palacio Cueto (S. 74)

Eklektizismus Palacio de Valle (S. 265)

Modernismus Edificio Focsa (S. 90)

Kubanische Gotik Iglesia del Sagrado Corazón de Jesús (S. 82)

Festungen an der Küste

Während sich die Könige in Europa in massiven mittelalterlichen Burgen verschanzten, erbauten ihre Kollegen in Lateinamerika koloniale Wehranlagen mit nicht minder wuchtigen Renaissance-Forts.

Der Festungsgürtel, der sich von Havanna an der Küste entlang gen Westen nach Baracoa erstreckt, bildet im Osten eines der herrlichsten Ensembles der Militärarchitektur in ganz Nord- und Südamerika aus. Dass die Spanier im 16., 17. und 18. Jh. derartig wuchtige Steinungetüme errichteten, verdeutlicht, welch wichtige strategische Bedeutung die Kolonie Kuba für die Handelsrouten über den Atlantik hatte und wie leicht sie durch Angriffe von Piraten oder anderen Kolonialmächten verwundbar waren.

Havanna, die Hauptstadt Kubas und wichtigster spanischer Hafen in der Karibik, stellte für ambitionierte Möchtegern-Angreifer jedenfalls eine tolle Trophäe dar. Die Einnahme der Stadt durch den französischen Piraten Jacques de Sores 1555 offenbarte die Unzulänglichkeit der Wehranlagen und zog eine Welle neuer Forts nach sich. Havanna übertrug diese Aufgabe dem italienischen Militärarchitekten Bautista Antonelli, der die Hafenmündung durch zwei großartige Forts sicherte, El Morro und San Salvador de la Punta. Die in den 1580er-Jahren begonnenen akribischen Arbeiten kamen nur langsam voran; die Forts wurden erst nach Antonellis Tod in den 1620er-Jahren vollendet. Antonelli entwarf auch das Castillo de San Pedro de la Roca del Morro in Santiago. Die Bauarbeiten begannen etwa zur gleichen Zeit, konnten jedoch aufgrund der Angriffe des britischen Freibeuters Henry Morgan im Jahr 1662 erst 1700 abgeschlossen werden.

Im 18. Jh. kamen weitere Forts hinzu – in Jagua unweit von Cienfuegos an der Südküste sowie in Matanzas im Norden. Ganz im Osten wurde Baracoa mit einem Bollwerk aus drei kleineren Festungen gesichert; alle sind bis heute erhalten.

Die Forts mit ihren dicken Mauern und ihrem der Küstentopografie angepassten mehreckigen Grundriss waren für die Ewigkeit gebaut und stehen bis heute. Bis 1762 hielten sie Eindringlinge fern. In besagtem Jahr kamen während des Siebenjährigen Krieges jedoch die Briten,

Castillo de la Real Fuerza (S. 69), Havanna

sprengten ein Loch in das Fort San Severino in Matanzas und nahmen später nach 44-tägiger Belagerung El Morro in Havanna ein. Als die Spanier 1763 Havanna von den Briten zurückbekamen, erbauten sie La Cabaña, das größte Fort in ganz Nord- und Südamerika. Kein Wunder, dass diese wuchtige Wehranlage dann allen Eroberungsversuchen trotzte.

In den 1980er- und 1990er-Jahren nahm die Unesco die Forts in Havanna und Santiago ins Weltkulturerbe auf.

Theaterarchitektur

Wer sich in einem Provinztheater in Kuba ein Stück oder eine Tanzvorführung anschaut, wird feststellen, dass sein Blick immer wieder von den Künstlern auf der Bühne zu den nicht minder kunstvollen Räumlichkeiten schweift. Als Förderer von Musik und Tanz errichteten die Kubaner traditionell auch in der Provinz bedeutende Theater. Somit können die meisten Städte nun mit einer historischen Bühne aufwarten, die topaktuelle Aufführungen präsentiert. Als Perlen der Architektur gelten das Teatro Sauto (S. 241) in Matanzas, das Teatro la Caridad (S. 285) in Santa Clara sowie das Teatro Tomás Terry (S. 274) in Cienfuegos. Alle drei Gebäude wurden im 19. Jh. errichtet, genauer gesagt 1863, 1885 und 1890. Die strengen neoklassizistischen Fassaden kontrastieren mit den verspielteren italienisierenden Räumlichkeiten. Ein Charakteristikum ist der U-förmige, dreigeschossige Zuschauerraum mit beeindruckenden Schnitzereien und schmiedeeisernen Elementen sowie herrlichen Deckenfresken. Die Fresken im Teatro la Caridad und im Tomás Terry lassen Cherubim sehen, die von dem philippinischen Künstler Camilo Salaya stammen. Das Teatro Sauto war das Werk des Italieners Daniele Dell'Aglio. Weitere Gestaltungselemente sind kunstvolle Lüster, Mosaiken mit Blattgold und Marmorstatuen. Die im Teatro Sauto stellen grie-

Seltene Beispiele kubanischer Gotik sind in der Iglesia del Sagrado Corazón de Jesús in Havanna zu sehen sowie in der gleichnamigen Kirche in Camagüey, der frommsten Stadt des Landes.

Camagüey (S. 352)

chische Göttinnen dar, die im Teatro Tomás Terry den Mäzen, einen in Venezuela geborenen Zuckerbaron.

In vielen kubanischen Theatern des 19. Jhs. spielte das Mäzenatentum eine große Rolle, nirgendwo jedoch so sehr wie im Teatro Caridad (Wohltätigkeit) in Santa Clara. Es wurde von Marta Abreu finanziert, die uneigennützig für viele soziale und künstlerische Projekte Geld spendete und auch dafür sorgte, dass ein Teil der Einnahmen des Theaters Bedürftigen zugutekam.

Aufgrund fehlender Finanzmittel sind heute viele Theater in Kuba stark renovierungsbedürftig. Manche Gebäude haben auch gar nicht überdauert. Das Colesio, Kubas ältestes Theater aus dem Jahr 1823 in Santiago, fiel 1846 einem Brand zum Opfer. Das 1840 errichtete Teatro Brunet in Trinidad ist heute eine Ruine, in der sich ein Sozialzentrum befindet. Das älteste Theater in Havanna, das Tacón, existiert noch, wurde jedoch ab 1910 zum Centro Gallego umfunktioniert. Das unlängst restaurierte Teatro Milanés (1838) in Pinar del Río beeindruckt mit seinem hübschen andalusischen Patio, während das klassizistische Teatro Principal (1850) in Camagüey als Heimatbühne des renommiertesten Ballettensembles des Landes von sich reden macht.

Kubanischer Barock

Die Barockarchitektur gelangte um 1750 über Spanien nach Kuba, also gut 50 Jahre nach ihrer Blütezeit in Europa. Das Wort leitet sich übrigens vom portugiesischen *barroco* ab und bezeichnet eine kunstvoll geformte Perle. Die durch die rasant expandierende Zuckerindustrie Kubas reich gewordenen Sklavenbesitzer und Zuckerkaufleute investierten ihre satten Profite in prachtvolle Gebäude. Als die schönsten Barockbauten Kubas gelten die Wohnhäuser und öffentlichen Gebäude in Habana Vieja,

Die schönsten Plazas im Kolonialstil

Plaza de la Catedral (S. 64), Havanna

Plaza Mayor (S. 308), Trinidad

Parque José Martí (S. 271), Cienfuegos

Parque Ignacio Agramonte (S. 353), Camagüey

Plaza Martí (S. 295), Remedios

wobei der Baustil erst Ende 1700 seinen Höhepunkt erreichte, und zwar mit dem Bau der Catedral de la Habana (S. 64) und der Plaza de la Catedral (S. 64).

Das Klima und kulturelle Besonderheiten bewirkten, dass der traditionelle Barock in Kuba rasch den örtlichen Gegebenheiten angepasst wurde. Einheimische Architekten ergänzten ihre Bauwerke in Havanna und in den Provinzstädten mit individuellem Dekor. Zu diesen lokalen Besonderheiten zählen: *rejas,* Gitter vor den unverglasten Fenstern, die neben dem Schutz vor Einbrechern auch einen besseren Luftaustausch gewährleisteten, *vitrales,* Buntglasfenster über der Eingangstür, um die tropischen Sonnenstrahlen zu filtern, *entresuelos,* Zwischengeschosse zur Unterbringung der Sklavenfamilien und *portales,* außen umlaufende Galerien, die den Fußgängern Schutz vor Sonne und Regen boten.

Bedeutende Barockgebäude (S. 65) wie der Palacio de los Capitanes Generales an der Plaza de Armas in Havanna wurden mit Hilfe von Sklaven aus einheimischem Kalkstein erbaut, der aus den nahen Steinbrüchen von San Lázaro stammte. Die in Italien und Spanien übliche kunstvolle Gestaltung der Barockgebäude fiel in Kuba allerdings sichtlich bescheidener aus, denn es fehlte den Steinmetzen an den Fertigkeiten ihrer Kollegen in der Alten Welt.

Einige der herrlichsten Barockbauten Kubas befinden sich in Trinidad; sie datieren aus den ersten Dekaden des 19. Jhs., als Design und Ausstattung stark von der Mode Italiens, Frankreichs und des georgianischen England beeinflusst wurden.

Klassizismus

Der Klassizismus entstand in Europa in der Mitte des 18. Jhs. als Reaktion auf die überbordende Ornamentik und den Prunk des Barock. Ersonnen wurde er in den progressiven Kunstakademien in London und Paris. Die ersten Verfechter machten sich für klare Primärfarben und kühne symmetrische Linien stark, beseelt von dem Wunsch, zur architektonischen „Reinheit" des antiken Griechenland und Roms zurückzukehren. Der Stil kam dann Anfang des 19. Jhs. nach Kuba, eingeführt von französischen *émigrés,* die nach einem blutigen Sklavenaufstand 1791 von Haiti geflohen waren. Innerhalb von nur ein paar Jahrzehnten etablierte sich der Klassizismus dann als dominanter Architekturstil in Kuba.

Mitte des 19. Jhs. waren in großbürgerlichen Städten wie Cienfuegos und Matanzas strenge klassizistische Gebäude mit auffälliger Symmetrie, imposanten Säulen und grandiosen Fassaden die Norm; sie ersetzten die dekorative Barockornamentik der frühen Kolonialzeit.

Als erstes authentisch klassizistisches Gebäude in Havanna gilt El Templete, ein winziger dorischer Tempel, der 1828 in Habana Vieja unweit der Stelle errichtet wurde, wo der Dominikanermönch Bartolomé de las Casas seine erste Messe zelebriert haben soll. Als die Stadt sich

DIE KOLONIALE ARCHITEKTUR IN TRINIDAD

Trinidad ist eine der am besten erhaltenen Kolonialstädte in ganz Nord- und Südamerika zusammen. Das meiste aus seiner erstaunlich homogenen Architektur stammt aus dem frühen 19. Jh., als Trinidads Zuckerindustrie in voller Blüte stand. Das typische Haus in Trinidad ist ein großes einstöckiges Gebäude mit Terrakottapfannen auf einem mit Holzbalken abgestützten Dachstuhl. Anders als in Havanna führen die großen Eingangstüren direkt in den Hauptraum, nicht in einen Vorraum. Andere typische Merkmale sind große glaslose Fensteröffnungen mit hölzernem (oder eisernem) Gitter davor, Wandfresken, eine erhöhte Veranda und Balkone mit Holzbalustraden. Größere Häuser haben Innenhöfe im Mudéjar-Stil mit der typischen *aljibe* (Zisterne).

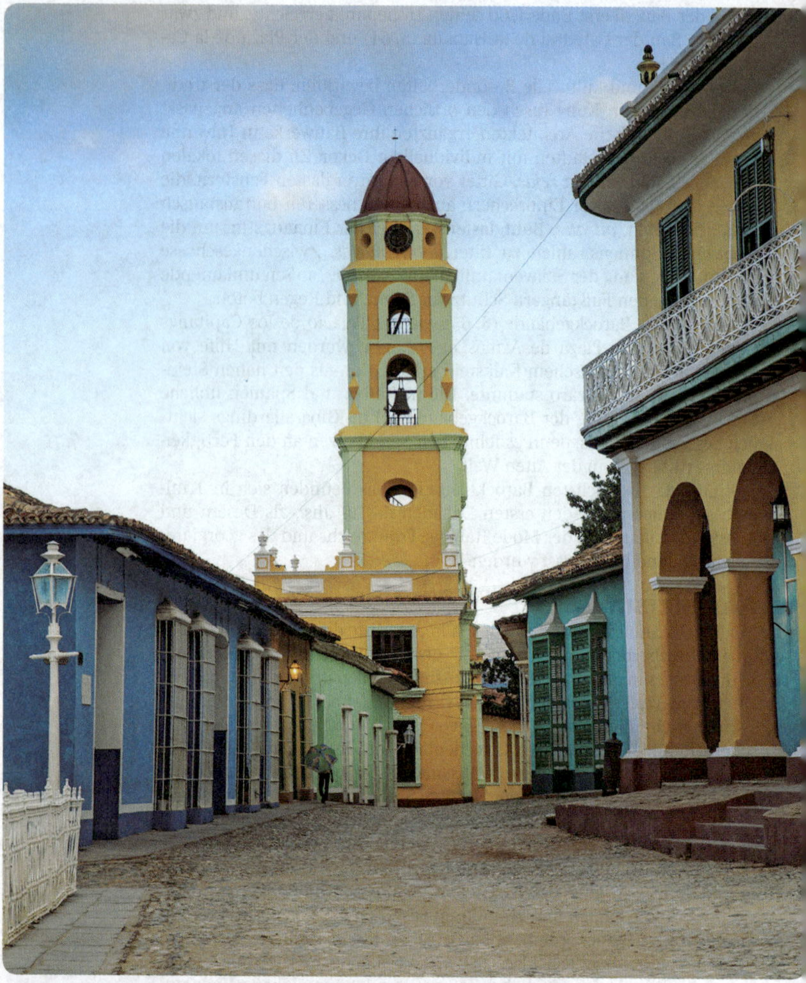

TUPUNGATO/SHUTTERSTOCK ©

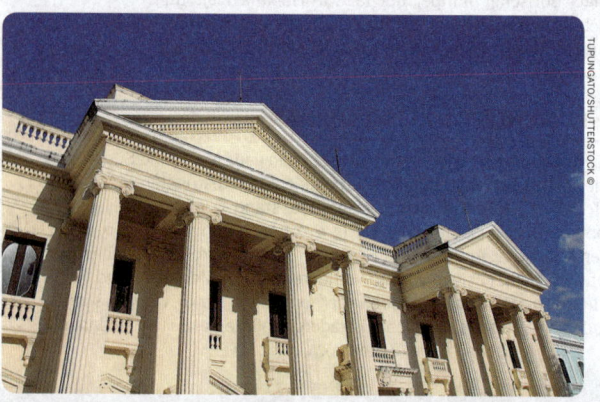

Oben Plaza Major (S. 308), Trinidad

Unten Palacio Provincial (S. 287), Santa Clara

Edificio Bacardí (S. 77), Havanna

um 1850 weiter gen Westen ausdehnte und über die Stadtmauern aus dem 17. Jh. hinauswuchs, übernahm man diesen Baustil auch bei ambitionierten Gebäuden wie dem berühmten Hotel Inglaterra am Parque Central. Havanna wurde zu dieser Zeit immer größer und schöner. Neue Designelemente bei Wohngebäuden kamen in Mode wie z. B. weitläufige klassische Patios und imposante Kolonnaden an der Straßenseite. Sie inspirierten den kubanischen Romancier Alejo Carpentier, Havanna die „Stadt der Säulen" zu taufen.

Anfang des 20. Jhs. erlebte Kuba eine Rückkehr des Neoklassizismus, bedingt durch den zunehmenden Einfluss der Amerikaner auf der Insel. Ausgelöst durch die Vorstellungen und ethischen Konzepte der Amerikanischen Renaissance (1876–1914) erlebte Havanna einen wahren Bauboom. Bedeutende öffentliche Gebäude wie das Capitolio Nacional und die Universidad de la Habana entstanden. In den Provinzen kulminierte dieser Architekturstil in diversen glanzvollen Theaterbauten.

Art déco

Art déco bezeichnet eine elegante, funktionale und moderne Architekturbewegung, die Anfang des 20. Jhs. in Frankreich entstand und im Amerika der 1920er- und 1930er-Jahre ihren Höhepunkt erreichte. Der Stil, eine dynamische Mischung aus Kubismus, Futurismus und primitiver afrikanischer Kunst, brachte großartige, stromlinienförmige Gebäude mit geschwungenen Linien und überbordenden Sonnenmotiven hervor wie das Chrysler Building in New York oder die Architektur im Viertel South Beach von Miami.

Der Stil gelangte über die USA nach Kuba, wo rasch Art-déco-Gebäude im Tropenstil entstanden und zwar vor allem in Havanna. Eines der schönsten Beispiele in Lateinamerika für frühes Art déco ist das Edificio Bacardí in Habana Vieja, das 1930 als Firmensitz der ursprünglich aus

Sehenswerte Art-déco-Gebäude

Edificio Bacardí (S. 77), Havanna

Teatro América (S. 124), Havanna

Iglesia de Nuestra Señora de la Caridad (S. 407), Banes

Cuartel Moncada (S. 443), Santiago de Cuba

Palacio de Valle (S. 273), Cienfuegos

Santiago de Cuba stammenden Rum-Familie erbaut wurde. Bemerkenswert ist auch das 13-geschossige Edificio López Serrano in Vedado, der erste richtige *rascacielo* (Wolkenkratzer) aus dem Jahr 1932, der sich vom Rockefeller Center in New York inspiriert zeigt. Weitere funktionalistische Art-déco-Wolkenkratzer sollten folgen, darunter das Teatro América in der Avenida de la Italia, das Teatro Fausto am Paseo de Martí und die Casa de las Américas in der Calle G. Als eine weniger stilechte, eklektizistischere Variante gilt das berühmte Hotel Nacional mit klaren symmetrischen Linien und dekorativen maurischen Doppeltürmen am Malecón.

Eklektizismus

Der Begriff „Eklektizismus" wird häufig zur Bezeichnung des nonkonformistischen, stark experimentellen architektonischen Zeitgeists verwendet, der in den USA in den 1880er-Jahren entstand. Die Architekten, die hinter diesem revolutionären neuen Genre standen, verwarfen Stilvorstellungen und Kategorisierungen des 19. Jhs. zugunsten von Flexibilität und einem offenen Anything-Goes-Ethos, wobei sie sich von vielerlei historischen Vorbildern inspirieren ließen.

Dank der starken Präsenz der Amerikaner in den Dekaden vor 1959 griff der moderne Eklektizismus schnell auf Kuba über. Reiche amerikanische und kubanische Landbesitzer erbauten riesige Herrschaftshäuser in den expandierenden Wohnvierteln der Oberschicht. Diese protzigen, großzügigen und manchmal auch arg kitschigen neuen Anwesen wiesen Mauern mit Zinnen, seltsame Aussichtstürme, Kuppeldächer und Wasserspeier in Form von grinsenden Figuren auf. Wer auf eigene Faust den kubanischen Eklektizismus erkunden möchte, wird in Miramar in Havanna, in Vista Alegre in Santiago de Cuba sowie im Viertel Punta Gorda von Cienfuegos fündig.

Musik & Tanz

Kubanische Musik ist reichhaltig, lebendig, vielschichtig und gefühlvoll und hat seit Langem als Standard-Überbringer der Klänge und Rhythmen Lateinamerikas fungiert. Hier ist die Wiege der Salsa, wo vornehme europäische Tänze die ausgefallenen schwarzen Rhythmen aufnahmen und wo die afrikanische Trommel erstmals die spanische Gitarre umwarb. Von den verwahrlosten Docks von Matanzas bis zu den Bauerndörfern der Sierra Maestra befeuerte die amouröse Musikmischung einfach alles, von *son*, Rumba, Mambo, *cha-cha-chá*, *charanga*, *changüí*, *danzón* und vieles mehr.

Eine bunte Mischung

Neben den offensichtlichen spanischen und afrikanischen Wurzeln wirken in der kubanischen Musik noch eine Reihe anderer Einflüsse. In den exotischen Schmelztiegel gelangten außerdem noch musikalische Gattungen aus Frankreich, den USA, Haiti und Jamaika. Im Gegenzug kam der kubanischen Musik auch eine Schlüsselrolle bei der Entstehung verschiedener Stile und Bewegungen in anderen Teilen der Welt zu. In Spanien nannte man diesen Vorgang *ida y vuelta* (Hin- und Rückfahrt); er zeigt sich am deutlichsten im *guajira*-Stil des Flamenco. Andernorts lässt sich der kubanische Einfluss in so unterschiedlichen Formen wie dem New Orleans Jazz, dem New Yorker Salsa und dem westafrikanischen Afrobeat finden.

Von Liebhabern als „vertikale Darstellung eines horizontalen Aktes" umschrieben, ist der kubanische Tanz berühmt für seine frivolen Rhythmen und seine sinnliche Nähe. Die meisten Kubaner erben die Liebe zum Tanz und sind bereits mit zwei oder drei Jahren in der Lage, perfekte Salsa-Schritte auszuführen; sie sind geborene Darsteller und tanzen mit einer Selbstvergessenheit, die Besuchern aus Europa oder Nordamerika das Gefühl gibt, selbst nur zwei linke Füße zu besitzen.

In den Zeiten des Danzón

Die „Erfindung" des *danzón* wird in der Regel dem einfallsreichen Orchesterchef aus Matanzas, Miguel Failde, zugeschrieben. Er stellte den Stil erstmals in seiner eingängigen Tanzkomposition *Las Alturas de Simpson* 1879 in Matanzas vor. Elegant und in seiner Frühzeit meist rein instrumental, besaß der *danzón* ein langsameres Tempo als die *habanera*. Und die raffinierten Tanzschritte verlangten von Tänzern in Paaren, nicht in Gruppen zu tanzen – eine Entwicklung, die damals in der feinen Gesellschaft einen Skandal hervorrief.

Ab etwa 1880 breitete der Stil sich wie ein Lauffeuer aus; der synkopierte Rhythmus wurde immer ausgeprägter und es kamen Extras hinzu, beispielsweise Conga-Trommeln und Sänger. Anfang des 20. Jhs. hatte sich der *danzón* von einem Standardtanz, der von einer *orchestra típica* gespielt wurde, zu einer freieren jazzigeren Form entwickelt, die als *charanga*, *danzonete* oder *danzón-chá* bezeichnet wurde. Kein Wunder, dass daraus Kubas Nationaltanz wurde. Als echte Hybridform wurde er freilich nie betrachtet, weil er vorwiegend ein Tanz der gutsituierten weißen Gesellschaft war.

Die schönsten Orte für Música Cubana

Son *Casa de la Trova (S. 461)*, Santiago de Cuba

Nueva Trova *Casa de la Trova (S. 317)*, Trinidad

Salsa/Timba *Casa de la Música (S. 123)*, Centro Havanna

Rumba *Callejón de Hamel (S. 111)*, Havanna

Jazz *Jazz Club La Zorra y El Cuervo (S. 122)*, Havanna

Klassik *Basílica Menor de San Francisco de Asís (S. 123)*, Havanna

Afrika ruft

Während das Trommeln in den nordamerikanischen Kolonien weitgehend verboten war, konnten die kubanischen Sklaven viele ihrer musikalischen Traditionen erhalten und weitergeben. Das geschah über die einflussreichen Santería-*cabildos* – religiöse Bruderschaften, die alte afrikanische Musik auf einfachen *batá*-Trommeln oder mit *chequeré*-Rasseln intonierten. Diese rhythmische und deutlich strukturierte Tanzmusik wurde bei alljährlichen Festen oder an den Festtagen katholischer Heiliger als Huldigung an die *orishas* (Götter) aufgeführt.

Mit der Zeit entwickelte sich aus dem rituellen Trommeln ein komplexerer Stil, fortan Rumba genannt. Rumba entstand in den 1890er-Jahren in den Docks von Havanna und Matanzas, als Ex-Sklaven, die einer Reihe von fremden Einflüssen ausgesetzt waren, begannen, gefühlvolle Rhythmen auf alten Verpackungskisten zu trommeln – sie imitierten verschiedene afrikanische religiöse Rituale. Als die rhythmischen Muster vielfältiger wurden, kam Gesang hinzu, es wurde getanzt. Und schon bald war diese Musik eine gemeinsame Ausdrucksform der schwarzen Kubaner geworden.

In den 1920er- und 1930er-Jahren verbreitete sich die Popularität der Rumba und es bildeten sich drei miteinander verwandte Tanzformen heraus: *guaguancó*, ein sehr sinnlicher Tanz; *yambú*, ein langsamer Tanz, und *columbia*, ein schneller, aggressiver Tanz, oft mit Fackeln und Macheten ausgeführt. Letzterer entstand als Teufelstanz des Náñigo-Rituals und wird heute nur von einzelnen Männern getanzt.

Der *danzón* war ursprünglich Instrumentalmusik. In den späten 1920er-Jahren wurden Texte hinzugefügt; diese neue Form wurde dann unter der Bezeichnung *danzonete* bekannt.

Als diese sehr ursprünglichen, aber doch sehr eingängigen Musikrichtungen in Kubas Schmelztiegel gelangten, begann auch die weiße Mittelklasse sie zu schätzen. Etwa ab 1940 bildete sich daraus in Verbindung mit *son* eine neue Stilrichtung, der *son montuno*, der seinerseits die Grundlage für die Salsa darstellt.

Die kubanische Rumba besaß tatsächlich am Ende des Zweiten Weltkriegs so großen Einfluss, dass sie von experimentellen kongolesischen Künstlern wie Sam Mangwana und Franco Luambo zurück nach Afrika gebracht wurde. Aus den überschäumenden kubanischen Einflüssen entstand *soukous*, ihre eigene Variation zum Thema Rumba.

Die kubanische Rumba, rau, ausdrucksstark und aufregend anzusehen, ist eine spontane, formlose Angelegenheit, die von Gruppen mit bis zu zwölf Musikern aufgeführt wird. Conga-Trommeln, *claves*, *palitos* (Stöckchen), *marugas* (metallene Rasseln) und *cajones* (Kisten) bestimmen die Rhythmen, während der Gesang zwischen einem heftig improvisierenden Solosänger und einem antwortenden *coro* (Chor, Refrain) wechselt.

Siegeszug des Son

Die zwei beliebtesten Stile des 19. Jhs., Rumba und *danzón*, kamen aus dem Westteil der Insel, vor allem aus Havanna und Matanzas. Doch da die Genres sich weitgehend nach schwarzer und weißer Gesellschaft unterschieden, kann man noch nicht von echten Hybriden sprechen. Die nächste große Klangrevolution brachte die erste wirkliche Vermischung in der Musik des Landes, den *son*.

Son tauchte erstmalig in der zweiten Hälfte des 19. Jhs. in den Bergen der Region Oriente auf. (Die ältesten bekannten Zeugnisse gehen allerdings bis 1570 zurück.) Es handelt sich um eine von zwei Stilrichtungen (die andere war der *changüí*), die gleichzeitig entstanden und Melodien und Texte spanischer Volksmusik mit den Trommelrhythmen kurz zuvor befreiter afrikanischer Sklaven verbanden. Der Vorläufer des *son* war der *nengón*, eine Kreation schwarzer Arbeiter auf den Zuckerplantagen, die ihre rhythmusbetonten religiösen Gesänge zu einer Musik- und

Liedform entwickelt hatten. Wann der Sprung vom *nengón* zum *son* stattfand, ist unklar und kaum dokumentiert, doch irgendwann zwischen den 1880er- und 1890er-Jahren begannen die *guajiros* (Leute vom Land) in den Bergen der heutigen Provinzen Santiago de Cuba und Guantánamo die Trommeln des *nengón* mit kubanischen *tres* (eine Gitarrenart mit drei doppelten Saiten) zu kombinieren, während ein Sänger ein traditionelles zehnzeiliges spanisches Gedicht, eine *décima,* improvisierte.

In seiner reinen Form wurde der *son* von einem Sextett, bestehend aus Gitarre, *tres,* Kontrabass, Bongo und zwei Sängern mit Maracas und Claves (Stöckchen zum Taktschlagen), ausgeführt. Der *son* fand seinen Weg von den Bergen in die Städte; frühester Vertreter war das legendäre Trio Oriental, mit dem sich 1912 auch die Präsentation durch ein Sextett einbürgerte, als das Trio als Sexteto Habanero neu entstand. Ein weiterer früher *sonero* war der Sänger Miguel Matamoros, dessen selbst geschriebene *son*-Klassiker wie „Son de la Loma" und „Lágrimas Negras" noch heute zum Standardrepertoire der allgegenwärtigen musikalischen Entertainer in Kuba zählen.

In den frühen 1910er-Jahren erreichte der *son* Havanna, wo er den typischen Rumbarhythmus annahm, der später auch die Grundlage der Salsa wurde. Nur ein Jahrzehnt hatte der *son* gebraucht, um zur für Kuba charakteristischen Musik zu werden, die in der weißen Gesellschaft verbreitet Anerkennung fand und den Mythos, schwarze Musik sei vulgär, einfach und subversiv, als Vorurteil entlarvte.

In den 1930er-Jahren war aus dem Sextett ein Septett geworden; die Trompete kam hinzu. Sensationelle neue Musiker wie der blinde *tres*-Spieler Arsenio Rodríguez – ein Songschreiber, den Harry Belafonte einst den „Vater der Salsa" nannte – bereiteten den Weg für Mambo und *cha-cha-chá.*

Barbaren des Rhythmus

In den 1940er- und 1950er-Jahren wuchsen die *son*-Bands von sieben auf acht und mehr Mitwirkende an, bis sie sich schließlich zu Big Bands mit

TÄNZE

Der kubanische Tanz ist genau wie die Musik des Landes von verschiedenen Stilrichtungen beeinflusst. Viele Tanzstile haben sich aus den populären Musiksträngen Kubas entwickelt.

Die frühen Tanzformen orientierten sich an den europäischen Gesellschaftstänzen, die die europäischen Kolonialherren eingeführt hatten, fügten jedoch afrikanische Elemente hinzu. Diese eher unorthodoxe Verschmelzung der Stile äußerte sich in so ausgefallenen Tänzen wie bei der französisch-haitischen *tumba francesa,* einer Verquickung aus französischem Hoftanz aus dem 18. Jh. und importierter afrikanischer Rhythmen: Die Tänzer tragen elegante Kleidung, wedeln mit ihre Fächern und Taschentüchern und bewegen sich zu den Trommelklängen aus Nigeria und Benin. Andere Tänze erinnern an das Arbeitsleben kubanischer Sklaven. Der *pilón* in der Provinz Granma ahmt z. B. das Zerstampfen von Zuckerrohr nach. *Nengón* und *kiribá* in Baracoa lehnen sich an das Zerknacken der Kakao- und Kaffeebohnen unter den Füßen an.

Der erste wirklich populäre Mischtanz war der *danzón,* ein Paartanz, dessen Wurzeln im französischen und englischen *contradanza* liegen, aber dessen Rhythmik voller typisch afrikanischer Synkopen ist. Mambo und Cha-Cha-Cha (*cha-cha-chá*) sind eine Weiterentwicklung des *danzón,* komplizierter und mit mehr Improvisation. Der Schöpfer des Mambo, Pérez Prado, nutzte in den 1940er-Jahren den Mambo als Erster gezielt zur Tanzbegleitung seiner neuen Musik. Ein Franzose namens Monsieur Pierre schrieb den *cha-cha-chá* in den frühen 1950er-Jahren als Gesellschaftstanz fest.

Blechbläsern und Schlagzeug entwickelten, die Rumba, *cha-cha-chá* und Mambo spielten. Mambo-König war Benny Moré, der mit seiner wunderbaren Stimme und seinem 40-Mann-Orchester (ausschließlich Schwarze) als El Bárbaro del Ritmo (Barbar des Rhythmus) bekannt wurde.

Mambo entstand aus der *charanga*-Musik, die wiederum vom *danzón* abstammte. Kühner, stärker vom Blech bestimmt und aufregender als die beiden früheren Inkarnationen, charakterisierten diese Musik überschwängliche Trompetenthemen, schwungvolle Saxophonklänge und dazwischen begeisterte Einwürfe des Sängers (meist *dílo!* – „sag es!").

Über die Ursprünge des Stils herrscht Uneinigkeit. Manche behaupten, dass er von dem *habanero* Orestes López erfunden wurde, der 1938 eine neue rhythmisch raffinierte Nummer mit dem Titel „Mambo" schrieb. Andere lassen die Ehre dem Bandleader Pérez Prado aus Matanzas zukommen, der als erster Musiker in den frühen 1940er-Jahren seine *sons* unter dem zunehmend lukrativen Namen Mambo vermarktete. Egal, was nun stimmt, der Mambo führte zum ersten weltweiten Tanzfieber; von New York bis Buenos Aires konnten die Menschen von dem ansteckenden Rhythmus gar nicht genug bekommen.

Eine Variation des Mambo, der *cha-cha-chá,* wurde 1951 erstmals vom in Havanna beheimateten Komponisten und Geiger Enrique Jorrín präsentiert, als er mit dem Orquesta América auftrat. Ursprünglich als „Mambo-Rumba" bezeichnet, sollte diese Musik einen einfacheren kubanischen Tanz bieten, mit dem auch weniger geübte Nordamerikaner zurechtkommen konnten. Doch er wurde schnell von überenthusiastischen Teilnehmern an Tanzwettbewerben mit immer neuen komplizierten Schrittfolgen „mamboisiert".

Salsa & ihre Ableger

Salsa ist ein Oberbegriff, der eine Reihe musikalischer Stilrichtungen beschreibt, die in den 1960er- und 1970er-Jahren in der sehr lebendigen New Yorker Latinoszene entstanden, als Jazz, *son* und Rumba sich zu einem neuen, stärker von den Blechbläsern bestimmten Sound verbanden. Während die Salsa nicht direkt von Kubanern, die in Kuba lebten, herrührt, gehen ihre Wurzeln doch auf den *son montuno* zurück. Außerdem ist der Einfluss von kreativen Köpfen wie Pérez Prado, Benny Moré und Miguel Matamoros nicht zu leugnen.

Die selbst ernannte Königin der Salsa war die Sängerin und Grammy-Gewinnerin Celia Cruz. Die 1925 in Havanna geborene Cruz erwarb ihre musikalischen Kenntnisse und frühen Erfahrungen in Kuba, bevor sie 1960 ins selbst gewählte Exil in die USA ging. Wegen Cruz' langjähriger Opposition gegen das Castro-Regime blieben ihre Schallplatten und ihre Musik auf der Insel unbekannt – trotz ihrer großen Bedeutung andernorts. Im Heimatland der Salsa weit einflussreicher war die legendäre Gruppe Los Van Van, die Juan Formell 1969 gründete und die noch heute regelmäßig in Veranstaltungslokalen in ganz Kuba auftritt. Mit Formell als Kopf der Gruppe, großartiger Improvisator, Dichter, Textschreiber und sozialer Kommentator gehörte Los Van Van zu einigen der wenigen modernen kubanischen Gruppen, die ihr eigenes einzigartiges musikalisches Genre, den *songo-salsa*, schufen. Im Jahre 2000 erhielt die Band die höchsten Ehrungen, als sie einen Grammy für ihr vollendetes Album *Llego Van Van* nach Hause nehmen konnte. Trotz Formells Tod im Jahre 2014 spielt die Band weiter, nimmt Platten auf und geht auf Tour.

Die moderne Salsa mischte sich in den 1980er- und 1990er-Jahren mit brandneuen Musikrichtungen wie Hip-Hop, *reggaetón* und Rap, bevor einige heiße neue Alternativen aufkamen; am bemerkenswertesten sind wohl *timba* und *songo-salsa*.

Filin' ist ein Begriff, der sich vom englischen Wort „feeling" (Gefühl) herleitet. Das war ein Musikstil, der von Jazz-Schnulzensängern der 1940er- und 1950er-Jahre dargeboten wurde. In Kuba entwickelte sich *filin'* aus Bolero und *trova* (Vers, Lied).

Timba ist in vielerlei Hinsicht Kubas eigene experimentelle, feurige Version der traditionellen Salsa. Die Musik, eine Mischung aus New Yorker Sounds mit lateinamerikanischem Jazz, *nueva trova*, amerikanischem Funk, Disco, Hip-Hop und sogar einigen klassischen Einflüssen, ist beweglicher und aggressiver als die klassische Salsa. Sie nimmt mehr Elemente der starken afrokubanischen Kultur auf. Viele *timba*-Bands wie Bamboleo und La Charanga Habanera verwenden Funk-Elemente und vertrauen auf weniger konventionelle kubanische Instrumente wie Synthesizer und große Trommeln. Andere – wie NG La Banda, 1988 gegründet – beleben ihre Musik mit einer eher vom Jazz übernommenen Dynamik.

Charangas waren kubanische Musikensembles, die populäre vom *danzón* beeinflusste Stücke aufführten.

Traditioneller Jazz, der in den dogmatischsten Tagen der Revolution als Musik des Feindes galt, fand immer wieder Eingang in die kubanische Musik. Jesús „Chucho" Valdés' Band Irakere, gegründet 1973, öffnete die kubanische Musik weit für das afrokubanische Trommeln, das mit Jazz und *son* verbunden ist. Die kubanische Hauptstadt besitzt eine Reihe guter Jazzclubs. Als weitere Musiker, die der kubanischen Jazzszene verbunden sind, wären der Pianist Gonzalo Rubalcaba, Isaac Delgado und Adalberto Álvarez y Su Son zu nennen.

Nueva Trova –Soundtrack der Revolution

Die 1960er-Jahre waren eine aufregende Zeit mit radikal neuen musikalischen Ausdrucksformen. In den USA veröffentlichte Bob Dylan *Highway 61 Revisited,* in Großbritannien kamen die Beatles mit *Sgt Pep-*

ZEITGENÖSSISCHE MUSIK

Orishas Im Jahre 2006 „537 Cuba" als Remix des Hits *Chan Chan* von Buena Vista Social Club mit einem höchst ansteckenden Reggaeton-Rhythmus. Und es kommt noch mehr!

Jacob Forever Ein heißer junger *Reggaetón*-Musiker, der ursprünglich aus Camagüey stammt; sein Hit „Hasta Que Se Seque El Malecón" (*Until the boardwalk dries up*) schlug 2016 hohe Wellen.

Gente de Zona Diese *Reggaetón-Salsaton*-Gruppe arbeitet mit Marc Anthony und Enrique Iglesias zusammen und räumte in jüngster Zeit mit energiegeladenen Hits viele Latin Grammys und andere Preise ab.

Interactivo Ein Künstlerkollektiv, das seit seiner Formierung im Jahre 2011 zahllose Einzeltalente präsentiert hat, darunter den Hip-Hop-Künstler Kumar, Jazzpoet und Instrumentalist Yusa, und den Gründer, den Jazzpianisten Roberto Carcassés. Das ist personifizierte kubanische Verschmelzung von Musikstilen.

Buena Fe Kreatives Rock-Duo aus Guantánamo, dessen durchdringende Texte sich an Kubas gerade aufwachende Jugendbewegung richten.

Haydée Milanés Jazzsängerin und Tochter des großen *trovador* Pablo Milanés.

X-Alfonso Der Mann hinter der aufregenden neuen Fábrica de Arte Cubano in Havanna ist der König vieler Genres, vom Rock im Stil von Jimi Hendrix bis zu lateinischem Hip-Hop. Hörenswert ist auch seine Schwester M-Alfonso, eine weitere großartige Sängerin im Schmelztiegel der Musik.

Diana Fuentes Sängerin mit einer Neigung zu R & B und Funk, die schon mit jedem, der in der kubanischen Musikszene etwas darstellt, gearbeitet hat, darunter auch X-Alfonso.

Yissy Yissy García ist vermutlich die talentierteste Drummerin Kubas und legt einen Rhythmus mit einer starken Neigung zur Tradition der Yoruba hin.

Doble Filo Pioniere des kubanischen Hip-Hop mit unverblümten Texten. Sie rappten einst mit Fidel Castro.

per heraus, während in der spanischsprachigen Welt musikalische Aktivisten wie der Chilene Víctor Jara und der Katalane Joan Manuel Serrat ihre politisch orientierten Gedichte zu leidenschaftlichen Protestsongs ausgestalteten.

Fest entschlossen, ihre eigene revolutionäre Musik unabhängig vom kapitalistischen Westen zu machen, entwickelten die einfallsreichen Kubaner – unter der Führung Haydee Santamarías, Direktorin der einflussreichen Casa de las Américas – die *nueva trova*.

Nueva trova ist eine Mischung aus philosophischen Texten und volkstümlichen Melodien; sie stammt direkt von der echten *trova*, einer unkonventionellen Gitarrenmusik, die im späten 19. Jh. in der Provinz Oriente im Osten der Insel entstand. Nach 1959 wurde die *trova* zunehmend politischer. Anspruchsvollere Künstler wie Carlos Puebla aus Manzanillo widmeten sich jetzt dieser Richtung. Puebla schuf mit seiner höchst politischen Ode an Che Guevara „Hasta Siempre Comandante" (1965) eine wichtige Brücke zwischen alten und neuen Formen.

Endgültig ins Rampenlicht trat die *nueva trova* im Februar 1968 beim Primer Encuentro de la Canción Protesta, einem Konzert, das die Casa de las Américas in Havanna organisierte und zu dessen Protagonisten aufstrebende Stars wie Silvio Rodríguez und Pablo Milanés zählten. Es war eine Art kubanisches Mini-Woodstock, eine Veranstaltung, die Linke in aller Welt als revolutionäre Alternative zum amerikanischen Rock 'n' Roll feierten.

Im Dezember 1972 erhielt die *Nueva-trova*-Bewegung die offizielle Zustimmung der kubanischen Regierung, und zwar während eines Festivals in Manzanillo, das anlässlich des 16. Jahrestags der Landung der *Granma* abgehalten wurde. Die *nueva trova* besaß in den 1960er- und 1970er-Jahren in der spanischsprachigen Welt großen Einfluss und inspirierte die Protestmusik der verarmten, unterdrückten Menschen Lateinamerikas, von denen viele in einer Zeit der korrupten Diktaturen und der kulturellen Vorherrschaft der USA in Kuba das Heil erblickten. Diese Solidarität erwiderten Künstler wie Rodríguez, der viele international beachtete Klassiker schrieb, etwa „Canción Urgente para Nicaragua" (zur Unterstützung der Sandinistas), „La Maza" und „Canción para mi Soldado" (über den Krieg in Angola).

> Kubas erstes Mischgenre im Bereich der Musik war die *habanera*, ein traditioneller europäischer Tanz mit synkopierten Trommelrhythmen, das Mitte des 19. Jhs. In den Vordergrund rückte und in den 1870er-Jahren wieder an Bedeutung verlor.

Rap, Reggaetón & mehr

Die zeitgenössische kubanische Musikszene ist eine interessante Mischung aus beständigen Traditionen und modernen Sounds, alten und neuen Künstlern. Mit niedrigen Produktionskosten, urbanen Themen und vielen US-amerikanisch inspirierten Mischstilen erobern Hip-Hop und Rap die junge Generation im Sturm.

Der kubanische Hip-Hop entstand in den hässlichen Beton-Sozialwohnungen von Alamar, Havanna, besitzt also wie sein US-amerikanisches Gegenstück Wurzeln in der armen Bevölkerungsschicht.

Die neue Musik erreichte die Nation erstmalig in den frühen 1980er-Jahren, als der amerikanische Rap, ausgestrahlt von Radiosendern in Miami, mit einfachen, selbst gebastelten Dachantennen aufgefangen wurde. Die Musikrichtung wurde schnell bei der jungen schwarzen Stadtbevölkerung beliebt, die sich während der unruhigen Zeit der Sonderperiode kulturell neu definierte. Anfang der 1990er-Jahre waren in den Straßen von Alamar Gruppen wie Public Enemy und NWA angesagt; 1995 gab es genug Hip-Hop, um ein Festival zu veranstalten.

Durch lateinamerikanische Einflüsse abgemildert und durch das streng revolutionäre Gedankengut eingeschränkt, hat sich der kubanische Hip-Hop von den US-Vorbildern entfernt und stattdessen ein eigenes progressives Flair angenommen. An Instrumenten werden *batá*-Trommeln, Congas und elektrische Bassgitarren verwendet. Die Texte befassen sich mit wichtigen nationalen Themen wie Sextourismus und den Schwierigkeiten der stagnierenden kubanischen Wirtschaft.

Obwohl der kubanische Hip-Hop in seiner Frühzeit als subversiv und konterrevolutionär galt, hat er unerwartete Hilfe aus der kubanischen Regierung erhalten. Die kunstbewussten Gesetzgeber sind der Meinung, dass die Musik eine wichtige Rolle bei der Gestaltung der Zukunft der kubanischen Jugend spielte. Fidel Castro ging noch einen Schritt weiter und beschrieb den Hip-Hop als „Vorreiter der Revolution"; er soll sich angeblich selbst bei einem Baseball-Spiel in Havanna an einem Rap versucht haben.

Dieses trifft dagegen in keiner Weise auf *Reggaetón* zu, eine Mischung aus Hip-Hop, spanischem Reggae und jamaikanischer Tanzmusik, die in den 1990er-Jahren aus Panama kam und Mitte der 2000er-Jahre zum populären Mainstream in Puerto Rico wurde. 2012 verbannte die kubanische Regierung ausgesprochene *Reggaetón*-Songs aus Fernseh- und Radioübertragungen, und viele Hip-Hop-Künstler äußerten ihr Unbehagen gegenüber den offen sexistischen und narzisstischen Texten dieses Genres.

Dennoch bleibt *reggaetón* in den Kreisen der kubanischen Jugend, die heimische Idole wie Osmani Garcia, Jacob Forever und Gente de la Zona anhimmeln, populär.

Natur & Umwelt

Kuba ist mit einer Landfläche von insgesamt 110 860 km² die größte Insel der Karibik; von Osten nach Westen erstreckt sie sich über eine Länge von rund 1250 km, von Norden nach Süden misst sie zwischen 31 km und 193 km. Die Insel hat die markante Form eines Krokodils und liegt unmittelbar südlich vom Wendekreis des Krebses. Eigentlich handelt es sich bei diesem Land um einen Archipel, der sich aus 4195 kleineren Eilanden und Korallenriffen zusammensetzt. Seit Alexander von Humboldt die Insel um 1800 entdeckte, sind Wissenschaftler und Naturforscher von den einzigartigen Ökosystemen fasziniert und begeistert.

Die Landschaft

Die durch Vulkanaktivität, Plattentektonik und Erosion entstandene Landschaft Kubas präsentiert sich als vielfältiges und abwechslungsreiches Kaleidoskop aus Höhlen, Bergen, Ebenen und *mogotes,* tropischen Karstkegeln, die oben abgeflacht sind. Der höchste Punkt, der Pico Turquino (1972 m), befindet sich im Osten zwischen den dreikantigen Gipfeln der Sierra Maestra. Weiter westlich in der nicht minder majestätischen Sierra del Escambray erstrecken sich zerklüftete Berge und tosende Wasserfälle über die Grenzen der Provinzen Cienfuegos, Villa Clara und Sancti Spíritus hinweg. Wie ein purpurfarbener Schatten ragt ganz im Westen die 175 km lange Cordillera de Guaniguanico auf, eine kleinere Bergkette, zu der das Biosphärenreservat Sierra del Rosario und die kegelartigen Hügel des Valle de Viñales gehören, die wie ein Nadelkissen anmuten.

Umspielt von den warmen türkisfarbenen Gestaden der Karibik im Süden und den weißen Wellen des Atlantiks im Norden verfügt Kuba über eine 5746 km lange Küste mit über 300 Naturstränden und einem der größten Korallenriffe der Welt. Mit rund 900 Fischarten und über 410 verschiedenen Schwamm- und Korallenarten ist diese unberührte Küste das reinste Märchenland im Wasser und einer der Hauptgründe, weshalb Kuba mittlerweile als Tauchdestination von sich reden macht.

Der 7200 m tiefe Cayman-Graben zwischen Kuba und Jamaika bildet die Grenze zur nordamerikanischen und karibischen Platte. Tektonische Bewegungen haben die Insel im Laufe der Zeit gekippt, sodass an einigen Abschnitten der Nordküste nun Kalksteinklippen aufragen, während sich im niedrigen Süden Mangrovensümpfe ausdehnen. Im Lauf von Millionen Jahren wurde die unterste Kalkschicht durch unterirdische Flüsse erodiert, wodurch so interessante geologische Phänomene wie die „Heuhaufenhügel" von Viñales sowie über 20 000 Höhlen im ganzen Land entstanden.

Zu dem weitläufigen Archipel gehören Tausende von Inseln und Cayos (kleinen, meist unbewohnten Eilanden), die sich grob in vier Gruppen einteilen lassen: in den Archipiélago de los Colorados nördlich von Pinar del Río, den Archipiélago de Sabana-Camagüey (oder: Jardines del Rey) nördlich von Villa Clara und Ciego de Ávila, den Archipiélago de los Jardines de la Reina südlich von Ciego de Ávila sowie den Archipiélago de los Canarreos rund um die Isla de la Juventud. Die meisten Touristen werden wohl mindestens einer dieser Inselidyllen einen Besuch abstatten, denn die meisten Resorts, Strände und Tauchreviere befinden sich in diesen Regionen.

Da Kuba eine schmale Insel ist, die es von Norden nach Süden an kaum einer Stelle auf mehr als 200 km bringt, ist Kubas längster Fluss mit nur 343 km der Río Cauto, der von seiner Quelle in der Sierra Maestra in einem großen Bogen nördlich von Bayamo entlangfließt und nur von kleineren Schiffen auf einer Strecke von 110 km befahren werden kann. Zur Bewässerung des Landes und für die Trinkwasserversorgung wurden zum Ausgleich 632 *embalses* (Wasserreservoirs) und *presas* (Dämme) geschaffen, die insgesamt eine Fläche von über 500 km² einnehmen; sie ergänzen das nahezu unerschöpfliche Grundwasser, das sich in Kubas Kalksteinuntergrund sammelt.

Kuba liegt in einem durch Hurrikans äußerst gefährdeten Gebiet der Karibik und wurde in den letzten Jahren öfter von Wirbelstürmen heimgesucht. Besonders bekannt wurde Sandy im Jahre 2012, der Schäden von über zwei Milliarden US-Dollar angerichtet hat, aber auch Hurrikan Matthew, der 2016 besonders Baracoa betroffen hat. Im Herbst 2017 sorgte der Hurrikan Irma für erhebliche Schäden vor allem in den Provinzen Villa Clara und Matanzas.

Unesco- & Ramsar-Stätten

Den höchsten Standard in Sachen Umweltschutz gewährleistet in Kuba die Unesco, die in den vergangenen 25 Jahren sechs Biosphärenreservate ins Leben gerufen hat. Unter einem Biosphärenreservat ist ein Areal mit hoher Biodiversität zu verstehen, was rigorosen Naturschutz und nachhaltige Methoden erforderlich macht. Nach rund 15 Jahren erfolgreicher Wiederaufforstung wurde die Sierra del Rosario 1985 zu Kubas erstem Biosphärenreservat erklärt. Cuchillas del Toa (1987), die Península de Guanahacabibes (1987), Baconao (1987), Ciénaga de Zapata (2000) und die Bahía de Buenavista (2000) folgten nach. Außerdem wurden zwei der neun Unesco-Weltkulturerbestätten gleichzeitig auch zu Weltnaturerbestätten erklärt – ein Status, den sie vor allem aufgrund ihrer ökologischen Eigenschaften zugesprochen bekamen. Zu diesen Stätten zählen der Parque Nacional Desembarco del Granma (1999), der für seine Unterwasser-Terrassen ausgezeichnet wurde, und der Parque Nacional Alejandro de Humboldt (2001), der wegen seiner außergewöhnlich zahlreichen endemischen Arten bekannt ist. Neben besagten Unesco-Einrichtungen gibt es in Kuba noch ein halbes Dutzend Stätten der Ramsar-Konvention, die 2001/2002 ausgewiesen wurden, um Kubas gefährdete Sumpfgebiete zu schützen. Diese Konvention bietet nun also der Ciénaga de Zapata und der Bahía de Buenavista zusätzlichen Schutz und leistet zudem einst ungeschützten Regionen wie dem Lanier-Sumpf auf der Isla de la Juventud (ein fantastisches Terrain für Krokodile), dem weitläufigen Río-Cauto-Delta in den Provinzen Granma und Las Tunas sowie den Flamingo-Niststätten an der Nordküste der Provinzen Camagüey und Ciego de Ávila Hilfestellung.

Nationalparks

Die Definition eines Nationalparks ist in Kuba relativ schwammig; manche werden auch als Naturparks oder als Pflanzenschutzgebiet bezeichnet. Eine Dachorganisation wie in den USA oder auch in Kanada existiert jedenfalls nicht. Eine Handvoll der 14 gelisteten Parks – allen voran der herrliche Ciénaga de Zapata – befindet sich innerhalb der Unesco-Biosphärenreservate oder der Stätten der Ramsar-Konvention, und das bedeutet, dass ihre Strategien in Sachen Naturschutz nun strenger beaufsichtigt werden. Der erste Nationalpark des Landes war der 1930 gegründete Sierra del Cristal, in dem sich Kubas größter Kiefernwald

Der längste Fluss

Name *Río Cauto*

Länge *343 km*

Schiffbare Länge *110 km*

Einzugsgebiet *8928 km²*

Quelle *Sierra Maestra*

Mündung *Karibisches Meer*

befindet; 50 Jahre gingen ins Land, bis die Behörden dann einen weiteren Nationalpark einrichteten, den Gran Parque Nacional Sierra Maestra (auch: Turquino), der über Kubas höchsten Berg wacht. Weitere wichtige Parks sind der Viñales mit seinen *mogotes,* Höhlen und Tabakplantagen sowie der Gran Piedra in der Nähe von Santiago de Cuba, der dem Unesco-Biosphärenreservat Baconao zugeschlagen wurde. Zwei bedeutende Meeresnationalparks vor der Südküste sind die Jardines de la Reina, ein Archipel und Taucherparadies in den Gestaden der Provinz Ciego de Ávila, und die nur selten besuchten Cayos de San Felipe vor der Küste der Provinz Pinar del Río.

Landwirtschaft

30 % der Landmasse Kubas wird landwirtschaftlich genutzt, und jeder fünfte Kubaner ist irgendwie in der Landwirtschaft beschäftigt.

Tabak, der vornehmlich in der reichen Provinz Pinar del Río angebaut wird, ist Kubas drittwichtigster Industriezweig in der umkämpften kubanischen Wirtschaft. Wie die meisten landwirtschaftlichen Tätigkeiten in Kuba haben sich die Anbaumethoden durch die Jahrhunderte kaum geändert: Die Felder werden noch immer von Ochsengespannen gepflügt, was zwar fotogen aussieht, aber gleichzeitig auch herzzerreißend ist.

Vor dem US-Embargo war Zucker ein wirtschaftliches Zugpferd. Trotz der vielen Schließungen von Zuckerfabriken überall im Land wird dieser Wirtschaftszweig wieder wichtig, weil China mittlerweile der größte Abnehmer ist. Ein weiteres wichtiges Anbauprodukt ist der Reis. In der Cordillera de la Gran Piedra bei Santiago de Cuba wird Kaffee angebaut.

Parque Nacional Alejandro de Humboldt ist nach dem deutschen Naturkundler Alexander von Humboldt (1769–1859) benannt, der die Insel zwischen 1801 und 1804 besuchte.

Die Tierwelt

Kubas heimische Fauna ist ungewöhnlich vielfältig und zieht auch Besucher an, die gerne Tiere beobachten. Vögel haben wohl den größten Anziehungseffekt auf Besucher, insbesondere Vogelkundler, denn in Kuba sind mehr als 350 verschiedene Arten heimisch, zwei Dutzend davon sind endemisch. Die schönsten Gelegenheiten, den *zunzuncito* (Bienenelfe, eine Kolibriart) zu sichten, bieten sich in den Mangroven der Ciénaga de Zapata in der Provinz Matanzas oder auf der Península de Guanahacabibes in Pinar del Río. Der kleinste Vogel der Welt bringt es gerade mal auf 6,5 cm und ist damit kaum länger als ein Zahnstocher. In den beiden genannten Regionen ist auch der *tocororo* (Kubatrogon), Kubas Nationalvogel, zu Hause. Weitere beliebte Vogelarten sind beispielsweise *cartacuba* (Vielfarbentodi, eine in Kuba endemische Vogelart), Reiher, Löffler, Sittiche und Sperlingskäuze, die sich allerdings nur selten blicken lassen.

Flamingos leben zuhauf auf den nördlichen Cayos. Im Delta des Río Máximo in der Provinz Camagüey befinden sich die ausgedehntesten Nistplätze der westlichen Hemisphäre, allerdings ist das Gebiet durch Verschmutzung bedroht.

Auf Landsäugetiere wurde in Kuba fast bis zu ihrem Aussterben Jagd gemacht. Als größtes einheimisches Tier hat die nette *jutía,* (eine Baumratte, überlebt; das 4 kg schwere, essbare Nagetier ist auf den abgelegenen Cayos zu Hause, wo es in relativer Eintracht mit großen Scharen an *iguanas* (Leguanen) lebt. Die meisten der insgesamt 38 anderen Säugetierarten stammen aus der Familie der Fledermäuse.

In Kuba ist eine Froschart beheimatet, die so klein und flink ist, dass sie 1996 überhaupt erst entdeckt wurde, und zwar im heutigen Parque Nacional Alejandro de Humboldt in der Nähe von Baracoa. Die endemische Amphibie hat bis heute noch keinen gebräuchlichen deutschen Namen bekommen und ist nur als *Eleutherodactylus iberia* bekannt. Dieser Frosch ist nicht einmal 1 cm lang und existiert in einem Gebiet von gerade einmal 100 km².

Weitere eher seltsame Spezies sind der *mariposa de cristal* (lateinischer Name *Greta oto,* Kubanischer Glasflügelschmetterling), eine von weltweit nur zwei Schmetterlingsarten mit durchsichtigen Flügeln. Der seltene *manjuarí* (Kubanischer Alligatorhecht) ist eine uralte Fischart und somit ein lebendes Fossil. Und die *polimita,* eine endemische gehäuseschnecke, lässt sich an ihren charakteristischen gelben, roten und braunen Streifen erkennen. 2011 wurde schließlich der endemische *Lucifuga* entdeckt, eine Knochenfischart.

Reptilien sind in Kuba weit verbreitet. Neben Leguanen und Salamandern leben hier 15 Schlangenarten, von denen keine giftig ist. Kubas größte Schlange ist die *majá,* die Kubanische Schlankboa, eine Würgeschlange, die es auf eine Länge von 4 m bringt. Aber keine Sorge: Sie ist ein nachtaktives Tier und hat mit Menschen meist nichts im Sinn. Das endemische Kubakrokodil *(Crocodylus rhombifer)* ist relativ klein, jedoch auf dem Land und im Wasser recht agil. Es hat 68 scharfe Zähne, mit denen es sogar Schildkrötenpanzer problemlos zermalmen kann. Die Krokodile haben im letzten Jahrhundert große Bereiche ihres Lebensraums eingebüßt. Da sie seit den 1990er-Jahren größeren Schutz genießen, hat sich ihr Bestand mittlerweile jedoch wieder vermehrt. In Kuba wurden zudem diverse *criaderos* gegründet. Die größte dieser Krokodilzuchtfarmen befindet sich in Guamá in der Nähe der Schweinebucht. Zum Kubakrokodil gesellt sich noch das größere Spitzkrokodil *(Crocodylus acutus),* das in den Zapata-Sümpfen sowie im Marschland an der Südküste Kubas zu Hause ist.

Die Isla Grande (die Hauptinsel Kubas) ist flächenmäßig die 17.größte Insel der Welt, etwas kleiner als Neufundland und ein ganz kleines bisschen größer als Island.

NATUR & UMWELT DIE TIERWELT

KUBAS SCHUTZGEBIETE

NAME DES GEBIETES	JAHR DER ERNENNUNG	HERAUSRAGENDE MERKMALE
BIOSPHÄREN-RESERVATE DER UNESCO		
Sierra del Rosario	1985	ökologischer Ansatz
Cuchillos Toa Biospehere Reserve	1987	Primärregenwald
Península de Guanahacabibes	1987	Schildkrötenbrutstätte
Baconao	1987	Kaffeeanbau
Ciénaga de Zapata	2000	größtes Feuchtgebiet in der Karibik
Buenavista	2000	Karstformationen
GEBIETE DER RAMSAR-KONVENTION		
Ciénaga de Zapata	2001	größtes Feuchtgebiet in der Karibik
Buenavista	2002	Karstformationen
Ciénaga de Lanier	2002	ungewöhnliches Mosaik von Ökosystemen
Humedal del Norte de Ciego de Ávila	2002	einzigartige Küstenseen
Humedal Delta del Cauto	2002	große Population von Wasservögeln
Humedal Río Máximo-Cagüey	2002	wichtiger Nistplatz der Flamingos
UNESCO-WELTNATURERBE		
Parque Nacional Desembarco del Granma	1999	unberührte Meeresterrassen
Parque Nacional Alejandro de Humboldt	2001	viele endemische Arten

Die Meerestiere in Kuba machen die relativ begrenzte Anzahl an Landtieren wett. Manatis (Rundschwanzseekühe), die einzigen pflanzenfressenden Wassersäugetiere der Welt, leben in der Bahía de Taco und auf der Península de Zapata. Walhaie statten von November bis Februar häufig dem Gebiet um María la Gorda an der Ostspitze Kubas einen Besuch ab. Vier Schildkrötenarten (Lederschildkröte, Suppenschildkröte, Echte und Unechte Karettschildkröte) sind ebenfalls in den kubanischen Gestaden beheimatet; sie kommen alljährlich auf den abgelegenen Cayos oder auch an den geschützten Stränden der Península de Guanahacabibes zur Eiablage an Land.

Bedrohte Arten

Bedingt durch den Verlust an Lebensraum und die konstante Jagd durch den Menschen, gehören viele Tiere, darunter auch Vögel, in Kuba mittlerweile zu den bedrohten Tierarten. Besonders schlecht bestellt ist es dabei um das Kubakrokodil, das über den kleinsten Lebensraum aller Krokodile verfügt und nur auf einer Fläche von 300 km² in der Ciénaga de Zapata (Zapata-Sumpf) und im Lanier-Sumpf auf der Isla de la Juventud vorkommt. Es steht seit 1996 unter Schutz; der Bestand wird auf etwa 6000 Exemplare geschätzt. Weitere gefährdete Arten sind die *jutía*, die während der Período Especial gnadenlos gejagt wurde; damals erlegten die hungrigen Kubaner das Tier wegen seines Fleisches (was sie im Übrigen auch heute noch tun, denn es gilt als Delikatesse). Sonstige bedrohte Spezies sind die Kuba-Schlankboa, eine einheimische Schlangenart, die in den rapide schrumpfenden Waldgebieten bevorzugt auf Bäumen lebt, und der seltene *carpintero real* (Linienspecht), der nach einer Unterbrechung von 40 Jahren Ende der 1980er-Jahre wieder im Parque Nacional Alejandro de Humboldt bei Baracoa gesichtet wurde, seitdem allerdings nie mehr wieder.

Die ernstlich bedrohten Karibik-Manatis (Rundschwanzseekühe) sind zwar vor illegaler Jagd geschützt, haben jedoch weiterhin unter vielerlei Bedrohungen durch den Menschen zu leiden: Schiffsschrauben, erstickende Fischernetze und giftige Abwässer, die von Zuckerfabriken in die Flüsse geleitet werden.

Kuba hat eine zwiespältige Einstellung gegenüber der Jagd auf Schildkröten. Die Echte Karettschildkröte wurde gesetzlich geschützt, dennoch macht eine Klausel es möglich, dass bis zu 500 Tiere pro Jahr in bestimmten Gegenden (Camagüey und Isla de la Juventud) gefangen werden. Hin und wieder finden Reisende in Orten wie Baracoa auf der Speisekarte *tortuga* (Schildkröte).

Pflanzen

Kuba gilt als Synonym für Palmen; durch Lieder, Landschaften und Legenden sind beide unauflöslich miteinander verbunden. Der Nationalbaum Kubas ist dementsprechend die *palma real* (Königspalme), die auch das Wappen des Landes ziert und im Logo von Cristal-Bier auftaucht. Man schätzt, dass in Kuba 20 Mio. Königspalmen wachsen, und die Einheimischen erzählen gern, dass man – egal wo auf der Insel man steht – immer eine Königspalme im Blickfeld hat. Diese majestätischen Bäume erreichen eine Höhe von bis zu 40 m. Sie lassen sich leicht an ihrem geschmeidigen Stamm und dem grünen Kronenschaft in der Höhe erkennen. Weitere Palmenarten sind *cocoteros* (Kokospalmen), *palmas barrigonas* (eine Fächerpalmenart) mit ihrer charakteristischen Ausbuchtung und die extrem seltenen *palmas corchos* (eine Palmfarnart). Letztere sind ein Relikt aus der Kreidezeit (vor 65–135 Mio. Jahren) und werden deshalb als lebendige Fossilien geschützt. Diverse Exemplare sind im Park des Museo de Ciencias Naturales Sandalio de Noda in der Provinz Pinar del Río zu bewundern. Im Jardín Botánico von Cienfuegos

Der Karibik-Manati kann bis zu 4,5 m lang werden und bis zu 600 kg wiegen. Er kann bis zu 50 kg Pflanzen pro Tag vertilgen.

wachsen 280 Arten von Palmen. Insgesamt gedeihen 90 verschiedene Palmenarten in Kuba.

Weitere wichtige Bäume sind die Mangroven, die mit ihren extrem ausladenden Wurzeln Kubas Küsten vor der Erosion bewahren und kleinen Fischen und Vögeln einen wichtigen Lebensraum bieten. Da an die 26 % der kubanischen Wälder und fast 5 % der Küste der Insel aus Mangroven bestehen, nimmt Kuba den neunten Platz in Sachen Mangrovendichte weltweit ein. Die weitläufigsten Sumpfgebiete befinden sich in der Ciénaga de Zapata.

Die größten einheimischen Kiefernwälder wachsen auf der Isla de la Juventud (der ehemaligen Isla de los Pinos) im westlichen Pinar del Río, im östlichen Holguín (Sierra Cristal) sowie in Zentral-Guantánamo. Da diese Wälder besonders anfällig für Waldbrände sind, bereitet die Aufforstung der Kiefernwälder den Umweltschützern arges Kopfzerbrechen.

Regenwälder gedeihen in höheren Regionen – auf rund 500 m bis 1500 m – in der Sierra del Escambray, der Sierra Maestra und in den Macizo-de-Sagua-Baracoa-Bergen. Zu den ursprünglichen Regenwaldarten gehören Ebenholz- und Mahagoni-Bäume, heute wird jedoch überwiegend mit Eukalyptus aufgeforstet, einer anmutigen und duftenden Pflanze, die allerdings wild wuchert.

Locker über die ganze Insel verstreut tragen Hunderte Arten von Farnen, Kakteen und Orchideen, von denen es viele ausschließlich auf Kuba gibt, zur üppigen Vegetation bei. Die beste Sammlung von Farnen und Kakteen präsentiert der Botanische Garten von Santiago de Cuba, während Pinar del Río mit den herrlichsten Orchideen aufwarten kann; die meisten blühen von November bis Januar. Am schönsten lassen sie sich in der Reserva Sierra del Rosario bewundern. Als Nationalblume gilt die anmutige *mariposa* (Weißer Ingwer), die sich unschwer an ihren weißen Blütenblättern und dem intensiven Duft erkennen lässt.

Heilpflanzen sind in Kuba weit verbreitet, was größtenteils dem chronischen Mangel an verschreibungspflichtigen Medikamenten geschuldet ist. Die Apotheken sind mit wirksamen Tinkturen wie Aloe (bei Husten und Verstopfung) und einem Nebenprodukt der Imkerei namens *própólio* (Propolis, Bienenharz), das u. a. bei Amöben im Magen und Infektionen der Atemwege zum Einsatz kommt, bestens bestückt. Zu Hause hat jeder Kubaner im Patio seinen Topf mit *orégano de la tierra* (Kubanischer Oregano) stehen, ein Heilmittel, das mit Limettensaft, Honig und heißem Wasser aufgebrüht ein wahres Wunderelixir ist

Schätzungen zufolge gibt es in Kuba zwischen 6500 und 7000 verschiedene Pflanzenarten, von denen fast die Hälfte endemisch ist.

Umweltprobleme

Der Großteil der Umweltbedrohungen in Kuba ist von Menschen verursacht und beruht entweder auf Umweltverschmutzung oder auf dem Verlust von Lebensräumen, etwa durch Entwaldung. Vor 1978 wurden praktisch kaum Versuche unternommen, die ökologische Vielfalt des Archipels zu erhalten, doch dann hat man schließlich Comarna gegründet, das Nationale Komitee zum Schutz und zur Bewahrung der natürlichen Ressourcen und der Umwelt.

Um die 400 Jahre Abholzung und Zerstörung der Lebensräume wieder umzukehren, wurden Grüngürtel geschaffen und ehrgeizige Aufforstungskampagnen ins Leben gerufen. Comarna überwacht nationale und internationale Umweltgesetze, darunter die Einhaltung internationaler Abkommen, die Kubas Biosphärenreservate der Unesco und die Unesco-Welterbestätten regeln.

Kubas größte Umweltprobleme werden durch die Wirtschaft verschlimmert, die um ihre Überleben ringt. Während das Land alle Hoffnungen auf den Tourismus setzt, um aus der Finanzmisere zu kommen, läuft die Umweltpolitik diesem Trend entgegen. Der Druck auf die Umwelt nimmt durch den dank der geöffneten Beziehungen zu den USA aufblühenden Tourismus noch mehr zu. Da Venezuela dahinsiecht, ist die Ölversorgung Kubas destabilisiert worden. Die Regierung plant nun, vor der Nordwestküste nach Öl zu bohren, obwohl die Verschmutzung des Meeres mit Öl verheerende Auswirkungen hätte. Und darin liegt nun das Dilemma: Wie kann ein Entwicklungsland für seine Bevölkerung sorgen und gleichzeitig seinen hohen ökologischen Standard aufrechterhalten?

Entwaldung

Als Kolumbus 1492 nach Kuba kam, bestand die Insel schätzungsweise zu 95 % aus Primärwald. Bis 1959 reduzierte sich aufgrund von unkontrolliertem Holzeinschlag zugunsten von Zuckerrohr- und Zitrusplantagen der Anteil auf 16 %. Baumpflanzungen im großen Stil und die Umwandlung bedeutender Landstriche in Naturschutzgebiete haben mittlerweile zu einem Anstieg auf immerhin 24 % geführt, aber es bleibt noch viel zu tun.

Las Terrazas in der Provinz Pinar del Río galt Ende der 1960er-Jahre als wahres Musterbeispiel für eine gelungene Wiederaufforstung; damals konnten etliche Hektar abgeholzter Wälder vor einer ökologischen Katastrophe bewahrt werden. In jüngster Zeit konzentrierten sich die Bemühungen auf den Erhalt der letzten unberührten Regenwälder der Karibik im Parque Nacional Alejandro de Humboldt und auf die Anpflanzung schützender Waldgürtel entlang der Sumpfgebiete des Río-Cauto-Deltas.

Dämme

Ein frühes Alarmzeichen bei Kubas Ringen zwischen wirtschaftlichem und ökologischem Erfolg war der Bau des 2 km langen *pedraplén* Ende der 1980er-Jahre, eines Steindamms, der Cayo Sabinal mit dem Festland von Camagüey verband. Das Großprojekt, für das Unmengen Felsblöcke im Meer aufgeschichtet wurden, auf denen dann (ohne Brücken) Straßen angelegt wurden, unterbrach die Wasserströmungen und verursachte deshalb irreparable Schäden in den Lebensräumen der Vögel und Meerestiere. Wozu das alles gut war, weiß eigentlich kein Mensch. Bislang stehen auf dem verlassenen Cayo Sabinal jedenfalls noch keine Resorts. Später wurden noch andere, längere Dämme errichtet, um die Jardines del Rey mit Ciego de Ávila (27 km Länge) und Cayo Santa María mit Villa Clara (über ein Ungetüm von 48 km) zu verbinden. In diesen

---

NATÜRLICHE SPAS

Kubas Spas ähneln eher utilitaristischen Krankenhäusern als romantischen Erholungsorten – das tut ihrer Heilkraft aber keinen Abbruch. Die bekanntesten Heilbäder des Landes werden von Thermal- oder Mineralquellen gespeist und sind an die kostengünstigen Islazul-Hotels angebunden. Sie bieten eine Mischung aus Bädern, Fitnessräumen und anderen ausgewählten Therapien.

Balneario San Diego (S. 209) In der Province Pinar del Río. Das älteste Kurbad des Landes wurde 1951 eröffnet und bekommt nun endlich die lange überfällige Verschönerung. Die Wassertemperaturen liegen zwischen 32 °C und 38 °C, und es werden zahlreiche Fangotherapien angeboten. Gut bei Rheuma.

Hotel & Spa Elguea (✆42-68-62-90; EZ/DZ mit Frühstück 45/65 CUC$; P✳☒) Provinz Villa Clara. Die heißesten Thermalquellen Kubas (45 bis 50 °C).

Villa San José del Lago (S. 333) In der Provinz Sancti Spíritus; ein eher äußerlich schönes Spa mit einem Hotel und verschiedenen Wasserbecken reich an Bikarbonat/Kalzium. Gut bei Schuppenflechte.

Fällen wurden die Wasserströmungen aufgrund von umweltfreundlichen Brücken nicht beeinträchtigt, doch das eigentliche Ausmaß der ökologischen Schäden wird sich wohl erst in zehn Jahren zeigen.

Verlust von Fauna & Lebensraum für Tiere

Die Bewahrung von gesunden Tierhabitaten ist von vitaler Bedeutung für Kuba – ein Land mit enorm vielen endemischen Spezies und einem dementsprechend hohen Risiko des Artenverlusts. Das Problem wird durch das räumlich begrenzte Vorkommen endemischer Tierarten wie beispielsweise des Kubakrokodils, das fast ausschließlich in der Ciénaga de Zapata lebt, noch verschärft – was auch für den ebenso seltenen *Eleutherodactylus iberia* gilt, den kleinsten Frosch der Welt. Er kommt nur auf einem Gebiet von gerade einmal 100 km² vor und lebt ausschließlich im Parque Nacional Alejandro de Humboldt, dessen Gründung im Jahr 2001 ihn zweifelsohne vor dem Aussterben bewahrte. Weitere gefährdete Gebiete sind die riesigen Nistplätze der Flamingos auf dem Archipiélago de Sabana-Camagüey und auch bei Moa in der Provinz Holguín, wo verschmutztes Wasser ins Ökosystem der Küstenmangroven geleitet wurde, den bevorzugten Lebensraum der Manatis.

Der Bau von neuen Straßen und Flughäfen und die fieberhafte Errichtung von von Hotelanlagen an unberührten Stränden verschärfen den Konflikt zwischen menschlichen Bedürfnissen und Umweltschutz. Die brutal reduzierte Fläche der Reserva Ecológica Varahicacos in Varadero zugunsten von Resorts ist nur eines von diversen negativen Beispielen. Cayo Coco – das Eiland gehört mit zu einem bedeutenden, der Ramsar-Konvention unterstehenden Sumpfgebiet, an das sich unmittelbar eine Hotelmeile anschließt – ist ein zweites.

Überfischung – worunter auch der Fang von Schildkröten und Hummern für den Konsum der Touristen fallen –, landwirtschaftliche Abwässer, Verschmutzung durch die Industrie und unzureichende Kläranlagen haben zum Niedergang der Korallenriffe beigetragen. Krankheiten wie Gelb- und Schwarzband, aber auch eine Algenplage sind die Folge. Dass wildlebende Delfine eingefangen wurden, um in *delfinarios* (Delfinschauen) die Touristen zu unterhalten, hat ebenfalls vielen Aktivisten zu schaffen gemacht.

Überalterte Infrastruktur & Verschmutzung

Sobald man in Havanna oder Santiago de Cuba ankommt, schlägt einem sofort die Luftverschmutzung ins Gesicht. Da schwirren kleine Partikel durch die Luft, alte Laster stoßen schwarzen Rauch aus und die Nebenprodukte der Müllverbrennung tun das ihre. Das sind nur einige der Ursachen. Die überlastete Kanalisation in Havanna – einst gebaut für eine Zahl von Einwohnern, die sich mittlerweile vervierfacht hat – ist kurz vor dem endgültigen Kollaps. Verstopfungen der Rohre betreffen über die Hälfte der Bewohner der Stadt, und Lecks in den Wasserleitungen behindern die Umweltschutzmaßnahmen. Zementfabriken, Zuckerraffinerien und andere Schwerindustriebetriebe hinterlassen ebenso ihre (schmutzigen) Spuren.

Die Nickelminen rund um Moa zeigen, wie die Interessen der Industrie deutlichen Vorrang vor der Bewahrung der Umwelt haben. Einige der schönsten und wildesten Landschaften Kubas haben sich bereits in karges Ödland ähnlich einer Mondlandschaft verwandelt. Leider gibt es keine einfachen Lösungen; Nickel ist eins der größten Exportgüter Kubas, ein Rohstoff, ohne den die Wirtschaft nicht auskommen kann.

Während die alten amerikanischen Autos zwar den Touristen ein Bild von Romantik vermitteln, sind sie natürlich aus Sicht des Benzinverbrauchs ineffizient. Dazu kommt noch der Einsatz von Kraftstoff, der auf Grund der wirtschaftlichen Beschränkungen qualitativ unter dem Stan-

Die höchsten Berge

Pico Turquino
1972 m, Provinz Santiago de Cuba

Pico Cuba
1872 m, Provinz Santiago de Cuba

Pico Bayamesa
1730 m, Provinz Granma

dard liegt. Dann sind da noch die öffentlichen Verkehrsmittel – selbst Fidel Castro äußerte sich offiziell zu den gesundheitsschädlichen Auswirkungen von Kubas schmutzigen Bussen.

Umweltpolitische Erfolge

Der erfreuliche Aspekt in Sachen Umweltschutz betrifft die Begeisterung, mit der die kubanische Regierung die Wiederaufforstung und die Ausweisung von Naturschutzgebieten vorantreibt – besonders seit Mitte der 1980er-Jahre – und damit ihren Willen zeigt, sich mit den Fehlern der Vergangenheit auseinanderzusetzen. Die beste Errungenschaft ist der Schutz der Riffe in Meeresschutzgebieten. Kuba stellt sich auch dem Klimawandel und bereitet sich auf das Ansteigen des Meeresspiegels vor.

Der Hafen von Havanna, einst der schmutzigste in ganz Lateinamerika, wurde einer umfassenden Reinigung unterzogen – was auch für den Río Almendares gilt, der mitten durch das Herz der Stadt fließt. Auch die Schwefelemissionen bei den Erdölbohrungen in der Nähe von Varadero konnten reduziert werden, und die Einhaltung von Umweltauflagen für Bauvorhaben wird nun vom Ministerium für Wissenschaft, Technologie und Umwelt überwacht. Die Fischereiverordnungen gestalten sich mittlerweile ebenfalls immer strenger. Das richtige Gleichgewicht zwischen den unmittelbaren Bedürfnissen Kubas und der Zukunft des Landes zu finden ist jedenfalls eine große Herausforderung.

In Las Terrazas kann die Nation ihre augenscheinlichsten Erfolge in Sachen Umweltschutz feiern, allerdings gibt es auch andere Projekte wie etwa die Errichtung von Windparks und der erste Solarpark, der 2014 in der Provinz Cienfuegos eröffnet wurde. Was die Tierwelt betrifft, so kann die Nation auf wichtige Programme zur Wiederansiedlung von Krokodilen und Maßnahmen zum Schutz der Meeresschildkröten verweisen. Zudem gibt es Bemühungen, in den Städten biologischen Gartenbau zu betreiben.

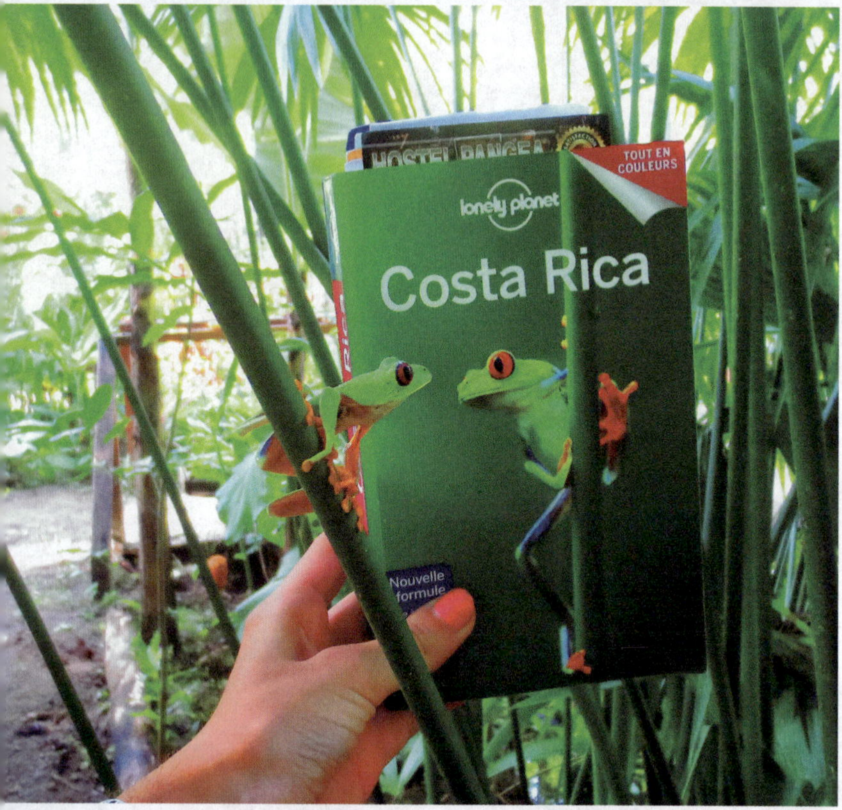

Praktische Informationen

Allgemeine Informationen

Botschaften & Konsulate

Alle Botschaften befinden sich in Havanna und sind an Wochentagen meist von 8 bis 12 Uhr geöffnet.

Deutsche Botschaft (⏺7-833-2539; Calle 13 No 652, Vedado)

Niederländische Botschaft (⏺7-204-2511; Calle 8 No 307, zwischen Av 3 & 5, Miramar)

Österreichische Botschaft (⏺7-204-2825; Av 5A No 6617 Ecke Calle 70, Miramar)

Schweizer Konsulat (⏺7-204-2611; Av 5 No 2005, zwischen Av 20 & 22, Miramar)

Essen & Trinken

Seit der neuen Privatisierungsgesetze im Jahre 2011

PREISKATEGORIEN: ESSEN

Nur ganz selten kostet ein Gericht mehr als 25 CUC$. Bei den hier aufgeführten Restaurants gelten folgende Preisgruppen für ein Hauptgericht:

**$** unter 7 CUC$

**$$** 7–15 CUC$

**$$$** über 15 CUC$

hat sich die kubanische Küche – gemeinhin als *comida criolla* bekannt – erheblich verbessert. Eine Fülle von aufstrebenden Restaurants konnten nun besonders in Havanna Fuß fassen. Außerhalb der größeren Städte kann das kubanische Essen jedoch noch immer sehr eingeschränkt und ohne besonderen Geschmack sein.

Wohin zum Essen & Trinken?

STAATLICHE RESTAURANTS

Die staatlichen Restaurants nehmen entweder *moneda nacional* oder *convertibles*. Restaurants mit *moneda nacional* sind oft trostlos und bekannt dafür, dass sie eine neunseitige Speisekarte aushändigen (auf Spanisch), wo es dann aber am Ende nur Brathähnchen gibt. In jüngerer Zeit trifft man jedoch auf einige wenige Ausnahmen. Restaurants mit *moneda nacional* akzeptieren in der Regel auch CUC$, aber manchmal zu einem schlechteren Kurs als die üblichen 25 zu eins.

Restaurants, die ihr Essen in *convertibles* berechnen, sind meist verlässlicher, aber das hat noch nichts mit Kapitalismus zu tun: Wenn mehr bezahlt werden muss, bedeutet das nicht zwingend, dass auch der Service besser ist. Das Essen ist oft schlaff und unappetitlich, die Kellner sind so gelangweilt, dass sie

auch gut und gerne in einem Sketch von *Monty Python* auftreten könnten (wie dem auch sei, man sollte sich nie über eine schmutzige Gabel beschweren). In den letzten sieben Jahren hat sich die Situation stetig gebessert. Die staatliche Palmares-Gruppe betreibt landesweit eine Bandbreite hervorragender Restaurants, vom stinknormalen Schuppen am Strand bis zum selbst in der *New York Times* gelobten **El Aljibe** (Karte S. 138; ⏺7-204-1583/4; Av 7, zwischen Calle 24 & 26; Hauptgerichte 12–15 CUC$; ⏺12–24 Uhr) in Miramar, Havanna. Die staatlichen Restaurants in Habana Vieja gehören zu den besten des Landes, und Gaviota hat kürzlich einige alte Grundnahrungsmittel neu aufgelegt. Angestellte der staatlichen Restaurants verdienen nicht mehr als 20 CUC$ im Monat (das durchschnittliche Gehalt eines Kubaners), so dass Trinkgelder sehr gern genommen werden.

PRIVATE RESTAURANTS

Private Restaurants bildeten sich erstmals im Jahre 1995 während des wirtschaftlichen Chaos in der Sonderperiode heraus und profitierten stark vom rasanten Anstieg der Touristenzahlen auf der Insel. Dazu kam noch der kühne Experimentiergeist der heimischen Küchenchefs, die es trotz Mangel an vernünftigen Zutaten, heldenhaft geschafft haben, die alten

Traditionen der kubanischen Küche am Leben zu erhalten. Sie konnten sich besonders in Havanna stark vermehren, weil 2011 neue Wirtschaftsgesetze erlassen wurden. Die Gerichte in den Privatrestaurants kosten in der Regel mehr als in ihren staatlichen Pendants und zwar so zwischen 8 und 30 CUC$.

In den letzten fünf Jahren sind die privaten Restaurants immer experimentierfreudiger geworden und servieren mehr und mehr internationale Gerichte und Mischküche. Auf der ganzen Insel sind italienisch angehauchte und in geringerem Ausmaß auch spanisch orientierte Restaurants beliebt. In Havanna sind kürzlich auch Restaurants aus dem Boden geschossen, die sich auf koreanische, russische und iranische Küche spezialisiert haben.

Grundnahrungsmittel & Spezialitäten

Kubanische Gerichte bestehen aus *congrí* (Reis mit schwarzen Bohnen), Fleisch (vornehmlich Schweinefleisch, dicht gefolgt von Hühnchen und Rind), gebratenen Kochbananen (grüne Bananen), Salat (Zutaten je nach Saison) und Wurzelgemüse, in der Regel *yuca* (Cassava oder Maniok) und *calabaza* (Calabaza-Kürbis).

Pescado (Fisch) ist immer leicht zu haben. Obwohl man in einigen Meeresfrüchterestaurants auf Dorade, *aguja* (Schwertfisch) und gelegentlich auch Tintenfisch und Krabben trifft, sind *pargo* (Red Snapper), Hummer oder Garnelen viel wahrscheinlicher.

Kubaner lieben zudem Eiscreme, und die Nuancen der verschiedenen Geschmacksrichtungen werden heiß diskutiert. Das Coppelia-Eis ist legendär, aber richtig preiswerte Becher anderer Marken (440 g für 1 CUC$) können auch fast überall gekauft werden; selbst das Eis aus der Maschine ist nicht so schlecht.

Vegetarier

In einem Land der Rationalisierungen und Lebensmittelengpässe haben es strenge Vegetarier (d. h. kein Schmalz, keine Fleischbrühe, kein Fisch) nicht leicht. Im Grunde können Kubaner die Entscheidung eines Vegetariers nur schwer nachvollziehen. Wenn sie darauf Rücksicht nehmen (oder das zumindest vorgeben), dann läuft das in der Regel auf Omelett oder Rührei hinaus. Die Dinge ändern sich jedoch langsam. Die Köche in den *casas particulares*, die schon einmal für ausländische Touristen fleischlos gekocht haben, sind in der Regel gut darauf vorbereitet, Vegetarier aufzunehmen. Dasselbe gilt für private Restaurants, von denen viele damit begonnen haben, auf ihrer Speisekarte eine Rubrik für Vegetarier einzuführen. In Havanna und Viñales sind kürzlich die ersten vernünftigen vegetarischen Restaurants Kubas eröffnet worden.

Ermäßigungen

Studenten, die nachweisen können, dass sie mindestens sechs Monate an einer kubanischen Universität oder einem kubanischen College eingeschrieben sind, können sich ein *carnet* ausstellen lassen – einen Nachweis, der es Ausländern ermöglicht, den Eintritt in Museen, öffentliche Verkehrsmittel (auch die *colectivos* – Sammeltaxis) und Theatervorstellungen in kubanischen Pesos (CUP) zu zahlen und damit viel Geld zu sparen.

Feiertage

Offiziell hat Kuba neun gesetzliche Feiertage. Weitere wichtige Gedenktage sind der 28. Januar (Geburtstag von José Martí), der 19. April (Sieg in der Schweinebucht), der 8. Oktober (Todestag von Che Guevara), der 28. Oktober (Todestag von Camilo Cienfuegos) und der 7. Dezember (Todestag von Antonio Maceo).

1. Januar Triunfo de la Revolución (Tag der Befreiung)

2. Januar Día de la Victoria (Sieg der Armee)

1. Mai Día de los Trabajadores (Internationaler Tag der Arbeit)

25.–27. Juli Día de la Rebeldía Nacional – Gedenktage zur Erinnerung an den Angriff auf die Moncada-Kaserne

10. Oktober Día de la Independencia (Unabhängigkeitstag)

25. Dezember Navidad (Weihnachten)

31. Dezember Silvester

Frauen unterwegs

Was die körperliche Unversehrtheit angeht, ist Kuba ein Traumziel für Frauen. Auf den meisten Straßen kann sich frau nachts problemlos alleine aufhalten. Gewaltverbrechen sind selten, und die ritterliche Seite des Machismo verhindert, dass man aus Versehen vor ein Auto läuft.

Aber der kubanische Machismo hat zwei Seiten, der schützt auf der einen und verfolgt erbarmungslos auf der anderen. Es kann ganz schön anstrengend sein, wenn man abends allein unterwegs ist und sich ständig gegen die Anmache der *pretendientes* (Männer auf Brautschau) stählen muss, es sei denn man mag den Kontakt oder möchte seine Spanischkenntnisse verbessern. Es gibt generell nur relativ wenige Alleinreisende in Kuba und überhaupt keine Jugendherbergen, so dass man sich anderen Reisenden nicht so leicht anschließen kann.

Einheimische Frauen sind an *piropos* (Pfiffe, Kussgeräusche und ständige Komplimente) gewöhnt und antworten vielleicht sogar darauf, wenn sie gut gelaunt sind. Für Ausländerinnen kann sich das jedoch wie eine andauernde Belagerung anfühlen.

Piropos zu ignorieren ist der erste Schritt. Manchmal aber reicht das nicht, deshalb sollte man ein paar Antworten auf Spanisch parat haben, die Männer zum Schweigen bringen. „*No me moleste*" („Belästigen Sie mich nicht"), „*Está bueno ya*" („Ist ja gut jetzt") oder „*Que falta respeto*" („Etwas mehr Respekt, bitte") sind gut, ebenso ein vernichtender „Wag es nur"-Blick. Einfache, unauffällige Kleidung hilft unerwünschte Aufmerksamkeit zu verringern. Sonnenbaden ohne Bikinioberteil sollte man nicht und ein im Notfall erfundener Ehemann zeigt nur selten Wirkung. Wenn man in die Disko geht, sollte man kubanischen Tanzpartnern deutlich klarmachen, was man will und was nicht.

Frauen sollten sich von zu Hause ihre Tampons (es gibt in Kuba keine) oder Binden (heißen hier *intimos*) selbst mitbringen.

Freiwilligendienst

Es gibt einige Organisationen, die in Kuba Freiwilligenarbeit anbieten, allerdings ist es am besten, alles schon im Heimatland zu organisieren. Einfach so in Havanna aufzutauchen und nach Arbeit zu fragen, kann schwierig, wenn nicht gar unmöglich, werden.

Canada-Cuba Farmer to Farmer Project (www.farmertofarmer. ca) In Vancouver ansässige Organisation für nachhaltige Landwirtschaft.

Cuban Solidarity Campaign (www.cuba-solidarity.org) Hauptstandort ist in London

Global Volunteers (https:// globalvolunteers.org/cuba) Bietet Programme in Havanna, Ciego de Avila und Sancti Spríritus.

Go Overseas (www.gooverseas. com) Ein Katalog von 22 Programmen in Kuba, der nach Länge des Aufenthalts, der Region und Programmeinstufung unterteilt ist, viele davon sind auch für US-Bürger erlaubt.

Pastors for Peace (www.ifconews.org) Sammelt in den USA Spenden für Kuba.

Witness for Peace (www. witnessforpeace.org) Auch für US-Bürger möglich. Bringt Delegationen nach Kuba, die teilweise den Einfluss der US-amerikanischen Politik in Kuba untersuchen.

Auch in Deutschland gibt es eine Reihe von Institutionen, die sich über das Internet leicht finden lassen.

Geld

Bei jeder Kubareise ist das eine knifflige Angelegenheit und die zweigleisige Wirtschaft gewöhnungsbedürftig. Bei Redaktionsschluss im Frühjahr 2017 kursierten immer noch zwei Währungen: Convertible Pesos (CUC$) und kubanische Pesos (*moneda nacional*, abgekürzt MN$). Viele Dinge, die Touristen kaufen, werden mit Convertibles bezahlt (Unterbringung, Mietwagen, Bustickets, Museumseintritt

und Internetnutzung). Bei Redaktionsschluss lag der Kurs des kubanischen Pesos zum Convertible bei 25 zu 1. Zwar gibt es viele Dinge, die man mit *moneda nacional* nicht kaufen kann, doch wenn man diese Währung bei bestimmten Gelegenheiten benutzt, erfährt man einiges mehr über das authentische Kuba. Die Preise in diesem Buch sind in der Regel in Convertibles angegeben, auf Ausnahmen wird hingewiesen.

Um die Sache noch ein bisschen komplizierter zu machen, akzeptiert man in den Resorts von Varadero, Guardalavaca, Cayo Largo del Sur sowie Cayo Coco und Cayo Guillermo auch Euros, außerhalb der Resorts werden allerdings wieder Convertibles benötigt.

Die besten Währungen, die man nach Kuba einführen kann, sind der Euro, der kanadische Dollar oder das Pfund Sterling. Die Einfuhr von US-Dollars ist zu vermeiden, da dafür beim Umtausch in Convertibles (CUC$) eine Strafgebühr von 10 % erhoben wird (zusätzlich zu der ohnehin fälligen Kommission). Seit 2011 wurde der kubanische Convertible auf einen Kurs von 1:1 zum US-Dollar festgesetzt, was bedeutet, dass er seither an die Stärke/Schwäche des US-Dollars gekoppelt ist.

Kubanische Pesos (MN$) sind bei den Cadeca-Zweigstellen in jeder Stadt erhältlich. Pro Woche benötigt man kaum mehr als 10 CUC$. Eine Filiale findet man in fast jedem *agropecuario* (Gemüsemarkt). Wenn man gerade keine kubanischen Pesos zur Hand hat, aber dennoch vielleicht ein Eis kaufen möchte, kann man immer auch Convertibles benutzen; beim Straßenumtausch ist 1 CUC$ 25 Pesos wert, das Restgeld wird in Pesos herausgegeben. Es gibt keinen Schwarzmarkt für Geld, nur Gauner, die versuchen, Touristen mit Wechseltricks zu schröpfen.

VEREINHEITLICHUNG DER WÄHRUNGEN

Im Oktober 2013 verkündete Raúl Castro, dass die beiden Währungen des Landes (*convertibles* und *moneda nacional*) allmählich vereinheitlicht werden sollten. Folglich unterliegen die Preise einigen Schwankungen. Zur Zeit der Niederschrift dieses Buches hatte der Vereinheitlichungsprozess noch nicht begonnen, und es gab keine weiteren Details zu Zeitpunkt und Vorgehensweise dieser doch recht komplexen Veränderung. Aktuelle Infos unter www.lonelyplanet.com.

Geldautomaten & Kreditkarten

Kuba ist im Wesentlichen ein Land, in dem man bar bezahlt. Kreditkarten werden in Resort-Hotels und einigen City Hotels genommen. Die Zahl der Geldautomaten steigt stetig.

US-Bürger müssen beachten, dass Anfang 2017 noch immer keine Debit- und Kreditkarten aus den USA benutzt werden konnten.

In den letzten Jahren ist die Akzeptanz von Kreditkarten zwar stark gestiegen und wurde Anfang 2015 durch die Legalisierung von US-amerikanischen Kredit- und Debitkarten noch weiter erhöht. Es sind jedoch wieder Änderungen im Gange.

Gewisse Dienstleistungen, die aus den USA über das Internet gebucht werden, können immer noch mit Kreditkarten bezahlt werden, aber im Land selbst ist das anders.

Egal ob nun eine Kreditkarte oder Bargeld genutzt werden, es gilt zu bedenken, dass die Gebühren, die die kubanischen Banken für beides erheben, recht ähnlich sind (rund 3 %). Allerdings kann es sein, dass die eigene Hausbank noch zusätzliche Gebühren für Transaktionen per Geldautomat oder Debit-/Kreditkarte verlangt. In Kuba funktionieren mittlerweile immer mehr Debitkarten, am besten fragt man jedoch vorher bei der Hausbank und der kubanischen Bank vor Ort nach.

Idealerweise kommt man mit einem versteckten Vorrat an Bargeld in Kuba an und nutzt Kredit- oder Debitkarte als Nachschubmöglichkeit.

Fast alle privaten Geschäfte (d. h. *casas particulares* und private Restaurants) werden aber noch immer bar abgewickelt.

Man kann mit der Kreditkarte auch an Bargeld kommen, aber die Gebühren sind dieselben. Immer vor Reiseantritt mit der eigenen Bank sprechen, denn viele Banken akzeptieren hohe Geldabhebungen aus dem Ausland nur, wenn sie vorher über die Reisepläne in Kenntnis gesetzt worden sind.

Geldautomaten sind immer mehr im Kommen. Geldautomaten sollten nur dann genutzt werden, wenn die Banken geöffnet sind, denn dies ist nun mal Kuba, wo Probleme an der Tagesordnung sind.

Bargeld

In Kuba wird fast alles bar gezahlt. Kreditkarten spielen nur eine geringe Rolle und sind auch nicht so weit verbreitet wie in der westlichen Hemisphäre. Auch wenn es weitaus gefährlicher ist, Bargeld anstelle der üblichen Mischung aus Scheinen, Kreditkarte und Debitkarten mit sich herumzutragen, hat es auch seine Vorteile. Bequemer gestaltet sich das Ganze auf jeden Fall. Solange man einen verborgenen Geldgürtel trägt und eine bestimmte Summe immer im Hotelsafe lässt, dürfte es keine Probleme geben.

Beim Wechseln sollte man um Banknoten zu 20/10/5/3/1 CUC$ bitten, da viele der kleineren kubanischen Unternehmen (Taxis, Restaurants, etc.) größere Scheine gar nicht wechseln können (also Noten zu 50 und 100 CUC$); die Worte *„No hay cambio"* („Kein Geldwechsel") sind immer wieder zu hören. Wenn gar nichts mehr geht, kann man große Scheine in Hotels wechseln lassen.

TERMINOLOGIE

Eine der verwirrendsten Eigenheiten der Doppelwirtschaft ist die Terminologie. Kubanische Pesos werden *moneda nacional* (abgekürzt MN), kubanische Pesos oder einfach Pesos genannt, während Convertible Pesos *pesos convertibles* (abgekürzt CUC$) oder ebenfalls einfach Pesos genannt werden. In jüngster Zeit ist außerdem noch die Bezeichnung *cucs* hinzugekommen.

Manchmal verhandelt man selbst in kubanischen Pesos und das Gegenüber in *pesos convertibles*. Nicht gerade hilfreich ist, dass sich noch dazu die Scheine ziemlich ähnlich sehen. Außerdem ist das Zeichen für beide Pesos „$". Leicht vorstellbar, was für ein Betrugspotenzial in diesen Kombinationen steckt.

Kubanische Pesos gibt es in Scheinen zu 5, 10, 20, 50 und 100 Pesos und in Münzen von 1, (selten) 5 und 20 Centavos sowie 1 und 3 Pesos. Die 5-Centavo-Münze wird *medio* genannt, die 20-Centavo-Münze *peseta*. Centavos werden auch als *kilos* bezeichnet.

Convertible Pesos gibt es in farbigen Scheinen von 1, 3, 5, 10, 20, 50 und 100 Pesos und Münzen von 5, 10, 25 sowie 50 Centavos und 1 Peso.

Gesundheit

Aus medizinischer Sicht ist Kuba ein ziemlich sicheres Land, sofern man die allgemeinen Vorsichtsmaßnahmen bei Essen und Trinken berücksichtigt. Die am meisten verbreiteten Krankheiten unter Reisenden sind Durchfall und Hepatitis; sie werden durch den Verzehr von verunreinigten Lebensmitteln und Wasser ausgelöst. Durch Stechmücken übertragene Krankheiten kommen auf den Inseln des kubanischen Archipels eher selten vor, allerdings ist das Zika-Virus mittlerweile auch hier angekommen. Schwangere Frauen und solche, die es werden wollen, sollten sich vor Reiseantritt mit den Reisewarnungen vertraut machen.

Wer die notwendigen Vorsichtsmaßnahmen trifft und unterwegs aufpasst, kann gesund durchs Land reisen. Dazu zählen auch die empfohlenen Impfungen und das Einhalten der genannten Grundregeln in Bezug auf Essen und Trinkwasser.

Krankenversicherung

Seit Mai 2010 ist es in Kuba Pflicht, dass fremde Besucher eine Krankenversicherung vorweisen müssen. Da am Flughafen stichprobenartige Kontrollen durchgeführt werden, sollte man eine Kopie der Versicherungspolice dabei haben.

Sollte ein Krankenhausaufenthalt notwendig sein, empfiehlt es sich, **Asistur** (☎866-4499, Notruf 7-866-8527; www.asistur.cu; Paseo de Martí No 208; ⏱Mo–Fr 8.30–17.30, Sa 8–14 Uhr) anzurufen, um dort Hilfe bei Versicherungsangelegenheiten und medizinischen Fragen zu erhalten. Die Agentur hat Vertretungen in Havanna, Varadero, Cayo Coco, Guardalavaca und Santiago de Cuba.

Ambulante Behandlungen in internationalen Kliniken sind relativ preiswert, aber Notfälle und längere stationäre Aufenthalte sind ziemlich kostspielig (das kostenfreie Gesundheitssystem für Einheimische sollte nur dann in Anspruch genommen werden, wenn es gar keine andere Möglichkeit gibt).

Wer bei der Einreise noch keine Krankenversicherung hat und eine solche abschließen muss, wird dafür etwa 3 CUC$ pro Tag einplanen müssen – dafür erhält man eine Versicherung mit einer Deckungssumme von bis zu 25 000 CUC$ für medizinische Behandlungen (im Krankheitsfall) und bis zu 10 000 CUC$ für den Rücktransport einer erkrankten Person in ihr Heimatland.

Gesundheitsversorgung für Ausländer

Die kubanische Regierung hat ein gewinnorientiertes Gesundheitssystem für Ausländer eingeführt: **Servimed** (☎7-240-141; www.servimed-cuba.com) arbeitet völlig unabhängig vom kostenfreien Gesundheitssystem, das für die medizinische Versorgung der Einheimischen zuständig ist. Verteilt über die Insel gibt es über 40 Servimed-Gesundheitszentren, die Erste Hilfe leisten, aber auch eine Reihe von Spezialisten beschäftigen und mit modernen Geräten ausgestattet sind. Wer in einem Hotel übernachtet, sollte den Manager fragen, wohin man sich wenden soll. Wer will, kann ein Servimed-Zentrum auch direkt aufsuchen. Die kubanischen Krankenhäuser führen einige Untersuchungen für Ausländer auch kostenlos durch, doch sollte man diese Leistungen nur dann in Anspruch nehmen, wenn es keine andere Möglichkeit vor Ort gibt. Die medizinische Ausstattung in Kuba ist für die Zahl der Einwohner nicht ausreichend, auch deshalb sollte man diese kostenfreie medizinische Versorgung als Gast nicht in Anspruch nehmen.

Fast alle Ärzte und Krankenhäuser erwarten eine Bezahlung in bar – egal, ob man eine Reisekrankenversicherung hat oder nicht. Wer in eine lebensbedrohliche Lage gerät, wird sicher Wert darauf legen, nach Hause geflogen zu werden (sofern der Transport noch zu verantworten ist). Beim Abschluss der Versicherung sollte man deshalb unbedingt darauf achten, dass die Kosten für diesen teuren Rücktransport von der Versicherung gedeckt sind.

Servimed unterhält auch spezielle Apotheken für Ausländer, doch auch hier herrscht häufig ein Mangel an Material und Medikamenten. Wer regelmäßig Medikamente einnehmen muss,

Klima

Havanna

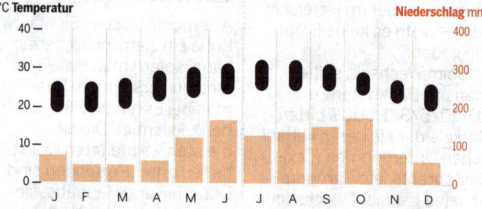

Sancti Spíritus

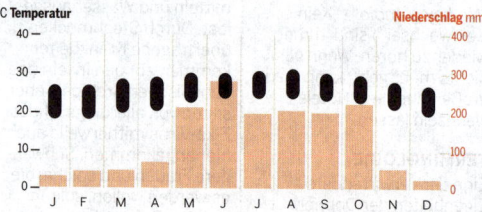

Santiago de Cuba

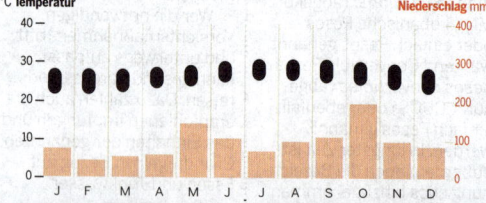

sollte sich mit allem Notwendigen zu Hause eindecken; Gleiches gilt für ein Erste-Hilfe-Set. Apotheken mit den Schildern *turno permanente* bzw. *pilotos* haben rund um die Uhr geöffnet.

Leitungswasser

Leitungswasser ist in Kuba kein verlässliches Trinkwasser. In den letzten paar Jahren sind mehrere Ausbrüche von Cholera bekannt geworden. Wasser in Flaschen (Ciego Montero) gibt es fast überall und kostet selten mehr als 1 CUC\$, allerdings ist es manchmal in kleinen Städten nicht erhältlich. Daher sollte man sich vor längeren Bus- oder Autoreisen in den Städten damit eindecken.

Internetzugang

Die staatliche Telefongesellschaft Etecsa hat in Kuba ein Monopol als einziger Internet-Provider. Um an öffentlichen Orten Internet zu haben, muss man sich in einen der *telepuntos* der Etecsa begeben, die es fast in jeder Provinzstadt gibt. Dort kann man sich in die Warteschlange einreihen und eine Nutzerkarte, die eine Stunde gültig ist (1,50 CUC\$) erwerben, auf der man einen *usuario* (Code) frei rubbelt und ein *contraseña* (Passwort) erhält, um dann einen freien Computerplatz im Haus oder aber öffentliches WLAN draußen (meist auf dem zentralen Platz einer Stadt) nutzen zu können. Diese Karten können für mehrfache Internetsitzungen verwendet werden.

Es gibt, wenn überhaupt, nur wenige, unabhängige Internetcafés außer den *telepuntos*. Im Allgemeinen gilt, dass die meisten 3- bis 5-Sterne-Hotels (sowie alle Hotelresorts) über WLAN und eigene Internet-Terminals verfügen. Hier kann man auch wesentlich bequemer an die Nutzerkarten kommen, allerdings berechnen einige Hotels unverschämt hohe Preise dafür (manchmal sogar 7 CUC\$ pro Std.).

Nur sehr wenige *casas particulares* bieten Internetzugang an, aber ihre Zahl steigt.

Zur Vorsicht sei gesagt: Die Verbindungen sind häufig langsam und haben ihre Mucken, besonders zu den Stoßzeiten (am späteren Nachmittag und am frühen Abend).

Karten & Stadtpläne

Die Beschilderung ist in Kuba wirklich eine Katastrophe – wer mit dem Auto oder Fahrrad unterwegs ist, benötigt unbedingt eine gute Straßenkarte. Die umfassende, in Italien verlegte *Guía de Carreteras* verfügt über das beste in Kuba verfügbare Kartenmaterial. Wenn sie nicht gratis beim Autoverleiher erhältlich ist, kann man sie in der Regel auch kaufen. Sie bietet ein komplettes Register, einen detaillierten Stadtplan von Havanna und ganz hilfreiche Informationen in Englisch, Spanisch, Italienisch und Französisch. Handlicher ist allerdings die *Automapa Nacional*, die in Hotelshops und Mietwagenagenturen verkauft wird.

In den Infotur-Büros bekommt man außerdem noch ganz ordentliche *Guías*-Pläne der verschiedenen Provinzen.

Post

Briefe und Postkarten nach Europa sind etwa einen Monat unterwegs. *Sellos* (Briefmarken) werden in beiden Währungen verkauft, doch die mit Convertibles-Marken frankierten Briefe haben bessere Aussichten tatsächlich anzukommen. Postkarten nach Europa kosten 0,65 CUC\$, Briefe 0,75 CUC\$. Bereits frankierte Postkarten – auch mit internationaler Frankierung – gibt es in den meisten Hotelläden und auf Postämtern. Sie sind die sicherste Versandart. Bei wichtiger Post sollte man lieber DHL benutzen; dieses Unternehmen ist in allen größeren Städten zu finden; ein 1 kg schweres Briefpaket nach Europa kostet 50 CUC\$.

Rechtsfragen

Kubanische Polizisten sind überall präsent und meist auch sehr freundlich – sie bitten eher um eine Verabredung als um ein Bestechungsgeschenk. Korruption gilt in Kuba als schweres Vergehen, in das niemand hineingezogen werden möchte. Ohne Ausweis erwischt zu werden ist nie gut; man sollte immer einen dabeihaben (der Führerschein, eine Kopie des Passes oder ein Studentenausweis genügt).

Drogen sind in Kuba verboten, doch in den Straßen von Havanna werden einem manchmal Marihuana oder Kokain angeboten. Die Strafen für Kauf, Verkauf, Besitz und Einnahme sind hart. Kuba bemüht sich sehr, etwas gegen Nachfrage und Angebot zu tun. Wer klug ist, nimmt auf eine Kubareise kein Rauschgift mit.

Reisen mit Behinderung

Kubas offene Kultur schließt auch Behinderte mit ein. Wenn auch manchmal Einrichtungen fehlen, macht die großzügige Natur der Kubaner das im Allgemeinen wieder wett. Sehbehinderten wird über die Straße geholfen und sie werden in Warteschlangen bevorzugt. Dasselbe gilt für Reisende im Rollstuhl, die allerdings sehr steile Rampen vorfinden und in einigen kolonialen Ecken der Stadt Mühe haben werden, weil die Bürgersteige schmal und die Straßen gepflastert sind. Auch Aufzüge funktionieren häufig nicht. Die Etecsa-Telefonzentren haben Anlagen für Hörgeschädigte und einige Fernsehprogramme werden mit Untertiteln ausgestrahlt.

Schwule & Lesben

Auch wenn Kuba noch immer kein Paradies für Homosexuelle ist, so ist es doch toleranter als viele andere lateinamerikanische Länder. Der Kinohit *Fresa y Chocolate* (*Erdbeer und Schokolade*, 1994) entfachte 1994 einen nationalen Dialog über das Thema Homosexualität. Die Aktivistin Mariela Castro, Tochter von Raúl Castro, hat den Weg frei gemacht für die so notwendigen Reformen für gleichgeschlechtliche Beziehungen und trug dazu bei, dass sich die öffentliche Wahrnehmung wandelte. Heute ist Kuba diesbezüglich ziemlich tolerant.

Menschen aus liberaleren Ländern mögen die Politik des Landes für eine Art des „Verschweigens und Wegschauens" und für Heuchelei halten, aber Kuba ist und bleibt in dieser Hinsicht dennoch führend verglichen mit den meisten anderen lateinamerikanischen Ländern.

Lesben werden im Land deutlich weniger akzeptiert, und das Thema kommt kaum öffentlich zur Sprache. Entsprechend selten ist offen zur Schau gestellte Liebe zwischen Frauen zu sehen. Ab und zu werden *fiestas para chicas* (nicht unbedingt ausschließlich Frauenpartys, aber meistens) veranstaltet; Infos bei **Cine Yara** (Karte S. 102; Ecke Calle 23 & L) in Havannas Schwulenviertel.

Kubaner gehen körperbetont miteinander um: So wird man immer wieder Männer sehen, die sich umarmen, und Frauen, die Händchen halten und freundschaftliche Zärtlichkeiten austauschen. Diese Art des lockeren, nicht erotischen Berührens in der Öffentlichkeit ist kein Problem.

Sicher reisen

Kuba ist generell sicherer als viele andere Länder, Gewaltverbrechen sind extrem selten. Fälle von Kleinkriminalität wie aus Hotelzimmern entwendetes Gepäck oder das Stehlen von Schuhen am Strand sind dagegen weit verbreitet, Präventivmaßnahmen wirken aber Wunder. So kann Taschendiebstahl wirkungsvoll vorgebeugt werden, wenn man seine Tasche in voll besetzten Bussen oder auf gut besuchten Märkten vor sich am Körper trägt und immer nur so viel Bargeld mitnimmt, wie man auch tatsächlich ausgeben will.

Betteln ist relativ verbreitet und wird zusätzlich noch durch Touristen gefördert, die Geld, Stifte, Kaugummis und andere Dinge wahllos an Leute auf der Straße verteilen. Wer den Menschen

ernsthaft helfen will, sollte Medikamente an Apotheken oder Krankenhäuser spenden. Schulen freuen sich über Papier, Stifte, Kreide etc., Bibliotheken über Buchspenden. Wem das zu aufwendig ist, der hinterlässt dem Besitzer der *casa particular* seine Mitbringsel oder gibt sie in einer Kirche zur Weiterleitung an Bedürftige ab. Gauner werden übrigens *jinteros/jinteras* (Dieb/Diebin) genannt.

Strom

Die elektrische Spannung beträgt in Kuba 110 V, in vielen Hotels und Resorts 220 V.

110V/220V/60Hz

Telefon

In den vergangenen Jahren hat die Nutzung von Handys in Kuba stark zugenommen. Normalerweise erhält man eine Sprachnachricht, wenn sich Telefonnummern ändern. *Telepuntos* von Etecsa verfügen in fast jeder Provinzstadt über klimatisierte Räume mit Telefon- und Internet-Terminals .

Mobiltelefone

Am besten klärt man beim eigenen Mobilfunkbetreiber, ob das Handy in Kuba funktioniert (nur GSM- oder TDMA-Netz). Anrufe ins Ausland sind teuer. Man kann auch Prepaid-Angebote von der staatlichen Gesellschaft Cubacel kaufen.

Das eigene Mobiltelefon ist in Kuba benutzbar, wenn es sich um ein GSM- oder TDMA-Handy handelt. Dafür muss man im *telepunto* von Etecsa eine kubanische SIM-Karte kaufen und eine Freischaltungsgebühr bezahlen (etwa 30 CUC$). Dazu muss auch der Pass vorgelegt werden. Es gibt im ganzen Land zahlreiche Niederlassungen (auch am Flughafen von Havanna), wo das möglich ist.

Gespräche innerhalb Kubas kosten 0,35 CUC$ pro Minute und 0,10 CUC$ für Textnachrichten. Die gleiche Summe fällt an, wenn man vom Festnetz angerufen wird. Anrufe ins Ausland kosten ab 1,10 CUC$ pro Minute. Ein Telefon zu leihen kostet in Kuba ab 8 CUC$ zuzüglich einer täglichen Aktivierungsgebühr von 3 CUC$. Dazu fällt noch eine Kaution von 100 CUC$ an. Danach kostet die Minute rund 0,35 CUC$. Aktuelle Infos und Kosten unter www.etecsa.cu.

Telefonnummern

➡ Um aus dem Ausland nach Kuba zu telefonieren, muss man zuerst den jeweiligen internationalen Zugangscode wählen, dann die Ländervorwahl für Kuba (☎53), die Vorwahl für die Stadt oder Gegend (ohne die „0," die nur dann nötig ist, wenn man im Inland von einer Provinz zur anderen telefoniert) und dann die Durchwahl.

➡ Um von Kuba aus ins Ausland zu telefonieren, wählt man zunächst den internationalen Zugangscode (☎119), dann die Ländervorwahl, die Ortsvorwahl und dann die Durchwahl. In die USA wählt man nur die ☎119, dann die 1, dann die Städte- oder Gebietsvorwahl, dann die Durchwahl.

➡ Um von Handy zu Handy zu telefonieren, wählt man nur die achtstellige Nummer (die immer mit einer „5" beginnt).

➡ Um vom Handy ins Festnetz zu telefonieren (oder vom Festnetz ins Festnetz), wählt man den Provinzcode plus die Durchwahl.

➡ Um vom Festnetz zum Handy zu telefonieren, wählt man die „01" (oder „0", wenn man in Havanna ist) und dann die achtstellige Handynummer.

➡ Um innerhalb des Festnetzes zu telefonieren, wählt man die „0" plus den Provinzcode + die Durchwahl.

Telefongebühren

Ortsgespräche kosten je nach Tageszeit und Entfernung zwischen 5 und 75 *centavos* pro Minute. Da die meisten Münzfernsprecher kein überzähliges Wechselgeld herausgeben, gebietet es die allgemeine Höflichkeit, den „R-Knopf" zu drücken, sodass der nächste Kunde mit dem noch verbleibenden Geld seinen Anruf tätigen kann.

Internationale Gespräche, die man mit einer Telefonkarte führt, kosten unabhängig vom Ziel 1 CUC$ pro Minute.

Hotels mit drei oder mehr Sternen bieten etwas teurere Tarife für internationale Telefongespräche an.

Telefonkarten

Telefonkarten kauft man bei Etecsa , dort nutzt man auch das Internet und telefoniert ins Ausland. Die blauen öffentlichen Etecsa-Telefone, die Computer-Chipkarten oder Karten mit Magnetstreifen nehmen, gibt es fast überall. Die Karten werden in *convertibles* (10, 20 und 50 CUC$) bezahlt, aber auch in *moneda nacional* (5 und 10 Pesos). Inlandsgespräche können mit beiden Kartentypen geführt werden, aber Auslandsgespräche sind nur mit den Karten, die man mit *convertibles* gekauft hat, möglich.

Es gibt auch Münzfernsprecher, die nur mit *moneda nacional* (kubanischen Pesos) funktionieren.

Touristeninformation

Kubas offizielles Fremdenverkehrsamt heißt **Infotur** (www.infotur.cu) und unterhält Büros in allen großen Provinzstädten und Schalter in den größeren Hotels und Flughäfen. Reisebüros wie **Cubanacán** (☎7-833-4090; www.cubanacan.cu), **Cubatur** (☎7-838-4597; www.cubtur.cu), **Gaviota** (☎7-204-5708; www.gaviota-grupo.com) und **Ecotur** (☎7-273-1542; www.ecoturcuba.tur.cu) können in der Regel mit allgemeinen Informationen weiterhelfen.

Unterkunft

Kubanische Unterkünfte decken ein Preisspektrum von Strandhütten zu 10 CUC$ bis zu 5-Sterne-Resorthotels ab. Einzelreisende sind, was den Preis angeht, oft gestraft, da sie 75 % eines Doppelzimmerpreises zahlen müssen.

Preiswert

In diese Preiskategorie fallen fast nur *casas particulares* (Privathäuser) und *campismos* (Hütten auf dem Lande).

Obwohl die Preise für die *casas* in den letzten paar Jahren etwas gestiegen sind, gibt es immer noch nur eine Handvoll luxuriöse (hauptsächlich in Havanna), die mehr als 50 CUC$ kosten. In den günstigeren *casas particulares* in der Provinz (20 bis 25 CUC$) werden häufig nur Zimmer mit Gemeinschaftsbad und Ventilator statt Klimaanlage angeboten.

Es gibt landesweit etwa ein Dutzend *campismos*, in denen internationale Reisende meist für unter 50 CUC$ pro Nacht unterkommen können. Die Unterbringung erfolgt in altmodischen Hütten, die etwa auf einer Stufe mit einem 2-Sterne-Hotel stehen.

Mittelteuer

Kubas knappes Angebot an mittelklassigen Hotels gleicht einem Lotteriespiel. Da gibt es einige Boutiquehotels im Kolonialstil (von Cubanacán betrieben), aber auch einige fürchterliche Häuser mit gespenstischer Sowjet-Architektur und der dazu passenden Atmosphäre (von Islazul betrieben). In Hotels der mittleren Preislage gibt es in der Regel Klimaanlagen, Zimmer mit Bad (heißes und kaltes Wasser), saubere Bettwäsche, Satellitenfernseher, einen Swimmingpool und ein Restaurant, das meist jedoch nicht wirklich etwas für Gourmets zu bieten hat.

Einige der luxuriösen *casas particulares* fallen mittlerweile auch in diese Preisklasse, und sie sind fast immer recht vornehm.

Teuer

Kubas staatliche Hotels und Resorts haben ihre Preise in den letzten paar Jahren verdoppelt oder gar verdreifacht. Daher sind die Hotels in diesem Preissegment eigentlich zu teuer für das, was sie bieten.

Die komfortabelsten Spitzenhotels sind in der Regel zumindest teilweise in ausländischer Hand und verfügen über internationalen Standard (wobei der Service manchmal ein bisschen nachlässig sein kann). Die Zimmer sind mit allem ausgestattet, was ein Mittelklassehotel ausmacht. Dazu noch große, gute Betten und Bettwäsche, eine Minibar, internationaler Telefonservice und unter Umständen eine Terrasse oder schöne Aussicht. WLAN ist in diesen Häusern selbstverständlich, allerdings kann es seine Mucken haben und nur im Bereich der Rezeption funktionieren.

In diese Kategorie gehören fast alle All-inclusive-Resorts des Landes.

Das kubanische Sternesystem für Hotels beinhaltet auch halbe Sterne (z. B. 4½ Sterne).

Preisunterschiede

Die Preise sind von der Jahreszeit, vom Ort, von der Hotelkette und vom Betreiber (ob privat oder staatlich) abhängig. Staatliche Hotels sind fast immer billiger. Nebensaison ist im Allgemeinen von Mitte September bis Ende November und von April bis Juni (die Karwoche ausgenommen). Weihnachten und Neujahr gelten als absolute Spitzensaison; dann liegen die Preise 25 % höher als in der normalen Hauptsaison. Handeln ist bei *casas particulares* manchmal möglich, aber Ausländer sollten das besser lassen. Die Besitzer zahlen nämlich in jeder Region hohe Grundsteuern und die Preise sind entsprechend kalkuliert. Nur wenige *casas* liegen niedriger als 20 CUC$, es sei denn, man bleibt sehr lange. Eine Unterkunft im Voraus zu buchen ist einfacher geworden, weil immer mehr Kuba-ner mittlerweile über einen Internetzugang verfügen. Man kann sogar Buchungen bei Airbnb (www.airbnb.com) vornehmen und mit Kreditkarte bezahlen.

Unterkunftsarten

CAMPISMOS

In sogenannten *campismos* verbringen die Kubaner selbst ihren Urlaub (geschätzt eine Millionen pro Jahr). Die meisten dieser Einrichtungen haben nichts mit Camping zu tun, sondern sind einfach Betonhütten mit Stockbetten, Schaumstoffmatratzen und kalten Duschen. Mehr als 80 solcher Einrichtungen liegen im ganzen Land verteilt, meist in ländlichen Gegenden. *Campismos* sind entweder als *nacional* oder *internacional* klassifiziert. Erstere sind faktisch eigentlich nur für Einheimische, Letztere beherbergen sowohl Kubaner als auch Fremde und sind daher besser ausgestattet, etwa mit Klimaanlage, heißem Wasser und/oder Bettwäsche. Im Moment gibt es etwa ein Dutzend solcher internationalen *campismos* in Kuba. Da gibt es welche, deren Ausstattung mit einem Hotel vergleichbar ist, wie **Aguas Claras** (☎ 48-77-84-27; www.campismopopular.cu; EZ/DZ mit Frühstück 44/58 CUC$; P ✳) in Pinar del Río oder aber einfachere wie **La Mula** (☎ 22-32-62-62; Carretera Grama Km 120; Zi 16 CUC$) in der Provinz Santiago de Cuba.

Eine Aufstellung der *campismos* findet sich auf der Website www.campismopopular.cu. In jeder Provinzstadt gibt es ein Büro, in dem man *campismos* buchen kann. Die Unterbringung in den Hütten der internationalen *campismos* kostet 20 bis 60 CUC$ pro Bett.

CASAS PARTICULARES

Privatzimmer sind für Individualreisende die beste Wahl und gleichzeitig eine wunderbare Möglichkeit, Einheimische in ihrem

Zuhause kennenzulernen. Darüber hinaus bieten diese geschätzten, familiären Unterkünfte einen offeneren, weniger zensierten Blick auf Kuba, viele Dinge lasen sich besser verstehen und der Besucher lernt das Land erst richtig zu schätzen. Oft sind die Besitzer der *casas* ausgezeichnete Reiseführer und arrangieren viele Extras wie Taxifahrten oder Wanderungen.

Häuser, die Zimmer vermieten, haben ein blaues Schild mit der Inschrift „Arrendador Divisa" an der Tür. Es gibt Tausende von *casas particulares* überall in Kuba; davon mehr als 2000 allein in Havanna und mehr als 800 in Trinidad. Für 15 bis 60 CUC$ sind alle Arten von Zimmern zu bekommen, vom Penthouse bis zu historischen Bauten. Die meisten sind von den Familien selbst bewohnt, die einige Zimmer untervermieten. Einige der erfolgreicheren Häuser sind in den letzten Jahren größer geworden und funktionieren fast schon wie ein kleines Privathotel.

Die staatlichen Vorschriften wurden 2011 gelockert: Privatpersonen können seither mehrere Privatzimmer vermieten, wenn sie über entsprechenden Platz verfügen. Dafür zahlen sie monatlich eine Steuer, die von der jeweiligen Lage abhängt (plus eine Extrasteuer für Parkplätze). Als Gegenleistung dürfen sie für ihre Zimmer mit einem Schild werben und Mahlzeiten anbieten. Die Steuern werden monatlich fällig – egal, ob die Zimmer vermietet wurden oder nicht. Die Vermieter müssen ein Buch mit den Namen aller Gäste führen und Neuankömmlinge innerhalb von 24 Stunden nach Ankunft bei den Behörden anmelden. Aus diesem Grund sollte man auch den Pass vorzeigen (eine Fotokopie gilt nicht). Die Regierung lässt die Räumlichkeiten in den *casas* regelmäßig auf Sauberkeit und Sicherheit überprüfen.

Die meisten Vermieter bieten ein Frühstück und Abendessen gegen Bezahlung (in der Regel in CUC$) an, heiße Duschen sind Standard. Die Zimmer sind mit mindestens zwei Betten (in der Regel ein Doppelbett), Kühlschrank, Klimaanlage, Ventilator und eigenem Bad ausgestattet. Oft gibt es noch zusätzlich eine Terrasse oder einen Patio, einen eigenen Eingang, Fernseher, Minitresor, Minibar, Küchenzeile und einen Parkplatz.

Trotz der großen Zahl an *casas particulares* in Kuba sind sie wegen der enormen Steigerung der Besucherzahlen besonders während der Hochsaison (November bis März) fast schon überlaufen. Ganze Städte füllen sich dann schnell mit Touristen. Für diese Zeit sollte man auf jeden Fall im Voraus buchen.

RESERVIERUNG & WEITERE INFORMATIONEN

Wegen der vielen *casas particulares* ist es unmöglich, auch nur einen Bruchteil davon zu erwähnen. Die getroffene Auswahl ist eine Kombination aus Leserempfehlungen und eigener Nachforschung vor Ort. Wenn eine *casa* schon voll ist, nennen einem die Betreiber fast immer eine andere in der Nähe.

Die folgenden Internetseiten listen eine große Zahl an *casas* im ganzen Lande auf und bieten Online-Reservierungen an. Kubas *casas* können mittlerweile auch aus dem Ausland mit Kreditkarte bei **Airbnb** (www.airbnb.com) gebucht werden. Die meisten *casas* nehmen auch Reservierungen per Textnachricht, Telefon oder E-Mail an.

➜ **Cubacasas** (www.cubacasas.net) Die beste Online-Adresse für Informationen über *casas particulares* mit der Möglichkeit, diese direkt zu buchen. Die Seite ist immer aktuell, korrekt aufgebaut und bietet viele farbenfrohe Links zu Hunderten von Privatzimmern auf der Insel (in Englisch und Französisch).

➜ **Casa Particular Organization** (www.casaparticularcuba.org) Eine von Lesern empfohlene Website, über die Privatzimmer gebucht werden können.

HOTELS

Alle Touristenhotels und Resorts sind zu mindestens 51 % im Besitz der kubanischen Regierung und werden von einer der vier Hauptorganisationen verwaltet. Islazul ist die günstigste und bei Kubanern am beliebtesten (sie bezahlen mit kubanischen Pesos). Auch wenn der Standard bei diesen Etablissements variiert und die Architektur oft etwas sowjetisch anmutet, sind Islazul-Hotels stets sauber, preiswert, freundlich und ziehen vor allem eine kubanische Klientel an. Sie liegen in der Regel eher in den kleineren Provinzstädten der Insel. Ein Nachteil sind die plärrenden Diskotheken in den Häusern, die Gäste oft bis in die Morgenstunden wach halten. Cubanacán ist eine Stufe höher und bietet eine Mischung aus Budget- sowie Mittelklasse-Unterkünften an, sowohl in Städten als auch in Urlaubsgegenden. Die Firma hat zudem einige

---

UNTERKÜNFTE ONLINE BUCHEN

Weitere Hotelbewertungen durch Autoren von Lonely Planet sind auf der Verlagswebsite http://lonelyplanet.com/hotels/ zu finden. Dort stehen neutrale Beschreibungen, aber auch Empfehlungen für die schönsten Unterkünfte. Und das Beste: Alle genannten Adressen können auch gleich online gebucht werden.

neue und erschwingliche Boutiquehotels (von der Kette Encanto) in attraktiven Stadtzentren eröffnet, etwa in Sancti Spíritus, Remedios, Camagüey und Santiago. Gaviota betreibt die All-inclusive-Spitzenhotelanlagen, hat aber auch einige *villas* im Programm, z. B. in Santiago und auf Cayo Coco. Gran Caribe managt Mittelklasse-bis Luxushotels, darunter das berühmte Hotel Nacional in Havanna. Abgesehen von den Islazul-Hotels sind alle Touristenhotels nur für Gäste bestimmt, die mit Convertibles bezahlen. Seit Mai 2008 dürfen auch Kubaner in jedem Hotel ihrer Wahl übernachten, wobei sie sich viele davon immer noch nicht leisten können.

An der Spitze der Hotelpyramide finden sich oft ausländische Ketten wie etwa die spanische Meliá und Iberostar, die die Hotels zusammen mit Cubanacán, Gaviota oder Gran Caribe betreiben, meist in den Haupturlaubsgegenden. Standard und Service ähneln denen der Anlagen in Mexiko und den übrigen Karibikländern.

Visa & Touristenkarten

Normale Touristen, die bis zu zwei Monate in Kuba bleiben wollen, benötigen kein Visum. Stattdessen bekommen sie eine 30 Tage gültige *tarjeta de turista* (Touristenkarte), die, wenn man einmal in Kuba ist, auch verlängert werden kann. Pauschalreisende erhalten ihre Touristenkarte zusammen mit den anderen Reiseunterlagen. Wer mit dem Flugzeug einreist, kann die Touristenkarte normalerweise im Reisebüro oder direkt bei der Fluggesellschaft zusammen mit dem Flugticket kaufen. Da die Vorgehensweise der verschiedenen Fluggesellschaften aber variieren, ist es immer besser, dieses Procedere im Vorfeld per Telefon oder E-Mail zu klären.

In einigen Fällen muss man die Karte am Abflugflughafen kaufen oder abholen, gelegentlich auch erst am Abfluggate selbst und unmittelbar vor dem Boarding. Einigen Einzelreisenden ist der Zugang zu Flügen nach Kuba schon verweigert worden, weil sie aus Versehen keine Touristenkarte erhalten hatten .

Einmal in Havanna angekommen, kostet die Verlängerung oder der Ersatz einer Touristenkarte weitere 25 CUC$. Es ist nicht möglich, das Land ohne die Vorlage der Touristenkarte wieder zu verlassen. Im Falle des Verlustes der Karte, kann man sich auf mindestens einen Tag gefasst machen, an dem man die frustrierende Bekanntschaft mit der Arbeitsweise der kubanischen Behörden machen kann, bevor man die Karte ersetzt bekommt.

Ohne eine verlängerte Touristenkarte ist es nicht erlaubt, ins Land einzureisen.

Die Karte sollte sorgfältig und gut lesbar ausgefüllt werden, da der kubanische Zoll sehr ungehalten auf Korrekturen und Unlesbarkeit reagiert.

Geschäftsreisende und Journalisten brauchen ein Visum. Anträge müssen mindestens drei Wochen vor der Abreise bei einem Konsulat gestellt werden (noch länger im Voraus, wenn es nicht beim Konsulat des eigenen Landes ist).

Besucher mit Visum und alle, die länger als 90 Tage in Kuba waren, müssen bei der Einwanderungsbehörde einen Antrag auf Ausreiseerlaubnis stellen.

Verlängerungen

Wer im Voraus weiß, dass er länger als 30 Tage im Land bleiben will, kann als Deutscher, Schweizer oder Österreicher noch im Heimatland ein Visum beantragen. Wer mit der normalen Touristenkarte (Aufenthalt max. 30 Tage) einreist, kann diese einfach verlängern: Dafür

geht man in die *inmigración* (Einwanderungsbüro) und präsentiert dort seine Dokumente und 25 CUC$ in Marken (man bekommt sie in einer Filiale der Bandec oder in der Banco Financiero Internacional). Die Verlängerung gilt einmalig für weitere 30 Tage. Die Alternative besteht darin, für 24 Stunden auszureisen und danach erneut 30 Tage im Land zu bleiben (einige Reisebüros in Havanna bieten für diese Art von „Trips" Extra-Arrangements an). Um die Aufenthaltsverlängerung sollte man sich einige Werktage im Voraus kümmern.

Kubanische Einwanderungsbehörde

In fast allen Provinzstädten gibt es ein Büro der Einwanderungsbehörde (wo beispielsweise das Visum verlängert werden kann), allerdings spricht dort in der Regel kaum jemand Englisch und die Hilfsbereitschaft der Mitarbeiter hält sich sehr in Grenzen. Das Büro in Havanna ist nicht zu empfehlen, weil es dort immer völlig überfüllt ist.

Baracoa (Antonio Maceo No 48)

Bayamo (☎23-57-25-84; Carretera Central, Km 2; ☺Mo, Mi & Fr 8–19, Di 8–17, Do & Sa 8–12 Uhr) In einem großen Häuserkomplex 200 m südlich des Hotels Sierra Maestra.

Camagüey (Calle 3 No 156, zwischen Calle 8 & 10, Reparto Vista Hermosa; ☺Mo, Mi & Fr 8–19, Di 8–17, Do & Sa 8–12 Uhr)

Ciego de Ávila (Karte S. 338; Ecke Delgado & Independencia; ☺Mo, Mi & Fr 8–19, Di 8–17, Do & Sa 8–12 Uhr)

Cienfuegos (☎43-52-10-17; Av 46, zwischen Calle 29 & 31)

Guantánamo (Calle 1 Oeste, zwischen Calles 14 & 15 Norte; ☺Mo, Mi & Fr 8–19, Di 8–17, Do & Sa 8–12 Uhr) Direkt hinter dem Hotel Guantánamo.

Havana (Calle 17 No 203, zwischen Calle J & K, Vedado;

⊙Mo, Mi & Fr 8–19, Di 8–17, Do & Sa 8–12 Uhr)

Holguín (Calle Fomento No 256, Ecke Peralejo; Mo, Mi & Fr 8–19, Di 8–17, Do & Sa 8–12 Uhr)

Las Tunas (Av Camilo Cienfuegos, Reparto Buenavista; ⊙Mo, Mi & Fr 8–19, Di bis 17, Do & Sa bis 12 Uhr)

Sancti Spíritus (☑41-32-47-29; Independencia Norte No 107; ⊙Mo, Mi & Fr 8–19, Di bis 17, Do & Sa bis 12 Uhr)

Santa Clara (Ecke Av Sandino & Sexta; ⊙Mo, Mi & Fr 8–19, Di bis 17, Do & Sa bis 12 Uhr) Drei Häuserblocks östlich des Estadio Sandino.

Santiago de Cuba (☑22-64-19-83; Av Pujol No 10, zwischen Calle 10 & Anacaona; ⊙Mo, Mi & Fr 8–19, Di bis 17, Do & Sa bis 12 Uhr) Stempel für Visumsverlängerungen werden in der Banco de Crédito y Comercio in der Felix Peña No 614 am Parque Céspedes verkauft.

Trinidad (Julio Cueva Díaz; ⊙Mo, Mi & Fr 8–19, Di bis 17, Do & Sa bis 12 Uhr) Abzweig vom Paseo Agramonte.

Varadero (Ecke Av 1 & Calle 39)

Zoll

Die kubanischen Zollbestimmungen sind recht kompliziert. Vollständige Infos finden sich unter www.aduana.co.cu.

Einfuhr-beschränkungen

Reisende dürfen ihre persönlichen Gegenstände, wie Fotoausrüstung, Fernglas, Musikinstrument, Radio, Computer, Zelt, Angel, Fahrrad, Kanu und andere Sportgeräte sowie bis zu 10 kg Arzneimittel einführen. Eingedoste, verarbeitete und getrocknete Lebensmittel sind kein Problem. Gleiches gilt für Haustiere (solange sie ein tierärztliches Zeugnis und einen Nachweis über eine Tollwutimpfung haben).

Gegenstände, die nicht in die genannten Kategorien fallen, müssen zu 100 % verzollt werden, allerdings nur bis zu einem Maximum von 1000 CUC$.

Zu den Dingen, die man nicht nach Kuba einführen darf, gehören Narkotika, Sprengstoff, pornografisches Material, elektrische Geräte im weitesten Sinne, Leichtmotorfahrzeuge, Automotoren und tierische Produkte.

Ausfuhr-beschränkungen

Zollfrei ausgeführt werden dürfen 50 Schachteln Zigarren (oder 23 einzelne), bis zu 5000 US$ Bargeld (oder diesen Wert in anderen Devisen).

Die Ausfuhr von Kunst und Kulturgütern ohne Papiere ist nur eingeschränkt möglich und mit Gebühren belegt. Wer Kunst kauft, bekommt in der Regel beim Kauf einen offiziellen Beleg ausgestellt, den man genau überprüfen sollte. Wer keinen Beleg bekommen hat, muss sich einen beim **Registro Nacional de Bienes Culturales** (Karte S. 102; Calle 17 No 1009, zwischen Calle 10 & 12, Vedado; ⊙Mo–Fr 9–12 Uhr) in Havanna ausstellen lassen; dafür muss der Kaufgegenstand für eine Überprüfung mitgebracht werden. Vor Ort füllt man ein Formular aus und entrichtet für ein bis fünf Gegenstände eine Gebühr in Höhe von 10–30 CUC$. 24 Stunden später kann das Zertifikat abgeholt werden.

Reisende sollten sich über die Einfuhrgesetze ihres Heimatlandes informieren, sofern sie kubanische Zigarren mit nach Hause nehmen wollen. Einige Länder verlangen eine Zollgebühr für die Einfuhr kubanischer Zigarren.

Verkehrsmittel & -wege

AN- & WEITERREISE

Einreise

Ganz gleich, ob man zum ersten Mal oder zum fünfzigsten Mal nach Kuba fliegt: Der Anflug auf den Internationalen Flughafen José Martí International Airport über rostrote Tabakfelder ist und bleibt einfach ein unvergessliches Erlebnis!

Zum Glück erweisen sich die Einreiseformalitäten als relativ unkompliziert – bei rund 3 Mio. Ankünften pro Jahr ist die Abwicklung von internationalen Flügen für das Flughafenpersonal Routine.

Außerhalb Kubas wird die Hauptstadt von den Reisebüros, Fluggesellschaften und anderen offiziellen Stellen Havanna genannt. Innerhalb Kubas heißt sie überall nur La Habana.

Flüge, Rundreisen und Bahnfahrkarten können jederzeit online unter lonelyplanet.com/bookings gebucht werden.

KLIMAWANDEL & REISEN

Der Klimawandel stellt eine ernste Bedrohung für unsere Ökosysteme dar. Zu diesem Problem tragen Flugreisen immer stärker bei. Lonely Planet sieht im Reisen grundsätzlich einen Gewinn, ist sich aber der Tatsache bewusst, dass jeder seinen Teil dazu beitragen muss, die globale Erwärmung zu verringern.

Fliegen & Klimawandel

Fast jede Art der motorisierten Fortbewegung erzeugt CO_2 (die Hauptursache für die globale Erwärmung), doch Flugzeuge sind mit Abstand die schlimmsten Klimakiller – nicht nur wegen der großen Entfernungen und der entsprechend großen CO_2-Mengen, sondern auch, weil sie diese Treibhausgase direkt in den hohen Schichten der Atmosphäre freisetzen. Die Zahlen sind erschreckend: Zwei Personen, die von Europa in die USA und wieder zurück fliegen, erhöhen den Treibhauseffekt in demselben Maße wie ein durchschnittlicher Haushalt in einem ganzen Jahr.

Emissionsausgleich

Die englische Website www.climatecare.org und die deutsche Internetseite www.atmosfair.de bieten sogenannte CO_2-Rechner. Damit kann jeder ermitteln, wie viel Treibhausgase seine Reise produziert. Das Programm errechnet den zum Ausgleich erforderlichen Betrag, mit dem Reisende nachhaltige Projekte zur Reduzierung der globalen Erwärmung unterstützen können, beispielsweise Projekte in Indien, Honduras, Kasachstan und Uganda.

Lonely Planet unterstützt gemeinsam mit Rough Guides und anderen Partnern aus der Reisebranche das CO_2-Ausgleichsprogramm von climatecare.org.

Alle Reisen von Mitarbeitern und Autoren von Lonely Planet werden ausgeglichen. Auf der Homepage des Verlages – www.lonelyplanet.com – gibt es weitere Informationen zu diesem Thema.

Flugzeug

Flughäfen & Fluglinien

INTERNATIONALE FLUGHÄFEN

In Kuba gibt es zehn internationale Flughäfen. Der bei Weitem größte davon ist der **Aeropuerto Internacional José Martí** (www.havana-air port.org; Av Rancho Boyeros) in Havanna. Der einzige einigermaßen große ist darüber hinaus **Juan Gualberto Gómez International Airport** (☎45-61-30-16, 45-24-70-15) in Varadero.

FLUGLINIEN NACH & VON KUBA

Die meisten Fluggesellschaften betreiben ihre Büros in Havanna entweder im **Airline Building** (Calle 23 No 64) in Vedado oder im **Miramar Trade Center** (Karte S. 138; Av 3, zwischen Calle 76 & 80, Miramar; ⊙variable Öffnungszeiten) in Playa.

Cubana (www.cubana.cu), die staatliche Fluglinie, unterhält regelmäßige Verbindungen nach Bogotá, Buenos Aires, Mexico City, Cancún, Caracas, Madrid, Paris, Toronto, Montreal, São Paulo, San José (Costa Rica) und Santo Domingo (Dominikanische Republik). Ihre Flugpreise zählen zu den günstigsten, ein Problem sind allerdings Überbuchungen und Verspätungen. Keinen Kompromiss macht die Fluggesellschaft bei Übergewicht: Für jedes zusätzliche Kilogramm Gepäck, das die 20 kg-Grenze überschreitet, wird eine saftige Gebühr erhoben.

Wer sich über die aktuellen Sicherheitsempfehlungen informieren möchte, kann dies auf www.airsafe.com tun. Cubana hatte zwei aufeinanderfolgende Unfälle im Dezember 1999 mit insgesamt 39 Todesopfern zu verzeichnen, aber seither hat es bei der Airline keine größeren Zwischenfälle mehr gegeben.

AFRIKA

Direktflüge von Afrika gehen von Luanda, Angola mit **TAAG** (☎in Angola 9231-90-000; www.taag.com). Aus allen anderen afrikanischen Ländern gehen die Flüge über London, Paris, Madrid, Amsterdam oder Rom.

ASIEN & AUSTRALIEN

Von Australien gibt es keine Direktflüge nach Kuba. Reisende müssen über Europa, Kanada, die USA oder Mexiko fliegen. **Air China** (www.airchina.com) verkehrt wöchentlich zwischen Peking und Havanna.

EUROPA & GROSSBRITANNIEN

Es gibt Linienflüge von Belgien, Frankreich, Deutschland, Holland, Italien, Russland, Spanien, der Schweiz und Großbritannien nach Kuba. Die folgenden Fluggesellschaften verkehren zwischen Europa und Kuba:

Aeroflot (☎in Havanna 72-043-200, in Moskau +7-495-223-55-55; www.aeroflot.ru; Miramar Trade Center)

Air Europa (☎in Spanien 902-401-502; www.aireuropa.com; Miramar Trade Center)

Air France (☎in Frankreich 09-69-39-02-15, in Havanna +537-206-4444; www.airfrance.com; Calle 23 No 64; ⊙Mo–Fr 8.30–16.30 Uhr)

Blue Panorama (☎in Italien 06-9895-6666; www.blue-pan orama.com)

Condor (☎in Deutschland 49-180-676-7767; www.condor.com)

Edelweiss (www.flyedelweiss.com)

KLM (www.klm.com)

Neos (☎in Italien 800-325-955; www.neosair.it)

Thomas Cook (www.thomas cook.com)

TUI Netherlands (☎www.tui.nl)

Virgin Atlantic (☎in Kuba 7204-0747, in Großbritannien 0344-874-7747; www.virgin-at lantic.com; Miramar Trade Center)

KANADA

Von 22 kanadischen Flughäfen aus werden zehn kubanische Flughäfen angeboten; Toronto und Montreal sind die wichtigsten Verkehrsknotenpunkte. Andere Städte werden von direkten Charterflügen angesteuert.

Folgende Airlines sind wichtig:

Air Canada (☎in Kanada 844-347-4268; www.aircanada.com)

Air Transat (☎in Kanada 877-872-6728; www.airtransat.com)

Sunwing (☎in Kanada 877-877-1755; www.flysunwing.com)

Westjet (☎in Kanada 888-937-8538; www.westjet.com)

Die Reiseagentur **A Nash Travel** (☎in Kanada 905-755-0102; www.anashtravel.com) kann bei den Buchungen behilflich sein.

KARIBIK

Cubana ist neben **Air Caraïbes Airlines** (☎in Guadeloupe 0820-835-835; www.aircarai bes.com), **Bahamas Air** (☎auf den Bahamas 1-242-702-4140; https://bahamasair.com) und **Cayman Airways** (www.caymanairways.com; Miramar Trade Center) die wichtigste Fluggesellschaft, die Kuba mit den anderen karibischen Staaten verbindet.

Flugverbindungen

HAVANNA

Nueva Gerona · Camagüey · Holguín · Baracoa · Bayamo · Guantánamo · Santiago de Cuba

MEXIKO

Mexico City und Cancún sind gute Anschlussstellen für Flüge aus vielen US-amerikanischen Städten. **Interjet** (☎in Mexiko 01800-011-2345; www.interjet.com.mx) verbindet Mexiko mit Kuba.

SÜD- & MITTELAMERIKA

Die Flugverbindungen zu Flughäfen in Südamerika sind durchweg gut. Mittelamerikanische Flughäfen bieten ideale Ausgangspunkte zu anderen Teilen der Karibik. Die folgenden Fluglinien sind in Lateinamerika tätig:

Avianca (www.avianca.com)

Conviasa (☎in Venezuela 500-266-8427; www.conviasa.aero)

Copa Airlines (☎in Panama 217-2672; www.copaair.com)

LATAM (☎in Chile 600-526-2000; www.latam.com)

VEREINGTE STAATEN

Die ersten regelmäßigen Linienflüge zwischen den USA und Kuba starteten im November 2016, nachdem die Obama-Administration die Reisebeschränkungen gelockert hat. Inhaber eines US-amerikanischen Passes müssen aber noch immer unter die sogenannten „authorized travel categories" fallen. Die folgenden Fluglinien fliegen nun von den VereinigtenStaaten aus Ziele in Kuba an:

Alaska Airlines (☎in den USA 800-252-7522; www.alaskaair.com)

American Airlines (☎in den USA 800-433-7300; Miramar Trade Center)

Delta Airlines (☎in den USA 800-241-4141; www.delta.com)

Jet Blue (☎in den USA 800-538-2583; https://book.jetblue.com)

Southwest Airlines (☎in den USA 800-435-9792; www.southwest.com)

Spirit Airlines (☎in den USA 801-401-2222; www.spirit.com)

United Airlines (☎in den USA 800-864-8331; www.united.com)

Übers Meer

Kreuzfahrten

Jetzt, da sich die Beziehungen zwischen den USA und Kuba entwickeln, legen mehr Kreuzfahrtschiffe in kubanischen Häfen an. **Oceania Cruises** (www.oceaniacruises.com), **Norwegian Cruise Line** (www.ncl.com), **Pearl Seas Cruises** (www.pearlseascruises.com) und **Royal Caribbean** (www.royalcaribbean.com) haben nun alle Kuba auf ihre Reiseroute gesetzt.

Die kanadische Gesellschaft **Celestyal** (www.yourcubacruise.com) umfährt die Insel und legt dann in Havanna, Holguín, Santiago, Montego Bay (Jamaika), Cienfuegos und an der Isla de la Juventud an.

Eine weitere Möglichkeit ist die in Großbritannien ansässige Firma **Thomson** (www.thomson.co.uk), die die Sieben-Tage-Reise *Cuban Fusion* von Montego Bay in Jamaika anbietet.

Private Jachten

Wer eine eigene Jacht oder ein anderes Schiff besitzt, kann in Kuba in den folgenden acht internationalen Häfen mit Zollabfertigung anlegen:

➡ Marina Hemingway (Havanna)

➡ Marina Dásena (Varadero)

➡ Marina Cienfuegos

➡ Marina Cayo Guillermo

➡ Marina Santiago de Cuba

➡ Puerto de Vita (bei Guardalavaca in der Provinz Holguín)

➡ Cayo Largo del Sur

➡ Cabo San Antonio (am äußersten Westzipfel der Provinz Pinar del Río)

Schiffseigner sollten sich über VHF 16 und 68 oder das Touristennetz 19A mit der kubanischen Küstenwache in Verbindung setzen. Es bestehen bisher keine regelmäßigen Fährverbindungen nach Kuba.

Geführte Touren

In Kuba sind organisierte Touren besonders beliebt, vor allem im Bereich sanfte Abenteuerreisen. Es gibt jedoch auch spezielle Touren, die sich auf Kultur, Umwelt, Abenteuer, Fotografieren, Radfahren, Bird-Watching, Architektur oder Wandern fokussiert haben. Einige beliebte Agenturen sind:

Cuban Adventures (☑in Australien 4305-04636; www. cubagrouptour.com)

Exodus (☑in England 0203-553-1385; www.exodus.co.uk)

Explore (☑in Großbritannien 01-252-883-914; www.explore. co.uk)

UNTERWEGS VOR ORT

Auto & Motorrad

Es ist in Kuba ganz einfach ein Auto zu mieten, aber wenn man dann mal Benzin, Versicherung, Leihgebühren usw. einbezieht, ist es auch nicht ganz billig. Die Preise richten sich nach der Größe des Autos, der Jahreszeit und der Leihdauer. Man sollte für einen Mittelklasse-wagen durchschnittlich mit 70 CUC$ pro Tag rechnen. Es ist in der Tat billiger, sich bei Fahrten bis zu 150 km ein Taxi zu nehmen (zur Zeit der Recherchen für dieses Buch kostete ein Taxi 0,55 CUC$, wenn es von einer Stadt in eine andere fährt.)

Benzin

Benzin, das für *convertibles* verkauft wird, ist (im Gegensatz zum Peso-Benzin) an Tankstellen im ganzen Land fast immer erhältlich (die Nordküste westlich von Havanna bildet dabei die einzige Ausnahme). Tankstellen, gelegentlich mit kleinen Shops, sind häufig durchgehend geöffnet. Benzin wird pro Liter als *regular* (1 CUC$ pro Liter)

und *especial* (1,20 CUC$ pro Liter) verkauft. Mietwagen brauchen in der Regel *especial*. Alle Tankstellen haben gutes Personal, meistens *trabajadores sociales* (Studenten von Hochschulen).

Ersatzteile

Da man in Kuba selten die originalen Ersatzteile bekommt, blicken Kubaner auf eine jahrzehntelange Praxis zurück, alte Wracks ohne Ersatzteile aus der Fabrik am Laufen zu halten. Sie können aus Karton, Bindfaden, Gummi und Kleiderbügeln wirklich erstaunliche Dinge fabrizieren.

Wer Luft in die Reifen braucht oder eine Reifenpanne hat, sollte zur nächsten Tankstelle fahren oder den lokalen *ponchero* aufsuchen. Es steht allerdings nicht immer ein Gerät zur Verfügung, mit dem man den Reifendruck kontrollieren kann – also immer etwas vorsichtig dabei vorgehen.

Führerschein

Der jeweilige Heimatführerschein reicht aus, um in Kuba ein Auto mieten und fahren zu dürfen.

Mietwagen

In Kuba ein Auto zu mieten ist recht einfach. Man braucht Pass, Führerschein und 150 bis 250 CUC$, die wieder zurückgezahlt werden (bar oder mit einer Kreditkarte). Für einen angemessenen Betrag kann man ein Auto auch in einer Stadt mieten und es in einer anderen wieder abgeben. Wer sparen will, sollte nach Dieselautos fragen – manche Firmen haben welche. Es gibt nur sehr wenige Dieselfahrzeuge mit Automatik.

Wenn man ein Auto für drei oder weniger Tage mietet, bekommt man es mit begrenzter Kilometerzahl. Verträge über drei bzw. mehr Tage haben eine unbegrenzte Kilometerzahl. Auf der Insel zahlt man für die erste Tankfüllung, wenn man das Auto mietet und bringt es leer

zurück (eine unsinnige Praxis, die dazu führt, dass viele Touristen sich ärgern, wenn sie 1 km vor der Abgabe kein Benzin mehr haben). Für das Benzin im Tank bekommt man kein Geld zurück.

Kleine Diebstähle (Spiegel, Antennen, Rücklichter etc.) sind verbreitet. Es lohnt sich also, jemandem ein oder zwei *convertibles* zu zahlen, damit dieser über Nacht auf das Auto aufpasst. Wenn man den Vertrag oder die Schlüssel verliert, muss man 50 CUC$ Strafe berappen. Fahrer unter 25 zahlen 5 CUC$ extra, zusätzliche Fahrer im selben Vertrag kosten 3 CUC$ Aufpreis.

Man sollte den Wagen mit dem Angestellten der Firma sorgfältig überprüfen, bevor man losfährt, da Mieter für alle Schäden oder Verluste aufkommen müssen. Außerdem sollte man darauf achten, ob ein Ersatzrad in der richtigen Größe, ein Wagenheber sowie ein Schraubenschlüssel vorhanden sind und die Türen wirklich schließen. Sicherheitsgurte gehören ebenfalls zur Ausstattung.

Viele Lonely Planet Leser haben sich über einen schlechten Kundendienst, falsche Ersatzreifen, vergessene Buchungen und andere Probleme beklagt. Reservierungen werden nur bis 15 Tage vorher akzeptiert, und selbst dann sind sie nicht garantiert. Normalerweise kommen einem die Agenturen zwar entgegen, aber trotzdem kann es passieren, dass man viel mehr bezahlt als geplant oder Stunden warten muss, bis jemand einen Wagen abgibt. Je besser man Spanisch spricht und je freundlicher man ist, desto eher werden die Probleme gelöst (Trinkgelder für den Bediensteten können helfen). Bei einer Kubareise sollte man allerdings immer einen Plan B in petto haben.

Straßenverhältnisse

In Kuba Auto zu fahren ist etwas völlig anderes als das,

EIN AUTO MIT FAHRER MIETEN

Zwar ist nur wenig Verkehr auf den Straßen Kubas, aber dennoch ist das Fahren nicht so einfach wie manche Leute glauben, besonders wenn man an wackelige Fahrräder, Baseball spielende Kinder, galoppierende Pferde, Fußgänger mit eingeschränkter Sicht und, was das Schlimmste ist, das völlige Fehlen von Schildern denkt.

Um Unannehmlichkeiten zu vermeiden, empfiehlt es sich, ein bequemes, modernes Auto samt Fahrer zu mieten. Immer mehr Firmen bieten diese Kombination an. Die bekannteste ist **Car Rental Cuba** (☎54-47-28-22; www.carrental-cuba.com; Maceo No 360-1, zwischen Serafin García & EP Morales; 75 CUC$ pro Tag plus 0,30 CUC$ pro km).

was man von zu Hause her gewohnt ist. Das erste Problem besteht in den fehlenden Beschilderungen. An großen Kreuzungen oder Ausfahrten finden sich oft keinerlei Hinweise, wie man zu bedeutenden Resorts oder Städten kommt. Das ist nicht nur verwirrend, sondern auch sehr zeitaufwendig. Auf Überlandstraßen mangelt es zudem an Verbotsschildern oder Beschränkungen. Häufig ist eine Einbahnstraße nicht deutlich als solche gekennzeichnet und eine Geschwindigkeitsbegrenzung nicht angezeigt, was zu Problemen mit der Polizei führt (die nicht versteht, dass man die Regeln nicht auf telepathischem Wege empfängt). Fahrbahnmarkierungen sind hier unbekannt.

Die Autopista, Vía Blanca und Carretera Central sind allgemein in einem gutem Zustand, aber alle anderen Straßen können sich plötzlich in Asphaltstücke auflösen, oder es tauchen unerwartete Schienenübergänge auf (vor allem im Oriente). Letztere sind besonders problematisch, da es Hunderte von ihnen gibt, und sie nie durch Schranken gesichert sind. Vorsicht: Egal, wie überwuchert die Schienen auch aussehen mögen, man muss immer damit rechnen, dass sie noch benutzt werden. Kubanische Züge spotten ebenso wie ihre

Waggons jeder normalen Logik, vor allem was die Mechanik angeht.

Der motorisierte Verkehr hält sich in Grenzen. Fahrräder, Fußgänger, Ochsenkarren, Pferdekutschen und Vieh sind jedoch eine andere Geschichte. Viele alte Autos und Lastwagen haben keine Rückspiegel und darüber hinaus scheinen aus allen Ecken und Ritzen Kinder zu springen. Man muss stets auf der Hut sein, vorsichtig fahren und hupen, wenn man überholt oder in eine nicht einsehbare Kurve fährt.

Von Nachtfahrten ist wegen betrunkener Fahrer, Kühe und schlechter Beleuchntung dringend abzuraten. Alkoholisierte Wagenführer stellen auf Kuba ein großes Problem dar, und das trotz aller Aufklärungskampagnen der Regierung. Spät am Abend herrschen besonders in Havanna gefährliche Zustände. In der kubanischen Hauptstadt scheint es eine Überholspur, eine Fahrspur und eine Spur für die Betrunkenen zu geben.

Ampeln sind oft defekt oder schwer zu erkennen. Vorfahrtregeln beachtet niemand. Man muss also wirklich höllisch aufpassen!

Verkehrsregeln

Kubaner fahren, wie sie wollen und wo sie wollen. Erst kommt es einem chaotisch vor, aber dann erkennt

man dahinter ein gewisses System. Sicherheitsgurte sind nur angeblich Pflicht. Die Höchstgeschwindigkeit ist eigentlich 50 km/h in der Stadt, 90 km/h auf den Überlandstraßen und 100 km/h auf der Autopista, aber manche Autos können gar nicht so schnell fahren. Andere drücken dagegen so richtig aufs Gaspedal.

Da sich relativ wenige Autos auf der Straße befinden, ist es schwer, sich in puncto Geschwindigkeit zurückzuhalten. Bevor man allerdings zu übermütig wird, bremsen einen wahrscheinlich die Schlaglöcher oder auch die Polizei. Es gibt ein paar raffinierte Kontrollfallen, vor allem auf der Autopista. Strafzettel für zu schnelles Fahren beginnen bei 30 CUC$ und werden auf dem Mietvertrag des Wagens vermerkt. Die Strafe wird von dem hinterlegten Betrag abgezogen, wenn man das Auto zurückgibt. Falls man angehalten wird, sollte man aus dem Wagen steigen und mit den Papieren zu den Polizisten gehen. Wenn ein entgegenkommendes Auto die Lichthupe betätigt, weist das auf eine Gefahrenquelle hin (normalerweise die Polizei).

Wegen der kubanischen Transportkrise stehen zahlreiche Leute am Straßenrand und warten darauf, mitgenommen zu werden. Jemandem eine *botella* (Mitfahrgelegenheit) zu bieten hat so manchen Vorteil. Mit kubanischen Mitfahrern kommt man sicher an sein Ziel, erfährt etwas über geheime Ecken und macht oft tolle neue Bekanntschaften. Es sind aber natürlich auch immer Risiken damit verbunden. Ältere Leute oder Familien mitzunehmen ist weniger riskant. In der Provinz werden die auf eine Mitfahrgelegenheit Wartenden von *amarillos* (amtliche Verkehrsaufsicht) in Warteschlangen eingeteilt, wobei ältere Leute und Schwangere bevorzugt werden.

Versicherung

Mietwagen lassen sich meistens für 15 bis 30 CUC$ pro Tag versichern. Damit ist alles außer Radiodiebstahl (das Radio nachts am besten in den Kofferraum einschließen) und Reifen abgedeckt.

Wer in einen Unfall verwickelt wird, muss unbedingt eine Kopie der *denuncia* (Polizeibericht) für die Versicherung anfertigen lassen , eine Prozedur, die leicht einen ganzen Tag dauern kann. Falls die Polizei entscheidet, dass man selbst der Schuldige des Unfalls ist, kann man der hinterlegten Kaution getrost *adiós* sagen.

Bus

Busse sind in Kuba ein zuverlässiges Verkehrsmittel, zumindest in den beliebteren Gegenden. **Víazul** (www.viazul.com) ist die wichtigste Gesellschaft für Fernreisebusse, die auch von Nichtkubanern genutzt werden können. Diese Busse sind halbwegs pünktlich, klimatisiert und fahren die für Touristen interessanten Orte an.

Víazul lässt sich die Fahrten in Convertibles bezahlen.

Die Busse legen fahrplanmäßig zu den Hauptmahlzeiten eine Pause ein und haben immer zwei Fahrer an Bord. Gut ist auch, warme Kleidung oder Decken dabei zu haben – die Klimaanlagen produzieren arktische Kälte. Auf den beliebten Strecken ist es sinnvoll, vorher zu reservieren, besonders in der Hochsaison. Eine praktische neue Strecke führt täglich von Trinidad nach Santa Clara, Remedios, Caibarien und Cayo Santa Maria.

In der Hochsaison ist die Nachfrage oft höher als das Angebot. Wer am Ende keinen Sitzplatz mehr im gewünschten Bus findet, sollte sich nach anderen gestrandeten Reisenden umsehen und mit ihnen zusammen dann ein Sammeltaxi zum jeweiligen Ziel nehmen. Conectando wird von Cubanacán betrieben und ist ein neueres Angebot, um die überfüllten Víazul-Busse zu entlasten. Der Vorteil ist, dass sie die Hotels der Stadtzentren anfahren und im Voraus in den Büros von Infotur und Cubanacán gebucht werden können. Der Nachteil ist, dass sie nicht so verlässlich nach Fahrplan

fahren und ihr Netz nicht so weitläufig ist wie das der Víazul-Busse. Man sollte im Voraus nachfragen, ob der Bus wirklich fährt.

Viele Touristenregionen bieten inzwischen Bustouren (Tagesticket 5 CUC$) an, die alle wichtigen Sehenswürdigkeiten in einem bestimmten Gebiet verbinden. Fahrgäste können an jedem beliebigen Haltepunkt der Strecke ein- und aussteigen. Betreut wird das Ganze von der staatlichen Transportagentur Transtur. In Havanna und Varadero verkehren oben offene Doppeldeckerbusse, während in Viñales, Trinidad, Cayo Coco, Guardalavaca, Cayo Santa María und Baracoa (saisonal) Minibusse herumkurven.

Kubaner nutzen für kürzere Strecken Provinzbusse. Diese Busse verkaufen Fahrkarten, die in *moneda nacional* bezahlt werden müssen; die Busse sind weniger bequem und zuverlässig als die Fahrzeuge von Víazul. Sie fahren von jedem Provinz-Busbahnhof ab. Fahrpläne und Preise werden gewöhnlich mit Kreide auf eine Tafel am Abfahrtsort geschrieben. Manchmal wer-

VÍAZUL-BUSSTRECKEN

STRECKE	FAHRZEIT (STD.)	KOSTEN (CUC$)	ZWISCHENSTOPPS
Havanna–Holguín	10½	44	Santa Clara, Sancti Spíritus, Ciego de Ávila, Camagüey, Las Tunas
Havanna–Santiago de Cuba	15½	51	Entronque de Jaguey, Santa Clara, Sancti Spíritus, Ciego de Ávila, Camagüey, Las Tunas, Holguín, Bayamo
Havanna–Trinidad	6	25	Entronque de Jaguey, Cienfuegos
Havanna–Varadero	3	10	Matanzas, Varadero Airport
Havanna–Viñales	3¼	12	Pinar del Río
Santiago de Cuba–Baracoa	4¾	15	Guantánamo
Trinidad–Santiago de Cuba	12	33	Sancti Spíritus, Ciego de Ávila, Camagüey, Las Tunas, Holguín, Bayamo
Trinidad–Varadero	6	20	Cárdenas, Colón, Entronque de Jaguey, Cienfuegos
Varadero–Santiago de Cuba	16	49	Cárdenas, Colón, Santa Clara, Sancti Spíritus, Ciego de Ávila, Camagüey, Las Tunas, Holguín, Bayamo

den Reisende nicht mitgenommen, weil Einheimische bevorzugt werden.

Reservierungen

In der Hochsaison (Juni bis August, Weihnachten und Ostern) und auf den beliebten Routen (Havana–Trinidad, Trinidad–Santa Clara, und Santiago de Cuba–Baracoa) sind Reservierungen direkt bei Víazul unerlässlich. In der Regel reicht es, ein oder zwei Tage vor der Fahrt zu reservieren.

Der Víazul-Bus ab Baracoa ist fast immer ausgebucht, sodass man auf dieser Strecke bereits reservieren sollte, wenn man angekommen ist. Reservierungen sind mittlerweile auch online unter www.viazul.com möglich, wenn man sich auf der Wbsite anmeldet. Allerdings ist es hier wie mit allen kubanischen Websites: Sie stürzen leicht ab.

Fahrrad

Kuba ist ein Paradies für Radfahrer. Hier gibt es Fahrradspuren, Fahrradwerkstätten und Autofahrer, die landesweit daran gewöhnt sind, sich die Fahrbahn mit Fahrrädern zu teilen. Ersatzteile sind eher rar – man sollte sie am besten von zu Hause mitbringen. Kubaner sind aber auch hier wahre Meister im Improvisieren, und wenn ein Ersatzteil fehlt, wird das Rad dennoch notdürftig repariert. *Poncheros* (Stände, die Pannenhilfe leisten) reparieren platte Reifen und pumpen

sie wieder auf; sie sind in jedem noch so kleinen Ort zu finden.

Von Fahrradhelmen hat man in Kuba noch nichts gehört; Ausnahmen sind vielleicht die nobleren Urlaubsorte. Deshalb sollte man den eigenen Helm mitbringen. Ein Schloss ist ein absolutes Muss, denn der Fahrradklau hat Hochkonjunktur. *Parqueos* sind Fahrradparkplätze an allen Orten, wo sich Menschenmassen aufhalten (z. B. auf Märkten, an Busbahnhöfen, in Innenstädten usw.); sie kosten einen Peso.

Der einen Meter breite Streifen am Straßenrand ist in ganz Kuba, sogar auch auf Highways, für Fahrräder reserviert. Das Fahren auf Gehwegen ist verboten und wird, wenn man dabei erwischt wird, bestraft. Die Straßenbeleuchtung ist in einem bedauernswerten Zustand, sodass vom Fahren in der Dunkelheit wirklich abgeraten werden muss (an über einem Drittel aller Autounfälle sind Radfahrer beteiligt). Im Ernstfall ist es sinnvoll, Lampen dabei haben!

Züge mit *coches de equipaje* oder *bagones* (Gepäckwagons) nehmen Fahrräder in der Regel für eine Gebühr von rund 10 CUC$ pro Fahrt mit. Diese Waggons werden zwar bewacht, aber besser ist, man nimmt die Fahrradtaschen ab und überprüft das Rad bei der Ankunft am Ziel. Auch die Víazul-Busse nehmen Fahrräder mit.

Fahrradverleih

Offizielle Fahrradverleihstellen sind in Kuba sehr selten, obwohl sich das mit dem raschen Aufblühen der privaten Wirtschaft durchaus ändern könnte. In der Regel kann man sich irgendetwas Fahrbares beschaffen und zahlt dafür zwischen 5 CUC$ pro Stunde und 20 CUC$ pro Tag. Normalerweise sind Fahrräder in den All-Inclusive-Angeboten der Urlaubshotels enthalten, es ist aber mit schlechten Bremsen und fehlender Gangschaltung zu rechnen.

Kauf

Eine begrenzte Auswahl und hohe Preise machen es uninteressant, ein Fahrrad in Kuba über offizielle Kanäle zu kaufen. Günstiger ist der Kauf eines *chivo* (kubanischer Slang für „Rad") von Privatpersonen. Beim Verlassen der Insel verkauft man das gute Stück wieder privat. Wer ein bisschen handelt, kann eines für etwa 40 CUC$ bekommen – je höher der Preis, desto weniger werden vermutlich die Knochen beansprucht. Doch bei aller Kostenersparnis: Das eigene Fahrrad mitzubringen ist mit Abstand die beste Lösung.

Fähre

Die wichtigsten Fährverbindungen bieten die **Katamarane** (Karte S. 180; Ecke Calle 24 & Calle 33; ☺8–17.30 Uhr), die von Surgidero de Batabanó nach Nueva Gerona auf

INLANDSFLÜGE AB HAVANNA

REISEZEIT	HÄUFIGKEIT	FLUGZEIT (STD.)
Baracoa	1-mal wöchentl.	2½
Bayamo	2-mal wöchentl.	2
Camagüey	tgl.	1½
Guantánamo	5-mal wöchentl.	1½
Holguín	1- bis 2-mal tgl.	1½
Nueva Gerona	2-mal tgl.	35 Min.
Santiago de Cuba	1- bis 2-mal tgl.	1½

der Isla de la Juventud fahren, sowie die Personenfähre von Havanna nach Regla und zum Fährhafen Casablanca (☎7-867-3726). Diese Fähren sind weitgehend sicher, dennoch kam es 1997 zum Zusammenstoß zweier Tragflügelboote auf der Route zur Isla de la Juventud. 1994 und 2003 wurde die Fähre Regla/Casablanca von Kubanern, die versuchten nach Florida zu fliehen, entführt. Bei dem Störfall von 2003 waren auch Touristen an Bord, so dass heutzutage mit hohen Sicherheitsmaßnahmen gerechnet werden kann.

Flugzeug
Fluglinien in Kuba
Es gibt keine Verbindungen zwischen den kubanischen Flughäfen außer über Havanna. Bei Redaktionsschluss wurden bei diesen Flügen über zahlreiche Verspätungen und viele Ausfälle berichtet.

Cubana de Aviación (www.cubana.cu) bietet Flüge zwischen Havanna und elf Regionalflughäfen an. Die alternde Flugzeugflotte besteht aus nur wenigen Maschinen, sodass oft noch in letzter Minute etwas repariert werden muss. Wer

einen Anschlussflug ins Ausland erreichen will, sollte genügend Zeit einplanen, weil es sein kann, dass er auf den Bus umsteigen muss.

Einfachtickets kosten halb so viel wie hin und zurück; die Gewichtsbeschränkungen bei der Gepäckmitnahme werden sehr ernst genommen (besonders in kleineren Maschinen). Tickets sind an den meisten Hotelrezeptionen und in Reisebüros erhältlich; sie kosten dort genauso viel wie an den Schaltern der Fluggesellschaften selbst, an denen es oft chaotisch zugeht.

Aerogaviota (☎7-203-0668; www.aerogaviota.com) bietet etwas teurere Charterflüge nach La Coloma und Cayo Levisa (Provinz Pinar del Río), Nueva Gerona, Cayo Largo del Sur, Varadero, Cayo Coco, Playa Santa Lucía, Bayamo, Manzanillo, Baracoa und Santiago de Cuba an. Sie planen im Moment, auch Linienflüge innerhalb des Landes einzuführen.

Lkw
Camiones (Lastwagen) sind günstig, um schnell von Provinz zu Provinz zu reisen. In jeder Stadt gibt es eine außer- und eine innerstädtische

Haltestelle, wo *camiones* abfahren. Sie richten sich nach einem (lockeren) Fahrplan. Wer mitfahren will, muss sich in die Schlange einreihen und nach *el último* zum gewünschten Ziel fragen. Bezahlt wird beim Einsteigen. Die Mehrzahl der Abfahrten erfolgt am frühen Morgen.

Mit einem *Camion* zu reisen bedeutet Hitze, Gedränge und wenig Komfort, gilt aber auch als wunderbare Möglichkeit, schnell Einheimische kennenzulernen; Spanischkenntnisse sind dabei hilfreich. Ein Lkw von Santiago de Cuba nach Guantánamo kostet 5 Pesos (0,20 CUC$), die Fahrt mit einem Víazul-Bus dagegen 6 CUC$.

Manchmal wird den Touristen gesagt, dass sie nicht auf Lkw mitfahren dürfen, doch ein „Nein" muss nicht immer als endgültige Antwort akzeptiert werden. Einfach ein Lächeln aufsetzen, ein Schwätzchen mit dem Fahrer beginnen oder andere Fahrgäste um Hilfe bitten, reicht oft schon aus.

Nahverkehr
Bici-Taxi
Bici-Taxis sind große pedalbetriebene Dreiräder mit

ZÜGE AB HAVANNA
Die folgenden Angaben unterliegen Änderungen und Ausfällen. Immer vorher nochmals Erkundigungen einholen.

REISEZIEL	ZUGNUMMER	HÄUFIGKEIT
Bayamo	13	jeden 4. Tag
Camagüey	5, 15	jeden 4. Tag
Cienfuegos	73	jeden 2. Tag
Guantánamo	15	jeden 4. Tag
Manzanillo	28	jeden 4. Tag
Matanzas	5, 7, 15	jeden 4. Tag
Morón	29	tgl.
Pinar del Río	71	jeden 2. Tag
Sancti Spíritus	7	jeden 2. Tag
Santa Clara	5, 7, 9, 15	jeden 4. Tag
Santiago de Cuba	5, 11, 12	jeden 4. Tag

einem Doppelsitz hinter dem Fahrer. Sie sind in Havanna, Camagüey, Holguín und einigen anderen Städten im Einsatz. In Havanna kostet eine Tour mindestens 2 CUC$ (Kubaner zahlen 5 oder 10 Pesos). Manche *bici-taxistas* verlangen absurde Beträge, deshalb empfiehlt es sich, vor dem Einsteigen zu verhandeln.

Bus

Sehr voll, sehr stickig, sehr anstrengend, sehr kubanisch – *guaguas* (Nahverkehrsbusse) sind in größeren Städten sehr nützlich. Die Busse fahren feste Strecken, halten an *paradas* (Bushaltestellen), an denen sich Warteschlangen bilden, die meist aber nicht als solche erkennbar sind. Man ruft in die wartende Menge ¿el último?, um herauszufinden, wer der Letzte in der Reihe ist, denn kubanische Schlangen sind eben keine Schlangen im eigentlichen Sinne.

Busse kosten pauschal 0,40 MN$ oder fünf centavos, wenn man in CUC$ bezahlt. In Havanna und Santiago de Cuba gibt es seit Kurzem brandneue Metro-Busse made in China. In diesen Bussen muss man immer bis nach hinten durchgehen, weil man auch hinten wieder aussteigt. Um sich den Weg zu bahnen, sagt man *permiso;* den Rucksack sollte man immer vor dem Bauch tragen und auf die Geldbörse besonders achtgeben.

Colectivo

Colectivos sind Taxis, die auf festgelegten Langstrecken immer dann fahren, wenn sie voll sind. In der Regel handelt es sich um amerikanische Schlitten aus der Zeit vor 1959, die üble Dieselwolken ausstoßen und mindestens drei Personen auf dem Vordersitz unterbringen können. Schneller und in der Regel günstiger als der Bus sind die staatlichen Taxis, die *convertibles* verlangen und vor den Busbahnhöfen auf Kundschaft warten.

Fähre

In einigen Städten wie Havanna, Cienfuegos, Gibara und Santiago de Cuba verkehren Fähren, die in *moneda nacional* bezahlt werden müssen.

Pferdekutsche

In vielen Provinzstädten gibt es Pferdekarren (*coches de caballo),* die auf festgelegten Routen, oft zwischen Busbahnhöfen oder Bahnhöfen und den Stadtzentren, unterwegs sind. In der Regel wird für eine Fahrt 1 Peso (*moneda nacional*) verlangt. Viele Pferde sind überarbeitet und in beklagenswertem Zustand. Demnach ist es besser, wenn es eben geht, ein gesundes Pferd auszuwählen (oder noch besser, ein Bici-Taxi zunehmen).

Taxi

Taxis haben ein Taxameter, die Grundgebühr liegt bei 1 CUC$, für jeden Kilometer wird in Städten 1 CUC$ fällig. Taxifahrer bieten Ausländern meist einen Festpreis ohne Taxameter an, dieser Preis liegt oft ziemlich genau beim Preis mit laufendem Zähler. Der Vorteil für die Fahrer liegt auf der Hand: Sie können auf diese Weise das Fahrgeld privat kassieren.

Trampen & Mitfahrgelegenheiten

Angesichts des unzureichenden öffentlichen Verkehrs, der großen Solidarität in der Bevölkerung und einer niedrigen Kriminalitätsrate ist Trampen in Kuba sehr beliebt. Trampen ist hier mehr als das Nutzen einer Mitfahrgelegenheit und wird auch offiziell gefördert. Ampeln, Eisenbahnübergänge und landesweit wichtige Straßenkreuzungen sind beliebte Tramper-Wartepunkte.

In den Provinzen und in den Vororten von Havanna organisieren sogenannte *amarillos* (Verkehrswächter) in senffarbenen Uniformen

die Mitfahrgelegenheiten – auch Ausländer dürfen sich in die Schlange einreihen. Je nach Strecke kostet eine Mitfahrgelegenheit um die 20 Pesos. Wer trampen will, sollte eine gute Straßenkarte besitzen und Grundkenntnisse im Spanischen haben. Teilweise muss man zwei bis drei Stunden auf einen Wagen warten. Aber auch in Kuba gilt: Trampen ist nirgendwo zu 100 Prozent sicher, weshalb Lonely Planet diese Art des Reisens auch nicht empfiehlt. Jeder, der sich für diese Art der Fortbewegung entscheidet, muss sich des kleinen Restrisikos bewusst sein. Wer das Sicherheitsrisiko minimieren will, sollte zumindest zu zweit reisen oder irgendjemanden über die geplante Reiseroute informieren.

Zug

Züge der staatlichen Eisenbahn Ferrocarriles de Cuba fahren in alle Provinzhauptstädte und sind eine einzigartige Möglichkeit, das Land kennenzulernen, vorausgesetzt man hat viel Zeit und Geduld.

Das Alter der Züge und der Mangel an Treibstoff führen oft zu Verspätungen. Reisende berichten von langen Verspätungen, nicht funktionstüchtigen Toiletten, Polizeieinsätzen gegen Leute, die sich im Zug daneben benehmen. Das alles ist nichts für Zartbesaitete. Kubaner, die das Geld dafür haben, reisen anders.

Die genannten Abfahrtszeiten sind rein theoretisch. Eine Fahrkarte zu kaufen, ist in der Regel kein Problem, weil es ein Extrakontingent für Touristen gibt, die in *convertibles* bezahlen müssen.

Ausländische Reisende müssen ihre Fahrkarte in bar bezahlen, die Preise sind angemessen. Die Waggons sind zwar alt und durchgesessen, aber doch noch einigermaßen bequem. Die Toiletten sind allerdings grässlich –

DER TREN FRANCÉS

Kubas bester und schnellster Zug ist der *Tren Francés* (Zugnummer 11), der jeden vierten Tag in beide Richtungen zwischen Havanna und Santiago de Cuba verkehrt (30 CUC$, 15½ Std., 861 km). Der Zug besteht aus gebrauchten französischen Waggons (daher der Name), die einst auf der Strecke Paris–Brüssel–Amsterdam verkehrten. Die Kubaner haben sie 2001 gekauft. Die Waggons sind recht bequem, wenn auch etwas abgenutzt, mit eisiger Klimatisierung, kleinem Café, einem Zugbegleiter (einer pro Waggon) und definitiv schmutzigen Toiletten. Wie bei so vielen Dingen in Kuba ist die Qualität der Waggons nicht das Problem, sondern ihre Instandhaltung bzw. ihre mangelnde Instandhaltung. Der *Tren Francés* hat nur Waggons der 1. Klasse, die aber alles andere als 1. Klasse sind.

eigenes Toilettenpapier muss jeder selbst mitbringen. Bei Nachtfahrten sollte man sein Gepäck im Auge behalten und sich selbst mit Essen versorgen – nur im Tren Francés werden Speisen angeboten. In den anderen Zügen gehen ab und zu Verkäufer mit Kaffee durch den Zug, die Tasse dafür muss sich jeder Reisende aber selbst mitbringen.

Eine Übersicht über kubanische Zugfahrpläne und Zugtypen gibt es auf der Website The Man in Seat Sixty-One (www.seat61.com), die von Mark Smith in Großbritannien gepflegt wird.

Bei Abschluss der Recherchen war der Estación Central in Havanna bis 2018 wegen Renovierungsarbeiten geschlossen. In der Zwischenzeit werden die meisten Abfahrten zum Bahnhof La Coubre verlegt.

Bahnhöfe

Kubanische Bahnhöfe sind trotz ihrer gelegentlich pompösen Fassaden ausnahmslos dreckig und chaotisch, und die spärlichen Zuginformationen sind kaum zu erkennen. Die Abfahrtszeiten sind mit Kreide auf schwarze Tafeln geschrieben; es gibt keine elektronischen oder gedruckten Fahrpläne. Immer zwei bis drei Tage vor der Reise Infos zu den Zügen einholen.

Klassen

Die Züge sind entweder *especial* (klimatisierte,

schnellere Züge mit selteneren Abfahrten), *regular* (langsamere Züge, die dafür aber täglich fahren) oder *lecheros* (Bummelzüge – wörtlich Milchzüge –, die in jeder kleinen, an der Strecke liegenden Ortschaft anhalten). Auf den Hauptstrecken, wie etwa Havanna–Santiago de Cuba verkehren entweder *especial-* oder *regular-*Züge.

Preise

*Regular-*Züge kosten weniger als 3 CUC$ pro 100 km, während *especial-*Züge etwa 5,50 CUC$ pro 100 km kosten. Der Hershey Train (zwischen Havanna und Matanzas) ist genauso teuer wie ein *regular-*Zug.

Reservierungen

In den meisten Bahnhöfen geht man einfach zum Schalter und kauft eine Fahrkarte. Im Bahnhof La Coubre in Havanna gibt es einen extra Warteraum und Schalter für Fahrgäste, die in *convertibles* zahlen. Oft wird beim Kauf der Karte der Ausweis verlangt. Es ist immer ratsam, sich im Voraus am Bahnhof nach den aktuellen Abfahrtszeiten zu erkundigen, da sich diese oft ändern können.

Streckennetz

Kubas Bahnnetz deckt weite Teile des Landes ab und führt einmal quer durch die Hauptinsel von Guane in der Provinz Pinar del Río bis Caimanera südlich der Stadt Guantánamo. Es gibt einige Nebenstrecken, die in den

Norden und Süden führen und damit Städte wie Manzanillo, Nuevitas, Morón und Cienfuegos an die Hauptstrecken anschließen. Baracoa zählt zu den wenigen Städten ohne Bahnanbindung. Weitere „zuglose" Enklaven sind Isla de la Juventud, der äußerste Westen der Provinz Pinar del Río und die nördlichen Keys. Trinidad ist derzeit vom Hauptnetz getrennt, nachdem bei einem Sturm 1992 eine Bahnbrücke zerstört wurde. Momentan funktioniert nur eine kleine Nebenstrecke durch das Valle de los Ingenios; bei Redaktionsschluss wurde sie gerade ausgebessert.

Verbindungen

Viele zusätzliche Regionalbahnen verkehren einmal bis mehrmals täglich. Es gibt zudem weitere kleinere Züge zwischen Las Tunas und Holguín, Holguín und Santiago de Cuba, Santa Clara und Nuevitas, Cienfuegos und Sancti Spíritus sowie Santa Clara und Caibarién.

Der Hershey Train ist der einzige elektrisch betriebene Zug in Kuba; er wurde in den frühen Jahren des 20. Jhs. von der Hershey Chocolate Company gebaut; so macht die Strecke zwischen Havanna und Matanzas Spaß.

Sprache

Die Aussprache des Spanischen ist phonetisch konsequent. Das heißt, dass es eine klare, durchgängige Beziehung zwischen Schriftbild und Aussprache gibt. Die meisten Buchstaben im lateinamerikanischen Spanisch werden fast genauso ausgesprochen wie die entsprechenden deutschen Zeichen. Wenn man die blau gedruckten Aussprachehilfen so liest, als handle es sich um deutsche Wörter, wird man auf jeden Fall ganz gut verstanden.

Einige Hinweise sind trotzdem nützlich: So ist das ch in der Aussprachehilfe ein gutturaler Reibelaut (wie das „ch" in *Loch*); v und b ähneln dem deutschen „b" (sind aber weicher, irgendwo zwischen „v" und „b"), und das r wird stark gerollt. Einige spanische Wörter werden mit einem Akut-Akzent versehen (z.B. *días*) – das bedeutet, dass es sich um eine hier betonte Silbe handelt. In der hier verwendeten Aussprachehilfe sind betonte Silben kursiv gesetzt.

Spanische Substantive sind entweder männlich oder weiblich. Die dazugehörigen Adjektive sind entsprechend angepasst: Das grammatische Geschlecht des Adjektivs richtet sich also nach dem Geschlecht des Substantivs. Wo nötig, sind in diesem Kapitel beide Formen angegeben. Sie werden durch einen Schrägstrich voneinander getrennt, wobei die männliche Form zuerst genannt ist, z.B. *perdido/a* (m/f).

Wenn man sich mit bekannten oder jüngeren Personen unterhält, wird zur Anrede das informelle *tu* (Du) verwendet, nicht die höfliche Form *Usted*. In allen anderen Fällen sollte man die höfliche Form verwenden. In diesem Kapitel wird im Allgemeinen die höfliche Form gebraucht. Wenn beide Möglichkeiten aufgeführt sind, sind sie durch die Abkürzungen „inf." für „informell" und „höf." für „höflich" gekennzeichnet.

ESSEN & TRINKEN

Was würden Sie empfehlen?
¿Qué recomienda? ke *re·*ko·myen·da

Welche Zutaten sind in diesem Gericht enthalten?
¿Que lleva ese plato? ke ye·va e·se *pla·*to

Ich mag keine/n …
No como … no *ko·*mo …

Das war lecker!
¡Estaba buenísimo! es·*ta·*ba bue ni·si·mo

Die Rechnung, bitte.
Por favor nos trae por fa·*vor* nos *tra·*e
la cuenta. la *kuen·*ta

Prost!
¡Salud! sa·*lu*

Ich möchte gerne einen Tisch reservieren für …
Quisiera reservar una ki·*sye·*ra re·ser·*var* u·na
mesa para … me·sa pa·ra …

　(acht) Uhr *las (ocho)* las (o·tscho)

　(zwei) Personen *(dos) personas* (dos) per·so·nas

Wichtige Begriffe

Abendessen	*cena*	se·na
Appetithappen	*aperitivos*	a·pe·ri·ti·vos
Essen	*comida*	ko·mi·da
Flasche	*botella*	bo·te·ya

Frühstück	desayuno	de·sa·yu·no
Gabel	tenedor	te·ne·dor
Glas	vaso	va·so
Hauptgang	segundo plato	se·gun·do pla·to
heiß	caliente	kal·yen·te
(zu) kalt	(muy) frío	(muy) fri·o
Kindermenü	menú infantil	me·nu in·fan·til
Löffel	cuchara	ku·tscha·ra
Markt	mercado	mer·ka·do
Messer	cuchillo	ku·tschi·yo
mit/ohne	con/sin	kon/sin
Mittagessen	comida	ko·mi·da
Restaurant	restaurante	res·tau·ran·te
Schüssel	bol	bol
Speisekarte	menú	me·nu
(in Deutsch/Englisch)	(en alemán/inglés)	(en ale man/in·gles)
Teller	plato	pla·to
vegetarisches Essen	comida vegetariana	ko·mi·da ve·che·ta·rya·na

Fleisch & Fisch

Ente	pato	pa·to
Fisch	pescado	pes·ka·do
Hühnchen	pollo	po·yo
Kalb	ternera	ter·ne·ra
Lamm	cordero	kor·de·ro
Pute	pavo	pa·vo
Rind	carne de vaca	kar·ne de va·ka
Schwein	cerdo	ser·do

Obst & Gemüse

Ananas	piña	pi·nya
Apfel	manzana	man·sa·na
Apfelsine	naranja	na·ran·cha
Aprikose	albaricoque	al·ba·ri·ko·ke
Artischocke	alcachofa	al·ka·tscho·fa
Banane	plátano	pla·ta·no
Bohnen	judías	chu·di·as
Erbsen	guisantes	gi·san·tes
Erdbeere	fresa	fre·sa
Gemüse	verdura	ver·du·ra
Gurke	pepino	pe·pi·no
Kartoffel	patata	pa·ta·ta
Kirsche	cereza	se·re·sa
Kohl	col	kol

Kürbis	calabaza	ka·la·ba·sa
Linsen	lentejas	len·te·chas
Mais	maíz	ma·is
Möhre/Karotte	zanahoria	sa·na·o·rya
Nüsse	nueces	nue·ses
Obst	fruta	fru·ta
(rote/grüne) Paprika	pimiento (rojo/verde)	pi·myen·to (ro·cho/ver·de)
Pfirsich	melocotón	me·lo·ko·ton
Pflaume	ciruela	sir·ue·la
Pilz	champiñón	tscham·pi·nyon
Rote Beete	remolacha	re·mo·la·tscha
Salat	lechuga	le·chu·ga
Sellerie	apio	a·pyo
Spargel	espárragos	es·pa·ra·gos
Spinat	espinacas	es·pi·na·kas
Tomate	tomate	to·ma·te
Wassermelone	sandía	san·di·a

Weintrauben	uvas	u·vas
Zitrone	limón	li·mon
Zwiebel	cebolla	se·bo·ya

Weitere Lebensmittel

Brot	pan	pan
Butter	mantequilla	man·te·ki·ya
Ei	huevo	ue·vo
Essig	vinagre	vi·na·gre
Honig	miel	myel
Käse	queso	ke·so
Marmelade	mermelada	mer·me·la·da
Nudeln	pasta	pas·ta
Öl	aceite	a·sey·te
Pfeffer	pimienta	pi·myen·ta
Reis	arroz	a·ros
Salz	sal	sal
Zucker	azúcar	a·su·kar

Getränke

Bier	cerveza	ser·ve·sa
Kaffee	café	ka·fe
Milch	leche	le·che
Tee	té	te
(Orangen) Saft	zumo (de naranja)	su·mo (de na·ran·cha)
(Mineral) Wasser	agua (mineral)	a·gua (mi·ne·ral)
(Rot-/Weiß-) Wein	vino (tinto/ blanco)	vi·no (tin·to/ blan·ko)

KONVERSATION & NÜTZLICHES

Hallo.	Hola.	o·la
Auf Wiedersehen.	Adiós.	a·dyos
Wie geht's?	¿Qué tal?	ke tal

Schilder

Abierto	Offen
Cerrado	Geschlossen
Entrada	Eingang
Hombres/Varones	Männer
Mujeres/Damas	Frauen
Prohibido	Verboten
Salida	Ausgang
Servicios/Baños	Toiletten

Danke, gut.	Bien, gracias.	byen gra·syas
Pardon	Perdón.	per·don
Entschuldigung. (Wenn man sich entschuldigt)	Lo siento.	lo syen·to
Ja./Nein.	Sí./No.	si/no
Bitte.	Por favor.	por fa·vor
Danke.	Gracias.	gra·syas
Keine Ursache.	De nada.	de na·da

Ich heiße …
Me llamo … me ya·mo …

Wie heißen Sie?
¿Cómo se llama Usted? (höf.) ko·mo se ya·ma u·ste
¿Cómo te llamas? (inf.) ko·mo te ya·mas

Sprechen Sie Deutsch/Englisch?
¿Habla alemán/inglés? (höf.) a·bla ale man/in·gles
¿Hablas alemán/inglés? (inf.) a·blas ale man/in·gles

Ich verstehe (nicht).
Yo (no) entiendo. yo (no) en·tyen·do

NOTFÄLLE

| Hilfe! | ¡Socorro! | so·ko·ro |
| Verschwinden Sie! | ¡Vete! | ve·te |

Rufen Sie …!	¡Llame a …!	ya·me a …
einen Arzt	un médico	un me·di·ko
die Polizei	la policía	la po·li·si·a

Ich habe mich verlaufen.
Estoy perdido/a. (m/f) es·toy per·di·do/a

Ich bin krank.
Estoy enfermo/a. (m/f) es·toy en·fer·mo/a

Ich bin allergisch gegen (Antibiotika).
Soy alérgico/a a (los antibióticos). (m/f) soy a·ler·chi·ko/a a (los an·ti·byo·ti·kos)

Wo sind die Toiletten?
¿Dónde están los servicios? don·de es·tan los ser·vi·syos

SHOPPEN & SERVICE

Ich möchte gerne …
Quisiera comprar … ki·sye·ra kom·prar …

Ich schaue nur.
Sólo estoy mirando. so·lo es·toy mi·ran·do

Darf ich es anschauen?
¿Puedo verlo? pue·do ver·lo

Es gefällt mir nicht.
No me gusta. no me gus·ta

Wie viel kostet es?
¿Cuánto cuesta? kuan·to kues·ta

Das ist mir zu teuer.
Es muy caro.   es muy *ka*·ro

Könnten Sie den Preis etwas senken?
¿Podría bajar un   po·*drí*·a ba·*char* un
poco el precio?   po·ko el pre·syo

Die Rechnung hat einen Fehler.
Hay un error   ai un e·*ror*
en la cuenta.   en la *kuen*·ta

Bankautomat	cajero	ka·*che*·ro
	automático	au·to·ma·ti·ko
Kreditkarte	tarjeta de	tar·*che*·ta de
	crédito	*kre*·di·to
Internet-Café	cibercafé	si·ber·*ka*·fe
Post	correos	ko·*re*·os
Reisebüro	oficina	o·fi·*si*·na
	de turismo	de tu·*ris*·mo

UHRZEIT & DATUM

Wie viel Uhr ist es?
	¿Qué hora es?	ke o·ra es
Es ist (10) Uhr.	Son (las diez).	son (las dyes)
Es ist halb	Es (la una)	es (la u na)
(zwei).	y media.	i me·dya

Morgen	mañana	ma·*nya*·na
Nachmittag	tarde	*tar*·de
Abend	noche	*no*·tsche
gestern	ayer	a·*yer*
heute	hoy	oy
morgen	mañana	ma·*nya*·na

Montag	lunes	*lu*·nes
Dienstag	martes	*mar*·tes
Mittwoch	miércoles	*myer*·ko·les
Donnerstag	jueves	*chue*·ves
Freitag	viernes	*vyer*·nes
Samstag	sábado	*sa*·ba·do
Sonntag	domingo	do·*min*·go

Januar	enero	e·*ne*·ro
Februar	febrero	fe·*bre*·ro
März	marzo	*mar*·so
April	abril	a·*bril*
Mai	mayo	*ma*·yo
Juni	junio	*chun*·yo
Juli	julio	*chul*·yo
August	agosto	a·*gos*·to
September	septiembre	sep·*tyem*·bre
Oktober	octubre	ok·*tu*·bre

November	noviembre	no·*vyem*·bre
Dezember	diciembre	di·*syem*·bre

UNTERKUNFT

Ich möchte gerne ein Zimmer buchen.
Quisiera reservar una   ki sye·ra re·ser·*var* u·na
habitación.   a·bi·ta·*syon*

Was kostet es pro Nacht/Person?
¿Cuánto cuesta por   kuan·to *kues*·ta por
noche/persona?   no·tsche/per·*so*·na

Ist Frühstück inbegriffen?
¿Incluye el desayuno?   in·*klu*·ye el de·sa·*yu*·no

Campingplatz	terreno de	te·*re*·no de
	cámping	*kam*·ping
Hotel	hotel	o·*tel*
Jugendherberge	albergue	al·*ber*·ge
	juvenil	chu·ve·*nil*
Pension	pensión	pen·*syon*

Ich möchte ein ... *Quisiera una*   ki·*sye*·ra u·na
Zimmer. *habitación ...*   a·bi·ta·syon ...
Einzel-	individual	in·di·vi·*dual*
Doppel-	doble	*do*·ble

Bad	baño	*ba*·nyo
Bett	cama	*ka*·ma
Klimaanlage	aire acondi-	ai·re a·kon·di·
	cionado	syo·*na*·do

VERKEHRSMITTEL & -WEGE

Auto & Fahrrad

Ich würde gerne *Quisiera alquilar*   ki·*sye*·ra
ein/einen ... mieten   al·ki·*lar* ...
Allradwagen	un todo-	un to·do·
	terreno	te·*re*·no
Auto	un coche	un *ko*·tsche
Fahrrad	una	u·na
	bicicleta	bi·si·*kle*·ta

Fragewörter
Wann?	¿Cuándo?	*kuan*·do
Warum?	¿Por qué?	por ke
Was?	¿Qué?	ke
Wer?	¿Quién?	kyen
Wie?	¿Cómo?	*ko*·mo
Wo?	¿Dónde?	*don*·de

Zahlen

1	uno	*u·no*
2	dos	dos
3	tres	tres
4	cuatro	*kua·tro*
5	cinco	*sin·ko*
6	seis	seys
7	siete	*sye·te*
8	ocho	*o·cho*
9	nueve	*nue·ve*
10	diez	dyes
20	veinte	*veyn·te*
30	treinta	*treyn·ta*
40	cuarenta	*kua·ren·ta*
50	cincuenta	*sin·kuen·ta*
60	sesenta	*se·sen·ta*
70	setenta	*se·ten·ta*
80	ochenta	*o·chen·ta*
90	noventa	*no·ven·ta*
100	cien	syen
1000	mil	mil

Motorrad	una moto	*u·na mo·to*

Benzin	gasolina	*ga·so·li·na*
Diesel	petróleo	*pet·ro·le·o*
Helm	casco	*kas·ko*
Kindersitz	asiento de seguridad para niños	*a·syen·to de se·gu·ri·da pa·ra ni·nyos*
Lkw	camión	*ka·myon*
Monteur	mecánico	*me·ka·ni·ko*
Tankstelle	gasolinera	*ga·so·li·ne·ra*
trampen	hacer botella	*a·ser bo·te·ya*

Ist das die Straße nach …?
¿Se va a … por esta carretera? — se va a … por es·ta ka·re·te·ra

(Wie lange) kann ich hier parken?
¿(Por cuánto tiempo) Puedo aparcar aquí? — (por kuan·to tyem·po) pue·do a·par·kar a·ki

Das Auto hat eine Panne (in …).
El coche se ha averiado (en …) — el ko·tsche se a a·ve·rya·do (en …)

Ich habe einen Platten.
Tengo un pinchazo. — ten·go un pin·tscha·so

Ich habe kein Benzin mehr.
Me he quedado sin gasolina. — me e ke·da·do sin ga·so·li·na

Öffentliche Verkehrsmittel

Bus	autobús	*au·to·bus*
Flugzeug	avión	*a·vyon*
Schiff	barco	*bar·ko*
Zug	tren	tren
erster	primero	*pri·me·ro*
letzter	último	*ul·ti·mo*
nächster	próximo	*prok·si·mo*

Ich möchte nach …
Quisiera ir a … — ki·sye·ra ir a …

Hält er in …?
¿Para en …? — pa·ra en …

Welche Haltestelle ist dies?
¿Cuál es esta parada? — kual es es·ta pa·ra·da

Wann kommt er an/fährt er ab?
¿A qué hora llega/sale? — a ke o·ra ye·ga/sa·le

Bitte sagen Sie mir, wann wir nach … kommen.
¿Puede avisarme cuando lleguemos a …? — pue·de a·vi·sar·me kuan·do ye·ge·mos a …

Ich möchte hier aussteigen.
Quiero bajarme aquí. — kye·ro ba·char·me a·ki

Eine Fahrkarte …	un billete de …	un bi·ye·te de …
1. Klasse	primera clase	*pri·me·ra kla·se*
2. Klasse	segunda clase	*se·gun·da kla·se*
einfach	ida	*i·da*
hin und zurück	ida y vuelta	*i·da i vuel·ta*
Bahnhof	estación de trenes	*es·ta·syon de tre·nes*
Bahnsteig	plataforma	*pla·ta·for·ma*
Bushaltestelle	parada de autobuses	*pa·ra·da de au·to·bu·ses*
Fahrkartenschalter	taquilla	*ta·ki·ya*
Fahrplan	horario	*o·ra·ryo*
Fensterplatz	asiento junto a la ventana	*a·syen·to chun·to a la ven·ta·na*
Flughafen	aeropuerto	*a·e·ro·puer·to*
Sitzplatz am Gang	asiento de pasillo	*a·syen·to de pa·si·yo*
verspätet	retrasado	*re·tra·sa·do*

WEGWEISER

Wo ist …?
¿Dónde está …? — don·de es·ta …

Wie lautet die Adresse?
¿Cuál es la dirección?   *kual* es la di·rek·*syon*

Könnten Sie das bitte aufschreiben?
¿Puede escribirlo,   *pue·*de es·kri·*bir·*lo
por favor?   por fa·*vor*

Können Sie es mir (auf der Karte) zeigen?
¿Me lo podría indicar   me lo po *dri a·* in·di·*kar*
(en el mapa)?   (en el *ma·*pa)

an der Ampel	en el semáforo	en el se·*ma·*fo·ro
an der Ecke	en la esquina	en la es ki·na
gegenüber ...	frente a ...	*fren·*te a ...

geradeaus	todo recto	*to·*do rek·to
hinter ...	*detrás de ...*	de·*tras* de ...
in der Nähe ...	cerca	*ser·*ka
links	*izquierda*	is·*kyer·*da
neben ...	al lado de ...	al *la·*do de ...
rechts	derecha	de·*re·*cha
vor ...	*enfrente de ...*	en·*fren·*te de ...
weit	*lejos*	*le·*chos

GLOSSAR

agropecuario – Gemüsemarkt; hier werden auch Reis und Obst angeboten

altos – Apartment im Obergeschoss; als Teil der Adresse in Großbuchstaben geschrieben

amarillo – Verkehrswächter in gelber Uniform

americano/a – Bürger irgendeines Landes der westlichen Hemisphäre (von Kanada bis Argentinien); ein US-Amerikaner wird *norteamericano/a* oder *estado-unidense* genannt; siehe auch *yuma*

Arawak – sprachlich miteinander verwandte Indianerstämme, die einen Großteil der Karibischen Inseln und des nördlichen Südamerikas bewohnen

Autopista – die Autobahn mit vier, sechs oder acht Fahrbahnen, je nach Region

babalawo – ein Priester der Santería-Religion; auch *babalao*; siehe auch *santero*

bahía – Bucht

bailes – Tänze

barbuda – Name von Fidel Castros Rebellenarmee; wörtlich „der Bärtige"

barrio – Stadtviertel

bici-taxi – Fahrradtaxi

bodega – Läden, die Produkte auf Rationierungskarten verteilen

bohío – Strohhütte

bolero – romantisches Liebeslied

botella – Trampen; wörtlich „Flasche"

cabaña – Hütte

cabildo – Stadtrat in der Kolonialzeit; auch: eine Vereinigung von Stämmen innerhalb der kubanischen Religionen afrikanischen Ursprungs

cacique – Häuptling, Chef; ursprünglich ein Indianderhäuptling, steht heute auch für „kleiner Tyrann"

Cadeca – Wechselstube

cafetal – Kaffeeplantage

caliente – heiß

calle – Straße

camión – Lkw

campesinos – Menschen, die auf dem Lande leben

campismo – Nationales Netzwerk von 82 Campingeinrichtungen, die jedoch nicht alle für Ausländer zugelassen sind

casa particular – Privathäuser, die Zimmer an Ausländer (manchmal auch an Kubaner) vermieten; alle zugelassenen Häuser sind mit einem (verpflichtenden) grünen Dreieck gekennzeichnet und als Privatunterkünfte ausgewiesen

casco histórico – historische Altstadt (z. B. in Trinidad)

coches de caballo – Pferdekutschen

CDR – Comités de Defensa de la Revolución; Gruppen von Nachbarschaftswächtern, die sich ursprünglich 1960 bildeten, um die Basisunterstützung für die Revolution zu verstärken; heute spielen sie eine wichtige Rolle bei Gesundheits-, Erziehungs-, Sozial-, Recycling- und freiwilligen Arbeitskampagnen

chachachá – Cha-Cha-Cha; Tanzmusik im $^4/_4$-Takt, von Rumba und Mambo abgeleitet

Changó – die Santería-Gottheit für Krieg und Feuer; sie wird recht oft dargestellt durch die Figur der katholischen heiligen Barbara

chivo – kubanisches Slangwort für „Fahrrad"

cimarrón – ein flüchtiger Sklave

claves – Rhythmusstöcke für Musiker

Cohiba – indianischer Begriff für ein Raucherutensil; eine der Spitzenzigarren Kubas

colectivo – ein Sammeltaxi, das so viele Fahrgäste aufnimmt wie möglich; in der Regel eine klassische amerikanische Limousine

comida criolla – kreolisches Gericht

compañero/a – Gefährte oder Kamerad, oft mit Bezug auf die Revolution

congrí Reis mit schwarzen Bohnen

conseguir – bekommen, erlangen

convertibles – umtauschbare Pesos

coppelia – Kubanische Eisdiele

criollo – Kreole; Spanier, der in Amerika geboren ist

Cubanacán – bald nach seiner Landung in Kuba besuchte Christoph Kolumbus ein Taíno-Dorf namens Cubanacán („mitten auf der Insel"); heute benutzt auch eine kubanische Reisegesellschaft diesen Namen

danzón – ein traditioneller kubanischer Gesellschaftstanz mit afrikanischen Einflüssen, der im späten 19. Jh. in Matanzas aufkam

décima – ein sich reimender achtsilbige Vers, der dem Text für den kubanischen *son* zugrundeliegt

duende – Geist/Charme; kennzeichnet im Flamenco den absoluten Höhepunkt der Musik

El Líder Máximo – Größter Führer; ein Titel, der oft für Fidel Castro gebraucht wird

el último – wörtlich „der Letzte"; dieser Begriff ist wichtig, wenn man in einer kubanischen Schlange steht (man ist *él ultimo*, wenn man sich an einer Schlange anstellt, und gibt diesen „Titel" auf, wenn der Nächste sich einreiht)

entronque – Wegekreuzung auf dem Lande

finca – Bauernhof

Gitmo – amerikanisches Slangwort für den US-amerikanischen Marinestützpunkt Guantánamo

Granma – die bekannte Jacht, mit der Fidel Castro und seine Kameraden 1956 von Mexiko nach Kuba kamen, um dort die Revolution zu entfachen; 1975 wurde die Provinz, in der die *Granma* anlegte, so benannt; gleichzeitig auch Name der führenden Tageszeitung Kubas

guajiros – Landbewohner

guarapo – frischer Zuckerrübensaft

habanero/a – Einwohner von Havanna

herbero – Verkäufer/in von Gewürzen, Naturarzneien und sonstigen Hilfsmitteln, oft gleichzeitig auch erfahren in der Kunst der alternativen Medizin

ingenio – alter Name für eine Zuckermühle

inmigración – Einwanderungs- oder Einreisebüro

jardín – Garten

jinetera – Schlepperin, die es auf männliche Ausländer abgesehen hat

jinetero – Schlepper, der Touristen belästigt; wörtlich „Jockey"

M-26-7 – die „Bewegung des 26. Juli" war Fidel Castros revolutionäre Organisation, benannt nach ihren gescheiterten Anschlägen auf die Moncada-Kaserne in Santiago de Cuba am 26. Juli 1953

maqueta – maßstabsgetreues Modell

máquina – Privattaxi, in dem man mit Pesos bezahlen kann

mercado – Markt

mirador – Aussichtspunkt

mogote – ein Monolith aus Kalkstein, der in Viñales gefunden wurde

Moncada – eine ehemalige Kaserne in Santiago de Cuba, benannt nach General Guillermo Moncada (1848–1895), einem Helden der Unabhängigkeitskriege

moneda nacional – MN abgekürzt; kubanische Pesos

mudéjar – der maurische Einfluss der Iberischen Halbinsel auf Architektur und Dekor vom 12. bis 16. Jh.; verband Elemente der islamischen und christlichen Kunst miteinander

nueva trova – philosophische Folk-/Gitarrenmusik, die in den späten 1960er- und frühen 1970er-Jahren von Silvio Rodrí-

guez und Pablo Milanés populär gemacht wurde

Operación Milagros – inoffizieller Name für das medizinische Pionierprogramm, das seit 2004 kostenlose Augenbehandlungen für verarmte Venezolaner in kubanischen Krankenhäusern anbietet

Oriente – die Provinzen Las Tunas, Holguín, Granma, Santiago de Cuba und Guantánamo; wörtlich „der Osten"

orisha – eine Santería-Gottheit

paladar – ein privat geführtes Restaurant

parada – Bushaltestelle

parque – Park

PCC – Partido Comunista de Cuba; Kubas einzige politische Partei, die sich im Oktober 1965 als ein Zusammenschluss aus Mitgliedern der Partido Socialista Popular und Veteranen des Guerilla-Kampfes gründete

peña – musikalische Darbietung oder Treffen jeglicher Stilrichtung (Son, Rap, Rock etc.)

período especial – „Sonderperiode in Zeiten des Friedens" (Kubas Wirtschaftskrise nach 1991)

pregón – eine Art Singsang zum Anpreisen von Obst, Gemüse, Besen oder was auch immer; er besitzt oft eine gewisse Komik und wird von sogenannten *pregoneros/as* lautstark intoniert

puente – Brücke

quinciñera – besonderer Ritus für Mädchen an der Schwelle zum 15. Lebensjahr: Sie werden wie kleine Bräute gekleidet, werden fotografiert und feiern anschließend ein großes Fest

ranchón – Farm/Restaurant

reggaetón – kubanischer Hip-Hop

Regla de Ocha – verschiedene verwandte Glaubensrichtungen, gemeinhin als Santería bekannt

resolver – eine schwierige Situation lösen (ähnlich wie *el* *último* eines der gebräuchlichsten Schlagworte in Kuba)

río – Fluss

salsa – kubanische Musik, die auf *son* gründet

salsero – Salsa-Sänger

Santería – afrokubanische Religion, eine Mischung aus der westafrikanischen Yoruba-Religion und dem Katholizismus spanischer Prägung

santero – Priester der Santería-Religion; siehe auch *babalawo*

santiagüero – Bewohner von Santiago de Cuba

s/n – *sin número*; bezeichnet eine Adresse ohne Hausnummer

son – Kubas Grundform traditioneller Musik aus dem späten 19. Jh. mit afrikanischen und spanischen Wurzeln

Taíno – ein sesshafter Volksstamm, der Arawak sprach; er bewohnte einen großen Teil Kubas vor der spanischen Eroberung; das Wort selbst bedeutet „wir, die guten Menschen"

tambores – Trommelritual in der Santería-Religion

telepunto – Etecsa (staatliche Telefongesellschaft Kubas); Telefon und Internetcafé/Call Center

temporada alta/baja – Haupt-/Nebensaison

terminal de ómnibus – Busbahnhof

tinajón – großes Tongefäß; sehr verbreitet in der Stadt Camagüey

trova – das Verfassen traditioneller Lieder; poetischer Gesang

trovador – traditioneller Sänger/Liederdichter

Uneac – Unión Nacional de Escritores y Artistas de Cuba (Nationale Vereinigung der Schriftsteller und Künstler Kubas)

vaquero – Cowboy

VIH – *virus de inmunodeficiencia humana;* HIV/Aids

Yanqui – US-Bürger

Yoruba – eine ethnische Sprachgruppe aus Westafrika

yuma – Slangwort für einen US-Bürger; kann aber auch für Ausländer aus anderen Ländern benutzt werden; siehe auch *americano/a*

Hinter den Kulissen

WIR FREUEN UNS ÜBER EIN FEEDBACK

Post von Reisenden zu bekommen ist für uns ungemein hilfreich – Kritik und Anregungen halten uns auf dem Laufenden und helfen, unsere Bücher zu verbessern. Unser reiseerfahrenes Team liest alle Zuschriften genau durch, um zu erfahren, was an unseren Reiseführern gut und was schlecht ist. Wir können solche Post zwar nicht individuell beantworten, aber jedes Feedback wird garantiert schnurstracks an die jeweiligen Autoren weitergeleitet, rechtzeitig vor der nächsten Nachauflage.

Wer Ideen, Erfahrungen und Korrekturhinweise zum Reiseführer mitteilen möchte, hat die Möglichkeit dazu auf **www.lonelyplanet.com/contact/guidebook_feedback/new**. Unter **www.lonelyplanet.de/kontakt** erreichen uns Anmerkungen speziell zur deutschen Ausgabe.

Hinweis: Da wir Beiträge möglicherweise in Lonely-Planet-Produkten (Reiseführern, Websites, digitale Medien) veröffentlichen, ggf. auch in gekürzter Form, bitten wir um Mitteilung, falls ein Kommentar nicht veröffentlicht oder ein Name nicht genannt werden soll. Wer Näheres über unsere Datenschutzpolitik wissen will, erfährt das unter www.lonelyplanet.com/privacy

DANK VON LONELY PLANET

Wir danken den Reisenden, die mit der letzten Ausgabe unterwegs waren und uns nützliche Hinweise, gute Ratschläge und interessante Begebenheiten übermittelt haben:

A Adam Wereszczynski, Adrian Lange, Alison Douglas, Andreas Jansen, Ann Barrett, Anne Schneider, Annegret Krüger, Annette Brook, Antonio Cascos, Ayal Weiner-Kaplow **B** Beth Handman, Birgit Einzenberger, Brian Dargan, Bruno Selun **C** Cédric Quatannens, Claire Liboureau, Claudia Krapp **D** Daniel Drury, Daniela D'Alessio, Detlef Greiner, Djoeke Geijs, Duane Marxen **E** Elitsa Matsanova, Emilio Muñoz, Emma Åsenius, Eric Labonne, Erik de Brouwer, Erin Lindsey **F** Federica Gallo, Felix Kallenberg, Florian Güster, Franky Knoechel **G** Gavin Dixon **H** Hank Raymond, Hannes Holst, Helmut Ninaus, Hendrik Mueller-Ide, Hilary Duffy, Hind Benkirane, Holly Maltby **I** Ivan Chang **J** Jack Edwards, Jakob Merljak, Jan Keymis, Jan van Dok, Jana Gehlen, Janna Pape, Jaroslav Sirotek, Jenni Williams, Jenny Cottle, Joachim Hertz, Joe Pundek, Johan Borchert, John Kilgannon, John Sturt, Jon Groner, Jonathan Hales, Jonathan Pattenden, Jörg Deppe, Josh Levin, Judy Rubin **K** Kalev Mändmaa, Karl Manco, Kerstin Thunwall, Kristen Smith, Kristin Gjersdal, Kwassi Dadzie **L** Lars Bendtsen, Lesley Bayliss, Lindley Owen, Louise Heseltine, Lucas Bornschlegl, Ludo Teunissen **M** Marco Catalano, Margje van Weerden, Melanie Luangsay, Mette Hedegaard **N** Nicolas Combremont, Nicole Rochat **O** Oli Taylor, Othmar Kyas **P** Patrizia Bertini, Paul Lewis, Peter Tesche, Pinar Sayin **R** Rafael Gonzalez, Ray Weglehner, Rebecca Vaughan, Rhonda Keen, Richard Creel, Richard Heins, Robin van der Griend, Ross More, Rui Lopes **S** Samantha Bond, Sandra Engblom, Sandra Schrammel, Scott Schamber, Stephanie Kirichek, Stephanie Matse, Steve Struthers, Stuart Kandell **T** Tasha Stephenson, Tim Beswick, Tim Laslavic, Tim Micklinghoff, Tobias Eigenmann, Tony Mortlock, **U** Ursula Bertinchamp **V** Valerio Pieri **W** Wil Bennett, Will Hudson **Y** Yi Zhao, Yolande Hachez **Z** Zsolt Bogoti

DANK DER AUTOREN
Brendan Sainsbury

Ein Dankeschön an alle meine *amigos* in Kuba, von denen viele mir wieder während der Recherchen für diese Auflage sehr geholfen haben (und das auch schon seit Jahren tun). Ein besonderer Dank geht an Carlos Sarmiento, Luis Miguel, Maité und Idolka in Morón, Julio und Elsa Roque, Joel in Matanzas, Beny in Varadero, Ramberto auf der Isla de la Juventud und natürlich an meine Frau Liz und meinen Sohn Kieran, die mich unterwegs begleitet haben.

Carolyn McCarthy

Einen herzlichen Dank an alle, die mir diese Arbeit in Kuba ermöglicht haben: von meinem Gastgeber Luis Miguel in Havanna bis zu Domingo Cuza in Bayamo, der Familie Muñoz, Rafael in Camagüey, Nilson und Infotur, Brendan Sainsbury, Diego y Roy: *para su ayuda y buenos consejos, no hay suficiente Havana Club en el mundo para compensarles, pero intentamos!*

QUELLENNACHWEIS

Die Daten in den Klimatabellen stammen von Peel MC, Finlayson BL & McMahon TA (2007), Aktualisierte Weltkarte der Köppen-Geiger-Klimaklassifikation, *Hydrology and Earth System Sciences*, 11, 1633-44.

Abbildung auf dem Umschlag: Taxi in Havanna. Grant Faint/Getty Images ©

Illustration auf S. 72/73 von Michael Weldon

ÜBER DIESES BUCH

Dies ist die 6. deutsche Auflage von *Kuba*, basierend auf der mittlerweile 9. englischen Auflage. Verfasst wurde der Band von Brendan Sainsbury und Carolyn McCarthy. Für die beiden vorhergehenden Auflagen war ebenfalls Brendan verantwortlich, damals gemeinsam mit Luke Waterson. Im Verlag wurde der Band betreut von:

Redaktionelle Leitung Bailey Freeman

Projektredaktion Amanda Williamson

Leitung der Kartografie Mark Griffiths, Corey Hutchison

Satz & Layout Clara Monitto

Redaktionsassistenz Nigel Chin, Melanie Dankel, Bruce Evans, Carly Hall, Kellie Langdon, Jodie Martire, Louise McGregor, Gabrielle Stefanos

Assistenz der Kartografie Valentina Kremenchutskaya

Bildredaktion für den Umschlag Naomi Parker

Dank an Evan Godt, Paul Harding, Liz Heynes, Elizabeth Jones, Sandie Kestell, Kate Mathews, Catherine Naghten, Lauren O'Connell, Kirsten Rawlings, Maureen Wheeler

Register

NOTIZEN

Kartenlegende

Sehenswertes

- Strand
- Vogelschutzgebiet
- Buddhistisch
- Burg/Schloss/Palast
- Christlich
- Konfuzianisch
- Hinduistisch
- Islamisch
- Jainistisch
- Jüdisch
- Denkmal
- Museum/Galerie/Hist. Gebäude
- Ruine
- Shintoistisch
- Sikh-Religion
- Taoistisch
- Weingut/Weinberg
- Zoo/Naturschutzgebiet
- andere Sehenswürdigkeit

Aktivitäten, Kurse & Touren

- Bodysurfen
- Tauchen
- Kanu/Kajak
- Kurse/Touren
- Sento-Bad/Onsen
- Skifahren
- Schnorcheln
- Surfen
- Schwimmbad/Pool
- Wandern
- Windsurfen
- andere Aktivität

Schlafen

- Schlafen
- Camping

Essen

- Essen

Ausgehen & Nachtleben

- Ausgehen & Nachtleben
- Café

Unterhaltung

- Unterhaltung

Shoppen

- Shoppen

Praktisches

- Bank
- Botschaft/Konsulat
- Krankenhaus/Arzt
- Internet
- Polizei
- Post
- Telefon
- Toilette
- Touristeninformation
- andere Information

Landschaft

- Strand
- Hütte
- Leuchtturm
- Aussichtspunkt
- Berg/Vulkan
- Oase
- Park
- Pass
- Picknickplatz
- Wasserfall

Bevölkerung

- Hauptstadt (National)
- Hauptstadtl (Staat/Provinz)
- Stadt/Großstadt
- Ort/Dorf

Verkehrsmittel

- Flughafen
- Grenzübergang
- Bus
- Cable Car/Seilbahn
- Radfahren
- Fähre
- Metrohaltestelle/-station
- Monorail
- Parkplatz
- Tankstelle
- S-Bahn-Haltestelle
- Taxi
- Bahnhof/Zugstrecke
- Tram/Straßenbahn
- U-Bahn-Station
- anderes Verkehrsmittel

Hinweis: Nicht alle hier aufgeführten Symbole sind auf den Karten dieses Buches zu finden

Verkehrswege

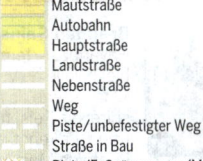

- Mautstraße
- Autobahn
- Hauptstraße
- Landstraße
- Nebenstraße
- Weg
- Piste/unbefestigter Weg
- Straße in Bau
- Platz/Fußgängerzone/Mall
- Treppe
- Tunnel
- Fußgängerbrücke
- Wanderung/Wanderweg
- Wanderung mit Abstecher
- Wanderpfad

Grenzen

- Internationale Grenze
- Bundesstaat/Provinz
- umstrittene Grenze
- Regional/Vorort
- Gewässergrenze
- Klippen
- Mauer

Gewässer

- Fluß, Bach
- periodischer Fluss
- Kanal
- Wasserfläche
- Trocken-/Salz-/period. See
- Riff

Fläche

- Flughafen/Flugpiste
- Strand/Wüste
- Friedhof (christlich)
- Friedhof (andere Religion)
- Gletscher
- Watt
- Park/Wald
- Sehenswertes (Gebäude)
- Sportanlage/-platz
- Sumpf/Mangroven

DIE LONELY PLANET STORY

Ein uraltes Auto, ein paar Dollar in den Hosentaschen und Abenteuerlust, mehr brauchten Tony und Maureen Wheeler nicht, als sie 1972 zu der Reise ihres Lebens aufbrachen. Diese führte sie quer durch Europa und Asien bis nach Australien. Nach mehreren Monaten kehrten sie zurück – pleite, aber glücklich –, setzten sich an ihren Küchentisch und verfassten ihren ersten Reiseführer *Across Asia on the Cheap*. Binnen einer Woche verkauften sie 1500 Bücher und Lonely Planet war geboren. Heute unterhält der Verlag Büros in Melbourne (Australien), London und Oakland (USA) mit über 600 Mitarbeitern und Autoren. Sie alle teilen Tonys Überzeugung, dass ein guter Reiseführer drei Dinge tun sollte: informieren, bilden und unterhalten.

DIE AUTOREN

Brendan Sainsbury

Havanna, Artemisa & Mayabeque, Isla de la Juventud (Sonderverwaltungsgebiet), Valle de Viñales & Pinar del Río, Varadero & Matanzas, Cienfuegos, Villa Clara, Ciego de Ávila Brendan stammt eigentlich aus dem englischen Hampshire; als Reiseführerautor reist er schon seit über 20 Jahren regelmäßig nach Kuba. Er kennt jeden Winkel des Landes zwischen Cabo de San Antonio und Punta de Maisí und war schon auf alle möglichen Arten unterwegs vor Ort – als Radfahrer ebenso wie per Anhalter. Brendan lebt mittlerweile im kanadischen Vancouver; er hat an über 50 Lonely Planets mitgearbeitet (darunter sind sechs Auflagen dieses Kuba-Bandes). Mehr über ihn findet man unter https://auth.lonelyplanet.com/profiles/brendansainsbury

Carolyn McCarthy

Trinidad & Sancti Spíritus, Camagüey, Las Tunas, Holguín, Granma, Santiago de Cuba, Guantánamo Carolyn hat sich auf Reisen, Kultur und Abenteuer auf dem amerikanischen Kontinent spezialisiert. Ihre Beiträge erscheinen u. a. in Zeitschriften wie *National Geographic*. Die ehemalige Fulbright-Stipendiatin hat sich bereits in den entlegensten Winkeln Lateinamerikas umgesehen. Als Reiseführerautorin kennt sie von ihren Recherchereisen her unzählige Orte; allein für Lonely Planet hat sie an mehr als 30 Bänden mitgearbeitet,. Mehr über sie findet man unter www.carolynmccarthy.org oder auf Instagram unter @masmerquen

Lonely Planet Global Limited
Unit E, Digital Court,
The Digital Hub,
Rainsford Street,
Dublin 8,
Ireland

Verlag der deutschen Ausgabe:
MAIRDUMONT, Marco-Polo-Str. 1, 73760 Ostfildern.
www.lonelyplanet.de, www.mairdumont.com,
lonelyplanet-online@mairdumont.com

Chefredakteurin deutsche Ausgabe: Birgit Borowski

Übersetzung: Dr. Birgit Beile-Meister, Petra Dubilski, Beatrix Gehlhoff, Christiane Gsänger, Waltraud Horbas, Dr. Annegret Pago, Dr. Thomas Pago, Christiane Radünz, Doreen Reeck, Jutta Ressel M.A., Manuela Schomann, Beatrix Thunich, Renate Weinberger

An früheren Auflagen hat außerdem mitgewirkt: Cristoforo Schweeger; Dr. Dagmar Ahrens, Cora Hartwig, Raphaela Moczynski, Dr. Marion Pausch, Manuela Schomann, Teresa Zuhl; Julie Bacher, Anne Bacmeister, Tobias Büscher, Claudia Keilig, Britt Maaß, Petra Sparrer, Katja Weber; Corla Bauer, Thomas Pampuch; Brigitte Beier, Marion Gieseke, Christel Klink, Daniela Schetar

Redaktion und technischer Support: CLP Carlo Lauer & Partner, Riemerling

Kuba

6. deutsche Auflage Januar 2018, übersetzt von *Cuba 9th edition*, Oktober 2017, Lonely Planet Global Limited

Deutsche Ausgabe © Lonely Planet Global Limited, Januar 2018

Fotos © wie angegeben 2017

Printed in Poland

MIX
Papier aus verantwortungsvollen Quellen
FSC® C018236
www.fsc.org